양자 컴퓨터를 위한 수학

수학으로 이해하는 양자 컴퓨터

양자 컴퓨터를 위한 수학

수학으로 이해하는 양자 컴퓨터

Wolfgang Scherer 지음   추정호 옮김

i!i
에이콘

에이콘출판의 기틀을 마련하신 故 정완재 선생님 (1935-2004)

네그리를 위해
그리고 마티아스와 세바스찬을 위해

지은이 소개

볼프강 시어러^{Wolfgang Scherer}

미국과 독일에서 연구와 강의를 했고, 런던으로 이주해 최근까지 금융회사에서 리스크 관리 업무를 했다. 연구 분야는 수리 물리의 기하학적 방법론과 양자역학의 근본 문제에 관한 것이다. 젊은이들과 수학의 재미에 관해 이야기하는 것과 사이클과 바이크를 즐긴다.

지은이의 말

지난 20년 동안 우리의 생활은 디지털화됐고 가끔은 숨이 막힐 정도로 빨라졌다. 이것은 우리 생활의 모든 측면에서, 모든 것을 포괄하게 됐는데 예전보다 더 많은 양의 데이터가 생성, 저장, 처리 및 전송됐다. 이는 처리 속도와 계산 성능이 향상된 덕택이다. 이는 필요한 회로와 메모리가 소형화되어서 가능하다. 이러한 추세가 계속되면 머지않아 원자 또는 아원자의 크기를 다루게 된다. 그렇게 된다면 메모리와 CPU를 설명하기 위해 양자역학이 필요하게 된다.

이러한 기대와 과학적 호기심으로 지난 25년 동안 많은 연구자들은 양자역학 법칙에 의해 기술되는 시스템에서 정보를 어떻게 저장하고 처리할 수 있는지 조사했다. 이러한 과정에서 양자 컴퓨팅의 과학이 만들어졌다.

물리학의 근본적인 질문과 거대한 실질적인 활용과 유용성이 잠재적으로 밀접하게 관련 있다는 점에서 양자 컴퓨팅은 유일무이하다. 매우 큰 효율성 향상을 가능하게 하고, 동시에 계산 능력과 암호화 규약의 혁신을 가져오는 효과가 실제를 구성하는 것의 기본적인 이해에 영향을 주고 있다.

또한 흥미롭게도 양자 컴퓨팅은 컴퓨터 공학만이 아니라, 기본적으로 해석학이나 선형대수학, 더 넓게는 함수해석학, 군론, 정수론, 확률론의 다양한 수학분야에서 유래됐다.

이 책은 이러한 광범위하고 유망한 수학 분야를 소개하는 것이 목적이다. 입문서임에도 분량이 많은 것은 독자들에게 모든 논쟁을 단계별로 친절하게 소개하기 위해서다. (문과 출신의 독자는 괴롭겠지만) 모든 결과를 본문에 상세하게 증명했다. 해답이 있는 많은 문제를 통해 독자들은 본문을 이해했는지 확인해 심화학습을 할 수 있다. 그리고 필요한 정수론과 군론 분야에 대해 부록에서 설명했다.

이와 같은 이유로 이 책은 혼자 학습하기에 적합하다. 세심하고 부지런한 독자는 설명의 논리를 따라가기 위해 다른 자료를 참고할 필요가 없다. 필요한 수학적 지식의 수준은 수학과 또는 물리학과 2학년 정도에 해당한다.

이 책은 수학책의 스타일에 따라, 동기부여 – 보조정리/정리/따름정리 – 증명 – 설명 순의 패턴을 반복한다. 이렇게 하는 것이 관련된 모든 가정을 명확하게 언급할 수 있다. 더불어 양자 컴퓨팅뿐만 아니라 관련된 수학 분야의 지식에도 익숙해질 기회가 된다. 이 책을 공부한 독자는 양자 컴퓨팅에 관한 과학 논문을 읽을 수 있는 소양을 갖추게 될 것이다.

이 책을 쓰는 일은 매우 즐거웠다. 여러분 또한 재미있게 이 책을 읽기를 바란다.

감사의 글

학계에서 생활하는 동안 많은 사람에게서 배우고, 동기부여를 받고, 깨달음을 얻고, 영감을 받았다. 그들 모두에게 진심으로 감사하며, 그들 또한 이 책이 마음에 들기를 바란다.

도이치 폭스 재단의 2017년 여름 아카데미 주최자와 참가자에게 특별한 감사를 드린다. 독일어 원고를 충분히 검토하고 충고해준 덕분에 많은 오류를 없애고 개선하는 데 도움이 됐다. 아름다운 사우스 티롤에서 그들과 보낸 시간은 내게 큰 즐거움이었다. 특히 독일어 원고뿐만 아니라 아니라 영어 원고도 신속하고 철저하게 교정해준 요아힘 힐그러트에게 진심으로 감사한다.

마리아 유지니아, 마티아스, 세바스찬에게 많은 감사의 빚을 졌다. 이 책을 만드는 수년 동안 가족의 삶에 소홀히 한 나를 끝까지 지지하고 열정을 함께했다. 특히 이 책의 원고 대부분을 정독하며 교정한 세바스찬에게 특히 감사한다. 세바스찬의 세세한 검토 덕에 많은 오류를 발견했고, 오랜 기간 동안의 즐겁고 건설적인 비판으로 최종본이 더욱 정확하고 선명해졌다.

언급할 필요조차 없지만, 그의 노력에도 여전히 오류와 단점이 남아 있다. 이러한 오류는 전적으로 나의 탓이다.

2019년 3월 영국 킹스턴 어폰 템스^{Kingston upon Thames}에서

볼프강 시어러

옮긴이 소개

추정호(jhchu@hotmail.com)
KAIST에서 수학과 기계공학을 공부했으며 퀀트로서 증권사에서 15년 동안 ELS와 관련된 금융공학 업무를 했다. 클라우드 컴퓨터를 금융권에 도입했고 세계 인명 사전에 등재됐다. 양자 컴퓨터, 인공지능, 음악 수학, 게임 이론에 관심을 가지고, 삭막한 정서로 피아노와 드럼을 연습하고 굳은 몸으로 단전호흡과 등산을 즐긴다.

옮긴이의 말

대학교 1학년 겨울방학에 게어리 주커브의 『춤추는 물리』와 프리초프 카프라의 『현대 물리학과 동양사상』을 읽고 양자물리를 알게 됐다. 요즘은 얽힘이라고 일컫는 EPR 모순을 알고나서 양자역학의 기이함에 놀랐다. 그 후 다른 전공을 선택해 한참 동안 잊고 지내다 최근 이슈가 되고 있는 양자 컴퓨터를 통해 다시 만났다.

2019년 10월 구글이 시카모어 칩으로 양자 우위를 달성했다는 소식으로 양자 컴퓨터에 관한 관심이 고조됐다. 역자 또한 지금 사용하고 있는 파생 상품 평가 시스템을 양자 컴퓨터로 바꾸겠다는 목표를 가지고 양자 컴퓨터를 공부했다. 중첩, 간섭, 얽힘으로 대표되며, 아무도 이해하지 못하는 양자물리를 이용해 인간에게 유용한 계산을 할 수 있는 컴퓨터를 만든다는 것은 매우 놀라운 일이었다.

나는 학부에서 수학을 전공한 뒤 기계공학과 금융공학 일을 했다. '견지망월(見指忘月)'이라는 말이 있듯이 수학에 얽매이지 말고 수식이 의미하는 실상을 고민해야 한다는 생각이 항상 있었다. 하지만 양자 컴퓨터를 공부하면서 생각이 바뀌었다. 양자물리 현상은 직관으로 도저히 이해할 수 없는 현상이므로 수학의 도움을 받아 형식 논리로 접근하는 것이 더 좋은 방법이다. 수학의 역할은 운전자를 돕는 내비게이션과 같은 것이다.

일반적으로 양자역학을 수학적으로 형식화하기 위해서는 대학원 과정의 수학 이론이 필요하다. 다행히 양자 컴퓨터에 사용하는 양자역학 이론은 쉬운 부분으로, 학부과정의 수학 이론이면 충분하다. 그동안 양자 컴퓨터에 관한 책이 더러 발간되기는 했지만 대부분 이를 소개하는 정도이며 수학적인 증명을 자세하게 설명하는 책이 없었다.

이 책은 학부 과정의 수학을 이용해 양자 컴퓨터에 나오는 대부분의 양자역학과 양자 알고리즘을 상세하게 설명하고 있다. 필요로 하는 수학적 지식은 부록에서 따로 설명하고 있다. 그리고 연습 문제와 해답이 제공돼 수학적인 배경이 부족한 독자도 혼자서 공부하기에 적절하다. 양자 컴퓨터에 관해 좀 더 깊은 이해를 원하는 이들에게 많은 도움이 되기를 기대한다. 끝으로 출판과 편집을 맡은 권성준 사장님, 황영주 상무님, 조유나 님에게 감사를 드린다.

차례

용어집

AHSP 아벨 숨은 부분군 문제 [Abelian Hidden Subgroup Problem]. 군에 작용하는 함수에 의해서 변화되지 않는 부분군을 결정하는 문제

AQC 단열 양자 계산 [Adiabatic Quantum Computing]

BB84 베네트와 브라사르 [Bennett and Brassard]가 1984년에 제시한 양자역학적 암호 키 분배 방법[1]

CECC 고전 오류 정정 코드 [Classical Error Correcting Code]

CHSH 클라우저-호른-시모니-홀트 [Clauser-Horne-Shimony-Holt]. 벨 부등식의 일반화에 대해 서술한 논문[2]의 네 저자들

DLP 이산 로그 문제 [Discrete Logarithm Problem]. 군의 원소인 g와 $h = g^d$만 주어질 때, 이산 로그인 d를 찾는 문제

DSA 디지털 서명 알고리즘 [Digital Signature Algorithm]. 서명을 쉽게 검증할 수는 있지만 위조하기는 (거의) 불가능하게 하는 것을 목표로 하는, 디지털 문서에 디지털 서명을 추가하는 암호 규약

ECDSA 타원 곡선 디지털 서명 알고리즘 [Elliptic Curve Digital Signature Algorithm]. 타원 곡선을 기반으로 하는 DSA로 '비트코인'에서 사용한다.

EK91 에커트(Ekert[3])에 의해 1991년에 제안된 암호 키 분배 규약. 도청자를 찾기 위해 벨 부등식의 CHSH 버전의 사용한다.

EPR 아인슈타인-포돌스키-로젠 [Einstein-Podolsky-Rosen]. 양자역학이 만드는 직관에 반하는 효과를 이용해 양자역학의 불완전함을 주장한 논문[4]의 저자 세 명

HSP 숨은 부분군 문제 [Hidden Subgroup Problem]

ONB 정규직교기저 [orthonormal basis]. 스칼라 곱을 가지는 선형 공간에서 선형 독립이며 동시에 상호간에 직교하는 단위벡터의 최대 집합

QECC 양자 오류 정정 코드 [Quantum Error Correcting Code]

QUBO 이차 비구속 이진법 최적화^{Quadratic Unconstrined Binary Optimization}

RSA 1978년에 라이베스트^{Rivest}, 샤미르^{Shamir}, 애들먼^{Adleman}에 의해 개발된 고전 공개 키 암호

수학 기호

$:=$	$a := b$는 a를 b로 정의한다.
$\mathbb{N}$	자연수의 집합. $\mathbb{N} := \{1, 2, 3, \dots\}$
$\mathbb{N}_0$	영을 포함하는 자연수의 집합
Pri	소수의 집합. $\text{Pri} := \{2, 3, 5, 7, 11, \dots\} \subset \mathbb{N}$
$\mathbb{Z}$	정수의 집합. $\mathbb{Z} := \{0, \pm 1, \pm 2, \pm 3, \dots\}$
$\mathbb{F}_2$	이진법의 덧셈과 곱셈을 연산으로 가지는 이진수 $\{0, 1\}$ 체
$\mathbb{Q}$	$q \in \mathbb{Z}$, $p \in \mathbb{N}$일 때, 유리수 $\frac{q}{p}$로 구성된 체
$\mathbb{R}$	실수로 구성된 체. $\mathbb{R}_+$는 양의 실수를 의미한다.
i	허수의 단위. $\mathrm{i}^2 = -1$
$\mathbb{C}$	$a, b \in \mathbb{R}$이고 $\mathrm{i}^2 = -1$일 때, 복소수 $a + \mathrm{i}b$로 체
$\bar{z}$	$a, b \in \mathbb{R}$일 때, 복소수 $z = a + \mathrm{i}b$의 켤레 복소수. $\bar{z} = a - \mathrm{i}b$ 이다.
$\lvert z \rvert$	$a, b \in \mathbb{R}$일 때, 복소수 $z = a + \mathrm{i}b$의 절대값. $\lvert z \rvert = \sqrt{z\bar{z}} = \sqrt{a^2 + b^2}$.
$f\{S\}$	$f : X \to Y$는 사상^{mapping}이며 $S \subset X$일 때, Y의 부분집합인 f 의 이미지^{image}
$\mathbf{a}$	$\mathbb{R}^n$, $\mathbb{C}^n$ 또는 $\mathbb{F}_2^n$의 원소인 벡터
$\bar{\mathbf{a}} \cdot \mathbf{b}$	$\mathbb{C}^n$의 원소인 벡터 $\mathbf{a}, \mathbf{b}$의 스칼라 곱. $\mathbf{a}, \mathbf{b}$가 $\mathbb{R}^n$의 원소이면 $\mathbf{a} \cdot \mathbf{b}$와 같다.
$\mathbf{a} \cdot \sigma$	$\mathbf{a} \in \mathbb{R}^3$의 계수를 가지는 파울리^{PAULI}행렬 $\sigma_1 = \sigma_x$, $\sigma_2 = \sigma_y$, $\sigma_3 = \sigma_z$의 선형 조합. 즉 $\mathbf{a} \cdot \sigma := \sum_{j=1}^{3} a_j \sigma_j$
X, Y, Z	파울리 행렬의 다른 표기법. $$\mathbf{1} = \sigma_0, \quad X = \sigma_x = \sigma_1, \quad Y = \sigma_y = \sigma_2, \quad Z = \sigma_z = \sigma_3$$ 양자 게이트에서 자주 사용한다.

$\mathbb{H}$	힐베르트 공간. 스칼라 곱을 이용한 노름^{norm}을 가지는 복소 벡터 공간
$\mathrm{Span}\{v_1,\ldots,v_n\}$	체 $\mathbb{F}$위의 선형 공간 $\mathbb{V}$의 벡터들의 집합 $\{v_1,\ldots,v_n\}$의 선형 생성$^{\text{linear span}}$. $\{a_j \mid j \in \{1,\ldots,n\}\} \subset \mathbb{F}$일 때, $v = \sum_{j=1}^{n} a_j v_j$의 형태가 생성하는 $\mathbb{V}$의 부분공간
$\P\mathbb{H}$	큐비트 힐베르트 공간 $\P\mathbb{H} \cong \mathbb{C}^2$
$|\psi\rangle$	힐베르트 공간에 있는 벡터의 켓^{ket} 표기법
$\langle\psi|$	힐베르트 공간의 쌍대공간$^{\text{dual space}}$에 있는 벡터의 브라^{bra} 표기법
$\langle\psi|\varphi\rangle$	$|\varphi\rangle, |\psi\rangle \in \mathbb{H}$의 스칼라 곱
$\|\psi\|$	$|\psi\rangle \in \mathbb{H}$의 노름 $\|\psi\| := \sqrt{\langle\psi|\psi\rangle}$
δ_{xy}	크로네커 델타

$$\delta_{xy} := \begin{cases} 1, & x = y \\ 0, & \text{그외} \end{cases}$$

혼돈을 피하기 위해 쉼표를 사용하는 경우도 있다. 일례로 δ_{npmq} 대신 $\delta_{np,mq}$로 표기한다.

$\mathbf{1}$	$\mathbb{H}$에서 항등연산자 또는 $\mathbb{R}^n, \mathbb{C}^n, \mathbb{F}_2^n$에서 항등 행렬. 즉, $\mathbb{H}$에 있는 모든 ψ에 대하여 $\mathbf{1}|\psi\rangle = |\psi\rangle$. 좀 더 구체적인 표기를 위해서, 힐베르트 공간 $\mathbb{H}^B$의 항등연산자는 $\mathbf{1}^B$, 힐베르트 공간 $\mathbb{H}^A$의 항등연산자는 $\mathbf{1}^A$와 같이 다르게 표기할 경우도 있다. 비슷하게, $\mathbb{H} = \P\mathbb{H}^{\otimes n}$의 항등연산자는 $\mathbf{1}^{\otimes n}$으로 표기한다.
$\mathrm{L}(\mathbb{H})$	$\mathbb{H}$에 작용하는 선형연산자의 집합. 즉

$$\mathrm{L}(\mathbb{H}) := \{A : \mathbb{H} \to \mathbb{H} \mid A\text{는 선형 연산자}\}$$

$\mathrm{B}(\mathbb{H})$	$\mathbb{H}$에 작용하는 유계 선형연산자의 집합. 즉,

$$\mathrm{B}(\mathbb{H}) := \{A \in \mathrm{L}(\mathbb{H}) \mid \|A\| < \infty\}$$

A^T	행렬 A의 전치 행렬. $A_{ij}^T = A_{ji}$
A^*	연산자 (또는 행렬) A의 수반 연산자 (또는 행렬). $\mathbb{H}$의 모든 φ, ψ에 대하여 $\langle\varphi|A\psi\rangle = \langle A^*\varphi|\psi\rangle$

$\mathrm{tr}(A)$	연산자 $A \in \mathrm{L}(\mathbb{H})$ 또는 $A \in \mathrm{L}(\mathbb{C}^n)$의 대각합. ONB의 행렬 성분이 A_{ij}이면, $\mathrm{tr}(A) := \sum_j A_{jj}$이다.
$\mathrm{tr}^B(M)$	연산자 $M \in \mathrm{L}(\mathbb{H}^A \otimes \mathbb{H}^B)$의 $\mathbb{H}^B$상의 부분 대각합
$\sigma(A)$	$A \in \mathrm{L}(\mathbb{H})$의 스펙트럼. 다음을 만족하는 집합이다.

$$\sigma(A) := \{\lambda \in \mathbb{C} \mid (A - \lambda\mathbf{1})^{-1}\text{가 존재하지 않는다}\}$$

$\mathrm{Eig}(A, \lambda)$	연산자 $A : \mathbb{H} \to \mathbb{H}$의 고윳값 λ의 고유벡터가 생성하는 선형 부분공간

$$\mathrm{Eig}(A, \lambda) := \mathrm{Span}\{|\psi\rangle \in \mathbb{H} \mid A|\psi\rangle = \lambda|\psi\rangle\}$$

$\mathrm{B}_{\mathrm{sa}}(\mathbb{H})$	힐베르트 공간 $\mathbb{H}$에 정의된 유계 자기수반 연산자의 집합

$$\mathrm{B}_{\mathrm{sa}}(\mathbb{H}) := \{A \in \mathrm{B}(\mathbb{H}) \mid A^* = A\}$$

$\mathcal{U}(\mathbb{H})$	힐베르트 공간 $\mathbb{H}$에 정의된 유니타리 연산자의 군

$$\mathcal{U}(\mathbb{H}) := \{A \in \mathrm{B}(\mathbb{H}) \mid A^*A = \mathbf{1}\}$$

$\mathrm{D}(\mathbb{H})$	힐베르트 공간 $\mathbb{H}$에 정의된 밀도 연산자의 볼록 집합

$$\mathrm{D}(\mathbb{H}) := \{\rho \in \mathrm{L}(\mathbb{H}) \mid \rho^* = \rho, \rho \geq 0, \mathrm{tr}(\rho) = 1\}$$

$\mathrm{D}_{\leq}(\mathbb{H})$	힐베르트 공간 $\mathbb{H}$에 정의된, 대각 합이 1보다 작고 양인 자기 수반연산자의 집합

$$\mathrm{D}_{\leq}(\mathbb{H}) := \{\rho \in \mathrm{L}(\mathbb{H}) \mid \rho^* = \rho, \rho \geq 0, \mathrm{tr}(\rho) \leq 1\}$$

$[A, B]$	연산자 A, B의 교환자. 즉, $[A, B] := AB - BA$
$\mathbf{P}\{\mathrm{Event}\}$	'Event'가 발생할 확률
$|\varphi\rangle \otimes |\psi\rangle$	벡터 $|\varphi\rangle, |\psi\rangle \in \mathbb{H}$의 텐서 곱
$\P\mathbb{H}^{\otimes n}$	큐비트 힐베르트 공간 $\P\mathbb{H}$의 n개 텐서 곱
$S_{\mathbb{V}}^r$	노름을 가진 벡터 공간 $\mathbb{V}$에서 반지름이 r인 구. 즉, $\|\mathbf{v}\| = r$인 벡터 $\mathbf{v} \in \mathbb{V}$의 집합
$B_{\mathbb{V}}^r$	노름을 가진 벡터 공간 $\mathbb{V}$에서 반지름이 r인 공. 즉, $\|\mathbf{v}\| \leq r$인 벡터 $\mathbf{v} \in \mathbb{V}$의 집합
$|x\rangle$	$\P\mathbb{H}^{\otimes n}$의 계산 기저인 벡터. $x = \sum_{j=0}^{n-1} x_j 2^j < 2^n$, $x_j \in \{0, 1\}$의 표현을 갖는 $x \in \mathbb{N}_0$에 대하여

$$|x\rangle := |x\rangle^n := \bigotimes_{j=n-1}^{0} |x_j\rangle = |x_{n-1}\rangle \otimes \ldots \otimes |x_0\rangle = |x_{n-1}\ldots x_0\rangle$$

$\neg A$ 명제 A에 대한 부정

$\lfloor a \rfloor$ 실수 $a \in \mathbb{R}$의 정수 부분

$$\lfloor a \rfloor := \max\{z \in \mathbb{Z} | z \leq a\}$$

$\lceil a \rceil$ 실수 $a \in \mathbb{R}$보다 큰 정수 중에서 가장 가까운 값

$$\lceil a \rceil := \min\{z \in \mathbb{Z} | z \geq a\}$$

$a \bmod n$ a를 n으로 나눈 나머지

$$a \bmod n := a - \left\lfloor \tfrac{a}{n} \right\rfloor n$$

$x_{n-1}\ldots x_{0\,2}$ $x < 2^n$인 숫자 $x \in \mathbb{N}_0$의 이진수 표현법

$$x = x_{n-1}\ldots x_{0\,2} := \sum_{j=0}^{n-1} x_j 2^j \qquad \text{with } x_j \in \{0,1\}$$

$\overset{2}{\oplus}$ 이진법 덧셈 $a \overset{2}{\oplus} b := (a+b) \bmod 2$

$\overset{2}{\odot}$ 기저 벡터 $\mathbf{x}, \mathbf{y} \in \mathbb{F}_2^n$일 때, 벡터 $|x\rangle, |y\rangle \in \mathbb{H}^{\otimes n}$의 이진법 곱셈은 다음으로 정의한다.

$$x \overset{2}{\odot} y := x_{n-1}\,y_{n-1} \overset{2}{\oplus} \ldots \overset{2}{\oplus} x_0 y_0 = \left(\sum_{j=0}^{n-1} x_j y_j \right) \bmod 2$$

$\boxplus$ 계산 기저에서 $|x\rangle, |y\rangle \in \mathbb{H}^{\otimes n}$의 인자별 이진법 덧셈

$$|x \boxplus y\rangle := \bigotimes_{j=n-1}^{0} |x_j \overset{2}{\oplus} y_j\rangle$$

$a | b$ a가 b를 나눈다. 즉, 정수 $z \in \mathbb{Z}$가 존재해 $b = az$의 관계를 만족한다.

$a \nmid b$ a가 b를 나누지 않는다. 즉, 모든 정수 $z \in \mathbb{Z}$에 대하여 $b \neq za$

$\gcd(a_1, \ldots, a_n)$ $\sum_{i=1}^{n} |a_i| \neq 0$인 정수 $a_i \in \mathbb{Z}, i \in \{1, \ldots, n\}$의 최대공약수

$$\gcd(a_1, \ldots, a_n) := \max\{k \in \mathbb{N} | \forall a_i : k | a_i\}$$

$a \neq 0$일 때, $\gcd(0, a) = |a|$임에 주의하자.

$\mathrm{scm}(a_1,\ldots,a_n)$	$\prod_{i=1}^{n} a_i \neq 0$인 정수 $a_i,\ldots,a_n \in \mathbb{Z}$의 최소공배수

$$\mathrm{scm}(a_1,\ldots,a_n) := \min\{k \in \mathbb{N}\,|\,\forall a_i : a_i|k\}$$

$\mathrm{Pri}(n)$	n을 소인수 분해할 때, 약수인 소수들의 집합
$n = \prod_{p \in \mathrm{Pri}} p^{v_p}$	자연수 $n \in \mathbb{N}$의 소인수 분해. n의 약수로 나타나지 않는 소수 $p \in \mathrm{Pri}$의 지수는 영이다. 즉, $p \notin \mathrm{Pri}(n)$이면 $v_p = 0$. $a \in \mathbb{Z} \setminus \{0\}$에 대해서는 $|a| \in \mathbb{N}$의 소인수 분해를 결정하면 $a = \mathrm{sign}(a)\prod_{p \in \mathrm{Pri}(|a|)} p^{|a|_p}$가 된다.
$\phi(n)$	오일러 함수

$$\phi : \mathbb{N} \to \mathbb{N}$$
$$n \mapsto \phi(n) := |\{r \in \{1,\ldots,n-1\}\,|\,\gcd(n,r) = 1\}|$$

$\mathrm{ord}_N(b)$	$\gcd(b,N) = 1$인 자연수 b,N에 대해 다음과 같이 정의하는 N법에서 b의 차수

$$\mathrm{ord}_N(b) := \min\{n \in \mathbb{N}\,|\,b^n \bmod N = 1\}$$

id_A	집한 A에 정의된 항등 사상. 모든 $a \in A$에 대해 $\mathrm{id}_A(a) = a$이다.
$o(\cdot)$	작은 란다우 표기. $n \to \infty$일때, 정수 $\mathbb{N}$에서 정의된 함수가 다음을 만족한다.

$$f(n) \in o\left(g(n)\right) \text{ for } (n \to \infty)$$
$$:\Leftrightarrow \forall \varepsilon \in \mathbb{R}_+, \exists M \in \mathbb{N} : \forall n > M : |f(n)| \leq \varepsilon|g(n)|$$

$O(\cdot)$	큰 란다우 표기. $n \to \infty$일때, 정수 $\mathbb{N}$에서 정의된 함수가 다음을 만족한다.

$$f(n) \in O\left(g(n)\right) \text{ for } (n \to \infty)$$
$$:\Leftrightarrow \exists C \in \mathbb{R}, \; M \in \mathbb{N} \forall n > M : |f(n)| \leq C|g(n)|$$

$e^A = \exp(A)$	A에 작용하는 지수함수. A가 복소수, 행렬 또는 연산자일 때 $e^A = \exp(A) : = \sum_{n=0}^{\infty} \frac{A^n}{n!}$로 정의한다.
$|S|$	집합 $|S|$의 원소의 개수
$|\mathcal{G}|$	유한 군 $|\mathcal{G}|$의 원소의 개수 또는 차수이다.

$\mathcal{H} \leq \mathcal{G}$	$\mathcal{H}$와 $\mathcal{G}$가 군일 때, $\mathcal{H} \leq \mathcal{G}$는 $\mathcal{H}$가 $\mathcal{G}$의 부분군임을 의미한다.
$\mathcal{H} < \mathcal{G}$	$\mathcal{H}$와 $\mathcal{G}$가 군일 때, $\mathcal{H} < \mathcal{G}$는 $\mathcal{H}$가 $\mathcal{G}$의 진부분군임을 의미한다.
$\mathcal{H} \trianglelefteq \mathcal{G}$	$\mathcal{H}$와 $\mathcal{G}$가 군일 때, $\mathcal{H} \trianglelefteq \mathcal{G}$는 $\mathcal{H}$가 $\mathcal{G}$의 정규부분군임을 의미한다.
$\mathcal{H} \cong \mathcal{G}$	군 $\mathcal{H}$와 군 $\mathcal{G}$가 동형임을 의미한다. 즉, 각각의 군의 연산자를 보존하는 전단사 함수가 존재한다. 선형 공간의 군 연산자는 덧셈이다.
$\mathcal{P}$	파울리 군. 정의는 다음과 같다.

$$\mathcal{P} := \{i^a\, \sigma_\alpha \mid a, \alpha \in \{0, \ldots, 3\}\} < \mathcal{U}(\mathbb{H})$$

$\mathcal{P}_n$	n겹의 파울리 군. 정의는 다음과 같다.

$$\mathcal{P}_n := \{i^a \sigma_{\alpha_{n-1}} \otimes \ldots \otimes \sigma_{\alpha_0} \in \mathrm{L}(\mathbb{H}^{\otimes n}) \mid a, \alpha_j \in \{0, \ldots, 3\}\}$$
$$< \mathcal{U}(\mathbb{H}^{\otimes n})$$

01
들어가며

1.1 간단한 역사

접두사인 **양자**^{quantum}의 기원은 20세기 초로 거슬러 올라간다. 플랑크^{Planck}가 에너지가 가지는 최소 **양자**의 존재를 가정해 흑체복사 법칙을 유도할 때다. 몇 년 후 아인슈타인^{Einstein}은 광전 효과^{photo-electric effect}를 설명할 때 이 가정을 다시 사용했다[6]. 이러한 초기 기원에도 불구하고 양자역학^{quantum mechanics}은 거의 20년 후에 보어^{Bohr}, 슈뢰딩거^{Schrödinger}, 하이젠베르크^{Heisenberg}, 파울리^{Pauli}, 보른^{Born} 등의 노력으로 **황금의 1920년대**에 이르러 꽃을 피웠다.

양자역학은 일반적으로 **확률**에 대한 서술만 허용하는 수학적 형식화^{formalism}를 이용해 미시 세계를 설명한다. 어떤 시스템에서 알 수 있는 것, 즉 시스템의 **상태**^{state}는 선형 공간의 벡터를 이용해 수학적으로 표기한다. 이것은 어떤 시스템이 다른 상태들의 **선형 조합**^{linear combination}인 상태에 존재할 수 있게 한다. 게다가 양자역학의 수학적 이론은 시스템의 물리량(소위 **관측 가능량**^{observables})이 원칙적으로 동시에 측정할 수 있는 최대 정밀도의 한계에 대한 설명을 제공한다. 하이젠베르크의 불확실성 원리는 아마도 이러한 맥락에서 가장 잘 알려진 개념이다.

양자역학의 이론은 **공준**이라고 부르는 몇 가지 기본 가정에서 시작해 많은 결과와 명제를 유도한다. 이 가운데 일부는 직관과 맞지 않아 **역설**이라고 부른다. 아인슈타인-포돌스키-로젠EPR, Einstein-Podolsky-Rosen의 역설[4]과 슈뢰딩거 **고양이**는 유명한 예다. 슈뢰딩거 고양이는 논문[7]에서 슈뢰딩거가 제시했다. 같은 논문에서 슈뢰딩거는 **얽힘**entanglement이라는 용어 또한 만들었다. 이것은 실제를 구성하는 것에 대한 우리의 직관에 도전하면서, 동시에 양자 컴퓨팅에서 필수적인 역할을 하는 양자역학적 현상을 설명한다.

1960년대에 숨은 변수hidden variables의 존재를 가정하고 벨Bell이 유도한 상관관계correlations에 관한 부등식은 얽힘에서 매우 중요하다[8]. 간단하게 말하면, 벨의 부등식은 시스템의 물리적 실제라고 하는 것에 대한 우리의 직감과 잘 일치하는 가정을 한다. 그러나 동시에 양자역학은 특정 얽힌 상태에서 이 부등식을 만족하지 않을 것이라고 예측한다. 1969년 클라우저Clauser 등이 벨 부등식의 더욱 일반화된 버전을 유도했다[2]. 아스페Aspect 등이 수행한 실험에서 일반화된 부등식을 실제로 위배하는 것으로 나타났다[9]. 다시 말해 자연은 실제에 대한 우리의 직관을 따른다기보다는 **직관에 반하는** 양자역학의 예측을 따른다.

지금까지 양자역학은 벨의 부등식과 관련한 다른 실험 테스트를 모두 통과했다. 그 외에도 레이저, 트랜지스터, 원자력, 핵 공명 단층 촬영 등과 같은 수많은 응용 분야에 적용됐다. 이러한 것들은 근본적으로 세상을 변화시켰고 앞으로도 계속될 것이다. 양자역학을 지금까지 가장 성공한 과학 이론이라고 해도 과장은 아니다.

정보 이론information theory의 역사는 지난 세기에 위너(Wiener[10])와 섀넌(Shannon[11])에 의해 시작됐다. 고전적인 정보는 명확하게 구분되는 **이진 상태**로 저장되고 처리된다. 기존의 컴퓨터 과학과 디지털화의 성공은 이진 상태의 중첩이 불가능하고 시스템은 항상 명확하게 정의할 수 있는 상태에 있다는 사실에 의존한다. 나중에 보게 되겠지만 이러한 사실은 양자 계산에 사용되는 얽힌 상태는 완전히 대조적이다.

고전 계산 프로세스와 비교해 향상된 기능을 가지는 양자 컴퓨터에 대해 처음 언급한 사람은 파인만(Feyman[12])이다. 고전 컴퓨터를 이용해 양자 시스템을 계산하기에 어려움이 있다는 것에 착안해, 양자 효과를 이용하는 연산이 고전 프로세서보다 우수하지 않을까 하는 생각을 파인만은 1980년대 초에 가졌다. 이러한 과정에서 파인만은 **양자역학 컴퓨터**quantum mechanical computer가 고전 컴퓨터보다 양자 시스템을 실제로 더 효율적으로 계산할 수 있다고 지적했다.

파인만의 논문과 동시에, 베니오프(Benioff[14])는 튜링(Turing[13]) 논문의 계산 과정 이론과 양자역학의 조합에 관한 분석을 발표했다. 또한 1982년에 우터르스Wooters와 주레크Zurek가 증명한 알려지지 않은 양자 시스템은 복제할 없다는 **양자 복제 불가능 정리**Quantum No Cloning Theorem가 등장한다[15]. 양자역학과 정보 이론의 결합은 1980년대에 도이치Deutsch에 의해 가속화됐다. 그는 양자역학적 계산 프로세스와 회로를 공식화했다[16, 17].

이것은 정보가 물리적인 기원을 갖고 있다는 지금까지 종종 무시된 사실에 영향을 받았다. 결과적으로 다음과 같은 (첫 번째 가상의) 질문이 제기됐다. 정보의 저장과 처리를 위해서 사용할 수 있는 양자역학 시스템의 종류는? 이로부터 정보를 처리할 수 있는가? 그리고 효율의 향상은 있는가?

컴퓨터 메모리가 급속하게 소형화되면서 위의 질문들은 가상적인 것에서 점점 실질적인 문제가 됐다. 지난 수십 년 동안 미세 시스템을 자유롭게 제어할 수 있게 돼 이러한 상황은 더욱 심해졌다. 현재 이러한 미세 시스템은 원자, 전자, 광자를 포함한다. 요즘에는 실험실에서 상당히 다양한 미세 시스템을 다룰 수 있다.

정보 이론과 양자 이론을 조합하는 기본 원리는 정보의 저장과 처리를 위해서 양자역학 법칙을 만족하는 양자역학 시스템을 사용하는 것이다. 모호함을 피해야 하는 정보의 고전적인 이진 표현과는 달리, 여러 상태들의 중첩 가능성과 양자역학의 확률적 특성을 이용하면 새롭고 흥미로운 가능성이 열린다.

그러한 가능성 중 하나는 1990년대 베네트 외[18]에 의해 제시된 양자 상태의 신기한 **순간이동**이다. 그 후 인수분해 알고리즘을 쇼어(Shor[19, 20])가, 탐색 알고리즘을 그로버(Grover[21, 22])가 제시했다. 두 알고리즘은 실제 문제를 해결하는 데 있어 양자 컴퓨터의 잠재적 우위를 처음으로 입증했다. 이 세 가지로 인해 양자 컴퓨터에 대한 관심이 크게 증가했다. 그 후 개념 증명의 수준이지만, 이러한 것들이 실험적으로 실현됐다. 우선 보우메스터 외(Bouwmester et al.)에 의해 순간 이동[23], 그 후 1988년 추앙 외(Chuang et al.)에 탐색 알고리즘[24] 그리고 2001년에 반데르시펜 외(Vandersypen et al.)에 의해 15를 소인수 분해한 것이 있다.[25]

소인수 분해와 탐색 알고리즘은 대량의 데이터에 처리할 수 있는 양자 컴퓨터가 필요하다. 지금까지는 실험실의 최소 환경에서 알고리즘을 입증했다. 그러나 순간이동의 경우에는 143km 떨어진 먼 거리나([26]), 심지어 지구 궤도를 도는 위성까지 성공했다([27]).

오류 정정 기법과 같은 중요한 계산 프로세스 또한 1990년대에 개발됐다. 양자 시스템을 원치 않는 상호작용으로부터 보호하기가 어렵다는 점을 감안하면 오류를 정정하는 기능은 중요하다. 양자 시스템의 상태에 관측이 영향을 미치기 때문에 정정 작업은 양자 컴퓨터에서 매우 어렵다. 그럼에도 칼데르나크와 쇼어(Caldernake and Shor[28]) 및 스테인(Stane[29])이 해결책을 제안했다. 게다가 양자 게이트의 특성, 특히 **보편성**Universality을 브렌코 외(Barenco et al.[30])와 디빈센조(DiVincenzo[31])가 증명했다.

계산 프로세스, 게이트 및 알고리즘의 발전과 동시에 도청 탐지가 가능한 양자역학 특성을 기반으로 하는 **암호 키의 공개 교환**을 위한 새로운 규약이 제시됐다. 이러한 규약은 양자 컴퓨터가 필요하지 않고 기존 하드웨어로도 구현할 수 있다. 1984년에 베네트와 브라사르(Bennett and Brassard[1])가 양자 속성을 이용하는 규약을 처음 제시했다. 이 규약은 얽힘 외의 다른 양자 특성을 사용해 도청을 찾아낸다. 1990년대에 에커트(Ekert[3])가 얽힘 속성을 명시적으로 사용하는 다른 규약을 제안했다.

양자역학의 계산 능력을 활용하는 또 다른 방법은 **단열 양자 컴퓨팅**adiabatic quantum computing으로 알려진 것이다. 이 방법은 고전 게이트의 양자 버전을 사용하는 대신 양자 단열 이론의 결과를 적극 이용한다. 여기에서는 알려진 초기 상태로부터 적절하게 느린 단열 진전으로 도달하는 해밀턴의 고유 상태(일반적으로 바닥 상태ground state)가 풀고자 하는 문제의 해답이 되도록 시스템을 구성한다. 이 아이디어는 1989년에 아폴로니 외(Appolloni et al.[32])에 의해 소개된 양자 확률론적 최적화와 양자 어닐링annealing으로부터 나온 것이다. 2001년에 반담 외(Van Dam et al.[33])와 아하로노프 외(Aharonov et al.[34])가 단열 기반과 게이트 기반 양자 계산의 효율적 등가를 증명함으로써, 오늘날 단열 양자 컴퓨팅이라고 부르는 것의 기반을 확립했다.

새천년의 10년 동안 **위상 양자 컴퓨터**topological quantum computer 이론이 개발되기 시작했다. 프리드먼(Freedman[35])과 키타예프(Kitaev[36])의 영향으로 위상 양자 컴퓨팅 패러다임은 이차원의 공간에서 양자 시스템의 위상 성질을 이용하는 것이다. 이러한 위상 양자 컴퓨터는 주위 환경과의 과도한 상호작용에 대해 더 큰 안정성과 보호 기능을 제공해 오류 정정의 필요가 줄어들게 될 장점을 가진다.

양자 컴퓨팅의 마지막 장은 아직 완성되지 않은 것 같다. 이 책이 그 내용에 몇 줄이라도 기여할 수 있는 시발점이 되기를 바란다.

1.2 독자에게

이 책에서는 양자 컴퓨팅의 원론적인 내용을 수학적으로 설명할 것이다. 두 가지 사소한 예외를 제외하고 책에서 언급한 모든 결과의 증명을 책 안에 포함했다. 내용을 이해하기 위해서 다른 참고문헌이 필요 없으므로 이 책은 혼자 공부하는 독자에게 적합할 것이다.

고급 대학 수학 지식을 가진 물리학, 수학 또는 컴퓨터 과학 학생 그리고 비슷한 수학 지식을 가진 사람들이 양자 컴퓨팅에 관한 논문을 읽고 내용을 소화하는 것을 목표로 해 이 책의 설명 수준을 정했다.

내용에 대한 동기부여 또는 설명, 그 후에 정의, 보조정리, 명제 또는 정리 그리고 증명하는 순서를 반복하는 방식으로 책을 서술한다. 종종 주요 결과는 여러 개의 보조정리를 준비한 후 주요 정리에서 서술할 것이다. 비슷하게 여러 결론들이 주요 정리의 따름 정리로 제시될 것이다. 많은 연습용 문제들이 책의 논리적 흐름의 중요한 부분을 차지한다. 해답이 부록으로 제공되지만, 내용에 대한 이해와 친밀감을 위해 문제를 직접 풀어보는 것이 좋다.

양자역학에 필요한 힐베르트 공간Hilbert Space과 연산자에 관한 수학적 지식은 양자역학의 기본 원리(일명 **공준**)와 함께 2장에서 서술한다. 정수론Number theory 또는 군론Group theory 같이 다른 분야 내용 중에 필요한 것은 부록에서 따로 모아서 정리한다. 그 밖의 것들은 필요할 때 증명하는 방식proofs-you-go approach을 따른다. 즉 일련의 증명을 요구하는 결과가 필요할 때, 그때그때 증명한다.

이러한 접근 방식으로 명제와 필요한 조건을 수학적인 형태로 엄밀하게 서술한다. 그러나 무한차원의 힐베르트 공간에 대해서는 일반화의 수준과 기술적인 세부 사항에서 엄밀성이 떨어진다. 양자 컴퓨팅의 수학은 유한차원의 공간만을 요구하기 때문에 대부분의 결과가 무한차원으로 일반화되지 못한다.

2장에서는 양자역학의 수학적 형식mathematical formalism에 대한 간단한 소개로 설명을 시작한다. 이는 양자역학의 이해[1]에 필요한 수학 지식을 독자에게 제공한다.

이전에 언급한 수학 지식을 사용해 2.3절에서 양자역학의 공준을 언급하고, 불확정성 관계와 같은 몇 가지 결과를 한다. 2.3.1절에서 순수 상태pure state를 고려하고, 2.3.2절에서 혼합 상태mixed state 그리고 2.4절에서 큐비트qubit를 소개한다. 2.5절에서는 큐비트에 작용하는 연산자operator를 소개한다. 이는 양자 게이트quantum gate에서 중요하다.

3장에서는 텐서곱tensor products을 이용해 2개 이상의 **입자**particle[2]를 기술한다. 이를 위해 3.2.1절에서 텐서곱을 정의하고 유용한 계산 기저computational basis를 도입하고, 3.3절에서 복합 시스템composite systems에 대한 상태states와 관측 가능량observables을 검토한다. 이런 과정에서 복합 시스템의 경우에 매우 유용한 부분 대각합partial trace에 관한 많은 관계식을 유도한다. 3.4절에서 슈미트Schmidt 분해에 관해 설명한다. 마지막으로 3.5절에서 양자 연산에 관한 자세한 설명으로 3장을 마무리한다.

4장에서는 얽힘entanglement을 자세히 설명한다. 4.2절에서 혼합 상태에서도 적용할 수 있는 일반적인 정의를 언급하고 얽힌 순순 상태에 대한 특별한 기준을 제시한다. 4.3절에서 두 시스템이 상호작용하지 않더라도 얽힐 수 있는 신기한 가능성을 보여준다. 4.4절에서 아인슈타인-포돌스키-로젠의 역설EPR 역설에 대해 폭넓게 논의한다. 그 후 4.5절에서 벨 부등식Bell inequality을 언급한다. 4.5.1절에서 벨이 제시한 초기 형태를 서술한다. 클라우저, 혼, 슈모니, 홀트가 유도한 일반화된 버전은 4.5.2절에 제시한다. EPR 및 벨 부등식에 관한 절은 양자 컴퓨팅에 필수적인 결과를 포함하지는 않는다. 그러나 얽힘이 반직관적counter-intuitive인 측면을 보이며 벨 부등식이 암호화 규약protocol에서 도청을 탐지하는 데 사용하기 때문에 4장에 포함했다. 4장 끝에서 양자역학의 법칙 때문에, 원래 의도와 무관하게 작동하는 두 개의 장치를 설명한다. 그중 하나는 얽힌 상태를 사

---

1 파인만을 포함한 많은 사람들이 아무도 양자역학을 '이해'할 수 없다고 말할 지라도.
2 여기서 '입자'는 전자나 광자처럼 양자역학으로 기술되는 객체를 의미한다.

용해 신호를 즉시 전송하는 장치인데, 벨의 전화로 알려져 있다. 4.6.1절에서 벨의 전화는 작동하지 않는 것을 증명한다. 마찬가지로 알려지지 않은 임의의 큐비트를 복사하는 장치를 만들 수 없다. 이 명제는 양자 복제 불가능 정리 Quantum No-Cloning Theorem로 알려져 있고, 4.6.2절에서 증명한다.

5장에서는 양자 게이트와 회로에 관해 설명한다. 5.1절에서 고전 게이트 classical gate를 간단하게 언급하고, 5.2절에서 양자 게이트quantum gate를 설명한다. 5.2.3절에서 여러 개의 기본 게이트를 이용해 임의의 유니타리 변환Unitary transformation을 생성하는 방법을 보여준다. 그리고 5.5절에서 덧셈, 모듈러 지수 modular exponentation, 양자 푸리에Quantum Fourier와 같은 기본 계산 프로세스를 기본 게이트로 구현할 것을 설명한다. 5장의 내용은 뒤에 나오는 내용을 이해하는 데 실제로 필요하지 않다는 점에서 약간 동떨어져 있다. 이런 의미에서 5장은 건너 뛰어도 책의 다른 부분을 이해하는 데 지장은 없다.

6장은 다시 얽힘에 관해서다. 이것이 얼마나 유용한지에 대한 몇 가지 유명한 예를 언급한다. 이것은 양자역학의 고유한 특성으로 고전 비트로는 만들 수 없는 효과를 가능케 한다. 6.1절에서 양자 컴퓨터의 미래를 밝힌 초기 작품인 도 이치-조시Deutsch-Jozsa 알고리듬의 소개로 6장을 시작한다. 다음 6.2절에서 고밀도 양자 코딩dense quantum coding을 다룬다. 6.3절에서 순간이동teleportation을 언급한다. 그 후 6.4절에서 양자 암호Quantum cryptography를 설명한다. 6.4.1절에서 암호화에 관해 간단한 소개하고, 이어서 양자역학 법칙으로 도청 탐지가 가능한 두 가지 규약protocol을 소개한다. 6.4.2절에서 제시한 규약은 얽힘을 사용하지 않아 송신자에서 수신자로 입자를 전달해야 한다. 반대로 6.4.3절에서 제시하는 규약은 양측이 이미 다른 쪽과 얽힌 큐비트를 가지고 있다면 얽힘을 사용해 입자 교환을 하지 않는다. 6.4.4절에서 RSA 공개 키 분배 규약RSA public key distribution protocol에 대해 설명한다. 이것은 6.5절에서 소개하는 쇼어의 인수분해 알고리듬 때문에 보안이 취약해지는 것을 알 수 있다. 숨은 아벨 부분군hidden abelian subgroup을 찾는 알고리듬의 일반화는 6.6절에 제시한다. 6.7절에서 숨은 아벨 부분군 찾기의 일반적인 알고리듬으로 아벨군의 이산 로그discrete logarithm를 찾는 것을 설명한다. 이러한 것들은 로그 값을 찾는 것이 어렵다는 것에 크게 의존하는 타원 곡선 디지털 서명 알고리듬Elliptic Curve Digital Signature Algorithm과 같은 암호화 규약과 특히 관련이 있다. 6.8절에서는 비트코인 거래의 서명에 사용하는 규약을 자세히 살펴본다. 마지막으로 6.9절에서 그로버Grover의 탐색 알고리즘에 관해 자세히 설명한다. 이것은 진폭 증폭 양자 알고리즘amplitude amplification quantum algorithm의 중요한 보기이며, 비전문가가 문제 전체를 쉽게 이해할 수 있는 몇 개 되지 않는 보기이기도 하다.

7장에서 오류 정정의 기본 개념을 소개한다. 7.1절에서 양자 계산을 위한 가능한 오류의 원천에 대해 소개한다. 7.2장에서 고전적인 선형 오류 정정 코드의 구조를 소개한다. 이것과 비교해 7.3장에서 양자 오류 수정 코드의 유사한 구조를 소개한다. 양자 코드, 오류 및 복구 연산자는 7.3.1절에 소개한다. 양자 코드가 주어진 오류들을 감지하고 수정할 수 있는 조건을 알려주는 정리를 같이 설명한다. 7.3.2절에서 신드롬 추출syndrome extraction을 통해 오류 감지를 정의하고 오류 감지와 정정 규약을 제시한다. 7.3.3절에서 양자 오류 정정 코드의 안정기 형식을 간결하고 아름다운 공식으로 서술한다.

8장에서 단열 양자 컴퓨팅Adiabatic Quantum Computing에 대해 상세하게 설명한다. 8.2절에서 단열 방법의 기본 가정과 단열 계산에서 가장 중요한 단열 근사의 오차에 관한 중요한 결과를 설명한다. 이 부분은 부록 G에서 엄밀하게 증명한 양자 단열 정리를 이용한다. 단열 방법의 일반 버전은 8.3절에 제시한다. 이것의 응용으로 8.4절에서 단열 방법을 이용한 탐색 알고리즘을 살펴본다. 또한 알고리즘을 적절하게 수정해 6.9절의 그로버 탐색 알고리즘의 효율성에 도달하는 것을 증명한다. 단열 방식과 회로 기반 방식의 최종 상태가 같기에 어느 방식이 더 효율적인가에 대한 의문이 든다. 8.5절과 8.6절에서 두 가지 접근 방식이 효율성 면에서 동등하다는 것을 증명한다.

때때로 명제를 증명하기 위해 사용하는 보조 결과들이 다소 긴 증명을 요구할 때가 있다. 증명의 내용이 길거나 또는 관련된 여러 결과들을 한곳에 모으는 것이 좋아 보일 때, 설명의 흐름을 방해하지 않기 위해 관련된 내용을 부록으로 따로 모아 서술한다.

부록 A에서는 확률론의 정의를 모아 두었다.

부록 B에 소개한 알고리즘은 누구나 알고 있는 덧셈과 뺄셈의 이진법 버전의 형식화다. 5.5절에서 정의된 양자 회로가 덧셈과 뺄셈의 기본 연산을 실제로 구현할 수 있는지 확인할 때 도움이 된다.

부록 C는 란다우Landau 표기법에 관한 설명이다.

암호와 인수분해의 설명에 필요한 모듈라(나머지) 연산은 부록 D에서 정의하고 증명한다.

부록 E에서 연분수^{continued fraction}에 대해 설명한다.

부록 F에는 군론의 핵심을 설명한다. 이는 6.6절의 숨은 부분군 문제와 7.3.3절의 양자 오류 정정을 위한 안정기 형식과 같은 양자 알고리즘을 서술하는 데 필요하다.

부록 G에는 역핵 연산자^{resolvent operator}를 사용해 양자 단열 이론을 엄밀하게 증명한다. 이 결과는 8장의 단열 방법을 분석하는 데 사용한다.

부록 G.3절에 이어서 마지막으로 모든 연습용 문제에 대한 해답을 제시한다. 하지만 독자 스스로가 문제를 풀어보려고 노력하는 것이 좋다. 이런 시도가 실패하더라도 향후 학습 과정에 많은 도움이 된다.

1.3 이 책에서 다루지 않는 주제

이 책은 입문서이기 때문에 현재 발달하고 있는 거대한 양자 컴퓨터의 모든 것을 소개할 수 없다. 이 책에서 다루지 않은 주제를 잠깐 소개한다.

양자역학의 방법

양자역학은 물리 시스템을 분석하기 위해 원자 스펙트럼, 대칭군과 표현론^{representation}, 섭동^{perturbation} 이론, 산란^{scattering} 이론 그리고 상대성 이론을 포함하는 파동 방정식과 같은 방법을 사용한다. 이러한 것의 방법론에 관심이 있으면 양자역학에 관한 좋은 교과서를 참조하는 것이 좋다[37-40].

양자역학의 해석

이 책에서 직관에 반하는 양자역학 현상인 EPR 모순과 벨의 부등식을 소개한다. 그러나 양자역학의 근본적인 또는 좀 더 다양한 해석에 대한 논의는 제외한다. 이런 것에 관심 있는 독자는 [41-47]을 참조하면 좋다.

양자 컴퓨터의 물리적 구현

양자 게이트 또는 회로, 궁극적으로 양자 컴퓨터를 구현하려는 최근의 노력들은 다루지는 않는다. 이 분야는 현재 빠르게 변화하고 있다. 그리고 이 가운데 하나만을 제대로 설명하기 위해서도 핵 물리, 원자 물리, 분자 물리, 고체 물리 그리고 양자광학과 같은 다양한 양자 물리학 분야에 관해 추가적으로 설명해야 한다. 이 글을 쓰는 시점에 양자 컴퓨터를 물리적으로 구현하기 위해 연구하고 있는 많은 방법에 대해 종합적으로 정리한 자료는 없다. 이에 관심이 있는 독자는 인터넷을 탐색하는 것이 가장 좋다.

복잡도 이론

복잡도 이론Complexity theory에 관한 정보 이론적 기반과 질문에 대한 제대로 된 설명은 이 책이 의도한 범위 밖이다. 이에 관해 관심이 있는 독자에게는 참고문헌 [48]에 있는 **양자 정보 과학**Quantum Information Science을 추천한다.

위상 양자 컴퓨터

이 접근법은 물리적 관점뿐만 아니라 수학적 관점에서도 매우 흥미롭고 도전적이다. 그러나 수학적 관점을 이해하기 위해서 필요한 수학 지식이 매우 광범위해 이것만으로도 두꺼운 책 한 권이 될 것 같다. 비교적 최근에 나야크 외(Nayak et al.[49])가 이 분야에 관해 소개했다.

위상 양자 컴퓨터는 확실히 중요하고 흥미롭다. 그러나 이 내용들은 양자 컴퓨팅의 수학에 관한 입문 과정이라기보다는 고급 과정에 속한다.

1.4 표기와 참고문헌

이 책에서 사용한 대부분의 기호에 대한 자세한 목록은 앞의 기호 목록에 나열했다. 다음은 이 책에서 사용한 표기법에 관한 일반적인 설명이다.

일반적인 힐베르트 공간은 기호 $\mathbb{H}$로 표기한다. 2차원 힐베르트 공간인 큐비트 공간은 기호 $\P\mathbb{H}$를 사용한다. n겹 텐서곱 공간은 $\mathbb{H}^{\otimes n}$ 또는 $\P\mathbb{H}^{\otimes n}$으로 표기한다.

힐베르트 공간에 있는 벡터에 대해서는 처음에 ψ, φ,...와 같은 기호를 사용한다. 쌍대공간의 개념이 소개된 후에는 디랙^{Dirac}의 브라켓 표기법 $|\psi\rangle$, $|\varphi\rangle$를 사용한다. 많은 경우 기호 $|\Psi\rangle$, $|\Phi\rangle$는 복합 다중 입자 힐베르트 공간의 벡터를 나타낸다. 2^n보다 작은 음이 아닌 정수 x, y에 대해 벡터 $|x\rangle$, $|y\rangle$,...는 $\mathbb{H}^{\otimes n}$의 계산 기저의 원소를 표기한다.

일반적으로 힐베르트 공간의 연산자는 A, B, C, D, F 등과 같은 대문자를 사용해 표기한다. 예외적으로 I는 아래첨자 집합을 나타내고 J와 N은 자연수 그리고 L은 자연수의 비트 길이를 나타낸다.

기호 i, j, k, l은 대부분 아래첨자로 사용한다. 특별히 가상의 허수 i는 다르게 표현한다. 행렬 A_{jk}와 같이 두 개 이상의 아래첨자가 있는 기호의 경우 읽기 쉽고 이해하기 쉽게 하기 위해 쉼표를 삽입할 때도 있다. 이 쉼표가 기호의 의미를 바꾸는 것은 아니다. A_{ij}와 $A_{i,j}$는 둘 다 명확하지만, $A_{l-3,l-2}$에서 쉼표는 A_{l-3l-2}로 표기할 때 발생하는 오해를 피하기 위해서 필요하다.

A에 작용하는 지수함수는 e^A 또는 $\exp(A)$를 사용한다. 그때그때 깔끔한 표기라고 생각되는 것을 선택할 것이다.

이 책에서는 $\hbar = 1$이 되는 물리 단위를 사용한다. $\hbar$는 플랑크^{Planck} 상수를 2π로 나눈 값이다. 다른 책의 하이젠베르크의 불확정 관계식$^{Heisenberg\ Uncertainty}$ ^{relation}이나 슈뢰딩거 파동 방정식$^{Schrödinger\ Wave\ Equation}$에서 많이 볼 수 있는 $\hbar$가 이 책에 나타나지 않는 이유다.[3]

아래의 표기 방식으로 관계식을 검산할 수 있는 참조를 나타낸다.

$$L \underbrace{=}_{\text{(N.nn)}} R$$

좌변 L과 우변 R이 같다는 것이 성립하는 이유는 (N.nn)이 지시하는 것에서 찾을 수 있다는 것을 나타낸다.

마지막으로 참고문헌에 관한 것이다. 1.1절에서는 중요한 역사적 기여를 정당하게 평가하려고 노력했고 그에 따른 모든 참고문헌을 언급했다. 그러나 이

---

3 MKS 단위계에서 $\hbar = 1.054571 \times 10^{-34} Jc \cdot s$이다. 여기에서 주의해야 할 것은 질량은 1Kg, 거리는 1m, 시간은 1초를 기본 단위로 사용한다는 것이다. 이 책에서는 구체적으로 언급하지 않았지만, $\hbar = 1$이 되도록 질량, 거리, 시간의 기본 단위를 채용해 사용한다는 의미이다. 이러한 작업을 '무차원화(Non-dimensionalization)'라고 하고 복잡한 계산식에서 같은 기호가 반복되지 않고 숫자끼리 단순 비교가 가능한 장점이 있다. – 옮긴이

책의 나머지 부분에서는 참고문헌을 다소 드물게 언급할 것이다. 이 분야를 개척한 많은 독창적인 저자들을 언급하는 것을 꺼려서가 아니라, 너무 많은 언급이 오히려 읽는 사람에게 과부하가 될까 우려해서다. 필요한 내용을 이 책에서 모두 설명하기에 더욱 그러하다.

02
양자역학의 기본 개념

2.1 일반론

양자역학은 (전자, 양성자, 원자 등) 미세한 물체의 통계를 예측해 때때로 거시적 현상에 미치는 영향을 파악하는 이론이다. 이러한 대상에 대해 특정 물리량을 관측^{measurement}할 수 있으며 그 결괏값은 실수여야 한다. 동일하게 준비된 대상의 관측은 측정된 값이 **상대 빈도**$^{relative\ frequency}$를 가지면서 **평균값**$^{mean\ value}$ 주위에서 분포하는 것을 보여준다. 여기서 상대 빈도는 다음으로 정의한다.

$$\begin{matrix} \text{결과 } a\text{를 관측하는} \\ \text{상대 빈도} \end{matrix} \quad := \quad \frac{\text{결과 } a\text{는 관측한 횟수}}{\text{관측한 총 횟수}}$$

그리고 평균값의 정의는 다음과 같다.

$$\text{평균값} \quad := \quad \sum_{a\ \in\ \text{모든 관측값}} a \times \begin{pmatrix} \text{결과 } a\text{를 관측하는} \\ \text{상대 빈도} \end{pmatrix}$$

이러한 측정에서 관측되는 모든 대상은 같은 방식으로 준비돼야 한다.

$$\text{준비} \quad \rightarrow \quad \text{관측} \quad \rightarrow \quad \begin{matrix} \text{상대 빈도와} \\ \text{평균값 계산} \end{matrix}$$

양자역학은 이러한 절차에 대한 수학 모델을 제시하고, 상대 빈도와 평균값에 대한 예측을 하는 이론이다. 이와 관련해 양자역학에서는 다음의 개념을 사용한다.

- 관측 가능한 물리량을 **관측 가능량**observable이라고 한다.
- 관측 결과의 상대 빈도에 대한 양자역학의 예측을 결과 **확률**probability이라고 한다.
- 일련의 관측에서 관측값의 평균값에 대한 양자역학의 예측을 **기댓값**expectation value이라고 한다.
- 관측 결과의 분포와 관측 가능량의 평균값을 결정하는 통계적 앙상블ensemble을 생성하는 객체의 준비는 **상태**state로 표현한다.

(순수 상태라고 하는) 특정 클래스의 준비는 힐베르트 공간의 벡터를 사용해 수학적으로 서술할 수 있다. (혼합 상태라고 하는) 가장 일반적인 형태의 준비는 힐베르트 공간에서 연산자operator로 설명한다. 이러한 연산자는 양의 자기수반positive self-adjoint이며 대각합trace이 1이다. 준비된 대상의 관측 가능량은 해당 힐베르트 공간에서 자기 수반 연산자로 수학적으로 표현된다. (객체의 앙상블을 기술하는) 상태와 함께 (관측 가능량을 설명하는) 연산자를 이용해 확률과 기댓값을 계산할 수 있다.

그러므로 2.2절에서 힐베르트 공간에 대한 수학 이론과 개념을 소개한다.

2.3절에서 이러한 수학 이론의 양자역학에서 물리적 응용을 살펴본다. 구체적으로 2.3.1절에서 순수 상태를 설명하고, 2.3.2절에서 일반적인 혼합 상태의 사례를 다룬다.

2.2 수학 개념: 힐베르트 공간과 연산자

정의 2.1 $\mathbb{H}$가 다음을 만족하면 **힐베르트 공간**이라고 한다.

(i) 완비^{complete}된 복소 벡터 공간이다.

$$\psi, \varphi \in \mathbb{H} \text{ and } a,b \in \mathbb{C} \;\Rightarrow\; a\psi + b\varphi \in \mathbb{H}$$

(ii) (양정치$^{positive\text{-}definite}$인) **스칼라 곱**$^{scalar\ product}$을 가진다.

$$\langle \cdot | \cdot \rangle : \mathbb{H} \times \mathbb{H} \longrightarrow \mathbb{C}$$
$$(\psi, \varphi) \longmapsto \langle \psi | \varphi \rangle$$

이는 임의의 φ, ψ, φ_1, $\varphi_2 \in \mathbb{H}$, $a,b \in \mathbb{C}$에 대해 다음을 만족한다.

$$\langle \psi | \varphi \rangle = \overline{\langle \varphi | \psi \rangle} \tag{2.1}$$

$$\langle \psi | \psi \rangle \geq 0 \tag{2.2}$$

$$\langle \psi | \psi \rangle = 0 \Leftrightarrow \psi = 0 \tag{2.3}$$

$$\langle \psi | a\varphi_1 + b\varphi_2 \rangle = a\langle \psi | \varphi_1 \rangle + b\langle \psi | \varphi_2 \rangle \tag{2.4}$$

그리고 이러한 스칼라 곱은 $\mathbb{H}$가 완비 공간일 때 **노름**^{norm}을 생성한다.

$$\|\cdot\| : \mathbb{H} \longrightarrow \mathbb{R}$$
$$\psi \longmapsto \sqrt{\langle \psi | \psi \rangle} \tag{2.5}$$

부분집합 $\mathbb{H}_{sub} \subset \mathbb{H}$가 벡터 공간이고 $\mathbb{H}$로부터 스칼라 곱과 노름을 상속받으면, 이 부분집합을 $\mathbb{H}$의 부분 힐베르트 공간 또는 간단하게 **부분공간**^{subspace}이라고 한다.

위의 정의에서 스칼라 곱은 두 번째 인수에서 선형이고 첫 번째 인수에서 반선형^{antilinear}이다(문제 2.1 참조). 반대의 규칙을 사용하는 책도 있다.

(2.1)로부터 $\langle \psi | \psi \rangle \in \mathbb{R}$이며, (2.2)로부터 노름^{norm}은 잘 정의된다.

문제 2.1   정의 2.1에 정의한 스칼라 곱에 관해 다음을 증명하라.

(i)   모든 $a \in \mathbb{C}$와 $\psi, \varphi \in \mathbb{H}$에 대해

$$\langle a\psi | \varphi \rangle = \overline{a} \langle \psi | \varphi \rangle \tag{2.6}$$

$$||a\varphi|| = |a| \, ||\varphi|| \tag{2.7}$$

(ii)   모든 $\psi \in \mathbb{H}$에 대해

$$\langle \psi | \varphi \rangle = 0 \quad \forall \varphi \in \mathbb{H} \qquad \Leftrightarrow \qquad \psi = 0 \tag{2.8}$$

(iii) 모든 $\psi, \varphi \in \mathbb{H}$에 대해

$$\langle \psi | \varphi \rangle = \frac{1}{4} \Big(||\psi + \varphi||^2 - ||\psi - \varphi||^2 + \mathrm{i} \, ||\psi - \mathrm{i}\varphi||^2 - \mathrm{i} \, ||\psi + \mathrm{i}\varphi||^2 \Big) \tag{2.9}$$

노름 $||\cdot||$에 대해 $\mathbb{H}$가 완비하다는 것은 모든 코시-수렴[1]을 하는 수열 $(\varphi_n)_{n \in \mathbb{N}}$ $\subset \mathbb{H}$가 $\mathbb{H}$에 포함되는 극한 $\lim_{n \to \infty} \varphi_n = \varphi \in \mathbb{H}$을 갖는 것을 의미한다. 이 책에서 다루게 될 유한차원의 벡터 공간은 항상 완비하다.

> **정의 2.2** $||\psi|| = 1$일 때, 벡터 $\psi \in \mathbb{H}$를 **단위벡터**unit vector라고 한다. $\langle \psi | \varphi \rangle = 0$이면 두 벡터 $\psi, \varphi \in \mathbb{H}$는 서로 **직교**orthogonal라고 한다. ψ에 직교하는 $\mathbb{H}$의 부분공간을 다음으로 표기한다.
>
> $$\mathbb{H}_{\psi^\perp} := \{ \varphi \in \mathbb{H} \, | \, \langle \psi | \varphi \rangle = 0 \}$$

문제 2.2 $\psi, \varphi \in \mathbb{H}$이며 $||\psi|| \neq 0$이다. 다음을 보여라.

$$\varphi - \frac{\langle \psi | \varphi \rangle}{||\psi||^2} \psi \in \mathbb{H}_{\psi^\perp}$$

그리고 이를 그림으로 나타내라.

---

1   임의의 $\varepsilon > 0$이 주어질 때 모든 $m, n > N(\varepsilon)$에 대해 $||\varphi_m - \varphi_n|| < \varepsilon$를 만족하는 $N(\varepsilon)$가 존재한다면 수열 $(\varphi_j)_{j \in J}$는 코시 수렴한다고 말한다.

정의 2.3 $\mathbb{H}$는 힐베르트 공간이고 I는 인덱스 집합이다. 집합 $\{\varphi_j \,|\, j \in I\}$ $\subset \mathbb{H}$의 임의의 유한한 부분집합 $\{\varphi_1, \varphi_2, \ldots, \varphi_n\}$과 $k = 1, \ldots, n$일 때 $a_k \subset \mathbb{C}$에 대해 다음의 식이

$$a_1 \varphi_1 + a_2 \varphi_2 + \cdots + a_n \varphi_n = 0$$

오직 $a_1 = a_2 = \cdots = a_n = 0$일 때만 만족하면 주어진 집합이 **선형 독립**^{linearly} ^{independent}이라고 한다.

힐베르트 공간 $\mathbb{H}$가 많아야 $n = \dim \mathbb{H} < \infty$개의 선형 독립인 벡터를 가지면 **유한차원**$^{\text{finite-dimensional}}$이라고 한다. 그렇지 않다면 $\mathbb{H}$는 **무한차원**$^{\text{infinite-}}$ ^{dimensional}이라고 한다.

$\{\varphi_j \,|\, j \in I\} \subset \mathbb{H}$는 벡터의 집합이다. 모든 $\varphi \in \mathbb{H}$에 대해 다음을 만족하는 $a_j \in \mathbb{C}, j \in I$가 존재하면 이 집합이 $\mathbb{H}$를 **생성**^{span}한다고 한다.

$$\varphi = \sum_{j \in I} a_j \varphi_j$$

다음으로 표기한다.

$$\mathbb{H} = \operatorname{Span}\{\varphi_j \,|\, j \in I\}$$

$\mathbb{H}$를 생성하고 선형 독립인 벡터의 집합 $\{\varphi_j \,|\, j \in I\}$를 $\mathbb{H}$의 **기저**^{basis}라고 하고 이러한 벡터 φ_j를 **기저 벡터**$^{\text{basis vector}}$라고 한다. 다음을 만족하는 기저 $\{e_j \,|\, j \subset \mathbb{H}\}$를

$$\langle e_j | e_k \rangle = \delta_{jk} := \begin{cases} 0 \text{ if } j \neq k \\ 1 \text{ if } j = k \end{cases} \tag{2.10}$$

정규직교기저$^{\text{ONB, orthonormal basis}}$라고 한다. 힐베르트 공간 $\mathbb{H}$가 가산^{countable}의 기저를 가지면 **분리 가능하다**^{separable}고 한다.

보기 2.4 다음은 n 차원의 힐베르트 공간이다.

$$\mathbb{H} = \mathbb{C}^n := \{z = \begin{pmatrix} z_1 \\ \vdots \\ z_n \end{pmatrix} \mid z_j \in \mathbb{C}\}$$

아래의 스칼라 곱을 정의한다.

$$\langle z|w \rangle := \sum_{j=1}^{n} \overline{z_j} w_j$$

이런 경우에 ONB는 다음의 유한 개의 집합으로 주어진다.

$$\left\{ e_1 = \begin{pmatrix} 1 \\ 0 \\ 0 \\ \vdots \\ 0 \end{pmatrix}, e_2 = \begin{pmatrix} 0 \\ 1 \\ 0 \\ \vdots \\ 0 \end{pmatrix}, \ldots, e_n = \begin{pmatrix} 0 \\ 0 \\ 0 \\ \vdots \\ 1 \end{pmatrix} \right\}$$

양자 컴퓨터를 다룰 때 자주 사용하는 힐베르트 공간이다.

일반적으로 양자역학은 무한차원의 힐베르트 공간을 사용한다. 양자역학에서 기술하는 입자의 위치 또는 운동량이 관심 대상이면 보기 2.5의 무한차원의 힐베르트 공간을 사용해야 한다.

보기 2.5 $d^3\mathbf{x}$는 $\mathbb{R}^3$에서 정의된 르베그 측도^{Lebesgue measure}이다[50]. 다음의 집합을 고려한다.

$$L^2(\mathbb{R}^3) := \left\{ \psi : \mathbb{R}^3 \to \mathbb{C} \mid \int_{\mathbb{R}^3} |\psi(\mathbf{x})|^2 \, d^3\mathbf{x} < \infty \right\}$$

그리고 다음의 스칼라 곱을 정의한다.

$$\langle \psi_1 | \psi_2 \rangle := \int_{\mathbb{R}^3} \overline{\psi_1(\mathbf{x})} \psi_2(\mathbf{x}) d^3\mathbf{x}$$

그러면 위의 집합은 무한차원의 힐베르트 공간이 되며 3차원 공간에 있는 입자의 위치와 운동량을 기술할 때 사용한다.

그러나 일반적으로 입자의 위치나 운동량은 양자 컴퓨팅과 관련된 관측 가능량이 아니므로 $L^2(\mathbb{R}^3)$를 더 이상 고려하지 않는다.

양자 컴퓨터에서는 일반적으로 입자의 위치 또는 운동량보다는 스핀 또는 (광자의) 편광과 같은 내재 양자 관측 가능량을 다룬다. 양자 컴퓨터와 관련된 양자역학의 측면을 이해하기 위해서는 유한차원의 힐베르트 공간만 고려해도 충분하다. 이러한 공간은 분리 가능하다. 가능하면 기본 공간 $\mathbb{H}$의 차원에 관계없이 일반적인 형태로 추가 개념을 소개한다. 그러나 무한급수의 수렴 또는 조밀하게 정의된 연산자의 영역과 같이 무한차원의 경우에 필요한 추가적인 수학적 세부 사항은 대부분 무시한다. 이 모든 것을 포함하면 설명이 너무 길어져서 양자 컴퓨터의 필수 요소를 이해하는 데 방해가 되기 때문이다. 분리 가능한 힐베르트 공간만 특별히 설명한다.

모든 벡터 $\psi \in \mathbb{H}$는 기저 벡터 $\{e_j\}$와 복소수 $\{a_j\}$를 이용해 표현할 수 있다.

$$\psi = \sum_j a_j e_j$$

주어진 기저에 대해 이러한 **기저 전개**basis expansion는 유일하다. $\psi = \sum_j b_j \, e_j$이라면 $\sum_j (a_j - b_j)e_j = 0$을 의미하며, 이는 정의 2.3의 e_j의 선형 독립으로부터 $a_j = b_j$가 되기 때문이다.

$\{e_j\}$가 ONB이면, $a_j = \langle e_j | \psi \rangle$이다. 즉,

$$\psi = \sum_j \langle e_j | \psi \rangle e_j \tag{2.11}$$

그리고

$$\|\psi\|^2 = \sum_j |\langle e_j | \psi \rangle|^2 \tag{2.12}$$

이는 문제 2.3에서 증명한다.

문제 2.3 $\psi, \varphi \in \mathbb{H}$이고 $\{e_j\}$는 ONB이다. 그리고 $\psi_j = \langle e_j | \psi_j \rangle$, $\varphi_j = \langle e_j | \varphi \rangle$이다. 다음을 보여라.

(i)

$$\psi = \sum_j \langle e_j | \psi \rangle e_j = \sum_j \psi_j e_j$$

(ii)

$$\langle \varphi | \psi \rangle = \sum_j \overline{\langle e_j | \varphi \rangle} \langle e_j | \psi \rangle = \sum_j \langle \varphi | e_j \rangle \langle e_j | \psi \rangle = \sum_j \overline{\varphi_j} \psi_j \tag{2.13}$$

(iii)

$$\|\psi\|^2 = \sum_j |\langle e_j | \psi \rangle|^2 = \sum_j |\psi_j|^2 \tag{2.14}$$

(iv) $\varphi \subset \mathbb{H}_{\psi^\perp}$인 경우에

$$\|\varphi + \psi\|^2 = \|\varphi\|^2 + \|\psi\|^2 \tag{2.15}$$

이는 **피타고라스 정리**^{Theorem of Pythagoras}의 일반화다.

또 하나의 유용한 관계식은 **슈바르츠 부등식**^{Schwarz inequality}이다.

$$|\langle \psi | \varphi \rangle| \leq \|\psi\| \, \|\varphi\| \tag{2.16}$$

문제 2.4에서 증명한다.

문제 2.4 임의의 $\varphi, \psi \in \mathbb{H}$에 대해 다음을 보여라.

$$|\langle \psi | \varphi \rangle| \leq \|\psi\| \, \|\varphi\| \tag{2.17}$$

먼저 $\psi = 0$ 또는 $\varphi = 0$인 경우를 고려하라. $\psi \neq 0 \neq \varphi$일 때는 문제 2.2와 2.3을 이용해 계산하라. (2.17)을 이용해 임의의 $\varphi, \psi \in \mathbb{H}$에 대해 다음을 증명하라.

$$\|\psi + \varphi\| \leq \|\psi\| + \|\varphi\| \tag{2.18}$$

스칼라 곱을 이용하면, 모든 벡터 $\psi \in \mathbb{H}$는 $\mathbb{H}$에서 $\mathbb{C}$로 가는 선형사상을 정의할 수 있다. 이를 $\langle \psi|$라고 표기하면 다음과 같다.

$$\begin{aligned} \langle \psi| : \mathbb{H} &\longrightarrow \mathbb{C} \\ \varphi &\longmapsto \langle \psi|\varphi \rangle \end{aligned} \tag{2.19}$$

▌문제 2.5 (2.19)에서 정의한 사상이 연속임을 보여라.

반대로 $\mathbb{H}$에서 $\mathbb{C}$로의 모든 연속[2] 선형사상은 (2.19)의 $\langle \psi|$ 형태로 $\psi \in \mathbb{H}$를 사용해 표현할 수 있다([51]에서 **리즈**^{Reisz}**의 정리** 참조). 이것은 $\mathbb{H}$와 이것의 쌍대공간 사이에 전단사함수가 있음을 의미한다.

$$\mathbb{H}^* := \{ f : \mathbb{H} \to \mathbb{C} \mid f\text{는 선형이며 연속인 함수}\}$$

결국 이러한 전단사함수가 의미하는 것은 $\mathbb{H}$에서 $\mathbb{C}$로 가는 모든 연속선형사상은 $\mathbb{H}$상의 어떤 벡터와의 스칼라 곱으로 유일하게 표현된다는 것이다. 분리 가능한 힐베르트 공간 $\mathbb{H}$의 쌍대공간 $\mathbb{H}^*$는 $\mathbb{H}$와 같은 차원을 가지는 벡터 공간이다. $\mathbb{H}^*$와 $\mathbb{H}$를 동일시[3]하는 것에서 디랙^{Dirac}은 **브라**^{bra} 벡터와 **켓**^{ket} 벡터의 표기법을 고안했다. **브라 벡터**$^{\text{Bra-vector}}$는 $\mathbb{H}^*$의 원소이고 $\langle \varphi|$로 표기한다. **켓 벡터**$^{\text{Ket vector}}$는 $\mathbb{H}$의 원소이고 $|\psi\rangle$로 표기한다. 위에서 언급한 힐베르트 공간 $\mathbb{H}$와 이의 쌍대공간 $\mathbb{H}^*$ 간의 전단사함수를 이용하면 벡터 $|\varphi\rangle \in \mathbb{H}$는 $\mathbb{H}^*$ 안의 벡터 $\langle\varphi|$에 대응된다.

선형사상의 인자로 (벡터인) 켓 $|\psi\rangle$을 사용해 (선형사상인) 브라 $\langle\varphi|$을 적용하면 **브라켓** $\langle\varphi|\psi\rangle \in \mathbb{C}$이 된다. (2.11)을 다음과 같이 표기할 수 있다.

$$|\psi\rangle = \sum_j |e_j\rangle \langle e_j|\psi\rangle \tag{2.20}$$

(2.20)과 $A|\psi\rangle = |A\psi\rangle$ 표기법을 사용하면 다음을 알 수 있다.

2　연속은 무한차원의 경우에만 따로 언급할 필요가 있다. 유한차원의 벡터 공간에서 모든 선형사상은 연속이다.

3　이러한 동일시는 집합의 의미이며 벡터 공간의 선형구조는 아니다. 전단사함수 $\mathbb{H} \ni |\varphi\rangle \to \langle\varphi| \in \mathbb{H}^*$가 반선형 이기 때문이다.

$$A|\psi\rangle = |A\psi\rangle = \sum_j |e_j\rangle\langle e_j|A\psi\rangle \underbrace{=}_{(2.20)} \sum_j |e_j\rangle\langle e_j|A \sum_k |e_k\rangle\langle e_k|\psi\rangle\rangle$$

$$\underbrace{=}_{(2.4)} \sum_{j,k} |e_j\rangle\langle e_j|Ae_k\rangle\langle e_k|\psi\rangle$$

그러므로 A를 다음의 형태로 표현할 수 있다.

$$A = \sum_{j,k} |e_j\rangle\langle e_j|Ae_k\rangle\langle e_k| = \sum_{j,k} |e_j\rangle A_{jk}\langle e_k| \tag{2.21}$$

여기에서, $A_{jk} := \langle e_j|Ae_k\rangle$이다. 이로부터 다음을 정의한다.

정의 2.6 A는 ONB $\{|e_j\rangle\}$를 가지는 힐베르트 공간 $\mathbb{H}$의 연산자다. 다음의 표기법을

$$A_{jk} := \langle e_j|Ae_k\rangle \tag{2.22}$$

기저 $\{|e_j\rangle\}$에 대한 A의 (j,k) **행렬원소**matrix element라고 한다. 행렬 (A_{jk}) $_{j,k=1,...,\dim \mathbb{H}}$를 기저 $\{|e_j\rangle\}$에 대한 연산자 A의 **행렬 표현**matrix representation 또는 간단하게 **행렬**matrix라고 한다. 연산자와 이의 행렬에 대해 같은 기호 A를 사용한다.

$\dim \mathbb{H} = n$이며 ONB $\{|e_j\rangle\} \subset \mathbb{H}$가 주어진 임의의 유한차원의 힐베르트 공간 $\mathbb{H}$에 대해, 주어진 기저를 $\mathbb{C}^n$의 표준기저와 동일화해 $\mathbb{H} \cong \mathbb{C}^n$인 동형사상을 정의할 수 있다. 즉, 다음의 동일화[4]를 사용한다.

$$|e_1\rangle = \begin{pmatrix} 1 \\ 0 \\ \vdots \\ 0 \end{pmatrix}, \dots, |e_n\rangle = \begin{pmatrix} 0 \\ \vdots \\ 0 \\ 1 \end{pmatrix} \tag{2.23}$$

---

4   엄밀히 말하면 벡터 $|e_a\rangle \in \mathbb{H}$와 $\mathbb{C}^n$의 기저 벡터 사이에 등식은 성립하지 않고, 힐베르트 공간에서 동형사상 $i : \mathbb{H} \to \mathbb{C}^n$이 존재한다. 예를 들면 $i(|e_1\rangle) = \begin{pmatrix} 1 \\ 0 \\ \vdots \\ 0 \end{pmatrix}$이 되는 것이다. 그러나 이 책에서는 전통적인 표기법에 따라 i를 구체적으로 표기하지 않고 등식을 사용한다.

비슷한 방식으로 쌍대기저[5]에 대해 다음을 얻는다.

$$\langle e_1| = (1\ 0 \ldots 0)\,,\ \ldots,\ \langle e_n| = (0 \ldots 0\ 1) \tag{2.24}$$

(2.23)에 있는 식의 우변은 열벡터이며, 이것은 $n \times 1$의 복소행렬로 볼 수 있다. 반면 (2.24)에 있는 것은 행벡터이며 $1 \times n$의 복소행렬로 볼 수 있다. 연산자 $|e_j\rangle\langle e_k|$는 $n \times 1$ 행렬과 $1 \times n$ 행렬의 곱이며 결과는 $n \times n$ 행렬이 된다. 기저 벡터 $\{|e_j\rangle\}$에서 이 행렬은 다음과 같다.

$$
|e_j\rangle\langle e_k| =
\begin{matrix} 1 \\ \vdots \\ 0 \\ j \\ \vdots \\ n \end{matrix}
\begin{pmatrix} 0 \\ \vdots \\ 0 \\ 1 \\ 0 \\ \vdots \\ 0 \end{pmatrix}
\begin{matrix} 1 & \ldots & & k & & \ldots & n \\ (0 & \ldots & 0 & 1 & 0 & \ldots & 0) \end{matrix}
$$

$$
=
\begin{matrix} 1 \\ \vdots \\ j \\ \vdots \\ n \end{matrix}
\begin{pmatrix}
 & & & | & & \\
 & & & | & & \\
-- & -- & -- & 1 & & \\
 & & & & & \\
 & & & & &
\end{pmatrix}
\tag{2.25}
$$

행렬 위에 표기한 행은 열의 첨자이며 행렬의 왼쪽에 있는 열은 행의 첨자를 나타낸다. 번잡함을 피하기 위해 **영이 아닌 원소**만을 표기한다. 즉, j, k의 행렬 원소를 제외한 모든 원소는 영이다. 특히, $|e_j\rangle\langle e_j|$의 행렬은 대각 행렬의 j번째 1을 갖는 것을 제외하고는 모두 영이 된다.

(2.23)과 (2.24)에서 봤듯이, $\langle e_j|$와 동일시되는 $\mathbb{C}^n$의 벡터는 $|e_j\rangle$와 동일시되는 $\mathbb{C}^n$의 벡터의 전치^{transpose}가 된다. 이러한 사실은 일반적인 경우에도 성립한다.

$$|\psi\rangle = \sum_j b_j |e_j\rangle = \begin{pmatrix} b_1 \\ \vdots \\ b_n \end{pmatrix} \underset{(2.33)}{\Leftrightarrow} \quad \langle\psi| = \sum_j \overline{b_j}\langle e_j| = \left(\overline{b_1} \ldots \overline{b_n}\right) \tag{2.26}$$

---

5 이는 원래는 $\langle u_a|e_{a'}\rangle = \delta_{a,a'}$을 만족하는 쌍대공간 $\mathbb{H}^*$에서의 기저 $\{\langle u_a|\}$이다. 그러나 앞에서 언급했듯이 $\mathbb{H}^*$와 $\mathbb{H}$를 동일시해 $\{\langle u_a|\} = \{\langle e_a|\}$가 된다.〉

이러한 상황에서 다음의 벡터에 대해

$$|\varphi\rangle = \sum_j a_j |e_j\rangle = \begin{pmatrix} a_1 \\ \vdots \\ a_n \end{pmatrix}$$

다음을 만족한다.

$$|\varphi\rangle\langle\psi| = \begin{pmatrix} a_1 \\ \vdots \\ a_n \end{pmatrix} \begin{pmatrix} \overline{b_1} \dots \overline{b_n} \end{pmatrix} = \begin{pmatrix} a_1\overline{b_1} \dots a_1\overline{b_n} \\ \vdots \qquad \vdots \\ a_n\overline{b_1} \dots a_n\overline{b_n} \end{pmatrix} \tag{2.27}$$

연산자 $|\varphi\rangle\langle\psi|$에 복소수 $z \in \mathbb{C}$를 곱한 경우에 $|\varphi\rangle z\langle\psi| := z|\varphi\rangle\langle\psi|$의 표기법을 사용한다. 정의는 다음과 같다.

$$|\varphi\rangle z\langle\psi| = z \begin{pmatrix} a_1\overline{b_1} \dots a_1\overline{b_n} \\ \vdots \qquad \vdots \\ a_n\overline{b_1} \dots a_n\overline{b_n} \end{pmatrix}$$

보기 2.7 $\mathbb{H} \cong \mathbb{C}^2$은 이차원 힐베르트 공간이며 ONB $|0\rangle, |1\rangle$을 가진다. 이는 다음과 같이 $\mathbb{C}^2$의 표준기저와 동일시할 수 있다.

$$|0\rangle = \begin{pmatrix} 1 \\ 0 \end{pmatrix}, \qquad |1\rangle = \begin{pmatrix} 0 \\ 1 \end{pmatrix}$$

비슷하게 쌍대 기저 $\{\langle e_a|\} \subset \mathbb{H}^* \cong \mathbb{H}$에 대해 $\mathbb{H}^* \cong \mathbb{H} \cong \mathbb{C}^2$상에서 다음의 동일화를 알 수 있다.

$$\langle 0| = \begin{pmatrix} 1 & 0 \end{pmatrix}, \qquad \langle 1| = \begin{pmatrix} 0 & 1 \end{pmatrix}$$

$x, y \in \{0, 1\}$일 때, 연산자 $|x\rangle\langle y| : \mathbb{H} \to \mathbb{H}$에 대해, (2.27)에서부터 다음을 얻는다.

$$\begin{aligned} |0\rangle\langle 0| = \begin{pmatrix} 1 \\ 0 \end{pmatrix} \begin{pmatrix} 1 & 0 \end{pmatrix} = \begin{pmatrix} 1 & 0 \\ 0 & 0 \end{pmatrix} \qquad |0\rangle\langle 1| = \begin{pmatrix} 1 \\ 0 \end{pmatrix} \begin{pmatrix} 0 & 1 \end{pmatrix} = \begin{pmatrix} 0 & 1 \\ 0 & 0 \end{pmatrix} \\ |1\rangle\langle 0| = \begin{pmatrix} 0 \\ 1 \end{pmatrix} \begin{pmatrix} 1 & 0 \end{pmatrix} = \begin{pmatrix} 0 & 0 \\ 1 & 0 \end{pmatrix} \qquad |1\rangle\langle 1| = \begin{pmatrix} 0 \\ 1 \end{pmatrix} \begin{pmatrix} 0 & 1 \end{pmatrix} = \begin{pmatrix} 0 & 0 \\ 0 & 1 \end{pmatrix} \end{aligned} \tag{2.28}$$

여기에서 행렬은 $\mathbb{C}^2$의 표준기저를 사용해 표현한 것이다. 다음의 일반 벡터에 대한 표기를 생각한다.

$$|\varphi\rangle = a|0\rangle + b|1\rangle, \qquad |\psi\rangle = c|0\rangle + d|1\rangle$$

그러면 연산자 $|\varphi\rangle\langle\psi| : \mathbb{H} \rightarrow \mathbb{H}$에 대해 다음을 얻는다.

$$\begin{aligned}
|\varphi\rangle\langle\psi| &= \left(a|0\rangle + b|1\rangle\right)\left(\overline{c}\langle 0| + \overline{d}\langle 1|\right) \\
&= a\overline{c}|0\rangle\langle 0| + a\overline{d}|0\rangle\langle 1| + b\overline{c}|1\rangle\langle 0| + b\overline{d}|1\rangle\langle 1| \\
&\underset{(2.28)}{=} \begin{pmatrix} a\overline{c} & a\overline{d} \\ b\overline{c} & b\overline{d} \end{pmatrix}
\end{aligned} \qquad (2.29)$$

이제부터는 벡터 $|\varphi\rangle \in \mathbb{H}$와 쌍대공간에서 대응하는 원소 $\langle\varphi| \in \mathbb{H}^*$에 대해 브라 켓 표기법을 사용한다. 그러나 벡터가 함수의 인수로 사용되는 경우, 너무 복잡한 표기를 피하기 위해 브라켓 표기를 생략할 수도 있다. 예를 들면 $\||\psi\rangle\|$ 대신에 간단하게 $\|\psi\|$로 표기한다. 여기에서 ψ와 $|\psi\rangle$는 $\mathbb{H}$상의 같은 벡터를 표기하는 것이다.

정의 2.8 선형사상 $A : \mathbb{H} \rightarrow \mathbb{H}$를 힐베르트 공간 $\mathbb{H}$상에서의 **연산자**^{operator}라고 한다. $\mathbb{H}$에 정의된 연산자의 집합을 $L(\mathbb{H})$로 표기한다. 선형사상 $T : L(\mathbb{H}) \rightarrow L(\mathbb{H})$, 즉, 연산자에 작용하는 연산자를 **슈퍼 연산자**^{super-operator}라고 한다.

다음의 조건을 만족하는 연산자 $A^* : \mathbb{H} \rightarrow \mathbb{H}$를

$$\langle A^*\psi|\varphi\rangle = \langle\psi|A\varphi\rangle \quad \forall|\psi\rangle, |\varphi\rangle \in \mathbb{H} \qquad (2.30)$$

연산자 A의 **수반**^{adjoint} 연산자라고 한다. $A^* = A$이면, A를 **자기수반**^{self-adjoint} 연산자라고 한다.

무한차원에서는 A와 A^*가 조밀하게^{densely} 정의되고 두 개가 일치하는 같은 정의역을 가진다는 것을 의미한다. 유한차원의 경우에는 자기수반과 에르미트^{Hermitian}가 같은 의미다. 정확하게 표현하면 A^*는 실제로 $A^* : \mathbb{H}^* \rightarrow \mathbb{H}^*$인 사상이다. 그러나 앞에서 언급했듯이 $\mathbb{H}^*$와 $\mathbb{H}$를 동일시할 수 있다.

문제 2.6에서 A가 자기수반인 것과 행렬의 원소가 $\overline{A_{kj}} = A_{jk}$를 만족하는 것이 동치임을 보인다.

문제 2.6   다음을 증명하라.

(i)

$$(A^*)^* = A \tag{2.31}$$

(ii)

$$(cA)^* = \bar{c}A^* \tag{2.32}$$

(iii)

$$\langle A\psi| = \langle \psi|A^* \tag{2.33}$$

여기에서 우변은 사상 $\mathbb{H} \xrightarrow{A^*} \mathbb{H} \xrightarrow{\langle \psi|} \mathbb{C}$이며 $\langle \psi|$와 $\langle A\psi|$는 (2.19)에서 주어진 것이다.

(iv)

$$A_{jk}^* = \overline{A_{kj}} \tag{2.34}$$

그래서

$$A^* = A \quad \Leftrightarrow \quad \overline{A_{kj}} = A_{jk} \tag{2.35}$$

(v) $|\psi\rangle, |\varphi\rangle \in \mathbb{H}$에 대해

$$\big(|\varphi\rangle\langle\psi|\big)^* = |\psi\rangle\langle\varphi| \tag{2.36}$$

정의 2.9 $\mathbb{H}$에서 정의된 연산자 U가 다음의 조건을 만족하면 **유니타리** unitary라고 한다.

$$\langle U\psi|U\varphi\rangle = \langle\psi|\varphi\rangle \quad \forall |\psi\rangle, |\varphi\rangle \in \mathbb{H}$$

$\mathbb{H}$에서 정의된 모든 유니타리 연산자의 집합을 $\mathcal{U}(\mathbb{H})$로 표기한다.

유니타리 연산자는 수반 연산자를 역원으로 가지며 노름을 변화시키지 않는다.

문제 2.7 다음을 증명하라.

$$U \in \mathfrak{U}(\mathbb{H}) \quad \Leftrightarrow \quad U^*U = 1 \quad \Leftrightarrow \quad \|U\psi\| = \|\psi\| \quad \forall |\psi\rangle \in \mathbb{H} \quad (2.37)$$

여기에서 1은 $\mathbb{H}$상에서 정의된 **항등**^{identity} 연산자다.

정의 2.10 A는 힐베르트 공간 $\mathbb{H}$상의 연산자다. 벡터 $|\psi\rangle \in \mathbb{H} \setminus \{0\}$가 다음의 식을 만족하면 **고윳값**$^{eigen\ value}$ $\lambda \in \mathbb{C}$를 가지는 A의 **고유벡터**$^{eigen\ vector}$라고 한다.

$$A|\psi\rangle = \lambda|\psi\rangle$$

연산자 A의 주어진 고윳값 λ의 고유벡터에 의해 생성된 선형 부분공간을 λ의 **고유공간**$^{eigen\ space}$이라고 하고 $\mathrm{Eig}(A, \lambda)$로 표기한다. 고유공간이 일차원이면 고윳값 λ를 **정상**$^{non\text{-}degenerate}$이라고 한다. 그렇지 않으면 λ는 **퇴화**^{degenerate}됐다고 한다. 다음의 집합을

$$\sigma(A) := \{\lambda \in \mathbb{C} \mid (A - \lambda 1)^{-1}\text{가 존재하지 않는다}\}$$

연산자 A의 **스펙트럼**^{spectrum}이라고 한다.

정의로부터 연산자 A의 고윳값은 A의 스펙트럼에 포함된다. 무한차원의 힐베르트 공간에서는 연산자의 스펙트럼은 (고윳값 외에) 소위 말하는 연속 부분을 포함할 수 있다. 이 책은 유한차원의 힐베르트 공간만을 다루기 때문에 여기서 다루는 모든 연산자는 고윳값과 스펙트럼이 같다.

자기수반연산자의 고윳값은 항상 실수이고, 유니타리 연산자의 고윳값은 항상 절댓값 1을 가진다.

문제 2.8 $A|\psi\rangle = \lambda|\psi\rangle$를 만족한다. 다음을 보여라.

(i)

$$\langle\psi|A^* = \overline{\lambda}\langle\psi|$$

(ii) 자기수반연산자의 고윳값은 항상 실수이다.

(iii) 유니타리 연산자의 고윳값은 절댓값 1을 가진다.

자기수반연산자는 **대각화**^{diagonalizable}가 가능하다. 즉, 모든 자기수반연산자 A는 다음을 만족하는 A의 고유벡터 $\{|e_{j,\alpha}\rangle\}$로 구성된 ONB를 가진다.

$$A|e_{j,\alpha}\rangle = \lambda_j|e_{j,\alpha}\rangle$$

이러한 기저에 대해 행렬의 원소는 $A_{j,\alpha;k,\beta} = \lambda_j\delta_{j,k}\delta_{\alpha,\beta}$의 형태를 가진다. 그러므로 (2.21)은 다음과 같이 된다.

$$A = \sum_{j,k,\alpha,\beta} |e_{j,\alpha}\rangle\lambda_j\delta_{j,k}\delta_{\alpha,\beta}\langle e_{k,\beta}| = \sum_{j,\alpha}\lambda_j|e_{j,\alpha}\rangle\langle e_{j,\alpha}| \tag{2.38}$$

고유벡터와 고윳값을 이용해 자기수반연산자를 (2.38)처럼 표현하는 것을 연산자의 **대각선 형식**^{diagonal form}이라고 한다.

　유한차원에서는 자기수반연산자 A에 대해 노름이 1로 정규화된 $|\psi\rangle$의 스칼라곱인 $\langle\psi|A\psi\rangle$의 하한과 상한이 고윳값의 최솟값과 최댓값으로 표현되는 것을 증명하는 것은 쉽다.

문제 2.9　$\mathbb{H}$는 $\dim\mathbb{H} < \infty$인 힐베르트 공간이고, A는 다음을 만족하는 고윳값 $\{\lambda_j\,|\,j\in\{1,\dots,d\}\}$을 가지는 자기수반연산자다.

$$\lambda_1 \le \lambda_2 \le \cdots \le \lambda_d \tag{2.39}$$

$\|\psi\| = 1$을 만족하는 $|\psi\rangle \in \mathbb{H}$에 대해 다음이 성립함을 보여라.

$$\lambda_1 \le \langle\psi|A\psi\rangle \le \lambda_d \tag{2.40}$$

특별히 중요한 연산자는 사영 연산자^{projection, projector}라고 부르는 것이다.

정의 2.11 $\mathbb{H}$는 힐베르트 공간이다. $P^2 = P$를 만족하는 연산자 $P \in L(\mathbb{H})$를 **사영 연산자**projection, projector라고 한다. 추가하여 $P^* = P$를 만족하면, P를 **직교 사영 연산자**orthogonal projection라고 한다.

$\mathbb{H}_{sub}$는 $\mathbb{H}$의 부분공간이다. P_{sub}가 직교 사영 연산자이고, 모든 $|\psi\rangle \in \mathbb{H}_{sub}$에 대해 $P_{sub}|\psi\rangle = |\psi\rangle$를 만족하면 P_{sub}를 부분공간 위로의 사영 연산자라고 한다.

문제 2.10 (2.38)과 같이 자기수반연산자 A의 고윳값 λ_j에 대해 d_j-겹 퇴화된 고유공간의 직교 고유벡터는 $\alpha \in \{1, \ldots, d_j\}$일 때 $|e_{j,\alpha}\rangle$이다. 다음을 정의한다.

$$P_j = \sum_{\alpha=1}^{d_j} |e_{j,\alpha}\rangle\langle e_{j,\alpha}| \tag{2.41}$$

이 연산자는 고윳값이 λ_j이고 $d_j = \dim \text{Eig}(A, \lambda_j)$인 고유공간 $\text{Eig}(A, \lambda_j)$ 위로의 사영 연산자임을 보여라.

위와 같이 정의한 P_j를 이용해 자기수반연산자 A를 다음의 형태로 표현할 수 있다.

$$A \underset{(2.38)}{=} \sum_{j,\alpha} \lambda_j |e_{j,\alpha}\rangle\langle e_{j,\alpha}| \underset{(2.41)}{=} \sum_j \lambda_j P_j \tag{2.42}$$

모든 ONB $\{|e_j\rangle\}$는 고윳값 1에 대응하는 항등연산자 $\mathbf{1}$의 직교 고유벡터가 된다. 그러므로 (2.42)로부터 임의의 ONB $\{|e_j\rangle\}$는 다음을 만족한다.

$$\mathbf{1} \underset{(2.21)}{=} \sum_{j,k} |e_j\rangle\langle e_j|e_k\rangle\langle e_k| \underset{(2.10)}{=} \sum_{j,k} \delta_{jk}|e_j\rangle\langle e_k| = \sum_j |e_j\rangle\langle e_j| = \sum_j P_j \tag{2.43}$$

여기에서 $P_j = |e_j\rangle\langle e_j|$는 $|e_j\rangle$가 생성하는 부분공간 위로의 사영 연산자다. $|e_j\rangle$가 직교정규 기저임을 이용하면, 사영 연산자는 다음을 만족한다.

$$P_j P_k = |e_j\rangle\langle e_j|e_k\rangle\langle e_k| \underset{(2.10)}{=} \delta_{jk}|e_j\rangle\langle e_k| = \delta_{jk}|e_j\rangle\langle e_j| = \delta_{jk}P_j \tag{2.44}$$

일반적으로 임의의 직교 사영 연산자 P에 대해 직교정규 벡터의 집합 $\{|\psi_j\rangle\}$가 존재해 다음과 같이 표현할 수 있다.

$$P = \sum_j |\psi_j\rangle\langle\psi_j|$$

특별히 한 개의 정규화된 벡터 $|\psi\rangle$로만 구성된 경우에, P를 $|\psi\rangle$ 위로의 사영 연산자라고 하고 P_ψ로 표기한다. 바꿔 표현하면, $\|\psi\| = 1$인 모든 $|\psi\rangle$에 대해

$$P_\psi := |\psi\rangle\langle\psi|$$

이 $|\psi\rangle$ 위로의 직교 사영 연산자가 된다.

문제 2.11 P는 직교 사영 연산자다. 다음을 만족하는 직교정규 벡터 $\{|\psi_j\rangle\}$ $\subset \mathbb{H}$가 존재하는 것을 보여라.

$$P = \sum_j |\psi_j\rangle\langle\psi_j|$$

힌트: $P^2 = P = P^*$에서 P의 가능한 고윳값을 유도하고 (2.42)를 사용하라.

정의 2.12 $\mathbb{H}$는 힐베르트 공간이다. 연산자 $A \in L(\mathbb{H})$가 다음을 만족하면 **유계**^bounded라고 한다.

$$\|A\| := \sup\{\|A\psi\| \mid |\psi\rangle \in \mathbb{H} \text{ and } \|\psi\| = 1\} < \infty \qquad (2.45)$$

그리고 이 경우에 $\|A\|$를 **연산자 A의 노름**이라고 한다. $\mathbb{H}$에서 정의된 유계 연산자를 $B(\mathbb{H})$로 표기한다. $\mathbb{H}$에서 정의된 유계 자기수반연산자를 $B_{sa}(\mathbb{H})$로 표기한다.

자기수반연산자 A가 모든 $|\psi\rangle \in \mathbb{H}$에 대해 다음을 만족하면 **양**^positive의 연산자라고 한다.

$$\langle\psi|A\psi\rangle \geq 0$$

그리고 $A \geq 0$로 표기한다. 자기수반연산자 A가 모든 $|\psi\rangle \in \mathbb{H} \setminus \{0\}$에 대해 $\langle\psi|A\psi\rangle > 0$이면 **순양**strictly positive의 연산자라고 하고 $A > 0$으로 표기한다. 두 개의 연산자 A, B에 대해 $A \geq B$는 $A - B \geq 0$으로 정의하고, 비슷하게 $A > B$는 $A - B > 0$으로 정의한다.

또한 두 연산자 A, B에 대해 **교환자**commutator를 다음으로 정의한다.

$$[A, B] := AB - BA \tag{2.46}$$

교환자가 영이 될 때, 즉 $[A, B] = 0$이면 A와 B는 교환된다고 한다.

$\mathbb{H}$가 무한차원인 경우에는 위의 정의가 조금 수정돼야 한다. 그러나 이 책에서는 유한차원의 $\mathbb{H}$만 고려하기 때문에 정의 2.12로 충분하다. 같은 이유로 이책에서는 유계 연산자만 다룬다.

문제 2.12 $\mathbb{H}$는 힐베르트 공간이다. $A, B \in B(\mathbb{H})$에 대해

$$(AB)^* = B^* A^* \tag{2.47}$$

을 만족하고, $A, B \in B_{sa}(\mathbb{H})$에 대해

$$(AB)^* = AB \qquad \Leftrightarrow \qquad [A, B] = 0 \tag{2.48}$$

을 만족하는 것을 보여라.

또한 $c \geq 0$에 대해

$$A^* A \leq c B^* B \qquad \Leftrightarrow \qquad \|A\| \leq \sqrt{c}\,\|B\| \tag{2.49}$$

그리고

$$A^* A \leq c\mathbf{1} \qquad \Leftrightarrow \qquad \|A\| \leq \sqrt{c}$$

을 만족하는 것을 보여라.

문제 2.9의 결과를 이용해 유계 자기수반연산자의 노름은 가장 큰 고윳값의 절댓값이라는 것을 증명한다.

문제 2.13 $\dim \mathbb{H} < \infty$인 $\mathbb{H}$는 힐베르트 공간이다. $A \in B_{sa}(\mathbb{H})$는 다음의 관계를 만족하는 고윳값 $\sigma(A) = \{\lambda_j \mid j \in \{1, \dots, d\}\}$를 가진다.

$$\lambda_1 \le \lambda_2 \le \cdots \le \lambda_d$$

다음이 성립하는 것을 보여라.

$$\|A\| = |\lambda_d| \tag{2.50}$$

향후에 유용하게 사용할 연산자의 노름에 관한 관계식을 문제 2.14에서 증명한다.

문제 2.14 연산자 $A, B \in B(\mathbb{H})$, 벡터 $|\psi\rangle \in \mathbb{H}$, 복소수 $a \in \mathbb{C}$에 대해 다음이 만족하는 것을 보여라.

$$\|A\psi\| \le \|A\|\|\psi\| \tag{2.51}$$

$$\|AB\| \le \|A\|\|B\| \tag{2.52}$$

$$\|A+B\| \le \|A\| + \|B\| \tag{2.53}$$

$$\|aA\| = |a|\|A\| \tag{2.54}$$

또한 $\mathbb{H}$ 위의 사영 연산자 P와 유니타리 연산자 $U \in \mathcal{U}(\mathbb{H})$는 다음을 만족하는 것을 보여라.

$$\|P\| = 1 = \|U\| \tag{2.55}$$

연산자 A의 행렬 표현에서 대각 성분의 합은 선택한 기저에 의존하지 않는다. 즉, 두 개의 ONB $\{|e_j\rangle\}$, $\{|\widetilde{e}_j\rangle\}$에 대해 다음이 만족한다.

$$\sum_j \langle e_j | A e_j \rangle = \sum_k \langle \widetilde{e}_k | A \widetilde{e}_k \rangle$$

이를 문제 2.15에서 증명한다.

문제 2.15 $\{|e_j\rangle\}$는 힐베르트 공간 $\mathbb{H}$의 ONB이고, $A, U \in L(\mathbb{H})$는 선형사상이다. 다음을 보여라.

(i)

$$\{|\widetilde{e}_j\rangle = U|e_j\rangle\}\text{는 } \mathbb{H}\text{에서 ONB이다.} \qquad \Leftrightarrow \qquad U \in \mathcal{U}(\mathbb{H}) \quad (2.56)$$

(ii)

$$\sum_j \langle e_j|Ae_j\rangle = \sum_j \langle \widetilde{e}_j|A\widetilde{e}_j\rangle$$

행렬의 대각 성분의 합이 불변성을 가지는 것으로 대각합^{trace}이라는 중요한 사상 $\mathrm{tr} : L(\mathbb{H}) \to \mathbb{C}$를 정의할 수 있다.

정의 2.13 $\{|e_j\rangle\}$는 힐베르트 공간 $\mathbb{H}$의 ONB이다. **대각합^{trace}**은 다음으로 정의하는 사상이다.

$$\begin{aligned} \mathrm{tr} : L(\mathbb{H}) &\longrightarrow \mathbb{C} \\ A &\longmapsto \mathrm{tr}(A) := \sum_j \langle e_j|Ae_j\rangle \underset{(2.22)}{=} \sum_j A_{jj} \end{aligned} \quad (2.57)$$

$A \in L(\mathbb{H})$에 대해 $\mathrm{tr}(A)$는 A의 대각합이라고 한다.

$A, B \in L(\mathbb{H})$일 때 $(A+B)_{jj} = A_{jj} + B_{jj}$이므로 대각합은 선형사상이다. 두 개의 추가적인 성질을 문제 2.16에서 증명한다.

문제 2.16 대각합이 다음의 성질을 만족하는 것을 보여라.

(i) $A, B \in L(\mathbb{H})$에 대해

$$\mathrm{tr}(AB) = \mathrm{tr}(BA) \qquad (2.58)$$

(ii) $B \in L(\mathbb{H})$에 대해

$$\mathrm{tr}(AB) = 0 \quad \forall A \in L(\mathbb{H}) \qquad \Leftrightarrow \qquad B = 0 \qquad (2.59)$$

2.3 물리적 개념: 상태와 관측 가능량

앞서 언급했듯이 양자역학은 시스템의 통계를 일반적으로 서술하는 이론이다. **시스템이 어떤 상태에 있다**는 말은 시스템이 통계 앙상블의 하나로 준비됐으며 이 앙상블의 관측 가능한 통계는 이러한 상태를 나타내는 수학적 객체의 도움으로 계산할 수 있음을 의미한다. 앙상블을 설명하기 위해 수학적 대상을 선택하기 위해서 순수한 상태와 2.3.2절에서 설명하는 좀 더 일반적인 혼합 상태를 구별한다.

우선, 특정 물리적 실체를 설명하는 수학적 객체는 다섯 가지 **공준** 형식으로 주어진다. 물리량과 관련되는 다른 수학적 객체는 여전히 정의의 형태로 도입한다.

2.3.1 순수 상태

> **공준 1 관측 가능량과 순수 상태**
>
> 관측 가능량, 즉 물리적으로 측정 가능한 양자 시스템의 물리량은 힐베르트 공간 $\mathbb{H}$에서 자기수반연산자로 표현된다. 자기수반연산자 A로 표현되는 모든 관측 가능량에 대해 관측 가능량의 평균값은 $\|\psi\| = 1$인 벡터 $|\psi\rangle \in \mathbb{H}$를 이용해 다음과 같이 계산할 수 있도록 통계적 앙상블의 준비가 된다면
>
> $$\langle A \rangle_\psi := \langle \psi | A \psi \rangle \tag{2.60}$$
>
> 이러한 준비는 벡터 $|\psi\rangle \in \mathbb{H}$로 표현되는 **순수 상태**pure state로 설명된다고 한다. 일반적으로 $|\psi\rangle$를 **상태벡터**state vector 또는 간단하게 **상태**라고 하며 $\langle A \rangle_\psi$는 순수 상태 $|\psi\rangle$의 관측 가능량 A의 (양자역학적인) **기댓값**expectation value이라고 한다.
>
> 이러한 공간 $\mathbb{H}$를 양자 시스템의 힐베르트 공간이라고 한다.

이 책에서는 가끔 힐베르트 공간으로 양자 시스템을 언급한다. 다시 말해서 S라고 지칭하는 시스템을 힐베르트 공간 $\mathbb{H}^S$의 상태로 기술한다면, 단순하게 **시스템 $\mathbb{H}^S$**라고 말한다. 비슷하게 모든 관측 가능량이 자기수반연산자로 표현되면, 앞으로는 동일한 기호를 사용해 관측 가능량과 관련 연산자를 표시한다.

물리적인 직관으로, 모든 상태벡터 $|\psi\rangle$에 대해 다음의 조건을 부여한다.

$$\langle \mathbf{1} \rangle_\psi = ||\psi||^2 = 1 \tag{2.61}$$

이는 항등연산자 **1을 관측 가능한 모든 것이 현재 그곳에 존재한다**고 해석할 수 있기 때문이다. 물체를 가지는 시스템은 이러한 관측 가능량이 항상 기댓값 1을 가져야 한다.

고유기저를 이용한 자기수반연산자의 대각 형식을 사용하면, A로 표현되는 관측 가능량의 기댓값은 다음과 같다.

$$\langle A \rangle_\psi \underbrace{=}_{(2.60)} \langle \psi | A\psi \rangle \underbrace{=}_{(2.38)} \langle \psi | \sum_j \lambda_j | e_j \rangle \langle e_j | \psi \rangle \underbrace{=}_{(2.4)} \sum_j \lambda_j \langle \psi | e_j \rangle \langle e_j | \psi \rangle$$
$$\underbrace{=}_{(2.1)} \sum_j \lambda_j \left| \langle \psi | e_j \rangle \right|^2$$

결과적으로 관측은 항상 관련 연산자의 (정의 2.10에서 정의한) 스펙트럼 요소를 관측하는 것이다. 시스템이 무한차원을 가지는 힐베르트 공간의 상태벡터로 설명되는 경우, 관측 가능량은 연산자의 연속 스펙트럼을 포함할 수 있다. 앞에서 여러 번 언급했듯이, 이 책에서는 유한차원 시스템만을 고려한다. 따라서 이 책의 범위에서는 자기수반연산자 A의 고윳값 $\{\lambda_j\}$를 관측 가능량의 가능한 관측 결과와 동일시할 수 있다. 정상적인 스펙트럼의 경우 양수 $|\langle e_j | \psi \rangle|^2$은 각각의 λ_j가 관측될 확률로 해석된다. 이러한 사실을 다음의 공준에서 좀 더 일반적으로 공식화한다.

공준 2   측정확률

힐베르트 공간 $\mathbb{H}$를 가지는 양자 시스템에서 관측 가능량의 가능한 측정값은 관측 가능량과 연관 있는 연산자 $A \in \mathbf{B}_{sa}(\mathbb{H})$의 (정의 2.10에서 정의한) 스펙트럼으로 주어진다.

순수 상태 $|\psi\rangle \in \mathbb{H}$에 있는 양자 시스템에서, 관측 가능량이 A의 고윳값 λ이 될 확률은 다음과 같이 λ의 고유공간 $\mathrm{Eig}(A, \lambda)$ 위로의 사영 연산자 P_λ로 표현된다.

$$\mathbf{P}_\psi(\lambda) = ||P_\lambda | \psi \rangle ||^2 \tag{2.62}$$

(2.62)가 A의 스펙트럼에 대해 (정의 A.2에서 정의한) 확률측도가 되는 것을 엄밀하게 증명하는 것은 매우 수학적이다[50]. 여기에서는 고윳값 퇴화도 $d_j = \dim \mathrm{Eig}(A, \lambda_j)$와 고유벡터로 구성된 ONB $\{|e_{j,\alpha}\rangle\} \mid j \in I,\ \alpha \in \{1, \ldots, d_j\}\}$ 를 가지는 이산스펙트럼 $\lambda(A) = \{\lambda_j \mid j \in I\}$인 경우에 한해 개략적으로 설명한다.

이러한 경우에는 다음을 만족한다.

$$\mathbf{P}_\psi(\lambda_j) \underbrace{=}_{(2.62)} \left\| P_{\lambda_j} |\psi\rangle \right\|^2 \underbrace{=}_{(2.41)} \left\| \sum_{\alpha=1}^{d_j} |e_{j,\alpha}\rangle\langle e_{j,\alpha}|\psi\rangle \right\|^2 \underbrace{=}_{(2.12)} \sum_{\alpha=1}^{d_j} |\langle e_{j,\alpha}|\psi\rangle|^2 \geq 0$$

(2.63)

공준 1에서 상태 $|\psi\rangle$를 1로 정규화한다는 조건에서 위의 항들을 모두 더하면 1이 된다.

$$\sum_{j\in I} \mathbf{P}_\psi(\lambda_j) \underbrace{=}_{(2.62)} \sum_{j\in I} \left\| P_{\lambda_j} |\psi\rangle \right\|^2 \underbrace{=}_{(2.63)} \sum_{j\in I} \sum_{\alpha=1}^{d_j} |\langle e_{j,\alpha}|\psi\rangle|^2 \underbrace{=}_{(2.12)} \|\psi\|^2 = 1$$

그러므로 사상 $P_\psi(\cdot) : \sigma(A) \to [0,1]$은 $\sigma(A)$에서 정의된 확률 측도로 볼 수 있다.

(2.60)의 결과로 관측 가능량 A와 $\alpha \in \mathbb{R}$이며 $e^{i\alpha} \in \mathbb{C}$의 형태인 복소수에 대해 다음을 만족한다.

$$\langle A \rangle_{e^{i\alpha}\psi} \underbrace{=}_{(2.60)} \langle e^{i\alpha}\psi | A e^{i\alpha}\psi \rangle \underbrace{=}_{(2.4),(2.6)} \left| e^{i\alpha} \right| \langle \psi | A\psi \rangle = \langle \psi | A\psi \rangle = \langle A \rangle_\psi$$

그러므로, 상태 $e^{i\alpha}|\psi\rangle$와 상태 $|\psi\rangle$에서 관측 가능량 A의 각각의 기댓값은 같다. 다음에 주의하면,

$$\left| \langle e^{i\alpha}\psi | e_j \rangle \right|^2 \underbrace{=}_{(2.6)} \left| e^{-i\alpha} \langle \psi | e_j \rangle \right|^2 = |\langle \psi | e_j \rangle|^2$$

두 상태의 측정 확률 또한 같은 것을 알 수 있다. 이것은 물리적으로 상태 $e^{i\alpha}|\psi\rangle \in \mathbb{H}$와 상태 $|\psi\rangle \in \mathbb{H}$를 구별할 수 없다는 것을 의미한다. 즉, 둘은 같은 상태를 표현한다.

레이 S_ψ의 모든 원소는 동일한 물리적 상황을 나타낸다. $e^{i\alpha}$에서 위상 $\alpha \in \mathbb{R}$은 임의로 선택할 수 있다. 좀 더 정확하게는 순수 상태는 힐베르트 공간에서 레이 S_ψ의 대표인 $|\psi\rangle$에 의해 기술된다. 상태를 지정할 때 레이의 대표인 $|\psi\rangle$ 기호만을 사용하며, $|\psi\rangle$와 $e^{i\alpha}|\psi\rangle$는 물리적으로 구분할 수 없다는 것을 기억하자. 이 책에서는 이 사실을 구체적으로 여러 번 사용한다. 반대로 힐베르트 공간 $\mathbb{H}$의 모든 단위벡터는 물리적 상태와 대응해 양자역학 시스템의 통계를 기술한다. $|\varphi\rangle$, $|\psi\rangle \in \mathbb{H}$가 상태이면, $\|a\varphi + b\psi\| = 1$인 a, b에 대해 $a|\varphi\rangle + b|\psi\rangle \in \mathbb{H}$ 또한 상태가 된다. 이것을 양자역학의 **중첩의 원리**^{superposition principle}라고 한다. 상태의 정규화된 선형 조합이 다시 상태가 되며 (원론적으로) 물리적으로 실현될 수 있는 준비가 된다.

그러나 선형 조합의 **전체 위상**은 물리적으로 중요하지 않지만, 선형 조합의 **상대 위상**은 중요하다.

정확히 서술하면 다음과 같다. $\langle\varphi|$와 $\langle\psi|$는 $\langle\varphi|\psi\rangle = 0$을 만족하는 두 가지 상태이다. 그러면 $\frac{1}{\sqrt{2}}(|\varphi\rangle + |\psi\rangle)$와 $\frac{1}{\sqrt{2}}(|\varphi\rangle + e^{i\alpha}|\psi\rangle)$는 정규화된 상태벡터가 된다. $|\psi\rangle$와 $e^{i\alpha}|\psi\rangle$는 동일한 상태, 즉 동일한 물리적인 상황을 서술하지만, $\frac{1}{\sqrt{2}}(|\varphi\rangle + |\psi\rangle)$와 $\frac{1}{\sqrt{2}}(|\varphi\rangle + e^{i\alpha}|\psi\rangle)$는 다르며 이에 대응하는 물리적인 상태 또한 다르다. 이는 다음의 계산으로 알 수 있다. 관측 가능량 A에 대해서는 다음이 성립한다.

$$
\langle A\rangle_{(|\varphi\rangle + |\psi\rangle)/\sqrt{2}} \underset{(2.60)}{=} \frac{1}{2}\left(\langle\varphi + \psi|A(\varphi + \psi)\rangle\right)
$$

$$
\underset{(2.4)}{=} \frac{1}{2}\left(\langle\varphi|A\varphi\rangle + \langle\psi|A\psi\rangle + \langle\varphi|A\psi\rangle + \langle\psi|A\varphi\rangle\right)
$$

$$
\underset{(2.30),\, A^* = A}{=} \frac{1}{2}\left(\langle\varphi|A\varphi\rangle + \langle\psi|A\psi\rangle + \langle\varphi|A\psi\rangle + \langle A\psi|\varphi\rangle\right)
$$

$$\underbrace{=}_{(2.60),(2.1)} \frac{1}{2}\left(\langle A\rangle_\varphi + \langle A\rangle_\psi\right) + \mathrm{Re}\left(\langle\varphi|A\psi\rangle\right)$$

여기에서 실수부 $\mathrm{Re}(\langle\varphi|A\psi\rangle)$는 **간섭**interference항이라고 한다. 다음의 계산을 살펴보면, 정확하게 이 항에서 상태 $\frac{1}{\sqrt{2}}(|\varphi\rangle + e^{i\alpha}|\psi\rangle)$와 차이가 발생한다.

$$\begin{aligned}\langle A\rangle_{(|\varphi\rangle + e^{i\alpha}|\psi\rangle)/\sqrt{2}} &= \frac{1}{2}\langle\varphi + e^{i\alpha}\psi|A(\varphi + e^{i\alpha}\psi)\rangle \\ &= \frac{1}{2}\left(\langle\varphi|A\varphi\rangle + \langle e^{i\alpha}\psi|Ae^{i\alpha}\psi\rangle + e^{i\alpha}\langle\varphi|A\psi\rangle + e^{-i\alpha}\langle\psi|A\varphi\rangle\right) \\ &= \frac{1}{2}\left(\langle A\rangle_\varphi + \langle A\rangle_\psi\right) + \mathrm{Re}\left(e^{i\alpha}\langle\varphi|A\psi\rangle\right)\end{aligned}$$

여기에서 $\langle\varphi|A\psi\rangle \neq 0$이면 $\langle\varphi|A\psi\rangle$와 $e^{i\alpha}\langle\varphi|A\psi\rangle$의 실수부는 다르다. 정리하면 $e^{i\alpha}|\psi\rangle$에서 $\alpha \in \mathbb{R}$을 변경하면 상태를 바꾸지 못하지만, $\frac{1}{\sqrt{2}}(|\varphi\rangle + e^{i\alpha}|\psi\rangle)$에서는 상태를 바꾼다.

시스템이 $|\psi\rangle$ 상태로 준비됐을 때, 관측의 결과가 상태 $|\varphi\rangle$가 될 수 있을까? 다음의 명제가 이에 대한 답을 준다.

명제 2.15 양자 시스템의 상태는 힐베르트 공간 $\mathbb{H}$의 레이로 기술된다. 상태 $|\psi\rangle \in \mathbb{H}$로 준비된 시스템이 상태 $|\varphi\rangle \in \mathbb{H}$로 관측될 확률은 다음으로 주어진다.

$$\mathbf{P}\left\{\begin{matrix}\text{상태 } |\psi\rangle\text{로 준비된 시스템이} \\ \text{상태 } |\varphi\rangle\text{로 관측}\end{matrix}\right\} = |\langle\varphi|\psi\rangle|^2 \qquad (2.64)$$

[증명]

$|\psi\rangle, |\varphi\rangle \in \mathbb{H}$는 $\|\psi\| = 1 = \|\varphi\|$이다. 특정 시스템이 상태 $|\varphi\rangle$에 있는지 확인하고자 관측하는 관측 가능량은 그 상태에 대한 사영 연산자 $P_\varphi = |\varphi\rangle\langle\varphi|$이다. 이 관측 가능량은 0과 1의 고윳값을 가진다. 고윳값 $\lambda = 1$은 정상이며 이의 고유공간은 $|\varphi\rangle$에 의해서 생성된다. 그래서 고윳값 $\lambda = 1$의 고유공간위로의 사영은 P_φ로 주어지며 공준 2의 (2.62)에서 다음을 얻는다.

$$\begin{aligned}\mathbf{P}_\psi(\lambda = 1) &= \|P_1|\psi\rangle\|^2 = \left\|P_\varphi|\psi\rangle\right\|^2 = \||\varphi\rangle\langle\varphi|\psi\rangle\|^2 \\ &\underbrace{=}_{(2.7)} |\langle\varphi|\psi\rangle|^2 \underbrace{\||\varphi\rangle\|^2}_{=1} = |\langle\varphi|\psi\rangle|^2\end{aligned}$$

측정 결괏값이 평균값 주위에서 어떻게 분포하고 있을까? 이에 대한 것은 (부록 A의) 표준 확률 이론에서 정의한 개념과 유사하게 소위 불확정성 또는 표준편차에 의해 주어진다.

정의 2.16 상태 $|\psi\rangle$의 관측 가능량 A의 **불확정성**uncertainty은 다음으로 정의한다.

$$\Delta_\psi(A) := \sqrt{\langle \psi | (A - \langle A \rangle_\psi \mathbf{1})^2 \psi \rangle} = \sqrt{\left\langle \left(A - \langle A \rangle_\psi \mathbf{1} \right)^2 \right\rangle_\psi} \quad (2.65)$$

불확정성이 없어지면, 즉 $\Delta_\psi(A) = 0$이면, 상태 $|\psi\rangle$의 관측 가능량 A의 값이 **뾰족**sharp하다고 한다.

상태 $|\psi\rangle$의 관측 가능량 A의 값이 뾰족하면, $|\psi\rangle$ 상태의 시스템에 대한 A의 모든 측정 결과는 항상 동일한 값이다. 이것은 다음의 명제에서 볼 수 있듯이 $|\psi\rangle$가 A의 고유벡터인 경우에만 해당한다.

명제 2.17 관측 가능량 A와 상태 $|\psi\rangle$에 대해 다음이 만족한다.

$$\Delta_\psi(A) = 0 \quad \Leftrightarrow \quad A|\psi\rangle = \langle A \rangle_\psi |\psi\rangle$$

[증명]

관측 가능량 A가 자기수반, 즉 $A^* = A$이기 때문에 다음을 만족한다.

$$\langle A \rangle_\psi \underbrace{=}_{(2.60)} \langle \psi | A \psi \rangle \underbrace{=}_{(2.30)} \langle A^* \psi | \psi \rangle = \langle A \psi | \psi \rangle \underbrace{=}_{(2.1)} \overline{\langle \psi | A \psi \rangle} \underbrace{=}_{(2.60)} \overline{\langle A \rangle_\psi}$$

그러므로 $\langle A \rangle_\psi \in \mathbb{R}$이다. 결국,

$$\left(A - \langle A \rangle_\psi \mathbf{1} \right)^* = A - \langle A \rangle_\psi \mathbf{1} \quad (2.66)$$

또한 다음을 알 수 있다.

$$(\Delta_\psi(A))^2 \underbrace{=}_{(2.65)} \langle \psi | (A - \langle A \rangle_\psi \mathbf{1})^2 \psi \rangle \underbrace{=}_{(2.30)} \langle (A - \langle A \rangle_\psi \mathbf{1}) \psi | (A - \langle A \rangle_\psi \mathbf{1}) \psi \rangle$$

$$\underbrace{=}_{(2.5)} \left\| (A - \langle A \rangle_\psi \mathbf{1}) \psi \right\|^2 \tag{2.67}$$

그러므로

$$\Delta_\psi(A) = 0 \underbrace{\Leftrightarrow}_{(2.5),(2.3)} A | \psi \rangle = \langle A \rangle_\psi | \psi \rangle$$

이는 관측 가능량 A의 값이 뾰족한 것과 $|\psi\rangle$가 고윳값 $\langle A \rangle_\psi$를 갖는 A의 고유벡터라는 것과 동치이다. ■

관측 가능량에 대응하는 연산자의 고유벡터인 상태를 그 연산자 또는 관측 가능량의 **고유 상태**eigen state라고 한다.

따라서 A의 고유 상태에서의 준비는 그 상태에서 A의 모든 측정 값이 항상 해당 고윳값이 된다는 것을 의미한다. 반대의 경우도 마찬가지다. 만약 주어진 준비에 대해 A의 불확정성이 사라지면, 그 준비는 A의 고유 상태로 기술된다.

정의 2.18 두 개의 관측 가능량 A, B가 있다. 이에 관련된 연산자 교환이 성립하는 경우, 즉 $[A, B] = 0$이면 두 개의 관측 가능량은 **호환**compatible된다고 한다. $[A, B] \neq 0$이면 **호환되지 않는다**incompatible고 표현하다.

선형 대수학의 결과에서 A와 B가 자기수반이고 $[A, B] = 0$이면 A와 B가 대각행렬이 되는 ONB $\{|e_j\rangle\}$가 존재하는 것을 알 수 있다. 즉, 다음을 만족한다.

$$A = \sum_j a_j |e_j\rangle \langle e_j| \quad \text{그리고} \quad B = \sum_j b_j |e_j\rangle \langle e_j|$$

그러면 상태 $|e_k\rangle$의 시스템은 A와 B의 고유 상태이다. 결국 이러한 상태에 대한 호환 가능한 관측 가능량 A와 B의 관측은 (여기에서는 a_k, b_k인) 뾰족한 결과를 주며 **불확정성을 유발하지 않는다**.

그러나 호환되지 않는 관측 가능량의 불확정성의 곱은 다음의 명제에서 보듯이 하한을 가진다.

명제 2.19 $A, B \in \mathrm{B_{sa}}(\mathbb{H})$는 관측 가능량이고 $|\psi\rangle \in \mathbb{H}$는 상태일 때, 다음 의 **불확정성의 관계**[uncertainty relation]를 만족한다.

$$\Delta_\psi(A)\,\Delta_\psi(B) \geq \left| \left\langle \frac{1}{2i}[A,B] \right\rangle_\psi \right| \tag{2.68}$$

[증명]

(2.68)의 관계식은 다음의 계산으로 유도된다.

$$\left(\Delta_\psi(A)\right)^2 \left(\Delta_\psi(B)\right)^2$$

$$\underset{(2.67)}{=} \left\| \left(A - \langle A\rangle_\psi \mathbf{1}\right)\psi \right\|^2 \left\| \left(B - \langle B\rangle_\psi \mathbf{1}\right)\psi \right\|^2$$

$$\underset{(2.16)}{\geq} \left| \left\langle \left(A - \langle A\rangle_\psi \mathbf{1}\right)\psi \middle| \left(B - \langle B\rangle_\psi \mathbf{1}\right)\psi \right\rangle \right|^2$$

$$\geq \left(\mathrm{Im}\left(\left\langle \left(A - \langle A\rangle_\psi \mathbf{1}\right)\psi \middle| \left(B - \langle B\rangle_\psi \mathbf{1}\right)\psi \right\rangle \right) \right)^2$$

$$= \left(\frac{1}{2i} \left\langle \left(A - \langle A\rangle_\psi \mathbf{1}\right)\psi \middle| \left(B - \langle B\rangle_\psi \mathbf{1}\right)\psi \right\rangle - \frac{1}{2i} \overline{\left\langle \left(A - \langle A\rangle_\psi \mathbf{1}\right)\psi \middle| \left(B - \langle B\rangle_\psi \mathbf{1}\right)\psi \right\rangle} \right)^2$$

$$\underset{(2.1)}{=} \left(\frac{1}{2i} \left\langle \left(A - \langle A\rangle_\psi \mathbf{1}\right)\psi \middle| \left(B - \langle B\rangle_\psi \mathbf{1}\right)\psi \right\rangle - \frac{1}{2i} \left\langle \left(B - \langle B\rangle_\psi \mathbf{1}\right)\psi \middle| \left(A - \langle A\rangle_\psi \mathbf{1}\right)\psi \right\rangle \right)^2$$

$$\underset{(2.66)}{=} \left(\frac{1}{2i} \left\langle \left(A - \langle A\rangle_\psi \mathbf{1}\right)^*\psi \middle| \left(B - \langle B\rangle_\psi \mathbf{1}\right)\psi \right\rangle - \frac{1}{2i} \left\langle \left(B - \langle B\rangle_\psi \mathbf{1}\right)^*\psi \middle| \left(A - \langle A\rangle_\psi \mathbf{1}\right)\psi \right\rangle \right)^2$$

$$\underset{(2.30)}{=} \left(\frac{1}{2i} \left\langle \psi \middle| \left(A - \langle A\rangle_\psi \mathbf{1}\right)\left(B - \langle B\rangle_\psi \mathbf{1}\right)\psi \right\rangle - \frac{1}{2i} \left\langle \psi \middle| \left(B - \langle B\rangle_\psi \mathbf{1}\right)\left(A - \langle A\rangle_\psi \mathbf{1}\right)\psi \right\rangle \right)^2$$

$$= \left(\frac{1}{2i} \left\langle \left[A - \langle A\rangle_\psi \mathbf{1}, B - \langle B\rangle_\psi \mathbf{1}\right] \right\rangle_\psi \right)^2$$

$$= \left(\left\langle \frac{1}{2i}[A,B] \right\rangle_\psi \right)^2$$

■

(2.68)로부터 $|\langle [A,B]\rangle_\psi| > 0$인 상태 $|\psi\rangle$에 대해 상태 $|\psi\rangle$의 두 관측 가능량 A 와 B의 불확정성의 곱은 하한한계를 가진다는 것을 알 수 있다. A의 불확정성이 감소할수록 B의 불확정성은 증가한다. 반대의 경우도 마찬가지다.

보기 2.20 하이젠베르크의 불확정성 관계는 (보기 2.5에서 정의한) $\mathbb{H} = L^2(\mathbb{R}^3)$이고 A는 위치 연산자 Q_j로 주어지고 B는 $j \in \{1, 2, 3\}$의 3차원 공간 좌표의 모멘텀 연산자 P_j로 주어진, (2.68)의 특별한 경우다. 이러한 두 개의 연산자의 상태 $|\psi\rangle \in \mathbb{H} = L^2(\mathbb{R}^3)$에 대한 작용은 다음과 같다.[6]

$$|Q_j \psi\rangle(\mathbf{x}) = |x_j \psi\rangle(\mathbf{x})$$

$$|P_j \psi\rangle(\mathbf{x}) = |-\mathrm{i}\frac{\partial}{\partial x_j}\psi\rangle(\mathbf{x})$$

그리고 다음의 관계식을 만족한다.

$$[Q_j, P_k]|\psi\rangle(\mathbf{x}) = |-\mathrm{i}x_j\frac{\partial}{\partial x_k}\psi\rangle(\mathbf{x}) - |-\mathrm{i}\frac{\partial}{\partial x_k}(x_j\psi\rangle(\mathbf{x})) = \mathrm{i}\delta_{jk}|\psi\rangle(\mathbf{x})$$

즉, $[Q_j, P_k] = \mathrm{i}\delta_{jk}\mathbf{1}$이다. 결국 이 경우에는 다음이 성립한다.

$$\Delta_\psi(Q_j)\,\Delta_\psi(P_k) \geq \frac{1}{2}\delta_{jk}$$

상태 $|\psi\rangle = \sum_j |e_j\rangle\langle e_j|\psi\rangle$로 준비된 객체에 대한 관측 가능량 $A = \sum_j \lambda_j |e_j\rangle\langle e_j|$의 관측은 고윳값 $\lambda_k \in \sigma(A)$의 값을 생성한다. A에 대한 가능한 관측값인 $\sigma(A)$ 중에서 λ_k가 관측된 것이다. λ_k가 관측됐고 외부의 작용에 영향을 받지 않았다면, A의 다른 관측은 항상 λ_k을 다시 생성한다. 이렇게 준비한 객체들의 집합, 즉 관측 A가 λ_k를 생성하는 원래 $|\psi\rangle$였던 객체들은 A가 뾰족한 λ_k 값을 가지는 준비를 형성한다. 이러한 상태는 A의 고유벡터 $|e_k\rangle$로 표현된다. 따라서 측정값 $\lambda_k \in \sigma(A)$를 생성하는 관측 가능량 A의 관측은 객체를 상태 $|e_k\rangle \in \mathbb{H}$로 준비하는 것으로 볼 수 있다. $|\langle e_k|\psi\rangle|^2$의 확률로 관측은 처음에 상태 $|\psi\rangle$였던 객체를 관측 가능량의 고유 상태 $|e_k\rangle$로 **강제**[force] 또는 **사영**[project]한다고 표현할 수 있다. 측정 결과가 λ_k인 모든 객체를 선택하면, λ_k의 고유공간에 있는 벡터 $|e_k\rangle$로 표현되는 앙상블을 준비한 것이다. 이러한 물리 현상을 사영 공준[Project Postulate] 으로 공식화했다.

---

6 이 책에서는 항상 $\hbar = 1$인 단위계를 사용한다. 그렇지 않으면 모멘텀 연산자가 $P_j = -\mathrm{i}\hbar\frac{\partial}{\partial x_j}$로 나타나기 때문이다.

역사적으로, 양자역학 시스템의 상태 $|\psi\rangle$는 **파동 함수**[wave function]라고 불렀다. 이러한 이유에서 사영 공준은 **파동함수의 붕괴**[collapse]라고 알려져 있다.

작용하는 관측이 없어도 상태는 변할 수 있다. 관측에서 유발되는 것이 아닌 상태의 시간 진전[time evolution]은, 연산자 초기치 문제[initial value problem]의 해로 구할 수 있는 유니타리 연산자에 의해 주어진다.

문제 2.17 $\mathbb{H}$는 힐베르트 공간이다. $t \geq t_0$에 대해 $t \mapsto U(t,t_0) \in L(\mathbb{H})$는 다음의 초기치 문제의 해다.

$$\begin{aligned} &i\frac{d}{dt}U(t,t_0) = H(t)U(t,t_0) \\ &U(t_0,t_0) = \mathbf{1} \end{aligned} \qquad (2.69)$$

여기에서 $H(t) \in B_{sa}(\mathbb{H})$이다. $U(t,t_0)$는 유니타리이며 유일함을 보여라.

이 책에서는 (2.69)의 해인 $t \mapsto U(t,t_0)$의 존재성에 대해 매우 어렵고 기술적인 측면에 대해서는 관심을 가지지 않지만, (2.69)의 해가 유일하게 존재하는 $H(t)$를 가정한다.

$|\psi_0\rangle$에서 시작한 시간 진전 상태 $|\psi(t)\rangle$는 다음으로 주어진다.

$$|\psi(t)\rangle = U(t,t_0)|\psi(t_0)\rangle \tag{2.70}$$

시간 진전 연산자 $U(t,t_0)$는 다음의 초기치 문제의 해다.

$$\mathrm{i}\frac{d}{dt}U(t,t_0) = \mathsf{H}(t)U(t,t_0)$$
$$U(t_0,t_0) = \mathbf{1} \tag{2.71}$$

여기에서 $\mathsf{H}(t)$는 자기수반(해밀터니안^{Hamiltonian}으로 알려진) **해밀턴 연산자**^{Hamilton operator}이며 양자 시스템의 시간 진전을 생성한다고 말한다.

공준 4에서 주어진 시간 진전의 연산자 형태는 잘 알려진 슈뢰딩거 방정식[7]과 일치한다.

$$\mathrm{i}\frac{d}{dt}|\psi(t)\rangle = \mathsf{H}(t)|\psi(t)\rangle \tag{2.72}$$

이는 (2.70)에 (2.71)을 적용하면 슈뢰딩거 방정식 (2.72)을 생성하고, 반대로 임의의 초기 상태 $|\psi(t_0)\rangle$에 대한 슈뢰딩거 방정식의 모든 해는 $U(t,t_0)$의 해를 생성하기 때문이다. 공준 4에 주어진 시간 진전 연산자 $U(t,t_0)$를 사용하는 시간 진전의 공식화는 슈뢰딩거 방정식에 비해 (공준 5의) 혼합 상태에도 사용할 수 있는 장점이 있다.

연산자 $\mathsf{H}(t)$는 양자 시스템의 에너지 관측 가능량에 해당한다. 그래서 해밀턴의 (공준 1에서 정의한) 기댓값 $\langle \mathsf{H}(t)\rangle_\psi$는 $|\psi\rangle$ 상태에 있는 시스템이 가지는 에너지의 기댓값이다. $\frac{d}{dt}\mathsf{H}(t) = 0$이어서 H가 시간에 무관하면 시스템의 에너지는 일정하며 H의 고윳값 $\{E_j \mid j \in I\}$로 주어진다. 특정 해밀턴에 대해 이러한 고윳값이 이산적이라는 것이 **양자**라는 이름의 핵심이다. 흑체의 에너지는 특정한 양자 에너지의 정수 배수로만 나타난다는 것이 플랑크의 가설이며, 이로부터 흑체 복사 공식을 정확하게 유도했다. 그러나 이러한 가정의 기원은 당시에 이해되지 않았다. 한참 후에 양자역학을 이용해 이산 에너지 준위의 이론을 수학적으로

---

7 이 책에서 $\hbar = 1$인 편리한 물리 단위계를 사용하는 것을 다시 한 번 언급한다. (2.71)과 (2.72)의 좌변에 플랑크 상수가 없는 이유이다.

증명했다.

문제 2.18 $U(t,t_0)$는 해밀턴 H(t)에 대해 (2.71)을 만족하는 시간 진전 연산자다. 다음을 증명하라.

$$i\frac{d}{dt}U(t,t_0)^* = -U(t,t_0)^*H(t)$$
$$U(t_0,t_0)^* = 1 \tag{2.73}$$

해밀턴 연산자 H(t)는 시스템에서 에너지 관측 가능량에 대응하는 것뿐만 아니라, (2.71)에서 보듯이 시스템의 시간 진전을 결정한다. 연산자 H(t)의 구체적인 형태는 양자 시스템이 내부와 노출돼 있는 외부의 상호작용으로 결정된다. 5장에서 볼 수 있듯이, 양자 컴퓨터의 회로는 상태에 작용하는 단일 연산자 V를 기본 게이트로 구성된다. 이러한 게이트를 구현하기 위해서는 $V = U(t,t_0)$가 되는 시간 연산자 $U(t,t_0)$를 생성하는 해밀턴 연산자 H(t)와 t를 찾아 구현해야 한다.

시간 진전 연산자가 상태의 공간에 선형 변환으로 작용하는 것은 중첩 원리의 결과다. 시간 진전 연산자가 유니타리가 된다는 것은 시간 진전 상태의 노름이 보존된다는 조건에서 나온다(문제 2.7 참조). 이것은 결국 확률 해석에서 나온 조건이다(2.61 참조).

양자 컴퓨터에 있어서 중요한 다른 관측 가능량으로 전자의 내부 각 운동량, 즉 **스핀**spin이 있다. 이것은 세 개의 관측 가능량 S_x, S_y, S_z로 구성되며, 내부 각 운동량 벡터 $\mathbf{S} = (S_x, S_y, S_z)$로 표기한다. 이 책에서는 스핀에만 관심이 있고 전자의 위치나 운동량에는 관심이 없기 때문에, 2차원 힐베르트 공간 $\mathbb{H} \cong \mathbb{C}^2$만을 고려하면 된다. 스핀 관측 가능량 $\mathbf{S}$의 2차원 힐베르트 공간에 정의된 연산자는 다음과 같다.[8]

$$S_j = \frac{1}{2}\sigma_j \qquad \text{for } j \in \{x,y,z\}$$

여기에서 σ_j는 다음에서 정의하는 파울리 행렬이다.

---

8   일반적인 단위계에서는 $\hbar$가 우변에 계수로 나타난다.

정의 2.21 $j \in \{1,2,3\}$ 또는 $j \in \{x,y,z\}$를 아래첨자로 가지는 다음의 행렬 $\sigma_j \in \text{Mat}(2 \times 2, \mathbb{C})$을 **파울리 행렬**^Pauli matrices이라고 한다.

$$\sigma_x := \sigma_1 := \begin{pmatrix} 0 & 1 \\ 1 & 0 \end{pmatrix}, \quad \sigma_y := \sigma_2 := \begin{pmatrix} 0 & -i \\ i & 0 \end{pmatrix}, \quad \sigma_z := \sigma_3 := \begin{pmatrix} 1 & 0 \\ 0 & -1 \end{pmatrix}$$
$$(2.74)$$

$\sigma_0 = \left(\begin{smallmatrix} 1 & 0 \\ 0 & 1 \end{smallmatrix}\right)$을 2×2 단위 행렬로 표기해 확정한 집합을 그리스 문자를 아래첨자로 사용해 다음으로 정의한다.

$$\{\sigma_\alpha \mid \alpha \in \{0,\ldots,3\}\} = \{\sigma_0, \sigma_1, \sigma_2, \sigma_3\} \tag{2.75}$$

주어진 ONB를 가지는 이차원의 힐베르트 공간 $\mathbb{H}$에서 같은 기호를 사용해 $L(\mathbb{H})$의 연산자를 표기하고 ONB에 대해 대응하는 행렬을 가진다.

$$\sigma_0 = \mathbf{1}, \quad X = \sigma_1 = \sigma_x, \quad Y = \sigma_2 = \sigma_y, \quad Z = \sigma_3 = \sigma_z$$

문제 2.19 $j,k,l \in \{1,2,3\}$에 대해 ε_{jkl}은 **완비 반대칭 텐서**^complete anit-symmetric tensor이다.

$$\varepsilon_{123} = \varepsilon_{231} = \varepsilon_{312} = 1 = -\varepsilon_{213} = -\varepsilon_{132} = -\varepsilon_{321}$$

위의 경우를 제외한 경우에는 $\varepsilon_{jkl} = 0$이다. 다음의 파울리 행렬의 성질을 증명하라.

(i)

$$\sigma_j \sigma_k = \delta_{jk}\mathbf{1} + i\varepsilon_{jkl}\sigma_l \tag{2.76}$$

(ii) 교환 관계

$$[\sigma_j, \sigma_k] = \sigma_j\sigma_k - \sigma_k\sigma_j = 2i\varepsilon_{jkl}\sigma_l \tag{2.77}$$

(iii) 반교환 관계

$$\{\sigma_j, \sigma_k\} := \sigma_j\sigma_k + \sigma_k\sigma_j = 2\delta_{jk}\mathbf{1}$$

(iv)

$$\sigma_j^* = \sigma_j \quad \text{그리고} \quad \sigma_j^* \sigma_j = \mathbf{1}$$

그러므로 σ_j는 자기수반이며 유니타리 연산자다.

다음의 상태에 대해

$$| \uparrow_{\hat{z}} \rangle := |0\rangle := \begin{pmatrix} 1 \\ 0 \end{pmatrix}, \qquad | \downarrow_{\hat{z}} \rangle := |1\rangle := \begin{pmatrix} 0 \\ 1 \end{pmatrix} \tag{2.78}$$

다음을 얻는다.

$$S_z | \uparrow_{\hat{z}} \rangle = \frac{1}{2} | \uparrow_{\hat{z}} \rangle, \qquad S_z | \downarrow_{\hat{z}} \rangle = -\frac{1}{2} | \downarrow_{\hat{z}} \rangle$$

S_z는 고윳값 $\{\pm \frac{1}{2}\}$과 고유벡터 $\{| \uparrow_{\hat{z}} \rangle, | \downarrow_{\hat{z}} \rangle\}$를 가진다. 고유벡터는 각각 z 방향으로 스핀의 업, 다운 상태로 알려져 있다. S_j는 슈테른-게를라흐$^{\text{Stern-Gerlach}}$ 실험에서 측정할 수 있는 물리적 관측 가능량이다. 그러나 계수 $\frac{1}{2}$이 많이 나오는 것을 피해 간단하게 하기 위해 이 책에서는 $\sigma_j = 2S_j$를 관측 가능량으로 사용한다.

(2.78)에서 고유벡터 $| \uparrow_{\hat{z}} \rangle$, $| \downarrow_{\hat{z}} \rangle$를 $|0\rangle$, $|1\rangle$로 나타내는 것은 이러한 비트의 상태가 고전적인 비트 값 0과 1에 대응하기 때문이다. σ_z의 고유벡터를 $|0\rangle$, $|1\rangle$로 표기하는 것은 양자 컴퓨터에서 표준이며, 이 책에서 앞으로 이 표기를 사용한다. $|a|^2 + |b|^2 = 1$일 때 $a|0\rangle + b|1\rangle$는 가능한 상태가 된다(2.4절에서 상세하게 설명한다). 반대로 고전적인 비트 값 $a0 + b1$는 의미가 없다. 오해를 피하기 위해 $|0\rangle$은 힐베르트 공간에서 영벡터$^{\text{zero vector}}$가 아닌 것을 언급한다. 힐베르트 공간의 영벡터는, $\mathbb{N}_0$와 같은 집합, $\mathbb{R}$ 및 $\mathbb{C}$와 같은 체 그리고 $\mathbb{H}$와 같은 벡터 공간에서 모든 영을 표기하는 기호 0을 같이 사용한다.

관측 가능량 σ_z는 고윳값 ± 1, 고유벡터 $|0\rangle = | \uparrow_{\hat{z}} \rangle$, $|1\rangle = | \downarrow_{\hat{z}} \rangle$를 가지며 기댓값은 다음과 같다.

$$\langle \sigma_z \rangle_{|0\rangle} = \langle 0 | \sigma_z | 0 \rangle = \langle 0 | 0 \rangle = +1, \qquad \langle \sigma_z \rangle_{|1\rangle} = \langle 1 | \sigma_z | 1 \rangle = -\langle 1 | 1 \rangle = -1$$

상태 $|0\rangle$의 불확정성은 실제로 사라진다는 것을 계산을 통해 보일 것이다. 우선 다음을 계산한다.

$$\sigma_z - \langle \sigma_z \rangle_{|0\rangle} \mathbf{1} = \begin{pmatrix} 1 & 0 \\ 0 & -1 \end{pmatrix} - \begin{pmatrix} 1 & 0 \\ 0 & 1 \end{pmatrix} = \begin{pmatrix} 0 & 0 \\ 0 & -2 \end{pmatrix}$$

그러므로

$$\langle 0| \left(\sigma_z - \langle \sigma_z \rangle_{|0\rangle} \mathbf{1} \right)^2 |0\rangle = \begin{pmatrix} 1 & 0 \end{pmatrix} \begin{pmatrix} 0 & 0 \\ 0 & 4 \end{pmatrix} \begin{pmatrix} 1 \\ 0 \end{pmatrix} = 0$$

최종적으로

$$\Delta_{|0\rangle}(\sigma_z) \underbrace{=}_{(2.65)} 0$$

비슷하게 $\Delta_{|1\rangle}(\sigma_z) = 0$을 증명할 수 있다. 이러한 사실은 $|0\rangle$, $|1\rangle$이 σ_z의 고유 상태이기 때문에 σ_z의 관측은 어떠한 불확정성을 유발하지 않는다는 일반이론에서 유도할 수 있다.

그러나 σ_x와 σ_z는 비호환^{incompatible}이다.

$$[\sigma_x, \sigma_z] \underbrace{=}_{(2.77)} -2i\sigma_y \neq 0$$

그러므로

$$\langle \sigma_x \rangle_{|0\rangle} = \begin{pmatrix} 1 & 0 \end{pmatrix} \begin{pmatrix} 0 & 1 \\ 1 & 0 \end{pmatrix} \begin{pmatrix} 1 \\ 0 \end{pmatrix} = 0$$

$$\sigma_x - \langle \sigma_x \rangle_{|0\rangle} \mathbf{1} = \begin{pmatrix} 0 & 1 \\ 1 & 0 \end{pmatrix}$$

$$\langle 0| \left(\sigma_x - \langle \sigma_x \rangle_{|0\rangle} \mathbf{1} \right)^2 |0\rangle = \begin{pmatrix} 1 & 0 \end{pmatrix} \begin{pmatrix} 1 & 0 \\ 0 & 1 \end{pmatrix} \begin{pmatrix} 1 \\ 0 \end{pmatrix} = 1$$

최종적으로

$$\Delta_{|0\rangle}(\sigma_x) \underbrace{=}_{(2.65)} 1 \tag{2.79}$$

이는 상태 $|0\rangle$의 σ_x 관측은 **뾰족할 수 없다**는 것을 의미한다. 비슷하게 $\Delta_{|1\rangle}(\sigma_x)$ $= 1$을 계산할 수 있다. 결국 σ_z와 σ_x는 같은 상태를 불확정성이 없이 관측할 수 없다. σ_x, σ_y의 조합뿐만 아니라 σ_z, σ_y의 조합에서도 같은 사실이 성립한다.

문제 2.20 σ_x의 고윳값과 정규화된 고유벡터 $|\uparrow_{\hat{x}}\rangle$, $|\downarrow_{\hat{x}}\rangle$를 찾아서 $|0\rangle$과 $|1\rangle$의 선형 조합으로 표현하라. 그리고 상태 $|0\rangle = |\uparrow_{\hat{z}}\rangle$에서 σ_x의 고유벡터를 관측할 확률 $|\langle\uparrow_{\hat{x}}|0\rangle|^2$, $|\langle\downarrow_{\hat{x}}|0\rangle|^2$을 계산하라.

다음은 연산자의 대각 형태 (2.38)과 사영 연산자의 작용의 보기를 보여준다.

보기 2.22 대각 형태의 보기로서 σ_z를 고유벡터와 고윳값을 이용해 나타낼 수 있다.

$$\sigma_z = (+1)|0\rangle\langle 0| + (-1)|1\rangle\langle 1| = \begin{pmatrix} 1 \\ 0 \end{pmatrix}(1\ 0) - \begin{pmatrix} 0 \\ 1 \end{pmatrix}(0\ 1)$$

$$= \begin{pmatrix} 1 & 0 \\ 0 & 0 \end{pmatrix} - \begin{pmatrix} 0 & 0 \\ 0 & 1 \end{pmatrix} = \begin{pmatrix} 1 & 0 \\ 0 & -1 \end{pmatrix}$$

$|a_0|^2 + |a_1|^2 = 1$일 때 $|\psi\rangle = a_0|0\rangle + a_1|1\rangle$에 대해 직교 사영연산자는 다음과 같이 행렬로 표현된다.

$$P_\psi = |\psi\rangle\langle\psi| = \begin{pmatrix} a_0 \\ a_1 \end{pmatrix}(\overline{a_0}\ \overline{a_1}) = \begin{pmatrix} |a_0|^2 & a_0\overline{a_1} \\ \overline{a_0}a_1 & |a_1|^2 \end{pmatrix}$$

보기 2.22와 비슷하게 문제 2.21은 연산자의 대각 형태에 대해 추가적인 예를 보여준다.

문제 2.21 다음의 대각 형태를 증명하라.

$$\sigma_x = \sum_j \lambda_j |e_j\rangle\langle e_j|$$

그리고 문제 2.20의 결과를 이용해 우변을 계산하라.

앞의 문제의 결과를 이용해 사영 공준의 보기를 설명할 수 있다. 전자가 상태 $|0\rangle$로 준비됐고 σ_x의 관측이 행해졌다고 가정한다. 문제 2.20에서 +1 또는 −1 값이 각각 $\frac{1}{2}$의 확률로 관측될 것을 알고 있다. +1이 관측된 전자는 앙상블을 구성하며, 이는 고윳값 +1에 대응하는 σ_x의 고유 상태 $|\uparrow_{\hat{x}}\rangle$이다. 관측이 행해진 후에 +1이 관측된 전자만을 선택하는 것은 상태 $|\uparrow_{\hat{x}}\rangle$의 준비와 비슷하다.

2.3.2 혼합 상태

앞에서 언급한 순수 상태는 양자 시스템이 가지는 가장 일반적인 형태가 아니다. 양자 시스템은 이른바 혼합 상태$^{mixed states}$로 존재할 수 있다. 순수 상태는 혼합 상태의 특별한 경우이다.

간단하게 말하면, 양자 입자가 혼합 상태에 있으면 상태들의 집합 $\{|\psi_j\rangle\}$ 중의 하나이며 관측 가능량은 이들 중의 하나인 $|\psi_j\rangle$로 표현된다. 그러나 어떤 것인지는 알지 못한다. 알 수 있는 것은 단지 양자 입자가 상태 $|\psi_j\rangle$가 될 확률 p_j뿐이다. 이렇게 생성된 입자 앙상블의 통계적 특성은 혼합 상태로 기술된다.

이것은 순수 상태 $|\psi\rangle = \sum_j \sqrt{p_j}|\psi_j\rangle$에 있는 시스템과 구별된다. 이 양자 시스템의 통계는 $|\psi\rangle$에 의해 기술되지 혼합 상태의 경우처럼 $|\psi_j\rangle$ 중의 하나로 기술되는 것이 아니다.

순수 상태와 혼합 상태를 모두 포함하는 양자역학 시스템의 수학적인 기술은 소위 말하는 밀도 연산자를 이용하는 것이다.

공준 5   혼합 상태

일반적인 양자역학 시스템은 힐베르트 공간 $\mathbb{H}$에 작용하는 다음의 성질을 가지며 연산자 ρ에 의해 수학적으로 기술된다.

(i) ρ는 자기수반이다.

$$\rho^* = \rho \tag{2.80}$$

(ii) ρ는 양이다.

$$\rho \geq 0 \tag{2.81}$$

(iii) ρ는 대각합 1을 가진다.

$$\mathrm{tr}(\rho) = 1 \tag{2.82}$$

연산자 ρ를 **밀도 연산자**$^{density operator}$라고 하며 힐베르트 공간 $\mathbb{H}$에 작용하는 밀도 연산자의 집합을 $\mathrm{D}(\mathbb{H})$로 표기한다.

$$\mathrm{D}(\mathbb{H}) := \left\{ \rho \in \mathrm{L}(\mathbb{H}) \mid \rho^* = \rho, \, \rho \geq 0, \, \mathrm{tr}(\rho) = 1 \right\}$$

$\mathrm{D}(\mathbb{H})$에 있는 밀도 연산자로 기술되는 양자 상태를 **혼합 상태**$^{mixed state}$라고 한다.

일반적으로 두 밀도 연산자의 합은 밀도 연산자가 아니다. 밀도 연산자의 집합은, 그래서 혼합 상태의 집합은 L(ℍ)에서 볼록[9]이다. 문제 2.22에서 증명한다.

문제 2.22 ℍ는 힐베르트 공간이다. $i \in \{0,1\}$일 때, $\rho_i \in D(ℍ)$이고 $u \in [0,1] \in \mathbb{R}$이다. 다음을 보여라.

$$u\rho_1 + (1-u)\rho_2 \in D(ℍ)$$

$U \in \mathcal{U}(ℍ)$에 대해 밀도 연산자 ρ에 의해 기술되는 혼합 상태의 변환 $\rho \mapsto U\rho U^*$는 밀도 연산자 $U\rho U^*$에 의해 기술되는 다른 혼합 상태를 만든다. 문제 2.23에서 증명한다.

문제 2.23 ℍ는 힐베르트 공간이고 $U \in \mathcal{U}(ℍ)$이다. 다음을 증명하라.

$$\rho \in D(ℍ) \quad \Rightarrow \quad U\rho U^* \in D(ℍ) \tag{2.84}$$

이 결과를 사용해 앞의 공준을 혼합 상태에 대해 일반화한다.

공준 6 혼합 상태에 대해 공준 1~4를 일반화한다.

공준 1 관측 가능량과 상태

혼합 상태 ρ에 대한 관측 가능량 A의 양자역학적 **기댓값**expectation value은 다음으로 주어진다.

$$\langle A \rangle_\rho := \text{tr}(\rho A) \tag{2.85}$$

공준 2 관측 확률

양자시스템이 ρ의 상태에 있고, λ는 A의 고윳값이며 $\mathbf{P}_\rho(\lambda)$는 λ의 고유공간으로 사영 연산자다. 그러면 A의 관측이 값 λ를 생성할 확률은 다음이다.

$$\mathbf{P}_\rho(\lambda) = \text{tr}(\rho P_\lambda) \tag{2.86}$$

---

9 K는 선형공간의 부분집합이다. 두 개의 원소 $x, y \in K$에 대해 둘을 연결하는 직선이 K 안에 있다면 K를 볼록이라고 한다. 즉, $x, y \in K$이면 $\{ux + (1-u)y \mid u \in [0,1]\} \subset K$를 만족한다.

공준 3 사영 공준

양자 시스템이 초기에 상태 ρ로 기술되며 A의 고윳값 λ를 생성하는 A의 관측은 다음의 상태 변화를 유발한다.

$$\rho = \begin{matrix} \text{측정 전} \\ \text{상태} \end{matrix} \xrightarrow{\text{측정}} \frac{P_\lambda \rho P_\lambda}{\mathrm{tr}(\rho P_\lambda)} = \begin{matrix} \text{측정 후} \\ \text{상태} \end{matrix} \qquad (2.87)$$

여기에서 P_λ는 λ의 고유공간으로 사영 연산자다.

공준 4 시간 진전

관측의 영향을 받지 않는 양자 시스템의 시간 진전은 상태 진전으로 기술된다.

$$\rho(t_0) = \text{시간 } t_0\text{에서의 상태} \xrightarrow{\text{측정없음}} \rho(t) = \text{시간 } t\text{에서의 상태}$$

밀도 연산자에 작용하는 유니타리 시간 진전 연산자 $U(t, t_0)$는 다음으로 주어진다.

$$\rho(t) = U(t, t_0)\rho(t_0)U(t, t_0)^* \qquad (2.88)$$

순수 상태의 경우에 마찬가지로, 시간 진전 연산자 $U(t, t_0)$는 초기치 문제 (2.71)의 해이다.

불확정성은 (2.65)와 비슷하다.

$$\Delta_\rho(A) := \sqrt{\left\langle \left(A - \langle A \rangle_\rho \mathbf{1}\right)^2 \right\rangle_\rho}$$

순수 상태 $|\psi\rangle \in \mathbb{H}$는 다음으로 특수한 밀도 연산자로 주어진다.

$$\rho_\psi := |\psi\rangle\langle\psi| = P_\psi \qquad (2.89)$$

일부 다른 저자들은 위에서 언급한 정의와 약간 다르게 **혼합 상태**라는 용어를 **순수 상태**가 아닌 경우에 대해 사용한다. 이 책에서는 위에서 정의한 일반적인 의미를 사용해 순수 상태를 특수한 경우로 포함한다. 그리고 순수 상태가 아닌 상태를 **진성 혼합**true mixture이라고 한다. 순수 상태 $\rho = |\psi\rangle\langle\psi|$의 경우, 공준 6의 일반화가 순수 상태에 대해 앞에서 주어진 공준 1~4와 일치한다. 문제 2.24에서 증명한다.

문제 2.24 공준 6에서 주어진 기댓값, 관측확률, 관측 후의 상태의 사영, 시간 진전에 대한 일반화가 $\rho_\psi = |\psi\rangle\langle\psi|$인 경우에 공준 1~4에서 주어진 순수 상태 $|\psi\rangle$에 대한 진술과 일치하는 것을 보여라.

양자 시스템의 일반 상태가 대각합이 1인 양의 자기수반연산자로 설명되는 이유가 글리슨^{Gleason}[52]의 정리에 있다. 여기서 간략하게 소개한다.

관측량의 관측이 항상 대응하는 연산자의 고윳값을 생성하기 때문에 직교 사영 연산자($P^* = P = P^2$)에 대응하는 관측을 **예-아니요**$^{yes-no}$ 관측으로 해석할 수 있다. 이는 직교 사영 연산자가 고윳값으로 오직 0과 1을 가지기 때문이다. 이러한 시스템의 수학적인 기술은 다음의 사상으로 표현된다.

$$\mathbf{P} : \{\mathbb{H} \text{ 위로의 사영 연산자}\} \longrightarrow [0,1] \\ P \qquad\qquad\qquad\qquad \longmapsto \mathbf{P}(P) \tag{2.90}$$

여기에서 $\mathbf{P}(P)$를 값 1을 관측할 확률로 해석하면 다음의 성질을 얻는다.

$$\mathbf{P}(0) = 0 \\ \mathbf{P}(1) = 1 \\ P_1 P_2 = 0 \Rightarrow \mathbf{P}(P_1 + P_2) = \mathbf{P}(P_1) + \mathbf{P}(P_2) \tag{2.91}$$

(2.90), (2.91)의 성질은 양자역학 시스템의 확률 함수 $\mathbf{P}$의 기본적인 요구 사항들이다. 글리슨의 정리는 위에서 언급한 확률 함수를 구성하는 데 대각합이 1인 자기수반 양의 연산자의 집합이면 충분하다는 것을 알려준다. 이 책에서는 증명 없이 서술만 한다.

> **정리 2.23** (글리슨[52]) $\mathbb{H}$는 $3 \leq \dim \mathbb{H} < \infty$인 힐베르트 공간이다. (2.90)~(2.91)의 성질을 가지는 사상 $\mathbf{P}$는 $\mathrm{tr}(\rho) = 1$인 양의 자기수반연산자로 표현할 수 있으며, 다음을 만족한다.
>
> $$\mathbf{P}(P) = \mathrm{tr}(\rho P)$$

정리의 서술을 조금 수정하면 $\dim \mathbb{H} = \infty$인 경우에도 성립해 일반적인 양자역학에도 적용할 수 있다.

정리 2.24 힐베르트 공간 $\mathbb{H}$의 밀도 함수 ρ는 다음을 만족한다.

(i) 다음을 만족하는 $j \in I \subset \mathbb{N}$과 $p_j \in \mathbb{R}$이 존재한다.

$$p_j \geq 0 \tag{2.92}$$

$$\sum_{j \in I} p_j = 1 \tag{2.93}$$

그리고 $\mathbb{H}$에서 다음을 만족하는 ONB $\{|\psi_j\rangle \,|\, j \in I\}$가 존재한다.

$$\rho = \sum_{j \in I} p_j |\psi_j\rangle \langle \psi_j| = \sum_{j \in I} p_j P_{\psi_j} \tag{2.94}$$

(ii)

$$0 \leq \rho^2 \leq \rho \tag{2.95}$$

(iii)

$$\|\rho\| \leq 1 \tag{2.96}$$

[증명]

우선 (2.94)를 증명한다. 밀도 연산자인 ρ는 정의로부터 자기수반이어서 고윳값이 실수이며 (2.94)의 대각형식을 가지는 ONB $\{|\psi_j\rangle\}$가 존재한다. 또한 정의로부터 ρ는 양의 연산자여서 ONB의 모든 벡터 $|\psi_i\rangle$는 다음을 만족한다.

$$0 \leq \langle \psi_i | \rho \psi_i \rangle = \sum_j p_j \langle \psi_i | \psi_j \rangle \underbrace{\langle \psi_j | \psi_i \rangle}_{= \delta_{ji}} = p_i \tag{2.97}$$

이는 (2.92)를 만족한다. 마지막으로, 정의로부터 $\mathrm{tr}(\rho) = 1$이다. 그러므로

$$1 = \mathrm{tr}(\rho) \underbrace{=}_{(2.57)} \sum_i \langle \psi_i | \rho \psi_i \rangle = \sum_{i,j} p_j \langle \psi_i | \psi_j \rangle \langle \psi_j | \psi_i \rangle$$
$$= \sum_{i,j} \delta_{ij} p_j = \sum_i p_i$$

이는 (2.93)을 의미한다.

모든 벡터 $|\psi\rangle \in \mathbb{H}$에 대해 다음을 만족해 ρ^2가 양이 된다.

$$\langle \psi | \rho^2 \psi \rangle \underbrace{=}_{(2.30)} \langle \rho^* \psi | \rho \psi \rangle \underbrace{=}_{(2.80)} \langle \rho \psi | \rho \psi \rangle \underbrace{=}_{(2.5)} \|\rho \psi\|^2 \geq 0$$

(2.94)의 p_j는 $0 \leq p_j \leq 1 = \sum_j p_j$이므로, $p_j^2 \leq p_j$이다. 그러므로

$$\rho^2 = \left(\sum_j p_j |\psi_j\rangle\langle\psi_j| \right)^2 = \sum_{j,k} p_j p_k |\psi_j\rangle \underbrace{\langle\psi_j|\psi_k\rangle}_{\delta_{jk}} \langle\psi_k| = \sum_j p_j^2 |\psi_j\rangle\langle\psi_j| \quad (2.98)$$

그리고 모든 $|\psi_i\rangle \in \mathbb{H}$에 대해 다음을 만족한다.

$$\langle\psi|(\rho - \rho^2)\psi\rangle \underbrace{=}_{(2.94),(2.98)} \langle\psi| \sum_j (p_j - p_j^2) |\psi_j\rangle\langle\psi_j|\psi\rangle = \sum_j (p_j - p_j^2)\langle\psi|\psi_j\rangle\langle\psi_j|\psi\rangle$$

$$\underbrace{=}_{(2.1)} \sum_j \underbrace{(p_j - p_j^2)}_{\geq 0} \underbrace{|\langle\psi_j|\psi\rangle|^2}_{\geq 0} \geq 0 \quad (2.99)$$

즉, $\rho - \rho^2 \geq 0$이어서 (2.95)가 증명된다. 그러므로

$$\|\rho\psi\|^2 \underbrace{=}_{(2.5)} \langle\rho\psi|\rho\psi\rangle \underbrace{=}_{(2.80)} \langle\rho^*\psi|\rho\psi\rangle \underbrace{=}_{(2.30)} \langle\psi|\rho^2\psi\rangle \underbrace{\leq}_{(2.99)} \langle\psi|\rho\psi\rangle$$

$$\underbrace{\leq}_{(2.16)} \|\psi\|\|\rho\psi\|$$

결국

$$\frac{\|\rho\psi\|}{\|\psi\|} \leq 1$$

연산자의 노름에 대한 정의 2.12에서 (2.96)을 얻는다. ■

정리 2.24에 주어진 밀도 연산자 ρ의 표현 (2.94)로부터 혼합 상태로 기술된 입자는 다음과 같이 구성된 입자의 통계적 앙상블로 볼 수 있다. 스위치가 j로 설정되면 $|\psi_j\rangle$ 상태의 입자를 생성하는 장치가 있다고 가정한다. 또한, 확률 p_j로 j 스위치의 설정을 생성하는 난수 생성기가 있다고 가정한다. 그런 다음 난수 발생기를 여러 번 실행하고, 매번 출력 j를 사용해 입자를 생성하는 장치의 스위치를 이용해 $|\psi_j\rangle$ 상태인 입자를 생성한다. 이렇게 생성된 입자의 앙상블 통계는 밀도 연산자 ρ로 설명된다. 명제 2.26에서 ρ가 진성 혼합이라면 이러한 앙상블 통계는 순수 상태로 설명할 수 없다는 것을 알 수 있다.

문제 2.25 $\{|\psi_j\rangle | j \in I\}$는 힐베르트 공간 $\mathbb{H}$의 ONB이고, $j \in I$에 대해 $p_j \in [0,1]$은 $\sum_{j \in I} p_j = 1$을 만족한다. 다음을 정의한다.

$$|\psi\rangle = \sum_{j \in I} \sqrt{p_j}|\psi_j\rangle, \quad \rho = \sum_{j \in I} p_j|\psi_j\rangle\langle\psi_j| \qquad (2.100)$$

그러면 $A \in \mathrm{B_{sa}}(\mathbb{H})$에 대해 다음을 만족하는 것을 보여라.

$$\langle A \rangle_\psi = \langle A \rangle_\rho + \sum_{j,k \in I : j \neq k} \sqrt{p_j p_k} \langle \psi_j | A \psi_k \rangle$$

혼합 상태 $\rho = \sum_j p_j|\psi_j\rangle\langle\psi_j|$에서 관측 가능량 $A = \sum_j \lambda_j|e_i\rangle\langle e_i|$의 관측이 고유 상태 $|e_i\rangle$에 해당하는 고윳값 λ_j을 생성할 확률은 다음으로 주어진다.

$$\langle P_{e_i} \rangle_\rho \underbrace{=}_{(2.86)} \mathrm{tr}(\rho|e_i\rangle\langle e_i|) \underbrace{=}_{(2.57)} \sum_{k,j} p_j \langle e_k|\psi_j\rangle\langle\psi_j|e_i\rangle \underbrace{\langle e_i|e_k\rangle}_{\delta_{ik}} = \sum_j p_j |\langle e_i|\psi_j\rangle|^2$$

여기에서 P_{e_i}는 상태 $|e_i\rangle$로의 직교 사영 연산자를 의미한다.

순수 상태를 밀도 연산자를 이용해 서술하면, 물리적인 정보 즉, 상태가 상태 벡터의 일반적인 위상에 의존하지 않는다는 것이 분명해진다는 장점이 있다. 임의의 $\alpha \in \mathbb{R}$에 대해 다음을 만족하기 때문이다.

$$\rho_{e^{i\alpha}\psi} = |e^{i\alpha}\psi\rangle\langle e^{i\alpha}\psi| \underbrace{=}_{(2.26)} e^{i\alpha}|\psi\rangle\langle\psi|e^{-i\alpha} = \rho_\psi$$

$A = \sum_i |e_i\rangle\lambda_j\langle e_i|$의 고윳값 λ_i를 관측할 확률은 다음이다.

$$\langle P_{e_i} \rangle_{\rho_\psi} \underbrace{=}_{(2.86)} \mathrm{tr}(\rho_\psi P_{e_i}) = \mathrm{tr}(|\psi\rangle\langle\psi|e_i\rangle\langle e_i|) \underbrace{=}_{(2.57)} \sum_k \langle e_k|\psi\rangle\langle\psi|e_i\rangle \underbrace{\langle e_i|e_k\rangle}_{=\delta_{ik}}$$

$$\underbrace{=}_{(2.1)} |\langle e_i|\psi\rangle|^2 \qquad (2.101)$$

같은 경우에서 기댓값은 다음이 된다.

$$\langle A \rangle_{\rho_\psi} \underbrace{=}_{(2.86)} \mathrm{tr}(\rho_\psi A) = \mathrm{tr}(|\psi\rangle\langle\psi|A) \underbrace{=}_{(2.57)} \sum_{k,i} \langle e_k|\psi\rangle\langle\psi|e_i\rangle\lambda_i\langle e_i|e_k\rangle$$

$$\underbrace{=}_{(2.1)} \sum_i \lambda_i |\langle e_i|\psi\rangle|^2$$

이는 순수 상태일 때 (2.62)에서 기술한 것과 일치한다.

주어진 밀도 연산자 ρ가 진성 혼합 상태인지 순수 상태인지를 다음의 명제를 이용하면 결정할 수 있다.

> **명제 2.25** 밀도 연산자 ρ가 순수 상태를 기술하는 것과 $\rho^2 = \rho$는 필요충분조건이다. 즉, 밀도 연산자 ρ에 대해 다음이 성립한다.
>
> $$∃|\psi\rangle \in \mathbb{H}: \quad \rho = |\psi\rangle\langle\psi| \qquad \Leftrightarrow \qquad \rho = \rho^2 \qquad (2.102)$$

[증명]

우선 $\Rightarrow$: 부분을 증명한다. (2.102)의 좌변에서, $\mathrm{tr}(\rho) = 1$이라는 정의와 다음의 계산으로 $\|\psi\| = 1$이 된다.

$$1 = \mathrm{tr}(\rho) = \mathrm{tr}(|\psi\rangle\langle\psi|) \underbrace{=}_{(2.57)} \sum_k |\langle e_k|\psi\rangle|^2 \underbrace{=}_{(2.12)} \|\psi\|^2$$

$\|\psi\| = 1$이며 $\rho = |\psi\rangle\langle\psi|$에서 다음을 얻는다.

$$\rho^2 = |\psi\rangle\langle\psi|\psi\rangle\langle\psi| = |\psi\rangle\langle\psi| = \rho$$

이제 $\Leftarrow$: 부분을 증명한다. 정리 2.24의 (2.94)에서 어떤 ONB $\{|\psi_j\rangle\}$와 실수 p_j가 존재해 $\rho = \sum_j p_j |\psi_j\rangle\langle\psi_j|$로 표현할 수 있다. $\rho^2 = \rho$이므로, 모든 k에 대해 다음을 얻는다.

$$0 = \langle\psi_k|(\rho^2 - \rho)\psi_k\rangle = \langle\psi_k|\sum_j (p_j^2 - p_j)|\psi_j\rangle \underbrace{\langle\psi_j|\psi_k\rangle}_{=\delta_{jk}} = p_k^2 - p_k$$

결국 p_j는 오직 0 또는 1의 값만을 가질 수 있다. 그러므로 다음과 같이 표현할 수 있다.

$$\rho = \sum_{j:\, p_j = 1} |\psi_j\rangle\langle\psi_j|$$

ONB $\{|\psi_j\rangle\}$에서 $\mathrm{tr}(\rho) = 1$을 계산하면 다음을 얻는다.

$$1 = \mathrm{tr}(\rho) = \sum_i \langle\psi_i| \sum_{j:\, p_j = 1} |\psi_j\rangle \underbrace{\langle\psi_j|\psi_i\rangle}_{=\delta_{ji}} = \sum_{j:\, p_j = 1} 1$$

그러므로 오직 하나의 j에 대해 $p_j = 1$이고 나머지 $i \neq j$에 대해서는 $p_i = 0$이다. 결국 $|\psi\rangle = |\psi_j\rangle$이며 $\rho = |\psi\rangle\langle\psi|$이다. ∎

$\rho^2 < \rho$를 만족하는 밀도 연산자는 **진성 혼합 상태** 즉, 순수 상태로 기술할 수 없는 준비의 통계를 기술한다. 다음의 명제에서 정식화한다.

> **명제 2.26** ρ는 힐베르트 공간 $\mathbb{H}$의 밀도 연산자다. 다음의 동치 관계가 만족한다.
>
> $$\rho^2 \neq \rho \quad \Leftrightarrow \quad \text{모든 } A \in B_{sa}(\mathbb{H})\text{에 대하여 } \langle A\rangle_\psi = \langle A\rangle\rho\text{를}$$
> $$\text{만족하는 } |\psi\rangle \in \mathbb{H}\text{가 존재하지 않는다.}$$

[증명]

실제로 대위를 증명한다.

$$\rho^2 = \rho \quad \Leftrightarrow \quad \text{모든 } A \in B_{sa}(\mathbb{H})\text{에 대하여 } \langle A\rangle_\psi = \langle A\rangle\rho\text{를} \tag{2.103}$$
$$\text{만족하는 } |\psi\rangle \in \mathbb{H}\text{가 존재한다.}$$

먼저 (2.103)의 ⇒을 증명한다. $\rho^2 = \rho$라 가정하고, $\{|e_j\rangle\}$는 $\mathbb{H}$의 ONB이다. (2.102)에서 어떤 $|\psi\rangle \in \mathbb{H}$가 존재해 $\rho = |\psi\rangle\langle\psi|$이다. 그리고 다음에 주의한다.

$$|\psi\rangle \underset{(2.11)}{=} \sum_j \langle e_j|\psi\rangle|e_j\rangle \tag{2.104}$$

모든 $A \in B_{sa}(\mathbb{H})$에 대해 다음을 만족하는 것을 알 수 있다.

$$\langle A\rangle_\rho \underset{(2.85)}{=} \mathrm{tr}(\rho A) = \mathrm{tr}(|\psi\rangle\langle\psi|A) \underset{(2.57)}{=} \sum_j \langle e_j|\psi\rangle\langle\psi|Ae_j\rangle$$
$$= \langle\psi|A\sum_j \langle e_j|\psi\rangle e_j\rangle \underset{(2.104)}{=} \langle\psi|A\psi\rangle$$
$$\underset{(2.60)}{=} \langle A\rangle_\psi$$

다음으로 (2.103)의 ⇐를 증명한다. 이를 위해 주어진 밀도 연산자를 다음과 같이 표현한다.

$$\rho = \sum_{j_1, j_2} \rho_{j_1 j_2}|e_{j_1}\rangle\langle e_{j_2}| \tag{2.105}$$

$|\psi\rangle = \sum_j \psi_j |e_j\rangle$를 모든 $A \in \mathbf{B}_{sa}(\mathbb{H})$에 대해 다음을 만족한다고 가정한다.

$$\langle A \rangle_\rho = \langle A \rangle_\psi \tag{2.106}$$

(2.106)의 좌변의 계산이다.

$$\langle A \rangle_\rho \underbrace{=}_{(2.85)} \operatorname{tr}(\rho A) \underbrace{=}_{(2.57)} \sum_j \langle e_j | \rho A e_j \rangle \underbrace{=}_{(2.105)} \sum_j \langle e_j | \sum_{j_1, j_2} \rho_{j_1 j_2} | e_{j_1} \rangle \langle e_{j_2} | A e_{j_1} \rangle$$

$$\underbrace{=}_{(2.22)} \sum_{j_1, j_2} \rho_{j_1 j_2} \sum_j \underbrace{\langle e_j | e_{j_1} \rangle}_{=\delta_{j j_1}} A_{j_2 j} = \sum_{j_1, j_2} \rho_{j_1 j_2} A_{j_2 j_1} \tag{2.107}$$

(2.106)의 우변의 계산이다.

$$\langle A \rangle_\psi \underbrace{=}_{(2.60)} \langle \psi | A \psi \rangle \underbrace{=}_{(2.104)} \langle \sum_{j_2} \psi_{j_2} e_{j_2} | A \sum_{j_1} \psi_{j_1} e_{j_1} \rangle$$

$$\underbrace{=}_{(2.4),(2.6)} \sum_{j_1, j_2} \overline{\psi_{j_2}} \psi_{j_1} \langle e_{j_2} | A e_{j_1} \rangle \underbrace{=}_{(2.22)} \sum_{j_1, j_2} \overline{\psi_{j_2}} \psi_{j_1} A_{j_2 j_1} \tag{2.108}$$

(2.106)에 (2.107)과 (2.108)을 대입하고, (2.106)이 모든 $A \in \mathbf{B}_{sa}(\mathbb{H})$에 대해 만족하므로, ρ의 행렬 원소는 $\rho_{j_1 j_2} = \psi_{j_1} \overline{\psi_{j_2}}$가 돼야만 한다. 그러므로

$$\rho \underbrace{=}_{(2.105)} \sum_{j_1, j_2} \psi_{j_1} \overline{\psi_{j_2}} | e_{j_1} \rangle \langle e_{j_2} | = |\psi\rangle \langle \psi|$$

(2.102)에서 이것이 $\rho^2 = \rho$와 동치임을 안다. 그래서 증명은 끝이 난다. ∎

명제 2.26에서 모든 관측 가능량에 대해 ρ의 통계를 재현할 수 있는 순수 상태가 있다면 ρ 그 자체가 순수 상태의 밀도 연산자여야 하고 그 반대도 마찬가지라는 것을 알 수 있다. 결과적으로 ρ가 진성 혼합이면 순수 상태는 ρ의 모든 기댓값을 재현할 수 없다. 밀도 연산자는 설명하고자 하는 시스템에 대한 모든 관측 가능한 정보를 포함한다. 고윳값과 고유벡터로 표현한 (2.94)에 주어진 밀도 연산자의 대각 형태는 퇴화 고유공간의 기저 변화를 제외하고는 유일하다. 그러나 다음의 명제에서 보듯이, 다른 불필요한 대각 형태가 가능하다.

명제 2.27 $\mathbb{H}$는 유한차원의 힐베르트 공간이고 $\rho \in D(\mathbb{H})$는 다음의 대각 형식을 가지는 밀도 연산자다.

$$\rho = \sum_{j=1}^{n} p_j |\psi_j\rangle\langle\psi_j| \tag{2.109}$$

여기에서 $n \leq \dim \mathbb{H}$이며, $j \in \{1,\dots,n\}$에 대해 $p_j \in]0,1]$는 ρ의 영이 아닌 고윳값이고, $\{|\psi_j\rangle \,|\, j \in \{1,\dots,\dim \mathbb{H}\}\}$는 고유벡터로 구성된 ONB이다. 그리고 $m \leq \dim \mathbb{H}$일 때 $i \in \{1,\dots,m\}$에 대해 $q_i \in]0,1]$은 $\sum_{i=1}^{m} q_i = 1$이며 $|\varphi_i\rangle \in \mathbb{H}$는 $\|\varphi_i\| = 1$이다. 그러면 다음의 동치 관계를 얻는다.

$$\rho = \sum_{i=1}^{m} q_i |\varphi_i\rangle\langle\varphi_i| \quad (2.110) \quad \Leftrightarrow \quad \begin{cases} m \geq n \text{이며, 모든 } i \in \{1,\dots,m\}\text{에 대하여} \\ \text{다음을 만족하는 } U \in U(m)\text{이 존재한다.} \\ \sqrt{q_i}|\varphi_i\rangle = \sum_{j=1}^{n} U_{ij}\sqrt{p_j}|\psi_j\rangle \end{cases} \tag{2.111}$$

[증명]

증명을 시작하기에 앞서 $D(\mathbb{H})$의 정의 2.83에서 $\rho \in D(\mathbb{H})$이면 $\rho = \rho^*$이고 $\rho \geq 0$임을 알 수 있다. 그러면 ρ는 실수이며 음수가 아닌 고윳값 r_j을 가지며 이에 해당하는 고유벡터 $\{|\psi_j\rangle\}$가 ONB를 구성해 (2.109)와 같이 표현할 수 있다.

먼저 $\Rightarrow$를 증명한다. $|\varphi_i\rangle$는 다음과 같다.

$$\rho = \sum_{i=1}^{m} q_i |\varphi_i\rangle\langle\varphi_i| \tag{2.112}$$

$|\psi_j\rangle$는 ONB의 벡터이어서 선형 독립이다. 그래서 ρ의 상인 $\rho\{\mathbb{H}\}$에 대해 다음을 얻는다.

$$n = \dim \mathrm{Span}\left\{|\psi_i\rangle \,\big|\, i \in \{1,\dots,n\}\right\} \underbrace{=}_{(2.27)} \dim \rho\{\mathbb{H}\}$$

한편, $\rho(\mathbb{H}) \subset \mathrm{Span}\{|\varphi_i\rangle \,|\, i \in \{1,\dots,m\}\}$이어서

$$\dim \rho\{\mathbb{H}\} \leq \dim \mathrm{Span}\left\{|\varphi_i\rangle \,\big|\, i \in \{1,\dots,m\}\right\} \leq m$$

그러므로 $n \leq m$이다. 가정에서, 고윳값 0에 대응하는 ρ의 고유벡터는 $k \in \{n+1, \ldots, \dim \mathbb{H}\}$일 때의 $|\psi_k\rangle$로 주어진다. 이에 대해 다음이 만족한다.

$$0 = \langle \psi_k | \rho \, \psi_k \rangle \underset{(2.112)}{=} \sum_{i=1}^{m} \underset{>0}{q_i} \underset{\geq 0}{|\langle \psi_k | \varphi_i \rangle|^2}$$

이는 $k \in \{n+1, \ldots, \dim \mathbb{H}\}$와 $i \in \{1, \ldots, m\}$에 대해 $\langle \psi_k | \varphi_i \rangle = 0$을 의미한다. $\{|\psi_j\rangle\}$가 $\mathbb{H}$의 ONB이므로,

$$|\varphi_i\rangle \underset{(2.11)}{=} \sum_{k=1}^{\dim \mathbb{H}} \langle \psi_k | \varphi_i \rangle | \psi_k \rangle = \sum_{k=1}^{n} \langle \psi_k | \varphi_i \rangle | \psi_k \rangle \tag{2.113}$$

다음으로, $i \in \{1, \ldots, m\}$과 $j \in \{1, \ldots, n\}$에 대해 다음으로 행렬 $V \in \mathrm{Mat}(m \times n, \mathbb{C})$의 원소를 정의한다.

$$V_{ij} = \sqrt{\frac{q_i}{p_j}} \langle \psi_j | \varphi_i \rangle \tag{2.114}$$

그래서

$$\sum_{j=1}^{n} V_{ij} \sqrt{p_j} |\psi_j\rangle \underset{(2.114)}{=} \sum_{j=1}^{n} \sqrt{q_i} \langle \psi_j | \varphi_i \rangle | \psi_j \rangle \underset{(2.113)}{=} \sqrt{q_i} | \varphi_i \rangle \tag{2.115}$$

앞으로 $V \in \mathrm{Mat}(m \times n, \mathbb{C})$를 $U \in \mathrm{U}(m)$으로 확장할 수 있음을 증명한다. 이를 위해 다음에 주목하자.

$$V_{ji}^* \underset{(2.34)}{=} \overline{V_{ij}} \underset{(2.114)}{=} \sqrt{\frac{q_i}{p_j}} \overline{\langle \psi_j | \varphi_i \rangle} \underset{(2.1)}{=} \sqrt{\frac{q_i}{p_j}} \langle \varphi_i | \psi_j \rangle \tag{2.116}$$

그리고 $j, k \in \{1, \ldots, n\}$에 대해

$$\sum_{i=1}^{m} V_{ji}^* V_{ik} \underset{(2.114),(2.116)}{=} \frac{1}{\sqrt{p_j p_k}} \sum_{i=1}^{m} q_i \langle \psi_j | \varphi_i \rangle \langle \varphi_i | \psi_k \rangle \underset{(2.112)}{=} \frac{1}{\sqrt{p_j p_k}} \langle \psi_j | \rho \, \psi_k \rangle$$

$$\underset{(2.27)}{=} \frac{1}{\sqrt{p_j p_k}} \langle \psi_j | \sum_{l=1}^{n} p_l | \psi_l \rangle \langle \psi_l | \psi_k \rangle = \sum_{l=1}^{n} \frac{p_l \delta_{jl} \delta_{lk}}{\sqrt{p_j p_k}} = \delta_{jk}$$

그러므로 $n \leq m$에 대해 $V \in \mathrm{Mat}(m \times n, \mathbb{C})$가 $V^* V = \mathbf{1} \in \mathrm{Mat}(n \times n, \mathbb{C})$를 만족한다. 이로써 V의 n개 열벡터들을 서로 직교하고 1로 정규화된 $\mathbb{C}^m$의 벡터로 볼

수 있다. 표준적인 직교 절차를 사용해 또 다른 $m - n$개의 열벡터를 추가해 결과적으로 나오는 행렬 $U \in \mathrm{Mat}(m \times m, \mathbb{C})$의 모든 m개의 열벡터가 $\mathbb{C}^m$의 기저를 형성하도록 한다. 이런 절차를 통해 V를 확장해 $j \in \{1, \ldots, n\}$일 때 $U_{ij} = V_{ij}$인 행렬 $U \in \mathrm{Mat}(m \times m, \mathbb{C})$를 만든다. 그러면 (2.115)가 (2.111)을 증명한다.

$\Leftarrow$을 증명하기 위해, $m \geq n$이며 $U \in \mathrm{U}(m)$은 $i \in \{1, \ldots, m\}$에 대해 다음을 만족한다.

$$\sqrt{q_i}|\varphi_i\rangle = \sum_{j=1}^{n} U_{ij}\sqrt{p_j}|\psi_j\rangle$$

그러면 다음을 알 수 있다.

$$
\begin{aligned}
\sum_{i=1}^{m} q_i|\varphi_i\rangle\langle\varphi_i| &= \sum_{i=1}^{m} q_i \left(\frac{1}{\sqrt{q_i}} \sum_{j=1}^{n} U_{ij}\sqrt{p_j}|\psi_j\rangle \right) \left(\frac{1}{\sqrt{q_i}} \sum_{k=1}^{n} \overline{U_{ik}}\sqrt{p_k}|\psi_k\rangle \right) \\
&= \sum_{j,k=1}^{n} \sqrt{p_j p_k} \left(\sum_{i=1}^{m} U_{ki}^* U_{ij} \right) |\psi_j\rangle\langle\psi_k| \\
&= \sum_{j,k=1}^{n} \sqrt{p_j p_k} \underbrace{\left((U^*U)_{ij} \right)}_{=\delta_{ij}} |\psi_j\rangle\langle\psi_k| = \sum_{j=1}^{n} p_i |\psi_j\rangle\langle\psi_j| \underbrace{=}_{(2.109)} \rho
\end{aligned}
$$

이는 (2.110)을 증명한다. ■

(2.110)의 $|\varphi_i\rangle$는 정규화됐지만 직교하지는 않는다. 문제 2.26에서 밀도 연산자 표현의 비유일성에 대한 예를 보여준다.

문제 2.26 $\mathbb{H} \cong \mathbb{C}^2$에서 $\rho = \sum_{i=1}^{2} q_i |\varphi_i\rangle\langle\varphi_i|$는 다음과 같이 주어진다.

$$q_1 = \frac{2}{5}, \quad q_2 = \frac{3}{5} \quad \text{그리고} \quad |\varphi_1\rangle = |\uparrow_{\hat{x}}\rangle, \quad |\varphi_2\rangle = |0\rangle$$

그러면 $\|\varphi_1\| = 1 = \|\varphi_2\|$이며 $\langle\varphi_1|\varphi_2\rangle = \frac{1}{\sqrt{2}}$이다. $\mathrm{Tr}(\rho) = 1$임을 보이고, ρ의 고윳값 p_1, p_2와 (직교하는) 고유벡터 $|\psi_1\rangle, |\psi_2\rangle$를 계산하라. 이를 이용해, 다음의 다른 대각 형태가 만족함을 보여라.

$$\rho = \sum_{j=1}^{2} p_j |\psi_j\rangle\langle\psi_j|$$

그리고 $\rho^2 < \rho$를 증명하라.

$\rho = \sum_j p_j |\psi_j\rangle\langle\psi_j|$로 표현되는 혼합 상태에서 $|\psi_j\rangle$의 상대 위상은 물리적으로 관측할 수 없다. 이는 모든 $\alpha_j \in \mathbb{R}$에 대해 다음이 성립하기 때문이다.

$$\sum_j p_j |e^{i\alpha_j}\psi_j\rangle\langle e^{i\alpha_j}\psi_j| \underset{(2.32),(2.33)}{=} \sum_j p_j e^{i\alpha_j}|\psi_j\rangle\langle\psi_j|e^{-i\alpha_j} = \sum_j p_j|\psi_j\rangle\langle\psi_j| = \rho$$

그래서 상태 $e^{i\alpha_j}|\psi_j\rangle$는 $|\psi_j\rangle$와 같은 혼합 상태이다. 여기에는 간섭이 없다. 그래서 상대 위상이 관측 가능한 순수 상태의 경우에서 **결맞는**^{coherent} 중첩과 반대의 개념으로 **결잃는**^{incoherent} 중첩을 언급한다(명제 2.15 앞의 간섭에 관한 논의를 참조).

문제 2.27 $|\varphi\rangle, |\psi\rangle \in \mathbb{H} \cong \mathbb{C}^2$와 $\alpha \in \mathbb{R}$에 대해, 밀도 연산자 $\rho_{\varphi+\psi}$는 일반적으로 밀도 연산자 $\rho_{\varphi + e^{i\alpha}\psi}$와 다르다는 것을 증명하라.

양자 시스템이 주위 환경과 작용하면 순수 상태가 진성 혼합 상태로 변할 수 있다. 이를 **결깨짐**^{decoherence}이라고 한다. 오랜 시간 동안 결깨짐을 피하는 것이 양자 컴퓨터를 실제로 구현할 때 가장 어려운 문제이다.

상태 ρ 또는 $|\psi\rangle$에 대한 지식으로 상태가 서술하는 앙상블의 **통계**에 대해서만 알 수 있다는 것을 다시 한 번 강조한다. 일반적으로 불확정성 없이 앙상블을 구성하는 하나의 물체에 대해 예측하는 것은 불가능하다. 이런 식으로 '어떤 입자 또는 물체가 ρ(또는 $|\psi\rangle$)의 상태에 있다'라는 문장을 이해해야 한다.

문제 2.28 관측 가능량 σ_z에 대해 +1의 값을 관측할 확률을 구하라.

(i) $|\uparrow_{\hat{x}}\rangle$인 상태

(ii) $|\downarrow_{\hat{x}}\rangle$인 상태

(iii) $\frac{1}{\sqrt{2}}(|\uparrow_{\hat{x}}\rangle + |\downarrow_{\hat{x}}\rangle)$인 상태

(iv) $\rho = \frac{1}{2}(|\uparrow_{\hat{x}}\rangle\langle\uparrow_{\hat{x}}| + |\downarrow_{\hat{x}}\rangle\langle\downarrow_{\hat{x}}|)$인 상태

2.4 큐비트

고전 비트는 정보의 가장 작은 단위이다. 이 단위가 제공하는 정보는 일반적으로 0과 1 또는 **예**와 **아니요** 또는 **참**과 **거짓**으로 해석하는 이진 대안^{binary alternatives}

의 표현이다. 물리 시스템의 두 가지 상태에 표현을 할당하는 방식으로 고전 비트를 구현한다. 하드 디스크의 잘 정의된 공간에서 상반된 자화 같은 것이 예다.

양자역학을 이용하면 2차원 양자역학 상태 공간에서 2개의 기저 벡터로 이진 대안을 표현할 수 있다. 그러나 일반적으로 미세한 물체를 표현하는 양자역학의 상태 공간은 무한차원의 힐베르트 공간이다. 대부분의 경우에 준비를 2차원으로 제한해 2차원 상태 공간을 물리적으로 구현한다.

2차원 고유공간을 갖는 이러한 양자 시스템과 관측 가능량의 예는 다음과 같다.

전자 및 스핀

전자의 위치와 운동량을 무시하고, 스핀 상태만 관측해 이진 대안으로 사용할 수 있다.

- σ_z의 ONB 고유벡터

$$|0\rangle = |\uparrow_{\hat{z}}\rangle \quad \text{그리고} \quad |1\rangle = |\downarrow_{\hat{z}}\rangle$$

- σ_x의 ONB 고유벡터

$$|+\rangle := |\uparrow_{\hat{x}}\rangle = \frac{1}{\sqrt{2}}\left(|\uparrow_{\hat{z}}\rangle + |\downarrow_{\hat{z}}\rangle\right) \quad \text{그리고} \quad |-\rangle := |\downarrow_{\hat{x}}\rangle = \frac{1}{\sqrt{2}}\left(|\uparrow_{\hat{z}}\rangle - |\downarrow_{\hat{z}}\rangle\right)$$

- σ_y의 ONB 고유벡터

$$|\uparrow_{\hat{y}}\rangle = \frac{1}{\sqrt{2}}\left(|\uparrow_{\hat{z}}\rangle + \mathrm{i}|\downarrow_{\hat{z}}\rangle\right) \quad \text{그리고} \quad |\downarrow_{\hat{y}}\rangle = \frac{1}{\sqrt{2}}\left(\mathrm{i}|\uparrow_{\hat{z}}\rangle + |\downarrow_{\hat{z}}\rangle\right)$$

광자(빛)의 편광

특정 방향으로 진행하는 광자의 경우, 편광 벡터라고 하는 2차원 복소 벡터로 표현된다. 따라서 상태 공간은 $\mathbb{H} \cong \mathbb{C}^2$이며 이진 대안을 다음의 벡터로 표현할 수 있다.

- 수평 편광기, 수직 편광기라고 하는 직교 사영 연산자 $|H\rangle\langle H|$, $|V\rangle\langle V|$ 일 때, $\sigma_z = |H\rangle\langle H| - |V\rangle\langle V|$의 ONB 고유벡터

$$|0\rangle = |H\rangle = \begin{pmatrix} 1 \\ 0 \end{pmatrix} \text{수평 편광기를 표현} \quad \text{그리고} \quad |1\rangle = |V\rangle = \begin{pmatrix} 0 \\ 1 \end{pmatrix} \text{수직 편광기를 표현}$$

- 수평 편광기와 수직 편광기를 45° 회전한 편광기 $|+\rangle\langle+|$, $|-\rangle\langle-|$의 ONB 고유벡터

$$|+\rangle = \frac{1}{\sqrt{2}}(|H\rangle + |V\rangle) \quad \text{그리고} \quad |-\rangle = \frac{1}{\sqrt{2}}(|H\rangle - |V\rangle)$$

- 좌원 편광기$^{\text{left circular polarizer}}$, 우원 편광기$^{\text{right circular polarizer}}$의 ONB 고유벡터

$$|R\rangle = \frac{1}{\sqrt{2}}(|H\rangle + i|V\rangle) \quad \text{그리고} \quad |L\rangle = \frac{1}{\sqrt{2}}(i|H\rangle + |V\rangle)$$

예를 들어 전자를 사용해 고전 비트 값 0과 1을 표시하기 위해 0의 경우 $|0\rangle$ 및 1의 경우 $|1\rangle$과 같이 σ_z의 고유 상태를 이용해 준비할 수 있다. 그런 다음 전자를 임의의 상호작용에서 분리해 상태를 유지한 후 σ_z를 관측하면 준비된 고유 상태 $|0\rangle$ 또는 $|1\rangle$에 해당하는 고윳값이 관측될 것이다. 다시 말해, 전자는 이진 대안 0 또는 1의 값을 저장한다. σ_z의 관측은 저장된 정보를 읽는 것이다.

저장한 비트가 변경되지 않게 유지하려면 전자의 상태를 변경할 수 있는 상호작용의 방해를 받지 않는 것이 중요하다. 하드디스크와 같은 고전 컴퓨터에 정보를 저장하는 경우에는 빛이나 열과 같은 대부분의 외부 장애가 저장된 비트를 변경하지 않기 때문에 비교적 쉽다. 이 경우 하드디스크를 강한 자기장에 노출시키면 안 된다. 그러나 양자역학 시스템에서는 시스템과 환경의 상호작용에서 분리하는 것이 매우 어렵다. 이것이 현재 여러 가지 방법으로 양자 컴퓨터를 구현하는 데 있어 주요 과제다.

따라서 고전 비트는 2차원 힐베르트 공간에서 ONB로 표시할 수 있다. ONB의 두 벡터를 고유벡터로 가지는 적절한 관측 가능량이 있으면 ONB의 선택은 임의적이다. 이러한 관측 가능량의 관측은 저장된 비트를 읽는 역할을 한다. 물리적으로 구현할 수 있는 후보로서 위에서 언급한 전자의 스핀 또는 광자의 편광에 대해 언급했다. 그러나 적절한 2차원 부분공간을 갖는 다른 양자 시스템을 선택할 수 있다. 수학적으로는 ONB를 선택하면 2차원 힐베르트 공간 $\mathbb{H}$를 $\mathbb{C}^2$로 간주할 수 있다.

그러나 양자역학은 이차원 시스템에서 $|a|^2 + |b|^2 = 1$로 정규화된 $a, b \in \mathbb{C}$에 대해 $a|0\rangle + b|1\rangle$의 상태를 허용한다. 상태 $|0\rangle$과 $|1\rangle$의 이러한 선형 조합은 고전 비트의 세계에서는 유사한 것이 없다. 고전 컴퓨터에서는 불가능한 것이다. 따라서 2차원 양자 시스템으로 저장한 정보는 고전 비트로 저장한 것보다 더 많다. 양자 시스템에 정보를 쓰거나 읽거나 변형하는 것도 특별한 주의가 필요하다. 정보의 관점에서 2차원 양자 시스템을 서술하는 새로운 개념인 **큐비트**^{qubit}가 필요하다.

정의 2.28 큐비트는 $\mathbb{H}$로 표시하고 **큐비트 공간**^{qubit space}이라고 부르는 2차원 힐베르트 공간으로 서술하는 양자역학 시스템이다. 큐비트에 저장된 정보는 시스템이 있는 $\mathbb{H}$의 **큐비트 상태**^{qubit state}에 포함되며 양자역학의 공준에 따라 조작하고 판독한다. $\mathbb{H}$에서 ONB $\{|0\rangle, |1\rangle\}$을 선택하고, 고윳값 $+1$과 -1에 각각 대응하는 정규화된 고유벡터로 $|0\rangle$, $|1\rangle$을 가지는 자기수반연산자 σ_z로 표현되는 관측 가능량을 선택한다.

여기서의 용어는 고전 컴퓨터와 일치한다. 고전 비트는 기본 정보 저장소이며 고전 정보의 내용은 비트 값 $\{0,1\}$로 표현된다. 양자 컴퓨터의 기본 정보 저장소는 $\mathbb{H}$로 기술되는 2차원 양자 시스템이다. 양자 정보의 **값**^{value}은 시스템의 상태 $|\psi\rangle \in \mathbb{H}$로 표현된다.

따름정리 2.29 큐비트에서 σ_z를 측정하면 관측값으로 $+1$ 또는 -1이 생성되며 관측값에 해당하는 고유 상태 $|0\rangle$ 또는 $|1\rangle$로 큐비트가 사영^{project}된다.

σ_z의 직교 고유벡터 $|0\rangle$, $|1\rangle$은 $\mathbb{H}$에서 표준기저가 되며 이를 이용하면 큐비트 힐베르트 공간 $\mathbb{H}$를 $\mathbb{C}^2$와 동일시할 수 있다. 이제부터는 이 상태벡터를 사용해 고전 비트 값인 0과 1을 표시한다. 고전 비트를 σ_z의 고유 상태를 이용해 표시하는 것을 표 2.1에 나타냈고, 다음과 같이 해석한다. $+1$을 생성하는 큐비트 상태의 σ_z 관측은 고전 비트 값 0을 나타낸다. 또한 사영 공준 3이 큐비트가 상태 $|0\rangle$에 있음을 알려준다. 반대로 큐비트에서 고전 비트 값 0을 나타내려면 $|0\rangle$

상태를 준비한다. 고윳값 −1, 고유벡터 |1⟩ 및 고전 비트 값 1에 대해서도 같다.

이러한 방식으로 각각의 고전 비트 값은 큐비트 상태와 대응한다. 그러나 모든 큐비트 상태가 고전 비트 값으로 대응하는 것은 아니다. 일반적인 큐비트 상태는 다음의 형식이기 때문이다.

$$|\psi\rangle = a|0\rangle + b|1\rangle \tag{2.117}$$

여기에서 $|a|^2 + |b|^2 = 1$인 $a, b \in \mathbb{C}$이다. $ab \neq 0$이면 $|0\rangle$과 $|1\rangle$의 중첩이며 **이에 대응하는 고전 비트 값은 없다.** 6장, **양자 알고리즘**에서 설명하겠지만, 고전 컴퓨터로 구현할 수 없는 중첩이 양자 컴퓨터에는 있기 때문에 고전 알고리즘에 비해 양자 알고리즘이 더욱 효율적이다.

표 2.1 큐비트를 이용한 고전 비트의 표현

σ_z의 관측 가능량	큐비트 상태	고전 비트 값
+1	$|0\rangle = |\uparrow_{\hat{z}}\rangle$	0
−1	$|1\rangle = |\downarrow_{\hat{z}}\rangle$	1

(2.117) 형태의 큐비트 상태를 쉽게 표현할 수 있는 방법은 무엇일까? $|a|^2 + |b|^2 = 1$이므로, $\alpha, \beta, \theta \in \mathbb{R}$을 이용해 $a = e^{i\alpha} \cos\frac{\theta}{2}$, $b = e^{i\beta} \sin\frac{\theta}{2}$로 쓸 수 있다. 그러면 큐비트는 다음의 일반형을 가진다.

$$|\psi\rangle = e^{i\alpha} \cos\frac{\theta}{2}|0\rangle + e^{i\beta} \sin\frac{\theta}{2}|1\rangle \tag{2.118}$$

물리적으로 $|\psi\rangle$와 같은, 그래서 같은 큐비트 상태를 표현하는 레이는 다음이다 (정의 2.14 주의에 논의 참조).

$$e^{-i\frac{\alpha+\beta}{2}}|\psi\rangle = e^{i\frac{\alpha-\beta}{2}} \cos\frac{\theta}{2}|0\rangle + e^{i\frac{\beta-\alpha}{2}} \sin\frac{\theta}{2}|1\rangle$$

$\phi = \beta - \alpha$라고 두면 다음을 얻는다.

$$|\psi(\theta,\phi)\rangle := e^{-i\frac{\phi}{2}} \cos\frac{\theta}{2}|0\rangle + e^{i\frac{\phi}{2}} \sin\frac{\theta}{2}|1\rangle = \begin{pmatrix} e^{-i\frac{\phi}{2}} \cos\frac{\theta}{2} \\ e^{i\frac{\phi}{2}} \sin\frac{\theta}{2} \end{pmatrix} \tag{2.119}$$

위의 상태를 고유 상태로 가지는 관측 가능량은 다음으로 구성할 수 있다. 벡터 $\mathbf{a} = \begin{pmatrix} a_1 \\ a_2 \\ a_3 \end{pmatrix} \in \mathbb{R}^3$에 대해 2×2 행렬을 정의한다.

$$\mathbf{a} \cdot \boldsymbol{\sigma} := \sum_{j=1}^{3} a_j \sigma_j = \begin{pmatrix} a_3 & a_1 - \mathrm{i}a_2 \\ a_1 + \mathrm{i}a_2 & -a_3 \end{pmatrix} \tag{2.120}$$

(2.120)에서 도입한 표기법 $\mathbf{a} \cdot \boldsymbol{\sigma}$는 물리학에서 표준 표기법이다. $\mathbf{a}, \mathbf{b} \in \mathbb{R}^n$에 대한 스칼라 곱 $\mathbf{a} \cdot \mathbf{b}$와 혼돈을 피하기 위해서는 두 번째 인자가 $\boldsymbol{\sigma}$일 때는 (2.120)에 주어진 행렬임을 기억해야 한다.

문제 2.29 $\mathbf{a}, \mathbf{b} \in \mathbb{R}^3$에 대해 다음을 증명하라.

$$(\mathbf{a} \cdot \boldsymbol{\sigma})(\mathbf{b} \cdot \boldsymbol{\sigma}) = (\mathbf{a} \cdot \mathbf{b})\mathbf{1} + \mathrm{i}(\mathbf{a} \times \mathbf{b}) \cdot \boldsymbol{\sigma} \tag{2.121}$$

여기에서 $\mathbf{a} \cdot \mathbf{b} = \sum_{j=1}^{2} a_j b_j \in \mathbb{R}$는 일반적인 스칼라 곱이고

$$\mathbf{a} \times \mathbf{b} = \begin{pmatrix} a_2 b_3 - a_3 b_2 \\ a_3 b_1 - a_1 b_3 \\ a_1 b_2 - a_2 b_1 \end{pmatrix} \in \mathbb{R}^3$$

는 일반적인 벡터 곱이다.

다음의 단위벡터를 사용하면

$$\hat{\mathbf{n}} = \hat{\mathbf{n}}(\theta, \phi) := \begin{pmatrix} \sin \theta \cos \phi \\ \sin \theta \sin \phi \\ \cos \theta \end{pmatrix} \in \mathbb{R}^3 \tag{2.122}$$

다음을 얻는다.

$$\hat{\mathbf{n}} \cdot \boldsymbol{\sigma} = \begin{pmatrix} \cos \theta & \mathrm{e}^{-\mathrm{i}\phi} \sin \theta \\ \mathrm{e}^{\mathrm{i}\phi} \sin \theta & -\cos \theta \end{pmatrix} \tag{2.123}$$

이를 관측 가능량 $\hat{\mathbf{n}}$ **방향 스핀**에 대한 연산자다.

$$
\begin{aligned}
\hat{\mathbf{n}}(\theta, \phi) \cdot \boldsymbol{\sigma} |\psi(\theta, \phi)\rangle &= \begin{pmatrix} \cos \theta & \mathrm{e}^{-\mathrm{i}\phi} \sin \theta \\ \mathrm{e}^{\mathrm{i}\phi} \sin \theta & -\cos \theta \end{pmatrix} \begin{pmatrix} \mathrm{e}^{-\mathrm{i}\frac{\phi}{2}} \cos \frac{\theta}{2} \\ \mathrm{e}^{\mathrm{i}\frac{\phi}{2}} \sin \frac{\theta}{2} \end{pmatrix} \\
&= \begin{pmatrix} \mathrm{e}^{-\mathrm{i}\frac{\phi}{2}} \left(\cos \theta \cos \frac{\theta}{2} + \sin \theta \sin \frac{\theta}{2} \right) \\ \mathrm{e}^{\mathrm{i}\frac{\phi}{2}} \left(\sin \theta \cos \frac{\theta}{2} - \cos \theta \sin \frac{\theta}{2} \right) \end{pmatrix} \\
&= \begin{pmatrix} \mathrm{e}^{-\mathrm{i}\frac{\phi}{2}} \cos \frac{\theta}{2} \\ \mathrm{e}^{\mathrm{i}\frac{\phi}{2}} \sin \frac{\theta}{2} \end{pmatrix} \\
&= |\psi(\theta, \phi)\rangle
\end{aligned} \tag{2.124}
$$

그러므로 상태 $|\psi(\theta, \phi)\rangle$는 $\hat{\mathbf{n}}$ 방향 스핀의 위상태$^{\text{up-state}}$ $|\uparrow_{\hat{\mathbf{n}}}\rangle$이다.

$$| \uparrow_{\hat{\mathbf{n}}}\rangle := \begin{pmatrix} e^{-i\frac{\phi}{2}} \cos\frac{\theta}{2} \\ e^{i\frac{\phi}{2}} \sin\frac{\theta}{2} \end{pmatrix} \tag{2.125}$$

비슷한 방식으로, 다음에 대해

$$| \downarrow_{\hat{\mathbf{n}}}\rangle := \begin{pmatrix} -e^{-i\frac{\phi}{2}} \sin\frac{\theta}{2} \\ e^{i\frac{\phi}{2}} \cos\frac{\theta}{2} \end{pmatrix} \tag{2.126}$$

다음을 얻는다.

$$\hat{\mathbf{n}} \cdot \sigma | \downarrow_{\hat{\mathbf{n}}}\rangle = -| \downarrow_{\hat{\mathbf{n}}}\rangle$$

구체적으로, (2.123)과 (2.119)로부터 다음을 알 수 있다.

$$\hat{\mathbf{n}}(0,0) \cdot \sigma = \sigma_z \quad \text{그리고} \quad | \uparrow_{\hat{\mathbf{n}}(0,0)}\rangle = | \uparrow_{\hat{\mathbf{z}}}\rangle$$

또는

$$\hat{\mathbf{n}}\left(\frac{\pi}{2},0\right) \cdot \sigma = \sigma_x \quad \text{그리고} \quad | \uparrow_{\hat{\mathbf{n}}(\frac{\pi}{2},0)}\rangle = | \uparrow_{\hat{\mathbf{x}}}\rangle$$

그러므로 θ, ϕ를 매개변수로 가지는 상태 $|\psi(\theta, \phi)\rangle = |\uparrow_{\hat{\mathbf{n}}}\rangle$는 **임의의 큐비트 상태** arbitrary qubit state를 표현하며 연산자 $\hat{\mathbf{n}} \cdot \sigma$는 이 큐비트 상태를 고윳값 +1의 고유 상태로 가지는 관측 가능량을 표현한다.

그러면 **큐비트의 혼합**$^{\text{mixtures of qubts}}$은 어떻게 표현할까? 이를 위해 밀도 연산자 의 2×2 복소 행렬을 고려한다.

$$\rho = \begin{pmatrix} a & b \\ c & d \end{pmatrix}$$

$\rho^* = \rho$이므로, $a, d \in \mathbb{R}$이며 $b = \bar{c}$이다. $\text{tr}(\rho) = 1$로부터, $a + d = 1$이다. 실수 x_3을 이용해 a와 b를 $a = \frac{1+x_3}{2}$, $d = \frac{1-x_3}{2}$으로 바꾼다. 실수 $x_1 = 2\,\text{Re}(c)$와 $x_2 = 2\,\text{Im}(c)$를 도입하고 (2.120)을 이용하면 임의의 큐비트 밀도 연산자를 다음의 형태로 표현할 수 있다.

$$\rho_{\mathbf{x}} = \frac{1}{2}\begin{pmatrix} 1+x_3 & x_1 - ix_2 \\ x_1 + ix_2 & 1 - x_3 \end{pmatrix} = \frac{1}{2}\left(\mathbf{1} + \mathbf{x} \cdot \sigma\right) \tag{2.127}$$

문제 2.30 ρ_x는 (2.127)에 주어진 것이다. 다음을 보여라.

$$x_j = \text{tr}(\rho_\mathbf{x}\sigma_j) \quad \text{for } j \in \{1,2,3\}$$

이는 간결하게 $\mathbf{x} = \text{tr}(\rho\sigma)$로 표현할 수 있다.

지금까지 밀도 연산자의 정의에서 $\rho^* = \rho$와 $\text{tr}(\rho) = 1$만을 사용했다. 정의에서 추가적인 요구사항은 양의 연산자다. 즉, $\rho \geq 0$을 만족해야 한다. (2.97)에서 ρ가 양의 연산자가 되는 것은 ρ의 모든 고윳값이 음이 아닌 것과 동일하다. ρ_x의 고윳값 q_1, q_2는 (2.127)에서 구할 수 있다.

$$q_{1,2} = \frac{1 \pm \sqrt{|\mathbf{x}|^2}}{2} = \frac{1 \pm |\mathbf{x}|}{2} \tag{2.128}$$

그러면 $\rho \geq 0$의 조건은 $|\mathbf{x}| \geq 1$일 때만 만족한다. 따라서 혼합 큐비트의 밀도 연산자는 $\mathbb{R}^3$에서 닫힌 단위 구 $B^1_{\mathbb{R}^3}$에 있는 벡터 $\mathbf{x}$로 표현된다. 이를 **블로흐**^{Bloch} **표현**이라고 하며 그림 2.1에 나타냈다. 모든 $\mathbf{x} \in B^1_{\mathbb{R}^3}$이 모든 혼합 상태를 표현한다는 것으로부터, 혼합 상태의 모든 집합은 볼록하다는 것을 그림으로 알 수 있다. 이는 문제 2.22에서 증명한 사실이다. 그리고 $|\mathbf{x}| = 1$인 **경계점**$^{\text{edge point}}$은 순수 상태와 대응하는데, 이에 대해 설명하겠다. (2.121)과 (2.128)로부터

$$\rho_\mathbf{x}^2 = \frac{1}{4}\left(\mathbf{1} + \mathbf{x}\cdot\sigma\right)^2 = \frac{1}{4}\left(\mathbf{1}(1 + |\mathbf{x}|^2) + 2\mathbf{x}\cdot\sigma\right)$$

그래서 $\rho_\mathbf{x}^2 = \rho_\mathbf{x}$와 $|\mathbf{x}| = 1$은 동치 관계이며, 명제 2.25에서 $\rho^2 = \rho$는 ρ가 순수 상태를 기술하고 있는 것을 의미한다.

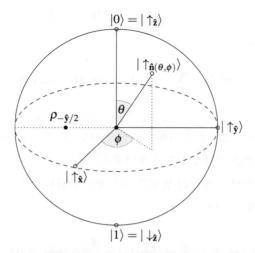

그림 2.1 블로흐 표현으로 나타낸 큐비트. 경계의 구 $S^1_{\mathbb{R}^3}$은 순수 상태를 나타내며 "블로흐 구 (Bloch sphere)"라고 한다. 닫힌 전체 공 $B^1_{\mathbb{R}^3}$은 (내부는 혼합 상태를 표현하며) 큐비트의 모든 가능한 상태를 표현하고 북극과 남극은 두 개의 고전 비트의 값에 대응한다. ○은 순수 상태의 $|\!\uparrow_{\hat{z}}\rangle$, $|\!\uparrow_{\hat{y}}\rangle$, $|\!\uparrow_{\hat{x}}\rangle$, $|\!\downarrow_{\hat{z}}\rangle$, $|\!\downarrow_{\hat{n}}(\theta,\phi)\rangle$를 나타낸다. ●은 혼합 상태 $\rho_{-\frac{1}{2}\hat{y}} = \frac{1}{4}\begin{pmatrix} 2 & i \\ -i & 2 \end{pmatrix}$와 중심인 $\rho_0 = \frac{1}{2}\mathbb{1}$를 나타낸다.

문제 2.22에서 밀도 연산자는 (결국 혼합 상태의 집합이) 볼록집합을 형성한다. 이차원 시스템에서 큐비트의 특별한 성질로서 이 집합의 경계를 이루는 **모든** 점들은 순수 상태에 대응한다. 이차원 이상의 힐베르트 공간의 상태벡터로 표현되는 양자시스템의 경우에는 특정 경계점만이 순수 상태에 대응한다.

2.5 큐비트의 연산자

정의 2.28에서 큐비트는 2차원 힐베르트 공간 $\mathbb{H}$의 벡터로 표현되는 2차원 양자역학 시스템이다. 관측을 제외하고 시간 전진은 유니타리 연산자로 서술된다. 따라서 관측을 제외하면 큐비트에 작용하는 모든 변환 또한 유니타리이어야 한다. 이는 (소위 양자 게이트라고 하는) 큐비트 회로의 기본 구성 요소의 작용에도 적용된다. 5.2절에서 상세하게 논의할 것이다.

위에서 언급한 양자 게이트에서 많이 사용할 $\mathbb{H}$에서 유니타리 연산자의 구성과 관련된 결과를 제시한다. 문제 2.31에서 특정 연산자의 지수에 대한 일반적인 결과부터 시작한다.

문제 2.31 A는 $A^2 = 1$을 만족하는 벡터 공간의 연산자다. 임의의 $\alpha \in \mathbb{R}$에 대해 다음을 보여라.

$$e^{i\alpha A} := \sum_{n=0}^{\infty} \frac{(i\alpha)^n}{n!} A^n = \cos\alpha \mathbf{1} + i\sin\alpha A \qquad (2.129)$$

앞으로 $e^A = \exp(A)$ 표기법을 사용해 연산자 A의 지수함수를 나타내며, 둘 중에서 더 선명한 표현을 상황에 따라서 선택한다.

정의 2.30은 $\mathbb{R}^3$에서 노름과 방향을 보존하는 선형사상인 (보기 F.8의) SO(3)의 군표현 이론과 비슷하다.

정의 2.30 $\hat{\mathbf{n}} \in S^1_{\mathbb{R}^3}$은 $\mathbb{R}^3$의 단위벡터이고 $\alpha \in \mathbb{R}$이다. 큐비트 공간 $\mathbb{H}$에서 벡터 $\hat{\mathbf{n}}$을 중심으로 α 각도를 회전하는 작용은 다음의 연산자로 정의한다.

$$D_{\hat{\mathbf{n}}}(\alpha) := e^{-i\frac{\alpha}{2}\hat{\mathbf{n}} \cdot \sigma}$$

이러한 작용을 **스핀 회전**^{spin rotation}이라고 한다.

스핀 회전 $D_{\hat{\mathbf{n}}}(\alpha)$는 $\mathbb{H}$의 연산자다. $\mathbb{R}^3$ 공간에서 $\hat{\mathbf{n}}$을 중심으로 α 각도 회전하는 작용에 대응하는 큐비트 공간에서의 작용이다.

보조정리 2.31 $\hat{\mathbf{n}} \in S^1_{\mathbb{R}^3}$이고 $\alpha \in \mathbb{R}$이다. 다음이 성립한다.

$$D_{\hat{\mathbf{n}}}(\alpha) = \cos\frac{\alpha}{2}\mathbf{1} - i\sin\frac{\alpha}{2}\hat{\mathbf{n}} \cdot \sigma \qquad (2.130)$$

$$D_{\hat{\mathbf{n}}}(\alpha)^* = D_{\hat{\mathbf{n}}}(-\alpha) = \cos\frac{\alpha}{2}\mathbf{1} + i\sin\frac{\alpha}{2}\hat{\mathbf{n}} \cdot \sigma \qquad (2.131)$$

$$D_{\hat{\mathbf{n}}}(\alpha)D_{\hat{\mathbf{n}}}(\alpha)^* = \mathbf{1}$$

즉, $D_{\hat{\mathbf{n}}}(\alpha)$는 $\mathbb{H}$에서 유니타리 연산자다.

[증명]

(2.121)과 $\hat{\mathbf{n}} \cdot \hat{\mathbf{n}} = 1$에서 $(\hat{\mathbf{n}} \cdot \sigma)^2 = 1$을 얻는다. (2.130)으로부터 문제 2.31의 (2.129)의 결과를 얻는다.

$(-i\hat{\mathbf{n}}\cdot\sigma)^* = i\hat{\mathbf{n}}\cdot\sigma$과 (2.130)에서 (2.131)을 얻는다. 결국

$$
\begin{aligned}
D_{\hat{\mathbf{n}}}(\alpha)D_{\hat{\mathbf{n}}}(\alpha)^* &\underbrace{=}_{(2.130),(2.131)} \left(\cos\frac{\alpha}{2}\mathbf{1} - i\sin\frac{\alpha}{2}\hat{\mathbf{n}}\cdot\sigma\right)\left(\cos\frac{\alpha}{2}\mathbf{1} + i\sin\frac{\alpha}{2}\hat{\mathbf{n}}\cdot\sigma\right) \\
&= \left(\cos\frac{\alpha}{2}\mathbf{1}\right)^2 - \left(i\sin\frac{\alpha}{2}\hat{\mathbf{n}}\cdot\sigma\right)^2 = \left(\cos^2\frac{\alpha}{2} + \sin^2\frac{\alpha}{2}\right) \\
&= \mathbf{1}
\end{aligned}
$$

$D_{\hat{\mathbf{n}}}(\alpha)D_{\hat{\mathbf{n}}}(-\alpha) = 1$은 문제 2.32에서 일반화한다.

문제 2.32 $\hat{\mathbf{n}} \in S^1_{\mathbb{R}^3}$과 $\alpha, \beta \in \mathbb{R}$일 때 다음을 증명하라.

$$
D_{\hat{\mathbf{n}}}(\alpha)D_{\hat{\mathbf{n}}}(\beta) = D_{\hat{\mathbf{n}}}(\alpha+\beta) \tag{2.132}
$$

문제 2.33에서 $\P\mathbb{H}$의 모든 유니타리 연산자가 적절하게 선택된 스핀 회전 $D_{\hat{\mathbf{n}}}(\cdot)$과 위상 계수 $e^{i\alpha}$의 곱으로 표현되는 것을 증명할 것이다. 중간 과정으로 보조정리 2.32를 증명한다.

보조정리 2.32 U는 $\P\mathbb{H}$에서 유니타리 연산자다. 그러면 적절한 $\alpha, \beta, \delta, \gamma \in \mathbb{R}$에 대해 표준기저 $\{|0\rangle, |1\rangle\}$로 표현한 U의 행렬이 다음으로 주어진다.

$$
U = e^{i\alpha}\begin{pmatrix} e^{-i\frac{\beta+\delta}{2}}\cos\frac{\gamma}{2} & -e^{i\frac{\delta-\beta}{2}}\sin\frac{\gamma}{2} \\ e^{i\frac{\beta-\delta}{2}}\sin\frac{\gamma}{2} & e^{i\frac{\beta+\delta}{2}}\cos\frac{\gamma}{2} \end{pmatrix} \tag{2.133}
$$

[증명]

표준기저 $\{|0\rangle, |1\rangle\}$에서 행렬 U는 다음으로 주어진다.

$$
U = \begin{pmatrix} a & b \\ c & d \end{pmatrix} \tag{2.134}
$$

여기에서 $a, b, c, d \in \mathbb{C}$이다. 자기수반 행렬

$$
U^* = \begin{pmatrix} \bar{a} & \bar{c} \\ \bar{b} & \bar{d} \end{pmatrix} \tag{2.135}
$$

와 $UU^* = \mathbf{1}$이라는 조건에서 다음을 얻는다.

$$|a|^2 + |b|^2 = 1 = |c|^2 + |d|^2 \tag{2.136}$$

$$a\bar{c} + b\bar{d} = 0 \tag{2.137}$$

$c = 0$인 경우에는 $|d| = 1$이고 $b = 0$, $|a| = 1$이다. 이러한 경우에는 U의 형태가 다음과 같다.

$$U = \begin{pmatrix} e^{i\xi} & 0 \\ 0 & e^{i\eta} \end{pmatrix} \tag{2.138}$$

(2.133)에서 $\alpha = \frac{\xi+\eta}{2}$, $\beta = \eta - \xi$, $\delta = \gamma = 0$을 선택하면 같은 것이 된다. 비슷한 방법으로 $a = 0$인 경우에는 U는 다음의 형태이다.

$$U = \begin{pmatrix} 0 & e^{i\omega} \\ e^{i\tau} & 0 \end{pmatrix} \tag{2.139}$$

(2.133)에서 $\alpha = \frac{\omega+\tau+\pi}{2}$, $\delta = \omega + \pi - \tau$, $\beta = 0$, $\gamma = \pi$라 두면 같은 식이다.

이제, $a\bar{c} \neq 0$을 가정한다. 그러면

$$a = -b\frac{\bar{d}}{\bar{c}}$$

$$\Rightarrow \quad |a|^2 = |b|^2 \frac{|d|^2}{|c|^2}$$

$$\Rightarrow \quad 1 = |a|^2 + |b|^2 = |b|^2 \left(1 + \frac{|d|^2}{|c|^2} \right) = |b|^2 \frac{|c|^2 + |d|^2}{|c|^2} \underbrace{=}_{(2.136)} \frac{|b|^2}{|c|^2}$$

이로부터

$$|b| = |c| \quad \text{그리고} \quad |a| = |d| \tag{2.140}$$

그러므로 적절한 ξ, η, $\gamma \in \mathbb{R}$에 대해

$$a = e^{i\xi} \cos\frac{\gamma}{2}, \qquad d = e^{i\eta} \cos\frac{\gamma}{2} \tag{2.141}$$

여기에서 다음을 얻는다.

$$|c|^2 \underbrace{=}_{(2.140)} |b|^2 \underbrace{=}_{(2.136)} 1 - |a|^2 = \sin^2\frac{\gamma}{2} \tag{2.142}$$

그러므로 적절한 ω, $\tau \in \mathbb{R}$에 대해

$$b = -e^{i\omega} \sin \frac{\gamma}{2}, \qquad c = e^{i\tau} \sin \frac{\gamma}{2} \tag{2.143}$$

$a\bar{c} = -b\bar{d} \neq 0$이므로,

$$e^{i(\xi-\tau)} \sin \frac{\gamma}{2} \cos \frac{\gamma}{2} = e^{i(\omega-\eta)} \sin \frac{\gamma}{2} \cos \frac{\gamma}{2} \tag{2.144}$$

결국 $\xi - \tau = \omega - \eta + 2k\pi$이다. $\eta = \omega + \tau - \xi$를 선택하면

$$U = \begin{pmatrix} e^{i\xi} \cos \frac{\gamma}{2} & -e^{i\omega} \sin \frac{\gamma}{2} \\ e^{i\tau} \sin \frac{\gamma}{2} & e^{i(\omega+\tau-\xi)} \cos \frac{\gamma}{2} \end{pmatrix} \tag{2.145}$$

다음의 변수 변환을 이용한다.

$$\alpha := \frac{\omega+\tau}{2}, \qquad \beta := \tau - \xi, \qquad \delta := \omega - \xi \tag{2.146}$$

(2.145)에 있는 변수를 표현하면

$$\begin{aligned} \xi &= \alpha - \tfrac{\beta+\delta}{2}, & \omega &= \alpha + \tfrac{\delta-\beta}{2} \\ \tau &= \alpha + \tfrac{\beta-\delta}{2}, & \omega + \tau - \xi &= \alpha + \tfrac{\beta+\delta}{2} \end{aligned} \tag{2.147}$$

위의 것이 (2.133)에서 증명해야 하는 U의 형태이다. ■

보조정리 2.32를 이용하면 큐비트의 유니타리 연산자는 $\hat{\mathbf{z}}$축과 $\hat{\mathbf{y}}$축의 스핀 회전의 적절한 곱으로 표현할 수 있다.

문제 2.33 U는 $^1\mathbb{H}$의 유니타리 연산자다. 적절한 $\alpha, \beta, \delta, \gamma \in \mathbb{R}$에 대해 다음이 성립하는 것을 보여라.

$$U = e^{i\alpha} D_{\hat{\mathbf{z}}}(\beta) D_{\hat{\mathbf{y}}}(\gamma) D_{\hat{\mathbf{z}}}(\delta)$$

문제 2.33에서 증명한 주장의 결과로서 $\hat{\mathbf{z}}$축과 $\hat{\mathbf{y}}$축을 중심으로 스핀 회전을 실행하는 장치가 큐비트에 작용하는 임의의 유니타리 연산자를 구현하기에 충분하다.

보기 2.33 예로서, 다음을 고려한다.

$$e^{i\frac{\alpha}{2}}D_{\hat{z}}(\alpha)D_{\hat{y}}(0)D_{\hat{z}}(0) = e^{i\frac{\alpha}{2}}\left(\cos\frac{\alpha}{2}\mathbf{1} - i\sin\frac{\alpha}{2}\hat{z}\cdot\sigma\right)$$

$$= e^{i\frac{\alpha}{2}}\left(\cos\frac{\alpha}{2}\mathbf{1} - i\sin\frac{\alpha}{2}\sigma_z\right)$$

$$= e^{i\frac{\alpha}{2}}\begin{pmatrix} \cos\frac{\alpha}{2} - i\sin\frac{\alpha}{2} & 0 \\ 0 & \cos\frac{\alpha}{2} + i\sin\frac{\alpha}{2} \end{pmatrix}$$

$$= \begin{pmatrix} 1 & 0 \\ 0 & e^{i\alpha} \end{pmatrix} \tag{2.148}$$

또는

$$e^{i\frac{\pi}{2}}D_{\hat{z}}(\beta)D_{\hat{y}}(\pi)D_{\hat{z}}(\beta+\pi) = e^{i\frac{\pi}{2}}\begin{pmatrix} e^{-i(\beta+\frac{\pi}{2})}\cos\frac{\pi}{2} & -e^{i\frac{\pi}{2}}\sin\frac{\pi}{2} \\ e^{-i\frac{\pi}{2}}\sin\frac{\pi}{2} & e^{i(\beta+\frac{\pi}{2})}\cos\frac{\pi}{2} \end{pmatrix}$$

$$= \begin{pmatrix} 0 & 1 \\ 1 & 0 \end{pmatrix}$$

$$= \sigma_x \tag{2.149}$$

다른 예로서

$$e^{i\frac{3\pi}{2}}D_{\hat{z}}(0)D_{\hat{y}}(\frac{\pi}{2})D_{\hat{z}}(-\pi) = -i\left(\cos\frac{\pi}{4}\mathbf{1} - i\sin\frac{\pi}{4}\sigma_y\right)\left(\cos\frac{-\pi}{2}\mathbf{1} - i\sin\frac{-\pi}{2}\sigma_z\right)$$

$$= -i\left(\frac{1}{\sqrt{2}}\mathbf{1} - \frac{i}{\sqrt{2}}\sigma_y\right)i\sigma_z = \frac{1}{\sqrt{2}}\left(\sigma_z - i\underbrace{\sigma_y\sigma_z}_{=i\sigma_x}\right)$$

$$= \frac{\sigma_z + \sigma_x}{\sqrt{2}} \tag{2.150}$$

$\hat{z}$축과 $\hat{y}$축을 중심으로 스핀 회전의 역연산자는 σ_x를 왼쪽과 오른쪽에 곱해서 구한다.

문제 2.34 다음을 증명하라.

$$\begin{aligned} \sigma_x D_{\hat{y}}(\eta)\sigma_x &= D_{\hat{y}}(-\eta) \\ \sigma_x D_{\hat{z}}(\eta)\sigma_x &= D_{\hat{z}}(-\eta) \end{aligned} \tag{2.151}$$

다음의 보조정리 2.34의 주장은 양자 게이트와 연결돼 중요한 역할을 한다. 이에 대해서는 5.2절에서 자세히 논의한다.

> **보조정리 2.34** $\,^\P\mathbb{H}$의 모든 유니타리 연산자 U에 대해 $^\P\mathbb{H}$에서 작용하는 적절한 연산자 A, B, C와 $\alpha \in \mathbb{R}$에 대해 다음을 만족한다.
>
> $$ABC = \mathbf{1}$$
> $$U = e^{i\alpha} A\sigma_x B\sigma_x C$$

[증명]

문제 2.33에서 적절한 $\alpha, \beta, \gamma, \delta \in \mathbb{R}$에 대해 다음이 만족한다.

$$U = e^{i\alpha} D_{\hat{z}}(\beta) D_{\hat{y}}(\gamma) D_{\hat{z}}(\delta) \tag{2.152}$$

다음을 정의한다.

$$
\begin{aligned}
A &:= D_{\hat{z}}(\beta) D_{\hat{y}}\left(\frac{\gamma}{2}\right) \\
B &:= D_{\hat{y}}\left(-\frac{\gamma}{2}\right) D_{\hat{z}}\left(-\frac{\delta+\beta}{2}\right) \\
C &:= D_{\hat{z}}\left(\frac{\delta-\beta}{2}\right)
\end{aligned}
\tag{2.153}
$$

그러면 계산을 통해 다음을 알 수 있다.

$$
\begin{aligned}
ABC \underset{(2.153)}{=}\ & D_{\hat{z}}(\beta) \underbrace{D_{\hat{y}}\left(\frac{\gamma}{2}\right) D_{\hat{y}}\left(-\frac{\gamma}{2}\right)}_{=D_{\hat{y}}(0)=1} \underbrace{D_{\hat{z}}\left(-\frac{\delta+\beta}{2}\right) D_{\hat{z}}\left(\frac{\delta-\beta}{2}\right)}_{=D_{\hat{z}}\left(-\frac{\delta+\beta}{2}+\frac{\delta-\beta}{2}\right)=D_{\hat{z}}(-\beta)} \\
=\ & D_{\hat{z}}(\beta) D_{\hat{z}}(-\beta) \\
=\ & \mathbf{1}
\end{aligned}
$$

그리고

$$e^{i\alpha}A\sigma_x B\sigma_x C$$

$$\underset{(2.153)}{=} e^{i\alpha}D_{\hat{z}}(\beta)D_{\hat{y}}\left(\frac{\gamma}{2}\right)\sigma_x D_{\hat{y}}\left(-\frac{\gamma}{2}\right)D_{\hat{z}}\left(-\frac{\delta+\beta}{2}\right)\sigma_x D_{\hat{z}}\left(\frac{\delta-\beta}{2}\right)$$

$$= e^{i\alpha}D_{\hat{z}}(\beta)D_{\hat{y}}\left(\frac{\gamma}{2}\right)\sigma_x D_{\hat{y}}\left(-\frac{\gamma}{2}\right)\overset{=1}{\overbrace{\sigma_x\sigma_x}}D_{\hat{z}}\left(-\frac{\delta+\beta}{2}\right)\sigma_x D_{\hat{z}}\left(\frac{\delta-\beta}{2}\right)$$

$$= e^{i\alpha}D_{\hat{z}}(\beta)D_{\hat{y}}\left(\frac{\gamma}{2}\right)\underbrace{\sigma_x D_{\hat{y}}\left(-\frac{\gamma}{2}\right)\sigma_x}_{=D_{\hat{y}}\left(\frac{\gamma}{2}\right)}\underbrace{\sigma_x D_{\hat{z}}\left(-\frac{\delta+\beta}{2}\right)\sigma_x}_{=D_{\hat{z}}\left(\frac{\delta+\beta}{2}\right)}D_{\hat{z}}\left(\frac{\delta-\beta}{2}\right)$$

$$\underset{(2.151)}{=} e^{i\alpha}D_{\hat{z}}(\beta)\underbrace{D_{\hat{y}}\left(\frac{\gamma}{2}\right)D_{\hat{y}}\left(\frac{\gamma}{2}\right)}_{=D_{\hat{y}}(\gamma)}\underbrace{D_{\hat{z}}\left(\frac{\delta+\beta}{2}\right)D_{\hat{z}}\left(\frac{\delta-\beta}{2}\right)}_{=D_{\hat{z}}(\delta)}$$

$$\underset{(2.132)}{=} e^{i\alpha}D_{\hat{z}}(\beta)D_{\hat{y}}(\gamma)D_{\hat{z}}(\delta)$$

$$\underset{(2.152)}{=} U$$

결국 $\P\mathbb{H}$의 모든 유니타리 연산자 U에 대해 적절한 벡터 $\hat{\mathbf{n}}\in S^1_{\mathbb{R}^3}$와 각도 $\alpha,\xi\in\mathbb{R}$에 대해 U를 위상 계수 $e^{i\alpha}$와 $\hat{\mathbf{n}}$을 중심으로 ξ 각도로 스핀 회전의 곱으로 표현할 수 있다. 보조정리 2.35에서 증명한다.

> **보조정리 2.35** U는 $\P\mathbb{H}$의 유니타리 연산자다. 그러면 적절한 $\alpha,\xi\in\mathbb{R}$과 $\hat{\mathbf{n}}\in S^1_{\mathbb{R}^3}$에 대해 다음을 만족한다.
>
> $$U = e^{i\alpha}D_{\hat{\mathbf{n}}}(\xi)$$

[증명]

보조정리 2.32에서 적절한 $\alpha,\beta,\delta,\gamma\in\mathbb{R}$이 존재해 표준기저 $\{|0\rangle,|1\rangle\}$에 대해 행렬 U는 다음으로 표현된다.

$$U = e^{i\alpha} \begin{pmatrix} e^{-i\frac{\beta+\delta}{2}} \cos\frac{\gamma}{2} & -e^{i\frac{\delta-\beta}{2}} \sin\frac{\gamma}{2} \\ \exp i\frac{\beta-\delta}{2} \sin\frac{\gamma}{2} & \exp i\frac{\beta+\delta}{2} \cos\frac{\gamma}{2} \end{pmatrix}$$

$$= e^{i\alpha} \begin{pmatrix} (\cos\frac{\beta+\delta}{2} - i\sin\frac{\beta+\delta}{2})\cos\frac{\gamma}{2} & -(\cos\frac{\delta-\beta}{2} + i\sin\frac{\delta-\beta}{2})\sin\frac{\gamma}{2} \\ (\cos\frac{\beta-\delta}{2} + i\sin\frac{\beta-\delta}{2})\sin\frac{\gamma}{2} & (\cos\frac{\beta+\delta}{2} + i\sin\frac{\beta+\delta}{2})\cos\frac{\gamma}{2} \end{pmatrix} \quad (2.154)$$

$$= e^{i\alpha} \Bigg(\cos\frac{\beta+\delta}{2} \cos\frac{\gamma}{2} \mathbf{1}$$

$$- i \left[\sin\frac{\beta+\delta}{2} \cos\frac{\gamma}{2} \sigma_z + \cos\frac{\delta-\beta}{2} \sin\frac{\gamma}{2} \sigma_y + \sin\frac{\delta-\beta}{2} \sin\frac{\gamma}{2} \sigma_x \right] \Bigg)$$

이제 다음의 벡터에 있는 θ와 ϕ와

$$\hat{\mathbf{n}} = \hat{\mathbf{n}}(\theta, \phi) = \begin{pmatrix} \sin\theta\cos\phi \\ \sin\theta\sin\phi \\ \cos\theta \end{pmatrix}$$

ξ를 $e^{-i\alpha}U = D_{\hat{\mathbf{n}}(\theta,\phi)}(\xi)$를 만족하도록 구할 것이다. 이를 위해 먼저 $\tilde{\xi}$를 다음이 만족하도록 선택한다.

$$\cos\frac{\tilde{\xi}}{2} = \cos\frac{\delta+\beta}{2} \cos\frac{\gamma}{2} \quad (2.155)$$

그러면 다음을 얻는다.

$$\left| \sin\frac{\tilde{\xi}}{2} \right| = \sqrt{1 - \cos^2\frac{\tilde{\xi}}{2}} = \sqrt{1 - \cos^2\frac{\delta+\beta}{2} \cos^2\frac{\gamma}{2}}$$

$$\geq \sqrt{1 - \cos^2\frac{\gamma}{2}} = \left| \sin\frac{\gamma}{2} \right|$$

$\sin\frac{\tilde{\xi}}{2}$와 $\sin\frac{\gamma}{2}$가 같은 부호이면 $\xi = \tilde{\xi}$를 선택하고, 그렇지 않으면 $\xi = -\tilde{\xi}$를 선택한다. 그러면 적절한 $\theta_1 \in [0, \frac{\pi}{2}]$와 $\theta_2 = \pi - \theta_1 \in [\frac{\pi}{2}, \pi]$에 대해 다음을 만족한다.

$$\sin\theta_j \sin\frac{\xi}{2} = \sin\frac{\gamma}{2}, \qquad j \in \{1, 2\}$$

이렇게 ξ를 선택하면 ξ에 대해서도 (2.155)가 성립한다. 지금까지의 사항을 종합하면,

$$\cos\frac{\xi}{2} = \cos\frac{\delta+\beta}{2}\cos\frac{\gamma}{2} \qquad (2.156)$$

$$\sin\theta_j\sin\frac{\xi}{2} = \sin\frac{\gamma}{2} \qquad (2.157)$$

(2.157)에서 다음을 얻는다.

$$(1-\cos^2\theta_j)\sin^2\frac{\xi}{2} = 1-\cos^2\frac{\gamma}{2}$$

이는 다음을 의미한다.

$$\begin{aligned}
\cos^2\theta_j\sin^2\frac{\xi}{2} &= \cos^2\frac{\gamma}{2}+\sin^2\frac{\xi}{2}-1 = \cos^2\frac{\gamma}{2}-\cos^2\frac{\xi}{2} \\
&\underset{(2.156)}{=} \left(1-\cos^2\frac{\delta+\beta}{2}\right)\cos^2\frac{\gamma}{2} \\
&= \sin^2\frac{\delta+\beta}{2}\cos^2\frac{\gamma}{2}
\end{aligned}$$

결국 다음을 얻는다.

$$\left|\cos\theta_j\sin\frac{\xi}{2}\right| = \left|\sin\frac{\delta+\beta}{2}\cos\frac{\gamma}{2}\right|$$

$\sin\frac{\xi}{2}$와 $\sin\frac{\alpha+\beta}{2}\cos\frac{\gamma}{2}$가 같은 부호를 갖는다면, $\theta=\theta_1$로 두고 그렇지 않다면 $\theta_1=-\theta$로 둔다. 결국 모든 경우 다음이 성립한다.

$$\cos\theta\sin\frac{\xi}{2} = \sin\frac{\delta+\beta}{2}\cos\frac{\gamma}{2}$$

이제 $\phi := \frac{\beta+\delta+\pi}{2}$로 두면, 다음을 얻는다.

$$\sin\phi = \sin\frac{\beta-\delta+\pi}{2} = \cos\frac{\beta-\delta}{2}$$
$$\cos\phi = \cos\frac{\beta-\delta+\pi}{2} = -\sin\frac{\beta-\delta}{2} = \sin\frac{\delta-\beta}{2}$$

모두 정리하면 (2.155)에서

$$\cos\frac{\beta+\delta}{2}\cos\frac{\gamma}{2} = \cos\frac{\xi}{2}$$

$$\sin\frac{\beta+\delta}{2}\cos\frac{\gamma}{2} = \sin\frac{\xi}{2}\cos\theta = \sin\frac{\xi}{2}\hat{n}_z$$

$$\cos\frac{\beta-\delta}{2}\sin\frac{\gamma}{2} = \sin\frac{\xi}{2}\sin\theta\sin\phi = \sin\frac{\xi}{2}\hat{n}_y$$

$$\sin\frac{\delta-\beta}{2}\sin\frac{\gamma}{2} = \sin\frac{\xi}{2}\sin\theta\cos\phi = \sin\frac{\xi}{2}\hat{n}_x$$

결국

$$e^{-i\alpha}U = \cos\frac{\xi}{2}\mathbf{1} - i\sin\frac{\xi}{2}\hat{\mathbf{n}}\cdot\sigma$$
$$= D_{\hat{\mathbf{n}}}(\xi)$$

보조정리 2.35로부터 임의의 $U \in \mathcal{U}(\mathbb{H})$는 단위 행렬과 파울리 행렬의 선형 조합으로 표현할 수 있다. 다음의 문제에서 증명한다.

문제 2.35 모든 $A \in L(\mathbb{H})$는 다음의 형태로 표현할 수 있음을 증명하라.

$$A = z_0\mathbf{1} + \mathbf{z}\cdot\sigma = \sum_{\alpha=0}^{3} z_\alpha\sigma_\alpha$$

여기에서 $z_0 \in \mathbb{C}$, $z \in \mathbb{C}^3$이며 마지막 항에서는 $\sigma_0 = 1$일 때 (2.75)의 표기법을 사용했다.

그리고 $A \in \mathcal{U}(\mathbb{H})$이면, z_α는 다음을 만족하는 것을 보여라.

$$|z_0|^2 + |\mathbf{z}|^2 = 1$$

보조정리 2.35에서 $\mathbb{H}$의 모든 유니타리 연산자 U는 (유일하지는 않겠지만) 제곱근을 가진다는 따름정리가 나온다.

따름정리 2.36 모든 $U \in \mathcal{U}(\mathbb{H})$는 제곱근을 가진다. 즉, 다음을 만족하는 연산자 $\sqrt{U} \in \mathcal{U}(\mathbb{H})$가 존재한다.

$$\left(\sqrt{U}\right)^2 = U$$

[증명]

보조정리 2.35에서 적절한 α, $\xi \in \mathbb{R}$, $\hat{\mathbf{n}} \in S^1_{\mathbb{R}^3}$에 대해 다음을 만족한다.

$$U = e^{i\alpha} D_{\hat{\mathbf{n}}}(\xi)$$

다음을 정의한다.

$$\sqrt{U} = e^{i\frac{\alpha}{2}} D_{\hat{\mathbf{n}}}\left(\frac{\xi}{2}\right)$$

보조정리 2.31에서 $D_{\hat{\mathbf{n}}}\left(\frac{\xi}{2}\right) \in \mathcal{U}(\mathbb{H})$이고, $e^{i\frac{\alpha}{2}} \in \mathcal{U}(\mathbb{H})$이므로, $\sqrt{U} \in \mathcal{U}(\mathbb{H})$이다. 그리고

$$\left(\sqrt{U}\right)^2 = e^{i\frac{\alpha}{2}} D_{\hat{\mathbf{n}}}\left(\frac{\xi}{2}\right) e^{i\frac{\alpha}{2}} D_{\hat{\mathbf{n}}}\left(\frac{\xi}{2}\right) \underbrace{=}_{(2.132)} e^{i\alpha} D_{\hat{\mathbf{n}}}(\xi) = U$$

보기 2.37 다음의 예를 고려한다.

$$e^{i\frac{\pi}{2}} D_{\hat{\mathbf{x}}}(\pi) = i\left(\cos\frac{\pi}{2}\mathbf{1} - i\sin\frac{\pi}{2}\hat{\mathbf{x}}\cdot\boldsymbol{\sigma}\right) = \hat{\mathbf{x}}\cdot\boldsymbol{\sigma} = \sigma_x \qquad (2.158)$$

그러면

$$\sqrt{\sigma_x} = e^{i\frac{\pi}{4}} D_{\hat{\mathbf{x}}}\left(\frac{\pi}{2}\right) \underbrace{=}_{(2.130)} \frac{1+i}{\sqrt{2}}\left(\cos\frac{\pi}{4}\mathbf{1} - i\sin\frac{\pi}{4}\hat{\mathbf{x}}\cdot\boldsymbol{\sigma}\right)$$

$$= \frac{1+i}{\sqrt{2}}\left(\frac{1}{\sqrt{2}}\mathbf{1} - i\frac{1}{\sqrt{2}}\sigma_x\right) = \frac{1+i}{2}\left(\mathbf{1} - i\sigma_x\right)$$

$$= \frac{1+i}{2}\begin{pmatrix} 1 & -i \\ -i & 1 \end{pmatrix}$$

다음을 확인할 수 있다.

$$\left(\frac{1+i}{2}\left(\mathbf{1} - i\sigma_x\right)\right)^2 = \frac{1+2i+i^2}{4}(\mathbf{1} - 2i\sigma_x + i^2\underbrace{\sigma_x^2}_{=1}) = \frac{2i}{4}(-2i\sigma_x) = \sigma_x$$

반면에 다른 제곱근이 존재할 수 있다.

$$\left(\frac{1-i}{2}\left(\mathbf{1} + i\sigma_x\right)\right)^2 = \frac{1-2i+i^2}{4}(\mathbf{1} + 2i\sigma_x + i^2\underbrace{\sigma_x^2}_{=1}) = \frac{-2i}{4}(2i\sigma_x) = \sigma_x$$

널리 사용하는 또 하나의 $^{\P}\mathbb{H}$의 연산자는 **아다마르**^{Hadamard} 변환이다. 이것은 발쉬–아다마르$^{Walsh-Hadamard}$ 연산자라고도 한다.

정의 2.38 아다마르 변환$^{Hadamard\ transformation}$은 다음으로 정의한다.

$$H := \frac{\sigma_x + \sigma_z}{\sqrt{2}} : {}^{\P}\mathbb{H} \to {}^{\P}\mathbb{H}$$

아다마르 변환의 유용한 성질들을 다음 보조정리에 나열했다.

보조정리 2.39 $\{|0\rangle, |1\rangle\}$이 기저일 때, 아다마르 변환은 다음의 행렬을 가진다.

$$H = \frac{1}{\sqrt{2}} \begin{pmatrix} 1 & 1 \\ 1 & -1 \end{pmatrix} \tag{2.159}$$

그리고 다음을 만족한다.

$$H|0\rangle = \frac{|0\rangle + |1\rangle}{\sqrt{2}} \tag{2.160}$$

$$H|1\rangle = \frac{|0\rangle - |1\rangle}{\sqrt{2}} \tag{2.161}$$

$$H|x_j\rangle = \frac{|0\rangle + e^{\pi i x_j}|1\rangle}{\sqrt{2}} \tag{2.162}$$

$$H^2 = \mathbf{1} \tag{2.163}$$

그리고

$$H = e^{i\frac{3\pi}{2}} D_{\hat{z}}(0) D_{\hat{y}}\left(\frac{\pi}{2}\right) D_{\hat{z}}(-\pi) \tag{2.164}$$

[증명]
(2.159)는 H의 정의 2.38과 파울리 행렬 (2.74)에서 간단하게 유도된다. 이는 (2.160)과 (2.161)을 의미한다. $x_j \in \{0, 1\}$이므로, (2.162)가 유도된다. 식 (2.163)은 (2.159)의 행렬을 제곱해 얻는다.

아다마르 변환을 위상 계수와 스핀 회전으로 표현한 식 (2.164)는 (2.150)에서 증명했다.

2.6 읽을거리

함수 해석학의 일반론과 특히 힐베르트 공간에 대해 더 많은 배경지식을 원하는 독자에게 라인과 영슨[53]이 좋은 입문서가 될 것이다. 크레이지히[54]는 비슷한 수준의 함수 해석학의 중요한 원론을 소개한다. 더 고급 과정으로 리드와 시몬[50]의 두꺼운 책이 있다. 이 책의 첫 번째 주제에서 무계 연산자와 위상공간, 볼록 공간에 대해 광범위하게 소개한다. 함수 해석학과 힐베르트 공간의 최고의 참고문헌은 쇼케 브뤼아와 다윗모레트[55]의 책이다. 이 책은 수리 물리학의 많은 내용에 관해 비록 증명이 없는 것도 많지만, 간결하면서도 엄밀하게 설명한다.

양자역학에 관해서도 당연히 엄청나게 많은 책이 있다. 갈린도와 파스쿨알[37]의 두 권은 수학적으로 엄격하게 광범위한 주제를 다룬다. 코엔타누지, 디우, 랄로에[39]의 두 권은 현대적인 스타일로 많은 주제를 다룬다. 그러나 이 둘은 양자 컴퓨터에 특화된 것은 아니다. 오히려 역사적 기원, 공준 그리고 수소 원자, 대칭 변환, 각 운동량, 섭동 이론 등과 같은 무수한 특수 주제의 관점에서 양자 역학을 설명한다.

03
텐서곱과 복합 시스템

3.1 큐비트 소개

전통적으로 정보는 유한 개의 비트 덩어리인 바이트 또는 바이트의 배수 개수로 표현한다. 이런 것들은 $l \in \{1,\ldots,n\}$에 대해 $\{0,1\} \ni x_l$인 알파벳으로 구성된 단어 $(x_1,\ldots,x_n)$들이다. 따라서 모든 단어를 표현하기 위해서는 2^n개의 고전 저장 장소가 필요하다.

고전 2비트 단어 (x_1, x_2)는 집합 $\{0,1\} \times \{0,1\} = \{0,1\}^2$의 원소이며, 전통적으로 (첫 번째 비트에) 첫 번째 문자 x_1과 (두 번째 비트에) 두 번째 문자 x_2를 적절히 저장하면 00, 01, 10, 11단어를 나타낼 수 있다. 이러한 비트 각각을 양자역학의 큐비트로 표현하면, 양자 부분 시스템 두 개로 구성된 2 큐비트 양자 시스템을 다루게 된다.

다수의 양자역학 시스템은 여러 부분으로 구성돼 있으며, 각각은 다시 양자역학 시스템이다. 예를 들면 수소 원자는 양성자와 전자로 구성된다. 양성자의 상태는 힐베르트 공간 $\mathbb{H}^P$의 벡터로, 전자는 $\mathbb{H}^E$의 벡터로 표현된다고 가정한다. 그러면 수소 원자의 힐베르트 공간은 무엇일까? 그에 대한 답은 부분 시스템을 서술하는 힐베르트 공간의 텐서곱 $\mathbb{H}^P \otimes \mathbb{H}^E$이다.[1] 두 개의 힐베르트 공간 $\mathbb{H}^A$와 $\mathbb{H}^B$의 텐서곱 $\mathbb{H}^A \otimes \mathbb{H}^B$는 다시 힐베르트 공간이며 부분 시스템 $\mathbb{H}^A$, $\mathbb{H}^B$로 구성된 전체 시스템의 양자역학적 서술을 위한 상태 공간이다. 다중 큐비트 시스템을 고려하기 전에 먼저 힐베르트 공간의 텐서곱을 설명한다.

3.2 힐베르트 공간의 텐서곱

3.2.1 정의

여기에서 두 개의 유한차원 힐베르트 공간의 텐서곱에 대해 정의를 한다. 다소 엄밀하지 못하지만 이 정도가 책의 목적에 부합한다. 무한차원 힐베르트 공간을 포함하는 엄밀하고 좀 더 일반적인 정의는 [50]을 참조하면 된다. 그러나 엄밀하고 일반적인 정의가 중요한 것이 아니고, 스칼라곱의 계산과 같이 부분 시스템의 알려진 규칙을 이용하는 텐서곱의 계산 규칙이 더 중요하다.

$\mathbb{H}^A$와 $\mathbb{H}^B$는 힐베르트 공간이고, $|\varphi\rangle \in \mathbb{H}^A$와 $|\psi\rangle \in \mathbb{H}^B$는 벡터이다. 다음을 정의한다.

$$\begin{aligned}|\varphi\rangle \otimes |\psi\rangle : \mathbb{H}^A \times \mathbb{H}^B &\longrightarrow \mathbb{C} \\ (\xi, \eta) &\longmapsto \langle \xi|\varphi\rangle^{\mathbb{H}^A} \langle \eta|\psi\rangle^{\mathbb{H}^B}\end{aligned} \tag{3.1}$$

이러한 사상은 ξ와 η에 대해 반선형$^{\text{anti-linear}}$이며 연속이다. 이러한 사상의 모든 집합을 다음으로 표기한다.

$$\mathbb{H}^A \otimes \mathbb{H}^B := \{\Psi : \mathbb{H}^A \times \mathbb{H}^B \to \mathbb{C} \mid \text{반선형이며 연속함수}\} \tag{3.2}$$

이것은 $\mathbb{C}$상에서 벡터 공간이다. $\Psi_1, \Psi_2 \in \mathbb{H}^A \otimes \mathbb{H}^B$와 $a, b \in \mathbb{C}$에 대해

$$\left(a\Psi_1 + b\Psi_2\right)(\xi, \eta) := a\Psi_1(\xi, \eta) + b\Psi_2(\xi, \eta) \tag{3.3}$$

위의 값은 $\mathbb{H}^A \otimes \mathbb{H}^B$의 원소이다. 영사상$^{\text{null-map}}$은 영벡터$^{\text{null-vector}}$이고, $-\Psi$는 Ψ의 덧셈에 대한 역원이다. (3.1)에서 $|\varphi\rangle \otimes |\psi\rangle$는 $\mathbb{H}^A \times \mathbb{H}^B$에서 $\mathbb{C}$로 가는 반선

---

1 양성자는 주로 (공간의 한곳에 고정된) 물체로 간주하며 전자에 전기력(Coulomb force)을 미친다. 이러한 근사에서는 양성자의 상태는 변하지 않고 전자에 미치는 영향만 고려하므로 $\mathbb{H}^E$가 전체 시스템을 기술하는 데 충분하다. 좀 더 정교한 서술은 양성자에 미치는 전자의 영향을 포함하며 무게중심과 상대좌표를 사용한다. 고립된 시스템의 무게중심은 자명하게 움직이며(즉, 등속운동을 한다) 이에 해당하는 힐베르트 공간은 무시한다.

형 연속사상으로 이뤄진 (3.2)에서 정의된 $\mathbb{H}^A \otimes \mathbb{H}^B$의 벡터이다.

문제 3.36 $|\varphi\rangle \in \mathbb{H}^A$, $|\psi\rangle \in \mathbb{H}^B$이고 $a, b \in \mathbb{C}$이다. 다음을 증명하라.

$$(a|\varphi\rangle) \otimes |\psi\rangle = |\varphi\rangle \otimes (a|\psi\rangle) = a(|\varphi\rangle \otimes |\psi\rangle)$$
$$a(|\varphi\rangle \otimes |\psi\rangle) + b(|\varphi\rangle \otimes |\psi\rangle) = (a+b)\,|\varphi\rangle \otimes |\psi\rangle$$
$$(|\varphi_1\rangle + |\varphi_2\rangle) \otimes |\psi\rangle = |\varphi_1\rangle \otimes |\psi\rangle + |\varphi_2\rangle \otimes |\psi\rangle$$
$$|\varphi\rangle \otimes (|\psi_1\rangle + |\psi_2\rangle) = |\varphi\rangle \otimes |\psi_1\rangle + |\varphi\rangle \otimes |\psi_2\rangle$$

다음과 같이 간결하게 표기할 수 있다.

$$|\varphi \otimes \psi\rangle := |\varphi\rangle \otimes |\psi\rangle$$

$k \in \{1, 2\}$이고 $|\varphi_k\rangle \in \mathbb{H}^A$, $|\psi_k\rangle \in \mathbb{H}^B$일 때, 벡터 $|\varphi_k\rangle \otimes |\psi_k\rangle \in \mathbb{H}^A \otimes \mathbb{H}^B$에 대해 다음을 정의한다.

$$\langle \varphi_1 \otimes \psi_1 | \varphi_2 \otimes \psi_2 \rangle := \langle \varphi_1 | \varphi_2 \rangle^{\mathbb{H}^A} \langle \psi_1 | \psi_2 \rangle^{\mathbb{H}^B} \tag{3.4}$$

향후에는 스칼라곱을 계산하는 힐베르트 공간을 나타내는 위첨자를 혼돈이 없는 경우에는 생략한다. (3.4)는 $\mathbb{H}^A \otimes \mathbb{H}^B$에서 $|\varphi\rangle \otimes |\psi\rangle$ 형태의 벡터에 대해 스칼라 곱을 정의한다. 모든 벡터 $\Psi \in \mathbb{H}^A \otimes \mathbb{H}^B$에 대해 스칼라 곱을 정의하기 위해 ONB를 고려한다. $\{|e_a\rangle\} \subset \mathbb{H}^A$는 $\mathbb{H}^A$의 ONB이고, $\{|f_b\rangle\} \subset \mathbb{H}^B$는 $\mathbb{H}^B$의 ONB이다. 그러면 집합 $\{|e_a\rangle \otimes |f_b\rangle\} \subset \mathbb{H}^A \otimes \mathbb{H}^B$는 직교 정규 벡터가 된다.

$$\langle e_{a_1} \otimes f_{b_1} | e_{a_2} \otimes f_{b_2} \rangle \underset{(3.4)}{=} \langle e_{a_1} | e_{a_2} \rangle \langle f_{b_1} | f_{b_2} \rangle \underset{(2.10)}{=} \delta_{a_1 a_2} \delta_{b_1 b_2} \tag{3.5}$$

임의의 벡터 $\Psi \in \mathbb{H}^A \otimes \mathbb{H}^B$에 대해 다음을 만족한다.

$$\begin{aligned}
\Psi(\xi, \eta) &= \Psi\Big(\sum_a |e_a\rangle\langle e_a|\xi\rangle, \sum_b |f_b\rangle\langle f_b|\eta\rangle \Big) \\
&= \sum_{a,b} \underbrace{\Psi(|e_a\rangle, |f_b\rangle)}_{=: \Psi_{ab} \in \mathbb{C}} \langle \xi|e_a\rangle\langle \eta|f_b\rangle \\
&= \sum_{a,b} \Psi_{ab}(|e_a\rangle \otimes |f_b\rangle)(\xi, \eta) \\
&= \sum_{a,b} \Psi_{ab}|e_a \otimes f_b\rangle(\xi, \eta)
\end{aligned}$$

그러므로 모든 벡터 $|\Psi\rangle \in \mathbb{H}^A \otimes \mathbb{H}^B$는 다음 형태의 선형결합으로 표현된다.[2]

$$|\Psi\rangle = \sum_{a,b} \Psi_{ab}|e_a \otimes f_b\rangle \tag{3.6}$$

문제 3.37 $\{|e_a\rangle\} \subset \mathbb{H}^A$, $\{|f_b\rangle\} \subset \mathbb{H}^B$는 ONB이다. 집합 $\{|e_a \otimes f_b\rangle\}$가 $\mathbb{H}^A \otimes \mathbb{H}^B$에서 선형 독립임을 보여라.

(3.6)의 벡터 $|\Psi\rangle$와 다음의 벡터를 고려한다.

$$|\Phi\rangle = \sum_{a,b} \Phi_{ab}|e_a \otimes f_b\rangle$$

두 벡터의 스칼라 곱을 (3.5)와 비슷하게 정의한다.

$$\begin{aligned}
\langle\Psi|\Phi\rangle &= \sum_{a_1,b_1}\sum_{a_2,b_2} \overline{\Psi_{a_1b_1}}\Phi_{a_2b_2}\langle e_{a_1} \otimes f_{b_1}|e_{a_2} \otimes f_{b_2}\rangle \\
&= \sum_{a,b} \overline{\Psi_{ab}}\Phi_{ab}
\end{aligned} \tag{3.7}$$

$\mathbb{H}^A \otimes \mathbb{H}^B$에서 이렇게 정의한 스칼라 곱은 양정치이며 선택한 ONB와 무관하다. 문제 3.38에서 증명한다.

문제 3.38 (3.7)에서 정의한 $\langle\Psi|\Phi\rangle$가 양정치이며, ONB $\{|e_a\rangle\} \subset \mathbb{H}^A$, $\{|f_b\rangle\} \subset \mathbb{H}^B$의 선택에 무관한 것을 보여라.

(3.6)의 $|\Psi\rangle$에 대응하는 브라-벡터는 다음과 같다.

$$\langle\Psi| = \sum_{a,b} \overline{\Psi_{ab}}\langle e_a \otimes f_b| \tag{3.8}$$

$|\Phi\rangle \in \mathbb{H}^A \otimes \mathbb{H}^B$에 (3.7)과 같이 작용한다.

$|\Psi\rangle \in \mathbb{H}^A \otimes \mathbb{H}^B$의 노름은 다음으로 계산된다.

$$||\Psi||^2 = \langle\Psi|\Psi\rangle \underbrace{=}_{(3.7)} \sum_{a,b} |\Psi_{ab}|^2 \tag{3.9}$$

---

2   무한차원의 경우에는 무한 개의 항으로

모든 $|\varphi\rangle \in \mathbb{H}^A$와 $|\psi\rangle \in \mathbb{H}^B$에 대해

$$\|\varphi \otimes \psi\| \underbrace{=}_{(2.5)} \sqrt{\langle \varphi \otimes \psi | \varphi \otimes \psi \rangle} \underbrace{=}_{(3.4)} \sqrt{\langle \varphi | \varphi \rangle \langle \psi | \psi \rangle} \underbrace{=}_{(2.5)} \|\varphi\| \, \|\psi\| \qquad (3.10)$$

그러므로 $\mathbb{H}^A \otimes \mathbb{H}^B$는 스칼라 곱 (3.7)을 가지는 복소 벡터 공간이며 노름은 (3.9)이다. 이러한 노름에 대해 유한 부분공간 $\mathbb{H}^A \otimes \mathbb{H}^B$는 완비complete해 정의 2.1로부터 힐베르트 공간이 된다.[3] 이 책의 범위에서는 $\mathbb{H}^A \otimes \mathbb{H}^B$를 $\sum_{a,b} |\Psi_{ab}|^2 < \infty$를 만족하는 (3.6) 형태의 선형조합의 집합으로 (3.7)과 (3.8)을 계산 규칙으로 가지는 것으로 생각해도 충분하다.

정의 3.1   스칼라 곱 (3.7)을 가지는 힐베르트 공간 $\mathbb{H}^A \otimes \mathbb{H}^B$를 힐베르트 공간 $\mathbb{H}^A$와 $\mathbb{H}^A$의 **텐서곱**tensor product이라고 한다.

명제 3.2 $\{|e_a\rangle\} \subset \mathbb{H}^A$는 $\mathbb{H}^A$의 ONB이고, $\{|f_b\rangle\} \subset \mathbb{H}^B$는 $\mathbb{H}^B$의 ONB이다. 집합 $\{|e_a \otimes f_b\rangle\} = \{|e_a\rangle \otimes f_b\rangle\}$는 $\mathbb{H}^A \otimes \mathbb{H}^B$의 ONB가 된다. 그리고 유한차원의 $\mathbb{H}^A$와 $\mathbb{H}^B$에 대해

$$\dim\left(\mathbb{H}^A \otimes \mathbb{H}^B\right) = \dim \mathbb{H}^A \, \dim \mathbb{H}^B$$

[증명]
문제 3.37에서 집합 $\{|e_a\rangle \otimes f_b\rangle\}$는 선형 독립이고, (3.6)에서 모든 $|\Psi\rangle \in \mathbb{H}^A \otimes \mathbb{H}^B$는 이 집합의 선형 조합으로 표현된다. 이 집합의 직교성은 (3.5)에서 나온다.

차원은 이 집합의 원소의 개수에서 나온다.   ■

$\mathbb{H}^A \otimes \mathbb{H}^B \otimes \mathbb{H}^C$와 같은 여러 텐서곱의 경우 텐서곱은 결합 법칙이 성립한다.

$$\left(\mathbb{H}^A \otimes \mathbb{H}^B\right) \otimes \mathbb{H}^C = \mathbb{H}^A \otimes \left(\mathbb{H}^B \otimes \mathbb{H}^C\right) = \mathbb{H}^A \otimes \mathbb{H}^B \otimes \mathbb{H}^C$$

---

3   공간 $\mathbb{H}^A \otimes \mathbb{H}^B$가 무한차원인 경우에만 힐베르트 공간이 되기 위해 완비성을 증명할 필요가 있다([50] 참조).

따라서

$$\langle \varphi_1 \otimes \psi_1 \otimes \chi_1 | \varphi_2 \otimes \psi_2 \otimes \chi_2 \rangle = \langle \varphi_1 | \varphi_2 \rangle \langle \psi_1 | \psi_2 \rangle \langle \chi_1 | \chi_2 \rangle$$

비슷하게 ONB $\{|e_a\rangle\} \subset \mathbb{H}^A$, $\{|f_b\rangle\} \subset \mathbb{H}^B$, $\{|g_c\rangle\} \subset \mathbb{H}^C$에 대해 다음을 얻는다.

$$|\Psi\rangle \in \mathbb{H}^A \otimes \mathbb{H}^B \otimes \mathbb{H}^C \quad \Leftrightarrow \quad |\Psi\rangle = \sum_{a,b,c} \Psi_{abc} |e_a \otimes f_b \otimes g_c\rangle$$

여기에서 $\Psi_{abc} \in \mathbb{C}$는 $\sum_{abc} |\Psi_{abc}|^2 < \infty$를 만족한다. 앞에서 $\dim \mathbb{H} = n < \infty$의 경우 $\mathbb{C}^n$의 표준기저와 (2.23)에서 주어진 기저 $\{|e_j\rangle\} \subset \mathbb{H}$를 동일시했다. (2.26)에서 볼 수 있듯이 $\mathbb{C}^n$의 표준기저를 사용해 $\mathbb{H}$의 벡터를 표현할 수 있다. $X \subset \{A, B\}$에서 $\dim \mathbb{H}^X = n_X < \infty$이며 ONB $\{|e_a\rangle\} \subset \mathbb{H}^A$, $\{|f_b\rangle\} \subset \mathbb{H}^B$를 가질 때, 텐서곱 $\mathbb{H}^A \otimes \mathbb{H}^B$의 표현은 어떻게 주어질까? 이를 위해 $X \subset \{A, B\}$일 때 $\mathbb{H}^X \cong \mathbb{C}^{n_X}$의 동형사상이 (2.23)으로 주어진다고 가정한다. 기저 $\{|e_a \otimes f_b\rangle\} \subset \mathbb{H}^A \otimes \mathbb{H}^B$와 $\mathbb{C}^{n_A n_B}$의 표준기저를 다음의 방법으로 동일시해 $\mathbb{H}^A \otimes \mathbb{H}^B \cong \mathbb{C}^{n_A n_B}$ 사이의 동형사상을 결정한다.

$$|e_1 \otimes f_1\rangle = \begin{matrix} 1 \\ 2 \\ \vdots \\ \vdots \\ n_A n_B \end{matrix} \begin{pmatrix} 1 \\ 0 \\ \vdots \\ \vdots \\ 0 \end{pmatrix}, \quad |e_1 \otimes f_2\rangle = \begin{matrix} 1 \\ 2 \\ \vdots \\ \vdots \\ n_A n_B \end{matrix} \begin{pmatrix} 0 \\ 1 \\ 0 \\ \vdots \\ 0 \end{pmatrix}, \quad \ldots,$$

$$|e_a \otimes f_b\rangle = \begin{matrix} 1 \\ \vdots \\ \vdots \\ (a-1)n_B + b \\ \vdots \\ \vdots \\ n_A n_B \end{matrix} \begin{pmatrix} 0 \\ \vdots \\ 0 \\ 1 \\ 0 \\ \vdots \\ 0 \end{pmatrix}, \quad \ldots, \quad |e_{n_A} \otimes f_{n_B}\rangle = \begin{matrix} 1 \\ 2 \\ \vdots \\ \vdots \\ n_A n_B \end{matrix} \begin{pmatrix} 0 \\ 0 \\ \vdots \\ 0 \\ 1 \end{pmatrix} \quad (3.11)$$

여기에서 괄호의 왼쪽에 있는 열은 행 번호를 표기하기 위한 것이며 방정식의 일부는 아니다. (2.23)과 (2.24)에서 보듯이 $\mathbb{C}^{n_A n_B}$에서 $\langle e_a \otimes f_b|$의 표현은 (3.11)의 우변의 전치이다. 동형사상을 정렬하는 이러한 방식은 $\mathbb{C}^{n_A n_B}$에 있는 벡터의 $n_A n_B$의 열을 n_B개의 열을 가지는 n_A개의 블록으로 구분한 것이다. 부연 설명하면, $\mathbb{C}^{n_A n_B}$의 처음의 n_B개의 표준기저의 벡터는 다음과 동일시된다.

$$|e_1 \otimes f_1\rangle, |e_1 \otimes f_2\rangle, \ldots, |e_1 \otimes f_{n_B}\rangle$$

그다음의 n_B개의 $\mathbb{C}^{n_A n_B}$에서 표준기저는 다음과 동일시된다.

$$|e_2 \otimes f_1\rangle, |e_2 \otimes f_2\rangle, \ldots, |e_2 \otimes f_{n_B}\rangle$$

이러한 작업을 계속하면 $\mathbb{C}^{n_A n_B}$의 마지막 n_B개의 표준기저는 다음과 동일시된다.

$$|e_{n_A} \otimes f_1\rangle, |e_{n_A} \otimes f_2\rangle, \ldots, |e_{n_A} \otimes f_{n_B}\rangle$$

좀 더 일반적인 벡터 $|\Psi\rangle \in \mathbb{H}^A \otimes \mathbb{H}^B$의 표현은 다음과 같다.

$$|\Psi\rangle = \sum_{a=1}^{n_A} \sum_{b=1}^{n_B} \Psi_{ab} |e_a \otimes f_b\rangle = \begin{matrix} 1 \\ \vdots \\ (a-1)n_B + b \\ \vdots \\ n_A n_B \end{matrix} \begin{pmatrix} \Psi_{11} \\ \vdots \\ \Psi_{ab} \\ \vdots \\ \Psi_{n_A n_B} \end{pmatrix}$$

보기 3.3 $\mathbb{H}^A = \mathbb{H}^B = \P\mathbb{H} \cong \mathbb{C}^2$는 다음의 ONB를 가진다.

$$\{|e_a\rangle\} = \{|f_b\rangle\} = \{|0\rangle, |1\rangle\} = \left\{ \begin{pmatrix} 1 \\ 0 \end{pmatrix}, \begin{pmatrix} 0 \\ 1 \end{pmatrix} \right\}$$

여기에서 가장 우변의 집합은 $\mathbb{C}^2$의 표준기저이다. $\mathbb{H}^A \otimes \mathbb{H}^B \cong \mathbb{C}^4$에 대한 ONB는 다음과 같다.

$$\{|e_a \otimes f_b\rangle\} = \{|00\rangle, |01\rangle, |10\rangle, |11\rangle\} = \left\{ \begin{pmatrix} 1 \\ 0 \\ 0 \\ 0 \end{pmatrix}, \begin{pmatrix} 0 \\ 1 \\ 0 \\ 0 \end{pmatrix}, \begin{pmatrix} 0 \\ 0 \\ 1 \\ 0 \end{pmatrix}, \begin{pmatrix} 0 \\ 0 \\ 0 \\ 1 \end{pmatrix} \right\}$$

$$(3.12)$$

여기에서 가장 우변의 집합은 $\mathbb{C}^4$의 표준기저이다. 그리고 $j \in \{1, 2\}$이고 a_j, $b_j \in \mathbb{C}$에 대해 다음이 만족한다.

$$|\varphi_1\rangle = a_1|0\rangle + b_1|1\rangle = \begin{pmatrix} a_1 \\ b_1 \end{pmatrix} \qquad |\varphi_2\rangle = a_2|0\rangle + b_2|1\rangle = \begin{pmatrix} a_2 \\ b_2 \end{pmatrix}$$

최종적으로 다음을 얻는다.

$$\begin{aligned}
|\varphi_1\rangle \otimes |\varphi_2\rangle &= \big(a_1|0\rangle + b_1|1\rangle\big) \otimes \big(a_2|0\rangle + b_2|1\rangle\big) \\
&= a_1a_2|0\rangle \otimes |0\rangle + a_1b_2|0\rangle \otimes |1\rangle + b_1a_2|1\rangle \otimes |0\rangle + b_1b_2|1\rangle \otimes |1\rangle \\
&= a_1a_2|00\rangle + a_1b_2|01\rangle + b_1a_2|10\rangle + b_1b_2|11\rangle \\
&\underset{(3.12)}{=} \begin{pmatrix} a_1a_2 \\ a_1b_2 \\ b_1a_2 \\ b_1b_2 \end{pmatrix}
\end{aligned} \tag{3.13}$$

그리고 다음의 ONB를 가지는 $\mathbb{H}^C = {}^{\P}\mathbb{H} \cong \mathbb{C}^2$일 때,

$$\{|g_a\rangle\} = \{|0\rangle, |1\rangle\} = \left\{ \begin{pmatrix} 1 \\ 0 \end{pmatrix}, \begin{pmatrix} 0 \\ 1 \end{pmatrix} \right\}$$

$\mathbb{H}^A \otimes \mathbb{H}^B \otimes \mathbb{H}^C \cong \mathbb{C}^8$에 대해 ONB는 다음과 같다.

$$\{|e_a \otimes f_b \otimes g_a\rangle\} = \{|000\rangle, |001\rangle, |010\rangle, |011\rangle, |100\rangle, |101\rangle, |110\rangle, |111\rangle\}$$

$$= \left\{ \begin{pmatrix} 1 \\ 0 \\ 0 \\ 0 \\ 0 \\ 0 \\ 0 \\ 0 \end{pmatrix}, \begin{pmatrix} 0 \\ 1 \\ 0 \\ 0 \\ 0 \\ 0 \\ 0 \\ 0 \end{pmatrix}, \begin{pmatrix} 0 \\ 0 \\ 1 \\ 0 \\ 0 \\ 0 \\ 0 \\ 0 \end{pmatrix}, \begin{pmatrix} 0 \\ 0 \\ 0 \\ 1 \\ 0 \\ 0 \\ 0 \\ 0 \end{pmatrix}, \begin{pmatrix} 0 \\ 0 \\ 0 \\ 0 \\ 1 \\ 0 \\ 0 \\ 0 \end{pmatrix}, \begin{pmatrix} 0 \\ 0 \\ 0 \\ 0 \\ 0 \\ 1 \\ 0 \\ 0 \end{pmatrix}, \begin{pmatrix} 0 \\ 0 \\ 0 \\ 0 \\ 0 \\ 0 \\ 1 \\ 0 \end{pmatrix}, \begin{pmatrix} 0 \\ 0 \\ 0 \\ 0 \\ 0 \\ 0 \\ 0 \\ 1 \end{pmatrix} \right\}$$

여기에서 마지막 집합들은 $\mathbb{C}^8$에서 표준기저를 표시한다. 또한 $a_3, b_3 \in \mathbb{C}$ 이며

$$|\varphi_3\rangle = a_3|0\rangle + b_3|1\rangle$$

다음을 얻는다.

$$\begin{aligned}
|\varphi_1\rangle \otimes |\varphi_2\rangle \otimes |\varphi_3\rangle &= \big(a_1|0\rangle + b_1|1\rangle\big) \otimes \big(a_2|0\rangle + b_2|1\rangle\big) \otimes \big(a_3|0\rangle + b_3|1\rangle\big) \\
&= a_1a_2a_3|000\rangle + a_1a_2b_3|001\rangle + a_1b_2a_3|010\rangle + a_1b_2b_3|011\rangle \\
&\quad + b_1a_2a_3|100\rangle + b_1a_2b_3|101\rangle + b_1b_2a_3|110\rangle + b_1b_2b_3|111\rangle \\
&= \begin{pmatrix} a_1a_2a_3 \\ a_1a_2b_3 \\ a_1b_2a_3 \\ a_1b_2b_3 \\ b_1a_2a_3 \\ b_1a_2b_3 \\ b_1b_2a_3 \\ b_1b_2b_3 \end{pmatrix}
\end{aligned}$$

브라-벡터에 대한 텐서곱을 고려하기 위해 다음에 주의한다.

$$\langle\varphi_1\otimes\psi_1|\big(|\varphi_2\rangle\otimes|\psi_2\rangle\big) = \langle\varphi_1\otimes\psi_1|\varphi_2\otimes\psi_2\rangle \underbrace{=}_{(3.4)} \langle\varphi_1|\varphi_2\rangle\langle\psi_1|\psi_2\rangle \tag{3.14}$$

그리고 다음과 같이 표기할 수 있다.

$$\langle\varphi\otimes\psi| = \langle\varphi|\otimes\langle\psi| \tag{3.15}$$

보기 3.4   다음의 쌍대[4] ONB를 가지는 $\mathbb{H}^A = \mathbb{H}^B = \P\mathbb{H} \cong \mathbb{C}^2$를 고려한다.

$$\{\langle e_a|\} = \{\langle f_b|\} = \{\langle 0|, \langle 1|\} = \{(1\ 0), (0\ 1)\}$$

여기에서 마지막 집합은 쌍대공간 $(\mathbb{C}^2)^* \cong \mathbb{C}^2$의 표준기저를 표시한다. $\mathbb{H}^A \otimes \mathbb{H}^B \cong \mathbb{C}^4$에 대해 다음이 ONB이다.

$$\begin{aligned}\{\langle e_a\otimes f_b|\} &= \{\langle 00|, \langle 01|, \langle 10|, \langle 11|\}\\ &= \{(1\ 0\ 0\ 0), (0\ 1\ 0\ 0), (0\ 0\ 1\ 0), (0\ 0\ 0\ 1)\}\end{aligned} \tag{3.16}$$

여기에서 마지막 집합은 쌍대공간 $(\mathbb{C}^4)^* \cong \mathbb{C}^4$의 표준기저를 표시한다. 그리고 $j \in \{1,2\}$이고 $c_j, d_j \in \mathbb{C}$에 대해 다음을 얻는다.

$$\langle\psi_1| = c_1\langle 0| + d_1\langle 1| = (c_1\ d_1) \qquad \langle\psi_2| = c_2\langle 0| + d_2\langle 1| = (c_2\ d_2)$$

기저 $\{|e_a\otimes f_b\rangle\}$에 대해 다음의 행렬 형태를 얻는다.

$$\begin{aligned}\langle\psi_1|\otimes\langle\psi_2| &= (c_1\langle 0| + d_1\langle 1|)\otimes(c_2\langle 0| + d_2\langle 1|)\\ &= c_1c_2\langle 0|\otimes\langle 0| + c_1d_2\langle 0|\otimes\langle 1| + d_1c_2\langle 1|\otimes\langle 0| + d_1d_2\langle 1|\otimes\langle 1|\\ &= c_1c_2\langle 00| + c_1d_2\langle 01| + d_1c_2\langle 10| + d_1d_2\langle 11|\\ &\underbrace{=}_{(3.4)} (c_1c_2\ \ c_1d_2\ \ d_1c_2\ \ d_1d_2)\end{aligned} \tag{3.17}$$

보기 3.3과 3.4를 확장하면 $\P\mathbb{H}$의 표준기저를 사용해 $\P\mathbb{H}$의 텐서곱인 $\P\mathbb{H}^{\otimes n}$의 기저를 얻을 수 있고, $\P\mathbb{H}^{\otimes n}$의 기저 벡터와 2^n보다 작은 자연수와 자연스러운 1:1 대응이 존재한다. 이것이 계산 기저$^{\text{computational basis}}$에 대한 내용이며 다음 절에서 다룬다.

---

4   이러한 것은 $\langle u_a|e_{a'}\rangle = \delta_{a,a'}$, $\langle v_b|f_b\rangle = \delta_{b,b'}$을 만족하는 쌍대공간 $(\mathbb{H}^A)^*$, $(\mathbb{H}^B)^*$의 실질적인 기저 $\{\langle u_a|\}$, $\{\langle v_b|\}$ 이다.

3.2.2 계산 기저

정의 3.5 큐비트 공간의 n겹 텐서곱은 다음으로 정의한다.

$$\mathbb{H}^{\otimes n} := \underbrace{\mathbb{H} \otimes \cdots \otimes \mathbb{H}}_{n \text{ factors}}$$

$\mathbb{H}^{\otimes n}$에 있는 오른쪽에서부터$^{\text{counting from the right}}$ $j + 1$번째에 있는 인자 공간을 $\mathbb{H}_j$로 표기한다. 즉,

$$\mathbb{H}^{\otimes n} = \mathbb{H}_{n-1} \otimes \cdots \otimes \overbrace{\mathbb{H}_j}^{j+1\text{-th factor}} \otimes \cdots \otimes \mathbb{H}_0 \tag{3.18}$$

힐베르트 공간 $\mathbb{H}^{\otimes n}$의 차원은 2^n이다. 인자 공간을 오른쪽에서부터 세는 것은 향후 계산 기저를 정의할 때 편리하다. $x < 2^n$인 $x \in \mathbb{N}_0$를 다음의 형태로 표현할 수 있다.

$$x = \sum_{j=0}^{n-1} x_j 2^j \qquad \text{with } x_j \in \{0, 1\}$$

이로부터 흔히 사용하는 **이진법 표현**$^{\text{binary representation}}$이 나온다.

$$(x)_{\text{Basis 2}} = x_{n-1} \ldots x_1 x_0{}_2 \qquad \text{with } x_j \in \{0, 1\} \tag{3.19}$$

예로서, $5 = 101_2$이다. $x_0, \ldots, x_{n-1}$의 모든 조합으로 0부터 $2^n - 1$까지 모든 정수를 만든다. 반대로 2^n보다 작은 자연수는 n개의 짝$^{\text{n-tuple}}$ $x_0, \ldots, x_{n-1} \in \{0, 1\}^n$과 유일하게 대응하며 결국 벡터 $|x_{n-1}\rangle \otimes \cdots \otimes |x_1\rangle \otimes |x_0\rangle \in \mathbb{H}^{\otimes n}$과 유일하게 대응한다.

정의 3.6 $x \in \mathbb{N}_0$는 $x < 2^n$이며 $x_0, \ldots, x_{n-1} \in \{0, 1\}^n$은 x의 이진법 표현의 계수들이다.

$$x = \sum_{j=0}^{n-1} x_j 2^j$$

이러한 x에 대해 다음으로 벡터 $|x\rangle \in {}^\P\mathbb{H}^{\otimes n}$를 정의한다.

$$|x\rangle^n := |x\rangle := |x_{n-1} \ldots x_1 x_0\rangle$$

$$:= |x_{n-1}\rangle \otimes \cdots \otimes |x_1\rangle \otimes |x_0\rangle = \bigotimes_{j=n-1}^{0} |x_j\rangle \tag{3.20}$$

벡터 $|x\rangle^n$이 곱공간 ${}^\P\mathbb{H}^{\otimes n}$에 속하는 것이 분명한 경우에는 $|x\rangle^n$를 간단하게 $|x\rangle$로 표기한다.

일반적인 이진법 표기인 (3.19)와 일치하는 (3.20)에서 $|x\rangle = |x_{n-1} \ldots x_1 x_0\rangle$에 있는 아래첨자의 순서는 오른쪽부터 시작한다. $\bigotimes_{j=n-1}^{0}$에 있는 첨자 j의 순서에서도 이렇게 표현한다. 정의 3.6의 $|x\rangle$에서 (3.18)의 인자 공간의 순서를 정의하는 것과 일치한다. $j \in \{0, \ldots, n-1\}$일 때, $|x_j\rangle \in {}^\P\mathbb{H}_j$에 대해 다음과 같이 나타나기 때문이다.

$$
\begin{array}{ccccccc}
{}^\P\mathbb{H}^{\otimes n} = & {}^\P\mathbb{H}_{n-1} \otimes \cdots \otimes & \overbrace{{}^\P\mathbb{H}_j}^{j+1\text{-th factor}} & \otimes \cdots \otimes {}^\P\mathbb{H}_0 \\
\ni & |x_{n-1}\rangle \otimes \cdots \otimes & |x_j\rangle & \otimes \cdots \otimes |x_0\rangle
\end{array} \tag{3.21}
$$

0과 $2^n - 1$을 표기하는 ${}^\P\mathbb{H}^{\otimes n}$의 최소와 최대에 대해 다음을 얻는다.

$$|2^n - 1\rangle^n = |11 \ldots 1\rangle = \bigotimes_{j=0}^{n-1} |1\rangle \in {}^\P\mathbb{H}^{\otimes n} \tag{3.22}$$

$$|0\rangle^n = |00 \ldots 0\rangle = \bigotimes_{j=0}^{n-1} |0\rangle \in {}^\P\mathbb{H}^{\otimes n} \tag{3.23}$$

(3.22)와 (3.23)의 텐서곱의 인자는 모두 같기 때문에, 특수한 경우를 제외하면 첨자의 순서는 중요하지 않다.

보조정리 3.7 벡터의 집합 $\{|x\rangle \in {}^\P\mathbb{H}^{\otimes n} \,|\, x \in \mathbb{N}_0, \ x < 2^n\}$은 ${}^\P\mathbb{H}^{\otimes n}$에서 ONB를 이룬다.

[증명]

$|x\rangle, |y\rangle \in \mathbb{H}^{\otimes n}$일 때, 다음을 얻는다.

$$
\begin{aligned}
\langle x|y\rangle &= \langle x_{n-1}\ldots x_0|y_{n-1}\ldots y_0\rangle \\
&\underbrace{=}_{(3.4)} \prod_{j=0}^{n-1} \langle x_j|y_j\rangle = \begin{cases} 1 & \text{if } x_j = y_j \quad \forall j \\ 0 & \text{else} \end{cases} \\
&= \delta_{xy}
\end{aligned} \tag{3.24}
$$

그러므로 $\{|x\rangle\,|\,x \in \mathbb{N}_0 \text{ and } x < 2^n\}$은 $\mathbb{H}^{\otimes n}$에서 $2^n = \dim \mathbb{H}^{\otimes n}$개의 정규직교 벡터를 이룬다. 이 집합의 정규직교 벡터의 개수와 $\mathbb{H}^{\otimes n}$의 차원이 일치하기 때문에, 이 집합은 힐베르트 공간의 **ONB**를 형성한다. ∎

$x < 2^n$인 자연수 $x \in \mathbb{N}_0$로 정의하는 $\mathbb{H}^{\otimes n}$의 ONB는 매우 유용해 따로 이름을 가지고 있다.

정의 3.8 $x \in \{0, 1, \ldots, 2^n - 1\}$에 대해 $|x\rangle = |x_{n-1}\ldots x_0\rangle$로 정의하는 $\mathbb{H}^{\otimes n}$의 ONB를 **계산 기저**computational basis라고 한다.

보기 3.9 $\mathbb{H}$에서 계산 기저는 표준기저와 같다.

$$
|0\rangle^1 = |0\rangle = \begin{pmatrix} 1 \\ 0 \end{pmatrix} \qquad |1\rangle^1 = |1\rangle = \begin{pmatrix} 0 \\ 1 \end{pmatrix}
$$

여기에서는 등식의 가장 오른쪽에 있는 항은 $\mathbb{C}^2 \cong \mathbb{H}$의 표준 벡터와 동일시를 보여준다. $\mathbb{H}^{\otimes 2} \cong \mathbb{C}^4$에서 4개의 계산 기저 벡터는 다음과 같다.

$$
\begin{aligned}
|0\rangle^2 &= |00\rangle = |0\rangle \otimes |0\rangle = \begin{pmatrix} 1 \\ 0 \\ 0 \\ 0 \end{pmatrix} \\
|1\rangle^2 &= |01\rangle = |0\rangle \otimes |1\rangle = \vdots \\
|2\rangle^2 &= |10\rangle = |1\rangle \otimes |0\rangle = \vdots \\
|3\rangle^2 &= |11\rangle = |1\rangle \otimes |1\rangle = \begin{pmatrix} 0 \\ 0 \\ 0 \\ 1 \end{pmatrix}
\end{aligned} \tag{3.25}
$$

그리고 $\mathbb{H}^{\otimes 3} \cong \mathbb{C}^8$의 계산 기저다.

$$|0\rangle^3 = |000\rangle = |0\rangle \otimes |0\rangle \otimes |0\rangle = \begin{pmatrix} 1 \\ 0 \\ 0 \\ 0 \\ 0 \\ 0 \\ 0 \\ 0 \end{pmatrix}$$

$$|1\rangle^3 = |001\rangle = \vdots$$
$$|2\rangle^3 = |010\rangle$$
$$|3\rangle^3 = |011\rangle$$
$$|4\rangle^3 = |100\rangle$$
$$|5\rangle^3 = |101\rangle$$
$$|6\rangle^3 = |110\rangle$$
$$|7\rangle^3 = |111\rangle$$

예로서 $\mathbb{H}$에서 다음을 고려한다.

$$|\varphi_1\rangle = \frac{|0\rangle + |1\rangle}{\sqrt{2}} = \frac{1}{\sqrt{2}}\begin{pmatrix} 1 \\ 1 \end{pmatrix}$$

$$|\varphi_2\rangle = \frac{|0\rangle - |1\rangle}{\sqrt{2}} = \frac{1}{\sqrt{2}}\begin{pmatrix} 1 \\ -1 \end{pmatrix}$$

$$|\psi_1\rangle = |0\rangle = \begin{pmatrix} 1 \\ 0 \end{pmatrix}$$

$$|\psi_2\rangle = |1\rangle = \begin{pmatrix} 0 \\ 1 \end{pmatrix}$$

이를 이용해 $\mathbb{H}^{\otimes 2}$에서 다음을 알 수 있다.

$$|\varphi_1 \otimes \varphi_2\rangle = |\varphi_1\rangle \otimes |\varphi_2\rangle = \frac{1}{\sqrt{2}}\begin{pmatrix} 1 \\ 1 \end{pmatrix} \otimes \frac{1}{\sqrt{2}}\begin{pmatrix} 1 \\ -1 \end{pmatrix} \underset{(3.13)}{=} \frac{1}{2}\begin{pmatrix} 1 \\ -1 \\ 1 \\ -1 \end{pmatrix}$$

$$\langle \psi_1 \otimes \psi_2 | = \langle \psi_1 | \otimes \langle \psi_2 | = (1\ 0) \otimes (0\ 1) \underset{(3.17)}{=} (0\ 1\ 0\ 0)$$

벡터의 가장 오른쪽 항은 (3.25)의 기저와 쌍대기저로 표현한 것이다. 이를 이용해 $|\varphi_1 \otimes \varphi_2\rangle\langle \psi_1 \otimes \psi_2|$의 행렬 형태를 계산할 수 있다.

$$|\varphi_1 \otimes \varphi_2\rangle\langle\psi_1 \otimes \psi_2| = \frac{1}{2}\begin{pmatrix} 1 \\ -1 \\ 1 \\ -1 \end{pmatrix}\begin{pmatrix} 0 & 1 & 0 & 0 \end{pmatrix} \underset{(2.27)}{=} \frac{1}{2}\begin{pmatrix} 0 & 1 & 0 & 0 \\ 0 & -1 & 0 & 0 \\ 0 & 1 & 0 & 0 \\ 0 & -1 & 0 & 0 \end{pmatrix} \quad (3.26)$$

다른 예로서 다음을 알 수 있다.

$$|\varphi_1\rangle\langle\psi_1| = \frac{1}{\sqrt{2}}\begin{pmatrix} 1 \\ 1 \end{pmatrix}\begin{pmatrix} 1 & 0 \end{pmatrix} \underset{(2.27)}{=} \frac{1}{\sqrt{2}}\begin{pmatrix} 1 & 0 \\ 1 & 0 \end{pmatrix}$$

$$|\varphi_2\rangle\langle\psi_2| = \frac{1}{\sqrt{2}}\begin{pmatrix} 1 \\ -1 \end{pmatrix}\begin{pmatrix} 0 & 1 \end{pmatrix} \underset{(2.27)}{=} \frac{1}{\sqrt{2}}\begin{pmatrix} 0 & 1 \\ 0 & -1 \end{pmatrix}$$

$$(3.27)$$

계산 기저의 벡터가 $\mathbb{N}_0$의 숫자와 동일시할 수 있다는 것은 (5장의) 양자 게이트와 (6.5절과 6.9절의) 알고리즘 등, 양자 컴퓨터의 많은 영역에서 중요하다.

계산 기저는 **분리 가능**^{separable}(또는 곱^{product}) 상태로 구성된다(정의 4.1 참조). 이러한 이름은 복합 시스템의 각 상태는 순수 상태의 부분 시스템으로 구성되기 때문이다. 예로서, 복합 시스템 $\P\mathbb{H}^{\otimes 2}$의 계산 기저 (3.25) 중의 한 상태 $|01\rangle$에서 첫 번째 부분 시스템은 순수 상태 $|0\rangle$이다. 부분 시스템에서 σ_z를 관측하는 관측자는 항상 $+1$ 값을 관측한다. 동시에, 두 번째 부분 시스템은 순수 상태 $|1\rangle$에 있다. 그래서 σ_z를 관측하는 두 번째 부분 시스템의 관측자는 항상 값 -1을 관측한다. 그러나 4차원 공간 $\P\mathbb{H}^{\otimes 2}$에서 ONB를 다르게 잡을 수 있다. 그중 하나는 벨 기저$^{\text{Bell basis}}$이다.

정의 3.10 4차원 공간 $\P\mathbb{H}^{\otimes 2}$의 **벨 기저**$^{\text{Bell basis}}$는 다음의 벡터로 구성된다.

$$\left.\begin{aligned} |\Phi^{\pm}\rangle &:= \frac{1}{\sqrt{2}}\Big(|00\rangle \pm |11\rangle\Big) \\ |\Psi^{\pm}\rangle &:= \frac{1}{\sqrt{2}}\Big(|01\rangle \pm |10\rangle\Big) \end{aligned}\right\} \quad (3.28)$$

문제 3.39 벨 기저가 정규직교 벡터임을 보여라.

뒤에서 설명하겠지만 벨 기저는 분리할 수 없는 **얽힌**^{entangled} 상태로 구성된다(정의 4.1 참조). (3.55)와 문제 3.44에서 벨 기저 벡터가 최대로 얽혀 있음^{maximally entangled}을 알 수 있다(정의 4.4 참조).

(3.55) 이후의 설명에서 알 수 있듯이 복합 시스템의 순수 상태 $|\Phi^+\rangle \in \mathbb{H}^{\otimes 2}$에서 첫 번째 부분 시스템이 순수 상태가 아니라 **진성 혼합 상태**이다. 이것은 일반적으로 다음과 같이 공식화할 수 있다. **큐비트 단어**^{qubit-word}($= \mathbb{H}^{\otimes 2} = \mathbb{H} \otimes \mathbb{H}$의 상태)는 일반적으로 순수한 **큐비트 문자**($= \mathbb{H}$의 순수 상태)로 구성되지 않는다. 3.3절에서 더 자세히 설명한다.

3.3 복합 시스템에서 상태와 관측 가능량

각각의 힐베르트 공간을 가진 별도의 시스템으로 묘사할 수 있는 양자 시스템을 더 큰 복합 시스템을 구성하기 위해 결합할 수 있다(때로는 결합해야 한다). 부분 시스템으로 구성한 복합 시스템을 묘사하는 힐베르트 공간에 대한 발견적인^{heuristic} 설명을 할 수 있지만, 이러한 것에는 엄밀한 유도 과정이 없어 보여서, 다른 공준의 형태로 **공리**^{axiomatic}적으로 설명한다.

> **공준 7 복합 시스템**
>
> 부분 시스템으로 $\mathbb{H}^A$, $\mathbb{H}^B$를 가지는 복합 시스템의 힐베르트 공간은 텐서곱 $\mathbb{H}^A \otimes \mathbb{H}^B$이다.

공준 5에서 복합 시스템의 상태는 $\mathbb{H}^A \otimes \mathbb{H}^B$에서 밀도 연산자 ρ로 일반적으로 표시된다. 정리 2.24에서 이는 다음의 형식으로 표기할 수 있다.

$$\rho = \sum_{j \in I} p_j |\Psi_j\rangle \langle \Psi_j|$$

여기에서 $\{|\Psi_j\rangle \mid j \in I\}$는 $\mathbb{H}^A \otimes \mathbb{H}^B$의 ONB이며 $p_j \in [0, 1]$은 $\sum_{j \in I} p_j = 1$을 만족한다.

먼저 두 시스템 $\mathbb{H}^A$와 $\mathbb{H}^B$를 결합해 $\mathbb{H}^A \otimes \mathbb{H}^B$의 복합 시스템을 형성한 후에 세 번째 시스템 $\mathbb{H}^C$를 결합하면, 세 개의 부분 시스템을 가지는 전체 복합 시스템의 힐베르트 공간은 $\mathbb{H}^A \otimes \mathbb{H}^B \otimes \mathbb{H}^C$이다. 이러한 방식으로 계속하면, $j \in \{1, \dots, n\}$인 $\mathbb{H}^{A_j}$를 부분 시스템으로 가지는 복합 시스템의 힐베르트 공간은 $\bigotimes_{j=1}^{n} \mathbb{H}^{A_j} = \mathbb{H}^{A_1} \otimes \cdots \otimes \mathbb{H}^{A_n}$이다.

보기 3.11 보기 2.5에서 3차원 공간의 단일 입자에 대한 힐베르트 공간은 $\mathbb{H} = L^2(\mathbb{R}^3)$이다. n개의 이러한 입자에 의해 형성된 복합 시스템을 위한 힐베르트 공간은 $\mathbb{H}^{\text{comp}} = L^2(\mathbb{R}^{3n})$이다. 이 경우 $L^2(\mathbb{R}^{3n})$의 수학적 특성으로 다음을 만족한다.

$$\mathbb{H}^{\text{comp}} = L^2(\mathbb{R}^{3n}) = \left(L^2(\mathbb{R}^3)\right)^{\otimes n} = \mathbb{H}^{\otimes n}$$

양자 계산에서 흔히 사용하는 용어를 적용하면 시스템 A는 **앨리스**^{Alice}가 제어하고(즉, 읽고 작동할 수 있음) 시스템 B는 **밥**^{Bob}이 제어한다고 항상 가정한다. 부분 시스템과 사람의 연결은 시스템을 설명할 때 실제로 도움이 된다. 예로서, **부분 시스템 A의 관측 가능량을 관측하는 사람**이라고 말하는 대신에 **관측자 앨리스**가 간단하고, **부분 시스템 B에 준비된 상태**라고 말하는 대신에 **밥이 상태를 준비한다**라고 말하는 것이 명쾌하다.

부분 시스템의 관측 가능량으로 복합 시스템의 관측 가능량을 만들 수 있다.[5] 예로서, $X \in \{A, B\}$에 대해 $M^X : \mathbb{H}^X \to \mathbb{H}^X$는 각 부분 시스템에서 관측 가능량의 자기수반연산자다. 그러면 연산자 $M^A \otimes M^B$를 만들 수 있다. 이것은 텐서곱 $|\varphi \otimes \psi\rangle = |\varphi\rangle \otimes |\psi\rangle$의 각 인자에 작용하는 것이다.

$$\left(M^A \otimes M^B\right)|\varphi \otimes \psi\rangle = \underbrace{\left(M^A|\varphi\rangle\right)}_{\in \mathbb{H}^A} \otimes \underbrace{\left(M^B|\psi\rangle\right)}_{\in \mathbb{H}^B} \tag{3.29}$$

선형성^{linearity}을 이용하면 다음의 임의의 벡터

$$|\Phi\rangle = \sum_{a,b} \Phi_{ab}|e_a\rangle \otimes |f_b\rangle \in \mathbb{H}^A \otimes \mathbb{H}^B$$

에 연산자는 다음과 같이 작용한다.

---

5 물론 부분 시스템으로 만들 수 없는 복합 시스템의 관측 가능량이 있다.

$$\left(M^A \otimes M^B \right) |\Phi\rangle = \sum_{a,b} \Phi_{ab} \left(M^A |e_a\rangle \right) \otimes \left(M^B |f_b\rangle \right) \quad \in \mathbb{H}^A \otimes \mathbb{H}^B \quad (3.30)$$

보기 3.12 예로서 비상대성 전자의 총 각운동량의 j번째 성분 L_j를 고려한다. 이것은 $j \in \{1,2,3\}$일 때 $\mathbb{R}^3$에서 벡터 값을 가지는 관측 가능량이 된다. 이것은 궤도 각운동량 연산자 J_j와 고유 각운동량 (스핀) 연산자 S_j로 구성된다.

$$L_j = J_j \otimes \mathbf{1} + \mathbf{1} \otimes S_j$$

연산자의 텐서곱의 수반 연산자는 수반 연산자의 텐서곱이다. 문제 3.40에서 증명한다.

문제 3.40 연산자 $M^A : \mathbb{H}^A \to \mathbb{H}^A$, $M^B : \mathbb{H}^B \to \mathbb{H}^B$, $M^A \otimes M^B : \mathbb{H}^A \otimes \mathbb{H}^B \to \mathbb{H}^A \otimes \mathbb{H}^B$에 다음을 증명하라.

$$\left(M^A \otimes M^B \right)^* = \left(M^A \right)^* \otimes \left(M^B \right)^* \quad (3.31)$$

그러므로

$$\left(M^X \right)^* = M^X \text{ for } X \in \{A, B\} \quad \Rightarrow \quad \left(M^A \otimes M^B \right)^* = M^A \otimes M^B \quad (3.32)$$

결국 자기수반연산자의 텐서곱은 자기수반연산자다.

$X \in \{A, B\}$일 때, 각각의 기저 벡터 $\{|e_a\rangle\} \in \mathbb{H}^A$와 $\{|f_b\rangle\} \in \mathbb{H}^B$에 대해 연산자 $M^X : \mathbb{H}^X \to \mathbb{H}^X$의 행렬 형태이다.

$$M^X = \begin{pmatrix} M^X_{11} & \cdots & M^X_{1n_X} \\ \vdots & & \vdots \\ M^X_{n_X 1} & \cdots & M^X_{n_X n_X} \end{pmatrix}$$

기저 벡터 $\{|e_a \otimes f_b\rangle\} \in \mathbb{H}^A \otimes \mathbb{H}^B$에 대한 $M^A \otimes M^B$의 행렬은 어떻게 표현될까? 이에 답하기 위해 먼저 다음을 주의한다.

$$M^A \otimes M^B = \sum_{a,a'=1}^{n_A} \sum_{b,b'=1}^{n_B} |e_a \otimes f_b\rangle\langle e_a \otimes f_b|(M^A \otimes M^B)e_{a'} \otimes f_{b'}\rangle\langle e_{a'} \otimes f_{b'}|$$

$$= \sum_{a,a'=1}^{n_A} \sum_{b,b'=1}^{n_B} |e_a \otimes f_b\rangle\langle e_a \otimes f_b|M^A e_{a'} \otimes M^B f_{b'}\rangle\langle e_{a'} \otimes f_{b'}|$$

$$= \sum_{a,a'=1}^{n_A} \sum_{b,b'=1}^{n_B} |e_a \otimes f_b\rangle\langle e_a|M^A e_{a'}\rangle\langle f_b|M^B f_{b'}\rangle\langle e_{a'} \otimes f_{b'}|$$

$$= \sum_{a,a'=1}^{n_A} \sum_{b,b'=1}^{n_B} M_{aa'}^A M_{bb'}^B |e_a \otimes f_b\rangle\langle e_{a'} \otimes f_{b'}| \tag{3.33}$$

(2.25)에서 다음을 알 수 있다.

$$M_{aa'}^A M_{bb'}^B |e_a \otimes f_b\rangle\langle e_{a'} \otimes f_{b'}| = \begin{array}{c} \\ 1 \\ \vdots \\ j \\ \vdots \\ n \end{array} \begin{pmatrix} & 1 & \cdots & & k & \cdots & n \\ & & & & | & & \\ & & & & | & & \\ & -- & -- & -- & M_{aa'}^A M_{bb'}^B & & \\ & & & & & & \\ & & & & & & \end{pmatrix}$$

여기에서 (2.25), (3.11)에서와 같이 $j = (a-1)n_B + b$, $k = (a'-1)n_B + b'$이며 영인 행렬의 원소는 생략했다. 이것을 (3.33)에 대입하면 다음을 알 수 있다.

$$M^A \otimes M^B = \tag{3.34}$$

$$\begin{array}{c} \\ 1 \\ \vdots \\ n_B \\ n_B+1 \\ \vdots \\ 2n_B \\ \vdots \\ n_A n_B \end{array} \begin{pmatrix} M_{11}^A M_{11}^B & \cdots & M_{11}^A M_{1n_B}^B & M_{12}^A M_{11}^B & \cdots & M_{12}^A M_{1n_B}^B & \cdots & M_{1n_A}^A M_{1n_B}^B \\ \vdots & & \vdots & \vdots & & & & \vdots \\ M_{11}^A M_{n_B1}^B & \cdots & M_{11}^A M_{n_Bn_B}^B & M_{12}^A M_{n_B1}^B & \cdots & M_{12}^A M_{n_Bn_B}^B & \cdots & M_{1n_A}^A M_{n_Bn_B}^B \\ M_{21}^A M_{11}^B & \cdots & M_{21}^A M_{1n_B}^B & M_{22}^A M_{11}^B & \cdots & M_{22}^A M_{1n_B}^B & \cdots & M_{2n_A}^A M_{1n_B}^B \\ \vdots & & \vdots & \vdots & & \vdots & & \vdots \\ M_{21}^A M_{n_B1}^B & \cdots & M_{21}^A M_{n_Bn_B}^B & M_{22}^A M_{n_B1}^B & \cdots & M_{22}^A M_{n_Bn_B}^B & \cdots & M_{2n_A}^A M_{n_Bn_B}^B \\ \vdots & & \vdots & \vdots & & \vdots & & \vdots \\ M_{n_A1}^A M_{n_B1}^B & \cdots & M_{n_A1}^A M_{n_Bn_B}^B & M_{n_A2}^A M_{n_B1}^B & \cdots & M_{n_A2}^A M_{n_Bn_B}^B & \cdots & M_{n_An_A}^A M_{n_Bn_B}^B \end{pmatrix}$$

(3.34)를 자세히 살펴보면 $M_{aa'}^A$의 행렬 원소가 곱해진 M^B의 행렬의 블록으로 구성된 것을 알 수 있다. 즉, 기저 벡터 $\{|e_a \otimes f_b\rangle\}$에 대한 $M^A \otimes M^B$의 행렬은 다음과 같다.

$$M^A \otimes M^B = \begin{pmatrix} M_{11}^A \begin{pmatrix} M_{11}^B & \cdots & M_{1n_B}^B \\ \vdots & & \vdots \\ M_{n_B1}^B & \cdots & M_{n_Bn_B}^B \end{pmatrix} & \cdots & M_{1n_A}^A \begin{pmatrix} M_{11}^B & \cdots & M_{1n_B}^B \\ \vdots & & \vdots \\ M_{n_B1}^B & \cdots & M_{n_Bn_B}^B \end{pmatrix} \\ \vdots & & \vdots \\ M_{n_A1}^A \begin{pmatrix} M_{11}^B & \cdots & M_{1n_B}^B \\ \vdots & & \vdots \\ M_{n_B1}^B & \cdots & M_{n_Bn_B}^B \end{pmatrix} & \cdots & M_{n_An_A}^A \begin{pmatrix} M_{11}^B & \cdots & M_{1n_B}^B \\ \vdots & & \vdots \\ M_{n_B1}^B & \cdots & M_{n_Bn_B}^B \end{pmatrix} \end{pmatrix}$$
(3.34)

연산자의 텐서곱의 예로, 상태의 텐서곱에 작용하는 사영 연산자가 각각의 인자 상태에 대한 사영 연산자의 텐서곱과 동일하다.

보조정리 3.13 임의의 $|\varphi_1\rangle, |\varphi_2\rangle \in \mathbb{H}^A$, $|\psi_1\rangle, |\psi_2\rangle \in \mathbb{H}^B$에 대해 다음이 만족한다.

$$|\varphi_1 \otimes \psi_1\rangle\langle\varphi_2 \otimes \psi_2| = |\varphi_1\rangle\langle\varphi_2| \otimes |\psi_1\rangle\langle\psi_2| \tag{3.36}$$

[증명]

임의의 $|\xi_1\rangle, |\xi_2\rangle \in \mathbb{H}^A$와 $|\zeta_1\rangle, |\zeta_2\rangle \in \mathbb{H}^B$에 대해 다음을 얻는다.

$$\begin{aligned}
\langle\xi_1 \otimes \zeta_1|\Big(|\varphi_1 \otimes \psi_1\rangle\langle\varphi_2 \otimes \psi_2|\Big)\xi_2 \otimes \zeta_2\rangle &= \langle\xi_1 \otimes \zeta_1|\varphi_1 \otimes \psi_1\rangle\langle\varphi_2 \otimes \psi_2|\xi_2 \otimes \zeta_2\rangle \\
&\underbrace{=}_{(3.14)} \langle\xi_1|\varphi_1\rangle\langle\zeta_1|\psi_1\rangle\langle\varphi_2|\xi_2\rangle\langle\psi_2|\zeta_2\rangle \\
&= \langle\xi_1|\varphi_1\rangle\langle\varphi_2|\xi_2\rangle\langle\zeta_1|\psi_1\rangle\langle\psi_2|\zeta_2\rangle \\
&\underbrace{=}_{(3.14)} \langle\xi_1 \otimes \zeta_1|\Big(|\varphi_1\rangle\langle\varphi_2| \otimes |\psi_1\rangle\langle\psi_2|\Big)\xi_2 \otimes \zeta_2\rangle
\end{aligned}$$

보기 3.14 $j \in \{1,2\}$일 때 $|\varphi_j\rangle, |\psi_j\rangle$는 보기 3.9에 정의된 것이다. (3.26)에서 기저 벡터 (3.25)를 이동하면 다음의 행렬 표현을 얻는다.

$$|\varphi_1 \otimes \varphi_2\rangle\langle\psi_1 \otimes \psi_2| = \frac{1}{2}\begin{pmatrix} 0 & 1 & 0 & 0 \\ 0 & -1 & 0 & 0 \\ 0 & 1 & 0 & 0 \\ 0 & -1 & 0 & 0 \end{pmatrix} \tag{3.37}$$

다른 방법으로, 같은 기저 벡터에서

$$|\varphi_1\rangle\langle\psi_1| \otimes |\varphi_2\rangle\langle\psi_2| \underset{(3.27)}{=} \frac{1}{\sqrt{2}}\begin{pmatrix} 1 & 0 \\ 1 & 0 \end{pmatrix} \otimes \frac{1}{\sqrt{2}}\begin{pmatrix} 0 & 1 \\ 0 & -1 \end{pmatrix}$$

$$\underset{(3.35)}{=} \frac{1}{2}\begin{pmatrix} 0 & 1 & 0 & 0 \\ 0 & -1 & 0 & 0 \\ 0 & 1 & 0 & 0 \\ 0 & -1 & 0 & 0 \end{pmatrix} \tag{3.38}$$

(3.37)과 (3.38)에서 이 특별한 예에서 (3.36)이 성립한다.

따라서 연산자 $M^A \otimes M^B$는 복합 시스템의 관측 가능량을 나타낸다. 두 개의 큐비트 공간인 텐서곱 $\mathbb{H}^{AB} = \mathbb{H} \otimes \mathbb{H}$의 관측 가능량에 대한 작용의 예로서 복합 시스템 $\mathbb{H}^{AB}$의 벨 기저 (3.28)에 $M^A \otimes M^B = \sigma^{A_z} \otimes \sigma^{B_z}$가 작용하는 것을 다음에 나타냈다.

$$\begin{aligned}
\left(\sigma_z \otimes \sigma_z\right)|\Phi^\pm\rangle &= \left(\sigma_z \otimes \sigma_z\right)\frac{1}{\sqrt{2}}\left(|00\rangle \pm |11\rangle\right) \\
&= \frac{1}{\sqrt{2}}\left(\sigma_z \otimes \sigma_z\right)\left(|0\rangle \otimes |0\rangle \pm |1\rangle \otimes |1\rangle\right) \\
&= \frac{1}{\sqrt{2}}\left\{\left(\sigma_z|0\rangle\right) \otimes \left(\sigma_z|0\rangle\right) \pm \left(\sigma_z|1\rangle\right) \otimes \left(\sigma_z|1\rangle\right)\right\} \\
&= \frac{1}{\sqrt{2}}\left\{|0\rangle \otimes |0\rangle \pm \left(-|1\rangle\right) \otimes \left(-|1\rangle\right)\right\} \\
&= \frac{1}{\sqrt{2}}\left\{|0\rangle \otimes |0\rangle \pm |1\rangle \otimes |1\rangle\right\} = \frac{1}{\sqrt{2}}\left(|00\rangle \pm |11\rangle\right) \\
&= |\Phi^\pm\rangle
\end{aligned} \tag{3.39}$$

비슷한 방법으로 다음 또한 만족한다.

$$\begin{aligned}
\left(\sigma_z \otimes \sigma_z\right)|\Psi^\pm\rangle &= -|\Psi^\pm\rangle \\
\left(\sigma_x \otimes \sigma_x\right)|\Phi^\pm\rangle &= \pm|\Phi^\pm\rangle \\
\left(\sigma_x \otimes \sigma_x\right)|\Psi^\pm\rangle &= \pm|\Psi^\pm\rangle
\end{aligned} \tag{3.40}$$

벨 기저 $\{|\Phi^+\rangle, |\Phi^-\rangle, |\Psi^+\rangle, |\Psi^-\rangle\}$에서 연산자 $\sigma_z \otimes \sigma_z$, $\sigma_x \otimes \sigma_x$의 행렬 형태는 다음과 같다.

$$\sigma_z \otimes \sigma_z|_{\text{in BELL-Basis}} = \begin{pmatrix} 1 & 0 & 0 & 0 \\ 0 & 1 & 0 & 0 \\ 0 & 0 & -1 & 0 \\ 0 & 0 & 0 & -1 \end{pmatrix}$$

$$\sigma_x \otimes \sigma_x|_{\text{in BELL-Basis}} = \begin{pmatrix} 1 & 0 & 0 & 0 \\ 0 & -1 & 0 & 0 \\ 0 & 0 & 1 & 0 \\ 0 & 0 & 0 & -1 \end{pmatrix}$$

그러므로 연산자들이 호환 가능하다.

$$\left[\sigma_z \otimes \sigma_z, \sigma_x \otimes \sigma_x \right] = 0 \tag{3.41}$$

그리고 대응하는 관측 가능량이 호환된다. 특히 (3.39), (3.40)에서 쉽게 알 수 있듯이, 공통 고유벡터가 있으며, 이 두 관측 가능량을 뾰족하게, 즉 불확실성없이 측정할 수 있다. 따라서 이러한 관측 가능량의 관측값의 조합은 표 3.1에 표시된 것처럼 시스템이 관측된 상태를 나타낸다. 표 3.1에 제시된 상태 결정은 순간이동^{teleportation}의 설명에서 중요하다.

표 3.1 $\sigma_z \otimes \sigma_z$, $\sigma_x \otimes \sigma_x$의 결합 관측을 통한 상태 결정

관측값		관측 후 상태
$\sigma_z \otimes \sigma_z$	$\sigma_x \otimes \sigma_x$	
+1	+1	$|\Phi^+\rangle$
+1	−1	$|\Phi^-\rangle$
−1	+1	$|\Psi^+\rangle$
−1	−1	$|\Psi^-\rangle$

부분 시스템을 관측하는 것, 즉 연산자 M^A로 시스템 A의 관측 가능량을 관측하는 것은 $M^A \otimes \mathbf{1}^B$의 연산자로 복합 시스템의 관측 가능량을 관측하는 것이다. 유사하게, 부분 시스템 B에 대한 관측은 $\mathbf{1}^A \otimes M^B$ 형태의 연산자에 대응한다.

예로서 다음의 **복합 시스템의 순수 상태**를 고려한다.

$$|\Psi\rangle = \sum_{a,b} \Psi_{ab}|e_a\rangle \otimes |f_b\rangle$$

부분 시스템 A의 관측 가능량 M^A를 관측하면, 이 상태에서 기댓값은 (2.60)과 같은 값이다.

$$\langle M^A \otimes \mathbf{1}^B \rangle_{\Psi} = \langle \Psi | M^A \otimes \mathbf{1}^B \Psi \rangle \underbrace{=}_{(3.30)} \sum_{a_1,b_1} \sum_{a_2,b_2} \overline{\Psi_{a_2b_2}} \Psi_{a_1b_1} \langle e_{a_2} \otimes f_{b_2} | M^A e_{a_1} \otimes f_{b_1} \rangle$$

$$\underbrace{=}_{(3.4)} \sum_{a_1,b_1} \sum_{a_2,b_2} \overline{\Psi_{a_2b_2}} \Psi_{a_1b_1} \langle e_{a_2} | M^A e_{a_1} \rangle \underbrace{\langle f_{b_2} | f_{b_1} \rangle}_{=\delta_{b_2b_1}}$$

$$= \sum_{a_2,a_1,b} \overline{\Psi_{a_2b}} \Psi_{a_1b} \langle e_{a_2} | M^A e_{a_1} \rangle \qquad (3.42)$$

이것이 관측 가능량 M^A의 기댓값이며, 앨리스는 자신의 부분 시스템에서 관측으로 이것을 알게 될 것이다. 앨리스가 다음의 상태를 가지는 부분 시스템을 가지고 있다면 **정확하게 같은 기댓값**을 관측할 것이다.

$$\rho^A(\Psi) := \sum_{a_2,a_1,b} \overline{\Psi_{a_2b}} \Psi_{a_1b} | e_{a_1} \rangle \langle e_{a_2} | \qquad (3.43)$$

$\rho^A(\Psi)$가 밀도 연산자의 정의를 만족하는 것을 다음에서 증명할 것이다. 그래서 $\rho^A(\Psi)$는 부분 시스템 A의 혼합 상태를 서술하고 부분 시스템은 복합상태 $|\Psi\rangle$에 의존한다. M^A 형태의 관측 가능량에 대해, 상태 $\rho^A(\Psi)$는 복합상태 $|\Psi\rangle$에서 $M^A \otimes \mathbf{1}^B$의 기댓값을 관측한다. 이제 $\rho^A(\Psi)$가 밀도 연산자의 모든 속성을 가지는 것을 증명한다. 다시 말해 $\rho^A(\Psi)$는 자기수반의 양의 연산자이며 대각합 1을 가진다.

먼저

$$\left(\rho^A(\Psi) \right)^* = \sum_{a_1,a_2,b} \overline{\overline{\Psi_{a_2b}} \Psi_{a_1b}} \underbrace{\left(| e_{a_1} \rangle \langle e_{a_2} | \right)^*}_{=|e_{a_2}\rangle\langle e_{a_1}|} = \sum_{a_1,a_2,b} \overline{\Psi_{a_1b}} \Psi_{a_2b} | e_{a_2} \rangle \langle e_{a_1} |$$

$$= \rho^A(\Psi)$$

이로써 $\rho^A(\Psi)$는 자기수반연산자다. 양의 연산자라는 사실은 다음에서 나온다.

$$\langle \varphi | \rho^A(\Psi) \varphi \rangle = \sum_{a_1,a_2,b} \overline{\Psi_{a_2b}} \Psi_{a_1b} \langle \varphi | e_{a_1} \rangle \langle e_{a_2} | \varphi \rangle$$

$$= \sum_b \left(\sum_{a_1} \Psi_{a_1b} \langle \varphi | e_{a_1} \rangle \right) \overline{\left(\sum_{a_2} \Psi_{a_2b} \langle \varphi | e_{a_2} \rangle \right)}$$

$$= \sum_b \left| \sum_a \Psi_{ab} \langle \varphi | e_a \rangle \right|^2$$

$$\geq 0$$

대각합의 성질은 다음으로 증명된다.

$$\mathrm{tr}\left(\rho^A(\Psi)\right) = \sum_{a_3,a_1,a_2,b} \overline{\Psi_{a_2 b}}\Psi_{a_1 b}\langle e_{a_3}|e_{a_1}\rangle\langle e_{a_2}|e_{a_3}\rangle = \sum_{a,b}|\Psi_{ab}|^2 \underbrace{=}_{(3.9)} ||\Psi||^2$$
$$= 1$$

다음으로, 부분 시스템 A의 상태 $|\Psi\rangle$와 $\rho^A(\Psi)$의 기댓값이 같다는 것을 증명한다. (3.43)에서 다음을 얻는다.

$$\begin{aligned}\langle M^A\rangle_{\rho^A(\Psi)} &= \mathrm{tr}\left(\rho^A(\Psi)M^A\right) = \sum_a \langle e_a|\rho^A(\Psi)M^A e_a\rangle \\ &= \sum_{a,a_1,a_2,b}\overline{\Psi_{a_2 b}}\Psi_{a_1 b}\langle e_a|e_{a_1}\rangle\langle e_{a_2}|M^A e_a\rangle = \sum_{a_1,a_2,b}\overline{\Psi_{a_2 b}}\Psi_{a_1 b}\langle e_{a_2}|M^A e_{a_1}\rangle \\ &\underbrace{=}_{(3.42)} \langle M^A\otimes \mathbf{1}^B\rangle_\Psi\end{aligned}$$

앨리스의 경우, $|\Psi\rangle$ 상태의 복합 시스템의 일부인 부분 시스템의 모든 관측 값은 시스템이 혼합 상태 $\rho^A(\Psi)$에 있음을 나타낸다. 이는 복합 시스템이 순수 상태 $|\Psi\rangle \in \mathbb{H}^A\otimes\mathbb{H}^B$로 존재하며 $\mathbb{H}^A\otimes\mathbb{H}^B$에서 밀도 연산자 $\rho = |\Psi\rangle\langle\Psi|$로 기술될 때 부분 시스템을 기술하는 밀도 연산자는 다음과 같다.

$$\rho^A(\Psi) = \sum_{a_1,a_2,b}\overline{\Psi_{a_2 b}}\Psi_{a_1 b}|e_{a_1}\rangle\langle e_{a_2}| \tag{3.44}$$

비슷하게 $|\Psi\rangle$ 상태에 있는 복합 시스템에서 부분 시스템 B의 관측 가능량 M^B의 기댓값은 다음이다.

$$\langle \mathbf{1}^A\otimes M^B\rangle_\Psi = \sum_{b_1,b_2,a}\Psi_{ab_1}\overline{\Psi_{ab_2}}\langle f_{b_2}|M^B f_{b_1}\rangle$$

그리고 밀도 연산자다.

$$\rho^B(\Psi) = \sum_{b_1,b_2,a}\overline{\Psi_{ab_2}}\Psi_{ab_1}|f_{b_1}\rangle\langle f_{b_2}| \tag{3.45}$$

결국 다음을 얻는다.

$$\langle M^B\rangle_{\rho^B(\Psi)} = \langle \mathbf{1}^A\otimes M^B\rangle_\Psi$$

쉽게 말하면 $\rho^A(\Psi)$에 대한 표현식은 $\{|f_b\rangle\}$에 대해 대각합을 계산한 것이고, $\rho^B(\Psi)$는 $\{|e_a\rangle\}$에 대해 대각합을 계산한 것이다. 이것을 더 일반화하고 형식화

해 정의할 수 있지만 그 전에 부분 대각합으로 알려진 것의 존재와 유일성에 대한 결과를 증명한다.

정리 3.15 $\mathbb{H}^A$, $\mathbb{H}^B$는 각각 ONB $\{|e_a\rangle\}$와 $\{|f_b\rangle\}$를 갖는 힐베르트 공간이다. 그리고 $M \in L(\mathbb{H}^A \otimes \mathbb{H}^B)$이며 $M_{a_1b_1, a_2b_2}$는 $\mathbb{H}^A \otimes \mathbb{H}^B$의 ONB $\{|e_a \otimes f_b\rangle\}$에 대한 M의 행렬이다. 연산자 $\text{tr}^B(M) \in L(\mathbb{H}^A)$와 $\text{tr}^A(M) \in L(\mathbb{H}^B)$를 다음으로 정의한다.

$$\text{tr}^B(M) = \sum_{a_1 a_2 b} M_{a_1 b, a_2 b} |e_{a_1}\rangle\langle e_{a_2}|$$
$$\text{tr}^A(M) = \sum_{b_1 b_2 a} M_{a b_1, a b_2} |f_{b_1}\rangle\langle f_{b_2}| \tag{3.46}$$

그러면 (3.46)에서 정의한 $\text{tr}^B(M)$과 $\text{tr}^A(M)$은 ONB $\{|e_a\rangle\}$와 $\{|f_b\rangle\}$의 선택에 의존하지 않고 다음을 만족하는 유일한 연산자다.

$$\forall M^A \in L(\mathbb{H}^A): \quad \text{tr}(M^A \, \text{tr}^B(M)) = \text{tr}((M^A \otimes \mathbf{1}^B)M)$$
$$\forall M^B \in L(\mathbb{H}^B): \quad \text{tr}(M^B \, \text{tr}^A(M)) = \text{tr}((\mathbf{1}^B \otimes M^B)M) \tag{3.47}$$

[증명]

$\text{tr}^B(M)$에 대해 증명을 하면 비슷한 방법으로 $\text{tr}^A(M)$을 증명할 수 있다. ONB의 선택에 무관하다는 것은 문제로 남겨둔다.

문제 3.41 (3.46)에서 정의한 $\text{tr}^B(A)$가 ONB $\{|e_a\rangle\}$, $\{|f_b\rangle\}$의 선택에 무관함을 증명하라.

다음으로, (3.46)에서 정의한 $\text{tr}^B(M)$이 실제로 (3.47)의 첫 번째 식을 만족하는 것을 보인다. 이를 위해 $\{|e_a\rangle\}$는 $\mathbb{H}^A$의 ONB이고, $\{|f_b\rangle\}$는 $\mathbb{H}^B$의 ONB이며 $M \in L(\mathbb{H}^A \otimes \mathbb{H}^B)$는 다음이다.

$$M = \sum_{a_1, a_2, b_1, b_2} M_{a_1 b_1, a_2 b_2} |e_{a_1} \otimes f_{b_1}\rangle\langle e_{a_2} \otimes f_{b_2}|$$

그리고

$$M^A = \sum_{a_1,a_2} M^A_{a_1 a_2} |e_{a_1}\rangle\langle e_{a_2}|$$

이는 $\mathrm{L}(\mathbb{H}^A)$의 임의의 연산자다. 그러면 다음을 얻는다.

$$
\begin{aligned}
&\mathrm{tr}\left((M^A \otimes \mathbf{1}^B)M\right) \\
&\underbrace{=}_{(2.57)} \sum_{a_3,b_3} \langle e_{a_3} \otimes f_{b_3}| (M^A \otimes \mathbf{1}^B) \sum_{a_1,a_2,b_1,b_2} |e_{a_1} \otimes f_{b_1}\rangle M_{a_1 b_1, a_2 b_2} \underbrace{\langle e_{a_2} \otimes f_{b_2}|e_{a_3} \otimes f_{b_3}\rangle}_{=\delta_{a_2 a_3}\delta_{b_2 b_3}} \\
&= \sum_{a_1,a_2,b_1,b_2} \langle e_{a_2} \otimes f_{b_2}|(M^A e_{a_1}) \otimes f_{b_1}\rangle M_{a_1 b_1, a_2 b_2} \\
&= \sum_{a_1,a_2,b_1,b_2} \langle e_{a_2}|M^A e_{a_1}\rangle \underbrace{\langle f_{b_2}|f_{b_1}\rangle}_{=\delta_{b_1 b_2}} M_{a_1 b_1, a_2 b_2} = \sum_{a_1,a_2,b} M^A_{a_2 a_1} M_{a_1 b, a_2 b} \\
&\underbrace{=}_{(3.15)} \sum_{a_1,a_2} M^A_{a_2 a_1}\, \mathrm{tr}^B(M)_{a_1 a_2} = \sum_{a_2} \left(M^A\, \mathrm{tr}^B(M)\right)_{a_2 a_2} \\
&\underbrace{=}_{(2.57)} \mathrm{tr}\left(M^A\, \mathrm{tr}^B(M)\right)
\end{aligned}
$$

이것은 (3.46)으로 주어진 $\mathrm{tr}^B(M)$이 실제로 (3.47)의 첫 번째 식을 만족하는 것을 의미한다.

마지막으로 유일성을 증명한다. $\widetilde{\mathrm{tr}^B}(M)$은 (3.41)의 첫 번째 식을 만족하는 $\mathbb{H}^A$의 다른 연산자라고 가정한다. 그러면 임의의 $M^A \in \mathrm{L}(\mathbb{H}^A)$에 대해 다음을 얻는다.

$$
\begin{aligned}
\mathrm{tr}\left(M^A\big(\widetilde{\mathrm{tr}^B}(M) - \mathrm{tr}^B(M)\big)\right) &= \mathrm{tr}\left(M^A \widetilde{\mathrm{tr}^B}(M)\right) - \mathrm{tr}\left(M^A\, \mathrm{tr}^B(M)\right) \\
&\underbrace{=}_{(3.47)} \mathrm{tr}\left((M^A \otimes \mathbf{1}^B)M\right) - \mathrm{tr}\left((M^A \otimes \mathbf{1}^B)M\right) \\
&= 0
\end{aligned}
$$

(2.59)에서 $\widetilde{\mathrm{tr}^B}(M) = \mathrm{tr}^B(M)$가 된다. ∎

$\mathrm{tr}^B(M)$이 $\mathrm{L}(\mathbb{H}^A)$의 연산자임에 주의하자. 그래서 $M^A \mathrm{tr}^B(M) \in \mathrm{L}(\mathbb{H}^A)$이며 (3.47)의 첫 번째 방정식 좌변항의 대각합은 $\mathrm{L}(\mathbb{H}^A)$의 연산자의 대각합을 구한 복소수 값이 된다. (3.47)의 첫 번째 방정식 우변항의 대각합은 연산자 $(M^A \otimes \mathbf{1}^B)$ $M \in \mathrm{L}(\mathbb{H}^A \otimes \mathbb{H}^B)$의 대각합을 구한 복소수 값이다. 정리 3.15에서 모든 $M^A \in \mathrm{L}(\mathbb{H}^A)$에 대해 이 두 개의 복소수 값이 일치하는 연산자 $\mathrm{tr}^B(M)$은 유일하며 (3.46)으로 주어진다. 비슷하게 정리에서 $\mathrm{tr}^A(M)$에 대해서도 유사한 성질을

알 수 있다. 정리 3.15의 결과로서 다음의 정의를 할 수 있다.

정의 3.16 $\mathbb{H}^A$와 $\mathbb{H}^B$는 힐베르트 공간이다. $\mathbb{H}^B$에 대한 **부분 대각합**partial trace은 다음의 사상으로 정의한다.

$$\mathrm{tr}^B : \mathrm{L}(\mathbb{H}^A \otimes \mathbb{H}^B) \longrightarrow \mathrm{L}(\mathbb{H}^A)$$
$$M \longmapsto \mathrm{tr}^B(M)$$

여기에서 $\mathrm{tr}^B(M) \in \mathrm{L}(\mathbb{H}^A)$는 다음을 만족하는 유일한 연산자다.

$$\forall M^A \in \mathrm{L}(\mathbb{H}^A) : \quad \mathrm{tr}\left(M^A \, \mathrm{tr}^B(M)\right) = \mathrm{tr}\left((M^A \otimes \mathbf{1}^B)M\right) \tag{3.48}$$

비슷하게 $\mathbb{H}^A$에 대해 부분 대각합 tr^A를 다음으로 정의한다.

$$\mathrm{tr}^A : \mathrm{L}(\mathbb{H}^A \otimes \mathbb{H}^B) \longrightarrow \mathrm{L}(\mathbb{H}^B)$$
$$M \longmapsto \mathrm{tr}^A(M)$$

여기에서 $\mathrm{tr}^A(M) \in \mathrm{L}(\mathbb{H}^B)$는 다음을 만족하는 유일한 연산자다.

$$\forall M^B \in \mathrm{L}(\mathbb{H}^B) : \quad \mathrm{tr}\left(M^B \, \mathrm{tr}^A(M)\right) = \mathrm{tr}\left((\mathbf{1}^A \otimes M^B)M\right)$$

표준 용어인 **부분 대각합**은 오해의 소지가 있다. 이것은 힐베르트 공간 $\mathbb{H}$의 연산자에 대한 대각합은 정의 2.13에서 최종적으로 **복소수**를 만드는 선형사상으로 정의하고

$$\mathrm{tr} : \mathrm{L}(\mathbb{H}) \to \mathbb{C}$$

부분대각합은 최종적으로 **연산자**를 만드는 선형사상으로 정의하기 때문이다.

$$\mathrm{tr}^B : \mathrm{L}(\mathbb{H}^A \otimes \mathbb{H}^B) \to \mathrm{L}(\mathbb{H}^A)$$

그러나 부분 대각합의 대각합과 원래 연산자의 대각합이 같은 복소수가 된다는 것은 문제 3.42에서 증명한다.

문제 3.42 임의의 $M \in \mathrm{L}(\mathbb{H}^A \otimes \mathbb{H}^B)$에 대해 다음이 만족하는 것을 보여라.

$$\mathrm{tr}\left(\mathrm{tr}^B(M)\right) = \mathrm{tr}(M) = \mathrm{tr}\left(\mathrm{tr}^A(M)\right) \tag{3.49}$$

부분 대각합을 이용하면 복합 시스템의 상태 ρ에서 연산자 ρ^A를 정의할 수 있으며, 이것은 밀도 연산자의 속성을 갖는다. 단독으로 관측될 때 부분 시스템 A의 상태를 설명한다.

정리 3.17 $\rho \in D(\mathbb{H}^A \otimes \mathbb{H}^B)$는 복합 시스템 $\mathbb{H}^A \otimes \mathbb{H}^B$의 상태를 서술하는 밀도 연산자다. 다음을 정의한다.

$$\rho^A(\rho) := \mathrm{tr}^B(\rho) \tag{3.50}$$

이것은 $\mathbb{H}^A$에서 유일하게 정의되는 밀도 연산자이며 부분 시스템 A가 관측될 때 상태를 나타낸다. 임의의 관측 가능량 $M^A \in B_{sa}(\mathbb{H}^A)$에 대해 다음을 만족한다.

$$\langle M^A \rangle_{\rho^A(\rho)} = \langle M^A \otimes \mathbf{1}^B \rangle_\rho \tag{3.51}$$

그리고 $\{|e_a\rangle\}$는 $\mathbb{H}^A$의 ONB $\{|f_b\rangle\}$는 $\mathbb{H}^B$의 ONB $\rho_{a_1 b_1, a_2 b_2}$는 $\mathbb{H}^A \otimes \mathbb{H}^B$의 ONB $\{|e_a \otimes f_b\rangle\}$의 행렬이다. 이때 ONB $\{|e_a\rangle\}$에 대한 $\rho^A(\rho)$의 행렬은 다음으로 주어진다.

$$\rho^A(\rho)_{a_1 a_2} = \sum_b \rho_{a_1 b, a_2 b} \tag{3.52}$$

[증명]

정리 3.15에서 $\mathrm{tr}^B(\rho)$가 유일하게 존재한다. (3.46)을 적용하면 $\rho^A(\rho) = \mathrm{tr}^B(\rho)$는 (3.52)의 행렬로 주어진다.

$D(\mathbb{H}^A \otimes \mathbb{H}^B)$로 기술되는 혼합 시스템에서 부분 시스템 A의 관측 가능량 M^A의 관측은 혼합 시스템에서 관측 가능량 $M^A \otimes \mathbf{1}^B$의 관측과 유사하다. 정의 3.16에서 $\rho^A(\rho) = \mathrm{tr}^B(\rho)$는 다음을 만족한다.

$$\langle M^A \otimes \mathbf{1}^B \rangle_\rho \underbrace{=}_{(2.85)} \mathrm{tr}\left((M^A \otimes \mathbf{1}^B)\rho\right) \underbrace{=}_{(3.48)} \mathrm{tr}\left(M^A \, \mathrm{tr}^B(\rho)\right) \underbrace{=}_{(3.50)} \mathrm{tr}\left(M^A \rho^A(\rho)\right)$$

$$\underbrace{=}_{(2.85)} \langle M^A \rangle_{\rho^A(\rho)} \tag{3.53}$$

이는 (3.51)을 증명한다.

지금부터 ρ^A가 $\mathbb{H}^A$의 밀도 연산자가 되기 위해 밀도 연산자의 정의 속성을 만족하는 것을 증명한다.

ρ^A는 자기수반이다: 임의의 ONB $\{|e_a\rangle\} \subset \mathbb{H}^A$에 대해 $\rho^A(\rho)^*_{a_1 b_1} = \rho^A(\rho)_{a_1 b_1}$임을 증명하면 된다.

$$
\begin{aligned}
\overline{\rho^A(\rho)^*_{a_1 a_2}} &= \overline{\rho^A(\rho)_{a_2 a_1}} \\
&\underbrace{=}_{(3.52)} \overline{\sum_b \rho_{a_2 b, a_1 b}} = \sum_b \overline{\rho_{a_2 b, a_1 b}} \underbrace{=}_{\rho^* = \rho} \sum_b \rho_{a_1 b, a_2 b} \\
&\underbrace{=}_{(3.52)} \rho^A(\rho)_{a_1 a_2}
\end{aligned}
$$

ρ^A는 양의 연산자다: $\{|f_b\rangle\}$는 $\mathbb{H}^B$의 ONB이고 $|\varphi\rangle \in \mathbb{H}^A$는 임의의 벡터다. 다음을 얻는다.

$$
\begin{aligned}
\langle \varphi | \rho^A(\rho) \varphi \rangle &= \sum_{a_1, a_2} \overline{\varphi_{a_1}} \rho^A(\rho)_{a_1 a_2} \varphi_{a_2} \\
&\underbrace{=}_{(3.52)} \sum_{a_1, a_2} \overline{\varphi_{a_1}} \sum_b \rho_{a_1 b, a_2 b} \varphi_{a_2} = \sum_{a_1, a_2, b} \overline{\varphi_{a_1}} \rho_{a_1 b, a_2 b} \varphi_{a_2} \\
&= \sum_b \underbrace{\langle \varphi \otimes f_b | \rho(\varphi \otimes f_b \rangle}_{\geq 0 \text{ since } \rho \geq 0} \\
&\geq 0
\end{aligned}
$$

ρ^A의 대각합은 1이다:

$$
\begin{aligned}
\operatorname{tr}\left(\rho^A(\rho)\right) &= \sum_a \rho^A(\rho)_{aa} \\
&\underbrace{=}_{(3.52)} \sum_a \sum_b \rho_{ab, ab} = \operatorname{tr}(\rho) \\
&\underbrace{=}_{(2.82)} 1
\end{aligned}
$$

이것으로 ρ^A가 $\mathbb{H}^A$의 밀도 연산자가 되고, 부분 시스템 A의 상태를 설명한다. 복합 시스템의 부분 시스템 A만을 관측하는 것은 복합 시스템에서 $M^A \otimes \mathbf{1}^B$ 형태의 관측 가능량은 관측하는 것을 의미한다. (3.53)에서 복합 상태 ρ의 관측 가능량의 기댓값은 상태 ρ^A에서 M^A의 기댓값과 일치한다. 결국 ρ^A는 관측을 부분 시스템 A로 한정했을 때의 물리적인 상황을 서술하는 상태다. ∎

표기법과 관련해 $\rho^A(\rho)$는 상태이며 이것은 부분 시스템 A만을 관측하는 물리량을 서술한다. 이것은 복합 시스템의 상태 ρ에서 부분 시스템 B에 대해 대각합을 취해 구한다. 즉, $\rho^A(\rho) = \mathrm{tr}^B(\rho)$이다.

정의 3.18 ρ는 $\mathbb{H}^A \otimes \mathbb{H}^B$의 밀도 연산자다. $\mathbb{H}^A$의 **축약 밀도 연산자**^{reduced} density operator 는 다음으로 정의한다.

$$\rho^A(\rho) := \mathrm{tr}^B(\rho)$$

그리고 $\mathbb{H}^B$의 축약 밀도 연산자는 다음이다.

$$\rho^B(\rho) := \mathrm{tr}^A(\rho)$$

보기 3.19 큐비트 공간의 예로서 벨 기저 벡터에 대해 $\rho^A(\Phi^+)$를 계산한다.

$$|\Phi^+\rangle = \frac{1}{\sqrt{2}}\left(|00\rangle + |11\rangle\right) = \underbrace{\frac{1}{\sqrt{2}}}_{=\Phi_{00}^+}|0\rangle \otimes |0\rangle + \underbrace{\frac{1}{\sqrt{2}}}_{=\Phi_{11}^+}|1\rangle \otimes |1\rangle \quad (3.54)$$

그러면 다음을 얻는다.

$$
\begin{aligned}
\rho^A(\Phi^+) &\underset{(3.44)}{=} \sum_{a_1, a_2, b} \overline{\Phi_{a_2 b}^+} \Phi_{a_1 b}^+ |e_{a_1}\rangle\langle e_{a_2}| \\
&= \sum_{a_1, a_2} \left(\overline{\Phi_{a_2 0}^+} \Phi_{a_1 0}^+ + \overline{\Phi_{a_2 1}^+} \Phi_{a_1 1}^+ \right) |e_{a_1}\rangle\langle e_{a_2}| \\
&\underset{(3.54)}{=} \frac{1}{2}|0\rangle\langle 0| + \frac{1}{2}|1\rangle\langle 1| \\
&= \frac{1}{2}\mathbf{1}^A \qquad\qquad\qquad\qquad\qquad (3.55)
\end{aligned}
$$

$\left(\rho^A(\Phi^+)\right)^2 = \frac{1}{4}\mathbf{1}^A < \frac{1}{2}\mathbf{1}^A = \rho^A(\Phi^+)$이므로, 복합 시스템이 순수 상태 $|\Phi^+\rangle$이지만, 앨리스는 부분 시스템에서 진성 혼합 상태를 관측하게 된다.

따름정리 3.20 비슷하게 밀도 연산자 $\rho \in D(\mathbb{H}^A \otimes \mathbb{H}^B)$로 주어진 복합 시스템의 상태에 대해 부분 시스템 $\mathbb{H}^B$는 다음의 축약 밀도 연산자로 서술된다.

$$\rho^B(\rho) = \text{tr}^A(\rho) \qquad (3.56)$$

모든 관측 가능량 M^B에 대해 다음을 얻는다.

$$\left\langle M^B \right\rangle_{\rho^B(\rho)} = \left\langle \mathbf{1}^A \otimes M^B \right\rangle_\rho$$

여기에서 B의 상태 $\rho^B(\rho) = \text{tr}^A(\rho)$는 복합 시스템의 상태 ρ로부터 A에 대한 대각합을 계산해 얻는다. 따라서 다음의 행렬 형태를 얻는다.

$$\rho^B(\rho)_{b_1 b_2} = \sum_a \rho_{ab_1, ab_2}$$

[증명]

증명은 정리 3.17의 증명과 매우 유사하다. ▪

문제 3.43 $X \in \{A, B\}$일 때, $M^X \in L(\mathbb{H}^X)$이다. $M^A \otimes M^B \in L(\mathbb{H}^A \otimes \mathbb{H}^B)$에 대해 다음이 만족함을 보여라.

$$\begin{aligned} \text{tr}\left(M^A \otimes M^B\right) &= \text{tr}\left(M^A\right) \text{tr}\left(M^B\right) \\ \text{tr}^B\left(M^A \otimes M^B\right) &= \text{tr}\left(M^B\right) M^A \\ \text{tr}^A\left(M^A \otimes M^B\right) &= \text{tr}\left(M^A\right) M^B \end{aligned} \qquad (3.57)$$

축약 밀도 연산자의 예로서, 두 개의 큐비트로 이뤄진 복합 시스템이 벨 기저 상태 중의 하나에 있을 때, 부분 시스템 중의 하나를 고려할 때 나타나는 것을 계산한다.

문제 3.44 벨 기저 (3.28)의 $|\Phi^\pm\rangle$, $|\Psi^\pm\rangle$에 대해 $\rho^A(\Phi^-)$, $\rho^A(\Psi^\pm)$, $\rho^B(\Phi^\pm)$, $\rho^B(\Psi^\pm)$을 계산하라.

공준 7에서 n개의 큐비트로 구성된 시스템은 힐베르트 공간 $\mathbb{H}^{\otimes n}$으로 기술한다. 일반적으로 이러한 시스템의 관측 가능량이나 연산자는 n 큐비트에 작용한다. 문제 3.45에서 봤듯이, 임의의 이러한 연산자는 하나의 큐비트에 작용하는 연산자의 n겹 텐서곱의 적절한 선형 조합으로 표현된다.

문제 3.45 $\mathbb{V}$는 체 $\mathbb{F}$상의 유한차원의 벡터 공간이다. 임의의 $n \in \mathbb{N}$에 대해 다음이 만족하는 것을 보여라.

$$\mathrm{L}(\mathbb{V}^{\otimes n}) = \mathrm{L}(\mathbb{V})^{\otimes n} \tag{3.58}$$

(3.58)이 모든 $A \in \mathrm{L}(\mathbb{V}^{\otimes n})$이 적절한 $A_1, \ldots, A_n \in \mathrm{L}(\mathbb{V})$에 대해 $A = A_1 \otimes \cdots \otimes A_n$의 형태라는 것을 의미하는 것은 아니다. 이것이 의미하는 것은 모든 $A \in \mathrm{L}(\mathbb{V}^{\otimes n})$은 적절한 $a_{j_1 \cdots j_n} \in \mathbb{F}$와 $A_{j_1}, \ldots, A_{j_n} \in \mathrm{L}(\mathbb{V})$에 대해 다음의 형태라는 것이다.

$$A = \sum_j a_{j_1 \cdots j_n} A_{j_1} \otimes \cdots \otimes A_{j_n}$$

$k \leq n$개 미만의 큐비트에 대해 자명하지 않게 작용하는 연산자들의 합으로 표현되는 연산자에 대해 특별한 개념이 따로 있다.

정의 3.21 연산자 $A \in \mathrm{L}(\sqP\mathbb{H}^{\otimes n})$가 다음의 조건을 만족하면 k-국소$^{k\text{-local}}$라고 한다.

$$A = \sum_{j \in I} a_{j_{n-1}, \ldots, j_0} A_{j_{n-1}} \otimes \cdots \otimes A_{j_0}$$

여기에서 $I \subset \mathbb{N}$이며 모든 $j \in I$, $l \in \{0, \ldots, n-1\}$에 대해 $a_{j_l} \in \mathbb{C}$이며 $A_{j_l} \in \mathrm{L}(\sqP\mathbb{H})$이다. 그리고 큐비트에 자명하지 않게 작용하는 $A_{j_{n-1}} \otimes \cdots \otimes A_{j_0}$의 아래첨자 집합을 정의할 때

$$I_j = \{l \in \{0, \ldots, n-1\} \mid A_{j_l} \neq \mathbf{1}\}$$

이 집합이 $|I_j| \leq k$를 만족한다.

많은 큐비트들의 상호작용을 적절하게 조절하도록 물리적으로 구현하는 것은 매우 어려운 일이기 때문에 $k \ll n$가 흥미로운 경우다.

보기 3.22 $j \in \{0, \dots, n-1\}$에 대해 다음을 정의한다.

$$\Sigma_z^j = 1^{\otimes n-1-j} \otimes \sigma_z \otimes 1^{\otimes j}$$

그러면 $\sum_z^j \in L(\P\mathbb{H}^{\otimes n})$이다. $a(t)$, $b(t)$, K_j, $J_{jl} \in \mathbb{R}$에 대해

$$H(t) = a(t) \sum_{j=0}^{n-1} K_j \Sigma_z^j + b(t) \sum_{j,l=0, j \neq l}^{n-1} J_{jl} \Sigma_z^j \Sigma_z^l$$

이것은 아이징^{Ising} 형태[56]의 해밀터니안이다. 그러면 $H(t)$는 2-국소이다.

3.4 슈미트 분해

복합 시스템의 순수 상태 $|\Psi\rangle \in \mathbb{H}^A \otimes \mathbb{H}^B$에 대해 축약 밀도 연산자의 고유벡터를 이용해 $\mathbb{H}^A$와 $\mathbb{H}^B$의 ONB를 구할 수 있다. 이러한 ONB에 대해 $|\Psi\rangle$을 간단하고 편리하게 표현한다. 다음에 구체적인 방법론을 간단하게 설명하는데, 슈미트 분해$^{\text{Schmidt decomposition}}$라고 알려져 있다.

다음은 $\mathbb{H}^A \otimes \mathbb{H}^B$의 순수 상태이다.

$$|\Psi\rangle = \sum_{a,b} \Psi_{ab} |e_a \otimes f_b\rangle$$

그리고 이에 대응하는 밀도 연산자다.

$$\rho^A(\Psi) = \sum_{a_1, a_2, b} \Psi_{a_1 b} \overline{\Psi_{a_2 b}} |e_{a_1}\rangle \langle e_{a_2}|$$

$\rho^A(\Psi)$는 $\mathbb{H}^A$에서 자기수반이며 양의 연산자이므로, $\rho^A(\Psi)$의 고유벡터로 구성된 $\mathbb{H}^A$에서 ONB $\{|\tilde{e}_a\rangle\}$가 존재해 다음을 얻는다.

$$\rho^A(\Psi) = \sum_a q_a |\tilde{e}_a\rangle \langle \tilde{e}_a| \tag{3.59}$$

여기에서 $q_a \geq 0$은 고윳값이다. (2.56)에서 ONB $\{|\tilde{e}_a\rangle\}$와 $\{|e_a\rangle\}$ 사이에 유니타리 연산자 $U \in \mathcal{U}(\mathbb{H}^A)$가 있다.

$$|\widetilde{e_a}\rangle = U|e_a\rangle = \sum_{a_1} |e_{a_1}\rangle \underbrace{\langle e_{a_1}|Ue_a\rangle}_{=:U_{a_1a}}$$

다음을 정의한다.

$$\widetilde{\Psi_{ab}} := \sum_{a_1} U^*_{aa_1} \Psi_{a_1b}$$

그러면 다음을 얻는다.

$$|\Psi\rangle = \sum_{a,b} \widetilde{\Psi_{ab}} |\widetilde{e_a} \otimes f_b\rangle$$

이것과 축약 밀도 연산자의 정의 (3.44)에서 다음을 얻는다.

$$\rho^A(\Psi) = \sum_{a_1,a_2,b} \widetilde{\Psi_{a_1b}} \overline{\widetilde{\Psi_{a_2b}}} |\widetilde{e_{a_1}}\rangle\langle\widetilde{e_{a_2}}| \tag{3.60}$$

(3.59)와 (3.60)을 비교하면 다음을 알 수 있다.

$$\sum_b \widetilde{\Psi_{a_1b}} \overline{\widetilde{\Psi_{a_2b}}} = \delta_{a_1a_2} q_{a_2} \tag{3.61}$$

특별한 경우로서, 다음을 얻는다.

$$q_a = 0 \qquad \Leftrightarrow \qquad \widetilde{\Psi_{ab}} = 0 \quad \forall b \tag{3.62}$$

$q_a > 0$인 경우에 대해 다음의 벡터를 정의한다.

$$|\widetilde{f_a}\rangle := \frac{1}{\sqrt{q_a}} \sum_b \widetilde{\Psi_{ab}} |f_b\rangle \quad \in \mathbb{H}^B \tag{3.63}$$

이렇게 정의된 $|\widetilde{f_a}\rangle$는 다음의 계산에서 정규직교임을 알 수 있다.

$$\langle\widetilde{f_{a_1}}|\widetilde{f_{a_2}}\rangle = \frac{1}{\sqrt{q_{a_1}q_{a_2}}} \sum_{b_1,b_2} \overline{\widetilde{\Psi_{a_1b_1}}} \widetilde{\Psi_{a_2b_2}} \underbrace{\langle f_{b_1}|f_{b_2}\rangle}_{=\delta_{b_1b_2}} = \frac{1}{\sqrt{q_{a_1}q_{a_2}}} \sum_b \overline{\widetilde{\Psi_{a_1b}}} \widetilde{\Psi_{a_2b}}$$

$$\underbrace{=}_{(3.61)} \delta_{a_1a_2}$$

이를 이용하면,

$$|\Psi\rangle = \sum_{a,b} \widetilde{\Psi_{ab}}|\widetilde{e_a} \otimes f_b\rangle$$

$$= \sum_{q_a \neq 0} |\widetilde{e_a}\rangle \otimes \underbrace{\sum_b \widetilde{\Psi_{ab}}|f_b\rangle}_{= \sqrt{q_a}|\widetilde{f_a}\rangle} + \sum_{q_a = 0} \sum_b \underbrace{\widetilde{\Psi_{ab}}}_{=0}|\widetilde{e_a} \otimes f_b\rangle$$

$$= \sum_{q_a \neq 0} \sqrt{q_a}|\widetilde{e_a} \otimes \widetilde{f_a}\rangle$$

위의 두 번째 식의 첫 번째 합은 정의 (3.63)을 이용했고 두 번째 합은 관계식 (3.62)를 사용했다. 마지막 식에 있는 제약 조건 $q_a \neq 0$을 제거해도 합에 영향을 미치지 않는다. 그리고 적절한 벡터를 추가해서 정규직교벡터 $|\widetilde{f_a}\rangle$들의 집합을 $\mathbb{H}^B$의 ONB로 확장할 수 있다. 그러면 $q_a = 0$에 대해서도 기저 벡터 $|\widetilde{f_a}\rangle$가 정의된다. 이러한 결과는 $|\Psi\rangle \in \mathbb{H}^A \otimes \mathbb{H}^B$의 **슈미트 분해**^{Schmidt decomposition}이다.

$$|\Psi\rangle = \sum_a \sqrt{q_a}|\widetilde{e_a} \otimes \widetilde{f_a}\rangle \tag{3.64}$$

ONB $\{|\widetilde{e_a}\rangle\}$와 $\{|\widetilde{f_a}\rangle\}$는 $|\Psi\rangle$에 **의존한다**. 즉, 다른 벡터 $|\Phi\rangle \in \mathbb{H}^A \otimes \mathbb{H}^B$에 대해서는 일반적으로 다른 ONB $\{|\widetilde{e_a}\rangle\}$, $\{|\widetilde{f_a}\rangle\}$를 얻는다. 축약 밀도 연산자의 정의 (3.43)에서 슈미트 분해로부터 다음을 얻는다.

$$\rho^A(\Psi) = \sum_a q_a|\widetilde{e_a}\rangle\langle\widetilde{e_a}|$$

이것은 구성의 시작점이기 때문에 (3.59)의 필연적인 결과다. (3.64)와 (3.45)에서 다음을 얻는다.

$$\rho^B(\Psi) = \sum_b q_b|\widetilde{f_b}\rangle\langle\widetilde{f_b}|$$

$\rho^A(\Psi)$와 $\rho^B(\Psi)$의 영이 아닌 모든 고유벡터가 퇴화하지 않는 경우에만 ONB $\{|\widetilde{e_a}\rangle\}$와 $\{|\widetilde{f_a}\rangle\}$가 유일하게 된다. $\rho^A(\Psi)$의 영이 아닌 고윳값이 퇴화하는 경우에는, 고유공간에 대응하는 ONB를 유일하게 결정할 수 없다. $d_{\bar{a}} > 1$은 $\rho^A(\Psi)$의 퇴화된 $\bar{a}$번째 고윳값 $q_{\bar{a}} \neq 0$의 고유공간의 차원이다. 그리고 $k \in \{1, \ldots, d_{\bar{a}}\}$일 때, $|\widetilde{e_{\bar{a},k}}\rangle$는 $q_{\bar{a}}$에 대응하는 고유벡터다. 다음을 얻는다.

$$\rho^A(\Psi) = \sum_{a \neq \bar{a}} q_a |\widetilde{e_a}\rangle\langle\widetilde{e_a}| + q_{\bar{a}} \sum_{k=1}^{d_{\bar{a}}} |\widetilde{e_{\bar{a},k}}\rangle\langle\widetilde{e_{\bar{a},k}}|$$

$$= \sum_{a \neq \bar{a}} q_a |\widetilde{e_a}\rangle\langle\widetilde{e_a}| + q_{\bar{a}} \sum_{k=1}^{d_{\bar{a}}} |\widetilde{\widetilde{e_{\bar{a},k}}}\rangle\langle\widetilde{\widetilde{e_{\bar{a},k}}}|$$

여기에서

$$|\widetilde{\widetilde{e_{\bar{a}k}}}\rangle = \sum_{l=1}^{d_{\bar{a}}} U_{kl}^{\bar{a}} |\widetilde{e_{\bar{a}l}}\rangle$$

$U_{kl}^{\bar{a}}$는 $q_{\bar{a}}$의 고유공간에서 임의의 유니타리 변환을 나타내는 행렬이다. 그러면 다음의 슈미트 분해를 얻을 수 있다.

$$|\Psi\rangle = \sum_{q_a \neq q_{\bar{a}}} \sqrt{q_a} |\widetilde{e_a} \otimes \widetilde{f_a}\rangle + \sqrt{q_{\bar{a}}} \sum_{k=1}^{d_{\bar{a}}} |\widetilde{e_{\bar{a}}} \otimes \widetilde{f_{\bar{a}}}\rangle$$

$$= \sum_{q_a \neq q_{\bar{a}}} \sqrt{q_a} |\widetilde{e_a} \otimes \widetilde{f_a}\rangle + \sqrt{q_{\bar{a}}} \sum_{k=1}^{d_{\bar{a}}} |\widetilde{\widetilde{e_{\bar{a}}}} \otimes \widetilde{\widetilde{f_{\bar{a}}}}\rangle$$

이것은 퇴화된 고윳값의 경우 ONB의 비유일성을 보여준다.

3.5 양자 연산

공준 6의 사영 및 시간 진전에 대한 진술에 따르면 양자 시스템은 해밀터니안에 의해 생성된 유니타리 시간 진전 또는 관측에 의해 영향을 받는 상태 변환의 두 가지 방법으로 변화한다.

상태 변환을 유발하는 또 다른 방법은 관심을 가지는 시스템을 다른 시스템과 결합해 복합 시스템을 만드는 것이다. 그 후, 복합 시스템에 시간 진전 또는 관측을 수행해 두 번째 시스템을 폐기하고 첫 번째 시스템만을 유지한다. 관심 있는 시스템을 다른 시스템과 결합해 복합 시스템을 만든 후에 일부 작업을 수행하고 추가한 부분 시스템을 무시하는 이러한 일련의 과정은 다음 두 가지 방법이 있다.

고의성 즉, 추가된 시스템을 계산 리소스로 사용하려 한다. 이것은 보조물 ancilla을 가진 회로를 만드는 경우이다(5.3절 참조). 여기에는 추가한 시스템, 즉 보조물을 관측하고 그러한 관측이 주요 시스템 A에 영향을 주는 경우를 포함한다.

오류성 이는 관심을 가지는 시스템을 격리할 수 없어 환경과 상호작용할 때 발생한다. (7.3절에서) 양자 오류 정정에 대해 설명할 때 언급할 경우다. 여기에도 환경을 관측하고 그러한 관측이 원래 시스템에 영향을 주는 경우도 포함한다.

양자 연산의 개념은 이러한 상태 변환을 간결하게 설명하는 데 매우 유용하다.

정의를 좀 더 자세하게 설명하기에 앞서서 위에서 언급한 상태 변환 단계를 다시 살펴본다.

1. 관심을 가지는 특정 시스템 A를 특정 상태로 준비한다.

$$\rho^A \in \mathrm{D}(\mathbb{H}^A)$$

2. 그 후에 상태 ρ^A의 시스템 A와 상태 $\rho^B \in \mathrm{D}(\mathbb{H}^B)$의 시스템 B를 결합한다. 시스템 B는 회로를 다룰 때에는 보조물이고 오류를 고려할 때는 주의 환경이다. 두 시스템 A와 B는 초기에 분리 가능하다고 가정한다. 수학적으로는 이러한 복합 시스템으로 확장을 다음의 끼워넣기 embedding 로 표현한다.

$$\iota_{\rho^B} : \mathrm{D}(\mathbb{H}^A) \longrightarrow \mathrm{D}(\mathbb{H}^A \otimes \mathbb{H}^B)$$
$$\rho^A \longmapsto \rho^A \otimes \rho^B$$

3. 결합된 시스템의 시간 진전 $U \in \mathcal{U}(\mathbb{H}^A \otimes \mathbb{H}^B)$는 결합된 상태를 다음으로 변환한다.

$$U : \mathrm{D}(\mathbb{H}^A \otimes \mathbb{H}^B) \longrightarrow \mathrm{D}(\mathbb{H}^A \otimes \mathbb{H}^B)$$
$$\rho^A \otimes \rho^B \longmapsto U(\rho^A \otimes \rho^B)U^*$$

일반적으로 이러한 변환은 결합 시스템에서 얽힌 상태를 만들게 된다.

4. P^B는 시스템 B에 있는 관측 가능량의 고유공간에서의 사영 연산자다. 이 관측 가능량을 관측할 때 P^B가 사영하는 고유공간과 대응하는 고윳값을 얻는다. 혼합 상태에 대한 사영 공준 (2.87)에서 이것은 상태를 변환시킨다.

$$U(\rho^A \otimes \rho^B)U^* \to \frac{(\mathbf{1}^A \otimes P^B)U(\rho^A \otimes \rho^B)U^*(\mathbf{1}^A \otimes P^B)}{\mathrm{tr}\left((\mathbf{1}^A \otimes P^B)U(\rho^A \otimes \rho^B)U^*\right)}$$

B를 관측하지 않는 경우는 $P^B = \mathbf{1}^B$라 한다. 다음을 주의한다.

$$
\begin{aligned}
\mathrm{tr}\left((\mathbf{1}^A \otimes P^B)U(\rho^A \otimes \rho^B)U^*\right) &= \mathrm{tr}\left(U(\rho^A \otimes \rho^B)U^*\right) \underset{(2.58)}{=} \mathrm{tr}\left((\rho^A \otimes \rho^B)U^*U\right) \\
&\underset{(2.7)}{=} \mathrm{tr}\left(\rho^A \otimes \rho^B\right) \underset{(3.57)}{=} \mathrm{tr}\left(\rho^A\right)\mathrm{tr}\left(\rho^B\right) \\
&\underset{(2.83)}{=} 1
\end{aligned}
$$

이 경우 결합 시스템의 상태는 여전히 $U(\rho^A \otimes \rho^B)U^*$로 유지된다.

5. 시스템 B를 폐기하거나 무시해도 B에 대한 부분 대각합을 구함으로써 시스템 A에 대한 설명을 얻을 수 있다.

$$\frac{(\mathbf{1}^A \otimes P^B)U(\rho^A \otimes \rho^B)U^*(\mathbf{1}^A \otimes P^B)}{\mathrm{tr}\left((\mathbf{1}^A \otimes P^B)U(\rho^A \otimes \rho^B)U^*\right)} \to \frac{\mathrm{tr}^B\left((\mathbf{1}^A \otimes P^B)U(\rho^A \otimes \rho^B)U^*(\mathbf{1}^A \otimes P^B)\right)}{\mathrm{tr}\left((\mathbf{1}^A \otimes P^B)U(\rho^A \otimes \rho^B)U^*\right)}$$

오른쪽에 있는 최종 상태에 대한 식에서 분모의 $\mathrm{tr}(\cdots)$를 tr^B에서 밖으로 빼내기 위해 부분 대각합의 선형성을 사용했다.

이 모든 것을 적용하면 관심을 가지는 특정 시스템 A의 초기 상태 ρ^A는 1~5단계를 거쳐서 다음으로 변환된다.

$$
\begin{aligned}
\mathrm{D}(\mathbb{H}^A) &\longrightarrow \mathrm{D}(\mathbb{H}^A) \\
\rho^A &\longmapsto \frac{\mathrm{tr}^B\left((\mathbf{1}^A \otimes P^B)U(\rho^A \otimes \rho^B)U^*(\mathbf{1}^A \otimes P^B)\right)}{\mathrm{tr}\left((\mathbf{1}^A \otimes P^B)U(\rho^A \otimes \rho^B)U^*\right)}
\end{aligned}
\tag{3.65}
$$

위의 변환은 $\mathbb{H}^A$상의 적절한 연산자로 표현된다. 이를 증명하기 위해서는 다음의 보조정리가 필요하다.

보조정리 3.23 $\mathbb{H}$는 힐베르트 공간이다. $l \in \{1, \ldots, m\}$일 때 $K_l \in \mathrm{L}(\mathbb{H})$이다. 그러면 임의의 $\rho \in \mathrm{D}(\mathbb{H})$에 대해 다음의 연산자는,

$$K(\rho) = \sum_{l=1}^{m} K_l \rho K_l^* \tag{3.66}$$

$K(\rho)^* = K(\rho)$와 $0 \leq K(\rho)$를 만족한다. 그리고 $\kappa \in \,]0,1]$에 대해 다음을 얻는다.

$$\sum_{l=1}^{m} K_l^* K_l \leq \kappa \mathbf{1} \quad \Leftrightarrow \quad \mathrm{tr}\,(K(\rho)) \leq \kappa \quad \forall \rho \in \mathrm{D}(\mathbb{H}) \tag{3.67}$$

(3.67)의 한쪽의 등호는 다른 쪽의 등호를 의미한다.

[증명]

먼저 (2.83)에서 $\rho \in \mathrm{D}(\mathbb{H})$는 $\rho^* = \rho$, $\rho \geq 0$, $\mathrm{tr}(\rho) = 1$을 의미한다. 다음을 얻는다.

$$K(\rho)^* \underset{(3.23)}{=} \left(\sum_{l=1}^{m} K_l \rho K_l^* \right)^* = \sum_{l=1}^{m} (K_l \rho K_l^*)^* \underset{(2.47)}{=} \sum_{l=1}^{m} (K_l^*)^* \rho^* K_l^* \underset{(2.31),(2.83)}{=} \sum_{l=1}^{m} K_l \rho K_l^*$$
$$\underset{(3.23)}{=} K(\rho)$$

비슷한 방식으로

$$\left(\sum_{l=1}^{m} K_l^* K_l \right)^* = \sum_{l=1}^{m} (K_l^* K_l)^* \underset{(2.47)}{=} \sum_{l=1}^{m} K_l^* (K_l^*)^* \underset{(2.31)}{=} \sum_{l=1}^{m} K_l^* K_l \tag{3.68}$$

그리고 임의의 $|\psi\rangle \in \mathbb{H}$에 대해

$$\langle \psi | K(\rho) \psi \rangle = \langle \psi | \sum_{l=1}^{m} K_l \rho K_l^* \psi \rangle = \sum_{l=1}^{m} \langle \psi | K_l \rho K_l^* \psi \rangle \underset{(2.30)}{=} \sum_{l=1}^{m} \underbrace{\langle K_l^* \psi | \rho K_l^* \psi \rangle}_{\geq 0 \text{ since } \rho \geq 0} \geq 0$$

지금까지 $K(\rho)^* = K(\rho)$와 $0 \leq K(\rho)$를 증명했다. 다음으로 (3.67)의 $\Rightarrow$을 증명한다. (3.68)에서 $\sum_{l=1}^{m} K_l^* K_l$은 자기수반연산자다. 그러므로 고윳값 $\{\lambda_a\}$에 대응하는 고유벡터로 구성된 ONB $\{|e_a\rangle\} \in \mathbb{H}$가 존재해 다음을 얻는다.

$$\sum_{l=1}^{m} K_l^* K_l \underset{(2.38)}{=} \sum_{a} \lambda_a |e_a\rangle \langle e_a| \tag{3.69}$$

결과적으로 임의의 고윳값 λ_a에 대해 다음을 얻는다.

$$\lambda_a \;=\; \langle e_a | \left(\sum_{a'} \lambda_{a'} | e_{a'} \rangle \langle e_{a'} | \right) e_a \rangle \underbrace{=}_{(3.69)} \langle e_a | \left(\sum_{l=1}^{m} K_l^* K_l \right) e_a \rangle \tag{3.70}$$

$$\underbrace{\leq}_{(3.67)} \langle e_a | \kappa e_a \rangle = \kappa$$

그러므로 임의의 $\rho \in D(\mathbb{H})$에 대해 다음을 만족한다.

$$\operatorname{tr}(K(\rho)) \underbrace{=}_{(3.66)} \operatorname{tr} \left(\sum_{l=1}^{m} K_l \rho K_l^* \right) = \sum_{l=1}^{m} \operatorname{tr}(K_l \rho K_l^*) \underbrace{=}_{(2.58)} \sum_{l=1}^{m} \operatorname{tr}(\rho K_l^* K_l)$$

$$= \operatorname{tr} \left(\rho \sum_{l=1}^{m} K_l^* K_l \right) \underbrace{=}_{(3.69)} \operatorname{tr} \left(\rho \sum_a \lambda_a | e_a \rangle \langle e_a | \right) = \sum_a \lambda_a \operatorname{tr}(\rho | e_a \rangle \langle e_a |)$$

$$\underbrace{\leq}_{(3.70)} \kappa \sum_a \operatorname{tr}(\rho | e_a \rangle \langle e_a |) \underbrace{=}_{(2.57)} \kappa \sum_{a,a'} \langle e_{a'} | \rho e_a \rangle \underbrace{\langle e_a | e_{a'} \rangle}_{=\delta_{aa'}} = \kappa \sum_a \langle e_a | \rho e_a \rangle$$

$$\underbrace{=}_{(2.57)} \kappa \operatorname{tr}(\rho) \underbrace{=}_{(2.83)} \kappa \tag{3.71}$$

이는 다음을 증명한다.

$$\sum_{l=1}^{m} K_l^* K_l \leq \kappa \mathbf{1} \quad \Rightarrow \quad \operatorname{tr}(K(\rho)) \leq \kappa \quad \forall \rho \in D(\mathbb{H})$$

(3.71)의 두 번째 줄에서 $\sum_{l=1}^{m} K_l^* K_l = \kappa \mathbf{1}$이면 다음을 얻는다.

$$\operatorname{tr}(K(\rho)) \underbrace{=}_{(3.71)} \operatorname{tr}(\rho \kappa) = \kappa \operatorname{tr}(\rho) \underbrace{=}_{(3.69)} \kappa \quad \forall \rho \in D(\mathbb{H})$$

(3.67)의 $\Leftarrow$ 부분을 증명한다. (3.71)의 두 번째 줄에서 $\operatorname{tr}(K(\rho)) \leq \kappa$가 모든 $\rho \in D(\mathbb{H})$에 대해 다음이 만족하는 것을 의미한다.

$$\kappa \geq \operatorname{tr} \left(\rho \sum_{l=1}^{m} K_l^* K_l \right) \underbrace{=}_{(3.69)} \sum_a \lambda_a \operatorname{tr}(\rho | e_a \rangle \langle e_a |)$$

$\rho = | e_{a'} \rangle \langle e_{a'} |$을 선택하면 $\operatorname{tr}(\rho | e_a \rangle \langle e_a |) = \delta_{aa'}$을 얻는다. 그러므로 모든 a에 대해 $\lambda_a \leq \kappa$이며 (3.69)에서 $\sum_{l=1}^{m} K_l^* K_l \leq \kappa \mathbf{1}$을 만족한다. 비슷한 방법으로 $\operatorname{tr}(K(\rho))$ $\leq \kappa$는 $\sum_{l=1}^{m} K_l^* K_l = \kappa \mathbf{1}$을 의미한다. ■

(3.65)를 구성하고 있는 사상들 $\iota_{\rho B}$, $U(\cdot)U^*$, $\mathbf{1}^A \otimes P^B$, $\mathrm{tr}^B(\cdot)$이 복합 시스템 $\mathrm{D}(\mathbb{H}^A \otimes \mathbb{H}^B)$에 작용하지만 결과적으로 나온 상태 변환은 상태 공간 $\mathrm{D}(\mathbb{H}^A)$에서 자기 자신으로 가는 사상이다. 이러한 변환이 $\mathbb{H}^A$에 작용하는 연산자로만 표현될 수 있는지에 대한 의문이 생긴다. 다음의 정리에서 이 질문에 대한 긍정적인 답변을 볼 수 있다.

정리 3.24 ([57]) $\mathbb{H}^A$는 유한차원 힐베르트 공간이다. 다음 볼록-선형 convex-linear 사상을 고려한다.

$$K : \mathrm{D}(\mathbb{H}^A) \longrightarrow \mathrm{D}_{\leq}(\mathbb{H}^A)$$
$$\rho^A \longmapsto K(\rho^A)$$

여기에서,

$$\mathrm{D}_{\leq}(\mathbb{H}^A) := \left\{ \rho \in \mathbb{H}^A \mid \rho^* = \rho, \ \rho \geq 0, \ \mathrm{tr}(\rho) \leq 1 \right\}$$

그러면 모든 $\kappa \in [0,1]$에 대해 다음이 동치관계를 가진다.

$$\left. \begin{array}{l} V \in \mathrm{B}(\mathbb{H}^A \otimes \mathbb{H}^B, \ \rho^B \in \mathrm{D}(\mathbb{H}^B)\text{가 다음을} \\ \text{만족하는 } \dim \mathbb{H}^B < \infty \text{인 힐베르트 공간} \\ \mathbb{H}^B \text{가 존재한다.} \\ \qquad V^*V \leq \kappa \mathbf{1}^{AB} \qquad (3.73) \\ K(\rho^A) = \mathrm{tr}^B\left(V(\rho^A \otimes \rho^B)V^*\right) \quad (3.74) \end{array} \right\} \Leftrightarrow \left\{ \begin{array}{l} m \leq (\dim \ \mathbb{H}^B)^2\text{일때, } l \in \{1, \dots, m\}\text{에} \\ \text{대하여 다음을 만족하는 } K_l \leq \mathrm{L}(\mathbb{H}^A)\text{가} \\ \text{존재한다.} \\ \qquad \sum_{l=1}^{m} K_l^* K_l \leq \kappa \mathbf{1}^A \qquad (3.75) \\ K(\rho^A) = \sum_{l=1}^{m} K_l \rho^A K_l^* \qquad (3.76) \end{array} \right.$$

이러한 동치관계에서 특별히 다음을 얻는다.

$$V^*V = \kappa \mathbf{1}^{AB} \quad \Leftrightarrow \quad \sum_{l=1}^{m} K_l^* K_l = \kappa \mathbf{1}^A$$

[증명]

보조정리 3.23에서 K_l이 (3.75)를 만족하면 (3.76) 형태의 초연산자superoperator의 이미지는 $\mathrm{D}_{\leq}(\mathbb{H}^A)$에 포함돼 (3.72)를 만족한다. 그러므로 동치관계만 증명하면 된다.

먼저 ⇒을 증명한다. $V \in L(\mathbb{H}^A \otimes \mathbb{H}^B)$는 (3.73)과 (3.74)를 만족하고 $\rho^B \in$ $D(\mathbb{H}^B)$이다. 그리고 $\{|e_a\rangle\}$는 $\mathbb{H}^A$의 ONB이다. 정리 2.24에서 다음의 조건을 만족하는 ONB $\{|f_b\rangle\} \subset \mathbb{H}^B$와 $q_b \geq 0$가 존재한다.

$$\sum_b q_b = 1 \tag{3.77}$$

그리고

$$\rho^B = \sum_b q_b |f_b\rangle\langle f_b| \tag{3.78}$$

이를 이용해 다음을 정의한다.

$$\sqrt{\rho^B} = \sum_b \sqrt{q_b} |f_b\rangle\langle f_b| \tag{3.79}$$

그러면

$$(\sqrt{\rho^B})^2 \underset{(3.79)}{=} \sum_{b_1,b_2} \sqrt{q_{b_1} q_{b_2}} |f_{b_1}\rangle \underbrace{\langle f_{b_1}|f_{b_2}\rangle}_{=\delta_{b_1,b_2}} \langle f_{b_2}| = \sum_b q_b |f_b\rangle\langle f_b| \underset{(3.78)}{=} \rho^B \tag{3.80}$$

$$(\sqrt{\rho^B})^* \underset{(3.79)}{=} \left(\sum_b \sqrt{q_b} |f_b\rangle\langle f_b|\right)^* \underset{(2.32)}{=} \sum_b \sqrt{q_b} (|f_b\rangle\langle f_b|)^* \underset{(2.36)}{=} \sum_b \sqrt{q_b} |f_b\rangle\langle f_b|$$
$$\underset{(3.79)}{=} \sqrt{\rho^B} \tag{3.81}$$

$b_1, b_2 \in \{1,\ldots,\dim \mathbb{H}^B\}$일 때 ONB $\{|e_a\rangle\}$에 대한 행렬원소 $(K_{(b_1,b_2)})_{a_1 a_2}$를 결정해 연산자 $K_{(b_1,b_2)}$를 정의한다.

$$(K_{(b_1,b_2)})_{a_1 a_2} = \left(V(\mathbf{1}^A \otimes \sqrt{\rho^B})\right)_{a_1 b_1, a_2 b_2} \tag{3.82}$$

그러면 다음을 얻는다.

$$(K^*_{(b_1,b_2)})_{a_1 a_2} \underset{(2.34)}{=} \overline{(K_{(b_1,b_2)})_{a_2 a_1}} \underset{(3.82)}{=} \overline{\left(V(\mathbf{1}^A \otimes \sqrt{\rho^B})\right)_{a_2 b_1, a_1 b_2}} \tag{3.83}$$
$$\underset{(2.34)}{=} \left(V(\mathbf{1}^A \otimes \sqrt{\rho^B})\right)^*_{a_1 b_2, a_2 b_1} \underset{(2.47)}{=} \left((\mathbf{1}^A \otimes \sqrt{\rho^B})^* V^*\right)_{a_1 b_2, a_2 b_1}$$
$$\underset{(3.31)}{=} \left((\mathbf{1}^A \otimes \sqrt{\rho^B}^*) V^*\right)_{a_1 b_2, a_2 b_1} \underset{(3.81)}{=} \left((\mathbf{1}^A \otimes \sqrt{\rho^B}) V^*\right)_{a_1 b_2, a_2 b_1}$$

그러므로

$$
\left(\sum_{b_1,b_2} K_{(b_1,b_2)}\rho^A K^*_{(b_1,b_2)}\right)_{a_1a_2} = \sum_{b_1,b_2}\sum_{a_3,a_4}(K_{(b_1,b_2)})_{a_1a_3}\rho^A_{a_3a_4}(K^*_{(b_1,b_2)})_{a_4a_2}
$$

$$
\underset{(3.82),(3.83)}{=} \sum_{b_1,b_2}\sum_{a_3,a_4}\left(V(\mathbf{1}^A\otimes\sqrt{\rho^B})\right)_{a_1b_1,a_3b_2}\rho^A_{a_3a_4}\left((\mathbf{1}^A\otimes\sqrt{\rho^B})V^*\right)_{a_4b_2,a_2b_1}
$$

$$
= \sum_{b_1,b_2,b_3}\sum_{a_3,a_4}\left(V(\mathbf{1}^A\otimes\sqrt{\rho^B})\right)_{a_1b_1,a_3b_2}\rho^A_{a_3a_4}\delta_{b_2,b_3}\left((\mathbf{1}^A\otimes\sqrt{\rho^B})V^*\right)_{a_4b_3,a_2b_1}
$$

$$
= \sum_{b_1,b_2,b_3}\sum_{a_3,a_4}\left(V(\mathbf{1}^A\otimes\sqrt{\rho^B})\right)_{a_1b_1,a_3b_2}\overbrace{(\rho^A\otimes\mathbf{1}^B)_{a_3b_2,a_4b_3}}^{=\rho^A_{a_3a_4}\delta_{b_2,b_3}}
$$

$$
\left((\mathbf{1}^A\otimes\sqrt{\rho^B})V^*\right)_{a_4b_3,a_2b_1}
$$

$$
= \sum_{b}\left(V(\mathbf{1}^A\otimes\sqrt{\rho^B})(\rho^A\otimes\mathbf{1}^B)(\mathbf{1}^A\otimes\sqrt{\rho^B})V^*\right)_{a_1b,a_2b}
$$

$$
\underset{(3.80)}{=}\sum_{b}\left(V(\rho^A\otimes\rho^B)V^*\right)_{a_1b,a_2b}\underset{(3.52)}{=}\mathrm{tr}^B\left(V(\rho^A\otimes\rho^B)V^*\right)_{a_1a_2}
$$

$$
\underset{(3.74)}{=}K(\rho^A)_{a_1a_2}
$$

이것이 (3.76)을 증명한다. $\mathbb{H}^B$의 ONB를 구성하는 아래첨자에 대해 덧셈 $\sum_{b_1,b_2}$ 가 행해지며 연산자 K_{b_1,b_2}의 총 개수는 $(\dim\mathbb{H}^B)^2$을 넘지 않는다. (3.73)이 (3.75)를 의미하는 것을 증명하기 위해 다음에 주의한다.

$$
\sum_{b_1,b_2}\left(K^*_{(b_1,b_2)}K_{(b_1,b_2)}\right)_{a_1a_2} = \sum_{b_1,b_2,a_3}(K^*_{(b_1,b_2)})_{a_1a_3}(K_{(b_1,b_2)})_{a_3a_2}
$$

$$
\underset{(3.82),(3.83)}{=} \sum_{b_1,b_2,a_3}\left((\mathbf{1}^A\otimes\sqrt{\rho^B})V^*\right)_{a_1b_2,a_3b_1}\left(V(\mathbf{1}^A\otimes\sqrt{\rho^B})\right)_{a_3b_1,a_2b_2}
$$

$$
= \sum_{b}\left((\mathbf{1}^A\otimes\sqrt{\rho^B})V^*V(\mathbf{1}^A\otimes\sqrt{\rho^B})\right)_{a_1b,a_2b}
$$

$$
\underset{(3.52)}{=} \mathrm{tr}^B\left((\mathbf{1}^A\otimes\sqrt{\rho^B})V^*V(\mathbf{1}^A\otimes\sqrt{\rho^B})\right)_{a_1a_2}
$$

그래서

$$
\sum_{b_1,b_2} K^*_{(b_1,b_2)}K_{(b_1,b_2)} = \mathrm{tr}^B\left((\mathbf{1}^A\otimes\sqrt{\rho^B})V^*V(\mathbf{1}^A\otimes\sqrt{\rho^B})\right) \tag{3.84}
$$

문제 3.46 (3.84)를 만족하면, 임의의 $|\psi\rangle \in \mathbb{H}^A \setminus \{0\}$에 대해 다음을 만족하는 것을 보여라.

$$\langle\psi| \sum_{b_1,b_2} K^*_{(b_1,b_2)} K_{(b_1,b_2)} \psi\rangle = \frac{1}{||\psi||^2} \operatorname{tr}\left((|\psi\rangle\langle\psi| \otimes \sqrt{\rho^B}) V^* V (|\psi\rangle\langle\psi| \otimes \sqrt{\rho^B})\right)$$

$$(3.85)$$

(3.73)을 사용해 (3.85)의 좌변에 있는 대각합의 상한한계를 결정한다.

문제 3.47 (3.73)을 만족하면 임의의 $|\psi\rangle \in \mathbb{H}^A$에 대해 다음 식이 만족하는 것을 보여라.

$$\operatorname{tr}\left((|\psi\rangle\langle\psi| \otimes \sqrt{\rho^B}) V^* V (|\psi\rangle\langle\psi| \otimes \sqrt{\rho^B})\right) \leq \kappa ||\psi||^4 \qquad (3.86)$$

(3.85)와 (3.86)에서 임의의 $|\psi\rangle \in \mathbb{H}^A$에 대해 다음이 만족한다.

$$\langle\psi| \sum_{b_1,b_2} K^*_{(b_1,b_2)} K_{(b_1,b_2)} \psi\rangle \leq \kappa ||\psi||^2 = \langle\psi| \kappa \mathbf{1}^A \psi\rangle$$

이는 정의 2.12로부터 (3.75)와 동치이다.

$V^* V = \kappa \mathbf{1}^{AB}$인 특별한 경우에 대해

$$\sum_{b_1,b_2} K^*_{(b_1,b_2)} K_{(b_1,b_2)} \underbrace{=}_{(3.84)} \operatorname{tr}^B\left((\mathbf{1}^A \otimes \sqrt{\rho^B}) \underbrace{V^* V}_{=\kappa\mathbf{1}^{AB}} (\mathbf{1}^A \otimes \sqrt{\rho^B})\right)$$

$$= \kappa \operatorname{tr}^B\left((\mathbf{1}^A \otimes \sqrt{\rho^B})(\mathbf{1}^A \otimes \sqrt{\rho^B})\right)$$

$$\underbrace{=}_{(3.80)} \kappa \operatorname{tr}^B\left((\mathbf{1}^A \otimes \rho^B)\right) \underbrace{=}_{(3.57)} \kappa \operatorname{tr}\left(\rho^B\right) \mathbf{1}^A$$

$$\underbrace{=}_{(2.83)} \kappa \mathbf{1}^A$$

$\Leftarrow$ 부분을 증명하기 위해, $l \in \{1,\ldots,m\}$일 때 $K_l \in \mathrm{L}(\mathbb{H}^A)$는 (3.75)와 (3.76)을 만족한다. 그리고 $\mathbb{H}^B$는 ONB $\{|f_b\rangle \,|\, b \in \{1,\ldots,m\}\}$을 가지는 힐베르트 공간이다. 다음을 이용해 $\mathbb{H}^A$를 $\mathbb{H}^A \otimes \mathbb{H}^B$에 끼워 넣는다^{embed}.

$$\iota : \mathbb{H}^A \longrightarrow \mathbb{H}^A \otimes \mathbb{H}^B$$
$$|\psi\rangle \longmapsto |\psi \otimes f_1\rangle = |\psi\rangle \otimes |f_1\rangle$$

그리고 다음을 정의한다.

$$\check{V} : \quad \iota\{\mathbb{H}^A\} \quad \longrightarrow \quad \mathbb{H}^A \otimes \mathbb{H}^B$$
$$|\psi \otimes f_1\rangle \quad \longmapsto \quad \sum_{l=1}^{m} K_l|\psi\rangle \otimes |f_l\rangle \tag{3.87}$$

문제 3.48 (3.87)에서 정의한 $\check{V}$에 대해 다음을 보여라.

$$\langle \psi \otimes f_1|\check{V}^* = \sum_{l=1}^{m} \langle\psi|K_l^* \otimes \langle f_l| \tag{3.88}$$

임의의 $|\psi \otimes f_1\rangle \in \iota\{\mathbb{H}^A\}$에 대해 선형연산자 $\check{V}$는 다음을 만족한다.

$$\langle \psi \otimes f_1|\check{V}^*\check{V}(\psi \otimes f_1)\rangle \underbrace{=}_{(2.30),(2.31)} \langle \check{V}(\psi \otimes f_1)|\check{V}(\psi \otimes f_1)\rangle$$

$$\underbrace{=}_{(3.87),(2.4)} \sum_{l_1,l_2} \langle K_{l_1}\psi \otimes f_{l_1}|K_{l_2}\psi \otimes f_{l_2}\rangle$$

$$\underbrace{=}_{(3.4)} \sum_{l_1,l_2} \langle K_{l_1}\psi|K_{l_2}\psi\rangle \underbrace{\langle f_{l_1}|f_{l_2}\rangle}_{=\delta_{l_1 l_2}} = \sum_l \langle K_l\psi|K_l\psi\rangle$$

$$\underbrace{=}_{(2.30),(2.4)} \langle\psi| \sum_l K_l^*K_l\psi\rangle \tag{3.89}$$

그래서

$$\sum_l K_l^*K_l \leq \kappa \mathbf{1}^A$$

$$\underbrace{\Rightarrow}_{\text{Def. 2.12}} \langle\psi| \sum_l K_l^*K_l\psi\rangle \leq \kappa\,||\psi||^2 = \kappa\,||\psi||^2\,||f_1||^2 \quad \forall|\psi\rangle \in \mathbb{H}^A$$

$$\underbrace{\Rightarrow}_{(2.89),(3.10)} \langle\psi \otimes f_1|\check{V}^*\check{V}(\psi \otimes f_1)\rangle \leq \kappa\,||\psi \otimes f_1||^2 \quad \forall|\psi\rangle \otimes f_1 \in \iota\{\mathbb{H}^A\}$$

$$\underbrace{\Rightarrow}_{\text{Def. 2.12}} \check{V}^*\check{V} \leq \kappa \mathbf{1}^{\iota\{\mathbb{H}^A\}}$$

등호는 각 단계의 등호가 성립함을 의미한다. 연산자 $\check{V}$는 차원이 $(\dim \mathbb{H}^A)(\dim \mathbb{H}^B)$인 힐베르트 공간 $\mathbb{H}^A \otimes \mathbb{H}^B$의 $\dim \mathbb{H}^A$차원 부분공간 $\iota\{\mathbb{H}^A\} \subset \mathbb{H}^A \otimes \mathbb{H}^B$에서 정의된다. $\check{V}$를 $\mathbb{H}^A \otimes \mathbb{H}^B$의 연산자 V로 확장하는 것은 문제 3.49의 결과이다.

문제 3.49 $m, n \in \mathbb{N}$ 은 자연수이며 $n > m$ 이며, $A \in \mathrm{Mat}(n \times m, \mathbb{C})$, $c \in\,]0, 1]$ 이다. 다음의 조건을 만족하는 $B \in \mathrm{Mat}(n \times (n - m), \mathbb{C})$ 을 항상 구할 수 있음을 증명하라.

$$V = \begin{pmatrix} A & B \end{pmatrix} \in \mathrm{Mat}(n \times n, \mathbb{C})$$

그리고

$$V^*V = \begin{pmatrix} A^*A & 0_{m \times (n-m)} \\ 0_{(n-m) \times m} & c\mathbf{1}_{(n-m) \times (n-m)} \end{pmatrix} \in \mathrm{Mat}(n \times n, \mathbb{C}) \qquad (3.90)$$

여기에서 $0_{k \times l}$, $\mathbf{1}_{k \times l}$ 은 $\mathrm{Mat}(k \times l, \mathbb{C})$ 의 영행렬과 단위행렬을 나타낸다.

문제 3.49에서 $c = \kappa$ 라 두면, $\check{V}$ 를 $\mathbb{H}^A \otimes \mathbb{H}^B$ 의 연산자 V 로 확장해 $\sum_l K_l^* K_l \leq \kappa \mathbf{1}^A$ 이면 $V^*V \leq \kappa \mathbf{1}^{AB}$ 를 만족하거나 또는 $\sum_l K_l^* K_l = \kappa \mathbf{1}^A$ 이면 $V^*V = \kappa \mathbf{1}^{AB}$ 를 만족한다. 그러므로 특별한 경우까지 포함해 (3.75)가 (3.73)을 의미하는 것을 증명했다.

(3.74)를 증명하기 위해 다음을 정의한다.

$$\rho^B = |f_1\rangle\langle f_1| \in \mathrm{D}(\mathbb{H}^B) \qquad (3.91)$$

임의의 $\rho^A \in \mathrm{D}(\mathbb{H}^A)$ 는 $\mathbb{H}^A$ 의 ONB $\{|e_a\rangle\}$ 를 이용해 다음 형태로 표현할 수 있다.

$$\rho^A = \sum_a p_a |e_a\rangle\langle e_a| \qquad (3.92)$$

여기에서 $p_a \in [0,1]$ 은 다음을 만족한다.

$$\sum_a p_a = 1$$

그러므로 다음을 얻는다.

$$
\begin{aligned}
V(\rho^A \otimes \rho^B)V^* &\underset{(3.91),(3.92)}{=} \sum_a p_a V(|e_a\rangle\langle e_a| \otimes |f_1\rangle\langle f_1|)V^* \\
&\underset{(3.36)}{=} \sum_a p_a V|e_a \otimes f_1\rangle\langle e_a \otimes f_1|V^* \qquad (3.93)
\end{aligned}
$$

여기에서

$$V|e_a \otimes f_1\rangle = \check{V}|e_a \otimes f_1\rangle \underbrace{=}_{(3.87)} \sum_l K_l|e_a\rangle \otimes |f_l\rangle$$

$$\langle e_a \otimes f_1|V^* = \langle e_a \otimes f_1|\check{V}^* \underbrace{=}_{(3.88)} \sum_l \langle e_a|K_l^* \otimes \langle f_l| \tag{3.94}$$

(3.93)에 (3.94)를 대입하면

$$
\begin{aligned}
V(\rho^A \otimes \rho^B)V^* &= \sum_{a,l_1,l_2} p_a \left(K_{l_1}|e_a\rangle \otimes |f_{l_1}\rangle\right)\left(\langle e_a|K_{l_2}^* \otimes \langle f_{l_2}|\right) \\
&\underbrace{=}_{(3.36)} \sum_{a,l_1,l_2} p_a K_{l_1}|e_a\rangle\langle e_a|K_{l_2}^* \otimes |f_{l_1}\rangle\langle f_{l_2}| \\
&= \sum_{l_1,l_2} K_{l_1}\left(\sum_a p_a|e_a\rangle\langle e_a|\right)K_{l_2}^* \otimes |f_{l_1}\rangle\langle f_{l_2}| \\
&\underbrace{=}_{(3.92)} \sum_{l_1,l_2} K_{l_1}\rho^A K_{l_2}^* \otimes |f_{l_1}\rangle\langle f_{l_2}|
\end{aligned}
\tag{3.95}
$$

$\mathbb{H}^B$에 대해 부분 대각합을 취하면 다음을 얻는다.

$$
\begin{aligned}
\mathrm{tr}^B\left(V(\rho^A \otimes \rho^B)V^*\right) &\underbrace{=}_{(3.95)} \mathrm{tr}^B\left(\sum_{l_1,l_2} K_{l_1}\rho^A K_{l_2}^* \otimes |f_{l_1}\rangle\langle f_{l_2}|\right) \\
&= \sum_{l_1,l_2} \mathrm{tr}^B\left(K_{l_1}\rho^A K_{l_2}^* \otimes |f_{l_1}\rangle\langle f_{l_2}|\right) \\
&\underbrace{=}_{(3.57)} \sum_{l_1,l_2} \mathrm{tr}\left(|f_{l_1}\rangle\langle f_{l_2}|\right)K_{l_1}\rho^A K_{l_2}^*
\end{aligned}
\tag{3.96}
$$

여기에서 다음의 관계식을 이용하면

$$\mathrm{tr}\left(|f_{l_1}\rangle\langle f_{l_2}|\right) \underbrace{=}_{(2.57)} \sum_b \langle f_b|f_{l_1}\rangle\langle f_{l_2}|f_b\rangle = \sum_b \delta_{bl_1}\delta_{l_2 b} = \delta_{l_1 l_2}$$

(3.96)은 다음으로 변형된다.

$$\mathrm{tr}^B\left(V(\rho^A \otimes \rho^B)V^*\right) = \sum_l K_l\rho^A K_l^* \underbrace{=}_{(3.76)} K(\rho^A)$$

이는 (3.74)를 증명해 ⇐ 부분의 증명이 완료된다.

정리 3.24는 (3.72)의 모든 볼록-선형사상이 (3.74) 또는 (3.75)의 형태를 가진다고 주장하는 것은 아니다. 정리는 단지 하나가 존재하면 다른 하나도 존재한다는 의미이다. 그러나 $(\Phi\rho)^* = \Phi\rho$와 $\mathrm{tr}(\Phi\rho) \leq \mathrm{tr}(\rho)$를 만족하는 완전 양의 선형사상 $\Phi : \rho \mapsto \Phi\rho$는 실제로 (3.75)와 (3.76)의 형태로 주어진다([58, 59] 참조). 이 명제의 무한차원 형태는 스틴스프링Stinespring 인수분해 이론으로 알려져 있다[60]. 이 책에서는 이러한 일반화에 대해 설명하지 않는다. 정리 3.24에서 제시한 결과가 이 책의 목적에 충분하다.

양자 연산에 대한 공식적인 정의에 앞서, 연산자 V^*V와 $\sum_l K_l^* K_l$과 $K(\rho^A)$의 대각합 간의 부등식을 먼저 소개한다.

보조정리 3.25 $\mathbb{H}^A$, $\mathbb{H}^B$는 유한차원의 힐베르트 공간이다. $K : \mathrm{D}(\mathbb{H}^A) \to \mathrm{D}_{\leq}(\mathbb{H}^A)$는 $V \in \mathrm{L}(\mathbb{H}^A \otimes \mathbb{H}^B)$, $\rho^B \in \mathrm{D}(\mathbb{H}^B)$ 그리고 $l \in \{1,\ldots,m\}$일 때 $K_l \in \mathrm{L}(\mathbb{H}^A)$들로 이뤄진 정리 3.24의 등가 표현식을 가진다. $\kappa \in \,]0, 1]$일 때, 다음을 얻는다.

$$V^*V \leq \kappa \mathbf{1}^{AB} \quad \Leftrightarrow \quad \sum_l K_l^* K_l \leq \kappa \mathbf{1}^A \quad \Leftrightarrow \quad \mathrm{tr}\left(K(\rho^A)\right) \leq \kappa \quad \forall \rho^A \in \mathrm{D}(\mathbb{H}^A)$$

여기에서 세 개의 식 중 하나에서 등호가 성립하면 다른 두 개의 식에서도 등호가 성립한다. 특별히 $\kappa = 1$일 때 등호가 성립하면,

$$V \in \mathcal{U}\left(\mathbb{H}^A \otimes \mathbb{H}^B\right) \quad \Leftrightarrow \quad \sum_l K_l^* K_l = \mathbf{1}^A \quad \Leftrightarrow \quad \mathrm{tr}\left(K(\rho^A)\right) = 1 \quad \forall \rho^A \in \mathrm{D}\left(\mathbb{H}^A\right)$$

[증명]

정리 3.24에서 다음을 만족한다.

$$V^*V \leq \kappa \mathbf{1}^{AB} \quad \Leftrightarrow \quad \sum_l K_l^* K_l \leq \kappa \mathbf{1}^A$$

여기에서 하나의 식에서 등호가 성립하면 다른 식에서도 등호가 성립한다. 보조정리 3.23에서 다음을 얻는다.

$$\sum_l K_l^* K_l \leq \kappa \mathbf{1}^A \quad \Leftrightarrow \quad \mathrm{tr}\left(K(\rho^A)\right) \leq \kappa \quad \forall \rho^A \in \mathrm{D}(\mathbb{H}^A)$$

여기에서도 한 식에서의 등호가 다른 식의 등호를 의미한다. ■

이제는 양자 연산을 정의할 준비가 됐다. 이 책의 범위에서는 유한차원의 경우만 고려하기에 **완전한 양**^{complete positive}이라는 개념을 사용하는 일반적인 공리 접근법을 이용하지 않는다.

정의 3.26 $\mathbb{H}$는 유한차원의 힐베르트 공간이다. **양자 연산**^{quantum operation}은 볼록-선형사상이며,

$$K : D(\mathbb{H}) \longrightarrow D_{\leq}(\mathbb{H})$$
$$\rho \longmapsto K(\rho)$$

정리 3.24에서 주어진 두 개의 등가 형식 (3.74), (3.76)으로 표현 가능하다. (3.76)의 형태에서

$$K(\rho) = \sum_{l=1}^{m} K_l \rho K_l^* \qquad (3.97)$$

$l \in \{1, \ldots, m\}$일 때 $K_l \in L(\mathbb{H})$가 다음을 만족하면,

$$\sum_{l=1}^{m} K_l^* K_l \leq 1$$

양자 연산 K의 **연산자합 표현**^{operator-sum representation}이라고 한다. 각각의 K_l을 **크라우스 연산자**^{Kraus operators} 또는 양자 연산의 **연산 요소**^{operation elements}라고 한다. (3.74)의 표현 형식은

$$K(\rho) = \mathrm{tr}^B \left(V(\rho \otimes \rho^B) V^* \right)$$

추가적인 힐베르트 공간 $\mathbb{H}^B$와 다음을 만족하는 연산자 $V \in B(\mathbb{H} \otimes \mathbb{H}^B)$를 도입한다.

$$V^* V \leq 1$$

이를 K의 **환경 표현**^{environmental representation}이라고 한다.

다음의 조건이 만족하면,

$$\sum_{l=1}^{m} K_l^* K_l = 1$$

(또는 같은 조건으로 모든 $\rho \in D(\mathbb{H})$에 대해 $\mathrm{tr}(K(\rho)) = 1 = \mathrm{tr}(\rho)$를 만족하면), 이러한 양자 연산을 **대각합 보존**trace-preserving 또는 **양자 채널**quantum channel이라고 하고 사상 $K : D(\mathbb{H}) \to D(\mathbb{H})$가 된다.[6]

K의 연산자합 표현 (3.76)에서 K_l은 (3.74)에서 K를 구성할 때 사용하는 ρ^B에 의존한다. 정리 3.24의 증명에서 (3.82)의 K_l의 구성은 (3.78)에 주어진 ρ^B의 표현을 사용한다. 그러나 명제 2.27에서 주어진 밀도 연산자의 분해가 유일하지 않다. 이러한 비유일성은 크라우스 연산자로 옮겨 가서 이 또한 유일하지 않다.

따름정리 3.27 $K : D(\mathbb{H}) \to D_{\leq}(\mathbb{H})$는 $l \in \{1,\ldots,m\}$인 크라우스 연산자 $K_l \in L(\mathbb{H})$를 가지는 양자 연산이다. 그리고 $\widetilde{m} \geq m$이며 $U \in U(\widetilde{m})$이다. 그러면 $j \in \{1,\ldots,\widetilde{m}\}$일 때, 다음으로 정의되는 $\widetilde{K}_j \in L(\mathbb{H})$

$$\widetilde{K}_j = \sum_{l=1}^{m} U_{jl} K_l \tag{3.98}$$

또한 K에 대해 크라우스 연산자다.

[증명]
우선 다음에 주의한다.

$$\widetilde{K}_j^* \underset{(2.32),(3.98)}{=} \sum_{l=1}^{m} \overline{U_{jl}} K_l^* \underset{(2.34)}{=} \sum_{l=1}^{m} U_{lj}^* K_l^* \tag{3.99}$$

그러면

$$\sum_{j=1}^{\widetilde{m}} \widetilde{K}_j^* \widetilde{K}_j \underset{(3.98),(3.99)}{=} \sum_{j=1}^{\widetilde{m}} \left(\sum_{l=1}^{m} U_{lj}^* K_l^* \right) \left(\sum_{k=1}^{m} U_{jk} K_k \right) = \sum_{l,k=1}^{m} \left(\sum_{j=1}^{\widetilde{m}} U_{lj}^* U_{jk} \right) K_l^* K_k$$

$$= \sum_{l,k=1}^{m} \underbrace{(U^* U)_{lk}}_{=\delta_{lk}} K_l^* K_k = \sum_{l=1}^{m} K_l^* K_l \leq \kappa \mathbf{1}$$

---

6   K의 공변역이 $D_{\leq(\mathbb{H})}$에서 $D(\mathbb{H})$로 바뀌었다. – 옮긴이

K_l이 (3.75)를 만족하기에 $\widetilde{K}_j$ 또한 만족한다. (3.76)의 증명은 거의 유사하다. 어떠한 $\rho \in \mathrm{D}(\mathbb{H})$에 대해 다음을 만족한다.

$$\sum_{j=1}^{\widetilde{m}} \widetilde{K}_j^* \rho \widetilde{K}_j \underbrace{=}_{(3.98),(3.99)} \sum_{j=1}^{\widetilde{m}} \left(\sum_{l=1}^{m} U_{lj}^* K_l^* \right) \rho \left(\sum_{k=1}^{m} U_{jk} K_k \right) = \sum_{l,k=1}^{m} \left(\sum_{j=1}^{\widetilde{m}} U_{lj}^* U_{jk} \right) K_l^* \rho K_k$$

$$= \sum_{l,k=1}^{m} \underbrace{(U^* U)_{lk}}_{=\delta_{lk}} K_l^* \rho K_k = \sum_{l=1}^{m} K_l^* \rho K_l = K(\rho)$$

K_l이 (3.76)을 만족하기에 $\widetilde{K}_j$ 또한 만족한다. ∎

이 절의 도입 부분에서 제시한 양자 연산에 대한 도입 설명으로, 시스템 $\mathbb{H}^A$가 (상호작용 후에 결과적으로 무시하는) 다른 시스템 $\mathbb{H}^B$와 결합할 때 양자 연산이 시스템 서술에 간단한 도구를 제공하는 것을 소개한다.

이 절의 도입 부분에서 논의한 1~5단계를 거친 후의 결과로 나타난 상태 변환 (3.65)을 다시 생각하면, 정리 3.24에서 이러한 상태 변환을 다음의 (이름이 의미하듯) 환경 표현 양자 연산의 도움으로 공식화할 수 있다.

$$K(\rho^A) = \mathrm{tr}^B \left(V(\rho^A \otimes \rho^B) V^* \right) \tag{3.100}$$

여기에서

$$V = (\mathbf{1}^A \otimes P^B) U \tag{3.101}$$

그리고 $U \in \mathcal{U}(\mathbb{H}^A \otimes \mathbb{H}^B)$이다.

문제 3.50 K는 (3.101)의 V를 이용해 (3.100)의 환경 표현을 가지는 양자 연산이다. 다음을 보여라.

$$\mathrm{tr} \left((\mathbf{1}^A \otimes P^B) U(\rho^A \otimes \rho^B) U^* \right) = \mathrm{tr} \left(K(\rho^A) \right) \tag{3.102}$$

(3.100), (3.101), (3.102)에서 이 절의 도입부에 설명한 1~5단계로 나타난 최종 변환 (3.65)는 다음과 같다.

$$\frac{\mathrm{tr}^B \left((\mathbf{1}^A \otimes P^B) U(\rho^A \otimes \rho^B) U^* (\mathbf{1}^A \otimes P^B) \right)}{\mathrm{tr} \left((\mathbf{1}^A \otimes P^B) U(\rho^A \otimes \rho^B) U^* \right)} = \frac{K(\rho^A)}{\mathrm{tr} \left(K(\rho^A) \right)}$$

결과적으로 관측하는 시스템의 변환 단계는 다음과 같다.

1. 상태 $\rho^A \in D(\mathbb{H}^A)$의 초기 준비
2. 다른 시스템과 결합
3. 결합 시스템의 시간 진전
4. 새로 첨가된 시스템의 가능한 관측
5. 첨가된 시스템을 무시한 후에 단독으로 관측

이러한 과정을 다음의 형태의 양자 연산 K로 기술할 수 있다.

$$
D(\mathbb{H}^A) \longrightarrow D(\mathbb{H}^A)
$$
$$
\rho^A \longmapsto \frac{K(\rho^A)}{\operatorname{tr}(K(\rho^A))}
$$

상태 변환을 표현하는 이러한 형태는 7.3절의 양자 오류정정에서 사용한다.

결합 시스템의 시간 진전 연산자 $U \in \mathcal{U}(\mathbb{H}^A \otimes \mathbb{H}^B)$가 두 개의 부분 시스템 $\mathbb{H}^A$와 $\mathbb{H}^B$에 각각 분리해 작용하면, 즉 부분 시스템 $\mathbb{H}^B$의 관측 사영 연산자 $\mathbf{1}^A \otimes P^B$와 호환 가능하면, 사영 연산자의 대각합은 $\rho^B P^B$로 결정이 된다. 다음의 따름정리에서 증명한다.

따름정리 3.28 $K : D(\mathbb{H}^A) \to D_{\leq}(\mathbb{H}^A)$는 다음의 환경 표현을 가지는 양자 연산이다.

$$
K(\rho^A) = \operatorname{tr}^B \left((\mathbf{1}^A \otimes P^B) U (\rho^A \otimes \rho^B) U^* (\mathbf{1}^A \otimes P^B) \right) \qquad (3.103)
$$

여기서 $P^B \in L(\mathbb{H}^B)$는 직교사영이며, $U \in \mathcal{U}(\mathbb{H}^A \otimes \mathbb{H}^B)$, $\rho^B \in D(\mathbb{H}^B)$이다. 그러면 다음을 얻는다.

$$
[\mathbf{1}^A \otimes P^B, U] = 0 \qquad \Rightarrow \qquad \operatorname{tr}(K(\rho^A)) = \operatorname{tr}(\rho^B P^B) \qquad \forall \rho^A \in D(\mathbb{H}^A)
$$

특별히 $P^B = \mathbf{1}^B$이면,

$$
\operatorname{tr}(K(\rho^A)) = 1 \qquad \forall \rho^A \in D(\mathbb{H}^A)
$$

[증명]

(3.103)의 양자 연산 K는 $V = (\mathbf{1}^A \otimes P^B)U$를 가지는 환경 표현이다. 여기에

$$V^* = \big((\mathbf{1}^A \otimes P^B)U\big)^* \underbrace{=}_{(2.47)} U^*(\mathbf{1}^A \otimes P^B)^* \underbrace{=}_{(3.31)} U^*\big(\mathbf{1}^A \otimes (P^B)^*\big)$$

$$\underbrace{=}_{\text{Def. 2.11}} U^*(\mathbf{1}^A \otimes P^B) \tag{3.104}$$

그러므로

$$V^*V \underbrace{=}_{(3.104)} U^*(\mathbf{1}^A \otimes P^B)(\mathbf{1}^A \otimes P^B)U = U^*(\mathbf{1}^A \otimes (P^B)^2)U$$

$$\underbrace{=}_{\text{Def. 2.11}} U^*(\mathbf{1}^A \otimes P^B)U \underbrace{=}_{[\mathbf{1}^A \otimes P^B, U]=0 \text{ and } (2.11)} U^*U(\mathbf{1}^A \otimes P^B)$$

$$\underbrace{=}_{(2.37)} \mathbf{1}^A \otimes P^B \tag{3.105}$$

정리 3.24의 증명에 있는 (3.84)에서 K는 크라우스 연산자 K_l을 가지며 다음을 만족한다.

$$\sum_l K_l^* K_l \underbrace{=}_{(3.84)} \mathrm{tr}^B\Big((\mathbf{1}^A \otimes \sqrt{\rho^B})V^*V(\mathbf{1}^A \otimes \sqrt{\rho^B})\Big)$$

$$\underbrace{=}_{(3.105)} \mathrm{tr}^B\Big((\mathbf{1}^A \otimes \sqrt{\rho^B})(\mathbf{1}^A \otimes P^B)(\mathbf{1}^A \otimes \sqrt{\rho^B})\Big)$$

$$= \mathrm{tr}^B\Big(\mathbf{1}^A \otimes \sqrt{\rho^B}P^B\sqrt{\rho^B}\Big)$$

$$\underbrace{=}_{(3.57)} \mathrm{tr}\Big(\sqrt{\rho^B}P^B\sqrt{\rho^B}\Big)\mathbf{1}^A \underbrace{=}_{(2.58)} \mathrm{tr}\Big((\sqrt{\rho^B})^2 P^B\Big)\mathbf{1}^A$$

$$\underbrace{=}_{(3.81)} \mathrm{tr}\big(\rho^B P^B\big)\mathbf{1}^A$$

따름정리 3.25에서 $\kappa = \mathrm{tr}(\rho^B P^B)$라 하면 $\mathrm{tr}(K(\rho)) = \mathrm{tr}(\rho^B P^B)$를 얻는다. $P^B = \mathbf{1}^B$이면, $\rho^B \in \mathrm{D}(\mathbb{H}^B)$이므로 $\mathrm{tr}(K(\rho)) = \mathrm{tr}(\rho^B) = 1$이다. ∎

마지막으로 양자 연산 K의 정의역 $\mathrm{D}(\mathbb{H})$가 볼록 집합이다. 즉, 모든 $\rho_1, \rho_2 \in \mathrm{D}(\mathbb{H})$, $\mu \in [0,1]$에 대해

$$\mu\rho_1 + (1-\mu)\rho_2 \in \mathrm{D}(\mathbb{H})$$

그리고 양자 연산 K는 볼록-선형이다. 이것은 모든 $\rho_1, \rho_2 \in \mathrm{D}(\mathbb{H})$와 $\mu \in [0,1]$에 대해

$$K(\mu\rho_1 + (1-\mu)\rho_2) = \mu K(\rho_1) + (1-\mu)K(\rho_2) \tag{3.106}$$

시스템이 오직 한 개의 큐비트를 가지면, $\mathbb{H} = {}^\P\mathbb{H}$이다. 이런 경우에 (2.127)에서 모든 $\rho \in \mathrm{D}({}^\P\mathbb{H})$를 하나의 $\mathbf{x} \in B^1_{\mathbb{R}^3}$을 이용해 다음의 형태로 표현할 수 있다.

$$\rho_\mathbf{x} = \frac{1}{2}\Big(\mathbf{1} + \mathbf{x} \cdot \sigma\Big) \tag{3.107}$$

그래서 큐비트 한 개에 작용해 대각합을 보존하는 양자 연산 $K : \mathrm{D}({}^\P\mathbb{H}) \to \mathrm{D}({}^\P\mathbb{H})$의 이미지는 다음의 형태이다.

$$K(\rho_\mathbf{x}) = \frac{1}{2}\Big(\mathbf{1} + \mathbf{y}(\mathbf{x}) \cdot \sigma\Big)$$

문제 2.30에서 $y(\mathbf{x}) = \mathrm{tr}(K(\rho_\mathbf{x})\sigma)$이다. 결국 큐비트 한 개에 작용하며 대각합을 보존하는 모든 양자 연산 K는 다음의 사상을 정의한다.

$$\begin{aligned}
\widehat{K} : B^1_{\mathbb{R}^3} &\longrightarrow B^1_{\mathbb{R}^3} \\
\mathbf{x} &\longmapsto \mathrm{tr}\big(K(\rho_\mathbf{x})\sigma\big)
\end{aligned} \tag{3.108}$$

결국 대각합을 보존하는 모든 양자 연산 K는 블로흐 공 $B^1_{\mathbb{R}^3}$에서 자기 자신으로 가는 사상 $\widehat{K}$를 만든다.

문제 3.51 (3.108)에서 주어진 $\widehat{K}$가 볼록-선형 즉, (3.106)을 만족하는 것을 보여라.

큐비트에 작용하는 다른 종류의 대각합 보존 양자 연산자 K를 $\widehat{K}$의 영향으로 블로흐 공 $B^1_{\mathbb{R}^3}$이 변형되는 것으로 시각화할 수 있다([59], [61]).

3.6 읽을거리

힐베르트 공간의 텐서곱에 (그리고 특히 무한차원에서 연산자에) 대한 많은 자료를 리드와 시몬[50]이 저술한 시리즈 책 중 첫 번째에서 볼 수 있다. 파르타사라티 [62]의 2장에는 힐베르트 공간의 텐서곱에서 상태 및 관측 가능량에 대한 여러 측면에 대해 상세하지만 조금 어려운 설명이 있다.

물리적 측면을 포함한 양자 연산의 간결하고 현대적 설명으로 닐슨과 추앙 [61]의 논문과 뱅스톤과 지치코브스키[59]의 기하학적 관점으로 서술한 책이 있다.

04
얽힘

4.1 들어가며

얽힘[entaglement]의 개념은 슈뢰딩거[7]까지 거슬러 올라간다. 얽힌 상태의 존재는 고전 컴퓨터와 양자 컴퓨터의 가장 중요한 차이점이다. 실제로 얽힌 상태의 존재로 순간이동과 같은 **새로운 효과**와 고전 컴퓨터보다 매우 빠르게 소인수분해를 하는 쇼어[Shor] 알고리즘과 같은 **새로운 알고리즘**이 가능하다. 6장에서 이러한 것을 설명하기 전에 먼저 4장에서 직관과 상반되는 얽힘과 그로 인한 영향을 살펴본다.

4.2절에서 얽힘의 수학 정의와 순수 상태가 얽혀 있는지를 쉽게 테스트할 수 있는 방법을 제시한다.

4.3절에서 이전에 상호작용하지 않았던 부분 시스템에서 얽힌 상태가 생성되는 방법을 보여준다. 이 효과는 **얽힘 교환**[entanglement swapping]이라고 한다.

고전 컴퓨터와 양자 컴퓨터의 두 번째 중요한 차이는 호환되지 않는 관측 가능량의 존재와 이들을 매우 정확하게 관측할 수 없다는 사실이다(2.3.1절 참조). 호환되지 않는 관측 가능량을 정확하게 관측할 수 없다는 것과 함께 얽힘이 실제와 인과 관계에 대한 직관적인 이해에 상충되는 효과를 초래한다는 것은 아인슈타인[Einstein], 포돌스키[Podolsky], 로젠[Rosen]에 의해 처음 밝혀졌다[4]. 그후로 EPR

패러독스로 유명해졌고, 양자역학이 현실을 완전하게 서술하지 못한다는 것을 보이는 데에 사용했다. 4.4절에서 이러한 주장을 검토할 것이다.

초기에 양자역학을 불완전하게 여겨서, 양자역학이 포착하지 못한 추가적인 숨은 변수$^{hidden\ variables}$ 개념이 생겼다. 이러한 변수가 실험 결과를 결정하지만 관측자의 무지로 인해 측정 결과의 통계적 특성만 관측된다고 가정했다. 이러한 국소^{local1} 변수가 존재한다고 가정하고, 벨^{Bell}[63]은 관측 가능량 사이의 상관관계에 대한 부등식을 유도했다. 양자역학에서 나타나지 않는 변수의 존재는 인과관계와 현실에 대한 직관적인 이해에 관한 EPR 패러독스를 해결하고 동시에 벨의 부등식이 만족하는 것을 의미한다. 그러나 특정 양자역학 시스템이 벨 부등식을 위반하는 것으로 실험에서 나타났다[9]. 숨은 국소 변수$^{hidden\ local\ variable}$로 설명 가능하다면 이런 일은 발생하지 않는다. EPR의 양자택일은 다음과 같다.

(1) 양자역학은 시스템을 완전하게 설명한다.

(2) 실제와 인과관계에 대한 직관적인 이해가 모든 시스템에 적용된다.

자연 현상은 (2)에 반하는 것으로 나타났다. EPR 패러독스와 벨 부등식과 연관된 이러한 문제들은 4.4절에서 자세하게 논의한다.

언뜻 보기에 EPR 패러독스에서 언급된 특성을 빛보다 빠른 속도로 신호를 전송하는 데 사용할 수 있다고 생각할 수 있다. 그러나 벨 전화라고 하는 이러한 장치는 4.6.1절에 설명하겠지만 구현하는 것이 불가능하다. 4.6.2절에서 임의의 알려지지 않은 큐비트를 복사하는 장치를 구현할 수 없음을 증명해 또 다른 불가능한 장치를 소개한다.

4.2 정의와 특성

부분 시스템의 밀도 연산자를 조합해 복합 시스템의 밀도 연산자를 생성하는 것에 관한 결과를 소개한다.

---

1   국소는 하나의 시스템 변수들이 공간으로 분리된 다른 시스템에 의존하지 않는 것을 의미한다.

문제 4.52 $\mathbb{H}^A$와 $\mathbb{H}^B$는 힐베르트 공간이다. 다음을 보여라.

$$\rho^X \in \mathrm{D}(\mathbb{H}^X) \quad \text{for } X \in \{A, B\} \qquad \Rightarrow \qquad \rho^A \otimes \rho^B \in \mathrm{D}(\mathbb{H}^A \otimes \mathbb{H}^B) \quad (4.1)$$

(4.1)로써 혼합 상태에도 적용할 수 있는 얽힘에 대한 일반적인 정의를 할 수 있다.

정의 4.1 ([64]) $\mathbb{H}^A \otimes \mathbb{H}^B$는 부분 시스템 $\mathbb{H}^A$와 $\mathbb{H}^B$로 구성된 복합 시스템이다. $j \in I \subset \mathbb{N}$일 때, 다음을 만족하는

$$\sum_{j \in I} p_j = 1$$

실수 p_j에 대해 부분 시스템 $\mathbb{H}^A$의 상태 $\rho_j^A \in \mathrm{D}(\mathbb{H}^A)$와 부분 시스템 $\mathbb{H}^B$의 상태 ρ_j^B가 존재하고 다음의 조건을 만족하면

$$\rho = \sum_{j \in I} p_j \rho_j^A \otimes \rho_j^B \qquad (4.2)$$

상태 $\rho \in \mathrm{D}(\mathbb{H}^A \otimes \mathbb{H}^B)$를 **분리 가능**^separable 또는 **곱상태**^product-state라고 한다. 그렇지 않다면, ρ는 **얽힘**^entangled이라고 한다.

일반적으로 위의 정의의 속성상, 이 정의만으로 주어진 상태가 얽힘 상태인지에 대한 판단을 하는 유용한 기준을 제공하지 않는다. 진성 혼합에 대한 얽힘 상태의 다른 특성을 찾는 연구는 현재 계속 진행 중이다. 이 책에서는 순수 상태만을 고려해도 충분하므로, 순수 상태의 분리 가능성에 대한 하나의 판단 기준을 다음 정리에서 제공한다. 실제로 여기서 주어진 판단 기준은 순수 상태에 대한 분리 가능성의 판단 기준을 정의하는 것으로 사용하기도 한다.

정리 4.2 순수 상태 $|\Psi\rangle \in \mathbb{H}^A \otimes \mathbb{H}^B$가 **분리 가능**^separable한 것과 순수 상태 $|\varphi\rangle \in \mathbb{H}^A$와 $|\psi\rangle \in \mathbb{H}^B$가 다음을 만족하는 것과 동치조건이다.

$$|\Psi\rangle = |\varphi\rangle \otimes |\psi\rangle \qquad (4.3)$$

그렇지 않으면 $|\Psi\rangle$는 얽힌 상태이다.

[증명]

우선 (4.3)이 분리 가능성의 충분조건임을 증명한다. $|\Psi\rangle = |\varphi\rangle \otimes |\psi\rangle \in \mathbb{H}^A$ $\otimes \mathbb{H}^B$를 가정한다. 그러면 다음을 얻는다.

$$\rho(\Psi) \underbrace{=}_{(2.89)} |\Psi\rangle\langle\Psi| = |\varphi \otimes \psi\rangle\langle\varphi \otimes \psi| \underbrace{=}_{(3.36)} |\varphi\rangle\langle\varphi| \otimes |\psi\rangle\langle\psi|$$

$\rho^A = |\varphi\rangle\langle\varphi|$, $\rho^B = |\psi\rangle\langle\psi|$라 두면, (4.2)에 해당한다.

다음으로 (4.3)이 필요조건이 되는 것을 증명한다. ρ는 순수하며 분리 가능한 상태라고 가정한다. 그러면 정의 4.1에서 $j \in I$에 대해 ρ_j^A, ρ_j^B, p_j와 $|\Psi\rangle \in \mathbb{H}^A$ $\otimes \mathbb{H}^B$가 존재해 다음을 만족한다.

$$\rho = \sum_{j \in I} p_j \rho_j^A \otimes \rho_j^B$$

그리고

$$\rho = |\Psi\rangle\langle\Psi| \tag{4.4}$$

이러한 상황에서, $|\Psi\rangle = |\varphi\rangle \otimes |\psi\rangle$를 만족하는 $|\varphi\rangle \in \mathbb{H}^A$와 $|\psi\rangle \in \mathbb{H}^B$가 존재하는 것을 증명한다. 모든 $j \in I$에 대해 다음을 정의한다.

$$\rho_j = \rho_j^A \otimes \rho_j^B \tag{4.5}$$

(4.1)에서 (4.5)에서 정의한 모든 ρ_j는 밀도 연산자다. 즉, 모든 ρ_j는 자기수반이며 양의 연산자이고 대각합 1을 가진다. 정리 2.24의 1에서 모든 $j \in I$과 $k \in I_j$ $\subset \mathbb{N}$에 대해 $\sum_{k \in I_j} p_{j,k} = 1$인 $p_{j,k} \in]0,1]$와 $\mathbb{H}^A \otimes \mathbb{H}^B$의 ONB $\{|\Omega_{j,k}\rangle | k \in \{1,\dots,$ $\dim \mathbb{H}^A \otimes \mathbb{H}^B\}\}$가 존재해 다음을 만족한다.

$$\rho_j = \sum_{k \in I_j} p_{j,k} |\Omega_{j,k}\rangle\langle\Omega_{j,k}| \tag{4.6}$$

$|\Psi\rangle$를 $\mathbb{H}^A \otimes \mathbb{H}^B$의 다른 ONB $\{|\Psi\rangle, |\Psi_l\rangle | l \in \{1,\dots,\dim \mathbb{H}^A \otimes \mathbb{H}^B - 1\}\}$로 확장해 다음을 얻는다.

$$0 = |\langle\Psi_l|\Psi\rangle|^2 = \langle\Psi_l|\rho\Psi_l\rangle = \sum_{j \in I} p_j \langle\Psi_l|\rho_j\Psi_l\rangle$$

$p_j > 0$이므로, $j \in I$와 $l \in \{1,\dots,\dim \mathbb{H}^A \otimes \mathbb{H}^B - 1\}\}$에 대해 $\langle\Psi_l|\rho_j\Psi_l\rangle = 0$을

얻는다. (4.6)과 조합하면,

$$\sum_{k \in I_j} p_{j,k} \left| \langle \Psi_l | \Omega_{j,k} \rangle \right|^2 = 0$$

그래서 다시 $p_{j,k} > 0$이므로, $l \in \{1, \ldots, \dim \mathbb{H}^A \otimes \mathbb{H}^B - 1\}\}$과 $j \in I$, $k \in I_j$에 대해

$$\langle \Psi_l | \Omega_{j,k} \rangle = 0$$

그러므로 모든 $j \in I$, $k \in I_j$에 대해 기저 벡터 $|\Omega_{j,k}\rangle$는 ONB $\{|\Psi\rangle, \ |\Psi_l\rangle \, | \, l \in \{1, \ldots, \dim \mathbb{H}^A \otimes \mathbb{H}^B - 1\}\}$의 모든 $|\Psi_l\rangle$과 수직이다. 결국 $|\Omega_{j,k}\rangle$는 $|\Psi\rangle$의 레이 (정의 2.14 참조)가 되며 적절한 $\alpha_{j,k} \in \mathbb{R}$에 대해 다음과 같이 표현된다.

$$|\Omega_{j,k}\rangle = e^{i\alpha_{j,k}} |\Psi\rangle$$

이것으로부터

$$\rho_j^A \otimes \rho_j^B \underset{(4.5)}{=} \rho_j \underset{(4.6)}{=} \sum_{k \in I_j} p_{j,k} e^{i\alpha_{j,k}} |\Psi\rangle \langle \Psi | e^{-i\alpha_{j,k}} = \underbrace{\sum_{k \in I_j} p_{j,k}}_{=1} |\Psi\rangle\langle\Psi| = |\Psi\rangle\langle\Psi|$$

$$\underset{(4.4)}{=} \rho$$

그러므로 $\rho^A \in \mathrm{D}(\mathbb{H}^A)$이고 $\rho^B \in \mathrm{D}(\mathbb{H}^B)$이며 모든 $j \in I$에 대해

$$\rho_j = \rho^A \otimes \rho^B = \rho \tag{4.7}$$

(3.4절의) 슈미트 분해를 이용하면 $q_a \in \,]0,1]$, ONB $\{|e_a\rangle \, | \, a \in \{1, \ldots, \dim \mathbb{H}^A\}\}$, $\{|f_b\rangle \, | \, b \in \{1, \ldots, \dim \mathbb{H}^B\}\}$가 존재해 다음을 만족한다.

$$|\Psi\rangle = \sum_a \sqrt{q_a} |e_a\rangle \otimes |f_b\rangle \tag{4.8}$$

이로부터

$$\rho^A \otimes \rho^B \underset{(4.7)}{=} \rho \underset{(4.4)}{=} |\Psi\rangle\langle\Psi| = \sum_{a,b} \sqrt{q_a q_b} |e_a\rangle\langle e_a| \otimes |f_b\rangle\langle f_b| \tag{4.9}$$

그래서 $\mathbb{H}^A \otimes \mathbb{H}^B$의 ONB $\{|e_a\rangle \otimes |f_b\rangle\}$에 대해 ρ는 다음의 행렬을 가진다.

$$(\rho^A)_{a_1 a_2} (\rho^B)_{b_1 b_2} = \rho_{a_1 b_1, a_2 b_2} = \sqrt{q_{a_1} q_{a_2}} \, \delta_{a_1 b_1} \delta_{a_2 b_2}$$

그러므로

$$\rho^A = \text{tr}^B(\rho) = \sum_a q_a |e_a\rangle\langle e_a|$$

$$\rho^B = \text{tr}^A(\rho) = \sum_b q_b |f_b\rangle\langle f_b|$$

(4.10)

다음을 계산할 수 있다.

$$
1 \underbrace{=}_{(2.82)} \text{tr}(\rho) \underbrace{=}_{(4.4)} \text{tr}(\rho^2) \underbrace{=}_{(4.9)} \text{tr}\left((\rho^A)^2 \otimes (\rho^B)^2\right)
$$

$$
\underbrace{=}_{(4.10)} \sum_{c,d} \langle e_c \otimes f_d | \sum_{a,b} q_a^2 q_b^2 | e_a \otimes f_b \rangle \langle e_a \otimes f_b | e_c \otimes f_d \rangle
$$

$$
= \sum_{a,b,c,d} q_a^2 q_b^2 \delta_{ca} \delta_{db} = \sum_{a,b} q_a^2 q_b^2
$$

$$
= \left(\sum_a q_a^2 \right)^2
$$

(4.11)

여기에서 모든 a에 대해 $q_a \in \,]0,1]$이다. 반대로 (4.8)에서 다음을 얻는다.

$$\sum_a q_a = ||\Psi|| = 1$$

(4.12)

(4.11)과 (4.12)에서 $q_{\hat{a}} = 1$인 $\hat{a}$는 오직 한 개이며 $a \neq \hat{a}$인 경우 $q_a = 0$임을 알 수 있다. 결국 (4.10)은 다음과 같이 변형되며

$$\rho^A = |e_{\hat{a}}\rangle\langle e_{\hat{a}}| \quad \text{and} \quad \rho^B = |f_{\hat{a}}\rangle\langle f_{\hat{a}}|$$

(4.8)에서 다음을 얻는다.

$$|\Psi\rangle = |e_{\hat{a}}\rangle \otimes |f_{\hat{a}}\rangle$$

정리 4.2조차도 어떤 순수 상태가 분리 가능한지 얽힌 상태인지를 결정하는 쉬운 방법을 제공하지 않는다. 예로서, 다음의 상태를 고려한다.

$$|\Psi\rangle = \frac{1}{2}\left(|00\rangle + |01\rangle + |10\rangle + |11\rangle\right)$$

이것이 분리 가능한 상태인지는 명확하지 않다. 그러나 다음 식에서 실제로 분리 가능하다.

$$|\Psi\rangle = \frac{|0\rangle + |1\rangle}{\sqrt{2}} \otimes \frac{|0\rangle + |1\rangle}{\sqrt{2}}$$

$|\Psi\rangle$가 주어졌을때, $|\Psi\rangle = |\varphi\rangle \otimes |\psi\rangle$를 만족하는 $|\varphi\rangle \in \mathbb{H}^A$와 $|\psi\rangle \in \mathbb{H}^B$를 어떻게 찾을 것인가. 또는 그러한 벡터 $|\varphi\rangle$와 $|\psi\rangle$가 없다는 것을 어떻게 알 수 있을까? 즉, 분리 가능성과 얽힘을 어떻게 구별할 것인가? 순수 상태에 대해서는 다음의 정리가 이러한 질문에 유용한 판단 기준을 제시한다.

정리 4.3   순수 상태 $|\Psi\rangle \in \mathbb{H}^A \otimes \mathbb{H}^B$에 대해 다음의 명제가 등가이다.

$|\Psi\rangle$는 분리 가능이다. $\Leftrightarrow$ 모든 $X \in \{A, B\}$에 대하여 $\rho^X(\Psi)$는 순수 상태이다.

또는

$|\Psi\rangle$는 얽힌 상태이다. $\Leftrightarrow$ 모든 $X \in \{A, B\}$에 대하여 $\rho^X(\Psi)$는 진성 혼합 상태이다.

[증명]

두 개의 명제는 당연히 등가이다. 그러므로 첫 번째 명제만 증명해도 충분하다. $\Rightarrow$을 먼저 증명한다. $|\Psi\rangle$는 분리 가능한 상태이다. 정리 4.2에서 적절한 $|\varphi\rangle \in \mathbb{H}^A$와 $|\psi\rangle \in \mathbb{H}^B$가 존재해 $|\psi\rangle = |\varphi\rangle \otimes |\psi\rangle$를 만족한다. 다음에 주의한다.

$$1 = \|\Psi\| = \sqrt{\langle \Psi | \Psi \rangle} \underset{(3.4)}{=} \sqrt{\langle \varphi | \varphi \rangle} \sqrt{\langle \psi | \psi \rangle} \underset{(2.5)}{=} \|\varphi\| \|\psi\|$$

그러므로 $\|\varphi\| \neq 0 \neq \|\psi\|$이다. 단위벡터 $|e_0\rangle := \frac{|\varphi\rangle}{\|\varphi\|}$, $|f_0\rangle := \frac{|\psi\rangle}{\|\psi\|}$를 정의하고 적절한 벡터 $|e_1\rangle$, $|e_2\rangle$....와 $|f_1\rangle$, $|f_2\rangle$,...를 추가해 ONB를 구성한다.

$$\left\{ |e_0\rangle := \frac{|\varphi\rangle}{\|\varphi\|}, |e_1\rangle, |e_2\rangle, \ldots \right\} \subset \mathbb{H}^A \quad \text{and} \quad \left\{ |f_0\rangle := \frac{|\psi\rangle}{\|\psi\|}, |f_1\rangle, |f_2\rangle, \ldots \right\} \subset \mathbb{H}^B$$

결국

$$|\Psi\rangle = |\varphi\rangle \otimes |\psi\rangle = \|\varphi\| \|\psi\| |e_0\rangle \otimes |f_0\rangle = \sum_{a,b} \Psi_{ab} |e_a\rangle \otimes |f_b\rangle$$

여기에서

$$\Psi_{ab} = \begin{cases} \|\varphi\| \|\psi\| = 1 & \text{if } a = 0 = b \\ 0 & \text{else} \end{cases}$$

그러므로 다음을 얻는다.

$$\rho^A(\Psi) = \sum_{a_1,a_2,b} \Psi_{a_1 b}\overline{\Psi_{a_2 b}}|e_{a_2}\rangle\langle e_{a_1}| = \|\varphi\| \, \|\psi\| \, |e_0\rangle\langle e_0|$$
$$= |e_0\rangle\langle e_0|$$

이것은 일차원 부분공간으로 사영이며 순수 상태이다. 그래서 $(\rho^A(\Psi))^2 = |e_0\rangle\underbrace{\langle e_0|e_0\rangle}_{=1}\langle e_0| = \rho^A(\Psi)$를 만족한다. 비슷하게 $\rho^B(\Psi) = |f_0\rangle\langle f_0|$이며 $\rho^B(\Psi)$ 또한 순수 상태이다.

$\Leftarrow$를 증명한다. $\rho^A(\Psi)$는 순수 상태이다. 그러면 적절한 단위벡터 $|\varphi\rangle \in \mathbb{H}^A$가 존재해 $\rho^A(\mathbb{H}) = |\varphi\rangle\langle\varphi|$를 만족한다. 밀도 연산자 $\rho^A(\Psi)$는 고윳값 1인 오직 한 개의 고유벡터를 가지고 퇴화하는 고윳값 0을 가진다. 슈미트 분해 (3.64)에서 벡터 $|\Psi\rangle$는 적절한 단위벡터 $|\varphi\rangle \in \mathbb{H}^A$, $|\psi\rangle \in \mathbb{H}^B$에 대해 $|\Psi\rangle = |\varphi\rangle \otimes |\psi\rangle$의 형태를 가진다. $\rho^B(\Psi)$를 순수 상태라고 가정할 때에도 비슷하게 증명할 수 있다. ■

> **정의 4.4** 동일한 힐베르트 공간 $\mathbb{H}^A$의 텐서곱으로 표현된 순수 상태 $|\Psi\rangle$가 $0 < \lambda < 1$에 대해 다음을 만족하면 **최대로 얽혀**maximally entangled 있다고 말한다.
>
> $$\rho^A(\Psi) = \lambda\mathbf{1}$$

(3.55)와 문제 3.44의 결과에서 벨 기저 $|\Phi^{\pm}\rangle$, $|\Psi^{\pm}\rangle$는 최대로 얽혀 있다.

4.3 얽힘 교환

4.4절에서 볼 수 있듯이, 얽힘 현상은 기이한 현상과 연관이 있고, 아인슈타인이 이것을 **원거리에서 귀신 같은 작용**spooky action at a distance이라 하면서 양자역학을 불신했다. 심지어 시스템이 서로 상호작용하지 않더라도 시스템이 얽힐 수 있어 더욱 기이해 보인다. **얽힘 교환**entanglement swapping[18, 65, 66]으로 알려진 이러한

현상은 실제로 실험적으로 수행됐다[67]. 다음과 같이 나온다.

4 큐비트 상태 $|\Phi\rangle^{ABCD} \in {}^\P\mathbb{H}^A \otimes {}^\P\mathbb{H}^B \otimes {}^\P\mathbb{H}^C \otimes {}^\P\mathbb{H}^D =: \mathbb{H}^{ABCD}$가 2 큐비트 벨 상태 $|\Psi^-\rangle^{AB} \in {}^\P\mathbb{H}^A \otimes {}^\P\mathbb{H}^B =: \mathbb{H}^{AB}$와 $|\Psi^-\rangle^{CD} \in {}^\P\mathbb{H}^C \otimes {}^\P\mathbb{H}^D =: \mathbb{H}^{CD}$의 분리 가능한 곱상태로 준비됐다. 즉,

$$
\begin{aligned}
|\Phi\rangle^{ABCD} &= |\Psi^-\rangle^{AB} \otimes |\Psi^-\rangle^{CD} \\
&= \frac{1}{2}\left(|0101\rangle - |0110\rangle - |1001\rangle + |1010\rangle\right) \\
&= \frac{1}{2}\Big(|\Psi^+\rangle^{AD} \otimes |\Psi^+\rangle^{BC} - |\Psi^-\rangle^{AD} \otimes |\Psi^-\rangle^{BC} \\
&\quad - |\Phi^+\rangle^{AD} \otimes |\Phi^+\rangle^{BC} + |\Phi^-\rangle^{AD} \otimes |\Phi^-\rangle^{BC}\Big)
\end{aligned}
\tag{4.13}
$$

여기에서 하나의 예를 들면 다음과 같다.

$$
\begin{aligned}
|\Psi^+\rangle^{AD} \otimes |\Psi^+\rangle^{BC} &= \frac{1}{2}\Big(|0\rangle^A \otimes \left[|0\rangle^B \otimes |1\rangle^C + |1\rangle^B \otimes |0\rangle^C\right] \otimes |1\rangle^D \\
&\quad + |1\rangle^A \otimes \left[|0\rangle^B \otimes |1\rangle^C + |1\rangle^B \otimes |0\rangle^C\right] \otimes |0\rangle^D\Big) \\
&= \frac{1}{2}\Big(|0011\rangle + |0101\rangle + |1010\rangle + |1100\rangle\Big)
\end{aligned}
$$

시스템 A와 B는 얽힘 상태 $|\Psi^-\rangle^{AB}$를 형성하기 위해 적절한 상호작용이 있었을 것이다. 비슷하게 시스템 C와 D 또한 얽힘 상태 $|\Psi^-\rangle^{CD}$를 만들기 위해 상호작용을 했을 것이다. 그러나 얽힘 상태 $|\Psi^-\rangle^{AB}$와 $|\Psi^-\rangle^{CD}$를 준비할 때, 시스템 A는 시스템 C 또는 D와 상호작용하거나 영향을 받지 않았다. 그러나 전체 복합 시스템의 상태 $|\Phi\rangle^{ABCD}$의 적절한 관측으로 부분 시스템 A와 D로 이뤄진 복합 시스템 AD에서의 얽힘 상태를 만들 수 있다.

(3.41)에서 다음 연산자들이 호환 가능하다.

$$
\begin{aligned}
\Sigma_z^{BC} &:= \mathbf{1} \otimes \sigma_z \otimes \sigma_z \otimes \mathbf{1} \\
\Sigma_x^{BC} &:= \mathbf{1} \otimes \sigma_x \otimes \sigma_x \otimes \mathbf{1}
\end{aligned}
$$

따라서 z-방향에 대응하는 관측 가능량 BC-스핀과 x-방향의 BC-스핀은 주어진 상태에서 정확하게 관측할 수 있다. 상태 $|\Phi\rangle^{ABCD}$의 $\sum_z^{BC}$와 $\sum_x^{BC}$로 정의되는 관측 가능량의 관측은 2개의 큐비트를 BC의 상태를 관측되는 값에 따라서 $|\Psi^\pm\rangle^{BC}$ 또는 $|\Phi^\pm\rangle^{BC}$로 붕괴한다. 표 3.1에서 어떤 BC-상태가 어떤 관측값에 해당하는지 볼 수 있다. 예를 들어 $(\sum_z^{BC}, \sum_x^{BC})$에 대해 $(-1, +1)$의 값이 관측

되면, BC의 입자쌍은 $|\Psi^+\rangle^{BC}$의 상태에 있게 된다. 표 4.1의 가운데 열은 복합 시스템이 관측 후에 관측값 $\sum_z^{BC}$, $\sum_x^{BC}$이 주어질 때, $\mathbb{H}^{ABCD}$에서 상태를 나타낸다.

부분 시스템 AD와 BC를 생각하면, 복합 시스템은 **관측 후에** $\mathbb{H}^{AD}$와 $\mathbb{H}^{BC}$에서 벨 기저 벡터에서 항상 분리 가능한 상태이다. 그러나 부분 시스템 AD를 생각하면, 표 4.1의 가운데 열에 있는 상태의 축약 밀도 연산자 ρ^{AD}는 표 4.1의 오른쪽 열에 있는 순수 상태를 표현한다. 그러므로 $\sum_z^{BC}$, $\sum_x^{BC}$의 관측 후에 큐비트 한 쌍 AD는 관측된 BC-상태의 값과 (4.13)에서 짝을 이룬다. 이러한 관측된 BC-상태는 $\sum_z^{BC}$와 $\sum_x^{BC}$의 관측값으로 주어진다. 결국 관측 후에는 A와 D가 서로 상호작용이 없었지만 얽히게 된다.

표 4.1 $|\Phi\rangle^{ABCD}$에서 $\sum_z^{BC}$, $\sum_x^{BC}$의 관측 후에 결정된 상태

관측값		$\sum_z^{BC}$와 $\sum_x^{BC}$의 관측 후 복합 상태	$|\Phi\rangle^{ABCD}$에 대한 $\sum_z^{BC}$와 $\sum_x^{BC}$의 관측 후 부분 시스템 AD의 상태
$\sum_z^{BC}$	$\sum_x^{BC}$		
+1	+1	$|\Phi^+\rangle^{AD} \otimes |\Phi^+\rangle^{BC}$	$|\Phi^+\rangle^{AD}$
+1	−1	$|\Phi^-\rangle^{AD} \otimes |\Phi^-\rangle^{BC}$	$|\Phi^-\rangle^{AD}$
−1	+1	$|\Psi^+\rangle^{AD} \otimes |\Psi^+\rangle^{BC}$	$|\Psi^+\rangle^{AD}$
−1	−1	$|\Psi^-\rangle^{AD} \otimes |\Psi^-\rangle^{BC}$	$|\Psi^-\rangle^{AD}$

4.4 아인슈타인, 포돌스키, 로젠 패러독스

아인슈타인, 포돌스키, 로젠[EPR][4]의 논문에서 주어진 원래 주장을 약간 수정하여 소개한다. 이 논문은 양자역학에 대한 아인슈타인의 불만족, 더 나아가 반대를 의미한다. 아인슈타인은 양자역학이 **불완전**[incomplete]한 것으로 간주했다. 따라서 EPR 주장의 목표는 다음 진술이 **잘못**[wrong]됐다는 것을 보이는 것이다.

EPR 주장 1 시스템을 상태벡터로 서술하는 양자역학은 **완전**[complete]하다.

EPR 주장 1을 다음과 같이 간결하게 줄여서 표기한다.

따라서 이 문장의 부정은 **양자역학은 '불'완전하다**로 귀결된다.

그런 다음 EPR은 물리 이론이 시스템의 **완전한** 설명을 구성하는 것으로 시작한다. 시스템의 완전한 이론에 대한 최소 요구 사항은 **시스템의 물리적 실체의 모든 요소가 물리적 이론에서 대응하는 요소를 가져야 한다**는 것이다. 그러면 시스템의 실체 요소는 무엇일까? EPR에 따르면 특정 물리량이 실체 요소를 구성하는 것으로 충분하다. EPR의 정의에서 **물리량의 값이 확실하게, 즉 시스템과 상호작용할 필요 없이 확률 1로서 예측할 수 있는 경우 이러한 물리량은 시스템의 실체 요소다.** 예를 들어 경험에 따르면 연필이 지구의 중력에만 노출된 테이블 위에 놓여 있고 테이블 상단의 반대 중화력^{neutralizing force}이 있을 때 연필은 같은 위치에 계속 남아 있게 된다. 따라서 시스템 **연필**의 물리량인 **위치**는 보지 않고도 확실하게 예측할 수 있다. 결과적으로, 시스템 연필의 물리량 위치는 실체 요소를 구성한다. 이제 상태 $|0\rangle = |\uparrow_{\hat{z}}\rangle$로 서술되는 큐비트를 생각한다. $|0\rangle$은 z 방향의 관측 가능량 스핀의 고윳값 1인 고유벡터이므로, **z 방향의 스핀**이라는 물리량이 +1이라는 것은 관측을 하지 않아도 알 수 있다. 그러므로 상태 $|0\rangle$으로 표기되는 큐비트에서 z방향의 스핀은 실체 요소가 된다.

반면 $|0\rangle$으로 기술되는 큐비트에서 **x 방향의 스핀**이라는 물리량의 값은 **정확하게 예측할 수 없다.** $|0\rangle$은 σ_x의 고유벡터가 아니며 다음의 불확정성을 갖기 때문이다(2.79 참조).

$$\Delta_{|0\rangle}(\sigma_x) = 1$$

따라서 $|0\rangle$의 스핀으로 준비된 시스템의 경우 x 방향 스핀은 실체 요소를 구성하지 않는다.

일반적으로 시스템의 양자역학적 관측 가능량 M_1과 M_2는 **호환되지 않는 경우**, 즉 $M_1 M_2 \neq M_2 M_1$인 경우 실체 요소가 **동시에 될 수 없다.** 이것은 M_1의 모든 고유벡터가 M_2의 고유벡터가 될 수 없기 때문이다. 그러나 관측할 때 관측 가능량이 나타내는 값은 시스템이 관측 가능량의 고유 상태인 경우에만 확실하게 (즉, 불확정성이 없이) 예측할 수 있다. 결과적으로 $M_1 M_2 \neq M_2 M_1$이면 M_1과 M_2의 값을 확실하게 동시에 예측할 수 없다. 이를 다음과 같이 정리할 수 있다.

EPR 주장 2　호환되지 않는 2개의 관측 가능량에 속하는 시스템의 물리량은 **동시에** 시스템의 실체 요소가 될 수 없다.

EPR 주장 2를 다음으로 간결하게 표현한다.

> 호환되지 않는 관측 가능량의
> 값은 동시에 실제는 아니다.

이 주장의 부정은 **호환되지 않는 관측 가능량의 값은 동시에 실제이다**로 줄여서 말한다.

EPR은 양자역학의 완전성(EPR 주장 1)이 EPR 주장 2를 의미한다는 것을 보인다. 이를 위해서 EPR은 다음과 같이 정확한 측정 결과와 불확정성에 대한 양자역학의 의미를 적용한다. EPR 주장 2가 참이라고 가정한다. 즉, 시스템의 호환되지 않는 2개 관측 가능량에 대응하는 물리량이 동시에 그 시스템의 실체 요소가 되며 불확정성이 없이 두 개가 예측 가능하다. 양자역학의 서술이 완전하다면, 즉 EPR 주장 1이 참이라면, 그러한 상태벡터가 불확정성 없이 값을 예측해야 한다. 그러나 관측 가능량이 호환되지 않는다고 가정했기 때문에 실제로 그렇지 않다. 다음의 명제를 얻는다.

> 호환되지 않는 관측 가능량
> 의 값은 동시에 실제한다.　⇒　양자역학은 불완전하다.

이 명제의 대위는 다음이다.

> 양자역학은 완전하다.　⇒　호환되지 않는 관측 가능량
> 은 동시에 실제가 아니다.　(4.14)

계속해서, EPR은 얽힌 상태와 **실체의 적절한 정의**를 이용해 자명해 보이는 다음을 증명한다.

| 양자역학은 완전하다. | $\Rightarrow$ | 호환되지 않는 관측 가능량의 값이 동시에 실제이다. | (4.15) |

이것이 EPR 패러독스이다. (4.14)와 (4.15)의 주장이 동시에 참이 되지 못한다. 결국 EPR은 다음의 결론을 내린다.

양자역학은 완전하다. 라는 것은 거짓이다.

위의 명제가 성립하고 증명하는 것이 [4]에서 EPR의 목적이다. 이 논문에서 EPR은 여러 논증을 통해 (4.15)의 타당성을 보였고, 결말에서 실체의 적절한 정의를 했다. (4.15)가 전혀 성립하지 않는다는 것은 고려하고 있는 시스템의 실체가 놀라울 정도로 **비합리적**이라는 것에서 나온다. [4]에서 EPR은 그런 시스템은 가능하지 않다고 믿었다. 그러나 이러한 직관에 반하는 양자역학 시스템이 실험으로 반복적으로 확인됐다.

이제 EPR이 (4.15)의 증거로 제시하는 주장들을 이 책의 기존 설명에 맞게 수정해 살펴본다. 이를 위해 3장에서 제시한 내용으로 쉽게 설명할 수 있는 EPR 사고 실험의 봄^{Bohm} 버전을 고려한다. 벨 상태로 서술되는 복합 시스템인 두 큐비트를 준비한다.

$$|\Phi^+\rangle = \frac{1}{\sqrt{2}}\Big(|00\rangle + |11\rangle\Big) = \frac{1}{\sqrt{2}}\big(|\uparrow_{\hat{z}}\rangle \otimes |\uparrow_{\hat{z}}\rangle + |\downarrow_{\hat{z}}\rangle \otimes |\downarrow_{\hat{z}}\rangle\big) \qquad (4.16)$$

앨리스는 큐비트 A만, 밥은 큐비트 B만 관측할 수 있다. 그리고 EPR 주장 1을 가정한다. 즉, 양자역학이 시스템을 완전한 서술하며 상태 $|\Phi^+\rangle$로 모든 예측을 할 수 있다.

문제 4.53 고윳값이 ± 1인 σ_x의 고유벡터 $|\uparrow_{\hat{x}}\rangle$, $|\downarrow_{\hat{x}}\rangle$에 대해 다음이 성립하는 것을 보여라.

$$|\uparrow_{\hat{x}}\rangle \otimes |\uparrow_{\hat{x}}\rangle + |\downarrow_{\hat{x}}\rangle \otimes |\downarrow_{\hat{x}}\rangle = |00\rangle + |11\rangle \qquad (4.17)$$

(4.16)과 (4.17)에서 다음을 얻는다.

$$|\Phi^+\rangle = \frac{1}{\sqrt{2}}\Big(|\uparrow_{\hat{\mathbf{z}}}\rangle \otimes |\uparrow_{\hat{\mathbf{z}}}\rangle + |\downarrow_{\hat{\mathbf{z}}}\rangle \otimes |\downarrow_{\hat{\mathbf{z}}}\rangle\Big) = \frac{1}{\sqrt{2}}\Big(|\uparrow_{\hat{\mathbf{x}}}\rangle \otimes |\uparrow_{\hat{\mathbf{x}}}\rangle + |\downarrow_{\hat{\mathbf{x}}}\rangle \otimes |\downarrow_{\hat{\mathbf{x}}}\rangle\Big)$$

$$(4.18)$$

앨리스가 자신의 부분 시스템에서 관측 가능량 σ_z를 관측하면 이것은 복합 시스템에서 $\sigma_z \otimes \mathbf{1}$의 관측이다. 이러한 복합 관측 가능량의 고윳값은 ± 1이고 퇴화한다. 고윳값 ± 1의 고유공간은

$$\mathrm{Eig}(\sigma_z, +1) = \mathrm{Span}\big\{|\uparrow_{\hat{\mathbf{z}}}\rangle \otimes |\psi\rangle \,\big|\, |\psi\rangle \in \mathbb{H}^B\big\}$$
$$\mathrm{Eig}(\sigma_z, -1) = \mathrm{Span}\big\{|\downarrow_{\hat{\mathbf{z}}}\rangle \otimes |\psi\rangle \,\big|\, |\psi\rangle \in \mathbb{H}^B\big\}$$

이러한 고유공간의 사영 연산자는

$$P_{z,+1} = |\uparrow_{\hat{\mathbf{z}}}\rangle\langle\uparrow_{\hat{\mathbf{z}}}| \otimes \mathbf{1} \quad \text{그리고} \quad P_{z,-1} = |\downarrow_{\hat{\mathbf{z}}}\rangle\langle\downarrow_{\hat{\mathbf{z}}}| \otimes \mathbf{1} \qquad (4.19)$$

이는 다음을 만족한다.

$$
\begin{aligned}
P_{z,+1}|\Phi^+\rangle \underbrace{=}_{(4.18),(4.19)} & \frac{1}{\sqrt{2}}\Big(\big(|\uparrow_{\hat{\mathbf{z}}}\rangle\langle\uparrow_{\hat{\mathbf{z}}}| \otimes \mathbf{1}\big)\big(|\uparrow_{\hat{\mathbf{z}}}\rangle \otimes |\uparrow_{\hat{\mathbf{z}}}\rangle + |\downarrow_{\hat{\mathbf{z}}}\rangle \otimes |\downarrow_{\hat{\mathbf{z}}}\rangle\big)\Big) \\
= & \frac{1}{\sqrt{2}}\Big(|\uparrow_{\hat{\mathbf{z}}}\rangle \underbrace{\langle\uparrow_{\hat{\mathbf{z}}}|\uparrow_{\hat{\mathbf{z}}}\rangle}_{=1} \otimes |\uparrow_{\hat{\mathbf{z}}}\rangle + |\uparrow_{\hat{\mathbf{z}}}\rangle \underbrace{\langle\uparrow_{\hat{\mathbf{z}}}|\downarrow_{\hat{\mathbf{z}}}\rangle}_{=0} \otimes |\downarrow_{\hat{\mathbf{z}}}\rangle\Big) \\
= & \frac{1}{\sqrt{2}}|\uparrow_{\hat{\mathbf{z}}}\rangle \otimes |\uparrow_{\hat{\mathbf{z}}}\rangle
\end{aligned}
\qquad (4.20)
$$

그리고

$$
\begin{aligned}
P_{z,-1}|\Phi^+\rangle &= \frac{1}{\sqrt{2}}|\downarrow_{\hat{\mathbf{z}}}\rangle \otimes |\downarrow_{\hat{\mathbf{z}}}\rangle \\
\big\||P_{z,\pm1}|\Phi^+\rangle\big\| &= \frac{1}{\sqrt{2}}
\end{aligned}
\qquad (4.21)
$$

앨리스가 자신의 부분 시스템에서 관측 가능량 σ_z를 관측해 $+1$의 값을 얻었다면, 정규화된 복합 상태의 관측 후에 2.3.1절의 사영 공준 3에 따라서 복합 시스템은 다음이 된다.

$$|\Psi_{z,+1}\rangle := \frac{P_{z,+1}|\Phi^+\rangle}{\||P_{z,+1}|\Phi^+\rangle\|} = \frac{\big(|\uparrow_{\hat{\mathbf{z}}}\rangle\langle\uparrow_{\hat{\mathbf{z}}}| \otimes \mathbf{1}\big)|\Phi^+\rangle}{\big\|\big(|\uparrow_{\hat{\mathbf{z}}}\rangle\langle\uparrow_{\hat{\mathbf{z}}}| \otimes \mathbf{1}\big)|\Phi^+\rangle\big\|} \underbrace{=}_{(4.20),(4.21)} |\uparrow_{\hat{\mathbf{z}}}\rangle \otimes |\uparrow_{\hat{\mathbf{z}}}\rangle \; (4.22)$$

이것은 밥의 시스템이 다음으로 주어진다는 것을 의미한다.

$$\rho^B \left(|\Psi_{z,+1}\rangle\langle\Psi_{z,+1}|\right) \underset{(3.56)}{=} \text{tr}^A\left(|\Psi_{z,+1}\rangle\langle\Psi_{z,+1}|\right) \underset{(4.22)}{=} \text{tr}^A\left((|\uparrow_{\hat{z}}\rangle\otimes|\uparrow_{\hat{z}}\rangle)(\langle\uparrow_{\hat{z}}|\otimes\langle\uparrow_{\hat{z}}|)\right)$$

$$\underset{(3.36)}{=} \text{tr}^A\left(|\uparrow_{\hat{z}}\rangle\langle\uparrow_{\hat{z}}|\otimes|\uparrow_{\hat{z}}\rangle\langle\uparrow_{\hat{z}}|\right) \underset{(3.57)}{=} \underbrace{\text{tr}\left(|\uparrow_{\hat{z}}\rangle\langle\uparrow_{\hat{z}}|\right)}_{=1}|\uparrow_{\hat{z}}\rangle\langle\uparrow_{\hat{z}}|$$

$$= |\uparrow_{\hat{z}}\rangle\langle\uparrow_{\hat{z}}|$$

이것은 순수 상태 $|\uparrow_{\hat{z}}\rangle$의 밀도 연산자다. 그러므로 앨리스가 +1을 관측한 σ_z의 관측 후에 밥의 시스템은 상태 $|\uparrow_{\hat{z}}\rangle$에 **있어야만 한다**는 것이다. 시스템 B에서 밥이 σ_z를 관측해 얻게 되는 값은, 실제로 관측하지 않을지라도, 불확정성이 없이 +1 이라고 예측할 수 있다. 비슷하게 앨리스가 자신의 큐비트의 σ_z를 관측해 −1의 값을 얻었다면, 복합 시스템의 상태는 다음이 된다.

$$\frac{P_{z,-1}|\Phi^+\rangle}{||P_{z,-1}|\Phi^+\rangle||} = \frac{\left(|\downarrow_{\hat{z}}\rangle\langle\downarrow_{\hat{z}}|\otimes\mathbf{1}\right)|\Phi^+\rangle}{\left\|\left(|\downarrow_{\hat{z}}\rangle\langle\downarrow_{\hat{z}}|\otimes\mathbf{1}\right)|\Phi^+\rangle\right\|} \underset{(4.21)}{=} |\downarrow_{\hat{z}}\rangle\otimes|\downarrow_{\hat{z}}\rangle$$

이 경우 밥의 시스템은 상태 $|\downarrow_{\hat{z}}\rangle$이어야 하고, 밥이 시스템 B의 σ_z를 관측한다면 얻게 될 값은, 실제로 관측하지 않아도, 불확실성 없이 −1이라는 것을 예측할 수 있다. 결국 z 방향의 스핀은 밥의 큐비트에 실체 요소이다.

그러나 앨리스가 (σ_z가 아닌) σ_x를 측정하기로 결정하고 +1의 값을 관측하면 2.3.1절의 사영 공준 3에 따라 관측 후에 복합 시스템은 정규화된 복합 상태가 된다.

$$\frac{P_{x,+1}|\Phi^+\rangle}{||P_{x,+1}|\Phi^+\rangle||} = \frac{\left(|\uparrow_{\hat{x}}\rangle\langle\uparrow_{\hat{x}}|\otimes\mathbf{1}\right)|\Phi^+\rangle}{\left\|\left(|\uparrow_{\hat{x}}\rangle\langle\uparrow_{\hat{x}}|\otimes\mathbf{1}\right)|\Phi^+\rangle\right\|} \underset{(4.18)}{=} |\uparrow_{\hat{x}}\rangle\otimes|\uparrow_{\hat{x}}\rangle$$

이 경우 밥의 큐비트는 $|\uparrow_{\hat{x}}\rangle$의 상태가 될 것이고 x방향 스핀 값은 측정할 필요도 없이 +1의 값을 가진다는 것을 불확정성 없이 예측할 수 있다. 비슷하게 앨리스가 σ_x를 관측하고 −1의 값을 관측했다면, 밥의 큐비트는 상태 $|\downarrow_{\hat{x}}\rangle$가 되며, 마찬가지로 밥의 x 방향의 스핀의 관측이 −1의 값을 보여준다는 것을 불확정성 없이 예측할 수 있다. 그러므로 앨리스가 σ_x를 관측했다면, 밥의 큐비트에서 x 방향의 스핀은 실체 요소가 된다.

앨리스가 관측하는 큐비트 스핀의 방향에 상관없이, 같은 방향의 밥의 큐비트 스핀은 관측할 필요도 없이 정확하게 예측 가능하다. 이것은 큐비트 스핀의 관측을 위해 z 또는 x의 방향을 앨리스가 선택하는 것이 밥의 큐비트에서 z 방향 또는 x 방향의 스핀이 실체 요소가 되느냐를 결정하게 된다.

이것은 앨리스와 밥이 멀리 떨어져서, 밥이 관측을 하기 전에 앨리스로부터 빛의 속도로 밥에게 전달되는 정보가 없는 경우에도 성립한다. 앨리스가 σ_z 또는 σ_x 중에서 선택하는 것은 본인 자유이고 밥의 큐비트는 앨리스가 선택한 방향이 무엇인지 알 수 없기 때문에 z 방향의 스핀과 x방향의 스핀 **둘 다** $\sigma_x\sigma_z \neq \sigma_z\sigma_x$ 임에도 밥의 큐비트의 실체 요소가 된다.

앨리스는 σ_x와 σ_z를 **동시에 정확하게** 관측할 수 없고 오직 둘 중 하나만 가능하며 밥의 시스템에서는 그런 방향의 스핀만이 실체의 요소가 되며 두 방향이 동시에 실체의 요소가 되는 것을 불가능하다는 반론이 있다. 이에 대해 ERP은 밥의 큐비트의 가능성 있는 실체의 요소는 앨리스로부터 밥까지 아무런 통신이 없지만, 앨리스의 선택으로 결정된다는 주장을 한다. 이에 대해 EPR에서는 다음과 같이 서술했다. **그것을 인정할 합리적인 실체에 관한 정의는 없다**[4].

마지막 주장을 인정하면, (4.15)가 증명되고 이것은 양자역학이 시스템을 완전하게 서술하지 못한다는 것을 증명한다. 한 가지 가능성은 시스템의 거동을 결정하는 다른 변수가 있고, 상태벡터로 시스템을 기술하는 양자역학이 아직 찾아내지 못한 것이다. 이것을 (국소) **숨은 변수**local variable라고 한다.

그러나 양자역학의 불완전성, 즉 숨은 변수의 존재성의 주장이 유일한 결론은 아니다. 실제로 오늘날까지 모든 실험은 실제가 (EPR의 의미에서) **비합리적**이라는 것을 보여준다. 이것이 의미하는 것은 앞의 예에서 앨리스의 (국소) 관측은, 비록 관측할 수 있는 신호는 없지만, 밥의 시스템에 영향을 준다는 것이다. 이것을 양자역학에서 **비국소성**non-locality이라고 한다.

벨의 부등식은 숨은 변수를 가정해 유도했고, 또 특정 상태에서 양자역학이 이 부등식이 틀렸다는 것을 예측하기 때문에 중요한 역할을 한다. 벨의 부등식에서 실험을 이용해 숨은 변수의 존재성을 확인할 수 있는 가능성이 열렸다.

4.5 벨 부등식

벨[63]의 논문은 발표 당시에는 별로 관심을 끌지 못했다. 이 논문에서 벨은 복합 얽힌 상태 $|\varPsi^-\rangle$의 큐비트 한 쌍에 대해 연구했다. 임의의 방향에서 큐비트의 스핀 관측 가능량을 결정하는 변수가 있다고 가정했다. 이로부터 다양한 방향으로 스핀 관측 가능량의 기댓값에 대한 부등식을 유도했다. 이것이 벨의 부등식 Bell Inequality이다. 이 책에서는 우선 벨[63]에서 처음 제시한 형태를, 나중에는 클라우저, 호른, 쉬모니, 홀트CHSH가 확장한 일반적인 형태를 유도한다[2]. 실험은 자연현상이 벨의 부등식을 위반하는 것으로 나타났다[9]. 정확하게 서술하면, 특정 방향에서 (스핀-상관이라고 알려진) 스핀 관측 가능량의 곱의 기댓값이 벨의 부등식을 위반하는 얽힌 상태가 있다는 것이다. 이것은 그러한 시스템의 행동이 숨은 국소 변수에 의해 결정되지 않는다는 것을 의미한다. 숨은 변수의 존재가 벨 부등식 유도의 출발 가정이기 때문이다.

4.5.1 오리지널 벨 부등식

스핀-관측 가능량의 관측값을 완전히 결정하는 숨은 변수가 있다고 가정하는 것과 측정된 값에 결합분포가 있다고 가정하는 것은 같다(부록 A 참조).

본질적으로 벨 부등식은 큐비트 두 개의 스핀 관측 결과를 결합분포의 이산 확률 변수로 표현할 수 있다는 가정에서 나온다. 앞으로 보게 되겠지만 벨 부등식은 특정 얽힌 상태에서 위반된다. 특정 얽힌 상태에서 큐비트 두 개의 스핀 값에 대한 결합분포의 가정, 또는 동등하게 숨은변수에 대한 가정은 유효하지 않다.

벨[63]에서 자신의 이름이 붙게 된 부등식을 처음 유도했는데 다음과 같다. 다음의 얽힌 벨 상태로 준비된 큐비트 한 쌍을 생각한다.

$$|\varPsi^-\rangle \underbrace{=}_{(3.28)} \frac{1}{\sqrt{2}}\Big(|01\rangle - |10\rangle\Big) \in \mathbb{H}^A \otimes \mathbb{H}^B$$

이 가운데 큐비트 A는 앨리스에게, 큐비트 B는 밥에게 보낸다. 앨리스는 스핀을 측정한다. 이때 큐비트 A의 스핀을 측정하는 방향을 임으로 앨리스가 선택할 수 있다. 이 방향은 (2.122)에 정의하는 $\mathbb{R}^3$에서 단위벡터로 다음과 같이 표기된다.

$$\hat{\mathbf{n}} = \hat{\mathbf{n}}(\theta, \phi) = \begin{pmatrix} \sin\theta\cos\phi \\ \sin\theta\sin\phi \\ \cos\theta \end{pmatrix} \in \mathbb{R}^3$$

큐비트 A에 대해 앨리스는 관측 가능량 $\hat{\mathbf{n}}^A \cdot \sigma$, 즉 단위벡터 $\hat{\mathbf{n}}^A$가 결정하는 방향의 스핀을 관측한다. 이러한 관측 가능량을 다음으로 표기한다.

$$\Sigma^A_{\hat{\mathbf{n}}^A} = \hat{\mathbf{n}}^A \cdot \sigma \tag{4.23}$$

그리고 관측했을 때 관측값을 $s^A_{\hat{\mathbf{n}}^A}$로 표기한다. $s^A_{\hat{\mathbf{n}}^A}$는 $\{\pm 1\}$만을 가지고 매개변수 $\hat{\mathbf{n}}^A$를 가지는 이산 확률변수(부록 A 참조)의 집합을 구성한다. 비슷하게 밥은 앨리스와 무관하게 임의적으로 $\hat{\mathbf{n}}^B$의 방향으로 자신의 큐비트 B를 관측할 수 있다. 이때의 스핀 관측 가능량을 다음으로 표기한다.

$$\Sigma^B_{\hat{\mathbf{n}}^B} = \hat{\mathbf{n}}^B \cdot \sigma \tag{4.24}$$

비슷하게 $\sum^B_{\hat{\mathbf{n}}^B}$을 관측해 밥이 관측한 값들은 이산 확률변수가 되며 $s^B_{\hat{\mathbf{n}}^B}$로 표기한다. 이것은 $\hat{\mathbf{n}}^B$로 매개변수화됐고 $\{\pm 1\}$의 값만을 가진다.

문제 4.54 $|\uparrow_{\hat{\mathbf{n}}}\rangle$, $|\downarrow_{\hat{\mathbf{n}}}\rangle$은 (2.125)와 (2.126)에서 정의된 것이다. 다음을 보여라.

$$|\Psi^-\rangle = \frac{1}{\sqrt{2}} \left(|\uparrow_{\hat{\mathbf{n}}}\rangle \otimes |\downarrow_{\hat{\mathbf{n}}}\rangle - |\downarrow_{\hat{\mathbf{n}}}\rangle \otimes |\uparrow_{\hat{\mathbf{n}}}\rangle \right) \tag{4.25}$$

상태 $|\Psi^-\rangle$에서 관측 가능량 $\sum^A_{\hat{\mathbf{n}}^A} \otimes \sum^B_{\hat{\mathbf{n}}^B}$의 양자역학이 기술하는 기댓값은 $\hat{\mathbf{n}}^A$와 $\hat{\mathbf{n}}^B$ 사이 각도의 음의 코사인^{cosine} 값이다. 문제 4.55에서 증명한다.

문제 4.55 (4.23)과 (4.24)에서 정의한 $\sum^A_{\hat{\mathbf{n}}^A}$와 $\sum^B_{\hat{\mathbf{n}}^B}$에 대해 다음을 보여라.

$$\left\langle \Sigma^A_{\hat{\mathbf{n}}^A} \otimes \Sigma^B_{\hat{\mathbf{n}}^B} \right\rangle_{\Psi^-} = -\hat{\mathbf{n}}^A \cdot \hat{\mathbf{n}}^B \tag{4.26}$$

(4.26)에서 특별히, 앨리스와 밥이 같은 방향 $\hat{\mathbf{n}}^A = \hat{\mathbf{n}} = \hat{\mathbf{n}}^B$로 관측하면 다음을 얻는다.

$$\left\langle \Sigma^A_{\hat{\mathbf{n}}} \otimes \Sigma^B_{\hat{\mathbf{n}}} \right\rangle_{\Psi^-} = -1 \tag{4.27}$$

각각의 큐비트의 성질이, 잘 알려져 있지 않은, 다르게 표현하면 **숨은** 변수 ω에 의해 결정된다고 가정한다. 그러나 ω가 적절한 집합 Ω의 원소임을 가정한다. 그리고 $\omega \in \Omega$가 큐비트를 완전하게 서술한다고 가정한다. 즉, 임의의 방향 $\hat{\mathbf{n}}^A$, $\hat{\mathbf{n}}^B$로 관측된 스핀의 값 $s_{\hat{\mathbf{n}}^A}^A(\omega)$, $s_{\hat{\mathbf{n}}^B}^B(\omega)$가 변수 ω에 의해 완전히 결정된다. 앨리스가 자신의 큐비트에 대한 ω 값을 알고 싶으면 충분히 많은 관측을 통해 함수 $s_{\hat{\mathbf{n}}^A}^A(\omega)$를 결정할 수 있다. 이러한 함수에 관한 지식을 이용하면 주어진 ω의 지식을 이용해 자신의 큐비트 스핀 관측값을 예측할 수 있다. 같은 논리가 밥에도 적용이 된다. 그러나 특정 큐비트에 대한 ω의 값은 알 수 없다. 그래서 **숨은** 변수라고 부르는 이유이다. 모든 $\omega \in \Omega$의 값은 다음의 조건을 만족하는 특정 확률 $0 \leq \mathbf{P}(\omega) \leq 1$을 따르면서 발생한다고 가정한다.

$$\mathbf{P}(\Omega) = \int_\Omega d\mathbf{P}(\omega) = 1$$

이것은 단위벡터 $\hat{\mathbf{n}}^A$과 $\hat{\mathbf{n}}^B$에 의해 매개변수화되는 관측 가능량 스핀 측정 값, $s_{\hat{\mathbf{n}}^A}^A$와 $s_{\hat{\mathbf{n}}^B}^B$가 확률 공간 $(\Omega, \mathbf{A}, \mathbf{P})$(부록 A 참조)에서 이산 확률변수가 된다는 것을 가정한다. 이러한 확률변수는 입자가 준비된 상태에 의존한다. 지금 고려하는 상태는 $|\Psi^-\rangle$이다. 상태 $|\Psi^-\rangle$에 있는 입자의 관측된 스핀의 값으로 $s_{\hat{\mathbf{n}}^A}^A$와 $s_{\hat{\mathbf{n}}^B}^B$를 고려하기에 (4.27)과 등가의 식을 만족해야 한다. 즉, 임의의 $\hat{\mathbf{n}}$에 대해 다음을 정의하면

$$\mathbf{E}\left[s_{\hat{\mathbf{n}}}^A s_{\hat{\mathbf{n}}}^B\right] \underset{(A.3)}{=} \sum_{(s_1, s_2) \in \{\pm 1, \pm 1\}} s_1 s_2 \mathbf{P}\left\{s_{\hat{\mathbf{n}}}^A = s_1 \text{ and } s_{\hat{\mathbf{n}}}^B = s_2\right\}$$

다음을 만족한다.

$$\mathbf{E}\left[s_{\hat{\mathbf{n}}}^A s_{\hat{\mathbf{n}}}^B\right] = -1$$

이러한 가정하에서 벨은 다음의 정리를 증명했다.

정리 4.5 $s_{\hat{\mathbf{n}}}^A$과 $s_{\hat{\mathbf{n}}}^B$는 확률 공간 $(\Omega, \mathbf{A}, \mathbf{P})$에서 단위벡터 $\hat{\mathbf{n}} \in \mathbb{R}^3$의 매개변수를 가지고 $\{\pm 1\}$의 값을 가지는 두 개의 이산 확률변수이다.

$$s^X : S_{\mathbb{R}^3}^1 \times \Omega \longrightarrow \{\pm 1\} \atop (\hat{\mathbf{n}}, \omega) \longmapsto s_{\hat{\mathbf{n}}}^X(\omega), \qquad for\ X \in \{A, B\} \qquad (4.28)$$

그리고 모든 $\hat{\mathbf{n}} \in S^1_{\mathbb{R}^3}$에 대해 다음을 만족한다.

$$\mathbf{E}\left[s^A_{\hat{\mathbf{n}}} s^B_{\hat{\mathbf{n}}}\right] = -1 \tag{4.29}$$

그러면 $i \in \{1,2,3\}$인 임의의 단위벡터 $\hat{\mathbf{n}}^i$에 대해 **벨 부등식**[Bell inequality]을 만족한다.

$$\left|\mathbf{E}\left[s^A_{\hat{\mathbf{n}}^1} s^B_{\hat{\mathbf{n}}^2}\right] - \mathbf{E}\left[s^A_{\hat{\mathbf{n}}^1} s^B_{\hat{\mathbf{n}}^3}\right]\right| - \mathbf{E}\left[s^A_{\hat{\mathbf{n}}^2} s^B_{\hat{\mathbf{n}}^3}\right] \leq 1 \tag{4.30}$$

[증명]

(4.28), (4.29) 그리고 (A.3)에서 다음을 얻는다.

$$-1 = \mathbf{E}\left[s^A_{\hat{\mathbf{n}}} s^B_{\hat{\mathbf{n}}}\right] = \underbrace{\mathbf{P}\left\{s^A_{\hat{\mathbf{n}}} = s^B_{\hat{\mathbf{n}}}\right\}}_{=1-\mathbf{P}\left\{s^A_{\hat{\mathbf{n}}} = -s^B_{\hat{\mathbf{n}}}\right\}} - \mathbf{P}\left\{s^A_{\hat{\mathbf{n}}} = -s^B_{\hat{\mathbf{n}}}\right\} = 1 - 2\mathbf{P}\left\{s^A_{\hat{\mathbf{n}}} = -s^B_{\hat{\mathbf{n}}}\right\}$$

그러므로 임의의 방향벡터 $\hat{\mathbf{n}}$에 대해

$$\mathbf{P}\left\{s^A_{\hat{\mathbf{n}}} = -s^B_{\hat{\mathbf{n}}}\right\} = 1 \tag{4.31}$$

그리고

$$
\begin{aligned}
\mathbf{E}\left[s^A_{\hat{\mathbf{n}}^1} s^B_{\hat{\mathbf{n}}^2}\right] - \mathbf{E}\left[s^A_{\hat{\mathbf{n}}^1} s^B_{\hat{\mathbf{n}}^3}\right] &\underbrace{=}_{(4.31)} -\mathbf{E}\left[s^A_{\hat{\mathbf{n}}^1} s^A_{\hat{\mathbf{n}}^2}\right] + \mathbf{E}\left[s^A_{\hat{\mathbf{n}}^1} s^A_{\hat{\mathbf{n}}^3}\right] = \mathbf{E}\left[s^A_{\hat{\mathbf{n}}^1}\left(s^A_{\hat{\mathbf{n}}^3} - s^A_{\hat{\mathbf{n}}^2}\right)\right] \\
&\underbrace{=}_{\left(s^A_{\hat{\mathbf{n}}^2}\right)^2 = 1} \mathbf{E}\left[s^A_{\hat{\mathbf{n}}^1}\left(\left(s^A_{\hat{\mathbf{n}}^2}\right)^2 s^A_{\hat{\mathbf{n}}^3} - s^A_{\hat{\mathbf{n}}^2}\right)\right] \\
&= \mathbf{E}\left[s^A_{\hat{\mathbf{n}}^1} s^A_{\hat{\mathbf{n}}^2}\left(s^A_{\hat{\mathbf{n}}^2} s^A_{\hat{\mathbf{n}}^3} - 1\right)\right]
\end{aligned}
$$

최종적으로,

$$
\begin{aligned}
\left|\mathbf{E}\left[s^A_{\hat{\mathbf{n}}^1} s^B_{\hat{\mathbf{n}}^2}\right] - \mathbf{E}\left[s^A_{\hat{\mathbf{n}}^1} s^B_{\hat{\mathbf{n}}^3}\right]\right| &= \left|\mathbf{E}\left[s^A_{\hat{\mathbf{n}}^1} s^A_{\hat{\mathbf{n}}^2}\left(s^A_{\hat{\mathbf{n}}^2} s^A_{\hat{\mathbf{n}}^3} - 1\right)\right]\right| \\
&\leq \mathbf{E}\left[\left|s^A_{\hat{\mathbf{n}}^1} s^A_{\hat{\mathbf{n}}^2}\left(s^A_{\hat{\mathbf{n}}^2} s^A_{\hat{\mathbf{n}}^3} - 1\right)\right|\right] \\
&= \mathbf{E}\left[\left|s^A_{\hat{\mathbf{n}}^1} s^A_{\hat{\mathbf{n}}^2}\right|\left|s^A_{\hat{\mathbf{n}}^2} s^A_{\hat{\mathbf{n}}^3} - 1\right|\right] \\
&\underbrace{=}_{\left|s^A_{\hat{\mathbf{n}}^1} s^A_{\hat{\mathbf{n}}^2}\right| = 1} \mathbf{E}\left[\left|1 - s^A_{\hat{\mathbf{n}}^2} s^A_{\hat{\mathbf{n}}^3}\right|\right] \underbrace{=}_{s^A_{\hat{\mathbf{n}}^2} \cdot s^A_{\hat{\mathbf{n}}^3} \leq 1} \mathbf{E}\left[1 - s^A_{\hat{\mathbf{n}}^2} s^A_{\hat{\mathbf{n}}^3}\right]
\end{aligned}
$$

$$
\begin{aligned}
&= \quad 1 - \mathbf{E}\left[s^A_{\hat{\mathbf{n}}^2} s^A_{\hat{\mathbf{n}}^3} \right] \\
&\underbrace{=}_{(4.31)} \quad 1 + \mathbf{E}\left[s^A_{\hat{\mathbf{n}}^2} s^B_{\hat{\mathbf{n}}^3} \right]
\end{aligned}
$$

여기서 숨은 변수가 존재한다는 가정을 다시 한 번 강조한다. 이것은 임의의 방향으로 스핀 관측 가능량의 값을 결정한다. 즉, 임의의 $\hat{\mathbf{n}}^A$와 $\hat{\mathbf{n}}^B$에 대해 $s^A_{\hat{\mathbf{n}}^A}$와 $s^B_{\hat{\mathbf{n}}^B}$는 **결합분포**^{joint distribution}를 가지는 같은 확률 공간 $(\Omega, \mathbf{A}, \mathbf{P})$의 확률변수이다. 특히 스핀 관측 가능량은 $\omega \in \Omega$에 의해 결정되고, 임의의 방향벡터 $\hat{\mathbf{n}}^1$과 $\hat{\mathbf{n}}^2$에 대해 $(a, b) \in \{\pm 1, \pm 1\}$일 때, 집합 $\{\omega \in \Omega \,|\, s^A_{\hat{\mathbf{n}}^A}(\omega) = a, s^A_{\hat{\mathbf{n}}^2}(\omega) = b\}$는 확률 측도 $\mathbf{P}$에 대해 가측^{measurable}이다. 이 성질은 (4.29)를 유도할 때 사용해서 증명에서 필수적이다. 그러므로 앨리스와 밥이 관측하는 (그래서 그들의 입자의 실체에 대한 요소를 동시에 실현해) 스핀을 결정하는 숨은 변수 ω가 존재하면 벨 부등식 (4.30)을 만족해야 한다.

벨 부등식의 좌변에 양자역학의 기댓값을 대입하면 어떻게 될까? (4.26)과 다음의 단위벡터

$$
\hat{\mathbf{n}}^1 = \begin{pmatrix} 1 \\ 0 \\ 0 \end{pmatrix}, \quad \hat{\mathbf{n}}^2 = \begin{pmatrix} \frac{1}{\sqrt{2}} \\ 0 \\ \frac{1}{\sqrt{2}} \end{pmatrix}, \quad \hat{\mathbf{n}}^3 = \begin{pmatrix} 0 \\ 0 \\ 1 \end{pmatrix} \tag{4.32}
$$

이로부터 다음을 얻는다.

$$
\begin{aligned}
&\left| \left\langle \Sigma^A_{\hat{\mathbf{n}}^1} \otimes \Sigma^B_{\hat{\mathbf{n}}^2} \right\rangle_{\Psi^-} - \left\langle \Sigma^A_{\hat{\mathbf{n}}^1} \otimes \Sigma^B_{\hat{\mathbf{n}}^3} \right\rangle_{\Psi^-} \right| - \left\langle \Sigma^A_{\hat{\mathbf{n}}^2} \otimes \Sigma^B_{\hat{\mathbf{n}}^3} \right\rangle_{\Psi^-} \\
&= \left| \hat{\mathbf{n}}^1 \cdot \hat{\mathbf{n}}^3 - \hat{\mathbf{n}}^1 \cdot \hat{\mathbf{n}}^2 \right| + \hat{\mathbf{n}}^2 \cdot \hat{\mathbf{n}}^3 \\
&= \left| -\frac{1}{\sqrt{2}} \right| + \frac{1}{\sqrt{2}} = \sqrt{2} > 1
\end{aligned} \tag{4.33}
$$

이것은 상태 $|\Psi^-\rangle$와 (4.32) 방향의 선택에 대한 양자역학의 서술은 벨 부등식을 **위배한다**는 것을 의미한다.

(4.30)과 (4.33)의 두 가능성 중에서 자연은 무엇을 선택할까? 이 질문에 대한 대답은 애스펙트, 이바르트, 로저[9]가 행한 실험에서 주어진다. 그들은 벨 부등식의 확장인 CHSH를 사용했다. 그들의 실험에 대해 논의하기 전에 4.5.2절에

서 벨 부등식의 확장을 먼저 유도한다.

그러나 질문에 대한 답을 먼저 제시한다. **자연은 양자역학의 예측에 따라 행동한다. 양자역학이 위반할 거라고 예측하는 상태에서 자연은 벨 부등식을 위반한다.**

벨 부등식에 관계된 것으로 일반적으로 **상관관계**^{correlation}를 언급한다. 두 확률변수 Z_1과 Z_2의 상관관계는 정의 A.7에서 다음으로 주어진다.

$$\mathbf{cor}[Z_1, Z_2] = \frac{\mathbf{E}[Z_1 Z_2] - \mathbf{E}[Z_1]\mathbf{E}[Z_2]}{\sqrt{\left(\mathbf{E}[Z_1^2] - \mathbf{E}[Z_1]^2\right)\left(\mathbf{E}[Z_2^2] - \mathbf{E}[Z_2]^2\right)}}$$

다음의 성질은 만족하는 $i \in \{1, 2\}$의 확률변수 Z_i에 대해,

$$\begin{aligned} \mathbf{E}[Z_i] &= 0 \\ Z_i^2 &= 1 \end{aligned} \tag{4.34}$$

다음이 성립한다.

$$\mathbf{cor}[Z_1, Z_2] = \mathbf{E}[Z_1 Z_2]$$

문제 4.56 임의의 $\hat{n}^A$와 $\hat{n}^B$에 대해 다음이 만족함을 보여라.

$$\left\langle \Sigma_{\hat{n}^A}^A \otimes \mathbf{1}^B \right\rangle_{\Psi^-} = 0 = \left\langle \mathbf{1}^A \otimes \Sigma_{\hat{n}^B}^B \right\rangle_{\Psi^-} \tag{4.35}$$

(4.35)와 등가인 다음의 조건은 $s_{\hat{n}^A}^A$와 $s_{\hat{n}^B}^B$에 부과하면,

$$\mathbf{E}\left[s_{\hat{n}^A}^A\right] = 0 = \mathbf{E}\left[s_{\hat{n}^B}^B\right]$$

확률변수 $Z_1 = s_{\hat{n}^A}^A$와 $Z_2 = s_{\hat{n}^B}^B$에 대해 (4.34)가 만족해 다음을 얻는다.

$$\mathbf{cor}[s_{\hat{n}^A}^A, s_{\hat{n}^B}^B] = \mathbf{E}\left[s_{\hat{n}^A}^A s_{\hat{n}^B}^B\right]$$

(4.30)과 (4.33)을 비교해, 일반적으로 **양자 상관이 고전 상관보다 더 강하다**라고 표현한다. 얽힘 상태에서 생성되는 상관을 **EPR-상관**이라고 한다.

4.5.2 벨 부등식의 CHSH 일반화

원래 벨 부등식과 마찬가지로 클라우저, 호른, 시모니, 홀트[CHSH][2]에서 유도한 일반화는 $\{\pm 1\}$의 가능한 값을 산출하는 개별 측정을 수행하는 한 쌍의 입자를 고려한다. CHSH 일반화는 단일 입자의 관측 가능량의 곱에 대한 기댓값의 상한[upper bound]을 계산한다. CHSH 일반화는 벨의 원래 유도에서와 달리 (4.29)의 요구 조건을 필요하지 않는다.

부등식의 CHSH 일반화는 다음 보조정리에서 증명할 매우 간단한 결과를 기반으로 한다.

> **보조정리 4.6** $I \in \{1, \dots, 4\}$일 때, s_i는 확률 공간 $(\Omega, \mathbf{A}, \mathbf{P})$의 4개의 이산 확률변수이며 $\{\pm 1\}$만을 값으로 가진다.
>
> $$s_i : \Omega \longrightarrow \{\pm 1\} \atop \omega \longmapsto s_i(\omega), \qquad for\ i \in \{1, \dots, 4\}$$
>
> 그러면 다음의 부등식이 성립한다.
>
> $$|\mathbf{E}[s_1 s_2] - \mathbf{E}[s_1 s_3] + \mathbf{E}[s_2 s_4] + \mathbf{E}[s_3 s_4]| \le 2 \qquad (4.36)$$

[증명]

모든 $\omega \in \Omega$와 $i \in \{1, \dots, 4\}$에 대해

$$s_i(\omega) \in \{\pm 1\}$$

이므로, 다음의 둘 중의 하나가 성립한다.

$$s_2(\omega) - s_3(\omega) = 0 \quad \Rightarrow \quad s_2(\omega) + s_3(\omega) = \pm 2$$

또는

$$s_2(\omega) + s_3(\omega) = 0 \quad \Rightarrow \quad s_2(\omega) - s_3(\omega) = \pm 2$$

다시 한 번 $s_1(\omega), s_4(\omega) \in \{\pm 1\}$을 이용하면,

$$s_1(\omega)\big(s_2(\omega) - s_3(\omega)\big) + s_4(\omega)\big(s_2(\omega) + s_3(\omega)\big) = \pm 2$$

이는 다음을 의미한다.

$$\left| s_1(\omega)\big(s_2(\omega) - s_3(\omega)\big) + s_4(\omega)\big(s_2(\omega) + s_3(\omega)\big) \right| \leq 2$$

보조정리 A.6에서 다음을 얻는다.

$$\left| \mathbf{E}\left[s_1 s_2\right] - \mathbf{E}\left[s_1 s_3\right] + \mathbf{E}\left[s_2 s_4\right] + \mathbf{E}\left[s_3 s_4\right] \right| = \left| \mathbf{E}\left[s_1\left(s_2 - s_3\right) + s_4\left(s_2 + s_3\right)\right] \right| \leq 2$$

벨 부등식을 일반화하기 위해 관측의 결과로 주어지는 확률변수에 보조정리 4.6을 적용한다. 여기에서 하나는 앨리스가 다른 하나는 밥이 관측할 수 있는 입자 쌍을 다시 고려한다. 이들이 각각의 입자에서 관측할 수 있는 관측 가능량은 더 이상 $\mathbb{R}^3$의 방향으로 식별되는 관측 가능량으로 제한하지 않는다. 좀 더 일반적으로 앨리스는 장치 매개변수의 집합 P에서 (아마도 다차원) 매개변수 $\mathbf{p}^A$를 선택함으로써 관측 장치를 선택할 수 있는 관측을 수행할 수 있다.[2] $S_{\mathbf{p}^A}^A$로 표기하는 관측 가능량을 관측하고, 관측된 값은 $\{\pm 1\}$만을 값으로 가지며 $s_{\mathbf{p}^A}^A$로 표기한다.

마찬가지로 밥은 여러 개의 관측 장비를 갖고 있고, 그 가운데서 선택할 수 있다. 관측 장비의 상태는 변수 $\mathbf{p}^B \in P$로 서술할 수 있고, 입자의 관측으로 얻게 되는 관측 가능량은 $S_{\mathbf{p}^B}^B$로 표기한다. 이러한 관측 가능량은 $\{\pm 1\}$의 값만 가지며 관측값은 비슷하게 $s_{\mathbf{p}^B}^B$로 표기한다. 각각의 입자는, 잘 알지 못하는, 바꿔 말해서 숨은 변수 $\omega \in \Omega$로 완전히 기술된다고 가정한다. 기술의 완전성은 변수 $\omega \in \Omega$가 $s_{\mathbf{p}^A}^A$와 $s_{\mathbf{p}^B}^B$를 결정한다는 것을 의미한다. 즉, 각각의 관측 장비 $\mathbf{p}^A$, $\mathbf{p}^B$에서 관측된 값 $s_{\mathbf{p}^A}^A$와 $s_{\mathbf{p}^B}^B$는 확률 공간 $(\Omega,\, \mathbf{A},\, \mathbf{P})$에서 결합분포를 가지는 매개화된 확률변수임을 가정한다. 그러면 CHSH는 다음의 정리를 증명한다.

정리 4.7 $s_{\mathbf{p}}^A$와 $s_{\mathbf{p}}^B$는 확률 공간 $(\Omega,\, \mathbf{A},\, \mathbf{P})$의 확률변수이며 오직 $\{\pm 1\}$의 값만을 가진다. 그리고 변수 집합 P의 (다차원의) 변수 $\mathbf{p}$에 의해 매개화됐다.

$$s^X : P \times \Omega \longrightarrow \{\pm 1\} \qquad for\ X \in \{A, B\}$$
$$(\mathbf{p}, \omega) \longmapsto s_{\mathbf{p}}^X(\omega),$$

---

2 스핀을 관측하는 방향을 선택할 수 있는 스핀-관측도 포함하지만, 이것에 한정하진 않는다.

그러면 임의의 매개변수 $\mathbf{p}_1, \ldots, \mathbf{p}_4 \in P$에 대해 클라우저, 호른, 시모니, 홀트^{CHSH}에 의한 벨 부등식의 확장형이 성립한다.

$$\left| \mathbf{E}\left[s_{\mathbf{p}_1}^A s_{\mathbf{p}_2}^B\right] - \mathbf{E}\left[s_{\mathbf{p}_1}^A s_{\mathbf{p}_3}^B\right] + \mathbf{E}\left[s_{\mathbf{p}_4}^A s_{\mathbf{p}_2}^B\right] + \mathbf{E}\left[s_{\mathbf{p}_4}^A s_{\mathbf{p}_3}^B\right] \right| \leq 2 \qquad (4.37)$$

[증명]

(4.36)에서 $i \in \{1, 4\}$에 대해 $s_i = s_{\mathbf{p}_i}^A$라 두고, $i \in \{2, 3\}$에 대해 $s_i = s_{\mathbf{p}_i}^B$라 두면 보조정리 4.6에서 (4.37)이 유도된다. ∎

(4.37)을 유도할 때 $X \in \{A, B\}$, $i \in \{1, \ldots, 4\}$에 대한 모든 관측 가능량 $S_{\mathbf{p}_i}^X$은 실체의 결합 요소가 된다는 EPR-가정을 사용한다. 즉, 고려하는 입자의 이러한 관측 가능량이 값이 관측자에게 알려지지 않은 숨은 변수 ω에 의해 유일하게 결정돼 $\{\pm 1\}$의 값 중의 하나를 가진다는 것이다. 그렇다면 양자역학은 (4.37)의 좌변을 어떻게 예측할까? 이를 위해 얽힌 벨 상태 $|\Psi^-\rangle$의 부분인 두 개의 입자와 관측 가능량 $S_{\mathbf{p}_i}^X$으로 (4.23), (4.24)로 정의된 스핀-관측 가능량을 고려한다. 이러한 경우에는 방향에 의해 매개화된다. 즉, $\mathbf{p}_i = \hat{\mathbf{n}}^i$\$이며, 다음을 얻는다.

$$S_{\mathbf{p}_i}^X = \Sigma_{\hat{\mathbf{n}}^i}^X \qquad \text{for } X \in \{A, B\} \text{ and } i \in \{1, \ldots, 4\}$$

(x, z) 평면에서 다음의 방향을 선택한다.

$$\hat{\mathbf{n}}^i = \begin{pmatrix} \cos v_i \\ 0 \\ \sin v_i \end{pmatrix} \in S_{\mathbb{R}^3}^1 \quad \text{for } i \in \{1, \ldots, 4\} \qquad (4.38)$$

여기에 v_i는 향후 결정한다. 문제 4.55의 결과 (4.26)에서 다음을 얻는다.

$$\left\langle \Sigma_{\hat{\mathbf{n}}^1}^A \otimes \Sigma_{\hat{\mathbf{n}}^2}^B \right\rangle_{\Psi^-} - \left\langle \Sigma_{\hat{\mathbf{n}}^1}^A \otimes \Sigma_{\hat{\mathbf{n}}^3}^B \right\rangle_{\Psi^-} + \left\langle \Sigma_{\hat{\mathbf{n}}^4}^A \otimes \Sigma_{\hat{\mathbf{n}}^2}^B \right\rangle_{\Psi^-} + \left\langle \Sigma_{\hat{\mathbf{n}}^4}^A \otimes \Sigma_{\hat{\mathbf{n}}^3}^B \right\rangle_{\Psi^-}$$
$$= -\cos(v_1 - v_2) + \cos(v_1 - v_3) - \cos(v_4 - v_2) - \cos(v_4 - v_3) \qquad (4.39)$$

그림 4.1에 나타난 방향을 스핀-관측을 위해 선택하면,

$$v_1 = \frac{3\pi}{4} \qquad v_2 = \frac{\pi}{2} \qquad v_3 = 0 \qquad v_4 = \frac{\pi}{4} \qquad (4.40)$$

다음을 얻는다.

$$\left\langle \Sigma_{\hat{\mathbf{n}}^1}^A \otimes \Sigma_{\hat{\mathbf{n}}^2}^B \right\rangle_{\Psi^-} - \left\langle \Sigma_{\hat{\mathbf{n}}^1}^A \otimes \Sigma_{\hat{\mathbf{n}}^3}^B \right\rangle_{\Psi^-} + \left\langle \Sigma_{\hat{\mathbf{n}}^4}^A \otimes \Sigma_{\hat{\mathbf{n}}^2}^B \right\rangle_{\Psi^-} + \left\langle \Sigma_{\hat{\mathbf{n}}^4}^A \otimes \Sigma_{\hat{\mathbf{n}}^3}^B \right\rangle_{\Psi^-} = -2\sqrt{2}$$

(4.41)

이는 분명히 (4.37)을 위배한다.

그림 4.1 (4.40)으로 (x, z) 평면에서 $i \in \{1,...,4\}$에 대한 방향 $\hat{\mathbf{n}}^i$의 선택. 벨 부등식의 CHSH 확장을 검증하기 위해 스핀-관측에 사용한다.

서로 상반되는 (4.37)과 (4.41) 중에서 자연은 무엇을 선택할까? 이 질문에 대한 답은 애스펙트, 달리보드, 로저[9]에 의해 광자를 이용한 실험에서 알 수 있다. 그림 4.2에 개념적으로 요약을 했다. 답은 **자연은 (4.41)을 따르고, 벨 부등식의 CHSH 확장판(4.37)을 위배한다**이다. 그 실험에서 (다단계^{cascade}로 알려진) 두 번의 연속적인 전이를 통해 얽힌 상태에 있는 두 개의 광자를 생성하고 하나는 앨리스에게, 다른 하나는 밥에게 보낸다. 각각의 방출에서 도착까지 시간은 40ns이다. 이 시간 동안에 앨리스는 관측할 관측 가능량 $\Sigma_{\hat{\mathbf{n}}^1}^A$ 또는 $\Sigma_{\hat{\mathbf{n}}^4}^A$ 중에서 하나를 선택한다. 하나에서 다른 것으로 전환하는 데 소요되는 시간은 10ns 미만이다. 비슷하게 밥도 광자가 이동하는 동안에 앨리스와 **독립적으로** 관측 가능량 $\Sigma_{\hat{\mathbf{n}}^2}^B$, $\Sigma_{\hat{\mathbf{n}}^3}^B$ 중에서 하나를 선택한다. 그러면 앨리스와 밥이 관측하는 관측 가능량은 광자가 광원을 떠난 **후에** 결정된다. 동시성 필터^{coincidence filter}를 사용해 같은 곳에서 출발한 광자만을 선택한다. 이 필터는 선택된 광자가 같은 얽힌 상태에서 출발한 것임을 보장한다. 마지막으로 검출기를 이용해 각각의 광자에 대해 관측값 $\{\pm 1\}$을 기록한다.

많은 광자에 대한 이러한 관측의 예로 표 4.2에 가상의 결과를 나타냈다. $i, j \in \{1,...,4\}$일 때, $M_{i,j}^{A,B}$는 $\Sigma_{\hat{\mathbf{n}}^i}^A$와 $\Sigma_{\hat{\mathbf{n}}^j}^B$를 관측한 관측 집합이다. 그리고 $N_{i,j}^{A,B}$는 관측 횟수이고, $X \in \{A, B\}$일 때 $s_{\hat{\mathbf{n}}^i}^X(l)$는 관측 $l \in M_{i,j}^{A,B}$에서 관측된 값이다. 그러면 실험적으로 관측된 기댓값 $\overline{\Sigma_{\hat{\mathbf{n}}^i}^A \Sigma_{\hat{\mathbf{n}}^j}^B}$를 다음의 식으로 계산할 수 있다.

$$\overline{\Sigma_{\hat{\mathbf{n}}^i}^A \Sigma_{\hat{\mathbf{n}}^j}^B} = \frac{1}{N_{i,j}^{A,B}} \sum_{l \in M_{i,j}^{A,B}} s_{\hat{\mathbf{n}}^i}^A(l) s_{\hat{\mathbf{n}}^j}^B(l)$$

(4.42)

표 4.2 그림 4.2에 나타낸 실험에서 관측을 행한 가상의 결과들. $i \in \{1,...,4\}$에서 (4.38)과 (4.40) 의 선택을 이용해 앨리스는 $\sum_{\hat{n}^1}^A$과 $\sum_{\hat{n}^4}^A$ 중의 하나의 스핀을 관측하고, 밥은 $\sum_{\hat{n}^2}^B$과 $\sum_{\hat{n}^3}^B$ 중에서 하나의 스핀을 관측한다. 이러한 가상의 결과를 사용하면 (4.37)의 CHSH 부등식은 $-2.8 < -2$에 가까운 결과가 나온다. 즉, 관측 결과는 양자역학의 예측 (4.41)과 일치한다. 회색의 셀은 광자 쌍에 대해 대응하는 관측 가능량이 알려지지 않았음을 의미하며, 양자역학의 법칙에 따르면 $\hat{n}'$의 선택에 따라서 $\sum_{\hat{n}^1}^A$과 $\sum_{\hat{n}^4}^A$는 호환되지 않는 관측 가능량이므로 정확하게 관측할 수 없다.

입자 쌍의 번호	앨리스의 관측		밥의 관측	
	$S_{\hat{n}^1}^A$	$S_{\hat{n}^4}^A$	$S_{\hat{n}^2}^B$	$S_{\hat{n}^3}^B$
1	+1		+1	
2	−1		−1	
3	+1		+1	
4	+1		−1	
5	−1		+1	
6	+1		−1	
7	+1		−1	
8	−1		+1	
9	−1		+1	
10	−1		+1	
11	−1		+1	
12	−1		+1	
13	+1		−1	
14	−1		+1	
15	+1		−1	
16	+1		−1	
17	−1		+1	
18	+1		−1	
19	+1		−1	
20	−1		+1	
21	−1			−1
22	−1			−1
23	−1			−1
24	+1			+1
25	+1			+1
26	+1			+1
27	−1			−1
28	+1			+1
29	−1			−1
30	−1			+1
31	+1			+1
32	−1			−1
33	−1			+1
34	+1			+1
35	+1			+1
36	−1			−1
37	−1			−1
38	+1			+1
39	+1			+1
40	+1			−1

입자 쌍의 번호	앨리스의 관측		밥의 관측	
	$S_{\hat{n}^1}^A$	$S_{\hat{n}^4}^A$	$S_{\hat{n}^2}^B$	$S_{\hat{n}^3}^B$
41		+1	−1	
42		+1	−1	
43		+1	−1	
44		+1	−1	
45		−1	+1	
46		+1	+1	
47		−1	+1	
48		+1	−1	
49		−1	+1	
50		+1	−1	
51		+1	+1	
52		+1	−1	
53		+1	−1	
54		+1	−1	
55		−1	−1	
56		−1	+1	
57		−1	+1	
58		+1	−1	
59		−1	+1	
60		−1	+1	
61		+1		−1
62		+1		−1
63		−1		+1
64		+1		−1
65		−1		+1
66		−1		+1
67		−1		+1
68		+1		−1
69		−1		−1
70		−1		+1
71		−1		−1
72		+1		−1
73		−1		+1
74		+1		−1
75		+1		−1
76		−1		+1
77		−1		+1
78		+1		−1
79		−1		−1
80		−1		+1

이렇게 계산한 기댓값 $\overline{\Sigma_{\hat{\mathbf{n}}^i}^A \Sigma_{\hat{\mathbf{n}}^j}^B}$을 (4.41) 좌변의 양자역학 기댓값 $\left\langle \Sigma_{\hat{\mathbf{n}}^i}^A \otimes \right.$ $\left. \Sigma_{\hat{\mathbf{n}}^j}^B \right\rangle_{\Psi^-}$의 근사값으로 대입하면, 이 식이 성립해 양자역학의 예측이 맞다는 것을 알 수 있다. 반면 기댓값 $\overline{\Sigma_{\hat{\mathbf{n}}^i}^A \Sigma_{\hat{\mathbf{n}}^j}^B}$을 (4.37)의 좌변에 (결합분포를 가정하는) 고전 기댓값 $\mathbf{E}\left[s_{\hat{\mathbf{n}}^i}^A s_{\hat{\mathbf{n}}^j}^B \right]$에 대입하면 벨 부등식이 위배되는 것을 볼 수 있다. (4.42)를 이용하면, 표 4.2의 가상의 관측값들에 대한 벨 부등식의 CHSH 확장인 (4.37)이 $-2.8 < -2$가 된다. 즉, (4.41)과 일치한다.

$\Sigma_{\hat{\mathbf{n}}^1}^A$과 $\Sigma_{\hat{\mathbf{n}}^2}^B$가 동시에 실체의 요소를 구성한다는 **실체의 불합리한 거동**을 제외하는 EPR-가정은 결과적으로 표 4.2에 나타난 관측 결과의 회색 셀을 $\{\pm 1\}$의 값을 사용해 채울 수 있다. $+1$ 또는 -1의 값으로 표 4.2의 글자 그대로 회색 셀을 채우기 위해 어떠한 은유적인 **회색 영역**을 사용해도 **벨 부등식 (4.37)은 만족한다**.

추가적으로 혼란스러운 사실을 하나 더 설명한다. $X \in \{A, B\}$, $i \in \{1, \ldots, 4\}$일 때 $\Sigma_{\hat{\mathbf{n}}^i}^X$의 '모든' 관측은 $\{\pm 1\}$의 값을 가진다. 이러한 관측 가능량의 관측은 다른 값을 주지 않는다. 그래서 이러한 관측 가능량은 항상 $+1$ 또는 -1을 가진다고 가정하는 것은 **합리적**이다. 그러면 결국 $i, j \in \{1, \ldots, 4\}$일 때 관측 가능량의 쌍인 $(\Sigma_{\hat{\mathbf{n}}^i}^A, \Sigma_{\hat{\mathbf{n}}^j}^B)$는 $\{\pm 1, \pm 1\}$에서 값을 가진다. 그러나 정확하게 이것은 벨 부등식의 CHSH 확장판 (4.37)의 필요조건이다. 그러나 (4.41)에서 봤듯이, 이 부등식은 양자역학에 의해 위배됐다. 그러므로 $\Sigma_{\hat{\mathbf{n}}^i}^A$와 $\Sigma_{\hat{\mathbf{n}}^j}^B$는 비록 각각의 관측에서 관측할 수 있는 값을 동시에 가진다고 가정하는 것은 불가능하다. 바꿔 말하면 이러한 관측 가능량을 각각 관측할 수 있고, 각각의 관측은 $\{\pm 1\}$의 값을 갖지만, 두 개가 동시에 이러한 값을 같이 가지는 것은 불가능하다.

마지막으로, 양자역학이 벨 부등식을 위배한다고 예측하는 것은 얽힌 상태에서 특정한 스핀-방향을 관측할 때에 한정된다. 예를 들어 상태 $|\Psi^-\rangle$에서 $\hat{\mathbf{n}}^2 = \hat{\mathbf{n}}^3$의 방향에서 스핀을 관측하면 (4.39)의 양자역학 예측은 $-\sqrt{2}$이어서 벨 부등식의 CHSH 확장판 (4.37)을 만족한다. 분리 가능한 (그래서 얽혀 있지 않은) 상태의 스핀-관측 가능량에 대한 양자역학 기댓값은 항상 이 부등식을 만족한다. 다음의 명제에서 증명한다.

명제 4.8 임의의 분리 가능한 상태 $|\varphi\rangle \otimes |\psi\rangle \in \mathbb{H}^A \otimes \mathbb{H}^B$에서, $i \in \{1, \ldots, 4\}$일 때 임의의 스핀-방향 $\hat{\mathbf{n}}^i$에 대한 스핀-관측 가능량 $\Sigma_{\hat{\mathbf{n}}^i}^A \otimes \Sigma_{\hat{\mathbf{n}}^j}^B$의 기댓값은 벨 부등식의 CHSH 확장판을 만족한다.

$$\left| \left\langle \Sigma_{\hat{\mathbf{n}}^1}^A \otimes \Sigma_{\hat{\mathbf{n}}^2}^B \right\rangle_{\varphi \otimes \psi} - \left\langle \Sigma_{\hat{\mathbf{n}}^1}^A \otimes \Sigma_{\hat{\mathbf{n}}^3}^B \right\rangle_{\varphi \otimes \psi} + \left\langle \Sigma_{\hat{\mathbf{n}}^4}^A \otimes \Sigma_{\hat{\mathbf{n}}^2}^B \right\rangle_{\varphi \otimes \psi} + \left\langle \Sigma_{\hat{\mathbf{n}}^4}^A \otimes \Sigma_{\hat{\mathbf{n}}^3}^B \right\rangle_{\varphi \otimes \psi} \right| \leq 2 \tag{4.43}$$

[증명]

일반적으로, 관측 가능량의 곱 $M^A \otimes M^B$의 기댓값은 분리 가능한 상태 $|\varphi\rangle \otimes |\psi\rangle$ $\in \mathbb{H}^A \otimes \mathbb{H}^B$로 분해된다.

$$
\begin{aligned}
\left\langle M^A \otimes M^B \right\rangle_{\varphi \otimes \psi} &= \langle \varphi \otimes \psi | M^A \otimes M^B (\varphi \otimes \psi) \rangle = \langle \varphi \otimes \psi | M^A \varphi \otimes M^B \psi \rangle \\
&\underbrace{=}_{(3.4)} \langle \varphi | M^A \varphi \rangle \langle \psi | M^B \psi \rangle \\
&= \left\langle M^A \right\rangle_\varphi \left\langle M^B \right\rangle_\psi
\end{aligned}
\tag{4.44}
$$

(2.118)에서 임의의 상태 $|\varphi\rangle \in \mathbb{H}^A$는 다음의 형태를 가진다.

$$|\varphi\rangle = e^{i\alpha} \cos\beta |0\rangle + e^{i\gamma} \sin\beta |1\rangle$$

그리고 (2.125)에서 $\hat{\mathbf{n}}(\theta, \phi)$ 방향의 스핀에 대한 업 상태는 다음이다.

$$|\uparrow_{\hat{\mathbf{n}}(\theta,\phi)}\rangle = e^{-i\frac{\phi}{2}} \cos\frac{\theta}{2} |0\rangle + e^{i\frac{\phi}{2}} \sin\frac{\theta}{2} |1\rangle$$

단위벡터 $\hat{\mathbf{n}}^\varphi := \hat{\mathbf{n}}(2\beta, \frac{\gamma-\alpha}{2})$를 이용하면 $|\varphi\rangle$는 다음의 형태이다.

$$|\varphi\rangle = e^{i\frac{\alpha+\gamma}{2}} |\uparrow_{\hat{\mathbf{n}}(2\beta, \frac{\gamma-\alpha}{2})}\rangle = e^{i\frac{\alpha+\gamma}{2}} |\uparrow_{\hat{\mathbf{n}}^\varphi}\rangle$$

임의의 δ와 $\hat{\mathbf{n}}^\psi$에 대한 $|\Psi^-\rangle = e^{i\delta} |\uparrow_{\hat{\mathbf{n}}^\psi}\rangle$에 대해서도 같은 것이 성립한다.

문제 4.57 다음을 증명하라.

$$\left\langle \Sigma_{\hat{\mathbf{n}}} \right\rangle_{|\uparrow_{\hat{\mathbf{m}}}\rangle} = \hat{\mathbf{n}} \cdot \hat{\mathbf{m}} \tag{4.45}$$

(4.44), (4.45)와 (정의 2.14와 그 다음에 나오는 단락에서 논의한) 복소수 위상 계수는 무관하다는 사실을 이용하면 다음을 얻는다.

$$\left\langle \Sigma_{\hat{\mathbf{n}}^i}^A \otimes \Sigma_{\hat{\mathbf{n}}^j}^B \right\rangle_{\varphi \otimes \psi} \underbrace{=}_{(4.44)} \left\langle \Sigma_{\hat{\mathbf{n}}^i}^A \right\rangle_\varphi \left\langle \Sigma_{\hat{\mathbf{n}}^j}^B \right\rangle_\psi \underbrace{=}_{(4.45)} \left(\hat{\mathbf{n}}^i \cdot \hat{\mathbf{n}}^\varphi \right) \left(\hat{\mathbf{n}}^j \cdot \hat{\mathbf{n}}^\psi \right)$$

그래서

$$\left| \left\langle \Sigma_{\hat{n}^1}^A \otimes \Sigma_{\hat{n}^2}^B \right\rangle_{\varphi \otimes \psi} - \left\langle \Sigma_{\hat{n}^1}^A \otimes \Sigma_{\hat{n}^3}^B \right\rangle_{\varphi \otimes \psi} + \left\langle \Sigma_{\hat{n}^4}^A \otimes \Sigma_{\hat{n}^2}^B \right\rangle_{\varphi \otimes \psi} + \left\langle \Sigma_{\hat{n}^4}^A \otimes \Sigma_{\hat{n}^3}^B \right\rangle_{\varphi \otimes \psi} \right|$$

$$= \left| \hat{n}^1 \cdot \hat{n}^\varphi \left(\hat{n}^2 \cdot \hat{n}^\Psi - \hat{n}^3 \cdot \hat{n}^\Psi \right) + \hat{n}^4 \cdot \hat{n}^\varphi \left(\hat{n}^2 \cdot \hat{n}^\Psi + \hat{n}^3 \cdot \hat{n}^\Psi \right) \right|$$

$$\leq \left| \hat{n}^1 \cdot \hat{n}^\varphi \right| \left| \hat{n}^2 \cdot \hat{n}^\Psi - \hat{n}^3 \cdot \hat{n}^\Psi \right| + \left| \hat{n}^4 \cdot \hat{n}^\varphi \right| \left| \hat{n}^2 \cdot \hat{n}^\Psi + \hat{n}^3 \cdot \hat{n}^\Psi \right|$$

$$\leq \left| \left(\hat{n}^2 - \hat{n}^3 \right) \cdot \hat{n}^\Psi \right| + \left| \left(\hat{n}^2 + \hat{n}^3 \right) \cdot \hat{n}^\Psi \right| \tag{4.46}$$

임의의 $x, y \in \mathbb{R}$에 대해 다음을 알 수 있다.

$$|x| + |y| = \begin{cases} |x+y| & \text{if } xy \geq 0 \\ |x-y| & \text{if } xy < 0 \end{cases}$$

그래서

$$\left| \left(\hat{n}^2 - \hat{n}^3 \right) \cdot \hat{n}^\Psi \right| + \left| \left(\hat{n}^2 + \hat{n}^3 \right) \cdot \hat{n}^\Psi \right| = 2 \max \left\{ \left| \hat{n}^2 \cdot \hat{n}^\Psi \right|, \left| \hat{n}^3 \cdot \hat{n}^\Psi \right| \right\} \leq 2 \tag{4.47}$$

(4.47)을 (4.46)에 대입하면 (4.43)을 얻는다.

4.6 불가능한 기계 두 개

4.6.1 벨 전화

EPR에 의하면 **비합리적**인 양자역학의 거동, 즉 앨리스가 행한 관측이 밥의 입자의 실체에 순간적으로 영향을 주는 것을 이용해 앨리스와 밥 사이에 빛보다 빠른 통신을 구현하려고 노력한 사람들이 있었다. 그러나 이제 증명하겠지만, **벨 전화**$^{\text{Bell telephone}}$라고 부르는 그런 기계는, 빛의 속도보다 느릴지라도 정보를 전달하는 것에 사용할 수 없다.

벨 전화는 다음과 같이 작용하는 것을 가정한다. 앨리스와 밥이 벨 상태 $|\Phi^+\rangle$에 있는 입자를 각각 갖고 있다고 가정한다. 4.4절 (4.22) 다음에서 논의했듯이, 앨리스는 σ_z를 사용해 자신의 입자를 관측하면 밥의 입자를 $|0\rangle = |\uparrow_{\hat{z}}\rangle$ 또는 $|1\rangle = |\downarrow_{\hat{z}}\rangle$으로 사영한다. 그러나 앨리스가 σ_x를 측정하면 밥의 입자는 $|+\rangle = |\uparrow_{\hat{x}}\rangle$ 또는 $|-\rangle = |\downarrow_{\hat{x}}\rangle$로 사영된다. 그러므로 앨리스는 표 4.3의 프로토콜을 이용해 밥에게 메시지 전송을 시도할 것이다. 밥의 입자가 상태 $\{|0\rangle, |1\rangle\}$인지 또는 상태 $\{|+\rangle, |-\rangle\}$인지에 따라서 밥이 0 또는 1을 읽을 수 있다고 가정한

다. 그러나 이제 증명하겠지만 앨리스의 관측 후에 밥의 입자가 혼합 상태에 있기 때문에 이러한 정보 전달은 작동하지 않는다. 이런 혼합 상태는 $|0\rangle$과 $|1\rangle$ 또는 $|+\rangle$과 $|-\rangle$를 사용해 기술할 수 있다. 그러나 앨리스가 무엇을 관측했든지, 상태 서술을 위해 무엇을 사용했든지 혼합 상태는 항상 같다. 그래서 밥은 앨리스가 쓴 것을 읽을 수 없다.

표 4.3 벨 전화의 프로토콜

일치한 비트의 값	앨리스의 관측	밥의 큐비트의 상태
0	σ_z	$|0\rangle$ or $|1\rangle$
1	σ_x	$|+\rangle$ or $|-\rangle$

관측 가능량은 σ_z, σ_x로 한정하지 않고, 큐비트 한 개의 시스템으로 한정하지 않는 일반적인 상황에서 논의를 한다. 앨리스는 부분 시스템 $\mathbb{H}^A$에 대해 관여하고 밥은 부분 시스템 $\mathbb{H}^B$에 대해 관여한다고 가정한다. 각각은 복합 시스템 $\mathbb{H}^A \otimes \mathbb{H}^B$을 이룬다. 그리고 앨리스는 자신이 가지고 있는 부분 시스템의 순수한 이산스펙트럼을 가지는 두 개의 서로 다른 관측 가능량 M^A와 $\tilde{M}^A$를 가진다고 가정한다. 이 두 개 중에서 하나를 선택해 관측을 하면 밥에게 고전 비트 0과 1을 보내는 것이라고 가정한다. 예를 들어 M^A를 관측하면 0, $\tilde{M}^A$를 관측하면 1을 의미하는 통신 규약에 동의했다고 가정한다.

표기의 편의를 위해 고유벡터 $\lambda_a \in \sigma(M^A)$, $\tilde{\lambda} \in \sigma(\tilde{M}^A)$는 $\mathbb{H}^A$에서 퇴화하지 않는 것으로 가정한다. 다음에 나오는 논증들은 고유벡터가 퇴화하는 경우에도 표기가 매우 복잡하게 되지만 성립한다.

고유벡터 $|e_a\rangle \in \mathrm{Eig}(M^A, \lambda_a)$로 구성된 $\mathbb{H}^A$의 ONB $\{|e_a\rangle\}$와 고유벡터 $|\tilde{e}_a\rangle \in \mathrm{Eig}(\tilde{M}^A, \tilde{\lambda}_a)$로 구성된 $\mathbb{H}^B$의 ONB가 존재한다. 문제 2.15에서 이러한 ONB 사이에 다음과 같은 유니타리 변환이 존재한다.

$$|\tilde{e}_a\rangle = U|e_a\rangle = \sum_{a_1}\langle e_{a_1}|Ue_a\rangle|e_{a_1}\rangle = \sum_{a_1} U_{a_1 a}|e_{a_1}\rangle \tag{4.48}$$

여기에서 $U \in \mathcal{U}(\mathbb{H}^A)$이다.

밥의 시스템에서 $\{|f_b\rangle\} \in \mathbb{H}^B$가 $\mathbb{H}^B$의 ONB이다. 명제 3.2에서 벡터집합 $\{|e_a \otimes f_b\rangle\}$와 집합 $\{|\tilde{e}_a \otimes f_b\rangle\}$는 복합 시스템의 힐베르트 공간 $\mathbb{H}^A \otimes \mathbb{H}^B$의 각각의 ONB를 구성한다. $\mathbb{H}^A \otimes \mathbb{H}^B$에서 벡터 $\{|e_a \otimes f_b\rangle\}$는 관측 가능량 $M^A \otimes \mathbf{1}^B$

의 고유벡터이고, $\{|\widetilde{e}_a \otimes f_b\rangle\}$는 $\widetilde{M}^A \otimes \mathbf{1}^B$의 고유벡터이다.

$$\left(M^A \otimes \mathbf{1}^B\right)|e_a \otimes f_b\rangle = \lambda_a |e_a \otimes f_b\rangle$$

$$\left(\widetilde{M}^A \otimes \mathbf{1}^B\right)|\widetilde{e}_a \otimes f_b\rangle = \widetilde{\lambda}_a |\widetilde{e}_a \otimes f_b\rangle$$

여기에서 $\sigma(M^A \otimes \mathbf{1}^B) = \sigma(M^A)$이고 $\sigma(\widetilde{M}^A \otimes \mathbf{1}^B) = \sigma(\widetilde{M}^A)$이다. 관측 가능량 $M^A \otimes \mathbf{1}^B \in \mathrm{B}_{sa}(\mathbb{H}^A \otimes \mathbb{H}^B)$의 고윳값은 각각 $(\dim \mathbb{H}^B)$-겹 퇴화됐다. 즉, $\dim \mathrm{Eig}(M^A \otimes \mathbf{1}^B, \lambda_a) = \dim \mathbb{H}^B$이다. $M^A \otimes \mathbf{1}^B$의 일반적인 고유벡터는 다음의 형태이다.

$$|e_a \otimes \varphi\rangle = \sum_b \varphi_b |e_a \otimes f_b\rangle$$

그리고 $\widetilde{M}^A \otimes \mathbf{1}^B$에 대해서도 비슷한 것이 성립한다.

초기에 복합 시스템이 다음의 순수 상태로 준비됐다고 가정한다.

$$|\Psi\rangle = \sum_{a,b} \Psi_{ab}|e_a \otimes f_b\rangle = \sum_{a,b} \widetilde{\Psi}_{ab}|\widetilde{e}_a \otimes f_b\rangle \tag{4.49}$$

그리고 부분 시스템 $\mathbb{H}^A$의 입자는 앨리스에게, $\mathbb{H}^B$의 입자는 밥에게 전달됐다고 가정한다. 각각의 부분 시스템이 같은 복합 시스템의 일부라는 것을 이용해 앨리스는 밥에게 고전 비트 0을 보내고 싶어 한다. 이를 위해 앨리스는 관측 가능량 M^A를 관측한다. 복합 시스템에서는 이것은 관측 가능량 $M^A \otimes \mathbf{1}^B$의 관측이다. λ_a가 이러한 관측에서의 관측값이면 사영 공준 (2.87)에서 관측 후의 복합 시스템은 다음의 상태가 된다.

$$\rho_{\lambda_a} := \frac{P_{\lambda_a} \rho_\Psi P_{\lambda_a}}{\mathrm{tr}\left(\rho P_{\lambda_a}\right)} \tag{4.50}$$

여기에서 $P_{\lambda_a} = |e_a\rangle\langle e_a| \otimes \mathbf{1}^B$는 고유공간 $\mathrm{Eig}(M^A \otimes \mathbf{1}^B, \lambda_a)$로의 사영이고, $\rho_\Psi = |\Psi\rangle\langle\Psi|$는 처음 순수 상태 (4.49)의 밀도 연산자다.

(2.86)에서 λ_a를 관측해 ρ_{λ_a}로 끝날 확률이 $\mathrm{tr}(\rho P_{\lambda_a})$로 주어진다. (밥을 포함해) 관측된 고윳값이 무엇인지 모르는 사람에게는 앨리스의 관측 후에 복합 시스템은 혼합 상태 ρ에 의해 기술된다. 이것은 각각이 발생할 확률 $\mathrm{tr}(\rho P_{\lambda_a})$인 상태 ρ_{λ_a}의 통계적 앙상블이다.

$$\rho = \sum_a \mathbf{P}\{\text{To observe } \lambda_a\}\, \rho_{\lambda_a} \underbrace{=}_{(2.86)} \sum_a \text{tr}\left(\rho P_{\lambda_a}\right) \rho_{\lambda_a} \underbrace{=}_{(4.50)} \sum_a P_{\lambda_a} \rho_\Psi P_{\lambda_a} \quad (4.51)$$

앨리스의 관측 가능량 M^A의 관측 후에 밥의 부분 시스템을 기술하는 혼합 상태는 축약 밀도 연산자 $\rho^B(\rho)$로 기술된다.

문제 4.58 $\mathbb{H}^A$상의 ρ의 부분 대각합, 즉 B를 기술하는 축약 밀도 연산자 $\rho^B(\rho)$는 다음으로 주어지는 것을 보여라.

$$\rho^B(\rho) = \sum_{b_1, b_2} \sum_a \Psi_{ab_1} \overline{\Psi_{ab_2}} |f_{b_1}\rangle\langle f_{b_2}| \quad (4.52)$$

이제, 밥에게 고전 비트 1을 보내기 위해 앨리스가 관측 가능량 $\widetilde{M}^A$를 관측한다. M^A에 대한 설명과 같이, 밥의 부분 시스템은 다음의 혼합 상태가 된다.

$$\rho^B(\widetilde{\rho}) = \sum_{b_1, b_2} \sum_a \widetilde{\Psi}_{ab_1} \overline{\widetilde{\Psi}_{ab_2}} |f_{b_1}\rangle\langle f_{b_2}| \quad (4.53)$$

(4.48)과 (4.49)에서 다음을 얻는다.

$$\Psi_{ab} = \sum_{a_1} U_{aa_1} \widetilde{\Psi}_{a_1 b} \quad (4.54)$$

그러면

$$\sum_a \Psi_{ab_1} \overline{\Psi_{ab_2}} \underbrace{=}_{(4.54)} \sum_{a,a_1,a_2} U_{aa_1} \widetilde{\Psi}_{a_1 b_1} \overline{U_{aa_2} \widetilde{\Psi}_{a_2 b_2}} \underbrace{=}_{(2.34)} \sum_{a,a_1,a_2} U_{aa_1} U^*_{a_2 a} \widetilde{\Psi}_{a_1 b_1} \overline{\widetilde{\Psi}_{a_2 b_2}}$$

$$= \sum_{a_1,a_2} \underbrace{(U^* U)_{a_2 a_1}}_{=\delta_{a_2 a_1}} \widetilde{\Psi}_{a_1 b_1} \overline{\widetilde{\Psi}_{a_2 b_2}}$$

$$= \sum_a \widetilde{\Psi}_{ab_1} \overline{\widetilde{\Psi}_{ab_2}} \quad (4.55)$$

마지막 식에서 U의 유니타리 성질을 이용했다. (4.52)와 (4.53), (4.55)로부터 다음을 알 수 있다.

$$\rho^B(\rho) = \rho^B(\widetilde{\rho})$$

이것은 밥의 부분 시스템은 앨리스의 관측과 무관하게 항상 같은 혼합 상태에 있음을 의미한다. 즉, 앨리스가 0을 보내기 위해 M^A를 관측하고, 1을 보내기 위해 $\tilde{M}^A$를 관측하는 차이를 밥은 구분할 수 없다는 것을 의미한다. 이것이 다음 명제의 증명이 된다.

따름정리 4.9 벨 전화는 존재하지 않는다.

복합 상태 $|\Phi^+\rangle$를 가지고 표 4.3에서 주어진 프로토콜을 이용해 다시 한 번 설명한다. 밥이 메시지를 어떻게 읽을까? 밥은 자신의 입자가 $\{|0\rangle, |1\rangle\}$ 또는 $\{|+\rangle, |-\rangle\}$로 기술되는지를 결정해야 한다. 밥은 자신의 입자에 σ_z 또는 σ_x를 관측해 이것을 결정하려고 할 것이다. 밥이 자신의 입자에 관측 가능량 σ_z를 관측해 +1의 값을 관측했다고 가정한다. 그러면 밥은 자신의 입자가 $|0\rangle = |{\downarrow}_{\hat{z}}\rangle$의 상태였다고 결론지을 수 있는가? 분명히 **그렇지 않다.** 상태 $|+\rangle$, $|-\rangle$에 있어도 σ_z를 측정할 때 +1을 관측할 확률은 영이 아니기 때문이다.

$$|\langle 0|+\rangle|^2 = \frac{1}{2} = |\langle 0|-\rangle|^2$$

결국 밥의 관측으로는 입자가 어느 상태인지 결정할 수 없고 그러므로 앨리스가 보낸 비트 값을 알 수 없다.

밥이 자신의 입자는 **복사**할 수 있는 경우, 즉 밥에게 어떤 상태인지 알려지지 않는 그의 주어진 입자를 같은 상태로 (적어도 2개 이상의) 여러 개의 입자로 준비할 수 있다면, 위의 결론은 유효하지 않게 된다. 이것이 어떻게 작동하는지 보기 위해 앨리스가 σ_z를 관측했다고 가정한다. 그러면 밥의 큐비트는 $|0\rangle$ 또는 $|1\rangle$의 상태에 놓이게 된다. $|0\rangle$의 상태라고 가정한다. 이때 밥은 아직 상태가 알려지지 않은 입자의 여러 개의 복사품을 만든다. 복사품에 대해 σ_z를 관측한다. 그러면 모든 경우에 대해 +1의 값을 얻게 된다. 앨리스가 σ_x를 관측했다고 가정한다. 그러면 밥의 큐비트는 $|+\rangle$ 또는 $|-\rangle$의 상태에 놓이게 된다. $|+\rangle$이라고 가정한다. 밥은 다시 같은 상태의 여러 개의 복사품을 만든다. 각각의 복사품에 대해 σ_z를 관측한다. 그러나 관측결과의 절반은 +1의 값을 얻고, 나머지 반은 −1의 값을 얻게 된다. 이것은 앨리스가 σ_z를 관측할 때 밥의 σ_z 관측의 결과가 모두 +1 또는 −1을 얻는 것과 다르다. 그러므로 밥이 자신에게 알려지지 않은 상태를 복사할 수 있다면 처음 입자의 복사품의 관측의 결과로 앨리스가 처음 전달

하려고 했던 (표 4.3의) 고전 비트를 알아낼 수 있다. 결국 양자-복사기는 벨 전화를 허용한다[68].

그러나 양자 복사기copyer 또는 복제기cloner라고 하는, 알려지지 않은 양자 상태를 복사하는 장치는 존재하지 않는다. 다음 절에서 증명한다.

4.6.2 완벽한 양자 복사기

양자 복사기가 존재하지 않는다는 다르게 표현하면 **큐비트는 복제할 수 없다**[15]와 같다. 이 사실은 상태벡터를 포함하는 힐베르트 공간의 선형 구조에서 기인한 것이다. $\mathbb{H}$의 상태벡터를 가지는 시스템의 양자 복사기는 다음으로 정의한다.

> **정의 4.10** 다음이 주어져 있다.
> (i) 복제할 (원래의) 임의의 상태 $|\psi\rangle \in \mathbb{H}$
> (ii) 복사의 결과가 나타날 상태 (하얀 종이) $|\omega\rangle \in \mathbb{H}$
>
> **양자 복사기**quantum copier K는 원래 상태 $|\psi\rangle$에는 변화가 없고, 하얀 종이 상태 $|\omega\rangle$를 원래 상태 $|\psi\rangle$로 변환하는 선형 변환이다. 즉, K는 임의의 $|\psi\rangle \in \mathbb{H}$와 미리 정한 $|\omega\rangle \in \mathbb{H}$에 대해 다음을 만족하는 연산자다.
>
> $$K : |\psi\rangle \otimes |\omega\rangle \mapsto |\psi\rangle \otimes |\psi\rangle \tag{4.56}$$

복사를 여러 번 하는 경우는 양자 복사기를 여러 번 적용해서 얻을 수 있다. 그러나 이러한 양자 복사기는 존재하지 않는다는 것을 쉽게 보일 수 있다. 이 정리는 **양자 복제 불가능 정리**Quantum No-Cloning Theorem라고 한다.

> **명제 4.11** (양자 복제 불가능 정리[15]) 양자 복사기는 존재하지 않는다.

[증명]

$\mathbb{H} = {}^\P\mathbb{H}$이며 $|0\rangle$, $|1\rangle$, $\frac{1}{\sqrt{2}}(|1\rangle + |0\rangle)$에 대한 양자 복사기의 작용을 고려하면 충분하다. 정의에서 K는 다음을 만족해야 한다.

$$K\big(|0\rangle \otimes |\omega\rangle\big) \underbrace{=}_{(4.56)} |0\rangle \otimes |0\rangle \tag{4.57}$$

$$K\big(|1\rangle \otimes |\omega\rangle\big) \underbrace{=}_{(4.56)} |1\rangle \otimes |1\rangle \tag{4.57}$$

$$K\left(\frac{|1\rangle + |0\rangle}{\sqrt{2}} \otimes |\omega\rangle\right) \underbrace{=}_{(4.56)} \frac{|1\rangle + |0\rangle}{\sqrt{2}} \otimes \frac{|1\rangle + |0\rangle}{\sqrt{2}} \tag{4.57}$$

K는 선형이므로 (4.59) 대신 다음을 만족해야 한다.

$$
\begin{aligned}
K\left(\frac{|1\rangle + |0\rangle}{\sqrt{2}} \otimes |\omega\rangle\right) &= K\left(\frac{1}{\sqrt{2}}\big(|1\rangle \otimes |\omega\rangle\big) + \frac{1}{\sqrt{2}}\big(|0\rangle \otimes |\omega\rangle\big)\right) \\
&\underbrace{=}_{(4.56)} \frac{1}{\sqrt{2}}\Big(K\big(|1\rangle \otimes |\omega\rangle\big) + K\big(|0\rangle \otimes |\omega\rangle\big)\Big) \\
&\underbrace{=}_{(4.57),(4.58)} \frac{1}{\sqrt{2}}\Big(|1\rangle \otimes |1\rangle + |0\rangle \otimes |0\rangle\Big) \\
&\neq \frac{|1\rangle + |0\rangle}{\sqrt{2}} \otimes \frac{|1\rangle + |0\rangle}{\sqrt{2}}
\end{aligned}
$$

이로써 임의의 큐비트를 복사할 수 있는 장치는 없다는 것이 유도된다. 큐비트는 양자 시스템의 특수한 형태이므로 명제 4.11의 일반 명제는 성립하게 된다. ∎

정의 4.10에서 언급한 **임의의 상태**가 아니라, **특정 상태**를 복사할 수 있는 장치는 존재한다는 것을 언급한다. 그림 5.5에서 정의한 제어된 NOT $\Lambda^1(X)$는 (4.57), (4.58)의 조건을 만족한다. 즉, 상태 $|0\rangle$과 $|1\rangle$을 복제한다. 양자 복제 불가능 정리는 **모든** 상태를 복제할 수 있는 장치가 없다는 것을 의미한다.

4.7 읽을거리

역사에 관심이 있는 독자는 아인슈타인, 포돌스키, 로젠[4]의 논문을 읽어보면 좋다. 여기에서 EPR 패러독스가 처음 설명됐다. 마찬가지로 벨[8, 63]의 논문은 그의 이름을 가진 부등식의 기원에 관심이 있는 독자에게 좋은 읽을거리이다. 벨[44]의 모음집에 앞의 논문을 포함해 양자이론에 관한 광범위하며 근본적인 질문을 하는 다른 논문들이 있다.

오드레치[69]의 책은 얽힘에 대한 입문 교과서로 좋은 책이며 양자 계산 및 양자 정보에 관해서도 다루고 있다. 벵스톤과 지치코브스키[59]는 매우 수학적이며 특히 기하학에서 영감을 얻은 관점으로 얽힘을 설명한다. 랄로에[45]는 다른 책과 달리 수학적 (형식적) 설명과 넓은 철학적 질문을 균형 있게 다루고 있다. 양자역학, EPR 및 벨 부등식 해석에 관한 내용과 더불어 양자정보에서 얽힘의 현재의 역할에 관해 설명하고 있다.

05

양자 게이트, 회로, 기본 계산

5.1 고전 게이트

양자 게이트, 즉 큐비트 게이트를 언급하기 전에 먼저 일반 **고전**classical 게이트에 대해 설명한다. 고전 컴퓨터에서 프로세서는 기본적으로 하나의 고전 상태를 다른 상태로 일련의 변환을 수행한다.

$$\begin{aligned} f : \{0,1\}^n &\longrightarrow \{0,1\}^m \\ x &\longmapsto f(x) \end{aligned} \tag{5.1}$$

이것을 **고전 계산 과정**classical computational process이라 하며 고전 게이트와 회로의 접합으로 구현한다.[1]

정의 5.1 (기본) 고전 (논리) 게이트 g는 다음의 사상으로 정의한다.

$$\begin{aligned} g : \{0,1\}^n &\longrightarrow \{0,1\} \\ (x_1,\dots,x_n) &\longmapsto g(x_1,\dots,x_n) \end{aligned}$$

확장 고전 논리 게이트 g는 다음의 사상으로 정의한다.

---

1   이 책에서 사용하는 계산 과정의 기본 모형은 튜링 머신[70]을 기본으로 하는 순차적(sequential) 모형이다.

$$g : \quad \{0,1\}^n \longrightarrow \{0,1\}^m$$
$$(x_1,\ldots,x_n) \longmapsto (g_1(x_1,\ldots,x_n),\ldots,g_m(x_1,\ldots,x_n))$$

여기에서 각각의 g_i는 기본 게이트다. 전단사함수여서 역함수를 구할 수 있는 경우의 고전 게이트 g를 **가역적**reversible이라고 한다.

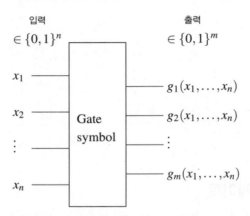

입력   출력

$\in \{0,1\}^n$ $\in \{0,1\}^m$

x_1 $g_1(x_1,\ldots,x_n)$

x_2 Gate symbol $g_2(x_1,\ldots,x_n)$

x_n $g_m(x_1,\ldots,x_n)$

그림 5.1 일반적인 고전 게이트의 개념도

고전 컴퓨터의 모든 작업은 (5.1) 형식이다. 즉, 고전 비트를 하나의 상태에서 다른 상태로 변환한다. 따라서 고전 프로세서는 범용 고전 논리 게이트 또는 회로들의 적절한 순열의 물리적 구현에 지나지 않는다.

일반적으로 게이트는 그림 5.1과 같이 특별한 기호로 표기한다.

고전 게이트의 기술을 위해 다음과 같이 이진법 덧셈을 정의하는 것이 도움이 된다.

정의 5.2 $u,v \in \{0,1\}$에 대해 **이진법 덧셈**binary addition $u \overset{2}{\oplus} v$를 다음으로 정의한다.

$$u \overset{2}{\oplus} v := (u+v) \quad \mathrm{mod}\, 2 \tag{5.2}$$

여기에서 $a \bmod n$의 표기는 부록 D에서 정의된다.

중요한 고전 게이트의 예들이다.

- 고전 NOT 게이트

$$\text{NOT} : \{0,1\} \longrightarrow \{0,1\}$$
$$x_1 \longmapsto \text{NOT}(x_1) := 1 \overset{2}{\oplus} x_1 \tag{5.3}$$

일반적으로 $0 = No = False$, $1 = Yes = True$의 연관성에서 NOT은 부정^{negation}의 역할을 한다.

- 고전 AND 게이트

$$\text{AND} : \{0,1\}^2 \longrightarrow \{0,1\}$$
$$(x_1, x_2) \longmapsto \text{AND}(x_1, x_2) := x_1 x_2 \tag{5.4}$$

- 고전 OR 게이트

$$\text{OR} : \{0,1\}^2 \longrightarrow \{0,1\}$$
$$(x_1, x_2) \longmapsto \text{OR}(x_1, x_2) := x_1 \overset{2}{\oplus} x_2 \overset{2}{\oplus} x_1 x_2$$

- 고전 (배타적 OR) XOR 게이트

$$\text{XOR} : \{0,1\}^2 \longrightarrow \{0,1\}$$
$$(x_1, x_2) \longmapsto \text{XOR}(x_1, x_2) := x_1 \overset{2}{\oplus} x_2 \tag{5.5}$$

- 고전 토폴리^{Toffoli} 게이트

$$\text{TOF} : \quad \{0,1\}^3 \quad \longrightarrow \{0,1\}^3$$
$$(x_1, x_2, x_3) \longmapsto \text{TOF}(x_1, x_2, x_3) := (x_1, x_2, x_1 x_2 \overset{2}{\oplus} x_3) \tag{5.6}$$

그림 5.2의 토폴리 게이트의 그래픽 심볼에서 꽉찬 검은 점은 연산자의 조건 적용을 나타내는 의미로 사용한다. 일반적으로 게이트 심볼에서 꽉찬 검은 점은, 점을 통해 흘러가는 비트의 값이 1인 경우에만 연결된 연산자가 작용하는 것을 의미한다. 실제로 (5.6) 또는 그림 5.2에서 세 번째 채널인 x_3의 값은 $x_1 = 1$이고 $x_2 = 1$인 경우에만 변경된다.

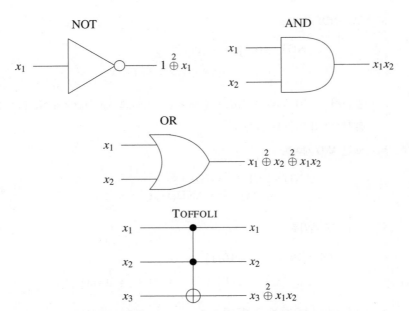

그림 5.2 고전 NOT, AND, OR, 토폴리 게이트의 심볼 표현

이 책에서 사용할 다른 게이트들을 나열하면 다음과 같다.

$$
\begin{aligned}
&\text{ID} : \{0,1\} \longrightarrow \{0,1\} \\
&\qquad (x_1) \longmapsto \text{ID}(x_1) := x_1 \\
&\text{FALSE} : \{0,1\} \longrightarrow \{0,1\} \\
&\qquad (x_1) \longmapsto \text{FALSE}(x_1) := 0 \\
&\text{TRUE} : \{0,1\} \longrightarrow \{0,1\} \\
&\qquad (x_1) \longmapsto \text{TRUE}(x_1) := 1 \\
&\text{COPY}^{(1)} : \{0,1\} \longrightarrow \{0,1\}^2 \\
&\qquad (x_1) \longmapsto \text{COPY}(x_1) := (x_1, x_1)
\end{aligned}
\tag{5.7}
$$

그러나 이러한 것들을 논리 게이트의 리스트에는 구체적으로 나타내지 않는다. $g : \{0,1\} \to \{0,1\}$ 형태의 4개의 기본 게이트가 있다. 즉, ID, NOT, FALSE, TURE. 기본 게이트의 조합으로 다양한 논리 회로를 형성할 수 있다.

정의 5.3 $\mathcal{F}[g_1,\ldots,g_K]$를 $g_1,\ldots,g_K$를 이용해 구성할 수 있는 게이트들의 집합이다. 이 집합은 다음의 구성 법칙에 따라 정의한다.

(i) $g_1,\ldots,g_K$는 이 집합의 원소이다.

$$g_1, \ldots, g_K \in \mathcal{F}[g_1, \ldots, g_K]$$

(ii) 패딩padding **연산**

$$p_{y_1,\ldots,y_l;j_1,\ldots,j_l}^{(n)} : \quad \{0,1\}^n \longrightarrow \{0,1\}^{n+l}$$
$$(x_1,\ldots,x_n) \longmapsto (x_1,\ldots,x_{j_1-1},y_{j_1},x_{j_1+1},\ldots,x_n)$$

미리 정해진 슬롯 $j_1,\ldots,j_l \in \{1,\ldots,n+1\}$에 미리 정해진 비트 값 $y_1,\ldots,y_l \in \{0,1\}$을 끼워 넣은 것은 이 집합의 원소이다. 즉, 임의의 $l,n \in \mathbb{N}$, $y_1,\ldots,y_l \in \{0,1\}$ 그리고 서로 다른 쌍 $j_1,\ldots,j_l \in \{1,\ldots,n+1\}$에 대해 다음이 만족한다.

$$p_{y_1,\ldots,y_l;j_1,\ldots,j_l}^{(n)} \in \mathcal{F}[g_1,\ldots,g_K]$$

(iii) 제한restriction **또는 재배열**re-ordering **연산**

$$r_{j_1,\ldots,j_l}^{(n)} : \quad \{0,1\}^n \longrightarrow \{0,1\}^l \tag{5.8}$$
$$(x_1,\ldots,x_n) \longmapsto (x_{j_1},\ldots,x_{j_l})$$

은 이 집합의 원소이다. 즉, 임의의 $l,n \in \mathbb{N}$과 서로 다른 쌍 $j_1,\ldots,j_l \in \{1,\ldots,l\}$에 대해 다음을 만족한다.

$$r_{j_1,\ldots,j_l}^{(n)} \in \mathcal{F}[g_1,\ldots,g_K]$$

(iv) 이 집합의 원소들의 **복합**composition은 이 집합에 속한다. 즉, 임의의 $h_1 : \{0,1\}^n \to \{0,1\}^m$과 $h_2 : \{0,1\}^l \to \{0,1\}^n$에 대해 다음이 만족한다.

$$h_1, h_2 \in \mathcal{F}[g_1,\ldots,g_K] \quad \Rightarrow \quad h_1 \circ h_2 \in \mathcal{F}[g_1,\ldots,g_K]$$

(v) 이 집합의 원소들의 **데카르트 곱**cartesian product은 이 집합에 속한다. 즉, 임의의 $h : \{0,1\}^n \to \{0,1\}^m$과 $k : \{0,1\}^p \to \{0,1\}^q$에 대해 다음이 만족한다.

$$h, k \in \mathcal{F}[g_1,\ldots,g_K] \quad \Rightarrow \quad h \times k \in \mathcal{F}[g_1,\ldots,g_K]$$

여기에서 $h \times k : \{0,1\}^{n+p} \to \{0,1\}^{m+q}$는 다음을 정의한다.

$$h \times k(x_1, \ldots, x_{n+p})$$
$$= (h(x_1, \ldots, x_n)_1, \ldots, h(x_1, \ldots, x_n)_m, k(x_{n+1}, \ldots, x_{n+p})_1, \ldots, k(x_{n+1}, \ldots, x_{n+p})_q)$$

임의의 게이트 g를 G에 속한 게이트로부터 생성할 수 있다면, 고전 게이트의 집합 $G = \{g_1, \ldots, g_J\}$을 **보편적**universal이라고 한다. 즉, 모든 게이트 g에 대해 다음이 만족한다.

$$g \in \mathcal{F}[g_1, \ldots, g_J] \qquad \text{for } g_1, \ldots, g_J \in G$$

많은 (때때로 백만 개 이상의) 게이트들이 연결돼서 결과적으로 나온 것을 고전 디지털 **논리 회로**logical circuit라고 한다.

다른 집합을 사용해 게이트를 만들 수 있다면, 전자에서 만든 게이트는 후자로부터 만들 수 있다.

보조정리 5.4 게이트 $h_1, \ldots, h_L, g_1, \ldots, g_K$에 대해 다음을 얻는다.

$$h_1, \ldots, h_L \in \mathcal{F}[g_1, \ldots, g_K] \qquad \Rightarrow \qquad \mathcal{F}[h_1, \ldots, h_L] \subset \mathcal{F}[g_1, \ldots, g_K]$$

특별한 경우에서,

$$\mathcal{F}[\mathcal{F}[g_1, \ldots, g_K]] \subset \mathcal{F}[g_1, \ldots, g_K]$$

[증명]

명제에서 서술한 포함 관계는 정의 5.3에서 바로 나오는 결과이다. $h_1, \ldots, h_L$에서 $\mathcal{F}[h_1, \ldots, h_L]$을 만드는 연산 과정은 $\mathcal{F}[g_1, \ldots, g_K]$를 만드는 연산 과정과 같고, $h_1, \ldots, h_L$이 이 집합의 원소이기 때문이다. ∎

보기 5.5 $(x_1, x_2, x_3) \in \{0,1\}^3$에 대해 다음을 얻는다.

$$
\begin{aligned}
&(\mathrm{ID} \times \mathrm{ID} \times \mathrm{XOR}) \circ (\mathrm{ID} \times \mathrm{ID} \times \mathrm{AND} \times \mathrm{ID}) \circ r^{(5)}_{1,3,2,4,5} \\
&\quad \circ (\mathrm{COPY} \times \mathrm{COPY} \times \mathrm{ID})(x_1, x_2, x_3) \\
&\underbrace{=}_{(5.7)} (\mathrm{ID} \times \mathrm{ID} \times \mathrm{XOR}) \circ (\mathrm{ID} \times \mathrm{ID} \times \mathrm{AND} \times \mathrm{ID}) \circ r^{(5)}_{1,3,2,4,5}(x_1, x_1, x_2, x_2, x_3) \\
&\underbrace{=}_{(5.8)} (\mathrm{ID} \times \mathrm{ID} \times \mathrm{XOR}) \circ (\mathrm{ID} \times \mathrm{ID} \times \mathrm{AND} \times \mathrm{ID})(x_1, x_2, x_1, x_2, x_3) \\
&\underbrace{=}_{(5.4)} (\mathrm{ID} \times \mathrm{ID} \times \mathrm{XOR})(x_1, x_2, x_1 x_2, x_3) \\
&\underbrace{=}_{(5.5)} (x_1, x_2, x_1 x_2 \overset{2}{\oplus} x_3) \\
&\underbrace{=}_{(5.6)} \mathrm{TOF}(x_1, x_2, x_3).
\end{aligned}
$$

그러므로

$$
\mathrm{TOF} = (\mathrm{ID} \times \mathrm{ID} \times \mathrm{XOR}) \circ (\mathrm{ID} \times \mathrm{ID} \times \mathrm{AND} \times \mathrm{ID}) \circ r^{(5)}_{1,3,2,4,5} \circ (\mathrm{COPY} \times \mathrm{COPY} \times \mathrm{ID})
$$

결국 정의 5.3에서

$$
\mathrm{TOF} \in \mathcal{F}[\mathrm{ID}, \mathrm{AND}, \mathrm{XOR}, \mathrm{COPY}]
$$

정리 5.6 고전 토폴리 게이트는 보편적이고 가역적이다.

[증명]

모든 게이트 $g : \{0,1\}^n \to \{0,1\}^m$은 m개의 $j \in \{1, \dots, m\}$일 때 $g_j : \{0,1\}^n \to \{0,1\}$로 분해되므로, $f : \{0,1\}^n \to \{0,1\}$의 형태의 게이트에 대해 보편성을 증명하면 된다. n에 대해 귀납법을 적용한다.

$n = 1$인 경우를 고려해 귀납법을 시작한다. 게이터의 정의 (5.3)~(5.7)을 이용하면, ID, FALSE, TRUE, NOT은 다음과 같이 TOF를 이용해 복제할 수 있다.

$$\text{ID}(x_1) = x_1 = \text{TOF}_1(x_1, 1, 1) = r_1^{(3)} \circ \text{TOF} \circ p_{1,1;2,3}^{(1)}(x_1)$$
$$\text{FALSE}(x_1) = 0 = \text{TOF}_1(0, 0, 0) = r_1^{(3)} \circ \text{TOF} \circ p_{0,0,0;1,2,3}^{(0)}(x_1)$$
$$\text{TRUE}(x_1) = 1 = \text{TOF}_1(1, 0, 0) = r_1^{(3)} \circ \text{TOF} \circ p_{1,0,0;12,3}^{(1)}(x_1) \tag{5.9}$$
$$\text{NOT}(x_1) = 1 \overset{2}{\oplus} x_1 = \text{TOF}_3(1, 1, x_1) = r_3^{(3)} \circ \text{TOF} \circ p_{1,1;1,2}^{(1)}(x_1)$$

그래서 모든 게이트 $f \colon \{0,1\} \to \{0,1\}$은 TOF를 이용해 만들 수 있다. 그리고 다음에서 AND, XOR, COPY$^{(1)}$, COPY$^{(n)}$ 또한 만들 수 있다.

$$\text{AND}(x_1, x_2) = x_1 x_2 = \text{TOF}_3(x_1, x_2, 0) = r_3^{(3)} \circ \text{TOF} \circ p_{0;3}^{(2)}(x_1, x_2)$$
$$\text{XOR}(x_1, x_2) = x_1 \overset{2}{\oplus} x_2 = \text{TOF}_3(1, x_1, x_2) = r_3^{(3)} \circ \text{TOF} \circ p_{1;1}^{(2)}(x_1, x_2) \tag{5.10}$$

그리고

$$\text{COPY}^{(1)}(x_1) = (x_1, x_1) = \big(\text{TOF}_1(x_1, 1, 0), \text{TOF}_3(x_1, 1, 0)\big)$$
$$= r_{1,3}^{(3)} \circ \text{TOF} \circ p_{1,0;2,3}^{(1)}(x_1)$$
$$\text{COPY}^{(n)}(x_1, \dots x_n) = (x_1 \dots, x_n, x_1, \dots, x_n)$$
$$= r_{1,3,5,\dots,2n-1,2,4,\dots,2n}^{(2n)} \circ \text{COPY}^{(1)} \times \cdots \times \text{COPY}^{(1)}(x_1, \dots x_n)$$

그러므로 정의 5.3에서 다음을 얻는다.

$$\text{ID, FALSE, TRUE ,NOT, AND, XOR, COPY}^{(n)} \in \mathcal{F}[\text{TOF}] \tag{5.11}$$

$n-1$에서 n으로 가는 귀납 과정을 증명하기 위해 TOF는 $g \colon \{0,1\}^{n-1} \to \{0,1\}$ 형태의 게이트에 대해 보편적이라는 것을 가정한다.

$f \colon \{0,1\}^n \to \{0,1\}$은 임의의 게이트다. 그러면 $x_n \in \{0,1\}$에 대해 다음을 정의한다.

$$g_{x_n}(x_1, \dots, x_{n-1}) := f(x_1, \dots, x_{n-1}, x_n)$$

그리고

$$h(x_1, \dots, x_n) := \text{XOR}\Big(\ \text{AND}\big(\ g_0(x_1, \dots, x_{n-1}),\ \text{NOT}(x_n)\ \big),$$
$$\text{AND}\big(\ g_1(x_1, \dots, x_{n-1}),\quad x_n\quad\ \big)\ \Big) \tag{5.12}$$

귀납 가정에 의해 g_0와 g_1은 TOF를 이용해 만들 수 있다. (5.9)와 (5.10)에 의해 NOT, AND, XOR 또한 TOF를 이용해 만들 수 있다. 이 모든 것을 종합하면

(5.12)의 h는 TOF로 만들 수 있다. 그리고 다음으로부터 $h = f$인 것을 알 수 있다.

$$
\begin{aligned}
h(x_1,\ldots,x_{n-1},0) &= \mathrm{XOR}\Big(\ \mathrm{AND}\big(\ g_0(x_1,\ldots,x_{n-1}),\ \mathrm{NOT}(0)\ \big), \\
&\qquad\qquad \mathrm{AND}\big(\ g_1(x_1,\ldots,x_{n-1}),\qquad 0\quad\ \big)\ \Big) \\[4pt]
&= \mathrm{XOR}\big(\qquad\quad g_0(x_1,\ldots,x_{n-1}), \\
&\qquad\qquad\qquad\qquad 0 \qquad\qquad\qquad\ \big) \\
&= \qquad\qquad\quad g_0(x_1,\ldots,x_{n-1}) \\
&= \qquad\qquad\quad f(x_1,\ldots,x_{n-1},0)
\end{aligned}
$$

$$
\begin{aligned}
h(x_1,\ldots,x_{n-1},1) &= \mathrm{XOR}\Big(\ \mathrm{AND}\big(\ g_0(x_1,\ldots,x_{n-1}),\ \mathrm{NOT}(1)\ \big), \\
&\qquad\qquad \mathrm{AND}\big(\ g_1(x_1,\ldots,x_{n-1}),\qquad 1\quad\ \big)\ \Big) \\[4pt]
&= \mathrm{XOR}\big(\qquad\qquad\ 0, \\
&\qquad\qquad\qquad g_1(x_1,\ldots,x_{n-1})\qquad\qquad \big) \\
&= \qquad\qquad\quad g_1(x_1,\ldots,x_{n-1}) \\
&= \qquad\qquad\quad f(x_1,\ldots,x_{n-1},1)
\end{aligned}
$$

즉, 다음이 만족한다.

$$
f = \mathrm{XOR} \circ (\mathrm{AND} \times \mathrm{AND}) \circ \big((g_0 \times \mathrm{NOT}) \times (g_1 \times \mathrm{ID})\big) \circ \mathrm{COPY}^{(n)}
$$

(5.11)과 $g_0, g_1 \in \mathcal{F}[\mathrm{TOF}]$라는 귀납 가정, 정의 5.3으로부터 $f \in \mathcal{F}[\mathrm{TOF}]$이다. 결국 TOF는 보편성을 가진다. TOF의 가역성은 다음으로 증명된다.

$$
\begin{aligned}
\mathrm{TOF} \circ \mathrm{TOF}(x_1,x_2,x_3) &\underbrace{=}_{(5.6)} \mathrm{TOF}(x_1,x_2,x_3 \overset{2}{\oplus} x_1 x_2) \\[4pt]
&\underbrace{=}_{(5.6)} (x_1,x_2,x_3 \overset{2}{\oplus} \underbrace{x_1 x_2 \overset{2}{\oplus} x_1 x_2}_{=0}) \\[4pt]
&= (x_1,x_2,x_3)
\end{aligned}
$$

이것은 TOF가 자기 자신을 역원으로 가져서 가역적이라는 것을 보여준다. ■

　이론적으로 토폴리 게이트의 물리적 구현만 구축하면 충분하다. 이것에서 모든 가능한 고전 게이트를 적절한 조합으로 구성할 수 있다. 그러나 토폴리 게이트를 이용한 물리적 구현이 항상 가장 효율적인 것은 아니다. 응용 분야에 따라 특히 목적에 맞게 설계한 특수 게이트를 사용하는 것이 더 효율적이다.

5.2 양자 게이트

이 책에서 설명하는 양자 컴퓨터의 기본 계산 모형은 튜링 머신[70]을 바탕으로 하는 고전 순차 모형과 유사하다. 이 책에서는 그러한 계산 모형의 세부 사항에 대해서는 다루지 않는다. 이 책의 범위에서는 고전 계산 과정 (5.1)과 매우 유사하게 양자역학 계산 과정은 n개의 큐비트를 다른 큐비트로 상태로 변환하는 것으로 간주한다. 양자역학에서 상태는 $\{0, 1\}^n$의 원소로 표현되지 않으며, 순수 상태는 힐베르트 공간 $\mathbb{H}^{I/O} = \mathbb{H}^{\otimes n}$의 벡터, 또는 좀 더 일반적으로 밀도 연산자 $\rho \in D(\mathbb{H}^{I/O})$로 표현된다. 연산 과정은 상태 공간의 선형 구조뿐만 아니라 초기 상태의 노름 또한 보존해야 한다. 후자로 인해 전체의 확률이 보존된다. (2.37)에서 관측이 없는 순수 **양자역학 계산 과정**quantum mechanical computational process은 유니타리 변환이 돼야 한다. 즉,

$$U : \mathbb{H}^{\otimes n} \longrightarrow \mathbb{H}^{\otimes n} \quad \in \mathcal{U}(\mathbb{H}^{\otimes n}) \tag{5.13}$$

물리적으로 이러한 유니타리 변환은 적절한 해밀터니안을 적절한 시간 동안 적용해 초기치 문제 (2.71)의 해로 U를 생성한다.

양자 계산 과정은 양자 알고리즘의 핵심 부분을 이룬다. 그러나 결과를 읽기 위해서는 하나 또는 여러 개의 관측 가능량을 관측해야 한다. 전체 과정의 일부에서 관측이 있으면, 초기에 준비한 양자 상태에서 최종 관측 상태까지의 전이는 유니타리가 되지 못한다.

양자 프로세서가 계산 연산을 행하는 큐비트를 **양자 레지스터**quantum register 또는 간단하게 **q-레지스터**라고 한다. 고전 게이트와 유사하게 여러 큐비트에 적용되며 선형구조(중첩)와 1로 정규화하는 성질(확률 보존)을 가지는 사상으로 간주한다. 다음에서 정의한다.

정의 5.7 **양자 n-게이트**는 다음의 유니타리 연산자다.

$$U : \mathbb{H}^{\otimes n} \to \mathbb{H}^{\otimes n}$$

$n = 1$이면 게이트 U를 **단일 양자 게이트**unary quantum gate라 하고, $n = 2$이면 **이중 양자 게이트**binary quantum gate라고 한다.

양자 게이트는 상태 공간에서 **선형**linear 변환임에 주의한다. 이러한 것은 기저에 작용하는 것을 명시함으로써 모든 공간에서 작용하는 것이 결정된다. 그리고 기저에 작용하는 것은 행렬로 표시할 수 있다. 양자 계산에서 일반적으로 주어진 공간에서 계산 기저를 이용한 행렬 표기를 사용한다.

양자 n-게이트를 설명하기 전에, 좀 더 간단한 단일 게이트와 이중 게이트를 소개한다. 일반적인 n-게이트는 기본적인 단일 또는 이중 게이트로부터 구성할 수 있다.

5.2.1 단일 양자 게이트

정의 5.7에서 단일 양자 게이트는 유니타리 연산자 $V : \mathbb{H} \to \mathbb{H}$이다. 이러한 것들은 표준 기전 $\{|0\rangle, |1\rangle\}$을 사용해 2×2 유니타리 행렬로 표기할 수 있다. 그림 5.3에 일반적으로 많이 사용되는 단일 양자 게이트를 나타냈다. 가장 중요한 단일 게이트를 다시 한 번 설명한다.

양자 NOT 게이트   이는 잘 알려진 파울리 행렬이다.

$$X := \sigma_x$$

양자 계산에 관한 문헌에서는 σ_x 대신 기호 X를 사용하는 것이 일반적이다. 이 책에서도 이제부터는 이러한 관습을 따른다. $\sigma_x = \sigma_x^*$이고 $\sigma_x^* \sigma_x = (\sigma_x)^2 = 1$이므로, X는 유니타리 연산자다. 그리고

$$\sigma_x |0\rangle = \begin{pmatrix} 0 & 1 \\ 1 & 0 \end{pmatrix} \begin{pmatrix} 1 \\ 0 \end{pmatrix} = \begin{pmatrix} 0 \\ 1 \end{pmatrix} = |1\rangle$$

$$\sigma_x |1\rangle = \begin{pmatrix} 0 & 1 \\ 1 & 0 \end{pmatrix} \begin{pmatrix} 0 \\ 1 \end{pmatrix} = \begin{pmatrix} 1 \\ 0 \end{pmatrix} = |0\rangle$$

위의 결과는 고전 NOT 게이트와 유사하다. 그래서 양자 NOT 게이트라는 이름을 가진다.

아다마르 게이트   이 책의 정의 2.38에서 아다마르 변환이라는 이름으로 아다마르 게이트

$$H = \frac{\sigma_x + \sigma_z}{\sqrt{2}}$$

이름	심볼	연산자	기저 $\{|0\rangle, |1\rangle\}$을 이용한 행렬 표현
항등	———	$\mathbf{1}$	$\begin{pmatrix} 1 & 0 \\ 0 & 1 \end{pmatrix}$
위상계수	$M(\alpha)$	$M(\alpha) := e^{i\alpha}\mathbf{1}$	$\begin{pmatrix} e^{i\alpha} & 0 \\ 0 & e^{i\alpha} \end{pmatrix}$
위상 이동	$P(\alpha)$	$P(\alpha) :=$ $|0\rangle\langle 0| + e^{i\alpha}|1\rangle\langle 1|$	$\begin{pmatrix} 1 & 0 \\ 0 & e^{i\alpha} \end{pmatrix}$
파울리 X 또는 Q-NOT	X	$X := \sigma_x$	$\begin{pmatrix} 0 & 1 \\ 1 & 0 \end{pmatrix}$
파울리 Y	Y	$Y := \sigma_y$	$\begin{pmatrix} 0 & -i \\ i & 0 \end{pmatrix}$
파울리 Z	Z	$Z := \sigma_z$	$\begin{pmatrix} 1 & 0 \\ 0 & -1 \end{pmatrix}$
아다마르	H	$H := \frac{\sigma_x + \sigma_z}{\sqrt{2}}$	$\frac{1}{\sqrt{2}}\begin{pmatrix} 1 & 1 \\ 1 & -1 \end{pmatrix}$
$\hat{n}$을 중심으로 각도 α의 스핀 회전	$D_{\hat{n}}(\alpha)$	$D_{\hat{n}}(\alpha)$	$\begin{pmatrix} \cos\frac{\alpha}{2} - i\sin\frac{\alpha}{2}n_z & -i\sin\frac{\alpha}{2}(n_x - in_y) \\ -i\sin\frac{\alpha}{2}(n_x + in_y) & \cos\frac{\alpha}{2} + i\sin\frac{\alpha}{2}n_z \end{pmatrix}$
임의의 단일 게이트	V	V는 유니타리	$\begin{pmatrix} v_{00} & v_{01} \\ v_{10} & v_{11} \end{pmatrix}$
관측 가능한 A의 관측	$\overset{\lambda}{\boxed{A}}$		단일 게이트는 아니지만, 입력 상태를 A의 고유상태로 유니타리가 아닌 변환을 하고 관측값 λ를 준다.

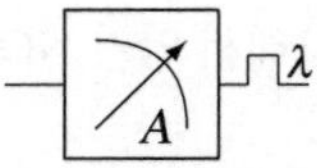

그림 5.3 단일 게이트

를 접했다. 이 연산자의 성질은 보조정리 2.39에 있다.

n̂ 스핀 회전으로 표현한 $\mathbb{R}^3$의 회전   이 연산자는 2.5절에서 나왔다.

$$D_{\hat{n}}(\alpha) = \exp\left(-i\frac{\alpha}{2}\hat{n}\cdot\sigma\right) = \begin{pmatrix} \cos\frac{\alpha}{2} - i\sin\frac{\alpha}{2}n_z & -i\sin\frac{\alpha}{2}(n_x - in_y) \\ -i\sin\frac{\alpha}{2}(n_x + in_y) & \cos\frac{\alpha}{2} + i\sin\frac{\alpha}{2}n_z \end{pmatrix}$$

보조정리 2.35에서 보였듯이, 스핀 회전은 $\P\mathbb{H}$상에서 유니타리 연산자를 생성한다.

관측   사영 공준 3에서 공식화했듯이, 관측 가능량 A의 관측은 순수 상태 $|\psi\rangle$를 관측의 결과로 나타나는 고윳값 λ의 고유공간으로 변환한다. 이것은 비가역이며 그래서 유니타리 변환이 아니다. 그러므로 관측은 정의 5.7에서 정의한 게이트가 될 수 없다. 그러나 이 책에서는 관측을 여기에 포함한다. (6.2절의) 조밀한 양자 코딩이나 (6.3절의) 순간 이동에서 회로나 규약의 일부이기 때문이다.

5.2.2 이중 양자 게이트

이중binary 양자 게이트는 유니타리 연산자 $U : \P\mathbb{H}^{\otimes 2} \to \P\mathbb{H}^{\otimes 2}$이다. (정의 3.8과 보기 3.9의) 계산 기저 $\{|0\rangle^2, |1\rangle^2, |2\rangle^2, |3\rangle^2\}$에서 이중 양자 게이트는 4×4 행렬로 나타난다. 그림 5.4, 그림 5.5에서 중요한 이중 양자 게이트를 소개한다. 행렬 표현뿐만 아니라 어떤 이중 게이트 U는 단일 게이트와 다른 이중 게이트의 다양한 조합으로 만들 수 있는 것을 볼 수 있다. 당연히 게이트의 기능, 즉 연산자 U는 항상 같다. 그러나 여러 가지 구현 방법 중에서 때때로 물리적으로 좀 더 쉽게 구현할 수 있는 경우도 있고, 특별한 목적에서 효율적인 경우도 있다.

이 그림에서 게이트 각각에 대해 양자 계산에서 일반적으로 사용하는 심볼들을 볼 수 있다. 그림에서 사용한 굵은 점 ●과 원 ○은 선으로 연결된 다른 채널에서 연산을 조건부 적용을 의미한다. 굵은 점 ●으로 연결된 게이트의 연산은 점이 있는 채널을 통해 오는 큐비트가 상태 $|1\rangle$일 때만 적용된다. 점이 있는 채널의 큐비트는 변하지 않는다. 점이 있는 채널의 큐비트가 $|0\rangle$의 상태이면, 점과 연결된 연산은 적용되지 않는다. 즉, 이 경우에는 아무것도 일어나지 않는다. 반대로 원(○)으로 연결된 연산자는 채널을 통과하는 큐비트가 $|0\rangle$인 경우에만 작용한다. 채널을 통과하는 큐비트가 $|1\rangle$의 상태인 경우에는 아무것도 일어나지

않는다. 선형 조합 $|\psi\rangle = \psi_0|0\rangle + \psi_1|1\rangle$에 대해서는 이러한 게이트들은 $|0\rangle$과 $|1\rangle$에 대한 행동의 선형 확장으로 작용한다.

그림에서 나타난 다른 표기는 연산자 $X = \sigma_x$로 주어지는 NOT에 대해 $\oplus$의 사용이다. 그림 5.4와 5.5에서 **제어**^{controlled} 게이트에 대한 표기 $\Lambda : (\cdot)$는 정의 5.10에서 정의한다.

게이트의 그래픽 표현에서 주의할 사항은 게이트에 의해 생성되는 변환이 **왼쪽에서부터 오른쪽으로 이동하는** 큐비트에 적용된다는 것이다. 즉, 최초의 상태가 왼쪽으로 들어가서 최종 상태가 오른쪽으로 나오게 된다. 이것은 (연산자의 곱과 반대로) 진행하는 큐비트에 대해 그림의 가장 왼쪽에 있는 연산이 먼저 작용하고 가장 오른쪽에 있는 연산자가 가장 늦게 작용한다. 이를테면 제어된 U 게이트 $\Lambda^1(U)$에 대한 그림으로 표현한 심볼 표현 $\boxed{C}-\boxed{X}-\boxed{B}-\boxed{X}-\boxed{A}$는 같은 게이트를 표현하는 연산자의 곱 $(P(\alpha) \otimes A)\Lambda^1(X)(1 \otimes B)\Lambda^1(X)(1 \otimes C)$와 정확하게 순서가 반대이다.

하나의 게이트를 표현하는 방법이 세 가지가 있다. 그래픽 심볼, 연산자, 행렬이 그것으로 각각 장단점을 갖는다. 회로를 분석하고 이해하는 것에는 그래픽 표현이 좋다. 일반 증명을 위해서는 연산자 표현이 가장 좋다. 반면 증명의 특별한 경우를 보일 때는 행렬 표현이 좋다.

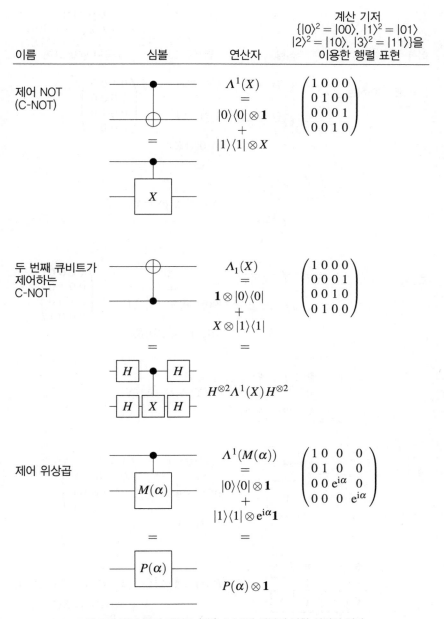

이름	심볼	연산자	계산 기저 $\{\lvert 0\rangle^2 = \lvert 00\rangle,\ \lvert 1\rangle^2 = \lvert 01\rangle$ $\lvert 2\rangle^2 = \lvert 10\rangle,\ \lvert 3\rangle^2 = \lvert 11\rangle\}$을 이용한 행렬 표현
제어 NOT (C-NOT)		$\Lambda^1(X)$ $=$ $\lvert 0\rangle\langle 0\rvert \otimes \mathbf{1}$ $+$ $\lvert 1\rangle\langle 1\rvert \otimes X$	$\begin{pmatrix} 1&0&0&0 \\ 0&1&0&0 \\ 0&0&0&1 \\ 0&0&1&0 \end{pmatrix}$
두 번째 큐비트가 제어하는 C-NOT		$\Lambda_1(X)$ $=$ $\mathbf{1} \otimes \lvert 0\rangle\langle 0\rvert$ $+$ $X \otimes \lvert 1\rangle\langle 1\rvert$ $=$ $H^{\otimes 2}\Lambda^1(X)H^{\otimes 2}$	$\begin{pmatrix} 1&0&0&0 \\ 0&0&0&1 \\ 0&0&1&0 \\ 0&1&0&0 \end{pmatrix}$
제어 위상곱		$\Lambda^1(M(\alpha))$ $=$ $\lvert 0\rangle\langle 0\rvert \otimes \mathbf{1}$ $+$ $\lvert 1\rangle\langle 1\rvert \otimes e^{i\alpha}\mathbf{1}$ $=$ $P(\alpha) \otimes \mathbf{1}$	$\begin{pmatrix} 1&0&0&0 \\ 0&1&0&0 \\ 0&0&e^{i\alpha}&0 \\ 0&0&0&e^{i\alpha} \end{pmatrix}$

그림 5.4 이중 양자 게이트 (1/2). 5.2.2에 심볼에 관한 설명이 있다.

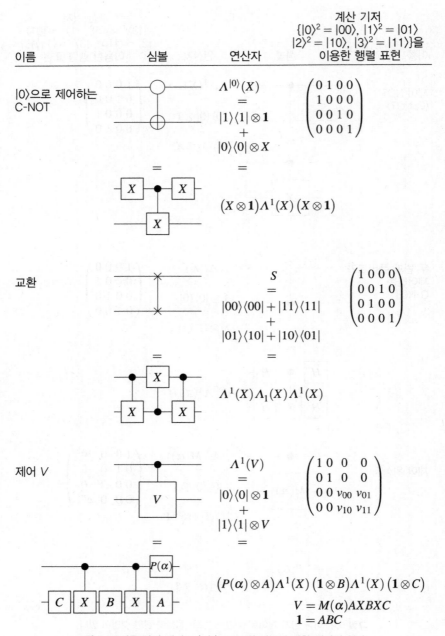

이름	심볼	연산자	계산 기저 $\{\|0\rangle^2 = \|00\rangle,\ \|1\rangle^2 = \|01\rangle$ $\|2\rangle^2 = \|10\rangle,\ \|3\rangle^2 = \|11\rangle\}$을 이용한 행렬 표현
$\|0\rangle$으로 제어하는 C-NOT		$\Lambda^{\|0\rangle}(X)$ $=$ $\|1\rangle\langle 1\| \otimes \mathbf{1}$ $+$ $\|0\rangle\langle 0\| \otimes X$	$\begin{pmatrix} 0\ 1\ 0\ 0 \\ 1\ 0\ 0\ 0 \\ 0\ 0\ 1\ 0 \\ 0\ 0\ 0\ 1 \end{pmatrix}$
	$=$	$=$	
		$(X \otimes \mathbf{1})\Lambda^1(X)\,(X \otimes \mathbf{1})$	
교환		S $=$ $\|00\rangle\langle 00\| + \|11\rangle\langle 11\|$ $+$ $\|01\rangle\langle 10\| + \|10\rangle\langle 01\|$	$\begin{pmatrix} 1\ 0\ 0\ 0 \\ 0\ 0\ 1\ 0 \\ 0\ 1\ 0\ 0 \\ 0\ 0\ 0\ 1 \end{pmatrix}$
	$=$	$=$	
		$\Lambda^1(X)\Lambda_1(X)\Lambda^1(X)$	
제어 V		$\Lambda^1(V)$ $=$ $\|0\rangle\langle 0\| \otimes \mathbf{1}$ $+$ $\|1\rangle\langle 1\| \otimes V$	$\begin{pmatrix} 1\ 0\ 0\ 0 \\ 0\ 1\ 0\ 0 \\ 0\ 0\ v_{00}\ v_{01} \\ 0\ 0\ v_{10}\ v_{11} \end{pmatrix}$
	$=$	$=$	
		$(P(\alpha) \otimes A)\Lambda^1(X)\,(\mathbf{1} \otimes B)\Lambda^1(X)\,(\mathbf{1} \otimes C)$ $V = M(\alpha)AXBXC$ $\mathbf{1} = ABC$	

그림 5.5 이중 양자 게이트 (2/2). 5.2.2에 심볼에 관한 설명이 있다.

5.2.3 일반 양자 게이트

고전 게이트와 마찬가지로 기본 양자 게이트를 이용해 더 큰 양자 게이트와 궁극적으로 양자 회로를 만든다.

정의 5.8 $j \in \{1,\ldots,K\}$일 때 $U_j \in U(\mathbb{H}^{\otimes n_j})$에 대해 $\mathcal{F}[U_1,\ldots,U_K]$를 $U_1,\ldots,U_K$로 만들 수 있는 게이트의 집합이다. 이 집합은 다음의 규칙으로 정의한다.

(i)

$$U_1,\ldots,U_K \in \mathcal{F}[U_1,\ldots,U_K]$$

(ii) $n \in \mathbb{N}$에 대해

$$\mathbf{1}^{\otimes n} \in \mathcal{F}[U_1,\ldots,U_K]$$

(iii) 임의의 $V_1, V_2 \in U(\mathbb{H}^{\otimes n})$에 대해 다음이 성립한다.

$$V_1, V_2 \in \mathcal{F}[U_1,\ldots,U_K] \quad \Rightarrow \quad V_1 V_2 \in \mathcal{F}[U_1,\ldots,U_K]$$

(iv) $i \in \{1,2\}$이고, $V_i \in U(\mathbb{H}^{\otimes n_i})$에 대해 다음이 성립한다.

$$V_1, V_2 \in \mathcal{F}[U_1,\ldots,U_K] \quad \Rightarrow \quad V_1 \otimes V_2 \in \mathcal{F}[U_1,\ldots,U_K]$$

임의의 양자 게이트 U를 집합 U의 게이트로 만들 수 있으면, 집합 $U = \{U_1,\ldots,U_J\}$를 **보편적**universal이라고 한다. 즉, 모든 양자 게이트 U에 대해 다음을 만족한다.

$$U \in \mathcal{F}[U_1,\ldots,U_J] \qquad \text{for } U_1,\ldots,U_J \in U$$

게이트 U는 상태 $\rho \in D(\mathbb{H})$에 있는 시스템을 새로운 상태 $U\rho U^*$로 변환한다.

고전 경우의 보조정리 5.4와 비슷하게 다음의 자명한 관계를 얻는다.

보조정리 5.9 게이트 $V_1, \ldots, V_L, U_1, \ldots, U_K$에 대해 다음을 얻는다.

$$V_1, \ldots, V_L \in \mathcal{F}[U_1, \ldots, U_K] \quad \Rightarrow \quad \mathcal{F}[V_1, \ldots, V_L] \subset \mathcal{F}[U_1, \ldots, U_K]$$

특별한 경우로서

$$\mathcal{F}[\mathcal{F}[U_1, \ldots, U_K]] \subset \mathcal{F}[U_1, \ldots, U_K] \tag{5.14}$$

[증명]

보조정리에서 서술한 포함 관계는 정의 5.7에서 직접적으로 나온다. $V_1, \ldots, V_L$ 에서 $\mathcal{F}[V_1, \ldots, V_L]$을 구성하는 연산은 $\mathcal{F}[U_1, \ldots, U_K]$를 구성하는 연산과 같고, $V_1, \ldots, V_L$은 이 집합의 원소이기 때문이다. ∎

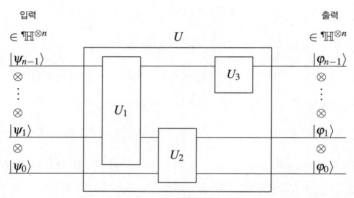

그림 5.6 일반 양자 게이트 U의 그래픽 표현. 이것은 게이트 U_1, U_2, U_3으로 만들 수 있어서 $U \in \mathcal{F}[U_1, U_2, U_3]$이 성립한다.

그림 5.6에서 3개의 더욱 더 작은 기본 게이트로 구성된 양자 게이트에 대한 개략도가 보인다.

다음의 문제 5.59의 결과에서 더욱 다양한 **제어 게이트**^{controlled gate}를 정의할 수 있다.

문제 5.59 $n, n_a, n_b \in \mathbb{N}$은 $n = n_a + n_b$를 만족한다. $|a\rangle \in {}^{\P}\mathbb{H}^{\otimes n_a}$, $|b\rangle \in {}^{\P}\mathbb{H}^{\otimes n_b}$ 는 각각 계산 기저 벡터들이다. $V \in \mathcal{U}({}^{\P}\mathbb{H})$에 대해 다음이 성립하는 것을 보여라.

$$\mathbf{1}^{\otimes n+1} + |a\rangle\langle a| \otimes (V - \mathbf{1}) \otimes |b\rangle\langle b| \in \mathcal{U}(\P\mathbb{H}^{n+1})$$

정의 5.10 $n, n_a, n_b \in \mathbb{N}_0$이며 $n = n_a + n_b$를 만족한다. $|a\rangle \in \P\mathbb{H}^{\otimes n_a}$, $|b\rangle \in \P\mathbb{H}^{\otimes n_b}$는 각각의 계산 기저 벡터들이다. 그리고 $V \in U(\P\mathbb{H})$이다. $(|a\rangle, |b\rangle)-$ 제어 V를 $\Lambda^{|a\rangle}_{|b\rangle}(V)$로 표기하며 다음의 $n + 1$ 게이트로 정의한다.

$$\Lambda^{|a\rangle}_{|b\rangle}(V) := \mathbf{1}^{\otimes n+1} + |a\rangle\langle a| \otimes (V - \mathbf{1}) \otimes |b\rangle\langle b|$$

$$= \mathbf{1}^{\otimes n+1} + \bigotimes_{j=n_a-1}^{0} |a_j\rangle\langle a_j| \otimes (V - \mathbf{1}) \otimes \bigotimes_{j=n_b-1}^{0} |b_j\rangle\langle b_j|$$

V가 작용하는 큐비트를 **목표 큐비트**^{target qubit}라고 한다. 특별한 경우로, $a = 2^{n_a} - 1$, $b = 2^{n_b} - 1$이면 $|a\rangle = |1\ldots1\rangle^{n_a}$, $|b\rangle = |1\ldots1\rangle^{n_b}$가 되며 다음의 축약한 표기를 정의한다.

$$\Lambda^{n_a}_{n_b}(V) := \Lambda^{|2^{n_a}-1\rangle}_{|2^{n_b}-1\rangle}(V)$$

그리고 $n_a = n$이면 $a = 2^n - 1$이며

$$\Lambda^n(V) := \Lambda^{|2^n-1\rangle}(V)$$

비슷하게 $n_b = n$이면 $b = 2^n - 1$이며

$$\Lambda_n(V) := \Lambda_{|2^n-1\rangle}(V)$$

$n = 0$인 경우에는 다음을 정의한다.

$$\Lambda^0(V) := V =: \Lambda_0(V)$$

문제 5.60 $V \in \mathcal{U}(\P\mathbb{H})$이고 $a \in \mathbb{R}$이다. 다음을 보여라.

$$\Lambda^1(V) = |0\rangle\langle 0| \otimes \mathbf{1} + |1\rangle\langle 1| \otimes V \tag{5.15}$$

$$\Lambda_1(X) = H^{\otimes 2}\Lambda^1(X)H^{\otimes 2} \tag{5.16}$$

$$\Lambda^1(M(\alpha)) = P(\alpha) \otimes \mathbf{1} \tag{5.17}$$

임의의 유니타리 연산자 $V : {}^{\mathbb{q}}\mathbb{H} \to {}^{\mathbb{q}}\mathbb{H}$에 대해 다음이 성립한다.

$$V \in \mathcal{F}[M, D_{\hat{\mathbf{y}}}, D_{\hat{\mathbf{z}}}] \tag{5.18}$$

$$\Lambda^1(V), \Lambda_1(V) \in \mathcal{F}[M, D_{\hat{\mathbf{y}}}, D_{\hat{\mathbf{z}}}, \Lambda^1(X)] \tag{5.19}$$

즉, 임의의 유니타리 연산자 $V : {}^{\mathbb{q}}\mathbb{H} \to {}^{\mathbb{q}}\mathbb{H}$는 위상-곱 M과 $\hat{\mathbf{y}}$와 $\hat{\mathbf{z}}$를 축으로 하는 스핀-회전으로 만들 수 있다. 제어 게이트 $\Lambda^1(V)$와 $\Lambda_1(V)$를 만들기 위해서는 추가적으로 제어 NOT $\Lambda^1(X)$가 필요하다.

[증명]

보조정리 2.34와 증명에서, ${}^{\mathbb{q}}\mathbb{H}$의 임의의 유니타리 연산자 V에 대해 적절한 각도 α, β, γ, δ가 존재해 다음이 성립한다.

$$\begin{aligned}
A &:= D_{\hat{\mathbf{z}}}(\beta) D_{\hat{\mathbf{y}}}\left(\frac{\gamma}{2}\right) \\
B &:= D_{\hat{\mathbf{y}}}\left(-\frac{\gamma}{2}\right) D_{\hat{\mathbf{z}}}\left(-\frac{\delta + \beta}{2}\right) \\
C &:= D_{\hat{\mathbf{z}}}\left(\frac{\delta - \beta}{2}\right)
\end{aligned} \tag{5.20}$$

그리고

$$ABC = \mathbf{1} \tag{5.21}$$

$$V = e^{i\alpha} A \sigma_x B \sigma_x C \tag{5.22}$$

(5.20)에서 다음이 자명하다.

$$A, B, C \in \mathcal{F}[D_{\hat{\mathbf{y}}}, D_{\hat{\mathbf{z}}}] \tag{5.23}$$

보기 2.33의 (2.149)에서 다음을 알 수 있다.

$$X = \sigma_x \in \mathcal{F}[M, D_{\hat{\mathbf{y}}}, D_{\hat{\mathbf{z}}}] \tag{5.24}$$

(5.22)~(5.24)가 다음을 의미한다.

$$V \in \mathcal{F}[M, D_{\hat{\mathbf{y}}}, D_{\hat{\mathbf{z}}}]$$

보기 2.33의 (2.148)에서 다음을 얻는다.

$$P(\alpha) \in \mathcal{F}[M, D_{\hat{\mathbf{y}}}, D_{\hat{\mathbf{z}}}] \tag{5.25}$$

(5.23)과 (5.25)에서 다음을 얻는다.

$$\big(P(\alpha)\otimes A\big)\Lambda^1(X)\big(\mathbf{1}\otimes B\big)\Lambda^1(X)\big(\mathbf{1}\otimes C\big)\in\mathcal{F}[M,D_{\hat{y}},D_{\hat{z}},\Lambda^1(X)]\quad(5.26)$$

최종적으로,

$$
\begin{aligned}
&\big(P(\alpha)\otimes A\big)\Lambda^1(X)\big(\mathbf{1}\otimes B\big)\Lambda^1(X)\big(\mathbf{1}\otimes C\big)\\
\underset{(5.15)}{=}\;&\big(P(\alpha)\otimes A\big)\Lambda^1(X)\big(\mathbf{1}\otimes B\big)\big[|0\rangle\langle0|\otimes\mathbf{1}+|1\rangle\langle1|\otimes X\big]\big(\mathbf{1}\otimes C\big)\\
=\;&\big(P(\alpha)\otimes A\big)\Lambda^1(X)\big[|0\rangle\langle0|\otimes BC+|1\rangle\langle1|\otimes BXC\big]\\
\underset{(5.15)}{=}\;&\big(P(\alpha)\otimes A\big)\big[|0\rangle\langle0|\otimes\mathbf{1}+|1\rangle\langle1|\otimes X\big]\big[|0\rangle\langle0|\otimes BC+|1\rangle\langle1|\otimes BXC\big]\\
=\;&\big(P(\alpha)\otimes A\big)\big[|0\rangle\langle0|\otimes BC+|1\rangle\langle1|\otimes XBXC\big]\\
=\;&\underbrace{P(\alpha)|0\rangle\langle0|}_{=|0\rangle\langle0|}\otimes\underbrace{ABC}_{\underset{(5.21)}{=}\mathbf{1}}+\underbrace{P(\alpha)|1\rangle\langle1|}_{=e^{i\alpha}|1\rangle\langle1|}\otimes AXBXC\\
=\;&|0\rangle\langle0|\otimes\mathbf{1}+|1\rangle\langle1|\otimes\underbrace{e^{i\alpha}AXBXC}_{\underset{(5.22)}{=}\,V}=|0\rangle\langle0|\otimes\mathbf{1}+|1\rangle\langle1|\otimes V\\
\underset{(5.15)}{=}\;&\Lambda^1(V)\hspace{7cm}(5.27)
\end{aligned}
$$

(5.26)에서 (5.19)가 $\Lambda^1(V)$에 대해 성립한다. $\Lambda_1(V)$에 대해 증명하기 위해 보기 2.33의 (2.150)을 이용하면,

$$H\in\mathcal{F}[M,D_{\hat{y}},D_{\hat{z}}]$$

(5.16)으로 다음이 성립한다.

$$\Lambda_1(X)\in\mathcal{F}[M,D_{\hat{y}},D_{\hat{z}},\Lambda^1(X)]$$

(5.27)과 유사하게 다음이 성립하는 것을 증명할 수 있다.

$$\Lambda_1(V)=\big(A\otimes P(\alpha)\big)\Lambda_1(X)\big(B\otimes\mathbf{1}\big)\Lambda_1(X)\big(C\otimes\mathbf{1}\big)$$

$\Lambda^n(V)$ 또한 위상곱, 스핀 회전, 제어 NOT으로 만들 수 있음을 증명한다.

[증명]

귀납법을 이용해 증명한다. 먼저 $n = 1$부터 시작한다. $n = 0$ 또는 $n = 1$인 경우는 정리 5.11로부터 참이 된다. $n - 1$부터 n의 귀납 단계를 위해, 임의의 $V \in U(\mathbb{H})$에 대해 $\Lambda^{n-1}(V) \in \mathcal{F}[M, D_{\hat{y}}, D_{\hat{z}}, \Lambda^1(X)]$가 성립한다고 가정한다.

우선 그림 5.7에 나타난 게이트 A, B, C, D를 고려한다. $W = \sqrt{V}, \sqrt{V^*}$일 때, $A, C, D \in \mathcal{F}[\Lambda^{n-1}(W)]$와 $B \in \mathcal{F}[\Lambda^1(X)]$를 만족한다. 귀납 가정에서 다음을 얻는다.

$$A, B, C, D \in \mathcal{F}[M, D_{\hat{y}}, D_{\hat{z}}, \Lambda^1(X)] \tag{5.29}$$

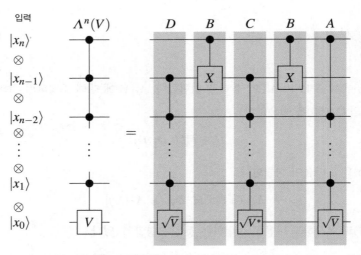

그림 5.7 $A, C, D \in \mathcal{F}[\Lambda^{n-1}(\sqrt{V}), \Lambda^{n-1}(\sqrt{V^*})]$와 $B \in \mathcal{F}[\Lambda^1(X)]$를 이용해 제어 V 게이트 $\Lambda^n(V)$의 생성. 그림에서 왼쪽에 나타난 것부터 먼저 작용하고 가장 오른쪽에 있는 것이 가장 늦게 작용한다. 가장 왼쪽에 있는 연산자 D가 연산자 곱에서 가장 오른쪽에 나타나고, 게이트의 가장 오른쪽에 있는 연산자 A가 연산자 곱의 가장 왼쪽에 나타난다. 즉, $\Lambda^n(V) = ABCBD$이다.

224

이러한 게이트들과 $\Lambda^n(V)$의 작용을 $\P\mathbb{H}^{\otimes n+1}$의 계산 기저를 사용해 다음과 같이 서술할 수 있다.

$$D|x\rangle = |x_n \ldots x_1\rangle \otimes V^{\frac{1}{2} \prod_{j=1}^{n-1} x_j} |x_0\rangle$$

$$B|x\rangle = |x_n(x_n \overset{2}{\oplus} x_{n-1})x_{n-2} \ldots x_1\rangle \otimes |x_0\rangle$$

$$C|x\rangle = |x_n \ldots x_1\rangle \otimes V^{-\frac{1}{2} \prod_{j=1}^{n-1} x_j} |x_0\rangle$$

$$A|x\rangle = |x_n \ldots x_1\rangle \otimes V^{x_n \frac{1}{2} \prod_{j=1}^{n-2} x_j} |x_0\rangle$$

$$\Lambda^n(V)|x\rangle = |x_n \ldots x_1\rangle \otimes V^{\prod_{j=1}^{n} x_j} |x_0\rangle$$

이로부터 다음을 얻는다.

$$\begin{aligned}
ABCBD|x\rangle &= ABCB|x_n \ldots x_1\rangle \otimes V^{\frac{1}{2} \prod_{j=1}^{n-1} x_j} |x_0\rangle \\
&= ABC|x_n(x_n \overset{2}{\oplus} x_{n-1})x_{n-2} \ldots x_1\rangle \otimes V^{\frac{1}{2} \prod_{j=1}^{n-1} x_j} |x_0\rangle \\
&= AB|x_n(x_n \overset{2}{\oplus} x_{n-1})x_{n-2} \ldots x_1\rangle \otimes V^{\frac{x_{n-1} - (x_n \overset{2}{\oplus} x_{n-1})}{2} \prod_{j=1}^{n-2} x_j} |x_0\rangle \\
&= A|x_n \underbrace{\left(x_n \overset{2}{\oplus} (x_n \overset{2}{\oplus} x_{n-1})\right)}_{=x_{n-1}} x_{n-2} \ldots x_1\rangle \otimes V^{\frac{x_{n-1} - (x_n \overset{2}{\oplus} x_{n-1})}{2} \prod_{j=1}^{n-2} x_j} |x_0\rangle \\
&= |x_n \ldots x_1\rangle \otimes V^{\frac{\overbrace{x_n + x_{n-1} - (x_n \overset{2}{\oplus} x_{n-1})}^{=x_n x_{n-1}}}{2} \prod_{j=1}^{n-2} x_j} |x_0\rangle \\
&= |x_n \ldots x_1\rangle \otimes V^{\prod_{j=1}^{n} x_j} |x_0\rangle \\
&= \Lambda^n(V)|x\rangle
\end{aligned}$$

(5.29)에서 다음을 알 수 있다.

$$\Lambda^n(V) = ABCBD \in \mathcal{F}[M, D_{\hat{y}}, D_{\hat{z}}, \Lambda^1(X)]$$

다음의 교환 게이트 S의 일반화가 필요하다.

정의 5.13 $n \in \mathbb{N}$, $j, k \in \mathbb{N}_0$이며 $k < j \le n-1$을 만족한다. $\P\mathbb{H}^{\otimes n}$상에서 다음을 정의한다.

$$S_{jk}^{(n)} := \mathbf{1}^{\otimes n-1-j} \otimes |0\rangle\langle 0| \otimes \mathbf{1}^{\otimes j-k-1} \otimes |0\rangle\langle 0| \otimes \mathbf{1}^{\otimes k}$$
$$+ \, \mathbf{1}^{\otimes n-1-j} \otimes |1\rangle\langle 1| \otimes \mathbf{1}^{\otimes j-k-1} \otimes |1\rangle\langle 1| \otimes \mathbf{1}^{\otimes k}$$
$$+ \, \mathbf{1}^{\otimes n-1-j} \otimes |0\rangle\langle 1| \otimes \mathbf{1}^{\otimes j-k-1} \otimes |1\rangle\langle 0| \otimes \mathbf{1}^{\otimes k}$$
$$+ \, \mathbf{1}^{\otimes n-1-j} \otimes |1\rangle\langle 0| \otimes \mathbf{1}^{\otimes j-k-1} \otimes |0\rangle\langle 1| \otimes \mathbf{1}^{\otimes k}$$

$S_{jj}^{(n)} = \mathbf{1}^{\otimes n}$을 또한 정의한다. $\P\mathbb{H}^{\otimes n}$상의 **광역 교환**global swap 또는 **교환 연산자** exchange operator를 다음으로 정의한다.

$$S^{(n)} := \prod_{j=0}^{\lfloor \frac{n}{2} \rfloor - 1} S_{n-1-j,j}^{(n)} \tag{5.30}$$

$S_{jk}^{(n)}$는 텐서 곱의 공간 $\P\mathbb{H}^{\otimes n}$에서 인자 공간 $\P\mathbb{H}_j$와 $\P\mathbb{H}_k$에 있는 큐비트를 교환한다. $S^{(n)}$을 이용하면 텐서 곱에 있는 인자의 순서를 완전히 뒤집을 수 있다.

문제 5.61 $n \in \mathbb{N}$, $j, k \in \mathbb{N}_0$는 $k < j \le n - 1$을 만족하고 $\bigotimes_{l=n-1}^{0} |\psi_l\rangle \in \P\mathbb{H}^{\otimes n}$이다. 다음을 보여라.

$$S_{jk}^{(n)} \bigotimes_{l=n-1}^{0} |\psi_l\rangle = |\psi_{n-1} \cdots \psi_{j+1} \psi_k \psi_{j-1} \cdots \psi_{k+1} \psi_j \psi_{k-1} \cdots \psi_0\rangle \tag{5.31}$$

$$\left(S_{jk}^{(n)}\right)^2 = \mathbf{1}^{\otimes n} \tag{5.32}$$

$$\left[S_{jk}^{(n)}, S_{lm}^{(n)}\right] = 0 \quad \text{for } j, k \notin \{l, m\} \tag{5.33}$$

$$S^{(n)} \bigotimes_{l=n-1}^{0} |\psi_l\rangle = \bigotimes_{l=0}^{n-1} |\psi_l\rangle = |\psi_0 \psi_1 \cdots \psi_{n-2} \psi_{n-1}\rangle \tag{5.34}$$

보기 5.14 교환 연산자의 예로, $n = 3$, $j = 2$, $k = 0$인 경우를 고려한다. 그러면 $\lfloor \frac{1}{2} \rfloor - 1 = 0$이고 $S^{(3)} = S_{20}^{(3)}$이다. 교환 작용을 보기 위해서 $|\psi\rangle \otimes |\xi\rangle \otimes |\varphi\rangle \in \P\mathbb{H}^{\otimes 3}$에 $S_{20}^{(3)}$을 작용한다. 우선

$$|\psi\rangle \otimes |\xi\rangle \otimes |\varphi\rangle = (\psi_0|0\rangle + \psi_1|1\rangle) \otimes (\xi_0|0\rangle + \xi_1|1\rangle) \otimes (\varphi_0|0\rangle + \varphi_1|1\rangle)$$
$$= \psi_0 \xi_0 \varphi_0 |000\rangle + \psi_0 \xi_0 \varphi_1 |001\rangle + \psi_0 \xi_1 \varphi_0 |010\rangle + \psi_0 \xi_1 \varphi_1 |011\rangle$$
$$+ \, \psi_1 \xi_0 \varphi_0 |100\rangle + \psi_1 \xi_0 \varphi_1 |101\rangle + \psi_1 \xi_1 \varphi_0 |110\rangle + \psi_1 \xi_1 \varphi_1 |111\rangle$$

교환 연산자 $S_{20}^{(3)}$에 대해

$$S_{20}^{(3)} = |0\rangle\langle 0| \otimes \mathbf{1} \otimes |0\rangle\langle 0| + |1\rangle\langle 1| \otimes \mathbf{1} \otimes |1\rangle\langle 1|$$
$$+ |0\rangle\langle 1| \otimes \mathbf{1} \otimes |1\rangle\langle 0| + |1\rangle\langle 0| \otimes \mathbf{1} \otimes |0\rangle\langle 1|$$

결국

$$\begin{aligned} S_{20}^{(3)}|\psi\rangle \otimes |\xi\rangle \otimes |\varphi\rangle &= \psi_0\xi_0\varphi_0|000\rangle + \psi_0\xi_0\varphi_1|100\rangle + \psi_0\xi_1\varphi_0|010\rangle + \psi_0\xi_1\varphi_1|110\rangle \\ &+ \psi_1\xi_0\varphi_0|001\rangle + \psi_1\xi_0\varphi_1|101\rangle + \psi_1\xi_1\varphi_0|011\rangle + \psi_1\xi_1\varphi_1|111\rangle \\ &= \left(\varphi_0|0\rangle + \varphi_1|1\rangle\right) \otimes \left(\xi_0|0\rangle + \xi_1|1\rangle\right) \otimes \left(\psi_0|0\rangle + \psi_1|1\rangle\right) \\ &= |\varphi\rangle \otimes |\xi\rangle \otimes |\psi\rangle \end{aligned}$$

게이트 $\Lambda_{n_b}^{n_a}(V)$를 게이트 $\Lambda_1(X)$, $\Lambda^1(X)$, $\Lambda^{n_a+n_b}(V)$를 이용해 만들 수 있다는 것을 증명한다.

보조정리 5.15 임의의 $V \in U(^{\P}\mathbb{H})$와 $n_a, n_b \in \mathbb{N}_0$에 대해 다음을 얻는다.

$$\Lambda_{n_b}^{n_a}(V) = S_{n_b 0}^{(n_a+n_b+1)} \Lambda^{n_a+n_b}(V) S_{n_b 0}^{(n_a+n_b+1)} \tag{5.35}$$

그러므로

$$\Lambda_{n_b}^{n_a}(V) \in \mathcal{F}[\Lambda^1(X), \Lambda_1(X), \Lambda^{n_a+n_b}(V)] \tag{5.36}$$

[증명]

(5.35)의 식은 그림 5.8에서 도식화했다.

이 증명에서는 $n = n_a + n_b$로 줄여서 표기한다. 정의 5.10에서 다음을 얻는다.

$$\Lambda_{n_b}^{n_a}(V) = \mathbf{1}^{\otimes n+1} + |2^{n_a}-1\rangle\langle 2^{n_a}-1| \otimes (V-\mathbf{1}) \otimes |2^{n_b}-1\rangle\langle 2^{n_b}-1|$$
$$\Lambda^n(V) = \mathbf{1}^{\otimes n+1} + |2^n-1\rangle\langle 2^n-1| \otimes (V-\mathbf{1})$$

(5.32)에서 다음을 알 수 있다.

$$S_{n_b 0}^{(n+1)} \Lambda^n(V) S_{n_b 0}^{(n+1)} = \mathbf{1}^{\otimes n+1} + S_{n_b 0}^{(n+1)}\left[|2^n-1\rangle\langle 2^n-1| \otimes (V-\mathbf{1})\right] S_{n_b 0}^{(n+1)}$$

(5.35)를 증명하기 위해서는 다음의 사실을 증명하면 된다.

$$\begin{aligned} &|2^{n_a}-1\rangle\langle 2^{n_a}-1| \otimes (V-\mathbf{1}) \otimes |2^{n_b}-1\rangle\langle 2^{n_b}-1| \\ &= S_{n_b 0}^{(n+1)}\left[|2^n-1\rangle\langle 2^n-1| \otimes (V-\mathbf{1})\right] S_{n_b 0}^{(n+1)} \end{aligned} \tag{5.37}$$

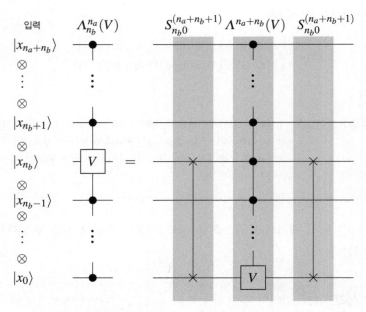

그림 5.8 $S_{n_b0}^{n_a+n_b+1}$와 $\Lambda^{n_a+n_b}(V)$로부터 제어 V 게이트 $\Lambda_{n_b}^{n_a}(V)$의 생성

이를 위해 다음의 임의의 벡터를 고려한다.

$$\bigotimes_{j=n}^{0} |\psi_j\rangle = |\psi_n \dots \psi_0\rangle \in \mathbb{H}^{\otimes n+1}$$

그러면 다음을 얻는다.

$$\left[|2^{n_a}-1\rangle\langle 2^{n_a}-1| \otimes (V-\mathbf{1}) \otimes |2^{n_b}-1\rangle\langle 2^{n_b}-1| \right] |\psi_n \dots \psi_0\rangle$$
$$= |2^{n_a}-1\rangle\langle 2^{n_a}-1|\psi_n \dots \psi_{n-n_a+1}\rangle \tag{5.38}$$
$$\otimes (V-\mathbf{1})|\psi_{n_b}\rangle \otimes |2^{n_b}-1\rangle\langle 2^{n_b}-1|\psi_{n_b-1} \dots \psi_0\rangle$$

여기에서 $n - n_a = n_b$이며 다음을 알 수 있다.

$$|2^{n_a}-1\rangle\langle 2^{n_a}-1|\psi_n \dots \psi_{n_b+1}\rangle = \underbrace{\left[\bigotimes_{l=0}^{n_a-1} |1\rangle \right]}_{\in \mathbb{H}^{\otimes n_a}} \underbrace{\langle 1 \dots 1|\psi_n \dots \psi_{n_b+1}\rangle}_{\in \mathbb{C}}$$

$$= \left[\prod_{j=n_b+1}^{n} \langle 1|\psi_j\rangle \right] \left[\bigotimes_{l=0}^{n_a-1} |1\rangle \right] \tag{5.39}$$

비슷하게

$$|2^{n_b}-1\rangle\langle 2^{n_b}-1|\psi_{n_b-1}\dots\psi_0\rangle = \Big[\prod_{j=0}^{n_b-1}\langle 1|\psi_j\rangle\Big]\Big[\bigotimes_{l=0}^{n_b-1}|1\rangle\Big] \tag{5.40}$$

(5.39)와 (5.40)에서 (5.38)은 다음으로 변형된다.

$$\Big[|2^{n_a}-1\rangle\langle 2^{n_a}-1|\otimes(V-\mathbf{1})\otimes|2^{n_b}-1\rangle\langle 2^{n_b}-1|\Big]|\psi_n\dots\psi_0\rangle$$
$$=\Big[\prod_{\substack{j=0\\j\neq n_b}}^{n}\langle 1|\psi_j\rangle\Big]\Big[\bigotimes_{l=0}^{n_a-1}|1\rangle\Big]\otimes(V-\mathbf{1})|\psi_{n_b}\rangle\otimes\Big[\bigotimes_{l=0}^{n_b-1}|1\rangle\Big] \tag{5.41}$$

반면에 다음 사실을 알 수 있다.

$$S_{n_b0}^{(n+1)}\Big[|2^n-1\rangle\langle 2^n-1|\otimes(V-\mathbf{1})\Big]S_{n_b0}^{(n+1)}|\psi_n\dots\psi_0\rangle$$
$$=S_{n_b0}^{(n+1)}\Big[|2^n-1\rangle\langle 2^n-1|\otimes(V-\mathbf{1})\Big]|\psi_n\dots\psi_{n_b+1}\psi_0\psi_{n_b-1}\dots\psi_1\psi_{n_b}\rangle$$
$$=S_{n_b0}^{(n+1)}\Big[|2^n-1\rangle\underbrace{\langle 2^n-1|\psi_n\dots\psi_{n_b+1}\psi_0\psi_{n_b-1}\dots\psi_1\rangle}_{\substack{=\Pi_{j=0}^{n}\langle 1|\psi_j\rangle\\j\neq n_b}}\otimes(V-\mathbf{1})|\psi_{n_b}\rangle\Big]$$

$$=\Big[\prod_{\substack{j=0\\j\neq n_b}}^{n}\langle 1|\psi_j\rangle\Big]S_{n_b0}^{(n+1)}\Big[\bigotimes_{l=0}^{n-1}|1\rangle\otimes(V-\mathbf{1})|\psi_{n_b}\rangle\Big]$$
$$=\Big[\prod_{\substack{j=0\\j\neq n_b}}^{n}\langle 1|\psi_j\rangle\Big]\Big[\bigotimes_{l=n_b+1}^{n}|1\rangle\otimes(V-\mathbf{1})|\psi_{n_b}\rangle\otimes\bigotimes_{l=0}^{n_b-1}|1\rangle\Big] \tag{5.42}$$

(5.41), (5.42)에서 (5.37)이 나오고 (5.35)가 증명된다. 여기에서 순차적으로 다음이 나온다.

$$\Lambda_{n_b}^{n_a}(V)\in\mathcal{F}[S_{n_b0}^{(n+1)},\Lambda^n(V)]$$

$S_{n_b0}^{(n+1)}\in\mathcal{F}[S]$이고 S는 $\Lambda^1(X)$와 $\Lambda_1(X)$로 만들 수 있기 때문에(그림 5.5 참조), (5.36)이 성립한다. ∎

정의 5.16 A는 $\mathbb{H}$의 연산자다. $\mathbb{H}^{\otimes n}$의 계산 기저 벡터 $|b\rangle$에 대해 다음을 정의한다.

$$A^{\otimes|b\rangle} := A^{b_{n-1}} \otimes \cdots \otimes A^{b_0}$$

그리고

$$|\neg b\rangle := |\neg b_{n-1} \ldots \neg b_0\rangle = X|b_{n-1}\rangle \otimes \cdots \otimes X|b_0\rangle$$

여기에서, $X = \sigma_x$는 NOT 연산자이고 $\neg b_j := 1 \overset{2}{\oplus} b_j$는 고전 부정^{negation}이다.

일반적인 $(|a\rangle, |b\rangle)$ 제어 $n+1$ 게이트 $\Lambda^{|a\rangle}_{|b\rangle}(V)$를, X를 이용해 제어 게이트 $\Lambda^n(V)$의 함수로 만들 수 있다.

보조정리 5.17 $n_a, n_b \in \mathbb{N}_0$이다. $|a\rangle \in \mathbb{H}^{\otimes n_a}$와 $|b\rangle \in \mathbb{H}^{\otimes n_b}$는 각각 계산 기저 벡터이다. V는 $\mathbb{H}$의 유니타리 연산자다. 다음이 만족한다.

$$\Lambda^{|a\rangle}_{|b\rangle}(V) = \left(X^{\otimes|\neg a\rangle} \otimes \mathbf{1} \otimes X^{\otimes|\neg b\rangle}\right) \Lambda^{n_a}_{n_b}(V) \left(X^{\otimes|\neg a\rangle} \otimes \mathbf{1} \otimes X^{\otimes|\neg b\rangle}\right)$$

그러므로

$$\Lambda^{|a\rangle}_{|b\rangle}(V) \in \mathcal{F}[X, \Lambda^{n_a}_{n_b}(V)] \tag{5.43}$$

[증명]

$c_j \in \{0, 1\}$일 때, $X^{\neg c_j}|c_j\rangle = |1\rangle$이며 $(X^{\neg c_j})^2 = X^{2 \neg c_j} = \mathbf{1}$이다. 그러므로 $c \in \{a, b\}$에 대해 다음의 관계식이 성립한다.

$$\begin{aligned}
X^{\otimes|\neg c\rangle}|c\rangle &= \left(X^{\neg c_{n_c-1}} \otimes \cdots \otimes X^{\neg c_0}\right)|c_{n_c-1}\rangle \otimes \cdots \otimes |c_0\rangle \\
&= X^{\neg c_{n_c-1}}|c_{n_c-1}\rangle \otimes \cdots \otimes X^{\neg c_0}|c_0\rangle \\
&= \bigotimes_{j=n_c-1}^{0} |1\rangle = |2^{n_c} - 1\rangle
\end{aligned}$$

$$\left(X^{\otimes|\neg c\rangle}\right)^2 = \mathbf{1}^{\otimes n_c}$$
$$X^{\otimes|\neg c\rangle}|2^{n_c} - 1\rangle = |c\rangle$$

230

이를 이용하면 다음을 얻는다.

$$\left(X^{\otimes|\neg a\rangle} \otimes \mathbf{1} \otimes X^{\otimes|\neg b\rangle}\right) \Lambda_{n_b}^{n_a}(V) \left(X^{\otimes|\neg a\rangle} \otimes \mathbf{1} \otimes X^{\otimes|\neg b\rangle}\right)$$

$$= \left(X^{\otimes|\neg a\rangle} \otimes \mathbf{1} \otimes X^{\otimes|\neg b\rangle}\right)$$

$$\left(\mathbf{1}^{\otimes n_a+n_b+1} + |2^{n_a}-1\rangle\langle 2^{n_a}-1| \otimes (V-\mathbf{1}) \otimes |2^{n_b}-1\rangle\langle 2^{n_b}-1|\right)$$

$$\left(X^{\otimes|\neg a\rangle} \otimes \mathbf{1} \otimes X^{\otimes|\neg b\rangle}\right)$$

$$= \underbrace{\left(X^{\otimes|\neg a\rangle}\right)^2}_{=\mathbf{1}^{\otimes n_a}} \otimes \mathbf{1} \otimes \underbrace{\left(X^{\otimes|\neg b\rangle}\right)^2}_{=\mathbf{1}^{\otimes n_b}}$$

$$+ \quad \underbrace{X^{\otimes|\neg a\rangle}|2^{n_a}-1\rangle\langle 2^{n_a}-1|X^{\otimes|\neg a\rangle}}_{=|a\rangle\langle a|}$$

$$\otimes (V-\mathbf{1})$$

$$\overbrace{\otimes X^{\otimes|\neg b\rangle}|2^{n_b}-1\rangle\langle 2^{n_b}-1|X^{\otimes|\neg b\rangle}}^{=|b\rangle\langle b|}$$

$$= \mathbf{1}^{\otimes n_a+n_b+1} + |a\rangle\langle a| \otimes (V-\mathbf{1}) \otimes |b\rangle\langle b|$$

$$= \Lambda_{|b\rangle}^{|a\rangle}(V)$$

그러므로 다음이 유도된다.

$$\Lambda_{|b\rangle}^{|a\rangle}(V) \in \mathcal{F}[X, \Lambda_{n_b}^{n_a}(V)]$$

다음으로, $\mathbb{H}^{\otimes n}$의 모든 유니타리 연산자 U는 $\mathbb{H}$의 유니타리 연산자 V의 적절한 곱으로 나타나는 것을 증명한다. 이에 앞서, 먼저 필요한 끼워넣기^{embedding} 연산자 T를 정의한다.

정의 5.18 $n, x, y \in \mathbb{N}_0$이며 $0 \leq x < y < 2^n$을 만족한다. V는 $\mathbb{H}$의 유니타리 연산자이고 기저 벡터 $\{|0\rangle, |1\rangle\}$에 대해 다음의 행렬 표현식을 갖는다.

$$V = \begin{pmatrix} v_{00} & v_{01} \\ v_{10} & v_{11} \end{pmatrix}$$

$\mathbb{H}^{\otimes n}$의 계산 기저를 사용해 연산자 $T_{|x\rangle|y\rangle}(V) : \mathbb{H}^{\otimes n} \to \mathbb{H}^{\otimes n}$을 다음으로 정의한다.

$$
\begin{aligned}
&T_{|x\rangle|y\rangle}(V) \\
&:= \sum_{\substack{z=0 \\ z \neq x,y}}^{2^n-1} |z\rangle\langle z| + v_{00}|x\rangle\langle x| + v_{01}|x\rangle\langle y| + v_{10}|y\rangle\langle x| + v_{11}|y\rangle\langle y| \\
&= \mathbf{1}^{\otimes n} + (v_{00}-1)|x\rangle\langle x| + v_{01}|x\rangle\langle y| + v_{10}|y\rangle\langle x| + (v_{11}-1)|y\rangle\langle y|
\end{aligned}
\tag{5.44}
$$

계산 기저에 대해 $T_{|x\rangle|y\rangle}(V)$는 다음의 행렬 표현을 가진다.

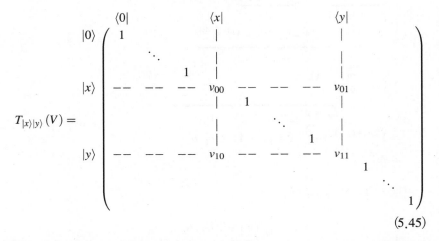

$$\tag{5.45}$$

여기에서는 영이 아닌 원소만을 나타냈다. 행렬의 영이 아닌 원소의 행과 열을 표시하기 위해 브라 벡터와 켓 벡터를 행렬의 옆에 표기했다.

문제 5.62 n, x, y와 $T_{|x\rangle|y\rangle}(\cdot)$는 정의 5.18에서 정의한 것이다. $\mathbb{H}$의 임의의 유니타리 연산자 V, W에 대해 다음이 성립하는 것을 보여라.

$$
T_{|x\rangle|y\rangle}(V)\,T_{|x\rangle|y\rangle}(W) = T_{|x\rangle|y\rangle}(VW)
\tag{5.46}
$$

$$
T_{|x\rangle|y\rangle}(V)^* = T_{|x\rangle|y\rangle}(V^*)
\tag{5.47}
$$

$$
T_{|x\rangle|y\rangle}(V)\,T_{|x\rangle|y\rangle}(V)^* = \mathbf{1}^{\otimes n}
\tag{5.48}
$$

즉, $T_{|x\rangle|y\rangle}(V)$는 유니타리이다.

앞에서 언급한 $\mathbb{H}$의 적절한 연산자를 끼워넣어 $\mathbb{H}^{\otimes n}$의 유니타리 연산자 U를 표현하기 전에 다음의 유용한 중간 결과를 증명한다.

보조정리 5.19 $n \in \mathbb{N}$, $N = 2^n - 1$이며 $U \in \mathcal{U}(\mathbb{H}^{\otimes n})$이다. 그러면 적절한 $V^{(0)}, \ldots, V^{(N-1)} \in \mathcal{U}(\mathbb{H})$에 대해 다음의 연산자가

$$U^{(N)} := U T_{|N-1\rangle|N\rangle}\left(V^{(N-1)}\right) \ldots T_{|0\rangle|N\rangle}\left(V^{(0)}\right) \quad \in \mathcal{U}(\mathbb{H}^{\otimes n})$$

$\mathbb{H}^{\otimes n}$의 계산 기저에서 다음의 행렬 표현을 가진다.

$$U^{(N)} = \begin{pmatrix} & & 0 \\ & A^{(N)} & \vdots \\ & & 0 \\ 0 & \cdots & 0 & 1 \end{pmatrix} \tag{5.49}$$

여기에서 $A^{(N)}$은 $N \times N$ 행렬이다.

[증명]

일반적으로 다음을 알 수 있다.

$$
\begin{aligned}
U T_{|x\rangle|y\rangle}(V) &= \left(\sum_{a,b=0}^{N} U_{ab} |a\rangle\langle b| \right) \\
&\quad \left(\sum_{\substack{z=0 \\ z \neq x,y}}^{N} |z\rangle\langle z| + v_{00}|x\rangle\langle x| + v_{01}|x\rangle\langle y| + v_{10}|y\rangle\langle x| + v_{11}|y\rangle\langle y| \right) \\
&= \sum_{\substack{a,z=0 \\ z \neq x,y}}^{N} U_{az} |a\rangle\langle z| \\
&\quad + \sum_{a=0}^{N} \left(U_{ax} v_{00} |a\rangle\langle x| + U_{ax} v_{01} |a\rangle\langle y| + U_{ay} v_{10} |a\rangle\langle x| + U_{ay} v_{11} |a\rangle\langle y| \right)
\end{aligned}
\tag{5.50}
$$

이제, $x = N - j$, $y = N$에 대해 고려한다. 다음을 정의한다.

$$
\begin{aligned}
\widetilde{U}^{(0)} &:= U \\
\widetilde{U}^{(j)} &:= \widetilde{U}^{(j-1)} T_{|N-j\rangle|N\rangle}\left(V^{(N-j)}\right)
\end{aligned}
\tag{5.51}
$$

여기에서 연산자 $V^{(N-j)}$에 대해 적절한 선택을 할 것이다. 이를 위해 행렬 $\widetilde{U}^{(j)}$의 N번째 행에 대해 고려한다. (5.50)에서 다음을 얻는다.

$$\widetilde{U}^{(j)} = \widetilde{U}^{(j-1)} T_{|N-j\rangle|N\rangle}\left(V^{(N-j)}\right)$$

$$= \sum_{a=0}^{N} \sum_{\substack{b=0 \\ b \neq N-j}}^{N-1} \widetilde{U}_{ab}^{(j-1)} |a\rangle\langle b|$$

$$+ \sum_{a=0}^{N} \left(\widetilde{U}_{aN-j}^{(j-1)} v_{00}^{(N-j)} + \widetilde{U}_{aN}^{(j-1)} v_{10}^{(N-j)}\right) |a\rangle\langle N-j|$$

$$+ \sum_{a=0}^{N} \left(\widetilde{U}_{aN-j}^{(j-1)} v_{01}^{(N-j)} + \widetilde{U}_{aN}^{(j-1)} v_{11}^{(N-j)}\right) |a\rangle\langle N|$$

그러므로 $\widetilde{U}^{(j)}$의 행렬 원소는 다음과 같다.

$$
\begin{aligned}
\widetilde{U}_{Nb}^{(j)} &= \widetilde{U}_{Nb}^{(j-1)} && \text{if } b \notin \{N-j, N\} \\
\widetilde{U}_{NN-j}^{(j)} &= \widetilde{U}_{NN-j}^{(j-1)} v_{00}^{(N-j)} + \widetilde{U}_{NN}^{(j-1)} v_{10}^{(N-j)} \\
\widetilde{U}_{NN}^{(j)} &= \widetilde{U}_{NN-j}^{(j-1)} v_{01}^{(N-j)} + \widetilde{U}_{NN}^{(j-1)} v_{11}^{(N-j)}
\end{aligned}
\tag{5.52}
$$

$V^{(N-j)}$를 적절하게 선택하기 위해 다음의 두 가지 경우를 구분한다.

1. $\widetilde{U}_{NN-j}^{(j-1)}$와 $\widetilde{U}_{NN}^{(j-1)}$ 모두 영이 되면, (5.52)에서 $\widetilde{U}_{NN-j}^{(j)}$와 $\widetilde{U}_{NN}^{(j)}$이 영이 되면 $V^{(N-j)} = 1$을 선택한다.
2. 그렇지 않으면, 다음을 정의한다.

$$
V^{(N-j)} = \frac{1}{\sqrt{\left|\widetilde{U}_{NN-j}^{(j-1)}\right|^2 + \left|\widetilde{U}_{NN}^{(j-1)}\right|^2}} \begin{pmatrix} \widetilde{U}_{NN}^{(j-1)} & \overline{\widetilde{U}_{NN-j}^{(j-1)}} \\ -\widetilde{U}_{NN-j}^{(j-1)} & \widetilde{U}_{NN}^{(j-1)} \end{pmatrix}
$$

그러면 $V^{(N-j)}$는 유니타리이고, 다음을 얻는다.

$$
\begin{aligned}
\widetilde{U}_{NN-j}^{(j)} &= \widetilde{U}_{NN-j}^{(j-1)} v_{00}^{(N-j)} + \widetilde{U}_{NN}^{(j-1)} v_{10}^{(N-j)} = 0 \\
\widetilde{U}_{NN}^{(j)} &= \widetilde{U}_{NN-j}^{(j-1)} v_{01}^{(N-j)} + \widetilde{U}_{NN}^{(j-1)} v_{11}^{(N-j)} = \sqrt{\left|\widetilde{U}_{NN-j}^{(j-1)}\right|^2 + \left|\widetilde{U}_{NN}^{(j-1)}\right|^2}
\end{aligned}
\tag{5.53}
$$

$j = 1$부터 시작해 각각의 경우에 다음을 순차적으로 얻는다.

$$\widetilde{U}_{NN-j}^{(j)} = 0 \qquad \text{for } j \in \{1, \ldots, N\} \tag{5.54}$$

$b \in \{0, \ldots, N-j-1\}$에 대해 (5.51)과 (5.52)로부터 $\widetilde{U}_{Nb}^{(j)} = U_{Nb}$이다. 이와 (5.53)에서 다음을 얻는다.

$$\widetilde{U}_{NN}^{(j)} = \sqrt{\sum_{l=0}^{j} \left| \widetilde{U}_{NN-l}^{(0)} \right|^2} = \sqrt{\sum_{l=0}^{j} |U_{NN-l}|^2}$$

U는 유니타리라고 가정했기 때문에, 각 행의 절댓값의 제곱근의 합은 1이 된다. 그래서 다음을 얻는다.

$$\widetilde{U}_{NN}^{(N)} = \sqrt{\sum_{l=0}^{N} |U_{NN-l}|^2} = 1 \tag{5.55}$$

(5.54), (5.55), (5.52)에서 $\widetilde{U}^{(N)}$은 다음의 행렬 표현을 가진다.

$$\widetilde{U}^{(N)} = \begin{pmatrix} & & & b_0 \\ & A^{(N)} & & \vdots \\ & & & b_{N-1} \\ 0 & \cdots & 0 & 1 \end{pmatrix}$$

유니타리 연산자의 곱으로서 $\widetilde{U}^{(N)}$는 유니타리이므로, 다음을 얻는다.

$$\widetilde{U}^{(N)} \widetilde{U}^{(N)*} = \mathbf{1}^{\otimes n}$$

이는 $b_0 = \cdots = b_{N-1} = 0$을 의미하고, $A^{(N)}$은 $2^n - 1 = N$ 차원의 유니타리 행렬이다. 결국 $U^{(N)} = \widetilde{U}^{(N)}$의 행렬 표현은 (5.49)의 형태이다. ■

다음 정리의 주장은 [71]에서 처음으로 양자 계산에 사용됐다.

정리 5.20 $n \in \mathbb{N}$이며 U는 $\mathbb{H}^{\otimes n}$의 유니타리 연산자다. 그러면 $k \in \{1, \ldots, 2^n - 1\}$과 $j \in \{1, \ldots, k\}$인 $2^{n-1}(2^n - 1)$개의 유니타리 연산자 $W^{(k,k-j)}$가 $\mathbb{H}$에 존재해 다음 식을 만족한다.

$$U = \prod_{k=1}^{2^n-1} \left(\prod_{j=1}^{k} T_{|j-1\rangle|k\rangle} \left(W^{(k,k-j)} \right) \right) \tag{5.56}$$

그러므로 적절한 V에 대해

$$U \in \mathcal{F}[T_{|x\rangle|y\rangle}(V)] \tag{5.57}$$

[증명]

$N = 2^n - 1$이다. 보조정리 5.19에서 유니타리 연산자 $V^{(N,j)} \in \mathcal{U}(^\P\mathbb{H})$가 존재해,

$$U^{(N)} = U \prod_{j=N}^{1} T_{|j-1\rangle|N\rangle}\left(V^{(N,j-1)}\right)$$

위의 연산자가 다음의 행렬 표현을 가진다.

$$U^{(N)} = \begin{pmatrix} & & 0 \\ A^{(N)} & & \vdots \\ & & 0 \\ 0 & \cdots & 0\,1 \end{pmatrix}$$

이제, 보조정리 5.19의 증명에서 구성한 $V^{(N-1,N-2)}, ..., V^{(N-1,0)}$를 이용해 $U^{(N)}$의 우변에 $T_{|N-2\rangle|N-1\rangle}(V^{(N-1,N-2)}) \cdots T_{|0\rangle|N-1\rangle}(V^{(N-1,0)})$를 곱한다.

$$U^{(N-1)} = U^{(N)} \prod_{j=N-1}^{1} T_{|j-1\rangle|N-1\rangle}\left(V^{(N-1,j-1)}\right)$$

위의 연산자가 다음의 행렬 표현을 가진다.

$$U^{(N-1)} = \begin{pmatrix} & & & 0\,0 \\ A^{(N-1)} & & & \vdots\,\vdots \\ & & & 0\,0 \\ 0 & \cdots & 0\,1\,0 \\ 0 & \cdots & 0\,0\,1 \end{pmatrix} \tag{5.58}$$

여기에서 $A^{(N-1)}$는 $N-1 \times N-1$ 행렬이다. (5.58)을 유도할 때, $T_{|1\rangle|N-1\rangle}(\cdot)$의 행렬 표현 (5.45)에서도 볼 수 있듯이, $U^{(N)}$을 곱하면 $U^{(N)}$의 마지막 행과 열은 변화하지 않는다. $l = N$부터 시작해서 $l = 2$일 때까지 이러한 곱셈을 계속하면 다음을 얻는다.

$$U^{(l)} = U^{(l+1)} \prod_{j=l}^{1} T_{|j-1\rangle|l\rangle}\left(V^{(l,j-1)}\right)$$

위의 행렬 표현은 다음과 같다.

$$U^{(l)} = \begin{pmatrix} & & 0 & \cdots & 0 \\ A^{(l)} & & \vdots & & \vdots \\ 0 & \cdots & 0 & 1 & \\ \vdots & & \vdots & & \ddots \\ 0 & \cdots & & 0 & 1 \end{pmatrix} \tag{5.59}$$

(5.59)의 $A^{(l)}$은 항상 $l \times l$ 행렬이다. 결국 $U^{(2)}$에 있는 $A^{(2)}$는 2×2 행렬이다. $U^{(1)}$을 계산하기 위해 $V^{(1,0)} = A^{(2)*}$라 한다. 그러면 다음을 얻는다.

$$\mathbf{1}^{\otimes n} = U^{(1)} = U^{(2)} T_{|0\rangle|1\rangle}\left(V^{(1,0)}\right) = \cdots = U \prod_{l=N}^{1}\left(\prod_{j=l}^{1} T_{|j-1\rangle|l\rangle}\left(V^{(l,j-1)}\right)\right) \tag{5.60}$$

(5.60)을 U에 대해 풀면 다음을 얻는다.

$$U = \left(\prod_{l=N}^{1}\left(\prod_{j=l}^{1} T_{|j-1\rangle|l\rangle}\left(V^{(l,j-1)}\right)\right)\right)^{-1} = \left(\prod_{l=N}^{1}\left(\prod_{j=l}^{1} T_{|j-1\rangle|l\rangle}\left(V^{(l,j-1)}\right)\right)\right)^{*}$$
$$= \prod_{l=1}^{N}\left(\prod_{j=1}^{l} T_{|j-1\rangle|l\rangle}\left(V^{(l,j-1)*}\right)\right)$$

이것은 (5.56)에서의 표현이다. 인자의 개수는

$$n_F = \sum_{l=1}^{N} l = \frac{(N+1)N}{2} = \frac{2^n(2^n - 1)}{2} = 2^{n-1}(2^n - 1)$$

보기 5.21 예로서, 계산 기저에서 다음의 행렬 표현을 가지는 유니타리 연산자 $U \in \P\mathbb{H}^{\otimes 2}$를 고려한다.

$$U = \frac{1}{2}\begin{pmatrix} 1 & 1 & 1 & 1 \\ 1 & i & -1 & -i \\ 1 & -1 & 1 & -1 \\ 1 & -i & -1 & i \end{pmatrix}$$

이것은 다음의 연산자 $W^{(k,k-j)}$를 생성한다.

$$W^{(3,2)} = \begin{pmatrix} -\frac{i}{\sqrt{2}} & \frac{1}{\sqrt{2}} \\ -\frac{1}{\sqrt{2}} & \frac{i}{\sqrt{2}} \end{pmatrix}, \qquad W^{(3,1)} = \begin{pmatrix} \sqrt{\frac{2}{3}} & -\frac{i}{\sqrt{3}} \\ -\frac{i}{\sqrt{3}} & \sqrt{\frac{2}{3}} \end{pmatrix}, \qquad W^{(3,0)} = \begin{pmatrix} \frac{\sqrt{3}}{2} & -\frac{1}{2} \\ \frac{1}{2} & \frac{\sqrt{3}}{2} \end{pmatrix}$$

$$W^{(2,1)} = \begin{pmatrix} -\frac{i+1}{4}\sqrt{3} & \frac{3-i}{4} \\ -\frac{3+i}{4} & \frac{i-1}{4}\sqrt{3} \end{pmatrix}, \qquad W^{(2,0)} = \begin{pmatrix} \sqrt{\frac{2}{3}} & -\frac{1}{\sqrt{3}} \\ \frac{1}{\sqrt{3}} & \sqrt{\frac{2}{3}} \end{pmatrix}$$

$$W^{(1,0)} = \begin{pmatrix} \frac{1}{\sqrt{2}} & \frac{1}{\sqrt{2}} \\ -\frac{i}{\sqrt{2}} & \frac{i}{\sqrt{2}} \end{pmatrix}$$

독자들은 직접 계산으로 (5.56)의 주장이 성립하는 것을 볼 수 있다.

다음으로 임의의 $T_{|x\rangle|y\rangle}(V)$는 $\Lambda_{|b\rangle}^{|a\rangle}(W)$ 형태의 게이트를 사용해 만들 수 있음을 보인다. 이를 위해 **그레이 코드**Gray code라는 것을 기반으로 하는 수열의 생성이 필요하다. 이것은 연속하는 원소는 오직 하나의 큐비트만이 차이가 나는 $^{¶}\mathbb{H}^{\otimes n}$의 벡터의 수열이다. 다음의 정의에서 공식화한다.

정의 5.22 $n \in \mathbb{N}$, $x, y \in \mathbb{N}_0$이고 $0 \leq x < y < 2^n$을 만족한다. 그리고 $|x\rangle$, $|y\rangle$는 $^{¶}\mathbb{H}^{\otimes n}$의 계산 기저의 벡터이다. $|x\rangle$에서 $|y\rangle$로의 **그레이 코드 전이**는 다음의 성질을 만족하는 계산 기저 $|g^0\rangle, \ldots, |g^{K+1}\rangle$들의 유한한 수열로 정의한다.

(i)

$$|g^0\rangle = |x\rangle$$
$$|g^{K+1}\rangle = |y\rangle$$

(ii) $l \in \{1, \ldots, K+1\}$에 대해 $n_{a^l}, n_{b^l} \in \mathbb{N}_0$이 존재해 $n_{a^l} + n_{b^l} + 1 = n$이며, $l \neq j$일 때 $n_{b^l} \neq n_{b^j}$이며 다음을 만족한다.

$$|g^l\rangle = \mathbf{1}^{\otimes n_{a^l}} \otimes X \otimes \mathbf{1}^{\otimes n_{b^l}} |g^{l-1}\rangle$$

그리고

$$
\begin{aligned}
(g^K)_{n_{b^{K+1}}} &= 0 \\
(g^{K+1})_{n_{b^{K+1}}} &= 1
\end{aligned}
\tag{5.61}
$$

$|g^{l-1}\rangle$을 이용해 $l \in \{1,\ldots,K+1\}$에 대해 다음을 정의한다.

$$|a^l\rangle := |g_{n-1}^{l-1}\cdots g_{n_{b^l}+1}^{l-1}\rangle \in \mathbb{H}^{\otimes n_{a^l}}$$
$$|b^l\rangle := |g_{n_{b^l}-1}^{l-1}\cdots g_0^{l-1}\rangle \in \mathbb{H}^{\otimes n_{b^l}} \tag{5.62}$$

그레이 코드 전이에서 연속하는 두 개의 원소 $|g^{l-1}\rangle$고 $|g^l\rangle$은 $\mathbb{H}^{\otimes n}$의 인수 공간((3.21) 참조) $\mathbb{H}_{n_{b^l}}$에 있는 큐비트만 차이가 있다.

$$|g^l\rangle = \mathbf{1}^{\otimes n_{a^l}} \otimes X \otimes \mathbf{1}^{\otimes n_{b^l}}|g^{l-1}\rangle$$
$$= |(g^{l-1})_{n-1}\cdots(g^{l-1})_{n_{b^l}+1}\neg(g^{l-1})_{n_{b^l}}(g^{l-1})_{n_{b^l}-1}\cdots(g^{l-1})_0\rangle$$

그리고 $l \neq j$이면 $n_{b^l} \neq n_{b^j}$로부터, $k \geq 1$이면 $|g^{l+k}\rangle \neq |g^l\rangle$이다.

그레이 코드 전이는 유일하지 않다. 벡터 $|x\rangle$에서 $|y\rangle$까지 여러 개의 전이가 있을 수 있다.

보기 5.23 $n = 3$, $x = 1$, $y = 6$을 고려한다. 그러면 하나의 가능한 그레이 코드 전이는 다음과 같다.

$$
\begin{aligned}
|x\rangle &= |1\rangle^3 = |001\rangle \\
|g^1\rangle &= |5\rangle^3 = |101\rangle \\
|g^2\rangle &= |4\rangle^3 = |100\rangle \\
|y\rangle &= |6\rangle^3 = |110\rangle
\end{aligned}
\tag{5.63}
$$

즉, 여기에서 $n_{b^1} = 2$, $n_{b^2} = 0$, $n_{b^3} = 1$이다.

또 다른 그레이 코드 전이는 다음과 같다.

$$
\begin{aligned}
|x\rangle &= |1\rangle^3 = |001\rangle \\
|g^1\rangle &= |0\rangle^3 = |000\rangle \\
|g^2\rangle &= |4\rangle^3 = |100\rangle \\
|y\rangle &= |6\rangle^3 = |110\rangle
\end{aligned}
$$

여기에서, $n_{b^1} = 0$, $n_{b^2} = 2$, $n_{b^3} = 1$이다.

다음의 전이를 고려한다.

$$|x\rangle = |1\rangle^3 = |001\rangle$$
$$|g^1\rangle = |5\rangle^3 = |101\rangle$$
$$|g^2\rangle = |7\rangle^3 = |111\rangle$$
$$|y\rangle = |7\rangle^3 = |110\rangle$$

이 또한 $|g^{l-1}\rangle$에서 $|g^l\rangle$로 가는 단계에서 오직 하나의 큐비트만 변한다. 그러나 $|g^2\rangle$에서 $|y\rangle$로 가는 단계에서 (5.61) 조건을 만족하지 못한다. 뒤에서 보겠지만, 이 조건은 $\Lambda_{|b\rangle}^{|a\rangle}(V)$ 형태의 제어 게이트를 이용해 $T_{|x\rangle|y\rangle}(V)$의 생성을 간단하게 표현한 것이다.

문제 5.63에서 임의의 $0 \leq x < y < 2^n$에 대해 $|x\rangle$에서 $|y\rangle$로 가는 그레이 코드 전이가 항상 존재하는 것을 증명한다.

문제 5.63 $n \in \mathbb{N}$, $x, y \in \mathbb{N}_0$이며 $0 \leq x < y < 2^n$을 만족한다. $|x\rangle$에서 $|y\rangle$로 가는 그레이 코드 전이가 있음을 보여라.

게이트들의 집합 $U = \{M, D_{\hat{y}}, D_{\hat{z}}, \Lambda^1(X)\}$가 보편성을 가지는 것을 증명하기 위해 다음의 중간 결과가 필요하다.

정리 5.24 $n \in \mathbb{N}$, $x, y \in \mathbb{N}_0$이며 $0 \leq x < y < 2^n$을 만족한다. $|x\rangle$, $|y\rangle$는 $\mathbb{H}^{\otimes n}$의 계산 기저 벡터이다. 그리고 V는 $\mathbb{H}$의 유니타리 연산자다. 그러면 $|x\rangle$에서 $|y\rangle$로 가는 $l \in \{0, \ldots, K+1\}$의 모든 그레이 코드 전이 $|g^l\rangle$은 다음을 만족한다.

$$\Lambda_{|b^l\rangle}^{|a^l\rangle}(X) = \sum_{\substack{z=0 \\ z \neq g^{l-1}, g^l}} |z\rangle\langle z| + |g^{l-1}\rangle\langle g^l| + |g^l\rangle\langle g^{l-1}| \tag{5.64}$$

$$T_{|g^K\rangle|y\rangle}(V) = \Lambda_{|b^{K+1}\rangle}^{|a^{K+1}\rangle}(V) \tag{5.65}$$

$$T_{|g^{l-1}\rangle|y\rangle}(V) = \Lambda_{|b^l\rangle}^{|a^l\rangle}(X) \, T_{|g^l\rangle|y\rangle}(V) \, \Lambda_{|b^l\rangle}^{|a^l\rangle}(X) \tag{5.66}$$

$$T_{|x\rangle|y\rangle}(V) = \left(\prod_{l=1}^{K} \Lambda_{|b^l\rangle}^{|a^l\rangle}(X) \right) \Lambda_{|b^{K+1}\rangle}^{|a^{K+1}\rangle}(V) \left(\prod_{j=K}^{1} \Lambda_{|b^j\rangle}^{|a^j\rangle}(X) \right) \tag{5.67}$$

[증명]

(5.64)의 증명부터 시작한다. 정의 5.10에서 다음을 알 수 있다.

$$\Lambda_{|b^l\rangle}^{|a^l\rangle}(X) = \mathbf{1}^{\otimes n_{a^l}+n_{b^l}+1} + |a^l\rangle\langle a^l| \otimes (X-\mathbf{1}) \otimes |b^l\rangle\langle b^l|$$

$n = n_{a^1} + n_{b^1} + 1$과

$$X - \mathbf{1} = |0\rangle\langle 1| + |1\rangle\langle 0| - |0\rangle\langle 0| - |1\rangle\langle 1|$$

으로부터 다음을 얻는다.

$$
\begin{aligned}
\Lambda_{|b^l\rangle}^{|a^l\rangle}(X) &= \mathbf{1}^{\otimes n} + \underbrace{|a^l\rangle\langle a^l| \otimes \big(|0\rangle\langle 1| + |1\rangle\langle 0|\big) \otimes |b^l\rangle\langle b^l|}_{=|g^{l-1}\rangle\langle g^l| + |g^l\rangle\langle g^{l-1}|} \\
&\quad \underbrace{-|a^l\rangle\langle a^l| \otimes \big(|0\rangle\langle 0| + |1\rangle\langle 1|\big) \otimes |b^l\rangle\langle b^l|}_{=-|g^{l-1}\rangle\langle g^{l-1}| - |g^l\rangle\langle g^l|} \\
&= \sum_{\substack{z=0 \\ z \neq g^{l-1}, g^l}}^{2^n-1} |z\rangle\langle z| + |g^{l-1}\rangle\langle g^l| + |g^l\rangle\langle g^{l-1}|
\end{aligned}
$$

(5.65)의 증명을 위해 (5.61)~(5.62)로부터 다음을 얻는다.

$$
\begin{aligned}
|g^K\rangle &= |a^{K+1}\rangle \otimes |0\rangle \otimes |b^{K+1}\rangle \\
|g^{K+1}\rangle &= |a^{K+1}\rangle \otimes |1\rangle \otimes |b^{K+1}\rangle = |y\rangle
\end{aligned}
$$

정의 5.18에서 다음을 알 수 있다.

$$
\begin{aligned}
T_{|g^K\rangle|y\rangle}(V) &= \mathbf{1}^{\otimes n} + (v_{00}-1)|g^K\rangle\langle g^K| + v_{01}|g^K\rangle\langle y| + v_{10}|y\rangle\langle g^K| + (v_{11}-1)|y\rangle\langle y| \\
&= \mathbf{1}^{\otimes n} \\
&\quad + (v_{00}-1)\big(|a^{K+1}\rangle \otimes |0\rangle \otimes |b^{K+1}\rangle\big)\big(\langle a^{K+1}| \otimes \langle 0| \otimes \langle b^{K+1}|\big) \\
&\quad + v_{01}\big(|a^{K+1}\rangle \otimes |0\rangle \otimes |b^{K+1}\rangle\big)\big(\langle a^{K+1}| \otimes \langle 1| \otimes \langle b^{K+1}|\big) \\
&\quad + v_{10}\big(|a^{K+1}\rangle \otimes |1\rangle \otimes |b^{K+1}\rangle\big)\big(\langle a^{K+1}| \otimes \langle 0| \otimes \langle b^{K+1}|\big) \\
&\quad + (v_{11}-1)\big(|a^{K+1}\rangle \otimes |1\rangle \otimes |b^{K+1}\rangle\big)\big(\langle a^{K+1}| \otimes \langle 1| \otimes \langle b^{K+1}|\big) \\
&\underset{(3.36)}{=} \mathbf{1}^{\otimes n} \\
&\quad + (v_{00}-1)|a^{K+1}\rangle\langle a^{K+1}| \otimes |0\rangle\langle 0| \otimes |b^{K+1}\rangle\langle b^{K+1}| \\
&\quad + v_{01}|a^{K+1}\rangle\langle a^{K+1}| \otimes |0\rangle\langle 1| \otimes |b^{K+1}\rangle\langle b^{K+1}| \\
&\quad + v_{10}|a^{K+1}\rangle\langle a^{K+1}| \otimes |1\rangle\langle 0| \otimes |b^{K+1}\rangle\langle b^{K+1}| \\
&\quad + (v_{11}-1)|a^{K+1}\rangle\langle a^{K+1}| \otimes |1\rangle\langle 1| \otimes |b^{K+1}\rangle\langle b^{K+1}| \\
&= \mathbf{1}^{\otimes n}
\end{aligned}
$$

$$+ |a^{K+1}\rangle\langle a^{K+1}| \otimes \Big((v_{00} - 1)|0\rangle\langle 0| + v_{01}|0\rangle\langle 1|$$
$$+ v_{10}|1\rangle\langle 0| + (v_{11} - 1)|1\rangle\langle 1| \Big) \otimes |b^{K+1}\rangle\langle b^{K+1}|$$
$$= \mathbf{1}^{\otimes n} + |a^{K+1}\rangle\langle a^{K+1}| \otimes (V - \mathbf{1}) \otimes |b^{K+1}\rangle\langle b^{K+1}|$$
$$= \Lambda_{|b^{K+1}\rangle}^{|a^{K+1}\rangle}(V)$$

(5.66)을 증명하기 위해, (5.64)와 정의 5.18에서 다음을 얻는다.

$$T_{|g^l\rangle|y\rangle}(V)\,\Lambda_{|b^l\rangle}^{|a^l\rangle}(X)$$
$$= \Big(\sum_{\substack{z=0 \\ z \neq g^l, y}} |z\rangle\langle z| + v_{00}|g^l\rangle\langle g^l| + v_{01}|g^l\rangle\langle y| + v_{10}|y\rangle\langle g^l| + v_{11}|y\rangle\langle y| \Big)$$
$$\times \Big(\sum_{\substack{r=0 \\ r \neq g^{l-1}, g^l}} |r\rangle\langle r| + |g^{l-1}\rangle\langle g^l| + |g^l\rangle\langle g^{l-1}| \Big)$$
$$= \sum_{\substack{z=0 \\ z \neq g^{l-1}, g^l, y}} |z\rangle\langle z| + |g^{l-1}\rangle\langle g^l|$$
$$+ v_{00}|g^l\rangle\langle g^{l-1}| + v_{01}|g^l\rangle\langle y| + v_{10}|y\rangle\langle g^{l-1}| + v_{11}|y\rangle\langle y|$$

그러므로

$$\Lambda_{|b^l\rangle}^{|a^l\rangle}(X)\,T_{|g^l\rangle|y\rangle}(V)\,\Lambda_{|b^l\rangle}^{|a^l\rangle}(X)$$
$$= \Big(\sum_{\substack{r=0 \\ r \neq g^{l-1}, g^l}} |r\rangle\langle r| + |g^{l-1}\rangle\langle g^l| + |g^l\rangle\langle g^{l-1}| \Big)$$
$$\times \Big(\sum_{\substack{z=0 \\ z \neq g^{l-1}, g^l, y}} |z\rangle\langle z| + |g^{l-1}\rangle\langle g^l|$$
$$+ v_{00}|g^l\rangle\langle g^{l-1}| + v_{01}|g^l\rangle\langle y| + v_{10}|y\rangle\langle g^{l-1}| + v_{11}|y\rangle\langle y| \Big)$$
$$= \sum_{\substack{z=0 \\ z \neq g^{l-1}, y}} |z\rangle\langle z| + v_{00}|g^{l-1}\rangle\langle g^{l-1}| + v_{01}|g^{l-1}\rangle\langle y| + v_{10}|y\rangle\langle g^{l-1}| + v_{11}|y\rangle\langle y|$$
$$\underbrace{=}_{(5.44)} T_{|g^{l-1}\rangle|y\rangle}(V)$$

마지막으로 (5.67)을 증명한다. 이것은 (5.65)와 (5.66)에서 다음과 같이 증명된다.

$$\prod_{l=1}^{K} \Lambda_{|b^l\rangle}^{|a^l\rangle}(X)\, \Lambda_{|b^{K+1}\rangle}^{|a^{K+1}\rangle}(V) \prod_{j=K}^{1} \Lambda_{|b^j\rangle}^{|a^j\rangle}(X) \underbrace{=}_{(5.65)} \prod_{l=1}^{K} \Lambda_{|b^l\rangle}^{|a^l\rangle}(X)\, T_{|g^K\rangle|y\rangle}(V) \prod_{j=K}^{1} \Lambda_{|b^j\rangle}^{|a^j\rangle}(X)$$

$$\underbrace{=}_{(5.66)} \prod_{l=1}^{K-1} \Lambda_{|b^l\rangle}^{|a^l\rangle}(X)\, T_{|g^{K-1}\rangle|y\rangle}(V) \prod_{j=K-1}^{1} \Lambda_{|b^j\rangle}^{|a^j\rangle}(X)$$

$$\vdots$$

$$= \Lambda_{|b^1\rangle}^{|a^1\rangle}(X)\, T_{|g^1\rangle|y\rangle}(V)\, \Lambda_{|b^1\rangle}^{|a^1\rangle}(X)$$

$$\underbrace{=}_{(5.66)} T_{|g^0\rangle|y\rangle}(V) = T_{|x\rangle|y\rangle}(V)$$

마지막 식에서 $|x\rangle = |g^0\rangle$인 것을 사용했다.

보기 5.25 보기 5.23에서 $n = 3$, $x = 1$, $y = 3$의 경우에서 그레이 코드 전이 (5.63)을 고려했다. 즉, $K = 2$이고,

$$|x\rangle = |g^0\rangle = |1\rangle^3 = |001\rangle = |0\rangle \otimes |01\rangle$$
$$|g^1\rangle = |5\rangle^3 = |101\rangle = |1\rangle \otimes \underbrace{|01\rangle}_{=|b^1\rangle}$$
$$|g^2\rangle = |4\rangle^3 = |100\rangle = \underbrace{|10\rangle}_{=|a^2\rangle} \otimes |0\rangle$$
$$|y\rangle = |g^3\rangle = |6\rangle^3 = |110\rangle = \underbrace{|1\rangle}_{=|a^3\rangle} \otimes |1\rangle \otimes \underbrace{|0\rangle}_{=|b^3\rangle}$$

그러면 처음에 다음을 얻는다.

$$T_{|1\rangle|6\rangle}(V) = \begin{array}{c} \\ |0\rangle \\ |1\rangle \\ |2\rangle \\ |3\rangle \\ |4\rangle \\ |5\rangle \\ |6\rangle \\ |7\rangle \end{array} \begin{pmatrix} \langle 0| & \langle 1| & \langle 2| & \langle 3| & \langle 4| & \langle 5| & \langle 6| & \langle 7| \\ 1 & & & & & & & \\ & v_{00} & & & & & v_{01} & \\ & & 1 & & & & & \\ & & & 1 & & & & \\ & & & & 1 & & & \\ & & & & & 1 & & \\ & v_{10} & & & & & v_{11} & \\ & & & & & & & 1 \end{pmatrix}$$

여기에서, 가독성을 위해 행렬 원소 $|a\rangle\langle b|$에 해당하는 곳의 행에 $|a\rangle = |a\rangle^3$과 열에 $\langle b| = {}^3\langle b|$를 추가했다.

그리고 다음을 얻는다.

$$\Lambda_{|b^1\rangle}(X) = \mathbf{1}^{\otimes 3} + (X - \mathbf{1}) \otimes |0\rangle\langle 0| \otimes |1\rangle\langle 1|$$

$$= \mathbf{1}^{\otimes 3} + \begin{pmatrix} -1 & 1 \\ 1 & -1 \end{pmatrix} \otimes \begin{pmatrix} 1 \\ 0 \end{pmatrix}(1\ 0) \otimes \begin{pmatrix} 0 \\ 1 \end{pmatrix}(0\ 1)$$

$$\underset{(3.35)}{=} \mathbf{1}^{\otimes 3} + \begin{pmatrix} -1 & 1 \\ 1 & -1 \end{pmatrix} \otimes \begin{pmatrix} 1 & 0 \\ 0 & 0 \end{pmatrix} \otimes \begin{pmatrix} 0 & 0 \\ 0 & 1 \end{pmatrix}$$

$$\underset{(3.35)}{=} \mathbf{1}^{\otimes 3} + \begin{pmatrix} -1 & 1 \\ 1 & -1 \end{pmatrix} \otimes \begin{pmatrix} 0 & 0 & 0 & 0 \\ 0 & 1 & 0 & 0 \\ 0 & 0 & 0 & 0 \\ 0 & 0 & 0 & 0 \end{pmatrix}$$

$$\underset{(3.35)}{=} \mathbf{1}^{\otimes 3} + \begin{array}{c} \\ |0\rangle \\ |1\rangle \\ |2\rangle \\ |3\rangle \\ |4\rangle \\ |5\rangle \\ |6\rangle \\ |7\rangle \end{array}\overset{\begin{array}{cccccccc} \langle 0| & \langle 1| & \langle 2| & \langle 3| & \langle 4| & \langle 5| & \langle 6| & \langle 7| \end{array}}{\begin{pmatrix} & & & & & & & \\ & -1 & & & & 1 & & \\ & & & & & & & \\ & & & & & & & \\ & & & & & & & \\ & 1 & & & & -1 & & \\ & & & & & & & \\ & & & & & & & \end{pmatrix}}$$

$$= \begin{array}{c} \\ |0\rangle \\ |1\rangle \\ |2\rangle \\ |3\rangle \\ |4\rangle \\ |5\rangle \\ |6\rangle \\ |7\rangle \end{array}\overset{\begin{array}{cccccccc} \langle 0| & \langle 1| & \langle 2| & \langle 3| & \langle 4| & \langle 5| & \langle 6| & \langle 7| \end{array}}{\begin{pmatrix} 1 & & & & & & & \\ & & & & & 1 & & \\ & & 1 & & & & & \\ & & & 1 & & & & \\ & & & & 1 & & & \\ & 1 & & & & & & \\ & & & & & & 1 & \\ & & & & & & & 1 \end{pmatrix}}$$

비슷한 방법으로 다음을 알 수 있다.

$$\Lambda^{|a^2\rangle}(X) = \begin{array}{c} \\ |0\rangle \\ |1\rangle \\ |2\rangle \\ |3\rangle \\ |4\rangle \\ |5\rangle \\ |6\rangle \\ |7\rangle \end{array}\overset{\begin{array}{cccccccc} \langle 0| & \langle 1| & \langle 2| & \langle 3| & \langle 4| & \langle 5| & \langle 6| & \langle 7| \end{array}}{\begin{pmatrix} 1 & & & & & & & \\ & 1 & & & & & & \\ & & 1 & & & & & \\ & & & 1 & & & & \\ & & & & & 1 & & \\ & & & & 1 & & & \\ & & & & & & 1 & \\ & & & & & & & 1 \end{pmatrix}}$$

$$\Lambda_{|b^3\rangle}^{|a^3\rangle}(V) = \begin{array}{c} |0\rangle \\ |1\rangle \\ |2\rangle \\ |3\rangle \\ |4\rangle \\ |5\rangle \\ |6\rangle \\ |7\rangle \end{array} \begin{array}{cccccccc} \langle 0| & \langle 1| & \langle 2| & \langle 3| & \langle 4| & \langle 5| & \langle 6| & \langle 7| \end{array} \\ \left(\begin{array}{cccccccc} 1 & & & & & & & \\ & 1 & & & & & & \\ & & 1 & & & & & \\ & & & 1 & & & & \\ & & & & v_{00} & & v_{01} & \\ & & & & & 1 & & \\ & & & & v_{10} & & v_{11} & \\ & & & & & & & 1 \end{array} \right)$$

비슷한 방법으로 다음을 알 수 있다.

$$T_{|1\rangle|6\rangle}(V) = \Lambda_{|b^1\rangle}(X)\,\Lambda^{|a^2\rangle}(X)\,\Lambda_{|b^3\rangle}^{|a^3\rangle}(V)\,\Lambda^{|a^2\rangle}(X)\,\Lambda_{|b^1\rangle}(X)$$

독자들은 다음에 대해 (5.67)이 성립하는 것을 직접 계산에 의해 알 수 있다.

정리 5.24의 결과 (5.67)을 이용하면 앞에서 언급한 위상곱, 스핀 회전, 제어 NOT의 보편성을 증명할 수 있다.

> **정리 5.26** 양자 게이트의 집합 $U = \{M,\,D_{\hat{y}},\,D_{\hat{z}},\,\Lambda^1(X)\}$는 보편적이다. 즉, 임의의 $n \in \mathbb{N}$과 $U \in \mathcal{U}(\mathbb{H}^{\otimes n})$에 대해 다음이 만족한다.
>
> $$U \in \mathcal{F}[M, D_{\hat{y}}, D_{\hat{z}}, \Lambda^1(X)]$$
>
> 이것은 임의의 양자 게이트 $U \in \mathcal{U}(\mathbb{H}^{\otimes n})$는 U의 원소로 만들 수 있다는 것을 의미한다.

[증명]

앞의 결과를 이용해 정리를 증명한다.

$$U \quad \underbrace{\in}_{(5.57)} \quad \mathcal{F}[T_{|x\rangle|y\rangle}(V)] \tag{5.68}$$

$$T_{|x\rangle|y\rangle}(V) \quad \underbrace{\in}_{(5.67)} \quad \mathcal{F}[\Lambda_{|b\rangle}^{|a\rangle}(V)] \tag{5.69}$$

$$\Lambda_{|b\rangle}^{|a\rangle}(V) \quad \underbrace{\in}_{(5.43)} \quad \mathcal{F}[X, \Lambda_{n_b}^{n_a}(V)]$$

$$\Lambda^{n_a}_{n_b}(V) \underbrace{\in}_{(5.36)} \mathcal{F}[\Lambda_1(X), \Lambda^1(X), \Lambda^{n_a+n_b}(V)]$$

$$X, V, \Lambda_1(V), \Lambda^m(V) \underbrace{\in}_{(5.18),(5.19),(5.28)} \mathcal{F}[M, D_{\hat{y}}, D_{\hat{z}}, \Lambda^1(X)] \tag{5.70}$$

이를 조합하면, 다음을 구한다.

$$U \underbrace{\in}_{(5.68)} \mathcal{F}[T_{|x\rangle|y\rangle}(V)]$$

$$\underbrace{\in}_{(5.69)} \mathcal{F}[\mathcal{F}[\Lambda^{|a\rangle}_{|b\rangle}(V)]]$$

$$\vdots$$

$$\underbrace{\in}_{(5.70)} \mathcal{F}[\mathcal{F}[\mathcal{F}[\mathcal{F}[M, D_{\hat{y}}, D_{\hat{z}}, \Lambda^1(X)]]]]$$

$$\underbrace{\in}_{(5.14)} \mathcal{F}[M, D_{\hat{y}}, D_{\hat{z}}, \Lambda^1(X)]$$

정리 5.26에서 중요한 점은 원론적으로는 M, $D_{\hat{y}}$, $D_{\hat{z}}$, $\Lambda^1(X)$의 게이트만을 충분히 많이 물리적으로 구현하면 된다는 것이다. 다른 게이트들은 이러한 것들의 조합으로 만들 수 있다. 그러나 이런 방법으로 일반적인 게이트를 만들면 효율적이지 못하다. 정리 5.26은 단일 게이트인 위상곱과 스핀 회전 그리고 이항 연산자인 제어 NOT 게이트이면 임의의 게이트를 만들 수 있다는 것을 이론적으로 말하는 것뿐이다.

5.3 양자 회로

게이트는 기본 변환을 수행한다. 좀 더 복잡한 계산을 실행하려면 기본 게이트의 많은 수를 연결해야 한다. 이러한 구조를 회로^{circuit}라고 한다. 고전 회로와 유사하게, 입력/출력 레지스터 $\mathbb{H}^{I/O} = \mathbb{H}^n$에 대해 특정 변환을 수행하는 양자 게이트의 조합을 양자 회로라고 한다. 이 책에서는 다음 세 가지 형태로 회로를 분류한다.

- **단순 회로**Plain circuits   양자 게이트의 단순한 조합이다.
- **보조 큐비트를 갖는 회로**Circuits with ancillas   여기에는 입력/출력 레지스터 $\mathbb{H}^{I/O}$를 보조 양자 시스템(보조 큐비트ancilla)를 추가해 더 큰 복합 시스템으로 확장한 것이다. 그런 다음, 단순 회로를 확대한 시스템에 적용하고 마지막에 보조 큐비트를 무시하고 원래 시스템만을 추가 처리한다. 고전 회로와 다르게 보조 큐비트를 무시하기 전에 가능성 있는 모든 얽힘을 역전시켜야만 한다. 즉, 얽힘을 풀어야 한다.
- **고전 입/출력과 (또는) 관측이 있는 회로**   여기서는 양자 시스템이 고전 입력에 따라 조작되고, 관측에 따라 부분적으로 고전 출력을 낸다. 그러나 일반적으로 이것은 비가역적인 시스템 변환이다.

다음에서 처음 두 가지 유형의 회로에 대해 공식적으로 정의한다. 고전 입력 및 출력 또는 관측을 가지는 회로를 일반적이며 공식적으로 정의하는 것은 번거롭기 때문에 여기서는 제외한다.

정의 5.27 (일반 양자 회로) $n, L \in \mathbb{N}$이고, $U_1, \ldots, U_L \in \mathcal{U}(\mathbb{H}^{\otimes n})$은 정의 5.7에서 정의한 n개의 양자 게이트이다. 다음을 $U_1, \ldots, U_L$을 사용해 만든 **일반 양자 회로**plain quantum circuit라고 한다.

$$U = U_L \ldots U_1 \quad \in \mathcal{U}(\mathbb{H}^{\otimes n})$$

여기에서, $L \in \mathbb{N}$을 게이트 집합 $\{U_1, \ldots, U_L\}$에 대한 **회로의 길이**Length 또는 **깊이**Depth라고 한다.

단순 회로 U는 상태 $\rho \in \mathrm{D}(\mathbb{H})$에 있는 시스템을 새로운 상태 $U\rho U^*$로 변환한다.

게이트의 정의 5.7에서 회로의 길이에 대해 의미 있는 정의를 하기 위해서는 게이트의 집합을 지정하는 것이 필요하다. $\tilde{U}_1 = U_2 U_1$를 게이트라고 선언하면 길이가 줄게 된다. 그래서 회로의 길이를 언급할 때에는 항상 주어진 게이트의 집합에 대한 것이다.

(2.89)에서, 순수 상태 $|\Psi\rangle$에 대한 단순 회로 U의 작용은 간단하게 $|\Psi\rangle \rightarrow U|\Psi\rangle$이다.

보조 큐비트를 가지는 양자 회로를 정의하기 전에 입력/출력, 보조 힐베르트 공간의 구성에 관한 성질을 먼저 증명한다. 다음의 정리이다.

정리 5.28 $\mathbb{H}^{I/O}$와 $\mathbb{H}^W$는 힐베르트 공간이다. $|\omega_i\rangle, |\omega_f\rangle \in \mathbb{H}^W$는 $\|\omega_i\| = 1 = \|\omega_f\|$를 만족한다. 그리고 $\hat{U} \in \mathcal{U}(\mathbb{H}^{I/O} \otimes \mathbb{H}^W)$는 모든 $|\Psi\rangle \in \mathbb{H}^{I/O}$에 대해 다음을 만족한다.

$$\hat{U}|\Psi \otimes \omega_i\rangle = (U|\Psi\rangle) \otimes |\omega_f\rangle \tag{5.71}$$

그리고 $\rho_{\omega_i} = |\omega_i\rangle\langle\omega_i|$는 순수 상태 $|\omega_i\rangle \in \mathbb{H}^W$의 밀도 연산자다. 그러면 $U \in U(\mathbb{H}^{I/O})$이고, 임의의 밀도 연산자 $\rho \in D(\mathbb{H}^{I/O})$에 대해 다음을 만족한다.

$$\rho \otimes \rho_{\omega_i} \in D\left(\mathbb{H}^{I/O} \otimes \mathbb{H}^W\right) \tag{5.72}$$

그리고

$$\text{tr}^W\left(\hat{U}(\rho \otimes \rho_{\omega_i})\hat{U}^*\right) = U\rho U^* \tag{5.73}$$

즉, U는 유니타리 연산자이고, 복합 시스템의 상태 $\hat{U}(\rho \otimes \rho_{\omega_i})\hat{U}^*$에서 부분 시스템 I/O는 상태 $U\rho U^*$에 의해 기술된다.

[증명]

먼저 U가 유니타리 연산자임을 보인다. $|\omega_i\rangle$와 $|\omega_f\rangle$가 1로 정규화됐기 때문에, 임의의 $|\Psi\rangle \in \mathbb{H}^{I/O}$에 대해 다음을 만족한다.

$$\|U\Psi\|^2 \underset{(2.5)}{=} \langle U\Psi|U\Psi\rangle = \langle U\Psi|U\Psi\rangle \underbrace{\langle \omega_f|\omega_f\rangle}_{=1}$$

$$\underset{(3.4)}{=} \langle (U\Psi)\otimes\omega_f|(U\Psi)\otimes\omega_f\rangle \underset{(5.71)}{=} \langle\hat{U}|\Psi\otimes\omega_i\rangle|\hat{U}|\Psi\otimes\omega_i\rangle\rangle$$

$$\underset{(2.5)}{=} \|\hat{U}|\Psi\otimes\omega_i\rangle\|^2 \underset{(2.37)}{=} \|\Psi\otimes\omega_i\|^2 \underset{(2.5),(3.4)}{=} \|\Psi\|^2 \underbrace{\|\omega_i\|}_{=1}$$

$$= \|\Psi\|^2$$

그래서 모든 $|\Psi\rangle \in \mathbb{H}^{I/O}$에 대해 $\|U\Psi\| = \|\Psi\|$를 만족하고, (2.37)에서 $U \in \mathcal{U}(\mathbb{H}^{I/O})$이다.

이제, $\rho \in D(\mathbb{H}^{I/O})$이고 $\rho_{\omega_i} = |\omega_i\rangle\langle\omega_i| \in D(\mathbb{H}^W)$이다. 그러면 (4.1)에서 (5.72)가 유도된다. 그리고 정리 2.24에서 적절한 $p_j \in [0,1]$과 ONB $|\Psi_j\rangle$가 존재해 다음을 만족한다.

$$\rho = \sum_j p_j |\Psi_j\rangle\langle\Psi_j| \tag{5.74}$$

결국 다음을 얻을 수 있다.

$$
\begin{aligned}
\hat{U}(\rho \otimes \rho_{\omega_i})\hat{U}^* \underset{(5.74)}{=}\ & \hat{U}\left(\sum_j p_j |\Psi_j\rangle\langle\Psi_j| \otimes |\omega_i\rangle\langle\omega_i|\right)\hat{U}^* \\
=\ & \sum_j p_j \hat{U}\left(|\Psi_j\rangle\langle\Psi_j| \otimes |\omega_i\rangle\langle\omega_i|\right)\hat{U}^* \\
\underset{(3.36)}{=}\ & \sum_j p_j \hat{U}|\Psi_j \otimes \omega_i\rangle\langle\Psi_j \otimes \omega_i|\hat{U}^*
\end{aligned} \tag{5.75}
$$

다음의 식과

$$
\begin{aligned}
\langle\Psi_j \otimes \omega_i|\hat{U}^* \underset{(2.33)}{=}\ & \langle\hat{U}(\Psi_j \otimes \omega_i)| \underset{(5.71)}{=} \langle(U\Psi_j) \otimes \omega_f| \underset{(3.15)}{=} \langle U\Psi_j| \otimes \langle\omega_f| \\
\underset{(2.33)}{=}\ & \langle\Psi_j|U^* \otimes \langle\omega_f|
\end{aligned} \tag{5.76}
$$

(5.75)에 있는 (5.71)을 사용하면 다음을 얻는다.

$$
\begin{aligned}
\hat{U}(\rho \otimes \rho_{\omega_i})\hat{U}^* \underset{(5.71),(5.76)}{=}\ & \sum_j p_j \left(U|\Psi_j\rangle \otimes |\omega_f\rangle\right)\left(\langle\Psi_j|U^* \otimes \langle\omega_f|\right) \\
\underset{(3.36)}{=}\ & \sum_j p_j U|\Psi_j\rangle\langle\Psi_j|U^* \otimes |\omega_f\rangle\langle\omega_f| \\
=\ & U\left(\sum_j p_j |\Psi_j\rangle\langle\Psi_j|\right)U^* \otimes |\omega_f\rangle\langle\omega_f| \\
\underset{(5.77)}{=}\ & U\rho U^* \otimes |\omega_f\rangle\langle\omega_f|
\end{aligned} \tag{5.77}
$$

결국

$$
\begin{aligned}
\mathrm{tr}^W\left(\hat{U}(\rho \otimes \rho_{\omega_i})\hat{U}^*\right) \underset{(5.77)}{=}\ & \mathrm{tr}^W\left(U\rho U^* \otimes |\omega_f\rangle\langle\omega_f|\right) \\
\underset{(3.57)}{=}\ & \mathrm{tr}\left(|\omega_f\rangle\langle\omega_f|\right)U\rho U^* = U\rho U^*
\end{aligned}
$$

마지막 식에서 다음을 이용했다.

$$\operatorname{tr}\left(|\omega_f\rangle\langle\omega_f|\right) \underbrace{=}_{(2.57)} \sum_j \langle e_j|\omega_f\rangle\langle\omega_f|e_j\rangle \underbrace{=}_{(2.1)} \sum_j |\langle e_j|\omega_f\rangle|^2 \underbrace{=}_{(2.12)} ||\omega_f||^2 = 1$$

(5.73)의 좌변은 대각합을 보존하는 양자 연산(정의 3.26 참조)의 환경 표현이다. 경우에 따라서 추가적인 양자 레지스터 형태의 **환경**을 이용한다. 이는 주어진 $U \in \mathcal{U}(\mathbb{H}^{I/O})$를 구현하는 회로를 만드는 데 도움을 준다. 보조 레지스터는 보조 큐비트^ancilla로 알려지게 됐고, 이러한 것을 포함하도록 양자 회로의 정의를 확장한다.

정의 5.29 (보조 큐비트를 가지는 양자 회로) $\mathbb{H}^{I/O} = {}^\P\mathbb{H}^{\otimes n}$이고 $\mathbb{H}^W = {}^\P\mathbb{H}^{\otimes w}$이다. 적절한 상태 $|\omega_i\rangle, |\omega_f\rangle \in \mathbb{H}^W$와 복합 시스템 $\mathbb{H}^{I/O} \otimes \mathbb{H}^W$에서 단순 회로 $\hat{U} \in U({}^\P\mathbb{H}^{\otimes n+w})$가 모든 $|\Psi\rangle \in \mathbb{H}^{I/O}$에 대해 다음의 조건을 만족하면, $\mathbb{H}^{I/O}$의 회로 U를 **보조 큐비트를 가진 회로** 또는 **보조 레지스터** $\mathbb{H}^W$에서 **보조 큐비트** $|\omega_i\rangle$를 이용해 구현했다고 한다.

$$\hat{U}|\Psi \otimes \omega_i\rangle = (U|\Psi\rangle) \otimes |\omega_f\rangle \tag{5.78}$$

주어진 게이트에 대한 U의 길이는 정의 5.27에서 정의한 단순 회로 $\hat{U}$의 길이로 정의한다.

회로 U는 상태 $\rho \in \mathrm{D}(\mathbb{H}^{I/O})$에 있는 시스템을 새로운 상태 $U\rho U^* = \operatorname{tr}^w$ $(\hat{U}(\rho \otimes \rho_{\omega_i})\hat{U}^*)$으로 변환한다.

정의 5.27에서 정의한 임의의 단순 회로 $U \in \mathcal{U}(\mathbb{H}^{I/O})$는 간단하게 $\hat{U} = U \otimes \mathbf{1}$ $\in \mathcal{U}(\mathbb{H}^{I/O} \otimes \mathbb{H}^W)$를 이용해 보조 큐비트가 있는 회로로 구현할 수 있다. 이런 의미에서 보조 큐비트가 있는 회로가 단순 회로를 포함한다. 그러나 이 책에서는 **보조 큐비트가 있는 회로**라는 용어를 $\hat{U} = U \otimes \mathbf{1}$의 형태를 제외한 (5.78)을 만족하는 회로에만 사용한다.

보조 레지스터는 이름에서 알 수 있듯이 계산 중간의 정보가 회로 내에 저장되고 재호출되며 처리되지만 계산이 끝날 때 읽히지 않는 레지스터 $\mathbb{H}^W$이다. 계산, 즉 회로는 중간 게이트를 순차적으로 적용해 수행한다. 이러한 중간 계산 과정 동안 보조 레지스터의 상태는 입력 또는 출력 레지스터의 상태와 얽히게 된다. 그러므로 중간 단계에서 보조 레지스터를 관측하면 입력 또는 출력 레지스터의 상태에 영향을 준다. 이러한 보조 레지스터의 측정은 알려진 초기 상태로 재설정하기 위해 필요하다.[2] 보조 레지스터를 재설정하는 것이 출력 레지스터에 영향을 미치지 않도록 하려면 적절한 변환을 통해서 이들 사이의 얽힘을 제거해야 한다. 이러는 동안에 회로의 원하는 기능은 변경되지 않아야 한다. 즉, 입력/출력 레지스터를 변경하지 않으면서 보조 레지스터와의 얽힘을 풀어야 한다. 5.5.1절에 소개할 양자 가산기^{quantum adder}가 이러한 구성의 첫 번째 예가 되겠다.

정의 5.29에서 보조 상태 $|\omega_i\rangle$는 보조 레지스터의 고정된 초기 상태이고 $|\omega_f\rangle$는 고정된 최종 상태이다. 종종 둘 다 $|0\rangle^w$가 되도록 선택한다. 그러나 항상 같을 필요는 없다. $|\omega_f\rangle$에 적절한 변환을 통해 둘이 일치하도록 항상 만들 수 있다. 그러나 (5.78)의 우변에서 볼 수 있듯이, $\hat{U}$의 작용 결과가 $\mathbb{H}^{I/O}$와 $\mathbb{H}^W$의 인자로 분해된다는 것이 중요하다. 정리 5.28의 증명에서 볼 수 있듯이 이러한 인수분해로 인해 복합 시스템 $\mathbb{H}^{I/O} \otimes \mathbb{H}^W$의 상태 $\rho \otimes \rho_{\omega_i}$가 $\hat{U}$에 의해 상태 $(U\rho U^*) \otimes \rho_{\omega_f}$로 변하고, $\mathbb{H}^W$에서 부분 대각합을 취함으로써 상태 $U\rho U^*$의 부분 시스템 $\mathbb{H}^{I/O}$가 된다. 그래서 부분 시스템 $\mathbb{H}^{I/O}$의 측정 또는 관측은 $U\rho U^*$에 의해서만 결정되고, 보조 레지스터 $\mathbb{H}^W$의 상태에 의존하지 않는다. 이것으로 U을 구현하기 위해 회로 $\hat{U}$를 사용한 후에 보조 레지스터를 무시해도 된다. 종종 **보조 큐비트는 무시할 수 있다**고 말한다. 그림 5.9에서 보조 큐비트를 가지는 단순 회로를 나타냈다.

---

2   이를테면 상태 $|0\rangle^w$에 있는 보조 레지스터를 재설정하기 위해 각각의 큐비트를 σ_z로 관측하고, 관측값이 -1이면 X를 작용한다.

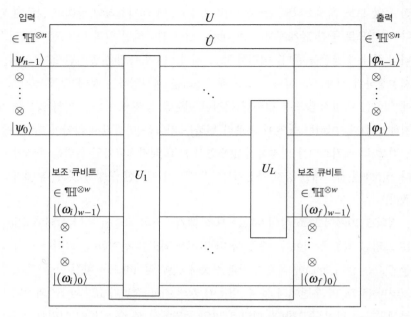

그림 5.9 보조 큐비트를 가지는 양자 회로 U

초기 보조 상태 $|\omega_i\rangle$와 최종 보조 상태 $|\omega_f\rangle$를 가지는 회로의 역회로로는 보조 상태 $|\omega_f\rangle$에서 시작해 보조 상태 $|\omega_i\rangle$로 끝난다.

따름정리 5.30   유니타리 $\hat{U}$를 이용해 구현하고 보조 레지스터의 초기 상태 $|\omega_i\rangle$, 최종 상태 $|\omega_f\rangle$인 회로 U는 다음을 만족한다.

$$\hat{U}^*|\Psi \otimes \omega_f\rangle = (U^*|\Psi\rangle) \otimes |\omega_i\rangle \qquad (5.79)$$

즉, U^*는 $\hat{U}^*$를 이용해 구현하며, $|\omega_i\rangle$와 $|\omega_f\rangle$의 역할은 바뀐다.

[증명]

(5.71)와 정리 5.28에서 증명한 U가 유니타리임에서 다음을 얻는다.

$$\hat{U}\left(U^*|\Psi\rangle \otimes |\omega_i\rangle\right) = (UU^*|\Psi\rangle) \otimes |\omega_f\rangle = |\Psi\rangle \otimes |\omega_f\rangle$$

그러므로 (5.79)가 증명된다.

양자 회로를 양자 연산의 특별한 경우로 정의했기에 정의 3.26과 정리 3.24로부터, 모든 회로는 $\mathbb{H}^{I/O}$의 적절한 크라우스 연산자의 집합 $\{K_j | j \in I\}$로 표현된다.

단순 회로와 보조 큐비트를 가지는 회로는 가역적인 장치로 정의했다. 그래서 대각합을 보존하는 양자 연산이다. 관측을 가지는 회로는 일반적으로 비가역적이며, 공식적인 정의는 더욱 정교해야 한다. 그래서 이 책에서는 생략한다. 간단하게 말하면 대각합을 보존하지 않는 양자 연산으로 이해하면 충분하다.

5.4 양자 알고리즘의 프로세스

알고리즘과 계산에서 양자 레지스터에 $f : S_{\text{ini}} \to S_{\text{fin}}$ 형태의 함수가 작용하는 것을 적절하게 표현하는 것이 중요하다. S_{ini}와 S_{fin}이 $\mathbb{N}_0$의 유한 부분집합이다. 그리고 그러한 함수를 실제로 작용하는 양자 회로로 물리적으로 구현하는 것이 중요하다. 이러한 것은 각각의 인자에 대해 이진법 덧셈을 이용하는 구성으로 구현할 수 있다. 이진법 덧셈은 다음에서 정의한다.

정의 5.31 정의 5.2의 이진법 덧셈을 이용해, $\mathbb{H}^{\otimes n}$의 계산 기저의 벡터 $|a\rangle, |b\rangle$에 대해 **인수별 이진법 덧셈**$^{\text{factor-wise binary addition}}$ $\boxplus$을 다음으로 정의한다.

$$\boxplus : \mathbb{H}^{\otimes m} \otimes \mathbb{H}^{\otimes m} \longrightarrow \mathbb{H}^{\otimes m}$$
$$|a\rangle \otimes |b\rangle \longmapsto |a\rangle \boxplus |b\rangle := \bigotimes_{j=m-1}^{0} |a_j \overset{2}{\oplus} b_j\rangle \qquad (5.80)$$

$|a\rangle \boxplus |b\rangle$ 대신에 간단하게 $|a \boxplus b\rangle$로 표기한다. 즉,

$$|a \boxplus b\rangle := \bigotimes_{j=m-1}^{0} |a_j \overset{2}{\oplus} b_j\rangle \qquad (5.81)$$

그리고 $f : \mathbb{N}_0 \to \mathbb{N}_0$이고, $n, m \in \mathbb{N}$이며 $\mathbb{H}^A := \mathbb{H}^{\otimes n}$, $\mathbb{H}^B = \mathbb{H}^{\otimes m}$인 경우에, 다음을 만족하는 $\mathbb{H}^A \otimes \mathbb{H}^B$의 연산자에 대해 **연산자 U_f로 서술되는 회로가 함수 f를 구현한다**고 한다.

$$U_f : \mathbb{H}^A \otimes \mathbb{H}^B \longrightarrow \mathbb{H}^A \otimes \mathbb{H}^B$$
$$|x\rangle \otimes |y\rangle \longmapsto |x\rangle \otimes |y \boxplus f(x)\rangle \qquad (5.82)$$

▌문제 5.64 (5.82)에서 정의한 U_f가 유니타리 연산자임을 보여라.

(5.82)에서 주어진 함수의 구현은 양자 알고리즘이나 통신 규약의 각 단계에서 중요한 요소다. 일반적으로 다음 단계들로 구성된다.

1. 입력 레지스터 준비
2. 적절한 양자 레지스터에 작용하는 양자 회로 U_f를 사용한 고전함수 f의 구현
3. 적절한 양자 게이트와 회로를 이용해 양자 레지스터의 변환
4. 출력 레지스터의 결과 판독 (또는 관측)

앞으로 5.4.1절에서 1번 단계, 5.4.3절에서 4번 단계에 대해 설명한다. 대부분의 알고리즘에서 이러한 단계들은 비슷하다. 2번 단계의 일반적인 사항은 5.4.2절에서 설명한다. 3번 단계에서 특별한 f의 형태, 그래서 특별한 형태의 U_f는 각각의 알고리즘에 따라 다르다. 5.5절에서 (6.5절의) 쇼어 인수분해 알고리즘에서 기본 계산 연산으로 필요한 다양한 양자 회로를 소개한다.

5.4.1 입력과 보조 레지스터의 준비

알고리즘의 시작으로 입력 레지스터 $\mathbb{H}^{I/O} := \P\mathbb{H}^{\otimes n}$를 모든 계산 기저 벡터의 균등 선형 조합의 상태로 만들어야 하는 경우가 자주 있다. 즉, 알고리즘의 초기 상태는 다음과 같다.

$$|\Psi_0\rangle = \frac{1}{2^{\frac{n}{2}}} \sum_{x=0}^{2^n-1} |x\rangle^n \in \mathbb{H}^{I/O}$$

실제로 (6.5절의) 큰 수를 인수분해하는 쇼어 알고리즘과 (2.38절의) 그로버[Grover] 탐색 알고리즘의 경우에 그러하다. 정의 2.38의 아다마르 변환을 이용해 위의 상태 $|\Psi_0\rangle$를 다음과 같이 생성한다. 정의에서

$$H|0\rangle = \frac{|0\rangle + |1\rangle}{\sqrt{2}}$$

$|0\rangle^n \in \mathbb{H}^{I/O}$에 $\mathbb{H}$의 n겹 텐서곱을 적용하면 다음을 얻는다.

$$
\begin{aligned}
H^{\otimes n}|0\rangle^n &= H^{\otimes n}\Big(|0\rangle \otimes |0\rangle \otimes \cdots \otimes |0\rangle\Big) = \bigotimes_{j=n-1}^{0} H|0\rangle = \bigotimes_{j=n-1}^{0} \frac{|0\rangle + |1\rangle}{\sqrt{2}} \\
&= \frac{1}{2^{\frac{n}{2}}}\left(|0\rangle + |1\rangle\right) \otimes \cdots \otimes \left(|0\rangle + |1\rangle\right) \\
&= \frac{1}{2^{\frac{n}{2}}}\big(\underbrace{|0\dots0\rangle}_{=|0\rangle^n} + \underbrace{|0\dots1\rangle}_{=|1\rangle^n} + \cdots + \underbrace{|1\dots1\rangle}_{=|2^n-1\rangle^n}\big) \\
&= \frac{1}{2^{\frac{n}{2}}} \sum_{x=0}^{2^n-1} |x\rangle^n
\end{aligned}
\tag{5.83}
$$

이것이 원하는 초기 상태이다.

5.4.2 함수 구현과 양자 병렬성

(5.13)에서 양자 레지스터에 $f: \mathbb{N}_0 \rightarrow \mathbb{N}_0$ 타입의 함수 표현을 유니타리 변환 U_f로 구현해야 한다.

이것은 앞에서 정의한 각 인자별factor-wise 이진법 덧셈을 이용한 구성으로 다음과 같이 만들 수 있다.

정의 5.32 정의 5.31에서 정의한 인자별 이진법 덧셈을 이용해 다음의 연산자를 정의한다.

$$
\begin{aligned}
U_{\boxplus} : \mathbb{H}^{\otimes m} \otimes \mathbb{H}^{\otimes m} &\longrightarrow \mathbb{H}^{\otimes m} \otimes \mathbb{H}^{\otimes m} \\
|a\rangle \otimes |b\rangle &\longmapsto |a\rangle \otimes |a \boxplus b\rangle
\end{aligned}
\tag{5.84}
$$

$\sum_{j=0}^{m-1}(a_j \overset{2}{\oplus} b_j)2^j < 2^m$이므로, $|a \boxplus b\rangle$ 또한 $\mathbb{H}^{\otimes m}$ 공간의 계산 기저 벡터가 된다. 그림 5.10에서 볼 수 있듯이, 연산자 $U_{\boxplus}$을 m개의 제어 NOT $\Lambda^1(X)$으로 구현할 수 있다. 그리고 이것은 유니타리 연산자다.

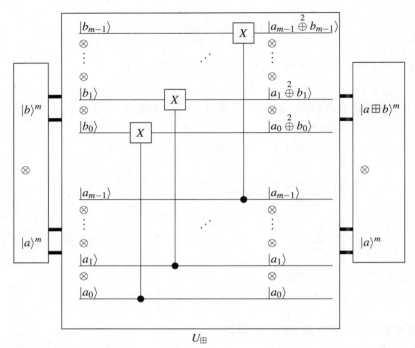

그림 5.10 두 벡터 $|a\rangle, |b\rangle \in \mathbb{H}^{\otimes m}$의 이진법 덧셈에 대한 연산자 $U_{\boxplus}$를 구현하는 양자 회로. 앞과 같이, 가는 실선은 큐비트 한 개에 대한 ('와이어'라고도 하는) 채널을 표시한다. 한 쌍의 굵은 실선은 (여기서는 $\mathbb{H}^{\otimes m}$인) 큐비트 공간의 텐서곱에 존재하는 벡터로 표현되는 여러 개 (여기서는 m개)의 큐비트의 채널을 나타낸다.

보조정리 5.33 (5.84)에서 정의한 연산자 $U_{\boxplus}$는 유니타리이다.

[증명]

먼저 $U_{\boxplus}^2 = 1$을 증명한다. 이를 위해서는 임의의 기저 벡터 $|a\rangle \otimes |b\rangle \in \mathbb{H}^{\otimes m}$ $\otimes \mathbb{H}^{\otimes m}$에 대해 성립하는 것을 보이면 충분하다. $U_{\boxplus}$의 정의를 두 번 사용하면 다음을 얻는다.

$$
U_{\boxplus}^2\big(|a\rangle \otimes |b\rangle\big) \underset{(5.84)}{=} U_{\boxplus}\big(|a\rangle \otimes |a \boxplus b\rangle\big) \underset{(5.84)}{=} |a\rangle \otimes |a \boxplus (a \boxplus b)\rangle
$$

$$
= |a\rangle \otimes \bigotimes_{j=m-1}^{0} |a_j \overset{2}{\oplus} \underbrace{(a \boxplus b)_j}_{=a_j \overset{2}{\oplus} b_j}\rangle \underset{(5.80)}{=} |a\rangle \otimes \bigotimes_{j=m-1}^{0} |\underbrace{a_j \overset{2}{\oplus} (a_j \overset{2}{\oplus} b_j)}_{=b_j}\rangle
$$

$$
= |a\rangle \otimes |b\rangle
$$

256

그러므로 $U_⊞$는 가역^{invertible}변환이고, 기저 벡터 $|a\rangle \otimes |b\rangle \in {}^¶\mathbb{H}^{\otimes m} \otimes {}^¶\mathbb{H}^{\otimes m}$를 자신의 공간으로 변환한다. 문제 2.15의 결과에서 $U_⊞$는 유니타리이다. ∎

다음은 $f : \mathbb{N}_0 \to \mathbb{N}_0$ 형식의 함수를 구현하는 유니타리 회로를 구축하는 일반적인 구성을 설명한다. 이에 대한 전제 조건으로 이미 특정 형태로 f를 구현하는 두 개의 회로 A_f와 B_f가 존재해야 한다. 다음 구성의 중요점은 f가 전단사함수가 아닌 경우에도 유니타리 연산자 U_f를 구현할 수 있다는 것이다. 5.5.4절에서 쇼어 알고리즘의 경우 A_f와 B_f를 어떻게 만드는지 살펴본다.

정리 5.34 $f : \mathbb{N}_0 \to \mathbb{N}_0$, $n, m \in \mathbb{N}$이며 $\mathbb{H}^A := {}^¶\mathbb{H}^{\otimes m}$, $\mathbb{H}^B := {}^¶\mathbb{H}^{\otimes m}$이다. 그리고 A_f, B_f는 적절한 $|\omega_i\rangle, |\omega_f\rangle \in \mathbb{H}^B$가 존재해 모든 계산 기저 벡터 $|x\rangle \in \mathbb{H}^A$에 대해 다음이 만족하는 상태 $|\psi(x)\rangle \in \mathbb{H}^A$가 존재하는 $\mathbb{H}^A \otimes \mathbb{H}^B$의 회로이다.

$$A_f\left(|x\rangle \otimes |\omega_i\rangle\right) = |\psi(x)\rangle \otimes |f(x)\rangle \tag{5.85}$$

$$B_f\left(|\psi(x)\rangle \otimes |f(x)\rangle\right) = |x\rangle \otimes |\omega_f\rangle \tag{5.86}$$

그러면 $\mathbb{H}^A \otimes \mathbb{H}^B \otimes \mathbb{H}^C$에서 다음을 정의한다.

$$\hat{U}_f := \left(\mathbf{1}^A \otimes S^{B,B}\right)\left(B_f \otimes \mathbf{1}^B\right)\left(\mathbf{1}^A \otimes U_⊞\right)\left(A_f \otimes \mathbf{1}^B\right)\left(\mathbf{1}^A \otimes S^{B,B}\right) \tag{5.87}$$

여기에서 $S^{B,B} : |b_1\rangle \otimes |b_2\rangle \to |b_2\rangle \otimes |b_1\rangle$는 $\mathbb{H}^B \otimes \mathbb{H}^B$에서 교환 연산자이고, $\hat{U}_f$는 다음을 만족한다.

$$\hat{U}_f\left(|x\rangle \otimes |y\rangle \otimes |\omega_i\rangle\right) = |x\rangle \otimes |y ⊞ f(x)\rangle \otimes |\omega_f\rangle$$

$\hat{U}_f$와 보조 레지스터, 그리고 상태 $|\omega_i\rangle, |\omega_f\rangle$를 이용해 다음과 같이 U_f를 구현할 수 있다.

$$\begin{aligned} U_f : \mathbb{H}^A \otimes \mathbb{H}^B &\longrightarrow \mathbb{H}^A \otimes \mathbb{H}^B \\ |x\rangle \otimes |y\rangle &\longmapsto |x\rangle \otimes |y ⊞ f(x)\rangle \end{aligned} \tag{5.88}$$

[증명]

정의 (5.87)에서 다음을 얻는다.

$$\hat{U}_f\left(|x\rangle \otimes |y\rangle \otimes |\omega_i\rangle\right)$$
$$= \left(\mathbf{1}^A \otimes S^{B,B}\right)\left(B_f \otimes \mathbf{1}^B\right)\left(\mathbf{1}^A \otimes U_\boxplus\right)\left(A_f \otimes \mathbf{1}^B\right)\left(|x\rangle \otimes |\omega_i\rangle \otimes |y\rangle\right)$$
$$\underset{(5.85)}{=} \left(\mathbf{1}^A \otimes S^{B,B}\right)\left(B_f \otimes \mathbf{1}^B\right)\left(\mathbf{1}^A \otimes U_\boxplus\right)\left(|\psi(x)\rangle \otimes |f(x)\rangle \otimes |y\rangle\right)$$
$$\underset{(5.84)}{=} \left(\mathbf{1}^A \otimes S^{B,B}\right)\left(B_f \otimes \mathbf{1}^B\right)\left(|\psi(x)\rangle \otimes |f(x)\rangle \otimes |y \boxplus f(x)\rangle\right)$$
$$\underset{(5.86)}{=} \left(\mathbf{1}^A \otimes S^{B,B}\right)\left(|x\rangle \otimes |\omega_f\rangle \otimes |y \boxplus f(x)\rangle\right)$$
$$= |x\rangle \otimes |y \boxplus f(x)\rangle \otimes |\omega_f\rangle \tag{5.89}$$

U_f에 관한 (5.88)의 주장은 (5.89)와 정의 5.29에서 나온다. ∎

여기서 사용한 교환 연산자 $S^{B,B}$는 $|a\rangle \otimes |b\rangle \in \mathbb{H}^B \otimes \mathbb{H}^B$에 작용해 인자들을 교환한다. 이것은 그림 5.5에서 보인 m개의 단순 교환을 이용하면 구현할 수 있다. U_f를 구현한 회로는 그림 5.11에 나타냈다.

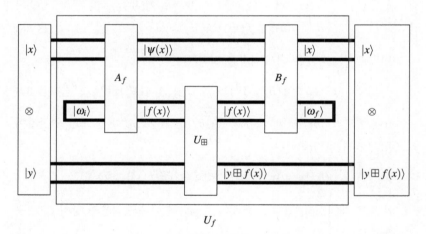

그림 5.11 연산자 U_f를 구현하는 회로

$\mathbb{H}^A \otimes \mathbb{H}^B$의 임의의 벡터 $|\Phi\rangle$에 대해 U_f는 선형 확장으로 정의한다.

$$U_f|\Phi\rangle := \sum_{x=0}^{2^n-1}\sum_{y=0}^{2^m-1} \Phi_{xy}|x\rangle \otimes |y \boxplus f(x)\rangle$$

$|\Psi_0\rangle := (H^n|0\rangle^n) \otimes |0\rangle^m \in \mathbb{H}^A \otimes \mathbb{H}^B$에 U_f를 적용하면 다음을 얻는다.

$$U_f|\Psi_0\rangle = U_f\big((H^n|0\rangle^n)\otimes|0\rangle^m\big) \underbrace{=}_{(5.83)} \frac{1}{2^{\frac{n}{2}}}\sum_{x=0}^{2^n-1} U_f\big(|x\rangle^n\otimes|0\rangle^m\big)$$

$$\underbrace{=}_{(5.88)} \frac{1}{2^{\frac{n}{2}}}\sum_{x=0}^{2^n-1} \underbrace{|x\rangle\otimes|f(x)\rangle}_{\in\mathbb{H}^A\otimes\mathbb{H}^B} \tag{5.90}$$

(5.90)에서 볼 수 있듯이, $|\Psi_0\rangle$에 U_f를 **한 번** 적용하면, $x\in\{0,\ldots,2^n-1\}$에 대해 $|x\rangle\otimes|f(x)\rangle$ 형태의 **모든** 2^n개의 상태의 선형 조합의 상태가 결과로 주어진다. 직관적으로, 이것은 $\{0,\ldots,2^n-1\}$에 대해 함수 f를 한 번에 동시에 계산한 것과 같아 보인다. 그래서 이것을 **대량 양자 병렬**$^{massive\ quantum\ parallelism}$이라고 한다. 이러한 해석은 $U_f|\Psi_0\rangle$에서의 $|x\rangle\otimes|f(x)\rangle$의 형태에서 나타나는 모든 항들이 함수 f의 계산표 $(x,f(x))_{x=0,\ldots,2^n-1}$과 매우 유사하기 때문이다. 일반적으로 이러한 표를 만들기 위해서는 함수 f를 2^n번 계산해야 한다. 이것은 $O(2^n)$의 계산량을 요구하는 데 반해서 (5.90)의 $|x\rangle\otimes|f(x)\rangle$의 모든 계산은 연산자 U_f를 오직 한 번 적용한다. 그러나 U_f를 한 번 적용해 모든 가능한 $|x\rangle\otimes|f(x)\rangle$의 중첩을 한 번에 만들지라도, $U_f|\Psi_0\rangle$의 상태에서 각각의 x에 대한 $f(x)$의 값을 읽는 것은 불가능하다. $U_f|\Psi_0\rangle$의 모든 $|x\rangle\otimes|f(x)\rangle$의 선형조합으로 표현된 정보에 접속하기 위해서는 함수 f의 특별한 성질을 이용하는 추가적인 변환이 필요하다. 그 예로 (6.5절의) 쇼어 알고리즘의 경우에는 함수 f의 주기성을 이용하기 위해 $U_f|\Psi_0\rangle$에 (5.5.5절의) 양자 푸리에 변환$^{Quantum\ Fourier\ Transform}$을 적용한다.

5.4.3 출력 레지스터 읽기

큐비트의 정의 2.28에서 관측 가능량 σ_z는 $\{\pm1\}$의 값 중 하나를 관측값으로 산출하며 따름정리 2.29에 의해서 큐비트를 해당 고유 상태 $|0\rangle$ 또는 $|1\rangle$로 사영한다.

$\mathbb{H}^{\otimes n}$의 상태벡터로 서술하는, n개 큐비트로 구성된 복합 시스템에서는 이러한 관측을 각각의 큐비트, 즉 $j\in\{0,\ldots,n-1\}$일 때 $\mathbb{H}^{\otimes n}$의 인자 공간인 $\mathbb{H}_j$에 작용하는 관측 가능량에 대해 할 수 있다. 인자공간에서 각각의 관측 σ_z는 복합 양자 시스템 $\mathbb{H}^{\otimes n}$에서 관측 가능량 $\sum_z^j = \mathbb{1}^{\otimes n-1-j}\otimes\sigma_z\otimes\mathbb{1}^{\otimes j}$의 관측에 대응한다. $\sum_z^j$는 인자 공간 $\mathbb{H}_j$에만 작용하기 때문에, 모든 j와 k에 대해 $\sum_z^j\sum_z^k = \sum_z^k\sum_z^j$

가 성립한다. 그러므로 $\sum_z^j$는 호환 가능하고 정확하게 관측할 수 있다.

정의 5.35 $n \in \mathbb{N}$이며 $j \in \{0,\ldots,n-1\}$, $\alpha \in \{0,\ldots,3\}$이다(또는 $\alpha \in \{0, x, y, z\}$이다). 다음을 정의한다.

$$\Sigma_\alpha^j := \mathbf{1}^{\otimes n-1-j} \otimes \sigma_\alpha \otimes \mathbf{1}^{\otimes j} \quad \in B_{sa}(\P\mathbb{H}^{\otimes n})$$

여기에서 σ_α는 정의 2.21에서 정의했다. **양자 레지스터 $\P\mathbb{H}^{\otimes n}$에서 상태의 관측** observation of a state in quantum register은 양자 레지스터에서 $j \in \{0,\ldots,n-1\}$의 호환 가능한 관측 가능량

$$\Sigma_z^j = \mathbf{1}^{\otimes n-1-j} \otimes \sigma_z \otimes \mathbf{1}^{\otimes j}$$

의 관측으로 정의한다. 이러한 관측을 레지스터를 **읽는다**read-out 또는 **관측한다**고 한다.

$\Sigma_z^{n-1},\ldots,\Sigma_z^0$을 관측해 레지스터 $\P\mathbb{H}^{\otimes n}$을 읽으면 n개의 관측값 $(s_{n-1},\ldots,s_0) \in \{\pm 1\}^n$의 값을 얻는다. 이러한 관측값을 표 2.1에 나타난 고전 비트 x_j와 대응할 수 있으며, 이러한 고전 비트 $(x_{n-1},\ldots,x_0)$을 이용해 $x < 2^n$인 음이 아닌 정수에 대해 $x = \sum_{j=0}^{n-1} x_j 2^j$인 이진법 표현을 할 수 있다. 관측 가능량 Σ_z^j를 관측하면 인자 공간 $\P\mathbb{H}_j$의 상태를 관측값 s_j에 대응하는 고유 상태 $|0\rangle$, $|1\rangle$로 사영한다. 모든 레지스터 $\P\mathbb{H}^{\otimes n}$을 읽으면 음이 아닌 정수 $x < 2^n$이 나오고 레지스터는 계산 기저 벡터 $|x\rangle$의 상태가 된다.

5.5 기초 산술 연산을 위한 회로

다음 절에서 음이 아닌 정수 두 개의 덧셈을 구현하는 양자 회로를 먼저 살펴본다[72]. 이를 바탕으로 다른 기본 산술 연산을 구현하는 추가 회로를 설명한다. 이를 통해 쇼어 인수분해 알고리즘에 필요한 모듈러 지수modular exponentiation $x \mapsto b^x \bmod N$을 구현하는 양자 회로를 보여준다.

5.5.1 양자 가산기

다음에서 기본 양자 게이트의 이용해 숫자 두 개 $a, b \in \mathbb{N}_0$의 덧셈을 구현하는 회로를 구축하는 방법을 보여준다[72]. 이러는 동안에 부록 B에 제시한 이진법 형태의 덧셈과 뺄셈을 위한 기본 알고리즘에 대한 결과를 이용한다.

우선 보조정리 B.2의 합을 표현하는 비트 s_j를 게이트 U_s를 사용해 구현한다. 이를 위해 $\P\mathbb{H}^{\otimes 3}$에서 다음의 연산자를 정의한다.

$$
\begin{aligned}
A &:= \mathbf{1}^{\otimes 3} + (X - \mathbf{1}) \otimes |1\rangle\langle 1| \otimes \mathbf{1} \\
B &:= \mathbf{1}^{\otimes 3} + (X - \mathbf{1}) \otimes \mathbf{1} \otimes |1\rangle\langle 1| \\
U_s &:= BA
\end{aligned}
\tag{5.91}
$$

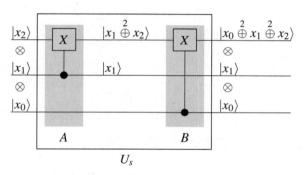

그림 5.12 덧셈에 사용하는 2진법 덧셈을 위한 게이트 U_s

$|1\rangle\langle 1|^* = |1\rangle\langle 1| = (|1\rangle\langle 1|)^2$, $X^* = X$, $X^2 = 1$, 그리고 $2(X - \mathbf{1}) + (X - \mathbf{1})^2 = 0$ 이므로, A와 B는 자기수반이며 유니타리 연산자다. (5.91)에서 $AB = BA$가 성립한다. 그러므로 U_s 또한 다음으로부터 유니타리 연산자가 된다.

$$
U_s^* = (BA)^* = A^* B^* = AB = BA = U_s
$$

그리고

$$
(U_s)^2 = ABAB = BAAB = B^2 = \mathbf{1}
$$

$\P\mathbb{H}^{\otimes 3}$의 계산 기저 벡터 $|x\rangle^3 = |x_2\rangle \otimes |x_1\rangle \otimes |x_0\rangle$에 대해 연산자 A, B, U_s는 다음과 같이 작용한다.

$$A\Big(|x_2\rangle \otimes |x_1\rangle \otimes |x_0\rangle\Big) = |x_1 \overset{2}{\oplus} x_2\rangle \otimes |x_1\rangle \otimes |x_0\rangle$$

$$B\Big(|x_2\rangle \otimes |x_1\rangle \otimes |x_0\rangle\Big) = |x_0 \overset{2}{\oplus} x_2\rangle \otimes |x_1\rangle \otimes |x_0\rangle$$

$$U_s\Big(|x_2\rangle \otimes |x_1\rangle \otimes |x_0\rangle\Big) = B\Big(|x_1 \overset{2}{\oplus} x_2\rangle \otimes |x_1\rangle \otimes |x_0\rangle\Big) \tag{5.92}$$

$$= |x_0 \overset{2}{\oplus} x_1 \overset{2}{\oplus} x_2\rangle \otimes |x_1\rangle \otimes |x_0\rangle$$

그림 5.12에서 U_s의 도식을 나타냈다.

보조정리 B.2에서 다음의 이진법 표현을 가지는 두 숫자 $a, b \in \mathbb{N}_0,\ a, b < 2^n$ 을 고려한다.

$$a = \sum_{j=0}^{n-1} a_j 2^j, \qquad b = \sum_{j=0}^{n-1} b_j 2^j$$

두 숫자의 합은 다음으로 주어진다.

$$a + b = \sum_{j=0}^{n-1} s_j 2^j + c_n^+ 2^n \tag{5.93}$$

여기에서 $a_j, b_j \in \{0,1\}$, $c_0^+ := 0$이며 다음을 만족한다.

$$c_j^+ := a_{j-1} b_{j-1} \overset{2}{\oplus} a_{j-1} c_{j-1}^+ \overset{2}{\oplus} b_{j-1} c_{j-1}^+ \qquad \text{for } j \in \{1, \ldots, n\} \tag{5.94}$$

$$s_j := a_j \overset{2}{\oplus} b_j \overset{2}{\oplus} c_j^+ \qquad \text{for } j \in \{0, \ldots, n-1\} \tag{5.95}$$

(5.92)와 (5.95)에서 다음을 얻는다.

$$U_s\Big(|b_j\rangle \otimes |a_j\rangle \otimes |c_j^+\rangle\Big) = |s_j\rangle \otimes |a_j\rangle \otimes |c_j^+\rangle \tag{5.96}$$

U_s의 반복적인 적용으로 덧셈 비트의 큐비트 $|s_j\rangle$를 생성한다. 이것은 (5.95)에 정의됐고, (5.93)에서 사용한다. 그리고 추가적으로 캐리 항을 c_j^+를 계산하는 큐비트 $|c_j^+\rangle$가 필요하다. 이를 계산하기 위해 다음의 $^\P\mathbb{H}^{\otimes 4}$의 4개의 연산자를 이용해 게이트 U_c를 만든다.

$$\begin{aligned}
C &:= \mathbf{1}^{\otimes 4} + (X - \mathbf{1}) \otimes |1\rangle\langle 1| \otimes |1\rangle\langle 1| \otimes \mathbf{1} \\
D &:= \mathbf{1}^{\otimes 4} + \mathbf{1} \otimes (X - \mathbf{1}) \otimes |1\rangle\langle 1| \otimes \mathbf{1} \\
E &:= \mathbf{1}^{\otimes 4} + (X - \mathbf{1}) \otimes |1\rangle\langle 1| \otimes \mathbf{1} \otimes |1\rangle\langle 1| \\
U_c &:= EDC
\end{aligned}$$

$\mathbb{H}^{\otimes 4}$의 계산 기저 벡터 $|x\rangle^4 = |x_3\rangle \otimes |x_2\rangle \otimes |x_1\rangle \otimes |x_0\rangle$에 대한 각각의 작용을 알 수 있다.

$$C\Big(|x_3\rangle \otimes |x_2\rangle \otimes |x_1\rangle \otimes |x_0\rangle\Big) = |x_1 x_2 \overset{2}{\oplus} x_3\rangle \otimes |x_2\rangle \otimes |x_1\rangle \otimes |x_0\rangle$$

$$D\Big(|x_3\rangle \otimes |x_2\rangle \otimes |x_1\rangle \otimes |x_0\rangle\Big) = |x_3\rangle \otimes |x_1 \overset{2}{\oplus} x_2\rangle \otimes |x_1\rangle \otimes |x_0\rangle$$

$$E\Big(|x_3\rangle \otimes |x_2\rangle \otimes |x_1\rangle \otimes |x_0\rangle\Big) = |x_0 x_2 \overset{2}{\oplus} x_3\rangle \otimes |x_2\rangle \otimes |x_1\rangle \otimes |x_0\rangle$$

$$U_c\Big(|x_3\rangle \otimes |x_2\rangle \otimes |x_1\rangle \otimes |x_0\rangle\Big) = ED\Big(|x_1 x_2 \overset{2}{\oplus} x_3\rangle \otimes |x_2\rangle \otimes |x_1\rangle \otimes |x_0\rangle\Big)$$
$$= E\Big(|x_1 x_2 \overset{2}{\oplus} x_3\rangle \otimes |x_1 \overset{2}{\oplus} x_2\rangle \otimes |x_1\rangle \otimes |x_0\rangle\Big)$$
$$= |x_0(x_1 \overset{2}{\oplus} x_2) \overset{2}{\oplus} x_1 x_2 \overset{2}{\oplus} x_3\rangle \otimes |x_1 \overset{2}{\oplus} x_2\rangle \otimes |x_1\rangle \otimes |x_0\rangle$$

(5.97)

(5.97)과 (5.94)에서 다음을 얻는다.

$$U_c\Big(|0\rangle \otimes |b_{j-1}\rangle \otimes |a_{j-1}\rangle \otimes |c_{j-1}^+\rangle\Big)$$
$$= |c_j^+\rangle \otimes |b_{j-1} \overset{2}{\oplus} a_{j-1}\rangle \otimes |a_{j-1}\rangle \otimes |c_{j-1}^+\rangle$$

(5.98)

그러므로 U_c의 적절한 반복적인 적용으로 캐리 항 c_j^+의 큐비트 $|c_j^+\rangle$를 생성한다. 게이트 U_c는 그림 5.13에 나타냈다.

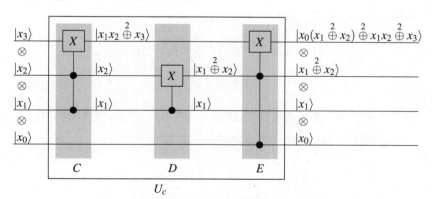

그림 5.13 덧셈의 캐리를 위한 게이트 U_c

((5.91) 이후의 토의에서 본) A, B와 같은 이유에서 C, D, E 또한 자기수반이며 유니타리 연산자가 된다. 그러나 유니타리 연산자의 곱으로 주어진 U_c는 유니타리이지만, 다음에서 보듯이 자기수반연산자는 되지 못한다.

$$U_c^* = (EDC)^* = C^* D^* E^* = CDE \neq EDC$$

U_c^*에 대한 $\P\mathbb{H}^{\otimes 4}$의 계산 기저 벡터의 작용은 (5.97)이 아니고 다음이다.

$$
\begin{aligned}
U_c^*\Big(|x_3\rangle \otimes |x_2\rangle \otimes |x_1\rangle \otimes |x_0\rangle\Big) &= CD\Big(|x_0 x_2 \overset{2}{\oplus} x_3\rangle \otimes |x_2\rangle \otimes |x_1\rangle \otimes |x_0\rangle \\
&= C\Big(|x_0 x_2 \overset{2}{\oplus} x_3\rangle \otimes |x_1 \overset{2}{\oplus} x_2\rangle \otimes |x_1\rangle \otimes |x_0\rangle\Big) \quad (5.99) \\
&= |x_1(x_1 \overset{2}{\oplus} x_2) \overset{2}{\oplus} x_0 x_2 \overset{2}{\oplus} x_3\rangle \otimes |x_1 \overset{2}{\oplus} x_2\rangle \otimes |x_1\rangle \otimes |x_0\rangle \\
&= |(x_0 \overset{2}{\oplus} x_1)x_2 \overset{2}{\oplus} x_1 \overset{2}{\oplus} x_3\rangle \otimes |x_1 \overset{2}{\oplus} x_2\rangle \otimes |x_1\rangle \otimes |x_0\rangle
\end{aligned}
$$

▌ 문제 5.65 $U_c^* U_c = 1$임을 보여라.

연산자 U_s, U_c, U_c^*의 적절한 조합으로 숫자 두 개 $a, b \in \mathbb{N}_0$의 덧셈을 구현하는 양자 회로를 만들 수 있다. 양자 가산기$^{\text{Quantum adder}}$에 관한 서술을 더욱 공식화하기 위해서는 아직 추가적인 정의가 필요하다.

정의 5.36 $n \in \mathbb{N}$이며 다음을 정의한다.

$$
\mathbb{H}^B := \P\mathbb{H}^{\otimes n+1}, \qquad \mathbb{H}^A := \P\mathbb{H}^{\otimes n}, \qquad \mathbb{H}^W := \P\mathbb{H}^{\otimes n}
$$

계산 기저 벡터 $|b\rangle \otimes |a\rangle \otimes |w\rangle \in \mathbb{H}^B \otimes \mathbb{H}^A \otimes \mathbb{H}^W$에 대해 U_0와 $|\Psi[b,a,w]\rangle$ $\in \mathbb{H}^B \otimes \mathbb{H}^A \otimes \mathbb{H}^W$를 다음으로 정의한다.

$$
\begin{aligned}
U_0\Big(|b\rangle \otimes |a\rangle \otimes |w\rangle\Big) &:= |b_n\rangle \otimes \bigotimes_{l=n-1}^{0} \big(|b_l\rangle \otimes |a_l\rangle \otimes |w_l\rangle\big) \\
&=: |\Psi[b,a,w]\rangle \quad (5.100)
\end{aligned}
$$

그리고 선형 확장을 이용해 $\mathbb{H}^B \otimes \mathbb{H}^A \otimes \mathbb{H}^W$의 전체 벡터에 대해 정의한다. 아울러 $\mathbb{H}^B \otimes \mathbb{H}^A \otimes \mathbb{H}^W$에 다음의 연산자를 정의한다.

$$
\begin{aligned}
U_1 &:= \prod_{l=1}^{n-1} \Big(\mathbf{1}^{\otimes 3l} \otimes U_c \otimes \mathbf{1}^{\otimes 3(n-1-l)}\Big) \\
U_2 &:= \Big[\big(\mathbf{1} \otimes U_s\big)\big(\mathbf{1} \otimes \Lambda_{|1\rangle^1}(X) \otimes \mathbf{1}\big)U_c\Big] \otimes \mathbf{1}^{\otimes 3(n-1)} \\
U_3 &:= \prod_{l=n-1}^{1} \Big(\mathbf{1}^{\otimes 3l} \otimes \big(\mathbf{1} \otimes U_s\big)U_c^* \otimes \mathbf{1}^{\otimes 3(n-1-l)}\Big) \\
\hat{U}_+ &:= U_0^* U_3 U_2 U_1 U_0
\end{aligned}
$$

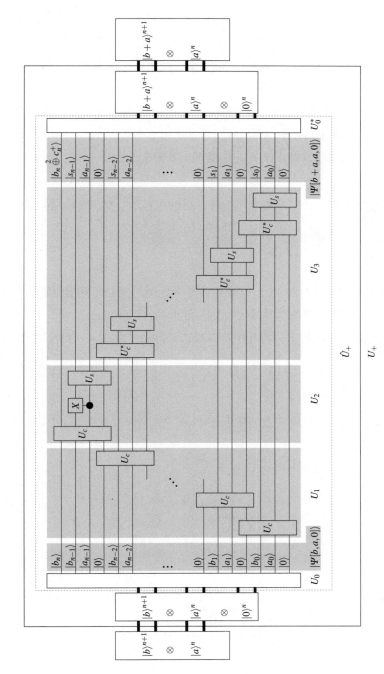

그림 5.14 $a, b \in \mathbb{N}_0$이며 $a, b < 2^n$일 때, $a + b$를 계산하는 양자 가산기 U_+의 회로

$\mathbb{H}^B$가 $\mathbb{H}^A$와 $\mathbb{H}^W$보다 큐비트 하나를 더 가진다. 이 추가 큐비트는 $b < 2^n$에 대해 항상 영이다. 그러나 이것은 최고의 캐리 큐비트 $|c_n^+\rangle$의 값과 같게 되어 $b + a$의 계산에서 필수적이다. $b + a$의 계산에서 캐리 비트 c_j^+와 합 비트 s_j의 정의와 역할에 대해서는 부록 B에 있다.

정의 5.36의 공식적인 정의에서는 연산자 $U_0, \ldots, U_3$의 구성이 다소 모호하다. 그들의 구성과 기능을 그림으로 나타내면 이해가 좀 더 쉽다. 그림 5.14는 $U_0, \ldots, U_3$, $\hat{U}_+$, U_+ 그리고 $|\Psi[b,a,0]\rangle$를 도식화했다.

> **보조정리 5.37** 정의 5.36에서 정의한 연산자 $U_0, \ldots, U_3$, $\hat{U}_+$는 유니타리이다.

[증명]

(5.100)에서 연산자 U_0는 계산 기저 벡터를 계산 기저 벡터로 전단사로 대응한다. 문제 2.15의 첫 번째 명제에서 이것은 유니타리가 된다.

문제 5.65에서 U_c는 유니타리이다. 그리고 모든 $l \in \{1, \ldots, n-1\}$에 대해

$$\left(\mathbf{1}^{\otimes 3l} \otimes U_c^* \otimes \mathbf{1}^{\otimes 3(n-1-l)}\right)\left(\mathbf{1}^{\otimes 3l} \otimes U_c \otimes \mathbf{1}^{\otimes 3(n-1-l)}\right) = \mathbf{1}^{\otimes 3l} \otimes U_c^* U_c \otimes \mathbf{1}^{\otimes 3(n-1-l)}$$
$$= \mathbf{1}^{\otimes n}$$

그러므로 U_1은 유니타리의 연산자의 곱이어서 유니타리가 된다. U_3이 유니타리임을 보이는 증명도 유사하다.

U_2에 대해 다음을 얻는다.

$$U_2^* = \left[U_c^*\left(\mathbf{1} \otimes \underbrace{\Lambda_{|1\rangle^1}(X)^*}_{=\Lambda_{|1\rangle^1}(X)} \otimes \mathbf{1}\right)\left(\mathbf{1} \otimes \underbrace{U_s^*}_{=U_s}\right)\right] \otimes \mathbf{1}^{\otimes 3(n-1)}$$

그래서

$$U_2^* U_2 = \left[U_c^*\left(\mathbf{1} \otimes \Lambda_{|1\rangle^1}(X) \otimes \mathbf{1}\right)\underbrace{\left(\mathbf{1} \otimes U_s\right)^2}_{=\mathbf{1}^{\otimes 4}}\left(\mathbf{1} \otimes \Lambda_{|1\rangle^1}(X) \otimes \mathbf{1}\right)U_c\right] \otimes \mathbf{1}^{\otimes 3(n-1)}$$
$$= U_c^* \underbrace{\left(\mathbf{1} \otimes \Lambda_{|1\rangle^1}(X) \otimes \mathbf{1}\right)^2}_{=\mathbf{1}^{\otimes 4}} U_c \otimes \mathbf{1}^{\otimes 3(n-1)}$$
$$= \mathbf{1}^{\otimes 3n+1}$$

결국 $\hat{U}_+$는 유니타리의 곱이며 다시 유니타리가 된다.

정리 5.38 $\mathbb{H}^{I/O} = \mathbb{H}^B \otimes \mathbb{H}^A$에 회로 U_+, 또는 보조 레지스터 $\mathbb{H}^W$를 이용한 $\hat{U}_+ \in \mathcal{U}(\mathbb{H}^{I/O} \otimes \mathbb{H}^W)$가 존재해 임의의 $|\Phi\rangle \in \mathbb{H}^{I/O}$에 대해 다음을 만족한다.

$$\hat{U}_+\left(|\Phi\rangle \otimes |0\rangle^n\right) = \left(U_+|\Phi\rangle\right) \otimes |0\rangle^n \tag{5.101}$$

그리고 $a, b \in \mathbb{N}_0$이며 $a, b < 2^n$를 만족할 때 다음을 얻는다.

$$U_3 U_2 U_1 |\Psi[b,a,0]\rangle = |\Psi[b+a,a,0]\rangle \tag{5.102}$$

그리고

$$U_+\left(|b\rangle \otimes |a\rangle\right) = |b+a\rangle \otimes |a\rangle \tag{5.103}$$

[증명]

우선 (5.102)를 증명한다. 연산자의 정의와 연속되는 정식으로 증명하는 방법은 많은 노동을 요구하며 교육적이지 않다. 좀 더 효과적인 방법은 그림을 이용해 각각의 연산자의 작용을 보는 것이 좋다.

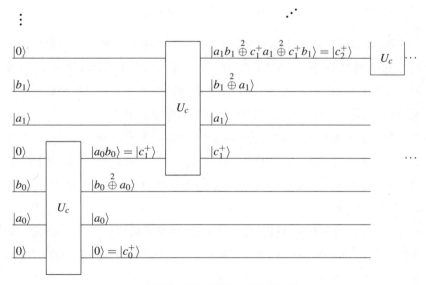

그림 5.15 양자 가산기의 부분 회로 U_1

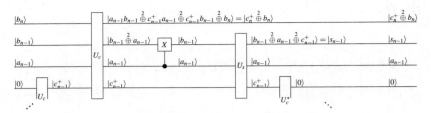

그림 5.16 양자 가산기의 부분 회로 U_2

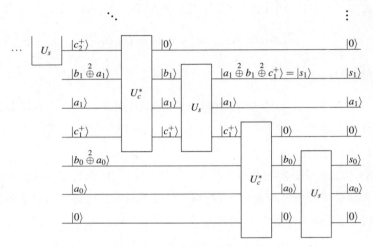

그림 5.17 양자 가산기의 부분 회로 U_3

(5.98)과 그림 5.15에서 U_1에 있는 U_c가 가장 상위의 네 번째 채널에서 a와 b의 덧셈의 캐리 큐비트 $|c_j^+\rangle$(보조정리 B.2 참조)를, $|c_1^+\rangle$에서 시작해 결국 $|c_{n-1}^+\rangle$까지 전송하고 있다. U_1에 있는 U_c의 세 번째 채널은 항상 $|b_{j-1} \overset{2}{\oplus} a_{j-1}\rangle$를 전송하고, 첫 번째와 두 번째 채널은 입력값을 변화하지 않고 전송한다.

비슷하게 (5.96), (5.98)과 그림 5.16에서 U_2는 네 번째 채널로 $|b_n \overset{2}{\oplus} c_n^+\rangle$의 값을, 세 번째 채널로 $b + a$의 합 큐비트 $|s_{n-1}\rangle$(따름정리 B.2 참조)를 전송한다. 그래서 $b < 2^n$인 경우에는 $b + a$의 가장 높은 캐리 큐비트 $|c_n^+\rangle$은 U_2의 가장 높은 채널로 전송된다.

마지막으로, (5.99)와 그림 5.17에서 U_3은 캐리 큐비트 $|c_{n-1}^+\rangle, \ldots, |c_1^+\rangle$을 $|0\rangle$으로 바꾸고, 세 번째 채널로 합 큐비트 $|s_{n-1}\rangle, \ldots, |s_0\rangle$를 전송한다. 그리고 U_3은 $|a_{n-1}\rangle, \ldots, |a_{01}\rangle$을 변화하지 않고 전송한다.

이 모든 것을 종합하면, 다음의 큐비트가

$$|\Psi[b,a,0]\rangle = |0\rangle \otimes \bigotimes_{l=n-1}^{0} \left(|b_l\rangle \otimes |a_l\rangle \otimes |0\rangle \right) \tag{5.104}$$

$U_3 U_2 U_1$에 의해 다음으로 변형된다.

$$U_3 U_2 U_1 |\Psi[b,a,0]\rangle = |c_n^+\rangle \otimes \bigotimes_{l=n-1}^{0} \left(|s_l\rangle \otimes |a_l\rangle \otimes |0\rangle \right) = |\Psi[b+a,a,0]\rangle \tag{5.105}$$

이것으로 (5.102)의 증명이 완료된다.

(5.101)을 증명하기 위해, 다음에 주의한다.

$$|\Phi\rangle = \sum_{b=0}^{2^{n+1}-1} \sum_{a=0}^{2^n-1} \Phi_{ba} |b\rangle \otimes |a\rangle$$

이로부터, $\mathbb{H}^B \otimes \mathbb{H}^A$의 계산 기저 벡터 $|b\rangle \otimes |a\rangle$에 대해 증명하면 충분하다. 다음을 얻는다.

$$\begin{aligned}
\hat{U}_+ \left(|b\rangle \otimes |a\rangle \otimes |0\rangle^n \right) &= U_0^* U_3 U_2 U_1 U_0 \left(|b\rangle \otimes |a\rangle \otimes |0\rangle^n \right) \\
&= U_0^* U_3 U_2 U_1 \left(|b_n\rangle \otimes \bigotimes_{l=n-1}^{0} \left(|b_l\rangle \otimes |a_l\rangle \otimes |0\rangle \right) \right) \\
&= U_0^* U_3 U_2 U_1 |\Psi[b,a,0]\rangle \tag{5.106}
\end{aligned}$$

(5.106)의 $U_0^* U_3 U_2 U_1$의 인자와 (5.104)의 우변의 차이는 (5.106)의 b_n은 영이 아닐 수 있다. 그러나 이것은 단지 $\mathbb{H}^B$의 가장 상위 큐비트의 결과만 바꾼다. (5.97)과 그림 5.16에서 가장 상위 큐비트에 대해 U_2는 $|b_n \overset{2}{\oplus} c_n^+\rangle$을 전송한다. 이것은 $a_n = 0$이므로 합 큐비트 $|s_n\rangle$이다. $U_3 U_2 U_1$에 의해 변환되는 다른 큐비트들은 (5.105)와 완전히 일치한다. 그러나 $b+a$의 캐리 상태 $|c_{n+1}^+\rangle$의 큐비트는 소실될 수 있다. 그러므로 $\mathbb{H}^B$에 $b+a-c_{n+1}^+ 2^{n+1}$의 값이 생성된다. 결국 $0 \le a < 2^n$, $0 \le b < 2^{n+1}$인 a, b에 대해 다음을 얻는다.

$$\begin{aligned}
\hat{U}_+ \left(|b\rangle \otimes |a\rangle \otimes |0\rangle^n \right) &= U_0^* U_3 U_2 U_1 |\Psi[b,a,0]\rangle \\
&= U_0^* |\Psi[b+a-c_{n+1}^+ 2^{n+1}, a, 0]\rangle \\
&= |b+a-c_{n+1}^+ 2^{n+1}\rangle \otimes |a\rangle \otimes |0\rangle^n \\
&= U_+ \left(|b\rangle \otimes |a\rangle \right) \otimes |0\rangle^n
\end{aligned}$$

이것이 (5.101)을 증명한다. $a, b < 2^n$에 대해 $c_{n+1}^+ = 0$이며, (5.103)이 증명된다. ■

정리 5.28에서 U_+는 유니타리이고 가역적이다. 결국 U_+의 역은 회로가 되며, 따름정리 B.5에서 공식화된 이진법 뺄셈 $b - a$의 알고리즘을 구현한다.

따름정리 5.39 보조 레지스터 $\mathbb{H}^W$를 이용해 $\hat{U}_+^* = \hat{U}_+^{-1}$로 구현된 $\mathbb{H}^{I/O} = \mathbb{H}^B \otimes \mathbb{H}^A$의 회로 U_-가 존재해 임의의 벡터 $|\Phi\rangle \in \mathbb{H}^{I/O}$에 대해 다음을 만족한다.

$$\hat{U}_+^* \left(|\Phi\rangle \otimes |0\rangle^n \right) = \left(U_- |\Phi\rangle \right) \otimes |0\rangle^n \tag{5.107}$$

여기에서 $U_- = U_+^* = U_+^{-1}$가 성립한다. 그리고 $a, b < 2^n$인 $a, b \in \mathbb{N}_0$에 대해 다음을 얻는다.

$$U_1^* U_2^* U_3^* |\Psi[b, a, 0]\rangle = |\Psi[c_n^- 2^{n+1} + b - a, a, 0]\rangle \tag{5.108}$$

그리고

$$U_- \left(|b\rangle \otimes |a\rangle \right) = |c_n^- 2^{n+1} + b - a\rangle \otimes |a\rangle = \begin{cases} |b - a\rangle \otimes |a\rangle & \text{if } b \geq a \\ |2^{n+1} + b - a\rangle \otimes |a\rangle & \text{if } b < a \end{cases}$$
$$\tag{5.109}$$

[증명]

따름정리 5.30에서 임의의 $|\Phi\rangle \in \mathbb{H}^{I/O}$에 대해 다음이 성립한다.

$$\hat{U}_+^* \left(|\Phi\rangle \otimes |0\rangle^n \right) = \left(U_+^* |\Phi\rangle \right) \otimes |0\rangle^n$$

$U_- = U_+^*$와 함께, 이것은 (5.107)을 의미한다.

(5.108)의 증명은 U_3^*, U_2^*, U_1^*의 각각의 작용을 고려한다는 점에서 정리 5.38의 증명과 비슷하다. 그림 5.18과 (5.92)에서 U_s는 처음 두 개의 입력 채널은 변화시키지 않는다. 세 번째 출력 채널에서 U_s는 (B.12)에서 정의한 뺄셈 $b - a$의 차이 비트를 가지는 큐비트 $|d_j\rangle$를 전송한다. U_c는 처음 두 개의 입력 $|c_j^-\rangle$, $|a_j\rangle$는 변화하지 않고, 세 번째 채널로 $|b_j \overset{2}{\oplus} c_j^-\rangle$를 전송한다((5.97) 참조). 그리고 (5.97)과 그림 5.18에서 U_c는 네 번째 채널로 따름정리 B.5에서 정의한 뺄셈

$b - a$의 캐리 항의 큐비트 $|c_j^-\rangle$를 전송한다. 이는 다음에서 알 수 있다.

$$c_{j-1}^-(a_{j-1} \overset{2}{\oplus} d_{j-1}) \overset{2}{\oplus} a_{j-1}d_{j-1}$$

$$\underset{(B.12)}{=} c_{j-1}^-(a_{j-1} \overset{2}{\oplus} a_{j-1} \overset{2}{\oplus} b_{j-1} \overset{2}{\oplus} c_{j-1}^-) \overset{2}{\oplus} a_{j-1}(a_{j-1} \overset{2}{\oplus} b_{j-1} \overset{2}{\oplus} c_{j-1}^-)$$

$$= c_{j-1}^- b_{j-1} \overset{2}{\oplus} c_{j-1}^- \overset{2}{\oplus} a_{j-1} \overset{2}{\oplus} a_{j-1}b_{j-1} \overset{2}{\oplus} a_{j-1}c_{j-1}^-$$

$$= (1 \overset{2}{\oplus} b_{j-1})(a_{j-1} \overset{2}{\oplus} c_{j-1}^-) \overset{2}{\oplus} a_{j-1}c_{j-1}^-$$

$$\underset{(B.11)}{=} c_j^-$$

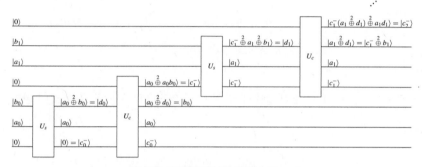

그림 5.18 양자 감산이기의 부분 회로 U_3^*

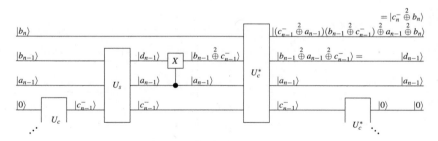

그림 5.19 양자 감산이기의 부분 회로 U_2^*

(5.99)와 그림 5.19에서 U_2^*는 첫 번째 채널로 캐리값의 큐비트 $|c_{n-1}^-\rangle$를, 두 번째 채널로 $|a_{n-1}\rangle$를, 세 번째 채널로 차이 값에 대응하는 상태 $|d_{n-1}\rangle$의 큐비트를, 네 번째 채널로 $|b_n \overset{2}{\oplus} c_n^-\rangle$를 전송한다. $b < 2^n$인 경우에는 $b_n = 0$이며, 이런 경우에는 U_2^*는 최고 높은 채널에서 뺄셈 $b - a$의 캐리항의 가장 상위 큐비트

$|c_n^-\rangle$을 전송한다.

그림 5.20에서 볼 수 있듯이, 모든 $|c_{n-1}^-\rangle, \ldots, |c_0^-\rangle$은 U_1^*에 의해 $|0\rangle$으로 변형되는 것을 다음 식에서 알 수 있다.

$$(c_{j-1}^- \overset{2}{\oplus} a_{j-1})(c_{j-1}^- \overset{2}{\oplus} b_{j-1}) \overset{2}{\oplus} a_{j-1} \overset{2}{\oplus} c_j^-$$

$$= \; c_{j-1}^- \overset{2}{\oplus} c_{j-1}^- b_{1j-} \overset{2}{\oplus} a_{j-1} c_{j-1}^- \overset{2}{\oplus} a_{j-1} b_{j-1} \overset{2}{\oplus} a_{j-1} \overset{2}{\oplus} c_j^-$$

$$\underset{\text{(B.11)}}{=} \; c_{j-1}^- \overset{2}{\oplus} c_{j-1}^- b_{j-1} \overset{2}{\oplus} a_{j-1} c_{j-1}^- \overset{2}{\oplus} a_{j-1} b_{j-1} \overset{2}{\oplus} a_{j-1}$$

$$\overset{2}{\oplus} \underbrace{(1 \overset{2}{\oplus} b_{j-1})(a_{j-1} \overset{2}{\oplus} c_{j-1}^-) \overset{2}{\oplus} a_{j-1} c_{j-1}^-}_{=c_j^-}$$

$$= \; c_{j-1}^- \overset{2}{\oplus} c_{1j-}^- b_{j-1} \overset{2}{\oplus} a_{j-1} c_{j-1}^- \overset{2}{\oplus} a_{j-1} b_{j-1} \overset{2}{\oplus} a_{j-1} \overset{2}{\oplus} a_{j-1}$$

$$\overset{2}{\oplus} c_{j-1}^- \overset{2}{\oplus} a_{j-1} b_{j-1} \overset{2}{\oplus} c_{j-1}^- b_{j-1} \overset{2}{\oplus} a_{j-1} c_{j-1}^-$$

$$= \; 0$$

결국 U_1^*의 U_c^*는 세 번째 채널에서 U_3^*의 U_c의 역작용^{invert}을 해 $|d_j\rangle$를 전송한다.

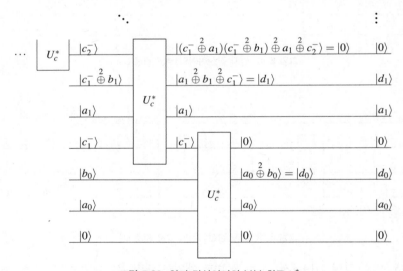

그림 5.20 양자 감산이기의 부분 회로 U_1^*

위의 사실을 종합하면, $a, b < 2^n$에 대해 다음을 얻는다.

$$U_1^* U_2^* U_3^* |\Psi[b,a,0]\rangle \underbrace{=}_{(5.100)} U_1^* U_2^* U_3^* \left(|b_n\rangle \otimes \bigotimes_{l=n-1}^{0} \left(|b_l\rangle \otimes |a_l\rangle \otimes |0\rangle \right) \right)$$

$$= |c_n^-\rangle \otimes \bigotimes_{l=n-1}^{0} \left(|d_l\rangle \otimes |a_l\rangle \otimes |0\rangle \right)$$

$$\underbrace{=}_{(5.100)} \left| \Psi \left[c_n^- 2^n + \sum_{l=0}^{n-1} d_l 2^l, a, 0 \right] \right\rangle \tag{5.110}$$

반면에 따름정리 B.5에서 다음이 성립한다.

$$\sum_{j=0}^{n-1} d_j 2^j = c_n^- 2^n + b - a \tag{5.111}$$

여기에서,

$$c_n^- = \begin{cases} 0 & \text{if } b \geq a \\ 1 & \text{if } b < a \end{cases} \tag{5.112}$$

그러므로 (5.110)과 (5.111)에서 (5.108)이 유도된다. (5.108)과 (5.112)에서 (5.109)가 증명된다. ■

5.5.2 양자 N법 가산기

양자 가산기 U_+와 감산기 U_-를 이용해 양자 $N \in \mathbb{N}$법 가산기를 만들 수 있으며, 이를 $U_{+\%N}$으로 표시한다. 일반적으로 $(b_a) \bmod N \in \{0, \ldots, N-1\}$이다. 반면에 $N = 2^n$인 경우에, $\bmod N$의 이미지가 전체 공간 $\mathbb{H}^{\otimes n}$과 반드시 일치하는 것은 아니다. $U_{+\%N}$은 유니타리 연산자이므로, 연산자 $U_{+\%N}$이 정의된 힐베르트 공간을 적절하게 제한해야 한다.

> **정의 5.40** $N < 2^n$을 만족하는 $N \in \mathbb{N}$이다. $\mathbb{H}^{<N}$을 기저 벡터 $|0\rangle^n, \ldots, |N-1\rangle^n$으로 생성되는 $\mathbb{H}^{\otimes n}$의 선형 부분공간으로 정의한다.

$$\mathbb{H}^{<N} := \mathrm{Span}\{|0\rangle^n, \ldots, |N-1\rangle^n\}$$
$$= \left\{ |\Phi\rangle \in \P\mathbb{H}^{\otimes n} \mid |\Phi\rangle = \sum_{a=0}^{N-1} \Phi_a |a\rangle^n \right\}$$

수식을 사용해 연산자 $U_{+\%N}$을 정의하는 것은 힘들고 유익하지 않다. 대신 그림 5.21에서 나타낸 더 간단하고 명확한 그래픽 표현을 정의로 사용한다.

정의 5.41 **양자 *N*법 가산기**quantum adder modulo N는 그림 5.21의 회로를 표시하는, $\mathbb{H}^{I/O} = \mathbb{H}^{<N} \otimes \mathbb{H}^{<N}$의 연산자 $U_{+\%N}$이다. 이것은 보조 레지스터 $\mathbb{H}^W = \P\mathbb{H}^{\otimes n+1}$의 상태 $|\omega_i\rangle = |N\rangle^n \otimes |0\rangle^1 = |\omega_f\rangle$를 이용해 구현한다.

정리 5.42 n, N은 자연수이며 $N < 2^n$를 만족한다. 그림 5.21의 연산자 $U_{+\%N}$은 다음을 만족한다.

$$\begin{aligned} U_{+\%N} : \mathbb{H}^{<N} \otimes \mathbb{H}^{<N} &\longrightarrow \mathbb{H}^{<N} \otimes \mathbb{H}^{<N} \\ |b\rangle \otimes |a\rangle &\longmapsto |(b+a) \mod N\rangle \otimes |a\rangle \end{aligned} \tag{5.133}$$

그리고 $U_{+\%N}$은 유니타리이며 다음을 만족한다.

$$\begin{aligned} U_{-\%N} := U_{+\%N}^* : \mathbb{H}^{<N} \otimes \mathbb{H}^{<N} &\longrightarrow \mathbb{H}^{<N} \otimes \mathbb{H}^{<N} \\ |b\rangle \otimes |a\rangle &\longmapsto |(b-a) \mod N\rangle \otimes |a\rangle \end{aligned} \tag{5.114}$$

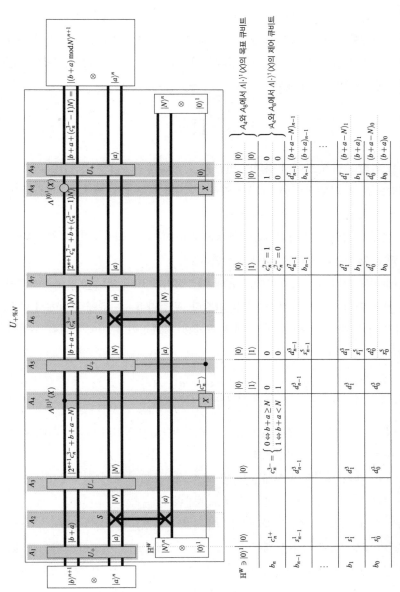

그림 5.21 $a, b < N$에 적용된 양자 N법 가산기 $U_{+\%N}$의 회로. 표는 회로의 각 게이트의 단계별로 단계별로 보조 레지스터와 입력, 출력 레지스터의 $|0\rangle$에 대한 큐비트와 입력의 b에 대한 큐비트의 변화를 보여준다.

[증명]

$N < 2^n$이므로, $\mathbb{H}^{<N}$은 $\mathbb{H}^{\otimes n}$과 $\mathbb{H}^{\otimes n+1}$의 부분공간이며, 이러한 공간에 끼워 넣을 수 있다. 그림 5.21에서 $|b\rangle \otimes |a\rangle \in \mathbb{H}^{I/O} = \mathbb{H}^{<N} \otimes \mathbb{H}^{<N}$을 $\mathbb{H}^{\otimes n+1} \otimes \mathbb{H}^{\otimes n}$의 벡터로 간주했다. 이 공간에서는 정의 5.36과 정리 5.38, 따름정리 5.39에서 가산기 U_+와 감산기 $U_- = U_+^{-1}$가 정의된다. 보조 레지스터 $\mathbb{H}^W = \mathbb{H}^{\otimes n+1}$은 $|N\rangle^n \otimes |0\rangle^1$로 미리 준비해둔다. 그러면 다음을 알 수 있다.

$$U_{+\%N} = \prod_{l=9}^{1} A_l$$

증명을 위해 그림 5.21에서 정의한 변환 $A_1, \ldots, A_9$의 결괏값을 고려한다.

시작으로, A_1의 U_+는 $|b\rangle \otimes |a\rangle$에 작용해, 정리 5.38에서, $|b+a\rangle \otimes |a\rangle$를 만든다.

두 번째 단계의 교환 연산자 S의 적용으로 $|a\rangle$와 보조 레지스터에 있는 $|N\rangle$이 교환돼서, $|a\rangle$는 보조 레지스터에 저장된다.

A_3에서 U_-가 $|b+a\rangle \otimes |N\rangle$에 작용해 따름정리 5.39에 의해 $|b+a\rangle \otimes |N\rangle$을 생성한다. 여기에서 캐리 비트 c_n^{3-}을 가진다. 위첨자 $3-$는 뒤에 감산에서 나오는 다른 캐리 비트와 구분하기 위해 사용한다. 따름정리 5.39에서 다음이 성립한다.

$$c_n^{3-} = \begin{cases} 0 \Leftrightarrow b+a \geq N \\ 1 \Leftrightarrow b+a < N \end{cases}$$

c_n^{3-}은 $U_{+\%N}$의 연속되는 변환들 $A_4, \ldots, A_9$에서 $b+a \geq N$인지 $b+a < N$인지를 구별해주는 지시자의 역할을 한다.

A_4에서, 캐리 큐비트의 상태 $|c_n^{3-}\rangle$는 보조 레지스터에 초기에 상태 $|0\rangle^1$를 목표 큐비트로 하는 제어 NOT을 이용해 표현한다.

다섯 번째 단계인 A_5에서, 상태 $|c_n^{3-}\rangle$의 목표 큐비트는 $|c_n^{3-}2^{n+1} + b + a - N\rangle \otimes |N\rangle$의 덧셈 U_+의 적용을 제어한다. $c_n^{3-} = 0$이면 덧셈은 행해지지 않는다. 이러한 경우에 다섯 번째 단계의 결과는 $|c_n^{3-}2^{n+1} + b + a - N\rangle \otimes |N\rangle = |b + a - N\rangle \otimes |N\rangle$이 된다. $c_n^{3-} = 1$이면 덧셈이 행해진다. 이 덧셈은 세 번째 단계의 뺄셈의 역이다. 그래서 뺄셈이 행해지기 전의 상태가 복원된다. 이 경우의 A_5의 결과는 $|b+a\rangle \otimes |N\rangle$이다. 종합하면, A_5의 결과는 $|b + a + (c_n^{3-} - 1)N\rangle \otimes |N\rangle$이다.

A_6에서 두 번째 단계의 교환은 교환 연산자 S의 추가적인 작용으로 환원된다. 이후에 $|a\rangle$는 다시 $\mathbb{H}^{I/O} = \mathbb{H}^{<N} \otimes \mathbb{H}^{<N} \subset {}^\P\mathbb{H}^{\otimes n+1} \otimes {}^\P\mathbb{H}^{\otimes n}$의 두 번째 인자 공간의 상태가 되며, $|N\rangle$은 보조 레지스터의 상태가 된다.

그러나 보조 레지스터의 목표 큐비트는 ${}^\P\mathbb{H}^{\otimes n+1} \otimes {}^\P\mathbb{H}^{\otimes n}$의 상태와 여전히 얽혀 있다. 이러한 상태들의 얽힘을 풀기 위해서는(정의 5.29 전후의 논의 참조), 일곱 번째 단계에서 $b + a + (c_n^{3-} - 1)N$에서 U_-를 이용해 a를 빼야 한다. $c_n^{3-} = 0$이면, 뺄셈의 결과는 $b - N < 0$이고, 캐리 큐비트의 상태는 $|c_n^{7-}\rangle = |1\rangle$이 된다. 반면 $|c_n^{3-}\rangle = |1\rangle$이면 뺄셈의 결과는 $b \geq 0$이며, 캐리 큐비트의 상태는 $|c_n^{7-}\rangle = |0\rangle$이 된다.

캐리 비트 $|c_n^{7-}\rangle$의 값이 A_8에서 보조 레지스터의 목표 큐비트를 $|0\rangle$으로 설정하는 것을 제어한다. 마지막으로 A_9에서 A_7의 뺄셈을 복원한다. $a, b < N$이므로, $\mathbb{H}^{I/O}$의 첫 번째 부분공간 $\mathbb{H}^{<N}$에서 최종 결과는 다음과 같다.

$$|b + a + (c_n^{3-} - 1)N\rangle = \begin{cases} |b+a-N\rangle & \text{if } b+a \geq N \\ |b+a\rangle & \text{if } b+a < N \end{cases} = |(b+a) \mod N\rangle$$

$$(5.115)$$

$U_{+\%N}^*$에 대해서 다음을 얻는다.

$$U_{+\%N}^* = \prod_{l=1}^{9} A_l^*$$

여기에서 A_1^*, A_5^*, A_9^*에서는 $U_+^* = U_+$가 성립하고, A_3, A_7에서는 반대로 $U_-^* = U_+$가 성립한다. (5.115)를 유도한 것과 완전히 같은 방법을 사용하면 $a, b < N$에 대해 다음을 얻는다.

$$U_{+\%N}^* (|b\rangle \otimes |a\rangle) = \begin{cases} |b-a\rangle \otimes |a\rangle & \text{if } b \geq a \\ |b-a+N\rangle \otimes |a\rangle & \text{if } b < a \end{cases} = |(b-a) \mod N\rangle \otimes |a\rangle$$

이와 (5.115)에서 $a, b < N$에 대해 다음을 얻는다.

$$\begin{aligned} U_{+\%N}^* U_{+\%N} (|b\rangle \otimes |a\rangle) &= U_{+\%N}^* (|(b+a) \mod N\rangle \otimes |a\rangle) \\ &= |((b+a) \mod N - \underbrace{a}_{=a \mod N}) \mod N\rangle \otimes |a\rangle \\ &\underbrace{=}_{(D.23)} |b \mod N\rangle \otimes |a\rangle \\ &= |b\rangle \otimes |a\rangle \end{aligned}$$

결과적으로, $U_{+\%N}$는 유니타리 연산자다. ∎

5.5.3 양자 N법 곱셈기

양자 가산기를 이용해 $c \in \mathbb{N}_0$의 N법 곱셈을 정의한다.

> **정의 5.43** $c \in \mathbb{N}_0$이고 $n, N \in \mathbb{N}$이다. 그림 5.22에 나타난 회로에 표시하는 $\mathbb{H}^{I/O} = \mathbb{H}^{<N} \otimes {}^{\P}\mathbb{H}^{\otimes n}$의 연산자 $U_{\times c\%N}$를 **양자 N법 곱셈기**라고 정의한다. 그림에서는 보조 레지스터 $(\mathbb{H}^{<N})^{\otimes n+1}$의 상태 $|\omega_i\rangle$, $|\omega_f\rangle$를 이용해 구현했다.

그림 5.22에서 볼 수 있듯이, 연산자 $U_{\times c\%N}$은 보조 레지스터 $\mathbb{H}^W = (\mathbb{H}^{<N})^{\otimes n+1}$를 이용해 구현한다. 이러한 보조 레지스터의 초기 상태는 다음과 같다.

$$|\omega_i\rangle = |0\rangle \otimes |c2^{n-1} \mod N\rangle \otimes \cdots \otimes |c2^0 \mod N\rangle$$

초기 상태를 준비하기 위해 고전 컴퓨터를 이용해 $c2^{n-1} \mod N, \ldots, c2^0 \mod N$을 계산하고 각각의 보조 레지스터에 $|\omega_i\rangle$를 준비해야 한다.

보조 레지스터의 마지막 상태는 다음으로 주어진다.

$$|\omega_f\rangle = |0\rangle \otimes |c2^{n-2} \mod N\rangle \otimes \cdots \otimes |c2^0 \mod N\rangle \otimes |c2^{n-1} \mod N\rangle$$

이는 초기 상태 $|\omega_i\rangle$와 다르다. 그러나 $|b\rangle \otimes |a\rangle$의 무관하게 항상 같은 값을 가진다. 이는 보조 레지스터는 입력/출력 레지스터와 분리돼 있음을 의미한다(정의 5.29 주의의 논의 참조). 그러므로 적절한 교환 연산자를 이용해 $|\omega_f\rangle$를 $|\omega_i\rangle$로 변환할 수 있다. 그러나 간결하게 표기하기 위해 이 책에서는 그렇게 하지 않는다.

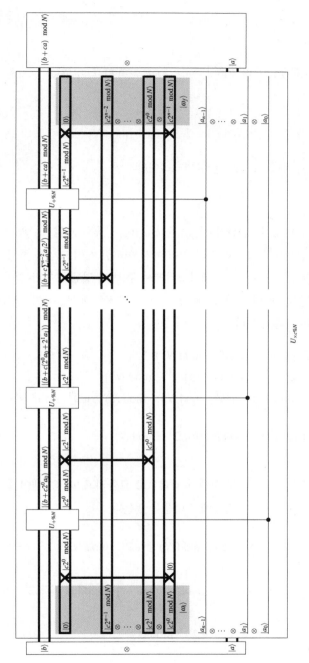

그림 5.22 $a, N < 2^n$, $b < N$에 대해 양자 N법 곱셈기 $U_{\times c \% N}$의 회로

[증명]

그림 5.22에서 보듯이, 연산자 $U_{\times c \% N}$은 $k \in \{0, \dots, n-1\}$인 $|a_k\rangle$가 제어하는 $U_{+\%N}$의 반복 연산으로 구성돼 있다. 여기에서 이러한 제어 덧셈을 하기 전에 상태 $|c2^k \mod N\rangle$는 준비된 보조 레지스터에서 두 번째 덧셈을 위한 입구 레지스터로 교환이 된다. 첫 번째 단계에서 $b < N$이므로 $\mathbb{H}^{I/O}$에서 $|a_0\rangle$가 제어하는 덧셈 후의 상태는 다음이 된다.

$$
\begin{aligned}
&\left(U_{+\%N}\right)^{a_0}\left(|b\rangle \otimes |c2^0 \mod N\rangle\right) \\
={}& \left(U_{+\%N}\right)^{a_0}\left(|b \mod N\rangle \otimes |c2^0 \mod N\rangle\right) \\
\underset{(5.113)}{=}{}& |(b \mod N + a_0 c 2^0 \mod N) \mod N\rangle \otimes |c2^0 \mod N\rangle \\
\underset{(D.23)}{=}{}& |(b + a_0 c 2^0) \mod N\rangle \otimes |c2^0 \mod N\rangle
\end{aligned} \tag{5.118}
$$

이후 $|c2^1 \mod N\rangle$은 두 번째 덧셈의 입력으로 교환되고 $|a_1\rangle$의 제어 합이 수행된다. 이와 유사하게 k번째 단계에서 다음을 얻는다.

$$
\begin{aligned}
&\left(U_{+\%N}\right)^{a_k}\left(|(b + c\sum_{j=0}^{k-1} a_j 2^j) \mod N\rangle \otimes |c2^k \mod N\rangle\right) \\
={}& |\left((b + c\sum_{j=0}^{k-1} a_j 2^j) \mod N + a_k c 2^k \mod N\right) \mod N\rangle \otimes |c2^k \mod N\rangle \\
={}& |(b + c\sum_{j=0}^{k} a_j 2^j) \mod N\rangle \otimes |c2^k \mod N\rangle .
\end{aligned}
$$

마지막 덧셈 후에 $|a^{n-1}\rangle$이 제어하는 첫 번째 채널은 다음의 상태를 결과로 준다.

$$|(b + c\sum_{j=0}^{n-1} a_j 2^j) \mod N\rangle = |(b + ca) \mod N\rangle$$

두 번째 채널은 $|c2^{n-1} \mod N\rangle$을 제공하는데, 이는 $|0\rangle$과 교환된다. 이 마지막 교환은 꼭 필요한 것은 아니다. 이것이 없더라도 보조 레지스터는 입력/출력 레지스터와 분리된다. 이로써 (5.116)의 증명이 끝난다.

(5.117)의 증명을 위해, $U_{\times c\%N}^*$이 그림 5.22의 회로를 오른쪽에서 왼쪽으로 반대로 수행하는 것에 해당한다는 것에 주의한다. 이것은 $U_{\times c\%N}$의 각 단계를 반대의 순서로 수행하고, 보조 레지스터의 초기 상태는 이제 $|\omega_f\rangle$이고, 최종 상태는 $|\omega_i\rangle$가 된다. $U_{+\%N}$은 $U_{+\%N}^* = U_{-\%N}$으로 대체된다. (5.118)과 유사하게 첫 번째 단계는 $|a^{n-1}\rangle$이 제어하는 $c2^{n-1} \mod N$ 빼기이다. 이러한 제어 뺄셈을 계속해 마지막으로 $|a_0\rangle$가 제어하는 $c2^0 \mod N$ 뺄셈을 수행한다. 그러면 입력 $|b\rangle \otimes |a\rangle$는 $U_{\times c\%N}^*$에 의해 $|(b - ca) \mod N\rangle \otimes |a\rangle$로 변환된다. 이것이 (5.117)이다.

결국 다음을 얻는다.

$$
\begin{aligned}
U_{\times c\%N}^* U_{\times c\%N} (|b\rangle \otimes |a\rangle) &= U_{\times c\%N}^* (|(b+ca) \mod N\rangle \otimes |a\rangle) \\
&= |((b+ca) \mod N - ca) \mod N\rangle \otimes |a\rangle \\
&= \underbrace{|((b+ca) \mod N - ca \mod N) \mod N\rangle}_{\text{(D.23)}} \otimes |a\rangle \\
&= \underbrace{|b \mod N\rangle}_{\text{(D.23)}} \otimes |a\rangle \\
&= |b\rangle \otimes |a\rangle
\end{aligned}
$$

이로써 $\mathbb{H}^{I/O} = \mathbb{H}^{<N} \otimes \P\mathbb{H}^{\otimes n}$에서 $U_{\times c\%N}$는 유니타리다.

다음의 성질에서 $U_{\times c\%N}$을 곱셈기라고 한다.

$$U_{\times c\%N}(|0\rangle \otimes |a\rangle) = |ca \mod N\rangle \otimes |a\rangle$$

정리 5.34의 구성을 이용하면, 함수 $a \mapsto ca \mod N$을 구현할 수 있다.

5.5.4 양자 N법 지수의 회로

이제 양자 회로를 이용해 함수 $f_{b,N}(x) = b^x \bmod N$를 구현하는 방법을 소개한다.

정의 5.45 $b, n, N \in \mathbb{N}$에 대해 $\P\mathbb{H}^{\otimes n} \otimes \mathbb{H}^{<N}$의 $A_{f_b,N}$을 보조 레지스터 $\mathbb{H}^W = (\mathbb{H}^{<N})^{\otimes n}$에 상태 $|\omega_i\rangle = (\bigotimes_{l=0}^{n-2}|0\rangle) \otimes |1\rangle = |\omega_f\rangle$를 가지는 그림 5.23 에 나타낸 회로로 정의한다.

$A_{f_b,N}$의 구현은 본질적으로 주어진 b에 대해 **이진법 지수**^{binary exponentiation}의 양자 회로이다. 이것을 구현하기 위해서는 고전 컴퓨터로 미리 계산한 숫자들 $\beta_0 := b^{2^0} \bmod N, \ldots, \beta_{n-1} := b^{2^{n-1}} \bmod N$과 양자 곱셈기 $U_{\times \beta_j \% N}$이 필요하다.

정의 5.45에서 $A_{f_b,N}$은 두 번째 인자를 $\mathbb{H}^{<N}$으로 한정했다. 그러나 $N < 2^m$에 대해 $\mathbb{H}^{<N}$을 $\P\mathbb{H}^{\otimes m}$의 부분공간으로 볼 수 있다. 정리 5.46에서 이 사실을 이용한다.

정리 5.46 $b, n, N, m \in N$이며 $N < 2^m$을 만족하고 $f_{b,N}(x) := b^x \bmod N$이다. 그러면 $x < 2^n$인 모든 $x \in \mathbb{N}_0$에 대해 다음이 만족한다.

$$U_{\times c \% N}(|0\rangle \otimes |a\rangle) = |ca \quad \bmod N\rangle \otimes |a\rangle \tag{5.119}$$

그리고

$$|\omega_i\rangle = \left(\bigotimes_{l=0}^{n-2}|0\rangle\right) \otimes |1\rangle = |\omega_f\rangle \tag{5.120}$$

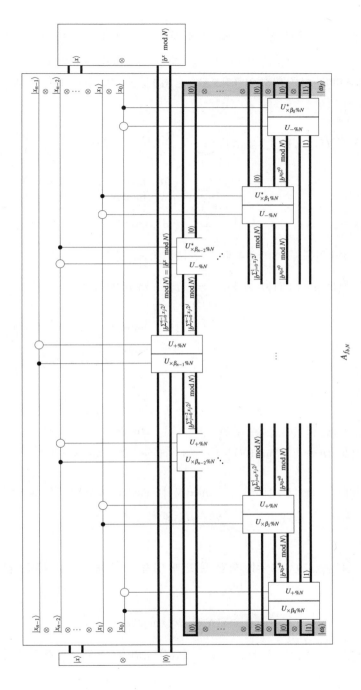

그림 5.23 함수 $f_{b,N}(x) = b^x \bmod N$을 구현한 양자 회로 $A_{f_{b,N}}$. 여기에서 축약 표기 $\beta_j = b^{2^j} \bmod N$을 사용한다.

[증명]

그림 5.23에서 축약 표기 $\beta_j = b^{2^j} \bmod N$을 사용한다. 그림에서, $A_{fb,N}$의 첫 번째 부분은 $U_{\times \beta_j \% N}$의 연속적인 적용과 $U_{+\% N}$으로 구성돼 있다. 이러한 곱셈은 각각 $|x_j\rangle$로 제어된다. 이를 위해 일반적으로 $s \in \{0,1\}$, $c \in \mathbb{N}_0$, $|a\rangle \in \mathbb{H}^{<N}$에 대해 다음을 얻는다.

$$\left(U_{+\%N}\right)^{1-s}\left(U_{\times c \% N}\right)^s \left(|0\rangle \otimes |a\rangle\right) \underbrace{=}_{(5.116)} \begin{cases} \left(U_{+\%N}\right)\left(|0\rangle \otimes |a\rangle\right) & \text{if } s=0 \\ |ca \quad \bmod N\rangle \otimes |a\rangle & \text{if } s=1 \end{cases}$$

$$\underbrace{=}_{(5.113)} \begin{cases} |a \quad \bmod N\rangle \otimes |a\rangle & \text{if } s=0 \\ |ca \quad \bmod N\rangle \otimes |a\rangle & \text{if } s=1 \end{cases}$$

$$= |c^s a \quad \bmod N\rangle \otimes |a\rangle \qquad (5.121)$$

보조 레지스터의 처음 두 개의 인자로 시작하면 다음을 얻는다.

$$\left(U_{+\%N}\right)^{1-x_0}\left(U_{\times \beta_0 \% N}\right)^{x_0}\left(|0\rangle \otimes |1\rangle\right) \underbrace{=}_{(5.121)} |\beta_0^{x_0} \quad \bmod N\rangle \otimes |1\rangle$$

$$= |\left(b^{2^0} \quad \bmod N\right)^{x_0} \quad \bmod N\rangle \otimes |1\rangle$$

$$\underbrace{=}_{(D.22)} |b^{x_0 2^0} \quad \bmod N\rangle \otimes |1\rangle$$

k번째 단계는 다음과 같다.

$$\left(U_{+\%N}\right)^{1-x_k}\left(U_{\times \beta_k \% N}\right)^{x_k}\left(|0\rangle \otimes |b^{\sum_{j=0}^{k-1} x_j 2^j} \quad \bmod N\rangle\right)$$

$$\underbrace{=}_{(5.121)} |\left(\beta_k^{x_k}\left(b^{\sum_{j=0}^{k-1} x_j 2^j} \quad \bmod N\right)\right) \quad \bmod N\rangle \otimes |b^{\sum_{j=0}^{k-1} x_j 2^j} \quad \bmod N\rangle$$

$$= |\left(\left(b^{2^k} \quad \bmod N\right)^{x_k}\left(b^{\sum_{j=0}^{k-1} x_j 2^j} \quad \bmod N\right)\right) \quad \bmod N\rangle \otimes |b^{\sum_{j=0}^{k-1} x_j 2^j} \quad \bmod N\rangle$$

$$\underbrace{=}_{(D.21),(D.22)} |b^{\sum_{j=0}^{k} x_j 2^j} \quad \bmod N\rangle \otimes |b^{\sum_{j=0}^{k-1} x_j 2^j} \quad \bmod N\rangle$$

$\left(U_{+\%N}\right)^{1-x_{n-1}}\left(U_{\times \beta_{n-1}\%N}\right)^{x_{n-1}}$을 적용하면 두 번째 입력/출력 채널에서 원하는 값을 얻는다.

$$|b^{\sum_{j=0}^{n-1} x_j 2^j} \quad \bmod N\rangle = |b^x \quad \bmod N\rangle$$

이 값은 $k \in \{n-2,\dots,0\}$에 대한 다음의 연산자를 연속적으로 적용해도 변화하지 않는다.

$$\left(U_{\times\beta_k\%N}^*\right)^{x_k}\left(U_{+\%N}^*\right)^{1-x_k} = \left(U_{\times\beta_k\%N}^*\right)^{x_k}\left(U_{-\%N}\right)^{1-x_k}$$

이러한 조건부 연산자는 보조 레지스터와 입력/출력 레지스터의 얽힘을 다음에서 볼 수 있듯이 풀어준다. 먼저 (5.121)과 유사하게, $s \in \{0,1\}$, $c \in \mathbb{N}_0$, $|u\rangle, |v\rangle \in \mathbb{H}^{<N}$에 대해 다음을 얻는다.

$$\left(U_{\times c\%N}^*\right)^s\left(U_{-\%N}\right)^{1-s}\left(|u\rangle \otimes |v\rangle\right) \underbrace{=}_{(5.114)} \begin{cases} |(u-v) \mod N\rangle \otimes |v\rangle & \text{if } s=0 \\ U_{\times c\%N}^*\left(|u\rangle \otimes |v\rangle\right) & \text{if } s=1 \end{cases}$$

$$\underbrace{=}_{(5.117)} \begin{cases} |(u-v) \mod N\rangle \otimes |v\rangle & \text{if } s=0 \\ |(u-cv) \mod N\rangle \otimes |v\rangle & \text{if } s=1 \end{cases}$$

$$= |(u-c^s v) \mod N\rangle \otimes |v\rangle \qquad (5.122)$$

$A_{fb,N}$의 두 번째 부분에서, k번째 단계에서 다음을 얻는다.

$$\left(U_{\times\beta_k\%N}^*\right)^{x_k}\left(U_{-\%N}\right)^{1-x_k}\left(|b^{\sum_{j=0}^k x_j 2^j} \mod N\rangle \otimes |b^{\sum_{j=0}^{k-1} x_j 2^j} \mod N\rangle\right)$$

$$\underbrace{=}_{(5.122)} \left|\left(b^{\sum_{j=0}^k x_j 2^j} \mod N - \left(b^{2^k} \mod N\right)^{x_k}\left(b^{\sum_{j=0}^{k-1} x_j 2^j} \mod N\right)\right) \mod N\right\rangle$$

$$\otimes |b^{\sum_{j=0}^{k-1} x_j 2^j} \mod N\rangle$$

$$\underbrace{=}_{(D.21)-(D.23)} |0\rangle \otimes |b^{\sum_{j=0}^{k-1} x_j 2^j} \mod N\rangle \qquad (5.123)$$

특히 $k = 0$이면,

$$\left(U_{\times\beta_0\%N}^*\right)^{x_0}\left(U_{-\%N}\right)^{1-x_0}\left(|b^{x_0 2^0} \mod N\rangle \otimes |1\rangle\right)$$

$$\underbrace{=}_{(5.122)} \left|\left(b^{x_0 2^0} \mod N - \left(b^{2^0} \mod N\right)^{x_0}\right) \mod N\right\rangle \otimes |1\rangle$$

$$= |0\rangle \otimes |1\rangle$$

이로써 (5.119)가 증명된다.

(5.120)을 증명하기 위해 $A_{fb,N}$의 회로에 다음과 같은 치환을 하면 $A_{fb,N}^*$이 되는 것에 주의한다.

$$U_{+\%N}U_{\times\beta_k\%N} \to U_{\times\beta_k\%N}^*U_{-\%N} \quad \text{for } k \in \{0,\dots,n-1\}$$
$$U_{\times\beta_k\%N}^*U_{-\%N} \to U_{+\%N}U_{\times\beta_k\%N} \quad \text{for } k \in \{n-2,\dots,0\}$$

회로의 대칭성에 주의하면 $A_{fb,N}^*$의 회로와 $A_{fb,N}$의 회로의 차이는 $(U_{+\%N})^{1-x_{n-1}}$ $(U_{\times\beta_{n-1}\%N})^{x_{n-1}}$ 대신에 $(U_{\times\beta_{n-1}\%N}^*)^{x_{n-1}} (U_{-\%N})^{1-x_{n-1}}$이 나타나는 것이다. 이로부터

다음이 성립하는 것을 알 수 있다.

$$\left(U^*_{\times\beta_{n-1}\%N}\right)^{x_{n-1}}\left(U_{-\%N}\right)^{1-x_{n-1}}\left(|b^x \quad \mathrm{mod}\, N\rangle \otimes |b^{\sum_{j=0}^{n-2} x_j 2^j} \quad \mathrm{mod}\, N\rangle\right)$$

$$= \left(U^*_{\times\beta_{n-1}\%N}\right)^{x_{n-1}}\left(U_{-\%N}\right)^{1-x_{n-1}}\left(|b^{\sum_{j=0}^{n-1} x_j 2^j} \quad \mathrm{mod}\, N\rangle \otimes |b^{\sum_{j=0}^{n-2} x_j 2^j} \quad \mathrm{mod}\, N\rangle\right)$$

$$\underbrace{=}_{(5.123)} |0\rangle \otimes |b^{\sum_{j=0}^{n-2} x_j 2^j} \quad \mathrm{mod}\, N\rangle$$

그러므로 (5.120)이 증명된다. ▪

정리 5.34를 이용하면 함수 $x \mapsto b^x \,\mathrm{mod}\, N$을 구현할 수 있다.

따름정리 5.47 $b, n, N, m \in \mathbb{N}$이며 $N < 2^m$을 만족한다. $\mathbb{H}^A = {}^\P\mathbb{H}^{\otimes n}$, $\mathbb{H}^B = {}^\P\mathbb{H}^{\otimes m}$이며 $f_{b,N}(x) = b^x \,\mathrm{mod}\, N$이다. 보조 레지스터 $\mathbb{H}^B$의 상태 $|\omega_i\rangle = |0\rangle^m = |\omega_f\rangle$를 이용하면 다음이 성립하는 $U_{f_{b,N}}$를 구현할 수 있다.

$$U_{f_{b,N}} : \mathbb{H}^A \otimes \mathbb{H}^B \longrightarrow \mathbb{H}^A \otimes \mathbb{H}^B$$
$$|x\rangle \otimes |y\rangle \longmapsto |x\rangle \otimes |y \boxplus f_{b,N}(x)\rangle$$

특히, 다음을 만족시킨다.

$$U_{f_{b,N}}\left(|x\rangle \otimes |0\rangle\right) = |x\rangle \otimes |f_{b,N}(x)\rangle$$

[증명]
정리 5.34와 정리 5.46에서 $A_f = A_{f_{b,N}}$, $B_f = A^*_{f_{b,N}}$으로 두면 주장이 증명된다. ▪

따름정리 5.47은 6.5절의 쇼어 인수분해 알고리즘에서 중요하다. 쇼어 알고리즘은 양자 푸리에 변환을 사용하는데, 이에 대해서는 다음 절에서 설명한다.

5.5.5 양자 푸리에 변환

양자 푸리에 변환Quantum Fourier Transform[73]은 여러 알고리즘에서 중요한 부분이고 또한 기본 게이트를 이용해 유니타리 변환을 만드는 방법을 보여주는 좋은 예이다. 이것은 큐비트 공간 ${}^\P\mathbb{H}$의 텐서곱에서 다음과 같이 정의되는 연산자다.

정의 5.48 $\P\mathbb{H}^{\otimes n}$의 **양자 푸리에 변환** F는 다음의 연산자로 정의한다.

$$F := \frac{1}{\sqrt{2^n}} \sum_{x,y=0}^{2^n-1} \exp\left(2\pi\mathrm{i}\frac{xy}{2^n}\right) |x\rangle\langle y|$$

여기에서 $|x\rangle$, $|y\rangle$는 $\P\mathbb{H}^{\otimes n}$의 계산 기저 벡터다.

실제로 보기 F.52에서 설명하듯이 위에서 주어진 정의는 정의 F.51에서 주어진 군에서 양자 푸리에 변환의 특수한 경우다.

다음의 표기를 도입하면,

$$\omega_n := \exp\left(\frac{2\pi\mathrm{i}}{2^n}\right)$$

계산 기저에 대한 F의 행렬 표기는 다음으로 주어진다.

$$F = \frac{1}{\sqrt{2^n}} \begin{pmatrix} 1 & 1 & \cdots & 1 \\ 1 & \omega_n & \cdots & \omega_n^{2^n-1} \\ \vdots & \vdots & \ddots & \vdots \\ 1 & \omega_n^{2^n-1} & \cdots & \omega_n^{(2^n-1)^2} \end{pmatrix}$$

│ 문제 5.66 F가 유니타리임을 보여라.

양자 푸리에 변환과 신호 처리에 사용하는 **이산 푸리에 변환**^{Discrete Fourier Transform}과는 연관이 있다.

정의 5.49 $N \in \mathbb{N}$이다. 이산 푸리에 변환은 선형사상이며

$$F_{dis} : \mathbb{C}^N \longrightarrow \mathbb{C}^N$$
$$\mathbf{c} \longmapsto F_{dis}(\mathbf{c})$$

각각의 성분은 다음으로 정의된다.

$$F_{dis}(\mathbf{c})_k = \frac{1}{\sqrt{N}} \sum_{l=0}^{N-1} \exp\left(\frac{2\pi\mathrm{i}}{N}kl\right) c_l \tag{5.124}$$

임의의 벡터 $|\Psi\rangle \in {}^\P\mathbb{H}^{\otimes n}$에 대해, 계산 기저로 주어지는 양자 푸리에 변환된 벡터 $(F|\Psi\rangle)_x = \langle x|F\Psi\rangle$는 성분 $c_x = \langle x|\Psi\rangle$를 가지는 벡터 $\mathbf{c} \in \mathbb{C}^N$의 이산 푸리에 변환 $F_{dis}(\mathbf{c})_x$로 주어진다.

보조정리 5.50 $n, N \in \mathbb{N}$이며 $N = 2^n$이며 다음을 만족한다.

$$|\Psi\rangle = \sum_{x=0}^{2^n-1} \Psi_x |x\rangle \quad \in {}^\P\mathbb{H}^{\otimes n}$$

그리고 $\mathbf{c} \in \mathbb{C}^N$은 $x \in \{0, \ldots, N-1\}$에 대해 성분 $c_x = \Psi_x = \langle x|\Psi\rangle$를 가진다. 그러면 다음을 만족한다.

$$\langle k|F\Psi\rangle = F_{dis}(\mathbf{c})_k$$

[증명]

다음의 관계를 얻는다.

$$
\begin{aligned}
F|\Psi\rangle &= \sum_{x=0}^{2^n-1} \Psi_x F|x\rangle \underbrace{=}_{(5.124)} \sum_{x=0}^{2^n-1} \Psi_x \frac{1}{\sqrt{2^n}} \sum_{z,y=0}^{2^n-1} \exp\left(2\pi i \frac{zy}{2^n}\right) |z\rangle \underbrace{\langle y|x\rangle}_{=\delta_{xy}} \\
&= \frac{1}{\sqrt{2^n}} \sum_{x,z=0}^{2^n-1} \Psi_x \exp\left(\frac{2\pi i}{2^n} zx\right) |z\rangle \\
&\underbrace{=}_{N=2^n, c_x=\Psi_x} \frac{1}{\sqrt{N}} \sum_{x,z=0}^{N-1} c_x \exp\left(\frac{2\pi i}{N} zx\right) |z\rangle
\end{aligned}
$$

그러므로

$$
\langle k|F\Psi\rangle = \frac{1}{\sqrt{N}} \sum_{x,z=0}^{N-1} c_x \exp\left(\frac{2\pi i}{N} zx\right) \underbrace{\langle k|z\rangle}_{=\delta_{kz}} = \frac{1}{\sqrt{N}} \sum_{x=0}^{N-1} c_x \exp\left(\frac{2\pi i}{N} kx\right)
$$

$$\underbrace{=}_{(5.124)} F_{dis}(\mathbf{c})_z$$

추가적으로 다음의 **이진 소수**^{binary fraction}의 표기를 도입한다.

정의 5.51 $a_1, \ldots, a_m \in \{0,1\}$에 대해 다음을 정의한다.

$$0.a_1 a_2 \ldots a_m := \frac{a_1}{2} + \frac{a_2}{4} + \cdots \frac{a_m}{2^m} = \sum_{l=1}^{m} a_l 2^{-l} \tag{5.125}$$

이진 소수의 표기를 이용하면 양자 푸리에 변환은 다음과 같이 표기할 수 있다.

보조정리 5.52 $n \in \mathbb{N}$이며, $j \in \{0, \ldots, n-1\}$이며 $x_j \in \{0,1\}$일 때, 다음 관계가 성립한다.

$$x = \sum_{j=0}^{n-1} x_j 2^j \tag{5.126}$$

그러면 $\mathbb{H}^n$의 계산 기저 벡터 $|x\rangle$에 대한 양자 푸리에 변환 F의 작용은 다음과 같다.

$$F|x\rangle = \frac{1}{\sqrt{2^n}} \bigotimes_{j=0}^{n-1} \left[|0\rangle + e^{2\pi i 0.x_j \ldots x_0} |1\rangle \right] \tag{5.127}$$

[증명]

정의 5.48에서

$$
\begin{aligned}
F|x\rangle &= \frac{1}{\sqrt{2^n}} \sum_{y=0}^{2^n-1} \exp\left(\frac{2\pi i}{2^n} xy \right) |y\rangle \\
&= \frac{1}{\sqrt{2^n}} \sum_{y=0}^{2^n-1} \exp\left(\frac{2\pi i}{2^n} x \sum_{j=0}^{n-1} y_j 2^j \right) |y_{n-1} \ldots y_0\rangle \\
&= \frac{1}{\sqrt{2^n}} \sum_{y=0}^{2^n-1} \prod_{j=0}^{n-1} \exp\left(\frac{2\pi i}{2^n} x y_j 2^j \right) |y_{n-1} \ldots y_0\rangle \\
&= \frac{1}{\sqrt{2^n}} \sum_{y_0 \ldots y_{n-1} \in \{0,1\}} \prod_{j=0}^{n-1} \exp\left(\frac{2\pi i}{2^n} x y_j 2^j \right) \bigotimes_{k=n-1}^{0} |y_k\rangle
\end{aligned}
$$

$$= \frac{1}{\sqrt{2^n}} \sum_{y_0 \dots y_{n-1} \in \{0,1\}} \bigotimes_{k=n-1}^{0} \exp\left(\frac{2\pi i}{2^n} xy_k 2^k\right) |y_k\rangle$$

$$= \frac{1}{\sqrt{2^n}} \bigotimes_{k=n-1}^{0} \sum_{y_k \in \{0,1\}} \exp\left(\frac{2\pi i}{2^n} xy_k 2^k\right) |y_k\rangle$$

$$= \frac{1}{\sqrt{2^n}} \bigotimes_{k=n-1}^{0} \left[|0\rangle + \exp\left(\frac{2\pi i}{2^n} x2^k\right)|1\rangle\right] \tag{5.128}$$

마지막 식에서 (5.126)과 (5.125)의 이진 소수의 표기법을 사용하면 다음을 얻는다.

$$\exp\left(\frac{2\pi i}{2^n} x2^k\right) = \exp\left(2\pi i \sum_{l=0}^{n-1} x_l 2^{l+k-n}\right)$$

$$= \exp\left(2\pi i \left[\sum_{l=0}^{n-k-1} x_l 2^{l+k-n} + \underbrace{\sum_{l=n-k}^{n-1} x_l 2^{l+k-n}}_{\in \mathbb{N}}\right]\right)$$

$$= \exp\left(2\pi i \sum_{l=0}^{n-k-1} x_l 2^{l+k-n}\right)$$

$$= \exp\left(2\pi i \left[\frac{x_0}{2^{n-k}} + \frac{x_1}{2^{n-(k+1)}} + \cdots + \frac{x_{n-1-k}}{2}\right]\right)$$

$$= e^{2\pi i 0.x_{n-1-k} \dots x_0} \tag{5.129}$$

(5.129)를 (5.128)에 대입하면 다음을 얻는다.

$$F|x\rangle = \frac{1}{\sqrt{2^n}} \bigotimes_{k=n-1}^{0} \left[|0\rangle + e^{2\pi i 0.x_{n-1-k} \dots x_0}|1\rangle\right] = \frac{1}{\sqrt{2^n}} \bigotimes_{j=0}^{n-1} \left[|0\rangle + e^{2\pi i 0.x_j \dots x_0}|1\rangle\right]$$

양자 푸리에 변환을 기본 게이트를 이용해 표현하기 위해서는 다음의 아다마르 변환의 결과가 필요하다.

보조정리 5.53 $n \in \mathbb{N}$, $j \in \mathbb{N}_0$이며 $j < n$을 만족한다. $|x\rangle$는 $\P\mathbb{H}^{\otimes n}$의 계산 기저 벡터이다. 그러면 다음을 만족한다.

$$H|x_j\rangle = \frac{|0\rangle + e^{2\pi i 0.x_j}|1\rangle}{\sqrt{2}} \tag{5.130}$$

그리고 $j \in \{0, \ldots, n-1\}$일 때, 다음의 연산자에 대해

$$H_j := 1^{\otimes(n-1-j)} \otimes H \otimes 1^{\otimes j} \qquad (5.131)$$

다음의 식이 만족한다.

$$H_j |x\rangle = |x_{n-1}\rangle \otimes \cdots \otimes |x_{j+1}\rangle \otimes \frac{|0\rangle + e^{2\pi i 0.x_j}|1\rangle}{\sqrt{2}} \otimes |x_{j-1}\rangle \otimes \cdots \otimes |x_0\rangle \quad (5.132)$$

[증명]

보조정리 2.39의 (2.162)에서 다음이 만족하는 것을 안다.

$$H|x_j\rangle = \frac{|0\rangle + e^{\pi i x_j}|1\rangle}{\sqrt{2}}$$

그러면 이진 소수의 정의 5.51에서 (5.130)이 유도된다.

(5.132)의 H_j의 작용은 정의 (5.131)과 (5.130)에서 직접 유도된다. ▪

양자 푸리에 변환을 구성하기 위해서는 조건 위상 이동$^{conditional\ phase\ shift}$이 추가적으로 필요하다.

정의 5.54 $j, k \in \{0, \ldots, n-1\}$이며 $j > k$를 만족한다. $\theta_{jk} := \frac{\pi}{2^{j-k}}$를 정의한다. **조건 위상 이동**$^{conditional\ phase\ shift}$은 $\mathbb{H}^{\otimes n}$에서 다음으로 정의되는 선형변환이다.

$$P_{jk} := 1^{\otimes(n-1-k)} \otimes |0\rangle\langle 0| \otimes 1^{\otimes k}$$
$$+ 1^{\otimes(n-1-j)} \otimes \left[|0\rangle\langle 0| + e^{i\theta_{jk}}|1\rangle\langle 1| \right] \otimes 1^{j-k-1} \otimes |1\rangle\langle 1| \otimes 1^{\otimes k}$$

P_{jk}의 작용은 $\mathbb{H}^{\otimes n}$의 $(k+1)$번째와 $(j+1)$번째 인자 공간에 $\Lambda_{|1\rangle^1}(P(\theta_{jk}))$를 적용하는 것이다. ($\Lambda_{|1\rangle}(V)$와 $P(\alpha)$의 정의는 그림 5.4와 5.5를 참조) 각각의 부분공간으로 한정하면 보다 쉽게 이해할 수 있다. $\mathbb{H}_k$를 $\mathbb{H}^{\otimes n}$의 오른쪽부터 $(k+1)$번째 인자 공간을 표기하고 $\mathbb{H}_j$는 $(j+1)$번째 공간을 표기한다. ((3.18)참조) 그리고 다음의 4개의 벡터를 $\mathbb{H}_j \otimes \mathbb{H}_k$의 계산 기저 벡터라고 한다.

$$|0\rangle_j \otimes |0\rangle_k, \quad |1\rangle_j \otimes |0\rangle_k, \quad |0\rangle_j \otimes |1\rangle_k, \quad |1\rangle_j \otimes |1\rangle_k$$

그러면 이 두 인자 공간에 한정한 행렬 표기는 다음으로 주어진다.

$$P_{jk}\Big|_{{}^{\P}\mathbb{H}_j \otimes {}^{\P}\mathbb{H}_k} = \begin{pmatrix} 1 & 0 & 0 & 0 \\ 0 & 1 & 0 & 0 \\ 0 & 0 & 1 & 0 \\ 0 & 0 & 0 & e^{i\theta_{jk}} \end{pmatrix} = \Lambda_{|1\rangle^1}\left(P(\theta_{jk})\right)$$

$(j+1)$번째와 $(k+1)$번째의 상태 $|1\rangle$에 대해 둘 다 영이 아닌 값을 가지면, 이러한 경우에 위상 계수 $e^{i\theta_{jk}}$를 곱하는 역할을 P_{jk}가 한다. 그렇지 않다면 P_{jk}는 전체 상태를 변화시키지 않는다. 즉, 항등연산자와 같이 작용한다.

보조정리 5.55 $j, k \in \{0, \ldots, n-1\}$이며 $j > k$를 만족하고 $l \in \{j+1, \ldots, n-1\}$이다. 그리고 $|\psi_l\rangle \in {}^{\P}\mathbb{H}$이며 $\psi_{0j}, \psi_{1j} \in \mathbb{C}$이다. 그리고 $x_0, \ldots, x_{j-1} \in \{0,1\}$이다. 그러면 다음이 만족한다.

$$P_{jk}|\psi_{n-1}\rangle \otimes \cdots \otimes |\psi_{j+1}\rangle \otimes \left[\psi_{0j}|0\rangle + \psi_{1j}|1\rangle\right] \otimes |x_{j-1}\rangle \otimes \cdots \otimes |x_0\rangle$$

$$= |\psi_{n-1}\rangle \otimes \cdots \otimes |\psi_{j+1}\rangle \otimes \left[\psi_{0j}|0\rangle + \psi_{1j}e^{i\pi \frac{x_k}{2^{j-k}}}|1\rangle\right] \otimes |x_{j-1}\rangle \otimes \cdots \otimes |x_0\rangle$$

[증명]

$|x_k\rangle = (1 - x_k)|0\rangle + x_k|1\rangle$이고 $\theta_{jk} = \frac{\pi}{2^{j-k}}$에 대해 다음이 만족한다.

$$P_{jk}|\psi_{n-1}\rangle \otimes \cdots \otimes |\psi_{j+1}\rangle \otimes \left[\psi_{0j}|0\rangle + \psi_{1j}|1\rangle\right] \otimes |x_{j-1}\rangle \otimes \cdots \otimes |x_0\rangle$$
$$= (1 - x_k)|\psi_{n-1}\rangle \otimes \cdots \otimes |\psi_{j+1}\rangle \otimes \left[\psi_{0j}|0\rangle + \psi_{1j}|1\rangle\right] \otimes |x_{j-1}\rangle \otimes \cdots \otimes |x_0\rangle$$
$$+ x_k|\psi_{n-1}\rangle \otimes \cdots \otimes |\psi_{j+1}\rangle \otimes \left[\psi_{0j}|0\rangle + \psi_{1j}e^{i\theta_{jk}}|1\rangle\right] \otimes |x_{j-1}\rangle \otimes \cdots \otimes |x_0\rangle$$
$$= |\psi_{n-1}\rangle \otimes \cdots \otimes |\psi_{j+1}\rangle \otimes \left[\psi_{0j}|0\rangle + \psi_{1j}e^{i\pi \frac{x_k}{2^{j-k}}}|1\rangle\right] \otimes |x_{j-1}\rangle \otimes \cdots \otimes |x_0\rangle$$

순서를 고려하지 않는다면, 즉, n겹 텐서곱 ${}^{\P}\mathbb{H}^{\otimes n}$의 인자 공간의 역순서에서, 양자 푸리에 변환은 아다마르 변환과 조건 위상 이동의 곱으로 구현할 수 있다.

정의 5.56 양자 푸리에 변환 F는 (5.30)에서 정의한 교환 연산자, 아다마르 변환, 조건 위상 이동을 이용해 다음과 같이 구현할 수 있다.

$$F = S^{(n)} \prod_{j=0}^{n-1} \left(\left[\prod_{k=0}^{j-1} P_{jk} \right] H_j \right)$$

$$= S^{(n)} H_0 P_{1,0} H_1 P_{2,0} P_{2,1} H_2 \ldots P_{n-1,0} \ldots P_{n-1,n-2} H_{n-1}$$

(5.133)

[증명]

(5.132)에서 우선 다음을 얻는다.

$$H_{n-1}|x\rangle = \frac{|0\rangle + e^{2\pi i 0.x_{n-1}}|1\rangle}{\sqrt{2}} \otimes |x_{n-2}\rangle \otimes \cdots \otimes |x_0\rangle$$

보조정리 5.55에서 이는 다음을 의미한다.

$$P_{n-1,n-2} H_{n-1}|x\rangle = \frac{|0\rangle + e^{2\pi i 0.x_{n-1}+i\pi\frac{x_{n-2}}{2}}|1\rangle}{\sqrt{2}} \otimes |x_{n-2}\rangle \otimes \cdots \otimes |x_0\rangle$$

$$\underbrace{=}_{(5.125)} \frac{|0\rangle + e^{2\pi i 0.x_{n-1}x_{n-2}}|1\rangle}{\sqrt{2}} \otimes |x_{n-2}\rangle \otimes \cdots \otimes |x_0\rangle$$

그리고

$$P_{n-1,0} P_{n-1,1} \ldots P_{n-1,n-2} H_{n-1}|x\rangle$$

$$= \frac{|0\rangle + e^{2\pi i 0.x_{n-1}\ldots x_0}|1\rangle}{\sqrt{2}} \otimes |x_{n-2}\rangle \otimes \cdots \otimes |x_0\rangle$$

게다가

$$H_{n-2} P_{n-1,0} P_{n-1,1} \ldots P_{n-1,n-2} H_{n-1}|x\rangle$$

$$= \frac{|0\rangle + e^{2\pi i 0.x_{n-1}\ldots x_0}|1\rangle}{\sqrt{2}} \otimes \frac{|0\rangle + e^{2\pi i 0.x_{n-2}}|1\rangle}{\sqrt{2}} \otimes |x_{n-3}\rangle \otimes \cdots \otimes |x_0\rangle$$

그리고

$$P_{n-2,0} P_{n-2,1} \ldots P_{n-2,n-3} H_{n-2} P_{n-1,0} P_{n-1,1} \ldots P_{n-1,n-2} H_{n-1}|x\rangle$$

$$= \frac{|0\rangle + e^{2\pi i 0.x_{n-1}\ldots x_0}|1\rangle}{\sqrt{2}} \otimes \frac{|0\rangle + e^{2\pi i 0.x_{n-2}\ldots x_0}|1\rangle}{\sqrt{2}} \otimes |x_{n-3}\rangle \otimes \cdots \otimes |x_0\rangle$$

비슷하게 남은 텐서곱 $|x_{n-3}\rangle \otimes \cdots \otimes |x_0\rangle$에 반복 적용하면 다음을 얻는다.

$$\prod_{j=0}^{n-1} \left(\prod_{k=0}^{j-1} (P_{jk}) H_j \right) |x\rangle = \frac{1}{\sqrt{2^n}} \bigotimes_{k=n-1}^{0} \left[|0\rangle + e^{2\pi i 0.x_k \cdots x_0} |1\rangle \right] \qquad (5.134)$$

이것은 인자 공간의 순서가 뒤집어진 것을 제외하면 $F|x\rangle$이다. 그러면 결국 다음을 얻는다.

$$
\begin{aligned}
S^{(n)} \prod_{j=0}^{n-1} \left(\prod_{k=0}^{j-1} (P_{jk}) H_j \right) |x\rangle &\underset{(5.134)}{=} \frac{1}{\sqrt{2^n}} S^{(n)} \bigotimes_{k=n-1}^{0} \left[|0\rangle + e^{2\pi i 0.x_k \cdots x_0} |1\rangle \right] \\
&\underset{(5.34)}{=} \frac{1}{\sqrt{2^n}} \bigotimes_{k=0}^{n-1} \left[|0\rangle + e^{2\pi i 0.x_k \cdots x_0} |1\rangle \right] \\
&\underset{(5.127)}{=} F|x\rangle
\end{aligned}
$$

그림 5.24는 양자 푸리에 변환을 만드는, 기본 게이트로 구성된 회로를 보여준다.

H_j, P_{jk}, $S^{(n)}$으로 구성된 $F|x\rangle$의 표현을 이용하면 양자 푸리에 변환에 필요한 계산량의 상한를 계산할 수 있다.

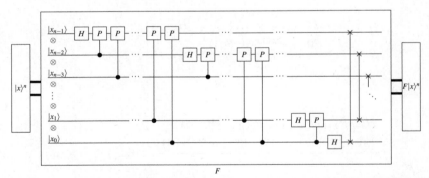

그림 5.24 아다마르 게이트, 조건 위상 이동, 교환 게이트를 이용해 양자 푸리에 변환을 구성한 양자 회로

따름정리 5.57 F는 $\mathbb{H}^{\otimes n}$에서 정의된 양자 푸리에 변환이다. 그러면 F를 수행하기 위해 필요한 계산량 S_F는 n의 함수로 다음을 만족한다.

$$S_F(n) \in O(n^2) \text{ for } n \to \infty$$

[증명]

H_j와 P_{jk} 각각의 적용은 n과 무관한 고정된 계산량을 요구한다. 즉, $S_{H_j}(n)$, $S_{P_{jk}}(n) \in O(1)$ 그러나 $S^{(n)}$의 적용은 $n \to \infty$일 때 $S_S^{(n)} \in O(n)$의 계산량을 요구한다. 정리 5.56의 (5.133)으로 F의 적용을 다음으로 분해할 수 있다.

- $j \in \{0,...,n-1\}$일 때 H_j의 n번 적용하므로 $S_H(n) \in O(n)$
- $j \in \{0,...,n-1\}$과 $k \in \{0,...,j-1\}$일 때, P_{jk}의 $\frac{n(n-1)}{2}$번 적용하므로 $S_p(n) \in O(n^2)$
- $S^{(n)}$를 한 번 적용하므로 $S_S^{(n)} \in O(n)$

그러므로 F를 수행하기 위한 총 계산량 S_F는 다음과 같다.

$$S_F(n) = S_H(n) + S_P(n) + S_{S^{(n)}}(n) \underbrace{\in}_{C.3} O(n^2)$$

5.6 읽을거리

양자 게이트에 대한 초창기 소개는 도이치[17]에서 찾을 수 있다. 이 논문에서는 일찍이 범용성에 대한 질문을 했고, 이에 대한 논의는 바렌코 외[30]에서 자세히 논의됐다. 기본 산술과 모듈라 승수에 관한 구체적인 게이트는 베드랄 외[72]에 소개됐다.

머민[74]의 개론서와 닐슨과 추앙[61]의 좀 더 포괄적이고 광범위한 책에서 다양한 응용 분야를 위한 많은 양자 게이트와 회로를 찾을 수 있다.

06
얽힘의 활용

6.1 초기 장래성: 도이치-조사 알고리즘

1992년 도이치와 조사[75]는 특별한 문제와 이를 해결하는 양자 알고리즘을 고안했고, 이를 통해 고전 알고리즘에 비해 양자 알고리즘이 훨씬 더 효율적이라는 것을 보여준다. 그 후 이 문제는 도이치 문제로 알려졌고,[1] 이를 효율적으로 해결하는 양자 알고리즘은 도이치-조사 알고리즘으로 알려졌다.

정의 6.1 (도이치 문제) $n \in \mathbb{N}$이며, $f: \{0,1\}^n \to \{0,1\}$은 다음 둘 중 하나라고 알려진 함수이다.

상수

$$f(x) = c \in \{0,1\} \qquad \text{for all } x \in \{0,1\}^n$$

균형

$$f(x) = \begin{cases} 0 & \text{for one half of the } x \in \{0,1\}^n \\ 1 & \text{for the other half of the } x \in \{0,1\}^n \end{cases}$$

---

1   1985년에 도이치[16]가 먼저 이 문제를 고려해서 그의 이름을 따른다.

도이치 문제는 f가 상수 함수인지 균형 함수인지를 정확하게 결정하는 효율적인 방법을 찾는 것이다.

함수 호출 횟수, 즉 확실하게 결정하기 위해 수행해야 하는 f 또는 관련 객체의 평가 횟수를 기준으로 분석법의 효율성을 측정한다. 키보드를 통해 f에 질의를 제출하는 것으로 이것을 시각적으로 상상할 수 있다.

f가 상수인지 균형인지 확인하기 위해서는 모든 고전 방법들은 $2^{n-1} + 1$개의 질의가 필요하다. 이런 후에 f가 상수 함수인지 균형 함수인지를 확신할 수 있다.

반면 도이치와 조사[75]가 고안한 양자 알고리즘은 (5.84) 형태의 적절한 유니타리 연산자 U_f를 단지 한 번만 사용한다. 즉, 키보드가 U_f를 구현한 회로를 가진 양자 컴퓨터에 연결됐다면, 어떤 유형 f가 있는지 확인하기 위해 단 하나의 질의(즉, U_f를 한 번 실행)만 입력하면 된다.

명제 6.2 f는 정의 6.1에서 정의된 것이다. 그리고

$$U_f : \mathbb{H}^{\otimes n} \otimes \mathbb{H} \longrightarrow \mathbb{H}^{\otimes n} \otimes \mathbb{H}$$
$$|x\rangle \otimes |y\rangle \longmapsto |x\rangle \otimes |y \overset{2}{\oplus} f(x)\rangle \tag{6.1}$$

그러면 U_f를 한 번만 적용해서 도이치 문제를 푸는 양자 알고리즘이 존재한다.

[증명]

U_f를 한 번 적용해 문제를 해결하는 알고리즘을 다음과 같이 구성한다. (5.83)에서 아다마르 변환은 다음을 만족한다.

$$H^{\otimes n}|0\rangle = \frac{1}{2^{\frac{n}{2}}} \sum_{x=0}^{2^n - 1} |x\rangle \tag{6.2}$$

그리고 모든 계산 기저 벡터 $|x\rangle$에 대해 $H^{\otimes n}$의 작용은 문제 6.67에서 주어진다.

문제 6.67 다음을 증명하라.

$$H^{\otimes n}|x\rangle = \frac{1}{2^{\frac{n}{2}}} \sum_{y=0}^{2^n-1} (-1)^{x \overset{2}{\odot} y}|y\rangle \tag{6.3}$$

여기에서 계산 기저 벡터 $|x\rangle$와 $|y\rangle$에 대해 다음을 정의한다.

$$x \overset{2}{\odot} y := x_{n-1}y_{n-1} \overset{2}{\oplus} \ldots \overset{2}{\oplus} x_0 y_0$$

알고리즘은 초기에 복합 시스템 $\mathbb{H}^A \otimes \mathbb{H}^B$에 작용한다. 여기에서 $\mathbb{H}^A = {}^\P\mathbb{H}^{\otimes n}$이고 $\mathbb{H}^B = {}^\P\mathbb{H}$이며 초기 상태는 다음과 같다.

$$|\Psi_0\rangle = |0\rangle^n \otimes \frac{|0\rangle - |1\rangle}{\sqrt{2}} \in \mathbb{H}^A \otimes \mathbb{H}^B$$

알고리즘의 다음 단계는 $(H^{\otimes n} \otimes \mathbf{1})U_f(H^{\otimes n} \otimes \mathbf{1})$을 적용해 다음을 얻는다.

$$
\begin{aligned}
|\Psi_1\rangle &= (H^{\otimes n} \otimes \mathbf{1})U_f(H^{\otimes n} \otimes \mathbf{1})|\Psi_0\rangle \\
&= (H^{\otimes n} \otimes \mathbf{1})U_f\left(H^{\otimes n}|0\rangle \otimes \frac{|0\rangle - |1\rangle}{\sqrt{2}}\right) \\
&\underset{(6.2)}{=} (H^{\otimes n} \otimes \mathbf{1})U_f\left(\frac{1}{2^{\frac{n}{2}}}\sum_{x=0}^{2^n-1}|x\rangle \otimes \frac{|0\rangle - |1\rangle}{\sqrt{2}}\right) \\
&= (H^{\otimes n} \otimes \mathbf{1})\frac{1}{2^{\frac{n+1}{2}}}\sum_{x=0}^{2^n-1}\left(U_f(|x\rangle \otimes |0\rangle - |x\rangle \otimes |1\rangle)\right) \\
&\underset{(6.1)}{=} (H^{\otimes n} \otimes \mathbf{1})\frac{1}{2^{\frac{n+1}{2}}}\sum_{x=0}^{2^n-1}|x\rangle \otimes \left(|f(x)\rangle - |1 \overset{2}{\oplus} f(x)\rangle\right) \\
&= (H^{\otimes n} \otimes \mathbf{1})\frac{1}{2^{\frac{n+1}{2}}}\sum_{x=0}^{2^n-1}|x\rangle \otimes (-1)^{f(x)}(|0\rangle - |1\rangle) \\
&= \frac{1}{2^{\frac{n}{2}}}\sum_{x=0}^{2^n-1}(-1)^{f(x)}H^{\otimes n}|x\rangle \otimes \frac{|0\rangle - |1\rangle}{\sqrt{2}} \\
&\underset{(6.3)}{=} \frac{1}{2^n}\sum_{y,x=0}^{2^n-1}(-1)^{f(x)+x\overset{2}{\odot}y}|y\rangle \otimes \frac{|0\rangle - |1\rangle}{\sqrt{2}}
\end{aligned}
$$

공간 ${}^\P\mathbb{H}$에서 $\frac{|0\rangle - |1\rangle}{\sqrt{2}}$는 두 개의 기저 상태 $|\uparrow_{\hat{x}}\rangle$와 $|\downarrow_{\hat{x}}\rangle$ 중의 하나임에 주의하면, $|\Psi_1\rangle$을 다음으로 표현할 수 있다.

$$|\Psi_1\rangle = |\Psi_1^A\rangle \otimes |\downarrow_{\hat{x}}\rangle$$

여기에서,

$$|\Psi_1^A\rangle = \frac{1}{2^n}\sum_{y,x=0}^{2^n-1}(-1)^{f(x)+x\odot y}|y\rangle$$

결국 전체 시스템의 밀도 연산자는 다음으로 주어진다.

$$\rho_{\Psi_1}\underbrace{=}_{(2.89)}|\Psi_1\rangle\langle\Psi_1| = |\Psi_1^A\otimes\downarrow_{\hat{x}}\rangle\langle\Psi_1^A\otimes\downarrow_{\hat{x}}|\underbrace{=}_{(3.36)}|\Psi_1^A\rangle\langle\Psi_1^A|\otimes|\downarrow_{\hat{x}}\rangle\langle\downarrow_{\hat{x}}|$$

(3.57)과 $\operatorname{tr}(|\uparrow_{\hat{x}}\rangle\langle\downarrow_{\hat{x}}|)=1$을 이용하면 다음을 얻는다.

$$\rho^A(\rho_{\Psi_1})\underbrace{=}_{(3.50)}\operatorname{tr}^B(\rho_{\Psi_1})\underbrace{=}_{(3.57)}|\Psi_1^A\rangle\langle\Psi_1^A|\underbrace{=}_{(2.89)}\rho_{\Psi_1^A}$$

이것은 부분 시스템 A만을 고려하면 다음의 순수 상태로 기술된다는 것을 알 수 있다.

$$|\Psi_1^A\rangle = \frac{1}{2^n}\sum_{x=0}^{2^n-1}(-1)^{f(x)}|0\rangle + \frac{1}{2^n}\sum_{y=1,x=0}^{2^n-1}(-1)^{f(x)+x\odot y}|y\rangle \tag{6.4}$$

상태 $|0\rangle\in\mathbb{H}^A$인 시스템 A를 발견할 확률은 다음으로 주어진다.

$$\mathbf{P}\left\{\begin{array}{l}\text{System } A \text{ is in}\\\text{the state }|0\rangle\end{array}\right\}\underbrace{=}_{(2.64)}|\langle 0|\Psi_1^A\rangle|^2\underbrace{=}_{(6.4)}\left(\frac{1}{2^n}\sum_{x=0}^{2^n-1}(-1)^{f(x)}\right)^2 \tag{6.5}$$

$$=\begin{cases}\left(\frac{1}{2^n}\sum_{x=0}^{2^n-1}(-1)^c\right)^2 & =1 \quad f\text{가 상수함수일 때}\\\left(\frac{1}{2^n}\left(2^{n-1}-2^{n-1}\right)\right)^2 & =0 \quad f\text{가 균형함수일 때}\end{cases}$$

그러므로 U_f의 한 번 적용으로 만들어진 상태 $|\Psi_1^A\rangle$에서 $P_{|0\rangle}=|0\rangle\langle 0|$을 관측함으로써 f가 상수인지 균형인지 결정할 수 있다. ▪

도이치-조사 알고리즘의 각각의 단계는 다음으로 기술할 수 있다.

도이치-조사 알고리즘

- **입력:** 상수 또는 균형인 함수 $f : \{0,1\}^n \rightarrow \{0,1\}$과 다음과 같이 작용하는 연관된 U_f

$$U_f : \mathbb{H}^{\otimes n} \otimes \mathbb{H} \longrightarrow \mathbb{H}^{\otimes n} \otimes \mathbb{H}$$
$$|x\rangle \otimes |y\rangle \longmapsto |x\rangle \otimes |y \overset{2}{\oplus} f(x)\rangle$$

그리고 $\mathbb{H}^A = \mathbb{H}^{\otimes n}$과 $\mathbb{H}^B = \mathbb{H}$

- **1 단계:** 초기 상태의 준비

$$|\Psi_0\rangle = |0\rangle^n \otimes \frac{|0\rangle - |1\rangle}{\sqrt{2}} \in \mathbb{H}^A \otimes \mathbb{H}^B$$

- **2 단계:** $|\Psi_0\rangle$에 $(\mathbb{H}^{\otimes n} \otimes \mathbf{1}) U_f (\mathbb{H}^{\otimes n} \otimes \mathbf{1})$를 적용해 다음을 얻는다.

$$|\Psi_1\rangle = (H^{\otimes n} \otimes \mathbf{1}) U_f (H^{\otimes n} \otimes \mathbf{1}) |\Psi_0\rangle$$

- **3 단계:** 부분 시스템 B를 무시하면, 부분 시스템 A는 (6.4)에서 주어진 순수 상태 $|\Psi_1^A\rangle \in \mathbb{H}^A$에 있게 된다. 상태 $|\Psi_1^A\rangle$에 관측 가능량 $P_{|0\rangle} = |0\rangle\langle 0|$을 관측해 $|0\rangle \in \mathbb{H}^A$의 존재를 부분 시스템 A에 질의해서, 관측된 값과 (6.5)을 이용해 다음을 확정한다.

$$\langle P_{|0\rangle} \rangle_{\Psi_1^A} = \left| \langle 0 | \Psi_1^A \rangle \right|^2 = \begin{cases} 1 & \text{그러면, } f \text{는 상수함수이다.} \\ 0 & \text{그러면, } f \text{는 균형함수이다.} \end{cases}$$

- **결과:** f가 상수 함수인지 균형 함수인지를 결정

그러므로 도이치-조사 알고리즘은, 도이치 문제를 고전적인 방법으로 확실하게 풀기 위해 필요한 계산량 $2^{n-1} + 1$를 U_f의 단지 한 번 적용으로 줄였다.

그러나 양자 알고리즘이 많은 f의 고전 계산보다 효율적이기 위해서는 $2^n + 1$ 단계보다 훨씬 적은 단계로 양자 알고리즘을 구축하고 실행할 수 있어야 한다. 즉, 효율에 이득이 생기기 위해서는 U_f는 $2^n + 1$ 단계보다 훨씬 적은 단계로 구현되고 실행될 수 있어야 한다. 특히 여기에서 U_f를 구현하는 데 모든 $f(x)$의 값이 필요하다는 것은 제외한다. 결국 모든 f의 값을 이미 알고 있다면 알고리즘을 실행할 필요가 없기 때문이다.

이러한 경고에도 도이치-조사 알고리즘은―장난감 문제라고 간주할 수 있지만―양자 알고리즘이 고전 알고리즘보다 성능이 훨씬 뛰어날 수 있다는 것을 보여준다. **실생활**everyday life과 관련된 문제를 해결하는 양자 알고리즘을 소개하기 전에, 그 자체로 신기하고 흥미로운 얽힘 현상의 응용 두 가지를 먼저 제시한다.

6.2 고밀도 양자 코딩

앨리스와 밥이 각각 얽힌 상태로 준비된 전체 시스템의 일부를 구성하는 큐비트를 마음대로 할 수 있다면[2] 이를 사용해 **큐비트 하나**만을 보내 **고전 비트 두 개**를 전송할 수 있다. 큐비트 하나를 전송해 고전 비트 두 개를 전송하는 절차를 고밀도 양자 코딩Dense Quantum Coding[76]이라고 한다.

이제, 앨리스와 밥이 다음의 얽힌 벨 상태에 있는 두 개의 큐비트로 구성된 복합 시스템의 큐비트 한 개를 각각 가지고 있다고 가정한다.

$$|\Phi^+\rangle = \frac{1}{\sqrt{2}}(|00\rangle + |11\rangle)$$

앨리스가 밥에게 전송하고 싶은 비트 쌍 $x_1 x_0 \in \{00, 01, 10, 11\}$에 의존해, 앨리스는 다음의 따라서 자신의 큐비트에 유니타리 변환 $U^A = U^A(x_1 x_0)$을 수행한다.

$$\begin{aligned}
U^A(00) &= \mathbf{1}^A \\
U^A(01) &= \sigma_z^A \\
U^A(10) &= \sigma_x^A \\
U^A(11) &= \sigma_z^A \sigma_x^A
\end{aligned} \tag{6.6}$$

2　어떤 시스템을 마음대로 할 수 있다는 것은 이것을 변환하고 관측할 수 있다는 것을 의미한다.

표 6.1 고밀도 양자 코딩의 규약

앨리스가 보내려는 고전 비트 x_1x_0	앨리스가 적용하는 연산자 $U^A(x_1x_0)$	전체 시스템의 상태 $(U^A \otimes 1)|\Phi^+\rangle$	밥이 $\sigma_z^A \otimes \sigma_z^B$와 $\sigma_x^A \otimes \sigma_x^B$를 관측하여 얻은 값
00	1^A	$|\Phi^+\rangle$	$+1, +1$
01	σ_z^A	$|\Phi^-\rangle$	$+1, -1$
10	σ_x^A	$|\Psi^+\rangle$	$-1, +1$
11	$\sigma_z^A \sigma_x^A$	$|\Psi^-\rangle$	$-1, -1$

표 6.1은 첫 번째 두 열에서 (6.6)에 나열된 U^A의 네 가지 가능한 선택 중 어느 것이 어떤 비트 쌍에 해당하는지를 보여준다. U^A를 적용해 앨리스는 전체 상태 $|\Phi^+\rangle$를 네 개의 벨 상태 $|\Phi^\pm\rangle$, $|\Psi^\pm\rangle$ 중의 하나로 변환한다. 예로서, 앨리스가 01의 비트 쌍을 전송하고 싶으면 σ_z^A를 자신의 큐비트에 적용해 전체 상태 $|\Phi^+\rangle$을 다음으로 변환한다.

$$\left(\sigma_z^A \otimes 1^B\right)|\Phi^+\rangle = \frac{1}{\sqrt{2}}\left((\sigma_z^A|0\rangle)\otimes|0\rangle + (\sigma_z^A|1\rangle)\otimes|1\rangle\right) = \frac{1}{\sqrt{2}}(|00\rangle - |11\rangle) = |\Phi^-\rangle$$

문제 6.68 $U^A \in \{1^A, \sigma_z^A, \sigma_x^A, \sigma_z^A, \sigma_x^A\}$일 때, $U^A \otimes 1^B$는 유니타리이며 다음을 만족하는 것을 보여라.

$$\left(\sigma_x^A \otimes 1^B\right)|\Phi^+\rangle = |\Psi^+\rangle$$
$$\left(\sigma_z^A \sigma_x^A \otimes 1^B\right)|\Phi^+\rangle = |\Psi^-\rangle$$

따라서 앨리스는 U^A의 선택과 선택한 변환을 큐비트에 적용하는 것으로 고전 비트 두 개를 인코딩한다. 그런 다음 앨리스는 자신의 큐비트(한 개)를 밥에게 보내면, 밥은 자신이 마음대로 할 수 있는 큐비트 두 개를 갖게 된다. 밥은 호환 가능한 관측 가능량 $\sigma_z^A \otimes \sigma_z^B$와 $\sigma_x^A \otimes \sigma_x^B$((3.41) 참조)을 이용해 이를 관측한다. $\{\pm 1, \pm 1\}$에서 관측된 값 두 개를 읽고 표 2.1에 주어진 대응을 사용해 밥은 앨리스가 보낸 고전 비트 두 개를 정확하게 결정할 수 있다.

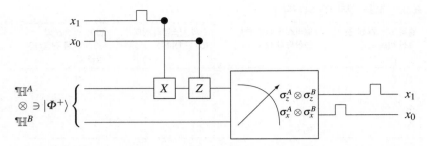

그림 6.1 고밀도 양자 코딩 과정의 도식화: 입력 x_0와 x_1은 고전 비트이다. 이것은 그림에서 사각형 혹을 가진 직선으로 표현했다. 이들은 $\mathbb{IH}^A$의 X와 Z의 작용을 제어한다. 여기에서, $x_1 = 1$인 경우에만 X가 적용될 것이다. 비슷하게 Z는 $x_0 = 1$일 때만 적용된다. 이것은 $\mathbb{IH}^A$에서 $X^{x_1}Z^{x_0}$의 적용과 비슷하다. $\sigma_z^A \otimes \sigma_z^B$와 $\sigma_x^A \otimes \sigma_x^B$의 관측으로 얻은 값은 표 2.1을 이용해 고전 비트 x_1, x_0로 변환된다.

통신 규약은 표 6.1에 나타냈고, 이는 표 2.1과 3.1을 사용한다. 이를 종합하면, 밥은 앨리스에게서 큐비트 한 개를 받았지만, 밥은 두 개의 고전 비트를 읽게 된다. 이 과정의 추가적인 설명은 그림 .6.1의 회로 다이어그램에 나타냈다.

그러나 이러한 고전 정보의 압축된 전달은 앨리스와 밥이 먼저 얽힌 상태에 있는 전체 시스템의 부분을 구성하는 큐비트를 먼저 가지고 있는 것을 가정한다. 그리고 앨리스에서 밥으로 큐비트가 실제로 전달돼야 한다. 어떻게 보면 앨리스에서 밥으로 큐비트가 전달되기 전에 그들은 얽힌 상태에 있는 큐비트를 이용해 결합 정보joint information의 형태를 공유하고 있는 것이다.

6.3 순간이동

순간이동Teleportation[18]으로 알려진 것에서 본질적으로 고밀도 양자 코딩의 반대 작용이 있다. 만약 앨리스와 밥이 얽힌 상태에서 전체 양자 시스템의 일부인 마음대로 할 수 있는 큐비트를 각각 가지고 있다면, 앨리스에서 밥으로 고전 비트 두 개를 전송함으로써 (순간이동으로 알려진) 큐비트 하나를 전송할 수 있다. 다시, 이 절차에서 얽힘은 가장 중요한 성분이며 다음과 같이 실행된다.

앨리스는 밥에게 큐비트 $|\psi\rangle^S = a|0\rangle + b|1\rangle$을 전송하려고 하고, 다음의 얽힌 벨 상태의 일부인 큐비트를 가지고 있다고 가정한다.

$$|\Phi^+\rangle^{AB} = \frac{1}{\sqrt{2}} \left(|0\rangle^A \otimes |0\rangle^B + |1\rangle^A \otimes |1\rangle^B \right) \qquad \in \mathbb{H}^A \otimes \mathbb{H}^B$$

그리고 벨 상태의 다른 큐비트는 밥이 가지고 있다고 가정한다. 앨리스는 전송하려는 큐비트와 벨 상태의 일부인 큐비트와 결합해 힐베르트 공간 $\mathbb{H}^S \otimes \mathbb{H}^A$에서 시스템을 관측한다.

전체 시스템의 입장에서는 전송하려는 부분 시스템을 추가하는 것은 새로운 전체 시스템을 형성하고, 이것은 $\mathbb{H}^S \otimes \mathbb{H}^A \otimes \mathbb{H}^B$의 벡터로 기술되며 다음을 만족한다.

$$
\begin{aligned}
|\psi\rangle^S \otimes |\Phi^+\rangle^{AB} &= \left(a|0\rangle^S + b|1\rangle^S \right) \otimes \frac{1}{\sqrt{2}} \left(|0\rangle^A \otimes |0\rangle^B + |1\rangle^A \otimes |1\rangle^B \right) \\
&= \frac{1}{\sqrt{2}} \left[a \underbrace{|0\rangle^S \otimes |0\rangle^A}_{=\frac{1}{\sqrt{2}}\left(|\Phi^+\rangle^{SA}+|\Phi^-\rangle^{SA}\right)} \otimes |0\rangle^B + a \underbrace{|0\rangle^S \otimes |1\rangle^A}_{=\frac{1}{\sqrt{2}}\left(|\Psi^+\rangle^{SA}+|\Psi^-\rangle^{SA}\right)} \otimes |1\rangle^B \right. \\
&\qquad \left. + b \underbrace{|1\rangle^S \otimes |0\rangle^A}_{=\frac{1}{\sqrt{2}}\left(|\Psi^+\rangle^{SA}-|\Psi^-\rangle^{SA}\right)} \otimes |0\rangle^B + b \underbrace{|1\rangle^S \otimes |1\rangle^A}_{=\frac{1}{\sqrt{2}}\left(|\Phi^+\rangle^{SA}-|\Phi^-\rangle^{SA}\right)} \otimes |1\rangle^B \right] \\
&= \frac{1}{2} \left[|\Phi^+\rangle^{SA} \otimes \left(a|0\rangle^B + b|1\rangle^B \right) + |\Psi^+\rangle^{SA} \otimes \left(a|1\rangle^B + b|0\rangle^B \right) \right. \\
&\qquad \left. + |\Phi^-\rangle^{SA} \otimes \left(a|0\rangle^B - b|1\rangle^B \right) + |\Psi^-\rangle^{SA} \otimes \left(a|1\rangle^B - b|0\rangle^B \right) \right] \\
&= \frac{1}{2} \left[|\Phi^+\rangle^{SA} \otimes |\psi\rangle^B + |\Psi^+\rangle^{SA} \otimes \left(\sigma_x^B |\psi\rangle^B \right) \right. \\
&\qquad \left. + |\Phi^-\rangle^{SA} \otimes \left(\sigma_z^B |\psi\rangle^B \right) + |\Psi^-\rangle^{SA} \otimes \left(\sigma_x^B \sigma_z^B |\psi\rangle^B \right) \right]
\end{aligned}
\tag{6.7}
$$

앨리스는 이제 전송하고자 하는 큐비트와 벨 상태의 일부인 큐비트로 구성된 복합 시스템 $\mathbb{H}^S \otimes \mathbb{H}^A$에서 호환되는 관측 가능량 $\sigma_z^S \otimes \sigma_z^A$와 $\sigma_x^S \otimes \sigma_x^A$((3.41) 참조)를 관측한다. 2.3.1절의 사영 공준 3에 따르면, 이 관측 가능량의 관측은 $|\Phi^+\rangle^{SA}$, $|\Phi^-\rangle^{SA}$, $|\Psi^+\rangle^{SA}$, $|\Psi^-\rangle^{SA}$인 고유 상태 네 개 중 하나에 사영한다. $\sigma_z^S \otimes \sigma_z^A$와 $\sigma_x^S \otimes \sigma_x^A$의 관측값에서 앨리스는 관측 후에 전체 시스템이 (6.7)의 네 개의 상태 중에서 어디에 놓여 있는지를 읽을 수 있다(표 3.1 참조). 앨리스가 관측한 값에 따라서 고전 비트 두 개 $x_1 x_0$를 밥에게 보낸다. 이것을 받은 밥은, 받은 고전 비트에 따라서 다음과 같은 유니타리 연산자 $U^B = U^B(x_1 x_0)$를 자신의 큐비트에

적용을 한다.

$$U^B(00) = \mathbf{1}^B$$
$$U^B(01) = \sigma_z^B$$
$$U^B(10) = \sigma_x^B$$
$$U^B(11) = \sigma_z^B \sigma_x^B$$

이것은 고밀도 코딩 규약에서 앨리스가 사용하는 (6.6)과 동일하다. $\mathbf{1}^2 = (\sigma_x)^2 = (\sigma_z)^2 = \sigma_z \sigma_x \sigma_x \sigma_z = \mathbf{1}$이므로, 이 변환은 밥의 큐비트를 상태 $|\psi\rangle$로 바꾼다. 이러한 절차를 표 6.2에 나타냈다. 앨리스에서 밥으로 고전 정보가 전달됐지만, 양자 상태 $|\psi\rangle$는 결국 앨리스에서 밥으로 **이동**됐다. 하지만 고밀도 코딩에서와 마찬가지로 여기에서도 이러한 것이 제대로 작동하려면 얽힌 상태에 있는 전체 시스템의 일부인 큐비트들이 제공하는 결합 정보를 앨리스와 밥이 먼저 공유를 하고 있어야 한다. 그리고 특히 강조해야 하는 것은 상태 $|\psi\rangle$가 **복제된 것은 아니다**. 만약에 그렇다면 정리 4.11의 양자 복제 불가능 정리를 위배하게 된다. 반면 이 상태는 앨리스에 의해 파괴되고, 적절한 U_B의 작용으로 밥에 의해 다시 만들어지는 것이다.

그림 6.2는 순간이동 프로세스의 회로 다이어그램이다.

표 6.2 순간이동의 규약

앨리스가 $\sigma_z^S \otimes \sigma_z^A$와 $\sigma_x^S \otimes \sigma_x^A$를 관측하여 얻은 값	관측 후의 큐비트 세 개의 상태: $|\psi\rangle^{SA}\otimes$ 밥의 큐비트	밥이 받은 큐비트에 작용하는 연산자 U^B	최종 밥의 큐비트 상태
+1, +1	$|\Phi^+\rangle \otimes |\psi\rangle$	$\mathbf{1}^B$	$(\mathbf{1}^B)^2|\psi\rangle = |\psi\rangle$
+1, −1	$|\Phi^-\rangle \otimes \sigma_z^B|\psi\rangle$	σ_z^B	$(\sigma_z^B)^2|\psi\rangle = |\psi\rangle$
−1, +1	$|\Psi^+\rangle \otimes \sigma_x^B|\psi\rangle$	σ_x^B	$(\sigma_x^B)^2|\psi\rangle = |\psi\rangle$
−1, −1	$|\Psi^-\rangle \otimes \sigma_x^B\sigma_z^B|\psi\rangle$	$\sigma_z^B\sigma_x$	$\sigma_z^B\sigma_x^B\sigma_x^B\sigma_z^B|\psi\rangle = |\psi\rangle$

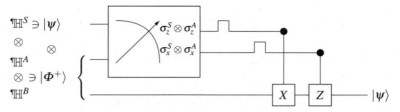

그림 6.2 순간이동 프로세스의 도식도; 관측의 결과는 고전 비트이다. 이는 사각형의 혹을 가지는 직선으로 나타냈다. 이들은 X와 Z의 각각의 적용을 결정하는 데 사용된다. 즉, 관측값 $\sigma^S \otimes \sigma^A_z$의 관측값이 +1이어서, 표 2.1에 따르면 고전 비트 0의 값을 가질 때에만 X는 $\mathbb{H}^B$에 작용한다. 비슷하게 $\sigma^S_x \otimes \sigma^A_x$가 관측값 +1을 가질 때에만 Z는 $\mathbb{H}^B$에 작용한다.

6.4 양자 암호학

6.4.1 암호학에서 암호

암호학^{cryptography}은 유한 개의 메시지를 가지는 집합 M에서, 메시지 $m \in M$을 암호화하고 복호화하는 과학이다. 평이한 일반 문장인 메시지 m을 암호화한다는 것은 이것을 암호문이라고 하는 다른 형태 $c \in C$로 변형해 적절한 종류의 추가적인 지식이 없으면 처음의 문장 m을 얻을 수 없게 하는 것이다. 이러한 추가적인 지식을 키 $k \in K$라고 한다.

> **정의 6.3** M, C, K는 유한한 집합이다. **암호**^{cipher}는 키 $k \in K$를 이용해 일반 텍스트 $m \in M$을 암호화하는 암호학 규약이며 **암호화**^{encryption}는 키와 평문의 쌍 (k, m)을 적절한 암호화된 텍스트 $e(k, m)$으로 변환하며
>
> $$e : K \times M \longrightarrow C$$
> $$(k, m) \longmapsto e(k, m)$$
> $$d : K \times C \longrightarrow M$$
> $$(k, c) \longmapsto d(k, c)$$
>
> **복호화**^{decryption}는 키와 암호문의 쌍 (k, c)를 평문 $d(k, c)$로 변환하는 것이다. 그러므로 $m \in M$과 $k \in K$에 대해 다음이 만족한다.

$$d\big(k, e(k,m)\big) = m \qquad\qquad (6.8)$$

암호화와 복호화에 사용하는 키 k가 같으면 이런 암호를 **대칭**symmetric이라고 한다. 키 $k = (k_{\text{priv}}, k_{\text{pub}})$에서 암호화 $m \mapsto e(k_{\text{pub}}, m)$에 k_{pub}를 사용하고, 복호화 $c \mapsto d(k_{\text{priv}}, c)$에 k_{priv}를 사용하면, 이런 암호를 **비대칭**asymmetric이라고 한다.

결국 d는 e의 역이다. 좀 더 정확하게 표현하면 다음과 같이 볼 때,

$$e_k(\cdot) := e(k, \cdot) : \mathrm{M} \to \mathrm{C} \quad \text{and} \quad d_k(\cdot) := d(k, \cdot) : \mathrm{C} \to \mathrm{M}$$

그러면 (6.8)은 다음을 의미한다.

$$d_k \circ e_k = \mathrm{id}_{\mathrm{M}}$$

현재의 디지털 세계가 증명하듯이, 각각의 메시지를 고정된 길이 n_M이며 $m_j \in \{0,1\}$인 이진 문자열 $(m_{n_M-1} \cdots m_0)$로 가정해도 무리가 없다. 이러한 m_j를 이진법 전개의 계수로 사용하면, 각각의 메시지를 다음을 만족하는 정수 m으로 간주할 수 있다.

$$0 \leq m = \sum_{j=0}^{n_{\mathrm{M}}-1} m_j 2^j \leq 2^{n_{\mathrm{M}}} - 1$$

마찬가지로 암호문은 길이가 n_C인 이진법 문자열이고 $0 \leq c \leq 2^{n_C} - 1$을 만족하는 자연수 c라고 가정할 수 있다. (항상 그런 것은 아니지만) 때때로 키 k는 길이 n_K 및 $0 \leq k \leq 2^{n_K} - 1$인 동일한 형식을 사용한다.

암호문, 즉 암호화된 메시지 $c = e(k, m)$은 공개 채널을 통해 전송할 수 있다. 안전한 암호는 k를 모르면 c에서 m을 추출하는 것이 불가능하다.

보기 6.4 이 기준을 만족하는 하나의 암호는 체 게바라와 피델 카스트로 [77]에서도 사용한 버넘Vernam 암호이다. 이것은 대칭 암호이며, 평문, 키, 암호문의 길이가 $n_M = n_K = n_C = n$으로 모두 같다. 키 k는 무작위 비트-수열이다.

$$k = (k_{n-1}, \ldots, k_0)$$

암호화는 키-비트 k_j와 평문 비트 m_j의 2법 덧셈으로 이뤄진다. 정의 5.2에서 도입한 표기를 사용하면, 암호화를 다음의 사상으로 표기할 수 있다.

$$e(k,m) = (k_{n-1} \overset{2}{\oplus} m_{n-1}, \ldots, k_0 \overset{2}{\oplus} m_0)$$

암호문 $c = e(k,m)$은 순수한 비트의 무작위 수열이 돼서, 원래 평문 m의 정보를 얻는 것이 불가능하다. 암호문을 복호화하기 위해서는 키 k의 값이 필요하다. 키의 값을 이용해, 키-비트와 암호문-비트의 2법 덧셈을 다시 한 번 수행하면 복호화가 이뤄진다.

$$
\begin{aligned}
d\big(k, e(k,m)\big) &= (k_{n-1} \overset{2}{\oplus} e(k,m)_{n-1}, \ldots, k_0 \overset{2}{\oplus} e(k,m)_0) \\
&= (k_{n-1} \overset{2}{\oplus} k_{n-1} \overset{2}{\oplus} m_{n-1}, \ldots, k_0 \overset{2}{\oplus} k_0 \overset{2}{\oplus} m_0) \\
&= (m_{n-1}, \ldots, m_0)
\end{aligned}
$$

여기에서 $k_j \in \{0,1\}$에 대해 $k_j \overset{2}{\oplus} k_j = 0$이기 때문이다. 표 6.3에서 간단한 예를 보였다.

버넘 암호는 절대적으로 안전하지만, 모든 메시지의 보안을 유지하려면 각각의 메시지마다 새로운 키를 사용해야 하는 단점이 있다. 따라서 송신자와 수신자는 무작위 키 비트를 많이 같이 공급받거나 또는 메시지를 교환할 때마다 이러한 비트를 교환해야 한다. 앞의 방식은 큰 공급 장치를 안전하게 유지해야 하고 뒤의 방식은 처음에 새롭게 결정하는 키를 안전하게 전송할 수 있는 채널을 필요로 한다.

그러나 양자역학은 임의의 키 비트 시퀀스를 생성해 전송하고, 도청이 발생했다는 의미에서 전송이 손상됐는지 확인할 수 있는 가능성을 제공한다. 따라서 도청을 막을 수는 없지만 적어도 탐지할 수는 있다. 도청이 감지되면, 비트 수열을 무작위 키로 사용하지 않는다. 이를 양자 (암호의) 키 분배라고 한다.

표 6.3 버넘 암호 방식의 암호화와 복호화의 예

암호화	메시지	$m=0$	0	1	0	1	1	0	1
			$\overset{2}{\oplus}$	$\overset{2}{\oplus}$	$\overset{2}{\oplus}$	$\overset{2}{\oplus}$	$\overset{2}{\oplus}$	$\overset{2}{\oplus}$	$\overset{2}{\oplus}$
	키	$k=1$	0	0	1	1	0	0	0
	암호문	$c=e(k,m)=1$	0	1	1	0	1	0	1
복호화	암호문	$c=1$	0	1	1	0	1	0	1
			$\overset{2}{\oplus}$	$\overset{2}{\oplus}$	$\overset{2}{\oplus}$	$\overset{2}{\oplus}$	$\overset{2}{\oplus}$	$\overset{2}{\oplus}$	$\overset{2}{\oplus}$
	키	$k=1$	0	0	1	1	0	0	0
	메시지	$m=0$	0	1	0	1	1	0	1

양자 키 분배에는 여러 가지 규약이 있다. 6.4.2절에서 우선 6장의 제목과 달리 얽힘을 사용하지 않는 방식을 설명한다. 대신 일반적으로 관측이 관측의 결과로서 관측하는 시스템의 상태를 변경한다는 양자역학 현상에 기초한다. 6.4.3절에서 벨 상태의 EPR 상관관계는 고전 랜덤변수에 의해서 생성할 수 없다는 사실을 이용해 얽힘을 이용한 규약을 설명한다. 이 규약에는 양자 암호화로 알려진 두 가지 예가 있다.

현재 가장 많이 사용하는 고전 암호화 규약은 1978년 라이베스트, 샤미르, 애들먼[78, 79]이 개발한 비대칭 암호이며, 키의 일부를 공개한다. 이것은 이후에 RSA 규약으로 널리 알려졌고 6.4.4절에서 더 자세히 설명한다. 이 규약의 보안은 큰 수 $N=pq$를 **소인수분해**prime factor해 p와 q를 찾는 것이 너무 많은 시간을 소요한다는 사실에 의존한다.

그러나 6.5절에서 양자 컴퓨터가 실현되는 경우 지금까지 가능한 것보다 훨씬 빠르게 소인수분해를 할 수 있는, 쇼어가 고안한 양자 알고리즘을 제시한다. 따라서 양자역학은 RSA의 보안을 손상시킬 수 있는 반면, 다른 한편으로는 6.4.2절 및 6.4.3절에 제시한 도청 탐지를 허용하는 키 분배 규약을 생성할 수 있다.

6.4.2 얽힘 없는 양자 키 분배

버넘 코드의 암호화 키로 사용할 수 있는 무작위 비트 수열을 분배하는 다음 방법은 1984년 베네트와 브라사르[1]에 의해 제안됐다. 따라서 이 규약을 BB84로 표시한다. 이것은 얽힘을 사용하지 않고, 도청을 감지하기 위해서 양자역학

에서 관측이 상태를 변경한다는 사실을 이용한다.

이 방법의 목적은 앨리스와 밥에게만 알려지고 전송이 수신됐는지 확인할 수 있는 무작위 비트 수열을 생성하는 것이다. 다음의 방법을 사용한다. 자신이 마음대로 사용할 수 있는 큐비트를 앨리스가 많이 가지고 있다고 가정한다. 그들 각각에 대해, 앨리스는 σ_z와 σ_x를 측정하기 위해 무작위로 추출한다. 각 큐비트에 대해, 측정 결과를 기록한 다음 큐비트를 밥에게 보낸다. 밥 또한 수신한 큐비트에서 σ_z 또는 σ_x를 측정하도록 임의로 선택하고 측정 결과를 기록한다. 그런 후에 앨리스와 밥은 공개 채널을 통해 동일한 관측 가능 값, 즉 σ_z 또는 σ_x를 측정한 큐비트 중 하나를 통해 통신한다. 이러한 큐비트의 경우 측정 결과가 동일해야 한다. 이것은 사영 공준 3으로 인해 앨리스의 측정 후에 큐비트가 관측된 고윳값에 해당하는 관측 가능량의 고유 상태에 있기 때문이다. 고유 상태에 있는 큐비트를 밥이 동일한 관측 가능량을 관측하면, 관측 결과는 동일한 고윳값을 갖게 된다. 동일한 관측 가능량을 관측한 큐비트의 집합에 대해 앨리스와 밥은 같은 부분집합을 선택해 그들의 결과를 공개적으로 비교한다. 앞으로 보게 되겠지만, 이러한 관측 결과가 모두 같으면 제삼자가 이러한 관측 값에 대해 지식을 얻지 못했다는 것을 (거의) 확신할 수 있다. 이러한 경우에 동일한 관측 가능량을 관측했지만 관측 결과를 비교하지 않은 나머지 큐비트의 관측값을 암호를 위한 임의의 비트 수열로 사용할 수 있다. 표 6.4는 정보 도청 시도_{eavesdropping}가 없다는 가정하에서 규약을 보여준다.

그러면 앨리스에서 밥으로 가는 큐비트를 이브가 도중에 가로채서 읽어보려고 하면 무엇이 바뀌는가? 이브가 필요한 정보는 위에서 설명한 앨리스와 밥이 생성한 무작위 비트 수열이다. 이브가 해당 정보를 얻는 유일한 방법은 호환되지 않는 관측 가능량 σ_z 또는 σ_x 중 하나를[3] 실제로 관측하는 것이다. 앨리스가 호환되지 않는 관측 가능량 σ_z 또는 σ_x 중 하나를 무작위로 선택하고 이브는 앨리스가 선택한 것을 알 수 없으므로 이브가 항상 앨리스가 관측한 것과 동일한 관측 가능량을 관측할 수 없다.

이브가 앨리스와 동일한 관측 가능량을 관측한 큐비트의 경우에는 큐비트가 관측 가능량의 고유 상태에 있기 때문에 이브는 앨리스와 동일한 값을 실제로

---

3 관측 가능량이 호환되지 않기 때문에, 두 개를 동시에 관측하는 것은 이브에게 유용한 정보를 주지 못한다.

관측한다. 또한 이 상태는 이브의 관측으로 변경되지 않는다.

표 6.4 BB84에 따른 도청이 없는 키 분배

큐비트 번호	1	2	3	4	5	6	7	8	9	10	11	12	…
앨리스의 관측 가능량 — 앨리스는 관측 가능량 σ_z 또는 σ_x에서 무작위로 하나를 선택한다. 다음을 선택한다고 가정한다.	σ_x	σ_x	σ_x	σ_z	σ_x	σ_x	σ_x	σ_z	σ_z	σ_x	σ_x	σ_z	…
앨리스가 얻은 값 — 그리고 다음을 관측한다고 가정한다.	$+1$	-1	-1	$+1$	$+1$	-1	$+1$	-1	$+1$	$+1$	$+1$	$+1$	…
큐비트 상태 — 큐비트는 다음의 상태에 있다.	$\lvert\uparrow_{\hat{x}}\rangle$	$\lvert\downarrow_{\hat{x}}\rangle$	$\lvert\downarrow_{\hat{x}}\rangle$	$\lvert\uparrow_{\hat{z}}\rangle$	$\lvert\uparrow_{\hat{x}}\rangle$	$\lvert\downarrow_{\hat{x}}\rangle$	$\lvert\uparrow_{\hat{x}}\rangle$	$\lvert\downarrow_{\hat{z}}\rangle$	$\lvert\uparrow_{\hat{z}}\rangle$	$\lvert\uparrow_{\hat{x}}\rangle$	$\lvert\uparrow_{\hat{x}}\rangle$	$\lvert\uparrow_{\hat{z}}\rangle$	…
밥이 사용한 관측 가능량 — 준비가 완료된 큐비트를 앨리스는 밥에게 보낸다. 밥은 관측향 σ_z와 σ_x에서 무작위로 선택해 각각의 큐비트를 관측한다. 다음을 관측한다고 가정한다.	σ_z	σ_x	σ_z	σ_z	σ_z	σ_x	σ_z	σ_z	σ_x	σ_x	σ_z	σ_z	…
밥이 얻은 값 — 그리고 다음을 관측한다고 가정한다.	-1	-1	-1	$+1$	$+1$	-1	$+1$	-1	$+1$	$+1$	-1	$+1$	…
관측 가능량 비교 — 앨리스와 밥은 각각이 큐비트를 관측하기 위하여 사용한 관측 가능량을 공개해 비교한다. 그러나, 관측의 결과인 관측값은 공개하지 않는다. 큐비트를 같은 관측 가능량을 사용한 것과 그렇지 않은 것으로 구분한다.	≠	=	≠	=	≠	=	≠	=	≠	=	≠	=	…
앨리스의 제어값 (같은 관측 가능량을 사용했으면 관측값이 같아야 한다. 공개적으로 비교해 얻은 같은 관측 가능량에서 얻은 관측값 중에서 두 번째 값을 제어값으로 사용, 공개해 비교한다.)				$+1$				-1				$+1$	…
밥의 제어값				$+1$				-1				$+1$	…
비트 열 (제어값을 비교해 100% 일치하면 앨리스와 밥 사이에 큐비트가 다른 사람이 "읽지 않았다"는 것을 높은 확률로 보장한다. 같은 관측 가능량으로 관측한 나머지 관측값을 "결합된 보안 무작위 수"로 이용한다.)		-1				-1				$+1$			…

312

표 6.5 BB84에 따른 도청이 있는 키 분배

큐비트 번호	1	2	3	4	5	6	7	8	9	10	11	12	...
앨리스의 관측 가능량	앨리스가 관측 가능량 σ_z 또는 σ_x에서 무작위로 선택해 관측한다.												
	σ_x	σ_x	σ_x	σ_z	σ_x	σ_x	σ_x	σ_z	σ_z	σ_x	σ_x	σ_z	...
앨리스의 관측값	다음의 값들을 관측한다.												
	$+1$	-1	-1	$+1$	$+1$	-1	$+1$	-1	$+1$	$+1$	$+1$	$+1$	...
큐비트 상태	큐비트는 다음의 상태에 있다.												
	$\lvert\uparrow_{\hat{x}}\rangle$	$\lvert\downarrow_{\hat{x}}\rangle$	$\lvert\downarrow_{\hat{x}}\rangle$	$\lvert\uparrow_{\hat{z}}\rangle$	$\lvert\uparrow_{\hat{x}}\rangle$	$\lvert\downarrow_{\hat{x}}\rangle$	$\lvert\uparrow_{\hat{x}}\rangle$	$\lvert\downarrow_{\hat{z}}\rangle$	$\lvert\uparrow_{\hat{z}}\rangle$	$\lvert\uparrow_{\hat{x}}\rangle$	$\lvert\uparrow_{\hat{x}}\rangle$	$\lvert\uparrow_{\hat{z}}\rangle$	...
이브의 관측 가능량	앨리스가 준비된 큐비트를 밥에게 보낸다. 이브가 큐비트를 가로채서 상태를 보려고 관측을 한다.												
	σ_z	σ_x	σ_x	σ_z	σ_z	σ_x	σ_z	σ_x	σ_x	σ_x	σ_z	σ_z	...
이브의 관측값	그래서 다음 값을 얻는다.												
	-1	-1	-1	$+1$	-1	-1	$+1$	-1	$+1$	$+1$	$+1$	$+1$	...
이브의 관측값	큐비트는 이제 다음의 상태가 된다.												
	$\lvert\downarrow_{\hat{z}}\rangle$	$\lvert\downarrow_{\hat{x}}\rangle$	$\lvert\downarrow_{\hat{x}}\rangle$	$\lvert\uparrow_{\hat{z}}\rangle$	$\lvert\downarrow_{\hat{z}}\rangle$	$\lvert\downarrow_{\hat{x}}\rangle$	$\lvert\uparrow_{\hat{z}}\rangle$	$\lvert\downarrow_{\hat{x}}\rangle$	$\lvert\uparrow_{\hat{x}}\rangle$	$\lvert\uparrow_{\hat{x}}\rangle$	$\lvert\uparrow_{\hat{z}}\rangle$	$\lvert\uparrow_{\hat{z}}\rangle$	...
밥의 관측 가능량	큐비트가 이브에서 밥으로 전달된다. 밥은 관측 가능량 σ_z와 σ_x 중에서 임의로 선택해 관측한다.												
	σ_z	σ_x	σ_z	σ_z	σ_z	σ_x	σ_z	σ_z	σ_x	σ_x	σ_z	σ_z	...
밥의 관측값	밥은 다음의 관측값을 얻는다.												
	-1	-1	-1	$+1$	-1	-1	$+1$	$+1$	$+1$	$+1$	$+1$	$+1$	...
관측 가능량 비교	앨리스와 밥은 관측에 사용한 관측 가능량을 공개해서 비교한다. 그러나 관측으로 얻은 관측값은 공개하지 않는다. 큐비트를 같은 관측 가능량은 사용한 것과 그렇지 않은 것으로 분류할 수 있다.												
	$\neq$	$=$	$\neq$	$=$	$\neq$	$=$	$\neq$	$=$	$\neq$	$=$	$\neq$	$=$	...
앨리스의 제어값	같은 관측 가능량을 사용했으면, 관측값은 일치해야 한다. 같은 관측 가능량을 사용한 관측값의 두 번째 값들을 공개 비교한다.												
앨리스의 제어값		$+1$						-1				$+1$	...
밥의 제어값		$+1$						$+1$				$+1$	...

제어값이 33%를 불일치하는 것은 도청이 있음을 의미한다.
지금까지의 모든 큐비트는 무시하고 새롭게 다시 시작한다.

그러나 이브가 앨리스와 다른 관측 가능량을 관측하는 경우, 두 개의 관측이 호환되지 않으므로 이브의 관측이 큐비트의 상태를 변경한다. 그래서 이 경우 밥에 도착한 큐비트는 앨리스가 준비한 상태와 다르게 된다. 결과적으로 동일한 관측 가능량을 선택한 경우 관측된 값을 앨리스와 밥이 비교하면 전송 오류로 인해 발생할 수 있는 것보다 더 많은 큐비트에 일치하지 않는 값이 나온다. 앨리스와 밥은 누군가가 큐비트를 가로챘었다고 결론을 내린다. 따라서 이 무작위 수열은 사용하지 않고 다시 처음부터 시작한다. 표 6.5는 **도청이 있는** 규약 BB84를 보여준다.

규약 BB84는 그 자체로 도청을 막을 수 없지만, 이를 감지해 피하는 전략이 내장돼 있다.[4] 규약 BB84의 도청에 대한 보안은 양자역학에서 관측 가능량의 관측이 상태를 변화시킨다는 사실에 근거한다. 그리고 일반적으로 (도청이 불필요한) 상태가 알려진 경우가 아니면 측정 전의 상태를 복원하는 것은 불가능한다. 이는 비가역적으로 변경하지 않고 읽을 수 있는 고전 비트와 다르다.

규약 BB84에서 키의 통신, 즉 비트 수열은 상태에 대한 수정이 도청의 증거이므로 큐비트가 상태를 변경하지 않고 앨리스에서 밥으로 전송되기를 요구한다. 실제 적용에 필요한 시간 동안 큐비트를 외부 환경의 간섭에서 분리하는 것이 어려워서 큐비트의 앞에서 언급한 방해받지 않는 전달은 실제로 매우 어려울 수 있다. 6.4.3절에 제시된 대안으로 얽힘을 사용하고 키 생성 중에 큐비트의 전달을 피한다.

6.4.3 얽힘을 이용한 양자 키 분배

다음에서 앨리스와 밥이 얽힌 상태에 있는 복합 시스템의 일부인 단일 큐비트를 각자 갖고 있는 경우, 얽힘을 이용해 큐비트를 전송할 필요가 없는 키 분배에 대해 설명한다. 이 규약은 도청을 탐지하기 위해 CHSH 버전의 벨 부등식을 이용한다. EKERT[3]에 의해 1991년에 처음 제안돼 EK91로 표시한다.

얽힌 벨 상태로 준비된 두 개의 큐비트로 구성된 복합 시스템의 각각의 큐비트를 앨리스와 밥이 가진다고 가정한다.

$$|\Psi^-\rangle = \frac{1}{\sqrt{2}}\left(|0\rangle \otimes |1\rangle - |1\rangle \otimes |0\rangle\right) \underbrace{=}_{(4.25)} \frac{1}{\sqrt{2}}\left(|\uparrow_{\hat{\mathbf{n}}}\rangle \otimes |\downarrow_{\hat{\mathbf{n}}}\rangle - |\downarrow_{\hat{\mathbf{n}}}\rangle \otimes |\uparrow_{\hat{\mathbf{n}}}\rangle\right)$$

4　영구적인 도청은 키 교환을 불가능하게 하겠지만 말이다.

여기에서 (4.25)의 결과에서 상태를 서술하기 위해 임의의 방향 $\hat{\mathbf{n}} \in S^1_{\mathbb{R}^3}$을 선택할 수 있다. 큐비트 전송을 피하기 위해 앨리스와 밥은 소스에서 선택할 때마다 큐비트를 선택해 복합 시스템을 $|\Psi^-\rangle$ 상태로 만든다. 그런 다음 규약은 다음과 같이 진행된다.

표 6.6 도청 없이 규약 EK91에서 앨리스와 밥의 가상 측정. '밝은 회색'의 셀은 앨리스와 밥이 서로 '다른 방향' $\hat{n}^A \neq \hat{n}^B$로 $\sum^A_{\hat{n}^A}$와 $\sum^B_{\hat{n}^B}$를 측정했고 결과를 공개적으로 발표한 큐비트의 결과를 보여준다. 이 결과로 (4.41)의 좌변을 (4.42)에 따라 계산할 수 있다. 여기에서 이 결과는 $\approx -2\sqrt{2}$이며, 이는 도청이 없는 것이다. 반면 '흰색'의 셀은 '동일한 방향' $\hat{n}^A = \hat{n}^B$로 $\sum^A_{\hat{n}^A}$와 $\sum^B_{\hat{n}^B}$를 관측한 결과를 보여준다. 이 결과는 앨리스와 밥에게만 알려져 있으며 무작위 비트 수열로 사용할 수 있다.

큐비트 번호	앨리스의 $\sum^A_{\hat{n}^A}$ 측정 방향 $\hat{n}^A$			밥의 $\sum^A_{\hat{n}^B}$ 측정 방향 $\hat{n}^B$		
	$\hat{n}^1$	$\hat{n}^2$	$\hat{n}^4$	$\hat{n}^3$	$\hat{n}^2$	$\hat{n}^4$
1			+1			−1
2		−1		+1		
3	+1				−1	
4			−1		−1	
5		+1		−1		
6	−1					−1
7	+1				−1	
8			+1			−1
9	−1					+1
10		−1				+1
11		+1		+1		
12	−1			−1		
13	−1				+1	
14			+1			−1
15	+1				−1	
16	−1			−1		
17	−1				+1	
18	+1			−1		
19	+1				+1	
20	−1			−1		
21		−1			+1	
22			+1	−1		
23		+1				−1
24		−1		−1		
25	−1					+1
26		−1		+1		
27		+1			+1	
28			+1		−1	
29		−1				+1
30	+1			+1		
31			+1		+1	
32		−1				+1
33		+1			−1	
34		−1		+1		
35	+1			+1		
36	−1					−1
37			−1		+1	
38		+1			−1	
39			−1	+1		
40			−1	−1		
41			+1			−1
42		+1			−1	
43		−1		+1		
44		+1		−1		
45	+1					−1
46	−1					−1
47		−1				+1
48		+1		+1		
49		−1				+1
50		+1			−1	
51		+1				−1
52		−1			+1	
53		−1				+1
54		+1		−1		
55	+1				−1	
56	−1					+1
57		−1				
58		+1				
59		+1				−1
60						−1
61		+1				−1
62			+1			−1
63	+1					−1

앨리스는 자신의 큐비트에 $\sum_{\hat{n}^A}^{A} = \hat{n}^A \cdot \sigma$를 관측한다. 방향 $\hat{n}^A$는 (4.38), (4.40)에서 정의하고 그림 4.1에 나타난 $\hat{n}^i$로 구성된 집합 $\{\hat{n}^1, \hat{n}^2, \hat{n}^3\}$에서 각각의 큐비트에 대해 무작위로 추출한 것이다. 각각의 큐비트에 대해 앨리스는 $\sum_{\hat{n}^A}^{A}$를 관측하기 위해서 세 방향 중 하나를 무작위로 선택한다. 밥 또한 $\{\hat{n}^1, \hat{n}^2, \hat{n}^3\}$의 세 방향 중 하나를 무작위로 선택하고 자신의 큐비트에 $\sum_{\hat{n}^B}^{B}$를 관측한다. 표 6.6은 선택된 방향과 측정값의 가상 집합을 보여준다. 같은 얽힌 상태에 있는 큐비트에 대해 각각을 관측한 $\sum_{\hat{n}^A}^{A}$와 $\sum_{\hat{n}^B}^{B}$의 방향 $\hat{n}^A$와 $\hat{n}^B$를 공개 채널을 통해 서로 전달한다. 그러나 관측값 즉, 관측 결과는 비밀을 유지한다. 관측값(또는 큐비트 쌍)을 두 개의 집합으로 분리할 수 있다.

- 우연히 **같은 방향**으로 관측한 집합

$$\hat{n}^A = \hat{n}^2 = \hat{n}^B \qquad \text{or} \qquad \hat{n}^A = \hat{n}^4 = \hat{n}^B$$

- 우연히 **다른 방향** $\hat{n}^A \neq \mathbf{n}^B$으로 관측한 집합

동일한 방향으로 측정한 집합의 경우, 앨리스와 밥은 큐비트가 $|\Psi^-\rangle$ 상태인 복합 시스템의 일부이므로 항상 다른 값을 관측한다. 즉, 앨리스가 큐비트에 대해 +1 값을 관측했을 때 밥은 −1을 관측하고, 또는 그 반대다. 좀 더 자세하게 설명하기 위해 앨리스가 $\hat{n}^2$ 방향으로 스핀을 관측하고 +1값(spin-up)을 관측했다고 가정한다. 복합 시스템에서 해당 고유공간의 사영 연산자는 다음으로 주어진다.

$$P_{\hat{n}^2,+1} = |\uparrow_{\hat{n}^2}\rangle\langle\uparrow_{\hat{n}^2}| \otimes \mathbf{1}$$

사영 공준 3에서 앨리스의 관측은 다음의 초기 상태를

$$|\Psi^-\rangle \underset{(4.25)}{=} \frac{1}{\sqrt{2}} \left(|\uparrow_{\hat{n}^2}\rangle \otimes |\downarrow_{\hat{n}^2}\rangle - |\downarrow_{\hat{n}^2}\rangle \otimes |\uparrow_{\hat{n}^2}\rangle \right) \tag{6.9}$$

다음의 상태로 사영한다.

$$|\Psi_{\hat{n}^2,+1}\rangle := \frac{P_{\hat{n}^2,+1}|\Psi^-\rangle}{\left|\left|P_{\hat{n}^2,+1}|\Psi^-\rangle\right|\right|} = \frac{\left(|\uparrow_{\hat{n}^2}\rangle\langle\uparrow_{\hat{n}^2}| \otimes \mathbf{1}\right)|\Psi^-\rangle}{\left|\left|\left(|\uparrow_{\hat{n}^2}\rangle\langle\uparrow_{\hat{n}^2}| \otimes \mathbf{1}\right)\Psi^-\right|\right|} = |\uparrow_{\hat{n}^2}\rangle \otimes |\downarrow_{\hat{n}^2}\rangle$$

여기에서 다음의 관계식을 이용했다.

$$\underbrace{=}_{(6.9)} \frac{1}{\sqrt{2}} \left(|\uparrow_{\hat{n}^2}\rangle \underbrace{\langle\uparrow_{\hat{n}^2} | \uparrow_{\hat{n}^2}\rangle}_{=1} \otimes |\downarrow_{\hat{n}^2}\rangle - |\downarrow_{\hat{n}^2}\rangle \underbrace{\langle\uparrow_{\hat{n}^2} | \downarrow_{\hat{n}^2}\rangle}_{=0} \otimes |\uparrow_{\hat{n}^2}\rangle \right)$$

$$= \frac{1}{\sqrt{2}} |\uparrow_{\hat{n}^2}\rangle \otimes |\downarrow_{\hat{n}^2}\rangle$$

이는 밥의 시스템은 다음의 축약 밀도 연산자에 의해 서술됨을 의미한다.

$$\rho^B \left(|\Psi_{\hat{n}^2,+1}\rangle\langle\Psi_{\hat{n}^2,+1}| \right) \underbrace{=}_{(3.57)} \mathrm{tr}^A \left(|\Psi_{\hat{n}^2,+1}\rangle\langle\Psi_{\hat{n}^2,+1}| \right)$$

$$\underbrace{=}_{(4.22)} \mathrm{tr}^A \left(\left(|\uparrow_{\hat{n}^2}\rangle \otimes |\downarrow_{\hat{n}^2}\rangle \right) \left(\langle\uparrow_{\hat{n}^2}| \otimes \langle\downarrow_{\hat{n}^2}| \right) \right)$$

$$\underbrace{=}_{(3.36)} \mathrm{tr}^A \left(|\uparrow_{\hat{n}^2}\rangle\langle\uparrow_{\hat{n}^2}| \otimes |\downarrow_{\hat{n}^2}\rangle\langle\downarrow_{\hat{n}^2}| \right)$$

$$\underbrace{=}_{(3.57)} \underbrace{\mathrm{tr} \left(|\uparrow_{\hat{n}^2}\rangle\langle\uparrow_{\hat{n}^2}| \right)}_{=1} |\downarrow_{\hat{n}^2}\rangle\langle\downarrow_{\hat{n}^2}|$$

$$= |\downarrow_{\hat{n}^2}\rangle\langle\downarrow_{\hat{n}^2}|$$

이것은 순수 상태 $|\downarrow_{\hat{n}^2}\rangle$의 밀도 연산자다. 밥이 같은 방향 $|\hat{n}^2\rangle$으로 관측을 하면 상태 $|\downarrow_{\hat{n}^2}\rangle$는 고윳값을 -1을 가지는 관측 가능량 $\sum_{\hat{n}^2}^B$의 고유벡터이므로, -1의 값을 관측한다. 마찬가지로 앨리스가 큐비트에서 -1 값을 관측한 경우 밥은 $+1$ 의 값을 관측한다. 따라서 동일한 측정 방향 집합에서 앨리스와 밥의 관측 결과 는 항상 (확실하게) 서로 반대이다. 측정 결과는 그들만 알기 때문에 이러한 측정 결과의 집합을 무작위 비밀 비트 수열로 사용할 수 있다.

이브라는 도청자가 이러한 교환의 보안을 손상시키며 청취할 수 있는 방법은 무엇일까? 이브가 할 수 있는 방법은 두 가지다. 첫 번째는 앨리스와 밥에게 분 배된 얽힌 쌍의 큐비트 중 하나 이상을 관측하는 것이다. 두 번째는 앨리스와 밥 에게 전송된 큐비트의 상태를 알 수 있는 방식으로 큐비트 쌍의 소스를 조작하 는 것이다. 다음에서 이러한 가능성을 차례로 살펴본다.

앨리스와 밥은 큐비트를 교환하지 않으므로 이브는 아무것도 가로챌 수 없다. 앨리스 또는 밥이 관측을 수행하기 전에 큐비트 쌍은 얽힌 상태 $|\Psi^-\rangle$에 있다. 앨리스와 밥이 공유하는 결합 정보는 관측 후에만 제공된다. 그 전에는 이용할 수 없다. 관측 후에 앨리스와 밥은 큐비트를 폐기하고 더 이상 관측을 수행할 수 없다고 가정할 수 있다. 따라서 이브는 관측을 통해 정보에 접근하는 유일한 방

법은 관측을 수행하기 전에 앨리스 또는 밥(또는 둘 다)의 큐비트를 관측하는 것이다. 그러나 이브가 관측하면 앨리스 또는 밥이 관측한 경우와 마찬가지로 큐비트는 더이상 얽힌 상태 $|\Psi^-\rangle$가 아니다. 대신 이브가 관측하면 이브가 선택한 방향 $\hat{\mathbf{n}}^{\varphi_1}$, $\hat{\mathbf{n}}^{\psi_1}$에 따라서 큐비트는 분리 가능한 상태 $|\uparrow_{\hat{\mathbf{n}}^{\varphi_1}}\rangle \otimes |\downarrow_{\hat{\mathbf{n}}^{\psi_1}}\rangle =: |\varphi_1 \otimes \psi_1\rangle$이 된다.

이브가 이러한 관측을 피하고 싶을 경우 비트 수열의 비밀을 손상시키는 다른 방법은 원래의 복합 상태를 조작하는 것이다. 그러나 복합 상태가 얽혀 있으면 앨리스와 밥이 공유하는 정보는 큐비트를 관측할 때 만들어진다. 이러한 방식으로 생성된 정보에 접근하기 위해 이브는 큐비트 중 하나를 관측해야 하며 위에서 논의한 첫 번째 유형의 공격으로 변한다. 이브가 이러한 공격으로 돌아가는 것을 피하기 위해서는 원래의 복합 시스템을 분리 가능한 $|\varphi_2 \otimes \psi_2\rangle$로 준비해야 한다. 이런 식으로 할 때 이브는 앨리스와 밥의 각 큐비트가 있는 각 상태에 대해 알 수 있다.

따라서 이브가 시도할 수 있는 두 가지 유형의 도청 공격에서 복합 시스템은 앨리스와 밥이 관측을 수행하기 전에 분리 가능한 상태 $|\varphi \otimes \psi\rangle$가 된다. 그러나 명제 4.8에서 다음이 만족되는 것을 안다.

$$\left| \left\langle \Sigma_{\hat{\mathbf{n}}^1}^A \otimes \Sigma_{\hat{\mathbf{n}}^2}^B \right\rangle_{\varphi \otimes \psi} - \left\langle \Sigma_{\hat{\mathbf{n}}^1}^A \otimes \Sigma_{\hat{\mathbf{n}}^3}^B \right\rangle_{\varphi \otimes \psi} + \left\langle \Sigma_{\hat{\mathbf{n}}^4}^A \otimes \Sigma_{\hat{\mathbf{n}}^2}^B \right\rangle_{\varphi \otimes \psi} + \left\langle \Sigma_{\hat{\mathbf{n}}^4}^A \otimes \Sigma_{\hat{\mathbf{n}}^3}^B \right\rangle_{\varphi \otimes \psi} \right| \leq 2$$
(6.10)

이것을 이용해 앨리스와 밥은 다음과 같이 도청을 감지할 수 있다. 측정 방향을 서로 교환해 서로 다른 방향으로 측정한 큐비트 집합을 결정할 수 있다. 이러한 집합에 대해 측정 결과 또한 발표를 한다. $X \in \{A, B\}$, $i \in \{1, \ldots, 4\}$에 대한 이러한 결과 $s_{\hat{\mathbf{n}}^i}^X$들을 이용해 (4.22)에 따라서 실험적 기댓값 $\overline{\Sigma_{\hat{\mathbf{n}}^i}^A \Sigma_{\hat{\mathbf{n}}^j}^B}$를 계산한다. 4.52절에서 $i \in \{1, \ldots, 4\}$인 임의의 방향 $\hat{\mathbf{n}}^i$에 대해 (4.38)과 (4.40)에서 다음을 얻는다.

$$\left| \left\langle \Sigma_{\hat{\mathbf{n}}^1}^A \otimes \Sigma_{\hat{\mathbf{n}}^2}^B \right\rangle_{\Psi^-} - \left\langle \Sigma_{\hat{\mathbf{n}}^1}^A \otimes \Sigma_{\hat{\mathbf{n}}^3}^B \right\rangle_{\Psi^-} + \left\langle \Sigma_{\hat{\mathbf{n}}^4}^A \otimes \Sigma_{\hat{\mathbf{n}}^2}^B \right\rangle_{\Psi^-} + \left\langle \Sigma_{\hat{\mathbf{n}}^4}^A \otimes \Sigma_{\hat{\mathbf{n}}^3}^B \right\rangle_{\Psi^-} \right| = 2\sqrt{2}$$
(6.11)

그러나 원래 복합 상태와 큐비트가 변경되지 않은 경우에만 결과 (6.11)을 갖는다. 도청이 시도된 경우에는 대신에 (6.10)을 갖게 된다. 결국 앨리스와 밥은 다음을 이용해 도청이 발생했는지 결정할 수 있다.

$$\left| \overline{\Sigma_{\hat{n}^1}^A \Sigma_{\hat{n}^2}^B} - \overline{\Sigma_{\hat{n}^1}^A \Sigma_{\hat{n}^3}^B} + \overline{\Sigma_{\hat{n}^4}^A \Sigma_{\hat{n}^2}^B} + \overline{\Sigma_{\hat{n}^4}^A \Sigma_{\hat{n}^3}^B} \right| \approx 2\sqrt{2} \quad \Rightarrow \quad \text{안전한 교환}$$

$$\left| \overline{\Sigma_{\hat{n}^1}^A \Sigma_{\hat{n}^2}^B} - \overline{\Sigma_{\hat{n}^1}^A \Sigma_{\hat{n}^3}^B} + \overline{\Sigma_{\hat{n}^4}^A \Sigma_{\hat{n}^2}^B} + \overline{\Sigma_{\hat{n}^4}^A \Sigma_{\hat{n}^3}^B} \right| \leq 2 \quad \Rightarrow \quad \text{도청 발생}$$

전자의 경우 동일한 방향으로 측정한 큐비트 집합의 비트 수열을 버넘 암호의 비밀 무작위 비트 수열로 사용한다(예 6.4 참조). 후자의 경우 새로운 설정으로 교환을 반복하거나 키 분배를 포기해야 한다.

6.4.4 RSA 공개 키 분배

쇼어의 소인수분해 알고리즘을 소개하기 전에 라이베스트, 샤미르, 애들먼^{RSA} [78, 79]이 개인 키와 공개 키의 조합으로 고안해 현재 광범위하게 사용하는 암호를 자세히 살펴본다. 앞에서 언급했고 다시 보게 되듯이, 이 규약의 보안은 공개된 큰 수[5] $N = pq$의 소인수 p와 q를 결정하는 데 아직까지 너무 많은 시간이 소요된다는 사실에 결정적으로 의존한다. 이 규약은 한 당사자(수신자)가 키 $k = (k_{\text{priv}}, k_{\text{pub}})$의 일부인 k_{pub}를 공개해, 암호화된 메시지를 보내고 싶은 사람(송신자)은 이를 이용해 평문 메시지를 암호화하고, 오직 수신자만이 그 메시지를 복호화할 수 있다. 키의 일부만을 대중들이 알고 있지만, 수신자는 암호문을 복호화할수 있다.

정의 6.3 다음에서 언급했듯이 평문 m을 다음을 만족하는 정수로 가정한다.

$$m = \sum_{j=0}^{n_{\text{M}}-1} s_j 2^j \in \{0, \ldots, N_{\text{M}}\} \subset \mathbb{N}_0$$

여기에서 n_{M}은 메시지 M의 비트 길이이고, $N_{\text{M}} = 2^{n_{\text{M}}} - 1$이다. RSA 규약은 본질적으로 다음과 같다.

수신자

- $p, q > N_{\text{M}}$이며 $p \neq q$인 두 개의 소수를 선택한다.

---

5   소수 두 개의 곱인 숫자를 반-소수(half-prime)라고 한다.

- 다음의 성질은 만족하는 $a \in \mathbb{N}$을 찾는다.

$$\gcd(a, (p-1)(q-1)) = 1 \tag{6.12}$$

- 다음을 계산한다.

$$N := pq \in \mathbb{N}$$

- **공개 키** $k_{\text{pub}} = (a, N)$을 발표한다.

송신자

- 다음을 계산해 평문 $m \leq N_M < N$을 암호화한다.

$$e(k_{\text{pub}}, m) := m^a \bmod N \tag{6.13}$$

- 암호문 $c = e(k_{\text{pub}}, m)$을 공개 채널을 통해 수신자에게 보낸다.

수신자

- 다음을 만족하는 $b \in \mathbb{N}$을 계산한다.

$$ab \bmod (p-1)(q-1) = 1 \tag{6.14}$$

(다음의 보조정리 6.5에서 (6.12)가 주어지면 이러한 a, b를 항상 찾을 수 있음을 증명한다.)

- $k_{\text{priv}} = (b, N)$을 **개인 키**로 사용한다.
- 다음을 계산해 암호문 c를 복호한다.

$$d(k_{\text{priv}}, c) := c^b \bmod N \tag{6.15}$$

정리 6.6에서 다음이 만족하는 것을 증명할 것이다.

$$d(k_{\text{priv}}, e(k_{\text{pub}}, m)) = m$$

따라서 공개 키 k_{pub}를 아는 사람은 (6.13)을 통해 평문 m을 암호화할 수 있지만, (6.14)를 만족하는 b를 알고 있는 사람만이 (6.15)를 적용해 메시지를 복호할 수 있다. (6.14)를 만족하는 b를 찾기 위해서는 p와 q를 알아야 한다. 확실히 수신자는 이를 알고 있기 때문에 복호가 가능하다. 그러나 알려진 $N = pq$을 이용해 p와 q을 알아내면, 즉, N의 소인수분해에 성공한 사람도 복호가 가능하다. 결국 규약의 보안은 소인수분해가 너무 어려워 일반적으로 이용할 수 없는 많은 양의 (시간과 컴퓨팅 파워 같은) 자원이 필요하다는 것에 전적으로 의존한다.

모듈러 계산의 일부 결과를 이용해, 다음의 정리 6.6에서 암호문이 입력으로 사용해 복호 과정인 (6.15)이 원래 평문 m을 실제로 재생하는 것을 보여준다. 그러나 이를 증명하기 전에 먼저 (6.12)가 (6.14)에 $b \in \mathbb{N}$가 존재하는 충분조건임을 증명한다.

보조정리 6.5 $a \in \mathbb{N}$이고, p, q는 다음을 만족하는 소수이다.

$$\gcd(a, (p-1)(q-1)) = 1 \tag{6.16}$$

그러면 다음 식을 만족하는 $b \in \mathbb{N}$가 존재한다.

$$ab \bmod (p-1)(q-1) = 1 \tag{6.17}$$

[증명]

정리 D.4의 (D.12)를 a와 $(p-1)(q-1)$에 적용하면, (6.16)에서 적절한 $x, y \in \mathbb{Z}$가 존재해 다음을 만족한다.

$$ax + (p-1)(q-1)y = 1 \tag{6.18}$$

이로부터 다음 식을 얻는다.

$$ax = 1 - (p-1)(q-1)y$$

그리고

$$\left\lfloor \frac{ax}{(p-1)(q-1)} \right\rfloor = \left\lfloor \frac{1}{(p-1)(q-1)} - y \right\rfloor = -y$$

그러므로 적절한 $x \in \mathbb{Z}$가 존재해 다음을 만족한다.

$$ax - \left\lfloor \frac{ax}{(p-1)(q-1)} \right\rfloor (p-1)(q-1) = 1 - y(p-1)(q-1) - (-y)(p-1)(q-1) = 1$$

따라서 다음을 얻는다.

$$ax \bmod (p-1)(q-1) = 1$$

$x > 0$이면, $b = x$라 두고, $x < 0$이면,((6.18)에서 $x = 0$은 제외된다) $x + l(p-1)$ $(q-1) > 0$인 $l \in \mathbb{N}$을 선택해, $b = x + l(p-1)(q-1)$로 둔다. 두 경우 모두 다음을 만족한다.

$$ab \bmod (p-1)(q-1) = 1$$

그러므로 (6.16)의 가정이 (6.17)의 해 b가 존재하는 것을 증명했다.

정의에서, $N = pq$이고 $e(k_{\text{pub}}, m) = m^a \bmod N$이므로, 암호문 $c = e(k_{\text{pub}}, m)$의 복호는 다음으로 주어진다.

$$d\big(k_{\text{priv}}, e(k_{\text{pub}}, m)\big) = (m^a \bmod pq)^b \bmod pq$$

문제 D.120의 결과 (D.22)를 이용하면 이것은 다음으로 변형된다.

$$d\big(k_{\text{priv}}, e(k_{\text{pub}}, m)\big) = m^{ab} \bmod pq$$

그러므로 복호화 (6.15)가 암호문 $c = e(k_{\text{pub}}, m)$을 원래의 평문 m으로 변환하는 것을 증명하기 위해서는 (6.14)를 만족하는 b에 대해 다음이 성립하는 것을 증명하는 것이 남았다.

$$m^{ab} \bmod pq = m \tag{6.19}$$

이는 다음의 정리에서 부록 D의 결과를 이용해 증명한다.

정리 6.6 p와 q는 두 개의 다른 소수이고, $m \in \mathbb{N}$은 $m < \min\{q, p\}$를 만족한다. 그리고 $a, b \in \mathbb{N}$은 다음을 만족한다.

$$ab \bmod (p-1)(q-1) = 1$$

그러면 다음이 성립한다.

$$m^{ab} \bmod pq = m$$

[증명]
우선 $ab \bmod (p-1)(q-1) = 1$이므로, 적절한 $k \in \mathbb{N}$이 존재해 $ab = 1 + k$ $(p-1)(q-1)$을 만족한다. 그리고

$$m^{ab} = mm^{k(p-1)(q-1)} = m\left(m^{k(p-1)}\right)^{q-1} = m\left(m^{k(q-1)}\right)^{p-1} \tag{6.20}$$

$m < \min\{q,p\}$이므로, m의 소인수분해는 q와 p보다 작은 소수로 구성된다. 같은 사실이 $m^{k(p-1)}$과 $m^{k(q-1)}$에 대해 성립해서, q 또는 p와 공약수를 가지지 않는다. 따름정리 D.19에서 다음을 알 수 있다.

$$\left(m^{k(p-1)}\right)^{q-1} \bmod q = 1 = \left(m^{k(q-1)}\right)^{p-1} \bmod p$$

그리고 적절한 $r,s \in \mathbb{Z}$에 대해, $1 + rq = m^{k(p-1)(q-1)} = 1 + sp$를 만족한다. 그러므로

$$\exists r,s \in \mathbb{Z}: \quad rq = sp$$

따라서 rq의 소인수분해가 p를 포함하게 된다. 즉, 적절한 $l \in \mathbb{Z}$가 존재해 다음을 만족한다.

$$rq = lpq$$

그리고 $m^{k(p-1)(q-1)} = 1 + rq = 1 + lpq$이다. 따라서

$$m^{k(p-1)(q-1)} \bmod pq = 1 \tag{6.21}$$

(6.20)에서 다음을 알 수 있다.

$$m^{ab} \bmod pq \underbrace{=}_{(6.20)} mm^{k(p-1)(q-1)} \bmod pq$$

$$\underbrace{=}_{(D.21)} m(\underbrace{m^{k(p-1)(q-1)} \bmod pq}_{=1}) \bmod pq$$

$$\underbrace{=}_{(6.21)} m \bmod pq = m$$

여기에서 마지막 식은 $m < \min\{p,q\}$를 이용했다. ▪

(6.19) 식 앞의 논의에서 보듯이 정리 6.6는 암호화된 평문의 복호가 평문을 실제로 재생하는 것을 보장한다.

앞에서 언급했듯이 RSA의 보안은 큰 수 $N = pq$의 소인수 p와 q를 찾는 데 시간이 오래 걸리는 데 의존한다. 이를 확인하기 위해 오늘날 EMC Corporation

의 일부인 RSA Laboratories는 1991년에, 소수 두 개의 곱으로 정의되는 반 소수의 인수분해에 대해 상금이 걸린 공개 경쟁을 제안했다[80]. 그중 하나는 2009년에 인수분해에 성공한 232자릿수의 RSA-768의 숫자이다[81, 82].

$$
\begin{aligned}
\text{RSA-768} &= 12301866845301177551304949583849627207728535695\\
&\quad 95334792197322452151726400507263657518745202199\\
&\quad 78646938995647494277406384592519255732630345373\\
&\quad 15482685079170261221429134616704292143116022212\\
&\quad 4047927473779408066535141959745985690214413\\
&= 33478071698956898786044169848212690817704794983\\
&\quad 71376856891243138898288379387800228761471165253\\
&\quad 1743087737814467999489\\
&\times 36746043666799590428244633799627952632279158164\\
&\quad 34308764267603228381573966651127923337341714339\\
&\quad 6810270092798736308917
\end{aligned}
$$

이 경우에서 사용한 방법은, 현재 임의의 매우 큰 수 $N \in \mathbb{N}$을 인수분해하는 **가장 좋은 고전적인 방법**으로 간주하는 NFS[Number Field Sieve]이다[83]. $N \to \infty$일 때, 이 방법이 요구하는 계산량 $S_{\mathrm{NFS}}(N)$의 증가 속도의 추정치는 다음과 같다[84, 85].

$$
S_{\mathrm{NFS}}(N) \in O\left(\exp\left[\left(\frac{64}{9} + o(1) \right)^{\frac{1}{3}} \left(\log_2 N \right)^{\frac{1}{3}} \left(\log_2 \log_2 N \right)^{\frac{2}{3}} \right] \right)
$$

여기에서 정의 C.1에서 정의한 란다우[Landau] 표기법을 사용한다.

RSA-768의 인수분해는 수백 대의 컴퓨터를 동시에 사용해도 거의 3년 동안 실시간으로 계산해야 한다. 2.2GHz 2GB RAM Opteron 단일 프로세서를 사용하면 약 2000년의 CPU 시간이 소요된다[81]. 일반적으로 은행은 RSA를 구현하기 위해 약 250자릿수의 N을 사용한다. 하나의 PC를 사용해 이것을 인수분해하기 위해서는 일반적으로 1500년 이상 걸리기 때문에 이러한 RSA를 안전한 것으로 간주한다.

그러나 6.5절에서 설명하겠지만, 1994년에 쇼어는 큰 수 N을 인수분해하는 데 $\log_2 N$의 다항식의 속도로 증가하는 계산 시간이 소요되는 양자 알고리즘을 고안했다. 이 알고리즘이 구현된다면 RSA가 안전하지 않게 된다.

따라서 양자역학은 기존 암호를 깰 수 있는 도구를 제공한다. 반면 6.4.2절과 6.4.3절에서 보듯이, 자연의 (양자) 법칙을 위반하지 않고서는 감지되지 않은 도청이 불가능한 방식으로 키를 교환하는 방법도 제공한다.

6.5 쇼어 인수분해 알고리즘

6.5.1 들어가며

1994년 쇼어[19]는 양자 컴퓨터를 이용한 알고리즘은 두 개의 서로 다른 소수의 곱으로 구성된 큰 수 N을 입력 길이[6] $\log_2 N$의 다항식으로만 증가하는 계산 시간 내에 인수분해할 수 있다는 것을 증명했다. 좀 더 정확하게는 큰 수 N을 인수분해하기 위한 쇼어 알고리즘의 계산 단계의 수 $S_{\text{SHOR}}(N)$는 다음을 만족한다.

$$S_{\text{SHOR}}(N) \in O\big((\log_2 N)^3 \log_2 \log_2 N\big) \qquad \text{for } N \to \infty \qquad (6.22)$$

10^{1000} 정도의 큰 수를 양자 컴퓨터로 인수분해하는 데 10^9 정도의 계산량이 필요하게 된다.

쇼어 알고리즘은 다음의 사실에 의존한다.

- 숫자 N의 인수분해는 주어진 함수의 (정의 6.7의) 주기를 찾는 것과 동일하다.
- 양자 알고리즘을 이용하면 이러한 주기 찾기를 가속화할 수 있다.

다음 6.5.2절에서, 특정 조건이 만족되는 경우에 주기를 찾는 것으로 어떻게 인수분해를 구현하는지 설명한다. 주기-발견 문제로 인수분해를 재해석하는 것은 순전히 정수론에서 알려진 결과를 기초하고 양자역학과는 관련이 없다.

6.5.4절에서 양자역학을 이용해 주기 찾기를 실질적으로 가속화하는 적절한 양자 알고리즘을 제시한다. 그러나 인수분해에 성공하는 데 필요한 주기의 추가 성질은 보장되지 않는다. 이러한 성질은 하한만을 계산할 수 있는 확률로 발생한다. 이로써 계산 함수를 변경해야 하는 경우가 있고, 양자 알고리즘을 충분히 반복 실행하는 경우도 있다. 따라서 쇼어 알고리즘은 확률론적 방법이며, 알고

---

6    $\log_2 N$은 N의 이진법 표기의 자릿수를 의미하므로, 숫자 N의 입력 길이 또는 간단히 자릿수라고 한다.

리즘의 점근적 효율성에 대한 (6.22)의 식은 1에 가까운 성공 확률을 보장하기 위해 추정된 반복 횟수를 포함한다.

그러나 **N이 최소한 두 개 이상의 소인수를 가지고 있는 경우**에는, 관련 확률을 적절한 범위로 설정해 0보다 큰 (소인수를 찾는) 성공 확률을 실현할 수 있다. 즉, $v_p \in \mathbb{N}$일 때 N이 소수의 멱$^{\text{power of prime}}$ $N = p^{v_p}$일 때, 특히 소수인 경우 $N = p$인 경우 쇼어 알고리즘은 충분히 큰 확률로도 소인수 p를 찾아내거나, N이 소수라는 것을 판단할 수 없다.

그리고 $v_2 \in \mathbb{N}$일 때 N이 2의 멱인 2^{v_2}를 가지는지를 2를 최대 $\log_2 N$번 나누어서 결정할 수 있다. 따라서 이러한 유형의 N의 나눗셈은 $\log_2 N$의 계산량 이하에서 효율적으로 수행할 수 있다. 따라서 $v_2 \in \mathbb{N}$일 때, 2^{v_2} 형태를 가진 N의 인수는 찾아서, 벌써 나눗셈을 했다고 가정할 수 있다. 즉, N이 홀수라고 가정한다.

결국 쇼어 알고리즘의 효율성에 관한 (6.22)의 식은 **적어도 2개의 다른 소인수를 가지는 홀수 $N \in \mathbb{N}$에 대해서만 성립한다.**

6.5.2 알고리즘

$N \in \mathbb{N}$은 최소한 두 개의 서로 다른 소수를 가지는 홀수이다. 알고리즘의 목적은 N의 인수를 찾는 것이다. 우선 자연수 $b < N$을 선택하고 정리 D.4에 제시된 유클리드 알고리즘을 적용해 N과 b에 공약수가 있는지 확인한다. 정리 D.4에서 이 계산은 최대 b 계산 단계로 수행한다. 실제로 N과 $b < N$의 공약수를 찾는다면, N의 약수를 찾는 작업이 완료되고 알고리즘은 끝난다. 그렇지 않으면 다음 단계로 넘어가 다음 함수의 주기 r을 결정한다.

$$
\begin{aligned}
f_{b,N} : \mathbb{N}_0 &\longrightarrow \mathbb{N}_0 \\
n &\longmapsto f_{b,N}(n) := b^n \bmod N
\end{aligned}
\tag{6.23}
$$

여기에서 함수 $f : \mathbb{N}_0 \to \mathbb{N}_0$의 주기는 다음으로 정의한다.

> **정의 6.7** 함수 $f : \mathbb{N}_0 \to \mathbb{N}_0$의 주기 r은 다음으로 정의한다.
>
> $$r := \min\{m \in \mathbb{N} \mid f(n+m) = f(n) \quad \forall n \in \mathbb{N}_0\}$$

(6.23)에서 정의한 함수 $f_{b,N}$에 대해 주기는 정의 D.20에서 정의한 N법 차수와 일치한다.

> **문제 6.69** $b, N \in \mathbb{N}$은 $b < N$, $\gcd(b, N) = 1$을 만족한다. 그리고 r은 (6.23)에서 정의한 함수 $f_{b,N}$의 주기이다. 다음을 보여라.
>
> $$r = \mathrm{ord}_N(b)$$

그리고 D.17의 오일러 정리에서, $\gcd(N, b) = 1$이면 $r \leq \phi(N) < \infty$이므로 (6.23)의 함수는 항상 유한한 주기를 가진다.

다음에서 더 자세히 설명할 쇼어의 양자 알고리즘은 $N \to \infty$일 때 $O((\log_2 N)^3)$으로 점근적으로 증가하는 계산량으로 이러한 주기를 결정할 수 있다. 주기가 홀수이면 $\gcd(b, N) = 1$인 다른 b를 골라서 $f_{b,N}$의 주기를 다시 결정한다. 이러한 과정을 $f_{b,N}$이 양수인 주기 $r \in \mathbb{N}$을 가지는 b를 찾을 때까지 반복한다. 짝수의 주기를 생성하는 이러한 b를 찾을 수 있는 확률을 정리 6.11에서 계산한다.

r이 $f_{b,N}$의 짝수 주기라고 가정한다. 문제 6.69의 결과에서, $r = \mathrm{ord}_N(b)$이며, 이는 정의 D.20에서 $b^r \bmod N = 1$이다. $1 \bmod N = 1$과 (D.2)를 사용하면 이것은 $(b^r - 1) \bmod N = 0$과 같으며 다음을 만족한다.

$$(b^{\frac{r}{2}} + 1)(b^{\frac{r}{2}} - 1) \bmod N = 0 \tag{6.24}$$

(6.24)와 보조정리 D.11에서 N과, $b^{\frac{r}{2}} + 1$ 또는 $b^{\frac{r}{2}} - 1$이 공약수를 가진다. 따라서 유클리드 알고리즘을 N과, $b^{\frac{r}{2}} + 1$ 또는 $b^{\frac{r}{2}} - 1$에 다시 적용해 N의 약수를 얻을 수 있다. 그러나 다른 제약이 없으면, 이 약수는 자명한 인자인 N 그 자체일 수 있다.

(6.24)에서 다음의 경우는 불가능하다.

$$(b^{\frac{r}{2}} - 1) \bmod N = 0$$

그 이유는 이 식에서 $b^{\frac{r}{2}} \bmod N = 1$이 유도되며, $\frac{r}{2}$이 $f_{b,N}$의 주기가 된다. 이것은 주기인 r이 이러한 성질을 만족하는 수 중에서 가장 작은 것이라는 가정을 위배한다. 그러나 (6.24)가 다음 식으로 인해 만족한다면,

$$(b^{\frac{r}{2}} + 1) \bmod N = 0$$

그러면 $N | b^{\frac{r}{2}} + 1$이므로

$$\gcd(b^{\frac{r}{2}}+1),N) = N$$

즉, $b^{\frac{r}{2}} + 1$과 N의 최대공약수는 자명한 인수 N이 된다. (6.24)의 결과에서 자명하지 않는 N의 인수를 구하기 위해서는 다음의 사건이 성립하는 $b < N$인 $b \in \mathbb{N}$를 구해야 한다.

$$\mathfrak{e}_1 := \left\{ [r \text{ even}] \text{ and } \left[(b^{\frac{r}{2}}+1) \bmod N \neq 0 \right] \right\} \tag{6.25}$$

이러한 경우는 (6.24)에서 N이 $(b^{\frac{r}{2}}+1)(b^{\frac{r}{2}}-1)$을 나누지만, 각각의 인수 $(b^{\frac{r}{2}} \pm 1)$을 나누지 못하는 것이다. 결국 N은 각각의 인수 $(b^{\frac{r}{2}} \pm 1)$ 모두와 비자명한 공약수를 가져야 한다.

소수의 멱이 아닌 홀수 $N \in \mathbb{N}$의 비자명한 인수를 결정하기 위해서, 다음의 알고리즘을 수행한다.

쇼어 인수분해 알고리즘

* **입력:** 서로 다른 소수를 적어도 두 개 이상 인수로 가지는 홀수 N
* **1단계:** $b < N$를 만족하는 $b \in \mathbb{N}$를 선택해 $\gcd(b,N)$을 계산한다. $\gcd(b,N) > 1$이면 $\gcd(b,N)$이 N의 비자명한 인수이므로, 끝이 난다. 출력으로 가서 $\gcd(b,N)$과 $\frac{N}{\gcd(b,N)}$을 알려준다. $\gcd(b,N) = 1$이면 2단계로 간다.
* **2단계:** 다음 함수의 주기 r을 결정한다.

$$
\begin{aligned}
f_{b,N} : \mathbb{N}_0 &\longrightarrow \mathbb{N}_0 \\
n &\longmapsto f_{b,N}(n) := b^n \bmod N
\end{aligned}
$$

    r이 홀수이면, 1단계로 가서 다시 시작한다.

    r이 짝수이면, 3단계로 간다.
* **3단계:** $\gcd(b^{\frac{r}{2}}+1,N)$을 계산한다.

    $\gcd(b^{\frac{r}{2}}+1,N) = N$이면, 1단계로 가서 다시 시작한다.

    $\gcd(b^{\frac{r}{2}}+1,N) < N$이면, $\gcd(b^{\frac{r}{2}}+1,N)$이 N의 비자명한 인수가 된다. 그리고 $\gcd(b^{\frac{r}{2}}-1,N)$을 계산하면 N의 추가적인 비자명한 인수가 된다. 출력으로 가서 $\gcd(b^{\frac{r}{2}} \pm 1,N)$을 알려준다.

- **출력:** N의 비자명한 인수 두 개

다음 절에서는 알고리즘의 세부 사항과 특히 필요한 계산 노력, 즉 $N \to \infty$일 때 알고리즘을 수행하는 데 필요한 계산 단계의 증가율에 대해 설명한다.

쇼어[19]에서 증명했듯이 2단계에서 $N \to \infty$인 경우에 양자역학을 이용하면 지금까지 알려진 고전적인 방법들보다 매우 느리게 성장하는 계산량의 알고리즘으로 함수 $f_{b,N}$의 주기를 결정할 수 있다. 이러한 양자역학 방법과 관련된 계산을 6.5.4절에서 설명한다.

6.5.5절에서 한 개 이상의 소수를 가지는 숫자에 대해 (6.25)에서 정의된 알고리즘이 성공하기 위해 필요한 이벤트 e_1이 발생할 확률이 탐색의 숫자가 증가하는 것에 비해 매우 빨리 1에 접근하는 것을 증명한다.

마지막으로, 6.5.6절에 알고리즘의 각 단계에서 필요한 계산량을 합산해 쇼어 알고리즘의 효율성을 보이는 (6.22)를 유도한다.

6.5.3 1단계: b의 선택과 $\gcd(b, N)$의 계산

주어진 N에 대해 N보다 작은 자연수 b를 선택한다. $\gcd(b, N)$을 계산하기 위해 정리 D.4에서 설명한 유클리드 알고리즘을 적용한다. (D.19)에서 $N \to \infty$일 때, 알고리즘에 필요한 계산량의 증가에 대한 한곗값을 계산했다. 그러므로 단계 1에서 필요한 계산량 $S_{\text{SHOR1}}(N)$의 수는 다음과 같다.

$$S_{\text{SHOR1}}(N) \in O\big((\log_2 N)^3\big) \qquad \text{for } N \to \infty$$

6.5.4 2단계: 양자 컴퓨터를 이용한 주기 결정

6.5.2절에서 적절한 b와, 이에 대해 서로소인 N에 대해 함수 $f_{b,N}(n) = b^n \bmod N$의 주기 r을 구할 수 있다면 N의 인수를 결정할 수 있음을 이미 알고 있다.

다음의 정리 6.8에서 알 수 있듯이 쇼어 알고리즘의 2단계를 이용하면 $f : \mathbb{N}_0 \to \mathbb{N}_0$의 주기 r을 구하기 위해 필요한 계산량 $S_{\text{SHOR2}}(N)$은 $N \to \infty$일 때 확률이 적어도 $\frac{const}{\log_2(\log_2 N)}$으로 $(\log_2 N)^3$으로 증가한다.

$$S_{\text{SHOR2}}(N) \in O\big((\log_2 N)^3\big) \qquad \text{for } N \to \infty \tag{6.26}$$

함수 $f : \mathbb{N}_0 \to \mathbb{N}_0$의 주기를 구하는 2단계의 효율성에 관한 주장은 다음의 조건을 만족하는 주기 함수 f에 대해 (이 책의 $f = f_{b,N}$인 특수한 경우보다) 일반적인 경우로 정식화할 수 있다.

1. 함수 f가 적절한 힐베르트 공간의 유니타리 변환 U_f로 구현돼서 U_f를 실행하는 데 필요한 계산량 S_{U_f}이 폭발하지 않는다.
2. 주기 r의 상한한계가 다음의 형식을 만족한다.

$$r < 2^{\frac{L}{2}} \tag{6.27}$$

여기에서, $L \in \mathbb{N}$은 알려진 값이다.

3. 함수는 주기 내에서 단사함수이다.

$f = f_{b,N}$가 실제로 조건 1을 만족하는 것을 명제 6.12에서 보였다. $\gcd(b, N) = 1$을 만족하며 $f_{b,N} = b^n \bmod N$이고 $f = f_{b,N}$인 경우에는 $r < N$이므로 조건 2를 만족한다. $L = \lfloor (2\log_2 N) \rfloor + 1$을 선택하면 $N^2 \leq 2^L \leq 2 N^2$을 만족하기 때문이다. 문제 6.69의 결과와 차수의 정의 D.20을 이용하면 관심을 가지는 경우에서 조건 3을 만족하는 것을 증명할 수 있다.

함수의 주기를 찾는 쇼어 알고리즘 2단계의 효율성에 관해 일반화된 서술은 다음과 같이 형식화할 수 있다.

정리 6.8 $r, L \in \mathbb{N}$은 $19 \leq r < 2^{\frac{L}{2}}$를 만족하며 r은 함수 $f : \mathbb{N}_0 \to \mathbb{N}_0$의 주기이다. 함수 f는 한 주기 안에서 단사함수이고 2^K를 한계로 가진다. 그리고 U_f는 다음과 같이 f를 구현한 유니타리 변환이다.

$$\begin{aligned} U_f : {}^{\mathsf{T}}\mathbb{H}^{\otimes L} \otimes {}^{\mathsf{T}}\mathbb{H}^{\otimes K} &\longrightarrow {}^{\mathsf{T}}\mathbb{H}^{\otimes L} \otimes {}^{\mathsf{T}}\mathbb{H}^{\otimes K} \\ |x\rangle \otimes |y\rangle &\longmapsto |x\rangle \otimes |y \boxplus f(x)\rangle \end{aligned} \tag{6.28}$$

(여기에서 $\boxplus$+는 정의 5.31의 것이다.) 그리고 다음을 만족하는 계산량 $S_{U_f}(L)$를 요구한다.

$$S_{U_f}(L) \in O(L^{K_f}) \qquad \text{for } L \to \infty$$

여기에서 $K_f \in \mathbb{N}$이다. 그러면 적어도 확률 $\frac{1}{10\ln L}$로 주기 r를 찾을 수 있는 양자 알고리즘 A가 존재한다. 알고리즘의 계산량 $S_A(L)$은 다음을 만족한다.

$$S_A(L) \in O\left(L^{\max\{K_f,3\}}\right) \qquad \text{for } L \to \infty \tag{6.29}$$

관심을 가지는 $f = f_{b,N}$의 경우에는 $L = \lfloor (2\log_2 N) \rfloor + 1$이며, 명제 6.12에서 증명했듯이 $K_f = 3$이다. 최종적으로 (6.29)에서 (6.26)이 유도된다.

[증명]

이해를 돕기 위해 다음과 같이 알고리즘과 정리 6.8의 증명을 나눠서 제시한다.

1. 입력 레지스터 및 초기 상태 준비
2. 대규모 양자 병렬화 활용
3. 양자 푸리에 변환을 적용
4. 입력 레지스터 측정 확률
5. 연분수 근사법에서 분모로 r을 찾을 확률
6. 계산 단계 수의 집계

각각의 단계들을 자세하게 살펴볼 것이다.

1. 입력 레지스터 및 초기 상태 준비

$M := \max\{ f(x) \,|\, x \in \{0, \ldots, 2^L - 1\} \}$이며, $K \in \mathbb{N}$은 $M < 2^K$를 만족한다. 그리고 $\mathbb{H}$는 기저 $\{|0\rangle, |1\rangle\}$을 가지는 큐비트 힐베르트 공간이다. 이를 이용해 입력 레지스터를 만든다.

$$\mathbb{H}^A := \mathbb{H}^{\otimes L}$$

비슷한 방법으로 다음을 만든다.

$$\mathbb{H}^B := \mathbb{H}^{\otimes K}$$

초기 상태로서, 곱공간 $\mathbb{H}^A \otimes \mathbb{H}^B$의 상태 $|\Psi_0\rangle$를 정의한다.

$$|\Psi_0\rangle := |0\rangle^A \otimes |0\rangle^B = \underbrace{|0\rangle \otimes \cdots \otimes |0\rangle}_{L-\text{times}} \otimes \underbrace{|0\rangle \otimes \cdots \otimes |0\rangle}_{K-\text{times}} \tag{6.30}$$

초기 상태 $|\Psi_0\rangle$에서 $\mathbb{H}^A$에 속하는 부분에 (정의 2.38의) L겹 아다마르 변환을 적용해 다음을 얻는다.

$$|\Psi_1\rangle := \underbrace{H^{\otimes L} \otimes \mathbf{1}^B |\Psi_0\rangle}_{(5.83)} = \frac{1}{2^{\frac{L}{2}}} \sum_{x=0}^{2^L-1} |x\rangle^A \otimes |0\rangle^B \qquad (6.31)$$

$|\Psi_0\rangle$에서 $|\Psi_1\rangle$으로 변환은 (아다마르 변환 H를 각각에 적용해) L에 비례하는 계산량을 가진다. 그러므로 L의 함수로서 준비에 필요한 계산량 $S_{\text{Prep}}(L)$은 다음을 만족한다.

$$S_{\text{Prep}}(L) \in O(L) \qquad \text{for } L \to \infty \qquad (6.32)$$

2. 대규모 양자 병렬화 활용

다음의 형태로 함수 f를 구현하는 $\mathbb{H}^A \otimes \mathbb{H}^B$의 유니타리 변환 U_f가 존재하는 것을 가정한다.

$$U_f\left(|x\rangle^A \otimes |y\rangle^B\right) \underset{(6.28)}{=} |x\rangle^A \otimes |y \boxplus f(x)\rangle^B \underset{(5.81)}{=} |x\rangle^A \otimes \bigotimes_{j=K-1}^{0} |y_j \overset{2}{\oplus} f(x)_j\rangle \quad (6.33)$$

여기에서 필요한 계산량 $S_{U_f}(L)$은 다음을 만족한다.

$$S_{U_f}(L) \in O\left(L^{K_f}\right) \qquad \text{for } L \to \infty \qquad (6.34)$$

명제 6.12에서 증명하겠지만 이러한 가정은 $f(x) = b^x \bmod N$, $K_f = 3$인 경우에 실제로 만족한다.

$|\Psi_1\rangle$에 U_f를 작용해 다음을 얻는다.

$$|\Psi_2\rangle := U_f|\Psi_1\rangle \underset{(6.31)}{=} U_f\left(\frac{1}{2^{\frac{L}{2}}} \sum_{x=0}^{2^L-1} |x\rangle^A \otimes |0\rangle^B\right) \underset{(6.33)}{=} \frac{1}{2^{\frac{L}{2}}} \sum_{x=0}^{2^L-1} |x\rangle^A \otimes |f(x)\rangle^B$$

$$(6.35)$$

이 단계에서 대용량 양자 병렬을 이용한다. 이는 양자역학의 중첩성을 이용해 상태 $|\Psi_1\rangle$에 U_f를 **한 번 작용**해 $|x\rangle^A \otimes |f(x)\rangle^B$ 형태인 2^L개의 **모든 상태의 중첩**을 생성한다. 5.4.2절에서 논의했듯이, 이것은 정의 구역 $\{0, \ldots, 2^L - 1\}$의 함수 f를 동시에 계산하는 것으로 볼 수 있다. 그러나 주기를 결정하기 위해 (6.35)의 $|\Psi_2\rangle$에서 $f(x)$의 값을 간단하게 읽을 수는 없다. 대신에 $|\Psi_2\rangle$에 푸리에 변환을 적용해 f의 주기성을 조사한다. 이에 앞서서 f의 주기성을 이용해 향후의 단계

에서 더욱 선명한 형태로 $|\Psi_2\rangle$를 변형한다. 이를 위해 L과 f의 주기 r을 이용해 다음을 정의한다.

$$J := \left\lfloor \frac{2^L - 1}{r} \right\rfloor \tag{6.36}$$

$$R := (2^L - 1) \bmod r \tag{6.37}$$

그러면 다음을 얻는다.

$|\Psi_2\rangle =$

$$\frac{1}{2^{\frac{L}{2}}}\Big[\quad |0\rangle^A \quad \otimes \quad |f(0)\rangle^B \quad + \cdots + |r-1\rangle^A \otimes |f(r-1)\rangle^B$$
$$+ \quad |r\rangle^A \quad \otimes \quad \underbrace{|f(r)\rangle^B}_{=|f(0)\rangle^B} \quad + \cdots + |2r-1\rangle^A \otimes \underbrace{|f(2r-1)\rangle^B}_{=|f(r-1)\rangle^B}$$

$$+ \quad \vdots \qquad \vdots \qquad \vdots \qquad\qquad \vdots \qquad \vdots \qquad \vdots$$

$$+ |(J-1)r\rangle^A \otimes \underbrace{|f((J-1)r)\rangle^B}_{=|f(0)\rangle^B} + \cdots + |Jr-1\rangle^A \otimes \underbrace{|f(Jr-1)\rangle^B}_{=|f(r-1)\rangle^B}$$

$$+ \quad |Jr\rangle^A \quad \otimes \quad \underbrace{|f(Jr)\rangle^B}_{=|f(0)\rangle^B} \quad \cdots + |Jr+R\rangle^A \otimes \underbrace{|f(Jr+R)\rangle^B}_{=|f(R)\rangle^B}\Big]$$

$$= \frac{1}{2^{\frac{L}{2}}}\left[\sum_{j=0}^{J-1}\sum_{k=0}^{r-1} |jr+k\rangle^A \otimes |f(k)\rangle^B + \sum_{k=0}^{R} |Jr+k\rangle^A \otimes |f(k)\rangle^B\right]$$

그리고 $k \in \mathbb{N}_0$에 대해 다음을 정의해

$$J_k := \begin{cases} J & \text{if } k \le R \\ J-1 & \text{if } k > R \end{cases} \tag{6.38}$$

다음을 얻는다.

$$|\Psi_2\rangle = \frac{1}{2^{\frac{L}{2}}}\sum_{k=0}^{r-1}\sum_{j=0}^{J_k} |jr+k\rangle^A \otimes |f(k)\rangle^B \tag{6.39}$$

3. 양자 푸리에 변환을 적용

정의 5.48에서 정의한 양자 푸리에 변환을 입력 레지스터 $\mathbb{H}^A$에 적용한다.

$$F : \mathbb{H}^A \longrightarrow \mathbb{H}^A$$

$$|x\rangle \longmapsto F|x\rangle = \frac{1}{2^{\frac{L}{2}}} \sum_{y=0}^{2^L-1} \exp\left(2\pi i \frac{xy}{2^L}\right) |y\rangle \qquad (6.40)$$

이것은 상태 $|\Psi_2\rangle \in \mathbb{H}^A \otimes \mathbb{H}^B$를 다음의 상태로 변환한다.

$$\begin{aligned}
|\Psi_3\rangle &:= \left(F \otimes \mathbf{1}^B\right)|\Psi_2\rangle \\
&= \left(F \otimes \mathbf{1}^B\right) \left(\frac{1}{2^{\frac{L}{2}}} \sum_{k=0}^{r-1} \sum_{j=0}^{J_k} |jr+k\rangle^A \otimes |f(k)\rangle^B\right) \\
&\underset{(6.39)}{=} \frac{1}{2^{\frac{L}{2}}} \sum_{k=0}^{r-1} \sum_{j=0}^{J_k} \left(F|jr+k\rangle^A\right) \otimes |f(k)\rangle^B \\
&\underset{(6.40)}{=} \frac{1}{2^L} \sum_{k=0}^{r-1} \sum_{j=0}^{J_k} \sum_{l=0}^{2^L-1} \exp\left(2\pi i \frac{l}{2^L}(jr+k)\right) |l\rangle^A \otimes |f(k)\rangle^B \qquad (6.41)
\end{aligned}$$

양자 푸리에 변환에 필요한 계산량 $S_{FOURIER}(L)$은 따름정리 5.57에서 알 수 있다.

$$S_{FOURIER}(L) \in O(L^2) \qquad \text{for } L \to \infty \qquad (6.42)$$

4. 입력 레지스터 측정 확률

다음 단계로 시스템 $\mathbb{H}^B$를 무시하고 입력 레지스터 $\mathbb{H}^A$를 관측한다(정의 5.35 참조). 이러한 관측으로 $|\Psi_3\rangle$에 있는 상태의 중첩을 계산 기저 상태 $|z\rangle \in \mathbb{H}^A$로 사영해 관측의 결과를 결정한다. 복합 시스템이 순수 상태 $|\Psi_3\rangle$이라면 밀도 연산자 $\rho_{\Psi_3} = |\Psi_3\rangle\langle\Psi_3|$으로 표현된다. 이러한 것으로만 구성된 시스템을 관측하면, 시스템은 부분대각합으로 표현되는 상태에 놓이게 된다.

$$\rho^A(\rho_{\Psi_3}) \underset{(3.50)}{=} tr^B\left(|\Psi_3\rangle\langle\Psi_3|\right) \qquad (6.43)$$

$|\Psi_3\rangle$을 관측할 때, $\mathbb{H}^A$에서 주어진 $z \in \{0,\ldots,2^L-1\}$에 대해 상태 $|z\rangle$를 관측할 확률을 다음으로 표기한다.

$$W(z) := \mathbf{P}\{\text{입력 레지스터를 관측해 상태 } |z\rangle\text{를 탐지}\}$$

이것은 상태 $\rho^A(\rho_{\Psi_3})$에서 관측 가능량 $|z\rangle\langle z|$를 관측할 때 1의 값을 관측할 확률이다.

$$
W(z) \underbrace{=}_{(2.86)} \mathrm{tr}\left(\rho^A(\rho_{\Psi_3})|z\rangle\langle z|\right) \underbrace{=}_{(6.43)} \mathrm{tr}\left(\mathrm{tr}^B\left(|\Psi_3\rangle\langle\Psi_3|\right)|z\rangle\langle z|\right)
$$

$$
\underbrace{=}_{(3.48)} \mathrm{tr}\left(|\Psi_3\rangle\langle\Psi_3|\left(|z\rangle\langle z|\otimes\mathbf{1}^B\right)\right) \tag{6.44}
$$

문제 6.70 다음을 증명하라.

$$
\mathrm{tr}\left(|\Psi_3\rangle\langle\Psi_3|\left(|z\rangle\langle z|\otimes\mathbf{1}^B\right)\right) = \left|\left|\left(|z\rangle\langle z|\otimes\mathbf{1}^B\right)|\Psi_3\rangle\right|\right|^2 \tag{6.45}
$$

(6.44)에 (6.45)를 적용하면 다음을 얻는다.

$$
\begin{aligned}
W(z) &= \left|\left|\left(|z\rangle\langle z|\otimes\mathbf{1}^B\right)|\Psi_3\rangle\right|\right|^2 \\
&= \left|\left|\frac{1}{2^L}\sum_{k=0}^{r-1}\sum_{j=0}^{J_k}\exp\left(2\pi i\frac{z}{2^L}(jr+k)\right)|z\rangle^A\otimes|f(k)\rangle^B\right|\right|^2 \\
&\underbrace{=}_{(6.41)} \frac{1}{2^{2L}}\sum_{k_1,k_2=0}^{r-1}\sum_{j_1,j_2=0}^{J_{k_1},J_{k_2}}\exp\left(2\pi i\frac{z}{2^L}((j_2-j_1)r+k_2-k_1)\right)\underbrace{{}^A\langle z|z\rangle^A}_{=1}\underbrace{{}^B\langle f(k_1)|f(k_2)\rangle^B}_{=\delta_{k_1,k_2}\text{ since }0\leq k_i<r} \\
&= \frac{1}{2^{2L}}\sum_{k=0}^{r-1}\left|\sum_{j=0}^{J_k}\exp\left(2\pi i\frac{zrj}{2^L}\right)\right|^2
\end{aligned}
$$

여기에서, 주기 내에서 f가 단사함수임을 이용하면 $\langle f(k_1)|f(k_2)\rangle = \delta_{k_1k_2}$를 얻는다. $a\in\mathbb{C}$에 대해 다음을 알 수 있다.

$$
\sum_{j=0}^{D} a^j = \begin{cases} D+1 & \text{if } a=1 \\ \frac{1-a^{D+1}}{1-a} & \text{else} \end{cases}
$$

위를 이용해 다음을 얻는다.

$$
\sum_{j=0}^{J_k}\exp\left(2\pi i\frac{zrj}{2^L}\right) = \begin{cases} J_k+1 & \text{if } \frac{zr}{2^L}\in\mathbb{N}_0 \\ \frac{1-\exp\left(2\pi i\frac{zr(J_k+1)}{2^L}\right)}{1-\exp\left(2\pi i\frac{zr}{2^L}\right)} & \text{else} \end{cases}
$$

그러므로

$$
W(z) = \begin{cases} W_1(z) := \frac{1}{2^{2L}}\sum_{k=0}^{r-1}(J_k+1)^2 & \text{if } \frac{zr}{2^L}\in\mathbb{N}_0 \\ W_2(z) := \frac{1}{2^{2L}}\sum_{k=0}^{r-1}\left|\frac{1-\exp\left(2\pi i\frac{zr}{2^L}(J_k+1)\right)}{1-\exp\left(2\pi i\frac{zr}{2^L}\right)}\right|^2 & \text{else} \end{cases} \tag{6.46}
$$

인수분해 알고리즘의 다음 단계는 입력 레지스터를 관측해 적절한 $l \in \mathbb{N}_0$에 대해 다음을 만족하는 z를 찾는 것이다.

$$|zr - l2^L| \le \frac{r}{2} \tag{6.47}$$

조건 (6.47)은 연분수 근사의 성질을 조사할 때 중요하다. 연분수 근사는 r을 결정하는 마지막 단계에서 사용하며 다음 절에서 설명한다.

다음에 나오는 내용들은 (6.47)을 만족하는 z에 대해 $W(z)$의 적절한 하한을 구하는 것이다. 이러한 하한을 이용해 (6.47)을 만족하는 z를 관측할 때까지 얼마나 많이 입력 레지스터의 준비 과정을 반복해야 하는지를 결정할 수 있다.

하한을 결정하기 위해, 우선 (6.47)이 자명하게 만족하는 $\frac{zr}{2^L} \in \mathbb{N}_0$의 경우에 대해 고려한다. 추가적으로 $\frac{2^L}{r} \in \mathbb{N}$이 성립하면, 다음의 결과를 얻는다.

문제 6.71 $\frac{2^L}{r} =: m \in \mathbb{N}$일 때, 다음을 증명하라.

$$W(z) = \begin{cases} \frac{1}{r} & \text{if } \frac{z}{m} \in \mathbb{N} \\ 0 & \text{else} \end{cases}$$

이제, $\frac{zr}{2^L} \in \mathbb{N}_0$인 ($\frac{2^L}{r} \in \mathbb{N}$일 필요는 없는) 경우를 고려한다. J_k의 정의 (6.38)에서 다음을 얻는다.

$$
\begin{aligned}
\frac{1}{2^{2L}} \sum_{k=0}^{r-1} (J_k+1)^2 &= \frac{1}{2^{2L}} \left(\sum_{k=0}^{R} (J_k+1)^2 + \sum_{k=R+1}^{r-1} (J_k+1)^2 \right) \\
&= \frac{1}{2^{2L}} \left((R+1) \left(\left\lfloor \frac{2^L-1}{r} \right\rfloor + 1 \right)^2 + (r-1-R) \left\lfloor \frac{2^L-1}{r} \right\rfloor^2 \right) \\
&\ge \frac{1}{r} \left(\frac{r}{2^L} \left\lfloor \frac{2^L-1}{r} \right\rfloor \right)^2
\end{aligned}
$$

다음을 주의한다.

$$r - 1 \ge (2^L - 1) \bmod r = (2^L - 1) - \left\lfloor \frac{2^L-1}{r} \right\rfloor r$$

이는 다음을 의미한다.

$$\frac{r}{2^L}\left\lfloor\frac{2^L-1}{r}\right\rfloor = 1 - \frac{1+(2^L-1)\bmod r}{2^L} \geq 1 - \frac{r}{2^L} > 1 - \frac{1}{2^{\frac{L}{2}}} \qquad (6.48)$$

여기에서 마지막 부등식에서 가정 (6.27)을 사용했다. (6.46), (6.48)에서 $\frac{zr}{2^L} \in \mathbb{Z}$의 경우에 다음을 얻는다.

$$W_1(z) \geq \frac{1}{r}\left(1 - \frac{1}{2^{\frac{L}{2}}}\right)^2 > \frac{1}{r}\left(1 - \frac{1}{2^{\frac{L}{2}-1}}\right)$$

마지막으로 (6.47)이 성립하지만 $\frac{zr}{2^L} \notin \mathbb{N}$인 경우에 대해 비슷한 계산을 한다. 주어진 z에 대해 (6.46)에서 다음을 알 수 있다.

$$\begin{aligned}
W_2(z) &= \frac{1}{2^{2L}}\sum_{k=0}^{r-1}\left|\frac{1-\exp\left(2\pi i\frac{zr}{2^L}(J_k+1)\right)}{1-\exp\left(2\pi i\frac{zr}{2^L}\right)}\right|^2 \\
&= \frac{1}{2^{2L}}\sum_{k=0}^{r-1}\left|\frac{1-\exp\left(2\pi i\frac{zr-l2^L}{2^L}(J_k+1)\right)}{1-\exp\left(2\pi i\frac{zr}{2^L}\right)}\right|^2 \\
&= \frac{1}{2^{2L}}\sum_{k=0}^{r-1}\left(\frac{\sin\left(\pi\frac{zr-l2^L}{2^L}(J_k+1)\right)}{\sin\left(\pi\frac{zr}{2^L}\right)}\right)^2 \\
&= \frac{1}{2^{2L}}\sum_{k=0}^{r-1}s(\alpha)^2 \qquad (6.49)
\end{aligned}$$

여기에서,

$$\begin{aligned}
s(\alpha) &:= \frac{\sin\left(\alpha\tilde{J}_k\right)}{\sin\left(\alpha\right)} \\
\alpha &:= \pi\frac{zr-l2^L}{2^L} \\
\tilde{J}_k &:= J_k+1
\end{aligned} \qquad (6.50)$$

그리고 α와 $\tilde{J}_k$는 다음을 만족한다.

$$|\alpha| = \frac{\pi}{2^L}\left(zr-l2^L\right)\underset{(6.47)}{\leq}\frac{\pi}{2^L}\frac{r}{2}\underset{(6.27)}{<}\frac{\pi}{2^L}2^{\frac{L}{2}-1} = \frac{\pi}{2^{\frac{L}{2}+1}} \ll \frac{\pi}{2} \qquad (6.51)$$

$$\left|\tilde{J}_k\right| = J_k+1\underset{(6.38)}{\leq}J+1\underset{(6.36)}{=}\left\lfloor\frac{2^L-1}{r}\right\rfloor+1 \leq \frac{2^L-1}{r}+1 < \frac{2^L}{r}+1$$

$$|\alpha \tilde{J}_k| < \frac{\pi}{2^L} \frac{r}{2} \left(\frac{2^L}{r} + 1 \right) \underbrace{\leq}_{(6.27)} \frac{\pi}{2} \left(1 + \frac{1}{2^{\frac{L}{2}}} \right) \qquad (6.52)$$

확률 W_2의 하한을 계산하기 위해 적절한 구간의 α에 대해 (6.50)에서 정의한 함수 $s(\alpha)$의 하한을 결정해야 한다.

문제 6.72 $|\alpha| \leq \alpha_{min}$, $\alpha_{min} = \frac{\pi r}{2^{L+1}}$에 대해 (6.50)에서 정의한 $s(\cdot)$가 다음을 만족하는 것을 보여라.

$$s(\alpha)^2 \geq s(\alpha_{min})^2$$

문제 6.72로부터 다음을 얻는다.

$$s(\alpha)^2 \geq \frac{\sin^2\left(\frac{\pi r}{2^{L+1}} (J_k + 1) \right)}{\sin^2\left(\frac{\pi r}{2^{L+1}} \right)}$$

그리고 $\sin^2 x \leq x^2$이므로, 다음을 알 수 있다.

$$s(\alpha)^2 \geq \left(\frac{2^{L+1}}{\pi r} \right)^2 \sin^2\left(\frac{\pi r}{2^{L+1}} (J_k + 1) \right)$$

J, R, J_k의 정의 (6.36), (6.37), (6.38)에서 다음을 얻는다.

$$
\begin{aligned}
& \left\lfloor \frac{2^L - 1}{r} \right\rfloor && \leq J_k + 1 \\
\Rightarrow\ & \underbrace{\frac{r}{2^L} \left\lfloor \frac{2^L - 1}{r} \right\rfloor}_{=1 - \frac{R+1}{2^L}} && \leq \frac{r}{2^L}(J_k + 1) \\
\Rightarrow\ & 1 - \frac{R+1}{2^L} && \leq \frac{r}{2^L}(J_k + 1) \\
\Rightarrow\ & 1 - \frac{r}{2^L} && \leq \frac{r}{2^L}(J_k + 1)
\end{aligned}
$$

그리고

$$s(\alpha)^2 \geq \frac{2^{2L+2}}{\pi^2 r^2} \sin^2\left(\frac{\pi}{2}(1 - \frac{r}{2^L}) \right)$$

또한,

$$\sin\left(\frac{\pi}{2}(1+x)\right) = \cos\left(\frac{\pi x}{2}\right) = \sum_{j=0}^{\infty} \frac{(-1)^j}{(2j)!}\left(\frac{\pi x}{2}\right)^{2j} \geq 1 - \frac{1}{2}\left(\frac{\pi x}{2}\right)^2$$

이로부터

$$s(\alpha)^2 \geq \frac{2^{2L+2}}{\pi^2 r^2}\left(1 - \frac{1}{2}\left(\frac{\pi}{2}\frac{r}{2^L}\right)^2\right)^2 \geq \frac{2^{2L+2}}{\pi^2 r^2}\left(1 - \left(\frac{\pi}{2}\frac{r}{2^L}\right)^2\right)$$

$$\geq \frac{2^{2L+2}}{\pi^2 r^2}\left(1 - \left(\frac{\pi}{2}\frac{1}{2^{\frac{L}{2}}}\right)^2\right) = \frac{2^{2L+2}}{\pi^2 r^2}\left(1 - \frac{\pi^2}{2^{L+2}}\right)$$

마지막 부등식에서 (6.27)의 가정에서 $r < 2^{\frac{L}{2}}$가 성립하는 것을 사용했다. (6.49)에서 다음을 얻는다.

$$W_2(z) \geq \frac{1}{2^{2L}}\sum_{k=0}^{r-1}\frac{2^{2L+2}}{\pi^2 r^2}\left(1 - \frac{\pi^2}{2^{L+2}}\right) = \frac{r}{2^{2L}}\frac{2^{2L+2}}{\pi^2 r^2}\left(1 - \frac{\pi^2}{2^{L+2}}\right)$$

$$= \frac{4}{\pi^2 r}\left(1 - \frac{\pi^2}{2^{L+2}}\right)$$

$L \geq 4$이면, 입력 레지스터에서 (6.47)을 만족하는 z를 관측할 확률의 하한는 $\frac{4}{\pi^2 r}\left(1 - \frac{\pi^2}{2^{L+2}}\right)$이다. $L \geq 4$이면 $\frac{1}{2^{\frac{L}{2}-1}} \leq \frac{1}{2} < \frac{5}{9} < 1 - \frac{4}{\pi^2}$에서 $\frac{1}{2^{\frac{L}{2}-1}} - \frac{1}{2^{2L}} < 1 - \frac{4}{\pi^2}$이어서 다음을 만족하기 때문이다.

$$W_{\min} := \frac{4}{\pi^2 r}\left(1 - \frac{\pi^2}{2^{L+2}}\right) \leq W_2(z) < W_1(z) < \frac{1}{r} \tag{6.53}$$

각각의 $z \in \{0,\dots,2^L - 1\}$에 대해 (6.47)을 만족하는 $l \in \mathbb{N}_0$가 없거나 오직 한 개가 존재한다. $l_1 \neq l_2$에 대해 $l_1 2^L$과 $l_2 2^L$의 거리가 최소 $2^L > r$이며, 같은 z에 대해 (6.47)을 만족하면 r 이상으로 떨어질 수 없기 때문이다. 이를 그림 6.3에서 도식화해 설명했다. 그림에서 $z \in \{0, 1, 2, \dots, 2^L - 1\}$이 $|zr - l2^L| \leq \frac{r}{2}$를 만족하는 r과 $l \in \mathbb{N}_0$(즉, $l \in \{0, 1, 2, \dots, r - 1\}$)을 볼 수 있다.

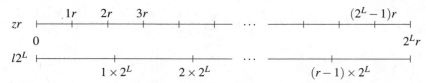

그림 6.3 $|zr - l2^L| \leq \frac{r}{2}$를 만족하도록 $z \in \{0,1,...,2^L-1\}$의 $l \in \mathbb{N}$에 유일한 대응. 가정에서 $r < 2^{\frac{r}{2}}$를 만족한다. 이를테면 $z = 1$이면 $|zr - l2^L| \leq \frac{r}{2}$를 만족하는 l를 찾을 수 없다. $z = 2$이면 유일하게 $l_z = 1$만이 이러한 조건을 만족한다.

그러므로 입력 레지스터의 관측 결과는 다음의 경우에 $z \in \{0,...,2^L-1\}$이 된다.

- (6.47)을 만족하는 $l \in \mathbb{N}_0$가 없는 경우
- (6.47)을 만족하는 유일한 $l_z \in \{0,...,r-1\}$가 있는 경우

l_z는 (6.47)을 만족하는 $z \in \{0,...,2^L-1\}$에 의해 정의되는 $\{0,...,r-1\}$의 원소이다. (6.27)의 가정에서 다음이 성립한다.

$$\left| \frac{z}{2^L} - \frac{l_z}{r} \right| < \frac{1}{2r^2} \tag{6.54}$$

그림 6.3에서 임의의 $j \in \{0,...,r-1\}$에 대해 $|zr - j2^L| \leq \frac{r}{2}$를 만족하는 유일한 $z \in \{0,...,2^L-1\}$이 존재한다. 즉, $j = l_z$이다. 그러므로 주어진 $j \in \{0,...,r-1\}$에 대해 $l_z = j$가 되는 z가 존재할 확률은 (6.47)이 만족할 확률과 같다. 후자는 W_{min}를 하한로 가지며, 모든 $j \in \{0,...,r-1\}$에 대해 다음을 만족한다.

$$\mathbf{P}\left\{ \exists z \in \{0,...,2^L-1\} : \ l_z = j \right\} \geq \frac{4}{\pi^2 r}\left(1 - \frac{\pi^2}{2^{L+2}}\right) \tag{6.55}$$

5. 연분수 근사법에서 분모로 r을 찾을 확률

(6.54)에서 z의 값은 입력 레지스터의 관측의 결과로서, 2^L의 값은 레지스터의 구성에서 알 수 있는 값이며, r의 값을 결정해야 한다. 이를 위해 연분수 이론의 결과를 이용한다. 자세한 내용은 부록 E에서 볼 수 있다. 정확하게 설명하면 정리 E.9의 주장을 (6.54)에 적용해, $\frac{l_z}{r}$이 $\frac{z}{2^L}$의 부분 연분수가 되는 것을 보일 것이다.

정리 E.4에서 $\frac{z}{2^L}$의 연분수를 정의하는 수열 $(a_j)_{j \in \mathbb{N}_0}$는 유한하다.

$$\frac{z}{2^L} = a_0 + \cfrac{1}{a_1 + \cfrac{1}{\ddots + \frac{1}{a_n}}} = [a_0; a_1, \ldots, a_n] \qquad (6.56)$$

z와 2^L의 값을 알고 있기에, 다음과 같이 부록 E에서 제시한 알고리즘을 이용하면 연분수를 정의하는 수열 a_j의 값을 효율적으로 계산할 수 있다. $r_{-1} := z$, $r_0 := 2^L$로 정의한다. $r_{j-1} > 0$인 $j \in \mathbb{N}$에 대해 다음을 정의한다.

$$r_j := r_{j-2} \bmod r_{j-1}$$

(E.5)와 (E.13)에서 $j \in \{1, \ldots, n\}$에 대한 a_j는 다음으로 주어지는 것을 알 수 있다.

$$a_j := \left\lfloor \frac{r_{j-1}}{r_j} \right\rfloor$$

(D.4)에서 이러한 계산에 필요한 계산량은 $O((\log_2 \max\{r_{j-2}, \ r_{j-2}\})^2)$이다. $r_{-1}, r_0 \leq 2^L$이고 j가 증가함에 따라서 r_j는 감소하므로, 하나의 r_j를 계산하는데 필요한 계산량은 $O(L^2)$이다. 계산해야 하는 r_j의 개수는 보조정리 E.5에서 2 $\min\{\log_2 2^L, \log_2 z\} + 1 \leq 2L + 1$과 같은 L의 함수이다. 그러므로 모든 r_j를 계산하는데 필요한 계산량은 $O(L^3)$이 된다. 모든 a_j를 계산하기 위해서는 $O(L)$번의 나눗셈을 해야 한다. 각각의 나눗셈은 $O(L)$의 계산량이 소요된다. 결국 r_j가 먼저 계산됐다면, a_j는 $O(L^2)$의 계산량으로 구할 수 있다.

a_j를 이용하면 $\frac{z}{L}$의 **부분** 연분수를 계산할 수 있다.

$$\frac{p_j}{q_j} := a_0 + \cfrac{1}{a_1 + \cfrac{1}{\ddots + \frac{1}{a_j}}} \qquad \text{for } j \in \{0, \ldots, n\}$$

이것을 계산하기 위해서는 각각이 $O(L)$의 계산량이 필요한 나눗셈을 $O(L)$번 수행해야 한다. 다음으로 부분 연분수의 집합을 표기한다.

$$T\left(\frac{z}{2^L}\right) := \left\{ \frac{p_j}{q_j} \mid j \in \{0, \ldots, n\} \right\}$$

a_j가 주어졌을 때, $T\left(\frac{z}{2^L}\right)$의 모든 원소를 계산하기 위해서는 $O(L^2)$의 계산량이 필요하다. 이들을 모두 고려하면 부분 연분수를 계산하기 위해 필요한 계산량 $S_{\text{Part-CF}}(L)$은 L의 함수로 다음과 같이 증가한다.

$$S_{\text{Part-CF}}(L) \in O(L^3) \qquad \text{for } L \to \infty \tag{6.57}$$

정리 E.9에서 이러한 연분수 중의 하나는 다음을 만족한다.

$$\frac{p_j}{q_j} = \frac{l_z}{r} \tag{6.58}$$

이것과 모든 $\frac{p_j}{q_j} \in T\left(\frac{z}{2^L}\right)$을 이용해 r을 계산하려 한다. 따름정리 E.8의 (E.23)에서 (6.58)의 좌변의 p_j와 q_j는 $\gcd(q_j, p_j) = 1$을 만족한다. 모든 $\frac{p_j}{q_j} \in T\left(\frac{z}{2^L}\right)$에 대해 q_j가 f의 주기인지 확인한다. 이를 위해 모든 $\frac{p_j}{q_j} \in T\left(\frac{z}{2^L}\right)$에 대해 $f(q_j)$를 연속적으로 계산한다.

어떤 q_j에 대해 $f(q_j) = 1$을 만족하면, 적절한 $v \in \mathbb{N}$에 $q_j = vr$을 만족해야 하며 (6.58)에서 $p_j = vl_z$이 된다. $\gcd(q_j, p_j) = 1$이므로, $v = 1$이며 $q_j = r$이 된다. 이로써 주기를 찾게 된다.

반면에 모든 $\frac{p_j}{q_j} \in T\left(\frac{z}{2^L}\right)$에 대해 $f(q_j) \neq 1$이면 입력 레지스터의 관측값 z가 모든 $l \in \mathbb{N}_0$에 대해 (6.54)를 만족하지 않거나 또는 l_z가 다음을 만족한다.

$$\gcd(l_z, r) > 1$$

$f(q_j) \neq 1$인 경우에는 (6.30)의 초기 상태 $|\Psi_0\rangle$를 이용해 새로 시작해 새로운 z를 찾기 위해 입력 레지스터를 다시 관측하고, $\frac{z}{2^L}$의 연분수를 결정하고, 새로운 q_j가 f의 주기인지 확인해야 한다. 이러한 반복의 필요는 모든 가능한 $l_z \in \{0, \ldots, r-1\}$에 대해 $\gcd(l_z, r) > 1$이 될 확률과 같이 증가한다. 다음의 사건은

$$e_2 := \left\{ \begin{array}{l} \left|\frac{z}{2^L} - \frac{l_z}{r}\right| < \frac{1}{2r^2}\text{이고 } \gcd(l_z, r) = 1\text{을 만족하는} \\ l_z \in \mathbb{N}_0\text{가 존재하는 } z \in \{0, 1, \ldots, \ 2^L - 1\}\text{을} \\ \text{입력 레지스터에서 관측} \end{array} \right\}$$

r을 연분수 $\frac{p_j}{q_j} \in T\left(\frac{z}{2^L}\right)$에서 찾을 수 있음을 보장한다. 정의 (D.29)로부터 오일러 함수 ϕ에서 $\gcd(l, r) = 1$의 성질을 가지는 숫자 $l \in \{0, \ldots, r-1\}$의 개수

$\phi(r)$를 구할 수 있다. 이를 이용해 위의 사건이 발생할 확률의 하한을 다음과 같이 계산할 수 있다.

$$
\begin{aligned}
\mathbf{P}\{\mathbf{e_2}\} \;&=\; \sum_{\substack{l \in \{0,\dots,r-1\} \\ \gcd(l,r)=1}} \mathbf{P}\big\{\exists z \in \{0,\dots,2^L-1\} : l_z = l\big\} \\[4pt]
&\underbrace{\geq}_{(6.55)}\; \sum_{\substack{l \in \{0,\dots,r-1\} \\ \gcd(l,r)=1}} \frac{4}{\pi^2 r}\left(1 - \frac{\pi^2}{2^{L+2}}\right) \\[4pt]
&=\; \frac{4}{\pi^2 r}\left(1 - \frac{\pi^2}{2^{L+2}}\right) \underbrace{\sum_{\substack{l \in \{0,\dots,r-1\} \\ \gcd(l,r)=1}} 1}_{=\phi(r)} \\[4pt]
&=\; \frac{\phi(r)}{r}\frac{4}{\pi^2}\left(1 - \frac{\pi^2}{2^{L+2}}\right)
\end{aligned}
\tag{6.59}
$$

(6.59)에서 하한가 $\frac{\phi}{r}$과 $\frac{4}{\pi^2}\left(1 - \frac{\pi^2}{2^{L+2}}\right)$로 분리되는 것을 알 수 있다.

$\frac{\phi}{r}$을 계산하기 위해 다음의 로세르와 스코엔펠드[86]의 정리를 증명 없이 사용한다.

정리 6.9 $r \geq 3$에 대해 다음의 부등식이 성립한다.

$$
\frac{r}{\phi(r)} < \exp(\gamma)\ln\ln r + \frac{2.50637}{\ln\ln r}
$$

여기에서 $\gamma := 0.5772156649\dots$는 오일러 상수이다.

다음의 식에서

$$
g(r) := \exp(\gamma)\ln\ln r + \frac{2.50637}{\ln\ln r} = \underbrace{\left(\exp(\gamma) + \frac{2.50637}{(\ln\ln r)^2}\right)}_{=:h(r)}\ln\ln r
$$

함수 $h(r)$은 r에 대해 감소 함수이다. $r \geq 19$이면 $h(r) < 4$이다. 그러므로 $r \geq 19$에 대해 다음을 얻는다.

$$\frac{r}{\phi(r)} < g(r) < 4\ln\ln r$$

찾고 있는 주기 r은 가정에서 $r < 2^{\frac{L}{2}}$를 만족한다. 그러므로 $r \geq 19$에 대해

$$\frac{r}{\phi(r)} < g(r) < 4\ln\ln 2^{\frac{L}{2}} < 4\ln L \tag{6.60}$$

이것은 $r \geq 19$일 때, 다음을 의미한다.

$$\frac{\phi(r)}{r} > \frac{1}{4\ln L}$$

(6.59)의 $\frac{4}{\pi^2}\left(1 - \frac{\pi^2}{2^{L+2}}\right)$를 계산하기 위해서는 $\frac{4}{\pi^2} > \frac{2}{5}$이며, $L \geq 15$일 때 다음을 만족하는 것에 주의한다.

$$\frac{4}{\pi^2}\left(1 - \frac{\pi^2}{2^{L+2}}\right) \geq \frac{2}{5} = 40\% \tag{6.61}$$

여기에서는 $L \to \infty$일 때 점근 거동에 대해 관심이 있기 때문에, $L \geq 15$라는 가정은 중요하지 않으며 (6.61)의 계산은 이 책의 목적에 충분하다.

$L \geq 19$일 때, (6.59), (6.60), (6.61)로부터, 부분 연분수의 분모로 주기 r을 찾을 수 있는 z를 관측할 확률은 다음과 같다.

$$\mathbf{P}\{\mathfrak{e}_2\} > \frac{2}{5}\frac{1}{4\ln L} = \frac{1}{10\ln L} \tag{6.62}$$

이것으로 정리 6.8의 성공-확률에 대한 증명을 완료한다.

6. 계산 단계 수의 집계

문제 C.117에서, 다음이 만족한다.

$$O(L^{K_1}) + O(L^{K_2}) \in O\left(L^{\max\{K_1, K_2\}}\right) \qquad \text{for } L \to \infty \tag{6.63}$$

단계 1에서 단계 3까지는 연속적으로 수행되며, (6.32), (6.34), (6.42), (6.57)에서 알고리즘 A를 성공적으로 수행하기 위한 총 계산량 $S_A(L)$는 (6.63)을 이용해 다음과 같이 계산된다.

$$S_A(L) \in S_{\text{Prep}}(L) + S_{U_f}(L) + S_{\text{FOURIER}}(L) + S_{\text{Part-CF}}(L)$$
$$\in O(L) + O(L^{K_f}) + O(L^2) + O(L^3)$$
$$\in O\left(L^{\max\{K_f,3\}}\right) \qquad \text{for } L \to \infty$$

이로써, 정리 6.8의 증명을 완료한다.

6.5.5 3단계: 적절한 b를 선택할 확률

이제 몇 번의 반복으로, 알고리즘의 성공적인 수행에서 매우 중요한 (6.25)에서 정의한 사건 e_1가 발생하는 $b < N$를 선택할 확률이 매우 높다는 것을 증명한다. 이를 위해 다음의 보조정리를 먼저 증명한다.

보조정리 6.10 p는 2보다 큰 소수이며, $k \in \mathbb{N}$, $s \in \mathbb{N}_0$이다. b는 균등 확률 $\frac{1}{\phi(p^k)}$로 $\{c \in \{1, \dots, p^k - 1\} \mid \gcd(p^k, c) = 1\}$에서 무작위로 선택한 것이다. 그러면 주어진 (p, k, s)에서 홀수 t에 대해 $\text{ord}_{p^k}(b) = 2^s t$를 만족할 확률은 다음과 같다.

$$\mathbf{P}\left\{\text{ord}_{p^k}(b) = 2^s t \text{ with } 2 \nmid t\right\} \leq \frac{1}{2}$$

[증명]

p, k, s는 주어져 있다. 오일러 함수 ϕ의 정의 D.12에서 $\{c \in \{1, \dots, p^k - 1\} \mid \gcd(p^k, c) = 1\}$의 원소의 개수는 $\phi(p^k)$이다. 그리고 다음을 만족하는 홀수 v 인 $u, v \in \mathbb{N}$는 유일하게 존재한다.

$$\underbrace{\phi(p^k)}_{(\text{D.30})} = p^{k-1}(p-1) = 2^u v$$

정리 D.25와 D.27에서 p^k에 대한 원시근 $a \in \mathbb{N}$이 존재하고, 정리 D.22로부터 다음을 만족한다.

$$\{b \in \{1, \dots, p^k - 1\} \mid \gcd(p^k, b) = 1\} = \{a^j \bmod p^k \mid j \in \{1, \dots, \phi(p^k)\}\}$$

그러므로 다음의 관계가 성립한다.

$$b = a^j \bmod p^k$$

그리고 균등분포 b의 무작위 선택은 균등분포 $j \in \{1, \ldots, \phi(p^k)\}$의 무작위 선택과 같다. 또한 정리 D.22에서 다음을 안다.

$$\mathrm{ord}_{p^k}(b) = \frac{\phi(p^k)}{\gcd(j, \phi(p^k))} \tag{6.64}$$

이는 사건 $\mathrm{ord}_{p^k}(b) = 2^s t$는 다음의 사건과 같다.

$$2^s t = \frac{2^u v}{\gcd(j, 2^u v)} \tag{6.65}$$

(6.65)에서 $s > u$인 경우는 발생할 수 없다. 이런 경우이면 다음을 만족하게 된다.

$$v = 2^{s-u} t \gcd(j, 2^u v)$$

결국 $2 \mid v$가 돼서 $\phi(p^k) = 2^u v$에서 v가 홀수라는 가정을 위배한다. 그러므로 다음을 얻는다.

$$\mathbf{P}\left\{\mathrm{ord}_{p^k}(b) = 2^s t \text{ with } 2 \nmid t \text{ and } s > u\right\} = 0 \tag{6.66}$$

$s \leq u$인 경우에, j는 $j = 2^{u-s} x$의 형태여야 한다. 여기에서 x는 홀수이다. $n, m \in \mathbb{N}$의 소인수분해를 다음과 같이 정의한다.

$$n = \prod_{p \in \mathrm{Pri}} p^{\nu_p} \qquad \text{and} \qquad m = \prod_{p \in \mathrm{Pri}} p^{\mu_p}$$

그러면 다음을 얻는다.

$$\gcd(n, m) = \prod_{p \in \mathrm{Pri}} p^{\min\{\nu_p, \mu_p\}} \tag{6.67}$$

x가 홀수이고, $j = 2^w x$로 가정한다. (6.67)에서 적절한 κ_p에 대해 다음을 얻는다.

$$\gcd(j, 2^u v) = 2^{\min\{w, u\}} \prod_{p \in \mathrm{Pri} \setminus \{2\}} p^{\kappa_p} \tag{6.68}$$

$\mathrm{ord}_{p^k}(b) = 2^s t$를 만족하기 위해 (6.65)와 (6.65)에서 다음을 얻는다.

$$\gcd(j, 2^u v) = 2^{u-s}\frac{v}{t} \tag{6.69}$$

v와 t를 홀수로 가정했기에, $\frac{v}{t}$는 홀수가 된다. (6.68), (6.69)에서 $\min\{w, u\}$ $= u - s$이며, 결국 $w = u - s$이다. 이로부터 j는 x가 홀수이고 $\{1, \ldots, \phi(p^k) = 2^u v\}$의 원소이며, $j = 2^{u-s}x$의 형태를 가진다. 이러한 집합에 2^{u-s} 곱하기 $2^s v$의 형태인 원소가 있다.

$$\{2^{u-s} \times 1, 2^{u-s} \times 2, \ldots, 2^{u-s} \times 2^s v\}$$

이러한 $2^s v$ 곱하기 2^{u-s}에서, 절반만이 x가 음수이고 $j = 2^{u-s}x$의 형태이다. j를 같은 확률로 선택한다는 것을 이용하면 다음을 구한다.

$$\mathbf{P}\left\{\mathrm{ord}_{p^k}(b) = 2^s t \text{ with } 2 \nmid t \text{ and } s \le u\right\}$$
$$= \frac{x\text{가 홀수인 } j = 2^{u-s} x 2 \text{ 형태의 가능한 } j\text{의 갯수}}{\text{가능한 } j\text{의 갯수}}$$
$$= \frac{\frac{1}{2}2^s v}{2^u v} = 2^{s-u-1} \le \frac{1}{2}$$

마지막 부등식에서 $s \le u$를 이용했다. (6.66)을 사용하면 다음을 얻는다.

$$\mathbf{P}\left\{\mathrm{ord}_{p^k}(b) = 2^s t \text{ with } t \text{ odd}\right\}$$
$$= \mathbf{P}\left\{\mathrm{ord}_{p^k}(b) = 2^s t \text{ with } s > u \text{ and } t \text{ odd}\right\}$$
$$\quad + \mathbf{P}\left\{\mathrm{ord}_{p^k}(b) = 2^s t \text{ with } s \le u \text{ and } t \text{ odd}\right\}$$
$$\le 0 + \frac{1}{2} = \frac{1}{2}$$

마지막으로, 선택한 b가 조건 (6.25)를 만족하지 않아서 새로운 b를 선택해야 하는 확률을 계산하기 위해 다음의 결과가 필요하다.

> **정리 6.11** $N \in \mathbb{N}$은 홀수이며 J개의 서로 다른 소인수 $p_1, \ldots, p_J$의 멱으로 구성된 소인수분해 $N = \prod_{j=1}^{J} p_j^{v_j}$를 가진다. $b \in \{c \in \{0, 1, \ldots, N-1\} \mid \gcd(c, N) = 1\}$은 무작위로 선택한다. 그러면 다음이 만족한다.

$$\mathbf{P}\left\{\left[\operatorname{ord}_N(b) \text{ even}\right] \text{ and } \left[\left(b^{\frac{\operatorname{ord}_N(b)}{2}}+1\right) \bmod N \neq 0\right]\right\} \geq 1 - \frac{1}{2^{J-1}}$$

[증명]

가정에서 N은 홀수이므로, 모든 소인수 $p_1,\ldots,p_J$ 또한 홀수가 돼야 한다. 그리고 이들의 멱 $p_j^{v_j}$에 대해 보조정리 6.10을 적용할 수 있다. 요약하면 $r := \operatorname{ord}_N(b)$라 두고 다음을 먼저 증명한다.

$$\mathbf{P}\left\{\left[r \text{ odd}\right] \text{ or } \left[\left(b^{\frac{r}{2}}+1\right) \bmod N = 0\right]\right\} \leq \frac{1}{2^{J-1}}$$

정리 D.28에서 $\gcd(b,N) = 1$인 모든 $b \in \{1,\ldots,N-1\}$은 $j \in \{1,\ldots,J\}$일 때, $\gcd(b_j, p_j^{v_j}) = 1$인 $b_j := b \bmod p_j^{v_j} \in \{1,\ldots,p_j^{v_j}-1\}$와 1-1 대응을 한다. 반대도 또한 성립한다. 그러므로 b의 무작위 선택은 $(b_1 = b \bmod p_1^{v_1},\ldots,b_J = b \bmod p_J^{v_J})$의 무작위 추출과 동일하다.

정의 D.20에서 $r = \operatorname{ord}_N(b)$는 다음을 만족한다.

$$b^r \bmod N = 1 \tag{6.70}$$

(6.70)에서 적절한 $z \in \mathbb{Z}$가 존재해 $b^r = 1 + zN = 1 + z\prod_{j=1}^{J} p_j^{v_j}$이며, 다음을 만족한다.

$$b^r \bmod p_j^{v_j} = 1 \tag{6.71}$$

그리고 모든 $j \in \{1,\ldots,J\}$에 대해 $r_j := \operatorname{ord}_{p_j^{v_j}}(b_j)$라 둔다. 그러면

$$1 \underbrace{=}_{\text{Def. } r_j} b_j^{r_j} \bmod p_j^{v_j} \underbrace{=}_{\text{Def. } b_j} \left(b \bmod p_j^{v_j}\right)^{r_j} \bmod p_j^{v_j}$$
$$\underbrace{=}_{(D.22)} b^{r_j} \bmod p_j^{v_j} \tag{6.72}$$

그리고 모든 $j \in \{1,\ldots,J\}$에 대해 (6.71)뿐만 아니라 다음도 성립한다.

$$b^{r_j} \bmod p_j^{v_j} = 1 \tag{6.73}$$

정의에서, 각각의 r_j는 (6.72)의 첫 번째 행의 식을 만족하는 최소 양의 수이기 때문에, 이는 (6.73)을 만족하는 최소의 수도 된다. (6.71)을 이용하면 이는 모든 $j \in \{1, \ldots, J\}$에 대해 $r = k_j r_j$를 만족하는 $k_j \in \mathbb{N}$이 존재한다. 반대로 r_j의 모든 공배수 k는 $b^k \bmod N = 1$을 만족한다. 그 이유는

$$\frac{b^k - 1}{p_j^{v_j}} \in \mathbb{Z} \qquad \forall j \in \{1, \ldots, J\}$$

$i \neq j$일 때 $\gcd(p_i, p_j) = 1$이므로, 위의 식은 다음을 의미한다.

$$\frac{b^k - 1}{\prod_{j=1}^{J} p_j^{v_j}} \in \mathbb{Z}$$

그래서 $b^k \bmod N = 1$이다. 정의에서, $b^r \bmod N = 1$을 만족하는 최소의 수가 r이므로, r_j의 (정의 D.3의) 최소공배수가 된다.

$$r = \mathrm{scm}(r_1, \ldots, r_J) \tag{6.74}$$

$s, s_j \in \mathbb{N}_0$이고, t, t_j가 홀수에 대해 $r = 2^s t$, $r_j = 2^{s_j} t_j$라 둔다. (6.74)에서 ($s = 0$인 것과 같은) r이 홀수인 것과 ($j \in \{1, \ldots, J\}$에 대해 모든 $s_j = 0$인 것과 같은) 모든 r_j가 홀수인 것은 동치이다. 그래서 다음을 얻는다.

$$r \text{ odd} \quad \Leftrightarrow \quad s_j = 0 \quad \forall j \in \{1, \ldots, J\} \tag{6.75}$$

그리고 (6.74)에서 모든 $j \in \{1, \ldots, J\}$에 대해 다음을 얻는다.

$$s_j \leq s$$

r이 짝수이고 $(b^{\frac{r}{2}} + 1) \bmod N = 0$인 경우를 고려한다. 즉, 적절한 $l \in \mathbb{N}$이 존재해 다음을 만족한다.

$$b^{\frac{r}{2}} + 1 = lN \tag{6.76}$$

$N = \prod_{j=1}^{J} p_j^{v_j}$이므로, 모든 j에 대해 적절한 $l_j = l \frac{N}{p_j^{v_j}} \in \mathbb{N}$이 존재해 다음을 만족한다.

$$b^{\frac{r}{2}} + 1 = l_j p_j^{v_j} \tag{6.77}$$

$s_j < s$임을 알고 있는데, (6.77)에서 $s_j = s$가 된다는 것을 증명할 것이다. 이를 위해 $s_j < s$인 j가 존재한다고 가정한다. 그러면

$$2^s t = r = k_j r_j = k_j 2^{s_j} t_j$$

이로부터,

$$k_j = 2^{s-s_j} \frac{t}{t_j} \in \mathbb{N}$$

그러므로

$$\frac{r}{2} = \underbrace{2^{s-s_j-1} \frac{t}{t_j}}_{:=z_j \in \mathbb{N}} r_j$$

왜냐하면, r이 짝수인 경우를 고려하기 때문이다. 그러므로 $s_j < s$인 j에 대해 적절한 $z_j \in \mathbb{N}$이 존재해 다음을 만족한다.

$$\frac{r}{2} = z_j r_j \tag{6.78}$$

(6.72)를 이용하면, 다음을 얻는다.

$$b^{\frac{r}{2}} \bmod p_j^{v_j} \underset{(6.78)}{=} b^{z_j r_j} \bmod p_j^{v_j} \underset{(D.22)}{=} \left(b^{r_j} \bmod p_j^{v_j} \right)^{z_j} \bmod p_j^{v_j} \underset{(6.73)}{=} 1 \bmod p_j^{v_j}$$
$$= 1$$

이것은 (6.77)을 위배한다. 결국 다음을 얻는다.

$$(b^{\frac{r}{2}} + 1) \bmod N = 0 \quad \Rightarrow \quad s_j = s \quad \forall j \in \{1, \ldots, J\} \tag{6.79}$$

사용하고 있는 표기법에 주의를 하면, 모든 $j \in \{1, \ldots, J\}$에 대해 다음을 만족한다.

$$\operatorname{ord}_{p_j^{v_j}} \left(b \bmod p_j^{v_j} \right) = r_j = 2^{s_j} t_j$$

여기에서 t_j는 홀수이다. 결국 b의 무작위 선택은 s_j의 무작위 선택을 수반하며, 고려하고 있는 사건의 집합에 대해 (6.75), (6.79)는 다음을 의미한다.

$$\{r \text{ odd}\} \subset \{s_j = 0 \quad \forall j\}$$
$$\big\{[r \text{ even}] \text{ and } [(b^{\frac{r}{2}} + 1) \bmod N = 0]\big\} \subset \{s_j = s \in \mathbb{N} \quad \forall j\}$$

그러므로

$$\Big\{[r \text{ odd}] \text{ or } [[r \text{ even}] \text{ and } [(b^{\frac{r}{2}} + 1) \bmod N = 0]]\Big\} \subset \{s_j = s \in \mathbb{N}_0 \quad \forall j\}$$

s_j의 선택이 독립이라고 가정하기 때문에, r이 홀수이거나 또는 r이 짝수이면서 $(b^{\frac{r}{2}} + 1) \bmod N = 0$을 만족하는 확률을 다음으로 구한다.

$$\mathbf{P}\Big\{[r \text{ odd}] \text{ or } [[r \text{ even}] \text{ and } [(b^{\frac{r}{2}} + 1) \bmod N = 0]]\Big\}$$

$$\leq \mathbf{P}\{s_j = s \in \mathbb{N}_0 \quad \forall j\} = \sum_{s \in \mathbb{N}_0} \mathbf{P}\{s_j = s \quad \forall j\} = \sum_{s \in \mathbb{N}_0} \prod_{j=1}^{J} \mathbf{P}\{s_j = s\}$$

$$= \sum_{s \in \mathbb{N}_0} \mathbf{P}\{s_1 = s\} \prod_{j=2}^{J} \mathbf{P}\{s_j = s\}$$

$$= \sum_{s \in \mathbb{N}_0} \mathbf{P}\{s_1 = s\} \prod_{j=2}^{J} \underbrace{\mathbf{P}\{r_j = 2^s t \text{ with } 2 \nmid t\}}_{\leq \frac{1}{2} \text{ from Lemma 6.10}}$$

$$\leq \underbrace{\sum_{s \in \mathbb{N}_0} \mathbf{P}\{s_1 = s\}}_{=1} \frac{1}{2^{J-1}} = \frac{1}{2^{J-1}}$$

이로부터, (6.25)에서 정의한 사건 $\mathfrak{e}_1$의 확률을 구한다.

$$\mathbf{P}\{\mathfrak{e}_1\} = \mathbf{P}\Big\{[r \text{ even}] \text{ and } [(b^{\frac{r}{2}} + 1) \bmod N \neq 0]\Big\}$$

$$= 1 - \mathbf{P}\Big\{[r \text{ odd}] \text{ or } [[r \text{ even}] \text{ and } [(b^{\frac{r}{2}} + 1) \bmod N = 0]]\Big\} \qquad (6.80)$$

$$\geq 1 - \frac{1}{2^{J-1}}$$

소인수가 하나 이상인 경우, 즉 $J \geq 2$인 N에 대해서는, $\operatorname{ord}_N(b)$가 짝수이고 $(b^{\frac{\operatorname{ord}_N(b)}{2}} + 1) \bmod N \neq 0$이 성립하는 b를 선택할 확률은 $\frac{1}{2}$보다 작지 않다는 것을 알 수 있다. 예로서, 10번을 시행한 후에 이러한 b를 찾을 확률은 $1 - \frac{1}{2^{10}}$ $= 0.999$보다 크다.

그러나 N이 소수의 멱인 경우, 즉 $J = 1$이면, (6.80)에서 r이 짝수이고 $(b^{\frac{r}{2}}$ $+ 1)$ mod $N \neq 0$이 성립하는 b를 찾을 수 있는 확률에 관해 유용한 결과를 얻을 수 없다.

6.5.6 단계들의 대차대조표

> **명제 6.12** $f_{b,N}(x) = b^x$ mod N에 대해 다음을 만족하는 $\mathbb{H}^A \otimes \mathbb{H}^B$의 유니타리 연산자 $U_{f_{b,N}}$이 존재한다.
>
> $$U_{f_{b,N}}\left(|x\rangle^A \otimes |0\rangle^B\right) = |x\rangle^A \otimes |f_{b,N}(x)\rangle^B \qquad (6.81)$$
>
> $U_{f_{b,N}}$에 필요한 계산량 $S_{U_{f_{b,N}}}$은 $L = \lfloor 2\log_2 N \rfloor + 1$의 함수로서 다음과 같이 증가한다.
>
> $$S_{U_{f_{b,N}}}(L) \in O(L^3) \qquad \text{for } L \to \infty \qquad (6.82)$$

[증명]

(6.81)은 따름정리 5.47에서 증명했다. (6.82)를 증명하기 위해 $U_{f_{b,N}}$을 구현할 때 사용하는 연산자의 계산량은 모두 집계를 해야 한다.

그림 5.14에서 두 개의 숫자 $a, b < 2^L$을 더하는 양자 가산기에 각각이 $O(L)$의 시간을 필요로 하는 U_s, U_c, U_c^*가 필요한 것을 봤다. 그러므로 $L \to \infty$일 때, 필요한 계산량은 $S_{U_+} \in O(L)$이 된다. 가산기의 역이 감산기에도 같은 것이 성립한다.

그림 5.21에서 N법 양자 가산기는 a, b, N과 무관한 고정된 개수의 양자 가산기 U_+와 양자 감산기 U_-를 필요로 하는 것을 봤다. 결국 양자 N법 가산기에 필요한 계산량은 $L \to \infty$일 때 $S_{U_{+\%N}}(L) \in O(L)$이 된다.

$a, b, c, N < 2^L$인 경우에 정의 5.43에서 정의한 양자 N법 곱셈기 $U_{\times cTN}$를 실행하기 위해서는 덧셈 U_+를 $O(L)$번 수행해야 한다. 그러므로 필요한 계산량은 $L \to \infty$일 때 $S_{U_{\times c\%N}}(L) \in O(L^2)$가 된다.

그림 5.23에서 $x < 2^L$에 대해 $A_{f_{b,N}}$은 양자 곱셈기 $U_{\times \beta_j \%N}$를 $O(L)$번 수행하는 것으로 구현된다. 곱셈기에서 필요한 $j \in \{0, \ldots, L - 1\}$에 대한 $\beta_j = b^{2^j}$ mod N

의 계산은 다음의 효율적인 방법으로 고전적으로 구현할 수 있다. 다음의 식에 주의한다.

$$b^{2^j} \bmod N \underbrace{=}_{(D.22)} \underbrace{\left(b^{2^{j-1}} \bmod N\right)^2}_{<N^2} \bmod N$$

이로부터 $b^{2^0} \bmod N, \ldots, b^{2^{L-1}} \bmod N$은 $a < N^2$일 때 $a \bmod n$ 형태의 계산에 L배만이 필요로 한다. 보조정리 D.2에서 각각의 수식은 $O\left((\log_2 \max\{a,N\})^2\right) \in O(L^2)$의 계산량이 필요하다. 그러므로 $L \to \infty$일 때, $A_{f_{b,N}}$의 계산량은 $S_{A_{f_{b,N}}} \in O(L^3)$이 된다.

마지막으로, 그림 5.11에서 따름정리 5.47에서 $U_{f_{b,N}}$의 구현에 사용한 것은 $f_{b,N}$과 $A^*_{f_{b,N}}$를 여러 번 사용하는데, 이는 N과 무관하다. 그러므로 $L \to \infty$일 때 $x, N < 2^L$에 대해 $S_{U_{f_{b,N}}} \in O(L^3)$을 얻는다. ∎

이러한 준비 과정을 거쳐서, 이제 쇼어 알고리즘의 효율성에 관한 주장을 다음과 같이 공식화할 수 있다.

> **정리 6.13** 쇼어 알고리즘을 이용해 최소한 두 개 이상의 소인수를 가지는 홀수 $N \in \mathbb{N}$을 소인수분해를 할 때, 필요한 계산량 $S_{\text{SHOR}}(N)$은 다음을 만족한다.
>
> $$S_{\text{SHOR}}(N) \in O\left((\log_2 N)^3 \log_2 \log_2 N\right) \qquad N \to \infty$$

[증명]
우선 L 대신에 N을 이용해 (6.62)를 이용한다. $L = \lfloor 2\log_2 N \rfloor + 1$이므로 다음을 얻는다.

$$2\log_2 N < L \leq 2\log_2 N + 1 \tag{6.83}$$

그러므로

$$\frac{1}{\ln L} \geq \frac{1}{\ln(2\log_2 N + 1)} \tag{6.84}$$

그리고 $L \geq 15$에 대한 (6.83)에서 적어도 $\log_2 N \geq 7$을 얻는다. 이러한 N은 $(\log_2 N)^{\frac{17}{12}} \geq 2\log_2 N + 1$을 만족해 다음을 얻는다.

$$\frac{1}{\ln(2\log_2 N + 1)} \geq \frac{1}{\frac{17}{12}\ln\log_2 N} = \frac{1}{\frac{17}{12}\ln 2\log_2\log_2 N} > \frac{1}{\log_2\log_2 N}$$

여기에서 마지막 부등식에서 $\frac{17}{12}\ln 2 < 1$을 사용했다. (6.84)를 추가적으로 이용하면, $L \geq 15$일 때 다음을 만족한다.

$$\frac{1}{\ln L} > \frac{1}{\log_2\log_2 N}$$

(6.62)에서 $L \geq 15$에 대해 다음을 얻는다.

$$\mathbf{P}\{e_2\} > \frac{1}{10\log_2\log_2 N}$$

쇼어 알고리즘과 관련된 사건들과 이들의 확률에 대해 표 6.7에 한 번 더 정리했다. 계산량과 알고리즘은 다음과 같다.

표 6.7 쇼어 알고리즘과 관련된 사건과 확률

속한 단계	사건	설명	확률
1	e_1	r이 짝수이고 $(b^{\frac{r}{2}} + 1) \bmod N \neq 0$이 성립하도록 b를 선택	$\mathbf{P}\{e_1\} \geq \frac{1}{2}$
2	e_2	입력 레지스터 $\mathbb{H}^A$를 관측해 $z \in \{0,...,2^L - 1\}$에 속하는 상태 $\lvert z\rangle$를 관측해 $\lvert \frac{z}{2^L} - \frac{l_z}{r}\rvert < \frac{1}{2r^2}$이며 $\gcd(l_z,r) = 1$을 만족하는 $l_z \in \{0,...,r - 1\}$가 존재	$\mathbf{P}\{e_2\} > \frac{1}{10\log_2\log_2 N}$ $r \geq 19$
2	e_2에서 유도	$\frac{z}{2^L}$의 부분 연분수 $\frac{p_i}{q_i}$가 $f_{b,N}$의 주기를 분모 $q_i = r$로 가지는 것	$\mathbf{P}\{e_2\} > \frac{1}{10\log_2\log_2 N}$ $r \geq 19$
3	$e_1 \cap e_2$	$r = q_i$가 $f_{b,N}$의 주기이고 $(b^{\frac{r}{2}} + 1) \bmod N \neq 0$이 성립하는 $b < N$의 선택	$\mathbf{P}\{e_1 \cap e_2\} > \frac{1}{20\log_2\log_2 N}$ $r \geq 19$

쇼어 알고리즘과 계산량

- **입력:** 적어도 두 개의 서로 다른 소인수를 가지는 홀수 N
- **1단계:** $b < N$를 만족하는 $b \in \mathbb{N}$를 선택해 $\gcd(b, N)$을 계산한다. 필요한 계산량은 D.19에서 알 수 있다.

$$S_{\text{SHOR1}}(N) \in O\big((\log_2 N)^3\big) \qquad \text{for } N \to \infty$$

$\gcd(b, N) > 1$이면, $\gcd(b, N)$이 N의 비자명한 인수가 돼 원하는 결과이다. 출력으로 가서 $\gcd(b, N)$과 $\dfrac{N}{\gcd(b, N)}$을 출력한다.

$\gcd(b, N) = 1$이면 2단계로 간다.

- **2단계:** 다음의 함수의 주기 r을 결정한다.

$$
\begin{aligned}
f_{b,N} : \mathbb{N}_0 &\longrightarrow \mathbb{N}_0 \\
n &\longmapsto f_{b,N}(n) := b^n \bmod N
\end{aligned}
$$

이를 위해 직접 계산으로 $f_{b,N}$을 20번 계산한다. (D.4)에서 이를 위해서 필요한 계산량은 $O\big((\log_2 N)^2\big)$이다. 이 계산에서 주기가 $r < 19$이면 (6.85)와 다른 경우로 분리해 계속 진행한다. 그렇지 않으면 정리 6.8의 양자 알고리즘을 사용한다. 이를 위한 계산량은 명제 6.12와 (6.29)에서 $O\big((\log_2 N)^3\big)$을 필요로 한다. 종합하면 다음을 얻는다.

$$S_{\text{SHOR2}}(N) \in O\big((\log_2 N)^3\big) \qquad \text{for } N \to \infty \qquad (6.85)$$

r이 홀수이면, 1단계로 가서 다시 시작한다.

r이 짝수이면, 3단계로 간다.

- **3단계:** $\gcd(b^{\frac{r}{2}} + 1, N)$을 계산한다. 이를 위한 계산량은 (D.19)에서 다음과 같다.

$$S_{\text{SHOR3}}(N) \in O\big((\log_2 N)^3\big) \qquad \text{for } N \to \infty$$

$\gcd(b^{\frac{r}{2}} + 1, N) = N$이면, 1단계로 가서 다시 시작한다.

$\gcd(b^{\frac{r}{2}} + 1, N) \neq N$이면, $(b^{\frac{r}{2}} + 1, N)$이 N의 비자명한 인수가 된다. 다른 비자명한 인수로 $\gcd(b^{\frac{r}{2}} - 1, N)$을 계산한다. 출력으로 가서 $\gcd(b^{\frac{r}{2}} \pm 1)$을 출력한다.

- **출력:** N의 비자명한 인수 두 개

표 6.7에서 볼 수 있듯이 사건 $e_1 \cap e_2$가 발생해 N의 인수를 결정할 수 있도록 b가 선택될 확률은 다음과 같다.

$$\mathbf{P}\Big\{ e_1 \bigcap e_2 \Big\} > \frac{1}{20 \log_2 \log_2 N}$$

1에 가까운 확률로 적절한 b와 r을 찾기 위해서는 1단계에서 3단계를 근사적으로 $20\log_2\log_2 N$번 반복해야 한다.

종합하면, 성공 확률이 1에 가깝도록 N을 인수분해하기 위해 필요한 계산량은 N의 함수로 다음과 같이 증가한다.

$$
\begin{aligned}
\mathrm{S_{SHOR}}(N) \;\in\;& \left(\mathrm{S_{SHOR1}}(N) + \mathrm{S_{SHOR2}}(N) + \mathrm{S_{SHOR3}}(N)\right) O(\log_2\log_2 N) \\
\in\;& \left(O\!\left((\log_2 N)^3\right) + O\!\left((\log_2 N)^3\right) + O\!\left((\log_2 N)^3\right)\right) O(\log_2\log_2 N) \\
\underbrace{\in}_{(C.2)}\;& O\!\left((\log_2 N)^3 \log_2\log_2 N\right) \qquad \text{for } N \to \infty
\end{aligned}
$$

보기 6.14 쇼어 알고리즘의 보기

- **입력:** $N = 143$이 주어진다.
- **1단계:** $b = 7$을 선택해 $\gcd(b,N) = 1$을 계산한다. 그래서 2단계로 간다.
- **2단계:** $x \in \{0,\dots,20\}$에 대해 $f_{b,N} = 7^x \bmod 143$을 계산해 $f_{b,N}$의 주기 r이 20보다 큰 것을 확인한다. $L = \lfloor 2\log_2 N\rfloor + 1 = 15$로 한다.

  양자 컴퓨터를 가지고 있는 경우라면, $\P\mathbb{H}^{\otimes L}$에 초기 상태를 준비하고 $U_{f_{b,N}}$과 F를 적용해 입력 레지스터를 관측해 z을 값을 읽는다. 관측한 z의 확률 분포는 그림 6.4에 나타낸 형태이다. 먼저 (6.46)의 확률로 $z = 7647$을 발견한다. $\frac{z}{2^L} = \frac{7646}{2^{15}}$의 (6.6)에서 주어진 연분수 표현을 구한다.

$$
\frac{7646}{2^{15}} = [0; 4, 3, 1, 1, 272, 2]
$$

(6.58)의 연분수에서 가능성이 있는 $\frac{l}{r}$의 후보들을 찾는다.

$$
T\left(\frac{7646}{2^{15}}\right) = \left\{\frac{p_1}{q_1}, \dots, \frac{p_6}{q_6}\right\} = \left\{\frac{1}{4}, \frac{3}{13}, \frac{4}{17}, \frac{7}{30}, \frac{1908}{8177}, \frac{3823}{16384}\right\}
$$

$$(6.86)$$

(6.86)의 q_j를 $f_{b,N}$에 적용하면 모든 q_j에 대해 $f_{b,N}(q_j) \neq 1$이다. 즉, 모든 q_j는 $f_{b,N}$의 주기가 아니다.

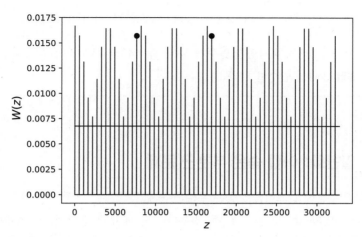

그림 6.4 입력 레지스터에서 $z \in \{0,...,2^L - 1 = 32767\}$을 관측할 확률 $W(z)$. 수평선은 (6.53)의 극한 확률 W_{min}을 보여준다. 막대 그래프가 z의 값이 이산적으로 분포된 것과 각각 관측 확률이 W_{min}보다 큰 것을 보여준다. $z \in \{0,...,32767\}$이 아닌 경우에는 확률이 10^{-6}보다 작다. 두 개의 점은 알고리즘의 가상의 실행에서 입력 레지스터에서 관측된 z값 7647과 16930이다.

그러므로 새로운 초기 상태를 준비해 $U_{f_{b,N}}$과 F를 적용해 입력 레지스터를 다시 한 번 관측한다. 이번에는 $z = 16930$을 관측한다. $\frac{z}{2^L} = \frac{16930}{2^{15}}$의 (6.56) 연분수 표현은 새롭게 주어진다.

$$\frac{16930}{2^{15}} = [0; 1, 1, 14, 1, 1, 67, 1, 3]$$

(6.58)의 연분수에서 새로운 $\frac{l}{r}$의 후보를 구한다.

$$T\left(\frac{16930}{2^{15}}\right) = \left\{ \frac{p_1}{q_1}, ..., \frac{p_8}{q_8} \right\} \tag{6.87}$$

$$= \left\{ \frac{1}{1}, \frac{1}{2}, \frac{15}{29}, \frac{16}{31}, \frac{31}{60}, \frac{2093}{4051}, \frac{2124}{4111}, \frac{8465}{16384} \right\}$$

(6.87)의 q_j를 $f_{b,N}$에 적용해 $f_{b,N}(60) = 1$을 얻는다. 그러므로 짝수 주기 $r = q_5 = 60$을 찾아서 3단계로 간다.

- **3단계:** 2단계에서 60이 $f_{b,N}$의 주기가 되는 것을 알았다. 다음을 계산한다.

$$\gcd(7^{30}+1, 143) = 13 \quad \text{and} \quad \gcd(7^{30}-1, 143) = 11$$

이들이 143의 비자명한 인수가 된다. 즉, $143 = 13 \times 11$을 얻는다.

- **출력:** 143의 인수인 11과 13

6.6 일반화: 아벨 숨은 부분군 문제

쇼어의 인수분해 알고리즘은 숨은 부분군 문제^{Hidden Subgroup Problem}를 푸는 더 넓은 종류의 양자 알고리즘의 특수한 경우다. 다음에서 유한 아벨군의 경우에 양자 컴퓨터를 이용해 이러한 일반적인 문제를 해결하는 알고리즘을 제시한다.

부분군을 숨기는 함수의 일반적인 정의로 시작해 유한 아벨군의 특수한 경우를 고려한다. 이 절의 내용에 필요한 군 이론의 개념과 결과는 부록 F에 설명했으며 군 이론에 익숙하지 않다면 먼저 부록을 읽는 것이 좋다.

> **정의 6.15** $\mathcal{H}$는 군 $\mathcal{G}$의 부분군이고 S는 유한한 집합이다. $f: \mathcal{G} \to S$가 모든 $g_1, g_2 \in \mathcal{G}$에 대해 다음을 만족하면 **부분군 $\mathcal{H}$를 숨긴다**고 말한다.
>
> $$f(g_1) = f(g_2) \quad \Leftrightarrow \quad g_1^{-1} g_2 \in \mathcal{H}$$

$\mathcal{H}$의 좌잉여류의 용어를 사용해 조건 $g_1^{-1} g_2 \in \mathcal{H}$를 다시 서술할 수 있다.

> **문제 6.73** $\mathcal{H}$는 군 $\mathcal{G}$의 부분군이고, $f: \mathcal{G} \to S$이며 S는 유한 집합이다. 다음을 증명하라.
>
> $$f \text{ hides } \mathcal{H} \quad \Leftrightarrow \quad \forall g_1, g_2 \in \mathcal{G} \quad f(g_1) = f(g_2) \Leftrightarrow g_1 \mathcal{H} = g_2 \mathcal{H}$$
> $$(6.88)$$

그러므로 f는 주어진 좌잉여류에서 상수인 경우에만 $\mathcal{H}$를 숨기고 $\mathcal{H}$의 각각의 좌잉여류에서 다른 값을 가진다. 따라서 f가 정규 부분군 $\mathcal{H}$를 숨기면 몫군 $\mathcal{G}/\mathcal{H}$에서 단사함수로 볼 수 있다(정의 F.23 참조).

숨은 부분군 문제$^{\text{HSP, Hidden Subgroup Problem}}$는 f를 사용해 가능한 효율적으로, 즉 가능한 f의 값을 적게 사용해 $\mathcal{H}$를 식별하는 문제로 정의된다.

> **정의 6.16** f는 군 $\mathcal{G}$의 부분군 $\mathcal{H}$를 숨긴다. f를 이용해 $\mathcal{H}$를 식별하는 문제를 **숨은 부분군 문제**^{HSP}라고 한다.
> $\mathcal{G}$가 유한 아벨군인 경우에는 **아벨 숨은 부분군 문제**^{AHSP}라고 한다.

HSP를 풀 때, $\mathcal{H}$를 결정하기 위해 함수 f에 대해 가능하면 최소의 쿼리(또는 평가)를 사용하는 의미에서 효율적이기를 원한다. 양자 알고리즘은 비아벨 HSP를 효율적으로 해결하고자 개발됐지만(리뷰는 [87] 참조), 이 책에서는 AHSP에 한해 설명한다. 즉, 다음과 같다.

$$\mathcal{G} = \{g_1, \ldots, g_{|\mathcal{G}|}\}$$

여기에서, $|\mathcal{G}|$는 차수 즉, $\mathcal{G}$의 원소의 개수다. $n := \text{cap}\lceil \log_2 |\mathcal{G}| \rceil$로 정의하고, 군 $\mathcal{G}$의 각각의 원소 g_l을 적절한 힐베르트 공간 $\mathbb{H}^{\otimes n}$의 계산 기저 벡터 $|g_l\rangle$에 대응한다. 즉, 계산 기저 상태의 부분집합을 선택해 다음과 같이 군의 원소로 라벨을 붙인다.

$$\{|g_1\rangle, \ldots, |g_{|\mathcal{G}|}\rangle\} \subset \{|x\rangle \mid x \in \{0, \ldots, 2^n - 1\}\} \subset \mathbb{H}^{\otimes n}$$

그러면 다음을 만족한다.

$$\langle g_l | g_k \rangle = \delta_{lk} \tag{6.89}$$

이렇게 선택한 $|g_l\rangle$을 이용해 다음을 정의한다.

$$\mathbb{H}^A := \text{Span}\{|g_1\rangle, \ldots, |g_{|\mathcal{G}|}\rangle\} \subset \mathbb{H}^{\otimes n} \tag{6.90}$$

그러면 $\{|g_l\rangle \mid l \in \{1, \ldots, |\mathcal{G}|\}\}$는 $\mathbb{H}^A$에서 ONB를 이룬다.

그리고 함수 $f : \mathcal{G} \to S$가 숨기는 부분군 $\mathcal{H} < \mathcal{G}$에서 사용하는 이산 유한 집합 S에 대해 $m := |S|$를 정의한다. 또한 S는 순서를 가진다고 가정하고 아래첨자를 이용해 각각의 원소 $s_j \in S = \{s_0, \ldots, s_{|S|-1}\}$를 식별한다. 이러한 식별을 $\sim$를 표기한다. 즉, 다음의 전단사함수를 고려한다.

$$\widetilde{}: S \longrightarrow \{0,\dots,|S|-1\}$$
$$s_j \longmapsto j$$

여기에서, 각 원소 $s_j \in S$를 계산 기저 벡터로 식별한다.

$$|\widetilde{s_j}\rangle = |j\rangle \in \mathbb{H}^{\otimes m} =: \mathbb{H}^B$$

그러면 모든 $g \in \mathcal{G}$에 대해 $0 \le \widetilde{f(g)} < 2^m$이며 $|\widetilde{f(g)}\rangle \in \{|y\rangle \,|\, y \in \{0,\dots,2^m-1\}\}$ 을 만족한다.

AHSP를 효율적으로 해결하는 양자 알고리즘의 첫 번째 단계는 초기 상태를 준비하는 것이다.

$$|\Psi_0\rangle := \frac{1}{\sqrt{|\mathcal{G}|}} \sum_{g \in \mathcal{G}} |g\rangle^A \otimes |0\rangle^B \in \mathbb{H}^A \otimes \mathbb{H}^B \qquad (6.91)$$

$|\Psi_0\rangle$를 준비하는 데 필요한 정확한 계산량은 문제에 있는 군 $\mathcal{G}$에 따라 다르다. 그러나 양자 알고리즘의 효율성을 위해서는 다음과 같이 계산량의 한계를 가정하는 것으로 충분하다.

AHSP 가정 1 (6.91)에서 주어진 $|\Psi_0\rangle$을 준비하는 데 필요한 계산량 S_1은 다음을 만족한다.

$$S_1(|\mathcal{G}|) \in \mathrm{poly}\left(\log_2(|\mathcal{G}|)\right) \quad for \ |\mathcal{G}| \to \infty$$

AHSP를 해결하기 위한 두 번째 단계는 $\mathcal{G}$의 모든 원소에 대해 f를 한 번에 계산하기 위해 대량 양자 병렬성을 이용한다. 그래서 다음의 가정을 한다.

AHSP 가정 2 $f: \mathcal{G} \to S$에 대해 다음과 같이 ONB에 작용으로 정의되는 유니타리 U_f가 구현이 존재한다.

$$\{|g\rangle \otimes |y\rangle \,|\, g \in \mathcal{G}, 0 \le y < 2^m\} \subset \mathbb{H}^A \otimes \mathbb{H}^B \qquad (6.92)$$

$$U_f : \mathbb{H}^A \otimes \mathbb{H}^B \longrightarrow \mathbb{H}^A \otimes \mathbb{H}^B$$
$$|g\rangle \otimes |y\rangle \longmapsto |g\rangle \otimes |y \boxplus \widetilde{f(g)}\rangle \qquad (6.93)$$

양자 AHSP 알고리즘의 두 번째 단계는 $|\Psi_0\rangle$에 U_f를 적용해 다음을 얻는다.

$$\begin{aligned}
|\Psi_1\rangle &:= U_f|\Psi_0\rangle = \frac{1}{\sqrt{|\mathcal{G}|}} \sum_{g \in \mathcal{G}} U_f\left(|g\rangle \otimes |0\rangle\right) \\
&\underbrace{=}_{(6.92)} \frac{1}{\sqrt{|\mathcal{G}|}} \sum_{g \in \mathcal{G}} |g\rangle \otimes |\widetilde{f(g)}\rangle \in \mathbb{H}^A \otimes \mathbb{H}^B
\end{aligned} \tag{6.94}$$

알고리즘의 두 번째 단계 이후에, 복합 시스템은 순수 상태 $\rho = |\Psi_1\rangle\langle\Psi_1|$를 가진다. 여기에서 부분 시스템 $\mathbb{H}^B$를 무시하고 부분 시스템 $\mathbb{H}^A$만을 관측한다. 정리 3.17에서 부분 시스템 $\mathbb{H}^A$는 다음의 혼합 상태로 기술해야 한다.

$$\rho^A \underbrace{=}_{(3.50)} \mathrm{tr}^B(\rho) = \mathrm{tr}^B\left(|\Psi_1\rangle\langle\Psi_1|\right)$$

이로써 다음을 얻는다.

$$\begin{aligned}
|\Psi_1\rangle\langle\Psi_1| &\underbrace{=}_{(6.94)} \frac{1}{|\mathcal{G}|} \sum_{g,k \in \mathcal{G}} \left(|g\rangle \otimes |\widetilde{f(g)}\rangle\right)\left(\langle k| \otimes \langle\widetilde{f(k)}|\right) \\
&\underbrace{=}_{(3.36)} \frac{1}{|\mathcal{G}|} \sum_{g,k \in \mathcal{G}} |g\rangle\langle k| \otimes |\widetilde{f(g)}\rangle\langle\widetilde{f(k)}|
\end{aligned} \tag{6.95}$$

(6.92)에서 주어진 $\mathbb{H}^A \otimes \mathbb{H}^B$의 ONB로 $\rho = |\Psi_1\rangle\langle\Psi_1|$의 행렬 요소는 다음과 같다.

$$\rho_{gy,kz} \underbrace{=}_{(2.22)} \langle g \otimes y|\Psi_1\rangle\langle\Psi_1|k \otimes z\rangle \underbrace{=}_{(6.95)} \frac{1}{|\mathcal{G}|} \langle y|\widetilde{f(g)}\rangle\langle\widetilde{f(k)}|z\rangle \tag{6.96}$$

$\mathbb{H}^A$의 ONB $\{g \mid g \in \mathcal{G}\}$로 ρ^A를 행렬로 표현하면 다음과 같다.

$$\rho^A_{gk} \underset{(3.52)}{=} \sum_y \rho_{gy,ky} \underset{(6.96)}{=} \frac{1}{|\mathcal{G}|} \sum_{y=0}^{2^m-1} \langle y|\widetilde{f(g)}\rangle \langle \widetilde{f(k)}|y\rangle$$

$$= \frac{1}{|\mathcal{G}|} \langle \widetilde{f(k)}| \sum_{y=0}^{2^m-1} |y\rangle\langle y|\widetilde{f(g)}\rangle \underset{(2.20)}{=} \frac{1}{|\mathcal{G}|} \langle \widetilde{f(k)}|\widetilde{f(g)}\rangle \tag{6.97}$$

$|\widetilde{f(g)}\rangle$와 $|\widetilde{f(k)}\rangle$는 $\mathbb{H}^B$의 계산 기저 벡터이므로 다음을 만족한다.

$$\langle \widetilde{f(k)}|\widetilde{f(g)}\rangle = \begin{cases} 1 & \text{if } f(k) = f(g) \\ 0 & \text{else} \end{cases}$$

문제 6.73에서 f가 $\mathcal{H}$를 숨기기 때문에 k와 g가 같은 좌잉여류에 속할 때에만 $f(k) = f(g)$가 된다. 즉, $k, g \in \check{g}\mathcal{H}$를 만족하는 $\check{g} \in \mathcal{G}$가 존재한다. $\mathcal{G}$가 아벨군이라 가정했기에, 좌잉여류와 우잉여류가 일치하며 $\check{g} \in \mathcal{G}$를 포함하는 잉여류를 $[\check{g}]_\mathcal{H}$로 표기한다. 그러면 다음을 얻는다.

$$\langle \widetilde{f(k)}|\widetilde{f(g)}\rangle = \begin{cases} 1 & \text{if } \exists \check{g} \in \mathcal{G} : \ g,k \in [\check{g}]_\mathcal{H} \\ 0 & \text{else} \end{cases}$$

이러한 잉여류는 (정의 F.23의) 몫군 $\mathcal{G}/\mathcal{H}$의 원소이므로, (6.97)에서 행렬원소 ρ^A_{gk}는 다음으로 변형된다.

$$\rho^A_{gk} = \frac{1}{|\mathcal{G}|} \sum_{\substack{[\check{g}]_\mathcal{H} \in \mathcal{G}/\mathcal{H} \\ \text{s.th.: } g,k \in [\check{g}]_\mathcal{H}}} 1 \tag{6.98}$$

여기에서, 합은 g와 k를 포함하는 모든 잉여류에 대해 행해진다. 부분 시스템 $\mathbb{H}^A$는 다음의 혼합 상태로 서술된다.

$$\rho^A \underset{(2.21)}{=} \sum_{g,k \in \mathcal{G}} |g\rangle \rho^A_{gk} \langle k| \underset{(6.98)}{=} \sum_{g,k \in \mathcal{G}} \frac{1}{|\mathcal{G}|} \sum_{\substack{[\check{g}]_\mathcal{H} \in \mathcal{G}/\mathcal{H} \\ \text{s.th.: } g,k \in [\check{g}]_\mathcal{H}}} |g\rangle\langle k|$$

$$= \frac{|\mathcal{H}|}{|\mathcal{G}|} \sum_{[\check{g}]_\mathcal{H} \in \mathcal{G}/\mathcal{H}} \left(\frac{1}{\sqrt{|\mathcal{H}|}} \sum_{g \in [\check{g}]_\mathcal{H}} |g\rangle \right) \left(\frac{1}{\sqrt{|\mathcal{H}|}} \sum_{k \in [\check{g}]_\mathcal{H}} \langle k| \right)$$

$g \in \mathcal{G}$에 대해 잉여류 상태라는 것을 정의하면 ρ^A를 더욱 간결하게 표현할 수 있다.

$$|\Psi^A_{[g]_{\mathcal{H}}}\rangle := \frac{1}{\sqrt{|\mathcal{H}|}} \sum_{k \in [g]_{\mathcal{H}}} |k\rangle \qquad (6.99)$$

그래서

$$\rho^A = \frac{|\mathcal{H}|}{|\mathcal{G}|} \sum_{[g]_{\mathcal{H}} \in \mathcal{G}/\mathcal{H}} |\Psi^A_{[g]_{\mathcal{H}}}\rangle\langle\Psi^A_{[g]_{\mathcal{H}}}| \qquad (6.100)$$

문제 6.74 (6.99)에서 정의된 $|\Psi^A_{[g]_{\mathcal{H}}}\rangle$는 다음을 만족하는 것을 보여라.

$$\langle\Psi^A_{[g_1]_{\mathcal{H}}}|\Psi^A_{[g_2]_{\mathcal{H}}}\rangle = \begin{cases} 1 & \text{if } [g_1]_{\mathcal{H}} = [g_2]_{\mathcal{H}} \\ 0 & \text{else} \end{cases} \qquad (6.101)$$

알고리즘의 다음 단계는 정의 F.51에서 정의한 푸리에 변화를 적용하는 것이다.

$$F_{\mathcal{G}} = \frac{1}{\sqrt{|\mathcal{G}|}} \sum_{g \in \mathcal{G}} \sum_{\chi \in \widehat{\mathcal{G}}} \chi(g)|\chi\rangle\langle g| \qquad (6.102)$$

여기에서 다음을 이용했다.

$$\dim \mathbb{H}^A \underbrace{=}_{(6.90)} |\mathcal{G}| \underbrace{=}_{(F.70)} |\widehat{\mathcal{G}}|$$

그리고 군 $\mathcal{G}$와 마찬가지로, 쌍대군 $\{\chi_l \mid l \in \{0,\ldots,|\mathcal{G}|\}\} = \widehat{\mathcal{G}}$의 각 원소를 계산 기저 벡터에 대응을 해 다음을 얻는다.

$$\{|\chi_1\rangle,\ldots,|\chi_{|\widehat{\mathcal{G}}|}\rangle\} = \{|g_1\rangle,\ldots,|g_{|\mathcal{G}|}\rangle\} \subset \{|x\rangle \mid x \in \{0,\ldots,2^n-1\}\} \subset \P\mathbb{H}^{\otimes n} \qquad (6.103)$$

그리고 $F_{\mathcal{G}} : \mathbb{H}^A \to \mathbb{H}^A$를 얻는다.

푸리에 변화 (6.102)를 부분 시스템 $\mathbb{H}^A$에 적용해 이 부분 시스템의 상태의 다음으로 변환한다.

$$\rho^A \mapsto F_{\mathcal{G}} \rho^A F_{\mathcal{G}}^*$$

여기에서 또 한 번 이러한 상태 변환에 필요한 계산량에 대한 가정을 한다.

(6.102)에서 주어진 푸리에 변환 $F_{\mathcal{G}}$의 영향으로 부분 시스템 $\mathbb{H}^A$가 $\rho^A \to F_{\mathcal{G}}\,\rho^A F_{\mathcal{G}}^*$의 상태 변환을 하기 위해 필요한 계산량 S_3는 다음을 만족한다.

$$S_3(|G|) \in \text{poly}\left(\log_2(|\mathcal{G}|)\right) \quad for \ |\mathcal{G}| \to \infty$$

푸리에 변환을 적용한 후에 부분 시스템 $\mathbb{H}^A$의 상태는 다음이 된다.

$$F_{\mathcal{G}}\rho^A F_{\mathcal{G}}^* \underset{(6.100)}{=} \frac{|\mathcal{H}|}{|\mathcal{G}|} \sum_{[g]_{\mathcal{H}} \in \mathcal{G}/\mathcal{H}} F_{\mathcal{G}}|\Psi^A_{[g]_{\mathcal{H}}}\rangle\langle\Psi^A_{[g]_{\mathcal{H}}}|F_{\mathcal{G}}^*$$

여기에서

$$
\begin{aligned}
F_{\mathcal{G}}|\Psi^A_{[g]_{\mathcal{H}}}\rangle &\underset{(6.102)}{=} \frac{1}{\sqrt{|\mathcal{G}|}} \sum_{\breve{g}\in\mathcal{G}} \sum_{\chi\in\widehat{\mathcal{G}}} \chi(\breve{g})|\chi\rangle\langle\breve{g}|\Psi^A_{[g]_{\mathcal{H}}}\rangle \\
&\underset{(6.99)}{=} \frac{1}{\sqrt{|\mathcal{G}||\mathcal{H}|}} \sum_{\breve{g}\in\mathcal{G}} \sum_{\chi\in\widehat{\mathcal{G}}} \sum_{k\in[g]_{\mathcal{H}}} \chi(\breve{g})|\chi\rangle\langle\breve{g}|k\rangle \\
&\underset{(6.89)}{=} \frac{1}{\sqrt{|\mathcal{G}||\mathcal{H}|}} \sum_{\breve{g}\in\mathcal{G}} \sum_{\chi\in\widehat{\mathcal{G}}} \sum_{k\in[g]_{\mathcal{H}}} \chi(\breve{g})|\chi\rangle\delta_{\breve{g},k} \\
&= \frac{1}{\sqrt{|\mathcal{G}||\mathcal{H}|}} \sum_{\chi\in\widehat{\mathcal{G}}} \sum_{k\in[g]_{\mathcal{H}}} \chi(k)|\chi\rangle \\
&\underset{(F.22)}{=} \frac{1}{\sqrt{|\mathcal{G}||\mathcal{H}|}} \sum_{\chi\in\widehat{\mathcal{G}}} \sum_{h\in\mathcal{H}} \chi(gh)|\chi\rangle \underset{(F.43)}{=} \frac{1}{\sqrt{|\mathcal{G}||\mathcal{H}|}} \sum_{\chi\in\widehat{\mathcal{G}}} \sum_{h\in\mathcal{H}} \chi(g)\chi(h)|\chi\rangle \\
&\underset{(F.75)}{=} \sqrt{\frac{|\mathcal{H}|}{|\mathcal{G}|}} \sum_{\chi\in\mathcal{H}^\perp} \chi(g)|\chi\rangle
\end{aligned}
\tag{6.104}
$$

그래서 부분 시스템 $\mathbb{H}^A$의 상태는 결국 다음으로 주어진다.

$$F_{\mathcal{G}}\rho^A F_{\mathcal{G}}^* = \frac{|\mathcal{H}|}{|\mathcal{G}|} \sum_{[g]_{\mathcal{H}} \in \mathcal{G}/\mathcal{H}} \left(\sum_{\chi\in\mathcal{H}^\perp} \chi(g)|\chi\rangle\right)\left(\sum_{\xi\in\mathcal{H}^\perp} \overline{\xi(g)}\langle\xi|\right) \tag{6.105}$$

이제, $\zeta \in \mathcal{H}^\perp$를 선택하면 $|\zeta\rangle$는 $\mathbb{H}^A$의 대응하는 기저 상태이다. 그러면 $P_\zeta = |\zeta\rangle\langle\zeta|$는 이 상태로의 직교 사영 연산자다. (2.86)에서, $F_{\mathcal{G}}\,\rho^A F_{\mathcal{G}}^*$로 준비된 시스템

$\mathbb{H}^A$를 관측할 때 상태 $|\zeta\rangle$를 발견할 확률은 다음과 같다.

$$\mathbf{P}\left\{\begin{array}{l}\text{상태 } F_g\rho^A F_g^* \text{로 준비하였을때, 시스템 } \mathbb{H}^A \text{에서}\\ \zeta \in \mathbb{H}^\perp \text{에 대응하는 } |\zeta\rangle \text{를 관측}\end{array}\right\}$$

$$\underbrace{=}_{(2.86)} \mathrm{tr}\left(|\zeta\rangle\langle\zeta|F_g\rho^A F_g^*\right)$$

$$\underbrace{=}_{(2.57)} \sum_a \langle e_a|\zeta\rangle\langle\zeta|F_g\rho^A F_g^* e_a\rangle$$

여기에서 $\mathbb{H}^A$의 ONB $\{e_a\}$를 사용했다. (6.105)를 이용해 다음을 얻는다.

$$\mathbf{P}\left\{\begin{array}{l}\text{상태 } F_g\rho^A F_g^* \text{로 준비하였을때, 시스템 } \mathbb{H}^A \text{에서}\\ \zeta \in \mathbb{H}^\perp \text{에 대응하는 } |\zeta\rangle \text{를 관측}\end{array}\right\}$$

$$= \sum_a \frac{|\mathcal{H}|}{|\mathcal{G}|} \sum_{[g]_{\mathcal{H}}\in\mathcal{G}/\mathcal{H}} \left(\sum_{\chi\in\mathcal{H}^\perp} \chi(g)\langle e_a|\zeta\rangle \underbrace{\langle\zeta|\chi\rangle}_{=\delta_{\zeta\chi}}\right)\left(\sum_{\xi\in\mathcal{H}^\perp} \overline{\xi(g)}\langle\xi|e_a\rangle\right)$$

$$= \frac{|\mathcal{H}|}{|\mathcal{G}|} \sum_{[g]_{\mathcal{H}}\in\mathcal{G}/\mathcal{H}} \sum_{\xi\in\mathcal{H}^\perp} \left(\sum_a \langle e_a|\zeta\rangle\langle\xi|e_a\rangle\right)\zeta(g)\overline{\xi(g)}$$

$$\underbrace{=}_{(2.13)} \frac{|\mathcal{H}|}{|\mathcal{G}|} \sum_{[g]_{\mathcal{H}}\in\mathcal{G}/\mathcal{H}} \sum_{\xi\in\mathcal{H}^\perp} \underbrace{\langle\xi|\zeta\rangle}_{=\delta_{\xi\zeta}}\zeta(g)\overline{\xi(g)} = \sum_{[g]_{\mathcal{H}}\in\mathcal{G}/\mathcal{H}} \zeta(g)\overline{\zeta(g)}$$

$$\underbrace{=}_{(F.58)} \frac{|\mathcal{H}|}{|\mathcal{G}|} \sum_{[g]_{\mathcal{H}}\in\mathcal{G}/\mathcal{H}} \underbrace{1}_{(F.36)} = 1 \tag{6.106}$$

결국 알고리즘의 세 번째 단계 후에 부분 시스템 $\mathbb{H}^A$를 관측하면 특성 $\zeta \in \mathcal{H}^\perp$에 대응하는 상태 $|\zeta\rangle$를 항상 발견하게 된다.

알고리즘의 세 번째 단계를 L번 반복해서 수행해, 관측 결과 $\zeta_1,\ldots,\zeta_L \in \mathcal{H}^\perp$에 따름정리 F.50을 적용해 다음을 얻는다.

$$\mathbf{P}\left\{\langle\zeta_1,\ldots,\zeta_L\rangle = \mathcal{H}^\perp\right\} \underbrace{\geq}_{(F.103)} 1 - \frac{|\mathcal{H}^\perp|}{2^L} \underbrace{=}_{(F.83)} 1 - \frac{|\mathcal{G}|}{2^L|\mathcal{H}|}$$

그래서 다음의 L번의 반복과 관측 후에

$$L \geq \log_2\left(\frac{|\mathcal{G}|}{\varepsilon|\mathcal{H}|}\right)$$

$\mathcal{H}^{\perp}$의 생성 집합을 관측할 확률은 $1 - \varepsilon$보다 작지 않게 된다. 즉,

$$\mathbf{P}\left\{\langle \zeta_1, \dots, \zeta_L \rangle = \mathcal{H}^{\perp}\right\} \geq 1 - \varepsilon$$

최종적으로, 정리 F.44에서 다음의 관측된 생성 집합으로 원하는 $\mathcal{H}$를 찾을 수 있다.

$$\mathcal{H} = \bigcap_{l=1}^{L} \mathrm{Ker}(\zeta_l)$$

AHSP를 해결하기 위한 최종 알고리즘을 정리한다.

아벨 숨은 부분군 문제의 해결 알고리즘과 계산량

- **입력:** 유한 아벨군 $\mathcal{G}$와 부분군을 숨기는 함수 $f : \mathcal{G} \to S$
- **1단계:** $n = \lceil \log_2 |\mathcal{G}| \rceil$, $m = \lceil \log_2 |S| \rceil$이며 다음을 정의한다.

$$\mathbb{H}^A = \mathrm{Span}\{|g_1\rangle, \dots, |g_{|\mathcal{G}|}\rangle\} \subset {}^{\P}\mathbb{H}^{\otimes n}$$

$$\mathbb{H}^B = {}^{\P}\mathbb{H}^{\otimes m}$$

$\mathbb{H}^A \otimes \mathbb{H}^B$에서 초기 상태를 준비한다.

$$|\Psi_0\rangle = \frac{1}{\sqrt{|\mathcal{G}|}} \sum_{g \in \mathcal{G}} |g\rangle \otimes |0\rangle \in \mathbb{H}^A \otimes \mathbb{H}^B$$

이에 필요한 계산량은 다음을 만족한다고 가정한다.

$$S_{\text{AHSP Step 1}}(|\mathcal{G}|) \in \mathrm{poly}\left(\log_2 |\mathcal{G}|\right) \qquad \text{for } |\mathcal{G}| \to \infty$$

- **2단계:** $|\Psi_0\rangle$에 (6.93)의 U_f를 적용해 다음을 얻는다.

$$|\Psi_1\rangle = U_f |\Psi_0\rangle = \frac{1}{\sqrt{|\mathcal{G}|}} \sum_{g \in \mathcal{G}} |g\rangle \otimes |\widetilde{f(g)}\rangle \in \mathbb{H}^A \otimes \mathbb{H}^B$$

이에 필요한 계산량은 다음을 만족한다고 가정한다.

$$S_{\text{AHSP Step 2}}(|\mathcal{G}|) \in \mathrm{poly}\left(\log_2 |\mathcal{G}|\right) \qquad \text{for } |\mathcal{G}| \to \infty$$

- **3단계:** 부분 시스템 $\mathbb{H}^B$를 무시하면 다음의 혼합 상태에 있는 부분 시스템 $\mathbb{H}^A$만을 고려한다.

$$\rho^A = \frac{|\mathcal{H}|}{|\mathcal{G}|} \sum_{[g]_{\mathcal{H}} \in \mathcal{G}/\mathcal{H}} |\Psi^A_{[g]_{\mathcal{H}}}\rangle \langle \Psi^A_{[g]_{\mathcal{H}}}|$$

여기에서

$$|\Psi^A_{[g]_{\mathcal{H}}}\rangle := \frac{1}{\sqrt{|\mathcal{H}|}} \sum_{h \in \mathcal{H}} |gh\rangle$$

부분 시스템 $\mathbb{H}^A$에 양자 푸리에 변환 $F_{\mathcal{G}}$를 작용해 부분 시스템 $\mathbb{H}^A$를 다음의 상태로 변환한다.

$$F_{\mathcal{G}} \rho^A F_{\mathcal{G}}^* = \sqrt{\frac{|\mathcal{H}|}{|\mathcal{G}|}} \sum_{[g]_{\mathcal{H}} \in \mathcal{G}/\mathcal{H}} \left(\sum_{\chi \in \mathcal{H}^\perp} \chi(g)|\chi\rangle \right) \left(\sum_{\xi \in \mathcal{H}^\perp} \overline{\xi(g)} \langle \xi| \right)$$

이에 필요한 계산량은 다음을 만족한다.

$$S_{\text{AHSP Step 3}}(|\mathcal{G}|) \in \text{poly}(\log_2 |\mathcal{G}|) \qquad \text{for } |\mathcal{G}| \to \infty$$

- **4단계:** 확실하게 $\zeta \in \mathcal{H}^\perp$를 찾기 위해 부분 시스템 $\mathbb{H}^A$를 관측한다. 이에 필요한 계산량은 다음과 같다.

$$S_{\text{AHSP Step 4}}(|\mathcal{G}|) \in \text{poly}(\log_2 |\mathcal{G}|) \qquad \text{for } |\mathcal{G}| \to \infty$$

- **5단계:** $\zeta_1, \ldots, \zeta_L \in \mathcal{H}^\perp$를 결정하기 위해 1~4단계를 L번 반복한다.

$$L \geq \log_2 \left(\frac{|\mathcal{G}|}{\varepsilon |\mathcal{H}|} \right)$$

이를 이용해 다음을 결정한다.

$$\bigcap_{l=1}^{L} \text{Ker}(\zeta_l) \tag{6.107}$$

이에 필요한 계산량은 다음과 같다.

$$S_{\text{AHSP Step 5}}(|\mathcal{G}|) \in \text{poly}(\log_2 |\mathcal{G}|) \qquad \text{for } |\mathcal{G}| \to \infty$$

- 출력:

$$\mathcal{H} = \bigcap_{l=1}^{L} \mathrm{Ker}(\zeta_l)$$

여기에서 확률은 $1 - \varepsilon$보다 작지 않다.

AHSP 알고리즘의 총 계산량은 $|G|$의 함수로서 다음과 같이 증가한다.

$$S_{AHSP}(|\mathcal{G}|) = \sum_{j=1}^{5} S_{AHSP\,Step\,j}(|\mathcal{G}|) \in \mathrm{poly}\,(\log_2 |\mathcal{G}|) \qquad \text{for } |\mathcal{G}| \to \infty$$

많은 문제들이 AHSP로 다시 서술할 수 있다. [61, 87, 88] 이들 중 많은 것들이 암호학에서 중요한 역할을 한다. 군에서 이산 대수를 찾는 문제도 그중 하나다.

6.7 HSP로 이산 대수 찾기

앞으로 보겠지만 이산 대수^{discrete logarithm}는 현대 대부분의 진보된 암호 규약에서 매우 중요한 역할을 한다. 이는 다음으로 정의한다.

> **정의 6.17** $\mathcal{G}$는 군이며 $g, h \in \mathcal{G}$는 적절한 $d \in \mathbb{N}_0$가 존재해 다음을 만족한다.
>
> $$h = g^d \qquad\qquad (6.108)$$
>
> 그러면 d를 밑이 g인 h의 **이산 대수**^{discrete logarithm}라 하며 $d = \mathrm{dlog}_g(h)$로 표기한다.
>
> (6.108)을 만족하는 g와 h만 알려져 있을 때 $d = \mathrm{dlog}_g(h)$를 찾는 것을 **이산 대수 문제**^{DLP}라고 한다.

다음의 성질로 암호학에서 이산 대수를 많이 사용한다. $g \in \mathcal{G}$와 $d \in \mathbb{N}_0$가 주어질 때 $h = g^d$의 계산은 g를 d번 곱해서 간단하게 계산할 수 있는 반면 g와 h가 주어질 때 d를 구하는 것은 매우 어렵다. 그래서 $\mathrm{dlog}_g(h)$를 숨긴 채 g와 h를 공개할 수 있다. 다음에 설명할 디피-헬만[89]의 공개 키 암호 규약에서 이러한 것을 사용한다.

디피-헬만 암호 규약		
앨리스	밥	공개된 것
	상호 간에 $g \in \mathcal{G}$의 합의	g
$a \in \mathbb{N}$를 선택해 $A = g^a$를 계산한 후 A를 밥에게 보낸다.	$b \in \mathbb{N}$를 선택해 $B = g^b$를 계산한 후 B를 앨리스에게 보낸다.	A, B
비밀리 공유하는 키 $K = B^a = g^{ab}$를 계산한다.	비밀리에 공유하는 키 $K = A^b = g^{ab}$를 계산한다.	

위의 규약의 마지막에서 앨리스와 밥은 비밀 키 K를 공유한다. 그러나 이산 대수의 계산이 이브에게 가능하다면, A, B, g를 알고 있기에 $a = \text{dlog}_a(A)$를 계산해 $K = B^a$를 계산할 수 있다.

앞으로 설명하겠지만, 이산 대수 문제는 적절하게 선택한 군, 집합, 함수를 사용해 AHSP 문제로 형식화할 수 있다. 그러므로 AHSP 알고리즘이 구현된 양자 컴퓨터를 이용한다면 디피-헬만 암호 규약을 해독할 수 있을 것이다.

AHSP 알고리즘을 이용해 해결하는 DLP의 알고리즘은 다음과 같다.

전제: (i) 군 $\mathcal{G}_{\text{DLP}}$과 다음을 만족하는 최소 수인 차수 $N = \text{ord}(g)$를 가지는 원소 $g \in \mathcal{G}_{\text{DLP}}$

$$g^N = e_{\mathcal{G}_{\text{DLP}}} \tag{6.109}$$

(ii) 알려지지 않은 $d \in \mathbb{N}$에 대해 다음을 만족하는 $h \in \mathcal{G}_{\text{DLP}}$

$$h = g^d \tag{6.110}$$

목표: $d = \text{dlog}_g(h)$

d를 찾기 위해 적절한 AHSP를 설정하고 이를 해결하는 알고리즘을 수행한다. 앞에서와 같이 여기서 사용하는 군론의 개념은 부록 F에서 정의하고 설명한다.

AHSP의 군 $\mathcal{G}$는 이산대수를 찾고자 하는 군 $\mathcal{G}_{\text{DLP}}$과 일치하지 않는다. 오히려 이것은 몫군 $\mathbb{Z}_N$의 직곱군으로 주어진다.

$$\mathcal{G} := \mathbb{Z}_N \times \mathbb{Z}_N$$

여기에서 N은 (6.109)로 주어진다. 보조정리 F.5에서 $|\mathbb{Z}_N| = N$이며 (F.38)에서 이 경우에는 다음을 만족한다.

$$|\mathcal{G}| = N^2 \tag{6.111}$$

그러므로 임의의 원소 $g \in \mathcal{G}$는 $g = ([x]_{N\mathbb{Z}}, [y]_{N\mathbb{Z}})$의 형태다. 여기에서 $[x]_{N\mathbb{Z}}$, $[y]_{N\mathbb{Z}}$는 $\mathbb{Z}_N = \mathbb{Z}/N\mathbb{Z}$의 잉여류다. (F.24)에서 이러한 잉여류는 $[x]_{N\mathbb{Z}} = [x \bmod N]_{N\mathbb{Z}}$이다. 이를 이용해 $\mathcal{G}$의 원소를 다음의 형태로 (6.90)에서 주어진 힐베르트 공간의 벡터로 표현한다.

$$|g\rangle = |([x]_{N\mathbb{Z}}, [y]_{N\mathbb{Z}})\rangle = |x \bmod N\rangle \otimes |y \bmod N\rangle \tag{6.112}$$

그러면

$$\mathbb{H}^A = \mathrm{Span}\left\{ |u\rangle \otimes |v\rangle \mid u, v \in \{0, \ldots, N-1\} \right\} \tag{6.113}$$

AHSP의 집합 S로서 다음을 선택한다.

$$S := \langle g \rangle \leq \mathcal{G}_{\mathrm{DLP}}$$

이것은 이 자체로서 차수 N의 순환군이다.

함수 f로 다음을 선택한다.

$$f: \begin{array}{ccc} \mathcal{G} & \longrightarrow & S \\ ([x]_{N\mathbb{Z}}, [y]_{N\mathbb{Z}}) & \longmapsto & h^x g^y \end{array} \tag{6.114}$$

여기에서 $[x]_{N\mathbb{Z}}$, $[y]_{N\mathbb{Z}}$는 몫군 $\mathbb{Z}_N = \mathbb{Z}/N\mathbb{Z}$의 잉여류를 표기하고 $h, g \in \mathcal{G}_{\mathrm{DLP}}$는 (6.110)에서 주어진다. $h = g^d$이므로, 다음을 얻는다.

$$f([x]_{N\mathbb{Z}}, [y]_{N\mathbb{Z}}) = (g^d)^x g^y = g^{dx+y} \in \langle g \rangle$$

f에 의해 숨은 군을 찾기 위해 임의의 $([x]_{N\mathbb{Z}}, [y]_{N\mathbb{Z}}) \in \mathcal{G}$, $([u]_{N\mathbb{Z}}, [v]_{N\mathbb{Z}}) \in \mathcal{G}$에 대해 다음을 얻는다.

$$f\big(([x]_{N\mathbb{Z}}, [y]_{N\mathbb{Z}}) +_{\mathcal{G}} ([u]_{N\mathbb{Z}}, [v]_{N\mathbb{Z}})\big) = f([x]_{N\mathbb{Z}}, [y]_{N\mathbb{Z}})$$

$$\underset{(\mathrm{F.35})}{\Leftrightarrow} \qquad f([x+u]_{N\mathbb{Z}}, [y+v]_{N\mathbb{Z}}) = f([x]_{N\mathbb{Z}}, [y]_{N\mathbb{Z}})$$

$$\underset{(6.110)}{\Leftrightarrow} \qquad g^{d(x+u)+y+v} = g^{dx+y}$$

$$\Leftrightarrow \qquad g^{du+v} = e_{\mathcal{G}}$$

$$\underset{(\mathrm{F.24})}{\Leftrightarrow} \qquad (du+v) \bmod N = 0$$

$$\underset{(F.24)}{\Leftrightarrow} \qquad [du+v]_{N\mathbb{Z}} = [0]_{N\mathbb{Z}}$$

$$\Leftrightarrow \qquad [v]_{N\mathbb{Z}} = [-du]_{N\mathbb{Z}}$$

문제 6.75 다음이 $\mathcal{G} = \mathbb{Z}_N \times \mathbb{Z}_N$의 부분군이 되는 것을 보여라.

$$\mathcal{H} = \left\{ ([u]_{N\mathbb{Z}}, [-du]_{N\mathbb{Z}}) \mid [u]_{N\mathbb{Z}} \in \mathbb{Z}_N \right\} \tag{6.115}$$

그러므로 (6.115)에서 주어진 $\mathcal{H} \le \mathcal{G}$가 (6.114)에서 정의한 함수 f에 의해 숨겨진 부분군이다. 임의의 $g = ([x]_{N\mathbb{Z}}, [y]_{N\mathbb{Z}}) \in \mathcal{G}$에 대해, $\mathcal{H}$의 잉여류 $[g]_{\mathcal{H}}$는 다음으로 주어진다.

$$[g]_{\mathcal{H}} = \left\{ ([x+u]_{N\mathbb{Z}}, [y-du]_{N\mathbb{Z}}) \mid [u]_{N\mathbb{Z}} \in \mathbb{Z}_N \right\}$$

그리고 이러한 $\mathcal{H}$의 원소의 개수는 $\mathbb{Z}_N$의 원소의 개수와 일치한다. 그러므로

$$|\mathcal{H}| = N \tag{6.116}$$

$[g]_{\mathcal{H}}$에 대한 잉여류 상태는 다음으로 주어진다.

$$\left| \Psi^A_{[g]_{\mathcal{H}}} \right\rangle \underset{(6.99),(6.112)}{=} \frac{1}{\sqrt{N}} \sum_{[u]_{N\mathbb{Z}} \in \mathbb{Z}_N} |(x+u) \bmod N\rangle \otimes |(y-du) \bmod N\rangle$$

(F.59)와 (F.71)에서, $\mathcal{G}$의 지표는 다음으로 주어진다.

$$\chi_{m,n} : \begin{array}{ccc} \mathcal{G} & \longrightarrow & \mathrm{U}(1) \\ ([x]_{N\mathbb{Z}}, [y]_{N\mathbb{Z}}) & \longmapsto & e^{2\pi\mathrm{i}\frac{mx+ny}{N}} \end{array} \tag{6.117}$$

여기에서, $m,n \in \{0, \ldots, N-1\}$이다. (6.103)에서 가정했듯이, 이를 이용해 $\widehat{\mathcal{G}}$의 원소를 다음의 형태의 $\mathbb{H}^A$의 벡터로 표현한다.

$$|\chi_{m,n}\rangle = |m\rangle \otimes |n\rangle \qquad \text{for } m,n \in \{0, \ldots, N-1\} \tag{6.118}$$

(6.99)와 $|\mathcal{G}| = N^2$을 한 번 더 사용하면, 푸리에 변환 (6.102)는 다음과 같다.

$$F_{\mathcal{G}} = \frac{1}{N} \sum_{\substack{m,n,v,w \\ \in \{0,\ldots,N-1\}}} e^{2\pi\mathrm{i}\frac{mv+nw}{N}} |m\rangle \otimes |n\rangle \langle v| \otimes \langle w|$$

보조정리 F.39에서 $\mathcal{H}^\perp = \{\chi \in \hat{\mathcal{H}} | \mathcal{H} \subset \text{Ker}(\chi)\}$임에 주의하고, 이 경우의 $\mathcal{H}$가 (6.115)로 주어지기에 $m, n \in \{0, \ldots, N-1\}$에 대해 다음을 얻는다.

$$\chi_{m,n} \in \mathcal{H}^\perp \quad \Leftrightarrow \quad \chi_{m,n}([u]_{N\mathbb{Z}}, [-du]_{N\mathbb{Z}}) = 1 \quad \forall [u]_{N\mathbb{Z}} \in \mathbb{Z}_N$$
$$\underset{(6.117)}{\Leftrightarrow} \quad \mathrm{e}^{2\pi\mathrm{i}\frac{mu-ndu}{N}} = 1 \quad \forall u \in \{0, \ldots, N-1\}$$
$$\Leftrightarrow \quad m = dn \bmod N$$

결국

$$\mathcal{H}^\perp = \left\{ \chi_{dn\bmod N, n} \,\middle|\, [n]_{N\mathbb{Z}} \in \mathbb{Z}_N \right\} \tag{6.119}$$

그리고 $\mathcal{H}^\perp$는 $\chi_{d,1}$으로 생성되는 순환군이다. 다음의 문제에서 증명한다.

문제 6.76 $d = \text{dlog}_g(h) < N$에 대해 다음을 보여라.

$$\mathcal{H}^\perp = \langle \chi_{d,1} \rangle \tag{6.120}$$

문제 6.77에서 간단한 예를 실제로 구성한다.

문제 6.77 $N = 6$, $d = 3$일 때 $\mathcal{H}$와 $\mathcal{H}^\perp$ 그리고 $\chi_{m,n} \in \mathcal{H}^\perp$에 대해 $\text{Ker}(\chi_{m,n})$을 찾아라.

일반 AHSP 알고리즘에 대해 (6.104)에서 주어진 잉여류 상태 $|\Psi^A_{[g]_\mathcal{H}}\rangle$의 푸리에 변환은 $g = ([x]_{N\mathbb{Z}}, [y]_{N\mathbb{Z}})$에 대한 이산 대수 문제에 대해 다음이 된다.

$$F_{\mathcal{G}}|\Psi^A_{[g]_\mathcal{H}}\rangle \underset{(6.104)}{=} \frac{1}{\sqrt{N}} \sum_{[n]_{N\mathbb{Z}} \in \mathbb{Z}_N} \chi_{dn\bmod N, n}([x]_{N\mathbb{Z}}, [y]_{N\mathbb{Z}}) |dn\bmod N\rangle \otimes |n\rangle$$
$$\underset{(6.117)}{=} \frac{1}{\sqrt{N}} \sum_{[n]_{N\mathbb{Z}} \in \mathbb{Z}_N} \mathrm{e}^{2\pi\mathrm{i}\frac{dnx+ny}{N}} |dn\bmod N\rangle \otimes |n\rangle \tag{6.121}$$

부분 시스템 $\mathbb{H}^A$의 혼합 상태 (6.105)에 대해 다음을 얻는다.

$$F_{\mathcal{G}} \rho^A F_{\mathcal{G}}^* = \frac{|\mathcal{H}|}{|\mathcal{G}|} \sum_{[g]_\mathcal{H} \in \mathcal{G}/\mathcal{H}} F_{\mathcal{G}}|\Psi^A_{[g]_\mathcal{H}}\rangle\langle\Psi^A_{[g]_\mathcal{H}}|F_{\mathcal{G}}^*$$
$$\underset{(6.111),(6.116)}{=} \frac{1}{N} \sum_{[g]_\mathcal{H} \in \mathcal{G}/\mathcal{H}} F_{\mathcal{G}}|\Psi^A_{[g]_\mathcal{H}}\rangle\langle\Psi^A_{[g]_\mathcal{H}}|F_{\mathcal{G}}^* \tag{6.122}$$
$$\underset{(6.121)}{=} \frac{1}{N^2} \sum_{\substack{[g]_\mathcal{H} \in \mathcal{G}/\mathcal{H} \\ [n]_{N\mathbb{Z}}, [m]_{N\mathbb{Z}} \in \mathbb{Z}_N}} \mathrm{e}^{2\pi\mathrm{i}\frac{dx+y}{N}(n-m)} |dn\bmod N\rangle\langle dm\bmod N| \otimes |n\rangle\langle m|$$

여기에서, 앞에서 마찬가지로 $g = ([x]_{N\mathbb{Z}}, [y]_{N\mathbb{Z}}) \in \mathcal{G}$이다.

문제 6.78 $u, v \in \{0, \ldots, N-1\}$이며, 다음은 (6.113)에 따른 $|u\rangle \otimes |v\rangle \in \mathbb{H}^A$ 상의 직교 상영 연산자다.

$$P_{u,v} = \left(|u\rangle \otimes |v\rangle\right)\left(\langle u| \otimes \langle v|\right) \underbrace{=}_{(3.36)} |u\rangle\langle u| \otimes |v\rangle\langle v| \tag{6.123}$$

다음을 보여라.

$$\mathrm{tr}\left(P_{u,v} F_{\mathcal{G}} \rho^A F_{\mathcal{G}}^*\right) = \frac{|\langle u|dv \bmod N\rangle|^2}{N} \tag{6.124}$$

(2.86)에서 $F_{\mathcal{G}} \rho^A F^*_{\mathcal{G}}$로 서술되는 시스템 $\mathbb{H}^A$를 관측할 때 상태 $|u\rangle \otimes |v\rangle$를 관측할 확률은 (6.124)의 좌변으로 주어진다. (6.118)과 (6.119)에서 $\mathcal{H}^\perp$의 지표를 표현하는 상태는 $n \in \{0, \ldots, N-1\}$일 때 $|dn \bmod N\rangle \otimes |n\rangle$의 형태를 가진다. 결국 다음을 얻는다.

$$\mathbf{P}\left\{\begin{array}{l} \text{시스템 } \mathbb{H}^A \text{를 } F_{\mathcal{G}} \rho^A F_{\mathcal{G}}^* \text{로 준비} \\ \text{했을 때, } \chi \in \mathcal{H}^\perp \text{에 대응하는} \\ \text{상태를 발견} \end{array}\right\} = \sum_{n=0}^{N-1} \mathrm{tr}\left(P_{dn \bmod N, n} F_{\mathcal{G}} \rho^A F_{\mathcal{G}}^*\right)$$

$$\underbrace{=}_{(6.124)} \sum_{n=1}^{N-1} \frac{|\langle dn \bmod N|dn \bmod N\rangle|^2}{N}$$

$$= 1$$

이것으로부터 일반 AHSP에 대해 (6.106)에서 봤듯이, $\mathcal{H}^\perp$에 대응하는 상태를 항상 찾을 수 있다.

(6.107)을 이용해 $\mathcal{H}$를 찾아서 $d = \mathrm{dlog}_g(h)$를 계산하지 않고, 다음과 같은 AHSP의 DLP 버전을 이용해 d를 직접 결정한다. (6.119)에서 $\mathcal{H}^\perp$의 원소에 대응하는 상태를 찾는 것은 $n \in \{0, \ldots, N-1\}$일 때 $|dn \bmod N\rangle \otimes |n\rangle \in \mathbb{H}^A$의 형태의 계산 기저 벡터를 찾는 것을 의미한다. 그래서 DLP를 위해 AHSP를 한 번 실행하면 $n \in \{0, \ldots, N-1\}$의 $(dn \bmod N, n)$의 숫자쌍을 얻는다.

여기에서 $\gcd(n, N) = 1$을 가정한다. (D.19)에서 $\gcd(n, N)$의 계산량은 $\mathrm{poly}(\log_2 |\mathcal{G}|)$로 증가한다. 다음의 정리에서 볼 수 있듯이 $\gcd(n, N) = 1$이 발생할 확률의 하한은 영보다 많이 크다. 정리를 증명 없이 인용한다.

보조정리 D.9에서 확장 유클리드 알고리즘을 사용해 n의 N법 역원을 찾을 수 있다. 이는 $(n(n^{-1} \bmod N)) \bmod N = 1$을 만족하는 숫자로 $n^{-1} \bmod N$으로 표기한다. 이를 위한 계산량은 (D.11)에서 $\text{poly}(\log_2 |\mathcal{G}|)$의 차수임을 알 수 있다. $n^{-1} \bmod N$을 구하면, 이를 이용해 다음과 같이 $d \, \text{dlog}_g(h)$를 계산한다.

$$((dn \bmod N)(n^{-1} \bmod N)) \bmod N \underbrace{=}_{(D.20)} (dnn^{-1} \bmod N) \bmod N \underbrace{=}_{(D.8)} d \bmod N$$
$$= d$$

여기에서 (6.109)에서 $d < N$이며, 이를 마지막 단계에서 사용했다.

그러나 $\gcd(n, N) > 1$이면, 알고리즘의 반복해 두 번째 순서쌍 $(dm \bmod N, m)$을 찾고 $\gcd(n, m)$을 계산한다. $\gcd(n, m) > 1$이면, 알고리즘을 계속 반복해 $\gcd(n, m) = 1$인 순서쌍을 찾는다. 정리 6.18을 다시 이용하면, 이 확률은 $\frac{3}{5}$보다 크다. 그래서 알고리즘의 잠재된 반복 횟수는 전체 계산량 $\text{poly}(\log_2 |\mathcal{G}|)$에 영향을 주지 않는다.

$\gcd(n, m) = 1$인 두 번째 순서쌍 $(dm \bmod N, m)$을 찾았다고 가정한다. 정리 D.4의 확장 유클리드 알고리즘을 사용해 (D.12)가 보장하는 다음 식을 만족하는 정수 a, b를 찾는다.

$$an + bm = \gcd(n, m) = 1 \tag{6.125}$$

결국 다음을 얻는다.

$$a(dn \bmod N) + b(dm \bmod N) \underbrace{=}_{(D.1)} d(an + bm) - N\left(a\left\lfloor \frac{dn}{N} \right\rfloor + b\left\lfloor \frac{dm}{N} \right\rfloor\right)$$
$$\underbrace{=}_{(6.125)} d - N\left(a\left\lfloor \frac{dn}{N} \right\rfloor + b\left\lfloor \frac{dm}{N} \right\rfloor\right)$$

그리고 $0 < d < N$이므로, 알려진 정수 $dn \bmod N$, $dm \bmod N$, a, b를 사용해 다음을 얻는다.

$$\left(a(dn \bmod N) + b(dm \bmod N)\right) \bmod N \underbrace{=}_{(D.1)} d$$

이로써, DLP를 해결하기 위해 AHSP 알고리즘을 사용할 수 있는 것을 보였다. 이제 이러한 DLP의 해가 비트코인 서명 규약을 안전하지 않게 만들 수 있다는 것을 보일 것이다.

6.8 비트코인 서명의 해독

오늘날 디지털 세계에서 문서에 디지털 서명을 할 수 있는 것, 즉 위조를 방지하고 문서에 대해 진위를 검증하는 디지털 서명을 추가하는 것이 점점 중요해지고 있다. 이것은 소위 **디지털 서명 알고리즘**[DSA]으로 구현한다. 서명자는 공개된 문서를 인증하고 인증을 검증할 수 있는 수단을 대중에게 제공하는 암호 규약이다. 규약의 구성은 다음과 같다.

디지털 서명 알고리즘(DSA) 규약	
서명자	대중에게 공개된 것
	알고리즘 변수 $\mathcal{A}$
	검증 문장 v
개인 키 k를 생성한다.	
$V = V(k, \mathcal{A})$를 계산해 공개 검증 키를 생성한 후에 분배한다.	검증 키 V
문서 d를 선택해 사인을 한다.	문서 d
서명 $s(d, \mathcal{A})$를 계산한 후에 분배한다.	서명 s와 검증 문장 $v(s, d, V, \mathcal{A})$가 참인가를 확인해 검증할 수 있다.

이 규약의 보안은 공개 검증 키 $V = V(k, \mathcal{A})$와 공개 알고리즘 알고리즘 변수 $\mathcal{A}$의 지식에서 비밀 개인 키 k를 알아내는 것이 어렵다는 것에 의존한다.

사기꾼이 k를 찾을 수 있으면 서명자는 유효한 서명으로 문서를 변경하거나 새로운 문서를 분배해 대중은 이러한 문서가 서명자에 의해 인증됐다고 믿게 될 것이다.

널리 사용하는 DSA는 타원 곡선의 한 점의 이산 대수를 찾기 어려운 것을 기초로 한다(정의 F.56 참조). 이를 타원 곡선 디지털 서명 알고리즘^{ECDSA, Elliptic Curve Digital Signature Algorithm}이라고 하며 비트코인 거래 내역의 디지털 서명에 사용된다 [79, 91].

ECDSA는 적절한 타원 곡선을 사용해 공개 영역의 문서에 대한 문서 인증 규약을 제공한다. ECDSA에 입력하기 전에 문서들은 일반적으로 **해시함수**^{hash function}로 표준화한다. 해시함수는 임의의 길이를 가지는 입력을, 고정된 길이를 가지는 비트 스프링^{bit string}의 출력으로 변환하는 미리 결정된 함수^{deterministic mapping}이다. 암호화를 위해서는 입력의 작은 변화가 출력의 큰 변화를 유발하는 것이 바람직하고 2개의 다른 입력이 동일한 출력을 생성하는 것이 불가능한 것이 바람직하다.

보기 6.19 NSA에서 제공하는 해시함수의 예는 임의의 ASCII 문자를 16진수 문자열 64자리로 변환하는 SHA256이다. 다음의 텍스트를 예로 든다.

이 줄의 텍스트에 대한 SHA256 해시 출력은 다음의 두 줄에 걸쳐 표시되는 16진수 형식이다.[7]

$$A3C431026DDD514C6D0C7E5EB253D424$$
$$B6A4AF20EC00A8C4CBE8E57239BBB848$$

64자리 16진수 숫자는 256비트의 자연수 d로 해석할 수 있다. 위의 예는 (2진수로 표현하면) 다음과 같다.

d
$= (10100011110001000011000100000010011011011101110101010000000$
$0000000000000000000000000000000000000000000000000000000000000$
$0000000000000000000000000000000000000000000000000000000000000$
$0000000000000000000000000000000000000000000000000000000000000$
$00000000000000000000)_2$
$= 7.407363459482995 \cdots \times 10^{76} < 2^{256}$

---

7   원서의 영어 문장에 대한 해시 출력이다. - 옮긴이

문서를 전처리할 때 사용하는 해시함수는 공개 영역에서 ECDSA 알고리즘 사양의 일부이다. 그래서 서명할 문서를 알려진 상한한계 N을 초과하지 않는 양의 정수로 가정할 수 있다. 보기 6.19에서 SHA256의 경우는 $N = 2^{256}$이다.

ECDSA는 일반적으로 p가 큰 소수인 타원 곡선 $E(\mathbb{F}_p)$를 사용한다. 보조정리 F.59에서 소수 p에 대해 정리 F.58에서 정의한 덧셈 $+_E$를 가지는 유한체 $\mathbb{F}_p = \mathbb{Z}/p\mathbb{Z}$상의 타원 곡선 $E(\mathbb{F}_p)$는 유한 아벨군을 형성해 두 점 $P, Q \in E(\mathbb{F}_p)$의 덧셈을 정의할 수 있다. 특히, P 자신을 $k \in \mathbb{N}$번 더해서 다음을 얻는다.

$$kP = \underbrace{P +_E P +_E \cdots +_E P}_{k\ \text{times}}$$

ECDSA 규약은 해시함수 외에도, 다음 항목으로 구성된 5개의 공개 매개변수 $\mathcal{A} = (p, A, B, P, q)$를 지정해야 한다.

공개 영역의 ECDSA 매개변수 (p, A, B, P, q)

1. 유한체 $\mathbb{F}_p$를 지정하는 소수 p
2. 타원 곡선 $E(\mathbb{F}_p)$의 바이어슈트라스 식^{Weierstrass equation}을 지정하는 두 개의 원소 $A, B \in \mathbb{F}_p$

$$y^2 = x^3 + Ax + B$$

이것은 유한체 $\mathbb{F}_p$에서의 방정식이다. $\mathbb{F}_p$를 구성하는 집합은 $\mathbb{Z}/p\mathbb{Z} \cong \mathbb{Z}_p$의 잉여류로 구성된다. 보조정리 F.5와 보기 F.19에서 임의의 잉여류는 (또는 다른 표현으로 $\mathbb{Z}_p$의 원소는) $\{0, \ldots, p-1\}$의 숫자로 유일하게 식별할 수 있다. 그러므로 A, B와 원소 $P = (x, y) \in E(\mathbb{F}_p) \smallsetminus \{0_E\}$의 성분 x, y를 집합 $\{0, \ldots, p-1\}$의 원소로 간주한다.

3. 다음을 원소를 종종 ECDSA의 기저점이라고 한다.

$$P = (x_P, y_P) \in E(\mathbb{F}_p) \smallsetminus \{0_E\} \subset \mathbb{F}_p \times \mathbb{F}_p$$

4. 다음의 소수 차수를 가지는 원소 P는 공개된 소수이다.

$$q = \text{ord}(P) := \min\left\{n \in \mathbb{N} \,\middle|\, nP = 0_E \in E(\mathbb{F}_p)\right\} \tag{6.126}$$

적절한 형식의 문서 d가 주어지면 ECDSA의 프로세스 단계는 다음과 같이 공개 키 생성, 서명 생성, 확인의 세 단계로 나눌 수 있다[92].

ECDSA 공개 키 생성

1. 개인 키를 선택한다.

$$k \in \{1,\ldots,q-1\} \subset \mathbb{N}$$

2. 검증 키를 계산한다.

$$V = kP \in E(\mathbb{F}_p) \smallsetminus \{0_E\} \tag{6.127}$$

$V \neq 0_E$이다. $k < q$이고 q는 $qP = 0_E$를 만족하는 최소이기 때문이다.

3. 검증 키 $V \in E(\mathbb{F}_p) \smallsetminus \{0_E\}$를 분배한다.

ECDSA 서명 생성

1. 자연수를 선택한다.

$$a \in \{1,\ldots,q-1\} \tag{6.128}$$

2. 다음을 계산한다.

$$aP = (x_{aP}, y_{aP}) \in E(\mathbb{F}_p) \smallsetminus \{0_E\} \tag{6.129}$$

위와 마찬가지로 $a < q$여서 $aP \neq 0_E$이다. $x_{aP} \in \mathbb{F}_p$를 $\{0,\ldots,p-1\}$의 숫자로 표현한다.

3. 다음을 계산한다.

$$s_1 = x_{aP} \bmod q \in \{0,\ldots,q-1\} \tag{6.130}$$

4. $s_1 = 0$이면, 서명 생성의 1단계로 돌아가 새로운 $a \in \{1,\ldots,q-1\}$을 생성한다.

$s_1 \neq 0$이면, 정의 D.8에서 정의한 a의 q법 곱셈 역원을 계산한다.

$$\hat{a} = a^{-1} \bmod q \in \{1,\ldots,q-1\} \tag{6.131}$$

즉, $a\hat{a} \bmod q = 1$을 만족한다. $a \in \{0,\ldots,q-1\}$이고 q는 소수여서 $\gcd(a,q) = 1$이다. 그래서 곱셈의 역원은 존재한다.

$\hat{a}$를 이용해 다음을 계산한다.

$$s_2 = \big((d+ks_1)\hat{a}\big) \bmod q \in \{0,\dots,q-1\}$$

5. $s_2 = 0$이면 서명 생성의 1단계로 돌아가 새로운 $a \in \{1,\dots,q-1\}$을 생성한다.

   그렇지 않다면 다음을 **서명**으로 사용한다.

   $$(s_1, s_2) \in \{1,\dots,q-1\} \times \{1,\dots,q-1\}$$

6. 서명 (s_1, s_2)를 분배한다.

검증 절차를 설명하기 전에, 검증 질의에서 테스트할 문장이 실제로 참이 된다는 것을 다음의 명제에서 증명한다.

명제 6.20 (p, A, B, P, q)는 타원 곡선 $E(\mathbb{F}_p)$를 이용하는 ECDSA의 매개변수다. $d \in \mathbb{N}$은 서명을 할 문서이고, k, V, a, $\hat{a}$, s_1, s_2는 ECDSA 공개 키와 서명 생성에서 주어진 것이다. 그리고 다음을 정의한다.

$$\begin{aligned}
\hat{s_2} &= s_2^{-1} \bmod q \\
u_1 &= d\hat{s_2} \bmod q \\
u_2 &= s_1\hat{s_2} \bmod q
\end{aligned} \qquad (6.132)$$

그러면 다음을 얻는다.

$$u_1 P + u_2 V = aP$$

그러므로 $(x, y) = u_1 P + u_2 V$에 대해 다음이 만족한다.

$$x \bmod q = s_1 \qquad (6.133)$$

[증명]

우선 (D.1)에서 모든 $b \in \mathbb{Z}$에 대해 적절한 $z \in \mathbb{Z}$가 존재해 $b = b \bmod q + zq$를 만족한다. 그러므로

$$bP = (b \bmod q)P + \underbrace{zqP}_{(6.126)} = (b \bmod q)P \qquad (6.134)$$

다음으로, 다음 수식을 만족한다.

$$u_1 P + u_2 V \underbrace{=}_{(6.127)} u_1 P + u_2 k P = (u_1 + u_2 k) P$$

$$\underbrace{=}_{(6.134)} \left((u_1 + u_2 k) \bmod q \right) P \qquad (6.135)$$

(6.135)의 마지막 식에서 P의 계수를 다음과 같이 계산할 수 있다.

$$(u_1 + u_2 k) \bmod q \underbrace{=}_{(6.132)} \left(d\widehat{s_2} \bmod q + (s_1 \widehat{s_2} \bmod q) k \right) \bmod q$$

$$\underbrace{=}_{(D.20)-(D.23)} \left((d + s_1 k) \widehat{s_2} \right) \bmod q$$

$$\underbrace{=}_{(6.132)} \left((d + s_1 k)((d + s_1 k)\widehat{a})^{-1} \bmod q \right) \bmod q$$

$$\underbrace{=}_{(D.8)} \widehat{a}^{-1} \bmod q \underbrace{=}_{(6.131)} a \bmod q$$

$$\underbrace{=}_{(6.128)} a$$

이를 (6.135)에 대입하면 $u_1 P + u_2 V = aP$를 얻는다. 결국 이것은 다음을 의미한다.

$$(x_{aP}, y_{aP}) \underbrace{=}_{(6.129)} aP = u_1 P + u_2 V = (x, y)$$

그래서 (6.133)은 (6.130)에서 유도된다.

(6.133)의 좌변은 공개된 정보 p, A, B, P, q, V, d, s_1, s_2를 이용해 계산할 수 있고, 우변의 s_1 또한 공개돼 있다. 그러므로 (6.133)의 진실성은 공개된 정보로 확인할 수 있어서 검증 문장이 생성된다.

ECDSA 검증

1. 다음을 계산한다.

$$\widehat{s_2} = s_2^{-1} \bmod q$$
$$u_1 = d\widehat{s_2} \bmod q$$
$$u_2 = s_1 \widehat{s_2} \bmod q$$

그리고 이를 이용해 다음 또한 계산한다.

$$(x, y) = u_1 P + u_2 V$$

2. 다음이 참인지 확인한다.

$$x \bmod q \overset{?}{=} s_1$$

참이면, (s_1, s_2)는 문서 d의 유효한 서명이다. 거짓이면, 그렇지 않다.

ECDSA 규약은 다음과 같이 요약된다[79].

ECDSA 규약	
서명자	**공개된 것**
	알고리즘 매개변수 $\mathcal{A}$: 큰 소수 p 타원 곡선 $E(\mathbb{F}_p)$ 큰 소수 차수 p를 가지는 공개 점 $P \in E(\mathbb{F}_p) \setminus \{0_E\}$
다음과 같이 키를 생성한다.	
$1 < k < q$인 비밀 사인 키 $k \in \mathbb{N}$를 선택	
검증 키 $V = kP$를 계산해 공개한다.	검증 키 V
문서 d와 $a < q$인 무작위 수 $a \in \mathbb{N}$를 선택한다.	문서 d
다음을 계산한다.	
$aP \in E(\mathbb{F}_p)\{0_E\}$ $s_1 = x_{aP} \bmod q$ $s_2 = ((d + s s_1)(a^{-1} \bmod_q)) \bmod_q$	
그리고 서명 (s_1, s_2)를 공개한다.	서명 (s_1, s_2)
	그리고 다음을 계산한다.
	$u_1 = (d(s_2^{-1} \bmod q)) \bmod q$ $u_2 = (s_1(s_2^{-1} \bmod q)) \bmod q$ $(x, y) = u_1 P +_E u_2 V \in E(\mathbb{F}_p)\{0_E\}$ 다음의 검증 문장을 확인해 검증한다. is $x \bmod q = s_1$ TRUE?

정의 6.17에서 임의의 $V, P \in E(\mathbb{F}_p)$에 대해 $V = kP$를 만족하는 것을 $E(\mathbb{F}_p)$에서 밑이 P인 V의 이산 대수로 정의했다.

$$k = \operatorname{dlog}_P(V)$$

ECDSA의 보안은 이 군에서 이산 대수를 계산하는 것이 매우 어렵다는 것에 의존한다. 상대적으로 짧은 시간에 이산 대수를 계산할 수 있으면, ECDSA의 보안은 취약해진다. V와 P가 공개돼 있고, 이러한 V와 P에서 타원 곡선의 이산 대수를 계산할 수 있는 사람은 비밀 서명 키 k를 구할 수 있기 때문이다. 이 키를 사용하면 사기꾼이 서명자의 서명을 위조할 수 있다. 결국 사기꾼이 다른 문서 $\tilde{d}$를 게시하고, $\tilde{d}$에 서명을 한 후에 새로운 서명 $(\tilde{s_1}, \tilde{s_2})$을 게시할 수 있기에, 대중은 이 문서를 V를 게시한 서명자가 작성한 것으로 생각할 것이다. 예로서, 비트코인에서 사기꾼은 서명자가 비트코인을 자신에게 양도했다고 주장하는 새로운 거래를 블록체인에 제출할 수 있다.

보기 6.21 비트코인은 secp256k1 ECDSA[93] 규약을 사용한다. 매개변수는 다음과 같다. $A = 0$, $B = 7$ 바이어슈트라스 식

$$y^2 = x^3 + 7$$

큰 소수

$$p = 2^{256} - 2^{32} - 2^9 - 2^8 - 2^7 - 2^6 - 2^4 - 1 \qquad (6.136)$$

공개 점 $P = (x_p, y_p)$

$x_P = 55066263022277343669578718895168534326250603453777594175500187360389116729240$

$y_P = 32670510020758816978083085130507043184471273380659243275938904335757337482424$

$E(\mathbb{F}_p)$에서 $k = \mathrm{dlog}_p(V)$를 계산하는 알려진 가장 좋은 고전 알고리즘은 $O(\sqrt{p})$의 계산량을 요구한다. 그래서 비트코인 ECDSA의 경우 $O(10^{77})$ 정도가 된다. 그러나 양자 컴퓨터로 $E(\mathbb{F}_p)$의 $k = \mathrm{dlog}_p(V)$를 계산하는 경우 단지 다음의 계산량을 요구한다.

$$O(\text{polynomial in } \log_2(p)) \underbrace{=}_{(6.136)} O(\text{polynomial in } 256)$$

결국 비트코인을 불안전하게 만든다.

6.9 그로버 탐색 알고리즘

1996년 그로버[21]가 개발한 탐색 알고리즘은 정렬되지 않은 큰 N개의 객체로 구성된 집합(건초더미)에서 원하는 객체(바늘)를 찾는 방법이다. 이 방법은 $O(\sqrt{N})$ 의 계산량으로 50%보다 큰 성공-확률을 가진다. 이전의 방법은 이 정도의 확률 을 가지기 위해서는 $O(\frac{N}{2})$의 계산량이 필요하다.

예로서, 4백만 개 항목을 가진 전화번호부에서 주어진 전화번호의 이름을 찾 을 때, 그로버 탐색 알고리즘은 $O(2 \times 10^3)$의 계산량으로 성공 확률이 50%보 다 크지만, 이전의 널리 알려진 방법은 같은 확률을 가지기 위해서는 $O(2 \times 10^6)$ 의 계산량이 필요하다.

그로버 탐색 알고리즘은 객체를 적합한 힐베르트 공간에서 정규화된 벡터인 양자 상태로 표현하는 것으로 시작한다. 찾고자 하는 객체의 벡터는 힐베르트 공간에서 부분공간을 만들며 알고리즘은 주어진 초기 상태를 원하는 객체의 부 분공간에서 최대의 성분을 가지는 상태로 반복적으로 변환(또는 회전)을 하는 연 산자를 구성한다. 이로부터 회전된 상태를 관측했을 때 원하는 객체의 부분공간 의 상태를 발견하게 될 확률이 높아진다. 초기 상태를 해 공간으로 회전하는 방 법은 다른 양자 알고리즘에서도 사용되며 **진폭 증폭**amplitude amplification이라고 한다.

6.9.1절에서 (해라고 하는) 찾고자 하는 객체의 개수가 알려진 경우에 대해 먼 저 알고리즘을 설명한다. 가능한 해의 개수를 알 수 없는 경우에는 알고리즘을 수정하면 성공 확률이 최소 25% 이상의 탐색이 가능해진다. 6.9.2절에서 자세 하게 설명한다.

6.9.1 객체의 개수가 알려진 경우의 탐색 알고리즘

탐색하려는 정렬되지 않는 객체들을 숫자 $\{0, 1, \ldots, |L|\}$로 식별할 수 있다고 가 정한다.

개체의 개수 $|L|$이 2^n보다 작으면 $2^n - L$개의 원소를 추가해, 일반성을 잃지 않으면서 $N := 2^n$의 개수를 가진 집합 $\{0, \ldots, 2^n - 1\}$에서 탐색한다고 가정한 다. 임의의 숫자 $x \in \{0, \ldots, 2^n - 1\}$을 $\mathbb{H}^{\otimes n}$의 계산 기저 벡터와 유일하게 대응

할 수 있기에, 찾고자 하는 객체를 힐베르트 공간에 적절하게 식별할 수 있으면 $\P\mathbb{H}^{\otimes n}$의 공간에서 탐색을 수행할 수 있다.

찾고자 하는 객체 m개의 집합을 S로 표기한다. $m \geq 1$을 허용해 해가 한 개 이상인 경우도 고려한다.

정의 6.22 S는 찾고자 하는 집합이고 원소의 개수는 $m \geq 1$이다. 집합 S를 해집합이라 하고, 집합의 원소를 해라고 한다. $N = 2^n$일 때 해 $x \in S \subset \{0,\ldots,N-1\}$을 찾는 알고리즘을 위해 입력 레지스터와 출력 레지스터를 $\mathbb{H}^{I/O} = \P\mathbb{H}^{\otimes n}$으로 정의한다. 그리고 해가 아닌 객체의 집합을 다음으로 표기한다.

$$S^\perp := \{0,\ldots N-1\} \smallsetminus S$$

그리고 부분공간을 정의한다.

$$\mathbb{H}_S := \text{Span}\{|x\rangle \mid x \in S\} \subset \mathbb{H}^{I/O}$$
$$\mathbb{H}_{S^\perp} := \text{Span}\{|x\rangle \mid x \in S^\perp\} \subset \mathbb{H}^{I/O}$$

$\mathbb{H}^{I/O}$에 작용하는 다음의 연산자를 정의한다.

$$\begin{aligned}
P_S &:= \sum_{x \in S} |x\rangle\langle x| \\
P_{S^\perp} &:= \sum_{x \in S^\perp} |x\rangle\langle x| = \mathbf{1}^{\otimes n} - P_S
\end{aligned}$$
(6.137)

그리고 $\mathbb{H}^{I/O}$에서 다음의 벡터를 정의한다.

$$\begin{aligned}
|\Psi_S\rangle &:= \frac{1}{\sqrt{m}} \sum_{x \in S} |x\rangle \\
|\Psi_{S^\perp}\rangle &:= \frac{1}{\sqrt{N-m}} \sum_{x \in S^\perp} |x\rangle
\end{aligned}$$
(6.138)

부분공간 $\mathbb{H}_S$는 해집합 S에 속하는 객체에 대응하는 벡터가 생성한다. 연산자 P_S는 이공간상의 사영 연산자다. 임의의 $|\Psi\rangle \in \mathbb{H}_S$에 대해 $P_S|\Psi\rangle = |\Psi\rangle$이며 정의 (2.11)의 직교 사영 연산자의 조건을 만족한다.

$$P_S^* = \left(\sum_{x \in S} |x\rangle\langle x| \right)^* = \sum_{x \in S} (|x\rangle\langle x|)^* \underbrace{=}_{(2.36)} \sum_{x \in S} |x\rangle\langle x| = P_S$$

그리고

$$P_S^2 = \sum_{x,y \in S} |x\rangle\langle x|y\rangle\langle y| \underbrace{=}_{(3.24)} \sum_{x,y \in S} |x\rangle \delta_{xy} \langle y| = \sum_{x \in S} |x\rangle\langle x| = P_S$$

비슷하게 $P_{S^\perp}$는 해집합 S의 밖에 있는 객체에 대응하는 벡터가 생성하는 부분 공간 $\mathbb{H}_{S^\perp}$의 사영 연산자다.

상태 $|\Psi_S\rangle$는 해 $x \in S$에 대응하는 계산 기저 벡터 $|x\rangle$들의 균등 선형 조합이다. (정의 5.35의) 이러한 상태를 관측하면 확실하게 해가 나온다.

$S \cup S^\perp = \{0, \ldots, 2^n - 1\}$이므로, 모든 상태 $|\Psi\rangle \in \mathbb{H}^{I/O}$는 다음과 같이 계산 기저 벡터로 표현할 수 있다.

$$|\Psi\rangle = (P_{S^\perp} + P_S)|\Psi\rangle = \sum_{x \in S^\perp} \Psi_x |x\rangle + \sum_{x \in S} \Psi_x |x\rangle \tag{6.139}$$

여기에서 $\Psi_x \in \mathbb{C}$이다. 상태 $|\Psi\rangle$에 있는 입력/출력 레지스터 $\mathbb{H}^{I/O}$를 관측하면, 즉 정의 5.35에서 정의한 관측 가능량 $\sum_z^j$를 측정하면 상태를 $|x\rangle$로 사영하고 관측값 x를 생성한다. 알고리즘의 목표는 $x \in S$를 관측할 확률을 최대하는 상태 $|\Psi\rangle$를 생성하는 것이다. 이를 위해 초기 상태 $|\Psi_0\rangle$에서 시작해 $\mathbb{H}_S$의 성분을 증가시키는 (회전으로 알려진) 적절한 변환을 적용한다. $|\Psi\rangle$를 관측할 때 $x \in S$를 관측할 확률은 다음으로 주어진다.

$$\mathbf{P}\left\{ \begin{array}{l} x \in S \text{인 상태 } |x\rangle\text{로 사영되는} \\ |\Psi\rangle\text{의 관측} \end{array} \right\} \underbrace{=}_{(2.62)} ||P_S|\Psi\rangle||^2 \underbrace{=}_{(6.137)} \left\| \sum_{x \in S} \Psi_x |x\rangle \right\|^2$$

$$\underbrace{=}_{(2.14)} \sum_{x \in S} |\Psi_x|^2 \tag{6.140}$$

탐색 알고리즘은 초기 상태 $|\Psi_0\rangle$에서 (6.140)의 우변을 최대화하는 상태 $|\Psi\rangle$를 생성하는 여러 개의 변환을 구성하는 것이다.

이에 대해 더욱 자세하게 설명하기 전에 해를 판별하는 방법을 먼저 설명한다. 이를 위해 $x \in \{0, \ldots, N-1\}$이 해인지 아닌지를 N과 무관한 유한한 계산량으로 결정할 수 있다고 가정한다. x가 해이면 $g(x) = 1$, 그렇지 않은 경우에 $g(x) = 0$인 함수 g가 있어서 이용할 수 있다고 가정한다. 그리고 이러한 함수를 적절한 힐베르트 공간에 N과 무관한 유한한 계산량을 가지도록 구현할 수 있다고 가정한다.

정의 6.23 S는 $m \geq 1$의 원소를 가지는 해집합이다. $N = 2^n$일 때 $x \in S \subset \{0,\ldots,N-1\}$을 찾는 알고리즘을 위해 다음의 함수를 탐색 문제의 **오라클 함수**^{oracle function}라고 정의한다.

$$g : \{0,\ldots,N-1\} \longrightarrow \{0,1\}$$
$$x \longmapsto g(x) := \begin{cases} 0 & \text{if } x \in S^\perp \\ 1 & \text{if } x \in S \end{cases} \tag{6.141}$$

보조 레지스터 $\mathbb{H}^W = {}^\P\mathbb{H}$를 이용해 $\mathbb{H}^{I/O} \otimes \mathbb{H}^W$에서 계산 기저에 대해 다음과 같은 작용을 하는 **오라클**^{oracle} $\widehat{U}_g$를 정의한다.

$$\widehat{U}_g (|x\rangle \otimes |y\rangle) := |x\rangle \otimes |y \boxplus g(x)\rangle \tag{6.142}$$

선형 확장을 이용해 $\widehat{U}_g$를 $\mathbb{H}^{I/O} \otimes \mathbb{H}^W$의 모든 벡터에 대해 정의한다.

앞서 언급했듯이 오라클 $\widehat{U}_g$는 N과 무관한 유한한 계산량으로 효율적으로 수행할 수 있다고 가정한다. 정의 5.29와 정리 5.28에서 $\widehat{U}_g$를 이용해 부분 시스템 $\mathbb{H}^{I/O}$의 연산자를 구현할 수 있다.

보조정리 6.24 $\widehat{U}_g$는 오라클이고, 다음은 보조 레지스터 $\mathbb{H}^W$의 상태이다.

$$|\omega_i\rangle = |\omega_f\rangle = |-\rangle := \frac{|0\rangle - |1\rangle}{\sqrt{2}}$$

그러면 임의의 $|\Psi\rangle \in \mathbb{H}^{I/O}$에 대해 다음을 얻는다.

$$\widehat{U}_g (|\Psi\rangle \otimes |-\rangle) = (R_{S^\perp} |\Psi\rangle) \otimes |-\rangle \tag{6.143}$$

여기에서,

$$R_{S^\perp}|\Psi\rangle = \sum_{x \in S^\perp} \Psi_x|x\rangle - \sum_{x \in S} \Psi_x|x\rangle$$
$$= (\mathbf{1}^{\otimes n} - 2P_S)|\Psi\rangle \tag{6.144}$$

[증명]

우선 다음을 알 수 있다.

$$\widehat{U}_g(|x\rangle \otimes |0\rangle) \underbrace{=}_{(6.142),(5.81)} |x\rangle \otimes |g(x)\rangle \underbrace{=}_{(6.141)} \begin{cases} |x\rangle \otimes |0\rangle, & \text{if } x \in S^\perp \\ |x\rangle \otimes |1\rangle, & \text{if } x \in S \end{cases}$$

$$\widehat{U}_g(|x\rangle \otimes |1\rangle) \underbrace{=}_{(6.142),(5.81)} |x\rangle \otimes |1 \overset{2}{\oplus} g(x)\rangle \underbrace{=}_{(6.141)} \begin{cases} |x\rangle \otimes |1\rangle, & \text{if } x \in S^\perp \\ |x\rangle \otimes |0\rangle, & \text{if } x \in S \end{cases} \tag{6.145}$$

이제, $\mathbb{H}^{I/O} \otimes \mathbb{H}^W$에 있는 다음의 상태를 고려한다.

$$|x\rangle \otimes |-\rangle = |x\rangle \otimes \left(\frac{|0\rangle - |1\rangle}{\sqrt{2}} \right)$$

오라클 $\widehat{U}_g$의 작용은 다음이다.

$$\widehat{U}_g(|x\rangle \otimes |-\rangle) \underbrace{=}_{(6.145)} \begin{cases} |x\rangle \otimes |-\rangle, & \text{if } x \in S^\perp \\ -|x\rangle \otimes |-\rangle, & \text{if } x \in S \end{cases}$$
$$= (-1)^{g(x)}|x\rangle \otimes |-\rangle \tag{6.146}$$

(6.139)에서 모든 $|\Psi\rangle \in \mathbb{H}^{I/O}$에 대해 다음을 얻는다.

$$\widehat{U}_g(|\Psi\rangle \otimes |-\rangle) \underbrace{=}_{(6.139),(6.146)} \left(\sum_{x \in S^\perp} \Psi_x|x\rangle - \sum_{x \in S} \Psi_x|x\rangle \right) \otimes |-\rangle$$
$$\underbrace{=}_{(6.137)} ((P_{S^\perp} - P_S)|\Psi\rangle) \otimes |-\rangle$$

$P_{S^\perp} + P_S = \mathbf{1}^{\otimes n}$이므로, (6.144)를 얻는다. ▪

$R_{S^\perp}$는 $|\Psi\rangle$의, 공간 $\text{Span}\{|x\rangle \,|\, x \in S\}$의 성분 $P_S|\Psi\rangle$를 반대 방향 $-P_S|\Psi\rangle$로 바꾸는 것에 주의한다. 이것은 $\mathbb{H}_{S^\perp}$에 대한 반사^{reflection}로 볼 수 있다. 부분공간에

대한 반사는 일반적으로 다음으로 정의한다.

정의 6.25 $\mathbb{H}_{sub}$는 힐베르트 공간 $\mathbb{H}$의 부분공간이며 P_{sub}는 이 부분공간으로의 사영 연산자다. **부분공간 $\mathbb{H}_{sub}$에 대한 반사**는 다음의 연산자로 정의한다.

$$R_{sub} := 2P_{sub} - 1 \qquad (6.147)$$

부분공간이 일차원이고 $|\Psi\rangle \in \mathbb{H}$에 의해 생성된다면, 간단하게 P_Ψ로 표기하고 $|\Psi\rangle$에 대한 반사하고 한다.

$\mathbb{H}_{sub}$의 직교 여공간$^{orthogonal\ complement}$ $\mathbb{H}_{sub\perp}$으로 사영 연산자는 $P_{sub\perp} = 1 - P_{sub}$로 주어져서 $\mathbb{H}_{sub\perp}$에 대한 반사 연산자 $R_{sub\perp}$는 다음이 된다.

$$R_{sub\perp} \underbrace{=}_{(6.147)} 2P_{sub\perp} - 1 = 2(1 - P_{sub}) - 1 = 1 - 2P_{sub} \underbrace{=}_{(6.147)} -R_{sub}$$

그림 6.5에 이러한 구성을 그림으로 보였다.

탐색 알고리즘의 시작으로 입력/출력 레지스터를 초기화해야 한다.

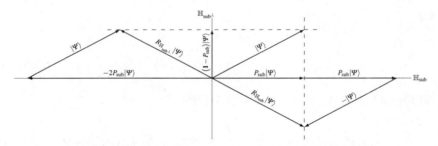

그림 6.5 부분공간 $\mathbb{H}_{sub}$와 직교 여집합 $\mathbb{H}_{sub\perp}$에 대한 벡터 $|\Psi\rangle \in \mathbb{H}$의 반사

정의 6.26 S는 개수가 $m \geq 1$인 해집합이다. $N = 2^n$일 때 $x \in S \subset \{0, \ldots, N-1\}$을 찾는 알고리즘을 위해 입력/출력 레지스터의 초기 상태를 다음으로 정의한다.

$$|\Psi_0\rangle := \frac{1}{\sqrt{N}} \sum_{x=0}^{N-1} |x\rangle \in \mathbb{H}^{I/O} \tag{6.148}$$

그리고 각도를 정의한다.

$$\theta_0 := \arcsin\left(\sqrt{\frac{m}{N}}\right) \in \left[0, \frac{\pi}{2}\right] \tag{6.149}$$

$|\Psi_0\rangle$를 이용해 $\mathbb{H}^{I/O}$의 연산자를 정의한다.

$$R_{\Psi_0} = 2|\Psi_0\rangle\langle\Psi_0| - \mathbf{1}^{\otimes n} \tag{6.150}$$

복합 시스템의 초기 상태를 정의한다.

$$|\widehat{\Psi_0}\rangle := |\Psi_0\rangle \otimes |-\rangle \in \mathbb{H}^{I/O} \otimes \mathbb{H}^W \tag{6.151}$$

상태 $|\Psi_0\rangle$의 입력/출력 레지스터의 초기화는 (5.83)의 아다마르 변환을 이용해 5.4.1절에서 설명한 대로 구현할 수 있다.

문제 6.79 다음이 성립하는 것을 보여라.

$$|\Psi_0\rangle = \cos\theta_0|\Psi_{S\perp}\rangle + \sin\theta_0|\Psi_S\rangle \tag{6.152}$$

그리고 P_{Ψ_0}가 $|\Psi_0\rangle$에 대한 **반사**임을 보여라.

$|\Psi_0\rangle$의 $\mathbb{H}_S$ 성분을 증가시키는 변환은 다음과 같다.

정의 6.27 **그로버 반복**$^{\text{Grover iteration}}$은 $\mathbb{H}^{I/O} \otimes \mathbb{H}^W$의 연산자로 정의한다.

$$\widehat{G} := (R_{\Psi_0} \otimes \mathbf{1})\widehat{U}_g$$

이제 증명하겠지만, 그로버 반복 $\widehat{G}$는 $|\widehat{\Psi}_j\rangle = |\Psi_j\rangle \otimes |-\rangle$의 형태를 가지는 $\mathbb{H}^{I/O} \otimes \mathbb{H}^W$의 분리 상태를 비슷한 형태의 분리 상태 $|\widehat{\Psi}_{j+1}\rangle = |\Psi_{j+1}\rangle \otimes |-\rangle$로 변환한다. 입력/출력 레지스터 $\mathbb{H}^{I/O}$에 $\widehat{G}$를 작용하는 것은 $\mathbb{H}^{I/O}$에서 $|\Psi_0\rangle$ **방향으로 $2\theta_0$로 회전**하는 것으로 볼 수 있다는 것 또한 증명할 것이다. 결국 $\widehat{G}$의 반복적인 적용은 최종 상태에서 $|\Psi_S\rangle$의 성분을 증가시켜서 입력/출력 레지스터를 관측할 때 해를 발견할 확률을 높인다.

> **명제 6.28** $j \in \mathbb{N}_0$에 대해 다음을 정의한다.
>
> $$|\widehat{\Psi}_j\rangle := \widehat{G}^j |\widehat{\Psi}_0\rangle$$
>
> 그러면 모든 $j \in \mathbb{N}_0$에 대해 다음을 얻는다.
>
> $$|\widehat{\Psi}_j\rangle = |\Psi_j\rangle \otimes |-\rangle \tag{6.154}$$
>
> 여기에서 $|\Psi_j\rangle \in \mathbb{H}^{I/O}$는 다음으로 주어진다.
>
> $$|\Psi_j\rangle = \cos\theta_j |\Psi_{S\perp}\rangle + \sin\theta_j |\Psi_S\rangle \tag{6.154}$$
>
> $$\theta_j = (2j+1)\theta_0 \tag{6.155}$$

[증명]
$j = 0$부터 시작하는 j에 대한 귀납법으로 증명한다. (6.151)의 $|\widehat{\Psi}_0\rangle$의 정의와 (6.152)의 결과에서 (6.153)~(6.155)는 $j = 0$일 때 만족한다.

j에서 $j+1$의 귀납 단계로서 $j \in \mathbb{N}_0$에 대해 다음의 식이 $\theta_j = (2j+1)\theta_0$에 대해 만족한다고 가정한다.

$$|\widehat{\Psi}_j\rangle = \left(\cos\theta_j |\Psi_{S\perp}\rangle + \sin\theta_j |\Psi_S\rangle \right) \otimes |-\rangle$$

그러면 다음을 얻는다.

$$
\begin{aligned}
|\widehat{\Psi}_{j+1}\rangle &= \widehat{G}|\widehat{\Psi}_j\rangle \\
&= (R_{\Psi_0} \otimes \mathbf{1})\widehat{U}_g \left[\left(\cos\theta_j |\Psi_{S\perp}\rangle + \sin\theta_j |\Psi_S\rangle \right) \otimes |-\rangle \right]
\end{aligned}
$$

$$
\underbrace{=}_{(6.143)} (R_{\Psi_0} \otimes \mathbf{1}) \Big[\big(\cos\theta_j |\Psi_{S\perp}\rangle - \sin\theta_j |\Psi_S\rangle \big) \otimes |-\rangle \Big]
$$

$$
\underbrace{=}_{(6.150)} \Big(\big(2|\Psi_0\rangle\langle\Psi_0| - \mathbf{1}^{\otimes n} \big) \big(\cos\theta_j |\Psi_{S\perp}\rangle - \sin\theta_j |\Psi_S\rangle \big) \Big) \otimes |-\rangle
$$

$$
= \Big(\cos\theta_j \big(2|\Psi_0\rangle\langle\Psi_0|\Psi_{S\perp}\rangle - |\Psi_{\Psi_{S\perp}}\rangle \big)
$$
$$
\qquad - \sin\theta_j \big(2|\Psi_0\rangle\langle\Psi_0|\Psi_S\rangle - |\Psi_S\rangle \big) \Big) \otimes |-\rangle
$$

$$
= |\Psi_{j+1}\rangle \otimes |-\rangle
$$

그리고

$$
|\Psi_{j+1}\rangle = \cos\theta_j \big(2|\Psi_0\rangle \underbrace{\langle\Psi_0|\Psi_{S\perp}\rangle}_{=\cos\theta_0} - |\Psi_{S\perp}\rangle \big) - \sin\theta_j \big(2|\Psi_0\rangle \underbrace{\langle\Psi_0|\Psi_S\rangle}_{=\sin\theta_0} - |\Psi_S\rangle \big)
$$

$$
\underbrace{=}_{(6.152)} \cos\theta_j \Big(2\big(\cos\theta_0 |\Psi_{S\perp}\rangle + \sin\theta_0 |\Psi_S\rangle \big) \cos\theta_0 - |\Psi_{S\perp}\rangle \Big)
$$
$$
\qquad - \sin\theta_j \Big(2\big(\cos\theta_0 |\Psi_{S\perp}\rangle + \sin\theta_0 |\Psi_S\rangle \big) \sin\theta_0 - |\Psi_S\rangle \Big)
$$

$$
= \Big(\cos\theta_j \big(\underbrace{2\cos^2\theta_0 - 1}_{=\cos 2\theta_0} \big) - \sin\theta_j \underbrace{2\cos\theta_0\sin\theta_0}_{=\sin 2\theta_0} \Big) |\Psi_{S\perp}\rangle
$$
$$
\qquad + \Big(\cos\theta_j \underbrace{2\cos\theta_0\sin\theta_0}_{=\sin 2\theta_0} + \sin\theta_j \big(\underbrace{1 - 2\sin^2\theta_0}_{=\cos 2\theta_0} \big) \Big) |\Psi_S\rangle
$$

$$
= \big(\cos\theta_j \cos 2\theta_0 - \sin\theta_j \sin 2\theta_0 \big) |\Psi_{S\perp}\rangle
$$
$$
\qquad + \big(\cos\theta_j \sin 2\theta_0 + \sin\theta_j \cos 2\theta_0 \big) |\Psi_S\rangle
$$

$$
= \cos(\theta_j + 2\theta_0) |\Psi_{S\perp}\rangle + \sin(\theta_j + 2\theta_0) |\Psi_S\rangle
$$
$$
= \cos\theta_{j+1} |\Psi_{S\perp}\rangle + \sin\theta_{j+1} |\Psi_S\rangle
$$

결국 최종적으로

$$
\theta_{j+1} = \theta_j + 2\theta_0 = (2j+1)\theta_0 + 2\theta_0 = \big(2(j+1) + 1 \big)\theta_0
$$

그러므로 (6.153)~(6.155)는 $j+1$에 대해 성립한다.

그림 6.6에 예로서 $|\Psi_j\rangle$들을 그림으로 나타냈다.

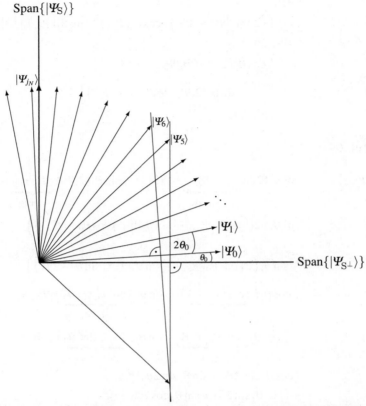

그림 6.6 $m = 5$, $N = 2^{10}$, $j_N = 11$인 경우에 입력/출력 레지스터의 그로버 반복에 대한 설명. 이 차원 부분공간 $\text{Span}\{|\Psi_{S\perp}\rangle, |\Psi_S\rangle\}$에서 초기 상태 $|\Psi_0\rangle$는 $|\Psi_S\rangle$를 향해 회전한다. $|\Psi_5\rangle$에서 $|\Psi_6\rangle$으로의 변환은 부분 시스템 I/O에서 $\hat{G}$가 처음에 $|\Psi_{S\perp}\rangle$에 대해 반사하고 그 후에 $|\Psi_0\rangle$에 대해 반사하는 것을 보여준다. Ψ_{j_N}의 가까운 벡터가 해집합의 부분공간 $\mathbb{H}_S$의 상태 $|\Psi_S\rangle$이다. $|\Psi_{j_N}\rangle$이 이에 가까이 접근했음을 볼 수 있다.

명제 6.28에서 증명했듯이, j번 그로버 반복은 복합 시스템 $\mathbb{H}^{I/O} \otimes \mathbb{H}^W$를 초기 상태 $|\widehat{\Psi_0}\rangle = |\Psi_0\rangle \otimes |-\rangle$에서 분리 상태 $|\widehat{\Psi_j}\rangle = |\Psi_j\rangle \otimes |-\rangle$로 변환한다. 정리 3.17에서 입력/출력 레지스터의 부분 시스템은 축약 밀도 연산자로 표현할 수 있다.

$$\rho^{I/O} \underset{(3.50)}{=} \operatorname{tr}^W\left(|\widehat{\Psi}_j\rangle\langle\widehat{\Psi}_j|\right) = \operatorname{tr}^W\left(|\Psi_j\rangle \otimes |-\rangle\langle\Psi_j| \otimes \langle-|\right)$$

$$\underset{(3.36)}{=} \operatorname{tr}^W\left(|\Psi_j\rangle\langle\Psi_j| \otimes |-\rangle\langle-|\right) \underset{(3.57)}{=} \operatorname{tr}\left(|-\rangle\langle-|\right) |\Psi_j\rangle\langle\Psi_j|$$

$$= |\Psi_j\rangle\langle\Psi_j| \qquad (6.156)$$

여기에서 마지막 방정식에서 $\{|\pm\rangle\}$은 $\mathbb{H}^W = {}^\P\mathbb{H}$의 ONB임을 사용했다. 그러므로

$$\operatorname{tr}\left(|-\rangle\langle-|\right) \underset{(2.57)}{=} \langle-|-\rangle\langle-|-\rangle + \langle+|-\rangle\langle-|+\rangle = 1$$

(6.156)에서 입력/출력 레지스터 $\mathbb{H}^{I/O}$의 부분 시스템은 j번 그로버 반복 후에 순수 상태 $|\Psi_{j+1}\rangle$로 서술된다. 그러므로 보조 레지스터 $\mathbb{H}^W$를 무시할 수 있으며, 입력/출력 레지스터에 대한 설명으로 한정한다.

상태 $|\Psi_j\rangle$에 있는 입력/출력 레지스터를 관측할 때 해인 x에 대한 상태 $|x\rangle$를 발견할 확률은 해집합에 대응하는 벡터로 생성되는 부분공간 $\mathbb{H}_S$로 $|\Psi_j\rangle$의 사영으로 결정된다.

(6.154)에서 다음을 얻는다.

$$\mathbf{P}\left\{\begin{array}{l} x \in \mathrm{S}인 \ 상태 \ |x\rangle로 \ 사영되는 \\ |\Psi_j\rangle의 \ 관측 \end{array}\right\} = \left|\left| P_S |\Psi_j\rangle \right|\right|^2 \underset{\substack{(6.137),(6.138),\\(6.154)}}{=} \sin^2\theta_j \quad (6.157)$$

탐색의 성공 확률을 높이기 위해서는, (6.157)에서 해를 찾는 확률인 $\sin^2\theta_j$를 최대화하는 $|\widehat{\Psi}_0\rangle$에 작용하는 $\widehat{G}$의 횟수 j를 결정해야 한다. 다음의 보조정리는 θ_j가 $\frac{\pi}{2}$에 최대한 가깝도록 j를 결정할 때 확률의 하한을 계산한다.

보조정리 6.29 S는 개수 $m \geq 1$을 가지는 해집합이고, $N = 2^m$은 해를 찾고자 하는 객체들의 개수이다. $|\widehat{\Psi}_0\rangle$에 다음의 획수만큼 그로버 반복 $\widehat{G}$를 적용하고

$$j_N := \left\lfloor \frac{\pi}{4 \arcsin\left(\sqrt{\frac{m}{N}}\right)} \right\rfloor \qquad (6.158)$$

입력/출력 레지스터의 상태 $|\Psi_{j_N}\rangle$을 관측하면, 부분 시스템 $\mathbb{H}^{I/O}$에서 $x \in S$ 인 상태 $|x\rangle$를 관측할 확률은 다음을 만족한다.

$$\mathbf{P}\left\{\begin{array}{l} x \in S \text{인 상태 } |x\rangle\text{로 사영되는} \\ |\Psi_j\rangle\text{의 관측} \end{array}\right\} \geq 1 - \frac{m}{N} \qquad (6.159)$$

[증명]

$\theta_0 = \arcsin\left(\sqrt{\dfrac{m}{N}}\right)$이므로, (6.158)은 다음과 같다.

$$j_N = \left\lfloor \frac{\pi}{4\theta_0} \right\rfloor$$

다음을 얻는다.

$$j_N \leq \frac{\pi}{4\theta_0} < j_N + 1$$

그러므로

$$-\theta_0 \leq \frac{\pi}{2} - (2j_N + 1)\theta_0 < \theta_0$$

결국

$$\frac{\pi}{2} - \theta_0 < \theta_{j_N} \leq \frac{\pi}{2} + \theta_0 \qquad (6.160)$$

$|\Psi_j\rangle$의 관측으로 $x \in S$를 발견할 확률은 다음으로 주어진다.

$$\begin{aligned} \left\|P_S|\Psi_{j_N}\rangle\right\|^2 &= \sin^2\theta_{j_N} \\ &\underset{(6.160)}{\geq} \sin^2\left(\frac{\pi}{2} + \theta_0\right) = 1 - \cos^2\left(\frac{\pi}{2} + \theta_0\right) \\ &= 1 - \sin^2\theta_0 \underset{(6.149)}{=} 1 - \frac{m}{N} \end{aligned}$$

(6.158)에서 그로버 반복 숫자 j_N은 해의 개수 m이 증가할 때 감소한다. 그러나 (6.159)의 확률의 하한는 가능한 해의 개수 m이 증가할 때 증가한다. 이는 이상하게 여길 수 있다. 이러한 현상은 θ_0가 m에 대해 증가함수이기 때문이다.

m이 증가하면 θ_{j_N}에 도달하기 위해 필요한 그로버 반복은 줄어들지만 θ_{j_N}과 $\frac{\pi}{2}$의 가능한 거리는 증가해 $\sin^2 \theta_{j_N}$의 하한는 감소한다. N에 비해 작은 m에 대해서는 후자의 영향은 거의 무시할 수 있다.

크고 증가하는 탐색 집합의 개수 N에 대해 그로버 반복 숫자가 어떻게 증가하는지 보기 위해 $y = 0$ 주위의 $\arcsin(y)$의 테일러 전개를 이용한다.

$$\arcsin(y) = y + \sum_{k=1}^{\infty} \frac{\prod_{l=1}^{k}(2l-1)}{\prod_{j=1}^{k}(2j)} \frac{y^{2k+1}}{2k+1}$$

이로부터 다음을 얻는다.

$$\lim_{N \to \infty} \sqrt{N} \arcsin\left(\sqrt{\frac{m}{N}}\right) = \sqrt{m}$$

그러므로

$$\lim_{N \to \infty} \frac{j_N}{\sqrt{N}} = \frac{\pi}{4\sqrt{m}}$$

최종적으로 다음을 얻는다.

$$j_N = O\left(\sqrt{\frac{N}{m}}\right) \quad \text{for } N \to \infty$$

즉, $N \to \infty$일 때 최적 반복 숫자 j_N은 $O\left(\sqrt{\frac{N}{m}}\right)$이 된다.

S에 있는 가능한 해들의 개수 m을 알고 있는 경우에 $N = 2^n$개의 객체로 구성된 전체 집합에서 $x \in S$를 찾는 그로버 탐색 알고리즘은 다음의 단계다.

해의 개수가 알려진 경우 그로버 탐색 알고리즘

- **입력:** 찾고자 하는 객체 $m \geq 1$개로 구성된 집합 S를 포함하는 객체 $N = 2^n$개의 집합 $\{0, \ldots, N-1\}$과 S에서 1의 값을 가지고 그 외에서는 0의 값을 가지는 오라클 함수 $g : \{0, \ldots, N-1\} \to \{0, 1\}$

- **1단계:** 공간 $\mathbb{H}^{I/O} \otimes \mathbb{H}^W = \P\mathbb{H}^{\otimes n} \otimes \P\mathbb{H}$에서 상태 $|\widehat{\Psi}_0\rangle = |\Psi_0\rangle \otimes |-\rangle$의 상태를 준비한다. 여기에서 $|\Psi_0\rangle$는 다음이다.

$$|\Psi_0\rangle = \frac{1}{\sqrt{N}} \sum_{x=0}^{N-1} |x\rangle$$

1단계에서 필요한 계산량은 $N \to \infty$일 때 다음을 만족한다.

$$S_{\text{GROVER1}}(N) \in O(1)$$

- **2단계:** $\theta_0 = \arcsin\left(\sqrt{\frac{m}{N}}\right)$을 이용해 변환 $\widehat{G} = (R_{\Psi_0} \otimes \mathbf{1})\widehat{U}_g$을 $|\widehat{\Psi}_0\rangle$에 j_N번 작용한다.

$$j_N = \left\lfloor \frac{\pi}{4\theta_0} \right\rfloor$$

그러면 복합 시스템이 다음의 상태로 변환된다.

$$|\widehat{\Psi}_{j_N}\rangle = \widehat{G}^{j_N}|\widehat{\Psi}_0\rangle$$

2단계에서 필요한 계산량은 $N \to \infty$일 때 다음을 만족한다.

$$S_{\text{GROVER2}}(N) \in O\left(\sqrt{\frac{N}{m}}\right)$$

- **3단계:** 부분 시스템 $\mathbb{H}^{I/O}$을 관측해 관측 상태 $|x\rangle$로부터 $x \in \{0, \ldots, N-1\}$의 값을 유추한다. 3단계에서 필요한 계산량은 $N \to \infty$일 때 다음을 만족한다.

$$S_{\text{GROVER3}}(N) \in O(1)$$

- **4단계:** $g(x)$를 계산해 $x \in S$인지 확인한다. 4단계에서 필요한 계산량은 $N \to \infty$일 때 다음을 만족한다.

$$S_{\text{GROVER4}}(N) \in O(1)$$

- **출력:** $1 - \frac{m}{N}$보다 작지 않은 확률로 해 $x \in S$.

종합하면, 해 $x \in S$를 $1 - \frac{m}{N}$보다 작지 않은 확률로 찾는 알고리즘을 실행하는 데 필요한 계산량은 다음을 만족한다.

$$S_{\text{GROVER}}(N) = \sum_{i=1}^{4} S_{\text{GROVER}i}(N) \in O\left(\sqrt{\frac{N}{m}}\right) \quad \text{for } N \to \infty$$

다음 정리에서 지금까지 결과를 정리한다.

정리 6.30 $S \subset \{0,\ldots,N-1\}$는 원소의 개수가 $m \geq 1$인 해집합이고, $N = 2^n$은 해를 찾고자 하는 전체 객체의 숫자이다. S의 원소를 (6.141)의 오라클 함수 g를 이용해 식별한다. 이에 대응하는 오라클 $\hat{U}_g$는 (6.142)에 주어지고, g와 $\hat{U}_g$는 N과 무관한 계산량을 필요로 한다고 가정한다. 그러면 S에 속하는 해를 찾는 그로버 알고리즘으로 $\{0,\ldots,N-1\}$에서 탐색이 성공할 확률은 다음을 만족한다.

$$\mathbf{P}\{\text{알고리즘이 } x \in S \text{를 발견}\} \geq 1 - \frac{m}{N}$$

알고리즘에 필요한 계산량은 N의 함수로 다음을 만족한다.

$$S_{\text{GROVER}}(N) \in O\left(\sqrt{\frac{N}{m}}\right) \quad \text{for } N \to \infty \tag{6.161}$$

특별히, $\frac{m}{N} < \frac{1}{2}$인 경우 성공 확률은 다음이다.

$$\mathbf{P}\{\text{알고리즘이 } x \in S \text{를 발견}\} > \frac{1}{2}$$

반면 $\frac{m}{N} \geq \frac{1}{2}$인 경우에는 어떠한 알고리즘도 필요 없다. N개의 객체에서 $m \geq \frac{N}{2}$개의 해를 단순 탐색하면 $\frac{1}{2}$ 이상의 확률로 해를 찾을 수 있다.

그로버 반복 $\hat{G}$의 최적 횟수 j_N을 결정하기 위해 N뿐만 아니라 m도 필요하다. 이는 탐색해야 하는 전체 객체의 개수 N뿐만 아니라 해의 개수 m 또한 알아야 한다는 것을 의미한다.

6.9.2 객체의 개수가 알려지지 않은 경우의 탐색 알고리즘

그러나 N개의 객체에서 해의 개수 m의 정보를 요구하지 않는 확장 알고리즘 [94]가 있다. 이를 소개하기 전에 필요한 중간 결과들을 먼저 설명한다.

문제 6.80 $J \in \mathbb{N}$이고 $\alpha \in \mathbb{R}$이다. 다음 식을 증명하라.

$$\sum_{j=0}^{J-1} \cos((2j+1)\alpha) = \frac{\sin(2J\alpha)}{2\sin\alpha} \tag{6.162}$$

보조정리 6.31 $N \in \mathbb{N}$은 전체 객체의 개수다. 이 중에 영이 아닌 알려지지 않은 $m \in \mathbb{N}$개의 해가 존재한다. $\theta_0 \in [0, \frac{\pi}{2}]$는 $\sin^2 \theta_0 = \frac{m}{N}$을 만족한다. $J \in \mathbb{N}$에 대해 j를 $\{0, \ldots, J-1\}$에서 균등한 확률 $\frac{1}{J}$로 임의의로 선택하고, 상태 $|\widehat{\Psi}_j\rangle$를 명제 6.28에서 서술한 상태 $|\widehat{\Psi}_0\rangle$에 j번 그로버 반복을 수행해 얻는다. 이때 다음의 사건을 고려한다.

$$e_3 := \left\{ \begin{array}{l} \text{입력/출력 레지스터의 관측이} \\ x \in S를 생성 \end{array} \right\}$$

사건이 발생할 확률은 다음으로 주어진다.

$$\mathbf{P}\{e_3\} = \frac{1}{2} - \frac{\sin(4J\theta_0)}{4J\sin(2\theta_0)} \tag{6.163}$$

특히, $J \geq \dfrac{1}{\sin(2\theta_0)}$이면 다음을 얻는다.

$$\mathbf{P}\{e_3\} \geq \frac{1}{4} \tag{6.164}$$

[증명]

사건 e_3이 발생할 확률을 다음과 같이 분해한다.

$$\mathbf{P}\{e_3\} = \sum_{j=0}^{J-1} \mathbf{P}\{j가 선택\} \, \mathbf{P}\left\{ \begin{array}{l} \mathbb{H}^{I/O}에서 |\Psi_j\rangle의 관측이 \\ 해 x \in S를 생성 \end{array} \right\} \tag{6.165}$$

j의 분포에 대한 가정에서 다음을 얻는다.

$$\mathbf{P}\{j가 선택\} = \frac{1}{J} \tag{6.166}$$

명제 6.28의 결과를 이용하면,

$$\mathbf{P}\left\{\begin{array}{c}\mathbb{H}^{I/O}\text{에서 }|\Psi_j\rangle\text{의 관측이}\\ \text{해 }x\in S\text{를 생성}\end{array}\right\}\underset{(6.157)}{=}\sin^2\theta_j\underset{(6.155)}{=}\sin^2((2j+1)\theta_0)$$

$$=\frac{1-\cos(2(2j+1)\theta_0)}{2}\qquad(6.167)$$

(6.166)과 (6.167)을 (6.165)에 대입하면,

$$\begin{aligned}\mathbf{P}\{\mathfrak{e}_3\}&=\sum_{j=0}^{J-1}\frac{1}{J}\left(\frac{1-\cos(2(2j+1)\theta_0)}{2}\right)\\ &=\frac{1}{2}-\frac{1}{2J}\sum_{j=0}^{J-1}\cos(2(2j+1)\theta_0)\\ &\underset{(6.162)}{=}\frac{1}{2}-\frac{\sin(4J\theta_0)}{4J\sin(2\theta_0)}\qquad(6.168)\end{aligned}$$

이로써, (6.163)이 증명된다.

$J\geq\dfrac{1}{\sin(2\theta_0)}$ 가 성립하면, 다음을 얻는다.

$$\sin(4J\theta_0)\leq 1\leq J\sin(2\theta_0)$$

그러므로

$$\frac{\sin(4J\theta_0)}{4J\sin(2\theta_0)}\leq\frac{1}{4}$$

(6.168)에서 (6.164)가 증명된다. ▦

최소한 한 개 이상의 해 $x\in S\neq\emptyset$이 존재하지만 집합 S의 크기를 알지 못하는 경우에, 다음의 변형된 그로버 알고리즘을 이용하면 최소한 $\frac{1}{4}$의 확률로 해를 찾을 수 있다. 앞과 같이 $\{0,...,2^n-1\}$은 탐색하는 전체 집합이며 $N=2^n$은 이 집합의 크기라고 가정한다.

S ≠ ∅의 크기가 알려지지 않은 경우, 수정 그로버 알고리즘

- **입력:** 찾고자 하는 객체 $m\geq 1$개로 구성된 집합 S를 포함하는 객체 $N=2^n$개의 집합 $\{0,...,N-1\}$과 S에서 1의 값을 가지고 그 외에서는 0의 값을 가지는 오라클 함수 $g:\{0,...,N-1\}\to\{0,1\}$

- **1단계:** $x \in \{0,\ldots,N-1\}$을 임의로 추출해 $x \in S$를 확인한다. 해가 아니면 2단계로 간다. 그렇지 않다면 해를 발견한 것이다. 여기에 필요한 계산량은 $N \to \infty$일 때 다음을 만족한다.

$$S_{\widetilde{\mathrm{GROVER}1}}(N) \in O(1)$$

- **2단계:** 공간 $\mathbb{H}^{I/O} \otimes \mathbb{H}^{W} = \mathbb{H}^{\otimes n} \otimes \mathbb{H}$에서 상태 $|\widehat{\Psi}_0\rangle = |\Psi_0\rangle \otimes |-\rangle$의 상태를 준비한다. 여기에서 $|\Psi_0\rangle$는 다음이다.

$$|\Psi_0\rangle = \frac{1}{\sqrt{N}} \sum_{x=0}^{N-1} |x\rangle$$

2단계에서 필요한 계산량은 $N \to \infty$일 때 다음을 만족한다.

$$S_{\widetilde{\mathrm{GROVER}2}}(N) \in O(1)$$

- **3단계:** $J := \lfloor \sqrt{N} \rfloor + 1$이라 두고, 균등 확률 $\frac{1}{J}$로 $j \in \{0,\ldots,J-1\}$를 임의 추출한다. $|\widehat{\Psi}_0\rangle$에 그로버 반복 $\widehat{G} = (R_{\Psi_0} \otimes \mathbb{1})\widehat{U}_g$를 j번 적용해 복합 시스템을 다음의 상태로 변환한다.

$$|\widehat{\Psi}_j\rangle = \widehat{G}^j |\widehat{\Psi}_0\rangle$$

$j \leq \lfloor \sqrt{N} \rfloor$이므로, 3단계에서 필요한 계산량은 $N \to \infty$일 때 다음을 만족한다.

$$S_{\widetilde{\mathrm{GROVER}3}}(N) \in O\left(\sqrt{N}\right)$$

- **4단계:** 입력/출력 레지스터 $\mathbb{H}^{I/O}$을 관측해 관측값 $x \in \{0,\ldots,N-1\}$을 읽는다. 4단계에서 필요한 계산량은 $N \to \infty$일 때 다음을 만족한다.

$$S_{\widetilde{\mathrm{GROVER}4}}(N) \in O(1)$$

- **5단계:** $g(x)$를 계산해 $x \in S$를 확인한다. 5단계에서 필요한 계산량은 $N \to \infty$일 때 다음을 만족한다.

$$S_{\widetilde{\mathrm{GROVER}5}}(N) \in O(1)$$

- **출력:** $S \neq \emptyset$이면 $\frac{1}{4}$보다 작지 않은 확률로 해 $x \in S$.

$\{0,...,N-1\}$에 하나 이상의 해가 존재하는 경우에 수정 알고리즘의 효율과 성공 확률을 다음으로 정리할 수 있다.

정리 6.32 $N = 2^n$이며, 해집합 $S \subset \{0,...,N-1\}$은 공집합이 아니다. S의 원소를 (6.141)의 오라클 함수 g로써 식별하며 $\widehat{U}_g$는 (6.142)의 대응하는 오라클이다. g와 $\widehat{U}_g$의 계산량은 N에 무관하다. 그러면 수정 그로버 알고리즘으로 $\{0,...,N-1\}$에서 다음의 확률로 해를 찾을 수 있다.

$$\mathbf{P}\{\text{알고리즘이 } x \in S\text{를 발견}\} \geq \frac{1}{4}$$

여기서 필요한 계산량은 N의 함수로서 다음과 같다.

$$S_{\widetilde{\text{GROVER}}}(N) \in O\left(\sqrt{N}\right) \quad for \; N \to \infty$$

[증명]

성공 확률을 먼저 증명한다. $m \in \mathbb{N}$은 $\{0,...,N-1\}$에 존재하는 해의 알려지지 않은 개수이다. 두 가지 경우를 나눈다.

$m > \frac{3N}{4}$이면, 수정 알고리즘의 1단계에서 임의 추출한 $x \in \{0,...,N-1\}$가 적어도 $\frac{3}{4} > \frac{1}{4}$의 성공 확률을 가진다.

$1 \leq m \leq \frac{3N}{4}$이면, $\sin^2 \theta_0 = \frac{m}{N} > 0$인 θ_0에 대해 다음을 얻는다.

$$\frac{1}{\sin(2\theta_0)} = \frac{1}{2\sin\theta_0 \cos\theta_0} = \frac{1}{2\sqrt{\sin^2\theta_0(1-\sin^2\theta_0)}}$$

$$= \frac{N}{2\sqrt{m(N-m)}} \tag{6.169}$$

$1 \leq m \leq \frac{3N}{4}$의 가정에서 $\frac{1}{4m} \leq \frac{1}{4}$와 $\frac{4}{3} \leq \frac{N}{m}$이 된다. 전자에서 $1 - \frac{1}{4m} \geq \frac{3}{4}$이어서 다음이 성립하는 것을 알 수 있다.

$$1 \leq \left(1 - \frac{1}{4m}\right)\frac{N}{m}$$
$$\Rightarrow \quad 4m^2 \leq (4m-1)N$$
$$\Rightarrow \quad N \leq 4mN - 4m^2 = 4m(N-m)$$
$$\Rightarrow \quad \frac{1}{2\sqrt{m(N-m)}} \leq \frac{1}{\sqrt{N}}$$
$$\Rightarrow \quad \frac{N}{2\sqrt{m(N-m)}} \leq \sqrt{N} \leq \lfloor\sqrt{N}\rfloor + 1 = J$$
$$\underset{(6.169)}{\Rightarrow} \quad \frac{1}{\sin(2\theta_0)} \leq J$$

그러므로 수정 알고리즘 3단계에서 사용한 $J = \lfloor\sqrt{N}\rfloor + 1$은 보조정리 6.31의 가정을 만족한다. 결국 $1 \leq m \leq \frac{3N}{4}$인 경우에도 알고리즘의 1단계에서 5단계까지의 실행으로 성공 확률이 적어도 $\frac{1}{4}$이 된다.

수정 알고리즘이 요구하는 총 계산량은 다음을 만족한다.

$$S_{\widetilde{\text{GROVER}}}(N) = \sum_{i=1}^{5} S_{\widetilde{\text{GROVER}i}}(N) = O\left(\sqrt{N}\right) \quad \text{for } N \to \infty$$

$m \geq 1$인 경우에, 정리 6.32에서 탐색 알고리즘을 한 번 실행했을 때 실패 확률이 $\frac{3}{4}$보다 작다. s번 탐색하면 확률은 $\left(\frac{3}{4}\right)^s$보다 작아져서 20번 탐색을 하면 0.32%보다 작아진다.

해가 존재하는지도 모르는 경우, 즉 $m = 0$이 가능한 경우는 s번 탐색 후에 해를 찾지 못하면, 확률 $1 - \left(\frac{3}{4}\right)^s$의 확률로 해가 존재하지 않는다는 것만 알 수 있다.

6.10 읽을거리

단열 알고리즘을 포함한 모든 유형의 양자 알고리즘에 관한 포괄적인 최신 목록은 양자 알고리즘 동물원Quantum Algorithm Zoo에서 조르단Jordan이 온라인으로 관리한다[95]. 60개가 넘는 알고리즘 각각에 광범위한 참고문헌과 간단한 설명이 포함돼 있다.

차일즈와 반담[87]은 아벨군이 아닌 숨겨진 부분군 문제를 포함한 대수학 문제의 알고리즘에 대한 리뷰이다. 반담과 사사키[96]에서 좀 더 압축된 논문을 찾을 수 있다.

더욱 이해하기 쉬운 양자 알고리즘의 설명과 각각의 알고리즘의 개요가 모스카[88]에 나와 있다.

최신 방법을 대부분 포함하며 쉽고 현대적인 암호학 입문서는 호프스타인, 피퍼, 실버먼[79]이다.

타원 곡선에 관한 논문은 워싱턴[97]을 참고하면 좋다. 타원 곡선 디지털 서명 설정에 대한 자세한 내용은 [93]에서 온라인으로 확인할 수 있다.

07
오류 정정

7.1 오류의 원인

이미 고전 계산 과정에는 오류가 없으며, 오류를 감지하고 정정하는 광범위한 방법과 규약이 개발됐다. 이상적으로 이러한 방법으로 오류가 없는 프로세스의 상태로 복원할 수 있다. 7.2절에서 고전 오류 정정 코드의 기본을 소개한다.

양자 계산의 물리적 구현은 대부분 교란에 매우 민감한 장치를 이용하므로 오류로 인해 상태가 손상될 가능성은 고전 계산보다 훨씬 크다. 따라서 오류 수정 방법이 필요하며 그렇지 않다면 양자 계산이 불가능해진다. 양자 계산에서 오류의 원천 또는 원인은 대략 다음과 같은 범주로 나눌 수 있다[98].

- **결잃음** 오류의 가장 일반적이고 중요한 원인은 시스템이 환경과 상호 작용을 해 계획된 계산 프로세스와 일치하지 않는 것이다. 시스템이 완벽하게 격리돼 있지 않으면 제어할 수 없는 방식으로 상태를 변경하는 오류가 발생한다. 계산의 무결성을 보장하려면 이러한 오류를 수정하고 손상되지 않은 상태를 가능한 한 충실하게 복원해야 한다.

- **결맞는 오류** 게이트는 상태의 특정 유니타리 변환을 수행할 것이다. 이진 특성을 가지는 고전 상태의 변환과 달리 유니타리 연산자는 연속 집합을 형성한다. 그래서 게이트의 구현은 원하는 U를 수행하지 않고 U'

을 실제로 수행할 수 있다. 아무리 U와 비슷해도 결국 다른 것이다.

- **입력의 손상** 계산의 초기 상태가 원하는 대로 준비되지 않았을 수 있다. 준비 절차가 완벽한 정밀도로 작동하지 않아 원하는 상태 $|\psi_{ini}\rangle$에서 시작하지 않고 대신에 $|\psi'_{ini}\rangle$ 상태에서 시작한다.

- **누출** 대부분의 경우 $\mathbb{H}$는 더 큰 힐베르트 공간 $\mathbb{H}$의 부분공간이다. 일단 시스템이 상태 $|\psi\rangle \in \mathbb{H}$에 있다고 가정하면, 모든 상호작용은 시스템이 그 부분공간 $\mathbb{H}$에 계속 유지하고 있는 것을 가정한다. 즉, 큐비트 상태를 유지하는 것을 가정한다. 예로서, 큐비트 시스템을 원자의 가장 낮은 두 개의 에너지 고유 상태로 구성할 수 있으며, 다음으로 더 높은 에너지의 고유 상태는 이 두 개보다 실제로 더 높은 에너지 레벨에 있다. 시스템과의 상호작용으로 에너지가 더 높은 고유 상태로 전이하기에 충분한 에너지를 시스템에 제공하지 않으면, 원하는 대로 두 가지 상태 시스템을 효과적으로 처리할 수 있다. 그러나 시스템과 환경의 제어되지 않은 상호작용 또는 상호작용의 불충분한 제어로 인해 시스템이 더 높은 에너지 레벨 상태로 전이돼 큐비트 힐베르트 공간을 벗어날 수 있다. 이 현상을 누출이라고 한다.

이러한 오류를 모델링하기 위해 (3.5절의) 양자 연산을 사용한다. 즉, 모든 오류는 적절한 (대각합을 보존하지 않을 수 있는) 양자 연산으로 설명할 수 있다고 가정한다.

그러나 오류의 발생을 감지하기 위해 사영 공준 3에 설명한 것과 같이 모든 관측은 비가역적으로 양자 시스템을 변경할 수 있다는 문제에 직면한다. 그래서 오류로 인해 상태가 손상된 것인지를 확인하기 위해 관측을 이용할 수 없다.

양자 시스템의 두 번째 문제점은 정리 4.11의 양자 복제 불가능 정리에서 알 수 있듯이 알 수 없는 양자 상태를 복사할 수 없다는 것이다. 즉, 오류를 감지하고 수정하는 데 사용할 수 있는 상태의 사본을 여러 개 생성할 수 없다.

다행히 이 두 가지 문제점은 시스템의 서술에 적절한 중복성을 추가해 해결할 수 있다. 이것은 단일 비트를 여러 비트로 인코딩해 오류 수정에 대한 고전 접근 방식과 유사하다. 7.2절에서 고전 오류 정정에 대해 소개한다.

양자 오류 정정에서 중복은 단일 큐비트를 여러 개의 큐비트로 표현해 발생한다. 이로써 확대된 표현을 관측해 잠재된 오류를 탐지할 수 있지만 원래 단일 큐비트의 상태에 관한 정보는 얻을 수 없다. 중복을 구현하는 것이 복제를 의미하는 것이 아니어서 정리 4.11을 위반하지 않는다.

양자 오류 정정은 양자 계산에서 큰 분야이며 입문서에서 모든 것을 소개하는 것은 불가능하다. 그래서 이 분야의 기본 문제와 방법에 대해 이해하도록 7장의 주제를 선택했다.

7장에서 사용한 군에 대한 이론적 개념, 특히 안정화 군의 형식에 대해서는 부록 F를, 특히 파울리^{Pauli} 군에 관해서는 F.5절을 참조하면 좋다.

7.2 고전 오류 정정

여기서는 다음 절의 양자 계산에서 오류 감지 및 정정에 대해 설명하기 전에 고전 계산에서 오류를 감지하고 수정하는 방법을 간단하게 설명한다.

오류를 감지하고 수정하는 시스템의 원칙은 중복이다.

고전 오류 정정을 설명할 때 항상 (따름정리 F.55의) 유한체 $\mathbb{F}_2$를 구성하는 이진수 알파벳을 이용한다. 이로부터 $\mathbb{F}_2$의 알파벳 문자를 친숙한 비트값 0과 1 표기해 유한체 $\mathbb{F}_2$의 규칙으로 문자를 더하고 곱할 수 있다. 즉, 알파벳의 모든 문자 $a, b \in \mathbb{F}_2$에 대해 다음이 성립한다.

$$a +_{\mathbb{F}_2} b = a \overset{2}{\oplus} b \underbrace{=}_{(5.2)} (a + b) \mod 2$$
$$a \cdot_{\mathbb{F}_2} b = ab = (ab) \mod 2 \qquad (7.1)$$
$$a \overset{2}{\oplus} b = 0 \quad \Leftrightarrow \quad a = b$$

일반 언어와 같이 $\mathbb{F}_2$의 문자로 스트링을 만들어서 단어를 구성한다.

> **정의 7.1** $\mathbb{F}_2$에서 길이 $k \in \mathbb{N}$인 단어를 다음의 벡터로 정의한다.
>
> $$\mathbf{w} = \begin{pmatrix} w_1 \\ \vdots \\ w_k \end{pmatrix} \in \mathbb{F}_2^k$$

여기에서 $\mathbb{F}_2^k = \mathbb{F}_2 \times \cdots \times \mathbb{F}_2$는 체 $\mathbb{F}_2$의 k겹 데카르트 곱집합으로 구성된 $\mathbb{F}_2$ 상의 벡터 공간이다.

두 벡터 $\mathbf{u}, \mathbf{v} \in \mathbb{F}_2^k$의 이진 덧셈을 다음으로 정의한다.

$$\mathbf{u} \overset{2}{\oplus} \mathbf{v} = \begin{pmatrix} u_1 \overset{2}{\oplus} v_1 \\ \vdots \\ u_k \overset{2}{\oplus} v_k \end{pmatrix} \in \mathbb{F}_2^k \tag{7.2}$$

여기에서 $a \overset{2}{\oplus} b$는 (5.2)에서 정의한 것이다.

그래서 길이 k인 단어는 길이 k인 비트 스트링이어서 0과 1을 더하거나 곱할 수 있다. 벡터 공간 $\mathbb{F}_2^k$는 벡터의 유한 집합으로 구성돼 있는 것에 주의한다. 이 벡터 공간의 선형 독립과 차원은 일반적인 방법으로 정의한다.

정의 7.2 $k \in \mathbb{N}$이고 I는 $\mathbb{N}$의 유한 부분집합이다. 임의의 집합 $\{a_i \mid i \in I\} \subset \mathbb{F}_2$에 대해 다음의 조건을 만족할 때, 벡터집합 $\{w_i \mid i \in I\} \subset \mathbb{F}_2^2$이 선형 독립이라고 한다.

$$\sum_{i \in I} a_i \mathbf{w}_i = 0 \quad \Rightarrow \quad a_i = 0 \quad \forall i \in I$$

임의의 벡터집합 $\{w_i \mid i \in I\} \subset \mathbb{F}_2^k$에 대해 다음의 선형 공간을 정의한다.

$$\mathrm{Span}\{\mathbf{w}_i \mid i \in I\} = \Big\{ \sum_{i \in I} a_i \mathbf{w}_i \mid a_i \in \mathbb{F}_2 \Big\}$$

이 선형 공간의 차원을 공간에서 선형 독립인 벡터의 최대 개수로 정의한다. 처음의 벡터집합을 이 공간의 기저라고 한다.

다음의 일반적인 기저 벡터를 사용하면,

$$\mathbf{e}_1 = \begin{pmatrix} 1 \\ 0 \\ \vdots \\ 0 \end{pmatrix}, \ldots, \mathbf{e}_k = \begin{pmatrix} 0 \\ \vdots \\ 0 \\ 1 \end{pmatrix} \in \mathbb{F}_2^k$$

이러한 벡터들이 선형 독립이고 $\mathbb{F}_2^k$의 기저 벡터를 구성해 $\mathbb{F}_2^k = k$임을 알 수 있다. 다음의 보기에서 알 수 있듯이, $\mathbb{R}$상에서 선형 독립인 벡터의 집합이 $\mathbb{F}_2$상에서 항상 선형 독립이 되지 않는 것에 주의한다.

보기 7.3 $\mathbb{R}^3$에 속하는 다음의 벡터를 고려한다.

$$\mathbf{a} = \begin{pmatrix} 1 \\ 0 \\ 1 \end{pmatrix}, \mathbf{b} = \begin{pmatrix} 0 \\ 1 \\ 1 \end{pmatrix}, \mathbf{c} = \begin{pmatrix} 1 \\ 1 \\ 0 \end{pmatrix}$$

그러면 다음의 식을 만족하는 $a, b, c \in \mathbb{R}$는 $a = b = c = 0$뿐임을 알 수 있다.

$$a\mathbf{a} + b\mathbf{b} + c\mathbf{c} = \begin{pmatrix} a + c \\ b + c \\ a + b \end{pmatrix} = \begin{pmatrix} 0 \\ 0 \\ 0 \end{pmatrix}$$

그러므로 a, b, c를 $\mathbb{R}^3$의 벡터로 볼 때에는 선형 독립이다. 그러나 이들을 $\mathbb{F}_2^3$의 원소로 보면, $a = b = c = 1$에 대해 다음을 만족한다.

$$\mathbf{a} \overset{2}{\oplus} \mathbf{b} \overset{2}{\oplus} \mathbf{c} = \begin{pmatrix} 1 \overset{2}{\oplus} 1 \\ 1 \overset{2}{\oplus} 1 \\ 1 \overset{2}{\oplus} 1 \end{pmatrix} = \begin{pmatrix} 0 \\ 0 \\ 0 \end{pmatrix}$$

그러므로 a, b, c는 $\mathbb{F}_2^3$의 벡터로서는 선형 독립이 아니다.

벡터 공간 $\mathbb{F}_2^k$에 적절한 거리 함수를 부과해 거리 공간^{metric space}으로 만들 수 있다.

정의 7.4 거리 공간^{metric space}은 다음의 조건을 만족하는 사상 $d : M \times M \to \mathbb{R}$을 가지는 집합 M이다.
(i)

$$d(u, v) \geq 0$$

(ii)

$$d(u, v) = 0 \quad \Leftrightarrow \quad u = v$$

(iii)

$$d(u, v) = d(v, u)$$

(iv)

$$d(u, v) \leq d(u, v) + d(v, w) \tag{7.3}$$

함수 d를 거리 공간의 **거리**distance함수라고 한다.

문제 7.81 $k \in \mathbb{N}$이다. 다음의 함수가 정의 7.4에 주어진 거리 함수의 성질을 만족해 $\mathbb{F}_2^k$가 거리 공간이 되는 것을 보여라.

$$d_H : \mathbb{F}_2^k \times \mathbb{F}_2^k \longrightarrow \mathbb{N}_0$$
$$(\mathbf{u}, \mathbf{v}) \longmapsto \sum_{j=1}^{k} u_j \overset{2}{\oplus} v_j$$

정의 7.5 $k \in \mathbb{N}$이다. 다음의 거리 함수를 알파벳 $\mathbb{F}_2$로 구성된 단어 $\mathbf{u}$와 $\mathbf{v}$ 사이의 **해밍 거리**Hamming distance라고 한다.

$$d_H : \mathbb{F}_2^k \times \mathbb{F}_2^k \longrightarrow \mathbb{N}_0$$
$$(\mathbf{u}, \mathbf{v}) \longmapsto \sum_{j=1}^{k} u_j \overset{2}{\oplus} v_j \tag{7.4}$$

다음의 함수를 알파벳 $\mathbb{F}_2$로 구성된 길이 k인 단어의 **해밍 가중치**Hamming weight라고 한다.

$$w_H : \mathbb{F}_2^k \longrightarrow \mathbb{N}_0$$
$$\mathbf{u} \longmapsto d_H(\mathbf{u}, \mathbf{0}) \tag{7.5}$$

다음의 식은 자명하다.

$$w_H(\mathbf{u}) = d_H(\mathbf{u}, \mathbf{0}) = \sum_{j=1}^{k} u_j$$

이는 비트 스트링 (단어) $\mathbf{u} \in \mathbb{F}_2^k$에서 1의 값을 가지는 비트의 개수다. 두 단어 $\mathbf{u}$와 $\mathbf{v}$의 해밍 거리는 두 단어를 이진합을 계산한 결과의 해밍 가중치와 같다는 것을 다음 식에서 알 수 있다.

$$d_H(\mathbf{u}, \mathbf{v}) \underbrace{=}_{(7.4)} \sum_{j=1}^{k} u_j \overset{2}{\oplus} v_j \underbrace{=}_{(7.2)} \sum_{j=1}^{k} (\mathbf{u} \overset{2}{\oplus} \mathbf{v})_j \underbrace{=}_{(7.4)} d_H(\mathbf{u} \overset{2}{\oplus} \mathbf{v}, \mathbf{0})$$

$$\underbrace{=}_{(7.5)} w_H(\mathbf{u} \overset{2}{\oplus} \mathbf{v}) \tag{7.6}$$

$\mathbb{F}_2^k$에 모두 2^k개의 단어가 있다. 중복을 가능하게 하기 위해, 이러한 단어들을 $n > k$인 더 큰 공간 $\mathbb{F}_2^n$에 끼워 넣어야 한다. 이것을 단어의 부호화^{encoding}라고 하며, 형식적으로는 다음의 사상으로 주어진다.

$$C_c : \mathbb{F}_2^k \longrightarrow \mathbb{F}_2^n$$
$$\mathbf{w} \longmapsto C_c(\mathbf{w})$$

부호화는 단순히 단어를 복사하는 것이 아니라 $n > k$개의 비트로 k개의 비트를 부호화하면서 중복을 추가한다. 가장 직접적인 — 그리고 계산이 효율적인 — 방법은 $C_c(\mathbf{w}) = G\mathbf{w}$인 행렬 $G \in \text{Mat}(n \times k, \mathbb{F}_2)$를 결정하면 정해지는 선형 부호화다. 이러한 부호화는 단사함수여야 한다. 그렇지 않으면 부호화된 단어 $C_c(\mathbf{w})$에서 원래 단어 $\mathbf{w}$를 유일하게 복원할 수 없기 때문이다. 다음의 정의가 이런 요구를 형식화한다.

정의 7.6 $n, k \in \mathbb{N}$은 $n > k$를 만족한다. 다음의 단사함수를

$$C_c : \mathbb{F}_2^k \longrightarrow \mathbb{F}_2^n$$
$$\mathbf{w} \longmapsto C_c(\mathbf{w})$$

알파벳 $\mathbb{F}_2$의 **고전** $[\![n, k]\!]_c$ **코드**$^{classical\ code}$ 또는 **코딩**^{coding} C_c라고 한다. $C_c(\mathbf{w})$의 상^{imega}을 (고전) **코드 단어**^{codeword}라고 한다.

사상 C_c가 선형이며, $C_c(\mathbf{w}) = G\mathbf{w}$를 만족하는 최대 차수^{rank} k인 행렬 G $\in \text{Mat}(n \times k, \mathbb{F}_2)$로 주어지면, 행렬 G를 **코드 생성자**$^{\text{generator of the code}}$라고 한다. 코드 C_c의 거리는 다음으로 정의한다.

$$d_H(C_c) := \min \left\{ d_H(\mathbf{u}, \mathbf{v}) \mid \mathbf{u}, \mathbf{v} \in G\{\mathbb{F}_2^k\}, \mathbf{u} \neq \mathbf{v} \right\} \qquad (7.7)$$

(7.6)에서 선형 $[\![n, k]\!]_c$ 코드 C_c의 거리를 다른 형태로 주어진다.

$$d_H(C_c) \underset{(7.6)}{=} \min \left\{ w_H(\mathbf{u} \overset{2}{\oplus} \mathbf{v}) \mid \mathbf{u}, \mathbf{v} \in G\{\mathbb{F}_2^k\}, \mathbf{u} \neq \mathbf{v} \right\}$$

$$= \min \left\{ w_H(\mathbf{u}) \mid \mathbf{u} \in G\{\mathbb{F}_2^k\}, \mathbf{u} \neq \mathbf{0} \right\}$$

알파벳 $\mathbb{F}_2$의 선형 $[\![n, k]\!]_c$ 코드에 대해 모든 코드 단어의 집합 $\{G\mathbf{w} \mid \mathbf{w} \in \mathbb{F}_2^k\}$는 $\mathbb{F}_2^n$의 차원 k인 선형 공간을 형성한다.

$$G\{\mathbb{F}_2^k\} = \text{Span} \left\{ G\mathbf{w} \mid \mathbf{w} \in \mathbb{F}_2^k \right\}$$

$\mathbb{F}_2^n$의 차원은 $n > k$이므로, $G\{\mathbb{F}_2^k\}$의 원소는 $n - k$개의 독립 선형방정식을 만족한다.

$$\sum_{l=1}^{n} H_{jl}(G\mathbf{w})_l = 0 \qquad \text{for } j \in \{1, \ldots, n - k\}$$

이 식을 패리티 확인 방정식이라고 한다. 방정식의 독립은 행렬 $H \in \text{Mat}((n - k) \times n, \mathbb{F}_2)$이 최대 차수를 가지는 것을 의미한다.

정의 7.7 G는 알파벳 $\mathbb{F}_2$를 가지는 선형 $[\![n, k]\!]_c$ 코드의 생성자다. 다음의 성질을 가지는 행렬 $H \in \text{Mat}((n - k) \times n, \mathbb{F}_2)$을 코드의 **패리티 확인 행렬**이라고 한다.

$$\text{Ker}(H) = G\{\mathbb{F}_2^k\} \qquad (7.8)$$

$H\mathbf{u} = 0$을 만족하는 모든 벡터 $\mathbf{u} \in \mathbb{F}_2^n$는 유효한 코드 단어다. 즉, 적절한 $\mathbf{w} \in \mathbb{F}_2^k$에 대해 $\mathbf{u} = G\mathbf{w}$를 만족한다. $H\mathbf{v} \neq 0$인 벡터 $\mathbf{v} \in \mathbb{F}_2^n$는 부호화 G의 치

역에 있지 않으며 오류로 인해 손상된 것이다.

다음의 문제에서 볼 수 있듯이 패리티 확인 행렬은 $n - k$의 차수를 가져야 하지만 유일한 것은 아니다.

문제 7.82 H는 생성자 G를 가지는 선형 $[\![n, k]\!]_c$ 코드의 패리티 확인 행렬이다. 다음을 증명하라.

(i)

$$\mathrm{H}\,\mathrm{G} = 0$$

(ii)

$$\dim \mathrm{H}\{\mathbb{F}_2^n\} = n - k \tag{7.9}$$

(iii) H는 유일하지 않다.

그러나 패리티 확인 행렬이 유일하지 않지만, (7.8)에서 그들의 커널^{Kernel}은 일치해야 한다.

보기 7.8 다음의 생성자를 가지는 선형 $[\![7, 4]\!]_c$ 코드를 고려한다.

$$\mathrm{G} = \begin{pmatrix} 1 & 0 & 0 & 1 \\ 0 & 1 & 0 & 1 \\ 1 & 1 & 0 & 1 \\ 0 & 0 & 1 & 1 \\ 1 & 1 & 1 & 0 \\ 0 & 0 & 0 & 1 \\ 1 & 0 & 1 & 0 \end{pmatrix} = \begin{pmatrix} \mathbf{r}_1^T \\ \vdots \\ \mathbf{r}_7^T \end{pmatrix}$$

$\mathbf{r}_1, \ldots, \mathbf{r}_4$가 선형 독립인 것을 보이기 위해 다음을 만족하는 $a_1, \ldots, a_4 \in \mathbb{F}_2$를 고려한다.

$$\sum_{j=1}^{4} a_j \mathbf{r}_j = 0$$

위의 식은 다음과 동치이다.

$$a_1 \begin{pmatrix} 1 \\ 0 \\ 0 \\ 1 \end{pmatrix} \overset{2}{\oplus} a_2 \begin{pmatrix} 0 \\ 1 \\ 0 \\ 1 \end{pmatrix} \overset{2}{\oplus} a_3 \begin{pmatrix} 1 \\ 1 \\ 0 \\ 1 \end{pmatrix} \overset{2}{\oplus} a_4 \begin{pmatrix} 0 \\ 0 \\ 1 \\ 1 \end{pmatrix} = \begin{pmatrix} a_1 \overset{2}{\oplus} a_3 \\ a_2 \overset{2}{\oplus} a_3 \\ a_4 \\ a_1 \overset{2}{\oplus} a_2 \overset{2}{\oplus} a_3 \overset{2}{\oplus} a_4 \end{pmatrix} = \begin{pmatrix} 0 \\ 0 \\ 0 \\ 0 \end{pmatrix}$$

결국 $a_1 = \cdots = a_4 = 0$이 된다. 그래서 G의 최대 차수는 4이다. 이 코드의 패리티 확인 행렬은 다음으로 주어진다.

$$H = \begin{pmatrix} 0\,1\,1\,1\,0\,1\,1 \\ 0\,1\,0\,0\,1\,1\,1 \\ 1\,0\,0\,1\,0\,0\,1 \end{pmatrix} = \begin{pmatrix} \mathbf{h}_1^T \\ \mathbf{h}_2^T \\ \mathbf{h}_3^T \end{pmatrix}$$

그리고 위에서 $\mathbf{r}_1, \ldots, \mathbf{r}_4$에 대해 증명했듯이 $\mathbf{h}_1$, $\mathbf{h}_2$, $\mathbf{h}_3$가 선형 독립인 것을 보일 수 있다. 그래서 H의 최대 차수는 3이다. 다음을 알 수 있다.

$$HG = \begin{pmatrix} 0\,1\,1\,1\,0\,1\,1 \\ 0\,1\,0\,0\,1\,1\,1 \\ 1\,0\,0\,1\,0\,0\,1 \end{pmatrix} \begin{pmatrix} 1\,0\,0\,1 \\ 0\,1\,0\,1 \\ 1\,1\,0\,1 \\ 0\,0\,1\,1 \\ 1\,1\,1\,0 \\ 0\,0\,0\,1 \\ 1\,0\,1\,0 \end{pmatrix} = \begin{pmatrix} 1 \overset{2}{\oplus} 1 & 1 \overset{2}{\oplus} 1 & 1 \overset{2}{\oplus} 1 & 1 \overset{2}{\oplus} 1 & 1 \overset{2}{\oplus} 1 & 1 \overset{2}{\oplus} 1 \\ 1 \overset{2}{\oplus} 1 & 1 \overset{2}{\oplus} 1 & 1 \overset{2}{\oplus} 1 & & 1 \overset{2}{\oplus} 1 \\ 1 \overset{2}{\oplus} 1 & 0 & 1 \overset{2}{\oplus} 1 & & 1 \overset{2}{\oplus} 1 \end{pmatrix}$$
$$= \begin{pmatrix} 0\,0\,0\,0 \\ 0\,0\,0\,0 \\ 0\,0\,0\,0 \end{pmatrix}$$

마지막으로 비슷한 방법으로 다음의 행렬이 $\dim \widetilde{H} \{ \mathbb{F}_2^7 \} = 3$이고 $\widetilde{H} G = 0$을 만족하는 것을 확인할 수 있다.

$$\widetilde{H} = \begin{pmatrix} 0\,0\,1\,1\,1\,0\,0 \\ 0\,1\,0\,0\,1\,1\,1 \\ 1\,0\,0\,1\,0\,0\,1 \end{pmatrix}$$

패리티 확인 행렬을 이용해 코드 단어 $\mathbf{c} = G\,\mathbf{w}$에 오류가 있는지 다음과 같이 감지한다. 코드 단어 $\mathbf{c} = G\,\mathbf{w}$는 다음 식을 만족해야 한다.

$$H\,\mathbf{c} = H\,G\,\underbrace{\mathbf{w} = \mathbf{0}}_{(7.8)} \tag{7.10}$$

코드 단어 $\mathbf{c}$가 통신 중에서 훼손돼 오류 ε이 추가되면, 수신한 코드 단어를 다음으로 표현할 수 있다.

$$\mathbf{c}' = \mathbf{c} \overset{2}{\oplus} \varepsilon \in \mathbb{F}_2^n$$

다음을 얻는다.

$$\mathbf{H}\mathbf{c}' = \mathbf{H}\mathbf{c} \overset{2}{\oplus} \underbrace{\mathbf{H}\varepsilon}_{(7.10)} = \mathbf{H}\varepsilon$$

이를 (7.10)과 비교하면, $\mathbf{H}\mathbf{c}' \neq \mathbf{0}$에서 코드 단어 $\mathbf{c}'$가 훼손된 것을 알 수 있다. 즉, 이것은 단어 $\mathbf{w} \in \mathbb{F}_2^k$에 대한 이미지 $\mathbf{G}\mathbf{w}$가 아니다. 이제 다음을 정의한다.

정의 7.9 $\mathbf{H}$는 알파벳 $\mathbb{F}_2$를 가지는 선형 $[\![n,k]\!]_c$ 코드의 패리티 확인 행렬이다. 다음의 사상을 코드의 **신드롬 사상**syndrome mapping이라고 한다.

$$\begin{aligned} \mathrm{syn}_c : \mathbb{F}_2^n &\longrightarrow \mathbb{F}_2^{n-k} \\ \mathbf{a} &\longmapsto \mathbf{H}\mathbf{a} \end{aligned} \tag{7.11}$$

벡터 $\mathbf{H}\mathbf{a}$를 $\mathbf{a}$의 신드롬이라고 한다.

(7.11)에서 손상되지 않은 코드 단어 $\mathbf{c} \in \mathbf{G}\{\mathbb{F}_2^k\} = \mathrm{Ker}(\mathbf{H})$는 영인 신드롬 $\mathrm{syn}_c(\mathbf{c}) = \mathbf{H}\mathbf{c} = \mathbf{0}$을 가진다. 즉,

$$\mathrm{Ker}(\mathbf{H}) = \mathrm{Ker}(\mathrm{syn}_c) \tag{7.12}$$

문제 7.83 정의 7.9의 syn_c는 임의의 $\mathbf{a}, \mathbf{b} \in \mathbb{F}_2^n$에 대해 다음을 만족하는 것을 보여라.

$$\mathrm{syn}_c(\mathbf{a} \overset{2}{\oplus} \mathbf{b}) = \mathrm{syn}_c(\mathbf{a}) \overset{2}{\oplus} \mathrm{syn}_c(\mathbf{b})$$

그래서 syn_c는 준동형사상homomorphism이 된다.

$$\mathrm{syn}_c \in \mathrm{Hom}(\mathbb{F}_2^n, \mathbb{F}_2^{n-k})$$

$\mathbf{c} \in G\{\mathbb{F}_2^k\} = \text{Ker}(H)$일때 $\mathbf{c}' = \mathbf{c} \overset{2}{\oplus} \varepsilon$에 대해 다음을 알 수 있다.

$$\text{syn}_c(\mathbf{c}') = H(\mathbf{c} \overset{2}{\oplus} \varepsilon) = H(\varepsilon) = \text{syn}_c(\varepsilon)$$

그래서 $\text{syn}_c(\mathbf{c}') = \text{syn}_c(\varepsilon) \neq 0$이면 $\mathbf{c}'$가 오류에 의해 손상됐다. 그러므로 영이 아닌 신드롬은 오류 감지의 충분조건이다. 그러나 일반적으로 $\mathbf{c}'$ 또는 $\text{syn}_c(\mathbf{c}')$으로는 실수 없이 오류를 수정하기에는 충분하지 않다. ε과 원래의 손상되지 않은 코드 단어 $\mathbf{c}$를 유일하게 결정할 수 없기 때문이다. 이것은 다음의 이유 때문이다.

$$\text{syn}_c(\mathbf{a} \overset{2}{\oplus} \mathbf{h}) = \text{syn}_c(\mathbf{a}) \quad \Leftrightarrow \quad \mathbf{h} \in \text{Ker}(H)$$

$\text{sync}_c(\varepsilon)$의 정보로는 (정의 F.18의) 잉여류만을 결정한다.

$$[\varepsilon] = [\varepsilon]_{\text{Ker}(H)} = \left\{ \varepsilon \overset{2}{\oplus} \mathbf{h} \mid \mathbf{h} \in \text{Ker}(H) \right\}$$

보조정리 F.30에서 $\text{Ker}(H) = \text{Ker}(\text{syn}_c)$가 $\mathbb{F}_2^n$의 정규 부분군이 되며, 정의 F.23의 몫군 $\mathbb{F}_2^n/\text{Ker}(\text{syn}_c)$가 존재한다. 신드롬 사상에서 몫군 $\mathbb{F}_2^n/\text{Ker}(\text{syn}_c)$와 $\mathbb{F}_2^{n-k}$ 사이의 동형사상을 구성할 수 있다.

명제 7.10 패리티 확인 행렬 H과 신드롬 사상 sync_c를 가지는 선형 $[\![n,k]\!]_c$에 대해 다음은 동형사상이다.

$$\widehat{\text{syn}_c} : \mathbb{F}_2^n/\text{Ker}(H) \longrightarrow \mathbb{F}_2^{n-k}$$
$$[\mathbf{a}] \longmapsto \text{syn}_c(\mathbf{a})$$

[증명]

(7.9)에서 H가 최대 차수를 가진다. 이로부터, 임의의 $\mathbf{b} \in \mathbb{F}_2^{n-k}$에 대해 적절한 $\mathbf{a} \in \mathbb{F}_2^n$가 존재해 $\mathbf{b} = H\mathbf{a} = \text{syn}_c(\mathbf{a})$를 만족한다. 그래서 $\mathbb{F}_2^{n-k} = \text{syn}_c\{\mathbb{F}_2^n\}$이다. $\text{Ker}(H) = \text{Ker}(\text{syn}_c)$이므로, 첫 번째 군동형사상 F.31에서 주장이 증명된다. ∎

명제 7.10에서 $\mathbb{F}_2^{n-k}$의 신드롬과 $\mathbb{F}_2^n/\text{Ker}(H)$의 잉여류 사이에 전단사 함수가 있어서, $\widehat{\text{syn}_c}^{-1}$이 주어진 신드롬에서 유일한 잉여류를 식별할 수 있다. $\mathbf{c} \in \text{Ker}(H) = G\{\mathbb{F}_2^k\}$는 보내거나 저장된 유효한 코드 단어이고, $\tilde{\mathbf{c}} = \mathbf{c} \overset{2}{\oplus} \varepsilon$는 받

거나 탐색한 단어이다. 그러므로 임의의 잠재적인 오류 ε는 다음을 만족한다.

$$\varepsilon = \varepsilon \overset{2}{\oplus} \mathbf{c} \overset{2}{\oplus} \mathbf{c} = \tilde{\mathbf{c}} \overset{2}{\oplus} \underbrace{\mathbf{c}}_{\mathbf{c} \in \text{Ker}(H)} \in [\tilde{\mathbf{c}}]_{\text{Ker}(H)} \tag{7.13}$$

그래서 다음을 만족한다.

$$\mathrm{d}_H(\tilde{\mathbf{c}}, \mathbf{c}) \underbrace{=}_{(7.6)} \mathrm{w}_H(\tilde{\mathbf{c}} \overset{2}{\oplus} \mathbf{c}) \underbrace{=}_{(7.13)} \mathrm{w}_H(\varepsilon) \tag{7.14}$$

손상된 코드 단어 $\tilde{\mathbf{c}}$에서 원래 코드 단어 $\mathbf{c}$를 복구하려면 어떻게 해야 하는가? 알려진 코드 단어는 $\tilde{\mathbf{c}}$이다. 이를 이용해 $\text{syn}_c(\tilde{\mathbf{c}})$를 유추하고 $\widehat{\text{syn}}_c^{-1}$을 이용해 $[\tilde{\mathbf{c}}]_{\text{Ker}(H)}$를 계산한다. (7.13)에서 $\varepsilon \in [\tilde{\mathbf{c}}]_{\text{Ker}(H)}$이다. 즉, $\mathbf{c}$를 손상시킨 오류는 $\tilde{\mathbf{c}}$로 결정되는 잉여류의 원소이다. 오류 정정 전략은 가장 작은 가중치를 가지는 $\mathbf{r} \in [\tilde{\mathbf{c}}]_{\text{Ker}(H)}$를 찾고, $\mathbf{r}$을 $\tilde{\mathbf{c}}$에 더해 $\mathbf{c}$를 복구하는 것이다. 가장 작은 가중치를 가지는 $\mathbf{r} \in [\tilde{\mathbf{c}}]_{\text{Ker}(H)}$를 선택하는 것은 $[\tilde{\mathbf{c}}]$에서 $\mathbf{c}$를 손상시킨 오류 중에서 가장 가능성이 있는 것은 가장 적은 수의 비트를 바꾼 것이라는 가정을 근거로 한다. (7.14)에서 이것은 주어진 신드롬에서 관측한 $\tilde{\mathbf{c}}$와 추측하는 원래 코드 단어 $\mathbf{c}$의 거리가 가장 가까운 것을 의미한다. 고전 오류 탐지와 정정 규약은 다음과 같다.

고전 오류 탐지와 정정 규약

1. 패리티 확인 행렬 H를 $\tilde{\mathbf{c}}$에 적용해 $\text{syn}_c(\tilde{\mathbf{c}}) = H \tilde{\mathbf{c}}$를 결정한다.

2. $[\tilde{\mathbf{c}}] = \widehat{\text{syn}}_c^{-1}(\text{syn}_c(\tilde{\mathbf{c}}))$를 결정한다.

3. 위에서 결정한 잉여류에서 가장 작은 가중치를 가지는 원소의 집합을 결정한다.

$$R_c^{\min}[\tilde{\mathbf{c}}]_{\text{Ker}(H)} := \left\{ \mathbf{a} \in [\tilde{\mathbf{c}}]_{\text{Ker}(H)} \mid \mathrm{w}_H(\mathbf{a}) \le \mathrm{w}_H(\mathbf{b}) \ \forall \mathbf{b} \in [\tilde{\mathbf{c}}]_{\text{Ker}(H)} \right\}$$

4. 집합에서 원소 하나를 임의로 선택한다.

$$\mathbf{r} \in R_c^{\min}[\tilde{\mathbf{c}}]_{\text{Ker}(H)}$$

5. $\tilde{\mathbf{c}} \overset{2}{\oplus} \mathbf{r}$을 계산한 후에 이것을 원래의 코드 단어 $\mathbf{c}$라고 간주한다.

위의 규약은 $\tilde{\mathbf{c}}$가 변하지 않는 경우도 포함한다. $\text{syn}_c(\tilde{\mathbf{c}}) = \mathbf{0}$인 경우가 그 예다. 이런 경우에는 $[\tilde{\mathbf{c}}]_{\text{Ker}(H)} = \text{Ker}(H)$이며 $R_c^{\min}[\tilde{\mathbf{c}}]_{\text{Ker}(H)} = \{\mathbf{0}\}$이다.

그러나 일반적으로 집합 $R_c^{min}[\tilde{c}]_{Ker(H)}$는 원소 한 개 이상을 가진다. 이런 경우에는 제시한 규약이 원래 코드 단어 c를 확실하게 항상 복원할 수 없다. 그래서 이런 종류의 복원을 **최대우도 복호화**maximum likelihood decoding 또는 **최소 근방 복호화**nearest neighbor decoding라고 한다. 가장 가능성이 있는 오류는 비트를 최소로 손상시키는 것이라는 가정에서 이름이 유래됐다.

그러나 오류가 코드의 거리에 비해 상대적으로 많은 비트 수를 바꾸는 것이 아니라면 원래 코드 단어를 확실하게 복원할 수 있다. 다음의 명제에서 증명한다.

명제 7.11 C_c는 선형 $[\![n, k]\!]_c$ 코드이다. $c \in Ker(H) = G\{\mathbb{F}_2^k\}$는 보내거나 저장된 유효한 코드 단어이고, $\tilde{c} = c \overset{2}{\oplus} \varepsilon$은 ε에 의해 손상된 받거나 탐색한 단어이다. 이때 다음의 조건을 만족하면 c를 $\tilde{c}$에서 확실히 정확하게 복구할 수 있다.

$$w_H(\varepsilon) \leq \left\lfloor \frac{d_H(C_c) - 1}{2} \right\rfloor \tag{7.15}$$

여기에서 $\lfloor b \rfloor$는 $b \in \mathbb{R}$의 정수 부분을 나타낸다.

[증명]

$\mathbb{F}_2^n$에서 중심이 a이고 반지름 $r \geq 0$인 볼ball을 다음으로 표기한다.

$$B_{\mathbb{F}_2^n}^r(a) := \left\{ v \in \mathbb{F}_2^n \mid d_H(a, v) \leq r \right\} \tag{7.16}$$

중심이 $\tilde{c}$이고 반지름이 $\frac{d_H(C_c)}{2}$인 볼과 $G\{\mathbb{F}_2^k\}$의 모든 코드 단어의 교집합에 오직 c만이 포함되는 것을 증명한다. 우선, 다음에 주의한다.

$$d_H(\tilde{c}, c) \underbrace{=}_{(7.14)} w_H(\varepsilon) \underbrace{<}_{(7.15)} \frac{d_H(C_c)}{2}$$

그러므로 (7.16)에서 다음을 알 수 있다.

$$c \in B_{\mathbb{F}_2^n}^{d_H(C_c)/2}(\tilde{c}) \tag{7.17}$$

그리고 $a \in G\{\mathbb{F}_2^k\} \setminus \{c\}$를 고려하면, 다음을 얻는다.

$$d_H(C_c) \underbrace{\leq}_{(7.7)} d_H(\mathbf{c}, \mathbf{a}) \underbrace{\leq}_{(7.3)} d_H(\mathbf{c}, \tilde{\mathbf{c}}) + d_H(\tilde{\mathbf{c}}, \mathbf{a})$$

$$\underbrace{=}_{(7.14)} w_H(\varepsilon) + d_H(\tilde{\mathbf{c}}, \mathbf{a}) \underbrace{\leq}_{(7.15)} \left\lfloor \frac{d_H(C_c) - 1}{2} \right\rfloor + d_H(\tilde{\mathbf{c}}, \mathbf{a})$$

$$< \frac{d_H(C_c)}{2} + d_H(\tilde{\mathbf{c}}, \mathbf{a})$$

그러므로 임의의 $\mathbf{a} \in G\{\mathbb{F}_2^k\} \setminus \{\mathbf{c}\}$에 대해 $\frac{d_H(C_c)}{2} < d_H(\tilde{\mathbf{c}}, \mathbf{a})$를 얻는다. 그러므로 $\mathbf{a}$는 다음을 만족한다.

$$\mathbf{a} \notin B_{\mathbb{F}_2^n}^{d_H(C_c)/2}(\tilde{\mathbf{c}}) \tag{7.18}$$

(7.17)과 (7.18)에서 다음이 유도된다.

$$G\{\mathbb{F}_2^k\} \cap B_{\mathbb{F}_2^n}^{d_H(C_c)/2}(\tilde{\mathbf{c}}) = \{\mathbf{c}\}$$

그러므로 중심이 $\tilde{c}$이며 반지름이 $\frac{d_H(C_c)}{2}$인 볼에서 유일한 $G\{\mathbb{F}_2^k\}$의 원소를 찾으면, 알려진 $\tilde{c}$에서 $\mathbf{c}$를 복구할 수 있다. ∎

선형 코드 C_c는 (7.15)를 만족하는 모든 오류 ε을 정정할 수 있다고 명제 7.11을 바꿔 표현하기도 한다. 다음 절에서 양자 오류 정정인 경우에 비슷한 결과를 소개한다.

7.3 양자 오류 정정

7.3.1 수정 가능한 오류

모든 양자 시스템은 환경과 상호작용으로 쉽게 변경되며 일반적으로 이것을 피하기는 매우 어렵다. 양자 계산의 맥락에서, 이러한 원치 않는 상호작용은 성공적인 계산을 위해 정정이 필요한 오류를 유발할 수 있다.

고전적인 경우와 같이 양자 오류 정정을 위해 중요한 것은 중복을 만드는 수단이다. 이를 일반적으로 양자 코드라는 것으로 구현한다.

정의 7.12 양자 오류 정정 코드^{QECC}는 dim $\mathbb{H}^K <$ dim $\mathbb{H}^N < \infty$인 힐베르트 공간 $\mathbb{H}^K$와 $\mathbb{H}^N$ 사이의 **부호화**^{encoding}라고 하는 다음의 단사^{injective}이며 노름을 보존하는 연산자의 도움으로 규정된다.

$$C_q : \mathbb{H}^K \to \mathbb{H}^N$$

공간 $\mathbb{H}^N$을 **양자 부호화 공간**$^{\text{quantum encoding space}}$이라 하며, 다음의 부호화 상을 **양자 코드**$^{\text{quantum code}}$ 또는 양자 코드 공간이라고 한다. $\mathbb{H}^{C_q}$의 원소를 **코드 단어**^{codeword}라고 한다. 다음의 블록-선형사상이

$$\mathbb{H}^{C_q} := C_q\left\{\mathbb{H}^K\right\} \subsetneq \mathbb{H}^N$$

다음의 조건을 만족하면

$$D_q : D\left(\mathbb{H}^{C_q}\right) \to D\left(\mathbb{H}^K\right)$$
$$D_q\left(C_q \left|\psi\right\rangle\left\langle\psi\right| C_q^*\right) = \left|\psi\right\rangle\left\langle\psi\right| \quad \forall \left|\psi\right\rangle \in \mathbb{H}^K$$

복호화^{decoding}라고 한다.

$k < n$일 때, $\mathbb{H}^K = {}^{\P}\mathbb{H}^{\otimes k}$, $\mathbb{H}^N = {}^{\P}\mathbb{H}^{\otimes n}$이라 하면 QECC를 $[n, k]_q$ QECC라고 한다. 계산 기저 상태 $\left|x\right\rangle \in \mathbb{H}^K$의 다음 상을 **기저 코드 단어**$^{\text{basis codeword}}$라고 한다.

$$\left|\Psi_x\right\rangle := C_q\left|x\right\rangle \in \mathbb{H}^{C_q}$$

$k = 1$인 단일 큐비트 $\mathbb{H}^K = {}^{\P}\mathbb{H}$의 경우, 기저 코드 단어 $C_q\left|0\right\rangle$와 $C_q\left|1\right\rangle$를 **논리 큐비트**라고 하고 $\mathbb{H}^N = {}^{\P}\mathbb{H}^{\otimes n}$의 단일 큐비트 인자 ${}^{\P}\mathbb{H}$를 **물리 큐비트**라고 한다.

이 책에서는 종종 부호화 연산자인 기호 C_c를 사용해 QECC를 표기한다.

고전 경우와 마찬가지로, 코드는 좀 더 큰 부호화 공간 $\mathbb{H}^N$의 차원 2^k인 부분 공간 $\mathbb{H}^{C_q}$이다. 오류 수정 가능성을 위한 중복은 $\mathbb{H}^N$의 나머지 차원 $2^n - 2^k$에서 주어진다. 이런 방식으로 원래 시스템을 확장하는 것은 (그림 7.1 또는 7.3과 같이) 보조 레지스터를 추가해 더 큰 복합 시스템을 만드는 것이다. 복호화^{decoding}는 이런 보조 레지스터를 무시하는, 즉 대각합을 취하는 것이다. 이것이 복호화 사

상을 밀도 연산자로 형식화하는 이유이다.

> **보조정리 7.13** C_q는 $[\![n,k]\!]_q$ QECC이다. 그러면 기저 코드 단어 $\{|\varPsi_x\rangle \mid x \in \{0,...,2^{k-1}\}\}$는 $\mathbb{H}^{C_q}$에서 ONB를 형성한다.

[증명]

우선 C_q가 정의에서 단사이므로, 모든 $|\varphi_1\rangle, |\varphi_2\rangle \in \mathbb{H}^K$에 대해 $|\varphi_1\rangle - |\varphi_2\rangle \neq 0$ 은 $C_q(|\varphi_1\rangle - |\varphi_2\rangle) \neq 0$을 의미한다. 그러므로 다음을 얻는다.

$$C_q |\varphi\rangle = 0 \quad \Leftrightarrow \quad |\varphi\rangle = 0 \tag{7.19}$$

다음으로 $|\varPsi_x\rangle = C_q |x\rangle$가 선형 독립이 되는 것을 증명한다. $x \in \{0,...,2^{k-1}\}$에 대해 $a_x \in \mathbb{C}$라 둔다. 다음을 얻는다.

$$\sum_{x=0}^{2^k-1} a_x |\varPsi_x\rangle = 0 \;\Rightarrow\; \sum_{x=0}^{2^k-1} a_x \, C_q \, |x\rangle = C_q \left(\sum_{x=0}^{2^k-1} a_x |x\rangle \right) = 0$$

$$\underset{(7.19)}{\Rightarrow} \; \sum_{x=0}^{2^k-1} a_x |x\rangle = 0$$

$$\Rightarrow \quad a_x = 0 \quad \forall x \in \{0,\ldots,2^k-1\}$$

위 식의 마지막에서, 계산 기저 $\{|x\rangle\}$는 $\mathbb{H}^K$에서 ONB인 것을 이용했다. 이로써 $|\varPsi_x\rangle$가 독립인 것이 증명됐다.

이제 모든 $|\varPhi\rangle \in \mathbb{H}^{C_q} = C_q\{\mathbb{H}^K\}$에 대해 $|\varphi\rangle = C_q|\varphi\rangle$를 만족하는 $|\varPhi\rangle \in \mathbb{H}^K$가 존재한다. $\{|x\rangle\}$가 $\mathbb{H}^K$의 ONB임을 다시 이용해 다음을 얻는다.

$$|\varPhi\rangle = C_q |\varphi\rangle = C_q \left(\sum_{x=0}^{2^k-1} \varphi_x |x\rangle \right) = \sum_{x=0}^{2^k-1} \varphi_x \, C_q \, |x\rangle = \sum_{x=0}^{2^k-1} \varphi_x |\varPsi_x\rangle$$

이로써, 모든 $|\varPhi\rangle \in \mathbb{H}^{C_q}$가 $|\varPsi_x\rangle$의 선형 조합으로 서술되는 것을 증명했다.

마지막으로 $|\varPsi_x\rangle = C_q|x\rangle$가 정규직교임을 보이기 위해 C_q의 정의에서 모든 $|\varphi\rangle \in \mathbb{H}^K$에 대해 $\|C_q|\varphi\rangle\| = \|\varphi\|$임을 이용해 다음을 얻는다.

$$\langle \varPsi_x | \varPsi_y \rangle \underset{(2.9)}{=} \frac{1}{4} \left(\big\| |\varPsi_x\rangle + |\varPsi_y\rangle \big\|^2 - \big\| |\varPsi_x\rangle - |\varPsi_y\rangle \big\|^2 \right)$$

$$+ i \, \big| \big| \, |\Psi_x\rangle - i|\Psi_y\rangle \, \big| \big|^2 - i \, \big| \big| \, |\Psi_x\rangle + i|\Psi_y\rangle \, \big| \big|^2 \big)$$

$$= \frac{1}{4} \big(\, \big| \big| \, C_q(|x\rangle + |y\rangle) \, \big| \big|^2 - \big| \big| \, C_q(|x\rangle - |y\rangle) \, \big| \big|^2$$

$$+ i \, \big| \big| \, C_q(|x\rangle - i|y\rangle) \, \big| \big|^2 - i \, \big| \big| \, C_q(|x\rangle + i|y\rangle) \, \big| \big|^2 \big)$$

$$= \frac{1}{4} \big(\, \big| \big| \, |x\rangle + |y\rangle \, \big| \big|^2 - \big| \big| \, |x\rangle - |y\rangle \, \big| \big|^2 + i \, \big| \big| \, |x\rangle - i|y\rangle \, \big| \big|^2 - i \, \big| \big| \, |x\rangle + i|y\rangle \, \big| \big|^2 \big)$$

$$\underbrace{=}_{(2.9)} \langle x|y\rangle \underbrace{=}_{(3.24)} \delta_{xy}$$

첫 번째 보기를 제시하기 전에, 이 책에서 파울리^{Pauli} 행렬/연산자를 다음의 표기를 이용했던 것을 기억하자.

$$\sigma_0 = \mathbf{1}, \quad \sigma_1 = \sigma_x = X, \quad \sigma_2 = \sigma_y = Y, \quad \sigma_3 = \sigma_z = Z$$

보기 7.14 첫 번째 보기로서, 한 개의 논리 큐비트를 세 개의 물리 큐비트로 부호화하는 $[\![3,1]\!]_q$ QECC 두 개를 설명한다. 첫 번째 QECC는, $[\![3,1]\!]_{q1}$으로 표기하며 다음의 부호화 사상으로 주어진다.

$$C_{q1} : \, {}^{\mathbb{q}}\mathbb{H} \xrightarrow{\iota} {}^{\mathbb{q}}\mathbb{H}^{\otimes 3} \xrightarrow{A} {}^{\mathbb{q}}\mathbb{H}^{\otimes 3} \tag{7.20}$$

여기에서

$$\iota : \, {}^{\mathbb{q}}\mathbb{H} \longrightarrow {}^{\mathbb{q}}\mathbb{H}^{\otimes 3}$$
$$|\psi\rangle \longmapsto |\psi\rangle \otimes |0\rangle \otimes |0\rangle$$

그리고

$$A = |1\rangle\langle 1| \otimes X \otimes X + |0\rangle\langle 0| \otimes \mathbf{1} \otimes \mathbf{1} \tag{7.21}$$

이 부호화의 회로는 그림 7.1에 있다.

$[\![3,1]\!]_{q1}$의 기저 코드 단어 $|\Psi_0\rangle, |\Psi_1\rangle \in {}^{\mathbb{q}}\mathbb{H}^{\otimes 3}$에 대해 다음을 얻는다.

$$|\Psi_0\rangle = C_{q1}|0\rangle = A|000\rangle = |000\rangle$$
$$|\Psi_1\rangle = C_{q1}|1\rangle = A|100\rangle = |1\rangle \otimes X|0\rangle \otimes X|0\rangle = |111\rangle \tag{7.22}$$

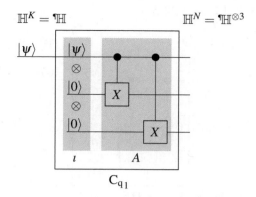

$$\mathbb{H}^K = \mathbb{T}\mathbb{H} \qquad\qquad \mathbb{H}^N = \mathbb{T}\mathbb{H}^{\otimes 3}$$

그림 7.1 (7.20)에서 주어진 첫 번째 $[3,1]_{q1}$ QECC의 부호화를 위한 회로

그래서 코드는 다음으로 주어진다.

$$\mathbb{H}^{C_{q1}} = \mathrm{Span}\{|000\rangle, |111\rangle\} \subset \mathbb{T}\mathbb{H}^{\otimes 3} \tag{7.23}$$

다음에 주의한다.

$$A^2 \underbrace{=}_{(7.21)} |1\rangle\langle 1| \otimes X^2 \otimes X^2 + |0\rangle\langle 0| \otimes \mathbf{1} \otimes \mathbf{1} = |1\rangle\langle 1| \otimes \mathbf{1} \otimes \mathbf{1} + |0\rangle\langle 0| \otimes \mathbf{1} \otimes \mathbf{1}$$
$$= \mathbf{1}^{\otimes 3} \tag{7.24}$$

그리고

$$|\Psi\rangle = C_{q1}|\psi\rangle = A(|\psi\rangle \otimes |0\rangle \otimes |0\rangle) = A(|\psi\rangle \otimes |00\rangle) \in \mathbb{T}\mathbb{H}^{\otimes 3} \tag{7.25}$$

위의 벡터의 복호화는 다음의 밀도 행렬에 작용하는 사상으로 주어진다.

$$D_{q1}: \qquad D(\mathbb{T}\mathbb{H}^{\otimes 3}) \xrightarrow{A(\cdot)A^*} D(\mathbb{T}\mathbb{H}^{\otimes 3}) \xrightarrow{\mathrm{tr}^2(\cdot)} D(\mathbb{T}\mathbb{H})$$
$$\rho_{|\Psi\rangle} = |\Psi\rangle\langle\Psi| \longmapsto A|\Psi\rangle\langle\Psi|A^* \longmapsto |\psi\rangle\langle\psi|$$

여기에서, $\mathrm{tr}^2(\cdot)$는 ι로 인해 도입된 보조 큐비트 두 개의 대각합을 표기한다. 다음에서 알 수 있다.

$$
\begin{aligned}
D_{q1}\rho_{|\Psi\rangle} &= \mathrm{tr}^2\left(A|\Psi\rangle\langle\Psi|A^*\right) \underbrace{=}_{(7.25)} \mathrm{tr}^2\left(AA(|\psi\rangle \otimes |00\rangle\langle\psi| \otimes \langle 00|)A^*A^*\right) \\
&\underbrace{=}_{(7.24),(3.36)} \mathrm{tr}^2\left(|\psi\rangle\langle\psi| \otimes |00\rangle\langle 00|\right) \underbrace{=}_{(3.57)} \underbrace{\mathrm{tr}\left(|00\rangle\langle 00|\right)}_{=1} |\psi\rangle\langle\psi| \\
&= |\psi\rangle\langle\psi|
\end{aligned}
$$

복호화 회로는 그림 7.2에 나타냈다.

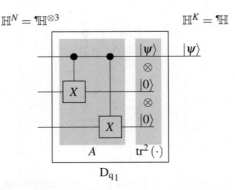

그림 7.2 (7.20)에서 주어진 $[\![3,1]\!]_{q1}$ QECC를 복호화하는 회로

두 번째 QECC는 $[\![3,1]\!]_{q2}$로 표기하며 다음의 부호화 사상으로 주어진다.

$$\mathrm{C_{q_1}}: \mathbb{H} \xrightarrow{\iota} \mathbb{H}^{\otimes 3} \xrightarrow{A} \mathbb{H}^{\otimes 3} \xrightarrow{H^{\otimes 3}} \mathbb{H}^{\otimes 3}$$

여기에서 H는 정의 2.38의 아다마르 변환이다. 이는 다음의 성질을 가진다.

$$H|0\rangle \underbrace{=}_{(2.160)} \frac{|0\rangle + |1\rangle}{\sqrt{2}} = |+\rangle \quad \text{and} \quad H|1\rangle \underbrace{=}_{(2.161)} \frac{|0\rangle - |1\rangle}{\sqrt{2}} = |-\rangle \quad (7.26)$$

$[\![3,1]\!]_{q2}$ 기저 코드 단어 $|\Phi_0\rangle, |\Phi_1\rangle \in \mathbb{H}^{\otimes 3}$에 대해 다음을 얻는다.

$$|\Phi_0\rangle = \mathrm{C_{q2}}|0\rangle = H^{\otimes 3}A|000\rangle \underbrace{=}_{(7.22)} H^{\otimes 3}|000\rangle \underbrace{=}_{(7.26)} |+++\rangle$$

$$|\Phi_1\rangle = \mathrm{C_{q2}}|1\rangle = H^{\otimes 3}A|100\rangle \underbrace{=}_{(7.22)} H^{\otimes 3}|111\rangle \underbrace{=}_{(7.26)} |---\rangle \quad (7.27)$$

그래서 코드는 다음과 같다.

$$\mathbb{H}^{\mathrm{C_{q2}}} = \mathrm{Span}\{|+++\rangle, |---\rangle\} \subset \mathbb{H}^{\otimes 3} \quad (7.28)$$

부호화가 복제가 아니라 중복을 만드는 것이라는 것을 보이기 위해 보기 7.14 의 $[\![3,1]\!]_{q1}$을 고려한다. 다음에 주의한다.

$$\mathrm{C_{q_1}}(a|0\rangle + b|1\rangle) \underbrace{=}_{(7.22)} a|000\rangle + b|111\rangle \neq (a|0\rangle + b|1\rangle)^{\otimes 3}$$

여기에서 가장 오른쪽에 있는 상태벡터는 초기 상태의 3겹 복제 상태를 보여준다. 그러므로 양자 부호화가 정리 4.11의 양자 복제 불가능 정리를 위배하는 것은 아니다.

보기 7.14의 예들보다 중복이 더 많은 다른 코드는 쇼어[99]이다. 이것은 논리 큐비트 1개에 물리 큐비트 9개를 필요로 한다. 뒤에서 증명하겠지만, 이 코드는 모든 1-큐비트 오류를 정정한다.

보기 7.15 C_{qS}로 표기하는 9개 큐비트를 이용하는 쇼어의 $[\![9,1]\!]_q$ QECC에서는, 큐비트 1개를 9개의 (물리) 큐비트의 텐서곱으로 구성되는 논리 큐비트로 부호화한다. 부호화 사상은 다음과 같다.

$$C_{qS} : \mathbb{H} \xrightarrow{\iota} \mathbb{H}^{\otimes 9} \xrightarrow{A} \mathbb{H}^{\otimes 9} \tag{7.29}$$

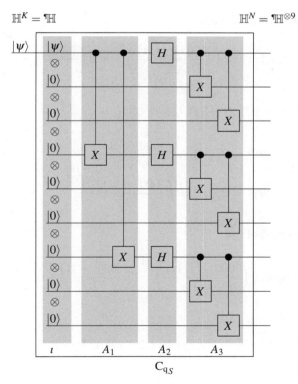

그림 7.3 $C_{qS} = A_3 A_2 A_1 \iota$인 (7.29)로 주어지는 쇼어의 $[\![9,1]\!]_q$ QECC의 회로

여기에서,

$$\iota : \ \mathbb{H} \longrightarrow \mathbb{H}^{\otimes 9}$$
$$|\psi\rangle \longmapsto |\psi\rangle \otimes |0\rangle^8 \tag{7.30}$$

그리고 $A = A_3 A_2 A_1$ 이다.

$$A_1 = |1\rangle\langle 1| \otimes \mathbf{1}^{\otimes 2} \otimes X \otimes \mathbf{1}^{\otimes 2} \otimes X \otimes \mathbf{1}^{\otimes 2} + |0\rangle\langle 0| \otimes \mathbf{1}^{\otimes 8}$$
$$A_2 = \left(H \otimes \mathbf{1}^{\otimes 2} \right)^{\otimes 3} \tag{7.31}$$
$$A_3 = \left(|1\rangle\langle 1| \otimes X \otimes X + |0\rangle\langle 0| \otimes \mathbf{1}^{\otimes 2} \right)^{\otimes 3}$$

여기에서 $X = \sigma_x$ 이며 H 는 정의 2.38의 아다마르 연산자다. 그림 7.3에서 쇼어 부호화에 관한 회로를 나타냈다.

문제 7.84 다음을 증명하라.

$$C_{q_S} (a|0\rangle + b|1\rangle) = a \left(\frac{|000\rangle + |111\rangle}{\sqrt{2}} \right)^{\otimes 3} + b \left(\frac{|000\rangle - |111\rangle}{\sqrt{2}} \right)^{\otimes 3} \tag{7.32}$$

(7.32)에서 기저 코드 단어들은 다음과 같다.

$$|\Psi_0\rangle = C_{q_S} |0\rangle = \left(\frac{|000\rangle + |111\rangle}{\sqrt{2}} \right)^{\otimes 3}$$
$$|\Psi_1\rangle = C_{q_S} |1\rangle = \left(\frac{|000\rangle - |111\rangle}{\sqrt{2}} \right)^{\otimes 3} \tag{7.33}$$

코드는 다음으로 주어진다.

$$\mathbb{H}^{C_{q_S}} = \mathrm{Span} \left\{ \left(\frac{|000\rangle + |111\rangle}{\sqrt{2}} \right)^{\otimes 3}, \left(\frac{|000\rangle - |111\rangle}{\sqrt{2}} \right)^{\otimes 3} \right\} \subset \mathbb{H}^{\otimes 9}$$

문제 7.85 (7.31)에서 정의한 $i \in \{1, 2, 3\}$ 의 A_i 에 대해 다음이 만족하는 것을 보여라.

$$A_i^2 = \mathbf{1}^{\otimes 9} \tag{7.32}$$

문제 7.85의 (7.34)에서 다음을 얻는다.

$$A_1 A_2 A_3 A_3 A_2 A_1 = \mathbf{1}^{\otimes 9} \tag{7.35}$$

그러므로

$$A_1 A_2 A_3\, \mathrm{C}_{\mathrm{q}S}\, |\psi\rangle \underset{(7.29)}{=} A_1 A_2 A_3 A_3 A_2 A_1 \iota |\psi\rangle \underset{(7.35)}{=} \iota |\psi\rangle \underset{(7.30)}{=} |\psi\rangle \otimes |0\rangle^8$$

복화화 $\mathrm{D}_{\mathrm{q}S} : \mathrm{D}(\P\mathbb{H}^{\otimes 9}) \to \mathrm{D}(\P\mathbb{H})$는 다음으로 주어진다.

$$\mathrm{D}_{\mathrm{q}S}(\rho) = \mathrm{tr}^8\left(A_1 A_2 A_3 \rho A_3 A_2 A_1\right)$$

여기에서, $i \in \{1, 2, 3\}$의 $A_i^* = A_i$를 이용했다. 복호화의 회로는 그림 7.4이다.

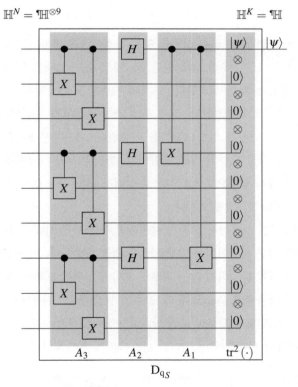

그림 7.4 쇼어 $[9,1]_q$ QECC의 복호화 회로

물론, 부호화 C_q와 복호화 D_q 또한 오류가 있을 수 있다. 즉, 오류는 수정하는 도구들도 오류를 가진다. 이러한 혼합된 오류를 다루는 것은 장애 허용[fault]

^{tolerant} 양자 계산의 영역에 속하며[100, 101], 이 책에서는 다루지 않는다. 여기서의 논의는 (부호화된) 코드 단어만 손상된 경우로 한정한다. 즉, 오류는 부호화 이후와 복호화 이전에만 발생한다고 가정한다. 이러한 상황을 보기 7.14의 $[\![3,1]\!]_{q1}$의 경우에 그림 7.5에 나타냈다.

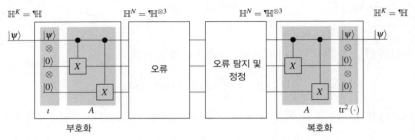

그림 7.5 $[\![3,1]\!]_q$ 코드의 경우, 부화화와 복호화 사이에 오류가 발생한다는 가정에 대한 도식

이 책에서 설명하고자 하는 상황을 양자 시스템에 발생하는 오류를 다음과 같이 모델링할 수 있다. 우선 코드 공간 $\mathbb{H}_{Cq}$에서 순수 상태를 먼저 설명한 후에 $D(\mathbb{H}^{Cq})$의 혼합 상태를 설명한다. 초기의 시스템은 손상되지 않은 순수 상태 $|\Psi\rangle \in \mathbb{H}^{Cq} \subset \mathbb{H}^N$으로 가정한다. 그런 후에 가능한 오류가 무엇인지 서술해야만 한다. 이를 오류 연산자 $\hat{\mathcal{E}}_a \in L(\mathbb{H}^N)$을 이용한다. 여기에서 $a \in I \subset \mathbb{N}_0$이며 I는 오류 모델에서 다룰 오류의 첨자 집합이다. 초기의 무오류 상태는 $\mathbb{H}^{Cq}$에 속한다. 그리고 오류의 영향으로 일반적으로 상태가 코드 공간 밖에 있다. 그러므로 오류 연산자는 $L(\mathbb{H}^N)$의 원소이다.

a의 아래첨자를 사용하는 오류가 발생하면, 시스템은 상태 $\hat{\mathcal{E}}_a|\Psi\rangle \in \mathbb{H}$로 끝난다. 이것은 무작위 사건이어서 발생 확률을 결정해야 한다. 이 확률을 p_a로 표기한다. 또한 오류가 발생하지 않는 경우도 포함하기 위해 **오류** 연산자 $\hat{\mathcal{E}}_0 = 1$이라 하고, 오류가 없을 확률을 p_0로 둔다. 오류가 발생했다고 가정하면, 시스템의 계산 상태는 각각의 발생 확률이 p_a인 상태 $\hat{\mathcal{E}}_a|\Psi\rangle$의 통계 앙상블로 주어진다. 정리 2.24의 증명에서 설명했듯이, 이러한 시스템은 다음의 혼합 상태로 기술된다.

$$\mathcal{E}(\rho_\Psi) = \sum_{a\in I} p_a \hat{\mathcal{E}}_a |\Psi\rangle\langle\hat{\mathcal{E}}_a\Psi| \underset{(2.33)}{=} \sum_{a\in I} p_a \hat{\mathcal{E}}_a |\Psi\rangle\langle\Psi| \hat{\mathcal{E}}_a^*$$

$$\underset{(2.89)}{=} \sum_{a\in I} p_a \hat{\mathcal{E}}_a \rho_\Psi \hat{\mathcal{E}}_a^* = \sum_{a\in I} \mathcal{E}_a \rho_\Psi \mathcal{E}_a^* \qquad (7.36)$$

마지막 식에서 $\mathcal{E}_a = \sqrt{p_a}\, \hat{\mathcal{E}}_a$로 정의했다.

원래 손상되지 않은 시스템은 진성 혼합 상태 $\rho \in D(\mathbb{H}^{Cq})$이면 같은 주장을 할 수 있다. 이 경우에는 각가의 오류 a가 확률 p_a로 새로운 혼합 상태 $\hat{\mathcal{E}}_a \rho \hat{\mathcal{E}}_a^*$를 생성한다. 결국 혼합 상태의 통계 앙상블은 (7.36)에서 ρ_ψ를 ρ로 치환한 것으로 기술된다.

정의 3.26과 정리 3.24에서 임의의 양자 연산자 K는 (크라우스 연산자로 알려진) 연산자 요소들로써 다음과 같이 표현된다.

$$K(\rho) = \sum_a K_a \rho K_a^*$$

이것은 (7.36)의 형태와 완전히 일치한다. 그리고 대부분은 오류는 환경과 $\mathbb{H}^N$의 상호작용으로 발생하며, 양자 연산자는 이를 반영하는 환경 표현을 가진다. 이러한 생각으로 다음의 양자 연산자(3.5절 참조)를 이용하면 시스템 $\mathbb{H}^N$에서 발생하는 오류의 영향을 모델링할 수 있다.

$$\begin{aligned} \mathcal{E} : D(\mathbb{H}^N) &\longrightarrow D_\leq(\mathbb{H}^N) \\ \rho &\longmapsto \mathcal{E}(\rho) = \sum_{a \in I} \mathcal{E}_a\, \rho\, \mathcal{E}_a^* \end{aligned} \tag{7.37}$$

여기에서 연산 요소 $\mathcal{E}_a$는 $\mathcal{E}_a = \sqrt{p_a}\, \hat{\mathcal{E}}_a$의 형태이며 다음을 만족한다.

$$\sum_{a \in I} \mathcal{E}_a^* \mathcal{E}_a \leq \kappa \mathbf{1} \tag{7.38}$$

위에서 $\kappa \in [0, 1]$이다. 따름정리 3.25에서 (7.38)의 부등식은 모든 $\rho \in D(\mathbb{H}^N)$에 대해 $\mathrm{tr}(\mathcal{E}(\rho)) = \kappa$와 동치이다. 이제부터 오류에 해당하는 양자 연산자를 상수 대각합을 갖는 것으로 한정할 것이다. 이유는 오류를 정정하는 복원 연산자를 소개할 때 자명해진다.

(7.37)의 오류 연산자는 $\mathbb{H}^N$의 모든 원소에 대해 정의되지만, $\rho \in D(\mathbb{H}^{Cq})$에 대한 $\mathcal{E}$의 영향에만 관심이 있다. 그러나 $\mathbb{H}^{Cq} \subsetneq \mathbb{H}^N$이므로, 다음과 같이 자연스러운 끼워넣기 $D(\mathbb{H}^{Cq}) \hookrightarrow D(\mathbb{H}^N)$이 존재한다. 정리 2.24에서 임의의 $\rho \in D(\mathbb{H}^{Cq})$에 대해 $\mathbb{H}^{Cq}$에 ONB $\{|\Theta_j\rangle\}$가 존재해 적절한 $\sum_j q_j = 1$인 $q_j \in [0, 1]$에 대해 다음이 만족한다.

$$\rho = \sum_j q_j |\Theta_j\rangle\langle\Theta_j| \tag{7.39}$$

모든 ONB $\mathbb{H}^{\mathbb{C}q} \subsetneq \mathbb{H}^N$은 $\mathbb{H}^N$의 ONB로 확장할 수 있으므로, (7.39)의 ρ는 $D(\mathbb{H}^N)$의 원소로 볼 수 있다.

다음의 정의에서 오류 연산자와 관련된 개념들을 정의한다.

정의 7.16 $\mathbb{H}^N$은 코드 $\mathbb{H}^{\mathbb{C}q}$를 가지는 QECC의 부호화 공간이다. 코드 $\mathbb{H}^{\mathbb{C}q}$의 **오류 연산**error operation는 다음의 양자 연산자로 정의한다.

$$\mathcal{E} : D\big(\mathbb{H}^N\big) \longrightarrow D_{\leq}(\mathbb{H}^N)$$
$$\rho \longmapsto \sum_{a \in I} \mathcal{E}_a \, \rho \, \mathcal{E}_a^* \qquad (7.40)$$

여기에서 $\mathcal{E}_a \in L(\mathbb{H}^N)$은 연산 요소이며 I는 첨자 집합이며 $a \in I$이다.

$[\![n,k]\!]_q$ QECC의 오류 연산은 모든 연산 요소가 (정의 3.21의) m-국소이면 m-**큐비트 오류 연산**이라고 한다.

$a \in I$를 아래첨자로 가지고, $\hat{\mathcal{E}}_a \in L(\mathbb{H}^N)$의 작용으로, $p_a \in [0,1]$의 확률로 상태를 바꾸는 오류 집합을 모델링하기 위해, 다음 형태의 연산 요소를 선택한다.

$$\mathcal{E}_a = \sqrt{p_a}\hat{\mathcal{E}}_a$$

여기에서, p_a는 $\sum_{a \in I} p_a = 1$을 만족한다. 연산자 $\hat{\mathcal{E}}_a \in L(\mathbb{H}^N)$을 **오류 연산자**error operator라고 한다. 여기에는 오류가 없는 연산자 $\hat{\mathcal{E}}_0 = 1$을 포함한다.

종종 $\mathcal{E} = \{\mathcal{E}_a\}$로 표기해, 오류 연산자와 연산 요소를 한 번에 나타낸다. 따름정리 3.27에서 주어진 양자 연산자의 연산 요소는 유일하지 않듯이, 주어진 오류 연산자의 연산 요소 또한 유일하지 않다. 다음의 문제에서 다시 한 번 더 확인해본다.

문제 7.86 $\mathcal{E} = \{\mathcal{E}_a\}$는 오류 연산이고, $U \in U(m)$은 행렬 요소 U_{ab}를 가지는 유니타리 $m \times m$ 행렬이다. 다음의 관계를 만족한다.

$$\widetilde{\mathcal{E}}_a = \sum_{b=1}^{m} U_{ab} \, \mathcal{E}_b \qquad (7.41)$$

그러면 $\widetilde{\mathcal{E}} = \{\widetilde{\mathcal{E}}_a\}$가 같은 오류 연산을 생성하는 것을 보여라. 즉,

$$\widetilde{\mathcal{E}}(\rho) = \sum_a \widetilde{\mathcal{E}}_a \rho \widetilde{\mathcal{E}}_a^* = \sum_b \mathcal{E}_b \, \rho \, \mathcal{E}_b^* = \mathcal{E}(\rho) \quad \forall \rho \in \mathrm{D}(\mathbb{H}^N)$$

그리고

$$\sum_a \widetilde{\mathcal{E}}_a^* \widetilde{\mathcal{E}}_a = \sum_b \mathcal{E}_b^* \mathcal{E}_b$$

특정한 오류 연산자와 관련 있는 명명 규칙에 대해 설명하기 위해 $n = 1$로 가정해 단일 큐비트 공간 $\mathbb{H}$의 경우를 잠시 살펴본다. 공간 $\mathbb{H}$에서 오류 연산자 $\hat{\mathcal{E}}_\alpha = \sigma_\alpha$와 다음의 연산 요소를 가지는 오류 연산 $\mathcal{E}$를 고려한다.

$$\mathcal{E}_\alpha = \sqrt{p_\alpha}\,\sigma_\alpha \underset{(2.74)}{=} \sqrt{p_\alpha}\,\sigma_\alpha^* = \mathcal{E}_\alpha^* \quad \text{for } \alpha \in \{0, \ldots, 3\} \tag{7.42}$$

여기에서 $p_\alpha \geq 0$이다. 그러면 다음을 얻는다.

$$\sum_{\alpha=0}^{3} \mathcal{E}_\alpha^* \, \mathcal{E}_\alpha \underset{(7.42)}{=} \sum_{\alpha=0}^{3} p_\alpha \sigma_\alpha^2 \underset{(2.76)}{=} \left(\sum_{\alpha=0}^{3} p_\alpha \right) \mathbf{1}$$

따름정리 3.25에서 다음을 알 수 있다.

$$\sum_\alpha p_\alpha = 1 \quad \Leftrightarrow \quad \mathrm{tr}\,(\mathcal{E}(\rho)) = 1 \quad \forall \rho \in \mathrm{D}(\mathbb{H})$$

이러한 오류 연산자가 생성하는 오류 연산 $\mathcal{E}$는 순수 상태 $\rho_\psi = |\psi\rangle\langle\psi| \in \mathrm{D}(\mathbb{H})$를 다음의 손상된 밀도 연산자로 변환한다.

$$\mathcal{E}(\rho_\psi) = \sum_{\alpha=0}^{3} \mathcal{E}_\alpha \, \rho_\psi \, \mathcal{E}_\alpha^* \underset{(7.42)}{=} \sum_{\alpha=0}^{3} p_\alpha \sigma_\alpha |\psi\rangle\langle\psi| \sigma_\alpha^*$$

그러므로 오류 연산자 $\{\mathcal{E}_\alpha = \sqrt{p_\alpha}\,\sigma_\alpha | \alpha \in \{0, \ldots, 3\}\}$는 상태 $|\Psi\rangle$를, 확률 p_0로 변경하지 않거나, $j \in \{1, 2, 3\}$에 대해 각각의 확률 p_j로 손상된 상태 $\sigma_j|\Psi\rangle$로 변환한다.

단일 큐비트에 작용에 따라서 $j \in \{1, 2, 3\}$의 오류 연산자 σ_j는 아래와 같은 직관적인 이름을 가진다.

- **비트 플립** 오류 $X = \sigma_x$는 다음과 같이 큐비트를 플립^{flip}한다.

$$X(a|0\rangle + b|1\rangle) = a|1\rangle + b|0\rangle$$

- **위상 플립** 오류 $Z = \sigma_z$는 다음과 같이 위상을 바꾼다.

$$Z(a|0\rangle + b|1\rangle) = a|0\rangle - b|1\rangle$$

- **비트 위상 플립** 오류 $Y = \sigma_y$는 다음과 같이 큐비트를 플립하고 위상을 바꾼다.

$$Y(a|0\rangle + b|1\rangle) = \mathrm{i}(a|1\rangle - b|0\rangle)$$

$n > 1$이어서 $\mathbb{H}^N = {}^\P\mathbb{H}^{\otimes n}$의 경우에는, 단일 큐비트 오류 연산자 $\mathcal{E}$가 인수 공간 ${}^\P\mathbb{H}_j$의 큐비트에 영향을 주는 방식으로 오류 연산자를 복합할 수 있다.

$$\hat{\mathcal{E}}_{(\alpha,j)} = \Sigma_\alpha^j = \mathbf{1}^{\otimes n-1-j} \otimes \sigma_\alpha \otimes \mathbf{1}^{\otimes j} \quad \text{for } \alpha \in \{0,\dots,z\} \tag{7.43}$$

여기에서 정의 5.35에서 도입한 관측 가능량 $\sum_a^j$를 사용했다. 그리고 j는 $j = 0$부터 오른쪽에서 j번째 큐비트를 표기하며 $\alpha \in \{0,\dots,z\}$이고 $\sigma_0 = \mathbf{1}$이다. 이러한 셈 규정$^{\text{counting convention}}$은 자연수의 이진수 표현을 흉내내기 위해 사용했던, 계산 기저 벡터의 정의 3.5에 소개한 (3.18)과 일치한다.

다음 형태의 단일 큐비트 오류 연산자를 고려한다.

$$\mathcal{E} = \{\, \mathcal{E}_{(\alpha,j)} = \sqrt{p_\alpha}\Sigma_\alpha^j \mid \alpha \in \{0,\dots,z\} \,\}$$

$$|\Psi\rangle = |\psi_{n-1}\rangle \otimes \cdots \otimes |\psi_{j+1}\rangle \otimes \ |\psi_j\rangle \ \otimes |\psi_{j-1}\rangle \otimes \cdots \otimes |\psi_0\rangle$$

이것은 다음의 상태를

$$\Sigma_\alpha^j|\Psi\rangle = |\psi_{n-1}\rangle \otimes \cdots \otimes |\psi_{j+1}\rangle \otimes \sigma_\alpha|\psi_j\rangle \otimes |\psi_{j-1}\rangle \otimes \cdots \otimes |\psi_0\rangle$$

각각의 확률 p_α로 다음의 상태로 변환한다.

$$\hat{\mathcal{E}}_{(\alpha_1,j_1),\dots,(\alpha_l,j_l)} = \Sigma_{\alpha_1}^{j_1} \cdots \Sigma_{\alpha_l}^{j_l}$$

다음 형태의 오류 연산자는 l개 큐비트의 오류 연산자를 기술한다. 이것은 확률 $p_{(\alpha_1,\,j_1),\dots,(\alpha_l,\,j_l)}$로 최대 l개의 큐비트에 영향을 준다. 큐비트 2개의 오류 연산자의 예는 다음 형태의 오류 연산자다.

$$\hat{\mathcal{E}}_{(\alpha_1, j_1),(\alpha_2, j_2)} = \Sigma_{\alpha_1}^{j_1} \Sigma_{\alpha_2}^{j_2} = \mathbf{1}^{\otimes n-1-j_2} \otimes \sigma_{\alpha_2} \otimes \mathbf{1}^{\otimes j_2-1-j_1} \otimes \sigma_{\alpha_1} \otimes \mathbf{1}^{\otimes j_1}$$

여기에서 가장 우변의 식에서 $j_1 \leq j_2$를 가정했다. $\alpha_1 \neq 0 \neq \alpha_2$이면, 최대 두 개의 인수 공간 $\mathbb{H}_{j_1}$과 $\mathbb{H}_{j_2}$에 확률 $p_{(\alpha_1, j_1),(\alpha_2, j_2)}$로 비자명한 작용을 한다.

보기 7.17 보기 7.14의 QECC 두 개 $[\![3,1]\!]_{q1}$과 $[\![3,1]\!]_{q2}$를 고려한다. $[\![3,1]\!]_{q1}$는 다음의 코드 공간을 가진다.

$$\underbrace{\mathbb{H}^{[\![3,1]\!]_{q1}} = \text{Span}\{|000\rangle, |111\rangle\}}_{(7.23)} = \text{Span}\{|\Psi_0\rangle, |\Psi_1\rangle\}$$

단일 큐비트의 비트 플립 오류 연산 $\mathcal{E}^{\text{bf}} = \{\mathcal{E}_{st}^{\text{bf}} \mid s,t \in \{0,1\}\}$은 다음의 오류 연산자로 생성된다.

$$\begin{aligned}
\hat{\mathcal{E}}_{00}^{\text{bf}} &= \mathbf{1} \otimes \mathbf{1} \otimes \mathbf{1} & \hat{\mathcal{E}}_{01}^{\text{bf}} &= \mathbf{1} \otimes \mathbf{1} \otimes \sigma_x \\
\hat{\mathcal{E}}_{10}^{\text{bf}} &= \mathbf{1} \otimes \sigma_x \otimes \mathbf{1} & \hat{\mathcal{E}}_{11}^{\text{bf}} &= \sigma_x \otimes \mathbf{1} \otimes \mathbf{1}
\end{aligned} \tag{7.44}$$

$\sigma_x|0\rangle = |1\rangle$, $\sigma_x|1\rangle = |0\rangle$에 주의하면, 이러한 오류는 $[\![3,1]\!]_{q1}$ 기저 코드 단어를 다음으로 변환한다.

$$\begin{aligned}
\hat{\mathcal{E}}_{01}^{\text{bf}}|\Psi_0\rangle &= \hat{\mathcal{E}}_{01}^{\text{bf}}|000\rangle = |001\rangle & \hat{\mathcal{E}}_{01}^{\text{bf}}|\Psi_1\rangle &= \hat{\mathcal{E}}_{01}^{\text{bf}}|111\rangle = |110\rangle \\
\hat{\mathcal{E}}_{10}^{\text{bf}}|\Psi_0\rangle &= \hat{\mathcal{E}}_{10}^{\text{bf}}|000\rangle = |010\rangle & \hat{\mathcal{E}}_{10}^{\text{bf}}|\Psi_1\rangle &= \hat{\mathcal{E}}_{10}^{\text{bf}}|111\rangle = |101\rangle \\
\hat{\mathcal{E}}_{11}^{\text{bf}}|\Psi_0\rangle &= \hat{\mathcal{E}}_{11}^{\text{bf}}|000\rangle = |100\rangle & \hat{\mathcal{E}}_{11}^{\text{bf}}|\Psi_1\rangle &= \hat{\mathcal{E}}_{11}^{\text{bf}}|111\rangle = |011\rangle
\end{aligned} \tag{7.45}$$

단일 큐비트의 위상 플립 오류 연산자 $\mathcal{E}^{\text{pf}} = \{\mathcal{E}_{st}^{\text{pf}} \mid s,t \in \{0,1\}\}$는 다음의 오류 연산자로 주어진다.

$$\begin{aligned}
\hat{\mathcal{E}}_{00}^{\text{pf}} &= \mathbf{1} \otimes \mathbf{1} \otimes \mathbf{1} & \hat{\mathcal{E}}_{01}^{\text{pf}} &= \mathbf{1} \otimes \mathbf{1} \otimes \sigma_z \\
\mathcal{E}_{10}^{\text{pf}} &= \mathbf{1} \otimes \sigma_z \otimes \mathbf{1} & \hat{\mathcal{E}}_{11}^{\text{pf}} &= \sigma_z \otimes \mathbf{1} \otimes \mathbf{1}
\end{aligned} \tag{7.46}$$

$\sigma_z|0\rangle = |0\rangle$, $\sigma_z|1\rangle = -|1\rangle$로부터, $[\![3,1]\!]_{q1}$의 기저 코드 단어에 대한 작용은 다음과 같다.

$$\begin{aligned}
\hat{\mathcal{E}}_{st}^{\text{pf}}|\Psi_0\rangle &= \hat{\mathcal{E}}_{st}^{\text{pf}}|000\rangle = |000\rangle = |\Psi_0\rangle \\
\hat{\mathcal{E}}_{st}^{\text{pf}}|\Psi_1\rangle &= \hat{\mathcal{E}}_{st}^{\text{pf}}|111\rangle = -|111\rangle = -|\Psi_1\rangle
\end{aligned} \tag{7.47}$$

$[\![3,1]\!]_{q2}$ 코드는 다음의 코드 공간을 가진다.

$$\mathbb{H}^{[\![3,1]\!]_{q2}} \underbrace{=}_{(7.28)} \mathrm{Span}\{|+++\rangle, |---\rangle\} = \mathrm{Span}\{|\Phi_0\rangle, |\Phi_1\rangle\}$$

$[\![3,1]\!]_{q2}$ 코드에서 비트 플립 $\mathcal{E}^{\mathrm{bf}}$와 위상 플립 $\mathcal{E}^{\mathrm{pf}}$의 상황이 바뀐다. 즉, 다음을 얻는다.

$$\begin{aligned}
\hat{\mathcal{E}}_{st}^{\mathrm{bf}}|\Phi_0\rangle &= \hat{\mathcal{E}}_{st}^{\mathrm{bf}}|+++\rangle = |+++\rangle = |\Phi_0\rangle \\
\hat{\mathcal{E}}_{st}^{\mathrm{bf}}|\Phi_1\rangle &= \hat{\mathcal{E}}_{st}^{\mathrm{bf}}|---\rangle = -|---\rangle = -|\Phi_1\rangle
\end{aligned} \tag{7.48}$$

그리고

$$\begin{array}{ll}
\hat{\mathcal{E}}_{01}^{\mathrm{pf}}|\Phi_0\rangle = \hat{\mathcal{E}}_{01}^{\mathrm{pf}}|+++\rangle = |+ + -\rangle & \hat{\mathcal{E}}_{01}^{\mathrm{pf}}|\Phi_1\rangle = \hat{\mathcal{E}}_{01}^{\mathrm{pf}}|---\rangle = |--+\rangle \\
\hat{\mathcal{E}}_{10}^{\mathrm{pf}}|\Phi_0\rangle = \hat{\mathcal{E}}_{10}^{\mathrm{pf}}|+++\rangle = |+ -+\rangle & \hat{\mathcal{E}}_{10}^{\mathrm{pf}}|\Phi_1\rangle = \hat{\mathcal{E}}_{10}^{\mathrm{pf}}|---\rangle = |-+-\rangle \\
\hat{\mathcal{E}}_{11}^{\mathrm{pf}}|\Phi_0\rangle = \hat{\mathcal{E}}_{11}^{\mathrm{pf}}|+++\rangle = |-++\rangle & \hat{\mathcal{E}}_{11}^{\mathrm{pf}}|\Phi_1\rangle = \hat{\mathcal{E}}_{11}^{\mathrm{pf}}|---\rangle = |+--\rangle
\end{array} \tag{7.49}$$

2개의 큐비트 플립은 다음의 형태의 오류 연산자로 생성된다.

$$\hat{\mathcal{E}}_{l,j}^{2\mathrm{bf}} = \Sigma_x^l \Sigma_x^j$$

예로서, 다음을 얻는다.

$$\hat{\mathcal{E}}_{2,0}^{2\mathrm{bf}}|\Psi_0\rangle = \hat{\mathcal{E}}_{2,0}^{2\mathrm{bf}}|000\rangle = |101\rangle \tag{7.50}$$

앞으로 고려할 가능한 오류들의 종류를 정의했기에, 오류를 정정할 방법을 소개한다. 복원 또는 정정 연산자를 우선 정의한다.

정의 7.18 $\mathbb{H}^N$은 코드 $\mathbb{H}^{\mathrm{Cq}}$를 가지는 QECC의 부호화 공간이고 $\mathcal{E}$는 코드 $\mathbb{H}^{\mathrm{Cq}}$의 오류 연산자이다. **복원 연산**recovery operation은 다음의 대각합 보존 양자 연산자이다.

$$\begin{aligned}
\mathrm{R} : \mathrm{D}\big(\mathbb{H}^N\big) &\longrightarrow \mathrm{D}\big(\mathbb{H}^N\big) \\
\rho &\longmapsto \Sigma_r \, \mathrm{R}_r \, \rho \, \mathrm{R}_r^*
\end{aligned}$$

연산 요소 $R_r \in L(\mathbb{H}^N)$을 **복원 연산자**$^{recovery\ operator}$라고 한다. 복원 연산자 R 이 다음의 조건을 만족하면, $\mathbb{H}^{Cq}$에서 오류 연산 $\mathcal{E}$를 **복원**^{recover} 또는 **정정** ^{correct}한다고 말한다.

$$R\left(\frac{\mathcal{E}(\rho)}{\operatorname{tr}(\mathcal{E}(\rho))}\right) = \rho \quad \forall \rho \in D(\mathbb{H}^{Cq}) \tag{7.51}$$

복원 연산자가 존재하는 코드 $\mathbb{H}^{Cq}$의 오류 연산자 $\mathcal{E}$를 **정정 가능하다**^{correctable} 고 말한다.

오류 연산자와 마찬가지로, $R = \{R_r\}$를 이용해 복원 연산과 복원 연산자를 동시에 표기한다.

복원 연산자로 정정할 수 있는 오류 연산 $\mathcal{E}$에 대한 조건 (7.51)는 직관적이다. 이것은 $\mathcal{E}$에 의해 손상을 입은 코드의 모든 상태 $\rho \in \mathbb{H}^{Cq}$가 R로 복원된다는 것 이다. 이것으로부터 다음의 보조정리에서 오류의 첫 번째 조건을 알 수 있다.

보조정리 7.19 정정 가능한 QECC의 코드 $\mathbb{H}^{Cq}$의 오류 연산 $\mathcal{E}$는 다음을 만족해야 한다.

$$\operatorname{tr}(\mathcal{E}(\rho)) = const = \kappa_{\mathcal{E}} \in [0, 1] \quad \forall \rho \in D(\mathbb{H}^{Cq})$$

[증명]

증명은 다음 문제의 결과에서 유도된다.

문제 7.87 $\mathbb{H}$는 힐베르트 공간이고, S와 T는 $D(\mathbb{H})$의 양자 연산이다. 다음 을 보여라.

$$T\left(\frac{S(\rho)}{\operatorname{tr}(S(\rho))}\right) = \rho \quad \forall \rho \in D(\mathbb{H}) \quad \Rightarrow \quad \operatorname{tr}(S(\rho)) = const \quad \forall \rho \in D(\mathbb{H})$$

그러나 (7.51)은 오류 연산 $\mathcal{E}$가 R에 의해 복원이 되는지를 결정하는 데에는 유용하지 않다. 모든 ρ에 대해 확인해야 하기 때문이다. 다행히 복원할 수 있는 오류 연산에 대해 오류 연산자와 복원 연산자만으로 서술한 등가의 조건이 있다.

정리 7.20에서 주어진 첫 번째 특성은 오류 연산 $\mathcal{E}$의 연산 요소와 R이 $\mathcal{E}$를 수정하기 위해서 복원 연산자 R_r이 만족해야 하는 필요충분조건이다. 정리 7.22에 주어진 두 번째 공식은 연산 요소 $\mathcal{E}_a$와 코드만으로 필요충분조건을 서술한 것이다.

정리 7.20 $\mathcal{E} = \{\mathcal{E}_a \mid a \in \{1,\ldots,l\}\} \subset L(\mathbb{H}^N)$은 QECC의 코드 $\mathbb{H}^{C_q}$의 오류 연산이다. $R = \{R_r \mid r \in \{1,\ldots,m\}\} \subset L(\mathbb{H}^N)$은 복원 연산이다. 그러면 다음이 동치이다.

$$\left.\begin{array}{l} \mathbb{H}^{C_q}\text{의 오류 연산자} \\ \mathcal{E} = \{\mathcal{E}_a\}\text{는 R을 이용} \\ \text{하여 수정 가능하다.} \end{array}\right\} \quad \Leftrightarrow \quad \left\{\begin{array}{l} \text{모든 } \mathcal{E}_a, \mathcal{E}_b \in \mathcal{E}\text{과 } |\Psi_x\rangle, |\Psi_y\rangle \in \{|\Psi_w\rangle\} \\ \text{에 대하여 다음을 만족하는} \\ C \in \mathrm{Mat}(l \times l, \mathbb{C})\text{가 존재한다.} \\ \left. \left(R_r\, \mathcal{E}_a - Z_{ra}\mathbf{1} \right) \right|_{\mathbb{H}^{C_q}} = 0 \end{array}\right.$$

그리고 위의 명제가 참이면, 다음이 성립한다.

$$\mathrm{tr}\left(Z^*Z\right) = \mathrm{tr}\left(\mathcal{E}(\rho)\right) \quad \forall \rho \in \mathrm{D}\left(\mathbb{H}^{C_q}\right) \tag{7.52}$$

[증명]

$\Rightarrow$을 증명하기 위해 $\mathcal{E}$가 정정 가능하다고 가정한다. 그러면 보조정리 7.19에서 다음을 얻는다.

$$\mathrm{tr}\left(\mathcal{E}(\rho)\right) = \kappa_\mathcal{E} \quad \forall \rho \in \mathrm{D}\left(\mathbb{H}^{C_q}\right) \tag{7.53}$$

R은 정의에서 대각합을 보존해, 즉, 모든 ρ에 대해 $\mathrm{tr}(R(\rho)) = 1$이어서, 따름정리 3.25에서 다음을 얻는다.

$$\frac{1}{\kappa_\mathcal{E}} \sum_a \mathcal{E}_a^* \mathcal{E}_a = \mathbf{1} = \sum_r R_r^* R_r \tag{7.54}$$

그리고 $\mathcal{E}$와 R이 연산자-합 표현을 가지는 양자 연산임을 이용하면, 임의의 $\rho \in \mathrm{D}(\mathbb{H}^{C_q})$에 대해 다음이 만족된다.

$$\rho \underbrace{=}_{(7.51)} R\left(\frac{\mathcal{E}(\rho)}{\kappa_\mathcal{E}}\right) \underbrace{=}_{(3.97)} \sum_r R_r \frac{\mathcal{E}(\rho)}{\kappa_\mathcal{E}} R_r^* = \frac{1}{\kappa_\mathcal{E}} \sum_r R_r\, \mathcal{E}(\rho)\, R_r^* \underbrace{=}_{(3.97)} \frac{1}{\kappa_\mathcal{E}} \sum_{r,a} R_r\, \mathcal{E}_a\, \rho\, \mathcal{E}_a^*\, R_r^*$$

그래서

$$\kappa_{\mathcal{E}} \rho = \sum_{r,a} R_r \, \mathcal{E}_a \, \rho \, \mathcal{E}_a^* R_r^* \qquad \forall \rho \in D(\mathbb{H}^{C_q})$$

$\|\Psi\| = 1$인 $|\Psi\rangle \in \mathbb{H}^{C_q}$를 가지는 $\rho = |\Psi\rangle\langle\Psi|$에 대해 위의 식은 다음이 된다.

$$\kappa_{\mathcal{E}} |\Psi\rangle\langle\Psi| = \sum_{r,a} R_r \, \mathcal{E}_a \, |\Psi\rangle\langle\Psi| \, \mathcal{E}_a^* R_r^* \underbrace{=}_{(2.47)} \sum_{r,a} R_r \, \mathcal{E}_a \, |\Psi\rangle\langle\Psi| (R_r \, \mathcal{E}_a)^* \quad (7.55)$$

그래서

$$\kappa_{\mathcal{E}} \;=\; \kappa_{\mathcal{E}} \underbrace{\|\Psi\|^4}_{=1} \underbrace{=}_{(2.5)} \kappa_{\mathcal{E}} \langle\Psi|\Psi\rangle\langle\Psi|\Psi\rangle \underbrace{=}_{(7.55)} \sum_{r,a} \langle\Psi| \, R_r \, \mathcal{E}_a \, \Psi\rangle\langle\Psi| (R_r \, \mathcal{E}_a)^* \Psi\rangle$$

$$\underbrace{=}_{(2.30),(2.31)} \sum_{r,a} \langle\Psi| \, R_r \, \mathcal{E}_a \, \Psi\rangle\langle R_r \, \mathcal{E}_a \, \Psi|\Psi\rangle$$

$$\underbrace{=}_{(2.1)} \sum_{r,a} |\langle\Psi| \, R_r \, \mathcal{E}_a \, \Psi\rangle|^2 \tag{7.56}$$

문제 7.88 임의의 힐베르트 공간 $\mathbb{H}$, 연산자 $A \in B(\mathbb{H})$ 그리고 $\|\psi\| = 1$인 벡터 $|\psi\rangle \in \mathbb{H}$에 대해 다음이 만족하는 것을 보여라.

$$\left\| (A - \langle\psi|A\psi\rangle) |\psi\rangle \right\|^2 = \langle\psi|A^*A\psi\rangle - |\langle\psi|A\psi\rangle|^2 \tag{7.57}$$

$\mathbb{H} = \mathbb{H}^{C_q}$, 연산자 $A = R_r \mathcal{E}_a$, 벡터 $|\psi\rangle = |\Psi\rangle \in \mathbb{H}^{C_q}$에 대해 문제 7.88의 결과를 적용하면 다음을 얻는다.

$$\left\| \left(R_r \, \mathcal{E}_a - \langle\Psi| \, R_r \, \mathcal{E}_a \, \Psi\rangle \right) |\Psi\rangle \right\|^2 \underbrace{=}_{(7.57)} \langle\Psi| (R_r \, \mathcal{E}_a)^* R_r \, \mathcal{E}_a \, \Psi\rangle - |\langle\Psi| \, R_r \, \mathcal{E}_a \, \Psi\rangle|^2$$

$$\underbrace{=}_{(2.47)} \langle\Psi| \, \mathcal{E}_a^* R_r^* R_r \, \mathcal{E}_a \, \Psi\rangle - |\langle\Psi| \, R_r \, \mathcal{E}_a \, \Psi\rangle|^2$$

그래서

$$\sum_{r,a} \left\| \left(R_r \, \mathcal{E}_a - \langle\Psi| \, R_r \, \mathcal{E}_a \, \Psi\rangle \right) |\Psi\rangle \right\|^2 \;=\; \sum_{r,a} \langle\Psi| \, \mathcal{E}_a^* R_r^* R_r \, \mathcal{E}_a \, \Psi\rangle - \sum_{r,a} |\langle\Psi| \, R_r \, \mathcal{E}_a \, \Psi\rangle|^2$$

$$\underbrace{=}_{(7.56)} \langle\Psi| \sum_a \mathcal{E}_a^* \left(\sum_r R_r^* R_r \right) \mathcal{E}_a \, \Psi\rangle - \kappa_{\mathcal{E}}$$

$$\underbrace{=}_{(7.54)} 0$$

좌변이 음이 아닌 항들의 합이므로, 이것이 참이 되기 위해서는 각각의 항이 영이 돼야 한다. 그래서 모든 $R_r \in R$, $\mathcal{E}_a \in \mathcal{E}$ 그리고 $\|\Psi\| = 1$인 $|\Psi\rangle \in \mathbb{H}$에 대해 다음을 얻는다.

$$R_r \mathcal{E}_a |\Psi\rangle = \langle \Psi | R_r \mathcal{E}_a \Psi \rangle) |\Psi\rangle \tag{7.58}$$

문제 7.89 $\mathbb{H}$는 힐베르트 공간이고 $A \in B(\mathbb{H})$이다. 그러면 다음을 보여라.

$$A|\psi\rangle = \langle \psi | A\psi \rangle |\psi\rangle \quad \forall |\psi\rangle \in S_{\mathbb{H}}^1 \quad \Leftrightarrow \quad \exists a \in \mathbb{C} : A = a\mathbf{1}$$

여기에서 $S_{\mathbb{H}}^1$는 $\mathbb{H}$에서 (노름이 1인 벡터의) 단위 구^{sphere}이다.

$A = R_r \mathcal{E}_a$에 대해 문제 7.89의 결과를 (7.58)에 적용하면, 각각의 $R_r \in R$, $\mathcal{E}_a \in \mathcal{E}$에 대해, 모든 $|\Psi\rangle \in \mathbb{H}^{cq}$에 대해 다음을 만족하는 $Z_{ra} \in \mathbb{C}$가 존재한다.

$$R_r \mathcal{E}_a |\Psi\rangle = Z_{ra} |\Psi\rangle \tag{7.59}$$

그러므로 다음을 얻는다.

$$|Z_{ra}|^2 \|\Psi\|^2 \underbrace{=}_{(2.7)} \||Z_{ra}|\Psi\rangle\|^2 \underbrace{=}_{(7.59)} \|R_r \mathcal{E}_a |\psi\rangle\|^2 \underbrace{=}_{(2.5)} \langle R_r \mathcal{E}_a \Psi | R_r \mathcal{E}_a \Psi \rangle$$

$$\underbrace{=}_{(2.31),(2.30)} \langle \Psi | \mathcal{E}_a^* R_r^* R_r \mathcal{E}_a \Psi \rangle \tag{7.60}$$

r과 a에 대해 합산을 하면, $|\Psi\rangle \neq 0$에 대해 다음을 얻는다.

$$\sum_{r=1}^m \sum_{a=1}^l |Z_{ra}|^2 \underbrace{=}_{(7.60)} \frac{1}{\|\Psi\|^2} \langle \Psi | \sum_{a=1}^l \mathcal{E}_a^* \Big(\sum_{r=1}^m R_r^* R_r \Big) \mathcal{E}_a \Psi \rangle \underbrace{=}_{(7.54)} \kappa_{\mathcal{E}} \tag{7.61}$$

한편, 모든 $\rho \in D(\mathbb{H}^{cq})$에 대해 다음이 성립한다.

$$\text{tr}(Z^* Z) \underbrace{=}_{(2.57)} \sum_a (Z^* Z)_{aa} = \sum_{r,a} Z_{ar}^* Z_{ra} \underbrace{=}_{(2.34)} \sum_{r,a} \overline{Z}_{ra} Z_{ra} = \sum_{r,a} |Z_{ra}|^2 \underbrace{=}_{(7.61)} \kappa_{\mathcal{E}}$$

$$\underbrace{=}_{(7.53)} \text{tr}(\mathcal{E}(\rho))$$

이로써 $\Rightarrow$ 부분과 (7.52)의 증명이 완료된다.

$\Leftarrow$을 증명하기 위해 $R_r \in R$, $\mathcal{E}_a \in \mathcal{E}$에 대해 적절한 $Z_{ra} \in \mathbb{C}$를 선택해, 모든 $|\Psi\rangle \in \mathbb{H}^{cq}$에 대해 다음을 얻는다.

$$R_r \, \mathcal{E}_a \, |\Psi\rangle = Z_{ra}|\Psi\rangle \tag{7.62}$$

그러면 임의의 $|\Psi\rangle \in \mathbb{H}^{Cq}$에 대해 다음이 만족한다.

$$\langle\Phi|\,\mathcal{E}_a^*\,R_r^* \underset{(2.47)}{=} \langle\Phi|(R_r\,\mathcal{E}_a)^* \underset{(2.33)}{=} \langle R_r\,\mathcal{E}_a\,\Phi| \underset{(7.62)}{=} \langle Z_{ra}\Phi| \underset{(2.33),(2.32)}{=} \overline{Z_{ra}}\langle\Phi| \tag{7.63}$$

R이 정의로부터 대각합을 보존하므로 따름정리 3.25에서 $\sum_r R_r^* R_r = 1$을 만족하고, 따라서 다음을 만족한다.

$$\sum_{r,a}|Z_{ra}|^2 \, \langle\Phi|\Psi\rangle \underset{(7.62),(7.63)}{=} \langle\Phi|\sum_a \mathcal{E}_a^*\Big(\sum_r R_r^* R_r\Big)\mathcal{E}_a\,\Psi\rangle \underset{(2.47)}{=} \langle\Phi|\sum_a \mathcal{E}_a^*\,\mathcal{E}_a\,\Psi\rangle$$

위의 식이 모든 $|\Phi\rangle, |\Psi\rangle \in \mathbb{H}^{Cq}$에 대해 만족하므로, $\sum_a \mathcal{E}_a^*\,\mathcal{E}_a = \big(\sum_{r,a}|Z_{ra}|^2\big)\mathbf{1}$이며, 따름정리 3.25에서 다음을 얻는다.

$$\mathrm{tr}\,(\mathcal{E}(\rho)) = \Big(\sum_{r,a}|Z_{ra}|^2\Big) \quad \forall \rho \in D(\mathbb{H}^{Cq}) \tag{7.64}$$

이제, $\rho \in D(\mathbb{H}^{Cq})$에 대해 정리 2.24에서 $\sum_j p_j = 1$인 적절한 $p_j \in [0,1]$과 ONB $\{|\Theta_j\rangle\}$가 $\mathbb{H}^{Cq}$에 존재해 다음을 만족한다.

$$\rho = \sum_j p_j |\Theta_j\rangle\langle\Theta_j| \tag{7.65}$$

그러므로 다음을 얻는다.

$$
\begin{aligned}
R\left(\frac{\mathcal{E}(\rho)}{\mathrm{tr}\,(\mathcal{E}(\rho))}\right) &\underset{(3.97)}{=} \sum_r R_r \frac{\sum_a \mathcal{E}_a\,\rho\,\mathcal{E}_a^*}{\mathrm{tr}\,(\mathcal{E}(\rho))} R_r^* = \frac{1}{\mathrm{tr}\,(\mathcal{E}(\rho))}\sum_{r,a} R_r\,\mathcal{E}_a\,\rho\,\mathcal{E}_a^*\,R_r^* \\
&\underset{(7.65)}{=} \frac{1}{\mathrm{tr}\,(\mathcal{E}(\rho))}\sum_{r,a,j} p_j\,R_r\,\mathcal{E}_a\,|\Theta_j\rangle\langle\Theta_j|\,\mathcal{E}_a^*\,R_r^* \\
&\underset{(7.62),(7.63)}{=} \frac{1}{\mathrm{tr}\,(\mathcal{E}(\rho))}\sum_{r,a,j} p_j\,|Z_{ra}|^2\,|\Theta_j\rangle\langle\Theta_j| = \frac{\sum_{r,a}|Z_{ra}|^2}{\mathrm{tr}\,(\mathcal{E}(\rho))}\sum_j p_j|\Theta_j\rangle\langle\Theta_j| \\
&\underset{(7.64),(7.65)}{=} \rho
\end{aligned}
$$

그래서 $\mathcal{E}$는 정정 가능하다. ■

정리 7.20의 직접적인 결과로 $\mathcal{E} = \{\mathcal{E}_a\}$가 R로 정정 가능하면, $\{\mathcal{E}_a\}$의 어떠한 선형 조합 또한 R로 정정 가능하다.

따름정리 7.21 $\hat{\mathcal{E}} = \{\hat{\mathcal{E}}_a \mid a \in \{1,\dots,l\}\}$이고 $\check{\mathcal{E}} = \{\check{\mathcal{E}}_s \mid s \in \{1,\dots,t\}\}$는 $R = \{R_r \mid r \in \{1,\dots,m\}\}$로 정정 가능한, QECC의 코드 $\mathbb{H}^{Cq}$의 오류 연산자이다. 그리고 $V \in \mathrm{Mat}(v \times l, \mathbb{C})$와 $W \in \mathrm{Mat}(v \times t, \mathbb{C})$이며, $\mathcal{E} = \{\mathcal{E}_u \mid u \in \{1,\dots,v\}\}$는 다음의 연산 요소의 조합으로 주어지는 $\mathbb{H}^{Cq}$의 오류 연산이다.

$$\mathcal{E}_u = \sum_{a=1}^{l} V_{au}\hat{\mathcal{E}}_a + \sum_{s=1}^{t} W_{su}\check{\mathcal{E}}_s \tag{7.66}$$

그러면 $\mathcal{E}$ 또한 R로 정정 가능하다.

[증명]

정리 7.20에서 $\hat{\mathcal{E}}$, $\check{\mathcal{E}}$가 R로 정정 가능하므로, 적절한 $\hat{Z} \in \mathrm{Mat}(m \times l, \mathbb{C})$와 $\check{Z} \in \mathrm{Mat}(m \times t, \mathbb{C})$가 존재해, 모든 R_r, $\hat{\mathcal{E}}_a$, $\check{\mathcal{E}}_s$, $|\Psi\rangle \in \mathbb{H}^{Cq}$가 다음을 만족한다.

$$R_r\,\hat{\mathcal{E}}_a|\Psi\rangle = \hat{Z}_{ra}|\Psi\rangle \quad \text{and} \quad R_r\,\check{\mathcal{E}}_s|\Psi\rangle = \check{Z}_{rs}|\Psi\rangle \tag{7.67}$$

그러므로 모든 $R_r \in R$, $\mathcal{E}_u \in \mathcal{E}$, $|\Psi\rangle \in \mathbb{H}^{Cq}$가 다음을 만족한다.

$$\begin{aligned}
R_r\,\mathcal{E}_u|\Psi\rangle \underbrace{=}_{(7.66)} &\sum_a V_{au} R_r\,\hat{\mathcal{E}}_a|\Psi\rangle + \sum_s W_{su} R_r\,\check{\mathcal{E}}_s|\Psi\rangle \\
\underbrace{=}_{(7.67)} &\sum_a V_{au}\hat{Z}_{ra}|\Psi\rangle + \sum_s W_{su}\check{Z}_{rs}|\Psi\rangle = \left(\hat{Z}V + \check{Z}W\right)_{ru}|\Psi\rangle \\
= &\; Z_{ru}|\Psi\rangle
\end{aligned}$$

정리 7.20에서 $\mathcal{E}$는 R로 정정 가능하다. ∎

$\mathcal{E}$가 오류 연산이기 위해서는 $\mathrm{tr}(\mathcal{E}(\rho)) \leq 1$의 조건 때문에 행렬 V와 W가 완전히 임의적일 수는 없다. 그러나 이것이 보증하는 것은 연산 요소의 임의의 선형 조합은 여전히 R로 정정 가능한 오류 연산자를 생성한다는 것이다.

정리 7.20에서 오류 연산자와 복원 연산자로부터 오류 연산자가 정정 가능한가를 결정할 수 있다. 그러나 $\mathcal{E}$가 정정 가능한가를 결정하기 위해 복원 연산자 R_r에 대한 정보가 있어야 한다는 단점이 있다. 다음 정리에서 이를 완화한, $\mathbb{H}^{Cq}$

의 오류 연산자 $\mathcal{E}$가 정정 가능한가를 결정하는 필요충분조건을 제시한다. 이 조건은 연산 요소 $\mathcal{E}_a$와 코드 $\mathbb{H}^{Cq}$만으로 주어진다.

정리 7.22 $\mathcal{E} = \{\mathcal{E}_a \mid a \in \{1, \ldots, l\}\} \in L(\mathbb{H}^N)$은 $[\![n, k]\!]_c$ QECC의 코드 $\mathbb{H}^{Cq}$에 대한 오류 연산자다. $\{|\Psi_w\rangle \mid w \in \{0, \ldots, 2^k - 1\}\}$은 $\mathbb{H}^{Cq}$의 기저 코드 단어의 ONB이다. 다음이 동치이다.

$$\left.\begin{array}{l} \mathbb{H}^{Cq}\text{의 오류 연산자} \\ \mathcal{E} = \{\mathcal{E}_a\}\text{는 수정 가능} \\ \text{하다.} \end{array}\right\} \quad \Leftrightarrow \quad \left\{\begin{array}{l} \text{모든 } \mathcal{E}_a, \mathcal{E}_b \in \mathcal{E}\text{와 } |\Psi_x\rangle, |\Psi_y\rangle \in \{|\Psi_w\rangle\}\text{에} \\ \text{대하여 다음을 만족하는 } C \in \mathrm{Mat}(l \times l, \mathbb{C}) \\ \text{가 존재한다.} \\ \qquad \langle \mathcal{E}_a \Psi_x | \mathcal{E}_b \Psi_y \rangle = C_{ab} \delta_{xy} \end{array}\right.$$

그리고 위의 명제가 참이면, 다음이 성립한다.

$$\mathrm{tr}(C) = \mathrm{tr}(\mathcal{E}(\rho)) \quad \forall \rho \in \mathrm{D}(\mathbb{H}^{Cq})$$

[증명]

$\Rightarrow$인 부분을 증명하기 위해, 정정 가능한 $\mathcal{E}$를 고려한다. 그러면 복원 연산자 $R = \{R_r \in L(\mathbb{H}^N) \mid r \in \{1, \ldots, m\}\}$이 존재한다. 이것은 다음을 만족하는 대각합을 보존하는 양자 연산자이며 $\mathcal{E}$를 정정한다.

$$\sum_{r=1}^{m} R_r^* R_r = 1 \tag{7.69}$$

정리 7.20에서 적절한 $Z_{ra} \in \mathbb{C}$가 존재해 (7.52)를 만족하고, 모든 $|\Psi\rangle \in \mathbb{H}^{Cq}$에 대해 다음이 성립한다.

$$R_r \mathcal{E}_a |\Psi\rangle = Z_{ra} |\Psi\rangle \tag{7.70}$$

그래서 모든 기저 코드 단어 $|\Psi_x\rangle, |\Psi_y\rangle \in \mathbb{H}^{Cq}$에 대해 다음을 얻는다.

$$\langle \mathcal{E}_a \Psi_x | \mathcal{E}_b \Psi_y \rangle \underset{(7.69)}{=} \langle \mathcal{E}_a \Psi_x | \left(\sum_{r=1}^{m} R_r^* R_r \right) \mathcal{E}_b \Psi_y \rangle = \sum_{r=1}^{m} \langle \mathcal{E}_a \Psi_x | R_r^* R_r \mathcal{E}_b \Psi_y \rangle$$

$$\underset{(2.30),(2.31)}{=} \sum_{r=1}^{m} \langle R_r \mathcal{E}_a \Psi_x | R_r \mathcal{E}_b \Psi_y \rangle \underset{(7.70)}{=} \sum_{r=1}^{m} \langle Z_{ra} \Psi_x | Z_{rb} \Psi_y \rangle$$

$$\underset{(2.4),(2.6)}{=} \sum_{r=1}^{m} \overline{Z_{ra}} Z_{rb} \underbrace{\langle \Psi_x | \Psi_y \rangle}_{= \delta_{xy}} = C_{ab} \delta_{xy}$$

마지막 식에서 보조정리 7.13을 이용했고, $C_{ab} = \sum_r \overline{Z_{ra}} Z_{rb}$는 다음을 만족한다.

$$C_{ab}^* \underbrace{=}_{(2.34)} \overline{C_{ba}} = \overline{\sum_{r=1}^{m} \overline{Z_{rb}} Z_{ra}} = \sum_{r=1}^{m} \overline{Z_{ra}} Z_{rb} = C_{ab}$$

그리고 다음을 얻는다.

$$\text{tr}\,(C) \underbrace{=}_{(2.57)} \sum_{a=1}^{l} C_{aa} = \sum_{a=1}^{l} \sum_{r=1}^{m} \overline{Z_{ra}} Z_{ra} = \sum_{a=1}^{l} \sum_{r=1}^{m} |Z_{ra}|^2 \underbrace{=}_{(7.52)} \text{tr}\,(\mathcal{E}(\rho)) \quad (7.71)$$

⇐를 증명하기 위해 다음을 고려한다.

$$\langle \mathcal{E}_a\,\Psi_x | \mathcal{E}_b\,\Psi_y \rangle = C_{ab}\delta_{xy} \tag{7.72}$$

여기에서, $C \in \text{Mat}(l \times l, \mathbb{C})$이다. 그러면 모든 $|\Psi_x\rangle$가 다음을 만족한다.

$$C_{ab}^* \underbrace{=}_{(2.34)} \overline{C_{ba}} \underbrace{=}_{(7.72)} \overline{\langle \mathcal{E}_b\,\Psi_x | \mathcal{E}_a\,\Psi_x \rangle} \underbrace{=}_{(2.1)} \langle \mathcal{E}_a\,\Psi_x | \mathcal{E}_b\,\Psi_y \rangle \underbrace{=}_{(7.72)} C_{ab}$$

C는 자기수반 행렬이므로, 대각화가 가능하다. 즉, 유니타리 $l \times l$행렬 U가 존재해 다음이 성립한다.

$$\sum_{b,c=1}^{l} U_{ab}^* C_{bc} U_{cd} = C_a \delta_{ad} \tag{7.73}$$

여기에서 C_a는 행렬 C의 고윳값이다. 행렬 U를 이용해 다음의 연산자를 정의한다.

$$\widetilde{\mathcal{E}}_a = \sum_{b=1}^{l} U_{ba}\,\mathcal{E}_b \in \text{L}(\mathbb{H}^N) \tag{7.74}$$

따름정리 3.27에서 연산자 $\{\widetilde{\mathcal{E}}_a\}$는 같은 양자 $\{\mathcal{E}_a\}$를 생성한다. 즉,

$$\widetilde{\mathcal{E}}(\rho) = \mathcal{E}(\rho) \quad \forall \rho \in \text{D}(\mathbb{H}^N) \tag{7.75}$$

그리고 다음이 성립한다.

$$\langle \widetilde{\mathcal{E}}_a\Psi_x | \widetilde{\mathcal{E}}_b\Psi_y \rangle \underbrace{=}_{(7.74)} \langle \sum_c U_{ca}\,\mathcal{E}_c\,\Psi_x | \sum_d U_{db}\,\mathcal{E}_d\,\Psi_y \rangle \underbrace{=}_{(2.4),(2.6)} \sum_{c,d} \overline{U_{ca}} U_{db} \langle \mathcal{E}_c\,\Psi_x | \mathcal{E}_d\,\Psi_y \rangle$$

$$\underbrace{=}_{(7.72),(2.34)} \sum_{c,d} U_{ac}^* C_{cd} U_{db} \delta_{xy} \underbrace{=}_{(7.73)} C_a \delta_{ab}\delta_{xy} \tag{7.76}$$

결국 다음을 얻는다.

$$C_a \underbrace{=}_{(7.76)} \langle \widetilde{\mathcal{E}}_a \Psi_x | \widetilde{\mathcal{E}}_a \Psi_x \rangle \underbrace{\geq}_{(2.2)} 0$$

(문제 2.16에서) 대각합은 기저에 의존하지 않기에, 다음을 얻는다.

$$\sum_{a=1}^{l} C_a = \operatorname{tr}(C) \underbrace{=}_{(7.71)} \operatorname{tr}(\mathcal{E}(\rho)) \tag{7.77}$$

연산 요소 $\widetilde{\mathcal{E}}_a$를 색인하는 아래첨자 집합 $\widetilde{I} = \{1,\ldots,l\}$을 2개의 집합으로 나눈다.

$$I_0 = \{a \in \widetilde{I} \mid C_a = 0\} \quad \text{and} \quad I_> = \{a \in \widetilde{I} \mid C_a > 0\} \tag{7.78}$$

$a \in I_0$이면 모든 기저 코드 단어 $|\Psi_x\rangle \in \mathbb{H}^{Cq}$에 대해 $\|\widetilde{\mathcal{E}}_a\Psi\|^2 = 0$이며 다음을 얻는다.

$$\widetilde{\mathcal{E}}_a\big|_{\mathbb{H}^{Cq}} = 0 \quad \forall a \in I_0 \tag{7.79}$$

$a \in I_>$이면 모든 기저 코드 단어 $|\Psi_x\rangle \in \mathbb{H}^{Cq}$에 대해 다음의 벡터를 정의한다.

$$|\Phi_{a,x}\rangle = \frac{1}{\sqrt{C_a}}\widetilde{\mathcal{E}}_a|\Psi_x\rangle \tag{7.80}$$

벡터 $|\Psi_{a,x}\rangle \in \mathbb{H}^{Cq} \subset \mathbb{H}^N$은 다음을 만족한다.

$$\langle \Phi_{a,x}|\Phi_{b,y}\rangle \underbrace{=}_{(7.80)} \frac{1}{\sqrt{C_a C_b}}\langle \widetilde{\mathcal{E}}_a \Psi_x | \widetilde{\mathcal{E}}_b \Psi_y \rangle \underbrace{=}_{(7.76)} \frac{C_a \delta_{ab} \delta_{xy}}{\sqrt{C_a C_b}} = \delta_{ab}\delta_{xy} \tag{7.81}$$

그러므로 이것은 $\mathbb{H}^N$에서 정규직교 벡터의 집합을 형성하며 $\mathbb{H}^N$의 ONB로 확장할 수 있다. 즉, 적절한 $|\Xi_p\rangle \in \mathbb{H}^N$이 존재해 $\{|\Phi_{a,y}\rangle, |\Xi_p\rangle\}$가 (7.81)과 다음을 만족하는 $\mathbb{H}^N$의 ONB를 형성한다.

$$\langle \Phi_{a,x}|\Xi_p\rangle = 0 \quad \text{and} \quad \langle \Xi_p|\Xi_s\rangle = \delta_{ps} \tag{7.82}$$

$|\Phi_{a,x}\rangle$와 $|\Xi_p\rangle$를 이용해 다음과 같이 복원 연산자 $R_0, R_a \in L(\mathbb{H}^N)$을 정의한다.

$$R_0 := \sum_p |\Xi_p\rangle\langle\Xi_p| \quad \text{and} \quad \forall a \in I_> : \quad R_a := \sum_x |\Psi_x\rangle\langle\Phi_{a,x}| \tag{7.83}$$

그러면

$$R_0^* = \sum_p (|\Xi_p\rangle\langle\Xi_p|)^* \underbrace{=}_{(2.36)} \sum_p |\Xi_p\rangle\langle\Xi_p| = R_0$$

$$R_a^* = \sum_x (|\Psi_x\rangle\langle\Phi_{a,x}|)^* \underbrace{=}_{(2.36)} \sum_x |\Phi_{a,x}\rangle\langle\Psi_x| \tag{7.84}$$

그러므로 다음을 얻는다.

$$
\begin{aligned}
R_0^* R_0 + \sum_{a\in I_>} R_a^* R_a &\underbrace{=}_{(7.83),(7.84)} \sum_{p,s} |\Xi_p\rangle \underbrace{\langle\Xi_p|\Xi_s\rangle}_{=\delta_{ps}}\langle\Xi_s| + \sum_{a\in I_>}\sum_{x,y} |\Phi_{a,x}\rangle \underbrace{\langle\Psi_x|\Psi_y\rangle}_{=\delta_{xy}}\langle\Phi_{a,y}| \\
&= \sum_p |\Xi_p\rangle\langle\Xi_p| + \sum_{a\in I_>}\sum_x |\Phi_{a,x}\rangle\langle\Phi_{a,x}| \\
&= \mathbf{1}^{\mathbb{H}^N}
\end{aligned}
$$

이유는 $\{|\Phi_{a,x}\rangle, |\Xi_p\rangle\}$가 $\mathbb{H}^N$의 ONB이기 때문이다. 따름정리 3.25에서 R_0와 R_a를 대각합을 보존하는 양자 연산자 R을 생성하는 연산 요소로 볼 수 있다. 남은 것은 이 연산자가 $\mathcal{E}$를 정정한다는 것을 증명하는 것이다. $\{|\Psi_w\rangle\}$가 $\mathbb{H}^{Cq}$의 기저 코드 단어의 ONB를 형성하므로, 임의의 $\rho \in D(\mathbb{H}^{Cq})$를 다음의 형태로 표현할 수 있다.

$$\rho = \sum_{x,y} \rho_{xy}|\Psi_x\rangle\langle\Psi_y| \tag{7.85}$$

그리고 다음을 얻는다.

$$\widetilde{\mathcal{E}}_a \rho \widetilde{\mathcal{E}}_a^* = \sum_{x,y} \rho_{xy}\widetilde{\mathcal{E}}_a|\Psi_x\rangle\langle\Psi_y|\widetilde{\mathcal{E}}_a^* \underbrace{=}_{(7.79),(7.80)} \begin{cases} 0 & \text{if } a \in I_0 \\ C_a \sum_{x,y} \rho_{xy}|\Phi_{a,x}\rangle\langle\Phi_{a,y}| & \text{if } a \in I_> \end{cases}$$

그러므로

$$\mathcal{E}(\rho) \underbrace{=}_{(7.75)} \widetilde{\mathcal{E}}(\rho) \underbrace{=}_{(7.40)} \sum_a \widetilde{\mathcal{E}}_a \rho \widetilde{\mathcal{E}}_a^* = \sum_{a\in I_>} C_a \sum_{x,y} \rho_{x,y}|\Phi_{a,x}\rangle\langle\Phi_{a,y}|$$

이를 이용하면 다음을 얻는다.

$$R_0\,\mathcal{E}(\rho)\,R_0^* \underbrace{=}_{(7.84)} \sum_{p,s}\sum_{a\in I_>}\sum_{x,y} C_a\rho_{xy}|\Xi_p\rangle\langle\Xi_p|\Phi_{a,x}\rangle\langle\Phi_{a,y}|\Xi_s\rangle\langle\Xi_s| \underbrace{=}_{(7.82)} 0 \tag{7.86}$$

442

그리고

$$\sum_{b \in I_>} R_b\, \mathcal{E}(\rho)\, R_b^* \underset{(7.83),(7.84)}{=} \sum_{b \in I_>} \sum_{x',y'} \sum_{a \in I_>} \sum_{x,y} C_a \rho_{ij} |\Psi_{x'}\rangle \langle \Phi_{b,x'} | \Phi_{a,x}\rangle \langle \Phi_{a,y} | \Phi_{b,y'}\rangle \langle \Psi_{y'}|$$

$$\underset{(7.81)}{=} \sum_{a \in I_>} \sum_{x,y} C_a \rho_{xy} |\Psi_x\rangle \langle \Psi_y| \underset{(7.85)}{=} \Big(\sum_{a \in I_>} C_a \Big) \rho \underset{(7.78)}{=} \Big(\sum_{a=1}^{l} C_a \Big) \rho$$

$$\underset{(7.77)}{=} \mathrm{tr}\,(\mathcal{E}(\rho))\, \rho \tag{7.87}$$

$I = \{0\} \cup I_>$라 두고, 복원 연산자 $R = \{R_\alpha \mid \alpha \in I\}$를 정의한다. 그러면 모든 $\rho \in D(\mathbb{H}^{Cq})$는 다음을 만족한다.

$$R\left(\frac{\mathcal{E}(\rho)}{\mathrm{tr}\,(\mathcal{E}(\rho))} \right) \underset{(3.97)}{=} \sum_{\alpha \in I} R_\alpha \frac{\mathcal{E}(\rho)}{\mathrm{tr}\,(\mathcal{E}(\rho))} R_\alpha^* = \frac{1}{\mathrm{tr}\,(\mathcal{E}(\rho))} \sum_{\alpha \in I} R_\alpha\, \mathcal{E}(\rho)\, R_\alpha^*$$

$$\underset{(7.86),(7.87)}{=} \rho$$

그러므로 R은 $\mathcal{E}$를 정정한다. ∎

정리 7.22를 이용하면 코드 $\mathbb{H}^{Cq}$의 오류 연산자 $\mathcal{E} = \{\mathcal{E}_a\}$가 정정 가능한가를 결정할 수 있다. 연산 요소 $\{\mathcal{E}_a\}$와 코드 단어 기저 $\{|\Psi_x\rangle\}$의 정보만으로 가능하다. 조건 (7.68)의 근거를 이해하려면 C를 대각화하는 행렬로 증명 과정에서 구성했던 등가의 연산 요소 $\widetilde{\mathcal{E}}_a$를 고려하는 것이 좋다. $\widetilde{\mathcal{E}}_a$는 $\mathcal{E}_a$와 같은 오류 연산 $\mathcal{E}$를 생성한다. $a \in I_0$이면 $\widetilde{\mathcal{E}}_a|_{\mathbb{H}^{Cq}} = 0$이다. $a \in I_>$이면, $\widetilde{\mathcal{E}}_a|\Psi_x\rangle$는 정규직교 벡터 $|\Psi_{a,x}\rangle \in \mathbb{H}^N$을 생성해 다음을 얻는다.

$$\langle \widetilde{\mathcal{E}}_a \Psi_x | \widetilde{\mathcal{E}}_b \Psi_y \rangle = C_a \delta_{ab} \delta_{xy}$$

이것은 $\mathcal{E}$를 생성하는 연산 요소 $\widetilde{\mathcal{E}}_a$는 직교 코드 단어 $|\Psi_x\rangle$를 ($|\Psi_{a,x}\rangle$가 생성하는) 직교 부분공간으로 보낸다. 임의의 코드 단어의 쌍에 다른 요소 $\widetilde{\mathcal{E}}_a \neq \widetilde{\mathcal{E}}_b$가 작용한 후에, 시스템이 상태 $\widetilde{\mathcal{E}}_b|\Psi_y\rangle$에 있으면서 $\widetilde{\mathcal{E}}_a|\Psi_x\rangle$를 관측할 확률은 영이 된다. 그렇지 않으면 오류가 발생한 후에 코드 단어를 유일하게 복원하는 것이 불가능해진다. 그러므로 조건 (7.68)은 $\mathcal{E}$가 코드 단어를 손상시켜도, 손상된 상태가 손상된 다른 상태와 충분한 **거리**를 가져서 원래의 손상되지 않은 코드 단어를 유일하게 복원할 수 있다는 것을 보장해준다.

조건 (7.68)의 중요한 다른 특징은 행렬 C가 기저 벡터 $|\Psi_x\rangle$에 의존하지 않는다는 것이다. 즉,

$$\langle \mathcal{E}_a \, \Psi_x | \mathcal{E}_b \, \Psi_x \rangle = C_{ab} \quad \forall |\Psi_x\rangle \in \{|\Psi_w\rangle\} \tag{7.88}$$

여기에서 C_{ab}가 x에 의존하지 않는다. C_{ab}가 x에 의존하면 이것은 코드 단어 $|\Psi_x\rangle$의 정보를 주게 된다. 그러면 $|\Psi_x\rangle$의 관측에 민감하게 되며 부호화된 상태가 얽힌 상태의 일부인 경우에는 이러한 얽힘이 파괴돼 계산 과정을 쓸모없게 만든다.

보기 7.23 보기 7.14와 7.17의 $[[3,1]]_{q1}$과 $[[3,1]]_{q2}$ QECC를 고려한다. $[[3,1]]_{q1}$ 코드의 기저 코드 단어는 (7.22)로 결정된다.

$$|\Psi_0\rangle = |000\rangle \quad \text{and} \quad |\Psi_1\rangle = |111\rangle$$

그리고 $[[3,1]]_{q2}$ 코드의 기저 코드 단어는 (7.27)로 결정된다.

$$|\Phi_0\rangle = |+++\rangle \quad \text{and} \quad |\Phi_1\rangle = |---\rangle$$

$[[3,1]]_{q1}$ 코드의 비트 플립 오류 연산자 $\mathcal{E}^{\mathrm{bf}}_{st}$와 위상 플립 연산자 $\mathcal{E}^{\mathrm{pf}}_{st}$에 대해 다음을 얻는다.

$$\langle \hat{\mathcal{E}}^{\mathrm{bf}}_{st} \Psi_u | \hat{\mathcal{E}}^{\mathrm{bf}}_{lm} \Psi_v \rangle \underbrace{=}_{(7.44),(7.45)} C^{\mathrm{bf}}_{st,lm} \delta_{uv} \tag{7.89}$$

$$\langle \hat{\mathcal{E}}^{\mathrm{pf}}_{00} \Psi_0 | \hat{\mathcal{E}}^{\mathrm{pf}}_{01} \Psi_0 \rangle \underbrace{=}_{(7.46),(7.47)} -\langle \hat{\mathcal{E}}^{\mathrm{pf}}_{00} \Psi_1 | \hat{\mathcal{E}}^{\mathrm{pf}}_{01} \Psi_1 \rangle \tag{7.90}$$

(7.89)로부터 비트 플립 오류 연산자 $\mathcal{E}^{\mathrm{bf}}$는 정리 7.22의 조건 (7.68)을 $[[3,1]]_{q1}$ 코드에서 만족하므로 정정 가능하다. 그러나 (7.90)에서 위상 플립 오류 연산자 $\mathcal{E}^{\mathrm{pf}}$는 $[[3,1]]_{q1}$ 코드에서 (7.68)을 만족하지 않는다. (7.88)을 위배하기 때문이다. 그러므로 위상 플립 오류는 이 코드에서 정정 불가능하다.

비슷하게, $[[3,1]]_{q2}$ 코드에서 다음을 얻는다.

$$\langle \hat{\mathcal{E}}^{\mathrm{pf}}_{st} \Phi_u | \hat{\mathcal{E}}^{\mathrm{pf}}_{lm} \Phi_v \rangle \underbrace{=}_{(7.46),(7.49)} C^{\mathrm{pf}}_{st,lm} \delta_{uv} \tag{7.91}$$

$$\langle \hat{\mathcal{E}}_{00}^{bf}\Phi_0 | \hat{\mathcal{E}}_{01}^{bf}\Phi_0 \rangle \underset{(7.44),(7.48)}{=} -\langle \hat{\mathcal{E}}_{00}^{bf}\Phi_1 | \hat{\mathcal{E}}_{01}^{bf}\Phi_1 \rangle \qquad (7.92)$$

여기에서는 상황이 바뀐다. (7.91)에서 위상 플립 연산자 $\mathcal{E}^{pf}$는 $[\![3,1]\!]_{q2}$ 코드에서 정정 가능하지만, (7.92)에서 비트 플립 연산자 $\mathcal{E}^{bf}$는 정정 불가능하다. 정리하면 다음과 같다.

- 단일 큐비트 비트 플립 오류는 $[\![3,1]\!]_{q1}$ 코드에서 정정 가능하지만, $[\![3,1]\!]_{q2}$ 코드에서는 불가능하다.
- 단일 큐비트 위상 플립 오류는 $[\![3,1]\!]_{q2}$ 코드에서 정정 가능하지만, $[\![3,1]\!]_{q1}$ 코드에서는 불가능하다.

그리고 (7.45)와 (7.50)에서 다음을 얻는다.

$$\langle \hat{\mathcal{E}}_{01}^{bf}\Psi_1 | \hat{\mathcal{E}}_{2,0}^{2bf}\Psi_0 \rangle \neq 0$$

그리고 정리 7.22에서 비트 플립 오류 한 개 이상을 가지는 오류 연산자는 $[\![3,1]\!]_{q1}$에서도 정정 불가능하다.

앞에서 언급했듯이, 조건 (7.68)은 손상된 상태가 서로 충분한 **거리**를 가져서 손상되지 않은 원래의 코드 단어를 복원할 수 있는 것을 보장한다. 고전 세계와 비슷하게, 양자 코드의 거리의 개념을 정의하는 것이 유용하다. 정의는 조건 (7.68)과 $\mathbb{H}^{Cq} \subset \mathbb{H}^N = {}^\P\mathbb{H}^{\otimes n}$과 ${}^\P\mathbb{H}^{\otimes n}$에 작용하는 (F.5절의) n겹 파울리 군 $\mathcal{P}_n$을 이용한다.

정의 7.24 C_q는 $[\![n,k]\!]_q$ QECC이다. $\{|\Psi_w\rangle\}$는 $\mathbb{H}^{Cq}$의 기저 코드 단어의 ONB이다. C_q의 **거리**distance는 다음으로 정의한다.

$$d_{\mathcal{P}}(C_q) := \min \left\{ w_{\mathcal{P}}(g) \;\middle|\; \begin{array}{l} \text{모든}\, f : \mathcal{P}_n \to \mathbb{C}\text{에 대하여}\, \langle \Psi_x | g\Psi_y \rangle \neq \\ f(g)\,\delta_{xy}\text{를 만족하는}\, |\Psi_x\rangle, |\Psi_y\rangle \in \{|\Psi_w\rangle\}\text{가} \\ \text{존재하는}\, g \in \mathcal{P}_n \end{array} \right\}$$

여기에서 $w_{\mathcal{P}}(g)$는 정의 F.63에서 정의한 가중치이다. 거리 $d = d_{\mathcal{P}}(C_q)$를 가지는 $[\![n,k]\!]_q$ QECC C_q를 $[\![n,k,d]\!]_q$ 코드라고 한다.

문제 7.90 보기 7.15에서 소개한 쇼어의 $[\![9, 1]\!]_q$ 코드 C_{q_S}에 대해 다음을 만족하는 $w_\mathcal{P}(g) = 3$인 $g \in \mathcal{P}_9$가 존재하는 것을 보여라.

$$\langle \Psi_x | g \Psi_y \rangle \neq f(g) \delta_{xy}$$

그리고 $w_\mathcal{P}(h) \leq 2$인 $h \in \mathcal{P}_9$가 다음을 만족하는 것을 보여라.

$$\langle \Psi_x | h \Psi_y \rangle = f(h) \delta_{xy}$$

그러므로 쇼어의 코드는 거리 3을 가진다.

$$d_\mathcal{P}(C_{q_S}) = 3 \tag{7.93}$$

다음으로, $\mathbb{H}^N = {}^{\P}\mathbb{H}^{\otimes n}$의 임의의 선형연산자를 파울리 군 원소의 선형 조합으로 나타낼 수 있다는 것을 증명한다.

> **보조정리 7.25** 임의의 $A \in \mathrm{L}({}^{\P}\mathbb{H}^{\otimes n})$는 다음의 형태의 유한 선형 조합으로 표기할 수 있다.
>
> $$A = \sum_j a_j h_j$$
>
> 여기에서 $a_j \in \mathbb{C}$이고 $h_j \in \mathcal{P}_n$이다.

[증명]

문제 3.45에서 임의의 $A \in \mathrm{L}({}^{\P}\mathbb{H}^{\otimes n})$를 다음의 형태로 표기할 수 있다.

$$A = \sum_{j_{n-1},\ldots,j_0} a_{j_{n-1},\ldots,j_0} A_{j_{n-1}} \otimes \cdots \otimes A_{j_0} \tag{7.94}$$

여기에서 $a_{j_{n-1},\ldots,j_0} \in \mathbb{C}$이고 $A_{j_l} \in \mathrm{L}({}^{\P}\mathbb{H})$이다. 문제 2.35에서 임의의 $A_{j_l} \in \mathrm{L}({}^{\P}\mathbb{H})$를 다음의 형태로 표기할 수 있다.

$$A_{j_l} = \sum_{\alpha_{j_l}=0}^{3} z_{\alpha_{j_l}} \sigma_{\alpha_{j_l}} \tag{7.95}$$

(7.95)를 (7.94)에 대입하면,

$$A = \sum_{j_{n-1},\ldots,j_0} a_{j_{n-1},\ldots,j_0} \left(\sum_{\alpha_{j_{n-1}}=0}^{3} z\alpha_{j_{n-1}} \sigma_{\alpha_{j_{n-1}}} \right) \otimes \cdots \otimes \left(\sum_{\alpha_{j_0}=0}^{3} z\alpha_{j_0} \sigma_{\alpha_{j_0}} \right)$$

$$= \sum_{j_{n-1},\ldots,j_0} \sum_{\alpha_{j_{n-1}},\ldots,\alpha_{j_0}=0}^{3} \widetilde{a}_{j_{n-1},\ldots,j_0} \sigma_{\alpha_{j_{n-1}}} \otimes \cdots \otimes \sigma_{\alpha_{j_0}}$$

그리고 정의 F.63에서 $\sigma_{\alpha_{j_{n-1}}} \otimes \cdots \otimes \sigma_{\alpha_{j_0}} \in \mathcal{P}_n$이다. ∎

$[\![n,k]\!]_q$ 코드에서 $\mathbb{H}^N = {}^\P\mathbb{H}^{\otimes n}$이어서 모든 오류 연산의 연산 요소 $\mathcal{E}_a$는 $L({}^\P\mathbb{H}^{\otimes n})$에 속한다. 보조정리 7.25에서 임의의 연산 요소는 파울리 군 원소의 선형 조합으로 표현된다. 선형 조합 $\mathcal{E}_a = \sum_j a_j h_j$에 사용된 파울리 군의 원소 h_j가 적절한 복원 R에 의해 정정 가능하면, 따름정리 7.21에서 $\mathcal{E}_a$가 생성하는 오류는 같은 복원으로 정정 가능하게 된다. 그러므로 파울리 군의 오류를 조사하는 것으로 충분하다. 이것의 원소가 $\mathbb{H}^N$의 모든 선형연산자를 생성하고 수정 가능성은 선형 조합에서 보존되기 때문이다. 그리고 7.3.3절에서 설명하는 안정자^{stabilizer}의 형식화에서 n겹 파울리 군 $\mathcal{P}_n$에서 오류 정정을 고려해도 충분한 것에 대한 이유이기도 하다.

> **명제 7.26** C_q는 $[\![n,k]\!]_q$ QECC이고 $\mathcal{E} = \{\mathcal{E}_a\}$는 $\mathbb{H}^{C_q}$의 u-큐비트 오류이며 다음을 만족한다.
>
> $$u \leq \left\lfloor \frac{d_\mathcal{P}(C_q) - 1}{2} \right\rfloor \tag{7.96}$$
>
> 그러면 $\mathcal{E}$는 수정 가능하다.

[증명]

보조정리 7.25에서 $\mathcal{E}$의 모든 연산 요소 $\mathcal{E}_a \in L(\mathbb{H}^N)$을 다음으로 표기할 수 있다.

$$\mathcal{E}_a = \sum_j a_j h_j \tag{7.97}$$

여기에서 $a_j \in \mathbb{C}$이고 $h_j \in \mathcal{P}_n$이다. $\mathcal{E}$가 u-큐비트 오류라고 가정한다. 정의 7.16과 3.21에서 각각의 h_j는 최대 큐비트 u개에 비자명하게 작용할 수 있고, (7.97)의 모든 $\mathcal{E}_a \in \mathcal{E}$와 모든 파울리 군 연산자 h_j는 다음을 만족한다.

$$\mathrm{w}_{\mathcal{P}}(h_j) \leq u \tag{7.98}$$

$\mathcal{E}_b = \sum_l b_l h_l$이라 두면 $\mathcal{E}_a, \mathcal{E}_b \in \mathcal{E}$이며 파울리 군 전개 연산자 h_j와 h_l은 다음을 만족한다.

$$\mathrm{w}_{\mathcal{P}}\left(h_j^* h_l\right) \underset{\text{(F.136),(F.135)}}{\leq} \mathrm{w}_{\mathcal{P}}\left(h_j\right) + \mathrm{w}_{\mathcal{P}}\left(h_l\right) \underset{\text{(7.98)}}{\leq} 2u \underset{\text{(7.96)}}{<} \mathrm{d}_{\mathcal{P}}(\mathrm{C_q}) \tag{7.99}$$

임의의 $\mathcal{E}_a, \mathcal{E}_b \in \mathcal{E}$와 임의의 기저 코드 단어 $|\Psi_x\rangle, |\Psi_y\rangle \in \mathbb{H}^{\mathrm{C_q}}$가 다음을 만족한다.

$$
\begin{aligned}
\langle \mathcal{E}_a\, \Psi_x | \mathcal{E}_b\, \Psi_b \rangle &\underset{\text{(2.31),(2.30)}}{=} \langle \Psi_x | \mathcal{E}_a^*\, \mathcal{E}_b\, \Psi_y \rangle = \langle \Psi_x | \left(\sum_j a_j h_j \right)^* \left(\sum_l b_l h_l \right) \Psi_y \rangle \\
&\underset{\text{(2.32),(2.4)}}{=} \sum_{j,l} \overline{a_j} b_l \langle \Psi_x | h_j^* h_l \Psi_y \rangle \underset{\substack{\text{(7.99),} \\ \text{Def. 7.24}}}{=} \underbrace{\sum_{j,l} \overline{a_j} b_l f(h_j^* h_l)}_{=C_{ab}} \delta_{xy} \\
&= C_{ab} \delta_{xy}
\end{aligned}
$$

그러므로 정리 7.22에서 $\mathcal{E}$는 수정 가능하다. ∎

명제 7.26에서 쇼어의 $[\![9,1]\!]_q$ 코드의 오류 수정 용량에 대해 논의할 수 있다.

따름정리 7.27   보기 7.15의 쇼어의 $[\![9,1]\!]_q$ 코드 $\mathrm{C_{q}s}$는 모든 단일 큐비트 오류를 수정한다.

[증명]
증명은 문제 7.90의 결과 (7.93)과 명제 7.26의 결과에서 나온다. ∎

7.3.2 탐지와 정정

오류 연산자와 복원 연산자 그리고 각각의 연산 요소를 정의했기에 이제 오류를 탐지하고 정정하는 절차에 대해 설명한다. 코드에 있는 오류를 정정하려고 할 때 모든 복원 연산자를 적용하면 안 된다. 이것들은 원하는 것보다 더 많은 변화를 가져오기 때문이다. 그래서 발생한 오류를 고려해 여기에 필요한 복원 연산자를 사용해야 한다. 실제로 발생한 오류를 찾아내는 것을 오류 탐지라고 한다.

오류 탐지는 오류 신드롬^{syndrome}라는 것을 이용한다. 신드롬은 코드를 손상한 오류 연산자를 찾아낸다. 이 정보를 식별한 오류를 정정하는 적절한 복원 연산자를 선택하는 곳에도 계속해서 사용한다.

정의 7.28 C_q는 $[\![n,k]\!]_q$ QECC이다. $\mathcal{E} = \{\mathcal{E}_a \in L(\mathbb{H}^N) \mid a \in I \subset \mathbb{N}_0\}$는 $\mathbb{H}^{C_q}$의 오류 연산이며, 오류가 아닌 $\mathcal{E}_0 = \sqrt{p_0}\,\mathbf{1}^{\otimes n}$를 포함하며, 연산 요소는 모든 $a \in I$에 대해 다음을 만족한다.

$$\mathcal{E}_a = \sqrt{p_a}\hat{\mathcal{E}}_a, \quad p_a \in [0,1], \quad \sum_a p_a \leq 1, \quad \hat{\mathcal{E}}_a \in \mathcal{U}(\mathbb{H}^N) \qquad (7.100)$$

그리고 $\mathbb{H}^S$는 차원이 $\dim \mathbb{H}^S = |I|$인 힐베르트 공간이며 $\{|\varphi_a\rangle \mid a \in I\}$는 $\mathbb{H}^S$의 ONB이다. $\mathcal{E}$에 대한 **신드롬 탐지 연산자**^{syndrome detection operator}는 다음을 만족하는 노름을 보존하는 연산자 $S_{\mathcal{E}} : \mathbb{H}^N \to \mathbb{H}^N \otimes \mathbb{H}^S$로 정의한다.

$$S_{\mathcal{E}}(\hat{\mathcal{E}}_a|\Psi\rangle) = \hat{\mathcal{E}}_a|\Psi\rangle \otimes |\varphi_a\rangle \quad \forall \mathcal{E}_a \in \mathcal{E} \text{ and } |\Psi\rangle \in \mathbb{H}^{C_q} \qquad (7.101)$$

공간 $\mathbb{H}^S$를 $\mathcal{E}$의 신드롬 공간이라고 하고, 상태 $|\varphi_a\rangle$는 $\hat{\mathcal{E}}_a$는 신드롬 상태라고 한다. $|\varphi_a\rangle$를 탐지하기 위해 $\mathbb{H}^S$를 관측하는 것을 **신드롬 추출**^{syndrome extraction}, $a = \mathrm{syn}_q(\hat{\mathcal{E}}_a)$는 $\hat{\mathcal{E}}_a$의 **신드롬**^{syndrome}이라고 한다.

신드롬 탐지기를 이용해 $[\![n,k]\!]_q$ QECC에서 주어진 오류 연산 $\mathcal{E}$에 대한 양자 오류 탐지와 정정 규약을 다음과 같이 형식화한다.

양자 오류 탐지 및 정정 규약

1. $|\widetilde{\Psi}\rangle \in \mathbb{H}^N$은 (손상될 가능성이 있는) 코드 단어이다.
2. 오류 연산 $\mathcal{E}$에 대한 신드롬 탐지 게이트 $S_{\mathcal{E}}$를 $|\widetilde{\Psi}\rangle$에 적용해 $S_{\mathcal{E}}|\widetilde{\Psi}\rangle$를 얻는다.
3. 신드롬 공간 $\mathbb{H}^S$에서, 모든 $a \in I$에 대해 교환 가능한 다음의 관측 가능 량을

$$P_a = |\varphi_a\rangle\langle\varphi_a|$$

관측값이 (고유)값 1이 생성될 때까지 다음의 상태를 관측한다.

$$\rho^S = \text{tr}^N \left(S_{\mathcal{E}} \, |\widetilde{\Psi}\rangle\langle\widetilde{\Psi}| \, S_{\mathcal{E}}^* \right) \in D(\mathbb{H}^S)$$

$\widetilde{a} \in I$는 이러한 경우가 발생하는 I 값 중의 하나다.

4. 다음의 복원 연산자를

$$R_{\widetilde{a}} := \hat{\mathcal{E}}_{\widetilde{a}}^* \tag{7.102}$$

다음에 상태에 적용해

$$\rho^N = \text{tr}^S \left(S_{\mathcal{E}} \, |\widetilde{\Psi}\rangle\langle\widetilde{\Psi}| \, S_{\mathcal{E}}^* \right) \in D(\mathbb{H}^N)$$

다음의 정정된 상태를 얻는다.

$$R(\rho^N) = R_{\widetilde{a}} \, \rho^N \, R_{\widetilde{a}}^* \tag{7.103}$$

이것을 원래의 손상되지 않은 코드 단어 $|\Psi\rangle$로 간주한다.

다음 명제의 증명은 탐지와 정정 규약이 오류 연산 $\mathcal{E}$에 속하는 오류를 실제로 수정하는 것을 보인다.

명제 7.29 C_q는 $[\![n, k]\!]_q$ QECC이고, $\mathcal{E} = \{\mathcal{E}_a \mid a \in I\}$는 오류 연산자 $\hat{\mathcal{E}}_a$를 가지는 $\mathbb{H}^q$의 수정 가능한 오류 연산이다. 그리고 $|\Psi\rangle \in \mathbb{H}^{C_q}$는 유효한 코드 단어이다. 다음은 오류 연산자 $\hat{\mathcal{E}}_{\widetilde{a}}$가 손상을 가한 후의 상태다.

$$|\widetilde{\Psi}\rangle = \hat{\mathcal{E}}_{\widetilde{a}} |\Psi\rangle \tag{7.104}$$

그러면 오류 탐지 및 정정 규약은 $|\widetilde{\Psi}\rangle$에서 $|\Psi\rangle$를 복원한다.

[증명]

탐지 연산자 $S_{\mathcal{E}}$를 손상된 상태 $|\widetilde{\Psi}\rangle$에 적용하면 복합 시스템은 (밀도 연산자로 표현하면) 다음이 된다.

$$\rho_{S_{\mathcal{E}} |\widetilde{\Psi}\rangle} \underset{(2.89)}{=} S_{\mathcal{E}} \, |\widetilde{\Psi}\rangle\langle\widetilde{\Psi}| \, S_{\mathcal{E}}^* \underset{(7.104),(7.101)}{=} \hat{\mathcal{E}}_{\widetilde{a}} |\Psi\rangle \otimes |\varphi_a\rangle\langle\Psi| \hat{\mathcal{E}}_{\widetilde{a}}^* \otimes \langle\varphi_a|$$

$$\underset{(3.36)}{=} \hat{\mathcal{E}}_{\widetilde{a}} |\Psi\rangle\langle\Psi| \hat{\mathcal{E}}_{\widetilde{a}}^* \otimes |\varphi_a\rangle\langle\varphi_a|$$

정리 3.17에서 부호화 시스템을 묘사하는 부분 시스템 $\mathbb{H}^N$은 다음의 상태에 놓인다.

$$\rho^N \underbrace{=}_{(3.50)} \mathrm{tr}^S\left(\hat{\mathcal{E}}_{\tilde{a}}|\Psi\rangle\langle\Psi|\hat{\mathcal{E}}_{\tilde{a}}^* \otimes |\varphi_a\rangle\langle\varphi_a|\right) \underbrace{=}_{(3.57)} \overbrace{\mathrm{tr}\left(|\varphi_{\tilde{a}}\rangle\langle\varphi_{\tilde{a}}|\right)}^{=1} \hat{\mathcal{E}}_{\tilde{a}}|\Psi\rangle\langle\Psi|\hat{\mathcal{E}}_{\tilde{a}}^*$$

$$= \hat{\mathcal{E}}_{\tilde{a}}|\Psi\rangle\langle\Psi|\hat{\mathcal{E}}_{\tilde{a}}^*$$

여기에서 $\{|\varphi_a\rangle\}$는 $\mathbb{H}^S$의 ONB이며 다음을 만족한다.

$$\mathrm{tr}\left(|\varphi_{\tilde{a}}\rangle\langle\varphi_{\tilde{a}}|\right) \underbrace{=}_{(2.57)} \sum_a \underbrace{\langle\varphi_a|\varphi_{\tilde{a}}\rangle}_{=\delta_{a\tilde{a}}}\underbrace{\langle\varphi_{\tilde{a}}|\varphi_a\rangle}_{=\delta_{a\tilde{a}}} = 1$$

비슷하게, 따름정리 3.20에서 신드롬 부분 시스템 $\mathbb{H}^S$는 다음의 상태에 놓인다.

$$\rho^S \underbrace{=}_{(3.50)} \mathrm{tr}^N\left(\hat{\mathcal{E}}_{\tilde{a}}|\Psi\rangle\langle\Psi|\hat{\mathcal{E}}_{\tilde{a}}^* \otimes |\varphi_a\rangle\langle\varphi_a|\right) \underbrace{=}_{(3.57)} \overbrace{\mathrm{tr}\left(\hat{\mathcal{E}}_{\tilde{a}}|\Psi\rangle\langle\Psi|\hat{\mathcal{E}}_{\tilde{a}}^*\right)}^{=1} |\varphi_{\tilde{a}}\rangle\langle\varphi_{\tilde{a}}|$$

$$= |\varphi_{\tilde{a}}\rangle\langle\varphi_{\tilde{a}}| \qquad\qquad (7.105)$$

여기에서 가정 (7.100)에서 $\hat{\mathcal{E}} \in \mathcal{U}(\mathbb{H}^N)$이 다음을 만족하는 것을 이용했다.

$$\mathrm{tr}\left(\hat{\mathcal{E}}_{\tilde{a}}|\Psi\rangle\langle\Psi|\hat{\mathcal{E}}_{\tilde{a}}^*\right) \underbrace{=}_{(2.58)} \mathrm{tr}\left(|\Psi\rangle\langle\Psi|\hat{\mathcal{E}}_{\tilde{a}}^*\hat{\mathcal{E}}_{\tilde{a}}\right) \underbrace{=}_{(2.37)} \mathrm{tr}\left(|\Psi\rangle\langle\Psi|\right) \underbrace{=}_{(3.50)} \mathrm{tr}\left(\rho_\Psi\right) = 1$$

(7.105)에서 $P_a = |\varphi_a\rangle\langle\varphi_a|$는 다음을 만족한다.

$$P_a\rho^S P_a \underbrace{=}_{(7.105)} |\varphi_a\rangle \underbrace{\langle\varphi_a|\varphi_{\tilde{a}}\rangle}_{=\delta_{a\tilde{a}}}\underbrace{\langle\varphi_{\tilde{a}}|\varphi_a\rangle}_{=\delta_{a\tilde{a}}}\langle\varphi_a| = \delta_{a\tilde{a}}P_{\tilde{a}}$$

그리고 이 상태에 있는 $P_{\tilde{a}}$의 관측만이 1의 값을 생성한다. 그러므로 규약 3단계의 오류 신드롬인 $\tilde{a}$를 찾는다. 결국 규약 4단계에서 $R_{\tilde{a}} = \hat{\mathcal{E}}_{\tilde{a}}^*$에 의해 복원된 상태가 다음을 만족한다.

$$R(\rho^N) \underbrace{=}_{(7.103)} R_{\tilde{a}}\rho^N R_{\tilde{a}}^* \underbrace{=}_{(7.102)} \hat{\mathcal{E}}_{\tilde{a}}^*\rho^N \hat{\mathcal{E}}_{\tilde{a}} \underbrace{=}_{(7.105)} \hat{\mathcal{E}}_{\tilde{a}}^*\hat{\mathcal{E}}_{\tilde{a}}|\Psi\rangle\langle\Psi|\hat{\mathcal{E}}_{\tilde{a}}^*\hat{\mathcal{E}}_{\tilde{a}} \underbrace{=}_{\hat{\mathcal{E}}_{\tilde{a}} \in \mathcal{U}(\mathbb{H}^N)} |\Psi\rangle\langle\Psi|$$

$$\underbrace{=}_{(2.89)} \rho_\Psi$$

앞에서 언급한 오류 탐지와 복원 규약은 오류 연산 $\mathcal{E}$에서 발생한 오류를 복원하기 위해 설계된 것이다. $\mathcal{E}$에 속하지 않는 연산자로 발생한 오류는 일반적으로 이러한 절차로 복원할 수 없다. $\mathcal{E}$에서 같은 신드롬을 갖지만 $\mathcal{E}$의 일부가 아닌 오류 연산자 $\widehat{\xi} \in \mathcal{U}(\mathbb{H}^N)$가 오류를 생성하는 경우에 그러하다. 다르게 표현하면 신드롬 탐지에서 $\mathrm{syn}^q(\widehat{\xi}) = \mathrm{syn}_q(\hat{\mathcal{E}}_{\tilde{a}}) = \tilde{a}$이지만 모든 $z \in \mathbb{C}$와 $\mathcal{E}_a \in \mathcal{E}$에 대해 $\widehat{\xi} \neq z\hat{\mathcal{E}}_a$이면, 정정 규약은 다음의 상태에서 원래의 코드 단어 $|\Psi\rangle$를 복원할 수 없다.

$$|\widetilde{\Psi}\rangle = \widehat{\xi}|\Psi\rangle$$

이것은 신드롬 $\tilde{a}$를 탐지하고 복원 연산자 $\mathbf{R}_{\tilde{a}} = \hat{\mathcal{E}}_{\tilde{a}}^*$를 적용하면 다음의 상태를 생성하기 때문이다.

$$\hat{\mathcal{E}}_{\tilde{a}}^*|\widetilde{\Psi}\rangle = \underbrace{\hat{\mathcal{E}}_{\tilde{a}}^*\widehat{\xi}}_{\neq \mathbf{1}^{\otimes n}}|\Psi\rangle \neq |\Psi\rangle$$

그러므로 먼저 $\mathcal{E}$의 가장 가능성 있는 오류를 수집하고 이를 정정해야 한다. 이런 경우 앞에서 언급한 $\widehat{\xi}$와 같은 오류는 가능성이 줄어들어 희박한 사건이 된다. 그러나 더 좋은 전략은 오류 연산을 확장해 이런 $\widehat{\xi}$까지 포함하는 것이다. 이를 위해서는 일반적으로 확장된 오류 연산이 여전히 수정 가능하도록 코드를 확장해야 한다. 보기 7.23의 $[\![3, 1]\!]_{q1}$과 $[\![3, 1]\!]_{q2}$의 QECC와 보기 7.15의 쇼어 코드 $[\![9, 1]\!]_{qS}$에서 볼 수 있다. 보기 7.23에서 $[\![3, 1]\!]_{q1}$ 코드에서는 모든 단일 큐비트 플립은 수정 가능하지만 위상 플립은 수정할 수 없다. 반면 $[\![3, 1]\!]_{q2}$ 코드에서는 모든 단일 큐비트 위상 플립은 수정 가능하지만 비트 플립은 수정할 수 없다. 그러나 따름정리 7.27에서 $[\![9, 1]\!]_{qS}$ 코드는 모든 단일 큐비트 오류를 정정한다. 대신 이 코드는 더 많은 중복을 요구한다.

보기 7.30 보기 7.14, 7.17, 7.23의 QECC $[\![3, 1]\!]_{q1}$을 가지고 (7.44)의 큐비트 플립 오류 $\mathcal{E}^{bf}$에 대한 오류 탐지 및 정정 규약의 예를 설명한다.

이 경우 $\mathbb{H}^N = {}^\P\mathbb{H}^{\otimes 3}$이며 $\mathcal{E}^{bf}$는 (7.44)에서 주어진 4개의 오류 연산자를 가지는 4개의 연산 요소를 포함한다. 그리고 $\mathbb{H}^S = {}^\P\mathbb{H}^{\otimes 2}$는 신드롬 공간이고 $s, t \in \{0, 1\}$의 $|\varphi_{st}\rangle = |st\rangle$는 기저이다. 다음의 신드롬 탐지 연산자는

$$S_{\mathcal{E}^{\mathrm{bf}}} : \mathbb{H}^N = \mathbb{\mathring{H}}^{\otimes 3} \to \mathbb{H}^N \otimes \mathbb{H}^S = \mathbb{\mathring{H}}^{\otimes 3} \otimes \mathbb{\mathring{H}}^{\otimes 2}$$

아래로 주어진다.

$$
\begin{aligned}
S_{\mathcal{E}^{\mathrm{bf}}} = \ & (|111\rangle\langle 111| + |000\rangle\langle 000|) \otimes |00\rangle \\
& + (|110\rangle\langle 110| + |001\rangle\langle 001|) \otimes |01\rangle \\
& + (|101\rangle\langle 101| + |010\rangle\langle 010|) \otimes |10\rangle \\
& + (|100\rangle\langle 100| + |011\rangle\langle 011|) \otimes |11\rangle
\end{aligned}
\tag{7.106}
$$

유효한 코드 단어는 다음의 형태이다.

$$|\Psi\rangle \underset{(7.23)}{=} a|000\rangle + b|111\rangle \in \mathbb{\mathring{H}}^{\otimes 3} \tag{7.107}$$

여기에서, $a, b \in \mathbb{C}$는 $\|\Psi\| = 1$을 만족한다. 이것이 다음의 오류 연산자로 손상됐다고 가정한다.

$$\hat{\mathcal{E}}_{10}^{\mathrm{bf}} = \mathbf{1} \otimes \sigma_x \otimes \mathbf{1}$$

그래서 손상 상태는 다음이다.

$$|\widetilde{\Psi}\rangle = \hat{\mathcal{E}}_{10}^{\mathrm{bf}}|\Psi\rangle \underset{(7.107)}{=} a\hat{\mathcal{E}}_{10}^{\mathrm{bf}}|000\rangle + b\hat{\mathcal{E}}_{10}^{\mathrm{bf}}|111\rangle \underset{(7.45)}{=} a|010\rangle + b|101\rangle$$

$$\tag{7.108}$$

신드롬 탐지 $S_{\mathcal{E}^{\mathrm{bf}}}$를 적용하면, 정확한 신드롬 10이 탐지되는 것을 알 수 있다.

$$S_{\mathcal{E}^{\mathrm{bf}}}|\widetilde{\Psi}\rangle \underset{(7.108)}{=} a\, S_{\mathcal{E}^{\mathrm{bf}}}|010\rangle + b\, S_{\mathcal{E}^{\mathrm{bf}}}|101\rangle \underset{(7.106)}{=} (a|010\rangle + b|101\rangle) \otimes |10\rangle$$

그래서 규약에 따라서 $R_{10} = \hat{\mathcal{E}}_{10}^{*}$을 $|\widetilde{\Psi}\rangle = \hat{\mathcal{E}}_{10}^{\mathrm{bf}}|\Psi\rangle$에 적용하면 원하는 $|\Psi\rangle$를 복원한다.

그림 7.6에서 $[\![3, 1]\!]_{q1}$ 코드의 단일 큐비트 플립 오류의 탐지와 정정에 대한 회로를 나타냈다.

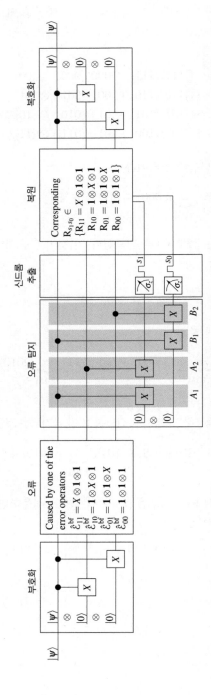

그림 7.6 $[3,1]_{d1}$ 코드와 비트 플립 오류 연산자 $\hat{\varepsilon}^{bf}$에 대해 부호화와 복호화 사이에서 오류 탐지와 신드롬 추출, 정정 과정을 보여준다. 이러한 오류 연산에 대한 오류 연산자는 (7.44)에서 주어진다. 보조 레지스터에서 $\sigma_z \otimes \sigma_z$를 관측하면 신드롬 (s_1, s_0)을 얻는다. 이것을 복원 연산자 $R_{s_1 s_0}$를 제어하기 위해 사용한다.

문제 7.91 그림 7.6의 연산자 $S = B_2 B_1 A_2 A_1$이 다음으로 주어지는 것을 보여라.

$$
\begin{aligned}
S = \quad & (|111\rangle\langle 111| + |000\rangle\langle 000|) \otimes \mathbf{1} \otimes \mathbf{1} \\
+ & (|110\rangle\langle 110| + |001\rangle\langle 001|) \otimes \mathbf{1} \otimes X \\
+ & (|101\rangle\langle 101| + |010\rangle\langle 010|) \otimes X \otimes \mathbf{1} \\
+ & (|100\rangle\langle 100| + |011\rangle\langle 011|) \otimes X \otimes X
\end{aligned}
\tag{7.109}
$$

$\mathcal{E}^{\mathrm{bf}}$에 속하지 않는 오류 $\hat{\xi}$가 이 코드와 규약으로 일반적으로 적절하게 정정되지 않는 것에 대한 예를 보이기 위해 (7.107)의 유효 코드 단어가 2 큐비트 오류 $\hat{\xi} = \hat{\mathcal{E}}_{11}^{\mathrm{bf}} \hat{\mathcal{E}}_{10}^{\mathrm{bf}}$에 의해 손상됐다고 가정한다. 손상된 상태는 다음이다.

$$
\begin{aligned}
|\widetilde{\Psi}\rangle \; = \; & \hat{\mathcal{E}}_{11}^{\mathrm{bf}} \hat{\mathcal{E}}_{10}^{\mathrm{bf}} |\Psi\rangle \underbrace{=}_{(7.107)} a \hat{\mathcal{E}}_{11}^{\mathrm{bf}} \hat{\mathcal{E}}_{10}^{\mathrm{bf}} |000\rangle + b \hat{\mathcal{E}}_{11}^{\mathrm{bf}} \hat{\mathcal{E}}_{10}^{\mathrm{bf}} |111\rangle \\
& \underbrace{=}_{(7.45)} a \hat{\mathcal{E}}_{11}^{\mathrm{bf}} |010\rangle + b \hat{\mathcal{E}}_{11}^{\mathrm{bf}} |101\rangle \underbrace{=}_{(7.44)} a|110\rangle + b|001\rangle
\end{aligned}
\tag{7.110}
$$

신드롬 탐지기 $S_{\mathcal{E}^{\mathrm{bf}}}$를 적용하면 신드롬 01이 탐지된다.

$$
S_{\mathcal{E}^{\mathrm{bf}}} |\widetilde{\Psi}\rangle \underbrace{=}_{(7.110)} a\, S_{\mathcal{E}^{\mathrm{bf}}} |110\rangle + b\, S_{\mathcal{E}^{\mathrm{bf}}} |001\rangle \underbrace{=}_{(7.106)} \big(a|110\rangle + b|001\rangle \big) \otimes |01\rangle
$$

그래서 규약에 따라서 $\mathrm{R}_{01} = \hat{\mathcal{E}}_{01}^{*}$을 $|\widetilde{\Psi}\rangle$에 적용하면 다음을 얻는다.

$$
\hat{\mathcal{E}}_{01}^{*} |\widetilde{\Psi}\rangle \underbrace{=}_{(7.110)} \hat{\mathcal{E}}_{01}^{*} \big(a|110\rangle + b|001\rangle \big) \underbrace{=}_{(7.44)} a|111\rangle + b|000\rangle \underbrace{\neq}_{(7.107)} |\Psi\rangle
$$

7.3.3 안정자의 형식화

군 이론을 이용하여 안정자를 형식화하면 QECC를 아름답고 간결하게 서술할 수 있다[102, 103]. 따름정리 7.21의 증명에서 수정 가능성은 연산 요소의 선형 조합에서 보존되며 모든 연산 요소는 파울리 군 원소의 선형 조합으로 표현할 수 있기에 파울리 군 원소인 연산 요소만 고려해도 충분하다.

이 절에 필요한 군 이론의 개념은 부록 F에 제시했다.

정의 F.27에서 집합 M에 대한 군 $\mathcal{G}$의 좌작용$^{\text{left action}}$을 다음의 사상으로 정의한다.

$$\Lambda : \mathcal{G} \times M \longrightarrow M$$
$$(g, m) \longmapsto g.m$$

그리고 모든 $g, h \in \mathcal{G}$와 $m \in M$은 다음을 만족한다.

$$e_{\mathcal{G}}.m = m$$
$$(gh).m = g.(h.m)$$

임의의 부분집합 $Q \subset M$의 안정자를 다음으로 정의한다.

$$\text{Sta}_{\mathcal{G}}(Q) = \{ g \in \mathcal{G} \mid g.m = m \ \forall m \in Q \}$$

그리고 문제 F.130에서 이러한 안정자는 $\mathcal{G}$의 부분군이 된다.

QECC의 맥락에서, 위의 개념은 다음과 같이 적용된다.

$$\mathcal{G} = \mathcal{P}_n$$
$$M = \mathbb{H}^N = \mathbb{H}^{\otimes n}$$
$$Q = \mathbb{H}^{\mathsf{C}q}$$

그러면 코드는 적절한 부분군 $\mathcal{S} < \mathcal{P}_n$의 사양^{specification}으로 정해진다. 결국 이러한 부분군이 코드를 결정한다. 우선 이러한 방법으로 결정되는 공간이 QECC의 코드 공간 $\mathbb{H}^{\mathsf{C}q}$으로 사용할 수 있는 올바른 성질을 가지는 것을 증명한다.

> **정리 7.31** $k, n \in \mathbb{N}$은 $k < n$을 만족한다. $\mathcal{S}$는 독립인 $\{g_1, \ldots, g_{n-k}\}$로 생성되는 $\mathcal{P}_n$의 부분군이며 $-\mathbf{1}^{\otimes n} \notin \mathcal{S}$를 만족한다.
>
> $$-\mathbf{1}^{\otimes n} \notin \mathcal{S} = \langle g_1, \ldots, g_{n-k} \rangle < \mathcal{P}_n$$
> $$\text{Span} \left\{ |\Psi\rangle \in \mathbb{H}^{\otimes n} \mid g|\Psi\rangle = |\Psi\rangle \quad \forall g \in \mathcal{S} \right\}$$
>
> 그러면 다음은 차원이 2^k인 $\mathbb{H}^{\otimes n}$의 부분공간이다.

[증명]

우선 g_l이 오직 두 개의 고윳값 ± 1를 가지는 것을 증명한다. 명제 F.62에서, 모든 $g \in \mathcal{P}_n < \text{U}(\mathbb{H}^{\otimes n})$은 $g^2 = \pm \mathbf{1}^{\otimes n}$과 $g^* g = \mathbf{1}^{\otimes n}$을 만족한다. $-\mathbf{1}^{\otimes n} \notin \langle g_1, \ldots,$

g_{n-k})를 가정했기에, 모든 $g_l \in \{g_1, \ldots, g_{n-k}\}$는 $g_l^2 = \mathbf{1}^{\otimes n}$을 만족한다. 그리고 만약에 $g_l^* = -g_l$이면 $-g_l^2 = \mathbf{1}^{\otimes n}$이며 결국 $g_l^2 = -\mathbf{1}^{\otimes n}$이 성립할 것이다. 이는 $-\mathbf{1}^{\otimes n} \notin \langle g_1, \ldots, g_n \rangle$과 모순이다. 그러므로 $g_l^* = g_l$이 성립한다. 결국 $g_l \in \mathrm{B}_{\mathrm{sa}}(\P\mathbb{H}^{\otimes n})$이며, 모든 g_l의 고윳값은 실수이다. 그리고 $g \in \mathcal{U}(\P\mathbb{H}^{\otimes n})$이므로, 문제 2.8의 (iii)에서, 모든 고윳값은 $|\lambda_l| = 1$을 만족한다. 결국 모든 g_l은 오직 두 개의 고윳값 $\lambda_l = \pm 1$만을 가지게 된다.

각각의 $(n-k)$-순서쌍 $(\lambda_1, \ldots, \lambda_{n-k}) \in \{\pm 1\}^{n-k}$에 대해 다음의 부분공간을 정의한다.

$$\mathbb{H}_{(\lambda_1, \ldots, \lambda_{n-k})} := \mathrm{Span} \left\{ |\Psi\rangle \in \P\mathbb{H}^{\otimes n} \mid g_l|\Psi\rangle = \lambda_l|\Psi\rangle \ \forall l \in \{1, \ldots, n-k\} \right\} \tag{7.111}$$

그러면 정의에서 다음을 얻는다.

$$\mathbb{H}_{(\lambda_1, \ldots, \lambda_{n-k})} \subset \mathrm{Eig}(g_l, \lambda_l) \quad \forall l \in \{1, \ldots, n-k\} \tag{7.112}$$

(7.112)에서, $(\lambda_1, \ldots, \lambda_{n-k}) \neq (\mu_1, \ldots, \mu_{n-k})$에 대해 부분공간 $\mathbb{H}_{(\lambda_1, \ldots, \lambda_{n-k})}$와 $\mathbb{H}_{(\mu_1, \ldots, \mu_{n-k})}$는 직교한다. 이는 $\lambda_l \neq \mu_l$을 만족하는 최소한 한 개 이상의 l이 존재하고, 다른 고윳값에 대한 자기수반연산자의 고유공간은 직교하기 때문이다. 즉, 다음이 만족한다.

$$\mathbb{H}_{(\lambda_1, \ldots, \lambda_{n-k})} \underset{(7.112)}{\subset} \mathrm{Eig}(g_l, \lambda_l) \perp \mathrm{Eig}(g_l, \mu_l) \underset{(7.112)}{\supset} \mathbb{H}_{(\mu_1, \ldots, \mu_{n-k})}$$

명제 F.72에서 $j \in \{1, \ldots, n-k\}$일 때 적절한 $h_j \in \mathcal{P}_n$이 존재해 모든 $l \in \{1, \ldots, n-k\}$에 대해 다음이 만족한다.

$$g_l h_j = (-1)^{\delta_{lj}} h_j g_l$$

그러므로 $|\Psi\rangle \in \mathbb{H}_{(\lambda_1, \ldots, \lambda_{n-k})}$에 대해 다음을 얻는다.

$$g_l h_j|\Psi\rangle = (-1)^{\delta_{lj}} h_j g_l|\Psi\rangle = (-1)^{\delta_{lj}} \lambda_l h_j|\Psi\rangle = \begin{cases} \lambda_l h_j|\Psi\rangle & \text{if } j \neq l \\ -\lambda_l h_j|\Psi\rangle & \text{if } j = l \end{cases}$$

그래서 모든 $|\Psi\rangle \in \mathbb{H}_{(\mu_1, \ldots, \mu_{n-k})}$이 다음을 만족한다.

$$h_j|\Psi\rangle \in \mathbb{H}_{(\lambda_1, \ldots, \lambda_{j-1}, -\lambda_j, \lambda_{j+1}, \ldots, \lambda_{n-k})} \tag{7.113}$$

$h_j \in \mathcal{U}(\P\mathbb{H}^{\otimes n})$이므로, 다음을 얻는다.

$$\dim \mathbb{H}_{(\lambda_1,\ldots,\lambda_{n-k})} = \dim \mathbb{H}_{(\lambda_1,\ldots,\lambda_{j-1},-\lambda_j,\lambda_{j+1},\ldots,\lambda_{n-k})} \qquad (7.114)$$

그리고 (7.113)에서 적절한 h_j의 복합으로 $\mathbb{H}_{(\lambda_1,\ldots,\lambda_{n-k})}$에서 $\mathbb{H}_{(\mu_1,\ldots,\mu_{n-k})}$로의 유니타리 사상을 얻는다. 여기에 (7.114)을 이용하면, 이러한 모든 부분공간은 같은 차원을 가지게 된다.

$$\dim \mathbb{H}_{(\lambda_1,\ldots,\lambda_{n-k})} = J \qquad \forall (\lambda_1,\ldots,\lambda_{n-k}) \in \{\pm 1\}^{n-k}$$

모두 해서, 같은 차원 J를 가지는 2^{n-k}개의 서로 직교인 부분공간이 존재하며 이 모든 것이 $\mathbb{H}^{\otimes n}$을 형성한다. 그러므로 $J 2^{n-k} = \dim \mathbb{H}^{\otimes n} = 2^n$이므로,

$$2^k = J = \dim \mathbb{H}_{(\lambda_1,\ldots,\lambda_{n-k})} \qquad \forall (\lambda_1,\ldots,\lambda_{n-k}) \in \{\pm 1\}^{n-k}$$

끝으로, 임의의 $g \in \mathcal{S} = \langle g_1,\ldots,g_{n-k} \rangle$는 $g^2 = 1^{\otimes n}$이므로 $a_j \in \{0,1\}$인 $g = g_1^{a_1} \cdots g_{n-k}^{a_{n-k}}$의 형태이다. 결국 다음을 얻는다.

$$\mathbb{H}_{(+1,\ldots,+1)} \underset{(7.111)}{=} \operatorname{Span} \left\{ |\Psi\rangle \in \mathbb{H}^{\otimes n} \mid g_l |\Psi\rangle = |\Psi\rangle \ \forall l \in \{1,\ldots,n-k\} \right\}$$
$$= \left\{ |\Psi\rangle \in \mathbb{H}^{\otimes n} \mid \forall g \in \mathcal{S} : g|\Psi\rangle = |\Psi\rangle \right\}$$

그래서 (오류를 수정하는) 안정자 코드의 개념을 다음과 같이 정의한다.

정의 7.32 코드 $\mathbb{H}^{C_q}$를 가지는 $[n,k]_q$ QECC C_q가, 독립인 $\{g_1,\ldots,g_{n-k}\}$가 생성하고 $-1^{\otimes n} \notin \mathcal{S}$를 만족하는 $\mathcal{P}_n$의 아벨 부분군 $\mathcal{S}$가 존재해 다음의 조건을 만족하면 **안정자 코드**stabilizer code라고 한다.

$$\mathbb{H}^{C_q} = \left\{ |\Psi\rangle \in \mathbb{H}^N \mid g|\Psi\rangle = |\Psi\rangle \quad \forall g \in \mathcal{S} \right\} \qquad (7.115)$$
$$\mathcal{S} = \operatorname{Sta}_{\mathcal{P}_n}(\mathbb{H}^{C_q}) = \left\{ g \in \mathcal{P}_n \mid g|\Psi\rangle = |\Psi\rangle \quad \forall |\Psi\rangle \in \mathbb{H}^{C_q} \right\}$$

다음의 부분군을 **코드 안정자**stabilizer of the code라고 한다.

$\mathcal{S}$에서 $-1^{\otimes n}$을 제외한 이유는, 만약에 포함하게 되면 결과가 자명한 $\mathbb{H}^{C_q}$가 되기 때문이다. (7.115)에서 $g = -1^{\otimes n}$이면 모든 $|\Psi\rangle \in \mathbb{H}^{C_q}$에 대해 $|\Psi\rangle = -|\Psi\rangle$이며, 결국 $\mathbb{H}^{C_q} = \{0\}$이 된다.

안정자 형식화에서 코드 $\mathbb{H}^{Cq}$를 결정하는 것은 n-파울리 군 $\mathcal{P}_n$의 부분군 $\mathcal{S}$이다. 일반적으로 $\mathcal{S}$가 주어질 것이며, $\mathbb{H}^{Cq}$는 모든 $g \in \mathcal{S}$의 작용에 불변하는 모든 벡터들로 구성된 $\mathbb{H}^N$의 부분공간으로 주어진다. 그래서 $g \lvert \Psi \rangle \neq \lvert \Psi \rangle$를 만족하는 $g \in \mathcal{S}$가 존재하는 모든 $\lvert \Psi \rangle \in \mathbb{H}^N$은 코드 $\mathbb{H}^{Cq}$에 포함될 수 없다.

보기 7.33 보기 7.14, 7.17, 7.23의 $[\![3, 1]\!]_q$ 두 개를 고려한다. 비트 플립 오류를 정정할 수 있는 코드 $[\![3, 1]\!]_{q1}$은 다음의 기저 코드 단어를 가진다.

$$g_1 = \sigma_z \otimes \sigma_z \otimes \mathbf{1} \ \text{그리고} \ g_2 = \sigma_z \otimes \mathbf{1} \otimes \sigma_z$$

그리고 비트 플립 오류 연산자는 다음이다.

$$\hat{\mathcal{E}}_{00}^{\mathrm{bf}} = \mathbf{1} \otimes \mathbf{1} \otimes \mathbf{1}, \quad \hat{\mathcal{E}}_{01}^{\mathrm{bf}} = \mathbf{1} \otimes \mathbf{1} \otimes \sigma_x, \quad \hat{\mathcal{E}}_{10}^{\mathrm{bf}} = \mathbf{1} \otimes \sigma_x \otimes \mathbf{1}, \quad \hat{\mathcal{E}}_{11}^{\mathrm{bf}} = \sigma_x \otimes \mathbf{1} \otimes \mathbf{1}$$

이 코드의 안정자는 $\mathcal{S}_1 = \langle g_1, g_2 \rangle$이다.

$$g_1 = \sigma_z \otimes \sigma_z \otimes \mathbf{1} \ \text{그리고} \ g_2 = \sigma_z \otimes \mathbf{1} \otimes \sigma_z$$

반면 위상 플립 오류를 정정하는 코드 $[\![3, 1]\!]_{q2}$는 다음의 기저 코드 단어를 가진다.

$$\lvert \Phi_0 \rangle = \lvert + ++ \rangle \ \text{그리고} \ \lvert \Phi_1 \rangle = \lvert - -- \rangle$$

위상 플립 오류 연산자는 다음이다.

$$\hat{\mathcal{E}}_{00}^{\mathrm{pf}} = \mathbf{1} \otimes \mathbf{1} \otimes \mathbf{1}, \quad \hat{\mathcal{E}}_{01}^{\mathrm{pf}} = \mathbf{1} \otimes \mathbf{1} \otimes \sigma_z, \quad \hat{\mathcal{E}}_{10}^{\mathrm{pf}} = \mathbf{1} \otimes \sigma_z \otimes \mathbf{1}, \quad \hat{\mathcal{E}}_{11}^{\mathrm{pf}} = \sigma_z \otimes \mathbf{1} \otimes \mathbf{1}$$

이 코드의 안정자는 $\mathcal{S}_2 = \langle h_1, h_2 \rangle$이다.

$$h_1 = \sigma_x \otimes \sigma_x \otimes \mathbf{1} \ \text{그리고} \ h_2 = \sigma_x \otimes \mathbf{1} \otimes \sigma_x$$

보조정리 7.34 C_q는 $\mathcal{S} < \mathcal{P}_n$을 안정자로 가지는 $[\![n, k]\!]_q$ QECC이고, $N(\mathcal{S})$는 $\mathcal{S}$의 정규화다. 그리고 $\{\lvert \Psi_w \rangle\}$는 $\mathbb{H}^N$의 기저 코드 단어의 ONB이다. 그리고 다음을 정의한다.

$$M_{\neq} := \left\{ g \in \mathcal{P}_n \, \middle| \, \begin{array}{l} \text{모든 } f : \mathcal{P}_n \to \mathbb{C} \text{에 대하여 } \langle \Psi_x | \Psi_y \rangle \neq f(g) \\ \delta_{xy} \text{를 만족하는 } |\Psi_x\rangle, |\Psi_y\rangle \in \{|\Psi_w\rangle\} \text{가 존재} \end{array} \right\} \quad (7.116)$$

그러면 다음을 얻는다.

$$M_{\neq} \subset N(\mathcal{S}) \smallsetminus \mathcal{S} \quad (7.117)$$

[증명]

정의 F.27과 F.16에서 다음을 정의했다.

$$\mathcal{S} = \{ g \in \mathcal{P}_n \mid g|\Psi\rangle = |\Psi\rangle \quad \forall |\Psi\rangle \in \mathbb{H}^{C_q} \}$$
$$N(\mathcal{S}) = \{ g \in \mathcal{P}_n \mid g\mathcal{S} = \mathcal{S}g \}$$

그리고 문제 F.130과 F.126에서 이들이 부분군이 되는 것을 보였다. 즉, $\mathcal{S}$는 $\mathbb{H}^{C_q}$의 모든 벡터를 변화시키지 않는 $\mathcal{P}_n$의 부분군이며, 정규화 $N(\mathcal{S})$는 모든 $\mathcal{S}$의 원소와 교환되는 $\mathbb{H}^{C_q}$의 모든 원소를 가지는 부분군이다.

이제, 대우 명제를 증명해 포함 관계를 보인다. 우선 $g \in \mathcal{S}$이다. 그러면 임의의 기저 코드 단어 두 개는 다음을 만족한다.

$$\underbrace{\langle \Psi_x | g \Psi_y \rangle}_{g \in \mathcal{S}} = \langle \Psi_x | \Psi_y \rangle = \delta_{xy}$$

그래서 $g \notin M_{\neq}$이다.

이제 $g\mathcal{S} \neq \mathcal{S}g$이며 $g \notin N(\mathcal{S})$를 가정한다. 여기에서 적절한 $h \in \mathcal{S}$가 존재해, 모든 $\tilde{h} \in \mathcal{S}$에 대해 $gh \neq \tilde{h}g$를 만족한다. 이것은 $\tilde{h} = h$에 대해서도 성립한다. 그러므로 모든 $g \in N(\mathcal{S}) \smallsetminus \mathcal{S}$에 대해 적절한 $h \in \mathcal{S}$가 존재해 다음을 만족한다.

$$gh \neq hg$$

그러나 명제 F.70에서 모든 $g, h \in \mathcal{P}_n$은 $gh = hg$이거나 $gh = -hg$이다. 그래서 위의 g, h에 대해서 다음이 성립해야만 한다.

$$gh = -hg \quad (7.118)$$

그러므로 모든 기저 코드 단어의 쌍 $|\Psi_x\rangle, |\Psi_y\rangle \in \mathbb{H}^{C_q}$는 다음을 만족한다.

$$\underbrace{\langle \Psi_x | g \Psi_y \rangle}_{h \in \mathcal{S}} = \langle \Psi_x | gh \Psi_y \rangle \underbrace{=}_{(7.118)} -\langle \Psi_x | hg \Psi_y \rangle \underbrace{=}_{(2.30)} -\langle h^* \Psi_x | g \Psi_y \rangle \quad (7.119)$$

모든 $h \in \mathcal{P}_n$은 $h^*h = 1^{\otimes n}$을 만족하고, 결국 $h^* = h^{-1}$이 된다. 문제 F.130에서 $\mathcal{S}$는 $\mathcal{P}_n$의 부분군이며, $h \in \mathcal{S}$이므로, $h^* = h^{-1} \in \mathcal{S}$를 얻는다. 그러므로 h^*는 $\mathbb{H}^{\mathrm{C}q}$의 모든 벡터를 불변으로 둔다. 결국 다음을 얻는다.

$$\langle \Psi_x | g \Psi_y \rangle \underbrace{=}_{(7.119)} -\langle h^* \Psi_x | g \Psi_y \rangle \underbrace{=}_{h^* \in \mathcal{S}} -\langle \Psi_x | g \Psi_y \rangle$$

이로부터,

$$\langle \Psi_x | g \Psi_y \rangle = 0 = f(g)\delta_{xy}$$

그래서 $f(g) \equiv 0$이며 $g \notin M_{\neq}$이다. 지금까지 증명한 것은 다음이다.

$$g \in \mathcal{S} \quad \Rightarrow \quad g \notin M_{\neq} \qquad \text{and} \qquad g \notin N(\mathcal{S}) \quad \Rightarrow \quad g \notin M_{\neq}$$

이것의 대우 명제는 $g \in M_{\neq} \Rightarrow g \in N(\mathcal{S}) \setminus \mathcal{S}$이어서 (7.117)을 증명한다. ▪

다음 정리는 정정 가능한 오류에 대한 군론의 판별 기준을 준다.

> **정리 7.35** C_q는 $\mathcal{S} < \mathcal{P}_n$을 안정자로 가지는 $[\![n, k]\!]_q$ QECC이고 $\mathcal{E} = \{\mathcal{E}_a\}$는 연산 요소 $\mathcal{E}_a \in \mathcal{P}_n$을 가지는 코드 $\mathbb{H}^{\mathrm{C}q}$의 오류이다. 그리고 $N(\mathcal{S}) = \mathrm{Nor}_{\mathcal{P}_n}(\mathcal{S})$는 $\mathcal{P}_n$에서 $\mathcal{S}$의 정규화다. 그러면 다음이 만족한다.
>
> $\forall \mathcal{E}_a, \mathcal{E}_b \in \mathcal{E} : \mathcal{E}_a^* \mathcal{E}_b \notin N(\mathcal{S}) \setminus \mathcal{S} \Rightarrow \mathbb{H}^{\mathrm{C}q}$에서 $\mathcal{E} = \{\mathcal{E}_a\}$는 수정 가능하다.

[증명]
$\mathcal{E}_a^* \mathcal{E}_b \notin N(\mathcal{S}) \setminus \mathcal{S}$이다. 보조정리 7.34에서 $\mathcal{E}_a^* \mathcal{E}_b \notin M_{\neq}$이며, 그러므로 모든 기저 코드 단어 $|\Psi_x\rangle, |\Psi_y\rangle \in \mathbb{H}^{\mathrm{C}q}$는 다음을 만족한다.

$$\langle \mathcal{E}_a \Psi_x | \mathcal{E}_b \Psi_y \rangle \underbrace{=}_{(2.30),(2.31)} \langle \Psi_x | \mathcal{E}_a^* \mathcal{E}_b \Psi_y \rangle = f(\mathcal{E}_a^* \mathcal{E}_b)\delta_{xy} = C_{ab}\delta_{xy}$$

그러므로 정리 7.22에서 $\mathcal{E} = \{\mathcal{E}_a\}$는 $\mathbb{H}^{\mathrm{C}q}$에서 정정 가능하다. ▪

명제 F.70에서 n-겹 파울리 군의 두 원소는 교환되거나 반교환된다. 그러므로 다음 정의가 의미를 가진다.

정의 7.36 C_q는 다음의 안정자를 가지는 $[\![n, k]\!]_q$ QECC이다.

$$S = \langle g_1, \ldots, g_{n-k} \rangle < \mathcal{P}_n \qquad (7.120)$$

다음을 QECC C_q **안정자의 신드롬 사상**^syndrome map of the stabilizer로 정의한다.

$$\begin{aligned} \mathrm{syn}_q : \mathcal{P}_n &\longrightarrow \mathbb{F}_2^{n-k} \\ g &\longmapsto \left(l_1(g), \ldots, l_{n-k}(g) \right) \end{aligned} \qquad (7.121)$$

여기에서 모든 $j \in \{1, \ldots, n-k\}$에 대해

$$l_j(g) = \begin{cases} 0 & \text{if } gg_j = g_j g \\ 1 & \text{if } gg_j = -g_j g \end{cases} \qquad (7.122)$$

신드롬 사상은 C_q에 의존한다. 성분 함수 l_j가 C_q의 안정자의 생성자로 정의되기 때문이다.

보기 7.37 보기 7.33에서 주어진 생성자 g_1과 g_2를 가지는 코드 $[\![3, 1]\!]_{q1}$을 먼저 고려한다. 보기 7.23에서 이 코드는 단일 큐비트 비트 플립 오류를 정정한다. $s, t \in \{0, 1\}$에 대한 비트 플립 오류 연산자 $\hat{\mathcal{E}}_{st}^{bf}$는 표 7.1의 신드롬을 가진다.

보기 7.23에서 코드 $[\![3, 1]\!]_{q2}$는 보기 7.33의 생성자 h_1, h_2를 가지며 위상 플립을 정정한다. $s, t \in \{0, 1\}$에 대한 위상 플립 오류 연산자 $\hat{\mathcal{E}}_{st}^{bf}$는 표 7.2의 신드롬을 가진다.

표 7.1 단일 큐비트 비트 플립 오류에 대한 $[\![3,1]\!]_{q1}$의 신드롬

g	$gg_1 = \pm g_1 g$	$gg_2 = \pm g_2 g$	$l_1(g)$	$l_2(g)$
$\hat{\mathcal{E}}_{00}^{bf}$	$\hat{\mathcal{E}}_{00}^{bf} g_1 = g_1 \hat{\mathcal{E}}_{00}^{bf}$	$\hat{\mathcal{E}}_{00}^{bf} g_2 = g_2 \hat{\mathcal{E}}_{00}^{bf}$	0	0
$\hat{\mathcal{E}}_{01}^{bf}$	$\hat{\mathcal{E}}_{01}^{bf} g_1 = g_1 \hat{\mathcal{E}}_{01}^{bf}$	$\hat{\mathcal{E}}_{01}^{bf} g_2 = -g_2 \hat{\mathcal{E}}_{01}^{bf}$	0	1
$\hat{\mathcal{E}}_{10}^{bf}$	$\hat{\mathcal{E}}_{10}^{bf} g_1 = -g_1 \hat{\mathcal{E}}_{10}^{bf}$	$\hat{\mathcal{E}}_{10}^{bf} g_2 = g_2 \hat{\mathcal{E}}_{10}^{bf}$	1	0
$\hat{\mathcal{E}}_{11}^{bf}$	$\hat{\mathcal{E}}_{11}^{bf} g_1 = -g_1 \hat{\mathcal{E}}_{11}^{bf}$	$\hat{\mathcal{E}}_{11}^{bf} g_2 = -g_2 \hat{\mathcal{E}}_{11}^{bf}$	1	1

표 7.2 단일 큐비트 위상 플립 오류에 대한 $[\![3,1]\!]_{q2}$의 신드롬

g	$gh_1 = \pm h_1 g$	$gh_2 = \pm h_2 g$	$l_1(g)$	$l_2(g)$
$\hat{\mathcal{E}}_{00}^{bf}$	$\hat{\mathcal{E}}_{00}^{bf} h_1 = h_1 \hat{\mathcal{E}}_{00}^{bf}$	$\hat{\mathcal{E}}_{00}^{bf} h_2 = h_2 \hat{\mathcal{E}}_{00}^{bf}$	0	0
$\hat{\mathcal{E}}_{01}^{bf}$	$\hat{\mathcal{E}}_{01}^{bf} h_1 = h_1 \hat{\mathcal{E}}_{01}^{bf}$	$\hat{\mathcal{E}}_{01}^{bf} h_2 = -h_2 \hat{\mathcal{E}}_{01}^{bf}$	0	1
$\hat{\mathcal{E}}_{10}^{bf}$	$\hat{\mathcal{E}}_{10}^{bf} h_1 = -h_1 \hat{\mathcal{E}}_{10}^{bf}$	$\hat{\mathcal{E}}_{10}^{bf} h_2 = h_2 \hat{\mathcal{E}}_{10}^{bf}$	1	0
$\hat{\mathcal{E}}_{11}^{bf}$	$\hat{\mathcal{E}}_{11}^{bf} h_1 = -h_1 \hat{\mathcal{E}}_{11}^{bf}$	$\hat{\mathcal{E}}_{11}^{bf} h_2 = -h_2 \hat{\mathcal{E}}_{11}^{bf}$	1	1

정의 7.36은 정의 7.9에서 정의한 고전 신드롬의 양자 버전이다. 다음의 보조정리는 (7.12)의 양자 버전이다.

> **보조정리 7.38** $\mathcal{S}$는 $[\![n,k]\!]_q$ QECC C_q의 안정자이고 syn_q는 C_q의 신드롬 사상이며 $N(\mathcal{S})$는 $\mathcal{S}$의 정규화다. 그러면 다음을 얻는다.
>
> $$N(\mathcal{S}) = \mathrm{Ker}(\mathrm{syn}_q) \qquad (7.123)$$

[증명]

$h \in N(\mathcal{S})$이다. 정의 F.16에서, $h\mathcal{S} = \mathcal{S}h$를 만족하며, 다음을 얻는다.

$$\forall g \in \mathcal{S} \quad \exists \tilde{g} \in \mathcal{S} : \quad hg = \tilde{g}h \qquad (7.124)$$

반면 명제 F.70에서 모든 $h, g \in \mathcal{P}_n$은 $hg = -gh$ 또는 $hg = gh$이다. $hg = -gh$를 가정한다. 그러면 (7.124)에서 $\tilde{g} = -g$이며 다음을 얻는다.

$$-\mathbf{1}^{\otimes n} = \tilde{g}g^{-1} \in \mathcal{S}$$

그러나 $-\mathbf{1}^{\otimes n} \in \mathcal{S}$는 $\mathcal{S}$가 QECC C_q의 안정자라는 정의 7.32의 가정을 위배한다. 그러므로 $\tilde{g} = g$이다. 그리고 다음을 만족한다.

$$
\begin{aligned}
hg &= gh & \forall g \in \mathcal{S} = \langle g_1, \ldots, g_{n-k} \rangle \\
hg_j &= g_j h & \forall g_j \in \{g_1, \ldots, g_{n-k}\} \\
\underset{(7.120)}{\Leftrightarrow} & \\
\underset{(7.122)}{\Leftrightarrow} \quad l_j(h) &= 0 & \forall j \in \{1, \ldots, n-k\} \\
\underset{(7.121)}{\Leftrightarrow} \quad \mathrm{syn}_q(h) &= \mathbf{0}
\end{aligned}
\qquad (7.125)
$$

이로써, $h \in \mathrm{Ker}(\mathrm{syn}_q)$이며 다음을 얻는다.

$$N(\mathcal{S}) \subset \mathrm{Ker}(\mathrm{syn}_q) \qquad (7.126)$$

반대의 포함 관계를 증명하기 위해, $\text{syn}_q(h) = \mathbf{0}$인 $h \in \text{Ker}(\text{syn}_q)$를 고려한다. 그러면 (7.125)에서 $h\mathcal{S} = \mathcal{S}h$이며 $h \in N(\mathcal{S})$이다. 그러므로 $\text{Ker}(\text{syn}_q) \subset N(\mathcal{S})$이며, (7.126)에서 $N(\mathcal{S}) = \text{Ker}(\text{syn}_q)$이다.

문제 7.92 정의 7.36의 syn_q가 모든 $h_1, h_2 \in \mathcal{P}_n$에 대해 다음을 만족하는 것을 보여라.

$$\text{syn}_q(h_1 h_2) = \text{syn}_q(h_1) \overset{2}{\oplus} \text{syn}_q(h_2)$$

그래서 syn_q는 준동형사상이다.

$$\text{syn}_q \in \text{Hom}(\mathcal{P}_n, \mathbb{F}_2^{n-k}) \tag{7.127}$$

보조정리 7.39 $\mathcal{S}$는 $[\![n, k]\!]_q$ QECC C_q의 안정자이다. 그러면 $\mathcal{S}$의 정규화 $N(\mathcal{S})$는 $\mathcal{P}_n$의 정규 부분군이다.

$$N(\mathcal{S}) \trianglelefteq \mathcal{P}_n$$

[증명]
(7.127)과 (7.123)에서 $N(\mathcal{S})$는 $\mathcal{P}_n$를 $\mathbb{F}_2^{n-k}$로 보내는 준동형사상의 커널^{Kernel}임을 알 수 있다. 보조정리 F.30에서 원하는 증명이 끝난다. ▪

$N(\mathcal{S}) \trianglelefteq \mathcal{P}_n$이므로, 명제 F.22에서 몫군 $\mathcal{P}_n/N(\mathcal{S})$가 존재한다. 이를 이용해 명제 7.10의 양자 버전을 다음 명제에서 제시한다. 그리고 고전 오류 정정 규약의 양자 버전 또한 제시한다.

명제 7.40 $\text{syn}_q : \mathcal{P}_n \to \mathbb{F}_2^{n-k}$는 안정자 $\mathcal{S}$를 갖는 $[\![n, k]\!]_q$ QECC C_q의 신드롬 사상이다. $N(\mathcal{S})$는 $\mathcal{S}$의 정규화다. 그러면 다음의 사상이 동형사상이 된다.

$$\widehat{\text{syn}_q} : \mathcal{P}_n/N(\mathcal{S}) \longrightarrow \mathbb{F}_2^{n-k}$$
$$[g]_{N(\mathcal{S})} \longmapsto \text{syn}_q(g)$$

[증명]

보조정리 7.38에서 $N(S) = \text{Ker}(\text{syn}_q)$이며 문제 7.92에서 $\text{syn}_q \in \text{Hom}(\mathcal{P}_n, \mathbb{F}_2^{n-k})$ 이다. 그러므로 $\mathbb{F}_2^{n-k} = \text{syn}_q\{\mathcal{P}_n\}$을 증명하면, 첫 번째 군 동형 정리 F.31에서 원하는 증명은 끝난다.

$\mathbb{F}_2^{n-k} = \text{syn}_q\{\mathcal{P}_n\}$을 보이기 위해 $\mathbf{a} \in \mathbb{F}_2^{n-k}$를 고려한다. 적절한 $m \in \{1,\dots, n-k\}$에 대해 $a_m = 1$을 가정한다. 명제 F.72에서 적절한 $h_m \in \mathcal{P}_n$이 존재해 모든 $j \in \{1,\dots,n-k\}$에 대해 다음을 만족한다.

$$g_j h_m = (-1)^{\delta_{jm}} h_m g_j = \begin{cases} (-1)^{a_m} h_m g_j & \text{if } m = j \\ h_m g_j & \text{if } m \neq j \end{cases} \qquad (7.128)$$

$a_m = 1$인 각각의 $m \in \{1,\dots,n-k\}$에 대해, h_m을 (7.128)을 만족하는 것들 중의 하나로 둔다. $a_m = 0$인 $m \in \{1,\dots,n-k\}$에 대해서는 $h_m = \mathbf{1}^{\otimes n}$으로 둔다. 그러면 다음을 얻는다.

$$h = h_1^{a_1} \cdots h_{n-k}^{a_{n-k}} \qquad (7.129)$$

그리고

$$g_j h \underbrace{=}_{(7.129)} g_j h_1^{a_1} \cdots h_{n-k}^{a_{n-k}} \underbrace{=}_{(7.128)} h_1^{a_1} \cdots h_{j-1}^{a_{j-1}} g_j h_j^{a_j} \cdots h_{n-k}^{a_{n-k}}$$

$$\underbrace{=}_{(7.128)} h_1^{a_1} \cdots h_{j-1}^{a_{j-1}} (-1)^{a_j} h_j^{a_j} g_j h_{j+1}^{a_{j+1}} \cdots h_{n-k}^{a_{n-k}} \underbrace{=}_{(7.128)} (-1)^{a_j} h_1^{a_1} \cdots h_{n-k}^{a_{n-k}} g_j$$

$$\underbrace{=}_{(7.129)} (-1)^{a_j} h g_j$$

결국 (7.122)에서 $l_j(h) = a_j$이며, (7.121)에서 $\text{syn}_q(h) = \mathbf{a}$이다. 그러므로 $\text{syn}_q\{\mathbb{F}_2^n\} = \mathbb{F}_2^{n-k}$이며 증명은 끝난다. ∎

정의 7.9의 syn_c의 고전 경우와 마찬가지로, 양자 코드에서 오류를 탐지하고 정정하기 위해 양자 신드롬 syn_q를 사용하고자 한다. 이를 설명하기 위해 안정자 S를 가지는 안정자 QECC $[\![n,k]\!]_q$를 고려한다. $\hat{\mathcal{E}} \in \mathcal{P}_n$는 오류 연산자다. 코드 단어 $|\Psi\rangle \in \mathbb{H}^{\mathbb{C}q} = \P\mathbb{H}^{n-k}$가 수신될 때 또는 탐색될 때 다음과 같이 손상된다.

$$|\widetilde{\Psi}\rangle = \hat{\mathcal{E}}|\Psi\rangle \qquad (7.130)$$

그러면 신드롬을 결정하는 임의의 생성자 $g_j \in \mathcal{S}$는 다음을 만족한다.

$$g_j|\widetilde{\Psi}\rangle \underbrace{=}_{(7.130)} g_j\hat{\mathcal{E}}|\Psi\rangle \underbrace{=}_{(7.122)} (-1)^{l_j(\hat{\mathcal{E}})}\hat{\mathcal{E}}g_j|\Psi\rangle \underbrace{=}_{g_j \in \mathcal{S}} (-1)^{l_j(\hat{\mathcal{E}})}\hat{\mathcal{E}}|\Psi\rangle \underbrace{=}_{(7.130)} (-1)^{l_j(\hat{\mathcal{E}})}|\widetilde{\Psi}\rangle$$

즉, 손상된 코드 단어 $|\widetilde{\Psi}\rangle$는 각각의 생성자 g_j의 고유 상태이며 $(-1)^{l_j(\hat{\mathcal{E}})}$를 고윳 값으로 가진다. 그러므로 $j \in \{1,...,n-k\}$일 때, 관측값 $(-1)^{l_j(\hat{\mathcal{E}})}$를 얻기 위해 손상 상태 $|\widetilde{\Psi}\rangle$의 변화 없이 관측 가능량 g_j를 관측할 수 있다. 종합하면, 이 모든 관측 결과가 $\hat{\mathcal{E}}$의 신드롬을 생성한다.

$$\mathrm{syn}_q(\mathcal{E}) = \big(l_1(\hat{\mathcal{E}}),\ldots,l_{n-k}(\hat{\mathcal{E}})\big) \in \mathbb{F}_2^{n-k}$$

그러나 명제 7.40에서 $\mathrm{syn}_q(\hat{\mathcal{E}})$가 오류 $\mathcal{E}$를 유일하게 식별하지 못한다. 이것은 단지 오류 연산자 $\hat{\mathcal{E}}$가 속하는 잉여류 $[\hat{\mathcal{E}}]_{N(\mathcal{S})}$를 결정한다. 이 잉여류 $[\hat{\mathcal{E}}]_{N(\mathcal{S})}$를 식 별하기 위해 $\widehat{\mathrm{syn}}_q$에 의해 결정되는 동형사상을 사용할 수 있다. 큐비트의 가장 적은 숫자를 변화시키는 오류가 가장 발생할 가능성이 높다고 가정한다. 그러므 로 이 잉여류에서 최소 가중치를 가지는 원소 $g \in [\hat{\mathcal{E}}]_{N(\mathcal{S})}$를 선택한다. $g \in [\hat{\mathcal{E}}]_{N(\mathcal{S})}$ 를 선택하면, 적정한 $h \in N(\mathcal{S})$가 존재해 $g = \hat{\mathcal{E}}h$를 만족한다. 게이트로 구현한 g^*을 $|\widetilde{\Psi}\rangle$에 적용해 손상된 코드 단어를 정정한다. 다음과 같이 코드 단어를 얻 는다.

$$g^*|\widetilde{\Psi}\rangle = (\hat{\mathcal{E}}h)^*|\widetilde{\Psi}\rangle \underbrace{=}_{(2.48)} h^*\hat{\mathcal{E}}^*|\widetilde{\Psi}\rangle \underbrace{=}_{(7.130)} h^*\hat{\mathcal{E}}^*\hat{\mathcal{E}}|\Psi\rangle \underbrace{=}_{(F.131)} h^*|\Psi\rangle$$

문제 7.93에서 위의 정정 변환 $|\widetilde{\Psi}\rangle \mapsto g^*|\widetilde{\Psi}\rangle$의 결과인 $h^*|\Psi\rangle$가 $\mathbb{H}^{\mathbf{C}_q}$의 유효한 코 드 단어임을 증명한다.

문제 7.93 $\mathcal{S}$는 코드 $\mathbb{H}^{\mathbf{C}_q}$를 가지는 QECC $\mathbf{C}_q$의 안정자다. $N(\mathcal{S})$는 $\mathcal{S}$의 정규 화다. 모든 $h \in N(\mathcal{S})$와 $|\Psi\rangle \in \mathbb{H}^{\mathbf{C}_q}$는 다음을 만족하는 것을 보여라.

$$h|\Psi\rangle \in \mathbb{H}^{\mathbf{C}_q}$$

$N(\mathcal{S})$는 $\mathcal{P}_n$의 부분군이고 $h \in N(\mathcal{S})$이므로, 또한 $h^* = h^{-1} \in N(\mathcal{S})$이다. 그리고 원래 코드 단어 $|\Psi\rangle$가 $\mathbb{H}^{\mathbf{C}_q}$의 원소이므로, 문제 7.93에서 $h^*|\Psi\rangle \in \mathbb{H}^{\mathbf{C}_q}$는 유효한 코드 단어다. 그러나 일반적으로 $h^*|\Psi\rangle = |\Psi\rangle$와 원래 코드 단어를 완전히 복원

한다는 것을 보장할 수 없다. 운 좋게 안정자에서 $g = \hat{\mathcal{E}}h$를 만족하는 h를 선택한 경우에만 즉, $h \in \mathcal{S} < N(\mathcal{S})$를 만족할 때만 $h^*|\Psi\rangle = |\Psi\rangle$를 얻는다.

다음에서 양자 오류 탐지와 정정 규약을 요약한다.

안정자 QECC에 대한 양자 오류 탐지 및 정정 규약

1. $|\Psi\rangle \in \mathbb{H}^N$은 (손상 가능성이 있는) 코드 단어다.
2. 상태 $|\Psi\rangle$에서 $\mathcal{S} = \langle g_1, \ldots, g_{n-k} \rangle$의 생성자를 관측해 다음을 만족하는 $\tilde{l}_1, \ldots, \tilde{l}_{n-k}$를 결정한다.

$$g_j|\widetilde{\Psi}\rangle = (-1)^{\tilde{l}_j}|\widetilde{\Psi}\rangle$$

   그리고 $\mathrm{syn}_q(\hat{\mathcal{E}}) = (\tilde{l}_1, \ldots, \tilde{l}_{n-k})$로 둔다.
3. $[\hat{\mathcal{E}}]_{N(\mathcal{S})} = \widehat{\mathrm{syn}_q}^{-1}(\mathrm{syn}_q(\hat{\mathcal{E}}))$를 결정한다.
4. 위의 잉여류에서 최소 가중치를 가지는 원소의 집합을 결정한다.

$$R_q^{\min}\left[\hat{\mathcal{E}}\right]_{N(\mathcal{S})} := \left\{ h \in \left[\hat{\mathcal{E}}\right]_{N(\mathcal{S})} \mid \mathrm{w}_{\mathcal{P}}(h) \leq \mathrm{w}_{\mathcal{P}}(g) \; \forall g \in \left[\hat{\mathcal{E}}\right]_{N(\mathcal{S})} \right\}$$

5. 다음의 무작위 원소를 선택한다.

$$g \in R_q^{\min}\left[\hat{\mathcal{E}}\right]_{N(\mathcal{S})}$$

6. 변환 $|\widetilde{\Psi}\rangle \mapsto g^*|\widetilde{\Psi}\rangle$를 이용해 $g^*|\widetilde{\Psi}\rangle$를 결정해 $|\Psi\rangle$에 대한 원래 코드 단어로 가정한다.

$\mathcal{S} = \langle g_1, \ldots, g_{n-k} \rangle$의 모든 생성자 g_j의 관측이 $\mathrm{syn}_q(\hat{\mathcal{E}}) = 0$를 생성하면, $\widehat{\mathrm{syn}_q}^{-1}$을 이용해 잉여류를 식별하면 $[\hat{\mathcal{E}}]_{N(\mathcal{S})} = N(\mathcal{S})$를 얻는다. $N(\mathcal{S})$는 부분군이므로, $\mathbf{1}^{\otimes n}$을 포함한다. 그러므로 이런 경우에는 다음을 얻는다.

$$R_q^{\min}\left[\hat{\mathcal{E}}\right]_{N(\mathcal{S})} = \left\{ h \in \left[\hat{\mathcal{E}}\right]_{N(\mathcal{S})} \mid \mathrm{w}_{\mathcal{P}}(h) = 0 \right\} \underbrace{=}_{(F.134)} \mathrm{Ctr}(\mathcal{P}_n)$$

그리고 g^*의 작용은 $a \in \{0, \ldots, 3\}$의 i^a를 위상에 곱하는 정도이다. 즉, 신드롬이 영이면, 오류 정정 절차는 상태 $|\widetilde{\Psi}\rangle$를 변화시키지 않는다.

7장의 마지막으로 오류 정정에 관한 명제 7.11의 양자 버전과 명제 7.26의 안정자 버전을 설명한다. 이것은 수정 가능성에 대해 오류 연산자의 가중치와 코드의 거리로 표현한 또 하나의 충분조건이다.

따름정리 7.41 C_q는 $[\![n,k]\!]_q$ 안정자 QECC이고, $\mathcal{E} = \{\mathcal{E}_a\}$는 $\mathbb{H}^{C^q}$에서 연산 요소 $\mathcal{E}_a \in \mathcal{P}_n$을 가지는 오류다. 그러면 다음을 얻는다.

$$\mathrm{w}_\mathcal{P}(\mathcal{E}_a) \leq \left\lfloor \frac{d_\mathcal{P}(C_q) - 1}{2} \right\rfloor \quad \forall \mathcal{E}_a \in \mathcal{E} \;\Rightarrow\; \mathbb{H}^{C^q}\text{에서 } \mathcal{E}\text{는 수정 가능하다.}$$

[증명]

다음이 모든 $\mathcal{E}_a \in \mathcal{E}$에 성립한다고 가정한다.

$$\mathrm{w}_\mathcal{P}(\mathcal{E}_a) \leq \left\lfloor \frac{d_\mathcal{P}(C_q) - 1}{2} \right\rfloor \tag{7.131}$$

$\lfloor x \rfloor \leq x$이므로, 모든 $\mathcal{E}_a, \mathcal{E}_b \in \mathcal{E}$는 다음을 만족한다.

$$\mathrm{w}_\mathcal{P}(\mathcal{E}_a^* \mathcal{E}_b) \underbrace{\leq}_{(\text{F.136})} \mathrm{w}_\mathcal{P}(\mathcal{E}_a^*) + \mathrm{w}_\mathcal{P}(\mathcal{E}_b) \underbrace{\leq}_{(\text{F.135})} \mathrm{w}_\mathcal{P}(\mathcal{E}_a) + \mathrm{w}_\mathcal{P}(\mathcal{E}_b)$$

$$\underbrace{\leq}_{(7.131)} 2\left\lfloor \frac{d_\mathcal{P}(C_q) - 1}{2} \right\rfloor \leq 2\frac{d_\mathcal{P}(C_q) - 1}{2}$$

$$< \quad d_\mathcal{P}(C_q) \underbrace{=}_{\text{Def. 7.24, (7.116)}} \min\left\{ \mathrm{w}_\mathcal{P}(g) \mid g \in M_{\neq} \right\}$$

그러므로 $\mathcal{E}_a^* \mathcal{E}_b \notin M_{\neq}$이며 (7.117)에서 $\mathcal{E}_a^* \mathcal{E}_b \notin N(\mathcal{S}) \setminus \mathcal{S}$를 얻는다. 정리 7.35에서 $\mathcal{E}$는 $\mathbb{H}^{C^q}$에서 수정 가능하다.

7.4 읽을거리

플레스[104]는 고전 오류 정정에 대한 입문서다.

좀 더 수식이 적은 입문서로는 스틴[105]의 리뷰 논문이 좋다. 또는 최근 논문으로 데빗, 먼로, 네모토[98]가 좋으며, 여기에는 많은 참고문헌이 있다.

증명은 없지만, 좀 더 수학적인 서술을 원하는 독자는 고테스만[100]의 리뷰 논문이 좋다. 양자 오류 정정의 주제에 관한 포괄적이고 수학적인 것은 가이탄[106]이다.

리다르와 브룬[101]이 편집한 방대한 양의 책은 최근의 자료까지 포함해 양자 오류 정정과 장애 허용 양자 계산에 대한 광범위한 주제를 다룬다. 또한 이 책은 키타예프[36, 107, 108]가 처음 제안한 위상 양자 코드에 관한 내용도 포함한다.

08

단열 양자 계산

8.1 서론

알고리즘을 개선하기 위해 양자역학 법칙을 어떻게 활용하는가를 조사하면서, 본질적으로 고전 논리 게이트 또는 회로를 양자 버전으로 대체해 어떤 일이 발생하는지 살펴봤다. 이러한 것을 회로 (또는 게이트) 기반 계산 또는 계산 모형이라고 한다. 단열 양자 계산은 계산의 효율을 위해 양자 효과를 활용하는 등가이지만 완전히 다른 방법이다. 회로 기반과 단열 양자 계산 모형은 둘 다 양자역학의 법칙을 이용하지만, 접근 방식은 완전히 다르다.

(정의 5.27의) 회로 기반 모형은 유한한 L개의 게이트 $U_1,\ldots,U_L$을 사용해 회로 $U = U_L U_{L-1} \cdots U_2 U_1$를 만든다. 순수 상태에 대해 이러한 회로 U는 초기 상태 $|\Psi_{\mathrm{ini}}\rangle$를 계산의 결과로서 다음과 같은 원하는 최종 상태로 변환한다.

$$|\Psi_{\mathrm{fin}}\rangle = U|\Psi_{\mathrm{ini}}\rangle = U_L U_{L-1} \cdots U_2 U_1 |\Psi_{\mathrm{ini}}\rangle$$

반면 단열 양자 계산은 시간 의존 해밀터니안 $H(t)$를 이용해 시간 진전 연산자 $U(t_{\mathrm{fin}}, t_{\mathrm{ini}})$를 생성한다. 이것은 초기 상태 $|\Psi_{\mathrm{ini}}\rangle$를 원하는 최종 상태 $|\Psi_{\mathrm{fin}}\rangle$에 최대한 가깝게 변환시킨다.

$$\big|\big| |\Psi_{\mathrm{fin}}\rangle - U(t_{\mathrm{fin}}, t_{\mathrm{ini}})|\Psi_{\mathrm{ini}}\rangle \big|\big| \ll 1$$

그래서 $|\Psi_{\text{ini}}\rangle$가 시간 진전을 한 후에는 높은 확률로 $|\Psi_{\text{fin}}\rangle$을 찾을 수 있다.

단열 연산의 효율은 $U(t_{\text{fin}}, t_{\text{ini}})|\Psi_{\text{ini}}\rangle$를 최종 상태 $|\Psi_{\text{fin}}\rangle$에 최대한 근접할하게 변환하는 효과적인 시간 진전 연산자를 생성하는 적절한 연산자 $H(t)$를 찾는 것에 의존한다. 그러나 이를 위한 전이 시간 $T = t_{\text{fin}} - t_{\text{ini}}$는 크면 좋지 않다. 결잃음 효과가 심해지기 때문이다. 8장에서 다음의 구성으로 이러한 측면들에 관해 설명한다.

8.2절에서 단열 연산 방법의 기본 가정을 소개하고, 단열 근사의 정확도에 대한 중요한 결과를 유도한다. 이것이 양자 단열 계산의 핵심이다. 여기에서 양자 단열 정리를 이용하는 데 부록 G에서 자세한 증명을 소개한다.

단열 방법의 일반적인 형태를 8.3절에 소개한다. 이것의 응용으로, 8.4절에서 단열 방법을 이용한 탐색 알고리즘을 살펴본다. 여기에서 적절하게 변형된 알고리즘은 6.9절의 그로버 탐색 알고리즘과 같은 정도의 효율을 가지는 것을 증명한다.

단열 방법과 회로 기반 방법이 모두 최종 상태를 생성하므로, 어떤 방식이 더 효율적일까 질문할 수 있다. 8.5절과 8.6절에서 두 가지 방법은 효율 면에서 동등하다는 것을 증명한다. 좀 더 구체적으로 다음 사항들을 증명한다.

1. 8.5절에서 단열 양자 계산은 모든 회로 기반 계산을 효율적으로 근사할 수 있다. 즉, L개의 게이트 $\{U_j \,|\, j \in \{1, \ldots, L\}\}$을 가지는 회로 계산의 최종 상태 $U_L \cdots U_1|\Psi_{\text{ini}}\rangle$를, 확률 $\frac{1-\varepsilon^2}{L+1}$, 전이 시간 $T \in O\left(\frac{1}{\varepsilon}L^6\right)$를 가지는 단열 양자 계산으로 구할 수 있다.

2. 8.6절에서 회로 기반 계산은 모든 단열 양자 계산을 효율적으로 근사할 수 있다. 즉, 단열 시간 진전 $U(T + t_{\text{ini}}, t_{\text{ini}})$를 $J \in O\left(\left(\frac{T}{\delta}\right)^2\right)$일 때, J개의 게이트를 사용해 최대 오차 δ의 범위에서 근사할 수 있다.

8장에서는 부록 G의 개념과 결과를 자주 인용하므로 참조하는 것이 좋다.

8.2 시작점과 가정

양자 단열 정리는 1928년에 보른과 포크[109]가 처음으로 형식화한 후 다양한 모습으로 변형됐다. 이 책에서는 가토[110]에 의해 처음 개발된 접근 방식을 따르고 있으며, 이는 여러 번 수정돼 잔센 외[111]에 의해 양자 계산에 도입됐다.

이러한 모든 형식화는 다음의 상황을 고려한다. 다음과 같은 양자 시스템이 주어진다.

- 특정 초기 시점 t_{ini}에 초기 해밀터니안 H_{ini}
- 특정 최종 시점 t_{fin}에 최종 해밀터니안 H_{fin}
- 시간 의존 해밀터니안

$$H : [t_{ini}, t_{fin}] \longrightarrow B_{sa}(\mathbb{H})$$
$$t \longmapsto H(t)$$

여기에서 다음을 만족한다.

$$H(t_{ini}) = H_{ini} \quad \text{그리고} \quad H(t_{fin}) = H_{fin} \tag{8.1}$$

그리고 t_{ini}에서 t_{fin}의 시간 진전은 $H(t)$에 의해 생성된다. 즉, 주어진 시스템의 시간 진전 연산자 $U(t, t_{ini})$는 다음의 초기치 문제의 해로 주어진다.

$$i\frac{d}{dt}U(t, t_{ini}) = H(t)U(t, t_{ini})$$
$$U(t_{ini}, t_{ini}) = 1 \tag{8.2}$$

임의의 초기 상태 $|\Psi(t_{ini})\rangle$는 향후 시간 $t \geq t_{ini}$의 상태 $U(t, t_{ini})|\Psi(t_{ini})\rangle$로 진전한다.

시스템이 초기 해밀터니안 H_{ini}의 j번째 고유 상태 $|\Phi_j(t_{ini})\rangle$로 처음에 준비됐다. 그리고 t_{fin}까지 $H(t)$가 생성하는 시간 진전 연산자에 따라서 진전한다. 양자 단열 정리의 질문은 다음과 같다. 시간 진전 상태 $U(t_{fin}, t_{ini})|\Phi_j(t_{ini})\rangle$와 최종 해밀터니안 H_{fin}의 j번째 고유 상태 $|\Phi_j(t_{ini})\rangle$는 얼마나 일치할까? 그림 8.1에서 이러한 구조와 $j = 0$에 대한 질문을 그림으로 나타낸다.

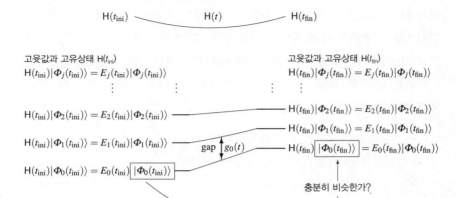

그림 8.1 양자 단열 정리가 제기하는 문제의 도식화. 여기에서는 바닥 상태의 경우를 고려한다. 왼쪽 그림은 고윳값을 설명한다. 즉, 초기 해밀터니안 $H(t_{ini})$의 '에너지 준위(energy level)'이다. 오른쪽은 최종 해밀터니안 $H(t_{fin})$의 에너지 준위이다. $|\Phi_0(t_{ini})\rangle$에서 나오는 곡선은 현재 상태에 대한 $H(t)$가 생성하는 시간 진전 연산자 $U(t_{fin}, t_{ini})$를 표현한다. 결국 $H(t_{fin})$의 바닥 상태와 일치할 필요가 없음을 보인다.

양자 단열 정리는 특정 조건에서 위의 두 상태를 매우 가깝게 만들 수 있다는 것을 알려준다. 하나의 조건은 시스템이 시간 진전 동안에 고윳값의 교차가 일어나지 않는다는 것이고, 다른 것은 H_{ini}에서 H_{fin}의 전이가 매우 느려야 한다는 것이다.

정리의 서술을 좀 더 정확하게 해 양자 계산과의 관계를 설명하기 전에 추가적인 개념을 소개한다. 양자 단열 정리의 형식화를 위해서는 시간-재조정^{time-rescaled} 객체를 정의하는 것이 유용하다.

정의 8.1 t_{ini}에서 $t_{fin} \geq t_{ini}$ 사이에 경과한 시간을 다음으로 표기한다.

$$T := t_{fin} - t_{ini} \tag{8.3}$$

그리고 재조정된 해밀터니안을 다음으로 정의한다.

$$\begin{aligned} H_T : [0,1] &\longrightarrow B_{sa}(\mathbb{H}) \\ s &\longmapsto H_T(s) := H(t_{ini} + sT) \end{aligned} \tag{8.4}$$

비슷하게 시간-재조정된 진전 연산자를 도입한다.

$$
\begin{aligned}
U_T : [0,1] &\longrightarrow \mathrm{B}(\mathbb{H}) \\
s &\longmapsto U_T(s) := U(t_{\mathrm{ini}} + sT, t_{\mathrm{ini}})
\end{aligned}
\tag{8.5}
$$

정의의 결과에서 다음을 얻는다.

$$
\mathrm{H}_T\left(\frac{t - t_{\mathrm{ini}}}{T}\right) \underset{(8.4)}{=} \mathrm{H}(t)
$$

$$
\mathrm{H}_T(0) \underset{(8.4)}{=} \mathrm{H}(t_{\mathrm{ini}}) \underset{(8.1)}{=} \mathrm{H}_{\mathrm{ini}}
$$

$$
\mathrm{H}_T(1) \underset{(8.4)}{=} \mathrm{H}(t_{\mathrm{fin}}) \underset{(8.1)}{=} \mathrm{H}_{\mathrm{fin}}
$$

보조정리 8.2   시간-재조정된 진전 연산자 $U_T(\cdot)$는 다음을 만족한다.

$$
\begin{aligned}
\mathrm{i}\frac{d}{ds}U_T(s) &= T\mathrm{H}_T(s)U_T(s) \\
U_T(0) &= \mathbf{1} \\
U_T(1) &= U(t_{\mathit{fin}}, t_{\mathit{ini}})
\end{aligned}
\tag{8.6}
$$

[증명]

다음이 만족한다.

$$
\begin{aligned}
\mathrm{i}\frac{d}{ds}U_T(s) \quad &\underset{(8.5)}{=} \quad \mathrm{i}\frac{d}{ds}U(t_{\mathrm{ini}} + sT, t_{\mathrm{ini}}) \\[2mm]
&= \quad \mathrm{i}T\frac{d}{dt}U(t, t_{\mathrm{ini}})\Big|_{t=t_{\mathrm{ini}}+sT} \\[2mm]
&\underset{(8.2)}{=} \quad T\left[\mathrm{H}(t)U(t, t_{\mathrm{ini}})\right]\big|_{t=t_{\mathrm{ini}}+sT} \\[2mm]
&= \quad T\mathrm{H}(t_{\mathrm{ini}} + sT)U(t_{\mathrm{ini}} + sT, t_{\mathrm{ini}}) \\[2mm]
&\underset{(8.4),(8.5)}{=} \quad T\mathrm{H}_T(s)U_T(s)
\end{aligned}
$$

이것은 (8.6)을 증명한다.

$$U_T(0) \underbrace{=}_{(8.5)} U(t_{\text{ini}}, t_{\text{ini}}) \underbrace{=}_{(8.2)} \mathbf{1}$$

그리고

$$U_T(1) \underbrace{=}_{(8.5)} U(t_{\text{ini}} + T, t_{\text{ini}}) \underbrace{=}_{(8.3)} U(t_{\text{fin}}, t_{\text{ini}})$$

$H_T(s)$의 j번째 고윳값을 $E_j(s)$로 표기한다. 아래첨자 j는 아래첨자 집합 $I \subset \mathbb{N}_0$에 속한다. 각각의 고윳값 $E_j(s)$는 유한한 d_j겹 퇴화됐다. 이에 대응하는 정규 직교 고유벡터를 $|\Phi_{j,\alpha}(s)\rangle$로 표기한다. 여기에서 $j \in I$이고 $\alpha \in \{1,\ldots,d_j\}$이다. $j, k \in I$, $\alpha \in \{1,\ldots,d_j\}$, $\beta \in \{1,\ldots,d_k\}$에 대해 다음이 만족된다.

$$\langle \Phi_{j,\alpha}(s)|\Phi_{k,\beta}(s)\rangle = \delta_{j,k}\delta_{\alpha,\beta}$$

그리고

$$H_T(s)|\Phi_{j,\alpha}(s)\rangle = E_j(s)|\Phi_{j,\alpha}(s)\rangle \tag{8.7}$$

고윳값 $E_j(s)$를 **순간**instantaneous 고윳값, 고유벡터 $|\Phi_{j,\alpha}(s)\rangle$를 순간 고유벡터라고 종종 언급한다. 일반적으로 j번째 순간 고유벡터 $|\Phi_{j,\alpha}(s)\rangle$는 초기 상태 $|\Phi_{j,\alpha}(0)\rangle$에서 시간 진전을 통해서 도달하는 상태와 일치하지 않는다. 즉, 일반적으로 다음의 관계를 가진다.

$$|\Phi_{j,\alpha}(s)\rangle \neq U_T(s)|\Phi_{j,\alpha}(0)\rangle = U(t_{\text{ini}} + sT, t_{\text{ini}})|\Phi_{j,\alpha}(0)\rangle$$

단열 방법의 목적은 적어도 특정한 j에 대해서라도 이러한 차이를 최소화하도록 H_T를 설계하는 것이다. 실제로 양자 단열 정리가 증명하는 것은 이러한 차이의 한계다.

t가 시간의 물리 차원을 갖는 반면, 진전 매개변수 s는 $[0, 1]$ 사이의 순수 숫자이어서 무차원 수다. $t \in [t_{\text{ini}}, t_{\text{fin}}]$에 대한 $H(t)$와 $U(t, t_{\text{ini}})$ 대신에 $s \in [0, 1]$에 대한 $H_T(s)$와 $U_T(s)$를 사용하는 것은 오로지 편리하기 때문이다. $s = \frac{t - t_{\text{ini}}}{T}$를 대입해 $H_T(s)$, $U_T(s)$에서 $H(t)$, $U(t, t_{\text{ini}})$를 얻을 수 있고, $t = t_{\text{ini}} + sT$를 대입하면 반대를 얻을 수 있다. 예로서, $E_j\left(\frac{t - t_{\text{ini}}}{T}\right)$가 $H(t)$의 순간 고윳값이고, $|\Phi_{j,\alpha}\left(\frac{t - t_{\text{ini}}}{T}\right)\rangle$

가 각각의 고유벡터이면, (8.4)에서 다음을 얻는다.

$$H(t) = H_T \left(\frac{t - t_{\text{ini}}}{T} \right)$$

그리고

$$H(t)|\Phi_{j,\alpha}\left(\frac{t - t_{\text{ini}}}{T} \right)\rangle = H_T \left(\frac{t - t_{\text{ini}}}{T} \right) |\Phi_{j,\alpha}\left(\frac{t - t_{\text{ini}}}{T} \right)\rangle$$
$$\underbrace{=}_{(8.7)} E_j \left(\frac{t - t_{\text{ini}}}{T} \right) |\Phi_{j,\alpha}\left(\frac{t - t_{\text{ini}}}{T} \right)\rangle$$

편의상 이 책의 대부분에서는 s를 이용한 공식을 사용한다. s에 의존하는 임의의 객체 $A(s)$에 대해 다음의 줄임 표기를 사용한다.

$$\dot{A} = \dot{A}(s) := \frac{d}{ds}A(s)$$

문제 8.94 다음이 s에 대해 미분 가능이라고 가정한다.

$$A : [0, 1] \longrightarrow \mathbf{B}(\mathbb{H})$$
$$s \longmapsto A(s)$$

다음을 증명하라.

$$\left(\dot{A}(s) \right)^* = \left(\frac{d}{ds}A(s) \right)^* = \frac{d}{ds}\left(A(s)^* \right) = \left(A(s)^* \right)^{\cdot}$$

그리고 특별히 $A(s)^* = A(s)$이면 다음이 만족하는 것을 보여라.

$$\dot{A}(s)^* = \dot{A}(s)$$

8장에서는 $s = 0$에서 $s = 1$까지의 (또는 같은 의미로 $t = t_{\text{ini}}$에서 $t = t_{\text{fin}}$까지의) 순간 고윳값 $E_j(s)$는 교차하지 않는다고 가정한다. 종합해서 단열 가정이라고 하는 다음의 가정을 한다.

단열 가정(AA)

$$H_T : [0, 1] \longrightarrow B_{sa}(\mathbb{H})$$
$$s \longmapsto H_T(s)$$

위의 연산자가 다음을 만족한다고 가정한다.

(i) $H_T(s)$는 모든 $s \in]0, 1[$에 대해 적어도 두 번 미분 가능하다.

(ii) $H_T(s)$는 모든 $s \in [0, 1]$에 대해 이산스펙트럼 $\{E_j(s)\,|\,j \in I \subset \mathbb{N}_0\}$만을 가진다. 고윳값은 $d_j(s)$겹 퇴화할 수 있다. 그러나 퇴화도 $d_j(s)$는 $s \in]0, 1[$에 대해 상수이다.

(iii) $H_T(s)$의 고윳값 $E_j(s)$는 교차하지 않는다. 즉, 모든 $s \in]0, 1[$에 대해 다음이 만족한다.

$$E_0(s) < E_1(s) < \cdots < E_j(s) < E_{j+1}(s) < \cdots$$

단열 가정[AA]의 몇몇 경우 (특히 (iii)번)는 힐베르트 공간 $\mathbb{H}$ 전체에서 정의된 $H_T(s)$의 경우에는 만족하지 않는다. 그러나 적절한 부분공간 $\mathbb{H}_{sub} \subset \mathbb{H}$에서는 만족할 수 있다. 이러한 부분공간이 H_T에 대해 좌불변left invariant이면, 즉 모든 $s \in [0, 1]$에 대해 $H_T(s)\{\mathbb{H}_{sub}\} \subset \mathbb{H}_{sub}$을 만족하면, 양자 단열 정리가 제한 $H_T|_{\mathbb{H}_{sub}} : \mathbb{H}_{sub} \to \mathbb{H}_{sub}$에 대해 만족한다.

문제 8.95 $|\Phi\rangle, |\Psi\rangle \in \mathbb{H}$는 $\|\Phi\| = 1 = \|\Psi\|$를 만족하면 ε은 다음과 같다.

$$||\,|\Phi\rangle - |\Psi\rangle\,|| \leq \varepsilon \tag{8.8}$$

다음을 보여라.

$$|\langle \Phi | \Psi \rangle|^2 \geq 1 - \varepsilon^2$$

양자 단열 정리 G.15를 이용하면, H_{ini}의 고유 상태에 대응하도록 초기에 준비를 했을 때, H_{fin}의 고유 상태에 놓인 시스템을 찾을 확률에 대해 언급할 수 있다.

따름정리 8.3 H_T는 정의 8.1에서 정의된 것이고 단열 가정^{AA}를 만족한다. 그리고 $\varepsilon_j := \frac{C_j(1)}{T}$라 두고, $C_j(s)$는 (G.45)에서 정의된 것이다. 시스템이 초기에 고윳값 $E_j(0)$인 H_{ini} 고유 상태 $|\Xi\rangle$로 준비됐고, $s \in [0, 1]$에 대해 $H_T(s)$가 생성하는 시간 진전을 했다.

그러면 고윳값 $E_j(1)$인 H_{fin}의 고유 상태에 시간 t_{fin}에서 시스템을 발견할 수 있는 확률은 $\|P_j(1)U_T(1)\Xi_j\|^2$이며 다음을 만족한다.

$$\left\|P_j(1)U_T(1)\Xi_j\right\|^2 \geq 1 - \varepsilon_j^2 \tag{8.9}$$

즉, 다음을 얻는다.

$$\mathbf{P}\left\{\begin{array}{l} \text{시간 } t_{ini}\text{에서 고윳값 } E_j(0)\text{에 대한 } H_{ini}\text{의} \\ \text{고유상태 } |\Xi_j\rangle\text{에 시스템이 있는 경우에,} \\ \text{시간 } t_{fin}\text{에서 고윳값 } E_j(1)\text{에 대응하는} \\ H_{fin}\text{의 고유상태를 관찰} \end{array}\right\} = \left\|P_j(1)U_T(1)\Xi_j\right\|^2 \geq 1 - \varepsilon_j^2$$

[증명]

$H_T(1) = H_{fin}$이므로, $P_j(1)$은 고윳값 $E_j(1)$을 가지는 H_{fin}의 고유공간으로의 사영 연자자이다. 그리고 보조정리 8.2에서 다음을 얻는다.

$$U_T(1) = U(t_{fin}, t_{ini})$$

여기에서 $U(t, t_{ini})$는 $H(t)$가 생성하는 시간 진전이다. 초기 상태 $|\Xi_j\rangle$에서 시작해, 시스템은 시간 t_{fin}에 상태 $U(t_{fin}, t_{ini})|\Xi_j\rangle = U_T(1)|\Xi_j\rangle$로 진전한다.

$\|P_j(1)U_T(1)\Xi_j\|^2$는 시스템이 상태 $U_T(1)|\Xi_j\rangle$로 진전할 때, 고윳값 $E_j(1)$을 가지는 H_{fin}의 고유 상태를 관측할 확률이 된다는 것은 공준 2의 내용이다. 이제 (8.9)를 증명하는 것만 남았다.

이를 위해 다음을 정의한다.

$$\begin{aligned} |\Phi(s)\rangle &= U_{A,j}(s)P_j(0)|\Xi_j\rangle = U_{A,j}(s)|\Xi_j\rangle \\ |\Psi(s)\rangle &= U_T(s)P_j(0)|\Xi_j\rangle = U_T(s)|\Xi_j\rangle \end{aligned} \tag{8.10}$$

여기에서 $U_{A,j}(s)$는 정의 G.9의 단열 내부 등가 사상^{intertwiner}이다. 그래서 다음을 얻는다.

$$\| |\Phi(s)\rangle - |\Psi(s)\rangle \| = \| (U_{A,j}(s) - U_T(s))P_j(0)\Xi_j \|$$

$$\underset{(2.51)}{\leq} \| (U_{A,j}(s) - U_T(s))P_j(0) \| \underbrace{\| \Xi_j \|}_{=1}$$

$$\underset{(G.44)}{\leq} \frac{C_j(s)}{T} = \varepsilon_j(s)$$

문제 8.95의 결과에서 다음을 얻는다.

$$|\langle \Phi(s) | \Psi(s) \rangle|^2 \geq 1 - \varepsilon_j(s)^2 \tag{8.11}$$

이를 이용해 다음과 같이 (8.9)를 증명한다. 임의의 $s \in [0,1]$에 대해 다음을 얻는다.

$$\| P_j(s)U_T(s)\Xi_j \|^2 \underset{(2.37)}{=} \| U_{A,j}(s)^* P_j(s)U_T(s)\Xi_j \|^2$$

$$\underset{(G.23)}{=} \| P_j(0)U_{A,j}(s)^* U_T(s)\Xi_j \|^2 \tag{8.12}$$

$|\Xi_j\rangle$를 고윳값 $E_j(0)$을 가지는 $\mathsf{H}_{\mathrm{ini}} = \mathsf{H}_T(0)$의 고유 상태로 가정했기에 $|\Xi_j\rangle$를 기저 벡터로 가지는 고유공간의 ONB를 구성할 수 있다. 즉, $|\widetilde{\Phi_{j,1}}(0)\rangle = |\Xi_j\rangle$르 만족하는, $\mathrm{Eig}\big(\mathsf{H}_T(0), E_j(0)\big)$의 ONB $\{|\widetilde{\Phi_{j,\alpha}}(0)\rangle \mid \alpha \in \{1,\ldots,d_j\}\}$를 구성한다. 이로부터 고유공간 $\mathrm{Eig}\big(\mathsf{H}_T(0), E_j(0)\big)$로의 사영 연산자 $P_j(0)$를 다음의 형태로 표기할 수 있다.

$$P_j(0) = \sum_{\alpha=1}^{d_j} |\widetilde{\Phi_{j,\alpha}}(0)\rangle\langle \widetilde{\Phi_{j,\alpha}}(0)| = |\Xi_j\rangle\langle\Xi_j| + \sum_{\alpha=2}^{d_j} |\widetilde{\Phi_{j,\alpha}}(0)\rangle\langle \widetilde{\Phi_{j,\alpha}}(0)|$$

그리고 $\{|\widetilde{\Phi_{j,\alpha}}(0)\rangle \mid \alpha \in \{1,\ldots,d_j\}\}$는 상호 직교하므로 모든 $|\Omega\rangle \in \mathbb{H}$에 대해 다음을 얻는다.

$$\| P_j(0)\Omega \|^2 \underset{(2.15)}{=} \sum_{\alpha=1}^{d_j} \left| \langle \widetilde{\Phi_{j,\alpha}}(0)|\Omega\rangle \right|^2 \geq |\langle\Xi_j|\Omega\rangle|^2 \tag{8.13}$$

$|\Omega\rangle = U_{A,j}(s)^* U_T(s)|\Xi_j\rangle$라 두면 (8.12)에서 다음이 만족한다.

$$\left|\left|P_j(s)U_T(s)\Xi_j\right|\right|^2 \underbrace{\geq}_{(8.13)} \left|\langle\Xi_j|U_{A,j}(s)^*U_T(s)\Xi_j\rangle\right|^2$$

$$\underbrace{=}_{(2.30)} \left|\langle U_{A,j}(s)\Xi_j|U_T(s)\Xi_j\rangle\right|^2$$

$$\underbrace{=}_{(8.10)} \left|\langle\Phi(s)|\Psi(s)\rangle\right|^2$$

$$\underbrace{\geq}_{(8.11)} 1 - \varepsilon_j(s)^2$$

$s = 1$이라 두면 (8.9)를 얻는다. ▪

정리 G.15에서 시스템의 전이의 마지막에서 $H_{fin} = H_T(1)$의 고유 상태를 찾을 최소 성공 확률을 달성하기 위해 필요한 전이 시간 T에 대한 하한을 계산할 수 있다. 즉, 시스템이 초기에 H_{ini}에 고유 상태로 준비돼 마지막에서 H_{fin}의 고유 상태에 놓인 시스템을 발견하기 위해, $H_{ini} = H_T(0)$에서 $H_{fin} = H_T(1)$로 얼마나 천천히 변화해야 하는지에 대해 정리 G.15에서 알 수 있다. 다음의 따름정리에서 좀 더 섬세하게 서술한다.

따름정리 8.4 H_T는 정의 8.1에서 정의됐고, 단열 가정[AA]를 만족한다. $C_j(s)$는 (G.45)에서 정의된 것이다. 시스템은 초기에 고웃값 $E_j(0)$를 가지는 H_{ini}의 고유 상태 $|\Xi_j\rangle$로 준비됐고 $s \in [0, 1]$에 대해 $H_T(s)$가 생성하는 시간 진전을 한다.

H_{ini}에서 H_{fin}로의 전이가 일어나는 시간 T가 $p_{min} \in [0, 1[$에 대해 다음을 만족하면,

$$T \geq \frac{C_j(1)}{\sqrt{1 - p_{min}}} \tag{8.14}$$

시간 t_{fin}일 때, 고웃값 $E_j(1)$을 가지는 H_{fin}의 고유 상태에서 시스템을 발견할 확률은 p_{min}을 하한로 가진다.

$$\mathbf{P}\begin{Bmatrix} \text{시간 } t_{ini}\text{에서 고윳값 } E_j(0)\text{에 대한 } \mathsf{H}_{ini}\text{의} \\ \text{고유상태 } |\Xi_j\rangle\text{에 시스템이 있는 경우에,} \\ \text{시간 } t_{fin}\text{에서 고유값 } E_j(1)\text{에 대응하는} \\ \mathsf{H}_{fin}\text{의 고유상태를 관찰} \end{Bmatrix} \geq p_{min}$$

[증명]

고려하고 있는 성공 확률이 $\|P_j(1)U_T(1)\Xi_j\|^2$이며 다음을 만족하기에

$$\left\|P_j(1)U_T(1)\Xi_j\right\|^2 \underset{(8.9)}{\geq} 1 - \left(\frac{C_j(1)}{T}\right)^2 \underset{(8.14)}{\geq} p_{min}$$

따름정리 8.3로부터 증명이 끝난다.

(G.45)에서 $C_j(1)$은 다음으로 주어진다.

$$C_j(1) = \frac{\left\|\dot{\mathsf{H}}_T(1)\right\|}{g_j(1)^2} + \frac{\left\|\dot{\mathsf{H}}_T(0)\right\|}{g_j(0)^2} + \int_0^1 \left(\frac{\left\|\ddot{\mathsf{H}}_T(u)\right\|}{g_j(u)^2} + 10\frac{\left\|\dot{\mathsf{H}}_T(u)\right\|^2}{g_j(u)^3}\right) du$$

$$(8.15)$$

문헌[33, 112, 113]에서 언급한 단열 정리에서는 $C_j(1)$의 표현이 다음의 표기를 도입해 더 간단하게 서술됐다.

$$g_{j,min} := \min_{s \in [0,1]} \{g_j(s)\} \tag{8.16}$$

그리고 $C_j(1)$의 상한를 얻기 위해 다음 또한 도입했다.

$$\left\|\dot{\mathsf{H}}\right\|_{max} := \max_{s \in [0,1]} \left\{\left\|\dot{\mathsf{H}}_T(s)\right\|\right\}$$

향후에 설명하는 8.4절의 단열 양자 탐색에서 이러한 것은 너무 일반적이어서, 대신에 $\|\dot{\mathsf{H}}_T(s)\|$, $\|\ddot{\mathsf{H}}_T(s)\|$, $g_j(s)$에 대한 구체적인 표현을 사용해 $C_j(1)$의 상한를 개선할 것이다.

8.3 일반 단열 알고리즘

양자 계산을 이용해 문제를 해결하려고 할 때 앞에서 설명한 결과들이 어떤 도움이 될까? 이를 살펴보기 위해, 힐베르트 공간 $\mathbb{H}$에서 $|\Psi_x\rangle$의 상태로 해가 주어지는 문제를 풀 때 단열 시간 진전에 기반을 둔 알고리즘을 어떻게 사용하는지를 먼저 설명한다. 예로서, $n \in \mathbb{N}$일 때 $x < 2^n$인 자연수가 문제의 해라고 가정한다. 그러면 이에 대응하는 기저 상태 $|x\rangle \in \mathbb{H} = {}^{\P}\mathbb{H}^{\otimes n}$를 찾는 해찾기-알고리즘을 고안해야 한다.

이러한 문제에 대해 다음과 같이 **일반 단열 알고리즘**을 서술할 수 있다.

일반 단열 알고리즘

- **입력:** 특정한 힐베르트 공간 $\mathbb{H}$의 상태 $|\Psi_s\rangle$의 지식으로 해를 얻을 수 있는 문제
- **1단계:** 해 상태 $|\Psi_s\rangle$가 H_{fin}의 적절한 고윳값 $E_{\text{fin},j}$의 고유 상태인 해밀터니안 H_{fin}을 찾는다. 즉, $|\Psi_s\rangle \in \text{Eig}(\mathsf{H}_{\text{fin}}, E_{\text{fin},j})$. 일반적으로 해가 H_{fin}의 바닥 상태가 되도록 $E_{\text{fin},j} = E_{\text{fin},0}$가 최소 고윳값으로 선택한다.
- **2단계:** 1단계에서 알려진 같은 j에 대해, 쉽게 준비할 수 있는 고유 상태 $|\Phi_{\text{ini},j}\rangle$를 가지는 해밀터니안 H_{ini}를 찾는다.
- **3단계:** 다음을 만족하는 시간 의존성의 해밀터니안 $\mathsf{H}(t)$를 찾는다.

$$\mathsf{H}(t_{\text{ini}}) = \mathsf{H}_{\text{ini}}$$
$$\mathsf{H}(t_{\text{fin}}) = \mathsf{H}_{\text{fin}}$$

  여기에서 $T = t_{\text{fin}} - t_{\text{ini}}$이며, $\mathsf{H}_T(s) = \mathsf{H}(t_{\text{ini}} + sT)$는 단열 가정[AA]를 만족한다.
- **4단계:** t_{ini}시점에 초기 상태 $|\Phi_{\text{ini},j}\rangle$의 양자 시스템을 준비한다.
- **5단계:** t_{ini} 시점에서 t_{fin} 시점까지 T 시간 동안, (8.2)에 따라서 $\mathsf{H}(t)$가 생성하는 시간 진전 연산자 $U(t, t_{\text{ini}})$를 이용해 시스템을 진전시킨다.
- **6단계:** 다음의 최종 단계를 관측한다.

$$U(t_{\text{fin}}, t_{\text{ini}})|\Phi_{\text{ini},j}\rangle = U_T(1)|\Phi_{\text{ini},j}\rangle$$

따름정리 8.3에서 상태를 $\mathrm{Eig}(H_{\mathrm{fin}}, E_{\mathrm{fin},j})$에서 발견할 확률의 하한은 $1 - \left(\frac{C_j(1)}{T}\right)^2$이다.

- **출력:** 최소 $1 - \left(\frac{C_j(1)}{T}\right)^2$의 확률로 해 상태 $|\Psi_s\rangle \in \mathrm{Eig}(H_{\mathrm{fin}}, E_{\mathrm{fin},j})$를 만족한다.

위의 알고리즘에서 해 상태 $|\Psi_s\rangle$를 발견할 확률을 증가하기 위해서는 T를 증가시키면 된다. 이는 시간 진전을 보다 더 천천히 하는 것이다. 성공 확률이 1에 가깝게 되도록 T를 매우 크게 하면 좋겠다고 생각할 수 있다. 그러나 이러한 생각은 옳지 않다. 임의의 양자 시스템을 환경과 오랫동안 단절시킬 수 없고, 자연 발생하는 결잃음이 T를 증가시키는 한계가 되기 때문이다.

그러나 성공-확률을 증가시키는 다른 방법은 $C_j(1)$을 가능한 작게 만드는 것이다. (8.15)에서 최대 갭 g_j를 가지는 고윳값 E_J를 선택하는 것이 하나의 방법이다. 일반적으로, 이것은 H_{ini}의 최소 고윳값 $E_{\mathrm{ini},0}$이고, 이에 대응하는 고유 상태는 바닥 상태이다.

(8.15)에서, $C_j(1)$을 감소시키는 다른 방법은 $\|\dot{H}_T(s)\|$, $\|\ddot{H}_T(s)\|$의 값이 작은 $H(t)$를 찾는 것이다. 그러나 전이의 속도를 늦추면 결국 T가 증가하게 된다.

정의 8.5 단열 알고리즘에서, $t \mapsto H(t)$는 다음과 같이 표현되는 H_{ini}와 H_{fin}의 볼록 결합이다.

$$H_T(s) = (1 - f(s))H_{\mathrm{ini}} + f(s)H_{\mathrm{fin}} \tag{8.17}$$

여기에서, $f : [0,1] \to [0,1]$은 최소 두 번 미분 가능하며, $\dot{f} > 0$이며 $f(0) = 0$와 $f(1) = 1$을 만족한다. 그러면 함수 f를 단열 알고리즘에서 **단열 스케줄** adiabatic schedule이라고 한다.

$H_T(s)$가 H_{ini}와 H_{fin}의 볼록 결합이면, $\|\dot{H}_T(s)\|$, $\|\ddot{H}_T(s)\|$를 감소시키는 것은 최적 스케줄 $f(s)$를 찾는 것을 의미한다. 8.4절의 정리 8.16에서 갭 $g_j(s)$가 구체적으로 알려져 있는 경우에, 최소 $C_j(1)$를 얻는 스케줄 $f(s)$를 최적화하는 보기를 소개한다. 다음의 따름정리에서 볼록 결합의 경우에서 $C_j(s)$의 일반적인 표현을 제시한다.

따름정리 8.6 $H_T(s)$는 $H_{ini}, H_{fin} \in B_{sa}(\mathbb{H})$의 볼록 결합으로 다음으로 표현된다.

$$H_T(s) = (1 - f(s))H_{ini} + f(s)H_{fin} \tag{8.18}$$

여기에서 $f : [0,1] \to [0,1]$은 단열 스케줄이다. 그러면 정리 G.15에서 정의되고 따름정리 8.3과 8.4에서 사용된, $s \in [0,1]$에 대해 $C_j(s)$는 다음으로 주어진다.

$$C_j(s) = \left\| H_{fin} - H_{ini} \right\| \left[\frac{\dot{f}(s)}{g_j(s)^2} + \frac{\dot{f}(0)}{g_j(0)^2} \right. \tag{8.19}$$
$$\left. + \int_0^s \left(\frac{|\ddot{f}(u)|}{g_j(u)^2} + 10 \left\| H_{fin} - H_{ini} \right\| \frac{(\dot{f}(u))^2}{g_j(u)^3} \right) du \right]$$

그리고 (8.19)의 $\|H_{fin} - H_{ini}\|$를 $\|H_{fin}\| + \|H_{ini}\|$로 치환하면 상한를 얻는다.

[증명]

(8.18)에서 다음을 얻는다.

$$\dot{H}_T(s) = \dot{f}(s)\left(H_{fin} - H_{ini}\right) \quad \text{and} \quad \ddot{H}_T(s) = \ddot{f}(s)\left(H_{fin} - H_{ini}\right)$$

$\dot{f} > 0$을 이용하면 다음이 만족한다.

$$\left\| \dot{H}_T(s) \right\| = \dot{f}(s) \left\| H_{fin} - H_{ini} \right\| \quad \text{and} \quad \left\| \ddot{H}_T(s) \right\| = \left| \ddot{f}(s) \right| \left\| H_{fin} - H_{ini} \right\|$$

위의 미분의 노름 표현식을 (G.45)에 대입하면 (8.19)를 얻는다. 그리고 따름정리 8.6의 마지막 문장은 (2.53)에서 나온다. ▪

$g_j(s)$의 구체적인 형태를 구하는 것은 매우 어렵기 때문에, 더욱 더 구하기 쉬운 (8.16)에서 정의한 최솟값과 같은 하한을 치환하는 것이 좋다.

H_{ini}에서 시작해 H_{fin}으로 끝나는 시간 의존적 해밀터니안 $H(\cdot)$를 지정하고 (희망하기를) 구현했다고 하더라도, 이러한 경로에 따른 고윳값 $E_j(\cdot)$가 전체 힐베르트 공간 $\mathbb{H}$에서 단열 가정[AA]을 만족하지 않는다. 그래서 단열 정리 G.15의 선제

조건을 만족하지 않는다.

그러나 단열 가정[AA]가 부분공간 $\mathbb{H}_{sub} \subset \mathbb{H}$에서 만족하고, $H(\cdot)$에 대해 이러한 부분공간을 불변이면, 정리 G.15와 따름정리 8.3, 8.4, 8.6을 축약된 상황에 대해 적용할 수 있다. 즉, $\mathbb{H}_{sub}$에 제약된 $H(\cdot)$를 고려하면 된다.

단열 탐색 알고리즘에서 위의 상황을 이용하기에, 다음 따름정리에서 좀 더 세밀하게 서술한다. 여기에서 $H(\cdot)$가 $\mathbb{H}_{sub}$의 벡터를 $\mathbb{H}_{sub}$로 보내면, $H(\cdot)$가 생성하는 시간 진전 연산자도 마찬가지라는 것을 증명한다. 이 보조정리는 8.4절에서 살펴볼 그로버 탐색 알고리즘의 단열 버전을 구성할 때 유용하다.

보조정리 8.7 $H : [t_{ini}, t_{fin}] \to B_{sa}(\mathbb{H})$는 시간 의존적 해밀터니안이고 다음을 만족하는 시간 진전 연산자 U를 생성한다.

$$i\frac{d}{dt}U(t, t_{ini}) = H(t)U(t, t_{ini))$$
$$U(t_{ini}, t_{ini}) = \mathbf{1} \tag{8.20}$$

그리고 $\mathbb{H}_{sub} \subset \mathbb{H}$는 $\mathbb{H}$의 부분공간이고, P_{sub}는 이 공간으로의 사영 연산자다. P_{sub}가 모든 $t \in [t_{ini}, t_{fin}]$에 대해 다음을 만족하면,

$$[H(t), P_{sub}] = 0 \tag{8.21}$$

모든 $t \in [t_{ini}, t_{fin}]$에 대해 다음을 얻는다.

$$U(t, t_{ini})\{\mathbb{H}_{sub}\} \subset \mathbb{H}_{sub}$$

[증명]
다음의 식이 모든 $t \in [t_{ini}, t_{fin}]$에 대해 성립하는 것을 보이면, 증명은 끝이 난다.

$$U(t, t_{ini})^* P_{sub} U(t, t_{ini}) = P_{sub} \tag{8.22}$$

그 이유는 (8.22)에서 $U(t, t_{ini})P_{sub} = P_{sub}U(t, t_{ini})$이며, 그래서 모든 $|\Psi\rangle \in \mathbb{H}_{sub}$가 다음을 만족하기 때문이다.

$$U(t, t_{ini})|\Psi\rangle = U(t, t_{ini})P_{sub}|\Psi\rangle = P_{sub}U(t, t_{ini})|\Psi\rangle \in \mathbb{H}_{sub}$$

(8.20)에서 $t = t_{ini}$ 시점에서 (8.22)는 자명하게 성립한다. 모든 $t \in [t_{ini}, t_{fin}]$에

대해 성립하는 것을 보이기 위해 (8.22)의 좌변이 시간에 대해 상수가 되는 것을 증명한다.

$$
\frac{d}{dt}\big(U(t,t_{\mathrm{ini}})^* P_{\mathrm{sub}} U(t,t_{\mathrm{ini}})\big)
$$

$$
= \quad \frac{dU(t,t_{\mathrm{ini}})^*}{dt} P_{\mathrm{sub}} U(t,t_{\mathrm{ini}}) + U(t,t_{\mathrm{ini}})^* P_{\mathrm{sub}} \frac{dU(t,t_{\mathrm{ini}})}{dt}
$$

$$
\underbrace{=}_{(8.20),(2.73)} \quad \mathrm{i}\big(U(t,t_{\mathrm{ini}})^* \mathsf{H}(t) P_{\mathrm{sub}} U(t,t_{\mathrm{ini}}) - U(t,t_{\mathrm{ini}})^* P_{\mathrm{sub}} \mathsf{H}(t) U(t,t_{\mathrm{ini}})\big)
$$

$$
\underbrace{=}_{(2.46)} \quad \mathrm{i} U(t,t_{\mathrm{ini}})^* \big[\mathsf{H}(t), P_{\mathrm{sub}}\big] U(t,t_{\mathrm{ini}})
$$

$$
\underbrace{=}_{(8.21)} \quad 0
$$

이것으로 (8.22)의 증명이 끝난다. ▧

단열 탐색으로 넘어가기 전에 흔히 사용하는 이차 이진 최적화 문제^{quadratic} ^{vbinary optimization problem}을 단열 방법으로 해결하는 보기를 먼저 설명한다.

정의 8.8 (QUBO) **이차 비구속 이진 최적화**^{Quadratic Unconstrained Binary Optimization,} ^{QUBO} 문제는, 주어진 $n \in \mathbb{N}$, $Q \in \mathrm{Mat}(n \times n, \mathbb{R})$에 대해 다음의 함수의 극값^{extremum}을 구하는 것이다.

$$
B : \quad \{0,1\}^n \longrightarrow \mathbb{R}
$$
$$
(x_0,\ldots,x_{n-1}) \longmapsto \sum_{i,j=0}^{n-1} x_i Q_{ij} x_j
$$

보기 8.9 단열 방법의 보기로서, 주어진 $Q \in \mathrm{Mat}(n \times n, \mathbb{R})$에 대해 다음에서 정의한 QUBO 최솟값 문제를 해결하기 위해

$$
B(x) = B(x_0,\ldots,x_{n-1}) = \sum_{i,j=0}^{n-1} x_i Q_{ij} x_j, \qquad x_i \in \{0,1\} \tag{8.23}
$$

다음의 $\P \mathbb{H}^{\otimes n}$의 해밀터니안을 고려한다.

$$H_T(s) = \big(1 - f(s)\big)H_{\text{ini}} + f(s)H_{\text{fin}}$$

여기에서 $f : [0,1] \to [0,1]$은 정의 8.5에서 주어진 단열 스케줄이다. B의 최솟값을 찾기 위해 초기와 만기 해밀터니안을 다음으로 선택한다.

$$\begin{aligned}
H_{\text{ini}} &= \sum_{j=0}^{n-1} \Sigma_z^j \\
H_{\text{fin}} &= \sum_{j=0}^{n-1} K_j \Sigma_z^j + \sum_{\substack{i,j=0 \\ i \neq j}}^{n-1} J_{ij}\Sigma_z^i \Sigma_z^j + c\mathbf{1}^{\otimes n}
\end{aligned} \tag{8.24}$$

여기에서 $\sum_z^j$는 정의 5.35에서 정의했고 나머지는 다음과 같다.

$$\begin{aligned}
J_{ij} &= \frac{1}{4} Q_{ij} \qquad \text{for } i \neq j \\
K_j &= -\frac{1}{4} \sum_{\substack{i=0 \\ i \neq j}}^{n-1} (Q_{ij} + Q_{ji}) - \frac{1}{2} Q_{jj} \\
c &= \frac{1}{4} \sum_{\substack{i,j=0 \\ i \neq j}}^{n-1} Q_{ji} + \frac{1}{2} \sum_{j=0}^{n-1} Q_{jj}
\end{aligned} \tag{8.25}$$

$\sigma_z|0\rangle = |0\rangle$, $\sigma_z|1\rangle = -|1\rangle$을 고려하면 다음과 같이 표기할 수 있다.

$$\sigma_z|x_j\rangle = (1 - 2x_j)|x_j\rangle \qquad \text{for } x_j \in \{0, 1\}$$

그래서 임의의 계산 기저 벡터 $|x\rangle = |x_{n-1}\ldots x_0\rangle \in {}^{\P}\mathbb{H}^{\otimes n}$은 다음을 만족한다.

$$\Sigma_z^j|x\rangle = (1 - 2x_j)|x\rangle \tag{8.26}$$

문제 8.96 (8.24)에서 주어진 H_{ini}의 고윳값이 다음으로 주어지는 것을 보여라.

$$E_{\text{ini},l} = -n + 2l \qquad \text{for } l \in \{0, \ldots, n\}$$

여기에서 퇴화도는 $d_l = \binom{n}{l}$이며, 최소 고윳값 $E_{\text{ini},0} = -n$은 퇴화하지 않으며 바닥 상태는 다음으로 주어진다.

$$|\Phi_0\rangle = |11\ldots 1\rangle = |2^n - 1\rangle$$

문제 8.96의 결과에서 H_{ini}의 바닥 상태를 준비하는 것은 쉽다. 다음의 문제의 결과에서 $\mathbb{H}^{\otimes n}$의 계산 기저 상태 $\{|x\rangle \mid x \in \mathbb{N}_0,\ x < 2^n\}$는 $B(x)$를 고윳값으로 가지는 H_{fin}의 고유 상태가 된다.

> **문제 8.97**   (8.24), (8.25)에서 주어진 H_{fin}과 (8.23)에서 주어진 B에 대해 계산 기저 상태 $|x\rangle = |x_{n-1}\ldots x_0\rangle \in \mathbb{H}^{\otimes n}$가 다음을 만족하는 것을 보여라.
>
> $$H_{fin}|x\rangle = B(x)|x\rangle \qquad (8.27)$$

$H_T(0) = H_{ini}$의 초기 바닥 상태 $|\Phi_{ini,0}\rangle = |11\ldots1\rangle$에 시스템을 쉽게 준비할 수 있고, $s = 0 \mapsto s = 1$로 시스템을 $H_T(s)$가 생성하는 시간 진전을 한다. 단열 가정[AA]하에서 따름정리 8.4에서 T가 (8.14)를 만족하면, 시스템은 바닥 상태로 끝나게 된다. 즉, 최소 확률 p_{min}으로 $H_T(1) = H_{fin}$의 가장 작은 고윳값을 가지는 고유 상태이다. (8.27)에서, 이것이 $B(x)$의 가장 작은 값이 된다. 그래서 시간-진전된 상태 $U_T(1)|\Phi_0\rangle$을 관측하면 QUBO 최솟값 문제의 해를 최소 확률 p_{min}으로 찾을 수 있다.

8.4 단열 양자 탐색

6.9절의 그로버 알고리즘에서 다루었던 탐색 문제에 단열 방법을 사용하는 법을 소개한다. 이는 단열 방법으로 해들의 집합인 S의 원소 x를 찾는 것이다. [111, 113, 114] 즉, $N = 2^n$일 때 다음의 원소를 찾고자 한다.

$$x \in S \subset \{0, 1, \ldots, N-1\}$$

단열 탐색에서 초기에 시스템을 다음의 상태로 준비를 한다.

$$|\Psi_0\rangle = \frac{1}{\sqrt{N}} \sum_{x=0}^{N-1} |x\rangle \in \mathbb{H}^{\otimes n} =: \mathbb{H}$$

이는 다음의 초기 해밀터니안의 고윳값 0에 대응하는 고유 상태이다.

$$H_{ini} = 1 - |\Psi_0\rangle\langle\Psi_0|$$

$|\Psi_0\rangle$에 수직인 모든 벡터 $|\Psi\rangle \in \mathbb{H}_{|\Psi_0\rangle^{\perp}}$는 다음을 만족한다.

$$H_{ini}|\Psi\rangle = |\Psi\rangle$$

즉, 고윳값 1인 H_{ini}의 고유벡터이다. 고윳값 0의 고유공간은 일차원이고 $|\Psi_0\rangle$로 생성되는 데 반해 고윳값 1에 대응하는 고유공간은 $(N-1)$차원이고 v의 직교 여공간이다.

단열 탐색의 최종 해밀터니안은 다음으로 주어진다.

$$H_{fin} = 1 - P_S$$

여기에서 P_S는 (6.137)에서, 찾고자 하는 객체 $x \in S$의 기저 벡터들 $|x\rangle$에 의해서 생성되는 부분공간으로의 사영 연산자다. 다음을 정의한다.

$$|\Psi_S\rangle = \frac{1}{\sqrt{m}} \sum_{x \in S} |x\rangle$$

이는 모든 해 상태의 균등한 중첩이며 P_S가 사영하는 부분공간에 속한다.

S와 $S^{\perp}$는 정의 6.22에서 정의된 것이다. S는 m개의 원소를 가진다고 가정한다. 다음에 주의한다.

$$H_{fin}|x\rangle = 0 \qquad \forall x \in S$$

그러면 고윳값 0인 H_{fin}의 고유공간은 m겹 퇴화됐다. 반면에 다음을 알 수 있다.

$$H_{fin}|x\rangle = |x\rangle - P_S|x\rangle \underbrace{=}_{(6.137)} |x\rangle \qquad \forall x \in S^{\perp}$$

이는 H_{fin}이 값 1 또한 고윳값으로 가지며, 고윳값 1에 대한 H_{fin}의 고유공간은 $x \in S^{\perp}$인 $N - m$개의 계산 기저 벡터 $|x\rangle$로 생성된다. 그러므로 H_{fin}의 고윳값 1은 $(N-m)$겹 퇴화됐다.

정의 8.10 $N = 2^n - 1$이며 $m \in \mathbb{N}$은 $m < N$을 만족한다. (해라고 알려진) m 개의 객체 $x \in S \subset \{0,\ldots,N-1\}$을 찾는 **단열 탐색 알고리즘**abiabatic search algorithm은 시작 시점 t_{ini}에서 최종 시점 $t_{\text{fin}} = t_{\text{ini}} + T$ 동안에 다음의 시간 종속 해밀터니안으로 생성되는 시간 진전을 하는 시스템으로 구성된다.

$$\mathsf{H}(t) = \mathsf{H}_T\left(\frac{t - t_{\text{ini}}}{T}\right) = \left[1 - f\left(\frac{t - t_{\text{ini}}}{T}\right)\right]\mathsf{H}_{\text{ini}} + f\left(\frac{t - t_{\text{ini}}}{T}\right)\mathsf{H}_{\text{fin}}$$

여기에서, $f : [0,1] \to [0,1]$은 시간 진전의 단열 스케줄이다. 다음을 정의한다.

$$\mathsf{H}_{\text{ini}} := \mathbf{1} - |\Psi_0\rangle\langle\Psi_0| \tag{8.28}$$

그리고 초기 상태를 정의한다.

$$|\Psi_0\rangle = \frac{1}{\sqrt{N}}\sum_{x=0}^{N-1}|x\rangle\langle x| \in \mathbb{H} \tag{8.29}$$

단열 탐색 알고리즘의 최종 해밀터니안을 정의한다.

$$\mathsf{H}_{\text{fin}} := \mathbf{1} - P_S \tag{8.30}$$

$$P_S = \sum_{x \in S}|x\rangle\langle x| \tag{8.31}$$

t_{ini}에서 t_{fin} 사이의 시간 진전이 중요하기 때문에 (8.4)에서 정의한 재조정 해밀터니안을 사용하는 것이 더 편리한다. $s \in [0,1]$에 대해 다음과 같다.

$$\mathsf{H}_T(s) = \mathsf{H}(t_{\text{ini}} + sT) = (1 - f(s))\mathsf{H}_{\text{ini}} + f(s)\mathsf{H}_{\text{fin}} \tag{8.32}$$

문제 8.98 H_{ini}, H_{fin}, $\mathsf{H}_T(s)$는 모두 자기-수반이며 양의 연산자임을 보여라.

정의 8.11 $N = 2^n$의 객체에서 m개의 해를 찾기 위해 스케줄 f를 가지는 단열 탐색 알고리즘의 해밀터니안 $\mathsf{H}_T(s)$의 고윳값과 고유공간은 다음의 특성을 가진다.

(i) $H_T(0)$는 다음을 가진다.

   (a) 고윳값 $E_-(0) = 0$. 이것은 퇴화하지 않았고 $|\Psi_0\rangle$에 의해 생성되는 고유 상태를 가진다.

   (b) 고윳값 $E_+(0) = E_1(0) = E_2(0) = 1$. 이것은 $N-1$겹 퇴화됐다.

(ii) $s \in\ ]0,1[$일 때 $H_T(s)$는 다음을 가진다.

   (a) 두 개의 서로 다른 퇴화되지 않은 고윳값 $E_\pm(s)$

   (b) $(m-1)$겹 퇴화된 고윳값 $E_1(s)$

   (c) $(N-m-1)$겹 퇴화된 고윳값 $E_2(s)$

   그리고 이 고윳값들은 다음의 관계를 만족한다.

$$E_-(s) < E_1(s) < E_+(s) < E_2(s)$$

(iii) $H_T(1)$을 다음을 가진다.

   (a) m겹 퇴화된 고윳값 $E_-(1) = E_1(1) = 0$

   (b) $(N-m)$겹 퇴화된 고윳값 $E_+ = E_2(1) = 1$

(iv) $j \in \{+,\ -,\ 1,\ 2\}$일 때, (i)~(iii)에서 언급한 고윳값 $E_j(\cdot)$

$$E_\pm(s) = \frac{1}{2} \pm \frac{1}{2}\sqrt{\widetilde{m} + 4(1-\widetilde{m})\left(f(s) - \frac{1}{2}\right)^2} \tag{8.33}$$
$$E_1(s) = 1 - f(s)$$
$$E_2(s) = 1$$

여기에서, $\widetilde{m} = \dfrac{m}{N}$이다.

[증명]

우선 $H_T(s)$에 대해 다음을 얻는다.

$$
\begin{aligned}
H_T(s) &\underbrace{=}_{(8.5)} \big(1 - f(s)\big)H_{\text{ini}} + f(s)H_{\text{fin}} \\
&\underbrace{=}_{(8.28),(8.30)} \big(1 - f(s)\big)\big(\mathbf{1} - |\Psi_0\rangle\langle\Psi_0|\big) + f(s)\big(\mathbf{1} - P_S\big) \\
&= \mathbf{1} - \big(1 - f(s)\big)|\Psi_0\rangle\langle\Psi_0| - f(s)P_S
\end{aligned}
\tag{8.34}
$$

앞에서처럼, $\alpha \in \{1, \ldots, d_j\}$에 대해 $|\Phi_{j,\alpha}(s)\rangle$는 고윳값 $E_j(s)$에 대한 $\mathsf{H}_T(s)$의 고유벡터이다.

$$\mathsf{H}_T(s)|\Phi_{j,\alpha}(s)\rangle = E_j(s)|\Phi_{j,\alpha}(s)\rangle \tag{8.35}$$

이 고유벡터는 $\mathbb{H}$에서 (3.2.2의) 계산 기저 $\{|x\rangle \,|\, x \in \{0, \ldots, N-1\}\}$와 성분 $\Phi_{j,\alpha} \in \mathbb{C}$를 이용해 표현할 수 있다.

$$|\Phi_{j,\alpha}(s)\rangle = \sum_{x=0}^{N-1} \Phi_{j,\alpha}(s)_x |x\rangle \tag{8.36}$$

그러므로

$$
\begin{aligned}
\mathsf{H}_T(s)|\Phi_{j,\alpha}(s)\rangle \underbrace{=}_{(8.34)} \ & |\Phi_{j,\alpha}(s)\rangle - (1-f(s))|\Psi_0\rangle\langle\Psi_0|\Phi_{j,\alpha}(s)\rangle \\
& -f(s)P_{\mathrm{S}}|\Phi_{j,\alpha}(s)\rangle \\
\underbrace{=}_{\substack{(8.29),(8.31), \\ (8.36)}} \ & \sum_{x=0}^{N-1}\left(\Phi_{j,\alpha}(s)_x - (1-f(s))\frac{1}{\sqrt{N}}\langle\Psi_0|\Phi_{j,\alpha}(s)\rangle\right)|x\rangle \\
& -f(s)\sum_{x\in\mathrm{S}}\Phi_{j,\alpha}(s)_x|x\rangle
\end{aligned}
$$

그리고 고윳값 방정식 (8.35)에서 다음을 얻는다.

$$\big(1-f(s)-E_j(s)\big)\Phi_{j,\alpha}(s)_x = \frac{1-f(s)}{\sqrt{N}}\langle\Psi_0|\Phi_{j,\alpha}(s)\rangle \quad \forall x \in \mathrm{S} \tag{8.37}$$

$$\big(1-E_j(s)\big)\Phi_{j,\alpha}(s)_x = \frac{1-f(s)}{\sqrt{N}}\langle\Psi_0|\Phi_{j,\alpha}(s)\rangle \quad \forall x \in \mathrm{S}^\perp \tag{8.38}$$

정리에서 나열한 세 가지 경우를 구분해서 증명을 하며, $0 < s < 1$인 경우에는 $\langle\Psi_0|\Phi_{j,\alpha}\rangle = 0$을 먼저 고려하고 $\langle\Psi_0|\Phi_{j,\alpha}\rangle \neq 0$인 경우를 살펴본다.

(i) 먼저 $s = 0$이라 둔다. 이 경우에는 스케줄의 정의 8.5에서 $f(0) = 0$이며, (8.34)에서 다음을 얻는다.

$$\mathsf{H}_T(0) = \mathbf{1} - |\Psi_0\rangle\langle\Psi_0|$$

그래서 다음이 만족한다.

$$
\begin{aligned}
\mathsf{H}_T(0)|\Psi_0\rangle &= 0 \\
\mathsf{H}_T(0)|\Psi\rangle &= |\Psi\rangle \qquad \forall\,|\Psi\rangle \in \mathbb{H}_{|\Psi_0\rangle^\perp}
\end{aligned}
$$

그러므로 $H_T(0)$는 고윳값 0과 1을 가진다. 0에 대응하는 고유공간은 일차원이고 $|\Psi_0\rangle$에 의해 생성된다. 고윳값 1의 고유공간은 $|\Psi_0\rangle$의 직교 여집합 $\mathbb{H}_{|\Psi_0\rangle^\perp}$로 구성된다. 이는 $\mathbb{H}$의 $(N-1)$차원 부분공간이므로 고윳값 1은 $(N-1)$겹 퇴화됐다.

(ii) 다음으로 $s \in]0,1[$의 경우다. $\langle \Psi_0 | \Phi_{j,\alpha}(s) \rangle = 0$이면, (8.37)과 (8.38)에서 다음을 얻는다.

$$\left(1 - f(s) - E_j(s)\right)\Phi_{j,\alpha}(s)_x = 0 \quad \forall x \in S \tag{8.39}$$

$$\left(1 - E_j(s)\right)\Phi_{j,\alpha}(s)_x = 0 \quad \forall x \in S^\perp \tag{8.40}$$

이것은 고윳값으로 두 개의 해를 가진다. 첫 번째 해는 다음이다.

$$E_1(s) = 1 - f(s)$$

$s \in]0,1[$일 때, $f(s) \neq 0$이므로, $1 - E_1(s) \neq 0$이며, (8.40)에서 모든 $x \in S^\perp$는 $\Phi_{1,\alpha}(s)_x = 0$를 만족한다. 그러므로 고윳값 $E_1(s)$의 고유벡터는 다음을 만족한다.

$$|\Phi_{1,\alpha}(s)\rangle = \sum_{x \in S} \Phi_{1,\alpha}(s)_x |x\rangle \tag{8.41}$$

집합 S는 m개의 원소를 가지므로, 부분공간 $\mathrm{Span}\{|x\rangle \mid x \in S\}$는 m차원이다. 그러나 고유벡터 또한 이 경우의 가정 $\langle \Psi_0 | \Phi_{1,\alpha}(s) \rangle = 0$을 만족하므로, (8.29), (8.41)과 함께 다음을 얻는다.

$$\sum_{x \in S} \Phi_{1,\alpha}(s)_x = 0$$

그래서 1차원이 줄어든다. 결국 고윳값 $E_1(s)$가 생성하는 고유공간은 $(m-1)$차원 부분공간 $\mathrm{Span}\{|x\rangle \mid x \in S\} \cap \mathbb{H}_{|\Psi_0\rangle^\perp}$이다.

(8.39)와 (8.40)에서 다른 하나의 고윳값은 다음이다.

$$E_2(s) = 1$$

그러면 (8.39)와 모든 $s \in]0,1[$일 때 $f(s) \neq 0$에서, 모든 $x \in S$에 대해 $\Phi_{2,\alpha}(s)_x = 0$을 얻는다. 그러므로 고윳값 $E_2(s)$에 대응하는 고유벡터는 다음을 만족한다.

$$|\Phi_{2,\alpha}(s)\rangle = \sum_{x \in S^\perp} \Phi_{2,\alpha}(s)_x |x\rangle$$

$S^\perp$는 $N-m$개의 원소를 가지므로, 부분공간 $\mathrm{Span}\{|x\rangle \mid x \in S^\perp\}$는 $(N-m)$ 차원이다. 앞에서와 같이, 고유벡터가 이 경우의 가정, $\langle \Psi_0 | \Phi_{2,\alpha}(s)\rangle = 0$을 만족하기에 1차원이 줄어든다. 결국 고윳값 $E_2(s)$의 고유공간은 $(N-m-1)$차원 부분공간 $\mathrm{Span}\{|x\rangle \mid x \in S\} \cap \mathbb{H}_{|\Psi_0\rangle^\perp}$이다.

다음으로, $\langle \Psi_0 | \Phi_{j,\alpha}(0)\rangle \neq 0$인 경우다. 우선 f가 $[0,1]$의 단사함수이고, $f(1)=1$이므로, 모든 $s \in \,]0,1[$에 대해 $1-f(s) \neq 0$임을 주의한다. 결국 (8.37)과 (8.38)에서 다음을 얻는다.

$$\bigl(1-f(s)-E_j(s)\bigr)\bigl(1-E_j(s)\bigr) \neq 0$$

그리고

$$\Phi_{j,\alpha}(s)_x = \frac{1-f(s)}{\sqrt{N}\bigl(1-f(s)-E_j(s)\bigr)}\langle \Psi_0 | \Phi_{j,\alpha}(s)\rangle \quad \forall x \in S$$

$$\Phi_{j,\alpha}(s)_x = \frac{1-f(s)}{\sqrt{N}\bigl(1-E_j(s)\bigr)}\langle \Psi_0 | \Phi_{j,\alpha}(s)\rangle \quad \forall x \in S^\perp$$

결국

$$\langle \Psi_0 | \Phi_{j,\alpha}(s)\rangle \underset{(8.29),(8.36)}{=} \frac{1}{\sqrt{N}}\sum_{x=0}^{N-1} \Phi_{j,\alpha}(s)_x$$

$$= \frac{\bigl(1-f(s)\bigr)\langle \Psi_0 | \Phi_{j,\alpha}(s)\rangle}{N}\left(\sum_{x \in S}\frac{1}{1-f(s)-E_j(s)} + \sum_{x \in S^\perp}\frac{1}{1-E_j(s)}\right)$$

$$= \frac{\bigl(1-f(s)\bigr)\langle \Psi_0 | \Phi_{j,\alpha}(s)\rangle}{N}\left(\frac{m}{1-f(s)-E_j(s)} + \frac{N-m}{1-E_j(s)}\right)$$

고려하고 있는 경우의 가정이 $\langle \Psi_0 | \Phi_{j,\alpha}(s)\rangle \neq 0$이므로, 다음을 얻는다.

$$1 = \bigl(1-f(s)\bigr)\left(\frac{\widetilde{m}}{1-f(s)-E_j(s)} + \frac{1-\widetilde{m}}{1-E_j(s)}\right) \tag{8.42}$$

여기에서 $\widetilde{m} = \frac{m}{N}$이다. $E_j(s)$에 대한 (8.42)의 해는 다음이다.

$$E_{\pm}(s) = \frac{1}{2} \pm \frac{1}{2}\sqrt{\widetilde{m} + 4\bigl(1-\widetilde{m}\bigr)\left(f(s)-\frac{1}{2}\right)^2} \tag{8.43}$$

여기에서, $j \in \{-, 1, +, 2\}$에 대한 $E_j(s)$의 순서에 대한 주장을 이용한다. 이 것은 문제 8.99에서 증명한다.

문제 8.99 $s \in\,]0, 1\,[$에 대해 다음을 증명하라.

$$E_-(s) < E_1(s) < E_+(s) < E_2(s)$$

그러므로 $E_1(s)$, $E_2(s)$, $E_\pm(s)$는 4개의 서로 다른 고윳값이며 다음을 사실을 알 고 있다.

$$\dim \text{Eig}\big(\text{H}_T(s), E_1(s)\big) = m - 1$$
$$\dim \text{Eig}\big(\text{H}_T(s), E_2(s)\big) = N - m - 1$$

그래서 $\text{E}_+(s)$와 $E_-(s)$는 각각 일차원의 고유공간을 가지는 고윳값이다. 이제, 퇴화도를 의미하는 아래첨자 α를 생략하며, 대응하는 고유벡터 $|\Phi_s\rangle$의 성분은 다음과 같이 주어진다.

$$\Phi_\pm(s)_x = \frac{1 - f(s)}{\sqrt{N}\big(1 - f(s) - E_\pm(s)\big)} \langle \Psi_0 | \Phi_\pm(s) \rangle \quad \forall x \in \text{S}$$
$$\Phi_\pm(s)_x = \frac{1 - f(s)}{\sqrt{N}\big(1 - E_\pm(s)\big)} \langle \Psi_0 | \Phi_\pm(s) \rangle \quad \forall x \in \text{S}^\perp$$

여기에서, $E_\pm(s)$는 (8.43)에서 주어진다. (6.138)에서 정의된 벡터 $|\Phi_\pm(s)\rangle$ $|\Psi_\text{S}\rangle$와 $|\Psi_{\text{S}^\perp}\rangle$를 이용해 고유벡터를 다음과 같이 서술할 수 있다.

$$|\Phi_\pm(s)\rangle = a_\pm(s)|\Psi_{\text{S}^\perp}\rangle + b_\pm(s)|\Psi_\text{S}\rangle \tag{8.44}$$

그리고

$$a_\pm(s) := \frac{(1 - \sqrt{\widetilde{m}})(1 - f(s))}{(1 - E_\pm(s))} \langle \Psi_0 | \Phi_\pm(s) \rangle$$
$$b_\pm(s) := \frac{\sqrt{\widetilde{m}}(1 - f(s))}{(1 - f(s) - E_\pm(s))} \langle \Psi_0 | \Phi_\pm(s) \rangle \tag{8.45}$$

(iii) 마지막으로 $s = 1$인 경우다. 정의 8.5에서 스케줄 함수 f는 $f(1) = 1$을 만족 한다. 그래서 (8.34)에서 다음을 얻는다.

$$\text{H}_T(1) = \mathbf{1} - P_\text{S}$$

496

결국 $H_T(1)$은 두 개의 고윳값 0과 1을 가진다. 0은 m차원 고유공간 $P_S\{\mathbb{H}\}$를 가진다. 고윳값 1의 고유공간은 $P_{S\perp}\{\mathbb{H}\} = (P_S\{\mathbb{H}\})^\perp$이며, 차원은 $N - m$이다.

명제 6.28에서 설명한 그로버 알고리즘에서 다음의 j단계 후의 상태는

$$|\Psi_j\rangle = \cos\theta_j|\Psi_{S\perp}\rangle + \sin\theta_j|\Psi_S\rangle$$

다음의 초기 상태를

$$|\Psi_0\rangle = \frac{1}{\sqrt{N}} \sum_{x=0}^{N-1} |x\rangle \underbrace{=}_{(6.138)} \sqrt{1 - \widetilde{m}}|\Psi_{S\perp}\rangle + \sqrt{\widetilde{m}}|\Psi_S\rangle \tag{8.46}$$

다음의 부분공간 안에서

$$\mathbb{H}_{sub} := \text{Span}\left\{|\Psi_{S\perp}\rangle, |\Psi_S\rangle\right\} \tag{8.47}$$

각도 $\theta_j = (2j + 1)\,\theta_0$ 회전해 얻는다. 여기에서,

$$\theta_0 = \arcsin\left(\sqrt{\frac{m}{N}}\right) = \arcsin\left(\sqrt{\widetilde{m}}\right)$$

탐색 알고리즘의 단열 버전에서 다음의 따름정리에서 보듯이 비슷한 상황이 있다.

따름정리 8.12 $H_T(\cdot)$는 정의 8.10에서 정의한 m개의 해 $x \in S \subset \{0, \ldots, N-1\}$을 찾는 탐색 알고리즘의 시간-재조정된 단열 해밀터니안이다. 다음을 정의한다.

$$\theta_0 := \arcsin\left(\sqrt{\widetilde{m}}\right) \in [0, \frac{\pi}{2}[\tag{8.48}$$

그리고

$$\begin{aligned}
|\widehat{\Phi}_-(s)\rangle &:= \cos\theta(s)|\Psi_{S\perp}\rangle + \sin\theta(s)|\Psi_S\rangle \\
|\widehat{\Phi}_+(s)\rangle &:= \sin\theta(s)|\Psi_{S\perp}\rangle - \cos\theta(s)|\Psi_S\rangle
\end{aligned} \tag{8.49}$$

여기에서,

$$\theta(s) = \begin{cases} \arctan\left(\frac{1-E_-(s)}{1-f(s)-E_-(s)}\tan\theta_0\right) \in [\theta_0, \frac{\pi}{2}[& \text{for } s \in [0,1[\\ \lim_{s \nearrow 1}\theta(s) & \text{for } s = 1 \end{cases} \tag{8.50}$$

그러면 $\theta(0) = \theta_0$이고 $\theta(1) = \frac{\pi}{2}$이며 모든 $s \in [0,1]$에 대해서 다음이 만족한다.

$$|\widehat{\Phi}_\pm(s)\rangle \in \text{Eig}\left(\mathsf{H}_T(s), E_\pm(s)\right) \tag{8.51}$$

[증명]

우선 (6.138)의 $|\Psi_{S\perp}\rangle$와 $|\Psi_S\rangle$의 정의에서 $\langle\Psi_{S\perp}|\Psi_S\rangle = 0$임을 주의한다. 그러면 (8.49)에서 모든 $s \in [0,1]$에 대해 $\langle\widehat{\Phi}_+(s)|\widehat{\Phi}_-(s)\rangle = 0$이다.

먼저 $s = 0$인 경우를 고려한다. $f(0) = 0 = E_-(0)$이고 $\theta(0) = \theta_0$이어서 다음을 만족한다.

$$|\widehat{\Phi}_-(0)\rangle \underset{(8.49)}{=} \cos\theta_0|\Psi_{S\perp}\rangle + \sin\theta_0|\Psi_S\rangle \underset{(8.48)}{=} \sqrt{1-\widetilde{m}}|\Psi_{S\perp}\rangle + \sqrt{\widetilde{m}}|\Psi_S\rangle \underset{(8.46)}{=} |\Psi_0\rangle$$

정리 8.11의 (i)에서 $|\Psi_0\rangle \in \text{Eig}\left(\mathsf{H}_T(0), E_-(0)\right)$이다. 이로써, $|\widehat{\Phi}_-(0)\rangle$에 대한 (8.51)이 증명된다. 그리고 정리 8.11의 (i)에서 $E_-(0)$은 퇴화되지 않았고, $E_+(0)$은 $(N-1)$겹 퇴화됐다. 그래서 $\text{Eig}\left(\mathsf{H}_T(0), E_-(0)\right)$과 직교하는 모든 벡터는 $E_+(0)$의 고유벡터이다. 이것이 $|\widehat{\Phi}_+(0)\rangle$에 대한 (8.51)을 증명한다.

$s \in]0,1[$일 때, (8.44)에서 다음을 얻는다.

$$|\Phi_\pm(s)\rangle = a_\pm(s)|\Psi_{S\perp}\rangle + b_\pm(s)|\Psi_S\rangle \tag{8.52}$$

여기에서 $a_\pm(s)$와 $b_\pm(s)$는 (8.45)에서 주어진 것이다. (8.45)에서 $a_\pm(s)$와 $b_\pm(s)$는 같은 복소 위상을 가지는 것을 알 수 있다. 이를 $\omega_\pm(s)$로 표기한다. 여기에서 $\langle\Psi_{S\perp}|\Psi_S\rangle = 0$과 $\|\Psi_S\|^2 = \|\Psi_{S\perp}\|^2 = \|\Phi_\pm(s)\|^2 = 1$을 이용하면, $a_\pm(s)$와 $b_\pm(s)$를 다음으로 표현할 수 있다.

$$a_\pm(s) = e^{i\omega_\pm(s)}\cos\theta_\pm(s) \quad \text{and} \quad b_\pm(s) = e^{i\omega_\pm(s)}\sin\theta_\pm(s)$$

앞의 식과 다른 고윳값의 고유벡터는 서로 직교한다는 사실을 이용하면 다음을 얻는다.

$$
\begin{aligned}
0 &= \langle \boldsymbol{\Phi}_+(s) | \boldsymbol{\Phi}_-(s) \rangle \\
&= e^{i\left(\omega_-(s)-\omega_+(s)\right)} \left(\cos\theta_+(s)\cos\theta_-(s) + \sin\theta_+(s)\sin\theta_-(s) \right) \\
&= e^{i\left(\omega_-(s)-\omega_+(s)\right)} \cos\left(\theta_+(s) - \theta_-(s)\right)
\end{aligned}
$$

이로부터 다음이 유도된다.

$$
\theta_+(s) = \theta_-(s) \pm (2k+1)\frac{\pi}{2}
$$

여기에서 $k \in \mathbb{Z}$이다. $\theta(s) = \theta_-(s)$라 두면,

$$
\begin{aligned}
a_-(s) &= e^{i\omega_-(s)} \cos\theta(s) \\
b_-(s) &= e^{i\omega_-(s)} \sin\theta(s)
\end{aligned} \tag{8.53}
$$

(8.52)에서 다음을 얻는다.

$$
|\boldsymbol{\Phi}_-(s)\rangle = e^{i\omega_-(s)} \left(\cos\theta(s)|\Psi_{S\perp}\rangle + \sin\theta(s)|\Psi_S\rangle \right) \in \mathrm{Eig}\left(\mathsf{H}_T(s), E_-(s)\right)
$$

그러므로,

$$
|\widehat{\boldsymbol{\Phi}}_-(s)\rangle \underbrace{=}_{(8.49)} \cos\theta(s)|\Psi_{S\perp}\rangle + \sin\theta(s)|\Psi_S\rangle = e^{-i\omega_-(s)}|\boldsymbol{\Phi}_-(s)\rangle \in \mathrm{Eig}\left(\mathsf{H}_T(s), E_-(s)\right)
$$

이는 $s \in \,]0,1[$ 일 때 $|\widehat{\boldsymbol{\Phi}}_-(s)\rangle$에 대해 (8.51)을 증명한다. 이제, $\theta(s)$가 (8.50)에서 주어진 형태를 가진다는 것을 증명한다. $\theta(s) = \theta_-(s)$에서 다음을 얻는다.

$$
\begin{aligned}
\cos\theta_+(s) &= \cos\left(\theta(s) \pm (2k+1)\frac{\pi}{2}\right) = \mp(-1)^k \sin\theta(s) \\
\sin\theta_+(s) &= \sin\left(\theta(s) \pm (2k+1)\frac{\pi}{2}\right) = \pm(-1)^k \cos\theta(s)
\end{aligned}
$$

또한 다음이 유도된다.

$$
\begin{aligned}
a_+(s) &= e^{i\omega_+(s)} \cos\theta_+(s) = \mp(-1)^k e^{i\omega_+(s)} \sin\theta(s) \\
&= e^{i\widetilde{\omega}_+(s)} \sin\theta(s) \\
b_+(s) &= e^{i\omega_+(s)} \sin\theta_+(s) = \pm(-1)^k e^{i\omega_+(s)} \cos\theta(s) \\
&= -e^{i\widetilde{\omega}_+(s)} \cos\theta(s)
\end{aligned} \tag{8.54}
$$

여기에서, $\widetilde{\omega}_+$는 $\mp(-1)^k e^{i\omega_+(s)} = e^{i\widetilde{\omega}_+(s)}$를 만족한다. (8.54)를 (8.52)에 대입하면,

$$|\Phi_+(s)\rangle = e^{i\widetilde{\omega}_+(s)}\big(\sin\theta(s)|\Psi_{S\perp}\rangle - \cos\theta(s)|\Psi_S\rangle\big) \in \text{Eig}\big(H_T(s), E_+(s)\big)$$

그리고

$$|\widehat{\Phi}_+(s)\rangle \underbrace{=}_{(8.49)} \sin\theta(s)|\Psi_{S\perp}\rangle - \cos\theta(s)|\Psi_S\rangle = e^{-i\widetilde{\omega}_+(s)}|\Phi_+(s)\rangle \in \text{Eig}\big(H_T(s), E_+(s)\big)$$

이는 $s \in\,]0,1[$일 때 $|\widehat{\Phi}_+(s)\rangle$에 대해 (8.51)을 증명한다.

$s = 1$인 경우를 고려하기 전에 (8.50)을 증명한다. $\theta(0) = \theta_0$는 앞에서 알고 있다. $s \in\,]0,1[$에 대해 다음을 얻는다.

$$\tan\theta(s) \underbrace{=}_{(8.53)} \frac{b_-(s)}{a_-(s)} \underbrace{=}_{(8.45)} \frac{1 - E_-(s)}{1 - f(s) - E_-(s)} \frac{\sqrt{\widetilde{m}}}{\sqrt{1-\widetilde{m}}} \tag{8.55}$$
$$\underbrace{=}_{(8.48)} \frac{1 - E_-(s)}{1 - f(s) - E_-(s)} \tan\theta_0$$

이로써 $s \in [0,1[$일 때, (8.50)을 검증했다.

$s = 1$일 때, $f(1) = 1$이고, (8.33)에서 $E_-(1) = 0$이다. (8.50)에서 $\theta(1) = \frac{\pi}{2}$가 되는 것은 $\tan\theta_0 > 0$이고, (8.55)의 우변에서 $\lim_{s \nearrow 1}$을 계산할 때 다음의 문제의 결과를 사용하면 된다.

문제 8.100 $0 \le f(s) \le 1$일 때, 다음이 성립하는 것을 보여라.

$$1 - f(s) - E_-(s) \ge 0$$

그러면 $\lim_{s \nearrow 1} \tan\theta(s) = +\infty$이며 $\theta(1) = \frac{\pi}{2}$가 된다. 이를 이용하면, $s = 1$일 때, (8.51)은 다음이 된다.

$$|\widehat{\Phi}_-(1)\rangle \underbrace{=}_{(8.49)} |\Psi_S\rangle \in \text{Eig}\big(H_T(1), E_-(1)\big)$$
$$|\widehat{\Phi}_+(1)\rangle \underbrace{=}_{(8.49)} |\Psi_{S\perp}\rangle \in \text{Eig}\big(H_T(1), E_+(1)\big)$$

$|\Psi_S\rangle$가 고윳값 $E_-(1) = 0$을 가지는 $H_T(1) = H_{\text{fin}} = 1 - P_S$의 고유벡터이고, $|\Psi_{S\perp}\rangle$는 고윳값 $E_+(1) = 1$의 고유벡터이므로, 위의 식이 성립한다. ∎

따름정리 8.12에서 해밀터니안 $H_T(\cdot)$가 생성하는 단열 시간 진전 연산자 $U_T(\cdot)$는 이차원의 부분공간 $\mathbb{H}_{\text{sub}}$에서 초기 상태 $|\Psi_0\rangle$를 회전해, $x \in S$인 모든 해 기저 상태 $|x\rangle$의 균등 중첩인 $|\Psi_S\rangle$로 변형한다.

지금까지 공부한 단열 탐색 알고리즘을 간단하게 요약한다. $H_T(s)$의 고윳값 중에서 $E_{\pm}(s)$는 $0 \le E_-(s) < E_+(s) \le 1$을 만족하고, 고유공간은 $\mathbb{H}_{\text{sub}} = \text{Span}$ $\{|\Psi_S\rangle, |\Psi_{S\perp}\rangle\}$에 속한다.

보조정리 8.7에서 $H_T(s)$에 대해 $\mathbb{H}_{\text{sub}}$는 불변하면, 이것이 생성하는 시간 진전 연산자에 대해서도 불변한다. 이러한 경우에, 따름정리 8.3과 8.4의 단열 결과들을 $\mathbb{H}_{\text{sub}}$의 이차원 문제에 적용할 수 있다. 다음에 보조정리에서 보듯이, 단열 탐색을 위한 $H_T(s)$에 대해 부분공간 $\mathbb{H}_{\text{sub}}$는 불변이다.

보조정리 8.13 $H_T(s)$는 (8.32)에서 정의된 것이고, $\mathbb{H}_{\text{sub}}$는 (8.47)에 정의된 것이다. 모든 $s \in [0,1]$에 대해 다음이 성립한다.

$$[H_T(s), P_{\text{sub}}] = 0 \tag{8.56}$$

[증명]
(8.34)에서 $H_T(s)$를 다음으로 표현할 수 있다.

$$H_T(s) = \mathbf{1} - \big(1 - f(s)\big)|\Psi_0\rangle\langle\Psi_0| - f(s)P_S \tag{8.57}$$

여기에서,

$$P_S = \sum_{x \in S} |x\rangle\langle x| \tag{8.58}$$

(8.46)에서 다음을 얻는다.

$$\begin{aligned}
|\Psi_0\rangle\langle\Psi_0| = {}& (1 - \widetilde{m})|\Psi_{S\perp}\rangle\langle\Psi_{S\perp}| + \widetilde{m}|\Psi_S\rangle\langle\Psi_S| \\
& + \sqrt{\widetilde{m}(1 - \widetilde{m})}\big(|\Psi_{S\perp}\rangle\langle\Psi_S| + |\Psi_S\rangle\langle\Psi_{S\perp}|\big)
\end{aligned} \tag{8.59}$$

반면에 $\mathbb{H}_{\text{sub}} = \text{Span}\{|\Psi_S\rangle, |\Psi_{S\perp}\rangle\}$이므로, 이 부분공간으로의 사영 연산자는 다음으로 주어진다.

$$P_{\text{sub}} = |\Psi_S\rangle\langle\Psi_S| + |\Psi_{S\perp}\rangle\langle\Psi_{S\perp}| \tag{8.60}$$

그리고 (8.59)를 이용하면 다음을 얻는다.

$$|\Psi_0\rangle\langle\Psi_0|P_{\text{sub}} = |\Psi_0\rangle\langle\Psi_0| = P_{\text{sub}}|\Psi_0\rangle\langle\Psi_0| \tag{8.61}$$

그러므로

$$\left[\mathbf{1} - \left(1 - f(s)\right)|\Psi_0\rangle\langle\Psi_0|, P_{\text{sub}}\right] = 0 \tag{8.62}$$

그리고 다음이 만족하는 것을 알 수 있다.

$$
\begin{aligned}
P_{\text{S}}P_{\text{sub}} &\underbrace{=}_{(8.58),(8.60)} \left(\sum_{x\in\text{S}}|x\rangle\langle x|\right)\left(|\Psi_{\text{S}}\rangle\langle\Psi_{\text{S}}| + |\Psi_{\text{S}\perp}\rangle\langle\Psi_{\text{S}\perp}|\right) \\
&= |\Psi_{\text{S}}\rangle\langle\Psi_{\text{S}}| = P_{\text{sub}}P_{\text{S}}
\end{aligned}
\tag{8.63}
$$

그러므로

$$[f(s)P_{\text{S}}, P_{\text{sub}}] = 0$$

(8.62)와 (8.57)과 함께, 위의 식은 (8.56)을 증명한다. ▪

보조정리 8.7과 8.13에서, 고려하는 모든 공간을 부분공간 $\mathbb{H}_{\text{sub}}$로 제한할 수 있다. t_{ini} 시점의 초기 상태 $|\Psi_0\rangle$가 이 공간에 놓여 있고, $t_{\text{fin}} = t_{\text{ini}} + T$까지 계속 남아 있기 때문이다. 이는 $\mathbb{H}_T$ 대신 부분공간 $\mathbb{H}_{\text{sub}}$의 제한만을 고려하면 된다는 것이다.

$$\mathsf{H}_T(s)\big|_{\mathbb{H}_{\text{sub}}} = P_{\text{sub}}\mathsf{H}_T(s)P_{\text{sub}} \tag{8.64}$$

여기에서 P_{sub}는 (8.60)에서 정의한 것이며 $\mathsf{H}_T(s)$의 오른쪽에 곱할 때는 연산자 $P_{\text{sub}} : \mathbb{H}_{\text{sub}} \to \mathbb{H}$로 해석하고 왼쪽에 곱할 때는 $P_{\text{sub}} : \mathbb{H} \to \mathbb{H}_{\text{sub}}$로 해석한다. (8.56)과 $P_{\text{sub}}^2 = P_{\text{sub}}$이므로 다음을 얻는다.

$$P_{\text{sub}}\mathsf{H}_T(s)P_{\text{sub}} = P_{\text{sub}}\mathsf{H}_T(s) = \mathsf{H}_T(s)P_{\text{sub}}$$

그러나 (8.64)의 우변은 부분공간 $\mathbb{H}_{\text{sub}}$에서 정의된 연산자만을 다룬다는 것을 좀 더 명시적으로 표기한다.

문제 8.101 $s \in [0,1]$일 때, 다음을 보여라.

$$\mathsf{H}_T(s)\big|_{\mathbb{H}_{\text{sub}}} |\widehat{\boldsymbol{\Phi}}_\pm(s)\rangle = E_\pm(s)|\widehat{\boldsymbol{\Phi}}_\pm(s)\rangle$$

그리고 $\mathbb{H}_{\text{sub}}$로 제약할 때, $\mathsf{H}_T(s)$의 스펙트럼이 다음으로 주어지는 것을 보여라.

$$\sigma\left(\mathsf{H}_T(s)\big|_{\mathbb{H}_{\text{sub}}}\right) = \{E_\pm(s)\} \tag{8.65}$$

$\mathbb{H}_{\text{sub}}$가 이차원의 공간이므로, $\mathsf{H}_T(s)\big|_{\mathbb{H}_{\text{sub}}}$의 서로 다른 고윳값 $E_\pm(s)$ 두 개는 퇴화하지 않는다. 결국 $\mathsf{H}_T(s)$의 고윳값 $E_\pm(s)$와 고유 상태 $|\widehat{\boldsymbol{\Phi}}_\pm(s)\rangle$만을 고려하면 된다. 정리 (8.11)에서 $E_-(s)$가 더 작은 값이며, $s = 0$일 때 초기 상태 $|\boldsymbol{\Psi}_0\rangle$를 고유 상태로 가지는 고윳값이기도 하다.

따름정리 8.4에서 최소확률 p_{min}으로, 찾고자 하는 해가 되는 $E_-(1)$의 고유 상태 $|\widehat{\boldsymbol{\Phi}}_-(1)\rangle = |\boldsymbol{\Psi}_S\rangle$를 찾고자 한다면 전이 시간 T는 다음을 만족해야 한다.

$$T \geq \frac{C_-(1)}{\sqrt{1 - p_{\text{min}}}}$$

$N \to \infty$일 때 또는 같은 의미로 $\widetilde{m} = \frac{m}{N} \to 0$일 때 T가 어떻게 증가하는지를 조사하려면 $\widetilde{m} \to 0$의 함수로 $C_-(1)$의 증가 거동을 결정해야 한다.

따름정리 8.6에서, $C_-(1)$은 $\|\mathsf{H}_{\text{fin}} - \mathsf{H}_{\text{ini}}\|$와 g_-와 f로 결정된다. 이 셋 중에서 첫 번째의 값은 문제 8.102에서 주어진다.

문제 8.102 H_{ini}와 H_{fin}는 정의 8.10에서, P_{sub}는 (8.60)에서 정의한 것이다. 다음을 보여라.

$$\left\|\left(\mathsf{H}_{\text{fin}} - \mathsf{H}_{\text{ini}}\right)\big|_{\mathbb{H}_{\text{sub}}}\right\| = \sqrt{1 - \widetilde{m}} \tag{8.66}$$

이것은 $C_-(1)$의 성분 하나를 결정한다. 다음에서 스케줄 f에 대해 설명하기 전에, 갭 함수 $g(s)$에 대해서 잠깐 살펴본다. 갭 함수의 정의 G.4에서 축약 연산자 $\mathsf{H}_T(s)\big|_{\mathbb{H}_{\text{sub}}}$의 고윳값 $E_-(1)$에 대해 다음이 성립한다.

$$g_-(s) \underbrace{=}_{(G.8)} \min \left\{ \left| E_j(s) - E_-(s) \right| \mid E_j \in \sigma\big(\mathsf{H}_T(s)\big|_{\mathbb{H}_{\text{sub}}}\big) \smallsetminus \{E_-(s)\} \right\}$$

$$\underbrace{=}_{(8.65)} E_+(s) - E_-(s)$$

$$\underbrace{=}_{(8.33)} \sqrt{\widetilde{m} + 4(1 - \widetilde{m}) \left(f(s) - \frac{1}{2} \right)^2}$$

다음의 함수를 정의한다.

$$\begin{aligned} g : [0, 1] &\longrightarrow [0, 1] \\ u &\longmapsto g(u) = \sqrt{\widetilde{m} + 4(1 - \widetilde{m}) \left(u - \tfrac{1}{2} \right)^2} \end{aligned} \tag{8.67}$$

그러면 g_-를 다음과 같이 표현할 수 있다.

$$g_-(s) = g\big(f(s)\big)$$

다음의 명제에서, 선형 스케줄 $f(s) = s$를 사용하면, 주어진 최소 확률로 해를 찾기 위해서는 $N \to \infty$일 때 전이 시간 $T \in O\left(\frac{N}{m}\right)$이 필요하다. 이는 그로버 탐색 알고리즘의 회로 기반 버전에서 나타난 (6.161)의 제곱 속도 향상을 반영하지 않는다. 뒤에서 보겠지만, 좀 더 적절한 스케줄 함수 f를 선택해 단열 계산에서도 그로버 탐색 알고리즘의 효율성을 복제한다.

명제 8.14 스케줄 $f(s) = s$을 가지는 단열 탐색에서 t_{ini} 시점에서 $t_{\text{fin}} = t_{\text{ini}} + T$ 시점까지 시간 진전 후에 해를 찾을 성공 확률은 다음 조건이 만족하면 $p_{min} \in \,]0, 1[$을 하한로 가진다.

$$T \in O\left(\frac{N}{m}\right) \qquad for\ N \to \infty \tag{8.68}$$

[증명]
선형 스케줄 $f(s) = s$이면, (8.67)에서 정의한 g를 이용하면 $g_-(s) = g(s)$가 된다. 이것과 문제 8.102의 결과 (8.66)을 (8.19)에 대입하면 다음을 얻는다.

$$C_-(1) = \sqrt{1 - \widetilde{m}} \left(\frac{1}{g(1)^2} + \frac{1}{g(0)^2} + 10\sqrt{1 - \widetilde{m}} \int_0^1 \frac{du}{g(u)^3} \right) \tag{8.69}$$

여기에서, $s \in [0,1]$일 때 $\dot{f}(s) = 1$, $\ddot{f}(s) = 0$을 사용했다. 다음에 주의한다.

$$\int \frac{du}{(au^2 + bu + c)^{3/2}} = \frac{2(2au + b)}{(4ac - b^2)\sqrt{au^2 + bu + c}}$$

이를 이용하면 다음을 얻는다.

$$\int_0^1 \frac{du}{g(u)^3} = \int_0^1 \frac{du}{\left(\tilde{m} + 4(1 - \tilde{m}) \left(u - \frac{1}{2} \right)^2 \right)^{3/2}} = \frac{1}{\tilde{m}}$$

이와 함께 $g(1) = 1 = g(0)$에서 (8.69)에서 다음이 유도된다.

$$C_-(1) = 2\sqrt{1 - \tilde{m}} + +10\frac{1 - \tilde{m}}{\tilde{m}} \in O\left(\frac{1}{\tilde{m}} \right) \quad \text{for } \tilde{m} \to 0$$

따름정리 8.4에서 성공 확률이 $p_{\min}$보다 작지 않기 위해서는 전이 시간 T가 다음을 만족해야 한다.

$$T \geq \frac{C_-(1)}{\sqrt{1 - p_{\min}}}$$

$\tilde{m} = \frac{m}{N}$이므로 $N \to \infty$일 때 다음을 얻는다.

$$T \in O(C_-(1)) \in O\left(\frac{N}{m} \right)$$

명제 8.14의 결과는 선형 스케줄의 전이 시간이 보통의 탐색과 같은 정도임을 보여준다. 즉, N에 대해 선형적으로 증가한다. 그러나 스케줄 f를 적절하게 선택하면 (8.68)을 개선해 궁극적으로 그로버의 속도 증진 $T \in O\left(\sqrt{\frac{N}{m}} \right)$을 얻을 수 있다. 이를 설명하기 전에 다음의 보조정리가 필요하다. [111]

보조정리 8.15 $0 < \tilde{m} < 1$이며, $g : [0,1] \to [0,1]$은 다음으로 정의한다.

$$g(u) := \sqrt{\tilde{m} + 4(1 - \tilde{m}) \left(u - \frac{1}{2} \right)^2} \tag{8.70}$$

그러면 다음이 만족한다.

(i) $a > 1$인 $a \in \mathbb{R}$에 대해 다음을 얻는다.

$$\int_0^1 g(u)^{-a} du \in O\left(\widetilde{m}^{\frac{1-a}{2}}\right) \qquad for \ \widetilde{m} \to 0 \qquad (8.71)$$

(ii) $1 < b < 2$인 $b \in \mathbb{R}$에 대해 다음을 얻는다.

$$\int_0^1 g(u)^{b-3} \left|\dot{g}(u)\right| du \in O\left(\widetilde{m}^{\frac{b-2}{2}}\right) \qquad for \ \widetilde{m} \to 0 \qquad (8.72)$$

[증명]

(i) 다음에 주의한다.

$$
\begin{aligned}
\int_0^1 g(u)^{-a} du &= \int_0^1 \frac{du}{\left(\widetilde{m} + 4(1-\widetilde{m})\left(u - \frac{1}{2}\right)^2\right)^{a/2}} \\
&= \widetilde{m}^{-\frac{a}{2}} \int_0^1 \frac{du}{\left(1 + 4(\frac{1}{m} - 1)\left(u - \frac{1}{2}\right)^2\right)^{a/2}}
\end{aligned}
$$

$z = 2\sqrt{\frac{1}{m} - 1}\left(u - \frac{1}{2}\right)$로 치환하면,

$$
\begin{aligned}
\int_0^1 g(u)^{-a} du &= \frac{\widetilde{m}^{\frac{1-a}{2}}}{2\sqrt{1-\widetilde{m}}} \int_{-\sqrt{\frac{1}{m}-1}}^{\sqrt{\frac{1}{m}-1}} \frac{dz}{(1+z^2)^{a/2}} = \frac{\widetilde{m}^{\frac{1-a}{2}}}{\sqrt{1-\widetilde{m}}} \int_0^{\sqrt{\frac{1}{m}-1}} \frac{dz}{(1+z^2)^{a/2}} \\
&\leq \frac{\widetilde{m}^{\frac{1-a}{2}}}{\sqrt{1-\widetilde{m}}} \int_0^\infty \frac{dz}{(1+z^2)^{a/2}}
\end{aligned}
$$

$a > 1$일 때 다음이 성립한다.

$$\int_0^\infty \frac{dz}{(1+z^2)^{a/2}} = D < \infty$$

위를 사용하면, 다음을 얻는다.

$$\int_0^1 g(u)^{-a} du \leq D \frac{\widetilde{m}^{\frac{1-a}{2}}}{\sqrt{1-\widetilde{m}}}$$

그러므로

$$\int_0^1 g(u)^{-a} du \in O\left(\widetilde{m}^{\frac{1-a}{2}}\right) \qquad \text{for } \widetilde{m} \to 0$$

(ii) (8.70)에서 다음을 얻는다.

$$\dot{g}(u) = \frac{4(1 - \widetilde{m})\left(u - \frac{1}{2}\right)}{g(u)}$$

$g(u) > 0$이므로,

$$|\dot{g}(u)| = \begin{cases} -\dot{g}(u) & \text{for } u \in [0, \frac{1}{2}] \\ \dot{g}(u) & \text{for } u \in [\frac{1}{2}, 0] \end{cases}$$

$g(1) = 1 = g(0)$과 $g\left(\frac{1}{2}\right) = \sqrt{\widetilde{m}}$을 이용하면 다음을 얻는다.

$$\begin{aligned}
\int_0^1 g(u)^{b-3} |\dot{g}(u)|\, du &= \int_{\frac{1}{2}}^1 g(u)^{b-3} \dot{g}(u) du - \int_0^{\frac{1}{2}} g(u)^{b-3} \dot{g}(u) du \\
&= \frac{1}{b-2}\left(g(u)^{b-2}\Big|_{\frac{1}{2}}^1 - g(u)^{b-2}\Big|_0^{\frac{1}{2}} \right) \\
&= \frac{2}{2-b}\left(1 - \widetilde{m}^{\frac{2-b}{2}}\right) \widetilde{m}^{\frac{b-2}{2}} \\
&< \frac{2}{2-b}\widetilde{m}^{\frac{b-2}{2}}
\end{aligned}$$

여기에서, 마지막 부등식에서 가정 $1 < b < 2$를 사용했다. 결국

$$\int_0^1 g(u)^{b-3} |\dot{g}(u)|\, du \in O\left(\widetilde{m}^{\frac{b-2}{2}}\right) \qquad \text{for } \widetilde{m} \to 0$$

다음 정리에서 함수 g를 이용해 스케줄 f를 적절하게 조절하면 $T \in O\left(\sqrt{\frac{N}{m}}\right)$을 얻을 수 있다.

> **정리 8.16** ([111]) $0 < \widetilde{m} = \frac{m}{N} < 1$이며 g는 보조정리 8.15에서 정의한 것이다. $1 < b < 2$일 때, 다음을 정의한다.
>
> $$\kappa_b := \int_0^1 g(u)^{-b} du \qquad (8.73)$$

그리고 $f:[0,1] \to \mathbb{R}$을 다음의 초기치 문제의 해로 정의한다.

$$\dot{f}(s) = \kappa_b g\big(f(s)\big)^b$$
$$f(0) = 0 \qquad\qquad (8.74)$$

그러면 다음이 성립한다.

(i) f는 스케줄로 가능하다. 즉, $[0,1]$에서 $[0,1]$로 가는 함수이며 $f(0) = 0$, $f(1) = 1$을 만족하는 단조 증가함수이다.

(ii) 스케줄 f를 사용하는 단열 탐색에서 전이 시간 $T = t_{fin} - t_{ini}$가 다음을 만족하면 주어진 최소 성공 확률로 해를 찾을 수 있다.

$$T \in O\left(\sqrt{\frac{N}{m}}\right) \qquad for \; N \to \infty \qquad (8.75)$$

[증명]

함수 $y \mapsto \kappa_b g(y)^b$가 립쉬츠^{Lipschitz}-연속이므로 초기치 문제 (8.74)의 해가 유일하게 존재한다. [115]

(i) (8.70)의 정의에서 $g > 0$이며 (8.73)에서 $\kappa > 0$이다. (8.74)에서 $\dot{f} > 0$이다. 그러므로 f는 $[0,1]$에서 단조 증가 함수이며, (8.74)에서 $f(0) = 0$이다. $f(1) = 1$을 증명하기 위해 다음을 고려한다.

$$\int_{f(0)}^{f(1)} g(u)^{-b} du = \int_0^1 g\big(f(s)\big)^{-b} \dot{f}(s) ds \qquad (8.76)$$

f와 κ_b의 정의에서 다음을 얻는다.

$$\int_0^{f(1)} g(u)^{-b} du \underbrace{=}_{(8.74),(8.76)} \int_0^1 g\big(f(s)\big)^{-b} \kappa_b g\big(f(s)\big)^b ds = \kappa_b \underbrace{=}_{(8.73)} \int_0^1 g(u)^{-b} du$$

$g > 0$이므로 $f(1) = 1$을 얻는다. 이 모든 것을 종합하면 f는 정의 8.5의 조건을 만족해 스케줄 함수가 된다.

(ii) 따름정리 8.4에서 최소 성공 확률이 $p_{\min}$이기 위해 필요한 전이 시간 T는 다음을 만족해야 한다.

$$T \geq \frac{C_-(1)}{\sqrt{1 - p_{\min}}} \tag{8.77}$$

N의 함수로 T의 증가를 계산하기 위해서는, $C_-(1)$을 이러한 관점에서 조사해야 한다. 문제 8.102의 결과를 (8.19)에 대입하면 다음을 얻는다.

$$C_-(1) = \sqrt{1 - \widetilde{m}} \left(\frac{\dot{f}(1)}{g_-(1)^2} + \frac{\dot{f}(0)}{g_-(0)^2} \right. \tag{8.78}$$

$$\left. + \int_0^1 \frac{\left|\ddot{f}(u)\right|}{g_-(u)^2} du + 10\sqrt{1 - \widetilde{m}} \int_0^1 \frac{\dot{f}(u)^2}{g_-(u)^3} du \right)$$

(8.78)의 각각 항을 순서대로 살펴본다. 우선 정의에서,

$$\dot{f}(s) = \kappa_b g\big(f(s)\big)^b \quad \text{and} \quad g_-(s) = g\big(f(s)\big) \tag{8.79}$$

그리고 $f(0) = 0$, $f(1) = 1$, $g(0) = 1 = g(1)$을 이용하면 다음을 얻는다.

$$\dot{f}(1) = \kappa_b g\big(f(1)\big) = \kappa_b g(1) = \kappa_b, \quad \dot{f}(0) = \kappa_b g\big(f(0)\big) = \kappa_b g(0) = \kappa_b$$
$$g_-(1) = g\big(f(1)\big) = g(1) = 1, \quad\quad g_-(0) = g\big(f(0)\big) = g(0) = 1$$

그래서

$$\frac{\dot{f}(1)}{g_-(1)^2} + \frac{\dot{f}(0)}{g_-(0)^2} = 2\kappa_b \tag{8.80}$$

그리고 다음 식을 주의한다.

$$\ddot{f}(u) = \frac{d}{du}\dot{f}(u) \underset{(8.74)}{=} \frac{d}{du}\left(\kappa_b g\big(f(u)\big)^b\right) = b\kappa_b g\big(f(u)\big)^{b-1} \dot{g}\big(f(u)\big)\dot{f}(u)$$
$$\underset{(8.74)}{=} b\kappa_b^2 g\big(f(u)\big)^{2b-1} \dot{g}\big(f(u)\big)$$

그러므로 다음을 얻는다.

$$\left|\ddot{f}(u)\right| = b\kappa_b^2 g\big(f(u)\big)^{2b-1} \left|\dot{g}\big(f(u)\big)\right| \tag{8.81}$$

그리고

$$\int_0^1 \frac{\left|\ddot{f}(u)\right|}{g_-(u)^2}du \underbrace{=}_{(8.79),(8.81)} b\kappa_b^2 \int_0^1 \frac{g(f(u))^{2b-1}\left|\dot{g}(f(u))\right|}{g(f(u))^2}du$$

$$= b\kappa_b^2 \int_0^1 g(f(u))^{2b-3}\left|\dot{g}(f(u))\right|du \qquad (8.82)$$

마지막 적분식에 $z = f(u)$으로 치환한다.

$$dz = \dot{f}(u)du \underbrace{=}_{(8.74)} \kappa_b g(f(u))^b du$$

결국

$$\int_0^1 \frac{\left|\ddot{f}(u)\right|}{g_-(u)^2}du \underbrace{=}_{(8.82),(8.83)} b\kappa_b^2 \int_0^1 g(z)^{2b-3}\left|\dot{g}(z)\right| \frac{dz}{\kappa_b g(z)^b}$$

$$= b\kappa_b \int_0^1 g(z)^{b-3}\left|\dot{g}(z)\right| dz \qquad (8.84)$$

마지막으로 다음을 고려한다.

$$\int_0^1 \frac{\dot{f}(u)^2}{g_-(u)^3}du \underbrace{=}_{(8.74)} \int_0^1 \frac{\left(\kappa_b g(f(u))^b\right)^2}{g(f(u))^3}du = \kappa_b^2 \int_0^1 g(f(u))^{2b-3}du$$

다시 $z = f(u)$로 치환하고, (8.83)을 이용하면 다음을 얻는다.

$$\int_0^1 \frac{\dot{f}(u)^2}{g_-(u)^3} = \kappa_b^2 \int_0^1 g(z)^{2b-3} \frac{dz}{\kappa_b g(z)^b}$$

$$= \kappa_b \int_0^1 g(z)^{b-3}dz \qquad (8.85)$$

(8.80), (8.84), (8.85)를 (8.78)에 대입하면,

$$C_-(1) = \sqrt{1-\widetilde{m}}\kappa_b \left(2 + b\int_0^1 g(z)^{b-3}\left|\dot{g}(z)\right|dz + 10\sqrt{1-\widetilde{m}}\int_0^1 g(z)^{b-3}dz\right)$$

$$(8.86)$$

κ_b의 (8.73) 정의와 보조정리 8.15 (i)에서 다음이 성립한다.

$$\kappa_b \in O\left(\widetilde{m}^{\frac{1-b}{2}}\right) \qquad \text{for } \widetilde{m} \to 0$$

그러므로

$$\sqrt{1-\widetilde{m}}\,\kappa_b \in O\left(\widetilde{m}^{\frac{1-b}{2}}\right) \qquad \text{for } \widetilde{m} \to 0 \tag{8.87}$$

보조정리 8.15 (ii)에서 다음을 얻는다.

$$\int_0^1 g(z)^{b-3} \left|\dot{g}(z)\right| dz \underbrace{\in}_{(8.72)} O\left(\widetilde{m}^{\frac{b-2}{2}}\right) \qquad \text{for } \widetilde{m} \to 0 \tag{8.88}$$

$a = 3 - b$라 두면 $1 < a < 2$이며 보조정리 8.15 (i)에서 다음을 얻는다.

$$\int_0^1 g(z)^{b-3} dz = \int_0^1 g(z)^{-a} dz \underbrace{\in}_{(8.71)} O\left(\widetilde{m}^{\frac{1-a}{2}}\right) = O\left(\widetilde{m}^{\frac{b-2}{2}}\right) \qquad \text{for } \widetilde{m} \to 0$$

그러므로

$$\sqrt{1-\widetilde{m}} \int_0^1 g(z)^{b-3} dz \in O\left(\widetilde{m}^{\frac{b-2}{2}}\right) \qquad \text{for } \widetilde{m} \to 0 \tag{8.89}$$

(8.87)~(8.89)를 (8.86)에 대입하고, 란다우 표기법의 성질 (C.1), (C.2)를 이용하면 최종적으로 다음을 얻는다.

$$C_-(1) \in O\left(\widetilde{m}^{\frac{1-b}{2}} \widetilde{m}^{\frac{b-2}{2}}\right) = O\left(\widetilde{m}^{-\frac{1}{2}}\right) = O\left(\sqrt{\frac{N}{m}}\right) \qquad \text{for } \widetilde{m} \to 0$$

(8.75)는 (8.77)에서 유도된다.

그림 8.2에서 $\widetilde{m} = 2^{-8}$인 $g(s)$와 $b = \frac{3}{2}$인 (8.74)의 스케줄 함수 $f(s)$의 수치해를 보여준다.

게이트 기반 탐색 알고리즘의 효율성을 단열 계산으로 복제할 수 있다는 증거를 통해 양자 단열 탐색 알고리즘에 대한 설명을 마치고, 일반적인 경우에 게이트 기반 알고리즘과 단열 알고리즘의 동등성의 문제를 살펴본다. 먼저 모든 게이트 기반 계산을 단열 계산이 유사한 효율로 복제할 수 있음을 보인다. 그리고 그 반대의 경우 즉 모든 단열 양자 계산을 적절한 게이트 기반 계산으로 유사한 효율로 복제할 수 있는 것을 설명한다.

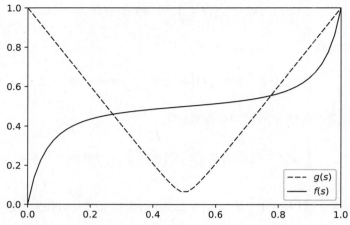

그림 8.2 $N = 2^{10}$, $m = 4$, $\tilde{m} = 2^{-8}$을 가진 (8.70)의 함수 $g(s)$와 $b = \dfrac{3}{2}$인 함수 $f(s)$의 그래프

8.5 단열 계산으로 회로 기반 계산의 복제

L개의 게이트 $U_1, \ldots, U_L$로 구성돼 n개의 큐비트에 작용하는 다음과 같은 회로 U가 주어진 상황을 고려한다.

$$U = U_L \cdots U_1 : \mathbb{H}^{\otimes n} \to \mathbb{H}^{\otimes n}$$

여기에서, L은 회로 U의 길이이다. (정의 5.27 참조) 다음의 자명한 게이트를 도입해 표기를 단순화한다.

$$U_0 = \mathbf{1}^{\otimes n}$$

회로 U는 주어진 초기 상태 $|\Psi_{\text{ini}}\rangle$를 다음의 최종 출력 상태로 변환해 양자 계산을 수행한다.

$$|\Psi_{\text{fin}}\rangle = U|\Psi_{\text{ini}}\rangle$$

이 절에서는 임의의 입력 상태 $|\Psi_{\text{ini}}\rangle$가 주어지면 최종 출력 상태 $|\Psi_{\text{fin}}\rangle$은 비슷한 효율로 적절한 단열 양자 계산으로 생성할 수 있다는 것을 증명한다[34, 114]. 여기에서 비슷한 효율이라는 것은 단열 계산에서 전이 시간 T가 회로의 길이 L의 다항식에 비례해 증가하는 것을 의미한다. 즉, $T \in \text{poly}(L)$이다.

그러면 단열 계산에서 $|\Psi_{\mathrm{fin}}\rangle = U|\Psi_{\mathrm{ini}}\rangle$를 어떻게 구성할까? $|\Psi_{\mathrm{ini}}\rangle$를 알고 있다고 가정했기에, $|\Psi_{\mathrm{ini}}\rangle$를 고유 상태로 가지는 초기 해밀터니안으로 $\mathsf{H}_{\mathrm{ini}} = 1 - |\Psi_{\mathrm{ini}}\rangle\langle\Psi_{\mathrm{ini}}|$를 구축할 수 있다. 그러나 비슷한 방법을 최종 해밀터니안에 이용할 수 없다. $|\Psi_{\mathrm{fin}}\rangle$을 직접 사용할 수 없기 때문이다.[1]

그러나 회로 U를 구성하는 게이트 $U_1, \ldots, U_L$을 사용할 수 있다고 가정한다. 문제 8.103에서 단열 계산에서 $|\Psi_{\mathrm{fin}}\rangle$을 구축하기 위해 U_j를 이용하는 아이디어를 소개한다.

> **문제 8.103** $L \in \mathbb{N}$이며, $a_1, \ldots, a_L \in \mathbb{R} \smallsetminus \{0\}$이다. $A \in \mathrm{Mat}\big((L+1) \times (L+1), \mathbb{R}\big)$은 다음으로 주어진다.
>
> $$\begin{pmatrix} 1 & -(a_1)^{-1} & 0 & & \cdots & & & 0 \\ -a_1 & 2 & -(a_2)^{-1} & 0 & & & & \\ 0 & -a_2 & 2 & -(a_3)^{-1} & & & & \\ \vdots & & \ddots & \ddots & \ddots & & & \vdots \\ & & & -a_{j-1} & 2 & & -(a_j)^{-1} & \\ \vdots & & & & \ddots & \ddots & \ddots & \vdots \\ & & & & -a_{L-2} & 2 & -(a_{L-1})^{-1} & 0 \\ & & & & & -a_{L-1} & 2 & -(a_L)^{-1} \\ 0 & & \cdots & & & 0 & -a_L & 1 \end{pmatrix}$$
>
> 그러면 A는 고윳값 0과 다음의 고유벡터를 가진다는 것을 보여라.
>
> $$\mathbf{e}_0 = \begin{pmatrix} 1 \\ a_1 \\ a_2 a_1 \\ \vdots \\ a_{j-1} a_{j-2} \cdots a_2 a_1 \\ \vdots \\ a_{L-2} a_{L-3} \cdots a_2 a_1 \\ a_{L-1} a_{L-2} \cdots a_2 a_1 \\ a_L a_{L-1} \cdots a_2 a_1 \end{pmatrix} \in \mathbb{R}^{L+1}$$

게이트 기반 계산을 단열 계산으로 복제하는 아이디어를, 문제 8.103의 결과를 사용해 다음과 같은 비유로 설명한다: A에서 a_j를 회로 게이트의 연산자 U_j로

---

[1] 만약에 그렇다면, 단열 계산을 할 필요가 없다.

바꾸고, e_0에서는 1을 $|\Psi_{ini}\rangle$로 바꾸고 a_1을 $U_1|\Psi_{ini}\rangle$로 바꾸고 e_0의 나머지 a_j를 다시 U_j로 바꾼다. 문제 8.103의 결과에서 고윳값 0에 대한 A의 고유 상태 e_0가 마지막 구성 요소에 $U_L U_{L-1} \cdots U_1|\Psi_{ini}\rangle = U|\Psi_{ini}\rangle$를 가지고 있다. 이것이 우리가 구성하려고 하는 최종 상태 $|\Psi_{fin}\rangle$이다. 그러므로 회로 U의 개별 게이트 U_j를 사용해 구축한 연산자 A의 고유 상태의 일부로 원하는 상태 $|\Psi_{fin}\rangle$을 식별할 수 있다. 이것이 단열 계산으로 게이트 기반 양자 계산을 복제하는 아이디어이며, 여기서 A의 역할을 적절한 해밀터니안으로 대체할 것이다. 이 절의 나머지 부분에서 위의 아이디어를 더욱 정확하게 서술할 것이다.

앞의 비유에서 e_0의 j번째 성분은 $U_j U_{j-1} \cdots U_1|\Psi_{ini}\rangle$이며 j번째 게이트까지 적용된 후의 회로 내의 상태이다. 그러므로 다음의 기저 상태를

$$
\begin{pmatrix} 1 \\ 0 \\ 0 \\ \vdots \\ 0 \end{pmatrix}, \quad \begin{pmatrix} 0 \\ 1 \\ 0 \\ \vdots \\ 0 \end{pmatrix}, \quad \begin{pmatrix} 0 \\ 0 \\ 1 \\ \vdots \\ 0 \end{pmatrix}, \quad \dots, \quad \begin{pmatrix} 0 \\ 0 \\ 0 \\ \vdots \\ 1 \end{pmatrix}
$$

회로에 작용하는 새로운 게이트로 진행하는 컴퓨터 시계의 상태로 비유한다. 단열 동등을 위해 첫 번째 필요한 것은 **시계** 또는 **카운터** 공간과 상태이다.

정의 8.17 $L \in \mathbb{N}$이며, $l \in \{0, \dots, L\}$에 대해 다음을 정의한다.

$$
x(l) := \begin{cases} 0 & \text{if } l = 0 \\ \sum_{k=L-l}^{L-1} 2^k & \text{if } l > 0 \end{cases}
$$

$\mathbb{H}^C := \mathbb{IH}^{\otimes L}$을 **시계 공간**clock space로 정의하고, **시계 상태** 또는 **카운터 상태**를 다음으로 주어지는 계산 기저 상태의 부분집합으로 정의한다.

$$
|x(l)\rangle = |x(l)_{L-1} \dots x(l)_0\rangle \in \mathbb{H}^C
$$

여기에서,

$$
x(l)_k = \begin{cases} 0 & \text{if } 0 \le k < L - l \\ 1 & \text{if } L - l \le k \le L - 1 \end{cases} \tag{8.90}
$$

$l \in \{0,...,L\}$에 대해, 각각의 $|x(l)\rangle$는 계산 기저의 기저 벡터이며 다음을 만족한다.

$$x(l) = x(m) \quad \Leftrightarrow \quad l = m$$

그리고

$$\langle x(l)|x(m)\rangle = \delta_{lm} \tag{8.91}$$

또한 다음을 알 수 있다.

$$|x(0)\rangle = |\underbrace{0...0}_{L \text{ times}}\rangle, \qquad |x(1)\rangle = |1\underbrace{0...0}_{L-1 \text{ times}}\rangle, \quad ...,$$
$$|x(l)\rangle = |\underbrace{1...1}_{l \text{ times}}\underbrace{0...0}_{L-l \text{ times}}\rangle, \qquad ..., \qquad |x(L)\rangle = |\underbrace{1...1}_{L \text{ times}}\rangle \tag{8.92}$$

정의 8.17에서 다음을 얻는다.

$$x(l+1) = x(l) + 2^{L-l-1}$$

그러므로 $|x(l)\rangle$과 $|x(l+1)\rangle$의 차이는 $x(l)_{L-l-1} = 0$이 $x(l+1)_{L-l-1} = 1$로 바뀌는 것뿐이다. 그러므로 유한 수열 $(|x(0)\rangle, |x(1)\rangle,...,|x(L)\rangle)$의 각 단계는 (정의 5.22의) 그레이-코드 전이를 구성한다.

카운터 상태로 위의 형태의 $|x(l)\rangle$을 선택한 이유는 각 **시간-간격** 즉, $|x(l)\rangle$에서 $|x(l+1)\rangle$로 **시계가 나아가는 것**이 3^-국소이기 때문이다. (정의 3.21 참조) 좀 더 간단한 카운터로서 $J = \lfloor \log_2 L \rfloor + 1$의 $\P\mathbb{H}^{\otimes J}$의 기저 상태 $|0\rangle, |1\rangle, |2\rangle,...,|L\rangle$를 선택하면, 시간을 재기 위해 시계를 진행시키면 예를 들어 다음의 상태에서

$$|2^{J-1} - 1\rangle = |\sum_{j=0}^{J-2} 2^j\rangle = |0\underbrace{1...1}_{J-1 \text{ times}}\rangle$$

시계 상태의 다음 단계로 바뀐다.

$$|2^{J-1}\rangle = |1\underbrace{0...0}_{J-1 \text{ times}}\rangle$$

그러면 모든 J개의 큐비트가 변경된다. 그래서 시계 해밀터니안은 J-국소가 돼야 하고, 결국 $O(\log_2 L)$ 국소가 된다.

시계 상태 $|x(l)\rangle$을 이용해, 다양한 다른 상태를 정의한다. 이들은 주어진 회로의 단열 근사를 구성하는 데 사용된다[34].

정의 8.18 U는 n 큐비트에 작용하는 정의 5.27에서 정의한 길이 L의 단순 회로이다.

$$U = U_L \cdots U_1 U_0 \quad \in \mathcal{U}(\P\mathbb{H}^{\otimes n})$$

여기에서, $U_0 := \mathbf{1}^{\otimes n}$이며 각각의 U_l은 2-국소이다. $\mathbb{H}^U := \P\mathbb{H}^{\otimes n}$을 회로 공간이라고 한다. $|\Psi_{\mathrm{ini}}\rangle := |0\rangle^n \in \mathbb{H}^U$는 초기 회로 상태이며, $l \in \{0, \ldots, L\}$에 대해 다음의 상태를 정의한다.

$$|\Xi(l)\rangle := U_l \cdots U_1 U_0 |\Psi_{\mathrm{ini}}\rangle \in \mathbb{H}^U \tag{8.93}$$

회로와 시계가 조합된 공간 $\mathbb{H}^U \otimes \mathbb{H}^C$의 상태로 기술되는 조합된 회로와 시계 시스템에서 다음을 정의한다.

$$|\Gamma(l)\rangle := |\Xi(l)\rangle \otimes |x(l)\rangle \in \mathbb{H}^U \otimes \mathbb{H}^C \tag{8.94}$$

그리고

$$|\Gamma\rangle := \frac{1}{\sqrt{L+1}} \sum_{m=0}^{L} |\Gamma(m)\rangle \in \mathbb{H}^U \otimes \mathbb{H}^C \tag{8.95}$$

문제 8.104 다음을 증명하라.

$$\|\Xi(l)\| = 1 \tag{8.96}$$

$$\langle \Gamma(l)|\Gamma(m)\rangle = \delta_{lm} \tag{8.97}$$

(8.94)와 (8.97)에서 $\{|\Gamma(m)\rangle \mid m \in \{0, \ldots, L\}\}$은 회로와 시계 조합 공간 $\mathbb{H}^U \otimes \mathbb{H}^C$의 정규직교 벡터의 집합이 된다. 이를 이용해 다음의 부분공간을 정의한다.

$$\mathbb{H}_{\mathrm{sub}} := \mathrm{Span}\left\{|\Gamma(m)\rangle \mid m \in \{0, \ldots, L\}\right\} \subset \mathbb{H}^U \otimes \mathbb{H}^C \tag{8.98}$$

단열 양자 계산을 구성하기 위해 초기 해밀터니안과 최종 해밀터니안을 지정해야 한다. 이를 위해 다음의 상당히 긴 정의를 했다[34]. 다양한 항들의 성질을 증명하고 설명할 것이다.

정의 8.19 $l \in \{0, \ldots, L\}$일 때, U_l은 정의 8.18의 길이 L의 회로 U의 게이트이다. 회로와 시계 결합 공간 $\mathbb{H}^U \otimes \mathbb{H}^C$에서 다음의 해밀터니안을 정의한다.

$$\mathsf{H}_{\text{ini}} := \mathsf{H}_{\text{c-ini}} + \mathsf{H}_{\text{input}} + \mathsf{H}_{\text{clock}} \tag{8.99}$$

$$\mathsf{H}_{\text{fin}} := \mathsf{H}_{\text{prop}} + \mathsf{H}_{\text{input}} + \mathsf{H}_{\text{clock}} \tag{8.10}$$

여기에서

$$\mathsf{H}_{\text{c-ini}} := \mathbf{1}^{\otimes n} \otimes |1\rangle\langle 1| \otimes \mathbf{1}^{\otimes L-1} \tag{8.101}$$

$$\mathsf{H}_{\text{input}} := \sum_{j=1}^{n} \mathbf{1}^{\otimes j-1} \otimes |1\rangle\langle 1| \otimes \mathbf{1}^{\otimes n-j} \otimes |0\rangle\langle 0| \otimes \mathbf{1}^{\otimes L-1} \tag{8.102}$$

$$\mathsf{H}_{\text{clock}} := \mathbf{1}^{\otimes n} \otimes \sum_{l=0}^{L-2} \mathbf{1}^{\otimes l} \otimes |0\rangle\langle 0| \otimes |1\rangle\langle 1| \otimes \mathbf{1}^{\otimes L-l-2} \tag{8.103}$$

$$\mathsf{H}_{\text{prop}} := \frac{1}{2} \sum_{l=1}^{L} \mathsf{H}_l \tag{8.104}$$

전파 해밀터니안 H_{prop}의 H_l은 $l = 1$일 때, $1 < l < L$일 때, $l = L$일 때를 구분해 다음으로 정의한다.

$$\mathsf{H}_1 := \left[\mathbf{1}^{\otimes n} \otimes (|00\rangle\langle 00| + |10\rangle\langle 10|) \right. \\ \left. - U_1 \otimes |10\rangle\langle 00| - U_1^* \otimes |00\rangle\langle 10| \right] \otimes \mathbf{1}^{\otimes L-2} \tag{8.105}$$

$$\mathsf{H}_l := \left[\mathbf{1}^{\otimes n+l-2} \otimes (|100\rangle\langle 100| + |110\rangle\langle 110|) \right. \\ \left. - U_l \otimes \mathbf{1}^{\otimes l-2} \otimes |110\rangle\langle 100| - U_l^* \otimes \mathbf{1}^{\otimes l-2} \otimes |100\rangle\langle 110| \right] \otimes \mathbf{1}^{\otimes L-l-1} \tag{8.105}$$

$$\mathsf{H}_L := \mathbf{1}^{\otimes n+L-2} \otimes (|10\rangle\langle 10| + |11\rangle\langle 11|) \\ - U_L \otimes \mathbf{1}^{\otimes L-2} \otimes |11\rangle\langle 10| - U_L^* \otimes \mathbf{1}^{\otimes L-2} \otimes |10\rangle\langle 11| \tag{8.105}$$

H_{prop}의 특정 형태는 문제 8.103에서 유도한 결과에서 나온다. 문제에 이어서 나왔던 토의에서, 정의 8.19에서 정의한 H_{prop}를 이용하면 H_{fin}의 바닥 상태의 성분으로 원하는 상태 $U_L \cdots U_1 |\Psi_{\text{ini}}\rangle$를 찾을 수 있을 것으로 기대한다. 이것은 정

리 8.23에서 증명한다. 여기에서, 문제 8.103의 $\mathbf{e}_0$과 유사한 $|\Gamma\rangle$가 H_{fin}의 바닥 상태임을 보인다. $H_{c\text{-}ini}$, H_{input}, H_{clock}의 특정 형태에 대한 설명은 보조정리 8.20을 증명하고 나면 쉽게 설명할 수 있다.

$|\Gamma(0)\rangle$는 H_{ini}의 바닥 상태가 된다. 즉, 가능한 가장 작은 고윳값에 대한 H_{ini}의 고유벡터이다. 그리고 H_{ini}의 가장 작은 고윳값은 영이다.

> **보조정리 8.20** 정의 8.19에서 정의한 연산자 $H_{c\text{-}ini}$, H_{input}, H_{clock}, H_{ini}는 자기수반이며 양의 연산자다.
>
> 그리고 H_{ini}의 최소 고윳값은 0이다. 이 고윳값은 퇴화하지 않았고, $|\Gamma(0)\rangle$ $= |0\rangle^n \otimes |0\rangle^L$을 고유벡터로 가진다. 즉, $\mathrm{Eig}(H_{ini}, 0) = \mathrm{Span}\ \{|\Gamma(0)\rangle\}$이다.

[증명]

먼저 하나의 보기로 다음을 유도한다.

$$
\begin{aligned}
H_{clock}^* &\underbrace{=}_{(8.103)} \left(\mathbf{1}^{\otimes n} \otimes \sum_{l=0}^{L-2} \mathbf{1}^{\otimes l} \otimes |0\rangle\langle 0| \otimes |1\rangle\langle 1| \otimes \mathbf{1}^{\otimes L-l-2}\right)^* \\
&\underbrace{=}_{(3.31)} \mathbf{1}^{\otimes n} \otimes \sum_{l=0}^{L-2} \mathbf{1}^{\otimes l} \otimes (|0\rangle\langle 0|)^* \otimes (|1\rangle\langle 1|)^* \otimes \mathbf{1}^{\otimes L-l-2} \\
&\underbrace{=}_{(2.36)} \mathbf{1}^{\otimes n} \otimes \sum_{l=0}^{L-2} \mathbf{1}^{\otimes l} \otimes |0\rangle\langle 0| \otimes |1\rangle\langle 1| \otimes \mathbf{1}^{\otimes L-l-2} \\
&\underbrace{=}_{(8.103)} H_{clock}
\end{aligned}
$$

비슷한 방법으로 $H_{c\text{-}ini}$, H_{input} 또한 자기수반연산자임을 증명할 수 있다. 그러면 H_{ini}는 자기수반연산자의 합이므로 자기수반연산자가 된다.

양의 연산자를 증명하기 위해 (정의 3.8의) 계산 기저 벡터를 고려한다.

$$|\xi\rangle = |\xi_{n-1} \cdots \xi_0\rangle = |\xi_{n-1}\rangle \otimes \cdots \otimes |\xi_0\rangle \in \mathbb{H}^U$$

여기에서 $\xi_j = \{0, 1\}$이고 $\xi = \sum_{j=0}^{n-1} \xi_j 2^j$이다. 그리고

$$|x\rangle = |x_{n-1} \cdots x_0\rangle = |x_{n-1}\rangle \otimes \cdots \otimes |x_0\rangle \in \mathbb{H}^C$$

여기에서, $x = \sum_{j=0}^{L-1} x_j 2^j$이고 $x_j \in \{0,1\}$이다. 벡터의 집합 $\{|\xi\rangle \otimes |x\rangle \,|\, 0 \leq \xi < 2^n$, $0 \leq x < 2^L\}$은 $\mathbb{H}^U \otimes \mathbb{H}^C$의 ONB가 되며, 임의의 벡터 $|\Psi\rangle \in \mathbb{H}^U \otimes \mathbb{H}^C$를 다음의 형태로 표현할 수 있다.

$$|\Psi\rangle = \sum_{\xi=0}^{2^n-1} \sum_{x=0}^{2^L-1} \Psi_{\xi x} |\xi\rangle \otimes |x\rangle$$

앞으로는 다음의 사실들을 자주 사용한다.

$$\langle 0|\xi_j\rangle = (1 - \xi_j) \quad \text{and} \quad \langle 1|\xi_j\rangle = \xi_j \tag{8.108}$$

그리고 비슷한 것이 $|x_j\rangle$에 대해서 성립한다. 그러므로 다음을 얻는다.

$$
\begin{aligned}
\mathsf{H}_{\text{c-ini}}\Big(|\xi\rangle \otimes |x\rangle\Big) &\underbrace{=}_{(8.101)} \big(\mathbf{1}^{\otimes n} \otimes |1\rangle\langle 1| \otimes \mathbf{1}^{\otimes L-1}\big)|\xi\rangle \otimes |x\rangle \\
&= |\xi\rangle \otimes |1\rangle \underbrace{\langle 1|x_{L-1}\rangle}_{=x_{L-1}} \otimes |x_{L-2}\rangle \otimes \cdots \otimes |x_0\rangle \\
&= x_{L-1}|\xi\rangle \otimes |1\rangle \otimes |x_{L-2}\rangle \otimes \cdots \otimes |x_0\rangle \\
&= x_{L-1}|\xi\rangle \otimes |x\rangle \tag{8.109}
\end{aligned}
$$

그래서 모든 $|\Psi\rangle \in \mathbb{H}^U \otimes \mathbb{H}^C$가 다음을 만족한다.

$$
\begin{aligned}
\langle \Psi | \mathsf{H}_{\text{c-ini}} \Psi \rangle &= \sum_{\zeta,y} \sum_{\xi,x} \overline{\Psi_{\zeta y}} \Psi_{\xi x} x_{L-1} \underbrace{\langle \zeta|\xi\rangle}_{=\delta_{\zeta\xi}} \underbrace{\langle y_{L-1}|1\rangle}_{=y_{L-1}} \langle y_{L-2}|x_{L-2}\rangle \cdots \langle y_0|x_0\rangle \\
&= \sum_{\xi} \sum_{y,x} y_{L-1} x_{L-1} \overline{\Psi_{\xi y}} \Psi_{\xi x} \underbrace{\langle y_{L-2}|x_{L-2}\rangle}_{=\delta_{y_{L-2},x_{L-2}}} \cdots \underbrace{\langle y_0|x_0\rangle}_{=\delta_{y_0,x_0}} \\
&= \sum_{\xi,x} \delta_{1,x_{L-1}} \big|\Psi_{\xi x}\big|^2 \\
&\geq 0 \tag{8.110}
\end{aligned}
$$

이는 $\mathsf{H}_{\text{c-ini}}$가 양의 연산자임을 증명한다. 다음을 고려한다.

$$
\begin{aligned}
\mathsf{H}_{\text{input}}\Big(|\xi\rangle \otimes |x\rangle\Big) &\underbrace{=}_{(8.102)} \Big(\sum_{j=1}^{n} \mathbf{1}^{\otimes j-1} \otimes |1\rangle\langle 1| \otimes \mathbf{1}^{\otimes n-j} \otimes |0\rangle\langle 0| \otimes \mathbf{1}^{\otimes L-1}\Big)|\xi\rangle \otimes |x\rangle \\
&\underbrace{=}_{(8.108)} \sum_{j=1}^{n} \xi_{n-j}(1 - x_{L-1})|\xi_{n-1}\rangle \otimes \cdots \otimes |\xi_{n-j+1}\rangle \otimes |1\rangle \otimes |\xi_{n-j-1}\rangle \\
&\qquad \otimes \cdots \otimes |\xi_0\rangle \otimes |0\rangle \otimes |x_{L-2}\rangle \otimes \cdots \otimes |x_0\rangle \tag{8.110}
\end{aligned}
$$

그래서 모든 $|\Psi\rangle \in \mathbb{H}^U \otimes \mathbb{H}^C$가 다음을 만족한다.

$$
\begin{aligned}
\langle \Psi | \mathsf{H}_{\text{input}} \Psi \rangle &= \sum_{\zeta,\xi,y,x} \sum_{j=1}^{n} \overline{\Psi_{\zeta y}} \Psi_{\xi x} \xi_{n-j} (1 - x_{L-1}) \langle \zeta_{n-1} | \xi_{n-1} \rangle \cdots \langle \zeta_{n-j+1} | \xi_{n-j+1} \rangle \\
&\qquad \times \langle \zeta_{n-j} | 1 \rangle \langle \zeta_{n-j-1} | \xi_{n-j-1} \rangle \cdots \langle \zeta_0 | \xi_0 \rangle \\
&\qquad \times \langle y_{L-1} | 0 \rangle \langle y_{L-2} | x_{L-2} \rangle \cdots \langle y_0 | x_0 \rangle \\
&= \sum_{\xi,x} \sum_{j=1}^{n} |\Psi_{\xi x}|^2 \, \delta_{1,\xi_{n-j}} \delta_{0,x_{L-1}} \\
&\geq 0
\end{aligned}
$$

이로써, $\mathsf{H}_{\text{input}}$는 양의 연산자가 된다. 마지막으로, 다음을 얻는다.

$$
\begin{aligned}
\mathsf{H}_{\text{clock}} |\xi\rangle \otimes |x\rangle &\underset{(8.103)}{=} \left(\mathbf{1}^{\otimes n} \otimes \sum_{l=0}^{L-2} \mathbf{1}^{\otimes l} |0\rangle\langle 0| \otimes |1\rangle\langle 1| \otimes \mathbf{1}^{\otimes L-l-2} \right) |\xi\rangle \otimes |x\rangle \\
&\underset{(8.108)}{=} |\xi\rangle \otimes \sum_{l=0}^{L-2} (1 - x_{L-l-1}) x_{L-l-2} |x_{L-1}\rangle \otimes \cdots \otimes |x_{L-l}\rangle \\
&\qquad \otimes |0\rangle \otimes |1\rangle \otimes |x_{L-l-3}\rangle \otimes \cdots \otimes |x_0\rangle
\end{aligned}
\tag{8.112}
$$

그래서 모든 $|\Psi\rangle \in \mathbb{H}^U \otimes \mathbb{H}^C$는 다음을 만족한다.

$$
\begin{aligned}
\langle \Psi | \mathsf{H}_{\text{clock}} \Psi \rangle &= \sum_{\xi,x} \sum_{l=0}^{L-2} |\Psi_{\xi x}|^2 \, \delta_{1,x_{L-l-2}} \delta_{0,x_{L-l-1}} \\
&\geq 0
\end{aligned}
\tag{8.113}
$$

이는 $\mathsf{H}_{\text{clock}}$가 양의 연산자임을 증명한다. 양의 연산자의 합인 H_{ini}는 또한 양의 연산자가 된다. 그러므로 가능한 최소 고윳값은 영이다. $|\Gamma(0)\rangle = |0\rangle^n \otimes |0\rangle^L$에 대해 모든 ξ_j와 x_j는 영이므로, (8.99), (8.109), (8.111), (8.112)에서 $\mathsf{H}_{\text{ini}} |\Gamma(0)\rangle = 0$이 된다.

이것이 고윳값 영에 대응하는 유일한 고유벡터임을 증명하기 위해, (8.110)~(8.113)에서 모든 $|\Psi\rangle \in \mathbb{H}^U \otimes \mathbb{H}^C$는 다음을 만족하는 것에 주의한다.

$$
\langle \Psi | \mathsf{H}_{\text{ini}} \Psi \rangle = \sum_{\xi,x} \Big(\underbrace{\delta_{1,x_{L-1}}}_{\geq 0} + \underbrace{\sum_{j=1}^{n} \delta_{1,\xi_{n-j}} \delta_{0,x_{L-1}}}_{\geq 0} + \underbrace{\sum_{l=0}^{L-2} \delta_{1,x_{L-l-2}} \delta_{0,x_{L-l-1}}}_{\geq 0} \Big) |\Psi_{\xi x}|^2
$$

그러므로 $|\Psi\rangle$가 H_{ini}의 고윳값 영인 고유벡터가 되기 위해서는 위의 각각의 항들이 모두 영이 돼야 한다. 첫 번째 항에서 $x_{L-1} = 0$인 경우에만 $\Psi_{\xi x}$가 영이 아닐

수 있다. 두 번째 항에서 $j \in \{0, \ldots, n-1\}$일 때 $\xi_j = 0 = x_{L-1}$일 때만 $\Psi_{\xi x}$가 영이 아닐 수 있다. 즉, 영이 아닌 $\Psi_{\xi x}$의 유일한 형태는 $\Psi_{0\ldots0, 0x_{L-2}\ldots x_0}$이다. 이 형태에서 마지막 항이 영이 되는 것은 다음의 경우일 때다.

$$x_{L-l-2} = 1 \quad \text{그리고} \quad x_{L-l-1} = 0 \quad \text{for } l \in \{0, \ldots, L-2\}$$

이를 이용하면 $l = 0$이면 영이 아닌 성분을 가지는 가능한 고유벡터의 형태는 $\Psi_{0\ldots0, 0x_{L-3}\ldots x_0}$이 된다. 같은 논리를 $l = 1$에서 $l = L-2$까지 차례로 적용하면 H_{ini}의 고유벡터 $|\Psi\rangle$의 유일한 영이 아닌 성분은 $\Psi_{0\ldots0, 0\ldots0}$이 된다. 즉, $|\Psi\rangle = e^{i\alpha}|\Gamma(0)\rangle$이며 증명은 끝난다. ▪

회로 U의 단열 복제는 H_{ini}의 바닥 기저를 따름정리 8.4에서 서술한 확률로 H_{fin}의 바닥 기저로 시간 진전시킨다. $H_{c\text{-}ini}$, H_{input}, H_{clock}의 형태가 초기 상태 $|\Psi\rangle = |0\rangle^n \otimes |0\rangle^L = |\Gamma(0)\rangle$가 H_{ini}의 바닥 상태가 되고, H_{fin}의 바닥 상태가 문제 8.103의 e_0와 유사하게 되는 것을 보장한다. 특히, 시작 시계 상태 $|x(0)\rangle = |0\rangle^L$에서 단열 진전을 시작하고, 바닥 상태를 다음의 **합법한** 시계 상태의 부분공간에서만 진전하기를 원한다.

$$\mathbb{H}_{leg}^C = \text{Span}\left\{ |x(l)\rangle \mid l \in \{0, \ldots, L\} \right\} \tag{8.114}$$

이러한 것을, $H_{c\text{-}ini}$, H_{input}, H_{clock}가 $\mathbb{H}_{leg}^C$에서 영이 되고, 직교 여집합에서 1보다 작지 않은 고윳값을 갖도록 설계해 구현한다. (8.112)에서 다음을 알 수 있다.

$$H_{clock}\left(|\xi\rangle \otimes |x\rangle\right) = \begin{pmatrix} \text{x의 이진 형태에서 수열 01이} \\ \text{나타난 횟수} \end{pmatrix} |\xi\rangle \otimes |x\rangle$$

(8.92), (8.114)에서 $H_{clock}(|\xi\rangle \otimes |x\rangle) = 0$은 $|x\rangle \in \mathbb{H}_{leg}^C$와 필요충분조건이다. 비슷하게 (8.111)에서 $H_{input}(|\xi\rangle \otimes |x\rangle) = 0$은 $j \in \{0, \ldots, n-1\}$일 때 $\xi_j = 0$ 또는 $\xi_{L-1} = 1$과 필요충분조건이다. 그러므로 초기 시계 상태 $|x(0)\rangle = |0\rangle^L$에 대해, $|\xi\rangle = |0\rangle^n$만이 $H_{input}(|\xi\rangle \otimes |x\rangle) = 0$이 된다. 즉, 시계가 0을 나타낼 때, 조합된 시스템이 H_{ini}의 바닥 상태에 있어야 한다면 회로 상태는 $|0\rangle^n$이어야 한다. 마지막으로 (8.109)에서 $H_{c\text{-}ini}(|\xi\rangle \otimes |x\rangle) = x_{L-1}|\xi\rangle \otimes |x\rangle$이며, 이것이 영이 되는 것과 $x_{L-1} = 0$은 필요충분조건이다. 그러나 앞의 조건 $|x\rangle \in \mathbb{H}_{leg}^C$을 이용하면 H_{ini}의 바닥 상태는 $|0\rangle^n \otimes |0\rangle^L$이 된다. 이러한 사항들이 정의 8.19의 다양한 해밀

터니안을 구성하는 발견적^{heuristic} 동기가 된다. 이 절의 나머지 부분에서는 이러한 방법으로 정의한 해밀터니안이 실제로 원하는 복제를 한다는 것을 상세하게 증명한다.

보조정리 8.20에서 $|\Gamma(0)\rangle$가 H_{ini}의 최소 고윳값의 (당연히 위상을 제외한) 유일한 고유벡터가 된다는 것을 증명했기에, H_{fin}의 특성을 설명한다. 이를 위해 H_{prop}의 H_l에 있는 다양한 항들이 $m \in \{0,\dots,L\}$일 때 시계 상태벡터 $|x(m)\rangle$에 어떻게 작용하는지 먼저 설명한다.

문제 8.105 정의 8.17에서 정의한 모든 시계 상태 $|x(m)\rangle$와 $a, b \in \{0,1\}$에 대해 다음의 관계식이 성립하는 것을 증명하라.

$$
\begin{aligned}
\left(|a0\rangle\langle b0| \otimes \mathbf{1}^{\otimes L-2}\right)|x(m)\rangle &= \delta_{a,0}\delta_{b,1}\delta_{m,1}|x(m-1)\rangle \qquad (8.115)\\
&+ \left(\delta_{a,0}\delta_{b,0}\delta_{m,0} + \delta_{a,1}\delta_{b,1}\delta_{m,1}\right)|x(m)\rangle\\
&+ \delta_{a,1}\delta_{b,0}\delta_{m,0}|x(m+1)\rangle
\end{aligned}
$$

$$
\begin{aligned}
\left(\mathbf{1}^{\otimes l-2} \otimes |1a0\rangle\langle 1b0|\mathbf{1}^{\otimes L-l-1}\right)|x(m)\rangle &= \delta_{a,0}\delta_{b,1}\delta_{m,l}|x(m-1)\rangle \qquad (8.116)\\
&+ \left(\delta_{a,0}\delta_{b,0}\delta_{m,l-1} + \delta_{a,1}\delta_{b,1}\delta_{m,l}\right)|x(m)\rangle\\
&+ \delta_{a,1}\delta_{b,0}\delta_{m,l-1}|x(m+1)\rangle
\end{aligned}
$$

$$
\begin{aligned}
\left(\mathbf{1}^{\otimes L-2} \otimes |1a\rangle\langle 1b|\right)|x(m)\rangle &= \delta_{a,0}\delta_{b,1}\delta_{m,L}|x(m-1)\rangle \qquad (8.117)\\
&+ \left(\delta_{a,0}\delta_{b,0}\delta_{m,L-1} + \delta_{a,1}\delta_{b,1}\delta_{m,L}\right)|x(m)\rangle\\
&+ \delta_{a,1}\delta_{b,0}\delta_{m,L-1}|x(m+1)\rangle
\end{aligned}
$$

다음은 (8.98)에서 정의한 $\mathbb{H}_{sub}$가 $H_{c\text{-}ini}$, H_{input}, H_{clock}, H_l 그리고 결국 H_{prop}에 대해 불변임을 증명한다.

보조정리 8.21 $m \in \{0,\dots,L\}$일 때 $|\Gamma(m)\rangle$은 정의 8.18에서 정의한 것이고 $H_{c\text{-}ini}$, H_{input}, H_{clock}과 $l \in \{0,\dots,L\}$일 때 H_l은 정의 8.19에서 정의한 것이다. 그러면 다음이 성립한다.

$$H_{c\text{-}ini}|\Gamma(m)\rangle = (1 - \delta_{m,0})|\Gamma(m)\rangle \qquad (8.118)$$

$$H_{input}|\Gamma(m)\rangle = 0 \qquad (8.119)$$

$$H_{clock}|\Gamma(m)\rangle = 0 \qquad (8.120)$$

$$\begin{aligned}
\mathsf{H}_l|\Gamma(m)\rangle &= (\delta_{m,l-1} + \delta_{m,l})|\Gamma(m)\rangle \\
&\quad - \delta_{m,l-1}|\Gamma(m+1)\rangle - \delta_{m,l}|\Gamma(m-1)\rangle
\end{aligned} \tag{8.121}$$

[증명]

(8.118)을 먼저 증명한다. 그러면 다음을 얻는다.

$$\begin{aligned}
\mathsf{H}_{\text{c-ini}}|\Gamma(m)\rangle &\underset{(8.101)}{=} \mathbf{1}^{\otimes n} \otimes |1\rangle\langle 1| \otimes \mathbf{1}^{\otimes L-1}|\Xi(m)\rangle \otimes |x(m)\rangle \\
&\underset{(8.109)}{=} x(m)_{L-1}|\Xi(m)\rangle \otimes |1x(m)_{L-2}\ldots x(m)_0\rangle
\end{aligned}$$

여기에서 (8.90)에서 다음이 성립한다.

$$x(m)_{L-1} = 1 - \delta_{m,0}$$

그리고

$$|1x(m)_{L-2}\ldots x(m)_0\rangle = |x(m)\rangle \qquad \text{for } m \geq 1$$

그러면 다음을 알 수 있다.

$$\mathsf{H}_{\text{c-ini}}|\Gamma(m)\rangle = (1-\delta_{m,0})|\Xi(m)\rangle \otimes |x(m)\rangle = (1-\delta_{m,0})|\Gamma(m)\rangle$$

다음으로 (8.119)를 위해 다음을 주의한다.

$$\begin{aligned}
\mathsf{H}_{\text{input}}|\Gamma(m)\rangle &\underset{(8.102)}{=} \left(\sum_{j=1}^{n} \mathbf{1}^{\otimes j-1} \otimes |1\rangle\langle 1| \otimes \mathbf{1}^{\otimes n-j} \otimes |0\rangle\langle 0| \otimes \mathbf{1}^{\otimes L-1}\right)|\Xi(m)\rangle \otimes |x(m)\rangle \\
&= \delta_{0,x(m)_{L-1}}\left(\left(\sum_{j=1}^{n} \mathbf{1}^{\otimes j-1} \otimes |1\rangle\langle 1| \otimes \mathbf{1}^{\otimes n-j}\right)|\Xi(m)\rangle\right) \\
&\qquad \otimes |0x(m)_{L-2}\ldots x(m)_0\rangle
\end{aligned}$$

(8.90)에서 다음을 얻는다.

$$x(m)_{L-1} = 0 \quad \Leftrightarrow \quad m = 0$$

그러므로 다음을 알 수 있다.

$$\begin{aligned}
\mathsf{H}_{\text{input}}|\Gamma(m)\rangle &= \delta_{m,0}\left(\sum_{j=1}^{n} \mathbf{1}^{\otimes j-1} \otimes |1\rangle\langle 1| \otimes \mathbf{1}^{\otimes n-j}\right)|0\rangle^n \otimes |0\rangle^L \\
&= 0
\end{aligned}$$

(8.120)을 증명하기 위해, 모든 $m \in \{0,\ldots,L\}$에 대해 다음이 성립하는 것에 주의한다.

$$\mathsf{H}_{\text{clock}}|\Gamma(m)\rangle \underset{(8.103)}{=} \left(\mathbf{1}^{\otimes n} \otimes \sum_{l=0}^{L-2} \mathbf{1}^{\otimes l} \otimes |0\rangle\langle 0| \otimes |1\rangle\langle 1| \otimes \mathbf{1}^{\otimes L-l-2}\right)|\Xi(m)\rangle \otimes |x(m)\rangle$$

$$= |\Xi(m)\rangle \otimes$$
$$\sum_{l=0}^{L-2} \delta_{0,x(m)_{L-1-l}}\delta_{1,x(m)_{L-2-l}}|x(m)_{L-1}\ldots x(m)_{L-l}01x(m)_{L-3-l}\ldots x(m)_0\rangle$$

(8.90)에서 다음을 얻는다.

$$x(m)_{L-1-l} = 0 \quad \Leftrightarrow \quad m < l+1 \quad \text{and} \quad x(m)_{L-2-l} = 1 \quad \Leftrightarrow \quad m \geq l+2$$

이것은 불가능하며, 그래서 $\mathsf{H}_{\text{clock}}|\Gamma(m)\rangle = 0$이 된다.

(8.121)을 증명하기 위해, $l = 1$부터 시작해 다음을 얻는다.

$$\mathsf{H}_1|\Gamma(m)\rangle \underset{(8.105)}{=} \left(\left[\mathbf{1}^{\otimes n} \otimes \left(|00\rangle\langle 00| + |10\rangle\langle 10|\right)\right.\right.$$
$$\left.\left. - U_1 \otimes |10\rangle\langle 00| - U_1^* \otimes |00\rangle\langle 10|\right] \otimes \mathbf{1}^{\otimes L-2}\right)|\Xi(m)\rangle \otimes |x(m)\rangle$$
$$\underset{(8.115)}{=} |\Xi(m)\rangle \otimes (\delta_{m,0} + \delta_{m,1})|x(m)\rangle$$
$$- U_1|\Xi(m)\rangle \otimes \delta_{m,0}|x(m+1)\rangle - U_1^*|\Xi(m)\rangle \otimes \delta_{m,1}|x(m-1)\rangle$$
$$\underset{(8.94)}{=} (\delta_{m,0} + \delta_{m,1})|\Gamma(m)\rangle$$
$$- U_1|\Xi(0)\rangle \otimes \delta_{m,0}|x(1)\rangle - U_1^*|\Xi(1)\rangle \otimes \delta_{m,1}|x(0)\rangle$$

여기에서, (8.93)에서 $U_1|\Xi(0)\rangle = |\Xi(1)\rangle$과 $U_1^*|\Xi(1)\rangle = |\Xi(0)\rangle$임을 사용해 다음을 얻는다.

$$\mathsf{H}_1|\Gamma(m)\rangle = (\delta_{m,0} + \delta_{m,1})|\Gamma(m)\rangle - \delta_{m,0}|\Xi(1)\rangle \otimes |x(1)\rangle - \delta_{m,1}|\Xi(0)\rangle \otimes |x(0)\rangle$$
$$\underset{(8.94)}{=} (\delta_{m,0} + \delta_{m,1})|\Gamma(m)\rangle - \delta_{m,0}|\Gamma(1)\rangle - \delta_{m,1}|\Gamma(0)\rangle$$
$$= (\delta_{m,0} + \delta_{m,1})|\Gamma(m)\rangle - \delta_{m,0}|\Gamma(m+1)\rangle - \delta_{m,1}|\Gamma(m-1)\rangle$$

이것이 $l = 1$일 때 (8.121)이다. $1 < l < L$일 때 다음을 고려한다.

$$\mathsf{H}_l|\Gamma(m)\rangle \underset{(8.105)}{=} \left(\left[\mathbf{1}^{\otimes n+l-2} \otimes \left(|100\rangle\langle 100| + |110\rangle\langle 110|\right)\right.\right.$$

$$
\begin{aligned}
&\qquad\qquad - U_l \otimes \mathbf{1}^{\otimes l-2} \otimes |110\rangle\langle 100| \\
&\qquad\qquad -U_l^* \otimes \mathbf{1}^{\otimes l-2} \otimes |100\rangle\langle 110| \Big] \otimes \mathbf{1}^{\otimes L-l-1} \Big) |\Xi(m)\rangle \otimes |x(m)\rangle \\
&\underset{(8.116)}{=} |\Xi(m)\rangle \otimes (\delta_{m,l-1} + \delta_{m,l})|x(m)\rangle \\
&\qquad\qquad - U_l|\Xi(m)\rangle \otimes \delta_{m,l-1}|x(m+1)\rangle - U_l^*|\Xi(m)\rangle \otimes \delta_{m,l}|x(m-1)\rangle \\
&\underset{(8.94)}{=} (\delta_{m,l-1} + \delta_{m,l})|\Gamma(m)\rangle \\
&\qquad\qquad - U_l|\Xi(l-1)\rangle \otimes \delta_{m,l-1}|x(l)\rangle - U_l^*|\Xi(l)\rangle \otimes \delta_{m,l}|x(l-1)\rangle
\end{aligned}
$$

여기에서, (8.93)에서 $U_l|\Xi(1)\rangle = |\Xi(l)\rangle$, $U_l^*|\Xi(l)\rangle = |\Xi(l-1)\rangle$임을 이용해 다음을 얻는다.

$$
\begin{aligned}
\mathsf{H}_l|\Gamma(m)\rangle &= (\delta_{m,l-1} + \delta_{m,l})|\Gamma(m)\rangle \\
&\quad - \delta_{m,l-1}|\Xi(l)\rangle \otimes |x(l)\rangle - \delta_{m,l}|\Xi(l-1)\rangle \otimes |x(l-1)\rangle \\
&\underset{(8.94)}{=} (\delta_{m,l-1} + \delta_{m,l})|\Gamma(m)\rangle - \delta_{m,l-1}|\Gamma(l)\rangle - \delta_{m,l}|\Gamma(l-1)\rangle \\
&= (\delta_{m,l-1} + \delta_{m,l})|\Gamma(m)\rangle - \delta_{m,l-1}|\Gamma(m+1)\rangle - \delta_{m,l}|\Gamma(m-1)\rangle
\end{aligned}
$$

마지막으로 $l = L$인 경우 다음을 얻는다.

$$
\begin{aligned}
\mathsf{H}_L|\Gamma(m)\rangle &\underset{(8.107)}{=} \Big(\mathbf{1}^{\otimes n+L-2} \otimes (|10\rangle\langle 10| + |11\rangle\langle 11|) \\
&\qquad - U_L \otimes \mathbf{1}^{\otimes L-2} \otimes |11\rangle\langle 10| - U_L^* \otimes \mathbf{1}^{\otimes L-2} \otimes |10\rangle\langle 11| \Big) |\Xi(m)\rangle \otimes |x(m)\rangle \\
&\underset{(8.117)}{=} |\Xi(m)\rangle \otimes (\delta_{m,L-1} + \delta_{m,L})|x(m)\rangle \\
&\qquad - U_L|\Xi(m)\rangle \otimes \delta_{m,L-1}|x(m+1)\rangle - U_L^*|\Xi(m)\rangle \otimes \delta_{m,L}|x(m-1)\rangle \\
&\underset{(8.94)}{=} (\delta_{m,L-1} + \delta_{m,L})|\Gamma(m)\rangle \\
&\qquad - U_L|\Xi(L-1)\rangle \otimes \delta_{m,L-1}|x(L)\rangle - U_L^*|\Xi(L)\rangle \otimes \delta_{m,L}|x(L-1)\rangle
\end{aligned}
$$

여기에서, (8.93)이 $U_L|\Xi(L-1)\rangle = |\Xi(L)\rangle$과 $U_L^*|\Xi(L)\rangle = |\Xi(L-1)\rangle$을 사용해 다음을 얻는다.

$$
\begin{aligned}
\mathsf{H}_L|\Gamma(m)\rangle &= (\delta_{m,L-1} + \delta_{m,L})|\Gamma(m)\rangle \\
&\quad - \delta_{m,L-1}|\Xi(L)\rangle \otimes |x(L)\rangle - \delta_{m,L}|\Xi(L-1)\rangle \otimes |x(L-1)\rangle \\
&\underset{(8.94)}{=} (\delta_{m,L-1} + \delta_{m,L})|\Gamma(m)\rangle - \delta_{m,L-1}|\Gamma(L)\rangle - \delta_{m,L}|\Gamma(L-1)\rangle \\
&= (\delta_{m,L-1} + \delta_{m,L})|\Gamma(m)\rangle - \delta_{m,L-1}|\Gamma(m+1)\rangle - \delta_{m,L}|\Gamma(m-1)\rangle
\end{aligned}
$$

이것은 $l = L$일 때 (8.121)이다.

보조정리 8.21의 결과에서, H_{ini}의 모든 구성원 $H_{c\text{-}ini}$, H_{input}, H_{clock}, H_{prop}와 H_{fin}이 부분공간 $Span\{|\Gamma(m)\rangle|m \in \{0,...,L\}\}$을 불변으로 둔다는 것을 봤다. 결국 이것은 H_{ini}와 H_{fin}에 대해 성립하며, 특히 모든 $s \in [0,1]$일 때 $H_T(s)$에 대해 성립한다.

정리 8.22 H_{ini}와 H_{fin}은 정의 8.19에서 정의한 것이다. 그리고 $s \in [0,1]$에 대해 다음을 정의한다.

$$H_T(s) := (1-s)H_{ini} + sH_{fin} \tag{8.122}$$

그리고

$$\mathbb{H}_{sub} := Span\left\{|\Gamma(m)\rangle \mid m \in \{0,\ldots,L\}\right\} \tag{8.123}$$

그러면 다음을 얻는다.

$$H_T(s)\{\mathbb{H}_{sub}\} \subset \mathbb{H}_{sub} \tag{8.124}$$

그리고 $\{|\Gamma(m)\rangle|m \in \{0,...,L\}\}$은 $\mathbb{H}_{sub}$의 ONB가 된다. 이 기저 벡터에서 $H_T(s)$의 $\mathbb{H}_{sub}$로의 제한은 다음의 행렬 표현을 가진다.

$$H_T(s)\big|_{\mathbb{H}_{sub}} = \begin{pmatrix} \frac{s}{2} & -\frac{s}{2} & 0 & 0 & \ldots & 0 \\ -\frac{s}{2} & 1 & -\frac{s}{2} & 0 & \ldots & 0 \\ 0 & -\frac{s}{2} & 1 & -\frac{s}{2} & 0 & \vdots \\ \vdots & \ddots & \ddots & \ddots & \ddots & \vdots \\ 0 & \ldots & 0 & -\frac{s}{2} & 1 & -\frac{s}{2} \\ 0 & \ldots & 0 & 0 & -\frac{s}{2} & 1-\frac{s}{2} \end{pmatrix} \tag{8.125}$$

[증명]

H_{sub}에 속하는 임의의 벡터를 다음과 같이 표기한다.

$$|\Psi\rangle = \sum_{m=0}^{L} \Psi_m|\Gamma(m)\rangle$$

(8.118)~(8.121)에서 다음을 얻는다.

$$\left\{ H_{\text{c-ini}}|\Psi\rangle ,\ H_{\text{input}}|\Psi\rangle ,\ H_{\text{clock}}|\Psi\rangle ,\ H_l|\Psi\rangle \right\} \subset \mathbb{H}_{\text{sub}}$$

정의 8.19에서 $H_{\text{prop}}|\Psi\rangle \in \mathbb{H}_{\text{sub}}$이며 다음이 만족한다.

$$\left\{ H_{\text{ini}}|\Psi\rangle ,\ H_{\text{fin}}|\Psi\rangle \right\} \subset \mathbb{H}_{\text{sub}}$$

이로부터, 정의 (8.122)의 $H_T(s)$에 대해 $H_T(s)|\Psi\rangle \in \mathbb{H}_{\text{sub}}$를 만족한다. (8.124)의 증명이 끝난다.

(8.125)를 보이기 위해 (8.97)에서 $\{|\Gamma(m)\rangle\,|\,m \in \{0,\dots,L\}\}$이 정규직교 벡터이며 그래서 $\mathbb{H}_{\text{sub}}$의 정의 (8.123)에서 이들이 이 부분공간에서 ONB를 형성하는 것에 주의한다. 보조정리 8.21의 (8.118)~(8.120)에서, 정의 8.19에서 정의한 H_{ini}는 ONB $\{|\Gamma(m)\rangle\,|\,m \in \{0,\dots,L\}\}$에 대해 다음의 행렬 표현을 가진다.

$$
\begin{aligned}
H_{\text{ini}}\big|_{\mathbb{H}_{\text{sub}}} \underbrace{=}_{(8.99)}\ & H_{\text{c-ini}}\big|_{\mathbb{H}_{\text{sub}}} + H_{\text{input}}\big|_{\mathbb{H}_{\text{sub}}} + H_{\text{clock}}\big|_{\mathbb{H}_{\text{sub}}} \\[2mm]
\underbrace{=}_{(8.119),(8.120)}\ & H_{\text{c-ini}}\big|_{\mathbb{H}_{\text{sub}}} \underbrace{=}_{(8.118)}
\begin{pmatrix}
0 & 0 & & \dots & & 0 \\
0 & 1 & 0 & \dots & & 0 \\
0 & 0 & 1 & 0 & \dots & 0 \\
\vdots & & \ddots & \ddots & \ddots & \vdots \\
0 & & \dots & 0 & 1 & 0 \\
0 & & \dots & & 0 & 1
\end{pmatrix}
\end{aligned}
\tag{8.126}
$$

비슷한 방법으로 다음을 얻는다.

$$
\begin{aligned}
H_{\text{fin}}\big|_{\mathbb{H}_{\text{sub}}} \underbrace{=}_{(8.100)}\ & H_{\text{prop}}\big|_{\mathbb{H}_{\text{sub}}} + H_{\text{input}}\big|_{\mathbb{H}_{\text{sub}}} + H_{\text{clock}}\big|_{\mathbb{H}_{\text{sub}}} \\[2mm]
\underbrace{=}_{(8.119),(8.120)}\ & H_{\text{prop}}\big|_{\mathbb{H}_{\text{sub}}}
\end{aligned}
\tag{8.127}
$$

그리고 (8.121)로부터 (8.104)에서 주어진 H_{prop}가 다음을 만족한다.

$$
\begin{aligned}
H_{\text{prop}}|\Gamma(m)\rangle \underbrace{=}_{(8.104)}\ & \sum_{l=1}^{L} H_l|\Gamma(m)\rangle \\[2mm]
\underbrace{=}_{(8.121)}\ & \frac{1}{2}\sum_{l=1}^{L}\left(\delta_{m,l-1} + \delta_{m,l}\right)|\Gamma(m)\rangle \\[2mm]
& - \frac{1}{2}\sum_{l=1}^{L}\left(\delta_{m,l-1}|\Gamma(m+1)\rangle + \delta_{m,l}|\Gamma(m-1)\rangle\right)
\end{aligned}
$$

$$= \begin{cases} \frac{1}{2}\big(|\Gamma(0)\rangle - |\Gamma(1)\rangle\big) & \text{if } m = 0 \\ |\Gamma(m)\rangle - \frac{1}{2}\big(|\Gamma(m-1)\rangle + |\Gamma(m+1)\rangle\big) & \text{if } 1 \le m \le L-1 \\ \frac{1}{2}\big(|\Gamma(L)\rangle - |\Gamma(L-1)\rangle\big) & \text{if } m = L \end{cases}$$

그러므로 H_{sub}에 제한한 H_{prop}의 행렬 표현은 다음으로 주어진다.

$$H_{prop}\big|_{\mathbb{H}_{sub}} = \begin{pmatrix} \frac{1}{2} & -\frac{1}{2} & 0 & \dots & & & 0 \\ -\frac{1}{2} & 1 & -\frac{1}{2} & 0 & \dots & & 0 \\ 0 & -\frac{1}{2} & 1 & -\frac{1}{2} & 0 & \dots & 0 \\ \vdots & \ddots & \ddots & \ddots & \ddots & \ddots & \vdots \\ 0 & \dots & 0 & -\frac{1}{2} & 1 & -\frac{1}{2} & 0 \\ 0 & & \dots & 0 & -\frac{1}{2} & 1 & -\frac{1}{2} \\ 0 & & & \dots & 0 & -\frac{1}{2} & \frac{1}{2} \end{pmatrix} \tag{8.128}$$

결국 다음을 알 수 있다.

$$H_T(s)\big|_{\mathbb{H}_{sub}} \underbrace{=}_{(8.122)} (1-s)H_{ini}\big|_{\mathbb{H}_{sub}} + sH_{fin}\big|_{\mathbb{H}_{sub}}$$

$$\underbrace{=}_{(8.126),(8.127)} (1-s)H_{c\text{-}ini}\big|_{\mathbb{H}_{sub}} + sH_{prop}\big|_{\mathbb{H}_{sub}}$$

그리고 (8.126)과 (8.128)에서 (8.125)가 증명된다. ■

문제 8.106 $H_T(s)$와 H_{sub}는 정리 8.22에서 정의한 것이다. 이 부분공간으로의 사영 연산자를 다음으로 정의한다.

$$P_{sub} = \sum_{m=0}^{L} |\Gamma(m)\rangle\langle\Gamma(m)| \tag{8.129}$$

다음이 성립하는 것을 보여라.

$$[H_T(s), P_{sub}] = 0 \tag{8.130}$$

문제 8.106의 결과가 보조정리 8.7의 조건을 만족한다. 결국 초기 상태 $|\Gamma(0)\rangle \in \mathbb{H}_{sub}$에서 시작해 $H_T(s)$가 생성하는 시간 지전 $U_T(s)$는 부분공간 $\mathbb{H}_{sub}$에 머물게 된다. 그러므로 고려하는 공간을 이 부분공간으로 한정할 수 있다.

문제 8.107 $\mathbb{H}_{sub}$는 (8.123)에서, P_{sub}는 (8.129)에서 각각 정의한 것이다. 정의 8.19의 H_{prop}의 다음으로 정의되는 제약[2]이 양의 연산자임을 보여라.

$$\mathsf{H}_{prop}\big|_{\mathbb{H}_{sub}} := P_{sub}\mathsf{H}_{prop}P_{sub} \tag{8.131}$$

즉, 다음을 만족한다.

$$\mathsf{H}_{prop}\big|_{\mathbb{H}_{sub}} \geq 0 \tag{8.132}$$

보조정리 8.20에서 H_{ini}의 최소 고윳값은 영이며 퇴화하지 않았고 고유벡터 $|\Gamma(0)\rangle = |0\rangle^n \otimes |0\rangle^L$을 가진다. 다음의 정리는 정의 8.18의 $|\Gamma\rangle$가 H_{fin}의 바닥 상태임을 증명한다. 즉, H_{fin}의 퇴화되지 않는 영의 값을 가지는 최소 고윳값에 대응하는 고유벡터이다.

정리 8.23 $\mathbb{H}_{sub}$는 (8.123), P_{sub}는 (8.129)에서 각각 정의한 것이다. 그리고 H_{ini}, H_{fin}은 정의 8.19, $\mathsf{H}_T(s)$는 정의 8.22에서 각각 정의한 것이다. 그러면 모든 $s \in [0,1]$에 대해 다음의 제한은 양의 연산자다.

$$\mathsf{H}_T(s)\big|_{\mathbb{H}_{sub}} := P_{sub}\mathsf{H}_T(s)P_{sub} \tag{8.133}$$

즉, 다음을 만족한다.

$$\mathsf{H}_T(s)\big|_{\mathbb{H}_{sub}} \geq 0 \tag{8.134}$$

그리고 정의 8.18에서 정의한 $|\Gamma\rangle$는 다음을 만족한다.

$$\mathsf{H}_{fin}|\Gamma\rangle = 0 \tag{8.135}$$

또한, $\mathsf{H}_{fin}\big|_{\mathbb{H}_{sub}}$의 최소 고윳값은 영이며 퇴화하지 않았다.

[증명]

보조정리 8.20에서 $\mathsf{H}_{c\text{-}ini}$, H_{input}, H_{clock}, H_{ini}는 $\mathbb{H}^U \otimes \mathbb{H}^C$에서 양의 연산자다. 그러므로 $\mathbb{H}_{sub} \subset \mathbb{H}^U \otimes \mathbb{H}^C$에서도 양의 연산자다. 그리고 보조정리 8.21에서

---

2   우변에서, H_{prop}의 오른쪽에 있는 P_{sub}는 $P_{sub} : \mathbb{H}_{sub} \to \mathbb{H}^U \otimes \mathbb{H}^C$로 해석하고, H_{prop}의 왼쪽에 있는 것은 $P_{sub} : \mathbb{H}^U \otimes \mathbb{H}^C \to \mathbb{H}_{sub}$로 해석하면 $\mathsf{H}_{prop}\big|_{\mathbb{H}_{sub}}$를 $\mathbb{H}_{sub}$상의 연산자로 볼 수 있다.

$\mathsf{H}_{\text{input}}$, $\mathsf{H}_{\text{clock}}$는 $\mathbb{H}_{\text{sub}}$에서 영이 된다. 그러므로 다음을 얻는다.

$$
\begin{aligned}
\mathsf{H}_T(s)\big|_{\mathbb{H}_{\text{sub}}} \underset{(8.122)}{=}\ & (1-s)\mathsf{H}_{\text{ini}}\big|_{\mathbb{H}_{\text{sub}}} + s\mathsf{H}_{\text{fin}}\big|_{\mathbb{H}_{\text{sub}}} \\
\underset{(8.99),(8.100)}{=}\ & (1-s)\mathsf{H}_{\text{c-ini}}\big|_{\mathbb{H}_{\text{sub}}} + s\mathsf{H}_{\text{prop}}\big|_{\mathbb{H}_{\text{sub}}} + \mathsf{H}_{\text{input}}\big|_{\mathbb{H}_{\text{sub}}} + \mathsf{H}_{\text{clock}}\big|_{\mathbb{H}_{\text{sub}}} \\
\underset{(8.119),(8.120)}{=}\ & (1-s)\mathsf{H}_{\text{c-ini}}\big|_{\mathbb{H}_{\text{sub}}} + s\mathsf{H}_{\text{prop}}\big|_{\mathbb{H}_{\text{sub}}} \\
\underset{(8.110),(8.132)}{\geq}\ & 0
\end{aligned}
$$

여기에서, 마지막 부등식에서 $s \in [0,1]$을 사용했다. 이로써 (8.134)가 증명된다.

(8.135)를 증명하기 위해 (8.119)와 (8.120)에서 다음이 만족하는 것에 주의한다.

$$
\mathsf{H}_{\text{input}}|\Gamma\rangle = 0 = \mathsf{H}_{\text{clock}}|\Gamma\rangle
$$

다음을 얻는다.

$$
\mathsf{H}_{\text{fin}}|\Gamma\rangle \underset{(8.100)}{=} \mathsf{H}_{\text{prop}}|\Gamma\rangle + \mathsf{H}_{\text{input}}|\Gamma\rangle + \mathsf{H}_{\text{clock}}|\Gamma\rangle = \mathsf{H}_{\text{prop}}|\Gamma\rangle
$$

이제, 다음의 식이 성립하는 것을 보이면 된다.

$$
\mathsf{H}_{\text{prop}}|\Gamma\rangle = 0
$$

이를 위해, 다음을 고려한다.

$$
\begin{aligned}
\mathsf{H}_{\text{prop}}|\Gamma\rangle \underset{(8.95),(8.104)}{=}\ & \frac{1}{2\sqrt{L+1}} \sum_{l=1}^{L} \sum_{m=0}^{L} \mathsf{H}_l |\Gamma(m)\rangle \\
\underset{(8.121)}{=}\ & \frac{1}{2\sqrt{L+1}} \sum_{l=1}^{L} \sum_{m=0}^{L} \big((\delta_{m,l-1} + \delta_{m,l}) |\Gamma(m)\rangle \\
& \qquad\qquad - \delta_{m,l-1}|\Gamma(m+1)\rangle - \delta_{m,l}|\Gamma(m-1)\rangle \big) \\
=\ & \frac{1}{2\sqrt{L+1}} \sum_{l=1}^{L} \big(|\Gamma(l-1)\rangle + |\Gamma(l)\rangle - |\Gamma(l)\rangle - |\Gamma(l-1)\rangle \big) \\
=\ & 0
\end{aligned}
$$

이것으로 (8.135)의 증명이 끝난다.

마지막으로, 고윳값 영이 퇴화되지 않았음을 보인다. $\|\Phi\| = 1$인 벡터를 다음과 같이 표현한다.

$$|\Phi\rangle = \sum_{m=0}^{L} \Phi_m |\Gamma(m)\rangle \in \mathbb{H}_{\mathrm{sub}} \tag{8.136}$$

그리고 다음을 만족한다고 가정한다.

$$\mathsf{H}_{\mathrm{fin}}\big|_{\mathbb{H}_{\mathrm{sub}}} |\Phi\rangle = 0 \tag{8.137}$$

(8.125)에서 ONB $\big\{ |\Gamma(m)\rangle \,|\, m \in \{0,\dots,L\} \big\}$에 대해 연산자 $\mathsf{H}_{\mathrm{fin}}\big|_{\mathbb{H}_{\mathrm{sub}}}$는 다음의 행렬 표현을 가진다.

$$\mathsf{H}_{\mathrm{fin}}\big|_{\mathbb{H}_{\mathrm{sub}}} \underbrace{=}_{(8.122)} \mathsf{H}_T(1)\big|_{\mathbb{H}_{\mathrm{sub}}} \underbrace{=}_{(8.125)} \begin{pmatrix} \frac{1}{2} & -\frac{1}{2} & 0 & 0 & \dots & 0 \\ -\frac{1}{2} & 1 & -\frac{1}{2} & 0 & \dots & 0 \\ 0 & -\frac{1}{2} & 1 & -\frac{1}{2} & 0 & \vdots \\ \vdots & \ddots & \ddots & \ddots & \ddots & \vdots \\ 0 & \dots & 0 & -\frac{1}{2} & 1 & -\frac{1}{2} \\ 0 & \dots & 0 & 0 & -\frac{1}{2} & \frac{1}{2} \end{pmatrix} \tag{8.138}$$

그리고 (8.137)에서 다음을 얻는다.

$$\frac{1}{2}(\Phi_0 - \Phi_1) = 0$$
$$\Phi_1 - \frac{1}{2}(\Phi_0 + \Phi_2) = 0$$
$$\vdots$$
$$\Phi_m - \frac{1}{2}(\Phi_{m-1} + \Phi_{m+1}) = 0$$
$$\vdots$$
$$\Phi_{L-1} - \frac{1}{2}(\Phi_{L-2} + \Phi_L) = 0$$
$$\frac{1}{2}(\Phi_L - \Phi_{L-1}) = 0$$

그러므로

$$\Phi_0 = \Phi_1 = \Phi_2 = \cdots = \Phi_m = \Phi_{m+1} = \cdots = \Phi_{L-1} = \Phi_L$$

결국 (8.136)는 다음으로 변형된다.

$$|\Phi\rangle = \Phi_0 \sum_{m=0}^{L} |\Gamma(m)\rangle \underbrace{=}_{(8.95)} \Phi_0 \sqrt{L+1}|\Gamma\rangle$$

이것으로 고윳값 영이 퇴화하지 않았음이 증명된다. ▪

이 절의 목표는 L개의 게이트 U_l로 구성된 주어진 회로 $U = U_L \cdots U_1$의 작용을 적절한 단열 계산으로 (주어진 확률로) 효율적으로 복제할 수 있다는 것을 증명하는 것이다. 지금까지 동등한 단열 계산에 필요한 초기 해밀터니안 H_{ini}과 최종 해밀터니안 H_{fin}, 그리고 $H_T(s)$를 정의하고 몇 가지 특성들을 알아봤다. 특히 $|\Gamma(0)\rangle$가 H_{ini}의 (위상을 제외한) 유일한 바닥 상태라는 것과 $|\Gamma\rangle$가 $H_{fin}|_{H_{sub}}$의 (위상을 제외한) 유일한 바닥 상태라는 것을 증명했다. 다음의 보조정리는 시스템을 상태 $|\Gamma\rangle$에서 발견하는 것이 주어진 회로 $U = U_L \cdots U_1$의 작용을 복제하는 것에 어떻게 도움이 되는지를 보여준다.

보조정리 8.24 상태 $|\Gamma\rangle$를 (정의 5.35의) 관측하면 회로 부분 시스템을, $\frac{1}{L+1}$의 확률로 회로의 최종 상태 $U|0\rangle^n \in \mathbb{H}^U$으로 사영시킨다.

[증명]
정의 8.18에서 다음을 얻는다.

$$\begin{aligned}
|\Gamma\rangle &\underbrace{=}_{(8.121)} \frac{1}{\sqrt{L+1}} \sum_{m=0}^{L} |\Gamma(m)\rangle \\
&\underbrace{=}_{(8.94)} \frac{1}{\sqrt{L+1}} \sum_{m=0}^{L} |\Xi(m)\rangle \otimes |x(m)\rangle \\
&\underbrace{=}_{(8.93)} \frac{1}{\sqrt{L+1}} \sum_{m=0}^{L} U_m \cdots U_0 |0\rangle^n \otimes |x(m)\rangle \qquad (8.139) \\
&= \frac{1}{\sqrt{L+1}} \left(|0\rangle^n \otimes |x(0)\rangle + U_1|0\rangle^n \otimes |x(1)\rangle + \cdots + U_L \cdots U_0 |0\rangle^n \otimes |x(L)\rangle \right) \\
&\underbrace{=}_{(8.92)} \frac{1}{\sqrt{L+1}} \left(|0\rangle^n \otimes |0\rangle^L + U_1|0\rangle^n \otimes |10\ldots0\rangle^L + \cdots + U|0\rangle^n \otimes |1\ldots1\rangle^L \right)
\end{aligned}$$

$|\Gamma\rangle$를 구성하는 항들 중에서 회로의 최종 상태 $U|0\rangle^n$를 $|x(L)\rangle = |1\ldots1\rangle^L$과 텐서곱을 하는 $L+1$번째 항에서 볼 수 있다. 정의 8.17에서 모든 $m \in \{0,\ldots,$

$L-1\}$에 대해 $x(m)_0 = 0$이므로, 최종 상태 $|\Gamma\rangle$를 관측하면, 즉, 다음의 관측 가능량을 상태 $|\Gamma\rangle$에서 관측하면 (정의 5.35 참조)

$$\Sigma_z^{U:n,C:L} := \mathbf{1}^{\otimes n} \otimes \mathbf{1}^{\otimes L-1} \otimes \sigma_z$$

($\sigma_z|0\rangle = |0\rangle$이므로) 확률 $\dfrac{L}{L+1}$로 고윳값 1을 생성하고, ($\sigma_z|0\rangle = -|0\rangle$이므로) 확률 $\dfrac{1}{L+1}$로 고윳값 -1을 생성한다. 고윳값 -1을 관측하면, 사영 공준 3에 의해 $|\Gamma\rangle$에서 고유 상태로 사영되고 시스템은 해당하는 고유 상태에 놓이게 된다. 고유 공간 $\mathrm{Eig}(\sum_z^{U:n,C:L}, -1)$으로의 사영 연산자는 다음으로 주어진다.

$$P_{-1} := \mathbf{1}^{\otimes n} \otimes \mathbf{1}^{\otimes L-1} \otimes |1\rangle\langle 1|$$

그리고 이를 $|\Gamma\rangle$에 적용하면 다음을 얻는다.

$$P_{-1}|\Gamma\rangle \underbrace{=}_{(8.139)} U|0\rangle^n \otimes |1\dots 1\rangle^L \in \mathbb{H}^U \otimes \mathbb{H}^C$$

이는 다음의 밀도 연산자를 가지며 회로와 시계 복합 시스템 $\mathbb{H}^U \otimes \mathbb{H}^C$에서 분리 가능한 상태다.

$$
\begin{aligned}
\rho &\underbrace{=}_{(2.33)} \left(U|0\rangle^n \otimes |1\dots 1\rangle\right)\left({}^n\langle 0|U^* \otimes \langle 1\dots 1|\right) \\
&\underbrace{=}_{(3.36)} U|0\rangle^n {}^n\langle 0|U^* \otimes |1\dots 1\rangle\langle 1\dots 1|
\end{aligned}
\tag{8.140}
$$

회로 시스템의 부분 시스템은 축약 밀도 연산자 $\rho^U(\rho)$에 의해 서술되며, 다음을 만족한다.

$$
\begin{aligned}
\rho^U(\rho) &\underbrace{=}_{(3.50)} \mathrm{tr}^C(\rho) \underbrace{=}_{(8.140)} \mathrm{tr}^C\left(U|0\rangle^n {}^n\langle 0|U^* \otimes |1\dots 1\rangle\langle 1\dots 1|\right) \\
&\underbrace{=}_{(3.57)} \underbrace{\mathrm{tr}\left(|1\dots 1\rangle\langle 1\dots 1|\right)}_{=1} U|0\rangle^n {}^n\langle 0|U^* = U|0\rangle^n {}^n\langle 0|U^* \\
&\underbrace{=}_{(2.89)} \rho_{U|0\rangle^n}
\end{aligned}
$$

즉, $\mathbb{H}^U$로 서술되는 시스템은 순수 상태 $U|0\rangle^n$이며, 이는 회로 계산의 최종 상태다.

상태 $|\Gamma(0)\rangle$는 단열 계산의 초기 상태가 될 것이다. 시스템은 $H_T(s)$가 생성하는 시간 진전을 하게 된다. $H_T(s)$가 단열 가정[AA]를 만족하면, 정리 G.15, 따름정리 8.3, 따름정리 8.4에서 $H_T(s)$의 단열 시간 진전의 마지막 시점에 바닥 상태 $|\Gamma\rangle$에서 시스템을 발견할 확률의 하한을 얻는다. 조금 더 정확하게 표현하면, 따름정리 8.4에서 주어진 스펙트럼의 갭 $g(s)$에 대해 $|\Gamma\rangle$를 발견하기 위한 최소 확률 $p_{\min}$을 실현하기 위해 필요한 전이 주기 $T = t_{\mathrm{fin}} - t_{\mathrm{ini}}$(또는 **얼마나 기다려야 하는지**)를 알 수 있다.

단열 계산을 이용한 회로 작용의 이러한 복제는 전이 시간이 게이트의 개수 L의 다항식에 비례해 증가하면 효율적이라고 말한다. 앞에서 설명한 $H_T(s)$가 이러한 효율성을 충분히 보장한다는 것을 증명하기 위해서는 다음이 필요하다.

- 정리 G.15, 따름정리 8.3, 따름정리 8.4를 적용하기 위해 단열 가정[AA]을 만족한다는 것을 확인
- $H_T(s)$의 바닥 상태의 스펙트럼 갭 $g_0(s)$의 하한을 결정

위의 두 사항은 $H_T(s)|_{\mathbb{H}_{\mathrm{sub}}}$의 좀 더 자세한 스펙트럼 분석이 필요하다. $H_T(s)|_{\mathbb{H}_{\mathrm{sub}}}$의 고유벡터로 구성된 (ONB $\{|\Gamma(m)\rangle | m \in \{0,\dots,L\}\}$에 대한) 좌표가 만족해야 하는 방정식의 집합을 소개하는 것부터 시작한다.

보조정리 8.25 $s \in [0,1]$이며 다음의 벡터를 고려한다.

$$|\Phi(s)\rangle = \sum_{m=0}^{L} \Phi(s)_m |\Gamma(m)\rangle \in \mathbb{H}_{\mathrm{sub}} \qquad (8.141)$$

그러면 $|\Phi(s)\rangle$가 $H_T(s)|_{\mathbb{H}_{\mathrm{sub}}}$의 고윳값 $E(s)$에 대응하는 고유벡터라는 것과 $m \in \{0,\dots,L\}$일 때 $\Phi(s)_m$이 다음을 만족하는 것은 동치이다.

$$\Phi(s)_1 = a(s)\Phi(s)_0 \qquad (8.142)$$
$$\Phi(s)_m = b(s)\Phi(s)_{m-1} - \Phi(s)_{m-2} \quad for\, m \in \{2,\dots,L-1\} \qquad (8.143)$$
$$\Phi(s)_L = c(s)\Phi(s)_{L-1} \qquad (8.144)$$

여기에서,

$$a(s) = a(s, E(s)) = 1 - \frac{2E(s)}{s}$$

$$b(s) = b(s, E(s)) = 2\frac{1 - E(s)}{s} \qquad (8.145)$$

$$c(s) = c(s, E(s)) = \frac{s}{2 - 2E(s) - s}$$

[증명]

(8.125)에서 주어진 ONB $\{|\Gamma(m)\rangle \,|\, m \in \{0,\dots,L\}\}$에 대한 $\mathsf{H}_T(s)|_{\mathbb{H}_{sub}}$의 행렬을 이용해, (8.141)과 다음의 고윳값 방정식에서

$$\mathsf{H}_T(s)\big|_{\mathbb{H}_{sub}}|\Phi(s)\rangle = E(s)|\Phi(s)\rangle$$

다음을 얻는다.

$$\begin{pmatrix} \frac{s}{2} & -\frac{s}{2} & 0 & 0 & \dots & 0 \\ -\frac{s}{2} & 1 & -\frac{s}{2} & 0 & \dots & 0 \\ 0 & -\frac{s}{2} & 1 & -\frac{s}{2} & 0 & \vdots \\ \vdots & \ddots & \ddots & \ddots & \ddots & \vdots \\ 0 & \dots & 0 & -\frac{s}{2} & 1 & -\frac{s}{2} \\ 0 & \dots & 0 & 0 & -\frac{s}{2} & 1-\frac{s}{2} \end{pmatrix} \begin{pmatrix} \Phi(s)_0 \\ \Phi(s)_1 \\ \Phi(s)_2 \\ \vdots \\ \Phi(s)_{L-1} \\ \Phi(s)_L \end{pmatrix} = E(s) \begin{pmatrix} \Phi(s)_0 \\ \Phi(s)_1 \\ \Phi(s)_2 \\ \vdots \\ \Phi(s)_{L-1} \\ \Phi(s)_L \end{pmatrix}$$

각각의 행렬을 구성하는 방정식을 정리하면 (8.142)~(8.144)와 (8.145)를 얻는다. 그러므로 이러한 방정식이 ONB $\{|\Gamma(m)\rangle \,|\, m \in \{0,\dots,L\}\}$에서 $|\Phi(s)\rangle$의 고윳값 방정식과 동등하다. ∎

정리 8.23에서 $\mathsf{H}_T(s)|_{\mathbb{H}_{sub}} \geq 0$이며, 모든 고윳값에 대한 $E(s) \geq 0$이 된다. 여러 개의 문제에서 $\mathsf{H}_T(s)|_{\mathbb{H}_{sub}}$의 스펙트럼에 대해 조사를 해, 이것이 단열 가정[AA]를 만족한다는 것을 설명한다.

이어서 보겠지만 $0 \geq E(s) < 1 + s$를 가정해도 좋다. $\mathsf{H}_T(s)|_{\mathbb{H}_{sub}}$의 모든 고윳값이 이러한 성질을 만족하는 것을 보게 된다. 향후 설명을 위해 범위 $[0, 1 + s[$를 두 개의 영역으로 구분한다. 첫 번째 영역은 최소 고윳값 $E_0(s)$를 포함할 것이다. 두 번째 영역은 $m \in \{1,\dots,L\}$인 나머지 L개의 고윳값 $E_m(s)$를 포함한다. 두 영역이 교차하지 않는다는 것을 증명할 것이다.

영역 1: $E \in D_1 = D_1(s) := [0, 1 - s]$로 정의한다. 다음이 만족한다.

$$\frac{1 - E}{s} \underset{(8.145)}{=} \frac{b(s, E)}{2} \geq 1$$

영역 2: $E \in D_2 = D_2(s) :=]1 - s, 1 + s[$로 정의한다. 다음이 만족한다.

$$-1 < \frac{1 - E}{s} \underset{(8.145)}{=} \frac{b(s, E)}{2} < 1$$

$j \in \{1, 2\}$인, 각각의 영역 D_j에 대해 다음을 정의한다.

$$\mathrm{Co}_1(u) := \cosh u, \quad \mathrm{Si}_1(u) := \sinh u$$
$$\mathrm{Co}_2(u) := \cos u, \quad \mathrm{Si}_2(u) := \sin u$$
$$\theta_j(s, E) := \mathrm{Co}_j^{-1}\left(\frac{1 - E}{s}\right) = \begin{cases} \mathrm{arccosh}\left(\frac{1-E}{s}\right) & \text{for } E \in D_1 \\ \mathrm{arccos}\left(\frac{1-E}{s}\right) & \text{for } E \in D_2 \end{cases} \quad (8.146)$$

그러면 두 영역에 대해 다음을 얻는다.

$$b(s, E) = 2\,\mathrm{Co}_j\left(\theta_j(s, E)\right) \quad (8.147)$$

문제 8.108 $j \in \{1, 2\}$, $m \in \{2, \ldots, L - 2\}$에 대해 다음을 정의한다.

$$\Phi(s)_m = A_j\,\mathrm{Co}_j\left(m\theta_j\left(s, E(s)\right)\right) + B_j\,\mathrm{Si}_j\left(m\theta_j\left(s, E(s)\right)\right) \quad (8.148)$$

여기에서, $A_j, B_m \in \mathbb{C}$이고, Co_j, Si_j, θ_j는 (8.146)에서 정의한 것이다. $\Phi(s)_m$이 점화식 (8.143)의 해가 되는 것을 보여라.

고유벡터의 성분에 대한 점화식 (8.143)의 해 (8.148)은 결정해야 하는 A_j와 B_j를 여전히 포함하고 있다. 이것은 경계 조건 (8.142)와 (8.144)를 이용해 결정할 것이다. 두 개의 경계 조건에서 $\theta_j(s, E)$에 대한 식을 유도한다. 이 식에서 암묵적인 해 $E = E(s)$로서 $\mathsf{H}_T(s)|_{\mathbb{H}_{\mathrm{sub}}}$의 고윳값이 결정된다. 그러므로 다음 단계는 경계 조건에서 $\theta_j(s, E)$에 대한 방정식을 유도하는 것이다.

문제 8.109 정의 (8.146)을 이용해, $j \in \{1, 2\}$에 대해 다음을 정의한다.

$$\mathrm{Ta}_j(u) := \frac{\mathrm{Si}_j(u)}{\mathrm{Co}_j(u)} = \begin{cases} \tanh u & \text{if } j = 1 \\ \tan u & \text{if } j = 2 \end{cases} \tag{8.149}$$

$s \in \,]0, 1]$이고 $j \in \{1, 2\}$이다. 경계 조건 (8.142)와 (8.144)를 이용해, $\mathsf{H}_T(s)|_{\mathbb{H}_{\mathrm{sub}}}$ 의 고윳값 $E(s) \in D_j$가 다음을 만족하는 것을 보여라.

$$\mathrm{Ta}_j\big((L-1)\theta_j(s, E(s))\big) = \frac{(c-a)\sqrt{(-1)^j(4-b^2)}}{b(a+c) - 2ac - 2} \tag{8.150}$$

여기에서 $a = a(s)$, $b = b(s)$, $c = c(s)$는 (8.145)에서 정의한 것이다.

(8.150)의 양변은 특이점을 가지지만, 지금은 무시하고 정리 8.26의 증명에서 고려한다. 여기에서는 이 식을 사용해 $\mathsf{H}_T(s)|_{\mathbb{H}_{\mathrm{sub}}}$의 고윳값이 $0 < s \le 1$일 때 교차하지 않는다는 것을 증명한다.

(8.150)의 우변은 L에 의존하지 않는 것에 주의한다. s와 E에 대한 의존성을 더욱 구체적으로 나타내는 표현으로 향후 해석에 도움이 된다.

문제 8.110 다음을 정의한다.

$$s_\pm = s_\pm(s) := 1 \pm s$$

$$z_\pm = z_\pm(s) := \frac{1}{2}\left(1 \pm \sqrt{s^2 + s_-^2}\right) = \frac{1}{2}\left(1 \pm \sqrt{1 - 2s + 2s^2}\right)$$

$$p_\pm = p_\pm(s) := \frac{1}{2}\left(s_+ \pm \sqrt{2 - s_+ s_-}\right) = \frac{1}{2}\left(1 + s \pm \sqrt{1 + s^2}\right) \tag{8.151}$$

$$h_j(s, E) := (-1)^j \frac{(E - z_+)(E - z_-)}{(E - p_+)(E - p_-)} \sqrt{\frac{s_+ - E}{(-1)^j(E - s_-)}}$$

여기에서 $j \in \{1, 2\}$인 h_j는 각각의 영역 D_j에서만 정의된다. 각각의 영역 D_j 에서 다음이 만족하는 것을 보여라.

$$\frac{(c-a)\sqrt{(-1)^j(4-b^2)}}{b(a+c) - 2ac - 2} = h_j(s, E(s)) \tag{8.152}$$

(8.150)과 (8.152)를 조합하면, $\mathsf{H}_T(s)|_{\mathbb{H}_{\mathrm{sub}}}$의 모든 고윳값은 다음 형태의 방정식의 해 $E = E(s)$가 되는 것을 볼 수 있다.

$$\mathrm{Ta}_j\left((L-1)\theta_j(s,E)\right) = h_j(s,E) \tag{8.153}$$

정리 8.26에서 $D_1 \cup D_2$에서 이러한 해가 정확하게 $L+1$개가 존재하는 것을 증명한다. $\dim \mathbb{H}|_{\text{sub}} = L+1$이므로, $D_1 \cup D_2$의 (8.153)의 모든 해는 $\mathrm{H}_T(s)|_{\mathbb{H}_{\text{sub}}}$의 고윳값이 된다. 정리 8.26의 증명에서 이러한 것을 이용하기 위해, (8.151)에서 정의한 $s_\pm$, $z_\pm$, $p_\pm$의 성질들을 먼저 증명한다.

문제 8.111 함수 $s_\pm(s)$, $z_\pm(s)$, $p_\pm(s)$가 다음을 만족하는 것을 보여라.

$$
\begin{aligned}
&z_-(0) = p_-(0) = 0 < 1 = z_+(0) = p_+(0) = s_\pm(0) \\
&z_-(s) < p_-(s) < s_-(s) < z_+(s) < p_+(s) < s_+(s) && \text{for } 0 < s < \tfrac{3}{4} \\
&z_-(s) < s_-(s) \le p_-(s) < z_+(s) < p_+(s) < s_+(s) && \text{for } \tfrac{3}{4} \le s < 1 \\
&z_-(1) = s_-(1) = 0 < p_-(1) < z_+(1) < p_+(1) < s_+(1)
\end{aligned}
\tag{8.154}
$$

정리 8.26 $\mathrm{H}_T(s)$와 $\mathbb{H}_{\text{sub}}$는 정리 8.22에서 정의한 것이다. 그러면 $\mathrm{H}_T(s)|_{\mathbb{H}_{\text{sub}}}$가 단열 가정^{AA}을 만족한다. 특히, $0 < s \le 1$에 대해 다음을 얻는다.

$$E_0(s) \le s_-(s) < E_1(s) < \cdots < E_L(s) < s_+(s) \tag{8.155}$$

[증명]

(8.122)에서 정의한 $\mathrm{H}_T(s)$는 두 번 연속 미분 가능하다. 단열 가정^{AA}의 항목 (i)을 만족한다.

항목 (ii)는 $\dim \mathbb{H}_{\text{sub}} = L+1$과 밑에서 증명하는 $\mathrm{H}_T(s)|_{\mathbb{H}_{\text{sub}}}$가 $0 < s \le 1$에 대해 $L+1$개의 서로 다른 고윳값을 가지는 것에 유도된다.

위에서 언급했듯이, (8.150)과 (8.152)에서 $\mathrm{H}_T(s)|_{\mathbb{H}_{\text{sub}}}$의 고윳값 $E = E(s)$은 다음의 해가 돼야 한다.

$$E_0(s) \le s_-(s) < E_1(s) < \cdots < E_L(s) < s_+(s) \tag{8.156}$$

두 개의 영역에서 이 방정식의 양변을 분석한다. 영역 D_1에서 (8.156)의 우변에서 $0 \le E \le s_-$이며, (8.151), (8.154)의 정의에서 함수 $E \mapsto h_1(s,E)$는 D_1에서 z_-에서 영을 가지고, p_-와 s_-에서 폴^{pole}을 가진다. $s \in]0, \tfrac{3}{4}[$일 때 $p_- < s_-$이며, $s \in [\tfrac{3}{4}, 1]$일 때, $s_- \le p_-$를 만족한다.

$s_- < E < s_+$인 영역 D_2에서, 다시 한 번 (8.151)의 정의에서 함수 $E \mapsto h_2(s, E)$는 이 영역에서 z_+에서 영을 가지고, p_-와 p_+에서 폴을 가진다. (8.154)에서 $s \in]0, \frac{3}{4}[$일 때는 유일한 폴이 p_+이며 $s \in [\frac{3}{4}, 1]$일 때는 $p_\pm$모두 폴이 된다.

그리고 길고 지루한 계산 후에 다음을 얻는다.

$$\frac{\partial}{\partial E} h_j(s, E) = \frac{s^3 \left(2E(s-2) - 2s^2 + s + 1\right)}{(E - (1-s))^2(2E(E - (1+s)) + s)^2} \sqrt{\frac{(-1)^j(E - s_-)}{s_+ - E}}$$

그래서 $s \in]0,1]$과 $E \in D_1 \cup D_2 \setminus \{p_\pm, s_\pm\}$에 대해 다음을 얻는다.

$$\frac{\partial}{\partial E} h_j(s, E)\big|_{\hat{E}} = 0 \quad \Leftrightarrow \quad \hat{E} = \hat{E}(s) := \frac{1 + s - 2s^2}{2(2 - s)} \tag{8.157}$$

그리고

$$\frac{\partial}{\partial E} h_j(s, E) \gtrless 0 \quad \Leftrightarrow \quad E \lessgtr \hat{E}(s) \tag{8.158}$$

문제 8.112 $s \in]0,1]$에 대해 다음이 성립하는 것을 보여라.

$$\begin{aligned} s < \frac{3}{4} \quad &\Leftrightarrow \quad p_- < \hat{E} < s_- \\ s = \frac{3}{4} \quad &\Leftrightarrow \quad p_- = \hat{E} = s_- \\ s > \frac{3}{4} \quad &\Leftrightarrow \quad p_- > \hat{E} > s_- \end{aligned} \tag{8.159}$$

영과 폴의 위치와 (8.157)~(8.159)의 결과에서 각각의 영역에서 함수 h_j는 $s < \frac{3}{4}$에 대해 그림 8.3, $s > \frac{3}{4}$에 대해 그림 8.4의 그래프를 가진다.

두 영역에서 (8.156)의 좌변을 살펴본다. 우선 $0 \le E \le s_-$인 D_1에서 이 방정식을 고려한다. $s \in]0,1]$에 대해, (8.146)의 $\theta(s, E)$의 음이 아닌 해를 구한다. 그러면 E의 함수로서 $\theta_1(s, E)$는 양이며, $0 < E \le s_- = 1 - s$에서 감소해 s_-에서 영이 된다. 이러한 사실은 $(L-1)\,\theta_1(s, E)$뿐만 아니라, $\mathrm{Ta}_1((L-1)\,\theta_1(s, E))$에 대해서도 성립한다.

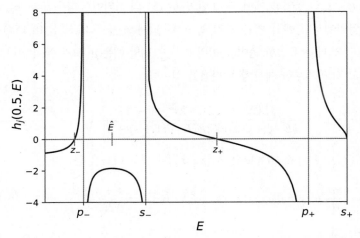

그림 8.3 영역 D_1과 D_2에서 함수 $E \mapsto h_j(\frac{1}{2}, E)$의 그래프. 가는 수직선은 폴의 위치를 나타낸다. 이 형태는 $s \in\,]0, \frac{3}{4}[$에 대해 일반적이며 L에 의존하지 않는다.

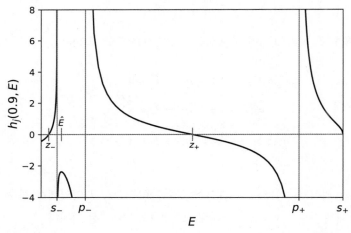

그림 8.4 영역 D_1과 D_2에서 함수 $E \mapsto h_j(\frac{9}{10}, E)$의 그래프. 가는 수직선은 폴의 위치를 나타낸다. 이 형태는 $s \in\,]\frac{3}{4}, 1[$에 대해 일반적이며 L에 의존하지 않는다.

영역 D_2에서 함수 $E \mapsto \mathrm{Ta}_2((L-1)\,\theta_2(s, E))$는 다음을 만족하는 $\overline{E}_{s,q}$에서 특이점을 가진다.

$$\theta_2(s, \overline{E}_{s,q}) = \alpha_q := \frac{2q+1}{2(L-1)}\pi \quad \text{for } q \in \{0, 1, \ldots, L-2\} \qquad (8.160)$$

그 이유는 이 점들이 $\mathrm{Co}_2((L-1)\,\theta_2(s, \overline{E}_{s,q})) = \cos((L-1)\,\theta_2(s, \overline{E}_{s,q})) = 0$을 만족하기 때문이다. (8.146)에서 다음을 얻는다.

$$\overline{E}_{s,q} = 1 - s\cos\alpha_q \qquad (8.161)$$

이 점들을 이용해 E의 영역 D_2를 L개의 구간으로 나눈다.

$$\begin{aligned}
I_1 &= I_1(s) :=]s_-(s), \overline{E}_{s,0}] \\
I_2 &= I_2(s) :=]\overline{E}_{s,0}, \overline{E}_{s,1}] \\
&\;\;\vdots \\
I_{L-1} &= I_{L-1}(s) :=]\overline{E}_{s,L-3}, \overline{E}_{s,L-2}] \\
I_L &= I_L(s) :=]\overline{E}_{s,L-2}, s_+(s)[
\end{aligned} \qquad (8.162)$$

각각의 영역에서 $L = 7$인 경우 함수 Ta_j의 그래프를 $s < \frac{3}{4}$일 때 그림 8.5에, $s > \frac{3}{4}$일 때 그림 8.6에 나타냈다.

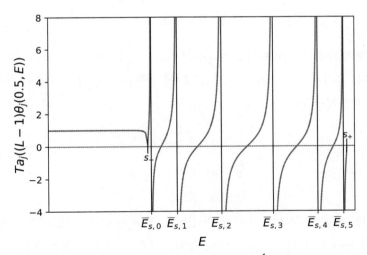

그림 8.5 $L = 7$일 때 영역 D_1과 D_2에서 함수 $E \mapsto \mathrm{Ta}_j((L-1)\,\theta_j(\frac{1}{2}, E))$의 그래프. 가는 수직선은 폴 $\overline{E}_{s,q}$의 위치를 나타낸다. 이러한 형태는 $s \in \,]0, \frac{3}{4}[$에 대해 일반적이다.

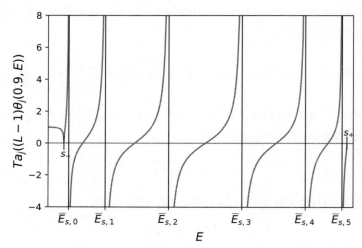

그림 8.6 $L = 7$일 때 영역 D_1과 D_2에서 함수 $E \mapsto \mathrm{Ta}_j((L-1)\,\theta_j(\frac{9}{10}, E))$의 그래프. 가는 수직선은 폴 $\bar{E}_{s,q}$의 위치를 나타낸다. 이러한 형태는 $s \in\ ]\frac{3}{4}, 1[$에 대해 일반적이다.

주어진 $s \in\ ]0,1]$에 대해 (8.156)의 해 $E = E(s)$는 다음의 특성을 가진다.

- $D_1(s) = [0, s_-(s)]$에서는 오직 하나의 $0 \leq E_0(s) \leq 1 - s$만이 존재한다.
- $D_2(s) =\ ]s_-(s), s_+(s)[$에 대해서는 $E \mapsto \mathrm{Ta}_2((L-1)\,\theta_2(s, E))$과 $E \mapsto h_2(s, E)$의 폴이 일치하지 않는 경우를 먼저 고려한다. 즉, 모든 $(s, q$에 대해) $p_\pm(s) \neq \bar{E}_{s,q}$를 가정한다.

문제 8.113 $s \in\ ]0,1]$은 모든 $q \in \{1, 2, \ldots, L\}$에 대해 $p_\pm(s) \neq \bar{E}_{s,q}$를 만족한다. 그러면 적절한 $q_\pm \in \{1, 2, \ldots, L\}$에 대해 $p_\pm \in I_{q_\pm}(s)$가 다음을 의미하는 것을 보여라.

$$q_- < \frac{L}{2} + 1$$
$$\frac{L}{2} < q_+ \leq L - 1 \tag{8.163}$$

(8.163)에서 $p_-(s)$는 $I_1(s)$에 속할 수 있지만, 폴 $p_\pm(s)$는 $I_L(s)$에 속할 수 없다. 다음의 문제 8.114는 (8.163)의 다른 결과로서 두 개의 폴이 같은 구간에 속할 수 없다는 것을 보인다.

문제 8.114 $L > 1$에 대해 $p_\pm(s) \in I_q$는 불가능하다는 것을 보여라.

구간 $D_2(s) = I_1(s) \cap \cdots \cap I_L(s)$에 속하는 (8.156)의 해의 위치는 다음과 같다.

- (8.163)에서 $p_+(s)$와 $p_-(s)$ 모두 구간 $I_L(s)$의 오른쪽에 놓일 수 없다. $E \in \,]p_+(s), \, s_+(s)[$에 대해 $h_s(s, E) > 0$이고, $E \in \overline{E}_{s,L-2}, \, s_+(s)[$에 대해 $\mathrm{Ta}_2\big((L-1)\theta_2(s, E)\big) < 0$이므로, $I_L(s)$에서는 (8.156)의 해가 없다.

- $p_+(s)$를 포함하는 구간 $I_{q+}(s)$에서는 (8.156)의 해 두 개가 있다. $p_+(s)$의 양쪽에 각각 존재한다. $E \nearrow p_+(s)$일 때 $h_s(s, E)$는 $-\infty$이며, $E \searrow p_+(s)$일 때는 $h_2(s, E) \to +\infty$이고, $E \searrow \overline{E}_{s,q+-2} < p_+(s)$에서 $E \nearrow \overline{E}_{s,q+-1} > p_+(s)$까지 $\mathrm{Ta}_2\big((L-1)\theta_2(s, E)\big)$는 $-\infty$에서 $+\infty$로 증가한다.

- 비슷하게 $p_-(s)$를 포함하고 $q_- \neq 1$인 임의의 구간 $I_{q-}(s)$에서 (8.156)의 두 개의 해는 $p_-(s)$에 의해 분리된다.

- $p_-(s) \in I_1(s)$이면 (8.156)의 해 $E \in \,]p_-(s), \, \overline{E}_{s,0}[$가 존재한다. $E \searrow p_-(s)$일 때 $h_2(s, E) \to +\infty$이며 $E \nearrow \overline{E}_{s,0} > p_-(s)$일 때 $\mathrm{Ta}_2 \big((L-1)\theta_2(s, E)\big) \to +\infty$이기 때문이다. $E \in \,]p_-(s), p_-(s)]$일 때는 해가 존재하지 않는다. $h_2(s, E) < 0$이고 $\mathrm{Ta}_2\big((L-1)\theta_2(s, E)\big) \geq 0$이기 때문이다.

- $p_\pm(s)$를 포함하지 않고 I_1과 I_L을 제외한 $q \in \{2, \ldots, L-1\} \setminus \{q_\pm\}$에 대한 다른 모든 구간 $I_q(s)$에서는 (8.156)의 해가 하나만이 존재한다. E가 $\overline{E}_{s,q-2}$와 $\overline{E}_{s,q-1}$의 범위에서는 $h_2(s, E)$는 유한하며 감소 함수이고, $\mathrm{Ta}_2\big((L-1)\theta_2(s, E)\big)$는 모든 $\mathbb{R}$를 가지기 때문이다.

- $p_-(s) \neq I_1(s)$이면, $I_1(s)$에는 해가 없다. $E \in \,]s_-(s), \, p_-(s)[$에 대해 $h_2(s, E) < 0$이고, $E \in \,]s_-(s), \, \overline{E}_{s,0}[$에 대해 $\mathrm{Ta}_2\big((L-1)\theta_2(s, E)\big) > 0$이기 때문이다.

그래서 서로 다른 모두 L개의 해가 $D_2(s)$에 존재한다. $q \in \{1, \ldots, L-2\}$일 때, $p_\pm(s) \neq \overline{E}_{s,q}$이면, s가 $]0,1]$에서 움직일 때 이들은 교차하거나 일치하지 않는다. $D_1(s)$에 있는 해 한 개까지 포함하면, $\mathrm{H}_7(s)|_{\mathbb{H}_{\mathrm{sub}}}$의 $L+1$개의 고윳값이 있다. $L = 7$인 경우에 $s < \frac{3}{4}$에 대해서는 그림 8.7, $s > \frac{3}{4}$에 대해서는 그림 8.8에서 해들의 일반적인 형태를 보였다.

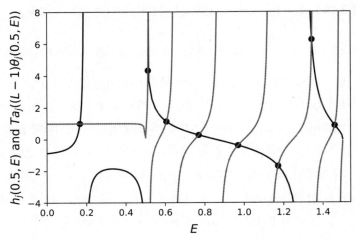

그림 8.7 $L = 7$일 때, $H_7\left(\frac{3}{4}\right)$의 고윳값은 $Ta_j((L-1)\,\theta_j(\frac{1}{2},E))$ (회색)과 $h_j(\frac{1}{2},E)$ (검은색)의 교점으로 나타난다. 여기에서 $Ta_1(\frac{1}{2},E)$와 $h_1(\frac{1}{2},E)$는 $E \in D_1\left(\frac{1}{2}\right)$에서, $Ta_2(\frac{1}{2},E)$와 $h_2(\frac{1}{2},E)$는 $E \in D_2\left(\frac{1}{2}\right)$에서 나타냈다.

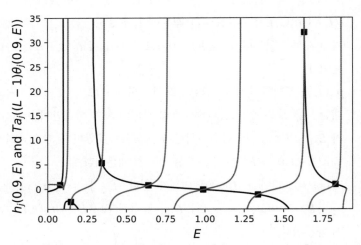

그림 8.8 $L = 7$일 때 $H_7\left(\frac{9}{10}\right)$의 고윳값은 $Ta_j((L-1)\,\theta_j(\frac{9}{10},E))$ (회색)과 $h_j(\frac{9}{10},E)$ (검은색)의 교점으로 나타난다. 여기에서 $Ta_1(\frac{9}{10},E)$와 $h_1(\frac{9}{10},E)$는 $E \in D_1\left(\frac{9}{10}\right)$에서, $Ta_2(\frac{9}{10},E)$와 $h_2(\frac{9}{10},E)$는 $E \in D_2\left(\frac{9}{10}\right)$에서 나타냈다.

이제, 어떤 $r_+ \in \{1,\ldots,L-2\}$에 대해 $p_+(s) = \overline{E}_{s,r_+}$인 경우를 고려한다. $E(s) = \overline{E}_{s,r_+} = p_+(s)$가 $H_T(s)|_{\mathbb{H}_{\mathrm{sub}}}$의 고윳값임을 증명한다. 다음과 같다.

고유벡터의 성분에 대한 (8.148)이 고윳값 방정식의 점화식 (8.143)을 만족하는 것에 주의한다. 고윳값 방정식의 해를 얻기 위해서는 경계 조건을 부과해야 한다. 문제 8.109에서 (8.150)을 얻는 것을 보였다. 이 증명에서 (G.182)에서 E가 다음 식을 만족하면 경계 조건이 충족된다.

$$(1 + ac - ab) \sin \big((L-1)\theta_2(s,E)\big) = (c-a) \sin \big((L-2)\theta_2(s,E)\big) \quad (8.164)$$

결국 E는 $\mathsf{H}_T(s)|_{\mathbb{H}_{\text{sub}}}$의 고윳값이 된다. $E = \overline{E}_{s,r_+}$에 대해 다음을 얻는다.

$$\theta_2(s,E) \underbrace{=}_{(8.161)} \alpha_{r_+} = \frac{2r_+ + 1}{2(L-1)}\pi$$

그래서 $(L-1)\theta_2(s,E) = (2r_+ + 1)\frac{\pi}{2}$와 다음을 만족한다.

$$\begin{aligned} \sin\big((L-1)\theta_2(s,E)\big) &= (-1)^{r_+} \\ \cos\big((L-2)\theta_2(s,E)\big) &= 0 \end{aligned} \quad (8.165)$$

그리고 $x = (L-1)\theta_2$, $y = \theta_2$에 대해 $\sin(x-y) = \sin x \cos y - \cos x \sin y$를 사용하면 다음을 얻는다.

$$\sin\big((L-2)\theta_2(s,E)\big) = (-1)^{r_+} \cos\theta_2 \underbrace{=}_{(8.147)} (-1)^{r_+}\frac{b}{2} \quad (8.166)$$

(8.165)와 (8.166)을 (8.164)에 대입해 다음을 얻는다.

$$1 + ac - ab = (c-a)\frac{b}{2}$$

이는 아래식과 동치이다.

$$b(a+c) - 2ac - 2 = 0$$

$(E = p_+(s)$가 $2 - 2E - s = 0$을 제외한다는 것과) (G.186)을 이용해 다음을 얻는다.

$$(s_- - E)(E - p_+)(E - p_-) = 0 \quad (8.167)$$

여기에서는 $E = p_+(s) = \overline{E}_{s,r_+}$인 특수한 경우를 고려하므로 위의 식은 참이 된다. 그러므로 이러한 E는 (8.164)의 해가 되며, $\mathsf{H}_T(s)|_{\mathbb{H}_{\text{sub}}}$의 고윳값이어야 한다.

$E - p_-$가 (8.167)의 좌변에도 나타나므로 $E = E(s) = p_-(s) = \overline{E}_{s,r_-}$일 때 같은 논리를 적용하면, E는 $\mathsf{H}_T(s)|_{\mathbb{H}_{\text{sub}}}$의 고윳값이 된다.

구간 $I_q = I_q(s)$의 정의 (8.163)에서 $p_+ = \overline{E}_{s,r_+}$ 또는 $p_-(s) = \overline{E}_{s,r_-}$이면, $r_{\pm} \in \{0, 1, \ldots, L-2\}$에 대해 $p_+(s) \in I_{r_+} + 2\}$ 또는 $p_-(s) \in I_{r_-} + 2$가 만족한다. 이제, p_-는 I_L에 속할 수 없다. $r_- \in \{0, \ldots, L-3\}$에 대해 $p_- \in I_{r_-} + 2$이면, $I_{r_-} + 2$에 속하는 $E = \overline{E}_{s,r_-} = p_-$를 하나의 고윳값으로 가진다. 그리고 (8.156)의 해를 $I_{r_-} + 2$의 구간에서 두 번째 고윳값으로 가진다. 이는 $\overline{E}_{s,r_-} - p_-$일 때 $E \in\ ]\overline{E}_{s,r_-}, p_+[$이면, $h_2(s, E)$는 유한하며 감소함수이고, E가 $\overline{E}_{s,r_-}$에서 $\overline{E}_{s,r_-+1}$까지 바뀔 때 $\text{Ta}_2((L-1)\theta_2(s, E))$는 모든 $\mathbb{R}$의 값을 갖기 때문이다. 그러므로 p_-를 포함하는 모든 구간은 두 개의 고윳값을 가진다.

$r_+ + 2 \neq L$이면 $p_+ \in I_{r_+ + 2}$에 대해서도 같은 것이 성립한다. $r_+ + 2 = L$이면, $I_L = [\overline{E}_{s,r_+},\ s_+(s)[$는 $E = \overline{E}_{s,r_+}$를 오직 하나의 고윳값으로 가지며, $D_2 \smallsetminus I_L$ 구간이 L개의 고윳값을 가진다.

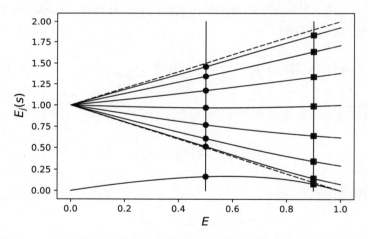

그림 8.9 $L = 7$인 경우에 $s \in [0, 1]$의 함수로서의 $\mathsf{H}_T(s)$의 고윳값. $\dim \mathbb{H}_{\text{sub}} = L + 1 = 8$임에 주의한다. 점선은 영역을 구분하는 $s_{\pm}(s) = 1 \pm s$를 의미한다. 검은 원은 $s = \frac{1}{2}$에서 고윳값을, 사각형은 $s = \frac{9}{10}$에서 고윳값을 나타낸다.

(8.156)의 해 $E = E(s)$에 대한 분석으로 다음을 안다. $s \in\ ]0, 1]$에 대해 $E_0(s) \leq s_-(s)$를 만족하는 한 개의 고윳값 $E_0(s) \in D_1(s)$를 가지고, $s_-(s) < E_1(s) < \cdots < E_L(s) < s_+(s)$를 만족하는 $j \in \{1, \ldots, L\}$인 L개의 고윳값 $E_j(s)$를 $D_2(s)$에서 가진다. 이것을 그림 8.9에 예시로 나타냈다. 그림에서는 $L = 7$인 경우에

s가 0에서 1로 변할 때, $H_T(s)$의 고윳값을 나타냈다. 그리고 $s = \frac{1}{2}$(원으로 표시)와 $s = \frac{9}{10}$(사각형으로 표시)인 두 가지 경우의 고윳값을 나타냈다. ■

적절한 단열 계산을 이용해 L개의 게이트로 구성된 임의의 양자 회로 $U = U_L \cdots U_1$을 계산 시간 $T \in \text{poly}(L)$로 효율적으로 시뮬레이션할 수 있음을 보이는 것이 이 절의 목적이다.

지금까지 적절한 시간 의존 해밀터니안 $H_T(s)$를 구성하는 일반적인 방법에 관해 설명했다. 이러한 해밀터니안은 초기 시간 t_{ini}에서 알려진 바닥 상태 $|\Gamma(0)\rangle$을 가지고, 최종 시간 t_{fin}에서 회로 작용의 최종 상태 $U|0\rangle^n$을 하나의 성분으로 가지는 바닥 상태 $|\Gamma\rangle$를 가진다는 의미에서 적절하다. 그리고 상태 $|\Gamma\rangle$의 특정 관측 가능량을 관측해 확률 $\frac{1}{L+1}$의 확률로 $U|0\rangle^n$을 얻는다는 것을 보였다. 더욱이 $|\Gamma(0)\rangle$에 시작하는 $H_T(s)$에 의해 생성되는 시간 진전 연산자는 유한 부분공간 $\mathbb{H}_{\text{sub}}$를 불변으로 한다. 이러한 부분공간에서 해밀터니안 $H_T(s)|_{\mathbb{H}_{\text{sub}}}$는 양자 단열 정리 G.15, 따름정리 8.3과 8.4를 적용하기 위한 단열 가정[AA]을 만족한다. 이로부터 $\frac{C_0(1)}{T}$가 충분히 작다면 시간 진전된 최종 상태는 원하는 바닥 상태 $|\Gamma\rangle$에 가깝다는 것을 알 수 있다. 궁극적으로, 원하는 최소 확률로 $|\Gamma\rangle$를 관측하기 위해서는 T가 L의 함수로 어떻게 증가하는지를 계산해야 한다. 그래서 L의 함수로 $C_0(1)$의 증가에 대한 적절한 한계를 구해야 한다. 보조정리 8.27은 이러한 방향으로 한걸음 나아가는 것이다.

> **보조정리 8.27** $H_T(s)$는 (8.22)에서 정의한 것이다. 그러면 정리 G.15에서 정의한 $C_0(1)$는 다음을 만족한다.
>
> $$C_0(1) \leq \frac{3}{g_0(1)^2} + \frac{3}{g_0(0)^2} + 90 \int_0^1 \frac{du}{g_0(u)^3} \tag{8.168}$$

[증명]

따름정리 8.6을 (8.22)에서 정의한 $H_T(s)$에 적용하고, $\mathbb{H}_{\text{sub}}$에 한정해 계산한다는 것을 염두에 두면 다음을 얻는다.

$$C_0(1) \underbrace{\leq}_{(2.53),(8.19)} \left(\left\| H_{\text{fin}}\big|_{\mathbb{H}_{\text{sub}}} \right\| + \left\| H_{\text{ini}}\big|_{\mathbb{H}_{\text{sub}}} \right\| \right) \left[\frac{1}{g_0(1)^2} + \frac{1}{g_0(0)^2} \right. \quad (8.169)$$

$$\left. + \, 10 \left(\left\| H_{\text{fin}}\big|_{\mathbb{H}_{\text{sub}}} \right\| + \left\| H_{\text{ini}}\big|_{\mathbb{H}_{\text{sub}}} \right\| \right) \int_0^1 \frac{du}{g_0(u)^3} \right]$$

(8.126)에서 $H_{\text{ini}}\big|_{\mathbb{H}_{\text{sub}}}$의 가장 큰 고윳값이 1임을 알았기에, (2.50)에서 다음을 얻는다.

$$\left\| H_{\text{ini}}\big|_{\mathbb{H}_{\text{sub}}} \right\| = 1 \qquad (8.170)$$

비슷하게 (8.155)에서 $H_T(s)\big|_{\mathbb{H}_{\text{sub}}}$의 고윳값의 상한는 $s_+(s) = 1 + s$이다. $H_{\text{fin}}\big|_{\mathbb{H}_{\text{sub}}} = H_T(1)\big|_{\mathbb{H}_{\text{sub}}}$임을 고려하면, (2.50)에서 다음을 얻는다.

$$\left\| H_{\text{fin}}\big|_{\mathbb{H}_{\text{sub}}} \right\| \leq 2 \qquad (8.171)$$

(8.170)과 (8.171)을 (8.169)에 대입하면 (8.168)을 얻는다. ∎

$C_0(1)$의 상한를 계산하기 위해 아직 필요한 것은 게이트의 숫자 L이 증가할 때 간격 함수 $g_0(s) = E_1(s) - E_0(s)$의 거동이다. 이에 대해 자세하게 설명하기 전에, 몇 가지 보조 결과들이 필요하다. 첫 번째는 소위 **최대-최소 원리**max-min principle라고 하는 다음의 정리다.

정리 8.28 $\mathbb{H}$는 $\dim \mathbb{H} = d < \infty$를 가지는 힐베르트 공간이다. $A \in \mathrm{B}_{sa}(\mathbb{H})$는 다음을 만족하는 고윳값의 집합 $\sigma(A) = \{\lambda_j \,|\, j \in \{1,...,d\}\}$를 가진다.

$$\lambda_1 \leq \lambda_2 \leq \cdots \leq \lambda_d \qquad (8.172)$$

그러면 모든 $w \in \{1,...,d\}$에 대해 다음을 만족한다.

$$\lambda_w = \max \left\{ \min \left\{ \langle \Psi | A \Psi \rangle \,\middle|\, |\Psi\rangle \in \mathbb{H}_w, \|\Psi\| = 1 \right\} \,\middle|\, \begin{array}{l} \dim \mathbb{H}_w = d - w + 1 \text{을} \\ \text{가지는 } \mathbb{H}\text{의 부분 공간 } \mathbb{H}_w \end{array} \right\}$$
$$(8.173)$$

[증명]

$\{|\Phi_j\rangle \,|\, j \in \{1,\ldots,d\}\}$는 A의 고유벡터로 구성된 $\mathbb{H}$의 ONB이다. 다음을 정의한다.

$$\tau_w := \max \left\{ \min \left\{ \langle \Psi | A\Psi \rangle \,\middle|\, |\Psi\rangle \in \mathbb{H}_w, \|\Psi\| = 1 \right\} \,\middle|\, \begin{array}{l} \dim \mathbb{H}_w = d - w + 1\text{을} \\ \text{가지는 } \mathbb{H}\text{의 부분 공간 } \mathbb{H}_w \end{array} \right\} \tag{8.174}$$

첫 번째 단계로 $\tau_w \geq \lambda_w$를 증명한다. 이를 위해서 다음의 부분공간 $\mathbb{H}_w$를 선택한다.

$$\mathbb{H}_w = \mathrm{Span}\{|\Phi_w\rangle, \ldots, |\Phi_d\rangle\}$$

그러면 $\dim \mathbb{H}_w = d - w + 1$이고 λ_w는 $A|_{\mathbb{H}_w}$의 최소 고윳값이다. 문제 2.9의 결과 (2.40)에서, $\|\Psi\| = 1$인 모든 $|\Psi\rangle \in \mathbb{H}_w$에 대해 $\langle \Psi | A\Psi \rangle \geq \lambda_w$를 만족한다. (8.174)에서 정의한 τ_w에 대해 다음을 얻는다.

$$\tau_w \geq \lambda_w \tag{8.175}$$

이제 부등식의 반대 방향을 증명한다. 이를 위해서 $\mathbb{H}_w$를 $\dim \mathbb{H}_w = d - w + 1$을 만족하는 $\mathbb{H}$의 임의의 부분공간이라고 한다. 그리고 $\{|\Omega_k\rangle \,|\, k \in \{1,\ldots,d-w+1\}\}$는 이러한 부분공간의 ONB이다. 임의의 $|\Psi\rangle \in \mathbb{H}_w$에 대해 다음을 얻는다.

$$|\Psi\rangle = \sum_{k=1}^{d-w+1} \Psi_k |\Omega_k\rangle \tag{8.176}$$

여기에서

$$|\Omega_k\rangle = \sum_{j=1}^{d} M_{kj} |\Phi_j\rangle \tag{8.177}$$

그 이유는 $\{|\Omega_k\rangle \,|\, k \in \{1,\ldots,d-w+1\}\}$이기 때문이다. 결국 임의의 $l \in \{1,\ldots,d\}$에 대해 다음을 얻는다.

$$\langle \Phi_l | \Psi \rangle \underbrace{=}_{(8.176)} \sum_{k=1}^{d-w+1} \Psi_k \langle \Phi_l | \Omega_k \rangle \underbrace{=}_{(8.177)} \sum_{k=1}^{d-w+1} \Psi_k \sum_{j=1}^{d} M_{kj} \underbrace{\langle \Phi_l | \Phi_j \rangle}_{=\delta_{jl}}$$

$$= \sum_{k=1}^{d-w+1} \Psi_k M_{kl} \tag{8.178}$$

이로부터, 다음을 만족하는 $|\Psi\rangle \in \mathbb{H}_w$가 존재함을 증명할 것이다.

$$|\Psi\rangle \in \left(\text{Span}\{|\Phi_{w+1}\rangle, \ldots, |\Phi_d\rangle\} \right)^{\perp} = \text{Span}\{|\Phi_1\rangle, \ldots, |\Phi_w\rangle\} \quad (8.179)$$

(8.179)는 다음과 동치이다.

$$\langle \Phi_l | \Psi \rangle = 0 \quad \text{for } l \in \{w+1, \ldots, d\}$$

(8.178)에서 $|\Psi\rangle$는 다음을 만족해야 한다.

$$\sum_{k=1}^{d-w+1} \Psi_k M_{kl} = 0 \quad \text{for } l \in \{w+1, \ldots, d\}$$

이것은 $\dim \mathbb{H}_w = d - w + 1$개의 미지수 Ψ_k에 대한 $d - w$개의 선형 연립 방정식이다. 이것은 언제나 해를 가지며, 하나 남는 미지수를 이용해 $|\Psi\rangle$를 1로 정규화할 수 있다. 이는 차원 $d - w + 1$을 가지는 임의의 부분공간 $\mathbb{H}_w \subset \mathbb{H}$에서 $\|\Psi\| = 1$인 $|\Psi\rangle \in \text{Span}\{|\Phi_1\rangle, \ldots, |\Phi_w\rangle\}$를 찾을 수 있다는 것을 의미한다. 여기에서 $\text{Span}\{|\Phi_1\rangle, \ldots, |\Phi_w\rangle\}$로 연산자 A를 한정하면 고윳값 $\lambda_1, \ldots, \lambda_w$를 가진다. (8.172)의 가정에서, 이들 중에서 가장 큰 것은 λ_w이다. 문제 2.9의 결과 (2.40)에서, $\|\Psi\| = 1$을 만족하는 모든 $|\Psi\rangle \in \text{Span}\{|\Phi_1\rangle, \ldots, |\Phi_w\rangle\}$에 대해 다음이 만족한다.

$$\langle \Psi | A\Psi \rangle \leq \lambda_w$$

위에서, $\dim \mathbb{H}_w = d - w + 1$을 가지는 모든 $\mathbb{H}_w \subset \mathbb{H}$에 대해 $\|\Psi\| = 1$이며 $|\Psi\rangle \in \mathbb{H}_w \cap \text{Span}\{|\Phi_1\rangle, \ldots, |\Phi_w\rangle\}$을 찾을 수 있다는 것을 증명했기에, 다음을 얻는다.

$$\min \left\{ \langle \Psi | A\Psi \rangle \mid |\Psi\rangle \in \mathbb{H}_w, \|\Psi\| = 1 \right\} \leq \lambda_w$$

그러므로 (8.174)의 정의에서 τ_w는 다음을 만족한다.

$$\tau_w \leq \lambda_w$$

(8.175)와 함께 $\tau_w = \lambda_w$를 의미하며 (8.173)의 증명이 끝난다. ■

L의 함수로서 $g_0(s)$의 증가에 대한 원하는 결과의 증명을 위해서는 또 다른 보조 결과가 필요하다. 다음의 보조정리에서 제시한다.

보조정리 8.29 ([116]) $|\Gamma(0)\rangle$는 (8.94)에서 H_{fin}은 (8.100)에서 $\mathbb{H}_{sub}$는 (8.123)에서 정의한 것이다. 다음의 해밀터니안을 고려한다.

$$\check{H} := \left(H_{fin} + \frac{1}{2}|\Gamma(0)\rangle\langle\Gamma(0)| \right)\Big|_{\mathbb{H}_{sub}} \tag{8.180}$$

$L \geq 8$일 때 가장 작은 고윳값 $\check{E}_0$는 다음을 만족한다.

$$\frac{1}{L^2} < \check{E}_0 < 1 \tag{8.181}$$

[증명]

(8.138)에서 ONB $\{|\Gamma(m)\rangle \,|\, m \in \{0,\dots,L\}\}$에 대한 $\check{H}$의 행렬 형태는 다음이다.

$$\check{H} = \begin{pmatrix} 1 & -\frac{1}{2} & 0 & 0 & \dots & 0 \\ -\frac{1}{2} & 1 & -\frac{1}{2} & 0 & \dots & 0 \\ 0 & -\frac{1}{2} & 1 & -\frac{1}{2} & 0 & \vdots \\ \vdots & \ddots & \ddots & \ddots & \ddots & \vdots \\ 0 & \dots & 0 & -\frac{1}{2} & 1 & -\frac{1}{2} \\ 0 & \dots & 0 & 0 & -\frac{1}{2} & \frac{1}{2} \end{pmatrix}$$

그러므로 기저 $\{|\Gamma(m)\rangle \,|\, m \in \{0,\dots,L\}\}$에 대해 고유벡터 $\check{\Phi}_m$의 성분은 다음과 같다.

$$|\check{\Phi}\rangle = \sum_{m=0}^{L} \check{\Phi}_m |\Gamma(m)\rangle$$

고윳값 방정식 $\check{H}|\check{\Phi}\rangle = \check{E}|\check{\Phi}\rangle$으로 다음으로 표현된다.

$$\check{\Phi}_1 = 2(1-\check{E})\check{\Phi}_0 \tag{8.182}$$

$$\check{\Phi}_m = 2(1-\check{E})\check{\Phi}_{m-1} - \check{\Phi}_{m-2} \quad \text{for } m \in \{2,\dots,L-1\} \tag{8.183}$$

$$\check{\Phi}_L = \frac{1}{1-2\check{E}}\check{\Phi}_{L-1} \tag{8.184}$$

$\theta \in \,]0, \pi[$에 대해 다음을 가정한다.

$$\check{E} = 1 - \cos\theta \tag{8.185}$$

그리고 $m \in \{-1,\dots,L\}$일 때 또 하나의 가정을 한다.

$$\check{\Phi}_m = \sin\big((m+1)\theta\big) \tag{8.186}$$

다음의 항등식에 유의한다.

$$2\cos\alpha\sin\beta = \sin(\alpha+\beta) - \sin(\alpha-\beta) \tag{8.187}$$

그러면 $\alpha = \theta$, $\beta = m\theta$일 때 $m \in \{2,\dots,L\}$에 대해 다음을 얻는다.

$$
\check{\Phi}_m \underbrace{=}_{(8.186)} \sin\big((m+1)\theta\big) \underbrace{=}_{(8.187)} 2\cos\theta\sin(m\theta) - \sin\big((m-1)\theta\big)
$$
$$
\underbrace{=}_{(8.185),(8.186)} 2(1-\check{E})\check{\Phi}_{m-1} - \check{\Phi}_{m-2} \tag{8.188}
$$

이는 가정에서 (8.183)이 만족하는 것을 알 수 있다. 그러나 (8.188)은 $m = 1$에 대해서도 성립하므로, 이러한 경우에 (8.185)와 (8.186)에서 (8.182)를 만족한다.

(8.184)를 만족하기 위해 다음의 부가 조건이 필요하다.

$$(1 - 2\check{E})\sin\big((L+1)\theta\big) = \sin(L\theta)$$

(8.185)를 사용하면 다음과 같이 변형된다.

$$2\cos\theta\sin\big((L+1)\theta\big) = \sin(L\theta) + \sin\big((L+1)\theta\big)$$

(8.187)을 다시 한 번 사용하면,

$$\sin\big((L+2)\theta\big) = \sin\big((L+1)\theta\big)$$

$\sin\alpha = \sin\beta$에서 $p,q \in \mathbb{N}$일 때, $\beta + \alpha = (2p+1)\pi$ 또는 $\beta - \alpha = 2q\pi$이므로, 다음을 얻는다.

$$\theta = \frac{2p+1}{2L+3}\pi \quad \text{or} \quad \theta = 2q\pi \quad \text{for } p,q \in \mathbb{N}_0$$

두 번째 경우이면 (8.186)에서 $|\Phi\rangle = 0$이 되며, 이는 허용되지 않는 고유벡터이므로 무시한다.

첫 번째 경우에서, $\check{\mathsf{H}}$의 $L+1$개의 서로 다른 고윳값은 다음으로 주어진다.

$$\check{E}_p = 1 - \cos\left(\frac{2p+1}{2L+3}\pi\right) \quad \text{for } p \in \{0, \ldots, L\}$$

그리고 (8.123)에서 $\dim \mathbb{H}_{\text{sub}} = L + 1$이므로, 이러한 것들이 $\check{H}$의 가능한 고윳값의 모두이다. 가장 작은 고윳값은 다음이다.

$$\check{E}_0 = 1 - \cos\left(\frac{\pi}{2L+3}\right) < 1 \tag{8.189}$$

분명하게 (8.181)에서 주어진 상한를 만족한다. $\check{E}_0$의 하한 $\frac{1}{L^2}$를 구하기 위해, 급수 전개를 우선 고려한다.

$$\cos x = \sum_{k=0}^{\infty} \frac{(-1)^k x^{2k}}{(2k)!} = 1 - \frac{x^2}{2} + R_4(x)$$

그러므로

$$1 - \cos x = \frac{x^2}{2} - R_4(x)$$

$|x| \leq 4$에 대해 다음의 나머지 항이

$$R_4(x) = \overbrace{\frac{x^4}{4!} - \frac{x^6}{6!}}^{\geq 0} + \overbrace{\frac{x^8}{8!} - \frac{x^{10}}{10!}}^{\geq 0} + \cdots = \frac{x^4}{4!} \underbrace{- \frac{x^6}{6!} + \frac{x^8}{8!}}_{\leq 0} \underbrace{- \frac{x^{10}}{10!} + \frac{x^{12}}{12!}}_{\leq 0} - \cdots$$

다음을 만족한다.

$$0 \leq R_4(x) \leq \frac{x^4}{4!}$$

결국 다음을 얻는다.

$$1 - \cos x \geq \frac{x^2}{2} - \frac{x^4}{4!}$$

이를 (8.189)에 적용하면,

$$\check{E}_0 \geq \frac{\pi^2}{2(2L+3)^2} - \frac{\pi^4}{24(2L+3)^4} \tag{8.190}$$

여기에서, $L \leq 8$에 대해 다음이 성립한다.

$$\frac{\pi^2}{2} - 4 \geq \frac{6}{L} + \frac{9}{L^2} + \frac{\pi^4}{24(2L+3)^2}$$

이로부터 다음을 얻는다.

$$\frac{\pi^2}{2(2L+3)^2} - \frac{\pi^4}{24(2L+3)^4} \geq \frac{1}{L^2}$$

(8.190)에 적용하면 다음을 얻는다.

$$\check{E} \geq \frac{1}{L^2} \quad \text{for } L \geq 8$$

이로써 (8.181)의 증명이 끝난다. ■

이러한 보조 결과들을 이용해 $\mathsf{H}_T(s)|_{\mathbb{H}_{\text{sub}}}$의 바닥 상태 고윳값의 갭 함수 $g_0(s)$의 엄밀한 하한에 대해 설명한다.

정리 8.30 ([116]) $\mathsf{H}_T(s)|_{\mathbb{H}_{\text{sub}}}$는 (8.133)에서 정의한 것이고 $\{E_j(s)\,|\,j \in \{0, \dots, L\}\}$는 고윳값의 집합이다. 그러면 바닥 상태의 에너지 갭 $g_0(s) = E_1(s) - E_0(s)$는 $L \geq 8$일 때 다음을 만족한다.

$$g_0(s) > \frac{1}{2L^2} \tag{8.191}$$

[증명]

정리 8.26에서, $s \in\,]0,1]$에 대해 $\mathsf{H}_T(s)|_{\mathbb{H}_{\text{sub}}}$의 고윳값 $E_j(s)$는 $E_0(s) < E_1(s) < \cdots < E_L(s)$를 만족한다. (8.125)에서 $\mathbb{H}_{\text{sub}}$의 ONB $\{|\Gamma(m)\rangle\,|\,m \in \{0,\dots,L\}\}$에 대한 $\mathsf{H}_T(s)|_{\mathbb{H}_{\text{sub}}}$의 행렬에서 다음을 알 수 있다.

$$\langle \Gamma(0)|\mathsf{H}_T(s)|_{\mathbb{H}_{\text{sub}}}\Gamma(0)\rangle = \frac{s}{2}$$

그리고 (8.95)에서 정의한 $|\Gamma\rangle$에 대해 다음을 얻는다.

$$\langle \Gamma|\mathsf{H}_T(s)|_{\mathbb{H}_{\text{sub}}}\Gamma\rangle = \frac{L(1-s)}{L+1}$$

문제 2.9의 결과 (2.40)에서 아래를 얻는다.

$$E_0(s) \leq \min \left\{ \frac{s}{2}, \frac{L(1-s)}{L+1} \right\} \tag{8.192}$$

두 개의 직선 $s \mapsto \frac{s}{2}$, $s \mapsto \frac{L(1-s)}{L+1}$ 은 다음의 점에서 교차한다.

$$s_c := \frac{2L}{3L+1} \tag{8.193}$$

$L > 1$을 가정했기에, $\frac{L}{2} > \frac{1}{2}$이며 $2L > \frac{3L+1}{2}$가 돼서 다음을 얻는다.

$$s_c > \frac{1}{2} \tag{8.194}$$

반면 $2L < \frac{2L(3L+1)}{L+1}$ 을 만족해 다음을 얻는다.

$$s_c < \frac{2}{3} \tag{8.195}$$

s_c에 대한 두 개의 한계는 향후에 이용할 것이다. $E_1(s)$에 관심을 가진다. 정리 8.28에서 다음을 안다.

$$E_1(s) \underset{(8.173)}{=} \max \Big\{ \min \big\{ \langle \Psi | \mathsf{H}_T(s) |_{\mathbb{H}_{\mathrm{sub}}} \Psi \rangle \mid |\Psi\rangle \in \mathbb{H}_2, \|\Psi\| = 1 \big\}$$
$$\Big| \ \mathbb{H}_2 \ \text{subset of} \ \mathbb{H} \ \text{with} \ \dim \mathbb{H}_2 = L+1-2+1 = L \Big\}$$

부분공간 $\mathbb{H}_2 = \mathrm{Span}\{|\Gamma(1)\rangle, \ldots, |\Gamma(L)\rangle\}$에 대해 다음이 유도된다.

$$E_1(s) \geq \min \big\{ \langle \Psi | \mathsf{H}_T(s) |_{\mathbb{H}_{\mathrm{sub}}} \Psi \rangle \mid |\Psi\rangle \in \mathrm{Span}\{|\Gamma(1)\rangle, \ldots, |\Gamma(L)\rangle\}, \|\Psi\| = 1 \big\} \tag{8.196}$$

다음의 식을

$$\mathsf{H}_{\mathrm{ini}}(s)\big|_{\mathbb{H}_{\mathrm{sub}}} \underset{(8.126)}{=} \mathbf{1}\big|_{\mathbb{H}_{\mathrm{sub}}} - |\Gamma(0)\rangle\langle\Gamma(0)|$$

$$\mathsf{H}_{\mathrm{fin}}(s)\big|_{\mathbb{H}_{\mathrm{sub}}} \underset{(8.180)}{=} \check{\mathsf{H}} - \frac{1}{2}|\Gamma(0)\rangle\langle\Gamma(0)|$$

다음의 우변에 대입하면,

$$\mathsf{H}_T(s)\big|_{\mathbb{H}_{\mathrm{sub}}} \underbrace{=}_{(8.122)} (1-s)\mathsf{H}_{\mathrm{ini}}(s)\big|_{\mathbb{H}_{\mathrm{sub}}} + s\mathsf{H}_{\mathrm{fin}}(s)\big|_{\mathbb{H}_{\mathrm{sub}}}$$

다음의 식을 얻는다.

$$\mathsf{H}_T(s)\big|_{\mathbb{H}_{\mathrm{sub}}} = (1-s)\mathbf{1}\big|_{\mathbb{H}_{\mathrm{sub}}} + s\check{\mathsf{H}} + \left(1 - \frac{s}{2}\right)|\Gamma(0)\rangle\langle\Gamma(0)|$$

임의의 $|\Psi\rangle \in \mathbb{H}_2 = \mathrm{Span}\{|\Gamma(1)\rangle, \ldots, |\Gamma(L)\rangle\}$에 대해 $\langle\Gamma(0)|\Psi\rangle = 0$이므로, $\|\Psi\| = 1$인 $|\Psi\rangle \in \mathbb{H}_2$에 대해 다음을 얻는다.

$$\langle\Psi|\mathsf{H}_T(s)\big|_{\mathbb{H}_{\mathrm{sub}}}\Psi\rangle = (1-s) + s\langle\Psi|\check{\mathsf{H}}\Psi\rangle \tag{8.197}$$

$\check{\mathsf{H}}$의 가장 작은 고윳값을 $\check{E}_0$로 표기하면, 문제 2.9의 결과 (2.40)에서 $\langle\Psi|\check{\mathsf{H}}\Psi\rangle \geq \check{E}_0$를 얻고, (8.196)은 다음이 된다.

$$E_1(s) \geq \left\{ \min\left\{ \langle\Psi|\mathsf{H}_T(s)\big|_{\mathbb{H}_{\mathrm{sub}}}\Psi\rangle \ \big| \ |\Psi\rangle \in \mathrm{Span}\{|\Gamma(1)\rangle, \ldots, |\Gamma(L)\rangle\}, \ \|\Psi\| = 1 \right\} \right.$$
$$\underbrace{\geq}_{(8.197)} 1 - s + \check{E}_0 \tag{8.198}$$

그리고 다음을 얻는다.

$$E_1(s) - E_s(0) \underbrace{\geq}_{(8.192),(8.198)} 1 - s + s\check{E}_0 - \min\left\{\frac{s}{2}, \frac{L(1-s)}{L+1}\right\} \tag{8.199}$$

여기에서, (8.193)에서 정의한 s_c를 이용하면 $s \gtrless s_c = \frac{2L}{3L+1}$은 $\frac{L}{2} \gtrless \frac{L(1-s)}{L+1}$을 의미한다. 그러므로 다음을 얻는다.

$$\min\left\{\frac{s}{2}, \frac{L(1-s)}{L+1}\right\} = \begin{cases} \frac{s}{2} & \text{if } 0 \leq s \leq s_c \\ \frac{L(1-s)}{L+1} & \text{if } s_c < s \leq 1 \end{cases}$$

그리고 (8.199)는 다음이 된다.

$$E_1(s) - E_s(0) \geq \begin{cases} 1 - \frac{3s}{2} + s\check{E}_0 & \text{if } 0 \leq s \leq s_c \\ 1 - s + s\check{E}_0 - \frac{L(1-s)}{L+1} & \text{if } s_c < s \leq 1 \end{cases} \tag{8.200}$$

위의 두 경우를 구분해 고려한다. $0 \leq s \leq s_c$에 대해 다음을 주의한다.

$$\frac{d}{ds}\left(1 - \frac{3s}{2} + s\check{E}_0\right) = \check{E}_0 - \frac{3}{2} \underbrace{<}_{(8.181)} 0$$

그래서 $s \in [0, s_c]$일 때, 함수 $1 - \frac{3s}{2} + s\check{E}_0$는 가장 오른쪽 $s = s_c$에서 최솟값을 가진다. 결국 $0 \leq s \leq s_c$에 경우, 다음을 얻는다.

$$E_1(s) - E_2(s) \underbrace{\geq}_{(8.200)} 1 - \frac{3s}{2} + s\check{E}_0 \geq 1 - \frac{3s_c}{2} + s_c\check{E}_0 \underbrace{\geq}_{(8.195)} s_c\check{E}_0 \quad (8.201)$$

$s \in \,]s_c, 1]$인 경우는 다음에 주의한다.

$$E_1(s) - E_2(s) \underbrace{\geq}_{(8.200)} 1 - s + s\check{E}_0 - \frac{L(1-s)}{L+1} = s\check{E}_0 + \frac{1-s}{L+1} \geq s\check{E}_0 \geq s_c\check{E}_0$$

$$(8.202)$$

그러므로 최종적으로 다음을 얻는다.

$$g_0(s) = E_1(s) - E_0(s) \underbrace{\geq}_{(8.201),(8.201)} s_c\check{E}_0 \underbrace{\geq}_{(8.194)} \frac{1}{2}\check{E}_0 \underbrace{\geq}_{(8.181)} \frac{1}{2L^2}$$

이제 따름정리 8.4, 보조정리 8.24, 8.27 그리고 정리 8.30을 조합해 단열 계산으로 회로 $U = U_L \cdots U_1$의 작용을 근사하는 데 필요한 시간 T를 회로의 게이트 수 T의 함수로 나타내는 명제를 증명한다.

정리 8.31 회로 U는 정의 8.18에서 정의한 것이다. 시간 T 동안의 적절한 단열 계산과 이후의 관측의 결과로 확률 $\frac{3s}{2}$로 $U|0\rangle^n$을 얻기 위해서는 다음을 만족해야 한다.

$$T \in O\left(\frac{L^6}{\sqrt{1 - p_{min}}}\right) \quad for\ L \to \infty \quad (8.203)$$

[증명]

적절한 단열 계산과 그 후의 관측으로 $U|0\rangle^n$을 얻을 확률은 다음을 만족한다.

$$\mathbf{P}\left\{\begin{array}{l} (8.122)에서\ \mathsf{H}_T(s)의\ 단열 \\ 진전\ 후에\ U|0\rangle^n을\ 관측 \end{array}\right\} = \mathbf{P}\left\{\begin{array}{l} 상태\ |\Gamma\rangle에서 \\ U|0\rangle^n을\ 관측 \end{array}\right\} \times \mathbf{P}\left\{\begin{array}{l} \mathsf{H}_T(s)의\ 단열\ 진전 \\ 으로\ |\Gamma\rangle를\ 생성 \end{array}\right\}$$

정리 8.23에서, 정의 8.18에서 정의한 $|\Gamma\rangle$는 U를 근사하기 위해 설계된 단열 계산의 최종 해밀토니안의 바닥 상태이다. 따름정리 8.4에서 H_{ini}에서 H_{fin}으로 전

이에 필요한 시간 T가 다음을 만족하면,

$$T \geq \frac{C_0(1)}{\sqrt{1 - p_{\min}}} \tag{8.204}$$

최종 시점 $t_{\text{fin}} = T + t_{\text{ini}}$에서 $|\Gamma\rangle$를 관측할 확률은 $p_{\min}$을 하한로 가진다.

$$\mathbf{P} \left\{ \begin{array}{l} H_T(s)\text{의 단열 진전} \\ \text{으로 } |\Gamma\rangle\text{를 생성} \end{array} \right\} \geq p_{\min}$$

그리고 보조정리 8.24에서, 상태 $|\Gamma\rangle$의 적절한 관측 가능량을 관측하면 확률 $\frac{1}{L+1}$로 상태 $U|0\rangle^n$로 사영한다.

$$\mathbf{P} \left\{ \begin{array}{l} \text{상태 } |\Gamma\rangle\text{에서} \\ U|0\rangle^n\text{을 관측} \end{array} \right\} = \frac{1}{L+1}$$

결국 (8.204)에서 다음이 유도된다.

$$\mathbf{P} \left\{ \begin{array}{l} (8.122)\text{에서 } H_T(s)\text{의} \\ \text{단열 진전 후에 } U|0\rangle^n \\ \text{을 관측} \end{array} \right\} \geq \frac{p_{\min}}{L+1}$$

보조정리 8.27과 정리 8.30을 조합하면, 현재 고려하고 있는 $L \geq 8$에 대해 다음이 만족한다.

$$C_0(1) \underbrace{\leq}_{(8.168),(8.191)} 24L^4 + 720L^6 \tag{8.205}$$

결국 다음을 만족하는 단열 전이 시간 $T = T(L)$은

$$\frac{C_0(1)}{\sqrt{1 - p_{\min}}} \underbrace{\leq}_{(8.205)} \frac{800L^6}{\sqrt{1 - p_{\min}}} \leq T(L) \leq \frac{1000L^6}{\sqrt{1 - p_{\min}}} \in O\left(\frac{L^6}{\sqrt{1 - p_{\min}}} \right)$$

(8.203)과 (8.204)가 성립한다.　　　　　　　　　　　　　　　■

정리 8.31에서 단열 계산을 $O(L)$번 반복하면 근사적으로 하한 $p_{\min}$을 가지는 확률로 $U|0\rangle^n$을 얻는다. 그러므로 단열 계산을 $O(L)$번 반복하면 주어진 최소 확률로 회로 U의 결과를 복제할 수 있다. 최종 복제는 총 $O(L^7)$의 실행 시간을

가진다. 결국 회로 기반의 계산은 단열 계산으로 효율적으로 복제할 수 있다.

8.6 회로 기반 계산으로 단열 계산의 복제

여기에서는 임의의 단열 양자 계산을 충분히 많은 게이트를 가진 회로를 이용해 임의의 정밀도로 근사할 수 있다는 것을 보인다[33, 114]. 좀 더 정확하게 표현하면 초기 시점 t_{ini}에 초기 해밀터니안 H_{ini} 그리고 최종 시점 t_{fin}에 최종 해밀터니안 H_{fin}를 가지며 $T = t_{fin} - t_{ini}$일 때 다음의 해밀터니안을 선형 스케줄로 가지는 단열 양자 계산이 있다고 가정한다.

$$H(t) = \left(1 - \frac{t - t_{ini}}{T}\right) H_{ini} + \frac{t - t_{ini}}{T} H_{fin} \tag{8.206}$$

위의 해밀터니안은 $t \in [t_{ini}, t_{fin}]$일 때, 다음의 초기치 문제의 해인 단열 시간 진전 연산자 $U(t, t_{ini})$를 생성한다.

$$i\frac{d}{dt}U(t, t_{ini}) = H(t)U(t, t_{ini})$$
$$U(t_{ini}, t_{ini}) = \mathbf{1} \tag{8.207}$$

$U(t_{fin}, t_{ini}) = U_T(1)$을 회로 기반 계산으로 구할 수 있다는 것을 보이기 위해, 우선 U를 조각난 상수 해밀터니안 $\hat{H}$로 생성되는 시간 진전 연산자 $\hat{U}$로 근사한다. 두 번째 단계에서, H_{ini}와 H_{fin}을 독립적으로 작용해 생성된 시간 진전 연산자 $\hat{\hat{U}}$를 이용해 $\hat{U}$를 근사한다.

이러한 방법으로 얻은 U의 근사가 주어진 정밀도를 얻기 위해 필요한 게이트 수가 $O(T^2)$으로 증가한다는 의미에서 효율적이라는 것을 증명할 것이다.

$J \in \mathbb{N}$이고, $\Delta t = \frac{T}{J}$이다. $0 \le j \le J$인 $J \in \mathbb{N}_0$에 대해 다음을 정의한다.

$$\hat{H}_j := H(j\Delta t) = \left(1 - \frac{j\Delta t}{T}\right) H_{ini} + \frac{j\Delta t}{T} H_{fin}$$
$$= \left(1 - \frac{j}{J}\right) H_{ini} + \frac{j}{J} H_{fin} \tag{8.208}$$

그리고 $\kappa : [t_{ini}, t_{fin}] \to \mathbb{N}_0$를 다음으로 정의한다.

$$\kappa(t) = \left\lceil \frac{J(t - t_{\text{ini}})}{T} \right\rceil = \left\lceil \frac{t - t_{\text{ini}}}{\Delta t} \right\rceil \in \{0, 1, \ldots, J\} \qquad (8.209)$$

여기에서,

$$\begin{aligned} \lceil \cdot \rceil : \mathbb{R} &\longrightarrow \mathbb{Z} \\ x &\longmapsto \min\{z \in \mathbb{Z} \,|\, z \geq x\} \end{aligned}$$

즉, $\lceil x \rceil$는 x보다 작지 않은 정수의 최솟값이다. $\hat{H}_j$와 κ를 이용해 다음을 정의한다.

$$\hat{H}(t) := \hat{H}_{\kappa(t)} \qquad (8.210)$$

$\kappa(t_{\text{ini}}) = 0$과 $\kappa(t_{\text{fin}}) = J$이므로, 다음을 얻는다.

$$\hat{H}(t_{\text{ini}}) = \hat{H}_{\kappa(t_{\text{ini}})} = \hat{H}_0 = H_{t_{\text{ini}}}$$
$$\hat{H}(t_{\text{fin}}) = \hat{H}_{\kappa(t_{\text{fin}})} = \hat{H}_J = H_{t_{\text{fin}}}$$

그리고 $\frac{t - t_{\text{ini}}}{\Delta t} \notin \mathbb{N}_0$에 대해서 $\hat{H}(t)$는 상수이다.

다음의 보조정리에서 단열 시간 진전을 근사하려고 한다. 여기에서는, 두 개의 시간 진전이 이들을 생성하는 해밀터니안의 차이를 한계로 가지는 것에 대한 계산을 할 것이다.

보조정리 8.32 $t \in [t_{\text{ini}}, t_{\text{fin}}]$일 때, $H_A(t), H_B(t) \in B_{sa}(\mathbb{H})$는 힐베르트 공간 $\mathbb{H}$의 두 개의 해밀터니안이다. $X \in \{A, B\}$일 때, $U_X(t, t_{\text{ini}})$는 각각의 해밀터니안이 생성하는 시간 진전 연산자다. 즉, $X \in \{A, B\}$이고 $t \in [t_{\text{ini}}, t_{\text{fin}}]$에 대해 다음을 만족한다.

$$\begin{aligned} \mathrm{i}\frac{d}{dt}U_X(t, t_{ini}) &= H_X(t)U_X(t, t_{ini}) \\ U_X(t_{ini}, t_{ini}) &= \mathbf{1} \end{aligned} \qquad (8.211)$$

다음이 $t \in [t_{\text{ini}}, t_{\text{fin}}]$일 때 성립하면,

$$||H_A(t) - H_B(t)|| \leq \varepsilon \qquad (8.212)$$

다음이 성립한다.

$$||U_A(t, t_{ini}) - U_B(t, t_{ini})|| \leq \sqrt{2(t - t_{ini})\varepsilon} \qquad (8.213)$$

[증명]

우선 모든 $|\Psi\rangle \in \mathbb{H}$에 대해 다음을 얻는다.

$$
\begin{aligned}
&\left|\left|\left(U_A(t, t_{ini}) - U_B(t, t_{ini})\right)\psi\right|\right|^2 \\
\underset{(2.5)}{=}\ &\left\langle \left(U_A(t, t_{ini}) - U_B(t, t_{ini})\right)\psi \,\middle|\, \left(U_A(t, t_{ini}) - U_B(t, t_{ini})\right)\psi \right\rangle \\
\underset{(2.4),(2.5)}{=}\ &||U_A(t, t_{ini})\psi||^2 + ||U_B(t, t_{ini})\psi||^2 \qquad\qquad (8.214) \\
&- \langle U_A(t, t_{ini})\psi | U_B(t, t_{ini})\psi \rangle - \langle U_B(t, t_{ini})\psi | U_A(t, t_{ini})\psi \rangle \\
\underset{(2.37)}{=}\ &2\,||\psi||^2 - \left(\langle U_A(t, t_{ini})\psi | U_B(t, t_{ini})\psi \rangle + \langle U_B(t, t_{ini})\psi | U_A(t, t_{ini})\psi \rangle\right)
\end{aligned}
$$

다음으로, 다음을 주의한다.

$$
\begin{aligned}
&\frac{d}{dt}\langle U_A(t, t_{ini})\psi | U_B(t, t_{ini})\psi \rangle \\
=\ &\langle \frac{d}{dt}U_A(t, t_{ini})\psi | U_B(t, t_{ini})\psi \rangle + \langle U_A(t, t_{ini})\psi | \frac{d}{dt}U_B(t, t_{ini})\psi \rangle \\
\underset{(8.211)}{=}\ &\langle -\mathrm{i}\mathsf{H}_A(t)U_A(t, t_{ini})\psi | U_B(t, t_{ini})\psi \rangle + \langle U_A(t, t_{ini})\psi | -\mathrm{i}\mathsf{H}_B(t)U_B(t, t_{ini})\psi \rangle \\
=\ &\mathrm{i}\langle U_A(t, t_{ini})\psi | \left(\mathsf{H}_A(t) - \mathsf{H}_B(t)\right)U_B(t, t_{ini})\psi \rangle
\end{aligned}
$$

마지막 줄에서 (2.4), (2.6) 그리고 $\mathsf{H}_A(t)^* = \mathsf{H}_A(t)$를 사용했다. 양변을 적분하면 다음을 얻는다.

$$
\begin{aligned}
&\langle U_A(t, t_{ini})\psi | U_B(t, t_{ini})\psi \rangle \\
=\ &\langle U_A(t_{ini}, t_{ini})\psi | U_B(t_{ini}, t_{ini})\psi \rangle \\
&+ \mathrm{i}\int_{t_{ini}}^{t} \langle U_A(s, t_{ini})\psi | \left(\mathsf{H}_A(s) - \mathsf{H}_B(s)\right)U_B(s, t_{ini})\psi \rangle ds \\
\underset{(8.211)}{=}\ &||\psi||^2 + \mathrm{i}\int_{t_{ini}}^{t} \langle U_A(s, t_{ini})\psi | \left(\mathsf{H}_A(s) - \mathsf{H}_B(s)\right)U_B(s, t_{ini})\psi \rangle ds
\end{aligned}
$$

비슷하게 다음이 만족한다.

$$\langle U_B(t, t_{\text{ini}})\psi | U_A(t, t_{\text{ini}})\psi \rangle$$
$$= ||\psi||^2 + i \int_{t_{\text{ini}}}^{t} \langle U_B(s, t_{\text{ini}})\psi | (H_B(s) - H_A(s)) U_A(s, t_{\text{ini}})\psi \rangle ds$$

그래서

$$\langle U_A(t, t_{\text{ini}})\psi | U_B(t, t_{\text{ini}})\psi \rangle + \langle U_B(t, t_{\text{ini}})\psi | U_A(t, t_{\text{ini}})\psi \rangle$$
$$= 2 ||\psi||^2$$
$$+ i \int_{t_{\text{ini}}}^{t} \langle U_A(s, t_{\text{ini}})\psi | (H_A(s) - H_B(s)) U_B(s, t_{\text{ini}})\psi \rangle ds$$
$$+ i \int_{t_{\text{ini}}}^{t} \langle U_B(s, t_{\text{ini}})\psi | (H_B(s) - H_A(s)) U_A(s, t_{\text{ini}})\psi \rangle ds \qquad (8.215)$$

(8.215)를 (8.214)에 대입하면,

$$\left(U_A(t, t_{\text{ini}}) - U_B(t, t_{\text{ini}}) \right)\psi ||^2 = \left| \left| \left| \left(U_A(t, t_{\text{ini}}) - U_B(t, t_{\text{ini}}) \right)\psi \right| \right|^2 \right| \qquad (8.215)$$
$$= \left| i \int_{t_{\text{ini}}}^{t} \langle U_A(s, t_{\text{ini}})\psi | (H_A(s) - H_B(s)) U_B(s, t_{\text{ini}})\psi \rangle ds \right.$$
$$\left. + i \int_{t_{\text{ini}}}^{t} \langle U_B(s, t_{\text{ini}})\psi | (H_B(s) - H_A(s)) U_A(s, t_{\text{ini}})\psi \rangle ds \right|$$
$$\leq \int_{t_{\text{ini}}}^{t} \left| \langle U_A(s, t_{\text{ini}})\psi | (H_A(s) - H_B(s)) U_B(s, t_{\text{ini}})\psi \rangle \right| ds$$
$$+ \int_{t_{\text{ini}}}^{t} \left| \langle U_B(s, t_{\text{ini}})\psi | (H_B(s) - H_A(s)) U_A(s, t_{\text{ini}})\psi \rangle \right| ds$$

(8.216)의 마지막 두 줄에서, 한 예로서 다음의 식을 이용했다.

$$\left| \langle U_A(s, t_{\text{ini}})\psi | (H_A(s) - H_B(s)) U_B(s, t_{\text{ini}})\psi \rangle \right|$$
$$\underset{(2.16)}{\leq} ||U_A(s, t_{\text{ini}})\psi|| \, || (H_A(s) - H_B(s)) U_B(s, t_{\text{ini}})\psi ||$$
$$\underset{(2.51)}{\leq} ||U_A(s, t_{\text{ini}})\psi|| \, ||H_A(s) - H_B(s)|| \, ||U_B(s, t_{\text{ini}})\psi||$$
$$\underset{(2.37)}{=} ||\psi||^2 \, ||H_A(s) - H_B(s)||$$
$$\underset{(8.212)}{\leq} ||\psi||^2 \, \varepsilon$$

$\left| \langle U_B(s, t_{\text{ini}})\psi | (H_B(s) - H_A(s)) U_A(s, t_{\text{ini}})\psi \rangle \right|$에 대해 비슷한 식을 이용했다. 이를 이용하면 (8.216)에서 다음을 얻는다.

$$\left|\left|\left(U_A(t, t_{\mathrm{ini}}) - U_B(t, t_{\mathrm{ini}})\right)\psi\right|\right|^2 \leq 2\left|\left|\psi\right|\right|^2 \varepsilon \int_{t_{\mathrm{ini}}}^{t} ds = \left|\left|\psi\right|\right|^2 2(t - t_{\mathrm{ini}})\varepsilon$$

(8.213)은 연산자 노름 (2.45)의 정의에서 나온다. ▪

보조 정리 8.32를 이 상황에 적용하기 위해서 $\hat{H}(t)$와 $H(t)$의 차이를 계산해야 한다. 문제 8.115에 나와 있다.

문제 8.115 (8.206)에서 정의한 $H(t)$와 (8.210)에서 정의한 $\hat{H}(t)$가 다음을 만족하는 것을 보여라.

$$\left|\left|\hat{H}(t) - H(t)\right|\right| \leq \frac{1}{J}\left|\left|H_{\mathrm{fin}} - H_{\mathrm{ini}}\right|\right| \tag{8.217}$$

문제 8.115에서 단열 양자 계산의 시간 의존 해밀터니안 $H(t)$가 조각난 상수 $\hat{H}(t)$와 얼마나 다른지를 보여주는 반면, 보조정리 8.32는 그들이 생성하는 시간 진전이 얼마나 다른지 보여준다. 이 두 결과를 조합하면 $U(t_{\mathrm{fin}}, t_{\mathrm{ini}})$의 첫 번째 근사를 얻는다.

보조정리 8.33 $\hat{H}(t)$는 $t \in [t_{\mathrm{ini}}, t_{\mathrm{fin}}]$에 대해 (8.210)에서 정의한 것이다. $\hat{U}(t, t_{\mathrm{ini}})$는 여기에서 생성되는 시간 진전 연산자다.

$$\begin{aligned} \mathrm{i}\frac{d}{dt}\hat{U}(t, t_{ini}) &= \hat{H}(t)\hat{U}(t, t_{ini}) \\ \hat{U}(t_{ini}, t_{ini}) &= \mathbf{1} \end{aligned} \tag{8.218}$$

그리고 $J \in \mathbb{N}$, $\Delta t = \frac{t_{fin} - t_{ini}}{J}$에 대해 다음을 정의한다.

$$\begin{aligned} \hat{U}_0 &:= \mathbf{1} \\ \hat{U}_j &:= \mathrm{e}^{-\mathrm{i}\Delta t \hat{H}_j} \qquad for\, j \in \{1, \ldots, J\} \end{aligned} \tag{8.219}$$

$$M := \max\{\left|\left|H_{ini}\right|\right|, \left|\left|H_{fin}\right|\right|\} \tag{8.220}$$

여기에서, $\hat{H}_j$는 (8.208)에서 정의한 것이다. 그러면 다음을 얻는다.

$$\hat{U}(t_{fin}, t_{ini}) = \hat{U}_J \hat{U}_{J-1} \cdots \hat{U}_1 \hat{U}_0 \qquad (8.221)$$

$$\left|\left| U(t_{fin}, t_{ini}) - \hat{U}(t_{fin}, t_{ini}) \right|\right| \leq 2\sqrt{\frac{MT}{J}} = 2\sqrt{M\Delta t} \qquad (8.222)$$

여기에서, $T = t_{fin} - t_{ini}$이다.

[증명]

(8.221)을 증명하기 위해, $t \in \,]t_{ini} + (k-1)\Delta t, t_{ini} + k\Delta t]$에 대해 $\kappa(t) = k \in \{1, \ldots, J\}$이며 $\hat{H}(t) = \hat{H}_{\kappa(t)} = \hat{H}_k$임에 주의한다. 즉, 길이 Δt의 시간 주기를 가지는 안쪽에서는 해밀터니안 $\hat{H}(t)$가 상수이다. 다음을 정의한다.

$$\hat{U}(t_{ini}, t_{ini}) = \mathbf{1}$$
$$\hat{U}(t, t_{ini}) = \mathrm{e}^{-\mathrm{i}\left(t - t_{ini} - (\kappa(t)-1)\Delta t\right)\hat{H}_{\kappa(t)}} \hat{U}_{\kappa(t)-1} \cdots \hat{U}_0 \quad \text{for } t \in \,]t_{ini}, t_{fin}] \qquad (8.223)$$

이렇게 정의한 $\hat{U}(t, t_{ini})$가 초기치 문제 (8.218)의 해가 되는 것을 증명한다. $t \in \,]t_{ini} + (k-1)\Delta t, t_{ini} + k\Delta t]$에 대해 다음을 얻는다.

$$\hat{U}(t, t_{ini}) = \mathrm{e}^{-\mathrm{i}\left(t - t_{ini} - (k-1)\Delta t\right)\hat{H}_k} \hat{U}_{k-1} \cdots \hat{U}_0 \qquad (8.224)$$

$k = \kappa(t)$는 다음을 만족한다.

$$\mathrm{i}\frac{d}{dt}\hat{U}(t, t_{ini}) = \hat{H}_k \hat{U}(t, t_{ini}) = \hat{H}_{\kappa(t)}\hat{U}(t, t_{ini}) \underbrace{=}_{(8.210)} \hat{H}(t)\hat{U}(t, t_{ini})$$

$k \in \{1, \ldots, J\}$인 $t_{ini} + k\Delta t$의 이산화된 점에서, 좌미분을 이용해 다음을 얻는다.

$$
\begin{aligned}
\mathrm{i}\frac{d}{dt}\hat{U}(t, t_{ini})|_{t \nearrow t_{ini}+k\Delta t} &= \mathrm{i}\lim_{\delta \searrow 0}\frac{1}{\delta}\left(\hat{U}(t_{ini} + k\Delta t, t_{ini}) - \hat{U}(t_{ini} + k\Delta t - \delta, t_{ini})\right) \\
&\underbrace{=}_{(8.223)} \mathrm{i}\lim_{\delta \searrow 0}\frac{1}{\delta}\left(\mathrm{e}^{-\mathrm{i}\Delta t\hat{H}_k} - \mathrm{e}^{-\mathrm{i}(\Delta t - \delta)\hat{H}_k}\right)\hat{U}_{k-1} \cdots \hat{U}_0 \\
&\underbrace{=}_{(8.223)} \mathrm{i}\lim_{\delta \searrow 0}\frac{1}{\delta}\left(\mathbf{1} - \mathrm{e}^{\mathrm{i}\delta\hat{H}_k}\right)\hat{U}_k \cdots \hat{U}_0 \\
&= \hat{H}_k \hat{U}_k \cdots \hat{U}_0 \\
&\underbrace{=}_{\substack{(8.210), \\ (8.223)}} \hat{H}(t_{ini} + k\Delta t)\hat{U}(t_{ini} + k\Delta t, t_{ini})
\end{aligned}
$$

그래서 $\hat{U}(t, t_{\text{ini}})$는 초기치 문제 (8.218)의 해다. $\kappa(t_{\text{ini}} + k\Delta t) = k$이므로,

$$\underbrace{\hat{U}(t_{\text{ini}} + k\Delta t, t_{\text{ini}})}_{(8.224)} = e^{-i\Delta t \hat{H}_k} \hat{U}_{k-1} \cdots \hat{U}_1 \underbrace{=}_{(8.219)} \hat{U}_k \cdots \hat{U}_1$$

결국

$$\hat{U}(t_{\text{fin}}, t_{\text{ini}}) = \hat{U}_J \cdots \hat{U}_1$$

(8.222)를 증명하기 위해 문제 8.115의 결과 (8.217)을 사용하고 보조정리 8.32의 (8.213)을 $U(t_{\text{fin}}, t_{\text{ini}})$과 $\hat{U}(t_{\text{fin}}, t_{\text{ini}})$에 적용하면 다음을 얻는다.

$$\left|\left| U(t_{\text{fin}}, t_{\text{ini}}) - \hat{U}(t_{\text{fin}}, t_{\text{ini}}) \right|\right| \underbrace{=}_{(8.217),(8.213)} \sqrt{\frac{2(t_{\text{fin}} - t_{\text{ini}})}{J} \left|\left| \mathsf{H}_{\text{fin}} - \mathsf{H}_{\text{ini}} \right|\right|} \quad (8.225)$$

$T = t_{\text{fin}} - t_{\text{ini}}$와 (8.225)의 다음 식에서

$$\left|\left| \mathsf{H}_{\text{fin}} - \mathsf{H}_{\text{ini}} \right|\right| \underbrace{\leq}_{(2.53)} \left|\left| \mathsf{H}_{\text{fin}} \right|\right| + \left|\left| \mathsf{H}_{\text{ini}} \right|\right| \underbrace{\leq}_{(8.220)} 2M$$

(8.222)가 증명된다.　　　　　　　　　　　　　　　　　　　　　　　■

$U(t_{\text{fin}}, t_{\text{ini}})$를 (8.219)에서 정의한 $\hat{U}_j$의 곱 $\hat{U}(t_{\text{fin}}, t_{\text{ini}}) = \hat{U}_j \cdots \hat{U}_1$으로 근사했고, 각각의 $\hat{U}_j$를 다음으로 근사한다.

$$\hat{\hat{U}}_j := e^{-i\Delta t \left(1 - \frac{j}{J}\right)\mathsf{H}_{\text{ini}}} e^{-i\Delta t \frac{j}{J}\mathsf{H}_{\text{fin}}} \quad (8.226)$$

결국 $\hat{U}(t_{\text{fin}}, t_{\text{ini}}) = \hat{U}_j \cdots \hat{U}_1$을 다음을 이용해 근사한다.

$$\hat{\hat{U}} := \hat{\hat{U}}_J \cdots \hat{\hat{U}}_1 \quad (8.227)$$

$\hat{\hat{U}}_j$가 원하는 게이트가 될 것이다. 그러면 $\hat{\hat{U}}$는 단열 진전을 근사하는 회로가 될 것이다. 유나타리 인자 $\hat{\hat{U}}_j$는 처음에 H_{fin}와 각각의 주기 Δt에서 H_{fin}에 의해 생성되는 시간 진전 연산자에 의존한다. 좀 더 정확하게, U_{H_X}를 $X \in \{\text{ini}, \text{fin}\}$에 대한 H_X에 의해 생성되는 시간 연산자라 둔다. 즉, U_{H_X}는 다음의 초기치 문제의 해이다.

$$i\frac{d}{dt}U_{H_X}(t) = H_l U_{H_l}(t)$$
$$U_{H_X}(0) = \mathbf{1}$$

그러면 (8.226)의 $\hat{U}_j$를 다음과 같이 표현할 수 있다.

$$\hat{U}_j = U_{H_{ini}}\left(\Delta t \left(1 - \frac{j}{J}\right)\right) U_{H_{fin}}\left(\Delta t \frac{j}{J}\right)$$

이로부터, 처음 $\Delta t \frac{j}{J}$동안 H_{fin}이 생성하는 시간 진전을 하고 그 후에 $\Delta t \left(1 - \frac{j}{J}\right)$ 동안 H_{ini}가 생성하는 시간 진전을 해 $\hat{U}_j$를 생성할 수 있다.

그리고 H_{ini}와 H_{fin}은 일반적으로 교환되지 않으므로,[3] 다음을 얻는다.

$$\hat{U}_j = e^{-i\Delta t \left(1 - \frac{j}{J}\right)H_{ini}}e^{-i\Delta t \frac{j}{J}H_{fin}} \neq e^{-i\left(\Delta t \left(1 - \frac{j}{J}\right)H_{ini} + \Delta t \frac{j}{J}H_{fin}\right)} = \hat{U}_j$$

$\hat{U}_j$와 $\hat{U}_j$는 다르지만, 정리 8.34에서 보듯이 차이의 한계를 계산할 수 있다.

정리 8.34   ([117]) A와 B는 힐베르트 공간 $\mathbb{H}$의 유계 연산자다. 그러면 다음이 성립한다.

$$e^A e^B - e^{A+B} = \int_0^1 e^{uA}[e^{(1-u)(A+B)}, B]e^{uB}du \tag{8.228}$$

$$\left|\left| [e^A, B] \right|\right| \leq \left|\left| [A, B] \right|\right| e^{||A||} \tag{8.229}$$

$$\left|\left| e^{A+B} - e^A e^B \right|\right| \leq \frac{1}{2} \left|\left| [A, B] \right|\right| e^{||A|| + ||B||} \tag{8.230}$$

[증명]

우선 다음을 얻는다.

$$e^A e^B - e^{A+B} = e^{uA} e^{(1-u)(A+B)} e^{uB} \Big|_{u=0}^{u=1} \tag{8.231}$$

여기에서, $f(u)\big|_{u=a}^{u=b} := f(b) - f(a)$라는 표기법을 사용했다. 다음이 성립한다.

---

3 이들이 교환이 되면, 두 연산자에 동시에 고유벡터가 되는 ONB가 존재한다. 이런 경우가 되면, 단열 알고리즘의 시작점이 되는 H_{ini}의 고유 상태를 준비하는 것이 H_{fin}의 고유 상태를 준비하는 것과 같다. 이는 알고리즘을 통해 얻고자 하는 결과이다. 그러므로 어떠한 알고리즘도 필요가 없게 된다.

$$e^A e^B - e^{A+B} \underbrace{=}_{(8.231)} \int_0^1 \frac{d}{du} \left(e^{uA} e^{(1-u)(A+B)} e^{uB} \right) du$$

$$= \int_0^1 \left(A e^{uA} e^{(1-u)(A+B)} e^{uB} - e^{uA}(A+B) e^{(1-u)(A+B)} e^{uB} + e^{uA} e^{(1-u)(A+B)} B e^{uB} \right) du$$

$$= \int_0^1 e^{uA} \left(A e^{(1-u)(A+B)} - (A+B) e^{(1-u)(A+B)} + e^{(1-u)(A+B)} B \right) e^{uB} du$$

$$= \int_0^1 e^{uA} \left(e^{(1-u)(A+B)} B - B e^{(1-u)(A+B)} \right) e^{uB} du$$

$$= \int_0^1 e^{uA} [e^{(1-u)(A+B)}, B] e^{uB} du$$

여기에서, 모든 $u \in \mathbb{C}$와 유계 연산자 A에 대해 $A e^{uA} = e^{uA} A$가 성립하는 것을 이용했다. 이로써 (8.228)이 증명된다. (8.229)를 증명하기 위해 다음을 이용한다.

$$[e^A, B] = e^{uA} B e^{(1-u)A} \big|_{u=0}^{u=1} \tag{8.232}$$

다음 식에 주의한다.

$$[e^A, B] \underbrace{=}_{(8.232)} \int_0^1 \frac{d}{du} (e^{uA} B e^{(1-u)A}) du = \int_0^1 \left(A e^{uA} B e^{(1-u)A} - e^{uA} B A e^{(1-u)A} \right) du$$

$$= \int_0^1 \left(e^{uA} A B e^{(1-u)A} - e^{uA} B A e^{(1-u)A} \right) du$$

$$= \int_0^1 e^{uA} [A, B] e^{(1-u)A} du \tag{8.233}$$

이로부터 다음을 얻는다.

$$||[e^A, B]|| \underbrace{=}_{(8.233)} \left\| \int_0^1 e^{uA} [A, B] e^{(1-u)A} du \right\|$$

$$\underbrace{\leq}_{(2.53)} \int_0^1 \left\| e^{uA} [A, B] e^{(1-u)A} \right\| du$$

$$\underbrace{\leq}_{(2.52)} \int_0^1 \left\| e^{uA} \right\| \, ||[A, B]|| \, \left\| e^{(1-u)A} \right\| du$$

$$\underbrace{\leq}_{(2.53)} \int_0^1 e^{u||A||} \, ||[A, B]|| \, e^{(1-u)||A||} du$$

$$= ||[A, B]|| \, e^{||A||}$$

이는 (8.229)를 증명한다. 마지막으로, (8.230)을 보이기 위해 다음을 고려한다.

$$
\left\| \left[e^{(1-u)(A+B)}, B \right] \right\| \underbrace{\leq}_{(8.229)} \left\| \left[(1-u)(A+B), B \right] \right\| e^{\|(1-u)(A+B)\|}
$$

$$
\underbrace{\leq}_{(2.54),(2.53)} (1-u) \left\| [A,B] \right\| e^{(1-u)(\|A\|+\|B\|)} \qquad (8.234)
$$

이로부터 다음을 얻는다.

$$
\left\| e^{A+B} - e^A e^B \right\| \underbrace{=}_{(8.228)} \left\| \int_0^1 e^{uA} \left[e^{(1-u)(A+B)}, B \right] e^{uB} du \right\|
$$

$$
\underbrace{\leq}_{(2.53)} \int_0^1 \left\| e^{uA} \left[e^{(1-u)(A+B)}, B \right] e^{uB} \right\| du
$$

$$
\underbrace{\leq}_{(2.52)} \int_0^1 \left\| e^{uA} \right\| \left\| \left[e^{(1-u)(A+B)}, B \right] \right\| \left\| e^{uB} \right\| du
$$

$$
\underbrace{=}_{(2.53),(8.234)} \int_0^1 e^{u\|A\|}(1-u) \left\| [A,B] \right\| e^{(1-u)(\|A\|+\|B\|)} e^{u\|B\|} du
$$

$$
= \left\| [A,B] \right\| e^{\|A\|+\|B\|} \int_0^1 (1-u) du
$$

$$
= \frac{1}{2} \left\| [A,B] \right\| e^{\|A\|+\|B\|}
$$

이는 (8.230)을 증명한다. ▪

정리 8.34의 (8.230)에서 $\hat{U}_j$와 $\hat{\hat{U}}_j$의 차이, 결국 $\hat{U}_j$와 $\hat{\hat{U}}_j$의 차이의 한계를 계산할 수 있다.

따름정리 8.35 $\hat{U}_j$, $\hat{U}$, J, T, Δt는 보조정리 8.33에서 정의한 것이고, $\hat{\hat{U}}_j$와 $\hat{\hat{U}}_j$는 각각 (8.226)과 (8.227)에서 정의한 것이다. 그러면 다음의 부등식이 성립한다.

$$
\left\| \hat{U}_j - \hat{\hat{U}}_j \right\| \leq \frac{1}{2} \left(\frac{T}{J} \right)^2 \left\| [\mathsf{H}_{ini}, \mathsf{H}_{fin}] \right\| e^{\frac{2MT}{J}} \qquad (8.235)
$$

$$
\left\| \hat{U}(t_{fin}, t_{ini}) - \hat{\hat{U}} \right\| \leq \frac{T^2}{2J} \left\| [\mathsf{H}_{ini}, \mathsf{H}_{fin}] \right\| e^{\frac{2MT}{J}} \qquad (8.236)
$$

[증명]

(8.235)를 증명하기 위해 정리 8.34의 (8.230)을 다음 연산자에 적용한다.

$$A = -i\Delta t \left(1 - \frac{j}{J}\right) \mathsf{H}_{\text{ini}} \quad \text{and} \quad B = -i\Delta t \frac{j}{J} \mathsf{H}_{\text{fin}} \tag{8.237}$$

여기서 다음이 성립한다.

$$e^{A+B} \underbrace{=}_{(8.237)} e^{-i\Delta t\left(1-\frac{j}{J}\right)\mathsf{H}_{\text{ini}} + -i\Delta t \frac{j}{J}\mathsf{H}_{\text{fin}}} \underbrace{=}_{(8.219),(8.208)} \hat{U}_j$$

$$e^A e^B \underbrace{=}_{(8.237)} e^{-i\Delta t\left(1-\frac{j}{J}\right)\mathsf{H}_{\text{ini}}} e^{-i\Delta t \frac{j}{J}\mathsf{H}_{\text{fin}}} \underbrace{=}_{(8.226)} \hat{U}_j$$

결국 다음을 얻는다.

$$\left\| \hat{U}_j - \hat{U}_j \right\| \underbrace{\leq}_{(8.230)} \frac{1}{2}\left| \Delta t\left(1 - \frac{j}{J}\right)\Delta t \frac{j}{J}\right| \, \|\,[\mathsf{H}_{\text{ini}}, \mathsf{H}_{\text{fin}}]\,\| \, e^{\left|\Delta t\left(1-\frac{j}{J}\right)\right|\|\mathsf{H}_{\text{ini}}\| + \left|\Delta t \frac{j}{J}\right|\|\mathsf{H}_{\text{fin}}\|}$$

$$\leq \frac{1}{2}\Delta t^2 \, \|\,[\mathsf{H}_{\text{ini}}, \mathsf{H}_{\text{fin}}]\,\| \, e^{\Delta t(\|\mathsf{H}_{\text{ini}}\| + \|\mathsf{H}_{\text{fin}}\|)}$$

$$\leq \frac{1}{2}\left(\frac{T}{J}\right)^2 \|\,[\mathsf{H}_{\text{ini}}, \mathsf{H}_{\text{fin}}]\,\| \, e^{\frac{2MT}{J}}$$

여기에서, 두 번째 줄에서 $0 \leq \frac{j}{J} \leq 1$을 사용했고 마지막 줄에서 $\Delta t = \frac{T}{J}$와 M의 정의 (8.220)을 사용했다. 이로써 (8.235)가 증명된다.

(8.236)을 증명하기 위해 다음에 주의한다.

$$\left\| \hat{U}(t_{\text{fin}}, t_{\text{ini}}) - \hat{U} \right\| \underbrace{=}_{(8.221),(8.226)} \left\| \hat{U}_J \cdots \hat{U}_1 - \hat{U}_J \cdots \hat{U}_1 \right\|$$

$$= \left\| \hat{U}_J \cdots \hat{U}_2(\hat{U}_1 - \hat{U}_1 + \hat{U}_1) - \hat{U}_J \cdots \hat{U}_1 \right\|$$

$$= \left\| \hat{U}_J \cdots \hat{U}_2(\hat{U}_1 - \hat{U}_1) + \hat{U}_J \cdots \hat{U}_2\hat{U}_1 - \hat{U}_J \cdots \hat{U}_1 \right\|$$

$$\underbrace{\leq}_{(2.53)} \left\| \hat{U}_J \cdots \hat{U}_2(\hat{U}_1 - \hat{U}_1) \right\| + \left\| (\hat{U}_J \cdots \hat{U}_2 - \hat{U}_J \cdots \hat{U}_2)\hat{U}_1 \right\|$$

$$\underbrace{\leq}_{(2.52)} \underbrace{\|\hat{U}_J \cdots \hat{U}_2\|}_{=1} \left\| \hat{U}_1 - \hat{U}_1 \right\| + \left\| \hat{U}_J \cdots \hat{U}_2 - \hat{U}_J \cdots \hat{U}_2 \right\| \underbrace{\left\|\hat{U}_1\right\|}_{=1}$$

$$\underbrace{=}_{(2.55)} \left\| \hat{U}_1 - \hat{U}_1 \right\| + \left\| \hat{U}_J \cdots \hat{U}_2 - \hat{U}_J \cdots \hat{U}_2 \right\|$$

위의 과정을 $\|\hat{U}_J \cdots \hat{U}_2 - \hat{U}_J \cdots \hat{U}_2\|$에 대해 계속 적용하면, 다음을 얻는다.

$$\left\|\hat{U}(t_{\text{fin}}, t_{\text{ini}}) - \hat{U}\right\| \le \sum_{j=1}^{J} \left\|\hat{U}_j - \hat{U}_j\right\| \tag{8.238}$$

(8.238)의 우변에 있는 항 $\|\hat{U}_j - \hat{U}_j\|$에 대해 (8.235)의 결과를 적용해 다음을 얻는다.

$$\begin{aligned}
\left\|\hat{U}(t_{\text{fin}}, t_{\text{ini}}) - \hat{U}\right\| &\le \sum_{j=1}^{J} \frac{1}{2} \left(\frac{T}{J}\right)^2 \|[\mathsf{H}_{\text{ini}}, \mathsf{H}_{\text{fin}}]\| \, e^{\frac{2MT}{J}} \\
&= \frac{T^2}{2J} \|[\mathsf{H}_{\text{ini}}, \mathsf{H}_{\text{fin}}]\| \, e^{\frac{2MT}{J}}
\end{aligned}$$

이로써 (8.236)이 증명된다. ■

(8.207)에서 정의한 $U(t_{\text{fin}}, t_{\text{ini}})$가 회로를 이용해 근사하고자 하는 단열 시간 진전 연산자다. 근사하는 회로로서 J개의 게이트 $\hat{U}_j$로 구성된 $\hat{U} = \hat{U}_J \cdots \hat{U}_1$을 선택한다. 보조정리 8.33의 (8.222)와 따름정리 8.35의 (8.236)을 결합하면, $U(t_{\text{fin}}, t_{\text{ini}})$의 근사로서 $\hat{U}$의 오차를 얻을 수 있다. 이 결과에서 $U(t_{\text{fin}}, t_{\text{ini}})$를 $\hat{U}$로 근사할 때, 원하는 정밀도를 얻기 위해 $T = t_{\text{fin}} - t_{\text{ini}}$와 $\|\mathsf{H}_{\text{ini}}\|$와 $\|\mathsf{H}_{\text{fin}}\|$의 함수로 J를 얼마나 증가해야 하는지를 구할 수 있다.

정리 8.36 $U(t, t_{\text{ini}})$는 (8.207)에서 정의한 것이고, J, T, M는 보조정리 8.33에서 정의한 것이다. 그리고 $\hat{U} = \hat{U}_J \cdots \hat{U}_1$는 (8.226)에서 정의한 J개의 게이트 $\hat{U}_j$로 구성된 회로이다. 그러면 다음을 얻는다.

$$\left\|U(t_{\text{fin}}, t_{\text{ini}}) - \hat{U}\right\| \le 2\sqrt{\frac{MT}{J}} + \frac{(MT)^2}{J} e^{\frac{2MT}{J}} \tag{8.239}$$

특히, $0 < \delta < 1$인 임의의 $\delta \in \mathbb{R}$에 대해 다음을 만족하는 $J \in \mathbb{N}$을 선택하면,

$$J \ge \left(\frac{2e}{\delta}\right)^2 \max\left\{2MT, (MT)^2\right\} \tag{8.240}$$

다음이 만족한다.

$$\left\|U(t_{fin}, t_{ini}) - \hat{U}\right\| \le \delta \tag{8.241}$$

[증명]

(8.239)를 증명하기 위해 다음에 주의한다.

$$\begin{aligned}
\left\|U(t_{\text{fin}}, t_{\text{ini}}) - \hat{U}\right\| &= \left\|U(t_{\text{fin}}, t_{\text{ini}}) - \hat{U} + \hat{U} - \hat{U}\right\| \\
&\underbrace{\le}_{(2.53)} \left\|U(t_{\text{fin}}, t_{\text{ini}}) - \hat{U}\right\| + \left\|\hat{U} - \hat{U}\right\| \\
&\underbrace{\le}_{(8.222),(8.236)} 2\sqrt{\frac{MT}{J}} + \frac{T^2}{2J} \left\| [\mathsf{H}_{\text{fin}}, \mathsf{H}_{\text{ini}}] \right\| e^{\frac{2MT}{J}}
\end{aligned}$$

다음의 식을 이용한다.

$$\| [\mathsf{H}_{\text{fin}}, \mathsf{H}_{\text{ini}}] \| \underbrace{=}_{(2.46)} \|\mathsf{H}_{\text{fin}}\mathsf{H}_{\text{ini}} - \mathsf{H}_{\text{ini}}\mathsf{H}_{\text{fin}}\| \underbrace{\le}_{(2.53)} \|\mathsf{H}_{\text{fin}}\mathsf{H}_{\text{ini}}\| + \|\mathsf{H}_{\text{ini}}\mathsf{H}_{\text{fin}}\|$$

$$\underbrace{\le}_{(2.52)} 2\|\mathsf{H}_{\text{fin}}\|\,\|\mathsf{H}_{\text{ini}}\| \underbrace{\le}_{(8.220)} 2M^2$$

이로써 (8.239)가 증명된다.

(8.240)에서와 같이 J를 선택하면, 다음이 만족한다.

$$\left(\frac{\delta}{2e}\right)^2 \ge \max\left\{\frac{2MT}{J}, \frac{(MT)^2}{J}\right\}$$

$0 < \delta < 1$이므로,

$$\begin{aligned}
\frac{2MT}{J} &\le \left(\frac{\delta}{2e}\right)^2 < \frac{\delta}{2e} < 1 \\
\sqrt{\frac{MT}{J}} &< \sqrt{\frac{2MT}{J}} \le \frac{\delta}{2e} < 1 \\
\frac{(MT)^2}{J} &\le \left(\frac{\delta}{2e}\right)^2 < \frac{\delta}{2e} < 1
\end{aligned} \tag{8.242}$$

(8.242)에서 (8.239)의 우변을 다음과 같이 계산할 수 있다.

$$\left\|U(t_{\mathrm{fin}}, t_{\mathrm{ini}}) - \hat{U}\right\| \underbrace{\leq}_{(8.239)} 2\sqrt{\frac{MT}{J}} + \frac{(MT)^2}{J}e^{\frac{2MT}{J}}$$

$$\underbrace{\leq}_{(8.242)} 2\frac{\delta}{2\mathrm{e}} + \frac{\delta}{2\mathrm{e}}\mathrm{e} = (2+\mathrm{e})\frac{\delta}{2\mathrm{e}}$$

$$< \quad \delta$$

이로써 (8.241)이 증명된다.

정리 8.36에서, 주어진 단열 진전 연산자 $U(T + t_{\mathrm{ini}}, t_{\mathrm{ini}})$를 $J \in O\left(\left(\frac{T}{\delta}\right)^2\right)$인 J개의 게이트로 구성된 회로 $\hat{U}$로써 오차 범위 δ로 근사할 수 있다. 즉, 원하는 정밀도 δ로 단열 진전 연산자 $U(T + t_{\mathrm{ini}}, t_{\mathrm{ini}})$를 복제하기 위해 필요한 게이트의 수는 $\frac{T}{\delta}$의 함수로서 많아야 제곱으로 증가한다. 그러므로 단열 계산은 회로 기반 계산으로 효율적으로 복제할 수 있다.

8.7 읽을거리

단열 양자 계산에서 응용의 관점에서 양자 단열 정리의 엄밀한 증명은 얀센 외 [111]에 있다. 이 증명은 무한차원에 적용할 수 있고 단열 그로버 탐색의 스케줄에 대한 최적화된 결과를 포함한다.

최근 다른 관심 분야에서의 단열 양자 계산의 적용으로서, 푸덴츠와 리다르 [118]가 **기계학습**에 단열 방법의 사용을 연구했다.

단열 방법과 연관 있는 것으로 **단열 어닐링**quantum annealing이 있다. 다스와 스즈키[119]에 더욱 상세한 설명이 있다. 이것은 고전 어닐링 방법론에서 파생된 것이지만, 고전 방법에서는 이용할 수 없는 양자 터널링Quantum tunneling 효과를 사용한다.

단열 양자 계산의 모든 면에 대해 최신 이론까지 더욱 이해하기 쉽고, 세부적으로 설명한 것으로 알바쉬와 리다르[114]를 추천한다. 이것은 단열 계산의 역사에 대한 요약과 향후 다양한 분야에서 응용에 대한 광범위한 참고문헌을 포함하고 있다.

09
나가면서

양자역학의 물리적 현상은 양자 컴퓨터의 출현 이전에 광범위하게 연구하고 실험적으로 검증해왔다. 실제로 일반적으로 알려진 생각으로서 양자역학이 가장 검증이 된 물리 이론이라는 것이다. 그러나 EPR 역설의 경우 양자역학이 명백하게 직관에 반하는 특성은 과학적으로 불편함이 두드러진다. 보어조차도 '양자역학에 충격을 받지 않는 사람은 양자역학을 이해하지 못했다'고 말한 것으로 전해진다.

오늘날에는 **불편함**이나 **충격**이라는 용어를 사용하기에는 적절치 않다. 그러나 양자역학을 실제로 이해하지 못한다는 의견은 양자 컴퓨터 창시자 중 한 사람인 파인만 또한 인정한 것으로 알려져 있다. 이러한 인식론적 의구심을 일부 사람들은 불필요한 관심으로 보고, **입 다물고 계산이나 해라**라는 슬로건으로 표현한다. 그리고 그들은 계산만 한다. **이해 불가능**함에도 양자역학의 수많은 응용 분야가 등장했으며, 이러한 것이 일상 생활에 끼친 영향을 과소평가할 수 없다.

양자 컴퓨터가 양자역학의 또 다른 성공 스토리가 될지는 아직 미지수다. 이 책에서 제시한 이론은 명쾌하고 유망하지만, 새로운 컴퓨터의 패러다임에 큰 영향을 미치기에는 아직 할 일이 많이 남아 있다. 분명한 것은 안정적인 양자 하드웨어를 구현하는 것은 여전히 큰 숙제이다. 현재, 대기업들이 참여해 경쟁이 진행 중이다.

그리고 이론적인 측면에서도 해야 할 많은 일들이 남아 있다.

쇼어와 그로버의 알고리즘이 양자 알고리즘을 유명하게 했지만, 숨은 부분군 문제와 진폭 증폭과 같은 곳에서 이러한 알고리즘의 일반화가 양자 알고리즘의 대부분을 차지한다. 많은 문제들에서 기존의 고전 알고리즘에 비해 효율이 매우 좋은 양자 알고리즘을 아직 찾지 못했다. 이러한 문제를 연구하는 실무자들이 양자 컴퓨터가 제공할 수 있는 가능성을 인식하지 못했을 수 있다. 이 책이 여기에 기여할 수 있기를 바란다.

이 책에서 양자 컴퓨터를 위한 기본적인 수학적 개념과 원론을 소개하려고 노력했다. 책에서 살펴봤듯이, 양자 컴퓨터 이론은 다양한 수학 분야의 결과와 적합하게 결합된 양자역학 현상을 활용하는 것이다. 실제로 양자 컴퓨터의 매력은 실변수 함수론, 복소변수 함수론, 함수 해석학, 선형 대수학, 군이론, 정수론, 복잡계 이론, 확률론의 결과를 사용하고, 현존에 대한 이해에 도전해 철학의 영역에 도달하는 물리적 현상을 동시에 가진다는 것이다. 양자 컴퓨터를 성공적으로 구현하면 일상 생활에 미치는 잠재적인 영향과 수많은 지적 과제를 생각하면 매우 매력적인 연구 분야다.

이 책을 읽은 독자들이 이러한 도전을 받아들여 양자역학의 성공 스토리에 양자 컴퓨터가 포함되는 것에 기여하기를 희망한다.

A
기초 확률론

확률의 수학적 개념은 측도 이론을 기초로 한다. 우선 이 부분을 소개한다.

정의 A.1 공집합이 아닌 Ω가 주어지고 $A \subset \{B \mid B \subset \Omega\}$는 Ω의 부분집합이다.

A의 부분집합으로 이뤄진 집합이 다음의 관계식을 만족하면 **σ-대수**^{sigma-}Alegbra라고 한다.

$$\Omega \in A$$
$$B \in A \Rightarrow \Omega \setminus B \in A$$
$$\bigcup_{n \in \mathbb{N}} A_n \in A \qquad \text{for every sequence } (A_n)_{n \in \mathbb{N}} \text{ with } A_n \in A$$

순서 쌍 (Ω, A)를 **가측공간**^{measurable space}이라고 한다.

가측공간 (Ω, A)에서 정의된 **측도**^{measure}는 다음의 성질을 가지는 사상 μ이다.

$$\mu : A \to [0, \infty]$$
$$\mu(\emptyset) = 0$$
$$\mu\left(\bigcup_{n \in \mathbb{N}} A_n\right) = \sum_{n \in \mathbb{N}} \mu(A_n) \quad A_n \in A\text{이고 } n \neq m\text{일 때 } A_n \cap A_m = \emptyset\text{인 수열 } (A_n)_{n \in \mathbb{N}}\text{에 대하여}$$

순서쌍 (Ω, A, μ)를 **측도공간**measure space이라고 한다.

(Ω_i, A_I), $i \in \{1,2\}$로 두 개의 가측공간을 표기한다. 함수 $f : \Omega_1 \rightarrow \Omega_2$가 있을 때, $A \in A_2$에 대해 원상preimage인 $f^{-1}(A) := \{\omega \in \Omega_1 \mid f(\omega) \in A\}$으로 정의한다. 모든 A에 대해 $f^{-1}(A) \in A_1$를 만족하면 함수 f를 **가측함수** measurable function라고 한다.

정의로부터 모든 측도는 음이 아닌 값만을 가진다. 전체 집합 Ω의 측도값이 1인 경우 (그리고 그 결과로 측도의 값은 $[0,1]$의 값만을 가질 때), 이러한 측도를 확률 측도라고 한다.

정의 A.2   가측 공간 (Ω, A)에서 정의된 측도 $\mathbf{P}$가 다음의 조건을 만족하면 **확률 측도**probability measure라고 한다.

$$\mathbf{P}(\Omega) = 1 \qquad\qquad (A.1)$$

순서쌍 $(\Omega, A, \mathbf{P})$를 **확률 공간**probability space이라고 한다.

확률 공간에서 확률변수라고 부르는 것을 정의할 수 있다.

정의 A.3 $(\Omega, A, \mathbf{P})$는 확률 공간이고, $(M, \mathbf{M})$은 가측 공간이다.
다음과 같은 가측 사상을 M-값의 **확률변수**random variable Z라고 한다.

$$Z : \Omega \rightarrow M$$

$(M, \mathbf{M})$상에서 정의된 다음과 같이 정의된 확률 측도를 Z의 **확률분포**probability distribution 또는 간단하게 **분포**라고 한다.

$$\mathbf{P}_Z := \mathbf{P} \circ Z^{-1} : \mathbf{M} \rightarrow [0,1]$$

Z의 치역이 셀 수 있는 집합이라면, 즉 $Z\{\Omega\} = \{m_i \mid i \in I\}$의 아래첨자 집합 $I \in \mathbb{N}$이 존재한다면 Z를 **이산**discrete 확률변수라고 한다.

이런 경우에 $\mathbf{P}_Z$는 **이산 확률 분포**^{discrete probability distribution}이며, 각각의 $m \in Z\{\Omega\}$에 대해 다음의 식으로 확률이 주어진다.

$$\mathbf{P}_Z(\{m\}) = \mathbf{P} \circ Z^{-1}(\{m\})$$

$S \subset M$인 모두 부분집합 $S \subset M$에 대해 다음의 식으로 정의되는 실수는

$$\mathbf{P}_Z(S) = \mathbf{P}(\{\omega \mid Z(\omega) \in S\})$$

사건 $Z(\omega) \in S$가 발생하는 확률이라고 한다.

이것을 강조할 때에는 $\mathbf{P}_Z(S)$ 대신에 $\mathbf{P}\{Z \in S\}$로, 이산 확률변수의 경우에는 $\mathbf{P}_Z(\{m\})$ 대신에 $\mathbf{P}\{Z = m\}$으로 표기한다.

보기 A.4 확률 공간 $(\Omega, A, \mathbf{P})$와 $(\mathbb{R}^n, \mathbf{B})$가 있다. 여기에서 $\mathbf{B}$는 $\mathbb{R}^n$의 보렐 ^{Borel} 집합이다. 그러면 임의의 가측 함수 $Z : \Omega \to \mathbb{R}^n$은 n차원의 실수값을 가지는 확률변수가 된다. 즉, 임의의 보렐 집합 $B \in \mathbf{B}$에 대해 확률 $\mathbf{P}\{\omega \mid Z(\omega) \in B\}$을 결정할 수 있다.

정의 A.5 Z는 확률 공간 $(\Omega, A, \mathbf{P})$에서 정의된 n 차원의 실수값을 가지는 확률변수이다.

Z의 **기댓값**^{expectation value}을 다음과 같이 정의한다.

$$\mathbf{E}[Z] := \int_{\Omega} Z(\omega) d\mathbf{P}(\omega) = \int_{\mathbb{R}^n} x d\mathbf{P}_Z(x) \tag{A.2}$$

여기에서 특별히 $n = 1$일 때 $d\mathbf{P}_Z(x)$는 $\mathbf{P}\{Z \in [x, x+dx]\}$로 표기한다. $Z\{\Omega\} = \{x_i \mid i \in I\} \subset \mathbb{Z}$가 정수값을 가지는 이산 확률변수 Z에 대해서는 기댓값이 다음과 같이 된다.

$$\mathbf{E}[Z] := \sum_{i \in I} x_i \mathbf{P}\{Z = x_i\} \tag{A.3}$$

(A.2)와 (A.3)의 우변에서 볼 수 있듯이, Ω, $\mathbf{P}$, $Z(\omega)$에 관한 정보는 기댓값의 계산에 필요하지 않다. 중요한 것은 $\mathbf{P}\{Z \in [x, x+dx]\}$ 또는 이산 확률변수일 때는 $\mathbf{P}\{Z = x_i\}$의 확률 값이다.

> **보조정리 A.6** 확률 공간 $(\Omega, A, \mathbf{P})$에 정의된 Z가 모든 $\omega \in \Omega$와 음이 아닌 실수 $c \in \mathbb{R}$에 대해 다음 조건을 만족하는 정수값을 가지는 확률변수이면
>
> $$|Z(\omega)| \leq c \tag{A.4}$$
>
> 그러면 $|\mathbf{E}[Z]| \leq c$이다.

[증명]

$$|\mathbf{E}[Z]| \underset{(A.3)}{=} \left| \sum_{i \in I} x_i \mathbf{P}\{Z = x_i\} \right| \leq \sum_{i \in I} |x_i \mathbf{P}\{Z = x_i\}| = \sum_{i \in I} |x_i|\, \mathbf{P}\{Z = x_i\}$$

$$\underset{(A.4)}{\leq} \sum_{i \in I} c\mathbf{P}\{Z = x_i\} = c \sum_{i \in I} \mathbf{P}\{Z = x_i\} \underset{(A.1)}{=} c$$

Z가 n차원의 실수값을 갖는 확률변수이면, 모든 보렐 가측 함수$^{\text{Borel measurable}}$ ^{function} $f : \mathbb{R}^n \to \mathbb{R}^m$에 대해 복합 함수 $f \circ Z : \Omega \to \mathbb{R}^m$ 또한 m 차원의 실수값을 가지는 확률변수이다. 이의 기댓값은 다음과 같다.

$$\mathbf{E}[f(Z)] = \int_{\Omega} f(Z(\omega))d\mathbf{P}(\omega) = \int_{\mathbb{R}^n} f(x)d\mathbf{P}_Z(x) \tag{A.5}$$

이산 확률변수에 대해서 비슷한 형태의 기댓값을 가진다.

$$\mathbf{E}[f(Z)] = \sum_{i \in I} f(x_i)\mathbf{P}\{Z = x_i\} \tag{A.6}$$

> **정의 A.7** Z_1, Z_2는 일차원의 실수 또는 정수값을 가지는 확률변수이다.
> 이러한 것의 **분산**^{Variance} $\mathbf{var}[Z_i]$, **공분산**^{Covariance} $\mathbf{cov}[Z_1, Z_2]$ 그리고 **상관계수**^{Correlation} $\mathbf{cor}[Z_1, Z_2]$의 정의는 다음과 같다.

$$\mathbf{var}[Z_i] := \mathbf{E}\left[(Z_i - \mathbf{E}[Z_i])^2\right]$$
$$\mathbf{cov}[Z_1, Z_2] := \mathbf{E}\left[(Z_1 - \mathbf{E}[Z_1])(Z_2 - \mathbf{E}[Z_2])\right]$$
$$\mathbf{cor}[Z_1, Z_2] := \frac{\mathbf{cov}[Z_1, Z_2]}{\sqrt{\mathbf{var}[Z_1]\,\mathbf{var}[Z_2]}}$$

(A.5)와 (A.6)에서 볼 수 있듯이, 다수의 확률변수 Z_1, Z_2,...의 기댓값의 계산은 이들의 **결합분포**joint distribution인 $\mathbf{P}\{Z_1 \in [x_1, x_1 + dx],\ Z_2 \in [x_2, x_2 + dx]...\}$, 또는 이산 변수에 대해서는 $\mathbf{P}\{Z_1 = x_1, Z_2 = x_2...\}$의 값을 필요로 한다. 이러한 것들은 특히 두 개의 확률변수의 공분산과 상관계수를 계산할 때 필요하다.

B
산술 연산의 기초

보조정리 B.1에서 두 숫자의 덧셈에 관한 이진법 알고리즘의 공식을 제시한다. 십진법 숫자의 덧셈에 대한 초등학교 교과서의 이진법 버전이며 5.5.1절에서 정의한 양자 가산기^{adder}의 구현이다. 여기선 사용하는 함수 $\lfloor \frac{a}{b} \rfloor$와 $a \bmod b$는 정의 D.1에서 정의한다. 이진법 덧셈 $a \overset{2}{\oplus} b = (a+b) \bmod 2$은 정의 5.2에 정의한다.

보조정리 B.1 $n \in \mathbb{N}$이고 $a, b \in \mathbb{N}_0$이 $a, b < 2^n$이며 다음의 이진법 표현을 가진다.

$$a = \sum_{j=0}^{n-1} a_j 2^j, \qquad b = \sum_{j=0}^{n-1} b_j 2^j$$

여기에서, $a_j, b_j \in \{0,1\}$이다. 추가적으로, $\hat{c}_0^+ = 0$과 다음을 정의한다.

$$\hat{c}_j^+ := \left\lfloor \frac{a_{j-1} + b_{j-1} + \hat{c}_{j-1}^+}{2} \right\rfloor \qquad for\ j \in \{1, \dots, n\} \qquad (B.1)$$

$$s_j := a_j \overset{2}{\oplus} b_j \overset{2}{\oplus} \hat{c}_j^+ \qquad for\ j \in \{0, \dots, n-1\}$$

그러면 a와 b의 합은 다음의 식으로 주어진다.

$$a + b = \sum_{j=0}^{n-1} s_j 2^j + \hat{c}_n^+ 2^n$$

[증명]

증명은 n에 대해 귀납법을 이용한다. 귀납법의 시작으로 $n = 1$인 경우를 고려한다. 이 경우에는 $a, b \in \{0,1\}$가 $a = a_0$, $b = b_0$이고 $a_1 = b_1 = 0$이다. 그러면

$$
\begin{aligned}
a + b &= a_0 + b_0 \underbrace{=}_{(D.1)} (a_0 + b_0) \bmod 2 + \left\lfloor \frac{a_0 + b_0}{2} \right\rfloor 2 \\
&\underbrace{=}_{(5.2)} a_0 \overset{2}{\oplus} b_0 + \left\lfloor \frac{a_0 + b_0}{2} \right\rfloor 2 \\
&= s_0 + \hat{c}_1^+ 2
\end{aligned}
$$

그러므로 $n = 1$인 경우가 증명된다.

$n + 1$의 경우를 고려하기 위해 다음의 n인 경우에 주장이 성립한다고 가정한다.

$$a + b = \sum_{j=0}^{n-1} s_j 2^j + \hat{c}_n^+ 2^n \tag{B.2}$$

이진법 표기가 다음과 같은 $\tilde{a}_j$, $\tilde{b}_j$가 주어질 때, $\tilde{a} = a + \tilde{a}_n 2^n$, $\tilde{b} = a + \tilde{b}_n 2^n$를 생각해보자.

$$\tilde{a}_j = a_j, \qquad \tilde{b}_j = b_j \tag{B.3}$$

다음의 관계식이 성립함을 알 수 있다.

$$
\begin{aligned}
\tilde{a} + \tilde{b} &= a + b + (\tilde{a}_n + \tilde{b}_n) 2^n \\
&\underbrace{=}_{(B.2)} \sum_{j=0}^{n-1} s_j 2^j + \left(\tilde{a}_n + \tilde{b}_n + \hat{c}_n^+ \right) 2^n \\
&\underbrace{=}_{(D.1)} \sum_{j=0}^{n-1} s_j 2^j + \left((\tilde{a}_n + \tilde{b}_n + \hat{c}_n^+) \bmod 2 + \left\lfloor \frac{\tilde{a}_n + \tilde{b}_n + \hat{c}_n^+}{2} \right\rfloor 2 \right) 2^n
\end{aligned}
$$

$$\underbrace{=}_{(5.2)} \sum_{j=0}^{n-1} s_j 2^j + (\underbrace{\tilde{a}_n \overset{2}{\oplus} \tilde{b}_n \overset{2}{\oplus} \hat{c}_n^+}_{=s_n}) 2^n + \underbrace{\left\lfloor \frac{\tilde{a}_n + \tilde{b}_n + \hat{c}_n^+}{2} \right\rfloor}_{=\hat{c}_{n+1}^+} 2^{n+1}$$

$$= \sum_{j=0}^{n} s_j 2^j + \hat{c}_{n+1}^+ 2^{n+1}$$

$\hat{c}_0^+ = 0$이고 (B.3)을 이용하면 다음의 식을 얻는다.

$$\hat{c}_j^+ = \left\lfloor \frac{\tilde{a}_{j-1} + \tilde{b}_{j-1} + c_{j-1}^+}{2} \right\rfloor \qquad \text{for } j \in \{1, \dots, n+1\}$$

$$s_j = \tilde{a}_j \overset{2}{\oplus} \tilde{b}_j \overset{2}{\oplus} c_j^+ \qquad \text{for } j \in \{0, \dots, n\}$$

이것으로 $n + 1$의 경우에 주장이 참임이 증명된다.

(B.1)에서 정의한 덧셈의 자리 올림 항인 $\hat{c}_j^+$는 $\lfloor \ \rfloor$ 함수를 사용하지 않고 기술할 수 있다. 이러한 방식이 양자 가산기의 구현에 더욱 적합하다.

따름정리 B.2 (이진법 덧셈) $n \in \mathbb{N}$이고 다음의 이진법 표기를 가지는 $a, b < 2^n$인 $a, b \in \mathbb{N}_0$가 있다.

$$a = \sum_{j=0}^{n-1} a_j 2^j, \qquad b = \sum_{j=0}^{n-1} b_j 2^j$$

여기에서 $a_j, b_j \in \{0, 1\}$. $\hat{c}_0^+ = 0$이라 하고, 다음의 항들을 정의한다.

$$c_j^+ := a_{j-1} b_{j-1} \overset{2}{\oplus} a_{j-1} c_{j-1}^+ \overset{2}{\oplus} b_{j-1} c_{j-1}^+ \qquad \text{for } j \in \{1, \dots, n\}$$

$$s_j := a_j \overset{2}{\oplus} b_j \overset{2}{\oplus} c_j^+ \qquad \text{for } j \in \{0, \dots, n-1\}$$

그러면 a와 b의 합은 다음과 같다.

$$a + b = \sum_{j=0}^{n-1} s_j 2^j + c_n^+ 2^n$$

[증명]

보조정리 B.1로부터 $j \in \{0,\ldots,n\}$에 대해 $c_j^+ = \hat{c}_j^+$임을 증명하면 충분하다. j에 대해 귀납법을 사용할 것이다. $j = 0$인 경우에는 정의로부터 자명하다. $j-1$에 대해 $c_{j-1}^+ = \hat{c}_{j-1}^+$이 성립함을 가정한다. 다음의 식이 성립함을 증명하는 것만이 남아 있다.

$$c_j^+ = a_{j-1}b_{j-1} \overset{2}{\oplus} a_{j-1}c_{j-1}^+ \overset{2}{\oplus} b_{j-1}c_{j-1}^+ = \left\lfloor \frac{a_{j-1}+b_{j-1}+\hat{c}_{j-1}^+}{2} \right\rfloor = \hat{c}_j^+ \quad \text{(B.4)}$$

자리 올림 항 $\hat{c}_j^+$는 0또는 1의 값만 가지기 때문에, 이 두 경우를 고려해보면 $0 \leq \frac{a_{j-1}+b_{j-1}+\hat{c}_{j-1}^+}{2} \leq \frac{3}{2}$을 만족함을 알 수 있다. (B.4)의 증명은 모든 가능한 조합에 대해 좌변과 우변의 값이 일치하는 것을 확인하는 것이다. 이는 표 B.1에 제시했다.

표 B.1 (B.4)의 증명을 위한 값들의 표

a_{j-1}	b_{j-1}	$\hat{c}_{j-1}^+$	$c_j^+ = a_{j-1}b_{j-1} \overset{2}{\oplus} a_{j-1}c_{j-1}^+ \overset{2}{\oplus} b_{j-1}c_{j-1}^+$	$\hat{c}_{j-1}^+ = \left\lfloor \frac{a_{j-1}+b_{j-1}+c_{j-1}^+}{2} \right\rfloor$
0	0	0	0	0
0	0	1	0	0
0	1	0	0	0
0	1	1	1	1
1	0	0	0	0
1	0	1	1	1
1	1	0	1	1
1	1	1	1	1

다음의 보조정리는 이진법 수 사이에 뺄셈의 알고리즘에 관한 공식이다.

보조정리 B.3 $n \in \mathbb{N}$과 $a, b \in \mathbb{N}_0$는 보조정리 B.2의 이진법 표현을 가지며 2^n보다 작은 수이다. 게다가 $\hat{c}_0^- := 0$과 다음의 식을 정의한다.

$$\hat{c}_j^- := \left\lfloor \frac{b_{j-1}-a_{j-1}+\hat{c}_{j-1}^-}{2} \right\rfloor \qquad for \ j \in \{1,\ldots,n\}$$

$$\hat{d}_j := \left(b_j - a_j + \hat{c}_j^-\right) \bmod 2 \qquad for \ j \in \{0, \ldots, n-1\}$$

그러면 b와 a의 차이는 다음과 같이 정의한다.

$$b - a = \sum_{j=0}^{n-1} \hat{d}_j 2^j + \hat{c}_n^- 2^n \tag{B.5}$$

[증명]

n에 대해 귀납법을 이용한다. 우선 $n = 1$인 경우를 고려한다. 그러면 $a, b \in \{0, 1\}$는 $a = a_0$, $b = b_0$이며 $a_1 = b_1 = 0$가 된다. 그러므로 다음의 식이 만족함을 알 수 있다.

$$\begin{aligned} b - a = b_0 - a_0 &= (b_0 - a_0) \bmod 2 + \left\lfloor \frac{b_0 - a_0}{2} \right\rfloor 2 \\ &= \hat{d}_0 + \hat{c}_1^- 2 \end{aligned}$$

이로써, $n = 1$인 경우에 증명이 끝난다.

n에서 $n + 1$의 귀납 단계를 증명하기 위해 n일 때 명제가 성립한다고 가정한다. 즉,

$$b - a = \sum_{j=0}^{n-1} \hat{d}_j 2^j + \hat{c}_n^- 2^n \tag{B.6}$$

이 성립하는 것을 가정한다. $\tilde{a} = a + \tilde{a}_n 2^n$, $\tilde{b} = b + \tilde{b}_n 2^n$일 때, $j \in \{0, \ldots, n-1\}$에 대해 다음이 성립한다.

$$\tilde{a}_j = a_j, \qquad \tilde{b}_j = b_j \tag{B.7}$$

그러므로

$$\begin{aligned} \tilde{b} - \tilde{a} \ &= \ b - a + (\tilde{b}_n - \tilde{a}_n) 2^n \\ &\underset{(B.6)}{=} \ \sum_{j=0}^{n-1} \hat{d}_j 2^j + (\tilde{b}_n - \tilde{a}_n + \hat{c}_n^-) 2^n \\ &\underset{(D.1)}{=} \ \sum_{j=0}^{n-1} \hat{d}_j 2^j + \left((\tilde{b}_n - \tilde{a}_n + \hat{c}_n^-) \bmod 2 + \left\lfloor \frac{\tilde{b}_n - \tilde{a}_n + \hat{c}_n^-}{2} \right\rfloor 2 \right) 2^n \end{aligned}$$

$$= \sum_{j=0}^{n-1} \hat{d}_j 2^j + \left(\left(\underbrace{(\tilde{b}_n - \tilde{a}_n + \hat{c}_n^-) \bmod 2}_{=\hat{d}_n} \right) 2^n + \underbrace{\left\lfloor \frac{\tilde{b}_n - \tilde{a}_n + \hat{c}_n^-}{2} \right\rfloor}_{=\hat{c}_{n+1}^-} \right) 2^{n+1}$$

$$= \sum_{j=0}^{n} \hat{d}_j 2^j + \hat{c}_{n+1}^- 2^{n+1}$$

$\hat{c}_0^- := 0$이고, (B.7)을 이용하면 다음의 식을 유도할 수 있다.

$$\hat{c}_j^- = \left\lfloor \frac{\tilde{b}_{j-1} - \tilde{a}_{j-1} + \hat{c}_{j-1}^-}{2} \right\rfloor \qquad \text{for } j \in \{1, \dots, n+1\}$$

$$\hat{d}_j = (\tilde{b}_j - \tilde{a}_j + \hat{c}_j^-) \bmod 2 \qquad \text{for } j \in \{0, \dots, n\}$$

이것으로 $n+1$의 경우에 증명이 완료된다. ∎

덧셈과 달리 뺄셈에서는 자리 올림 항인 $\hat{c}_0^-$가 음수가 될 수 있다. 게다가 a, b < 2^n인 두 숫자에 대해, 가장 높은 자리 올림 항인 $\hat{c}_0^-$은 문제 B.116에서 볼 수 있듯이 $b \geq a$인지 $b < a$인지에 대한 정보를 가지고 있다.

문제 B.116 $n \in \mathbb{N}$이고, $a, b \in \mathbb{N}_0$는 2^n보다 작은 수다. $\hat{c}_j^-$와 $\hat{d}_j$를 보조정리 B.3과 같이 정의를 한다. 그러면 다음의 식이 성립한다.

(i)

$$\hat{c}_j^- \in \{0, -1\}$$

그래서 $\hat{c}_j^- = -|\hat{c}_j^-|$이다.

(ii) 특별히 다음 식이 성립하는 것을 알 수 있다.

$$\hat{c}_n^- = \begin{cases} 0 \Leftrightarrow b \geq a \\ -1 \Leftrightarrow b < a \end{cases}$$

뺄셈 알고리즘에 대해 음의 자리 올림 항이 없는 공식을 만들 수 있다. 이것의 준비 작업으로서 다음의 보조정리가 필요하다.

보조정리 B.4 $n \in \mathbb{N}$, $a, b \in \mathbb{N}_0$이며 보조정리 B.3처럼 $\hat{c}_j^-$, $\hat{d}_j$를 정의한다. 그러면 다음의 식이 만족한다.

$$\left| \hat{c}_j^- \right| = \left(1 \overset{2}{\oplus} b_{j-1} \right) \left(a_{j-1} \overset{2}{\oplus} \left| \hat{c}_{j-1}^- \right| \right) \overset{2}{\oplus} a_{j-1} \left| \hat{c}_{j-1}^- \right| \in \{0, 1\} \quad \text{(B.9)}$$

$$\hat{d}_j = a_j \overset{2}{\oplus} b_j \overset{2}{\oplus} \left| \hat{c}_j^- \right| \quad \text{(B.10)}$$

[증명]

(B.9)와 (B.10)을 동시에 증명하는 간단한 방법은 식 B.2에서 제시한 것 같이 직접 계산을 하는 것이다.

표 B.2 (B.9)와 (B.10)을 증명을 위한 값들의 표

			(B.9)의 증명		(B.10)의 증명	
a_{j-1}	b_{j-1}	$\hat{c}_{j-1}^-$	$\left\|\hat{c}_{j-1}^-\right\|$	$(1 \overset{2}{\oplus} b_{j-1})(a_{j-1} \overset{2}{\oplus} \|\hat{c}_{j-1}^-\|)$ $\overset{2}{\oplus} a_{j-1}\|\hat{c}_{j-1}^-\|$	$\hat{d}_j$	$a_j \overset{2}{\oplus} b_{j-1} \overset{2}{\oplus} \|\hat{c}_{j-1}^-\|$
0	0	0	0	0	0	0
0	0	−1	1	1	1	1
0	1	0	0	0	1	1
0	1	−1	0	0	0	0
1	0	0	1	1	1	1
1	0	−1	1	1	0	0
1	1	0	0	0	0	0
1	1	−1	1	1	1	1

보조정리 B.4를 이용하면 역 양자 덧셈과 유사한 형태의 뺄셈 알고리즘의 공식을 만들 수 있다.

보조정리 B.5 (이진법 뺄셈) $n \in \mathbb{N}$이고 $a, b \in \mathbb{N}_0$는 보조정리 B.1의 이진법 표현을 가지는 숫자다. 여기에서 $\hat{c}_0^- := 0$으로 하고 다음을 정의한다.

$$c_j^- := \left(1 \overset{2}{\oplus} b_{j-1} \right) \left(a_{j-1} \overset{2}{\oplus} c_{j-1}^- \right) \overset{2}{\oplus} a_{j-1} c_{j-1}^- \; \text{for } j \in \{1, \dots, n\} \quad \text{(B.11)}$$

$$d_j := a_j \overset{2}{\oplus} b_j \overset{2}{\oplus} c_j^- \quad \text{for } j \in \{0, \dots, n-1\} \quad \text{(B.12)}$$

그러면 다음의 식이 만족하는 것을 알 수 있다.

$$\sum_{j=0}^{n-1} d_j 2^j = c_n^- 2^n + b - a$$

$$c_n^- = \begin{cases} 0 \Leftrightarrow b \geq a \\ 1 \Leftrightarrow b < a \end{cases} \tag{B.13}$$

[증명]

(B.9), (B.11)로부터 $|\hat{c}_j^-|$와 c_j^-는 같은 점화식을 만족하는 것을 알 수 있다. $|\hat{c}_0^-| = \hat{c}_0^- = 0$으로부터, $j \in \{1, \ldots, n\}$에 대해

$$c_j^- = \left| \hat{c}_j^- \right| = -\hat{c}_j^- \tag{B.14}$$

가 성립한다. 이것과 (B.10)과 (B.12)로부터, $j \in \{1, \ldots, n\}$에 대해 $d_j = \hat{d}_j$가 성립한다. (B.5)와 (B.14)로부터, 다음의 식이 성립하는 것을 알 수 있다.

$$b - a = \sum_{j=0}^{n-1} d_j 2^j - c_n^- 2^n$$

여기에, (B.14), (B.8)을 적용하면 (B.13)을 얻을 수 있다.

C
란다우 기호

대부분의 알고리즘에는 연관된 자연수 N이 있다. 이러한 N이 증가하면 알고리즘의 계산 노력 또한 증가한다. 그 예로 쇼어 알고리즘에서 N은 인수분해를 하고자 하는 숫자이다. 그로버 탐색 알고리즘에서 N은 탐색하는 데이터 집합의 크기를 나타낸다.

알고리즘에서 계산량의 증가율은 일반적으로 란다우^{Landau} 기호를 사용해 N의 함수로 분류한다. 이를 위해 다음의 정의를 사용하다.

> **정의 C.1** $f, g : \mathbb{N} \to \mathbb{N}$인 함수에 대하여 $\mathbb{N} \to \infty$일 때, **소문자 란다우 기호**
> Little Landau symbol $o(\cdot)$은 다음과 같이 정의한다.
>
> $$f(N) \in o(g(N)) \text{ for } N \to \infty$$
> $$:\Leftrightarrow \forall \varepsilon \in \mathbb{R}_+ \; \exists M \in \mathbb{N} : \; \forall N > M \quad |f(N)| \leq \varepsilon |g(N)|$$
>
> 그리고 **대문자 란다우 기호**$^{\text{Big Landau symbol}}$ $O(\cdot)$의 정의는 다음과 같다.
>
> $$f(N) \in O(g(N)) \text{ for } N \to \infty$$
> $$:\Leftrightarrow \exists C \in \mathbb{R} \text{ and } M \in \mathbb{N} : \; \forall N > M \quad |f(N)| \leq C |g(N)|$$
>
> $k \in \mathbb{N}_0$이고 $a_j \in \mathbb{R}$일 때
>
> $$f(N) \in \text{poly}(N)$$

를 만족하면, f는 **다항 차수**polynomial order 또는 poly(N)이라 하며, 다음과 같이 표기한다.

$$f(N) \in O\left(\sum_{j=0}^{k} a_j N^j \right)$$

앞에서 언급한 것 외에도 이들 기호가 변형돼 일반화된 정의를 문헌에서 찾을 수 있지만, 앞의 내용이 이 책의 목적에 적합하고 충분하다.

보기 C.2 로피탈L'Hospital의 공식을 적용하면 다음 식을 쉽게 증명할 수 있다.

$$\lim_{N\to\infty} \left| \frac{\ln N}{N^{\frac{1}{m}}} \right| = 0 = \lim_{N\to\infty} \left| \frac{N^m}{\exp(N)} \right| \qquad \forall m \in \mathbb{N}$$

이로부터, $m \in \mathbb{N}$에 대하여 다음을 알 수 있다.

$$\ln N = o\left(N^{\frac{1}{m}} \right) \quad \text{and} \quad N^m = o(\exp(N))$$

문제 C.117 $i \in \{1, 2\}$이고 $N \to \infty$이며 $f_i \in O\big(g_i(N)\big)$이다. $N \to \infty$일 때 다음을 증명하라.

(i)

$$f_1(N) + f_2(N) \in O\big(|g_1(N)| + |g_2(N)|\big) \tag{C.1}$$

(ii)

$$f_1(N)f_2(N) \in O\big(g_1(N)g_2(N)\big) \tag{C.2}$$

(iii) $N > M$일 때 $|g_1(N)| < |g_2(N)|$를 만족하는 정수 M이 존재하면, 다음을 만족한다.

$$f_1(N) + f_2(N) \in O\big(g_2(N)\big) \tag{C.3}$$

D
모듈러 연산

정의 D.1 실수 u의 **정수 부분**^{integer part}는 $\lfloor u \rfloor$로 표기하고 다음과 같이 정의한다.

$$\lfloor u \rfloor := \max\{z \in \mathbb{Z} \mid z \leq u\}$$

비슷하게 다음을 정의한다.

$$\lceil u \rceil := \min\{z \in \mathbb{Z} \mid z \geq u\}$$

정수 a에 대해 a를 정수 N으로 나눈 **나머지**^{remainder}는 $a \bmod N$으로 표기하고 다음으로 정의한다.

$$a \bmod N := a - \left\lfloor \frac{a}{N} \right\rfloor N \qquad\qquad (\text{D.1})$$

(D.1)의 결과로 $a \in \mathbb{Z}$, $N \in \mathbb{N}$에 대해

$$a \bmod N = 0 \quad \Leftrightarrow \quad \exists z \in \mathbb{Z}: \; a = zN$$

을 만족하는 것을 쉽게 알 수 있다. 즉, $a \bmod N = 0$은 N이 a를 나눈다와 동치이다.

문제 D.118 $a, b \in \mathbb{Z}$, $N \in \mathbb{N}$일 때, 다음 식이 성립하는 것을 보여라.

$$a \bmod N = b \bmod N \quad \Leftrightarrow \quad (a-b) \bmod N = 0 \qquad (D.2)$$

문제 D.119에서 보듯이 나머지 값인 $a \bmod N$는 $\frac{a}{2}$와 N보다 작다.

문제 D.119 a, N는 자연수이며, $a > N$일 때, 다음을 만족하는 것을 보여라

$$a \bmod N < \min\{\frac{a}{2}, N\} \qquad (D.3)$$

보조정리 D.2 $a, N \to \infty$인 경우에 $a \bmod N$을 계산하기 위해 필요한 연산의 수는 다음과 같이 증가한다.

$$a \bmod N\text{의 계산에 필요한 연산 수} \in O\big((\log_2 \max\{a, N\})^2\big) \qquad (D.4)$$

[증명]

(D.1)에서부터, $a \bmod N$을 계산하는 데 필요한 연산 수는 다음과 같다.

- a를 N으로 나누고 $\lfloor \frac{a}{N} \rfloor$을 결정하기 위해 필요한 연산 수: $O\big((\log_2 \max\{a, N\})^2\big)$
- $\lfloor \frac{a}{N} \rfloor$과 N을 곱하는 데 필요한 연산 수: $O\big((\log_2 \max\{a, N\})^2\big)$
- a에서 $\lfloor \frac{a}{N} \rfloor$를 빼는 데 필요한 연산 수: $O\big((\log_2 \max\{a, N\})^2\big)$

(C.3)을 이용하면, 다음이 만족하는 것을 알 수 있다.

$$a \bmod N\text{의 계산에 필요한 연산 수} N \in O\big((\log_2 \max\{a, N\})^2\big)$$

정의 D.3 $a, b \in \mathbb{Z}$에 대해, $b = za$를 만족하는 $z \in \mathbb{Z}$가 존재하면 a가 b를 **나눈다**[divide]고 말한다(또는 b는 a로 **나누어진다**[divisible]). 이러한 z가 존재하지 않는다면, a는 b를 나누지 않는다(또는 b는 a로 나누어지지 않는다). 다음 표기로 이러한 배타적인 두 가지 경우를 표현한다.

$$a \mid b \quad :\Leftrightarrow \quad \exists z \in \mathbb{Z}: \; b = za$$
$$a \nmid b \quad :\Leftrightarrow \quad \nexists z \in \mathbb{Z}: \; b = za$$

$a_i \in \mathbb{Z}$, $i \in \{1, \ldots, n\}$에 대해 $\sum_{i=1}^{n} |a_i| \neq 0$일 때, **최대공약수**greatest common divisor를 다음과 같이 정의한다.

$$\gcd(a_1, \ldots, a_n) := \max\{k \in \mathbb{Z} \mid k \mid a_i \quad \forall a_i\}$$

$\prod_{i=1}^{n} |a_i| \neq 0$에 대해, **최소공배수**smallest common multiple를 다음과 같이 정의한다.

$$\text{scm}(a_1, \ldots, a_n) := \min\{k \in \mathbb{N} \mid a_i \mid k \quad \forall a_i\}$$

$a \neq 0$일 때, $\gcd(a, 0) = a$로 정의한다. a와 b가 1을 제외한 공약수가 없을 때, 즉

$$\gcd(a, b) = 1$$

a와 b는 **서로소**coprimie라 한다.

정수 a, b의 최대공약수 $\gcd(a, 0)$와 다음 식의 해인 정수 x, y를 결정하기 위해 확장 유클리드Euclid 알고리즘을 사용한다.

$$ax + by = \gcd(a, b)$$

정리 D.4 (확장 유클리드 알고리즘) $a, b \in \mathbb{N}$일 때, 다음을 정의한다.

$$
\begin{aligned}
r_{-1} &:= \max\{a, b\} \quad \text{and} \quad r_0 := \min\{a, b\} \\
s_{-1} &:= 1 \qquad\qquad\quad \text{and} \quad s_0 := 0 \\
t_{-1} &:= 0 \qquad\qquad\quad \text{and} \quad t_0 := 1
\end{aligned}
\tag{D.5}
$$

$r_{j-1} > 0$인 모든 정수 j에 대해 다음을 정의한다.

$$r_j := r_{j-2} \bmod r_{j-1} \tag{D.6}$$

$$s_j := s_{j-2} - \left\lfloor \frac{r_{j-2}}{r_{j-1}} \right\rfloor s_{j-1} \tag{D.7}$$

$$t_j := t_{j-2} - \left\lfloor \frac{r_{j-2}}{r_{j-1}} \right\rfloor t_{j-1} \tag{D.8}$$

그러면 $r_j < r_{j-1}$이 성립하고, 수열이 종료하게 되는 정수 n이 존재한다. 즉,

$$r_{n+1} = 0 \tag{D.9}$$

게다가 다음의 관계식을 구할 수 있다.

$$r_n = \gcd(a, b) \tag{D.10}$$

$$n \le 2\min\{\log_2 a, \log_2 b\} + 1 \tag{D.11}$$

$$r_{-1}s_n + r_0 t_n = \gcd(a, b) \tag{D.12}$$

[증명]

(D.3)으로부터 $u \bmod v < v$이므로, r_j의 정의에서 $0 \le r_j < r_{j-1}$이다. 즉, 증가하는 j에 대해 r_j는 순감소한다. 그러므로 $n \le \min\{a, b\}$이며 $r_n > 0$이고 $r_{n+1} = 0$인 자연수 n이 존재한다. 이로써 (D.9)가 증명된다.

(D.10)을 증명하기 위해, $j \in \{0, \dots, n+1\}$에 대해

$$r_{n-j} = z_{n-j}r_n \tag{D.13}$$

을 만족하는 자연수 z_{n-j}가 존재하는 것을 역방향 귀납법$^{\text{descending induction}}$으로 증명한다. 다음을 만족하는 자연수 n을 귀납법의 시작점을 한다.

$$r_n > 0 \text{ but } r_{n+1} = 0$$

다음의 식을 자연스럽게 유도할 수 있다.

$$0 = r_{n+1} \underset{(D.6)}{=} r_{n-1} \bmod r_n = r_{n-1} - \left\lfloor \frac{r_{n-1}}{r_n} \right\rfloor r_n$$

결과적으로, 다음의 식을 만족하는 $z_{n-1} := \left\lfloor \frac{r_{n-1}}{r_n} \right\rfloor \in \mathbb{N}$이 존재한다.

$$r_{n-1} = z_{n-1}r_n$$

게다가 정의 (D.6)이 $r_n = r_{n-2} \bmod r_{n-1}$이 되고 $z_{n-2} \in \mathbb{N}$에 대해 다음을 만족하는 것을 알 수 있다.

$$r_{n-2} = r_n + \left\lfloor \frac{r_{n-2}}{r_{n-1}} \right\rfloor r_{n-1} = \Big(\underbrace{1}_{=:z_n} + \left\lfloor \frac{r_{n-2}}{r_{n-1}} \right\rfloor z_{n-1} \Big) r_n = z_{n-2}r_n$$

이것으로 $j \in \{1, 2\}$에 대해 (D.13)이 증명되며 역방향 귀납법의 시작점이 된다. 다음은 귀납 단계를 적용한다.

만약에,

$$r_{n-(j-1)} = z_{n-(j-1)} r_n \tag{D.14}$$

$$r_{n-j} = z_{n-j} r_n \tag{D.15}$$

를 만족하는 자연수 $z_{n-(j-1)}$, z_{n-j}가 존재하면 다음을 만족하는 $z_{n-(j+1)} \in \mathbb{N}$이 존재하는 것을 증명할 것이다.

$$r_{n-(j+1)} = z_{n-(j+1)} r_n$$

$z_{n-(j-1)}$의 정의 (D.6)과 귀납법의 가정 (D.14), (D.15)로부터 다음을 유도한다.

$$r_{n-(j+1)} = r_{n-(j-1)} + \left\lfloor \frac{r_{n-(j+1)}}{r_{n-j}} \right\rfloor r_{n-j} = \underbrace{\left(z_{n-(j-1)} + \left\lfloor \frac{r_{n-(j+1)}}{r_{n-j}} \right\rfloor z_{n-j} \right)}_{:= z_{n-(j+1)} \in \mathbb{N}} r_n$$

$$= z_{n-(j+1)} r_{n-1}$$

이로써, (D.13)이 귀납적으로 증명된다. 그러므로 다음을 만족하는 자연수 z_0, z_1이 존재한다.

$$\min\{a, b\} = r_0 = z_0 r_n$$
$$\max\{a, b\} = r_{-1} = z_{-1} r_n$$

그리고 r_n은 a와 b의 공약수이다.

r_n이 최대공약수임을 보이기 위해 g는 a와 b의 또 다른 공약수라고 가정한다. 그리고 나서 $\tilde{a} := \frac{a}{g} \in \mathbb{N}$, $\tilde{b} := \frac{b}{g} \in \mathbb{N}$을 정의한다. $\tilde{a}$, $\tilde{b}$에 알고리즘을 적용하면 $\tilde{r}_j := \frac{r_j}{g}$을 얻을 수 있다. $\tilde{r}_n = \frac{r_n}{g}$는 자연수다. 이는 a와 b의 모든 공약수는 r_n을 나눌 수 있다는 것을 의미한다. 결과적으로 r_n은 a와 b의 최대공약수다. 이로써 (D.10)이 증명된다.

(D.11)을 증명하기 위해 r_j의 정의 (D.6)에 문제 D.119에 있는 관계식 (D.3)을 적용한다. $r_j < r_{j-1}$이므로 다음을 얻는다.

$$r_j < \min\{\frac{r_{j-2}}{2}, r_{j-1}\} \tag{D.16}$$

을 알 수 있다. 이러한 방법을 여러 번 적용하면 다음을 얻을 수 있다.

$$r_{2k-1} < \frac{r_{2k-3}}{2} < \cdots < \frac{r_{-1}}{2^k} = \frac{\max\{a,b\}}{2^k}$$

$$r_{2k} < \frac{r_{2k-2}}{2} < \cdots < \frac{r_0}{2^k} = \frac{\min\{a,b\}}{2^k}$$

$r_{2k+1} < r_{2k} < r_{2k-1}$로부터, 다음 식을 구한다.

$$r_{2k+1} < r_{2k} < \min\{\frac{a}{2^k}, \frac{b}{2^k}\}$$

그래서

$$r_j < \frac{\min\{a,b\}}{2^{\left\lfloor \frac{j}{2} \right\rfloor}}$$

결과적으로

$$\left\lfloor \frac{j}{2} \right\rfloor \geq \min\{\log_2 a, \log_2 b\} \qquad \Rightarrow \qquad r_j = 0$$

(D.9)의 n은 $r_n > 0$을 만족하는 최댓값이므로, 다음의 식이 성립하는 것을 알 수 있다.

$$\left\lfloor \frac{n}{2} \right\rfloor < \min\{\log_2 a, \log_2 b\}$$

이것은 다음 식을 의미한다.

$$n < 2\min\{\log_2 a, \log_2 b\} + 1 \tag{D.17}$$

(D.12)를 증명하기 위해서는, 귀납법을 이용해 다음의 식을 증명한다.

$$r_{-1} s_j + r_0 t_j = r_j \tag{D.18}$$

귀납법은 $j \in \{-1, 0\}$에서 시작하는데 이는 정의식 (D.6)~(D.8)로부터 자명하다.

$$r_{-1} s_{-1} + r_0 t_{-1} = r_{-1}$$

$$r_{-1} s_0 + r_0 t_0 = r_0$$

j에서 $j+1$의 귀납 단계를 증명하기 위해, (D.18)이 j와 $j-1$에 성립한다고 가정한다. 그러면

$$r_{-1}s_{j+1} + r_0t_{j+1} \underbrace{=}_{(D.7),(D.8)} r_{-1}\left(s_{j-1} - \left\lfloor \frac{r_{j-1}}{r_j} \right\rfloor s_j\right) + r_0\left(t_{j-1} - \left\lfloor \frac{r_{j-1}}{r_j} \right\rfloor t_j\right)$$

$$= \underbrace{r_{-1}s_{j-1} + r_0t_{j-1}}_{=r_{j-1}} - \left\lfloor \frac{r_{j-1}}{r_j} \right\rfloor \underbrace{\left(r_{-1}s_j + r_0t_j\right)}_{=r_j} = r_{j-1} - \left\lfloor \frac{r_{j-1}}{r_j} \right\rfloor r_j$$

$$\underbrace{=}_{(D.6)} r_{j+1}$$

이로써 (D.18)이 증명됐고 $j = n$인 경우에 (D.12)이다.

보기 D.5 표 D.1에 $a = 999$와 $b = 351$에 확장 유클리드 알고리즘을 적용해 $n = 3$, $\gcd(999, 351) = r_3 = 27$을 구하는 것을 나타냈다. 표 D.2는 $a = 999$, $b = 352$에 대한 것이다. 이 경우 $n = 6$, $\gcd(999, 352) = 1$이다.

표 D.1 $a = 999$, $b = 351$에 적용한 유클리드 알고리즘

j	r_j	s_j	t_j	$as_j + bt_j$
−1	$a = 999$	1	0	999
0	$b = 351$	0	1	351
1	999 mod 35 = 297	1	−2	297
2	351 mod 297 = 54	−1	3	54
3	297 mod 54 = 27	6	−17	27
4	54 mod 27 = 0	−13	37	0

표 D.2 $a = 999$, $b = 352$에 적용한 유클리드 알고리즘

j	r_j	s_j	t_j	$as_j + bt_j$
−1	$a = 999$	1	0	999
0	$b = 352$	0	1	352
1	999 mod 352 = 295	1	−2	295
2	352 mod 295 = 57	−1	3	57
3	295 mod 57 = 10	6	−17	10
4	57 mod 10 = 7	31	88	7
5	10 mod 7 = 3	37	−105	3
6	7 mod 3 = 1	105	−298	1
7	3 mod 1 = 0	352	−999	0

보조정리 D.6 $a, b \to \infty$일 때, $\gcd(a, b)$를 계산하기 위한 연산수는 다음을 만족한다.

$$\gcd(a, b)\text{를 계산하기 위한 연산수} \in O\big((\log_2 \min\{a, b\})^3\big) \qquad \text{(D.19)}$$

[증명]

정리 D.4로부터, $\gcd(a, b)$를 계산하는 유클리드 알고리즘을 위해서 $a \bmod b$와 같이 $u \bmod v$ 형태의 식을 계산해야 한다. 보조정리 D.2로부터 $a \bmod b$의 계산에 필요한 연산수는 $a, b \to \infty$일 때 $O\big((\log_2 \min\{a, b\})^2\big)$으로 증가한다. (D.11)로부터 유클리드 알고리즘에서 $u \bmod v$의 표현식을 계산하기 위한 연산수는 $a, b \to \infty$일 때 $O(\log_2 \min\{a, b\})$로 증가하는 것을 알 수 있다. 그러므로 $\gcd(a, b)$를 계산하기 위한 총 연산수는 D.19가 된다.

문제 D.120 $u, v, u_j \in \mathbb{Z}$, $k, a, N \in \mathbb{N}$에 대해 다음 식들이 만족하는 것을 보여라.

(i)

$$u(v \bmod N) \bmod N = uv \bmod N \qquad \text{(D.20)}$$

(ii)

$$\left(\prod_{j=1}^{k} (u_j \bmod N) \right) \bmod N = \left(\prod_{j=1}^{k} u_j \right) \bmod N \qquad \text{(D.21)}$$

(iii)

$$(u^a \bmod N)^k \bmod N = u^{ak} \bmod N \qquad \text{(D.22)}$$

(iv)

$$\left(\sum_{j=1}^{k} (u_j \bmod N) \right) \bmod N = \left(\sum_{j=1}^{k} u_j \right) \bmod N \qquad \text{(D.23)}$$

다음은 앞으로 유용한 보조정리를 하나 소개한다.

보조정리 D.7 $a, b, c \in \mathbb{Z}$, $N \in \mathbb{N}$이며, $c \neq 0$, $\gcd(N, c) = 1$이다. 그러면 다음의 식이 만족한다.

$$a \bmod N = b \bmod N \quad \Leftrightarrow \quad ac \bmod N = bc \bmod N \qquad \text{(D.24)}$$

[증명]

우선 $\Rightarrow$를 먼저 증명한다. 정의로부터 다음을 알 수 있다.

$$a \bmod N = b \bmod N$$

$$\underset{\text{(D.1)}}{\Leftrightarrow} \quad a - \left\lfloor \frac{a}{N} \right\rfloor N = b - \left\lfloor \frac{b}{N} \right\rfloor N$$

$$\Leftrightarrow \quad ac = bc + \left(\left\lfloor \frac{a}{N} \right\rfloor - \left\lfloor \frac{b}{N} \right\rfloor \right) Nc \qquad \text{(D.25)}$$

그러므로

$$ac \bmod N \underset{\text{(D.1)}}{=} ac - \left\lfloor \frac{ac}{N} \right\rfloor N$$

$$\underset{\text{(D.25)}}{=} bc + \left(\left\lfloor \frac{a}{N} \right\rfloor - \left\lfloor \frac{b}{N} \right\rfloor \right) Nc - \left\lfloor \frac{bc + \left(\left\lfloor \frac{a}{N} \right\rfloor - \left\lfloor \frac{b}{N} \right\rfloor \right) Nc}{N} \right\rfloor N$$

$$= bc - \left\lfloor \frac{bc}{N} \right\rfloor N \underset{\text{(D.1)}}{=} bc \bmod N$$

이제, $\Leftarrow$:를 증명한다. $ac \bmod N = bc \bmod N$일 때, $z \in \mathbb{Z}$가 존재해 다음 식이 만족된다.

$$a - b = \frac{z}{c} N \in \mathbb{Z}$$

c, N이 서로소이므로 $\frac{z}{c} \in \mathbb{Z}$이어야 한다. 그러므로 $(a - b) \bmod N = 0$이고 (D.2)로부터 $a \bmod N = b \bmod N$이 성립한다. ∎

보조정리 D.7의 (D.24)로부터 곱셈 역원과 비슷한 것이 있을 것 같다. 실제로 그러하며 정의는 다음과 같다.

정의 D.8 정수 b, N은 $\gcd(b, N) = 1$이다. b의 N법(法)의 **곱셈 역원**^{multiplicative} inverse modulo N은 $b^{-1} \bmod N$으로 표기하고, 다음의 식을 만족하는 $x \in \{1, \ldots, N-1\}$로 정의한다.

$$bx \bmod N = 1$$

곱셈 역원은 유일하며 확장 유클리드 알고리즘으로 쉽게 구할 수 있다.

보조정리 D.9 정수 b, N은 $\gcd(b, N) = 1$이며, $x, y \in \mathbb{Z}$를 다음 식의 해라고 한다.

$$bx + Ny = 1 \tag{D.26}$$

그러면 $x \bmod N$는 유일하게 결정되는 b의 N법 곱셈 역원이다. 즉, 다음을 만족한다.

$$(b(x \bmod N)) \bmod N = 1 \tag{D.27}$$

[증명]

우선 유일성부터 증명을 한다. u, v를 b의 두 개의 N법 곱셈 역원이라 하자. 즉, $u, v \in \{1, \ldots, N-1\}$이 $bu \bmod N = 1 = bv \bmod N$임을 가정한다. $\gcd(b, N) = 1$, (D.24)로부터 $bu \bmod N = bv \bmod N$은 $u \bmod N = v \bmod N$을 의미한다. (D.2)에 의해, N은 $u - v$를 나눈다. $0 < u, v < N$이므로, $u = v$이다.

다음은 존재성에 관한 것이다. 정리 D.4의 유클리드 알고리즘을 b, N에 적용하고 (D.12)에 $\gcd(b, N) = 1$을 사용하면 (D.26)을 만족하는 x, y를 구할 수 있다. 그러면

$$b(x \bmod N) \bmod N \underbrace{=}_{(D.20)} bx \bmod N \underbrace{=}_{(D.26)} (1 - Ny) \bmod N = 1$$

$0 < x \bmod N < N$이므로, $x \bmod N$는 b의 N법 곱셈 역원의 정의를 모두 만족하는 것을 알 수 있다. ∎

보기 D.10 $b = 999$, $N = 352$에 대해 유클리드 알고리즘을 적용한 보기 D.5를 다시 살펴본다. 표 D.2에서 $x = -105$, $y = 298$이 $bx + Ny = 1$을 만족하는 것을 볼 수 있다. 그러므로 $x \bmod N = -105 \bmod 352 = 247$이 며, $b \, (x \bmod N) \bmod N = 999 \times 247 \bmod 352 = 1$이다. 즉, 247은 999 의 352법 곱셈 역원이다.

다음의 보조정리는 인수분해에서 도움이 된다.

보조정리 D.11 a, b, N은 자연수이다. $N > 1$이며 다음을 만족한다.

$$ab \bmod N = 0 \quad \Rightarrow \quad \gcd(a, N) \gcd(b, N) > 1$$

특히 N이 소수이면,

$$ab \bmod N = 0 \quad \Leftrightarrow \quad a \bmod N = 0 \ \text{ or } \ a \bmod N = 0 \qquad (D.28)$$

을 만족한다.

[증명]

$ab \bmod N = 0$이면, 자연수 q가 존재해 $ab = qN$을 만족한다. 이 식을 소인수분해의 정의로부터 다음과 같이 쓸 수 있다.

$$\overbrace{p_1^{\alpha_1} \cdots p_s^{\alpha_s}}^{=a} \overbrace{p_1^{\beta_1} \cdots p_r^{\beta_r}}^{=b} = \overbrace{p_1^{\kappa_1} \cdots p_v^{\kappa_v}}^{=q} \overbrace{p_1^{v_1} \cdots p_u^{v_u}}^{=N}$$

이로부터, N의 소인수가 a, b의 소인수가 돼야 한다. 그러므로 a 또는 b는 N과 공약수를 가지게 된다. 즉, $\gcd(a, N) > 1$ 또는 $\gcd(b, N) > 1$이다.

N이 소수이면서 $N | ab$이면, N이 a 또는 b의 소인수가 돼야 한다. 반대로 $a \bmod N = 0$은 $N | a$를, $b \bmod N = 0$은 $N | b$를 의미한다. 결과적으로 두 경우 모두 $N | ab$이다. ∎

정의 D.12 오일러 함수^{Euler function} ϕ는 다음과 같이 정의한다.

$$\phi : \mathbb{N} \longrightarrow \mathbb{N}$$
$$n \longmapsto \phi(n) := \Big| \{ r \in \{1, \ldots, n-1\} \mid \gcd(r,n) = 1 \} \Big| \qquad \text{(D.29)}$$

$\phi(n)$은 $1 \le r < n$인 자연수 r 중에, n과 공약수를 가지지 않는 (그래서 서로 소인) 모든 r의 개수다.

보기 D.13 $n = 10$일 때,

$$\gcd(1,10) = \gcd(3,10) = \gcd(7,10) = \gcd(9,10) = 1$$

임을 알 수 있고 또,

$$\gcd(2,10), \gcd(4,10), \gcd(5,10), \gcd(6,10), \gcd(8,10) > 1$$

으로부터, $\phi(10) = 4$이다.

일반적으로 오일러 함수를 계산하는 것은 매우 어려운 일이다. 그러나 소수승 ^{prime power[1]}에 대해서는 다음의 보조정리에서 보듯이 쉽게 계산할 수 있다.

보조정리 D.14 p는 소수이고, k는 자연수에 대해 다음의 식이 만족한다.

$$\phi(p^k) = p^{k-1}(p-1) \qquad \text{(D.30)}$$

[증명]

$1, \ldots, p^{k-1}$로 이뤄진 p^{k-1}개의 집합에서, p^k와 자명하지 않는 공약수를 가지는 자연수는 $1p,\ 2p, \ldots, (p^{k-1}-1)p$와 같이 p가 곱해져 있는 $p^{k-1}-1$개뿐이다. 그러므로 p^k와 공약수를 가지지 않는 것의 개수인 $\phi(p^k)$는 $p^{k-1} - (p^{k-1}-1)$ $= p^{k-1}(p-1)$이 된다. ■

---

1   단일 소수에의 곱으로만 나타나는 수 – 옮긴이

반소수$^{\text{half prime}}$라고 하는, 단지 두 개의 소수 $p, q \in \text{Pri}$를 인수로 가지는 숫자 $N = pq$에 대해서, $\phi(N)$는 다음의 보조정리로부터 계산할 수 있다.

보조정리 D.15 p, q는 소수이며, $p > q$이다. $N = pq$일 때, 다음의 사실을 알 수 있다.

$$\phi(N) = (p-1)(q-1)$$

그리고 S와 D를 다음과 같이 정의하면

$$S := N + 1 - \phi(N) \tag{D.31}$$

$$D := \sqrt{S^2 - 4N} > 0 \tag{D.32}$$

다음의 관계식을 얻는다.

$$p = \frac{S+D}{2} \tag{D.33}$$

$$q = \frac{S-D}{2} \tag{D.34}$$

[증명]

p와 q는 서로 다른 소수이기 때문에 $N = pq$보다 작은 $N - 1$개의 자연수 중에서 N과 공약수를 가지는 숫자들은 $1 \times q, 2 \times q, \dots, (p-1) \times q$와 $1 \times p, 2 \times p, \dots, (q-1) \times p$이다. 그러므로

$$\phi(N) = N - 1 - (p-1) - (q-1) = pq - (p+q) + 1 = (p-1)(q-1)$$

(D.31), (D.32)에 대입하면,

$$S = p + q$$
$$D = p - q$$

결과적으로 (D.33), (D.34)를 얻는다. ■

보기 D.16 보기 D.13에서 $N = 10$일 때 $\phi(10) = 4$임을 보였다. 이것을 (D.31), (D.32)에 대입하면 $S = 7$, $D = 3$을 얻는다. (D.33), (D.34)로부터 $p = 5$, $q = 2$이다.

오일러가 증명한 다음의 정리는 6.5.2절의 소인수분해와 연관이 있고, RSA 공개 키 암호$^{RSA\ public\ key\ encryption\ method}$에서 해독^{decryption}에 유용하다.

정리 D.17 (오일러) 서로소인 자연수 $b, N \in \mathbb{N}$은 다음을 만족한다.
$$b^{\phi(N)} \bmod N = 0 \qquad (D.35)$$

[증명]

우선 $\gcd(r_j, N) = 1$이며 $1 \leq r_j < N$인 모든 자연수 $r_j \in \mathbb{N}$에 대해 $a_j := r_j b \bmod N$을 정의하고, P를 정의한다.

$$P := \left(\prod_{j=1}^{\phi(N)} a_j \right) \bmod N$$

(D.21)로부터 다음을 얻는다.

$$P = \left(b^{\phi(N)} \prod_{j=1}^{\phi(N)} r_j \right) \bmod N \qquad (D.36)$$

$j \neq k$에 대해 $a_j \neq a_k$이다. 이를 증명하기 위해 $a_j = a_k$를, 즉 $r_j b \bmod N = r_k b \bmod N$라고 가정한다. b와 N은 서로소여서 보조정리 D.7로부터 $r_j \bmod N = r_k \bmod N$이다. $1 < r_j, r_k < N$이므로 $r_j = r_k$이고 $j = k$이다. 그러므로 $j \neq k$에 대해 $a_j \neq a_k$이다. b, N과 r_j, N은 서로소이므로, $r_j b, N$은 서로소이다. 즉,

$$\gcd(r_j b, N) = 1 \qquad (D.37)$$

$a_j = r_j b \bmod N$이 N과 공약수 s를 가져서 $a_j = us$, $N = vs$로 표현할 수 있다고 가정하면, 특정 정수 k에 대해 $us = r_j b + kvs$이며, 이는 $r_j b = (u - vs)s$이다. 그러나 이는 $r_j b$와 N이 공약수 $s > 1$를 가지는 것을 의미해 (D.37)과 모순된다. 결국 모든 a_j는 N과 서로소이고 서로 다른 $\phi(N)$개가 $1 < a_j < N$에서 존재한다. 이는 a_j의 집합은 r_j의 집합의 순열^{permutation}임을 의미하며 다음 식이 성립한다.

$$P = \left(\prod_{j=1}^{\phi(N)} a_j \right) \bmod N = \left(\prod_{j=1}^{\phi(N)} r_j \right) \bmod N$$

(D.36)으로부터

$$\left(b^{\phi(N)} \prod_{j=1}^{\phi(N)} r_j\right) \bmod N = \left(\prod_{j=1}^{\phi(N)} r_j\right) \bmod N \tag{D.38}$$

을 유도한다. N과 모든 r_j는 서로소이므로, 보조정리 D.7을 (D.38)에 적용하면 다음 식을 얻는다.

$$b^{\phi(N)} \bmod N = 1$$

보기 D.18 보기 D.13에서 $b = 7$, $N = 10$, $\gcd(7,10) = 1$, $\phi(10) = 4$임을 봤다. (D.35)에서 서술했듯이 $7^4 \bmod 10 = 2401 \bmod 10 = 1$을 직접 계산할 수 있다.

정리 D.17의 따름정리로 페르마의 소정리$^{\text{Fermat's little theorem}}$를 얻는다.

보조정리 D.19 (페르마의 소정리) 자연수 $b \in \mathbb{N}$에 대해 소수 p가 $p \nmid b$일 때,

$$b^{p-1} \bmod p = 1 \tag{D.39}$$

[증명]
p가 소수이면, $\phi(p) = p - 1$이다. $p \nmid b$는 $\gcd(p,b) = 1$을 의미한다. 그러면 (D.35)로부터 (D.39)가 유도된다.

정의 D.20 $\gcd(a,N) = 1$인 자연수 $a, N \in \mathbb{N}$에 대해 다음과 같이 a의 N법 차수$^{\text{order of a modulo N}}$를 정의한다.

$$\mathrm{ord}_N(a) := \min\{m \in \mathbb{N} \mid a^m \bmod N = 1\}$$

만약에

$$\mathrm{ord}_N(a) = \phi(N)$$

이면, a를 N법 원시근$^{\text{primitive root modulo N}}$이라고 한다.

보기 D.21 $N = 3 \times 5 = 15$에 대해 $\phi(15) = 2 \times 4 = 8$이다. $a = 7$일 때, $\gcd(7,15) = 1$이고 다음을 알 수 있다.

$$
\begin{array}{c|l}
m & 1\ 2\ 3\ 4\ 5\ 6\ 7\ 8\ 9\ 10\ 11\ \dots \\
\hline
7^m \bmod 15 & 7\ 4\ 13\ 1\ 7\ 4\ 13\ 1\ 7\ 4\ 13 \dots
\end{array}
$$

그러므로 $\mathrm{ord}_{15}(7) = 4 < \phi(15)$. $N = 2 \times 5 = 10$이면, $\phi(10) = 1 \times 4 = 4$, $\gcd(7,10) = 1$이며 다음을 알 수 있다.

$$
\begin{array}{c|l}
m & 1\ 2\ 3\ 4\ 5\ 6\ 7\ 8\ 9\ 10\ 11\ \dots \\
\hline
7^m \bmod 10 & 7\ 9\ 3\ 1\ 7\ 9\ 3\ 1\ 7\ 9\ 3\ \dots
\end{array}
$$

즉, $\mathrm{ord}_{10}(7) = 4 = \phi(10)$. 그러므로 7은 10법 원시근이다.

향후에 사용할 차수와 원시근에 대한 결과를 다음의 정리에 나타낸다.

정리 D.22 $a, b, N \in \mathbb{N}$은 자연수이며 $\gcd(a,N) = \gcd(b,N) = 1$이다. 다음의 성질이 만족한다.

(i) 모든 $k \in \mathbb{N}$에 대해

$$a^k \bmod N = 1 \quad \Leftrightarrow \quad \mathrm{ord}_N(a) \mid k \tag{D.40}$$

(ii)

$$\mathrm{ord}_N(a) \mid \phi(N) \tag{D.41}$$

(iii) $\mathrm{ord}_N(a)$와 $\mathrm{ord}_N(b)$가 서로소이면,

$$\mathrm{ord}_N(ab) = \mathrm{ord}_N(a)\,\mathrm{ord}_N(b) \tag{D.42}$$

(iv) a가 N법 원시근이면, 즉 $\mathrm{ord}_N(a) = \phi(N)$이 만족하면, 다음을 알 수 있다.

(a)

$$\{d \in \{1, \dots, N-1\} \mid \gcd(d,N) = 1\} = \{a^j \bmod N \mid j \in \{1, \dots, \phi(N)\}\} \tag{D.43}$$

(b) $j \in \mathbb{N}$에 대해 $b = a^j \bmod N$이면,

$$\mathrm{ord}_N(b) = \mathrm{ord}_N\left(a^j\right) = \frac{\phi(N)}{\gcd(j, \phi(N))} \tag{D.44}$$

[증명]

$a, b, N \in \mathbb{N}$은 $\gcd(a, N) = \gcd(b, N) = 1$인 자연수이다. 우선 (D.40)의 $\Rightarrow$ 부분을 먼저 증명한다.

k는 $a^k \bmod N = 1$을 만족하는 자연수이다. $\mathrm{ord}_N(a)$는 정의로부터 이러한 숫자의 최솟값이기 때문에 $k \geq \mathrm{ord}_N(a)$를 만족한다. 이제, $c = k \bmod \mathrm{ord}_N(a)$라고 한다. 즉, $c < \mathrm{ord}_N(a)$이며, 정수 $l \in \mathbb{Z}$에 대해 $k = \mathrm{ord}_N(a)l + c$의 관계를 가진다. 그러므로 $a^k = a^{\mathrm{ord}_N(a)l+c} = \left(a^{\mathrm{ord}_N(a)l}\right)a^c$이 된다. 이것으로부터

$$
\begin{aligned}
1 &= a^k \bmod N = \left(a^{\mathrm{ord}_N(a)l}\right)a^c \bmod N \\
&\underbrace{=}_{(D.21)} \left(a^{\mathrm{ord}_N(a)l} \bmod N\right)(a^c \bmod N) \bmod N \\
&\underbrace{=}_{(D.22)} \left(\underbrace{a^{\mathrm{ord}_N(a)} \bmod N}_{=1}\right)^l (a^c \bmod N) \bmod N \\
&= (a^c \bmod N) \bmod N \\
&\underbrace{=}_{(D.21)} a^c \bmod N
\end{aligned}
$$

c의 정의에서 $c < \mathrm{ord}_N(a)$이다. 또한 $\mathrm{ord}_N(a)$는 $a^k \bmod N = 1$을 만족하는 자연수 k 중에서 최솟값으로 정의했다. 그러므로 c는 영이 되고 결과적으로 $\mathrm{ord}_N(a)|k$이다.

(D.40)의 $\Leftarrow$의 부분을 증명하기 위해 $\mathrm{ord}_N(a)|k$를 가정한다. 그러면 $k = \mathrm{ord}_N(a)l$을 만족하는 자연수 l이 존재한다.

$$
\begin{aligned}
a^k \bmod N &= \left(a^{\mathrm{ord}_N(a)}\right)^l \bmod N \\
&\underbrace{=}_{(D.22)} \left(\underbrace{a^{\mathrm{ord}_N(a)} \bmod N}_{=1}\right)^l \bmod N = 1 \bmod N \\
&= 1
\end{aligned}
$$

이것으로 (D.40)의 증명을 완성한다.

정리 D.17에서 $a^{\phi(N)} \bmod N = 1$이므로, (D.40)에서 (D.41)이 유도된다. (D.42)를 보이기 위해서, 다음을 먼저 고려한다.

$$
\begin{aligned}
& (ab)^{\mathrm{ord}_N(a)\,\mathrm{ord}_N(b)} \bmod N \\
&\underbrace{=}_{(D.21)} \Big(\big(a^{\mathrm{ord}_N(a)\,\mathrm{ord}_N(b)} \bmod N \big) \big(b^{\mathrm{ord}_N(b)\,\mathrm{ord}_N(a)} \bmod N \big) \Big) \bmod N \\
&\underbrace{=}_{(D.21)} \Big(\big(\underbrace{a^{\mathrm{ord}_N(a)} \bmod N}_{=1} \big)^{\mathrm{ord}_N(b)} \bmod N \\
&\qquad \times \big(\underbrace{b^{\mathrm{ord}_N(b)} \bmod N}_{=1} \big)^{\mathrm{ord}_N(a)} \bmod N \Big) \bmod N \\
&= \quad 1 \bmod N = 1
\end{aligned}
$$

그리고 (D.40)으로부터

$$\mathrm{ord}_N(ab) \mid \mathrm{ord}_N(a)\,\mathrm{ord}_N(b) \tag{D.45}$$

비슷한 방법으로 다음을 알 수 있다.

$$
\begin{aligned}
& a^{\mathrm{ord}_N(b)\,\mathrm{ord}_N(ab)} \bmod N \\
&= \Big(a^{\mathrm{ord}_N(b)\,\mathrm{ord}_N(ab)} \bmod N \Big) \Big(\underbrace{b^{\mathrm{ord}_N(b)} \bmod N}_{=1} \Big)^{\mathrm{ord}_N(ab)} \bmod N \\
&\underbrace{=}_{(D.21)} (ab)^{\mathrm{ord}_N(b)\,\mathrm{ord}_N(ab)} \bmod N \\
&\underbrace{=}_{(D.21)} \Big(\underbrace{(ab)^{\mathrm{ord}_N(ab)} \bmod N}_{=1} \Big)^{\mathrm{ord}_N(b)} \bmod N \\
&= \quad 1 \tag{D.46}
\end{aligned}
$$

(D.40)으로부터 다음이 유도된다.

$$\mathrm{ord}_N(a) \mid \mathrm{ord}_N(b)\,\mathrm{ord}_N(ab)$$

여기에서, $\mathrm{ord}_N(a)$, $\mathrm{ord}_N(b)$가 서로소이기 때문에

$$\mathrm{ord}_N(a) \mid \mathrm{ord}_N(ab) \tag{D.47}$$

비슷한 방법으로 (D.46)에 $b^{\mathrm{ord}_N(a)\mathrm{ord}_N(ab)}$을 이용해 전개하면 다음의 결과를 얻는다.

$$\text{ord}_N(b) \mid \text{ord}_N(ab) \tag{D.48}$$

한 번 더 $\text{ord}_N(a)$, $\text{ord}_N(b)$가 서로소인 것을 이용하면 (D.47), (D.48)에서

$$\text{ord}_N(a)\,\text{ord}_N(b) \mid \text{ord}_N(ab)$$

임을 알 수 있고, (D.45)와 함께 (D.42)가 증명된다.

다음으로, a를 N법 원시근이라고 한다. (D.43)을 증명하기 위해 다음의 포함 관계를 먼저 증명한다.

$$\{a^j \bmod N \mid j \in \{1,\ldots,\phi(N)\}\} \subset \{d \in \{1,\ldots N-1\} \mid \gcd(d,N) = 1\} \tag{D.49}$$

그리고 나서 두 집합의 갯수가 같음을 증명해 두 집합이 동일함을 보일 것이다. 포함 관계를 증명하기 위해 $a^j \bmod N \mid j \in \{1,\ldots,\phi(N)\}$의 원소는 $\gcd(a^j \bmod N, N) = 1$임을 보이면 된다. 이를 위해 자연수 $l \in \mathbb{N}$을 $a^j \bmod N$과 N의 공약수라 한다. 즉, 다음의 식을 만족하는 자연수 $u, v \in \mathbb{N}$이 존재한다.

$$a^j \bmod N = lu$$
$$N = lv \tag{D.50}$$

그러면 $N = a^j - \left\lfloor \frac{a^j}{N} \right\rfloor N = a^j - \left\lfloor \frac{a^j}{N} \right\rfloor lv$이므로, $l \mid a^j$이다. 결과적으로 l의 모든 소인수는 a의 소인수가 된다. (D.50)에서 이러한 소인수는 a와 N의 공약수가 된다. 그러나 $\gcd(a,N) = 1$이라는 가정에서 $l = 1$이 된다. 즉, $\gcd(a^j \bmod N, N) = 1$이며 포함 관계 (D.49)는 증명된다.

이제 남은 부분은 집합 $a^j \bmod N \mid j \in \{1,\ldots,\phi(N)\}$이 실제로 $\phi(N)$개의 원소를 가진다는 것이다. i, j는 $1 \le i < j \le \phi(N)$인 자연수이고, 다음을 가정한다.

$$a^j \bmod N = a^i \bmod N \tag{D.51}$$

$\gcd(a,N) = 1$과 보조정리 D.7을 이용하면 (D.51)에서 다음을 유도할 수 있다.

$$a^{j-i} \bmod N = 1$$

$0 < j - i < \phi(N)$으로부터, 이것은 a가 원시근이라는 가정, 즉 $\text{ord}_N(a) = \phi(N)$과 모순이다. 그러므로 집합 $a^j \bmod N \mid j \in \{1,\ldots,\phi(N)\}$은 정확히 $\phi(N)$개의 서로 다른 원소를 가지며, 각각은 N과 서로소이다. 이것으로 (D.43)식의 등호가 증명된다.

(D.44)에서 우선 $b = a^j \bmod N$이 다음 식을 의미하는 것을 증명한다.

$$\mathrm{ord}_N(b) = \mathrm{ord}_N\left(a^j\right) \tag{D.52}$$

다음의 등식에서부터

$$
\begin{aligned}
1 &= b^{\mathrm{ord}_N(b)} \bmod N = \left(a^j \bmod N\right)^{\mathrm{ord}_N(b)} \bmod N \\
&\underbrace{=}_{(D.22)} \left(a^j\right)^{\mathrm{ord}_N(b)} \bmod N
\end{aligned}
$$

$\mathrm{ord}_N(a^j) \le \mathrm{ord}_N(b)$이다. 반대로 다음의 등식에서

$$
\begin{aligned}
1 &= \left(a^j\right)^{\mathrm{ord}_N(a^j)} \bmod N \underbrace{=}_{(D.22)} \left(a^j \bmod N\right)^{\mathrm{ord}_N(a^j)} \bmod N \\
&= (b)^{\mathrm{ord}_N(a^j)} \bmod N
\end{aligned}
$$

$\mathrm{ord}_N(b) \le \mathrm{ord}_N(a^j)$이다. 그러므로 (D.52)가 성립한다.

(D.44)의 우변항을 증명한다. (D.41)에서 다음을 알고 있다.

$$\mathrm{ord}_N\left(a^j\right) \mid \phi(N)$$

즉, 자연수 $m_1 \in \mathbb{N}$이 존재해 다음의 식을 만족한다.

$$m_1 \, \mathrm{ord}_N\left(a^j\right) = \phi(N) \tag{D.53}$$

게다가

$$1 = \left(a^j\right)^{\mathrm{ord}_N(a^j)} \bmod N = a^{\mathrm{ord}_N(a^j)j} \bmod N$$

(D.40)을 적용하면,

$$\mathrm{ord}_N(a) \mid \mathrm{ord}_N\left(a^j\right) j$$

$\mathrm{ord}_N(a) = \phi(N)$의 가정에서, 자연수 $m_2 \in \mathbb{N}$이 존재해 다음의 식을 만족한다.

$$m_2 \phi(N) = \mathrm{ord}_N\left(a^j\right) j \tag{D.54}$$

(D.53)을 (D.54)에 대입하면

$$m_1 \mid j$$

(D.53)에서

$$\mathrm{ord}_N\left(a^j\right) = \frac{\phi(N)}{m_1}$$

이로부터 m_1은 j뿐 아니라, $\phi(N)$을 나눈다는 것을 알 수 있다. m_1이 $\gcd(j, \phi(N))$임을 증명할 것이다. 다음을 가정한다.

$$m_1 < \widehat{m} := \gcd(j, \phi(N))$$

그러면

$$\widehat{r} := \frac{\phi(N)}{\widehat{m}} < \frac{\phi(N)}{m_1} = \mathrm{ord}_N\left(a^j\right)$$

으로 정의되는 $\widehat{r}$에 대해 다음의 식이 성립한다.

$$\left(a^j\right)^{\widehat{r}} \bmod N \;=\; \left(a^j\right)^{\frac{\phi(N)}{\widehat{m}}} \bmod N = \left(a^{\phi(N)}\right)^{\frac{j}{\widehat{m}}} \bmod N$$

$$\underbrace{=}_{(D.22)} \left(\underbrace{a^{\phi(N)} \bmod N}_{=1}\right)^{\frac{j}{\widehat{m}}} \bmod N = 1$$

정의로부터 $\mathrm{ord}_N(a^j)$는 $(a^j)^r \bmod N = 1$을 만족하는 j 중에서 가장 작은 자연수이다. 위의 식은 이런 정의와 모순된다. 그러므로 $m1 = \gcd(j, \phi(N))$이고 (D.44)가 증명된다. ▪

소수에 대한 원시근이 존재하는 것을 증명하기 전에, 증명에 사용되는 보조정리 2개를 먼저 소개한다.

보조정리 D.23 p는 소수이고, $k \in \mathbb{N}_0$이다. $p \!\not| f_k$인 원소로 구성된 집합 $\{f_k \mid j \in \{0,\ldots,k\}\} \subset \mathbb{Z}$을 이용해 다항식 f를 정의한다.

$$f : \mathbb{Z} \longrightarrow \mathbb{Z}$$
$$x \longmapsto f(x) := \sum_{j=0}^{k} f_j x^j$$

그러면 다음 중 하나는 성립한다.

(i) f는 $\{1,\ldots,p-1\}\subset\mathbb{N}$에서 서로 다른 p법 근을 많아야 k개 가진다. 즉, $\{1,\ldots,p-1\}$에서 다음을 만족하는 자연수 n_j는 k개 이하이다.

$$f(n_j)\bmod p = 0$$

(ii) f는 p법의 영다항식$^{\text{zero-polynomial}}$이다. 즉,

$$f(x)\bmod p = 0 \quad \forall x\in\mathbb{Z}$$

[증명]

다항식의 차수에 대해 귀납법을 사용해 증명한다. $k=0$일 때 $f(x)=f_0\neq 0$이다. $p\nmid f_0$이면, $f(x)\bmod p = 0$을 만족하는 x는 존재하지 않는다. 만약에 $f_0=0$이면 f는 영다항식이다.

$k-1$에서 k의 단계에서 귀납법을 적용한다. $k-1$차까지의 모든 다항식에서 정리의 주장이 성립한다고 가정하며, 이제 f는 k차수의 다항식이다. 만약에 f가 $\{1,\ldots,p-1\}$에서 k개 미만인 p법의 영을 가지면 주장은 이미 성립한다. 이와 다른 경우에, 집합 $\{1,\ldots,p\}$에 있는 k개의 다항색 f의 p법 영을 $n_1,\ldots,n_k$이라고 한다. 그러면

$$g(x) := f(x) - f_k\prod_{j=1}^{k}(x-n_j) = \sum_{l=0}^{k-1} g_l x^l \tag{D.55}$$

이는 차수가 $k-1$ 미만인 다항식이다.

게다가 k개의 선택된 영들인 $n_l\in\{n_1,\ldots,n_k\}$는 다음을 만족한다.

$$g(n_l)\bmod p = \left(f(n_l)-f_k\prod_{j=1}^{k}(n_l-n_j)\right)\bmod p = f(n_l)\bmod p = 0 \tag{D.56}$$

$m := \max\{l\in\{1,\ldots,k-1\}\mid p\nmid g_l\}$을 정의하고, 다음 다항식을 고려한다.

$$\tilde{g}(x) := \sum_{l=0}^{m} g_l x^l \tag{D.57}$$

$l>m$의 경우에는 $p\mid g_l$이므로, 모든 $x\in\mathbb{Z}$에 대해

$$\tilde{g}(x) \bmod p \underbrace{=}_{\text{(D.57)}} \left(\sum_{l=0}^{m} g_l x^l \right) \bmod p = \left(\sum_{l=0}^{k-1} g_l x^l \right) \bmod p \underbrace{=}_{\text{(D.55)}} g(x) \bmod p$$

$$\text{(D.58)}$$

이며, $\tilde{g}$와 g의 p법 근들의 집합은 일치한다. 이러한 사실과 (D.56)에서부터 $\tilde{g}$의 적어도 k개의 p법 근을 가진다. 또한 $\tilde{g}$는 차수가 $k-1$을 초과하지 않는 다항식이다. 귀납법의 가정에서 $\tilde{g}$는 영다항식이며, (D.58)에서 다음을 알 수 있다.

$$g(x) \bmod p = 0 \quad \forall x \in \mathbb{Z}$$

그러므로 (D.55)로부터 모든 $x \in \mathbb{Z}$에 대해

$$f(x) \bmod p = f_k \prod_{j=1}^{k} (x - n_j) \bmod p$$

z가 f의 p법 근일 때 다음을 만족한다.

$$0 = f(z) \bmod p = f_k \prod_{j=1}^{k} (z - n_j) \bmod p$$

$p \nmid f_k$이므로, $\prod_{j=1}^{k} (z - n_j)$의 인수 중의 하나는 다음을 만족한다.

$$(z - n_j) \bmod p = 0$$

n_j는 집합 $\{1, \ldots, p-1\}$의 원소이기 때문에, $z \bmod p = n_j$이고, z는 집합 $\{1, \ldots, p-1\}$의 원소인 k개의 근 중에 하나이거나 또는 p의 배수로 차이가 나는 값이어서 집합 $\{1, \ldots, p-1\}$의 원소가 아니다. ∎

보조정리 D.24 p는 소수이고, d는 $d \mid p-1$을 만족하는 자연수이다. h는 다음과 같이 주어지는 다항식이다.

$$h : \mathbb{Z} \longrightarrow \mathbb{Z}$$
$$x \longmapsto h(x) := x^d - 1$$

그러면 $\{1, \ldots, p-1\} \subset \mathbb{N}$에서 h의 p법 근이 d개 존재한다. 즉, $\{1, \ldots, p-1\}$에서 d개의 자연수 n_j가 다음을 만족한다.

$$h(n_j) \bmod p = 0$$

[증명]

k는 $p - 1 = dk$인 자연수이다. 그리고 다음을 정의한다.

$$f(x) := \sum_{l=0}^{k-1} \left(x^d\right)^l$$

그러면

$$g(x) := h(x)f(x) = \left(x^d - 1\right) \sum_{l=0}^{k-1} \left(x^d\right)^l = x^{p-1} - 1$$

$p - 1 = \phi(p)$이고 오일러 정리 D.17로부터 모든 $a \in \{1, \ldots, p-1\}$에 대해 $a^{\phi(p)}$ mod $p = 1$이므로, 모든 $z \in \{1, \ldots, p-1\}$에 대해 다음 식이 만족한다.

$$z^{p-1} \bmod p = 1$$

그러므로 $\{1, \ldots, p-1\}$에서 다항식 g의 p법 근의 갯수는 $p - 1 = dk$개이다. p는 소수이고, $g = hf$이므로, dk개수인 g의 p법 근 $n_j \in \{1, \ldots, p-1\}$는 다음을 만족해야 한다.

$$h(n_j) \bmod p = 0 \quad \text{or} \quad f(n_j) \bmod p = 0$$

보조정리 D.23으로부터, $\{1, \ldots, p-1\}$ 중에서 다항식 h는 많아야 d개의 p법 근을 가지며, 다항식 f는 많아야 $d(k-1)$의 근을 가진다. $\{1, \ldots, p-1\}$에서 다항식 g, h, f가 가지는 p법 근의 갯수를 각각 N_g, N_h, N_f로 표현한다. 그러면

$$dk = N_g \leq N_h + N_f \leq d + d(k-1) = dk$$

위의 식은 f가 정확히 $d(k-1)$개의 근, h가 정확히 d개의 근을 가질 때만 성립하며, 이로써 원하는 것이 증명된다.

정리 D.25 홀소수$^{\text{odd prime}}$ p에 대해 적어도 하나 이상의 p법 원시근이 존재한다. 즉, 다음을 만족하는 자연수 a가 있다.

$$\mathrm{ord}_p(a) = \phi(p)$$

614

[증명]

q가 $p-1$의 소인수이면 자연수 $k_q \in \mathbb{N}$가 $q^{k_q} | p-1$을 만족한다. 보조정리 D.24 에서 다항식 $h(x) := x^{q^{k_q}} - 1$는 $\{1,\dots,p-1\}$에서 정확히 q^{k_q}개의 p법 근을 가진 다. a^q를 이러한 근이라 하면 다음을 만족한다.

$$\left(a_q^{q^{k_q}} - 1\right) \bmod p = 0$$

이것은 다음 수식과 같다.

$$a_q^{q^{k_q}} \bmod p = 1$$

$a^q \in \{1,\dots,p-1\}$이고 $\gcd(a_q, p) = 1$이므로, 정리 D.22의 (D.40)에서 다음을 얻는다.

$$\mathrm{ord}_p(a_q) \,|\, q^{k_q}$$

만약에 a^q가 $j < k_q$인 자연수 $j \in \mathbb{N}$에 대해 $\mathrm{ord}_p(a_q)|q^j$의 추가 조건을 만족한다 면, $\mathrm{ord}_p(a_q)|q^{k_q-1}$이 성립한다. 이는 $q^{k_q-1} - \mathrm{ord}_p(a_q)$를 만족하는 자연수 $n \in \mathbb{N}$이 존재한다. 정리 D.22의 (D.40)으로부터 다음을 얻는다.

$$a_q^{q^{k_q-1}} \bmod p = 1$$

그러므로 $a^q \in \{1,\dots,p-1\}$은 다항식 $f(x) = q^{k_q-1} - 1$의 p법 근이 된다. 보조 정리 D.24로부터 이런 근들은 정확히 q^{k_q-1}개 존재한다. $\{1,\dots,p-1\}$ 중에서 h 의 p법 근인 q^{k_0}중에서 많아야 q^{k_q-1}개만이 f의 근이 될 수 있다. 이것은 q^{k_q}의 개수인 h의 근 a^q 중에서 추가적으로 $j < k_q$일 때 $\mathrm{ord}_p(a_q)|q^j$를 만족하는 a^q의 개수는 많아야 q^{k_q-1}이다. 결과적으로 다음을 만족하는 근 $a^q \in \{1,\dots,p-1\}$가 $q^{k_q} - q^{k_q-1}$개 남아 있다.

$$\mathrm{ord}_p(a_q) \,|\, q^{k_q} \quad \text{그리고} \quad \mathrm{ord}_p(a_q) \nmid q^j \quad \forall j < k_q \tag{D.59}$$

q를 소인수로 가정했기에, (D.59)를 만족하는 $q^{k_q} - q^{k_q-1}$개의 a^q에 대해 다음이 만족한다.

$$q^{k_q} = \mathrm{ord}_p(a_q) \tag{D.60}$$

이제, $p - 1$의 소인수분해를 다음과 같이 둔다.

$$p - 1 = \prod_{q \in \text{Pri}(p-1)} q^{k_q}$$

그리고 다음을 정의한다.

$$a := \prod_{q \in \text{Pri}(p-1)} a_q \tag{D.61}$$

임의의 $q_1, q_2 \in \text{Pri}(p - 1)$에 대해, $q_1 \neq q_2$이면 다음을 얻을 수 있다.

$$\gcd(\text{ord}_p(a_{q_1}), \text{ord}_p(a_{q_2})) = \gcd(q_1^{k_{q_1}}, q_2^{k_{q_2}}) = 1$$

정리 D.22의 (D.42)를 이용하면 다음을 얻는다.

$$\text{ord}_p(a_{q_1} a_{q_2}) = \text{ord}_p(a_{q_1}) \text{ord}_p(a_{q_2}) = q_1^{k_{q_1}} q_2^{k_{q_2}} \tag{D.62}$$

최종적으로 다음의 식들을 유도할 수 있다.

$$\text{ord}_p(a) \underbrace{=}_{\text{(D.61)}} \text{ord}_p \left(\prod_{q \in \text{Pri}(p-1)} a_q \right) \underbrace{=}_{\text{(D.62)}} \prod_{q \in \text{Pri}(p-1)} \text{ord}_p(a_q)$$

$$\underbrace{=}_{\text{(D.60)}} \prod_{q \in \text{Pri}(p-1)} q^{k_q}$$

$$= p - 1$$

$$\underbrace{=}_{\text{(D.30)}} \phi(p)$$

이 정리로부터 홀소수 p는 항상 p법 원시근을 가지는 것을 알 수 있다. 홀소수의 모든 멱^{power} 또한 원시근을 가지는 것을 증명하기 위해 다음의 보조정리가 필요하다.

> **보조정리 D.26** p는 홀소수이고, p의 원시근 a는 다음을 만족한다.
>
> $$a^{\phi(p)} \bmod p^2 \neq 1 \tag{D.63}$$
>
> 그러면 모든 자연수 $k \in \mathbb{N}$에 대해 다음 식이 만족한다.
>
> $$a^{\phi(p^k)} \bmod p^{k+1} \neq 1 \tag{D.64}$$

[증명]

정리 D.17에서 모든 자연수 $k \in \mathbb{N}$에 대해

$$a^{\phi(p^k)} \bmod p^k = 1$$

즉, 모든 $k \in \mathbb{N}$에 대해 다음 식이 성립하는 자연수 $n_k \in \mathbb{N}$이 존재한다.

$$a^{\phi(p^k)} = 1 + n_k p^k \tag{D.65}$$

k에 대한 귀납법으로 (D.64)를 증명한다. 귀납법의 시작인 $k = 1$은 (D.63)이다. k에서 $k + 1$의 귀납 단계를 위해 k에 대해 (D.64)가 성립한다고 가정한다. 즉, 모든 자연수 $m \in \mathbb{N}$에 대해 다음 식이 성립한다.

$$a^{\phi(p^k)} \neq 1 + m p^{k+1} \tag{D.66}$$

(D.66)으로부터, (D.65)의 n_k는 $p \nmid n_k$을 만족한다. 보조정리 D.14로부터

$$\phi(p^{k+1}) = p^{k+1} - p^k = p(p^k - p^{k-1}) = p\phi(p^k)$$

그러므로

$$
\begin{aligned}
a^{\phi(p^{k+1})} &= a^{p\phi(p^k)} = \left(a^{\phi(p^k)}\right)^p \\
&\underbrace{=}_{\text{(D.65)}} (1 + n_k p^k)^p = \sum_{l=0}^{p} \binom{p}{l} \left(n_k p^k\right)^l \\
&= 1 + n_k p^{k+1} + \sum_{l=2}^{p} \binom{p}{l} n_k^l p^{kl}
\end{aligned}
$$

여기에서 마지막 식은 $l = 1$의 이항계수에 p가 포함돼 있음을 주의하면 된다. 이로부터 다음 식이 유도된다.

$$\frac{a^{\phi(p^{k+1})} - 1}{p^{k+2}} = \underbrace{\frac{n_k}{p}}_{\notin \mathbb{Z}} + \underbrace{\sum_{l=2}^{p} \binom{p}{l} n_k^l p^{k(l-1)-2}}_{\in \mathbb{N}}$$

그러므로 $k + 1$에 대해 주장이 성립함을 볼 수 있다.

$$a^{\phi(p^{k+1})} \bmod p^{k+2} \neq 1$$

홀소수의 모든 멱이 원시근을 가진다는 것을 최종적으로 증명한다.

> **정리 D.27** p는 홀소수이고, a는 p법의 원시근이다. 그러면 모든 자연수 $k \in \mathbb{N}$에 대해
>
> $$\mathrm{ord}_{p^k}(a) = \phi(p^k) \tag{D.67}$$
>
> 이거나, 또는
>
> $$\mathrm{ord}_{p^k}(a+p) = \phi(p^k)$$
>
> 이다. 즉, a 또는 $a+p$는 p^k법 원시근이다.

[증명]

다음의 두 가지 경우를 구분한다.

경우 1:

$$a^{\phi(p)} \bmod p^2 \neq 1 \tag{D.68}$$

경우 2:

$$a^{\phi(p)} \bmod p^2 = 1$$

첫 번째 경우에 k에 대한 귀납법으로 (D.67)이 성립하는 것을 증명한다. 귀납법의 시작으로 $k = 1$이면 a가 p법 원시근이라는 가정으로 성립한다. k에서 $k+1$의 귀납 단계에서 k에 대해 (D.67)이 성립한다고 가정한다. 찻수의 정의 D.20에서 다음을 얻는다.

$$a^{\mathrm{ord}_{p^{k+1}}(a)} \bmod p^{k+1} = 1$$

즉, 다음을 만족하는 자연수 $n \in \mathbb{N}$이 존재한다.

$$a^{\mathrm{ord}_{p^{k+1}}(a)} = 1 + np^{k+1} = 1 + npp^k$$

정리 D.22의 (D.40)에서 다음을 알 수 있다.

$$\mathrm{ord}_{p^k}(a) \mid \mathrm{ord}_{p^{k+1}}(a)$$

귀납법의 가정에서, $\mathrm{ord}_{p^k}(a) = \phi(p^k) = p^{k-1}(p-1)$이 성립해 다음을 얻는다.

$$p^{k-1}(p-1) \mid \mathrm{ord}_{p^{k+1}}(a) \tag{D.69}$$

정리 D.22에서 다음 식 또한 성립한다.

$$\mathrm{ord}_{p^{k+1}}(a) \mid \phi(p^{k+1}) = p^k(p-1) \tag{D.70}$$

(D.69), (D.70)에서 다음을 만족하는 자연수 $n_1, n_2 \in \mathbb{N}$이 존재한다.

$$n_1 p^{k-1}(p-1) = \mathrm{ord}_{p^{k+1}}(a)$$
$$\mathrm{ord}_{p^{k+1}}(a) n_2 = p^k(p-1)$$

그러므로 $n_1 n_2 p^{k-1}(p-1) = p^k(p-1)$이며, 최종적으로 $n_1 n_2 = p$이다. p는 소수이므로

$$n_1 = 1 \quad \text{그리고} \quad n_2 = p \tag{D.71}$$

또는

$$n_1 = p \quad \text{그리고} \quad n_2 = 1 \tag{D.72}$$

둘 중 하나가 성립한다. (D.71)의 경우에는 $\mathrm{ord}_{p^{k+1}}(a) = p^k(p-1) \underset{(\mathrm{D.30})}{=} \phi(p^k)$이 성립해 다음의 결과를 얻는다.

$$a^{\phi(p^k)} \bmod p^{k+1} = 1$$

그러나 (D.68)의 가정과 보조정리 D.26의 결과로 이것은 불가능하다. 다른 경우로 (D.72)는 $\mathrm{ord}_{p^{k+1}}(a) = p^k(p-1) = \phi(p^{k+1})$이며, 이는 $k+1$일 때 증명해야 하는 (D.67)이다.

두 번째 경우를 증명하기 위해 다음을 가정한다.

$$a^{\phi(p)} \bmod p^2 = 1 \tag{D.73}$$

이러한 경우에는 $a + p$가 p법 원시근이며 첫 번째 경우를 만족하는 것을 증명한다. $r := \mathrm{ord}_p(a+p)$을 정의하면 다음 식이 만족하는 것을 알 수 있다.

$$r \leq \phi(p) \tag{D.74}$$

그리고 정의로부터

$$(a+p)^r \bmod p = 1$$

위의 식은 아래의 식을 만족하는 자연수 m이 존재하는 것을 의미한다.

$$\sum_{l=0}^{r} \binom{r}{l} a^{r-l} p^l = 1 + mp$$

정리하면 다음 식을 얻는다.

$$a^r = 1 + p\Big(m - \underbrace{\sum_{l=1}^{r} \binom{r}{l} a^{r-l} p^{l-1}}_{\in \mathbb{N}}\Big)$$

그러므로

$$a^r \bmod p = 1$$

그러므로

$$r \geq \operatorname{ord}_p(a) = \phi(p) \tag{D.75}$$

(D.74)와 r의 정의 (D.75)로부터 다음 식이 만족하는 것을 알 수 있다.

$$\operatorname{ord}_p(a+p) = \phi(p)$$

즉, (a뿐만 아니라) $a + p$ 또한 p법 원시근이다. (D.73)에서 $a^{p-1} = 1 + n_3 p^2$을 만족하는 자연수 $n_3 \in \mathbb{N}$이 존재하는 것을 알 수 있다. 그러므로 다음 식을 만족하는 자연수 n_4가 존재한다.

$$
\begin{aligned}
(a+p)^{p-1} &= a^{p-1} + (p-1)a^{p-2}p + \sum_{l=2}^{p-1} \binom{p-1}{l} a^{p-1-l} p^l \\
&\underbrace{=}_{(D.73)} 1 + n_3 p^2 + p^2 a^{p-2} - p a^{p-2} + \sum_{l=2}^{p-1} \binom{p-1}{l} a^{p-1-l} p^l \\
&= 1 + n_4 p^2 - p a^{p-2} \tag{D.76}
\end{aligned}
$$

$a^{p-1} \bmod p = 1$의 가정에서 $p \nmid p^{p-2}$이다. 그러므로 (D.76)은 다음 식을 의미한다.

$$(a+p)^{p-1} \bmod p^2 \neq 1$$

이로부터 $a+p$는 첫 번째 경우의 조건 (D.68)을 만족하는 p법 원시근임을 알수 있다. 앞에서 증명한 것으로부터 $a+p$는 모든 자연수 $k \in \mathbb{N}$에 대해 p^k법 원시근이다. ∎

마지막으로 쇼어의 인수분해 알고리즘과 연관된 결과 하나를 더 증명한다. 알고리즘에서 (6.25)의 조건을 만족하지 않는 b를 선택할 확률을 계산할 때 다음의 결과가 필요하다.

정리 D.28 $i \neq j$일 때, $\gcd(n_i, n_j) = 1$인 자연수 $n_j \in \mathbb{N}$가 있을 때, $N = \prod_{j=1}^{J} n_j$로 정의한다. 그러면 다음의 집합 A, B 사이에 전단사함수 bijection가 있다.

$$A := \left\{ a \in \{1, \ldots, N-1\} \mid \gcd(a, N) = 1 \right\}$$

$$B := \left\{ (b_1, \ldots, b_J) \mid \forall j \quad b_j \in \{1, \ldots, n_j - 1\} \text{ and } \gcd(b_j, n_j) = 1 \right\}$$

그리고 전단사함수 $g : A \to B$는 다음과 같이 정의 된다.

$$g(a) := (a \bmod n_1, \ldots, a \bmod n_J) =: (g(a)_1, \ldots, g(a)_J)$$

[증명]

우선 $g\{A\} \subset B$를 증명한다. 정의로부터, $g(a)_j \in \{1, \ldots, n_j - 1\}$이다. $a \in A$에 대해 $\gcd((a)_j, n_j) = 1$임을 증명하면 된다. γ를 $g(a)_j$와 n_j의 공약수라 둔다. 그러면 $\gamma l = g(a)_j = a - \lfloor \frac{a}{h_j} \rfloor k\gamma$과 $\frac{a}{\gamma} = l + \lfloor \frac{a}{h_j} \rfloor k \in \mathbb{N}$을 만족하는 자연수 $l, k \in \mathbb{N}$이 있다. 즉, γ는 a를 나눈다. 동시에 정의로부터 γ는 n_j를 나누기 때문에 N 또한 나눈다. 그러므로 γ는 a와 N의 공약수이다. $a \in A$이고 A의 정의로부터 $\gamma = 1$이다. 이것이 $g\{A\} \subset B$의 증명이다.

다음으로 g가 단사함수 injective임을 증명한다. $a_1, a_2 \in A$이고, $a_1 > a_2$이며 $g(a_1) = g(a_2)$임을 가정한다. 그러면 모든 $j \in \{1, \ldots, J\}$에 대해 다음 식이 성립한다.

$$a_1 \bmod n_j = a_2 \bmod n_j$$

그러므로

$$a_1 - a_2 = \left(\left\lfloor \frac{a_1}{n_j} \right\rfloor - \left\lfloor \frac{a_2}{n_j} \right\rfloor \right) n_j$$

결과적으로, 모든 n_j는 $a_1 - a_2 \in \mathbb{N}_0$를 나눈다. $i \neq j$일 때, $(n_i, n_j) = 1$이므로 $N = = \prod_{j=1}^{J} n_j$ 또한 $a_1 - a_2 \geq 0$을 나눈다. 이로부터, 다음을 만족하는 $k \in \mathbb{N}_0$가 있다.

$$a_1 = a_2 + kN$$

$a_1, a_2 \in A \subset \{1, \ldots, N-1\}$이므로, $k = 0$이고 $a_1 = a_2$이다. 그러므로 g는 단사함수이다.

마지막으로, 함수 $h : B \to A$를 정의하고, $g \circ h = \mathrm{id}_B$임을 증명한다. $\mathbf{b} := (b_1, \ldots, b_J)$에 대해 $h(b)$를 다음으로 정의한다. $m_j := \frac{N}{n_j}$라 한다. 그러면 $\gcd(n_i, n_j) = 1$이고, 정리 D.4에 (D.12)로부터 $m_j x_j + n_j y_j = 1$을 만족하는 정수 $x_j, y_j \in \mathbb{Z}$가 존재한다. 이런 m_j를 가지고 $h(b)$를 정의한다.

$$h(\mathbf{b}) := \left(\sum_{j=1}^{J} m_j x_j b_j \right) \bmod N \tag{D.77}$$

x_j, y_j가 유일하지 않아도 h가 잘 정의됐음을 증명해야 한다. 이를 위해 $m_j \tilde{x}_j + n_j \tilde{y}_j = 1$를 만족하는 정수 $\tilde{x}_j, \tilde{y}_j \in \mathbb{Z}$를 고려한다. 그러면 모든 $k = 1, \ldots, J$에 대해 다음 식이 성립한다.

$$\frac{1}{n_k} \left(\sum_{j=1}^{J} m_j (x_j - \tilde{x}_j) b_j \right) = \sum_{j \neq k} \underbrace{\frac{m_j}{n_k}}_{\in \mathbb{Z}} (x_j - \tilde{x}_j) b_j + \frac{1 - n_k y_k - (1 - n_k \tilde{y}_k)}{n_k} b_k \in \mathbb{Z}$$

즉, $k \in \{1, \ldots, J\}$일 때, 모든 n_k는 $\sum_{j=1}^{J} m_j x_j b_j - \sum_{j=1}^{J} m_j \tilde{x}_j b_j$을 나눈다. $i \neq j$일 때 $\gcd(n_i, n_j) = 1$이므로, $N = \prod_{j=1}^{J} n_j$ 또한 이것을 나누며, 다음의 식을 만족하는 정수 $z \in \mathbb{Z}$가 존재한다.

$$\sum_{j=1}^{J} m_j x_j b_j = \sum_{j=1}^{J} m_j \tilde{x}_j b_j + zN$$

이로부터 다음의 식이 유도된다.

$$\left(\sum_{j=1}^{J} m_j x_j b_j \right) \bmod N = \left(\sum_{j=1}^{J} m_j \tilde{x}_j b_j \right) \bmod N$$

이로부터 (D.77)의 우변은 x_j의 선택에 무관하며 모든 $\mathbf{b} \in \mathbf{B}$에 대해 $h(b)$는 잘 정의된다.

이제 $h\{B\} \subset A$를 보인다. (D.78)과 비슷하게 모든 $\mathbf{b} \in \mathbf{B}$, $k \in 1, \ldots, J$에 대해 다음 식이 성립한다.

$$
\begin{aligned}
\frac{1}{n_k}\left(h(\mathbf{b}) - b_k \right) &= \frac{1}{n_k}\left(\left(\sum_{j=1}^{J} m_j x_j b_j \right) \bmod N - b_k \right) \\
&\underbrace{=}_{\text{(D.1)}} \sum_{j \neq k} \underbrace{\frac{m_j}{n_k} x_j b_j}_{\in \mathbb{Z}} + \underbrace{\frac{m_k x_k - 1}{n_k} b_k}_{\in \mathbb{Z}} - \left\lfloor \frac{\sum_{j=1}^{J} m_j x_j b_j}{N} \right\rfloor \frac{N}{n_k} \in \mathbb{Z}
\end{aligned}
$$

즉, 모든 $k \in \{1, \ldots, J\}$에 대해 다음의 식이 성립하는 정수 $z_k \in \mathbb{Z}$가 존재한다.

$$h(\mathbf{b}) = b_k + z_k n_k \tag{D.79}$$

그러므로 $h(b)$와 n_k의 공약수 v는 b_k와 n_k의 공약수가 된다. $\mathbf{b} \in \mathbf{B}$이므로, $v = 1$임과 다음의 식이 유도된다.

$$\gcd(h(\mathbf{b}), n_k) = 1$$

게다가 정의 D.77로부터 $h(b) \in \{0, 1, \ldots, N-1\}$이다. $h(b) = 0$인 경우는 제외할 수 있다. 만약 $\sum_{j=1}^{J} m_j x_j b_j = zN$인 정수 $z \in \mathbb{Z}$가 있다면, 모든 $k \in \{1, \ldots, J\}$에 대해 다음의 식이 성립할 것이다.

$$\frac{1 - n_k y_k}{n_k} b_k = \frac{m_k x_k b_k}{n_k} = z\frac{N}{n_k} - \sum_{j \neq k} \frac{m_j}{n_k} x_j b_j \in \mathbb{Z}$$

그러므로 n_k는 b_k를 나누게 되고, 이는 $\mathbf{b} \in B$일 때는 불가능하다. 결과적으로 $h(b) \in \{0, 1, \ldots, N-1\}$이며 모든 j에 대해 $\gcd(h(b), n_j) = 1$이어서 $h(\mathbf{b}) \in A$이게 된다.

(D.79)와 $b_k < n_k$로부터 다음 식을 알 수 있다.

$$g(h(\mathbf{b}))_k = g(b_k + z_k n_k)_k = (b_k + z_k n_k) \bmod n_k = b_k$$

이는 $g \circ h = \mathrm{id}_B$임을 증명해 g는 전사함수^{surjective}가 된다. 그러므로 g가 전단사 함수임을 증명한다. ∎

E

연분수

정의 E.1 a_0는 정수이고, $(a_1, \ldots, a_n)$은 자연수로 이뤄진 유한수열이다. $[a_0; a_1, \ldots, a_n]$로 표기하고 다음의 식으로 정의하는 숫자를 $(a_0, \ldots, a_n)$가 생성하는 (정규) 유한 연분수$^{\text{regular continued fraction}}$라고 한다.

$$[a_0; a_1, \ldots, a_n] := a_0 + \cfrac{1}{a_1 + \cfrac{1}{\ddots \cfrac{\vdots}{a_{n-1} + \frac{1}{a_n}}}} \tag{E.1}$$

$j \in \{0, \ldots, n\}$일 때, 다음의 식이 정의하는 숫자는

$$[a_0; a_1, \ldots, a_j] = a_0 + \cfrac{1}{a_1 + \cfrac{1}{\ddots \cfrac{\vdots}{a_{j-1} + \frac{1}{a_j}}}}$$

연분수 $[a_0; a_1, \ldots, a_n]$의 j번째 근사분수^{convergent}라고 한다. 수열 $(a_j)_{j \in I \subset \mathbb{N}}$에 대해 수열 $([a_0; a_1, \ldots, a_j])_{j \in I}$를 근사분수의 수열이라고 한다.

식 (E.1)의 모든 1을 정수의 수열 (b_j)의 원소 b_j로 대체하면 연분수를 더욱 일반적으로 정의할 수 있다. 이러한 것은 **정규** 연분수라고 하기에는 곤란하다. 이 책

에서는 정의 (E.1)에서 정의한 정규 연분수만을 다루기 때문에, 앞으로 **정규**라는 단어는 생략한다.

이름이 의미하듯이, 근사분수의 수열은 **항상** 수렴해 극한을 가지는 것을 증명할 수 있다.

$$[a_0; a_1, \ldots] := \lim_{n \to \infty} [a_0; a_1, \ldots, a_n] = \lim_{n \to \infty} \left(a_0 + \cfrac{1}{a_1 + \cfrac{1}{a_2 + \cfrac{1}{\ddots + \frac{1}{a_n}}}} \right) \qquad \text{(E.2)}$$

이것이 다른 문헌에서 연분수를 종종 다음 **형태의 수식**으로 소개하는 이유이다.

$$[a_0; a_1, \ldots] = a_0 + \cfrac{1}{a_1 + \cfrac{1}{a_2 + \cfrac{1}{\ddots a_j + \frac{1}{\ddots}}}}$$

그리고 임의의 실수는 적당한 근사분수의 수열의 극한으로 표현된다는 것을 증명할 수 있다. 이 명제와 (E.2)에서 언급하는 수렴은 이 책의 목적과 맞지 않기 때문에 증명을 하지 않을 것이다. 관심 있는 독자는 하디와 라이트[90]의 고전적인 문헌을 참고하거나, 또는 밑에서 있는 보조정리 E.8을 이용해 증명을 시도해볼 수 있다. 보조정리 E.8은 (E.2)에서 언급한 **근사분수의 수렴**을 증명하기 위한 시초에 불과하다.

하지만 다음에서 주어진 실수에 대해 근사분수의 수열을 만드는 방법을 소개한다.

보조정리 E.2 모든 $x \in \mathbb{R}$에 대해 수열 (f_j)와 (a_j)을 다음과 같이 정의한다. $x = 0$이면, 수열 (f_j)는 공집합이고 수열 (a_j)는 $(a_0 = 0)$으로만 이뤄진다. $x \neq 0$이면, 우선 다음을 정의한다.

$$f_0 := \frac{1}{x} \in \mathbb{R} \quad \text{그리고} \quad a_0 := \left\lfloor \frac{1}{f_0} \right\rfloor = \lfloor x \rfloor \in \mathbb{Z} \qquad \text{(E.3)}$$

그리고 $j \in \mathbb{N}$에 대해 $f_{j-1} \neq 0$이면

$$f_j := \frac{1}{f_{j-1}} - \left\lfloor \frac{1}{f_{j-1}} \right\rfloor \in [0,1[\quad \text{그리고} \quad a_{j-1} := \left\lfloor \frac{1}{f_{j-1}} \right\rfloor \in \mathbb{N} \qquad (E.4)$$

$f_{j-1} = 0$이면, 수열 (f_j)와 (a_j)는 유한하다. $f_{j-1} = 0$을 마지막 원소로 수열 (f_j)는 종료하고, a_{j-2}를 마지막 원소로 (a_j)는 종료한다.

그러면

$$x = a_0 + f_1 = a_0 + \cfrac{1}{a_1 \cfrac{1}{a_2 + \cfrac{1}{\ddots + \frac{1}{a_n + f_{n+1}}}}} \qquad (E.5)$$

여기에서 마지막 식은 모든 자연수 $n \in \mathbb{N}$에 대해 성립하며, f_{j+1}은 (f_j)를 생성하는 규칙으로 정의한다.

[증명]

$x < 0$일 때 정의되는 수열 (f_j)와 (a_j)에서는 a_0와 f_0만이 음수임에 주의하자. 정의된 f_j와 a_j에 대해, (E.4)의 정의에서부터 다음을 알 수 있다.

$$f_j = \frac{1}{f_{j-1}} - \left\lfloor \frac{1}{f_{j-1}} \right\rfloor \geq 0 \quad \text{그리고} \quad a_j = \left\lfloor \frac{1}{f_j} \right\rfloor \geq 0$$

(E.4)로부터 f_{j+1}이 정의된 모든 $j \in \mathbb{N}$에 대해 다음이 만족한다.

$$f_j = \frac{1}{a_j + f_{j+1}} \qquad (E.6)$$

특히, 다음의 식을 알 수 있다.

$$\frac{1}{x} \underbrace{=}_{(E.3)} f_0 \underbrace{=}_{(E.6)} \frac{1}{a_0 + f_1}$$

이것은 다음 식을 의미한다.

$$x = a_0 + f_1 \qquad (E.7)$$

더 나아가 f_{j+1}이 정의되고 $j \leq n$인 모든 j와 n에 대해 (E.6)을 반복 적용하면 다음을 얻는다.

$$f_j \underset{(E.6)}{=} \frac{1}{a_j + f_{j+1}} \underset{(E.6)}{=} \frac{1}{a_j + \frac{1}{a_{j+1} + f_{j+2}}} = \cdots = \frac{1}{a_j + \cfrac{1}{\ddots + \frac{1}{a_n + f_{n+1}}}} \qquad (E.8)$$

(E.8)의 $j = 1$인 경우를 (E.7)에 대입하면 (E.5)를 유도할 수 있다.

보조정리 E.2에서 구성한 수열 (a_j)을 이용해, 정의 E.1에서 나타난 근사분수의 수열을 구성할 수 있다.

보기 E.3 보조정리 E.2의 수열 (a_j)를 이용해 만들어진 근사분수의 수열은 무리수 x를 상대적으로 정확하게 근사한다. 예로서, $\sqrt{2}$의 6번째 근사분수는 다음을 만족한다.

$$\sqrt{2} = [1; 2, 2, 2, 2, 2, 2, \ldots] = [1; 2, 2, 2, 2, 2, 2] + 1.23789 \cdots \times 10^{-05}$$

정리 E.4 $x \in \mathbb{R}$에 대해 보조정리 E.2에서 구성한 수열 (a_j)는 x가 유리수인 경우에만 유한 종료한다. 즉, 다음이 만족한다.

$$x = [a_0; a_1, \ldots, a_n] \quad \Leftrightarrow \quad x \in \mathbb{Q}$$

[증명]

$\Rightarrow$: x를 다음과 같이 두자.

$$x = [a_0; a_1, \ldots, a_n] = a_0 + \cfrac{1}{a_1 + \cfrac{1}{a_2 + \cfrac{1}{\ddots + \frac{1}{a_n}}}} \qquad (E.9)$$

그리고 $j \in \{n, n-1, \ldots, 0\}$에 대해 다음을 정의한다.

$$
\begin{array}{lll}
p_n := a_n & \text{그리고} \quad q_n := 1 & \text{for } j = n \\[2mm]
\dfrac{p_{j-1}}{q_{j-1}} := \dfrac{a_{j-1} p_j + q_j}{p_j} & \text{그리고} \quad q_{j-1} := p_j & \text{for } j \in \{n-1, \ldots, 0\}
\end{array}
$$

그러면 $j \in \{n, \ldots, 0\}$에 대해 $p_j, q_j \in \mathbb{Z}$이다. 게다가 다음의 사실을 알 수 있다.

$$\frac{p_{j-1}}{q_{j-1}} = \frac{a_{j-1}p_j + q_j}{p_j} = a_{j-1} + \frac{1}{\frac{p_j}{q_j}} = \cdots = a_{j-1} + \cfrac{1}{a_j + \cfrac{1}{\ddots + \frac{1}{a_n}}}$$

최종적으로 다음을 알 수 있다.

$$\mathbb{Q} \ni \frac{p_0}{q_0} = a_0 + \cfrac{1}{a_1 + \cfrac{1}{\ddots + \frac{1}{a_n}}} \underbrace{=}_{(E.9)} x$$

$\Leftarrow: x = \frac{p}{q} \in \mathbb{Q}$라 하자. $x = 0$이면 자명하다. $x \neq 0$일 때, (f_j)와 (a_j)를 $f_0 = \frac{1}{x}$로 시작하는 보조정리 E.2의 수열이라 하자. 수열 (r_j)을 다음으로 정의한다.

$$r_{-1} := p \in \mathbb{Z} \smallsetminus \{0\} \quad \text{and} \quad r_0 := q \in \mathbb{N} \quad \text{and}$$
$$r_{j+1} = r_{j-1} \bmod r_j \quad \text{for } j \in \mathbb{N} \text{ such that } r_j \neq 0 \tag{E.10}$$

그러면 다음을 알 수 있다.

$$f_0 = \frac{1}{x} = \frac{q}{p} = \frac{r_0}{r_{-1}} \in \mathbb{Q} \tag{E.11}$$

이제, 귀납법으로 $j \in \mathbb{N}_0$에 대해 다음이 만족하는 것을 보일 것이다.

$$f_j = \frac{r_j}{r_{j-1}} \in \mathbb{Q} \tag{E.12}$$

귀납법의 시작은 (E.11)로 주어진다. j에서 $j+1$의 귀납단계를 위해 $j \in \mathbb{N}_0$에 대해 (E.12)가 만족한다고 가정한다. 그러면 다음을 알 수 있다.

$$f_{j+1} \underbrace{=}_{(E.4)} \frac{1}{f_j} - \left\lfloor \frac{1}{f_j} \right\rfloor \underbrace{=}_{(E.12)} \frac{r_{j-1}}{r_j} - \left\lfloor \frac{r_{j-1}}{r_j} \right\rfloor \underbrace{=}_{(D.1)} \frac{r_{j-1} \bmod r_j}{r_j} \underbrace{=}_{(E.10)} \frac{r_{j+1}}{r_j} \tag{E.13}$$

이것이 $j+1$에 대해 (E.12)를 증명한다. $0 \leq r_{j+1} = r_{j-1} \bmod r_j < r_j$가 성립하므로, 수열 (r_j)는 음이 아닌 정수의 단조감소 수열이다. 이것은 유한한 단계 이후에 어떤 $n \in \mathbb{N}_0$에 대해 $r_{n+1} = 0$임을 의미한다. (E.12)로부터 $f_{n+1} = 0$이다. 이로써 수열 (a_j)는 a_n으로 끝나며 (E.5)는 $x = [a_0; a_1, \ldots, a_n]$이 성립하는 것을 의미한다. ∎

(E.10)에서 정의한 수열 (r_j)가 정리 D.4의 확장 유클리드 알고리즘에서 사용한 수열과 유사한 것에 주의하자. 결국 유리수의 연분수 표현을 위해 계산해야 하는 a_j들의 갯수 n은 같은 한계를 가지게 된다.

보조정리 E.5 $p, q \in \mathbb{N}$이 주어질 때, 다음을

$$[a_0; a_1, \ldots, a_n] = \frac{p}{q} \tag{E.14}$$

유리수 $\frac{p}{q}$의 유한 연분수 표현으로 정의한다. 그러면 다음이 만족함을 알 수 있다.

$$n < 2\min\{\log_2 q, \log_2 p\} + 1$$

[증명]

(f_j)는 보조정리 E.2에서 $x = \frac{p}{q}$로부터 생성되는 수열이다. 이 수열은 처음으로 $f_j = 0$이면 종료한다. (E.12)에서 $f_j = 0$은 (E.10)에서 정의된 수열 (r_j)에서 $r_j = 0$과 동치이다. 그리고 다음의 점화식을 만족한다.

$$r_j = r_{j-2} \bmod r_{j-1}$$

이것은 정리 D.4의 유클리드 알고리즘의 (D.5)와 유사하다. 문제 D.119의 (D.3)로부터 (D.16)과 유사한 다음의 식을 유도한다.

$$r_j < \min\{\frac{r_{j-2}}{2}, r_{j-1}\}$$

(D.16) 다음의 논증을 다시 적용하면 (E.14)로부터 n은 $r_n > 0$이 만족하는 최대 숫자이기에 (D.17)에서 다음을 알 수 있다.

$$n < 2\min\{\log_2 q, \log_2 p\} + 1$$

∎

보기 E.6 유리수의 연분수 전개의 예로서 다음을 볼 수 있다.

$$\frac{67}{47} = [1; 2, 2, 1, 6] = 1 + \cfrac{1}{2 + \cfrac{1}{2 + \cfrac{1}{1 + \frac{1}{6}}}}$$

정리 E.7 $I = \{0, \ldots, n\} \subsetneq \mathbb{N}_0$ 또는 $I = \mathbb{N}_0$이다. $(a_j)_{j \in I}$는 $a_0 \in \mathbb{Z}$이고 $j \geq 1$일 때 $a_j \in \mathbb{N}$으로 이뤄진 수열이다. 그러면 $(a_j)_{j \in I}$로 구성되는 연분수는 다음을 만족한다.

(i) 모든 $j \in I$에 대해, 다음 식을 만족하는 $p_j \in \mathbb{Z}$, $q_j \in \mathbb{N}$가 존재한다.

$$\frac{p_j}{q_j} = [a_0; \ldots, a_j] \tag{E.15}$$

(ii) (E.15)의 p_j와 q_j는, 우선 다음을 정의하고

$$p_{-2} = 0 = q_{-1} \quad \text{그리고} \quad q_{-2} = 1 = p_{-1} \tag{E.16}$$

그리고 $j \in I$에 대해서는 다음의 점화식으로 구할 수 있다.

$$\begin{aligned} p_j &= a_j p_{j-1} + p_{j-2} \\ q_j &= a_j q_{j-1} + q_{j-2} \end{aligned} \tag{E.17}$$

정리하면, (E.16)과 (E.17)로 정의하는 p_j와 q_j는 (E.15)를 만족한다.

(iii) 수열 $(q_j)_{j \in I}$는 오직 양수만을 가지고, $b_0 = 0$, $b_1 = 1$, $(b_j = b_{j-1} + b_{j-1})_{j \geq 2}$로 정의하는 피보나치^{Fibonacci} 수열보다 빠르게 증가한다. $a_0 \geq 1$인 경우에, 수열 $(p_j)_{j \in I}$의 모든 원소에 대해서도 같은 것이 성립한다.

[증명]

(i)의 주장은 연분수 $[a_0; a_1, \ldots, a_j]$의 전개가 유한하기 때문에 정리 E.4로부터 쉽게 유도된다.

이제 귀납법으로 (ii)를 증명할 것이다. p_j와 q_j를 (E.16), (E.17)로 정의한다. 귀납법의 시작으로 (E.16), (E.17)을 이용해 $j \in \{0, 1\}$에 대해 다음과 같이 (E.15)를 증명한다.

$$\left.\begin{aligned} p_0 &= a_0 p_{-1} + p_{-2} = a_0 \\ q_0 &= a_0 q_{-1} + q_{-2} = 1 \end{aligned}\right\} \quad \Rightarrow \quad \frac{p_0}{q_0} = a_0 = [a_0;]$$

$$\left.\begin{aligned} p_1 &= a_1 p_0 + p_{-1} = a_1 a_0 + 1 \\ q_1 &= a_1 q_0 + q_{-1} = a_1 \end{aligned}\right\} \quad \Rightarrow \quad \frac{p_1}{q_1} = a_0 + \frac{1}{a_1} = [a_0; a_1] \tag{E.18}$$

j에서 $j+1$의 귀납 단계를 위해 $j \in I$에 대해 다음이 성립한다고 가정한다.

$$\frac{p_j}{q_j} = [a_0; a_1, \ldots, a_j] \tag{E.19}$$

함수 $g_j : \mathbb{Q} \smallsetminus \{0\} \to \mathbb{Q}$를 다음으로 정의한다.

$$g_j(m) := \frac{mp_{j-1} + p_{j-2}}{mq_{j-1} + q_{j-2}} \tag{E.20}$$

그러면 다음을 만족하는 것을 알 수 있다.

$$g_j(a_j) \underset{(E.20)}{=} \frac{a_j p_{j-1} + p_{j-2}}{a_j q_{j-1} + q_{j-2}} \underset{(E.17)}{=} \frac{p_j}{q_j} \underset{(E.19)}{=} [a_0; a_1, \ldots, a_j] \underset{(E.1)}{=} a_0 + \cfrac{1}{a_1 + \cfrac{1}{\ddots + \frac{1}{a_j}}}$$

결국 다음의 식을 얻는다.

$$g_j(m) \underset{(E.20)}{=} a_0 + \cfrac{1}{a_1 + \cfrac{1}{\ddots + \frac{1}{m}}} \tag{E.21}$$

이로부터 다음을 유도할 수 있다.

$$\frac{p_{j+1}}{q_{j+1}} \underset{(E.17)}{=} \frac{a_{j+1} p_j + p_{j-1}}{a_{j+1} q_j + q_{j-1}} = \frac{p_j + \frac{1}{a_{j+1}} p_{j-1}}{q_j + \frac{1}{a_{j+1}} q_{j-1}} \underset{(E.17)}{=} \frac{\left(a_j + \frac{1}{a_{j+1}}\right) p_{j-1} + p_{j-2}}{\left(a_j + \frac{1}{a_{j+1}}\right) q_{j-1} + q_{j-2}}$$

$$\underset{(E.20)}{=} g_j\left(a_j + \frac{1}{a_{j+1}}\right) \underset{(E.21)}{=} a_0 + \cfrac{1}{a_1 + \cfrac{1}{\ddots + \frac{1}{a_j + \frac{1}{a_{j+1}}}}}$$

$$\underset{(E.1)}{=} [a_0; a_1, \ldots, a_{j-1}, a_j, a_{j+1}]$$

이것이 j에서 $j+1$의 귀납 단계를 증명한다.

　(iii)을 증명하기 위해서는 (E.16)에서 $q_0 = 1$이고, (E.18)에서 $q_1 = a_1$임을 주의하자. 그리고 $j \geq 1$일 때, $a_j \in \mathbb{N}$이다. 이러한 사실들과 (E.17)로부터 $q_j = a_j q_{j-1} + q_{j-2} \geq q_{j-1} + q_{j-2}$을 쉽게 알 수 있다. a_j가 1보다 큰 경우에는 q_j가 피보나치 수열의 j번째 원소보다 일방적으로 크고, 다음에 순차적으로 나오는 원소 또한 그러하다. 비슷하게 $a_0 \geq 1$이면, $p_0 = a_0 \geq 1$, $p_1 = a_0 a_1 + 1 > 1$이며, (E.17)에서 $p_j = a_j p q_{j-1} + q_{j-2} \geq q_{j-1} + q_{j-2}$임을 알 수 있다. ∎

보조정리 E.8 $I = \{0, \ldots, n\} \subsetneq \mathbb{N}_0$ 또는 $I = \mathbb{N}_0$이다. $(a_j)_{j \in I}$는 $a_0 \in \mathbb{Z}$이고 $j \geq 1$일 때 $a_j \in \mathbb{N}$으로 이뤄진 수열이다. 게다가 $j \in I$에 대해 다음을 정의한다.

$$\frac{p_j}{q_j} = [a_0; a_1, \ldots, a_j]$$

그러면 다음의 주장들이 성립한다.

(i) 모든 $j \in I \setminus \{0\}$에 대해

$$p_j q_{j-1} - q_j p_{j-1} = (-1)^{j-1} \tag{E.22}$$

그리고

$$\gcd(p_j, q_j) = 1 \tag{E.23}$$

(ii) $j > k \geq 0$인 $j, k \in I$에 대해

$$\frac{p_k}{q_k} - \frac{p_j}{q_j} = (-1)^j \sum_{l=0}^{j-k-1} \frac{(-1)^l}{q_{j-l} q_{j-l-1}} \tag{E.24}$$

(iii) $k \in I$에 대해

$$\frac{p_{2k}}{q_{2k}} < \frac{p_{2k+2}}{q_{2k+2}} \tag{E.25}$$

$$\frac{p_{2k+3}}{q_{2k+3}} < \frac{p_{2k+1}}{q_{2k+1}} \tag{E.26}$$

(iv) $k \in I$에 대해

$$\frac{p_0}{q_0} < \frac{p_2}{q_2} < \cdots < \frac{p_{2k}}{q_{2k}} < \cdots < \frac{p_{2k+1}}{q_{2k+1}} < \cdots < \frac{p_3}{q_3} < \frac{p_1}{q_1} \tag{E.27}$$

[증명]

(i)를 증명하기 위해 $k \in I \setminus \{0\}$에 대해 다음이 성립하는 것에 주의한다.

$$
\begin{aligned}
z_j &:= p_j q_{j-1} - q_j p_{j-1} \\
&\underset{(E.17)}{=} (a_j p_{j-1} + p_{j-2}) q_{j-1} - (a_j q_{j-1} + q_{j-2}) p_{j-1} \\
&= p_{j-2} q_{j-1} - q_{j-2} p_{j-1} = -z_{j-1} = \cdots = (-1)^k z_{j-k} = \cdots
\end{aligned}
$$

$$\begin{aligned} &= (-1)^{j-1}z_1 = (-1)^{j-1}(p_1q_0 - q_1p_0) \\ &\underbrace{=}_{(E.18)} (-1)^{j-1}((a_1a_0+1) - a_1a_0) \\ &= (-1)^{j-1} \end{aligned}$$

이것은 (E.22)를 증명하며 결국 다음과 같이 (E.23)을 의미한다. 다음을 가정한다.

$$q_j = \tilde{q}_j \gcd(q_j, p_j) \quad \text{and} \quad p_j = \tilde{p}_j \gcd(q_j, p_j)$$

(E.22)를 적용하면 다음을 구할 수 있다.

$$\mathbb{Z} \ni \tilde{p}_j q_{j+1} - \tilde{q}_j p_{j+1} = \frac{(-1)^{j+1}}{\gcd(q_j, p_j)}$$

이는 $\gcd(q_j, p_j) = 1$을 요구한다. 이것이 (E.23)이다.

(ii)를 증명하기 위해 $k \in I$일 때, 다음의 식이 성립하는 것에 주의한다.

$$\frac{p_k}{q_k} - \frac{p_{k+1}}{q_{k+1}} = \frac{p_k q_{k+1} - q_k p_{k+1}}{q_k q_{k+1}} \underbrace{=}_{(E.22)} \frac{(-1)^{k+1}}{q_k q_{k+1}} \tag{E.28}$$

그리고 $j \in I, j > k$에 대해 다음이 성립한다.

$$\begin{aligned} \frac{p_k}{q_k} - \frac{p_j}{q_j} &= \frac{p_k}{q_k} - \frac{p_{k+1}}{q_{k+1}} + \frac{p_{k+1}}{q_{k+1}} - \frac{p_{k+2}}{q_{k+2}} + \cdots + \frac{p_{j-1}}{q_{j-1}} - \frac{p_j}{q_j} \\ &\underbrace{=}_{(E.28)} \frac{(-1)^{k+1}}{q_k q_{k+1}} + \frac{(-1)^{k+2}}{q_{k+1}q_{k+2}} + \cdots + \frac{(-1)^j}{q_{j-1}q_j} \\ &= (-1)^j \sum_{l=0}^{j-k-1} \frac{(-1)^l}{q_{j-l}q_{j-l-1}} \end{aligned}$$

이것이 (E.24)를 증명한다.

(iii)을 증명하기 위해 다음의 식을 주의한다.

$$\begin{aligned} \frac{p_{2k}}{q_{2k}} - \frac{p_{2k+2}}{q_{2k+2}} &\underbrace{=}_{(E.24)} (-1)^{2k+2}\left(\frac{1}{q_{2k+2}q_{2k+1}} - \frac{1}{q_{2k+1}q_{2k}}\right) \\ &= \frac{1}{q_{2k+1}}\underbrace{\left(\frac{1}{q_{2k+2}} - \frac{1}{q_{2k}}\right)}_{<0} < 0 \end{aligned}$$

여기에서 $q_{2k} < q_{2k+2}$는 정리 E.7의 (iii)을 이용한다. 앞의 식은 (E.25)를 증명한다. 비슷한 방법으로 (E.26)을 증명할 수 있다.

(iv)에서 짝수 아래첨자에 대한 부등식은 (E.25)로부터, 홀수 아래첨자에 대한 부등식은 (E.26)로부터 유도한다. (E.27)의 증명에서 임의의 $k \in I$에 대해 $2k$의 분수식이 $2k + 1$의 분수식보다 작다는 것이 남았다. 정리 E.7의 (iii)에서 임의의 $k \in I$일 때 $q_{2k}q_{2k+1} > 0$이 유도된다. 이로부터 다음과 같이 원하는 부등식이 유도된다.

$$\frac{p_{2k+1}}{q_{2k+1}} - \frac{p_{2k}}{q_{2k}} = \frac{p_{2k+1}q_{2k} - p_{2k}q_{2k+1}}{q_{2k}q_{2k+1}} \underbrace{=}_{(E.22)} \frac{1}{q_{2k}q_{2k+1}} > 0$$

정리 E.9 $P, Q \in \mathbb{N}$이고, $[a_0; \ldots, a_n]$을 다음을 만족하는 연분수라 한다.

$$[a_0; a_1, \ldots, a_n] = \frac{P}{Q} \tag{E.29}$$

$p, q \in \mathbb{N}$이 다음을 만족하면

$$\left| \frac{P}{Q} - \frac{p}{q} \right| < \frac{1}{2q^2} \tag{E.30}$$

$\frac{p}{q}$는 $\frac{P}{Q}$의 연분수의 근사분수이다. 즉, 다음을 만족하는 $j \in \{0, 1, \ldots, n\}$가 존재한다.

$$\frac{p}{q} = [a_0; a_1, \ldots, a_j] = \frac{p_j}{q_j}$$

여기에서 p_j와 q_j는 정리 E.7에서 정의된 것이다.

[증명]

$p_0, \ldots, p_n$과 $q_0, \ldots, q_n$을 정리 E.7의 (E.16), (E.17)로 재귀적으로 구성된다. 이는 $j \in \{0, 1, \ldots, n\}$에 대해 $[a_0; a_1, \ldots, a_j] = \frac{p_j}{q_j}$을 의미하며 특히 다음을 만족한다.

$$\frac{p_n}{q_n} = [a_0; a_1, \ldots, a_n] \underbrace{=}_{(E.29)} \frac{P}{Q} \tag{E.31}$$

우선 $q \geq q_n$을 가정한다. 그러면 다음을 얻는다.

$$\left|\frac{p_n}{q_n} - \frac{p}{q}\right| \underset{(E.31)}{=} \left|\frac{P}{Q} - \frac{p}{q}\right| \underset{(E.30)}{<} \frac{1}{2q^2}$$

그리고 양변에 $q \geq q_n$을 곱하면 다음과 같다.

$$|p_n q - q_n p| < \frac{q_n}{2q} \leq \frac{1}{2}$$

$p_n q - q_n p \in \mathbb{Z}$이므로, $p_n q = q_n p$이어야 한다. 이는 $\frac{p}{q} = \frac{p_n}{q_n}$이며 주장은 $j = n$이면 성립한다.

다음으로 $q < q_n$인 경우다. (E.18)로부터 $q_0 = 1$이다. 그러므로 $q < q_n$인 경우에는 다음을 만족하는 $j \in \{0, \ldots, n-1\}$이 존재한다.

$$q_j \leq q < q_{j+1} \tag{E.32}$$

이제 다음의 부등식이 만족하는 것을 증명할 것이다.

$$\left|\frac{P}{Q} - \frac{p_j}{q_j}\right| \underset{(E.31)}{=} \left|\frac{p_n}{q_n} - \frac{p_j}{q_j}\right| < \frac{1}{2q_j q}$$

이를 위해, 다음과 같이 $a, b \in \mathbb{Z}$를 선택한다.

$$\begin{aligned} a &= (-1)^{j+1}\left(q_{j+1}p - p_{j+1}q\right) \\ b &= (-1)^{j+1}\left(p_j q - q_j p\right) \end{aligned} \tag{E.33}$$

이로부터 다음을 알 수 있다.

$$\begin{aligned} p_j a + p_{j+1} b &= (-1)^{j+1}\left(p_j q_{j+1}p - p_j p_{j+1}q + p_{j+1}p_j q - p_{j+1}q_j p\right) \\ &= (-1)^{j+1}\underbrace{\left(p_j q_{j+1} - p_{j+1}q_j\right)}_{\underset{(E.22)}{=}\,(-1)^{j+1}}p \end{aligned} \tag{E.34}$$

비슷한 방법으로 다음을 얻는다.

$$q_j a + q_{j+1} b = q \tag{E.35}$$

보조정리 E.8의 (E.23)에서 다음을 알고 있다.

$$\gcd(q_{j+1}, p_{j+1}) = 1 \tag{E.36}$$

이것은 $a = 0$임을 제외하는데, 만약 $a = 0$이면 (E.32), (E.33)의 가정에서 $p_{j+1} = \frac{q_{j+1}}{q} p > p$이며

$$\frac{p_{j+1}}{q_{j+1}} = \frac{p}{q}$$

여기에서 $p_{j+1} > p$, $q_{j+1} > q$이므로 (E.36)에서 이는 불가능하다. 그러므로 $a \in \mathbb{Z}$이어서 $|a| \geq 1$이며 다음의 식을 얻는다.

$$\left| q \frac{p_n}{q_n} - p \right| = \left| (aq_j + bq_{j+1}) \frac{p_n}{q_n} - (ap_j + bp_{j+1}) \right|$$
$$= \left| a \underbrace{\left(q_j \frac{p_n}{q_n} - p_j \right)}_{=:c_j} + b \underbrace{\left(q_{j+1} \frac{p_n}{q_n} - p_{j+1} \right)}_{=:c_{j+1}} \right| \qquad \text{(E.37)}$$

보조정리 E.8의 (E.27)로부터 짝수의 j에 대해서는

$$\frac{p_j}{q_j} < \frac{p_n}{q_n} \leq \frac{p_{j+1}}{q_{j+1}}$$

반면에 홀수의 j에 대해서는

$$\frac{p_{j+1}}{q_{j+1}} \leq \frac{p_n}{q_n} < \frac{p_j}{q_j}$$

이 성립한다. 이것이 다음을 의미한다.

$$c_j c_{j+1} \leq 0 \qquad \text{(E.38)}$$

반면 (E.34)로부터

$$b = \frac{p - p_j a}{p_{j+1}}$$

그래서

$$a < 0 \quad \Rightarrow \quad b > 0 \qquad \text{(E.39)}$$

비슷하게 (E.35)로부터

$$a = \frac{q - q_{j+1} b}{q_j}$$

$q < q_{j+1}$이고 $b \in \mathbb{Z}$이므로

$$b > 0 \quad \Rightarrow \quad q < bq_{j+1} \quad \Rightarrow \quad a < 0 \tag{E.40}$$

(E.39), (E.40)으로부터 $ab < 0$이고, (E.38)을 이용하면 다음을 얻는다.

$$(ac_j)(bc_{j+1}) \geq 0 \tag{E.41}$$

이를 이용하면 (E.37)의 좌변의 하계$^{\text{lower bound}}$를 계산할 수 있다.

$$\left| q\frac{p_n}{q_n} - p \right| = |ac_j + bc_{j+1}| \underbrace{=}_{(E.41)} |ac_j| + |bc_{j+1}|$$

$$\geq |ac_j| = |a|\,|c_j| \geq |c_j| = \left| q_j\frac{p_n}{q_n} - p_j \right| \tag{E.42}$$

이로부터 다음을 구한다.

$$\left| \frac{P}{Q} - \frac{p_j}{q_j} \right| \underbrace{=}_{(E.31)} \left| \frac{p_n}{q_n} - \frac{p_j}{q_j} \right| \underbrace{\leq}_{(E.42)} \frac{q}{q_j}\left| \frac{p_n}{q_n} - \frac{p}{q} \right| \underbrace{=}_{(E.31)} \frac{q}{q_j}\left| \frac{P}{Q} - \frac{p}{q} \right| \underbrace{<}_{(E.30)} \frac{q}{q_j}\frac{1}{2q^2} = \frac{1}{2q_jq} \tag{E.43}$$

(E.30)과 (E.43)을 결합하면 다음을 구한다.

$$\begin{aligned}
\left| \frac{p}{q} - \frac{p_j}{q_j} \right| \quad &= \quad \left| \frac{p}{q} - \frac{P}{Q} + \frac{P}{Q} - \frac{p_j}{q_j} \right| \\
&\leq \quad \left| \frac{p}{q} - \frac{P}{Q} \right| + \left| \frac{P}{Q} - \frac{p_j}{q_j} \right| \\
&\underbrace{<}_{(E.30),(E.43)} \quad \frac{1}{2q^2} + \frac{1}{2q_jq}
\end{aligned} \tag{E.44}$$

(E.44)의 양변에 qq_j를 곱하면 다음을 얻는다.

$$|pq_j - qp_j| < \frac{q_j}{2q} + \frac{1}{2} \underbrace{\leq}_{(E.32)} 1$$

이는 $|pq_j - qp_j| < 1$이고, $pq_j - qp_j \in \mathbb{Z}$이므로 최종적으로

$$\frac{p}{q} = \frac{p_j}{q_j}$$

F
군론

F.1 군, 부분군, 몫군

군^{group}은 일반적으로 물리학에서, 특히 양자역학에서 – 필수적이지는 않지만 – 중요한 역할을 한다. 군은 다음으로 형식화한다.

> **정의 F.1** 군$(\mathcal{G}, \cdot)$은 다음의 이항 연산을 가지는 집합 $\mathcal{G}$이다.
>
> $$\cdot : \mathcal{G} \times \mathcal{G} \longrightarrow \mathcal{G}$$
> $$(g, h) \longmapsto g \cdot h =: gh$$
>
> 이 연산은 (군)곱^{multiplication}이라고 하며 다음 세 가지 성질을 가진다.
>
> - **결합 법칙**: 군곱은 결합적이다. 즉, $g, h, k \in \mathcal{G}$에 대해 다음이 성립한다.
>
> $$(g \cdot h) \cdot k = g \cdot (h \cdot k) \tag{F.1}$$
>
> 두 개 곱의 실행 순서에 차이가 없기에 $g \cdot h \cdot k$가 잘 정의된다.
> - **단위원소**$^{unit\ element}$ **또는 중립원소**$^{neutral\ element}$**의 존재**: 모든 $g \in \mathcal{G}$에 대해 다음을 만족하는 원소 $e \in \mathcal{G}$가 존재한다.
>
> $$g \cdot e = g \tag{F.2}$$

- **역원**inverse**의 존재**: 모든 $g \in \mathcal{G}$에 대해 g의 역원이라고 부르는 원소 $g^{-1} \in$ $\mathcal{G}$가 존재해 다음을 만족한다.

$$g \cdot g^{-1} = e \tag{F.3}$$

집한 $\mathcal{G}$가 가산적countable이면, 군 $\mathcal{G}$를 **이산군**이라고 한다. 집합 $\mathcal{G}$가 유한하면 군 $\mathcal{G}$를 **유한군**이라고 한다. 유한군의 원소의 개수를 군의 **차수**order라고 하고 $|\mathcal{G}|$로 표기한다.

$g \in \mathcal{G}$에 대해 $g^n = e$인 자연수 $n \in \mathbb{N}$이 존재하면, 이러한 n의 최솟값을 원소 g의 **차수**order라고 하고 $\mathrm{ord}(g)$로 표기한다. 이러한 n이 존재하지 않으면, 차수가 무한대라고 한다.

모든 $g, h \in \mathcal{G}$에 대해 $g \cdot h = h \cdot g$이어서 곱셈의 순서가 중요하지 않은 군을 **아벨군**abelian group이라고 한다.

군곱을 강조할 때는 $\cdot_{\mathcal{G}}$라고 표기한다. 반대로 혼돈할 우려가 없는 경우에는 곱의 기호 $\cdot$를 생략해 $(\mathcal{G}, \cdot)$ 대신에 $\mathcal{G}$로, $g \cdot h$ 대신에 gh로 표기한다. 아벨군일 때는 군곱을 $\cdot$ 대신에 $+$로 표기한다.

모든 군의 단위원과 역원이 유일하다는 것이 알려져 있다.

문제 F.121 군 $\mathcal{G}$의 단위원은 유일하며, 모든 원소 $g \in \mathcal{G}$의 역원 g^{-1} 또한 유일함을 보여라.

그러므로 군의 유일한 단위원the neutral element, 비슷하게 원소의 유일한 역원the inverse이라고 표현할 수 있다.[1]

문제 F.122 $\mathcal{G}$는 단위원 e를 가지는 군이다. 다음을 증명하라.

$$e^{-1} = e \tag{F.4}$$

---

[1] 명사 앞에 관사를 사용하는 영어에서 유일성이 증명되지 않은 때에는 부정관사를 사용하다가, 유일성이 증명된 순간부터 정관사를 사용한다. 본문에서도 a neutral element, an inverse를 사용하다가 문제 F.121에서 유일성을 증명한 후 정관사를 사용한다. — 옮긴이

모든 $g, h \in \mathcal{G}$에 대해

$$(gh)^{-1} = h^{-1}g^{-1} \tag{F.5}$$

$$\left(g^{-1}\right)^{-1} = g \tag{F.6}$$

$$h = g \quad \Leftrightarrow \quad h^{-1} = g^{-1} \tag{F.7}$$

여기에서는 군곱 $\cdot$의 기호를 표기하지 않는 관례를 사용했다.

위의 정의에서 단위원을 오른쪽 자명한 군곱으로 정의하고, 역원을 우역원right inverse으로 정의했다. 단위원은 왼쪽의 자명곱으로도 작용하고, 우역원이 또한 좌역원left inverse으로도 작용한다.

문제 F.123 $(\mathcal{G}, \cdot)$는 단위원 e를 가지는 군이다. 모든 $g, h, k \in \mathcal{G}$에 대해 다음이 성립하는 것을 보여라.

$$g^{-1}g = e \tag{F.8}$$

$$eg = g \tag{F.9}$$

$$gh = gk \quad \Leftrightarrow \quad h = k \quad \Leftrightarrow \quad hg = kg \tag{F.10}$$

이산적이지 않은 군을 연속군continuous group이라고 한다. 연속군 $(\mathcal{G}, \cdot)$에 대해 집합 $\mathcal{G}$가 미분 다양체differential manifold와 같은 미분 구조라고 하는 것을 가진다면, 이러한 군을 리군Lie group이라고 한다. 리군은 양자역학뿐만 아니라, 양자장 이론quantum field theory, 소립자 이론elementary particle theory, 끈 이론string theory 등의 모든 양자 이론에서의 핵심이다. 그러나 양자 컴퓨터에서는 리군이 핵심적인 역할을 하지 않아 더 이상의 논의를 계속하지 않는다.

전체적으로 군은, 잘 알지 못하는 독자가 생각하는 것 이상으로 많은 곳에서 발견된다. 그러므로 여러 가지 예를 살펴보는 것이 유용하다.

보기 F.2 아벨군의 간단한 첫 번째 예로 $(\mathbb{R}, +)$를 제시한다. 여기에서 단위원은 $e = 0$이고 $a \in \mathbb{R}$의 역원은 $-a$이다.

이산군의 첫 번째 예는 정수다.

사상^{map}의 많은 집합들도 군곱을 적절하게 정의함으로써 군으로 만들 수 있다.

보기 F.4 $\mathbb{V}$는 체 $\mathbb{F}$상에서 정의된 벡터 공간이다(정의 F.53 참조). 그리고

$$L(\mathbb{V}) := \{M : \mathbb{V} \to \mathbb{V} \mid M \text{ linear}\}$$

는 $\mathbb{V}$에서 자기 자신으로 가는 선형사상의 집합이다. 선형 가역 사상$^{\text{linear invertible map}}$의 집합

$$GL(\mathbb{V}) := \{M \in L(\mathbb{V}) \mid M^{-1} \in L(\mathbb{V})\}$$

은 다음의 군곱을 가지는 군이다.

$$\cdot : GL(\mathbb{V}) \times GL(\mathbb{V}) \longrightarrow GL(\mathbb{V})$$
$$(M_1, M_2) \longmapsto M_1 \cdot M_2 := M_1 M_2$$

여기에서 $M_1 M_2$는 사상 M_1과 M_2의 복합을 의미한다. 선형사상의 연속적인 적용은 결합적이다. 선형사상의 복합 사상은 다시 선형사상이 되기 때문에 이 집합의 두 원소의 곱은 집합의 다른 원소가 된다. 항등 사상 $\text{id}_{\mathbb{V}}$가 단위 원소이다($1_{\mathbb{V}}$로 표기한다). 그리고 모든 원소는 이 집합 안에서 역원을 가진다. 이 군을 $\mathbb{V}$의 **일반 선형군**$^{\text{general linear group}}$이라 하고 $GL(\mathbb{V})$로 표기한다. $\dim \mathbb{V} > 1$이면, 일반 선형군은 아벨군이 아니다.

구체적인 경우로 $n \in \mathbb{N}$이며, $\mathbb{F} = \mathbb{C}$, $\mathbb{V} = \mathbb{C}^n$이다. 이것은 $n \times n$의 복소 가역 행렬의 군이다.

$$GL(n, \mathbb{C}) := \{M \in \text{Mat}(n \times n, \mathbb{C}) \mid \det M \neq 0\}$$

일반적인 행렬곱을 군곱으로 사용하면, 위의 집합은 $n = 1$일 때 아벨군이고, $n > 1$일 때는 아벨군이 아니다. 이 군을 $GL(n, \mathbb{C})$로 표기한다. 이것은 이산군이 아닌 연속군이며, 기저를 이루는 집합이 미분 다양체이기 때문에 리군이기도 하다.

비슷하게

$$\mathrm{GL}(n, \mathbb{R}) := \left\{ M \in \mathrm{Mat}(n \times n, \mathbb{R}) \mid \det M \neq 0 \right\}$$

또한 군을 이룬다.

보조정리 F.5　$N \in \mathbb{N}$은 자연수이다. 그러면 다음의 N법 덧셈을

$$a +_{\mathbb{Z}_N} b := (a+b) \bmod N \tag{F.11}$$

군곱으로 가지는 집합 $\mathcal{G} = \{0, 1, \ldots, N-1\}$는 $\mathbb{Z}_N$으로 표기하는 유한 아벨군 $(\mathcal{G}, +_{\mathbb{Z}_N})$이다.

더욱이 p가 소수일 때, 다음의 연산을 군곱으로 가지는 집합 $\mathcal{G} \setminus \{0\} = \{1, \ldots, p-1\}$은 $\mathbb{Z}_p^{\times}$로 표기하는 유한 아벨군 $(\mathcal{G} \setminus \{0\}, \cdot_{\mathbb{Z}_p})$이다.

$$a \cdot_{\mathbb{Z}_p} b := (ab) \bmod p \tag{F.12}$$

[증명]

우선 가산군 $\mathbb{Z}_N$을 먼저 살펴본다. $(a+b) \bmod N \in \{0, \ldots, N-1\}$이므로, (F.11)에서 정의된 군곱은 $\mathcal{G} \times \mathcal{G} \to \mathcal{G}$의 사상이고, (D.23)으로부터 결합적이다. 단위원은 $e^+ = 0$이고 $a \in \mathcal{G} \setminus \{0\}$의 역원은 다음으로부터 $a^{-1} = N - a \in \mathcal{G}$이다.

$$a +_{\mathbb{Z}_N} a^{-1} \underbrace{=}_{(\mathrm{F.11})} (a + N - a) \bmod N = 0 = e_+ \tag{F.13}$$

$\mathcal{G}$가 유한한 것과 $a +_{\mathbb{Z}_N} b = b +_{\mathbb{Z}_N} a$인 것은 당연하다.

다음으로 p가 소수일 때 $\mathbb{Z}_p^{\times}$를 살펴본다. $a \bmod p \neq 0 \neq b \bmod p$인 $a, b \in \{1, \ldots, p-1\}$이다. 보조정리 D.11의 (D.28)에서 $(ab) \bmod p \neq 0$이다. (F.12)로 주어진 군곱은 $\mathcal{G} \setminus \{0\} \times \mathcal{G} \setminus \{0\} \to \mathcal{G} \setminus \{0\}$인 사상이다. (D.20)으로 이는 결합적이다. 이 군의 단위원은 $e = 1$인데, $a \in \{1, \ldots, p-1\}$때 $a \cdot_{\mathbb{Z}_p} e = a \bmod p = a$이기 때문이다. 게다가 앞과 같은 a에 대해서는 $\gcd(a, p) = 1$이며, 정리 D.4에서 서술한 확장 유클리드 알고리즘의 (D.12)에서 $ax + py = 1$을 만족하는 $x, y \in \mathbb{Z}$를 구할 수 있다. 보조정리 D.9로부터 $x \bmod p = a^{-1} \bmod p \in \mathcal{G} \setminus \{0\}$이며 다음을 만족하는 것을 알 수 있다.

$$a +_{\mathbb{Z}_N} a^{-1} \underbrace{=}_{(F.11)} (a + N - a) \bmod N = 0 = e_+$$

그러므로 모든 $a \in \mathcal{G} \setminus \{0\}$는 $\mathcal{G} \setminus \{0\}$ 안에서 $\cdot_{\mathbb{Z}_p}$의 역원을 가진다.

$a \cdot_{\mathbb{Z}_p} b = (ab) \bmod p = b \cdot_{\mathbb{Z}_p} a$는 자명해 $\mathbb{Z}_p^\times$가 유한 아벨군이라는 증명이 완료된다. ■

정의 F.6 $(\mathcal{G}, \cdot)$는 단위원 e를 가지는 군이다. 다음을 만족하는 부분집합 $\mathcal{H} \subset \mathcal{G}$를 $\mathcal{G}$의 **부분군**subgroup이라 하고 $\mathcal{H} \leq \mathcal{G}$로 표기한다.

$$e \in \mathcal{H} \tag{F.14}$$

$$h \in \mathcal{H} \Rightarrow h^{-1} \in \mathcal{H} \tag{F.15}$$

$$h_1, h_2 \in \mathcal{H} \Rightarrow h_1 \cdot h_2 \in \mathcal{H} \tag{F.16}$$

$\mathcal{H} \subsetneq \mathcal{G}$이면, 부분군 $\mathcal{H}$를 $\mathcal{G}$의 **진부분군**proper subgroup이라 하고 $\mathcal{H} < \mathcal{G}$로 표기한다.

$\mathcal{G}$의 진부분군 $\mathcal{H}$가 $\mathcal{G}$의 다른 진부분군의 진부분군이 아닐 때, **극대**maximal 라고 한다. 즉, $\mathcal{H} < \mathcal{G}$인 $\mathcal{K} < \mathcal{G}$인 것은 없다. 비슷하게 $\{e\} < \mathcal{K}$인 $\mathcal{K} < \mathcal{H}$ 인 것이 없을 때, $\mathcal{G}$의 부분군 $\mathcal{H}$는 **극소**minimal라고 한다.

보기 F.7 보기 F.3의 군 $(\mathcal{G}, +) = (\mathbb{Z}, +)$를 고려한다. $N \in \mathbb{N}$일 때, 다음을 정의한다.

$$N\mathbb{Z} := \{Nk \mid k \in \mathbb{Z}\} = \{0, \pm N, \pm 2N, \pm 3N, \ldots\}$$

이것은 군 $(\mathbb{Z}, +)$의 단위원인 0을 포함하는 $\mathbb{Z}$의 부분집합이다. $Nk, Nl \in N\mathbb{Z}$의 합은 $N(k+l) \in N\mathbb{Z}$이다. 더욱이, $Nk \in N\mathbb{Z}$에 대해 $N(-k) \in N\mathbb{Z}$는 두 개의 합이 단위원 0을 만든다. $N = 1$이면 $\mathbb{Z}N = \mathbb{Z}$이어서 새로운 것이 없지만, $N > 1$일 때는 $N\mathbb{Z}$는 $\mathbb{Z}$의 진부분군이다. 즉,

$$N\mathbb{Z} < \mathbb{Z}$$

물리학에서 관심을 가지는 군들의 대부분은 $n \in \mathbb{N}$인 $\mathbb{C}^n$의 일반 선형군의 부분 군들이다.

보기 F.8 $n \in \mathbb{N}$이다. 보기 F.4의 군 $\mathrm{GL}(n,\mathbb{C})$에서 다음의 $n \times n$의 유니타리^{unitary} 행렬의 집합을 고려한다.

$$\mathrm{U}(n) := \left\{ U \in \mathrm{Mat}(n \times n, \mathbb{C}) \mid UU^* = \mathbf{1} \right\}$$

집합 $\mathrm{U}(n)$은 단위원으로 단위 행렬을 가진다. 그리고 두 개의 유니타리 행렬의 곱은 다시 유니타리 행렬이기에 집합 $\mathrm{U}(n)$의 두 개 원소의 곱은 다시 $\mathrm{U}(n)$의 원소가 된다. 정의로부터 모든 원소 U는 이것의 역원인 U^*를 집합 안에서 가진다. 그러므로 $\mathrm{U}(n)$은 $\mathrm{GL}(n,\mathbb{C})$의 부분군이다. 이것을 n차원의 **유니타리 군**$^{\text{Unitary group}}$이라 하고 $\mathrm{U}(n)$으로 표기한다.

$\mathrm{U}(1)$은 아벨군이고, 특별히 $\mathbb{C}$상의 단위 원으로 볼 수 있다.

$$\mathrm{U}(1) = \left\{ z \in \mathrm{Mat}(1 \times 1, \mathbb{C}) = \mathbb{C} \mid z\bar{z} = 1 \right\}$$

더 나아가서, 집합

$$\mathrm{SU}(n) := \left\{ U \in \mathrm{U}(n) \mid \det U = 1 \right\}$$

또한 부분군이 되고, 이를 n 차원의 **특수 유니타리군**$^{\text{special unitary group}}$이라 하고 $\mathit{SU}(n)$으로 표기한다. 이것은 $\mathrm{U}(n)$의 부분군이며 다음의 관계를 가진다.

$$\mathrm{SU}(n) < \mathrm{U}(n) < \mathrm{GL}(n,\mathbb{C})$$

비슷하게 보기 F.4의 군 $\mathrm{GL}(n,\mathbb{R})$에서 $n \times n$ 직교 행렬의 집합

$$\mathrm{O}(n) := \left\{ M \in \mathrm{Mat}(n \times n, \mathbb{R}) \mid MM^T = \mathbf{1} \right\}$$

이 $\mathrm{GL}(n,\mathbb{R})$의 부분군이 되며 **직교군**$^{\text{orthogonal group}}$이라고 한다. $\mathrm{O}(n)$에서 집합

$$\mathrm{SO}(n) := \left\{ M \in \mathrm{O}(n) \mid \det M = 1 \right\}$$

또한 부분군을 형성하며 n 차원의 **특수 직교군**$^{\text{special orthogonal group}}$이라 하고 $\mathrm{SO}(n)$으로 표기한다.

부분군과 다른 부분군이 교집합에 관해 문제 F.124에서 언급한다.

문제 F.124 I는 아래첨자 집합이고, $\{\mathcal{H}_i \mid j \in I\}$는 $\mathcal{G}$의 부분군의 집합이다. 그러면 다음의 집합이 $\mathcal{G}$의 부분군이 되는 것을 보여라.

$$\mathcal{H}_\cap := \bigcap_{j \in I} \mathcal{H}_j$$

정의 F.9 K는 군 $\mathcal{G}$의 공집합이 아닌 부분집합이다. 그리고 다음은 K를 포함하는 모든 부분군의 집합이다.

$$S_K := \{\mathcal{H} \leq \mathcal{G} \mid K \subset \mathcal{H}\}$$

그러면 아래의 집합을 K가 **생성하는** 군으로 정의한다.

$$\langle K \rangle := \bigcap_{\mathcal{H} \in S_K} \mathcal{H}$$

다음을 만족하는 $g_1, \ldots, g_n \in \mathcal{G}$가 존재하면,

$$\mathcal{G} = \langle g_1, \ldots, g_n \rangle := \langle \{g_1, \ldots, g_n\} \rangle$$

군 $\mathcal{G}$는 **유한 생성**됐다고 말한다.

군 $\mathcal{G}$가 원소 한 개 $g \in \mathcal{G}$로 생성되면 즉,

$$\mathcal{G} = \langle g \rangle$$

이 군을 **순환군**cyclic group이라 하고 g를 $\mathcal{G}$의 **생성자**generator라고 한다.

순환군 $\mathcal{G} = \langle g \rangle$의 모든 원소는 군 생성자의 멱이다. 각각의 $\tilde{g} \in \mathcal{G}$에 대해 $\tilde{g} = g^m$을 만족하는 정수 $m \in \mathbb{Z}$가 존재한다.

순환이라는 형용사가 수열 $(g^m)_{m \in \mathbb{Z}}$가 자기 반복을 한다고 생각할 수 있겠지만, 다음의 보기에서처럼 항상 그런 것은 아니다.

보기 F.10 보기 F.3의 군 $(\mathcal{G}, +) = (\mathbb{Z}, +)$는 1에 의해 생성된다. 즉 $\mathbb{Z} = \langle 1 \rangle$이다. $g = 1$일 때, 다음의 식이 성립한다.

$$\mathbb{Z} = \big\{ \pm (\underbrace{1 + \cdots + 1}_{m \text{ times}}) \mid m \in \mathbb{N}_0 \big\} = \{ g^m \mid m \in \mathbb{Z} \}$$

그러나 유한 순환군 $\mathcal{G} = \langle g \rangle$의 경우에는 수열 $(g^m)_{m \in \mathbb{Z}}$는 자기 반복을 한다. 이런 경우에는 $g^n = e_{\mathcal{G}}$를 만족하는 $n \in \mathbb{N}$이 존재한다. $n = |\mathcal{G}|$은 $\mathcal{G}$의 원소의 개수이며 집합으로는 다음과 같이 표현된다.

$$\mathcal{G} = \langle g \rangle = \{ g^0 = e_{\mathcal{G}}, g^1, \ldots g^{n-1} \}$$

다음 보조정리에서 알 수 있듯이, 순환군은 어떤 군의 극소 부분군으로 나타난다.

보조정리 F.11 어떤 군 $\mathcal{G}$의 모든 극소 부분군 $\mathcal{H} < \mathcal{G}$는 순환군이다. 즉, 어떤 $g \in \mathcal{G}$에 대해 $\mathcal{H} = \langle g \rangle$의 형태이다.

[증명]
부분군 $\mathcal{H} < \mathcal{G}$이 극소라는 것은 $\langle e_{\mathcal{G}} \rangle < \mathcal{K} < \mathcal{H}$인 부분군 $\mathcal{K} < \mathcal{G}$가 없다는 것을 의미한다.

$\mathcal{H}$는 극소 부분군이며 $g \in \mathcal{H} \setminus \langle e_{\mathcal{G}} \rangle$이다. 만약에 $\mathcal{H} = \langle g \rangle$이면, 증명이 끝난다. 아닌 경우에 $k \in \mathcal{H} \setminus \langle g \rangle$가 존재한다. 그러면 다음의 관계를 만족한다.

$$\langle e_{\mathcal{G}} \rangle < \langle g \rangle < \langle g, k \rangle \leq \mathcal{H}$$

이것은 $\mathcal{H}$가 극소 부분군이라는 가정을 위배한다.　■

오류 정정 코드에서 중요한 역할을 하는 다른 개념은 군의 원소의 독립성에 관한 것이다.

정의 F.12 군 $\mathcal{G}$의 부분집합 $\{g_1, \ldots, g_k\} \subset \mathcal{G}$에서 모든 $g_j \in \{g_1, \ldots, g_k\}$에 대해 다음을 만족하면, 이 집합을 **독립**independent이라고 한다.

$$g_j \notin \langle \{g_1, \ldots, g_k\} \smallsetminus \{g_j\} \rangle$$

P는 아래첨자 집합 $\{1, \ldots, k\}$의 순열permutation이다. 즉, 다음의 사상이 전단사bijective이다.

$$P : \{1, \ldots, k\} \longrightarrow \{1, \ldots, k\}$$
$$j \longmapsto P(j)$$

군의 부분집합 $\{g_1, \ldots, g_k\} \subset \mathcal{G}$의 독립은 모든 $a_1, \ldots, a_k \in \{0, 1\}$과 순열 P에 대해 다음을 만족한다.

$$\prod_{j=1}^{k} g_{P(j)}^{a_j} = e_{\mathcal{G}} \quad \Rightarrow \quad a_j = 0 \quad \forall j \in \{1, \ldots, k\}$$

그렇지 않다면, 특정 j, P에 대해 다음이 성립한다.

$$g_{P(j)} = g_{P(j-1)}^{-a_{j-1}} \cdots g_{P(1)}^{-a_1} g_{P(k)}^{-a_k} g_{P(j+1)}^{-a_{j+1}} \in \langle \{g_1, \ldots, g_k\} \smallsetminus \{g_{P(j)}\} \rangle$$

여기에서 $P(j) \in \{1, \ldots, k\}$이므로, 집합 $\{g_1, \ldots, g_k\}$는 독립이 아니다.

정의 F.13 $\mathcal{G}$는 군이고, $g \in \mathcal{G}$이다. g와 교환법칙이 성립하는 $\mathcal{G}$의 원소들의 집합을 g의 **중심화**centralizer이라고 한다.

$$\mathrm{Clz}_{\mathcal{G}}(g) := \{h \in \mathcal{G} \mid hg = gh\}$$

부분집합 $S \subset \mathcal{G}$의 중심화 군은 다음으로 정의한다.

$$\mathrm{Clz}_{\mathcal{G}}(S) := \{h \in \mathcal{G} \mid hg = gh \quad \forall g \in S\} \tag{F.17}$$

문제 F.125 군 $\mathcal{G}$의 임의의 부분집합 $S \subset \mathcal{G}$의 중심화는 $\mathcal{G}$의 부분군임을 보여라.[2]

$$\mathrm{Clz}_{\mathcal{G}}(S) \leq \mathcal{G}$$

정의 F.14 $S \subset \mathcal{G}$의는 군 $\mathcal{G}$의 부분집합이다. g에 대한 S의 **켤레** S^g를 다음의 집합으로 정의한다.

$$S^g := gSg^{-1} = \{ ghg^{-1} \mid h \in S \} \tag{F.18}$$

부분군의 켤레가 다시 부분군이 된다는 것은 문제 F.126에 있다.

문제 F.126 $\mathcal{H}$는 군 $\mathcal{G}$의 부분군이다. 임의의 $g \in \mathcal{G}$에 대해 g에 의한 $\mathcal{H}$의 켤레인

$$\mathcal{H}^g = \{ ghg^{-1} \mid h \in \mathcal{H} \} \tag{F.19}$$

가 $\mathcal{G}$의 부분군임을 보여라.

정의 F.15 $\mathcal{H}$는 군 $\mathcal{G}$의 부분군이다. 임의의 $g \in \mathcal{G}$에 대해 집합

$$\mathcal{H}^g := \{ ghg^{-1} \mid h \in \mathcal{H} \}$$

을 $\mathcal{H}$의 **켤레 부분군**conjugate subgroup이라고 한다. 모든 $g \in \mathcal{G}$에 대해

$$\mathcal{H}^g = \mathcal{H}$$

이 만족하면 $\mathcal{H}$는 $\mathcal{G}$의 **정규 부분군**normal subgroup 또는 **불변 부분군**invariant subgroup 이라 하고 $\mathcal{H} \trianglelefteq \mathcal{G}$로 표기한다.

아벨군에서는 모든 부분군은 정규부분군이다.

---

2   여기서부터는 "중심화"와 "중심화군"을 혼용해 사용한다. – 옮긴이

정의 F.16 S는 군 $\mathcal{G}$의 부분집합이다. $\mathcal{G}$에서 S의 **정규화**normalizer $\mathrm{Nor}_{\mathcal{G}}(S)$ 를 다음으로 정의한다.

$$\mathrm{Nor}_{\mathcal{G}}(S) := \{ g \in \mathcal{G} \mid S^g = S \} \tag{F.20}$$

정의로부터 다음이 만족하는 것을 알 수 있다.

$$
\begin{aligned}
g \in \mathrm{Nor}_{\mathcal{G}}(S) \quad &\Leftrightarrow \quad \forall h \in S \quad \exists \widetilde{h} \in S : \; ghg^{-1} = \widetilde{h} \\
&\Leftrightarrow \quad \forall h \in S \quad \exists \widetilde{h} \in S : \; gh = \widetilde{h}g
\end{aligned}
$$

문제 F.127 군 $\mathcal{G}$의 모든 부분집합 S의 정규화 부분군은 $\mathcal{G}$의 부분군이다. 즉,[3]

$$\mathrm{Nor}_{\mathcal{G}}(S) \leq \mathcal{G}$$

군의 모든 원소와 교환법칙이 성립하는 원소들의 집합을 그 군의 중심center이라 고 한다.

정의 F.17 군 $\mathcal{G}$의 **중심**center을 다음으로 정의한다.

$$\mathrm{Ctr}(\mathcal{G}) := \{ h \in \mathcal{G} \mid hg = gh \quad \forall g \in \mathcal{G} \} \tag{F.21}$$

중심이 실제로 정규 부분군인 것을 다음의 문제에서 증명한다.

문제 F.128 군 $\mathcal{G}$의 중심이 정규 부분군임을 보여라.

$$\mathrm{Ctr}(\mathcal{G}) \trianglelefteq \mathcal{G}$$

3　여기서부터 "정규화"와 "정규화 부분군"을 혼용해 사용한다. – 옮긴이

정의 F.18 $\mathcal{H}$는 군 $\mathcal{G}$의 부분군이다. $g \in \mathcal{G}$에 대해 다음의 집합을 g의 **좌잉여류**left coset이라고 한다.

$$g\mathcal{H} := \{gh \mid h \in \mathcal{H}\} \tag{F.22}$$

다음의 집합을 g의 **우잉여류**right coset이라고 한다.

$$\mathcal{H}g := \{hg \mid h \in \mathcal{H}\} \tag{F.23}$$

$\mathcal{H}$의 좌잉여류와 우잉여류가 일치하면, 이를 **잉여류**라고 하고 $[g]_{\mathcal{H}}$로 표기한다. 표기를 간단하게 하기 위해 잉여류의 부분군이 분명하면 $[g]$로만 표기한다.

아벨군 $\mathcal{G}$에서 부분군 $\mathcal{H}$의 좌우잉여류가 일치하는 것은 분명하다.

보기 F.19 보기 F.3의 군 $(\mathcal{G}, +)$과 $N > 1$일 때, 보기 F.7의 부분군 $(N\mathbb{Z}, +)$이 있다. 임의의 $g \in \mathbb{Z}$에 대한 잉여류는 다음을 만족한다.

$$
\begin{aligned}
[g]_{N\mathbb{Z}} &= \{g + Nk \mid k \in \mathbb{Z}\} \\
&= \{g, g \pm N, g \pm 2N, g \pm 3N, \ldots\} \\
&= \{g \bmod N, g \bmod N \pm N, g \bmod N \pm 2N, g \bmod N \pm 3N, \ldots\} \\
&= [g \bmod N]_{N\mathbb{Z}}
\end{aligned} \tag{F.24}
$$

이로부터 잉여류 $[g]_{N\mathbb{Z}} \in N\mathbb{Z}$는 $m = g \bmod N \in \{0, \ldots, N-1\}$인 $[m]_{N\mathbb{Z}}$와 같다.

$\mathcal{H}$가 군 $\mathcal{G}$의 부분군이면, $k \in \mathcal{H}$, $g \in \mathcal{H}$에 대해 다음이 만족한다.

$$
\begin{aligned}
k\mathcal{H} &\underset{(F.22)}{=} \{kh \mid h \in \mathcal{H}\} = \{h' \mid h' \in \mathcal{H}\} = \mathcal{H} \\
gk\mathcal{H} &\underset{(F.22)}{=} \{gkh \mid h \in \mathcal{H}\} = \{gh' \mid h' \in \mathcal{H}\} = g\mathcal{H}
\end{aligned} \tag{F.25}
$$

보조정리 F.20 $\mathcal{H}$는 군 $\mathcal{G}$의 부분군이다. 임의의 $g_1, g_2 \in \mathcal{G}$에 대해 좌잉여류 $g_1\mathcal{H}$, $g_2\mathcal{H}$ 둘은 서로소^{disjoint}이거나 완전히 일치한다. 같은 것이 우잉여류에서도 성립한다.

[증명]

$g_1\mathcal{H} \cap g_2\mathcal{H} = \emptyset$이면 둘은 서로소여서 증명할 것이 없다. $g \in g_1\mathcal{H} \cap g_2\mathcal{H}$가 존재한다고 가정한다. 즉, 다음을 만족하는 $h_1, h_2 \in \mathcal{H}$가 있다.

$$g_1 h_1 = g = g_2 h_2 \tag{F.26}$$

$h_1, h_2 \in \mathcal{H}$이고 $\mathcal{H}$는 부분군이므로, $h_1 h_2^{-1} \in \mathcal{H}$이다. 결국 $h \in \mathcal{H}$에 대해 다음이 성립한다.

$$g_2 h \underset{\text{(F.26)}}{=} g_1 \underbrace{h_1 h_2^{-1} h}_{\in \mathcal{H}} \underset{\text{(F.22)}}{\in} g_1\mathcal{H}$$

그러므로

$$g_2\mathcal{H} \subset g_1\mathcal{H} \tag{F.27}$$

비슷하게 $h_1 h_2^{-1} \in \mathcal{H}$이므로,

$$g_1 \underset{\text{(F.26)}}{=} g_2 \underbrace{h_2 h_1^{-1}}_{\in \mathcal{H}} \underset{\text{(F.22)}}{\in} g_2\mathcal{H}$$

이는 다음을 의미한다.

$$g_1\mathcal{H} \subset g_2\mathcal{H} \tag{F.28}$$

(F.27), (F.28)로부터, $g_1\mathcal{H} \cap g_2\mathcal{H} \neq \emptyset$이면 $g_1\mathcal{H} = g_2\mathcal{H}$이다. ∎

위의 보조정리를 이용하면, 군론에서 라그랑지 정리$^{\text{Lagrange's Theorem}}$라고 알려진 것을 증명할 수 있다. 이는 유한군에서 원소의 개수는 모든 부분군의 개수로 나누어 진다는 것이다.

정리 F.21 $\mathcal{H}$는 유한군 $\mathcal{G}$의 부분군이다. 그러면 각 좌잉여류 $g\mathcal{H}$의 원소의 개수는 $\mathcal{H}$의 차수 $|\mathcal{H}|$, 즉 $\mathcal{H}$의 원소의 개수와 같다. 게다가 $\mathcal{H}$의 차수는 $\mathcal{G}$의 차수를 나누고, 군 $\mathcal{G}$는 다음에 정의하는 J개의 좌잉여류 $\mathcal{H}$의 분리합집합$^{\text{disjoint union}}$이다.

$$J = \frac{|\mathcal{G}|}{|\mathcal{H}|} \in \mathbb{N}$$

즉, $j \in \{1, \ldots, J\}$일 때, 각각의 $g_j \in \mathcal{G}$가 존재해 $i \neq j$일 때 $g_i\mathcal{H} \cap g_j\mathcal{H} = 0$이며 다음을 만족한다.

$$\mathcal{G} = \bigcup_{j=1}^{J} g_j\mathcal{H} \tag{F.29}$$

같은 성질이 우잉여류에 대해서도 성립한다.

[증명]

여기에서는 좌잉여류에 대해서만 증명을 한다. 우잉여류에 대한 증명은 유사하므로 생략한다.

우선 (F.29)를 증명한다. 이를 위해 임의의 $g \in \mathcal{G}$를 선택해 $g_1 = g$라 둔다. 그리고 나서, 연속해 $j \in \mathbb{N}$에 대해 $\bigcup_{i=1}^{j} g_i\mathcal{H} \neq \mathcal{G}$인 경우에 $g \in \mathcal{G} \setminus \bigcup_{i=1}^{j} g_i\mathcal{H}$를 선택해 $g_{i+1} = g$라 둔다. 구성방식에서 $k \in \{1, \ldots, j\}$에 대해 $g_{i+1} \notin g_k\mathcal{H}$이고, 보조정리 F.20에서 $g_{i+1}\mathcal{H}$는 $g_k\mathcal{H}$와 서로소다. 그리고 $\mathcal{G}$는 유한하므로 이러한 절차는 (F.29)가 만족될 때 종료한다.

다음으로, $g \in \mathcal{G}$에 대한 잉여류 $g\mathcal{H}$의 원소의 개수에 대한 명제를 증명한다. $h_1, h_2 \in \mathcal{H}$이고, $h_1 \neq h_2$인 두 원소에 대해, $gh_1 \neq gh_2$이다. 그러므로 $g\mathcal{H} = \{gh \mid h \in \mathcal{H}\}$의 원소의 개수는 $\mathcal{H}$의 원소의 개수와 같다. 그러므로 (F.29)는 $\mathcal{G}$는 각각의 원소의 개수가 $|\mathcal{H}|$인 J개의 서로소인 집합의 합집합으로 구성된다. 최종적으로 $\mathcal{G}$의 원소의 개수는 $|\mathcal{G}| = J|\mathcal{H}|$로 주어진다. ∎

아벨군에 대해서는 우잉여류와 좌잉여류가 일치한다. 사실 이것은 (아벨군이 아닌) 일반적인 군의 정규부분군에 대해서 성립한다.

문제 F.129 $\mathcal{H}$는 군 $\mathcal{G}$의 부분군이다. 다음을 증명하라.

$$\mathcal{H} \text{ is normal} \quad \Leftrightarrow \quad g\mathcal{H} = \mathcal{H}g \quad \forall g \in \mathcal{G}$$

정규부분군에 대해서는 좌잉여류와 우잉여류를 구분할 필요가 없다. 그리고 정규부분군의 잉여류들의 집합에 곱셈을 정의할 수 있어서 새로운 군을 만든다. 다음의 명제에서 이를 볼 수 있다.

명제 F.22 군 $\mathcal{G}$는 단위원 e를 가진다. $\mathcal{H}$는 $\mathcal{G}$의 정규부분군이다.$(\mathcal{H} \trianglelefteq \mathcal{G})$ 그러면 잉여류의 집합 $\{[g]_{\mathcal{H}} \mid g \in \mathcal{G}\}$은 군을 형성한다.

- **군곱:** $g_1, g_2 \in \mathcal{G}$일 때,

$$[g_1]_{\mathcal{H}} \cdot [g_2]_{\mathcal{H}} := [g_1 g_2]_{\mathcal{H}} \tag{F.30}$$

- **단위원:**

$$[e]_{\mathcal{H}} = \mathcal{H} \tag{F.31}$$

- **역원:** $g \in \mathcal{G}$일 때,

$$([g]_{\mathcal{H}})^{-1} := [g^{-1}]_{\mathcal{H}} \tag{F.32}$$

그리고 $g_1, g_2 \in \mathcal{G}$일 때, 다음을 만족한다.

$$[g_1]_{\mathcal{H}} = [g_2]_{\mathcal{H}} \quad \Leftrightarrow \quad \exists h \in \mathcal{H} : g_1 = g_2 h \tag{F.33}$$

[증명]

$g_1, g_2 \in \mathcal{G}$일 때 $g_1 g_2 \in \mathcal{G}$이므로 (F.30)에서 정의한 군곱은 이항사상^{binary map}이다.

$$\cdot : \{[g]_{\mathcal{H}} \mid g \in \mathcal{G}\} \times \{[g]_{\mathcal{H}} \mid g \in \mathcal{G}\} \longrightarrow \{[g]_{\mathcal{H}} \mid g \in \mathcal{G}\}$$
$$([g_1]_{\mathcal{H}}, [g_2]_{\mathcal{H}}) \longmapsto [g_1 g_2]_{\mathcal{H}}$$

$\mathcal{G}$의 군곱의 결복합에서 $\cdot$의 결복합을 유도할 수 있다.

$$\left([g_1]_{\mathcal{H}} \cdot [g_2]_{\mathcal{H}}\right) \cdot [g_3]_{\mathcal{H}} \underbrace{=}_{(F.30)} [g_1g_2]_{\mathcal{H}} \cdot [g_3]_{\mathcal{H}} \underbrace{=}_{(F.30)} [(g_1g_2)g_3]_{\mathcal{H}} \underbrace{=}_{(F.1)} [g_1g_2g_3]_{\mathcal{H}}$$

잉여류 $[g_1]_{\mathcal{H}}$, $[g_2]_{\mathcal{H}}$표현하는 특정 원소 g_1, g_2에 (F.30)에서 정의한 군곱이 의존하지 않는다는 것을 보이기 위해 $\mathcal{H}$의 불변성이 필요하다. 이를 위해 $i \in \{1, 2\}$이며 $\widetilde{g}_i \neq g_i$, $[\widetilde{g}_i]_{\mathcal{H}}[g_i]_{\mathcal{H}}$인 $\widetilde{g}_i \in \mathcal{G}$를 선택한다. 그러면 $h_i \in \mathcal{H}$가 존재해 $\widetilde{g}_i \neq g_i h_i$이며 다음을 만족한다.

$$[\widetilde{g}_1\widetilde{g}_2]_{\mathcal{H}} = [g_1h_1g_2h_2]_{\mathcal{H}} \underbrace{=}_{(F.25)} [g_1h_1g_2]_{\mathcal{H}} \tag{F.34}$$

$\mathcal{H}$는 정규부분군이므로, 정의 F.15에서 $\widetilde{h} \in \mathcal{H}$, $g \in \mathcal{G}$일 때, $h \in \mathcal{H}$가 존재해 $g\widetilde{h}\,g^{-1} = h$이다. 즉, $g\widetilde{h} = hg$이며, (F.32)에서 $h = h_1$, $g = g_2$에 대해 이를 이용하면

$$[\widetilde{g}_1\widetilde{g}_2]_{\mathcal{H}} = [g_1h_1g_2]_{\mathcal{H}} = \left[g_1g_2\widetilde{h}_1\right]_{\mathcal{H}} \underbrace{=}_{(F.25)} [g_1g_2]_{\mathcal{H}}$$

이것은 (F.30)에서 정의한 두 잉여류 $[g_1]_{\mathcal{H}} \cdot [g_2]_{\mathcal{H}}$의 곱셈이 잉여류를 대표하는 g_i의 선택에 의존하지 않는 것을 의미한다.

$g \in \mathcal{G}$일 때,

$$[g]_{\mathcal{H}} \cdot [e]_{\mathcal{H}} \underbrace{=}_{(F.30)} [ge]_{\mathcal{H}} \underbrace{=}_{(F.2)} [g]_{\mathcal{H}}$$

이는 $[e]_{\mathcal{H}}$가 단위원임을 보인다.

마지막으로,

$$[g]_{\mathcal{H}} \cdot \left([g]_{\mathcal{H}}\right)^{-1} \underbrace{=}_{(F.32)} [g]_{\mathcal{H}} \cdot [g^{-1}]_{\mathcal{H}} \underbrace{=}_{(F.30)} [gg^{-1}]_{\mathcal{H}} \underbrace{=}_{(F.3)} [e]_{\mathcal{H}}$$

이는 모든 $[g]_{\mathcal{H}}$가 $\{[g]_{\mathcal{H}} \mid g \in \mathcal{G}\}$에서 역원을 갖는 것을 보인다.

(F.33)을 증명하기 위해서는 $g_1, g_2 \in \mathcal{G}$에 대해 다음을 유도한다.

$$[g_1]_{\mathcal{H}} = [g_2]_{\mathcal{H}}$$
$$\underset{(F.22)}{\Leftrightarrow} \quad \{g_1h_1 \mid h_1 \in \mathcal{H}\} = \{g_2h_2 \mid h_2 \in \mathcal{H}\}$$
$$\Leftrightarrow \quad \forall h_1 \in \mathcal{H} \quad \exists h_2 \in \mathcal{H} \text{ and } \forall h_2 \in \mathcal{H} \quad \exists h_1 \in \mathcal{H} : g_1h_1 = g_2h_2$$
$$\Leftrightarrow \quad \forall h_1 \in \mathcal{H} \quad \exists h_2 \in \mathcal{H} \text{ and } \forall h_2 \in \mathcal{H} \quad \exists h_1 \in \mathcal{H} : g_1 = g_2\underbrace{h_2h_1^{-1}}_{=h\in\mathcal{H}}$$

$$\Leftrightarrow \quad \exists h \in \mathcal{H} : \ g_1 = g_2 h$$

명제 F.22로부터 정규부분군의 잉여류 집합의 군을 정의할 수 있다. 이러한 군은 몫군$^{\text{quotient group}}$이라고 한다.

정의 F.23 $\mathcal{H}$는 군 $\mathcal{G}$의 정규부분군이다. $\mathcal{G}$에서 $\mathcal{H}$의 잉여류 집합과 (F.30)~(F.32)에서 정의한 군곱, 단위원, 역원으로 이뤄진 군($\{[g]_{\mathcal{H}}|g \in \mathcal{G}\}, \cdot$)을 $\mathcal{G}$에서 $\mathcal{H}$의 **몫군**$^{\text{quotient group}}$이라 하고, $\mathcal{G}/\mathcal{H}$로 표기한다.

보기 F.24 보기 F.3과 보기 F.4의 군 $(\mathbb{Z}, +)$와 이의 부분군인 $N > 1$일 때 $(N\mathbb{Z}, +)$를 다시 고려한다. 두 잉여류 $[g_1]_{N\mathbb{Z}}, [g_2]_{N\mathbb{Z}} \in \mathbb{Z}/N\mathbb{Z}$의 군곱을 아벨군이기에 $+_{\mathbb{Z}/N\mathbb{Z}}$로 표기하면 다음과 같이 주어진다.

$$[g_1]_{N\mathbb{Z}} +_{\mathbb{Z}/N\mathbb{Z}} [g_2]_{N\mathbb{Z}} \underbrace{=}_{(\text{F.24})} [g_1 \bmod N]_{N\mathbb{Z}} +_{\mathbb{Z}/N\mathbb{Z}} [g_2 \bmod N]_{N\mathbb{Z}}$$

$$\underbrace{=}_{(\text{F.30})} [g_1 \bmod N + g_2 \bmod N]_{N\mathbb{Z}}$$

$$\underbrace{=}_{(\text{F.24})} [(g_1 \bmod N + g_2 \bmod N) \bmod N]_{N\mathbb{Z}}$$

$$\underbrace{=}_{(\text{D.23})} [(g_1 + g_2) \bmod N]_{N\mathbb{Z}}$$

$$\underbrace{=}_{(\text{F.11})} [(g_1 +_{\mathbb{Z}_N} g_2)]_{N\mathbb{Z}} \qquad (\text{F.35})$$

여기에서, $+_{\mathbb{Z}/N\mathbb{Z}}$은 보조정리 F.5의 $\mathbb{Z}_N$의 군곱이다.

유한군의 경우에 임의의 부분군에 대한 몫군의 원소 개수는 실제로 군의 전체 원소 개수를 부분군의 원소 개수로 나눈 몫이다. 다음의 따름정리에서 증명한다.

$\mathcal{H}$는 유한군 $\mathcal{G}$의 정규부분군이다. 그러면 몫군 $\mathcal{G}/\mathcal{H}$의 차수는 $\mathcal{G}$와 $\mathcal{H}$의 차수의 몫으로 주어진다. 즉,

$$|\mathcal{G}/\mathcal{H}| = \frac{|\mathcal{G}|}{|\mathcal{H}|} \tag{F.36}$$

[증명]

정리 F.21에서 집합 $\{[g]_{\mathcal{H}}| g \in \mathcal{G}\}$에서 정확하게 $\frac{|\mathcal{G}|}{|\mathcal{H}|}$개의 별개인 잉여류가 존재하는 것을 알 수 있다. 이것이 군 $\mathcal{G}/\mathcal{H}$의 원소의 집합이다. ■

그러므로 하나의 군의 임의의 정규부분군은 이의 몫군으로 구성된 새로운 군을 만든다. 이렇게 기존의 군에서 새로운 군을 만들 수 있다.

다른 방법으로 두 개의 군 $(\mathcal{G}_1, \cdot_1)$과 $(\mathcal{G}_2, \cdot_2)$의 직접곱$^{direct\ product}$으로 새로운 군을 만드는 방법이다. 군을 구성하는 집합은 데카르트 곱$^{cartesian\ product}$이며 군곱은 각각의 군의 성분별로 정의한다.

문제 F.130 $(\mathcal{G}_1, \cdot_{\mathcal{G}_1})$과 $(\mathcal{G}_2, \cdot_{\mathcal{G}_2})$는 두 개의 군이다. 집합 $\mathcal{G}_1 \times \mathcal{G}_2$가 다음의 곱셈을 가질 때 군이 되는 것을 보여라

$$((g_1, g_2) \cdot_\times (g_1', g_2') := (g_1 \cdot_{\mathcal{G}_1} g_1', g_2 \cdot_{\mathcal{G}_2} g_2') \tag{F.37}$$

그리고 $\mathcal{G}_1$, $\mathcal{G}_2$가 유한하면, 위에서 정의한 군 또한 유한하며 다음을 만족하는 것을 보여라.

$$|\mathcal{G}_1 \times \mathcal{G}_2| = |\mathcal{G}_1||\mathcal{G}_2| \tag{F.38}$$

문제 F.130의 결과로 다음의 정의를 할 수 있다.

정의 F.26 $(\mathcal{G}_1, \cdot_{\mathcal{G}_1})$과 $(\mathcal{G}_2, \cdot_{\mathcal{G}_2})$는 군이다. 이들의 **직접곱군**$^{direct\ product\ group}$ $(\mathcal{G}_1 \times \mathcal{G}_2, \cdot_\times)$은 순서 쌍의 집합 $(g, k) \in \mathcal{G}_1 \times \mathcal{G}_2$와 다음의 성분별 곱으로 정의한다.

$$\cdot \times : (\mathcal{G}_1 \times \mathcal{G}_2) \times (\mathcal{G}_1 \times \mathcal{G}_2) \longrightarrow \mathcal{G}_1 \times \mathcal{G}_2$$
$$((g_1, g_2), (g_1', g_2')) \longmapsto (g_1 \cdot_{\mathcal{G}_1} g_1', g_2 \cdot_{\mathcal{G}_2} g_2') \tag{F.39}$$

군에서 정의되는 사상과 이와 관련된 개념으로 넘어가기 전에 집합에 군의 (좌)작용과 안정자^{stabilizer}에 대해 소개한다.

정의 F.27 $\mathcal{G}$는 단위 원소 e를 가지는 군이고, M은 집합이다. M에 $\mathcal{G}$의 **좌작용**$^{\text{left action}}$은 다음의 사상으로 정의한다.

$$\Lambda : \mathcal{G} \times M \longrightarrow M$$
$$(g, m) \longmapsto g.m$$

이것은 모든 $h, g \in \mathcal{G}$와 $m \in M$에 대해 다음을 만족한다.

$$e.m = m \tag{F.40}$$
$$hg.m = h.(g.m) \tag{F.41}$$

좌작용에 대해 부분집합 $Q \subset M$의 **안정자**는 다음으로 정의한다.

$$\mathrm{Sta}_{\mathcal{G}}(Q) := \{g \in \mathcal{G} \mid g.m = m \quad \forall m \in Q\} \tag{F.42}$$

문제 F.131 $\mathcal{G}$는 집합 M에 좌작용하는 군이다. 모든 부분집합 $Q \subset M$의 안정자는 $\mathcal{G}$의 부분군이 되는 것을 보여라.

$$\mathrm{Sta}_{\mathcal{G}}(Q) \leq \mathcal{G}$$

F.2 준동형사상, 지표, 쌍대군

두 개의 군을 연결하는 다른 방법은 군곱을 보존하는 사상을 이용해 하나의 군의 원소를 다른 군의 원소로 연결하는 것이다. 이런 사상을 준동형사상^{Homomorphisms}이라고 한다. 이러한 사상이 전단사사상일 경우에는 동형사상^{isomorphism}이라고 한다.

정의 F.28 두 개의 군 $(\mathcal{G}_1, \cdot_{\mathcal{G}_1})$과 $(\mathcal{G}_2, \cdot_{\mathcal{G}_2})$ 간의 **준동형사상**은 군곱을 보존하는 사상 $\varphi : \mathcal{G}_1 \to \mathcal{G}_2$이다. 즉,

$$\varphi(g) \cdot_{\mathcal{G}_2} \varphi(h) = \varphi(g \cdot_{\mathcal{G}_1} h) \tag{F.43}$$

군 $\mathcal{G}_1$에서 군 $\mathcal{G}_2$로 가는 준동형사상의 집합을 $\mathrm{Hom}(\mathcal{G}_1, \mathcal{G}_2)$로 표기한다.

단위원 $e_2 \in \mathcal{G}_2$의 준동형사상 φ의 역상$^{\text{pre-image}}$을 φ의 **커널**^{kernel}이라고 한다.

$$\mathrm{Ker}(\varphi) := \left\{ g \in \mathcal{G}_1 \mid \varphi(g) = e_2 \right\} \tag{F.44}$$

사상 $\varphi : \mathcal{G} \to \mathcal{G}$가 준동형사상이고 전단사이면 **동형사상**이라고 한다. 두 개의 군 $\mathcal{G}_1$과 $\mathcal{G}_2$ 사이에 동형사상이 존재하면 두 군은 동형이라 하고 $\mathcal{G}_1 \cong \mathcal{G}_2$로 표기한다.

보기 F.29 보기 F.3과 보기 F.7의 군 $(\mathbb{Z}, +)$와 $N > 1$일 때 부분군 $(N\mathbb{Z}, +)$를 다시 고려한다. 여기에서 몫군 $\mathbb{Z}/N\mathbb{Z}$가 보조정리 F.5에서 정의한 군 $\mathbb{Z}_N$과 동형임을 보인다. 이 군은 $\{0, 1, \ldots, N-1\}$로 이뤄지고, N법 덧셈을 곱군으로 가진다. 상세하게 설명하면 다음의 사상이 $\mathbb{Z}/N\mathbb{Z}$와 $\mathbb{Z}_N$ 사이의 동형사상이 되는 것을 증명할 것이다.

$$\begin{aligned} \iota : \mathbb{Z}/N\mathbb{Z} &\longrightarrow \mathbb{Z}_N \\ [g]_{N\mathbb{Z}} &\longmapsto g \bmod N \end{aligned} \tag{F.45}$$

우선 ι가 잘 정의된다는 것을 보일 것이다. 이는 $\iota([g]_{N\mathbb{Z}})$의 상이 잉여류 $[g]_{N\mathbb{Z}}$를 표현하는 $g \in \mathbb{Z}$의 선택에 의존하지 않는다는 것이다. 이를 위해 $[g_1]_{N\mathbb{Z}} = [g_2]_{N\mathbb{Z}}$인 g_1과 g_2를 선택한다. (F.24)에서부터, $[g_1 \bmod N]_{N\mathbb{Z}} = [g_2 \bmod N]_{N\mathbb{Z}}$이다. $i \in \{1, 2\}$일 때, $g_i \bmod N \in \{0, 1, \ldots, N-1\}$이므로, $g_1 \bmod N = g_2 \bmod N$이어서 결과적으로 $\iota([g_1]_{N\mathbb{Z}}) = \iota([g_2]_{N\mathbb{Z}})$이다.

$[g_1]_{N\mathbb{Z}} \neq [g_2]_{N\mathbb{Z}}$인 $g_1, g_2 \in \mathbb{Z}$를 생각한다. 그러면 다시 (F.24)로부터 g_1 mod $N \neq g_2$ mod N이다. 만약에 그렇지 않다면 잉여류가 같았을 것이기 때문이다. 그래서 $\imath([g_1]_{N\mathbb{Z}}) \neq \imath([g_2]_{N\mathbb{Z}})$이며 이는 $\imath$가 단사임을 의미한다. (F.24)에서 모든 $m \in \{0, 1, \ldots, N-1\}$은 $i([m]_{N\mathbb{Z}}) = m$을 만족하는 잉여류 $[m]_{N\mathbb{Z}}$를 유일하게 정의하므로 이 사상은 전사이다. 그러므로 $\imath$는 전단사 이다.

이제 남은 것은 i가 준동형사상임을 보이는 것이다. 이를 위해 $\imath$를 (F.35) 의 양변에 적용하면 다음을 얻는다.

$$\imath\left([g_1]_{N\mathbb{Z}} +_{\mathbb{Z}/N\mathbb{Z}} [g_2]_{N\mathbb{Z}}\right) \underbrace{=}_{\text{(F.35)}} \imath\left([(g_1 + g_2) \bmod N]_{N\mathbb{Z}}\right)$$

$$\underbrace{=}_{\text{(F.45)}} (g_1 + g_2) \bmod N$$

$$\underbrace{=}_{\text{(F.11)}} g_1 \bmod N +_{\mathbb{Z}_N} g_2 \bmod N$$

$$\underbrace{=}_{\text{(F.45)}} \imath\left([g_1]_{N\mathbb{Z}}\right) +_{\mathbb{Z}_N} \imath\left([g_2]_{N\mathbb{Z}}\right)$$

이것은 $\imath$가 (F.43)을 만족하는 것을 보이고 결과적으로 동형사상이 된다.

이 모든 것을 종합하면 다음과 같이 표기할 수 있다.

$$\mathbb{Z}/N\mathbb{Z} \cong \mathbb{Z}_N \tag{F.46}$$

(F.46)의 결과로 $\mathbb{Z}/n\mathbb{Z}$와 $\mathbb{Z}_N$을 더 이상 구분하지 않을 것이며 $[m]_{N\mathbb{Z}}$라는 표기를 $m \in \mathbb{Z}_N$를 나타낼 때도 사용할 것이다.

보조정리 F.30 $\varphi \in \mathrm{Hom}(\mathcal{G}_1, \mathcal{G}_2)$는 두 개의 군 $\mathcal{G}_1$과 $\mathcal{G}_2$ 사이의 준동형 사상이다. 그러면 $\mathrm{Ker}(\varphi)$는 $\mathcal{G}_1$의 정규부분군이다.

$$\mathrm{Ker}(\varphi) \trianglelefteq \mathcal{G}_1$$

[증명]

먼저 $\mathrm{Ker}(\varphi)$가 $\mathcal{G}_1$의 부분군이 되는 것을 증명한다. $i \in \{1, 2\}$일 때, e_i는 $\mathcal{G}_i$의 단

위원이다. $g \in \mathcal{G}_1$일 때, 다음을 얻는다.

$$\varphi(e_1) \underbrace{=}_{\text{(F.3),(F.2)}} \varphi(e_1)\varphi(g)\big(\varphi(g)\big)^{-1} \underbrace{=}_{\text{(F.43)}} \varphi(e_1 g)\big(\varphi(g)\big)^{-1} \underbrace{=}_{\text{(F.9)}} \varphi(g)\big(\varphi(g)\big)^{-1}$$
$$\underbrace{=}_{\text{(F.3)}} e_2 \tag{F.47}$$

이는 $e_1 \in \mathrm{Ker}(\varphi)$임을 보이며 (F.14)를 만족한다.

다음으로 $h \in \mathrm{Ker}(\varphi)$에 대해 다음이 만족한다.

$$\varphi(h^{-1}) \underbrace{=}_{\text{(F.9)}} e_2 \varphi(h^{-1}) \underbrace{=}_{\text{(F.44)}} \varphi(h)\varphi(h^{-1}) \underbrace{=}_{\text{(F.43)}} \varphi(hh^{-1}) \underbrace{=}_{\text{(F.3)}} \varphi(e_1) \underbrace{=}_{\text{(F.47)}} e_2$$

이는 $h^{-1} \in \mathrm{Ker}(\varphi)$임을 보이며 (F.15)를 만족한다.

최종적으로 $h_1, h_2 \in \mathrm{Ker}(\varphi)$에 대해 다음이 만족한다.

$$\varphi(h_1 h_2) \underbrace{=}_{\text{(F.43)}} \varphi(h_1)\varphi(h_2) \underbrace{=}_{\text{(F.44)}} e_2 e_2 = e_2$$

이는 $h_1 h_2 \in \mathrm{Ker}(\varphi)$이며 (F.16)을 만족한다.

지금까지 $\mathrm{Ker}(\varphi)$가 부분군임을 보였다. 이제 남은 것은 정규군임을 증명하는 것이다. 임의의 $g \in \mathcal{G}_1$, $h' \in \mathrm{Ker}(\varphi)^g$에 대해 $h' = ghg^{-1}$을 만족하는 $h \in \mathrm{Ker}(\varphi)$이 존재해 다음을 만족한다.

$$\varphi(h') = \varphi(ghg^{-1}) \underbrace{=}_{\text{(F.43)}} \varphi(g)\varphi(h)\varphi(g^{-1}) \underbrace{=}_{\text{(F.44)}} \varphi(g)e_2\varphi(g^{-1})$$
$$= \varphi(g)\varphi(g^{-1}) \underbrace{=}_{\text{(F.43)}} \varphi(gg^{-1}) = \varphi(e_1)$$
$$= e_2$$

이는 모든 $g \in \mathcal{G}_1$에 대해 $h' \in \mathrm{Ker}(\varphi)^g$이면 $h' \in \mathrm{Ker}(\varphi)$임을 의미한다. 그러므로 다음이 증명된 것이다.

$$\mathrm{Ker}(\varphi)^g \subset \mathrm{Ker}(\varphi) \quad \forall g \in \mathcal{G}_1 \tag{F.48}$$

마지막으로, 반대의 포함 관계를 증명하기 위해 임의의 $h \in \mathrm{Ker}(\varphi)$, $g \in \mathcal{G}_1$을 고려한다. 그러면

$$k = g^{-1}hg \tag{F.49}$$

이것이 다음 식을 만족한다.

$$\varphi(k) = \underbrace{\varphi(g^{-1}hg)}_{\text{(F.43)}} = \varphi(g^{-1})\varphi(h)\varphi(g) \underbrace{=}_{\text{(F.44)}} \varphi(g^{-1})e_2\varphi(g)$$

$$= \varphi(g^{-1})\varphi(g) \underbrace{=}_{\text{(F.43)}} \varphi(g^{-1}g) = \varphi(e_1)$$

$$\underbrace{=}_{\text{(F.47)}} e_2$$

그러므로 $k \in \mathrm{Ker}(\varphi)$이다. 즉, 임의의 $h \in \mathrm{Ker}(\varphi)$에 대해 다음이 만족한다.

$$h \underbrace{=}_{\text{(F.49)}} gkg^{-1} \in \mathrm{Ker}(\varphi)^g$$

결국 다음을 알 수 있다.

$$\mathrm{Ker}(\varphi) \subset \mathrm{Ker}(\varphi)^g \quad \forall g \in \mathcal{G}_1$$

이는 (F.48)과 함께, 임의의 $g \in \mathcal{G}_1$일 때 $\mathrm{Ker}(\varphi) = \mathrm{Ker}(\varphi)^g$임을 증명한다.

즉, $\mathrm{Ker}(\varphi)$는 $\mathcal{G}_1$의 정규부분군이다. ■

문제 F.132 두 개의 군 $\mathcal{G}_1$, $\mathcal{G}_2$ 사이의 임의의 준동형사상 $\varphi : \mathcal{G}_1 \to \mathcal{G}_2$는 다음을 만족한다.

$$\varphi(g^{-1}) = \varphi(g)^{-1} \quad \forall g \in \mathcal{G}_1 \tag{F.50}$$

다음의 정리는 **첫 번째 군동형 정리** 또는 기본 준동형 정리로 알려져 있다. 이것은 준동형사상의 커널의 몫군과 사상의 상^{image}이 같다는 것이다.

정리 F.31 (첫 번째 군동형사상) $\mathcal{G}_1$, $\mathcal{G}_2$는 군이고, $\varphi \in \mathrm{Hom}(\mathcal{G}_1, \mathcal{G}_2)$는 준동형사상이다. 그러면 다음을 알 수 있다.

$$\mathcal{G}_1 / \mathrm{Ker}(\varphi) \cong \varphi\{\mathcal{G}_1\}$$

위의 동형사상은 다음으로 정의한다.

$$\widehat{\varphi} : \mathcal{G}_1 / \mathrm{Ker}(\varphi) \longrightarrow \varphi\{\mathcal{G}_1\}$$
$$[g]_{\mathrm{Ker}(\varphi)} \longmapsto \varphi(g) \tag{F.51}$$

보조정리 F.30에서 $\mathrm{Ker}(\varphi)$는 $\mathcal{G}_1$의 정규부분군이 되므로, 몫군 $\mathcal{G}_1/\mathrm{Ker}(\varphi)$을 정의할 수 있다. $\widehat{\varphi}$이 동형사상임을 증명하기 위해 우선 이것이 잘 정의됐음을 보여야 한다. 이를 위해 $g_a, g_b \in \mathcal{G}_1$, $[g_a]_{\mathrm{Ker}(\varphi)} = [g_b]_{\mathrm{Ker}(\varphi)}$. 그러면 (F.33)에서 $h \in \mathrm{Ker}(\varphi)$가 존재해 다음을 만족한다.

$$g_a = g_b h \tag{F.52}$$

결과적으로

$$\widehat{\varphi}\big([g_a]_{\mathrm{Ker}(\varphi)}\big) \underset{\text{(F.51)}}{=} \varphi(g_a) \underset{\text{(F.52)}}{=} \varphi(g_b h) \underset{\text{(F.43)}}{=} \varphi(g_b)\varphi(h) \underset{h \in \mathrm{Ker}(\varphi)}{=} \varphi(g_b) e_2 \underset{\text{(F.3)}}{=} \varphi(g_b)$$
$$\underset{\text{(F.51)}}{=} \widehat{\varphi}\big([g_b]_{\mathrm{Ker}(\varphi)}\big)$$

이는 $\widehat{\varphi}$가 잘 정의됐음을 보인다. 여기에서 e_2는 $\mathcal{G}_2$의 단위원이다. φ의 단사성은 $g_c, g_d \in \mathcal{G}_1$에 대해 다음으로 증명된다.

$$\widehat{\varphi}\big([g_c]_{\mathrm{Ker}(\varphi)}\big) = \widehat{\varphi}\big([g_d]_{\mathrm{Ker}(\varphi)}\big) \underset{\text{(F.51)}}{\Rightarrow} \varphi(g_c) = \varphi(g_d) \quad \Rightarrow \quad \varphi(g_d)^{-1}\varphi(g_c) = e_2$$
$$\underset{\text{(F.43)}}{\Rightarrow} \varphi(g_d^{-1} g_c) = e_2 \underset{\text{(F.44)}}{\Rightarrow} g_d^{-1} g_c \in \mathrm{Ker}(\varphi)$$
$$\Rightarrow \exists h \in \mathrm{Ker}(\varphi): \ g_c = g_d h$$
$$\underset{\text{(F.22)}}{\Rightarrow} [g_c]_{\mathrm{Ker}(\varphi)} = [g_d]_{\mathrm{Ker}(\varphi)}$$

전사성을 증명하기 위해, $\varphi\{\mathcal{G}_1\} = \{\varphi(g) \,|\, g \in \mathcal{G}_1\}$에 주의하자. 그러면 $h \in \varphi\{\mathcal{G}_1\}$에 대해 다음을 만족하는 $g \in \mathcal{G}_1$이 존재한다.

$$h = \varphi(g) \underset{\text{(F.51)}}{=} \widehat{\varphi}\big([g]_{\mathrm{Ker}(\varphi)}\big)$$

이는 φ가 단사함수임을 보이는 것이다. 이제 남은 것은 φ가 준동형사상임을 보이는 것이다. 다음을 살펴보자.

$$\widehat{\varphi}\big([g_1]_{\mathrm{Ker}(\varphi)} [g_2]_{\mathrm{Ker}(\varphi)}\big) \underset{\text{(F.30)}}{=} \widehat{\varphi}\big([g_1 g_2]_{\mathrm{Ker}(\varphi)}\big) \underset{\text{(F.51)}}{=} \varphi(g_1 g_2) \underset{\text{(F.43)}}{=} \varphi(g_1)\varphi(g_2)$$
$$\underset{\text{(F.51)}}{=} \widehat{\varphi}\big([g_1]_{\mathrm{Ker}(\varphi)}\big) \widehat{\varphi}\big([g_2]_{\mathrm{Ker}(\varphi)}\big)$$

이는 $\widehat{\varphi} \in \mathrm{Hom}\big(\mathcal{G}_1/\mathrm{Ker}(\varphi),\, \varphi\{\mathcal{G}_1\}\big)$을 증명하는 것이다. ∎

군 이론에서 유용한 준동형사상의 클래스는 군의 지표^{character}이다. 이것은 임의의 군에 대해 정의할 수 있지만, 여기에서는 아벨군에 대한 특별한 경우로도 충분하다.

정의 F.32 아벨군 $\mathcal{G}$의 **지표**^{character}는 $\chi \in \mathrm{Hom}\big(\mathcal{G}, \mathrm{U}(1)\big)$으로 정의한다. 여기에서,

$$\mathrm{U}(1) = \{z \in \mathbb{C} \mid z\bar{z} = 1\} = \{e^{i\alpha} \mid \alpha \in \mathbb{R}\} \tag{F.53}$$

은 일차원의 특수 유니타리 군이다.

아벨군 $\mathcal{G}$의 임의의 지표 χ에 대해 **켤레 지표**$^{conjugate\ character}$ $\bar{\chi}$는 다음으로 정의한다.

$$\begin{aligned}\bar{\chi} : \mathcal{G} &\longrightarrow \mathrm{U}(1) \\ g &\longmapsto \overline{\chi(g)}\end{aligned} \tag{F.54}$$

아벨군 $\mathcal{G}$의 특수 지표는 **자명한 지표**$^{trivial\ character}$이다.

$$\begin{aligned}1_G : \mathcal{G} &\longrightarrow \mathrm{U}(1) \\ g &\longmapsto 1\end{aligned} \tag{F.55}$$

이는 모든 원소를 $1 \in \mathrm{U}(1)$으로 보내는 사상이다.

아벨군 $\mathcal{G}$의 지표 χ가 $\mathcal{G}$에서 $\mathrm{U}(1)$으로의 사상이라는 정의로부터, $g_1, g_2 \in \mathcal{G}$에 대해 다음이 성립한다.

$$\chi(g_1 +_{\mathcal{G}} g_2) \underset{(\mathrm{F.43})}{=} \chi(g_1)\chi(g_2) \tag{F.56}$$

여기에서 $+_{\mathcal{G}}$는 아벨군 $\mathcal{G}$의 군곱을 나타내며, 오른쪽의 곱은 $\mathrm{U}(1)$에서의 계산되는데 이는 단지 절댓값이 1인 두 복소수의 곱이다.

(F.56)의 결과로, 아벨군의 임의의 지표는 군 $\mathcal{G}$의 단위원 e를 1로 보내야 한다. 다음에서 알 수 있다.

$$\chi(e) \underbrace{=}_{\text{(F.56)}} \frac{\chi(g +_{\mathcal{G}} e)}{\chi(g)} = 1 \tag{F.57}$$

$g +_{\mathcal{G}} e = g$이기 때문이다. 실제로 이 명제는 보조정리 F.30에서 유도된다. $\text{Ker}(\chi) = \{g \in \mathcal{G} \,|\, \chi(g) = 1\}$이 부분군이어서 e를 가지고 있기 때문이다.

다음으로 $\chi(g) \in \text{U}(1)$이므로,

$$1 \underbrace{=}_{\text{(F.53)}} \chi(g)\overline{\chi(g)} \underbrace{=}_{\text{(F.54)}} \chi(g)\overline{\chi}(g)$$

그러므로

$$\overline{\chi}(g) = \chi(g)^{-1} \underbrace{=}_{\text{(F.50)}} \chi(g^{-1}) \tag{F.58}$$

보기 F.33 보조정리 F.5에서 정의하고 보기 F.29에서 다뤘던 군 $\mathbb{Z}_N$은 다음의 지표들을 가진다.

$$\begin{aligned} \chi_n : \quad & \mathbb{Z}_N \longrightarrow \text{U}(1) \\ & [g]_{N\mathbb{Z}} \longmapsto e^{2\pi \mathrm{i} \frac{ng}{N}} \end{aligned} \tag{F.59}$$

여기에서 $n \in \{0, 1, \ldots, N-1\}$이다.

(F.59)가 준동형사상임을 보이기 위해, 임의의 $[g_1]_{N\mathbb{Z}}, [g_2]_{N\mathbb{Z}} \in \mathbb{Z}_N$을 고려한다.

$$\chi_n\big([g_1]_{N\mathbb{Z}} +_{\mathbb{Z}_N} [g_2]_{N\mathbb{Z}}\big) \underbrace{=}_{\text{(F.35)}} \chi_n\big([(g_1 + g_2) \bmod N]_{N\mathbb{Z}}\big)$$

$$\underbrace{=}_{\text{(F.59)}} e^{2\pi \mathrm{i} \frac{n\big((g_1+g_2)\bmod N\big)}{N}} = e^{2\pi \mathrm{i} \frac{n(g_1+g_2)}{N}}$$

$$\underbrace{=}_{\text{(F.59)}} \chi_n\big([g_1]_{N\mathbb{Z}}\big)\chi_n\big([g_2]_{N\mathbb{Z}}\big)$$

χ_n의 커널은 $\frac{ng}{N} \in \mathbb{Z}$인 모든 잉여류 $[g]_{N\mathbb{Z}}$로 구성된다. 즉, $ng \bmod N = 0$이다.

아벨군의 지표는 다시 군을 이룬다.

정리 F.34 아벨군 $\mathcal{G}$의 지표들 $\widehat{\mathcal{G}} = \mathrm{Hom}(\mathcal{G}, U(1))$는 자명한 지표 $1_\mathcal{G}$를 단위원으로 가지고 다음의 사상을 군곱으로 가지는 아벨군을 형성한다.

$$\cdot:\ \widehat{\mathcal{G}} \times \widehat{\mathcal{G}} \longrightarrow \widehat{\mathcal{G}} \tag{F.60}$$
$$(\chi_1, \chi_2) \longmapsto \chi_1\chi_2$$

여기에서 $\chi_1\chi_2$는 다음과 같은 지표다.

$$\chi_1\chi_2 : \mathcal{G} \longrightarrow U(1) \tag{F.61}$$
$$g \longmapsto \chi_1(g)\chi_2(g)$$

[증명]

$\widehat{\mathcal{G}}$가 군임을 보이기 위해 (F.60)에서 정의한 두 원소의 곱이 $\widehat{\mathcal{G}}$의 다른 원소를 만든다는 것과 이런 곱에 대해 단위원이 있다는 것 그리고 모든 원소가 $\widehat{\mathcal{G}}$에 역원을 가진다는 것을 보여야 한다.

$\chi_1, \chi_2 \in \widehat{\mathcal{G}}$이고, $g_1, g_2 \in \mathcal{G}$이면 다음을 알 수 있다.

$$\chi_1\chi_2(g_1)\chi_1\chi_2(g_2) \underset{(F.61)}{=} \chi_1(g_1)\chi_2(g_1)\chi_1(g_2)\chi_2(g_2) \underset{(F.43)}{=} \chi_1(g_1g_2)\chi_2(g_1g_2)$$

$$\underset{(F.61)}{=} \chi_1\chi_2(g_1g_2)$$

그러므로 (F.60), (F.61)에서 정의한 $\chi_1\chi_2$는 실제로 $\mathrm{Hom}(\mathcal{G}, U(1))$의 원소다.

$\chi \in \widehat{\mathcal{G}}$, $g \in \mathcal{G}$에 대해 다음을 얻는다.

$$\chi 1_\mathcal{G}(g) \underset{(F.61)}{=} \chi(g)1_\mathcal{G}(g) \underset{(F.55)}{=} \chi(g)$$

그래서 곱 (F.60)은 모든 $\chi \in \widehat{\mathcal{G}}$에 대해 $\chi 1_\mathcal{G} = \chi$이며, $1_\mathcal{G}$는 단위원이다.

마지막으로, $\chi \in \widehat{\mathcal{G}}$에 대해 역원은 켤레 지표 $\overline{\chi} \in \widehat{\mathcal{G}}$로 주어진다. 모든 $g \in \mathcal{G}$에 대해 다음을 만족하기 때문이다.

$$\chi\overline{\chi}(g) \underset{(F.61)}{=} \chi(g)\overline{\chi}(g) \underset{(F.55)}{=} \chi(g)\overline{\chi(g)} \underset{(F.53)}{=} 1 \tag{F.62}$$

666

정의 F.35 $\mathcal{G}$는 아벨군이다. 이의 지표로 구성되고 (F.60), (F.61)에서 주어진 군곱을 가지는 군 $\widehat{\mathcal{G}} = \text{Hom}(\mathcal{G}, U(1))$을 $\mathcal{G}$의 **쌍대군**^{dual group} 또는 **지표군** character group이라고 한다.

정리 F.36 $\mathcal{H}$는 유한 아벨군 $\mathcal{G}$의 부분군이면, $\mathcal{H}$의 모든 지표는 $\mathcal{G}$의 지표로 확대할 수 있다. 그리고 그러한 확대의 개수는 $\frac{|\mathcal{G}|}{|\mathcal{H}|}$이다.

[증명]

우선 아벨군의 부분군은 정규부분군이며, 이를 이용해 항상 몫군을 만들 수 있음을 기억하자.

$\mathcal{H} = \mathcal{G}$이면 증명은 끝난다. 그렇지 않으면, $\mathcal{H} < \mathcal{G}$이며 $g_1 \in \mathcal{G} \smallsetminus \mathcal{H}$를 선택할 수 있다. $\mathcal{H}_1 = \langle \mathcal{H}, g_1 \rangle$를 집합 $\mathcal{H} \cup \{g_1\}$으로 생성되는 부분군을 표기한다. 즉,

$$\mathcal{H}_1 = \langle \mathcal{H}, g_1 \rangle = \{ hg_1^m \mid h \in \mathcal{H}, m \in \mathbb{Z} \}$$

그러므로

$$\mathcal{H} < \mathcal{H}_1 \leq \mathcal{G}$$

이제, 다음을 정의한다.

$$k := \min \{ n \in \mathbb{N} \mid g_1^n \in \mathcal{H} \} \tag{F.63}$$

$g_1^m = e_{\mathcal{G}} \in \mathcal{H}$인 유한한 $m \in \mathbb{N}$이 있기 때문에 위에서 정의한 값은 존재한다. 결과적으로, 임의의 지표 $\chi_{\mathcal{H}} \in \widehat{\mathcal{H}}$에 대해, $\chi(g_1^k) = e^{i\alpha} \in U(1)$, $\alpha \in \mathbb{R}$이다. $e^{i\alpha}$의 k개의 k-제곱근이 존재한다. 형태는 다음과 같다.

$$\beta_{k,l} = \frac{\alpha + 2\pi l}{k} \quad \text{for } l \in \{0, 1, \ldots, k-1\}$$

이들은 다음을 만족한다.

$$e^{i\beta_{k,l}} = \left(\chi_{\mathcal{H}}(g_1^k) \right)^{\frac{1}{k}} =: \mu_l(g_1)$$

이는 다음을 의미한다.

$$\mu_l(g_1)^k = \chi_{\mathcal{H}}(g_1^k) \qquad\qquad\qquad \text{(F.64)}$$

여기에서 $l \in \{0, 1, \dots, k-1\}$이다. 이러한 l 각각에 대해 일반적인 원소 $hg_1^j \in \mathcal{H}_1$에 작용하는 지표 $\chi_1 \in \widehat{\mathcal{H}}_1$를 다음으로 정의하려 한다.

$$\chi_l(hg_1^j) := \chi_{\mathcal{H}}(h)\mu_l(g_1)^j$$

이것이 의미 있는 정의가 되기 위해서는 우변이 특정한 h, g_1^j가 아닌 그들의 곱인 hg_1^j에 의존하는 것을 보여야 한다. 이를 증명하기 위해 $h, \widetilde{h} \in \mathcal{H}$, $j, \widetilde{j} \in \mathbb{Z}$는 $\widetilde{j} \geq j$이며 다음을 만족한다고 가정한다.

$$hg_1^j = \widetilde{h}g_1^{\widetilde{j}}$$

이로부터 다음이 유도된다.

$$g_1^{\widetilde{j}-j} = h\widetilde{h}^{-1} \in \mathcal{H} \qquad\qquad\qquad \text{(F.65)}$$

그리고 (F.63)이 k가 $g_1^k \in \mathcal{H}$인 가장 작은 자연수임을 보이기 때문에 자연수 $m \in \mathbb{N}$에 대해 다음을 알 수 있다.

$$\widetilde{j} = j + mk \qquad\qquad\qquad \text{(F.66)}$$

그러므로 (F.65)에서 다음이 유도된다.

$$h = \widetilde{h}g_1^{mk} \qquad\qquad\qquad \text{(F.67)}$$

결과적으로

$$\chi_{\mathcal{H}}(\widetilde{h})\mu_l(g_1)^{\widetilde{j}} \underbrace{=}_{\text{(F.66)}} \chi_{\mathcal{H}}(\widetilde{h})\mu_l(g_1)^{j+mk} = \chi_{\mathcal{H}}(\widetilde{h})\big(\mu_l(g_1)^k\big)^m \mu_l(g_1)^j$$

$$\underbrace{=}_{\text{(F.64)}} \chi_{\mathcal{H}}(\widetilde{h})\big(\chi_{\mathcal{H}}(g_1^k)\big)^m \mu_l(g_1)^j \underbrace{=}_{\text{(F.43)}} \chi_{\mathcal{H}}(\widetilde{h}g_1^{mk})\mu_l(g_1)^j$$

$$\underbrace{=}_{\text{(F.67)}} \chi_{\mathcal{H}}(h)\mu_l(g_1)^j$$

이며

$$\begin{aligned} \chi_l : \mathcal{H}_1 &\longrightarrow \mathrm{U}(1) \\ hg_1^j &\longmapsto \chi_{\mathcal{H}}(h)\mu_l(g_1)^j \end{aligned} \qquad\qquad \text{(F.68)}$$

은 잘 정의된다. 또, 임의의 $h_i g_1^{j_i} \in \mathcal{H}_1$, $i \in \{1, 2\}$에 대해 다음을 알 수 있다.

$$
\begin{aligned}
\chi_l(h_1 g_1^{j_1} h_2 g_1^{j_2}) &= \chi_l(h_1 h_2 g_1^{j_1 + j_2}) \underbrace{=}_{\text{(F.68)}} \chi_{\mathcal{H}}(h_1 h_2) \mu_l(g_1)^{j_1 + j_2} \\
&\underbrace{=}_{\text{(F.43)}} \chi_{\mathcal{H}}(h_1) \mu_l(g_1)^{j_1} \chi_{\mathcal{H}}(h_2) \mu_l(g_1)^{j_2} \\
&\underbrace{=}_{\text{(F.68)}} \chi_l(h_1 g_1^{j_1}) \chi_l(h_2 g_1^{j_2})
\end{aligned}
$$

이는 $\chi_l \in \mathrm{Hom}\big(\mathcal{H}_1, \mathrm{U}(1)\big)$임을 보인다. 즉, χ_l은 $\mathcal{H}_1 = \langle \mathcal{H}, g_1 \rangle$의 지표이며 $\chi_l|_{\mathcal{H}} = \chi_{\mathcal{H}}$를 만족한다.

$\chi_{\mathcal{H}}$의 $\mathcal{H}_1$으로의 k개의 확대 $\chi_0, \ldots, \chi_{k-1}$이 있다. 그리고 $g_1, g_1^2, \ldots, g_1^{k-1} \in \mathcal{H}$이므로, 다음을 알 수 있다.

$$
\mathcal{H}_1 = \langle \mathcal{H}, g_1 \rangle = [e_{\mathcal{G}}]_{\mathcal{H}} \cup [g_1]_{\mathcal{H}} \cup \cdots \cup \big[g_1^{k-1} \big]_{\mathcal{H}} \tag{F.69}
$$

그러므로

$$
|\mathcal{H}_1 / \mathcal{H}| \underbrace{=}_{\text{(F.36)}} \frac{|\mathcal{H}_1|}{|\mathcal{H}|} \underbrace{=}_{\text{(F.69)}} k
$$

이러한 확장 중에서 임의의 한 개를 선택해 $\chi_{\mathcal{H}_1}$으로 표기한다. 그러면 부분군 $\mathcal{H}_1$과 지표 $\chi_{\mathcal{H}_1} \in \widehat{\mathcal{H}}_1$을 얻는다. 다음으로 임의의 $g_2 \in \mathcal{G} \setminus \mathcal{H}$를 선택해 $\mathcal{H}_2 = \langle \mathcal{H}_1, g_2 \rangle$를 이용해 앞의 과정을 반복하면 $\chi_{\mathcal{H}_2}|_{\mathcal{H}_1} = \chi_{\mathcal{H}_1}$을 만족하는 지표 $\chi_{\mathcal{H}_2} \in \widehat{\mathcal{H}}_2$를 만들 수 있다. $g_{n+1} \in \mathcal{G} \setminus \mathcal{H}_n$이 없을 때까지 이러한 과정을 반복한다. $\mathcal{G}$가 유한하다고 가정했기 때문에 유한한 과정 후에 종료하게 된다.

정리하면 부분군 $\mathcal{H}_r = \langle \mathcal{H}_{r-1}, g_{r-1} \rangle$, 원소 $g_r \in \mathcal{G} \setminus \mathcal{H}_{r-1}$, 지표 $\chi_{\mathcal{H}_r} \in \widehat{\mathcal{H}}_r$, $r \in \{0, 1, \ldots, n\}$인 수열들이 다음의 관계를 만족한다.

$$
\mathcal{H} = \mathcal{H}_0 < \mathcal{H}_1 < \cdots < \mathcal{H}_n = \mathcal{G}
$$
$$
\chi_{\mathcal{H}_r}|_{\mathcal{H}_{r-1}} = \chi_{\mathcal{H}_{r-1}}
$$
$$
\chi_{\mathcal{G}}|_{\mathcal{H}} = \chi_{\mathcal{H}_n}|_{\mathcal{H}} = (\chi_{\mathcal{H}_n}|_{\mathcal{H}_{n-1}})|_{\mathcal{H}} = \chi_{\mathcal{H}_{n-1}}|_{\mathcal{H}} = \cdots = \chi_{\mathcal{H}_0}|_{\mathcal{H}} = \chi_{\mathcal{H}}
$$

$r-1$에서 r의 각각의 단계에서 $\frac{|\mathcal{H}_r|}{|\mathcal{H}_{r-1}|}$개의 가능한 확대가 있다. $\mathcal{H} = \mathcal{H}_0$의 지표 $\chi_{\mathcal{H}}$를 $\mathcal{G} = \mathcal{H}_n$의 지표로 확대하는 총 방법의 갯수는 다음과 같다.

$$\prod_{r=1}^{n} \frac{|\mathcal{H}_r|}{|\mathcal{H}_{r-1}|} = \frac{|\mathcal{H}_n|}{|\mathcal{H}_0|} = \frac{|\mathcal{G}|}{|\mathcal{H}|}$$

정리 F.36의 직접적인 결과로서 유한 아벨군의 쌍대군의 원소의 개수는 원래의 군과 같다.

보조정리 F.37 유한 아벨군 $\mathcal{G}$의 쌍대군 $\widehat{\mathcal{G}}$는 다음을 만족한다.

$$|\widehat{\mathcal{G}}| = |\mathcal{G}| \tag{F.70}$$

[증명]

e는 군 $\mathcal{G}$의 단위원이다. 부분군 $\langle e \rangle$는 한 개의 원소만 가진다. 즉, $|\langle e \rangle| = 1$. 그리고 이의 유일한 지표는 자명한 지표 $1_{\langle e \rangle}$이다. 정리 F.36으로부터 이를 다음의 방법의 가지수로 확대할 수 있다.

$$\frac{|\mathcal{G}|}{|\langle e \rangle|} = |\mathcal{G}|$$

임의의 지표 $\chi \in \widehat{\mathcal{G}}$는 $\langle e \rangle$에 제한하면 $1_{\langle e \rangle}$와 같다. 그러므로 이것은 $1_{\langle e \rangle}$의 $|\mathcal{G}|$개의 확대 중에 하나가 돼야 한다. 그렇지 않다면 $|\mathcal{G}|$ 이상의 확대가 존재하게 될 것이다. 결국 지표의 개수는 $|\mathcal{G}|$이다.

문제 F.133 $\mathcal{G}_1$, $\mathcal{G}_2$는 유한 아벨군이며, $\widehat{\mathcal{G}}_1$, $\widehat{\mathcal{G}}_2$는 쌍대군이다.
군의 직곱이 다음을 만족하는 것을 보여라.

$$\widehat{\mathcal{G}_1 \times \mathcal{G}_2} = \widehat{\mathcal{G}}_1 \times \widehat{\mathcal{G}}_2 \tag{F.71}$$

따름정리 F.38 $\mathcal{G}$는 단위원 e와 $g \in \mathcal{G} \setminus \langle e \rangle$를 원소로 가지는 유한 아벨군이다. 그러면 $g \in \mathrm{Ker}(\chi)$인 지표 χ가 존재한다.

[증명]

$g \in \mathcal{G} \setminus \langle e \rangle$는 주어졌다. $\mathcal{G}$가 유한하므로, $n > 1$이며 $g^n = e$을 만족하는 최소의 $n \in \mathbb{N}$이 존재한다. 이 n을 이용해 다음을 정의한다.

$$\mu_g : \langle g \rangle \longrightarrow U(1)$$
$$g^m \longmapsto e^{2\pi i \frac{m}{n}}$$

임의의 $\widetilde{g} \in \langle g \rangle$는 적당한 $m \in \mathbb{Z}$을 이용해 $\widetilde{g} = g^m$의 형태로 나타낼 수 있다. 그러므로 μ_g는 $\langle g \rangle$의 모든 원소에 대해 정의되고, $g_i = g_i^m$, $i \in \{1, 2\}$에 대해 다음을 만족한다.

$$\mu_g(g_1 g_2) = \mu_g(g^{m_1 + m_2}) = e^{2\pi i \frac{m_1 + m_2}{n}} = \mu_g(g_1)\mu_g(g_2)$$

그러므로 μ_g는 부분군 $\langle g \rangle \in \mathcal{G}$의 지표이며 $\mu_g(g) = e^{\frac{2\pi i}{n}} \neq 1$이다.

정리 F.36을 부분군 $\langle g \rangle$에 적용하면 지표 μ_g를 $\chi|_{\langle g \rangle} = \mu_g$이고 $\chi(g) \neq 1$인 지표 $\chi \in \widehat{\mathcal{G}}$로 확장할 수 있다. ∎

보조정리 F.39 $\mathcal{H}$가 아벨군 $\mathcal{G}$의 부분군이면,

$$\mathcal{H}^\perp := \{ \chi \in \widehat{\mathcal{G}} \,|\, \mathcal{H} \subset \text{Ker}(\chi) \} \tag{F.27}$$

는 $\widehat{\mathcal{G}}$의 부분군이다.

[증명]

$e_{\widehat{\mathcal{G}}}$는 쌍대군 $\widehat{\mathcal{G}}$의 단위원이다. $e_{\widehat{\mathcal{G}}} = 1_{\mathcal{G}}$이고, $\text{Ker}(1_{\mathcal{G}}) = \mathcal{G}$이므로, $\mathcal{H} \subset \text{Ker}(e_{\widehat{\mathcal{G}}})$이며 $e_{\widehat{\mathcal{G}}} \in \mathcal{H}^\perp$이어서 (F.14)가 증명된다.

다음으로, $\mathcal{H}^\perp$가 군곱에 대해 닫혀 있음을 보인다. 이를 위해 $\chi_1, \chi_2 \in \mathcal{H}^\perp$와 임의의 $h \in \mathcal{H}$를 선택한다. 그러면 다음을 만족한다.

$$\chi_1 \chi_2(h) \underbrace{=}_{\text{(F.61)}} \chi_1(h)\chi_2(h) \underbrace{=}_{h \in H \subset \text{Ker}(\chi_i)} 1$$

그러므로 $\chi_1 \chi_2 \in \mathcal{H}^\perp$이며 (F.16)이 만족한다.

남은 것은 임의의 $\chi \in \mathcal{H}^\perp$의 역원이 $\mathcal{H}^\perp$에 속한다는 것이다. (F.62)에서 켤레지표 $\overline{\chi}$가 χ의 역원임을 알고 있으므로, 이것이 $\mathcal{H}^\perp$의 원소임을 보이기만 하면

된다. 이를 위해 임의의 $h \in \mathcal{H}$를 선택한다. 그러면 $\chi \in \mathcal{H}^\perp$여면 $h \in \mathrm{Ker}(\chi)$이므로, $\chi(h) = 1$이다. 이로부터 다음을 얻는다.

$$1 = \overline{\chi(h)} \underbrace{=}_{\text{(F.54)}} \overline{\chi}(h)$$

결국 $\chi^{-1} = \overline{\chi} \in \mathcal{H}^\perp$이며 (F.15)를 만족한다. 이로써 $\mathcal{H}^\perp$가 부분군이 된다는 증명이 끝난다. ∎

보기 F.40 $e_\mathcal{G}$는 군 $\mathcal{G}$의 단위원이고, $e_{\widehat{\mathcal{G}}}$는 쌍대군 $\widehat{\mathcal{G}}$의 단위원이다. 자명한 부분군 $\langle e_\mathcal{G} \rangle < \mathcal{G}$에 대해 다음을 알 수 있다.

$$\langle e_\mathcal{G} \rangle^\perp = \{ \chi \in \widehat{\mathcal{G}} \mid e_\mathcal{G} \in \mathrm{Ker}(\chi) \} = \widehat{\mathcal{G}} \tag{F.73}$$

그리고 다른 자명한 부분군 $\mathcal{G}$에 대해 다음을 알 수 있다.

$$\mathcal{G}^\perp = \{ \chi \in \widehat{\mathcal{G}} \mid \mathcal{G} \subset \mathrm{Ker}(\chi) \} = \langle 1_\mathcal{G} \rangle = \langle e_{\widehat{\mathcal{G}}} \rangle \tag{F.74}$$

문제 F.134 $\mathcal{H}$는 유한 아벨군 $\mathcal{G}$의 부분군이고, $\mathcal{H}^\perp$는 (F.72)에서 정의한 것이다. 임의의 $\chi \in \widehat{\mathcal{G}}$에 대해 다음이 만족하는 것을 보여라.

$$\sum_{h \in \mathcal{H}} \chi(h) = \begin{cases} |\mathcal{H}| & \text{if } \chi \in \mathcal{H}^\perp \\ 0 & \text{else} \end{cases} \tag{F.75}$$

보조정리 F.41 $\mathcal{G}$는 유한 아벨군이고, $\widehat{\mathcal{G}}$는 이의 쌍대군이다. 임의의 $\chi_1, \chi_2 \in \widehat{\mathcal{G}}$에 대해 다음이 만족한다.

$$\sum_{g \in \mathcal{G}} \chi_1(g)\chi_2(g) = \begin{cases} |\mathcal{G}| & \text{if } \chi_2 = \chi_1^{-1} \\ 0 & \text{else} \end{cases}$$

$$\sum_{g \in \mathcal{G}} \chi_1(g)\chi_2(g) \underbrace{=}_{\text{(F.61)}} \sum_{g \in \mathcal{G}} \chi_1\chi_2(g) \underbrace{=}_{\text{(F.75)}} \begin{cases} |\mathcal{G}| & \text{if } \chi_1\chi_2 \in \mathcal{G}^\perp \underbrace{=}_{\text{(F.74)}} \langle e_{\widehat{\mathcal{G}}} \rangle \\ 0 & \text{else} \end{cases}$$

$$= \begin{cases} |\mathcal{G}| & \text{if } \chi_2 = \chi_1^{-1} \\ 0 & \text{else} \end{cases} \tag{F.76}$$

문제 F.135 $\mathcal{H}$는 아벨군 $\mathcal{G}$의 부분군이고, $\mathcal{H}^\perp$는 (F.72)에서 정의된 것이다. 다음을 증명하라.

$$\mathcal{H} \leq \bigcap_{\chi \in \mathcal{H}^\perp} \operatorname{Ker}(\chi) \tag{F.77}$$

아벨군의 경우에는 $\mathcal{H}^\perp$는 몫군 $\mathcal{G}/\mathcal{H}$의 쌍대군과 동형인 것이 밝혀졌다.

정리 F.42 $\mathcal{H}$는 아벨군 $\mathcal{G}$의 부분군이고, $\mathcal{H}^\perp$는 (F.72)에서 정의된 것이다. 그러면 다음이 만족된다.

$$\mathcal{H}^\perp \cong \widehat{\mathcal{G}/\mathcal{H}} \tag{F.78}$$

[증명]

$e_{\mathcal{G}}$는 군 $\mathcal{G}$의 단위원이고, $e_{\mathcal{G}/\mathcal{H}}$는 몫군 $\mathcal{G}/\mathcal{H}$의 단위원이다. $\Xi \in \widehat{\mathcal{G}/\mathcal{H}}$에 대해 다음을 정의한다.

$$\begin{aligned} \iota_\Xi : \mathcal{G} &\longrightarrow \mathrm{U}(1) \\ g &\longmapsto \Xi([g]_{\mathcal{H}}) \end{aligned} \tag{F.79}$$

그러면 임의의 $h \in \mathcal{H}$에 대해 다음을 알 수 있다.

$$\iota_\Xi(h) \underbrace{=}_{\text{(F.79)}} \Xi([h]_{\mathcal{H}}) \underbrace{=}_{\text{(F.25)}} \Xi([e_{\mathcal{G}}]_{\mathcal{H}}) \underbrace{=}_{\text{(F.31)}} \Xi(e_{\mathcal{G}/\mathcal{H}}) \underbrace{=}_{\text{(F.57)}} 1$$

그래서 $\mathcal{H} \subset \operatorname{Ker}(\iota_\Xi)$여서 다음을 만족한다.

$$\underbrace{\iota_\Xi}_{\text{(F.72)}} \in \mathcal{H}^\perp \tag{F.80}$$

다음으로, $\Xi_1, \Xi_2 \in \widehat{\mathcal{G}/\mathcal{H}}$와 임의의 $g \in \mathcal{G}$에 대해 다음이 만족한다.

$$\iota_{\Xi_1 \Xi_2}(g) \underset{\text{(F.79)}}{=} \Xi_1 \Xi_2([g]_\mathcal{H}) \underset{\text{(F.61)}}{=} \Xi_1([g]_\mathcal{H}) \Xi_2([g]_\mathcal{H}) \underset{\text{(F.79)}}{=} \iota_{\Xi_1}(g) \iota_{\Xi_2}(g)$$

이것과 (F.80)으로부터, 다음의 사상은

$$\iota : \widehat{\mathcal{G}/\mathcal{H}} \longrightarrow \mathcal{H}^\perp$$
$$\Xi \longmapsto \iota_\Xi$$

다음을 만족한다.

$$\iota \in \mathrm{Hom}\left(\widehat{\mathcal{G}/\mathcal{H}}, \mathcal{H}^\perp\right) \tag{F.81}$$

지금까지 ι가 준동형사상임을 보였다. 이제 남은 것은 이것이 전단사함수임을 보이는 것이다. 이를 위해, $\chi \in \mathcal{H}^\perp$에 대해 다음을 정의한다.

$$j_\chi : \mathcal{G}/\mathcal{H} \longrightarrow \mathrm{U}(1)$$
$$[g]_\mathcal{H} \longmapsto \chi(g) \tag{F.82}$$

$[g_1]_\mathcal{H} = [g_2]_\mathcal{H}$이면 어떤 h에 대해 $g_2 = g_1 h$이므로 위의 식은 잘 정의된다. 그리고

$$\chi(g_2) = \chi(g_1 h) \underset{\text{(F.43)}}{=} \chi(g_1)\chi(h) \underset{h \in \mathcal{H} \subset \mathrm{Ker}(\chi)}{=} \chi(g_1)$$

위의 마지막 식에서 $\chi \in \mathcal{H}^\perp$이면 모든 $h \in \mathcal{H}$에 대해 $\chi(h) = 1$임을 사용했다. 게다가 임의의 $[g_1]_\mathcal{H}, [g_2]_\mathcal{H} \in \mathcal{G}/\mathcal{H}$에 대해 다음을 만족한다.

$$j_\chi([g_1]_\mathcal{H}) j_\chi([g_2]_\mathcal{H}) \underset{\text{(F.82)}}{=} \chi(g_1)\chi(g_2) \underset{\text{(F.43)}}{=} \chi(g_1 g_2) \underset{\text{(F.82)}}{=} j_\chi([g_1 g_2]_\mathcal{H})$$
$$\underset{\text{(F.30)}}{=} j_\chi([g_1]_\mathcal{H}[g_2]_\mathcal{H})$$

그러므로 다음을 알 수 있다.

$$j_\chi \in \widehat{\mathcal{G}/\mathcal{H}}$$

그리고 다음의 사상은

$$j : \mathcal{H}^\perp \longrightarrow \widehat{\mathcal{G}/\mathcal{H}}$$
$$\chi \longmapsto j_\chi$$

다음을 만족한다.

$$j \in \mathrm{Hom}\left(\mathcal{H}^\perp, \widehat{\mathcal{G}/\mathcal{H}}\right)$$

복합함수 $\iota \circ j : \mathcal{H}^\perp \to \mathcal{H}^\perp$는 다음을 만족한다.

$$\iota \circ j(\chi) : \mathcal{G} \longrightarrow \mathrm{U}(1)$$
$$g \longmapsto \iota_{j_\chi}(g)$$

여기에서

$$\iota_{j_\chi}(g) \underbrace{=}_{\text{(F.79)}} j_\chi([g]_{\mathcal{H}}) \underbrace{=}_{\text{(F.82)}} \chi(g)$$

그래서 $\iota \circ j(\chi) = \chi$이다. 즉, 모든 $\chi \in \mathcal{H}^\perp$는 ι에 의한 잉여류 $j(\chi) \in \widehat{\mathcal{G}/\mathcal{H}}$의 상이다. 이는 ι가 전사함수임을 증명한다.

비슷히게, 복합함수 $j \circ \iota : \widehat{\mathcal{G}/\mathcal{H}} \to \widehat{\mathcal{G}/\mathcal{H}}$는 다음을 만족한다.

$$j \circ \iota(\varXi) : \mathcal{G}/\mathcal{H} \longrightarrow \mathrm{U}(1)$$
$$[g]_{\mathcal{H}} \longmapsto j_{\iota_\varXi}([g]_{\mathcal{H}})$$

그러므로

$$j_{\iota_\varXi}([g]_{\mathcal{H}}) \underbrace{=}_{\text{(F.82)}} \iota_\varXi(g) \underbrace{=}_{\text{(F.79)}} \varXi([g]_{\mathcal{H}})$$

결국 $j \circ \iota(\varXi) = \varXi$. 이로부터, $\varXi_1 \neq \varXi_2$인 모든 $\varXi_1, \varXi_2 \in \widehat{\mathcal{G}/\mathcal{H}}$에 대해 $j \circ \iota(\varXi_1) \neq j \circ \iota(\varXi_2)$여서 $\iota(\varXi_1) \neq (\varXi_2)$이다. 이는 ι가 단사함수임을 증명한다.

그러므로 ι가 전단사함수이며 (F.81)로부터 동형사상이 된다. 이로써 $\mathcal{H}^\perp \cong \widehat{\mathcal{G}/\mathcal{H}}$의 증명이 끝난다. ▨

보조정리 F.43 $\mathcal{H}$는 유한 아벨군 $\mathcal{G}$의 부분군이고 $\mathcal{H}^\perp$는 (F.72)에서 정의된 것이다. 다음을 만족한다.

$$|\mathcal{H}^\perp| = \frac{|\mathcal{G}|}{|\mathcal{H}|} \tag{F.83}$$

[증명]

정리 F.42로부터 다음을 알 수 있다.

$$|\mathcal{H}^\perp| \underset{\text{(F.78)}}{=} |\widehat{\mathcal{G}/\mathcal{H}}| \underset{\text{(F.70)}}{=} |\mathcal{G}/\mathcal{H}| \underset{\text{(F.36)}}{=} \frac{|\mathcal{G}|}{|\mathcal{H}|}$$

정리 F.44 $\mathcal{H}$는 유한 아벨군 $\mathcal{G}$의 부분군이고, $\mathcal{H}^\perp$는 (F.72)에서 정의된 것이다. 그러면 모든 $g \in \mathcal{G} \setminus \mathcal{H}$에 대해 $g \in \mathrm{Ker}(\chi)$인 $\chi \in \mathcal{H}^\perp$가 존재하며, 다음을 알 수 있다.

$$\mathcal{H} = \bigcap_{\chi \in \mathcal{H}^\perp} \mathrm{Ker}(\chi) \tag{F.84}$$

그리고 $\chi_1, \dots, \chi_L \in \mathcal{H}^\perp$들이 $\mathcal{H}^\perp = \langle \chi_1, \dots, \chi_L \rangle$을 만족하면 다음을 알 수 있다.

$$\mathcal{H} = \bigcap_{l=1}^{L} \mathrm{Ker}(\chi_l)$$

[증명]

아벨군 $\mathcal{H}$의 부분군은 정규부분군이므로, 명제 F.22로부터 몫군 $\mathcal{G}/\mathcal{H}$가 정의된다. $e_\mathcal{G}$는 군 $\mathcal{G}$의 단위원이고 $e_{\mathcal{G}/\mathcal{H}}$는 몫군 $\mathcal{G}/\mathcal{H}$의 단위원이다. 따름정리 F.38을 군 $\mathcal{G}/\mathcal{H}$에 적용하면 각각의 잉여류 $[g]_\mathcal{H} \neq [e_\mathcal{G}]_\mathcal{H} = e_{\mathcal{G}/\mathcal{H}}$에 대해 적당한 $\chi_{[g]_\mathcal{H}} \in \widehat{\mathcal{G}/\mathcal{H}}$가 존재해 다음을 만족한다.

$$[g]_\mathcal{H} \notin \mathrm{Ker}(\chi_{[g]_\mathcal{H}}) \tag{F.85}$$

$g \in \mathcal{G}$에 대해, 다음을 정의한다.

$$\zeta_g : \mathcal{G} \longrightarrow U(1) \qquad \qquad \text{(F.86)}$$
$$\widetilde{g} \longmapsto \chi_{[g]_{\mathcal{H}}}([\widetilde{g}]_{\mathcal{H}})$$

이는 다음을 만족한다.

$$\zeta_g(g_1)\zeta_g(g_2) \underbrace{=}_{\text{(F.86)}} \chi_{[g]_{\mathcal{H}}}([g_1]_{\mathcal{H}}) \chi_{[g]_{\mathcal{H}}}([g_2]_{\mathcal{H}}) \underbrace{=}_{\text{(F.43)}} \chi_{[g]_{\mathcal{H}}}([g_1]_{\mathcal{H}}[g_2]_{\mathcal{H}})$$
$$\underbrace{=}_{\text{(F.30)}} \chi_{[g]_{\mathcal{H}}}([g_1 g_2]_{\mathcal{H}}) \underbrace{=}_{\text{(F.86)}} \zeta_g(g_1 g_2) \qquad \text{(F.87)}$$

그리고 임의의 $h \in \mathcal{H}$에 대해 다음을 만족한다.

$$\zeta_g(h) \underbrace{=}_{\text{(F.86)}} \chi_{[g]_{\mathcal{H}}}([h]_{\mathcal{H}}) \underbrace{=}_{\text{(F.25)}} \chi_{[g]_{\mathcal{H}}}(\mathcal{H}) \underbrace{=}_{\text{(F.31)}} \chi_{[g]_{\mathcal{H}}}(e_{\mathcal{G}/\mathcal{H}}) = 1 \qquad \text{(F.88)}$$

한편 다음을 주의하자.

$$\zeta_g(g) \underbrace{=}_{\text{(F.86)}} \chi_{[g]_{\mathcal{H}}}([g]_{\mathcal{H}}) \underbrace{\neq}_{\text{(F.85)}} 1 \qquad \text{(F.89)}$$

(F.86)과 (F.87)로부터, $\zeta_g \in \mathrm{Hom}(\mathcal{G}, U(1)) = \widehat{\mathcal{G}}$이며, (F.88)로부터 $\mathcal{H} \subset \mathrm{Ker}(\zeta_g)$이다. 이를 종합하면 $\zeta_g \in \mathcal{H}^{\perp}$이며 (F.89)로부터 $g \notin \mathrm{Ker}(\zeta_g)$이다.

문제 F.135에서 다음을 알 수 있다.

$$\mathcal{H} \leq \bigcap_{\chi \in \mathcal{H}^{\perp}} \mathrm{Ker}(\chi)$$

그러나 임의의 $g \notin \mathcal{H}$에 대해 어떤 $\chi \in \mathcal{H}^{\perp}$가 존재해 $g \notin \mathrm{Ker}(\chi)$를 만족하는 것을 앞에서 보였다. 결국 이러한 g는 모든 $\chi \in \mathcal{H}^{\perp}$의 교집합의 원소일 수가 없다. 그러므로

$$\mathcal{H} = \bigcap_{\chi \in \mathcal{H}^{\perp}} \mathrm{Ker}(\chi)$$

이제, $\mathcal{H}^{\perp} = \langle \chi_1, \ldots, \chi_L \rangle$이라 가정한다. 이는 임의의 $\chi \in \mathcal{H}^{\perp}$는 어떤 $m_1, \ldots, m_L \in \mathbb{Z}$에 대해 다음을 만족한다는 것을 의미한다.

$$\chi = \chi_1^{m_1} \cdots \chi_L^{m_L}$$

그러므로 임의의 $g \in \mathcal{G}$에 대해 다음을 만족한다.

$$\chi(g) = \chi_1^{m_1} \cdots \chi_L^{m_L}(g) \underbrace{=}_{(F.61)} \left(\chi_1(g)\right)^{m_1} \cdots \left(\chi_L(g)\right)^{m_L}$$

결국 $h \in \bigcap_{l=0}^{L} \mathrm{Ker}(\chi_l)$는 $h \in \mathrm{Ker}(\chi)$를 의미하며, 임의의 $\chi \in \mathcal{H}^\perp$가 다음을 만족한다.

$$\bigcap_{l=1}^{L} \mathrm{Ker}(\chi_l) \subseteq \mathrm{Ker}(\chi)$$

이로부터 다음을 알 수 있다.

$$\bigcap_{l=1}^{L} \mathrm{Ker}(\chi_l) \subseteq \bigcap_{\chi \in \mathcal{H}^\perp} \mathrm{Ker}(\chi) \tag{F.90}$$

반대로 $\chi_1, \dots, \chi_L \in \mathcal{H}^\perp$이므로, 다음을 얻는다.

$$\bigcap_{\chi \in \mathcal{H}^\perp} \mathrm{Ker}(\chi) \subseteq \bigcap_{l=1}^{L} \mathrm{Ker}(\chi_l) \tag{F.91}$$

(F.90)과 (F.91)로부터 다음을 알 수 있다.

$$\bigcap_{l=1}^{L} \mathrm{Ker}(\chi_l) = \bigcap_{\chi \in \mathcal{H}^\perp} \mathrm{Ker}(\chi) \underbrace{=}_{(F.84)} \mathcal{H}$$

유한 아벨군은 그의 쌍대군의 쌍대군과 동형이다.

정리 F.45 $\mathcal{G}$는 유한 아벨군이고 $\widehat{\mathcal{G}}$는 이의 쌍대군이다. 다음을 정의한다.

$$\begin{aligned} \widehat{\cdot} : \mathcal{G} &\longrightarrow \widehat{\widehat{\mathcal{G}}} \\ g &\longmapsto \widehat{\widehat{g}} \end{aligned} \tag{F.92}$$

여기에서 $\widehat{\widehat{g}}$는 다음으로 정의한다.

$$\begin{aligned} \widehat{\widehat{g}} : \widehat{\mathcal{G}} &\longrightarrow U(1) \\ \chi &\longmapsto \widehat{\widehat{g}}(\chi) := \chi(g) \end{aligned}$$

그러면 이는 동형사상이어서 다음을 얻는다.

$$\widehat{\widehat{\mathcal{G}}} \cong \mathcal{G}$$

[증명]

정리 F.34에서 유한 아벨군의 쌍대군 $\widehat{\mathcal{G}}$는 다시 유한 아벨군이 되는 것을 알 수 있다. 이를 다시 $\widehat{\mathcal{G}}$에 적용하면 $\widehat{\widehat{\mathcal{G}}}$ 또한 유한 아벨군이 된다. 따름정리 F.37에서 $|\widehat{\mathcal{G}}| = |\mathcal{G}|$이므로, 결국 $|\widehat{\widehat{\mathcal{G}}}| = |\widehat{\mathcal{G}}| = |\mathcal{G}|$이다. 즉, 군 $\widehat{\widehat{\mathcal{G}}}$의 원소는 군 $\mathcal{G}$의 원소와 개수가 같다.

$g_1, g_2 \in \mathcal{G}$와 $\chi \in \widehat{\mathcal{G}}$에 대해 다음을 알 수 있다.

$$\underbrace{\widehat{g_1 g_2}(\chi) =}_{\text{(F.45)}} \underbrace{\chi(g_1 g_2) =}_{\text{(F.61)}} \underbrace{\chi(g_1)\chi(g_2) =}_{\text{(F.45)}} \widehat{g_1}(\chi)\widehat{g_2}(\chi)$$

그래서 $\widehat{g_1 g_2} = \widehat{g_1}\widehat{g_2}$이며 이는 $\widehat{} \in \mathrm{Hom}(\mathcal{G}, \widehat{\widehat{\mathcal{G}}})$를 의미한다. 그리고 $\widehat{g_1} = \widehat{g_2}$이 며 임의의 $\chi \in \widehat{\mathcal{G}}$에 대해 다음이 만족한다.

$$\underbrace{\chi(g_1) =}_{\text{(F.45)}} \widehat{g_1}(\chi) = \underbrace{\widehat{g_2}(\chi) =}_{\text{(F.45)}} \chi(g_2) \tag{F.93}$$

그래서 모든 $\chi \in \widehat{\mathcal{G}}$에 대해 다음이 만족한다.

$$\underbrace{\chi(g_1 g_2^{-1}) =}_{\text{(F.61)}} \underbrace{\chi(g_1)\chi(g_2^{-1}) =}_{\text{(F.50)}} \underbrace{\chi(g_1)\chi(g_2)^{-1} =}_{\text{(F.93)}} 1$$

이로부터, $g_1 g_2^{-1} = e_\mathcal{G}$이며 $g_1 = g_2$이다. 결국 $\widehat{} : \mathcal{G} \to \widehat{\widehat{\mathcal{G}}}$는 단사함수이고, $\widehat{\widehat{\mathcal{G}}}$의 원 소와 $\mathcal{G}$의 원소의 개수가 같기 때문에 이는 전단사함수가 된다. 종합하면 동형사 상이다. 이로써 증명은 끝난다. ■

보조정리 F.46 $\mathcal{H}$는 유한 아벨군 $\mathcal{G}$의 부분군이고 $\mathcal{H}^{\perp}$는 (F.72)에서 정의 된 것이다. 그러면 다음을 얻는다.

$$(\mathcal{H}^{\perp})^{\perp} = \mathcal{H} \tag{F.94}$$

[증명]

임의의 $h \in \mathcal{H}$와 $\chi \in \mathcal{H}^{\perp}$에 대해 다음을 알 수 있다.

$$1 = \chi(h) = \widehat{\widehat{h}}(\chi)$$

여기에서 $\widehat{}$은 (F.92)에서 정의된 것이다. 그러므로

$$h \in \left(\mathcal{H}^{\perp}\right)^{\perp} = \left\{ \xi \in \widehat{\widehat{\mathcal{G}}} \,\middle|\, \mathcal{H}^{\perp} \subset \mathrm{Ker}(\xi) \right\}$$

이는 다음을 의미한다.

$$\mathcal{H} \subset \left(\mathcal{H}^{\perp}\right)^{\perp} \tag{F.95}$$

부분군 $\mathcal{H}^{\perp} \leq \widehat{\mathcal{G}}$에 따름정리 F.43의 결과를 적용하면 다음을 얻는다.

$$\left| \left(\mathcal{H}^{\perp}\right)^{\perp} \right| \underbrace{=}_{\text{(F.83)}} \frac{|\widehat{\mathcal{G}}|}{|\mathcal{H}^{\perp}|} \underbrace{=}_{\text{(F.70),(F.83)}} \frac{|\mathcal{G}|}{\frac{|\mathcal{G}|}{|\mathcal{H}|}} = |\mathcal{H}|$$

이 사실과 (F.95)로부터 $\left(\mathcal{H}^{\perp}\right)^{\perp} = \mathcal{H}$임을 알 수 있다. ∎

보기 F.47 (F.94)를 보기 F.40에서의 자명한 부분군에 적용을 하면 다음을 얻는다.

$$\langle e_{\mathcal{G}} \rangle \underbrace{=}_{\text{(F.94)}} \left(\langle e_{\mathcal{G}} \rangle^{\perp}\right)^{\perp} \underbrace{=}_{\text{(F.73)}} \widehat{\mathcal{G}}^{\perp}$$

또, 다른 자명 부분군 $\mathcal{G}$ 자신에 적용하면 다음을 얻는다.

$$\mathcal{G} \underbrace{=}_{\text{(F.94)}} \left(\mathcal{G}^{\perp}\right)^{\perp} \underbrace{=}_{\text{(F.74)}} \langle e_{\widehat{\mathcal{G}}} \rangle^{\perp} \tag{F.96}$$

정리 F.48 $\mathcal{H}_1$와 $\mathcal{H}_2$는 유한 아벨군 $\mathcal{G}$의 부분군이고, $\mathcal{H}_1^{\perp}$, $\mathcal{H}_2^{\perp}$는 (F.72)에 정의된 것이다. 그러면 다음을 알 수 있다.

$$\mathcal{H}_1 < \mathcal{H}_2 \leq \mathcal{G} \quad \Leftrightarrow \quad \mathcal{H}_2^{\perp} < \mathcal{H}_1^{\perp} \leq \widehat{\mathcal{G}} \tag{F.97}$$

[증명]

보조정리 F.39에서 $\mathcal{H}_1^\perp$와 $\mathcal{H}_2^\perp$가 $\widehat{\mathcal{G}}$의 부분군임을 알 수 있다. $\mathcal{H}_1 < \mathcal{H}_2$이고 $\chi \in \mathcal{H}_2^\perp$이면 (F.72)로부터 다음을 알 수 있다.

$$\mathcal{H}_1 \subset \mathcal{H}_2 \subset \mathrm{Ker}(\chi)$$

그리고 (F.72)를 한 번 더 적용하면 $\chi \in \mathcal{H}_1^\perp$를 얻는다. 결국 $\mathcal{H}_2^\perp < \mathcal{H}_1^\perp$이다. 그러나 정리 F.44에서 어떠한 $g \in \mathcal{H}_2 \smallsetminus \mathcal{H}_1$에 대해 어떤 $\chi \in \mathcal{H}_1^\perp$가 존재해 $g \notin \mathrm{Ker}(\chi)$가 만족하는 것을 알 수 있다. 그러므로 $\mathcal{H}_2^\perp < \mathcal{H}_1^\perp$이며 다음을 알 수 있다.

$$\mathcal{H}_1 < \mathcal{H}_2 \leq \mathcal{G} \quad \Rightarrow \quad \mathcal{H}_2^\perp < \mathcal{H}_1^\perp \leq \widehat{\mathcal{G}} \tag{F.98}$$

따름정리 F.37로부터 $\widehat{\mathcal{G}}$는 유한 아벨군이며, 보조정리 F.39로부터 $\mathcal{H}_1^\perp$, $\mathcal{H}_2^\perp$는 $\widehat{\mathcal{G}}$의 부분군임을 알 수 있다. 그러므로 여기에 (F.98)의 결과를 적용하면 다음을 얻는다.

$$\mathcal{H}_2^\perp < \mathcal{H}_1^\perp \leq \widehat{\mathcal{G}} \quad \Rightarrow \quad (\mathcal{H}_1^\perp)^\perp < (\mathcal{H}_2^\perp)^\perp \leq \widehat{\widehat{\mathcal{G}}} \tag{F.99}$$

정리 F45에서 $\widehat{\widehat{\mathcal{G}}}$와 $\mathcal{G}$를 같은 것으로 볼 수 있음을 알았고, 보조정리 F.46에서 $(\mathcal{H}_1^\perp)^\perp = \mathcal{H}_1$, $(\mathcal{H}_2^\perp)^\perp = \mathcal{H}_2$을 알 수 있다. 그러므로 (F.99)는 다음과 같다.

$$\mathcal{H}_2^\perp < \mathcal{H}_1^\perp \leq \widehat{\mathcal{G}} \quad \Rightarrow \quad \mathcal{H}_1 < \mathcal{H}_2 \leq \mathcal{G}$$

이로써 (F.97)이 증명된다.

따름정리 F.49 $\mathcal{G}$는 유한 아벨군이고 $\widehat{\mathcal{G}}$는 이것의 쌍대군이다. $\mathcal{H} < \mathcal{G}$는 진부분군이며 $\mathcal{H}^\perp < \widehat{\mathcal{G}}$는 (F.72)에서 정의된 것이다. 이때, 다음이 만족한다.

$$\begin{aligned} \mathcal{H} \ maximal &\Leftrightarrow \mathcal{H}^\perp \ minimal \\ \mathcal{H} \ minimal &\Leftrightarrow \mathcal{H}^\perp \ maximal \end{aligned} \tag{F.100}$$

[증명]

$\mathcal{H} < \mathcal{G}$가 극대^{maximal}라고 가정한다. 그러면 다음을 만족하는 $\mathcal{K} < \mathcal{G}$는 존재하지 않는다.

$$\mathcal{H} < \mathcal{K} < \mathcal{G} \underbrace{=}_{\text{(F.96)}} \langle e_{\hat{\mathcal{G}}} \rangle^{\perp}$$

정리 F.48에서 다음을 만족하는 부분군 $\mathcal{M} < \hat{\mathcal{G}}$이 존재하지 않는 것을 알 수 있다.

$$\langle e_{\hat{\mathcal{G}}} \rangle \underbrace{=}_{\text{(F.94)}} (\langle e_{\hat{\mathcal{G}}} \rangle^{\perp})^{\perp} < \mathcal{M} < \mathcal{H}^{\perp} \tag{F.101}$$

그 이유는 이런 $\mathcal{M}$이 존재한다면 (F.97)로부터 $\mathcal{H} < \mathcal{M}^{\perp} < \mathcal{G}$를 만족하는 부분군 $\mathcal{M}^{\perp}$가 존재하게 되는데 이는 $\mathcal{H}$가 극대라는 가정을 위배한다. 그러므로 (F.101)을 만족하는 $\mathcal{M}$은 존재하지 않으며 $\mathcal{H}^{\perp}$는 극소^{minimal}이다.

이제 $\mathcal{H}^{\perp}$가 극소라고 가정한다. 이는 다음을 만족하는 부분군 $\mathcal{K}$가 존재하지 않는다는 것이다.

$$\langle e_{\hat{\mathcal{G}}} \rangle < \mathcal{K} < \mathcal{H}^{\perp}$$

다시 정리 F.48을 적용하면 다음을 만족하는 부분군 $\mathcal{M} < \mathcal{G}$이 존재하지 않는다.

$$\mathcal{H} < \mathcal{M} < \mathcal{G} \tag{F.102}$$

그 이유는 만약에 존재한다면 (F.97)로부터 다음이 만족하기 때문이다.

$$\langle e_{\hat{\mathcal{G}}} \rangle \underbrace{=}_{\text{(F.74)}} \mathcal{G}^{\perp} < \mathcal{M}^{\perp} < \mathcal{H}^{\perp}$$

이는 $\mathcal{H}^{\perp}$가 극소라는 가정을 위배한다. 결국 (F.102)를 만족하는 $\mathcal{M}$은 존재하지 않고 $\mathcal{H}$는 극대가 된다.

지금까지 증명한 것을 요약하면 다음과 같다.

$$\mathcal{H} \text{ maximal} \quad \Leftrightarrow \quad \mathcal{H}^{\perp} \text{ minimal}$$

이를 부분군 $\mathcal{H}^{\perp} < \hat{\mathcal{G}}$에 적용하면 다음을 얻는다.

$$\mathcal{H}^{\perp} \text{ maximal} \quad \Leftrightarrow \quad (\mathcal{H}^{\perp})^{\perp} \underbrace{=}_{\text{(F.94)}} \mathcal{H} \text{ minimal}$$

앞의 결과를 이용하면 유한 아벨군이 임의로 선택한 원소들의 집합으로 생성될 확률의 하한을 계산할 수 있다. 이 결과는 6장 6절에서 논의한 아벨 숨은 부분군 문제^{Abelian Hidden Subgroup Problem}에서 유용하다.

> **보조정리 F.50** $g_1, \ldots, g_L$은 균등하게 분포한 유한 아벨군 $\mathcal{G}$의 원소들에서 독립적이며, 무작위 복원 추출로 만든 원소들의 집합이다. 그러면 이 집합으로 생성되는 군이 원래 전체의 군과 같게 될 확률은 다음을 만족한다.
>
> $$\mathbf{P}\{\mathcal{G} = \langle g_1, \ldots, g_L \rangle\} \geq 1 - \frac{|\mathcal{G}|}{2^L} \qquad \text{(F.103)}$$

[증명]

반대 사건 $\{\langle g_1, \ldots, g_L \rangle < \mathcal{G}\}$의 확률을 먼저 계산한 후에 다음의 식을 이용해 주장을 증명할 예정이다.

$$\mathbf{P}\{\langle g_1, \ldots, g_L \rangle = \mathcal{G}\} + \mathbf{P}\{\langle g_1, \ldots, g_L \rangle < \mathcal{G}\} = 1$$

$\langle g_1, \ldots, g_L \rangle \neq \mathcal{G}$이면 다음을 만족하는 $\mathcal{G}$의 극대 부분군 $\mathcal{H}$가 존재한다.

$$\langle g_1, \ldots, g_L \rangle \leq \mathcal{H} < \mathcal{G}$$

(F.36)에서 $\frac{|\mathcal{G}|}{|\mathcal{H}|} \in \mathbb{N}$이다. 그리고 $\mathcal{H} < \mathcal{G}$이므로 다음을 알 수 있다.

$$\frac{|\mathcal{G}|}{|\mathcal{H}|} \geq 2 \qquad \text{(F.104)}$$

그러므로 균등하게 분포된 $|\mathcal{G}|$개의 $\mathcal{G}$의 원소에서 g_1이 임의로 선택할 때, 이것이 $\mathcal{H}$에 속할 확률은 다음을 만족한다.

$$\mathbf{P}\{g_1 \in \mathcal{H}\} = \frac{|\mathcal{H}|}{|\mathcal{G}|} \underset{\text{(F.104)}}{\leq} \frac{1}{2}$$

이런 방식으로 독립적으로 L개의 원소 $g_1, \ldots, g_L$을 추출하면, 이러한 것들이 모두 $\mathcal{H}$에 포함될 확률은 다음을 만족한다.

$$\mathbf{P}\{g_1, \ldots, g_L \in \mathcal{H}\} \leq \frac{1}{2^L} \qquad \text{(F.105)}$$

그러므로 $g_1, \ldots, g_L$이 극대 부분군 $\mathcal{H} < \mathcal{G}$에 속할 확률은 다음을 만족한다.

$$\mathbf{P}\left\{\begin{matrix} g_1,\ldots,g_L \in \mathcal{H} \quad \text{for} \\ \text{any maximal } \mathcal{H} < \mathcal{G} \end{matrix}\right\} \leq \sum_{\mathcal{H} < \mathcal{G} \text{ maximal}} \mathbf{P}\{g_1,\ldots,g_L \in \mathcal{H}\}$$

$$\underbrace{=}_{\text{(F.100)}} \sum_{\mathcal{H}^\perp \leq \hat{\mathcal{G}} \text{ minimal}} \mathbf{P}\{g_1,\ldots,g_L \in \mathcal{H}\}$$

$$\underbrace{\leq}_{\text{(F.105)}} \frac{\hat{\mathcal{G}}\text{의 극소 부분군의 갯수}}{2^L}$$

보조정리 F.11에서 $\hat{\mathcal{G}}$의 극소 부분군은 어떤 $\chi \in \hat{\mathcal{G}}$에 대해 $\langle \chi \rangle$의 형태라는 것을 알고 있다. 그러므로

$$\hat{\mathcal{G}}\text{의 극소 부분군의 갯수} \leq |\hat{\mathcal{G}}| \underbrace{=}_{\text{(F.70)}} |\mathcal{G}|$$

따라서

$$\mathbf{P}\left\{\begin{matrix} g_1,\ldots,g_L \in \mathcal{H} \quad \text{for} \\ \text{any maximal } \mathcal{H} < \mathcal{G} \end{matrix}\right\} \leq \frac{|\mathcal{G}|}{2^L}$$

이로부터 다음을 구한다.

$$\mathbf{P}\{\langle g_1,\ldots,g_L\rangle < \mathcal{G}\} \leq \frac{|\mathcal{G}|}{2^L}$$

결과적으로 다음을 얻는다.

$$\mathbf{P}\{\langle g_1,\ldots,g_L\rangle = \mathcal{G}\} = 1 - \mathbf{P}\{\langle g_1,\ldots,g_L\rangle < \mathcal{G}\} \geq 1 - \frac{|\mathcal{G}|}{2^L}$$

F.3 군의 양자 푸리에 변환

정의 F.51 $\mathcal{G}$는 유한 아벨군이고 $\hat{\mathcal{G}}$는 이의 쌍대군이다. 그리고 $\mathbb{H}$는 $\{|g_j\rangle \mid j \in \{1,\ldots,|\mathcal{G}|\}\}$를 ONB로 가지는 $\dim \mathcal{H} = |\mathcal{G}|$인 힐베르트 공간이다. 즉, $\mathcal{G}$의 각각의 원소 g_i가 ONB의 기저 벡터가 되며, $\hat{\mathcal{G}}$의 원소 $|\chi_k\rangle$로 구성된 $\{|\chi_k\rangle \mid k \in \{1,\ldots,|\mathcal{G}|\}\}$가 다른 ONB를 형성한다.

$$\mathbb{H} = \text{Span}\{|g_1\rangle, \ldots, |g_{|\mathcal{G}|}\rangle\} = \text{Span}\left\{|g_j\rangle \mid g_j \in \mathcal{G}\right\}$$
$$= \text{Span}\{|\chi_1\rangle, \ldots, |\chi_{|\mathcal{G}|}\rangle\} = \text{Span}\left\{|\chi_k\rangle \mid \chi_k \in \widehat{\mathcal{G}}\right\} \quad (F.106)$$
$$\langle g_j | g_k \rangle = \delta_{jk} = \langle \chi_j | \chi_k \rangle$$

그러면 군 $\mathcal{G}$상의 양자 푸리에 변환^{quantum Fourier transform on the group}은 다음에 서 정의되는 연산자 $F_{\mathcal{G}} : \mathbb{H} \to \mathbb{H}$이다.

$$F_{\mathcal{G}} := \frac{1}{\sqrt{|\mathcal{G}|}} \sum_{\substack{g \in \mathcal{G} \\ \chi \in \widehat{\mathcal{G}}}} \chi(g) |\chi\rangle \langle g| \quad (F.107)$$

▌ 문제 F.136 양자 푸리에 변환 $F_{\mathcal{G}}$가 유니타리가 되는 것을 보여라.

정의 5.48에서 소개한 양자 푸리에 변화은 군 $\mathbb{Z}_{2^n}$에서 정의된 양자 푸리에 변환 의 특별한 경우다.

보기 F.52 $N = 2^n$인 특별한 경우에서 보기 F.29의 군 $\mathcal{G} = \mathbb{Z}_N$을 고려한다.

$$\mathcal{G} \underbrace{=}_{(F.46)} \mathbb{Z}_{2^n} = \mathbb{Z}/2^n\mathbb{Z} = \left\{ [x]_{2^n\mathbb{Z}} \mid x \in \{0, \ldots, 2^n - 1\} \right\}$$

$$\widehat{\mathcal{G}} \underbrace{=}_{(F.59)} \left\{ \chi_y : \begin{array}{ccc} \mathcal{G} & \longrightarrow & \text{U}(1) \\ [x]_{2^n\mathbb{Z}} & \longmapsto & e^{2\pi i \frac{xy}{2^n}} \end{array} \middle| y \in \{0, \ldots, 2^n - 1\} \right\}$$

$|G| = 2^n = |\widehat{\mathcal{G}}|$이다. 그리고 $\mathbb{H} \cong \mathbb{C}^2$를 정의 2.28에서 정의한 큐비트의 힐 베르트 공간일 때 $\mathbb{H} = \mathbb{H}^{\P \otimes n}$라 둔다. (F.106)의 식을 다음과 같이 표기하면,

$$|[x]_{2^n\mathbb{Z}}\rangle = |x\rangle \quad \forall [x]_{2^n\mathbb{Z}} \in \mathbb{Z}_{2^n}$$
$$|\chi_y\rangle = |y\rangle \quad \forall \chi_y \in \widehat{\mathbb{Z}_{2^n}}$$

(F.107)의 $F_{\mathbb{Z}_{2^n}}$은 다음과 같이 된다.

$$F_{\mathbb{Z}_{2^n}} = \frac{1}{\sqrt{2^n}} \sum_{x,y=0}^{2^n-1} \exp\left(2\pi i \frac{xy}{2^n}\right) |x\rangle \langle y|$$

이는 정의 5.48과 완전히 일치한다.

F.4 타원 곡선

타원 곡선$^{\text{elliptic curves}}$을 정의하기 전에 체^{field}의 개념을 소개할 필요가 있다.

정의 F.53 체^{field}는 다음을 만족하는 덧셈 연산 $+ : \mathbb{F} \times \mathbb{F} \to \mathbb{F}$과 곱셈 연산 $\cdot : \mathbb{F} \times \mathbb{F} \to \mathbb{F}$를 가지는 집합 $\mathbb{F}$이다.

(i) $(\mathbb{F}, +)$는 단위원 $e_{+\mathbb{F}}$를 가지는 아벨군이다.

(ii) $(\mathbb{F} \setminus \{e_{+\mathbb{F}}\}, \cdot)$는 아벨군이다.

(iii) 곱셈은 덧셈에 대해 배분 법칙이 성립한다. 즉, 모든 $a, b, c \in \mathbb{F}$에 대해 다음을 만족한다.

$$a \cdot (b + c) = a \cdot b + a \cdot c$$

일반적으로, 덧셈의 단위원 $e_{+\mathbb{F}}$는 0으로 표기하고 곱셈의 단위원은 1로 표기한다. 집합 $\mathbb{F}$가 유한하면, 유한체라고 한다.

보기 F.54 $\mathbb{Q}$, $\mathbb{R}$, $\mathbb{C}$는 모두 체이기 때문에 체의 정의가 친숙하게 느껴진다. 그러나 ± 1를 제외하면 곱셈의 역원이 정수가 아니기 때문에 $\mathbb{Z}$는 체가 아니다.

따름정리 F.55 p가 소수이면

$$\mathbb{F}_p := \mathbb{Z} / p\mathbb{Z} \cong \mathbb{Z}_p$$

는 유한체이다.

[증명]

보조정리 F.5에서 $\mathbb{Z}_p$는 덧셈에 대해 군이 되고, $\mathbb{Z}_p^{\times}$는 곱셈이 대해 군이 된다. 그리고 모든 $[a]_{p\mathbb{Z}}$, $[b]_{p\mathbb{Z}}$, $[c]_{p\mathbb{Z}}$에 대해 다음이 성립한다.

$$[a]_{p\mathbb{Z}} \cdot_{\mathbb{Z}_p} \left([b]_{p\mathbb{Z}} +_{\mathbb{Z}_p} [c]_{p\mathbb{Z}}\right) \underbrace{=}_{\text{(F.11),(F.12)}} \left(a\big((b+c) \bmod p\big)\right) \bmod p$$

$$\underbrace{=}_{\text{(D.21),(D.23)}} \left((ab) \bmod p + (ac) \bmod p\right) \bmod p$$

$$\underbrace{=}_{\text{(F.11),(F.12)}} [a]_{p\mathbb{Z}} \cdot_{\mathbb{Z}_p} [b]_{p\mathbb{Z}} +_{\mathbb{Z}_p} [a]_{p\mathbb{Z}} \cdot_{\mathbb{Z}_p} [c]_{p\mathbb{Z}}$$

이는 곱셈이 덧셈에 대해 분배법칙이 성립하는 것을 보이는 것이고, $\mathbb{F}_p$가 체가 되는 증명을 마무리한다. 보기 F.7과 (F.46)에서 $\mathbb{Z}_p$는 유한하다. ∎

정의 F.56 체 $\mathbb{F}$상에서 무한대 0_E를 가지는 (정칙) 타원 곡선은 두 원소 $A, B \in \mathbb{F}$를 이용한 다음의 집합이다.

$$E(\mathbb{F}) := \left\{ (x,y) \in \mathbb{F} \times \mathbb{F} \;\middle|\; \begin{array}{l} y^2 = x^3 + Ax + B, \text{ where } A, B \in \mathbb{F} \\ \text{such that } 4A^3 + 27B^2 \neq 0_{\mathbb{F}} \end{array} \right\} \cup \{0_E\}$$

삼차식 $y^2 = x^3 + Ax + B$은 타원 곡선의 **바이어슈트라스 식**$^{\text{Weierstrass equation}}$이라고 한다. 다음의 식

$$\Delta_E := 4A^3 + 27B^2 \tag{F.108}$$

은 **타원 곡선의 판별식**$^{\text{discriminant of the elliptic curve}}$이라고 한다.

위의 정의에서 덧셈, 곱셈과 등식은 기저의 체 $\mathbb{F}$에서 정의된 것을 사용한다. 그리고 $\frac{1}{x}$는 $x \in \mathbb{F}$의 곱셈 역원을 표기한다.

엄밀하게 말하면 – 그리고 **곡선**이라는 말이 의미하듯이 – 타원 곡선은 단지 바이어슈트라스 식의 해들의 그래프 $(x, y) \in E(\mathbb{F}) \setminus \{0_E\}$이다. 이러한 그래프에 타원 곡선이 군이 되기 위해 무한 점 0_E를 추가했다. 이런 목적에서 무한점은 군의 단위원이 될 것이다.

$E(\mathbb{F}) \setminus \{0_E\}$의 원소는 짝으로 나타난다. 즉, $(x, y) \in E(\mathbb{F}) \setminus \{0_E\}$이면 $(x, -y) \in E(\mathbb{F}) \setminus \{0_E\}$이다. 이를 두고, 타원 곡선은 x축에 대해 대칭이라고 표현하고 $\mathbb{F} = \mathbb{R}$인 경우에 2차원 그림에서 분명하게 알 수 있다.

보기 F.57 보기로서 $\mathbb{F} = \mathbb{R}$, $A = -2$, $B = 2$인 경우를 고려한다. 그림 F.1 에 곡면 $E(\mathbb{R}) \smallsetminus \{0_E\}$를 나타냈다.

$\mathbb{F} = \mathbb{R}$은 바이어슈트라스 식의 해 $(x, y) \in \mathbb{R}^2$가 2차원 평면에 실제 곡선 으로 나타나게 하는 특별한 경우다. 일반적인 다른 체 $\mathbb{F}$에 대해서는 이러한 그래프는 불가능해 직관적이지 못하다.

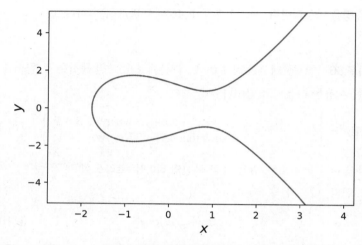

그림 F.1 $A = -2$, $B = 2$인 체 $\mathbb{R}$상에서의 타원곡면. x축에 대한 대칭이 분명하게 보인다.

조건 $\Delta_E \ne 0$은 타원 곡선을 정칙으로 만든다. 이러한 상관성을 살펴보자. r_1, r_2, $r_3 \in \mathbb{F}$를 바이어슈트라스 식의 오른쪽 삼차식의 근이라고 하면 다음을 얻는 다.

$$\begin{aligned} x^3 + Ax + B &= (x - r_1)(x - r_2)(x - r_3) \\ &= x^3 - (r_1 + r_2 + r_3)x^2 + (r_1 r_2 + r_1 r_3 + r_2 r_3)x - r_1 r_2 r_3 \end{aligned}$$

이로부터 다음을 알 수 있다.

$$r_1 + r_2 + r_3 = 0 \tag{F.109}$$

$$r_1 r_2 + r_1 r_3 + r_2 r_3 = A \tag{F.110}$$

$$-r_1 r_2 r_3 = B \tag{F.1111}$$

문제 F.137 r_1, r_2, r_3은 바이어슈트라스 식의 우항 삼차식의 근이고 Δ_E는 타원 곡선 E의 판별식이다. 다음을 보여라.

$$\left((r_1 - r_2)(r_1 - r_3)(r_2 - r_3)\right)^2 = -\Delta_E \tag{F.112}$$

(F.112)로부터 정의 F.16에서 $\Delta_E \neq 0_\mathbb{F}$의 조건은 바이어슈트라스 식의 우항 삼차식의 세 개의 근들이 서로 다르다는 것을 보장한다. 이것이 흥미로운 유일한 경우다.

정리 F.58 $E(\mathbb{F})$는 바이어슈트라스 식 $y^2 = x^3 + Ax + B$와 무한점 0_E를 가지는 체 $\mathbb{F}$상의 정칙 타원 곡선이다. 두 원소 $P, Q \in E(\mathbb{F})$에 대해 다음을 정의하고자 한다.

$$P +_E Q \in (\mathbb{F} \times \mathbb{F}) \cup \{0_E\}$$

정의는 다음과 같다.

$P = 0_E$이면

$$P +_E Q = Q \tag{F.113}$$

$Q = 0_E$이면

$$P +_E Q = P \tag{F.114}$$

그 외의 경우에 $P = (x_p, y_p)$, $Q = (x_Q, y_Q)$이면

$$m = m(P, Q) = \begin{cases} \frac{3x_P^2 + A}{2y_P} & \text{if } x_P = x_Q \text{ and } y_P = y_Q \neq 0_\mathbb{F} \\ \frac{y_Q - y_P}{x_Q - x_P} & \text{if } x_P \neq x_Q \end{cases} \tag{F.116}$$

$$\begin{aligned} x_+ &= m^2 - x_P - x_Q \\ y_+ &= m(x_P - x_+) - y_P \end{aligned} \tag{F.117}$$

$$P +_E Q = (x_+, y_+)$$

그러면 $(E(\mathbb{F}), +_E)$는 단위원 0_E, 역원 $-_E(x, y) = (x, -_\mathbb{F} y)$을 가지는 아벨군이 된다.

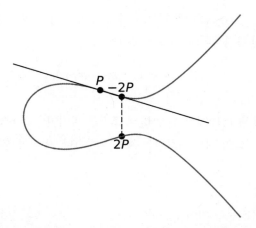

그림 F.2 $A = -2$, $B = 2$인 $E(\mathbb{R})$에서 P와 자기 자신의 덧셈을 그래프로 나타낸 것이다. P 점에서의 직선은 곡선에 접한 것이다. 이러한 접선과 곡선의 교점은 $-2P$이다. 이 점을 x축에 대해 반사 이동을 하면 $2P = P +_E P$를 얻는다.

[증명]

우선 해야 할 일은 $P +_E Q \in E(\mathbb{F})$를 증명하는 것이다. (F.113)과 (F.114)에서 $P = 0_E$ 또는 $Q = 0_E$일 때는 문제가 없다. $P, Q \in E(\mathbb{F})$이기 때문이다. 비슷하게 $0_E \in E(\mathbb{F})$이므로, (F.115)로부터 $x_P = x_Q$이고 $y_P = -y_Q$인 $P, Q \in E(\mathbb{F}) \smallsetminus \{0_E\}$에 대해서는 $P +_E Q \in E(\mathbb{F})$를 만족한다.

다음으로 $x_P = x_Q$이고 $y_P = y_Q \neq 0_{\mathbb{F}}$ 또는 $x_P \neq x_Q$인 $P, Q \in E(\mathbb{F}) \smallsetminus \{0_E\}$를 고려한다. 이를 위해서는 (x_p, y_p)와 (x_Q, y_Q)가 주어질 때 (F.117)에서 정의된 (x_+, y_+)가 바이어슈트라스 식을 만족하는 것을 보여야 한다. 이를 증명하기 위해, $m = m(P, Q) \in \mathbb{F}$는 (F.116)에서 정의된 것이고 다음의 식으로 **직선**을 정의한다.

$$\begin{aligned} l : \mathbb{F} &\longrightarrow \mathbb{F} \\ x &\longmapsto l(x) := m(x - x_P) + y_P \end{aligned} \tag{F.118}$$

그러면 $y_p = 1(x_p)$, $y_Q = 1(x_Q)$이며 다음을 만족한다.

$$y_+ \underbrace{=}_{\text{(F.117),(F.118)}} -l(x_+)$$

그리고 바이어슈트라스 식을 만족하는 임의의 쌍 $(x, l(x))$은 정의로부터 $E(\mathbb{F})$의 원소이다.

$$\left(x, \pm l(x)\right) \in E(\mathbb{F}) \qquad \Leftrightarrow \qquad \left(l(x)\right)^2 = x^3 + Ax + B$$

그러므로 점 $P +_E Q = (x_+, y_+)$은 직선 $(x, l(x))$과 곡선 $E(\mathbb{F}) \smallsetminus \{0_E\}$의 교점의 x축 대칭점이다. 이를 $E(\mathbb{R})$에 대해 $P = Q$일 때 그림 F.2에서, $P \neq Q$일 때 그림 F.3에 나타냈다.

결과적으로 $\left(x_+, l(x_+)\right)$가 바이어슈트라스 식을 만족하면 다음을 알 수 있다.

$$P +_E Q = (x_+, y_+) = \left(x_+, -l(x_+)\right) \in E(\mathbb{F})$$

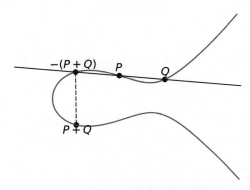

그림 F.3 $A = -2$, $B = 2$일 때 $E(\mathbb{R})$의 $P +_E Q$의 계산에 관한 설명. P, Q를 지나는 직선과 곡선의 교점은 $-(P +_E Q)$이다. x축에 대해 반사하면 $P +_E Q$를 얻는다.

$x_P = x_Q$, $y_P = y_Q \neq 0_E$이면 지루하고 복잡한 직접 계산으로 이것을 보일 수 있다. 이 경우에 다음을 얻는다.

$$m = \frac{3x_P^2 + A}{2y_P} \tag{F.119}$$

$$x_+ = m^2 - 2x_P \tag{F.120}$$

그래서

$$
\begin{aligned}
x_+^3 + Ax_+ + B - \left(l(x_+)\right)^2 &\underset{\text{(F.120)}}{=} 3m^2 x_P^2 + Am^2 + 6mx_P y_P - 2m^3 y_P - 9x_P^3 - 3Ax_P \\
&= 2y_P\left[m^2 \frac{3x_P^2 + A}{2y_P} - m^3 + 3x_P\left(m - \frac{3x_P^2 + A}{2y_P}\right)\right] \\
&\underset{\text{(F.119)}}{=} 0
\end{aligned}
$$

$x_P \neq x_Q$인 경우를 고려한다. 다음의 수식은

$$x^3 + Ax + B - \left(l(x)\right)^2 \tag{F.121}$$
$$= x^3 - m^2 x^2 + (2m^2 x_P - 2m y_P + A)x + B - m^2 x_P^2 + 2m x_P y_P - y_P^2$$

x_P, x_Q를 두 개의 근으로 가지는 삼차식이다. 그 이유는 $P = \left(x_P, y_P = l(x_P)\right)$, $Q = \left(x_Q, y_Q = l(x_Q)\right)$가 $E(\mathbb{F})$의 원소이기 때문이다. 세 번째 근을 x_+라 하면 다음의 식을 알 수 있다.

$$x^3 + Ax + B - \left(l(x)\right)^2 = (x - x_P)(x - x_Q)(x - x_+) \tag{F.122}$$
$$= x^3 - (x_P + x_Q + x_+) + (x_P x_Q + x_P x_+ + x_Q x_+)x - x_P x_Q x_+$$

(F.121)과 (F.122)의 계수를 비교한 후 잘 정리하면 다음을 얻는다.

$$x_+ = m^2 - x_P - x_Q \tag{F.123}$$
$$0 = 2m y_P - A - 2x_P^2 - x_P x_Q - x_P x_+ + x_Q x_+ \tag{F.124}$$
$$0 = \left(2m y_P - A - 2x_P^2 - x_P x_Q - x_P x_+ + x_Q x_+\right)x_P \tag{F.125}$$

그리고 (F.123)에서 x_+는 (F.117)과 일치하는 것을 볼 수 있다. 다른 두 개의 식에 대해서는, 우선 $x_P = 0$인 경우부터 살펴보자. 그러면 (F.125)는 자명하게 성립하면 단지 (F.124)만 남게 된다. 비슷하게 $x_P \neq 0$이고 (F.125)를 x_p로 나누면 (F.124)를 얻는다. (F.123)을 이용해 (F.124)를 정리하면 다음을 얻는다.

$$m^2(x_Q - x_P)^2 + 2m y_P(x_Q - x_P) = (x_P^2 + x_Q^2 + x_P x_Q + A)(x_Q - x_P)$$
$$= x_Q^3 + Ax_Q - (x_P^3 + Ax_P)$$
$$= y_Q^2 - y_P^2 \tag{F.126}$$

여기에서 마지막 식에서 (x_P, y_P)와 (x_Q, y_Q)는 바이어슈트라스 식을 만족한다. (F.126)에서,

$$m = \frac{y_Q - y_P}{x_Q - x_P}$$

이것이 (x_+, y_+)가 바이어슈트라스 식을 만족하게 하는 m들 중의 하나임을 알 수 있다. 이로써 $P +_E Q \in E(\mathbb{F})$의 증명이 끝난다.

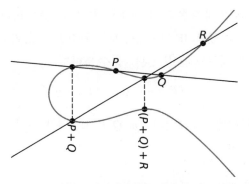

그림 F.4 $A = -2$, $B = 2$일 때 $E(\mathbb{R})$에서 정의된 덧셈의 결합 법칙이 성립하는 것을 나타낸다. 여기에서 P와 Q를 먼저 더하고, 그 결과에 R을 더해 $(P +_E Q) +_E R$을 만든다.

$(E(\mathbb{F}), +_E)$가 실제로 군이 되기 위해서는 덧셈에 대한 결합 법칙을 증명해야 한다. 이는 직접 계산법으로 가능하지만 실제로 매우 지루하고 복잡하기 때문에 여기에 나타내지는 않는다. 대신 그림 F.4와 F.5.에서 덧셈의 결합 법칙의 예시를 그림으로 보였다. 그림 F.4는 $(P +_E Q) +_E R$에 관한 것이며, 그림 F.5는 $P +_E (Q +_E R)$에 관한 것이다.

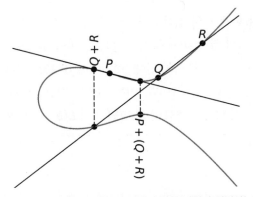

그림 F.5 $A = -2$, $B = 2$일 때 $E(\mathbb{R})$에서 정의된 덧셈의 결합 법칙이 성립하는 것을 나타낸다. 여기에서, Q와 R을 먼저 더하고, 그 결과에 P를 더해 $(P +_E Q) +_E R$을 만든다.

그림 F.4의 $(P +_E Q) +_E R$의 최종 결과 점과 그림 F.5의 $P +_E (Q +_E R)$의 결과 점을 비교하면, 두 점이 일치하는 것을 볼 수 있고, 이는 다음 정식의 **그래프 증명**이다.

$$(P +_E Q) +_E R = P +_E (Q +_E R)$$

아직 단위원과 역원에 대한 것이 남아 있다. (F.113)과 (F.114)에서 0_E는 $+_E$의 단위원임을 알 수 있고, (F.115)에서 모든 원소 $P = (x, y) \in E(\mathbb{F}) \smallsetminus \{0_E\}$는 다음으로 주어지는 역원을 가지는 것을 알 수 있다.

$$-_E P = -_E(x, y) = (x, -_\mathbb{F} y)$$

마지막으로 (F.116)에서 $m(P, Q) = m(Q, P)$임을 주의하면 $+_E$는 교환법칙이 성립해 아벨군이 된다. ∎

따름정리 F.59 p는 소수이고, $\mathbb{F}_p = \mathbb{Z}/p\mathbb{Z}$라 하면, 타원 곡선 $(E(\mathbb{F}_p), +_E)$는 유한 아벨군이다.

[증명]

따름정리 F.55에서 $\mathbb{F}_p$는 유한체이고, 정리 F.58에서 $(E(\mathbb{F}_p), +_E)$는 유한 아벨군이다. ∎

보기 F.60 유한체 $\mathbb{F}_p$의 집합 $E(\mathbb{F}_p) \smallsetminus \{0_E\}$은 곡선이 아니라 점으로 주어진다. 그리고 점의 쌍 $\pm_E P \in E(\mathbb{F}_p) \smallsetminus \{0_E\}$은 바이어슈트라스 식의 해들의 쌍 $(x, \pm_{\mathbb{F}_p} y) \in \mathbb{F}_p \times \mathbb{F}_p$로 주어진다. 여기에서 (F.13)으로부터 $y \in \{0, \dots, p-1\}$에 대해 $-_{\mathbb{F}_p} y = p - y$이다. 이는 집합이 직선 $p/2$에 대해 대칭임을 의미한다. 그림 F.6은 $p = 541$일 때 타원 곡선 $E(\mathbb{F}_p)$를 보여준다.

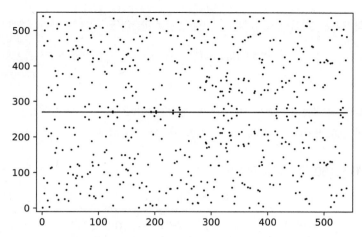

그림 F.6 $A = -2$, $B = 2$인 유한체 $\mathbb{F} = \mathbb{F}_{541}$상의 타원 곡선 $E(\mathbb{F}_{541})$. '대칭축'을 나타내 대칭이 분명하게 보이도록 했다. 이는 (x, y)가 바이어슈트라스 식의 근이면, $-_E(x, y) = (x, -_{\mathbb{F}_{541}}y) = (x, 541 - y)$ 또한 근이 되는 것에 기인한 것이다.

F.5 파울리 군

문제 F.138 σ_j, $j \in \{1, 2, 3\}$는 (2.74)에서 정의한 파울리 행렬이다. 그리고 $\sigma_0 = 1$는 2×2의 단위 행렬이다. 다음의 집합이

$$\mathcal{P} = \left\{ \mathrm{i}^a \sigma_\alpha \mid a, \alpha \in \{0, \ldots, 3\} \right\} \subset \mathrm{Mat}(2 \times 2, \mathbb{C})$$

$|\mathcal{P}| = 16$이며 $U(2) \cong \mathcal{U}(\mathbb{H})$의 부분군임을 보여라.

$\mathbb{H}$에서 기저를 선택하면, $\mathrm{Mat}(2 \times 2, \mathbb{C})$의 각각의 행렬을 $L(\mathbb{H})$의 원소와 전단사적으로 대응시킬 수 있어서, $\mathrm{Mat}(2 \times 2, \mathbb{C}) \cong L(\mathbb{H})$이다. 비슷하게 $U(2) \cong \mathcal{U}(\mathbb{H})$이다. 그래서 집합 $\mathcal{P}$의 원소를 $\mathcal{U}(\mathbb{H}) \subset L(\mathbb{H})$의 작용자로 볼 수 있다.

이 책의 모든 곳에서 파울리 행렬에 다음의 표기를 사용한 것을 기억하자.

$$\sigma_0 = \mathbf{1}, \quad \sigma_1 = \sigma_x = X, \quad \sigma_2 = \sigma_y = Y, \quad \sigma_3 = \sigma_z = Z$$

정의 F.61 다음에서 정의되는 군 $(\mathcal{P}, \cdot)$를 **파울리 군**[Pauli group]이라고 한다.

$$\mathcal{P} := \left\{ i^a \sigma_\alpha \mid a, \alpha \in \{0, \ldots, 3\} \right\} < \mathcal{U}(\Psi\mathbb{H})$$

파울리 군 $\mathcal{P}$는 아벨군이 아니다. 이 군의 중심(정의 F.17을 참조) 즉, 다른 모든 원소와 교환법칙이 성립하는 유일한 원소는 i1의 멱이다.

문제 F.139 다음을 증명하라.

$$\mathcal{P} = \langle \sigma_x, \sigma_y, \sigma_z \rangle \tag{F.127}$$

$$\mathrm{Ctr}(\mathcal{P}) = \langle i\sigma_0 \rangle = \langle i\mathbf{1} \rangle = \left\{ i^a \mathbf{1} \mid a \in \{0, \ldots, 3\} \right\} \tag{F.128}$$

그리고 $|\mathrm{Ctr}(\mathcal{P})| = 4$이다.

명제 F.62 $n \in \mathbb{N}$에 대해 다음의 집합과

$$\mathcal{P}_n = \left\{ i^a \sigma_{\alpha_{n-1}} \otimes \cdots \otimes \sigma_{\alpha_0} \in \mathrm{L}(\Psi\mathbb{H}^{\otimes n}) \mid a, \alpha_j \in \{0, \ldots, 3\} \right\}$$

연산자 곱셈은 $\mathbf{1}^{\otimes n} \in \mathrm{L}(\Psi\mathbb{H}^{\otimes n})$을 단위원으로 가지고, 임의의 $g = i^a \sigma_{\alpha_{n-1}} \otimes \cdots \otimes \sigma_{\alpha_0} \in \mathcal{P}_n$에 대해 다음의 성질을 만족하는 군이다.

(i)

$$g^* = \begin{cases} g & \text{if } a \in \{0, 2\} \\ -g & \text{if } a \in \{1, 3\} \end{cases} \tag{F.129}$$

(ii)

$$g^2 = \begin{cases} \mathbf{1}^{\otimes n} & \text{if } a \in \{0, 2\} \\ -\mathbf{1}^{\otimes n} & \text{if } a \in \{1, 3\} \end{cases} \tag{F.130}$$

(iii)

$$g^* g = \mathbf{1}^{\otimes n}, \qquad \text{hence } \mathcal{P}_n < \mathcal{U}(\Psi\mathbb{H}^{\otimes n}) \tag{F.131}$$

(iv)

$$\mathrm{Ctr}(\mathcal{P}_n) = \langle \mathrm{i}\mathbf{1}^{\otimes n} \rangle \qquad (\text{F}.132)$$

(v)

$$|\mathcal{P}_n| = 2^{2n+2}$$

[증명]

우선 $\mathcal{P}_n$이 군을 형성하는 것을 증명한다. 임의의 $g \in \mathcal{P}_n$에 대해 $\mathbf{1}^{\otimes n} g = g = g$ $\mathbf{1}^{\otimes n}$이므로 $\mathbf{1}^{\otimes n}$은 단위원이다.

$$g = \mathrm{i}^a \sigma_{\alpha_{n-1}} \otimes \cdots \otimes \sigma_{\alpha_0} \qquad \text{and} \qquad h = \mathrm{i}^b \sigma_{\beta_{n-1}} \otimes \cdots \otimes \sigma_{\beta_0}$$

인 경우에 다음을 정의한다.

$$gh = \mathrm{i}^{a+b} \sigma_{\alpha_{n-1}} \sigma_{\beta_{n-1}} \otimes \cdots \otimes \sigma_{\alpha_0} \sigma_{\beta_0}$$

문제 F.138에서 $c_j, \gamma_j \in \{0,\dots,3\}$일 때, $\sigma_\alpha \sigma_\beta = \mathrm{i}^{c_j} \sigma_{\gamma_j} \in \mathcal{P}$이다. $d \in \mathbb{Z}$일 때, $\mathrm{i}^d = \mathrm{i}^{d \bmod 4}$를 이용하면 다음을 얻는다.

$$gh = \mathrm{i}^{(a+b+\sum_{j=0}^{n-1} c_j) \bmod 4} \sigma_{\gamma_{n-1}} \otimes \cdots \otimes \sigma_{\gamma_0} \in \mathcal{P}_n$$

이는 $\mathcal{P}_n$의 두 원소의 곱이 $\mathcal{P}_n$에 속한다는 것을 보인다. $\mathcal{P}_n$이 역원을 가진다는 것은 (F.131)로부터 알 수 있다. 이것은 밑에서 증명할 것이지만, 맞다고 가정하면 $\mathcal{P}_n \subset \mathrm{L}(\mathbb{H}^{\otimes n})$은 군이 된다. 그리고 주장들을 계속 증명해 나간다.

(i) $g = \mathrm{i}^a \sigma_{\alpha_{n-1}} \otimes \cdots \otimes \sigma_{\alpha_0}$에 대해 다음을 얻는다.

$$g^* = \overline{\mathrm{i}^a} \sigma_{\alpha_{n-1}}^* \otimes \cdots \otimes \sigma_{\alpha_0}^*$$

여기에서, $\overline{\mathrm{i}^a} = (-\mathrm{i})^a$와 $a, \alpha \in \{0,\dots,3\}$일 때 $\sigma_{\alpha_j}^* = \sigma_{\alpha_j}$임을 이용하면 다음을 얻는다.

$$g^* = (-\mathrm{i})^a \sigma_{\alpha_{n-1}} \otimes \cdots \otimes \sigma_{\alpha_0} = \begin{cases} g & \text{if } a \in \{0,2\} \\ -g & \text{if } a \in \{1,3\} \end{cases} = \pm g$$

(ii) $\alpha_j \in \{0,\dots,3\}$일 때, $\sigma_{\alpha_j}^2 = \mathbf{1}$이다. 그러므로

$$g^2 = \mathrm{i}^{2a}\sigma_{\alpha_{n-1}}^2 \otimes \cdots \otimes \sigma_{\alpha_0}^2 = (-1)^a \mathbf{1}^{\otimes n} = \begin{cases} \mathbf{1}^{\otimes n} & \text{if } a \in \{0,2\} \\ -\mathbf{1}^{\otimes n} & \text{if } a \in \{1,3\} \end{cases} = \pm \mathbf{1}^{\otimes n}$$

(iii)

$$g^*g \underbrace{=}_{\text{(F.129)}} \begin{cases} g^2 & \text{if } a \in \{0,2\} \\ -g^2 & \text{if } a \in \{1,3\} \end{cases} \underbrace{=}_{\text{(F.130)}} \mathbf{1}^{\otimes n}$$

(iv) $h = \mathrm{i}^b \sigma_{\beta_{n-1}} \otimes \cdots \otimes \sigma_{\beta_0} \in \mathrm{Ctr}(\mathcal{P}_n)$이면, 정의 F.17은 모든 $g = \mathrm{i}^a \sigma_{\alpha_{n-1}} \otimes \cdots \otimes \sigma_{\alpha_0}$에 대해 $hg = gh$임을 의미한다. 결국

$$\sigma_{\beta_j}\sigma_{\alpha_j} = \sigma_{\alpha_j}\sigma_{\beta_j} \quad \forall \alpha_j \in \{0,\dots,3\}, j \in \{0,\dots,n-1\}$$

이는 모든 j에 대해 $\sigma_\beta \in \mathrm{Ctr}(\mathcal{P})$이어서 다음을 얻는다.

$$\mathrm{Ctr}(\mathcal{P}_n) = \big(\mathrm{Ctr}(\mathcal{P})\big)^{\otimes n} \underbrace{=}_{\text{(F.128)}} \langle \mathrm{i}\mathbf{1}\rangle^{\otimes n} = \langle \mathrm{i}\mathbf{1}^{\otimes n}\rangle$$

(v) 임의의 $g = \mathrm{i}^a \sigma_{\alpha_{n-1}} \otimes \cdots \otimes \sigma_{\alpha_0}$대해, 각각의 텐서 계수 $j \in \{0,\dots,n-1\}$에 대해 $\alpha \in \{0,\dots,3\}$인 4개의 서로 다른 원소 σ_{α_j}가 존재하고, 또한 4개의 스칼라 곱 $\mathrm{i}^a \in \{\pm 1, \pm \mathrm{i}\}$가 존재한다. 종합하면 $\mathcal{P}_n$에서 $4^{n+1} = 2^{2n+2}$개의 서로 다른 원소를 만든다. ◼

정의 F.63

$$\mathcal{P}_n := \big\{ \mathrm{i}^a \sigma_{\alpha_{n-1}} \otimes \cdots \otimes \sigma_{\alpha_0} \in \mathrm{L}\big(\mathbb{H}^{\otimes n}\big) \,\big|\, a, \alpha_j \in \{0,\dots,3\} \big\} < \mathcal{U}\big(\mathbb{H}^{\otimes n}\big)$$

위의 군을 n-겹 **파울리 군**^{n-fold Pauli group}이라고 한다.

원소 $\mathrm{i}^a \sigma_{\alpha_{n-1}} \otimes \cdots \otimes \sigma_{\alpha_0} \in \mathcal{P}_n$의 **가중치**^{weight} $\mathrm{w}_{\mathcal{P}}$를 $\sigma_{\alpha_j} \neq 1$인 텐서 계수 j의 갯수로 정의한다. 즉, 다음과 같다.

$$\mathrm{w}_{\mathcal{P}}\big(\mathrm{i}^a \sigma_{\alpha_{n-1}} \otimes \cdots \otimes \sigma_{\alpha_0}\big) := \big| \{ j \in \{0,\dots,n-1\} \,|\, \alpha_j \neq 0\} \big| \in \mathbb{N}_0$$

$$\text{(F.113)}$$

보기 F.64

$$g_1 = \sigma_z \otimes \sigma_z \otimes \mathbf{1} \in \mathcal{P}_3 \quad \text{and} \quad g_2 = \sigma_z \otimes \mathbf{1} \otimes \sigma_z \in \mathcal{P}_3$$

에 대해 다음을 알 수 있다.

$$\mathrm{w}_{\mathcal{P}}(g_1) = 2 = \mathrm{w}_{\mathcal{P}}(g_2)$$

또 다른 보기로

$$h_1 = \sigma_x \otimes \sigma_z \otimes \sigma_z \otimes \sigma_x \in \mathcal{P}_4 \quad \text{and} \quad h_2 = \sigma_y \otimes \sigma_x \otimes \sigma_x \otimes \sigma_y \in \mathcal{P}_4$$

인 경우 다음을 얻는다.

$$\mathrm{w}_{\mathcal{P}}(h_1) = 4 = \mathrm{w}_{\mathcal{P}}(h_2)$$

파울리 군의 구조를 조사하기에 앞서서, 가중치 함수 $\mathrm{w}_{\mathcal{P}}$의 특성 몇 가지를 정리한다.

> **보조정리 F.65** 가중치 함수 $\mathrm{w}_{\mathcal{P}} : \mathcal{P}_n \to \mathbb{N}_0$는 다음을 만족한다.
> $$\mathrm{w}_{\mathcal{P}}(g) = 0 \Leftrightarrow g \in \mathrm{Ctr}(\mathcal{P}_n) \tag{F.134}$$
> $$\mathrm{w}_{\mathcal{P}}(g^{-1}) = \mathrm{w}_{\mathcal{P}}(g^*) = \mathrm{w}_{\mathcal{P}}(g) \tag{F.135}$$
> $$\mathrm{w}_{\mathcal{P}}(gh) \leq \mathrm{w}_{\mathcal{P}}(g) + \mathrm{w}_{\mathcal{P}}(h) \tag{F.136}$$

[증명]

$g = \mathrm{i}^a \sigma_{\alpha_{n-1}} \otimes \cdots \otimes \sigma_{\alpha_0}$라 한다. $\mathrm{w}_{\mathcal{P}}(g) = 0$은 모든 $j \in \{0, \ldots, n-1\}$에 대해 $\sigma_{\alpha_j} = \mathbf{1}$인 경우에만 성립하므로, (F.134)의 주장은 (F.132)에서 유도된다.

(F.131)로부터, $g^{-1} = g^*$이어서 $\mathrm{w}_{\mathcal{P}}(g^{-1}) = \mathrm{w}_{\mathcal{P}}(g^*)$을 만족한다. 그리고

$$g^* = \left(\mathrm{i}^a \sigma_{\alpha_{n-1}} \otimes \cdots \otimes \sigma_{\alpha_0} \right)^* \underset{(2.32),(3.31)}{=} \overline{\mathrm{i}^a} \sigma_{\alpha_{n-1}}^* \otimes \cdots \otimes \sigma_{\alpha_0}^* \underset{(2.74)}{=} \overline{\mathrm{i}^a} \sigma_{\alpha_{n-1}} \otimes \cdots \otimes \sigma_{\alpha_0}$$

이므로, $\alpha_j \neq 0$인 j의 개수는 g^*와 g에 대해 동일하다. 그러므로 $\mathrm{w}_{\mathcal{P}}(g^*) = \mathrm{w}_{\mathcal{P}}(g)$가 성립한다.

(F.136)을 증명하기 위해, $h = \mathrm{i}^b \sigma_{\beta_{n-1}} \otimes \cdots \otimes \sigma_{\beta_0} \in \mathcal{P}_n$을 고려하면 다음을 만족한다.

$$gh = \mathrm{i}^{a+b} \sigma_{\alpha_{n-1}} \sigma_{\beta_{n-1}} \otimes \cdots \otimes \sigma_{\alpha_0} \sigma_{\beta_0} = g = \mathrm{i}^c \sigma_{\gamma_{n-1}} \otimes \cdots \otimes \sigma_{\gamma_0}$$

그리고 다음에 주의하자.

$$\begin{aligned}
&\{ j \in \{0, \ldots, n-1\} \mid \gamma_j \neq 0 \} \\
&= \{ j \in \{0, \ldots, n-1\} \mid \alpha_j \neq \beta_j \} \\
&\subset \{ j \in \{0, \ldots, n-1\} \mid \alpha_j \neq 0 \} \cup \{ j \in \{0, \ldots, n-1\} \mid \beta_j \neq 0 \}
\end{aligned}$$

그러면 다음을 얻는다.

$$\begin{aligned}
\mathrm{w}_{\mathcal{P}}(gh) \underset{\text{(F.133)}}{=} & \left| \{ j \in \{0, \ldots, n-1\} \mid \gamma_j \neq 0 \} \right| \\
\leq & \left| \{ j \in \{0, \ldots, n-1\} \mid \alpha_j \neq 0 \} \right| + \left| \{ j \in \{0, \ldots, n-1\} \mid \beta_j \neq 0 \} \right| \\
\underset{\text{(F.133)}}{=} & \mathrm{w}_{\mathcal{P}}(g) + \mathrm{w}_{\mathcal{P}}(h)
\end{aligned}$$

보조정리 F.66 $n \in \mathbb{N}$은 자연수이다. $\alpha \in \{x, z\}$에 대해 다음을 정의한다.

$$\begin{aligned}
\Sigma_\alpha : \qquad \mathbb{F}_2^n \quad &\longrightarrow \mathcal{P}_n \\
\mathbf{a} = \begin{pmatrix} a_0 \\ \vdots \\ a_{n-1} \end{pmatrix} &\longmapsto \Sigma_\alpha(\mathbf{a}) := \sigma_\alpha^{a_{n-1}} \otimes \cdots \otimes \sigma_\alpha^{a_0}
\end{aligned} \qquad (\text{F.137})$$

그리고 $a, b \in \mathbb{F}_2^n$에 대해 다음을 정의한다.

$$\mathbf{a} \overset{2}{\odot} \mathbf{b} := \left(\sum_{j=0}^{n-1} a_j b_j \right) \bmod 2$$

결국 $\overset{2}{\odot} : \mathbb{F}_2^n \times \mathbb{F}_2^n \to \mathbb{F}_2$이다. 그러면 다음을 만족한다.

$$\Sigma_\alpha(\mathbf{a})^* = \Sigma_\alpha(\mathbf{a}) \qquad (\text{F.138})$$

$$\Sigma_\alpha(\mathbf{a}) \Sigma_\alpha(\mathbf{b}) = \Sigma_\alpha(\mathbf{a} \overset{2}{\oplus} \mathbf{b}) \qquad (\text{F.139})$$

$$\Sigma_x(\mathbf{a}) \Sigma_z(\mathbf{a}) = (-1)^{\mathbf{a} \overset{2}{\odot} \mathbf{b}} \Sigma_z(\mathbf{b}) \Sigma_x(\mathbf{a}) \qquad (\text{F.140})$$

[증명]

(F.138)을 증명하기 위해 $\alpha \in \{0, \ldots, 3\}$일 때 $\sigma_\alpha^* = \sigma_\alpha$를 사용한다.

$$\Sigma_\alpha(\mathbf{a})^* \underbrace{=}_{\text{(F.137)}} \left(\sigma_\alpha^{a_{n-1}} \otimes \cdots \otimes \sigma_\alpha^{a_0}\right)^* \underbrace{=}_{\text{(3.31)}} \left(\sigma_\alpha^{a_{n-1}}\right)^* \otimes \cdots \otimes \left(\sigma_\alpha^{a_0}\right)^* = \sigma_\alpha^{a_{n-1}} \otimes \cdots \otimes \sigma_\alpha^{a_0}$$

$$\underbrace{=}_{\text{(F.137)}} \Sigma_\alpha(\mathbf{a})$$

(F.139)를 증명하기 위해 $\alpha \in \{0, \ldots, 3\}$일 때 $\sigma_\alpha^2 = 1$을 이용하면 $\sigma_\alpha^{a_j}\sigma_\alpha^{b_j} = \sigma_\alpha^{a_j \overset{2}{\oplus} b_j}$ 임을 알 수 있다. 그러므로

$$\Sigma_\alpha(\mathbf{a})\Sigma_\alpha(\mathbf{b}) \underbrace{=}_{\text{(F.137)}} \left(\sigma_\alpha^{a_{n-1}} \otimes \cdots \otimes \sigma_\alpha^{a_0}\right)\left(\sigma_\alpha^{b_{n-1}} \otimes \cdots \otimes \sigma_\alpha^{b_0}\right)$$

$$= \sigma_\alpha^{a_{n-1}}\sigma_\alpha^{b_{n-1}} \otimes \cdots \otimes \sigma_\alpha^{a_0}\sigma_\alpha^{b_0} = \sigma_\alpha^{a_{n-1} \overset{2}{\oplus} b_{n-1}} \otimes \cdots \otimes \sigma_\alpha^{a_0 \overset{2}{\oplus} b_0}$$

$$\underbrace{=}_{\text{(F.137)}} \Sigma_\alpha(\mathbf{a} \overset{2}{\oplus} \mathbf{b})$$

마지막으로,

$$\Sigma_x(\mathbf{a})\Sigma_z(\mathbf{b}) \underbrace{=}_{\text{(F.137)}} \left(\sigma_x^{a_{n-1}} \otimes \cdots \otimes \sigma_x^{a_0}\right)\left(\sigma_z^{b_{n-1}} \otimes \cdots \otimes \sigma_z^{b_0}\right)$$

$$= \sigma_x^{a_{n-1}}\sigma_z^{b_{n-1}} \otimes \cdots \otimes \sigma_x^{a_1}\sigma_z^{b_1} \otimes \sigma_x^{a_0}\sigma_z^{b_0}$$

$$= (-1)^{a_0 b_0}\sigma_x^{a_{n-1}}\sigma_z^{b_{n-1}} \otimes \cdots \otimes \sigma_x^{a_1}\sigma_z^{b_1} \otimes \sigma_z^{b_0}\sigma_x^{a_0}$$

$$\vdots$$

$$= (-1)^{\sum_{j=0}^{n-1} a_j b_j}\sigma_z^{b_{n-1}}\sigma_x^{a_{n-1}} \otimes \cdots \otimes \sigma_z^{b_0}\sigma_x^{a_0}$$

$$\underbrace{=}_{\text{(F.137)}} (-1)^{\mathbf{a} \overset{2}{\odot} \mathbf{b}}\Sigma_z(\mathbf{b})\Sigma_x(\mathbf{a}),$$

이는 (F.140)을 증명한다. ▪

보기 F.67 예를 들면, $n = 3$일 때 다음을 알 수 있다.

$$\Sigma_x\begin{pmatrix} 1 \\ 0 \\ 1 \end{pmatrix} = \sigma_x \otimes \mathbf{1} \otimes \sigma_x \quad \text{and} \quad \Sigma_z\begin{pmatrix} 1 \\ 1 \\ 1 \end{pmatrix} = \sigma_z \otimes \sigma_z \otimes \sigma_z$$

그러므로

$$\Sigma_x \begin{pmatrix} 1 \\ 0 \\ 1 \end{pmatrix} \Sigma_z \begin{pmatrix} 1 \\ 1 \\ 1 \end{pmatrix} = \sigma_x\sigma_z \otimes \sigma_z \otimes \sigma_x\sigma_z = (-\mathrm{i}\sigma_y) \otimes \sigma_z \otimes (-\mathrm{i}\sigma_y) = -\sigma_y \otimes \sigma_z \otimes \sigma_z$$

보조정리 F.68 $n \in \mathbb{N}$은 자연수이고, Σ_x, Σ_z는 보조정리 F.66에서 정의된 것이다. 임의의 $g \in \mathcal{P}_n$은 다음의 형태로 표현된다.

$$g = \mathrm{i}^{c(g)} \Sigma_x(\mathbf{x}(g)) \Sigma_z(\mathbf{z}(g)) \tag{F.141}$$

여기에서, $c(g) \in \{0,\ldots,3\}$이고, $\mathbf{x}(g), \mathbf{z}(g) \in \mathbb{F}_2^n$는 g에 의해 유일하게 결정된다.

[증명]

$\mathcal{P}_n$의 정의 F.63에서 임의의 $g \in \mathcal{P}_n$은 다음의 형태이다.

$$g = \mathrm{i}^a \sigma_{\alpha_{n-1}} \otimes \cdots \otimes \sigma_{\alpha_0}$$

여기에서 $a, \alpha \in \{0,\ldots,3\}$이다. 또한

$$\mathrm{i}^c \Sigma_x(\mathbf{x})\Sigma_z(\mathbf{z}) = \mathrm{i}^c \left(\sigma_x^{x_{n-1}} \otimes \cdots \otimes \sigma_x^{x_0} \right)\left(\sigma_z^{z_{n-1}} \otimes \cdots \otimes \sigma_z^{z_0} \right)$$
$$= \mathrm{i}^c \sigma_x^{x_{n-1}} \sigma_z^{z_{n-1}} \otimes \cdots \otimes \sigma_x^{x_0} \sigma_z^{z_0}$$

여기에서, 임의의 $j \in \{0,\ldots,n-1\}$에 대해 다음이 성립한다.

$$\sigma_x^{x_j} \sigma_z^{z_j} = \begin{cases} \sigma_0 & \text{if } x_j = 0 = z_j \\ \sigma_x & \text{if } x_j = 1 \text{ and } z_j = 0 \\ \sigma_z & \text{if } x_j = 0 \text{ and } z_j = 1 \\ -\mathrm{i}\sigma_y & \text{if } x_j = 1 = z_j \end{cases}$$

이로부터, $c = c(g)$, $\mathbf{x} = \mathbf{x}(g)$, $\mathbf{y} = \mathbf{y}(g)$를 알맞게 선택하면 다음을 얻을 수 있다.

$$g = \mathrm{i}^c \Sigma_x(\mathbf{x}) \Sigma_z(\mathbf{z})$$

이는 (F.141)을 증명한다.

이제 다음을 만족하는 또 다른 $\widetilde{c}$, $\widetilde{\mathbf{x}}$, $\widetilde{\mathbf{y}}$가 존재한다고 가정한다.

$$g = \mathrm{i}^{\widetilde{c}} \Sigma_x(\widetilde{\mathbf{x}}) \Sigma_z(\widetilde{\mathbf{z}})$$

그러면 다음을 알 수 있다.

$$g^* = (-\mathrm{i})^{\widetilde{c}} \big(\Sigma_x(\widetilde{\mathbf{x}}) \Sigma_z(\widetilde{\mathbf{z}}) \big)^* \underbrace{=}_{(2.47)} (-\mathrm{i})^{\widetilde{c}} \big(\Sigma_z(\widetilde{\mathbf{z}}) \big)^* \big(\Sigma_x(\widetilde{\mathbf{x}}) \big)^*$$

$$\underbrace{=}_{(\text{F.138})} (-\mathrm{i})^{\widetilde{c}} \Sigma_z(\widetilde{\mathbf{z}}) \Sigma_x(\widetilde{\mathbf{x}})$$

그래서

$$\mathbf{1}^{\otimes n} \underbrace{=}_{(\text{F.131})} g^* g = \mathrm{i}^c (-\mathrm{i})^{\widetilde{c}} \Sigma_z(\widetilde{\mathbf{z}}) \Sigma_x(\widetilde{\mathbf{x}}) \Sigma_x(\mathbf{x}) \Sigma_z(\mathbf{z})$$

$$\underbrace{=}_{(\text{F.139})} \mathrm{i}^{c-\widetilde{c}} \Sigma_z(\widetilde{\mathbf{z}}) \Sigma_x(\mathbf{x} \overset{2}{\oplus} \widetilde{\mathbf{x}}) \Sigma_z(\mathbf{z}) \underbrace{=}_{(\text{F.140})} \mathrm{i}^{c-\widetilde{c}} (-1)^{(\mathbf{x} \overset{2}{\oplus} \widetilde{\mathbf{x}}) \overset{2}{\odot} \widetilde{\mathbf{z}}} \Sigma_x(\mathbf{x} \overset{2}{\oplus} \widetilde{\mathbf{x}}) \Sigma_z(\widetilde{\mathbf{z}}) \Sigma_z(\mathbf{z})$$

$$\underbrace{=}_{(\text{F.139})} \mathrm{i}^{c-\widetilde{c}} (-1)^{(\mathbf{x} \overset{2}{\oplus} \widetilde{\mathbf{x}}) \overset{2}{\odot} \widetilde{\mathbf{z}}} \Sigma_x(\mathbf{x} \overset{2}{\oplus} \widetilde{\mathbf{x}}) \Sigma_z(\widetilde{\mathbf{z}} \overset{2}{\oplus} \mathbf{z})$$

이는 다음을 요구한다.

$$\Sigma_x(\widetilde{\mathbf{x}} \overset{2}{\oplus} \mathbf{x}) = \mathbf{1}^{\otimes n} = \Sigma_z(\widetilde{\mathbf{z}} \overset{2}{\oplus} \mathbf{z})$$

그러므로

$$\widetilde{\mathbf{x}} \overset{2}{\oplus} \mathbf{x} = 0 = \widetilde{\mathbf{z}} \overset{2}{\oplus} \mathbf{z}$$

$\mathbf{x}, \widetilde{\mathbf{x}}, \mathbf{z}, \widetilde{\mathbf{z}} \in \mathbb{F}_2^n$이므로, $\widetilde{\mathbf{x}} = \mathbf{x}$, $\widetilde{\mathbf{z}} = \mathbf{z}$이며 $(-1)^{(\mathbf{x} \overset{2}{\oplus} \widetilde{\mathbf{x}}) \overset{2}{\odot} \widetilde{\mathbf{z}}} = 1$을 얻는다. 그러므로 최종적으로 다음이 만족한다.

$$\mathbf{1}^{\otimes n} = g^* g = \mathrm{i}^{c-\widetilde{c}} \mathbf{1}^{\otimes n}$$

$c, \widetilde{c} \in \{0, \dots, 3\}$이므로, $c = \widetilde{c}$이어야 하고, 이것으로 $c = c(g)$, $\mathbf{x} = \mathbf{x}(g)$, $\mathbf{y} = \mathbf{y}(g)$의 유일성이 증명된다.

정의 F.69 $n \in \mathbb{N}$ 은 자연수이다. 다음의 사상을 정의하려고 한다.

$$(c(\cdot), \mathbf{x}(\cdot), \mathbf{z}(\cdot)) : \mathcal{P}_n \longrightarrow \mathbb{F}_2 \times \mathbb{F}_2^n \times \mathbb{F}_2^n$$
$$g \longmapsto (c(g), \mathbf{x}(g), \mathbf{z}(g))$$

다음의 g 의 유일한 표현법을 이용해 위의 사상을 정의한다.

$$g = \mathrm{i}^{c(g)} \Sigma_x(\mathbf{x}(g)) \Sigma_z(\mathbf{z}(g)) \tag{F.142}$$

문제 F.140 $c(\cdot)$, $\mathbf{x}(\cdot)$, $\mathbf{z}(\cdot)$ 는 정의 F.69에서 정의된 것이다. 임의의 $g, h \in \mathcal{P}_n$ 에 대해 다음을 보여라.

$$c(gh) = \big(c(g) + c(h) + 2\mathbf{z}(g) \overset{2}{\odot} \mathbf{x}(h)\big) \bmod 4 \tag{F.143}$$

$$\mathbf{x}(gh) = \mathbf{x}(g) \overset{2}{\oplus} \mathbf{x}(h) \tag{F.144}$$

$$\mathbf{z}(gh) = \mathbf{z}(g) \overset{2}{\oplus} \mathbf{z}(h) \tag{F.145}$$

명제 F.70 임의의 $g, h \in \mathcal{P}_n$ 에 대해 다음을 만족한다.

$$gh = (-1)^{\big(\mathbf{x}(g) \overset{2}{\odot} \mathbf{z}(h)\big) \overset{2}{\oplus} \big(\mathbf{z}(g) \overset{2}{\odot} \mathbf{x}(h)\big)} hg$$

[증명]

$$gh \underset{(\text{F.141})}{=} \mathrm{i}^{c(g)+c(h)} \Sigma_x(\mathbf{x}(g)) \Sigma_z(\mathbf{z}(g)) \Sigma_x(\mathbf{x}(h)) \Sigma_z(\mathbf{z}(h))$$

$$\underset{(\text{F.140})}{=} \mathrm{i}^{c(g)+c(h)} (-1)^{\mathbf{z}(g) \overset{2}{\odot} \mathbf{x}(h)} \Sigma_x(\mathbf{x}(g)) \Sigma_x(\mathbf{x}(h)) \Sigma_z(\mathbf{z}(g)) \Sigma_z(\mathbf{z}(h))$$

$$= (-1)^{\mathbf{z}(g) \overset{2}{\odot} \mathbf{x}(h)} \mathrm{i}^{c(g)+c(h)} \Sigma_x(\mathbf{x}(h)) \Sigma_x(\mathbf{x}(g)) \Sigma_z(\mathbf{z}(h)) \Sigma_z(\mathbf{z}(g))$$

$$\underset{(\text{F.140})}{=} (-1)^{\overset{2}{\oplus}\big(\mathbf{x}(g) \overset{2}{\odot} \mathbf{z}(h)\big) \overset{2}{\oplus} \big(\mathbf{z}(g) \overset{2}{\odot} \mathbf{x}(h)\big)} \mathrm{i}^{c(g)+c(h)} \Sigma_x(\mathbf{x}(h)) \Sigma_z(\mathbf{z}(h)) \Sigma_x(\mathbf{x}(g)) \Sigma_z(\mathbf{z}(g))$$

$$\underset{(\text{F.141})}{=} (-1)^{\overset{2}{\oplus}\big(\mathbf{x}(g) \overset{2}{\odot} \mathbf{z}(h)\big) \overset{2}{\oplus} \big(\mathbf{z}(g) \overset{2}{\odot} \mathbf{x}(h)\big)} hg$$

■

보조정리 F.71 $m, n \in \mathbb{N}$은 $m < n$인 자연수이다. $\{g_1, \ldots, g_m\} \in \mathcal{P}_n$이며 $-1^{\otimes n} \notin \langle g_1, \ldots, g_m \rangle$이다. 그러면 다음을 만족한다.

$$\{g_1, \ldots, g_m\} \text{는 선형 독립이다.}$$
$$\Rightarrow \left\{ \begin{pmatrix} \mathbf{x}(g_l) \\ \mathbf{z}(g_l) \end{pmatrix} \, \middle| \, l \in \{1, \ldots, m\} \right\} \subset \mathbb{F}_2^{2n} \text{는 선형 독립이다.}$$

[증명]

$\{g_1, \ldots, g_m\} \in \mathcal{P}_n$은 $-1^{\otimes n} \notin \langle g_1, \ldots, g_m \rangle$을 만족한다. 명제의 대위를 증명할 것이다. $\left\{ \begin{pmatrix} \mathbf{x}(g_l) \\ \mathbf{z}(g_l) \end{pmatrix} \, \middle| \, l \in \{1, \ldots, m\} \right\} \subset \mathbb{F}_2^{2n}$ 은 선형종속$^{\text{linearly dependent}}$이다. 그러면 어떤 $k_j = 1$이고 다음을 만족하는 $k_1, \ldots, k_m \in \mathbb{F}_2$이 존재한다.

$$\sum_{l=1}^m k_l \begin{pmatrix} \mathbf{x}(g_l) \\ \mathbf{z}(g_l) \end{pmatrix} \bmod 2 = \begin{pmatrix} \mathbf{0} \\ \mathbf{0} \end{pmatrix} \in \mathbb{F}_2^{2n} \tag{F.146}$$

이는 다음을 의미한다.

$$\mathbf{x}(g_1^{k_1} \cdots g_m^{k_m}) \underbrace{=}_{(\text{F.144})} k_1 \mathbf{x}(g_1) \overset{2}{\oplus} \cdots \overset{2}{\oplus} k_m \mathbf{x}(g_m) = \sum_{l=1}^m k_l \mathbf{x}(g_l) \bmod 2 \underbrace{=}_{(\text{F.146})} \mathbf{0}$$
$$\mathbf{z}(g_1^{k_1} \cdots g_m^{k_m}) \underbrace{=}_{(\text{F.145})} k_1 \mathbf{z}(g_1) \overset{2}{\oplus} \cdots \overset{2}{\oplus} k_m \mathbf{z}(g_m) = \sum_{l=1}^m k_l \mathbf{z}(g_l) \bmod 2 \underbrace{=}_{(\text{F.146})} \mathbf{0} \tag{F.147}$$

그러므로

$$g_1^{k_1} \cdots g_m^{k_m} \underbrace{=}_{(\text{F.142})} \mathrm{i}^{c(g_1^{k_1} \cdots g_m^{k_m})} \Sigma_x\big(\mathbf{x}(g_1^{k_1} \cdots g_m^{k_m})\big) \Sigma_z\big(\mathbf{z}(g_1^{k_1} \cdots g_m^{k_m})\big)$$
$$\underbrace{=}_{(\text{F.147})} \mathrm{i}^{c(g_1^{k_1} \cdots g_m^{k_m})} \Sigma_x(\mathbf{0}) \Sigma_z(\mathbf{0}) = \mathrm{i}^{c(g_1^{k_1} \cdots g_m^{k_m})} \mathbf{1}^{\otimes n} \tag{F.148}$$

(F.130)에서 임의의 $g \in \mathcal{P}_n$는 $g^2 = \pm 1^{\otimes n}$이다. $-1^{\otimes n} \notin \langle g_1, \ldots, g_m \rangle$이므로,

$$g^2 = \mathbf{1}^{\otimes n} \quad \forall g \in \langle g_1, \ldots, g_m \rangle \tag{F.149}$$

그러므로 임의의 $k_1, \ldots, k_m \in \mathbb{F}_2$에 대해 $(g_1^{k_1} \cdots g_m^{k_m})^2 = \mathbf{1}^{\otimes n}$이며, (F.148)에서부터 $(g_1^{k_1} \cdots g_m^{k_m}) = 0$이다. 어떤 j에 대해 $k_j = 1$이라는 처음의 가정으로부터 다음을 알 수 있다.

$$g_1^{k_1} \cdots g_m^{k_m} = \mathbf{1}^{\otimes n}$$
$$\underset{(F.149)}{\Longrightarrow} g_1^{k_2} \cdots g_m^{k_{m-1}} = g_1^{k_1} g_m^{k_m}$$
$$\vdots \qquad\qquad \vdots$$
$$\underset{(F.149)}{\Longrightarrow} \qquad g_j = g_{j-1}^{k_{j-1}} \cdots g_1^{k_1} g_m^{k_m} \cdots g_{j+1}^{k_{j+1}}$$

결국 $\{g_1,\dots,g_m\}$은 선형 독립이 아니다. 지금까지 다음을 증명했다.

$$\left\{ \begin{pmatrix} \mathbf{x}(g_l) \\ \mathbf{z}(g_l) \end{pmatrix} \;\middle|\; l \in \{1,\dots,m\} \right\} \subset \mathbb{F}_2^{2n} \text{는 선형 종속이다.}$$
$$\Rightarrow \quad \{g_1,\dots,g_m\} \text{는 선형 독립이 아니다.}$$

이는 보조정리의 주장의 대위이다. ■

앞의 보조정리로부터 다음의 명제를 증명할 수 있다. 이는 7.3.3절의 양자 오류 수정의 안정화 공식을 유도할 때 유용하다.

명제 F.72 $m, n \in \mathbb{N}$은 자연수이며 $m < n$을 만족한다. $\{g_1,\dots,g_m\} \in \mathcal{P}_n$은 독립이며 $-\mathbf{1}^{\otimes n} \notin \langle g_1,\dots,g_m \rangle$을 만족한다. 그러면 임의의 $j \in \{1,\dots,n\}$에 대해 다음을 만족하는 $h \in \mathcal{P}_n$가 존재한다.

$$g_l h = (-1)^{\delta_{lj}} h g_l \quad \forall l \in \{1,\dots,m\} \tag{F.150}$$

[증명]

명제 F.70에서 모든 $g, h \in \mathcal{P}_n$는 다음을 만족한다.

$$gh = (-1)^{\left(\mathbf{x}(g) \overset{2}{\odot} \mathbf{z}(h) \right) \overset{2}{\oplus} \left(\mathbf{z}(g) \overset{2}{\odot} \mathbf{x}(h) \right)} hg$$

h가 (F.150)을 만족하는 것은 모든 $j, l \in \{1,\dots,m\}$일 때 다음을 만족하는 것과 필요충분조건이다.

$$\left(\mathbf{x}(g_l) \overset{2}{\odot} \mathbf{z}(h) \right) \overset{2}{\oplus} \left(\mathbf{z}(g_l) \overset{2}{\odot} \mathbf{x}(h) \right) = \delta_{lj}$$

이를 행렬식으로 표현하면 다음과 같다.

$$\underbrace{\begin{pmatrix} \mathbf{x}(g_1)^T & \mathbf{z}(g_1)^T \\ \vdots & \vdots \\ \mathbf{x}(g_m)^T & \mathbf{z}(g_m)^T \end{pmatrix}}_{=M \in \mathrm{Mat}(m \times 2n, \mathbb{F}_2)} \begin{pmatrix} \mathbf{z}(h) \\ \mathbf{x}(h) \end{pmatrix} = \begin{pmatrix} \delta_{1j} \\ \vdots \\ \delta_{mj} \end{pmatrix} \tag{F.151}$$

$\{g_1, \ldots, g_m\}$이 독립이므로, 보조정리 F.71로부터 $\left\{ \begin{pmatrix} \mathbf{x}(g_l) \\ \mathbf{z}(g_l) \end{pmatrix} \;\middle|\; l \in \{1, \ldots, m\} \right\}$ 이 선형 독립이다. 결과적으로 (F.151)의 행렬 M의 최대 차수가 m이며, (F.151) 의 해 $\mathbf{z}(h)$, $\mathbf{x}(h)$를 항상 구할 수 있다. 이러한 해를 이용해 다음을 정의한다.

$$h = \Sigma_x\big(\mathbf{x}(h)\big) \Sigma_z\big(\mathbf{z}(h)\big) \in \mathcal{P}_n$$

이는 (F.150)의 성질을 만족한다. ■

$-\mathbf{1}^{\otimes n}$을 가지지 않는 파울리 군의 부분군은 정규화 부분군과 중심화 부분군이 일치하는 것으로 알려져 있다. 문제 F.141에서 증명할 것이다.

문제 F.141 $\mathcal{S}$는 $\mathcal{P}_n$의 부분군이며 $-\mathbf{1}^{\otimes n} \notin \mathcal{S}$이다. 다음을 증명하라.

$$\mathrm{Nor}_{\mathcal{P}_n}(\mathcal{S}) = \mathrm{Clz}_{\mathcal{P}_n}(\mathcal{S})$$

G
양자 단열 정리의 증명

G.1 역핵과 사영

양자 단열 정리의 증명에 필요한 첫 번째는 연산자의 역핵이다.

> **정의 G.1** 힐베르트 공간 $\mathbb{H}$의 연산자 A의 **역핵**resolvent은 다음으로 정의한다.
>
> $$R_{(\cdot)}(A) : \mathbb{C} \smallsetminus \sigma(A) \longrightarrow L(\mathbb{H})$$
> $$z \longmapsto R_z(A) := (A - z\mathbf{1})^{-1} \tag{G.1}$$

정의 2.10에서 연산자 $R_z(A)$는 $z \in \mathbb{C} \smallsetminus \sigma(A)$이면 실제로 존재한다. 그리고 (G.1)에서 정의로부터 다음은 자명하다.

$$R_z(A)^{-1} = A - z\mathbf{1}$$

문제 G.142 $A \in B_{sa}(\mathbb{H})$는 순수하게 (퇴화됐을 수 있는) 이산 스펙트럼 $\sigma(A)$ $= \{\lambda_j \,|\, j \in I \subset \mathbb{N}_0\}$을 가지고, P_j는 각각에 대응하는 고유공간으로의 사영 연산자다. $R_z(A)$를 다음과 같이 나타나는 것을 증명하라.

$$R_z(A) = \sum_{j \in I} \frac{P_j}{\lambda_j - z} \tag{G.2}$$

역핵은 $z \in \mathbb{C} \setminus \sigma(A)$에 대해 복소 해석학의 의미의 해석함수를 가지는 연산자다. 여기에서는 이에 대한 증명은 하지 않는다. 그러나 역핵을 이용해 고유공간으로 사영^{projection}을 표기할 때 이러한 사실을 이용한다.

보조정리 G.2 $A \in B_{sa}(\mathbb{H})$는 (퇴화될 수 있는) 순수 이산스펙트럼 $\sigma(A) = \{\lambda_l \,|\, l \in I \subset \mathbb{N}_0\}$와 역핵 $R_{(\cdot)}(A)$를 가진다. 임의의 $j \in I$에 대해 λ_j는 $\sigma(A)$의 고윳값 λ_j만을 포함하는 $\mathbb{C} \setminus \sigma(A)$ 상의 반시계 방향의 닫힌 곡선이다. 그러면 λ_j의 고유공간으로의 사영 P_j는 다음을 만족한다.

$$P_j = \frac{-1}{2\pi i} \oint_{\gamma_j} R_z(A) dz \tag{G.3}$$

[증명]

(G.3)의 우변에 (G.2)를 이용하면, 임의의 $j \in I$에 대해 다음이 만족한다.

$$\frac{-1}{2\pi i} \oint_{\gamma_j} R_z(A) dz = \sum_{k \in I} \frac{1}{2\pi i} \oint_{\gamma_j} \frac{P_k}{z - \lambda_k} dz \tag{G.4}$$

이제, 복소 해석학의 코쉬^{Cauchy} 정리의 연산자 버전을 사용한다. $z_0 \in \mathbb{C}$를 반시계 방향으로 포함하는 곡선 γ_0위와 안에서 해석적인 함수 $f : \mathbb{C} \to \mathbb{C}$에 대해, $n \in \mathbb{N}_0$에 대해 다음이 만족한다.

$$\frac{n!}{2\pi i} \oint_{\gamma_0} \frac{f(z)}{(z - z_0)^{n+1}} = \begin{cases} \frac{d^n}{dz^n} f(z_0) & \text{if } \gamma_0 \text{ encloses } z_0 \\ 0 & \text{else} \end{cases} \tag{G.5}$$

이를 (G.4)의 우변에 적용하면 다음을 얻는다.

$$\frac{1}{2\pi i} \oint_{\gamma_j} \frac{P_k}{z - \lambda_k} dz = \begin{cases} P_k & \text{if } \gamma_j \text{ encloses } \lambda_k \\ 0 & \text{else} \end{cases}$$

$$= \delta_{jk} P_k$$

여기에서 γ_j는 고윳값 λ_j만을 포함한다는 가정을 사용했다. 이를 (G.4)에 대입하면 (G.3)이 증명된다. ▪

단열 가정^{AA}를 만족하는 연산자를 값으로 가지는 함수 $s \rightarrow H_T(s)$의 역핵을 이용해 정의하는 다음의 변환은 단열 정리의 증명에서 다양한 연산자의 한계를 구하는 곳에 유용하다.

정의 G.3 $\mathbb{H}$는 힐베르트 공간이고 H_T는 다음과 같이 단열 가정^{AA}을 만족하는 연산자를 값으로 가지는 함수이다.

$$H_T : [0,1] \longrightarrow B_{sa}(\mathbb{H})$$
$$s \longmapsto H_T(s)$$

그리고 $\gamma_j(s)$는 $\sigma(H_T(s))$의 한 개의 고윳값 $E_j(s)$를 감싸는 $\mathbb{C} \setminus \sigma(H_T(s))$ 상의 반시계 방향의 닫힌 곡선이다. 임의의 함수에 대해

$$A : [0,1] \longrightarrow B(\mathbb{H})$$
$$s \longmapsto A(s)$$

$j \in I$일 때 다음을 정의한다.

$$X_j[A] : [0,1] \longrightarrow L(\mathbb{H})$$
$$s \longmapsto X_j[A](s)$$

위의 우변은 다음과 같다.

$$X_j[A](s) := \frac{1}{2\pi i} \oint_{\gamma_j(s)} R_z(H_T(s)) A(s) R_z(H_T(s)) dz \qquad \text{(G.6)}$$

뒤에서, $X_j[A](s)$가 정의 G.3에서 서술한 형태이면 곡선 $\gamma_j(s)$의 정확한 형태에 의존하지 않는다는 것을 증명한다. 그리고 $X_j[A](s) \in B(\mathbb{H})$ 또한 증명할 것이다.

문제 G.143 다음을 보여라.

$$\frac{d}{ds}R_z\big(\mathsf{H}_T(s)\big) = -R_z\big(\mathsf{H}_T(s)\big)\dot{\mathsf{H}}_T(s)R_z\big(\mathsf{H}_T(s)\big) \qquad (G.7)$$

정의 G.4 $\mathsf{H}_T : [0,1] \to \mathsf{B}_{\mathrm{sa}}(\mathbb{H})$는 단열 가정^{AA}을 만족하는 연산자를 값으로 가지는 함수이다. $\mathsf{H}_T(s)$의 고윳값 $E_j(s)$의 **갭**^{gap} 또는 **갭 함수**$^{\mathrm{gap\ function}}$는 다음으로 정의한다.

$$g_j : [0,1] \longrightarrow \mathbb{R}$$
$$s \longmapsto g_j(s) := \min\Big\{ |E_k(s) - E_j(s)| \ \Big| \ k \in I \smallsetminus \{j\} \Big\} \qquad (G.8)$$

보조정리 G.5 $\mathsf{H}_T : [0,1] \to \mathsf{B}_{\mathrm{sa}}(\mathbb{H})$는 단열 가정^{AA}을 만족하는 연산자이고 $\{P_j(s) \,|\, j \in I\}$는 $\mathsf{H}_T(s)$의 고유공간으로의 사영 연산자다. 그러면 모든 $j \in I$ 와 $s \in [0,1]$에 대해 다음을 얻는다.

$$\dot{P}_j(s) = X_j\Big[\dot{\mathsf{H}}_T\Big](s) \qquad (G.9)$$

그리고

$$\Big[\mathsf{H}_T(s), X_j\Big[\dot{P}_j\Big](s)\Big] = -\Big[\dot{P}_j(s), P_j(s)\Big] \qquad (G.10)$$

[증명]

(G.3)에서 다음을 얻는다.

$$P_j(s) = \frac{-1}{2\pi\mathrm{i}} \oint_{\gamma_j(s)} R_z\big(\mathsf{H}_T(s)\big)dz$$

여기에서 곡선 $\gamma_j(s)$는 $E_j(s)$가 중심이고 반지름이 $r = \frac{g_j(s)}{2}$인 원을 사용한다. 다음을 알 수 있다.

$$\dot{P}_j(s) = \frac{-1}{2\pi i}\frac{d}{ds}\oint_{\gamma_j(s)} R_z(\mathsf{H}_T(s))\,dz$$

$$= \frac{-1}{2\pi i}\lim_{ds\to 0}\frac{1}{ds}\Big(\oint_{\gamma_j(s+ds)} R_z(\mathsf{H}_T(s+ds))\,dz - \oint_{\gamma_j(s)} R_z(\mathsf{H}_T(s))\,dz\Big)$$

$$= \frac{-1}{2\pi i}\lim_{ds\to 0}\frac{1}{ds}\Big(\oint_{\gamma_j(s+ds)}\Big[R_z(\mathsf{H}_T(s)) + \frac{d}{ds}R_z(\mathsf{H}_T(s))\,ds + o(ds^2)\Big]\,dz$$

$$-\oint_{\gamma_j(s)} R_z(\mathsf{H}_T(s))\,dz\Big)$$

$$= \frac{-1}{2\pi i}\Big[\lim_{ds\to 0}\frac{1}{ds}\Big(\oint_{\gamma_j(s+ds)} R_z(\mathsf{H}_T(s))\,dz - \oint_{\gamma_j(s)} R_z(\mathsf{H}_T(s))\,dz\Big)$$

$$+\oint_{\gamma_j(s)}\frac{d}{ds}R_z(\mathsf{H}_T(s))\,dz\Big] \tag{G.11}$$

G.11에서 $\gamma_j(s+ds)$와 $\gamma_j(s)$의 곡선상의 적분의 차이로 이뤄진 극한 값은 상쇄돼 없어진다. 이는 단열 가정$^{\wedge\wedge}$의 (iii)에서 $\mathsf{H}_T(s)$의 각각의 고윳값 $E_j(s)$는 다른 고윳값과 영이 아닌 유한한 거리 $g_j(s) = 2r$로 분리돼 있기 때문이다. 그래서 충분히 작은 ds에 대해, 원 $\gamma_j(s+ds)$가 포함하는 함수 $z\mapsto R_z(\mathsf{H}_T(s))$의 특이점은 $z_0 = E_j(s)$뿐이기 때문에 두 곡선 $\gamma_j(s+ds)$와 $\gamma_j(s)$상의 $R_z(\mathsf{H}_T(s))$의 적분은 같다. 결국 (G.11)은 다음으로 변형된다.

$$\dot{P}_j(s) = \frac{-1}{2\pi i}\oint_{\gamma_j(s)}\frac{d}{ds}R_z(\mathsf{H}_T(s))\,dz$$

$$\underbrace{=}_{(G.7)}\frac{1}{2\pi i}\oint_{\gamma_j(s)} R_z(\mathsf{H}_T(s))\dot{\mathsf{H}}_T(s)R_z(\mathsf{H}_T(s))\,dz$$

$$\underbrace{=}_{(G.6)} X_j\big[\dot{\mathsf{H}}_T(s)\big]$$

이것으로 (G.9)가 증명된다.

(G.10)을 증명하기 위해, (G.6)에서 $X_j[\cdot]$의 정의에서 다음을 얻는다.

$$\big[\mathsf{H}_T(s), X_j\big[\dot{P}_j\big](s)\big] = \Big[\mathsf{H}_T(s), \frac{1}{2\pi i}\oint_{\gamma_j(s)} R_z(\mathsf{H}_T(s))\dot{P}_j(s)R_z(\mathsf{H}_T(s))\,dz\Big]$$

$$= \frac{1}{2\pi i}\oint_{\gamma_j(s)}\big[\mathsf{H}_T(s), R_z(\mathsf{H}_T(s))\dot{P}_j(s)R_z(\mathsf{H}_T(s))\,dz\big]$$

$$= \frac{1}{2\pi i} \oint_{\gamma_j(s)} \Big(\mathsf{H}_T(s) R_z\big(\mathsf{H}_T(s)\big) \dot{P}_j(s) R_z\big(\mathsf{H}_T(s)\big) \tag{G.12}$$
$$- R_z\big(\mathsf{H}_T(s)\big) \dot{P}_j(s) R_z\big(\mathsf{H}_T(s)\big) \mathsf{H}_T(s) \Big) dz$$

그리고 정의 G.142에서 $R_z(\mathsf{H}_T(s))$는 다음을 만족한다.

$$\Big(\mathsf{H}_T(s) - z\mathbf{1} \Big) R_z\big(\mathsf{H}_T(s)\big) = \mathbf{1} = R_z\big(\mathsf{H}_T(s)\big) \Big(\mathsf{H}_T(s) - z\mathbf{1} \Big)$$

그래서

$$\mathsf{H}_T(s) R_z\big(\mathsf{H}_T(s)\big) = \mathbf{1} + z R_z\big(\mathsf{H}_T(s)\big) = R_z\big(\mathsf{H}_T(s)\big) \mathsf{H}_T(s)$$

이를 (G.12)에 대입하면,

$$\big[\mathsf{H}_T(s), X_j\big[\dot{P}_j\big]\big](s) = \frac{1}{2\pi i} \oint_{\gamma_j(s)} \Big(\Big(\mathbf{1} + z R_z\big(\mathsf{H}_T(s)\big) \Big) \dot{P}_j(s) R_z\big(\mathsf{H}_T(s)\big)$$
$$- R_z\big(\mathsf{H}_T(s)\big) \dot{P}_j(s) \Big(\mathbf{1} + z R_z\big(\mathsf{H}_T(s)\big) \Big) \Big) dz$$
$$= \frac{1}{2\pi i} \oint_{\gamma_j(s)} \Big(\dot{P}_j(s) R_z\big(\mathsf{H}_T(s)\big) - R_z\big(\mathsf{H}_T(s)\big) \dot{P}_j(s) \Big) dz$$
$$= \Big[\dot{P}_j(s), \frac{1}{2\pi i} \oint_{\gamma_j(s)} R_z\big(\mathsf{H}_T(s)\big) dz \Big]$$
$$\underbrace{=}_{(G.3)} - \big[\dot{P}_j(s), P_j(s) \big]$$

이것으로 (G.10)이 증명된다. ∎

사영 연산자 $\{P_j(s) \mid j \in I\}$의 추가적인 성질에 대해 설명한다. 이는 향후에 다양한 증명에서 사용한다.

> **보조정리 G.6** $\mathsf{H}_T(s)$는 단열 가정[AA]을 만족하고 $\{E_j(s) \mid j \in I\}$는 d_j겹 퇴화된 $\mathsf{H}_T(s)$의 고윳값이다. 그리고 $\{|\Phi_{j,\alpha}(s)\rangle \mid j \in I, \alpha \in \{1,...,d_j\}\}$는 $\mathsf{H}_T(s)$의 고유벡터로 구성된 ONB이고 $\{P_j(s) \mid j \in I\}$는 고유공간으로의 사영 연산자다.
>
> 그러면 모든 $j, k \in I$와 $s \in [0,1]$에 대해 사영 연산자는 다음을 만족한다.

$$\sum_{\alpha=1}^{d_j} |\Phi_{j,\alpha}(s)\rangle\langle\Phi_{j,\alpha}(s)| = P_j(s) \tag{G.13}$$

$$\dot{P}_j(s)P_j(s) + P_j(s)\dot{P}_j(s) = \dot{P}_j(s) \tag{G.14}$$

$$P_k(s)\dot{P}_j(s)P_k(s) = 0 \tag{G.15}$$

$$\sum_{j\in I} \dot{P}_j(s) = 0 \tag{G.16}$$

[증명]

$\{|\Phi_{j,\alpha}(s)\rangle \,|\, j \in I,\ \alpha \in \{1,\ldots,d_j\}\}$가 각각의 $s \in [0,1]$에 대해 $H_T(s)$의 고유벡터로 구성된 ONB이라는 가정을 (2.41)에 적용하면 (G.13)이 증명된다.

$P_j(s)$는 모든 $j \in I$와 $s \in [0,1]$에 대해 직교 사영 연산자다. 그러므로 (2.44)에서 $(P_j(s))^2 = P_j(s)$를 얻는다. 양변을 s에 대해 미분하면 (G.14)를 얻는다.

(G.14)의 양변에 왼쪽과 오른쪽에 $P_k(s)$를 곱하면 다음을 얻는다.

$$\begin{aligned}
P_k(s)\dot{P}_j(s)P_k(s) &\underset{(G.14)}{=} P_k(s)\big(\dot{P}_j(s)P_j(s) + P_j(s)\dot{P}_j(s)\big)P_k(s) \\
&= P_k(s)\dot{P}_j(s)P_j(s)P_k(s) + P_k(s)P_j(s)\dot{P}_j(s)P_k(s) \\
&\underset{(2.44)}{=} 2\delta_{jk}P_k(s)\dot{P}_j(s)P_k(s)
\end{aligned}$$

이것으로 (G.15)가 증명된다.

마지막으로, (2.43)에서 모든 $s \in [0,1]$에 대해 $\sum_{j\in I}P_j(s) = 1$을 얻는다. 다시 한 번 양변을 s에 대해 미분하면 (G.16)을 얻는다.

G.2 단열 생성자와 등변 연산자

정의 G.7 $H_T(s)$는 정의 8.1에서 정의한 것이며 단열 가정[AA]를 만족하고 $\{P_j(s) \,|\, j \in I\}$는 $H_T(s)$의 고유공간으로의 사영 연산자다. 각각의 $j \in I$에 대해 **단열 생성자**[adiabatic generator] $H_{A,j}$는 다음으로 정의한다.

$$
\begin{aligned}
\mathsf{H}_{A,j} : [0,1] &\longrightarrow \mathrm{B}_{\mathrm{sa}}(\mathbb{H}) \\
s &\longmapsto \mathsf{H}_{A,j}(s) := T\mathsf{H}_T(s) + \mathrm{i}[\dot{P}_j(s), P_j(s)]
\end{aligned} \tag{G.17}
$$

보조정리 G.8 $\mathsf{H}_{A,j}$는 정의 G.7에서 정의한 것이고 $\{P_j(s) \mid j \in I\}$는 $\mathsf{H}_T(s)$의 고유공간으로의 사영 연산자다. 그러면 모든 $j \in I$와 $s \in [0,1]$에 대해 다음이 만족한다.

$$
\mathsf{H}_{A,j}(s)^* = \mathsf{H}_{A,j}(s) \tag{G.18}
$$

그리고

$$
\mathrm{i}\dot{P}_j(s) = \big[\mathsf{H}_{A,j}(s), P_j(s)\big] \tag{G.19}
$$

[증명]

정의 (8.4)에서 $\mathsf{H}_T(s)$와 (G.17)의 $T\mathsf{H}_T(s)$가 자기수반연산자다. 그러므로

$$
\begin{aligned}
\mathsf{H}_{A,j}(s)^* \;&\underset{(G.17)}{=}\; T\mathsf{H}_T(s)^* + \Big(\mathrm{i}\big[\dot{P}_j(s), P_j(s)\big]\Big)^* \\[2mm]
&\underset{(2.32)}{=}\; T\mathsf{H}_T(s) - \mathrm{i}\Big(\big[\dot{P}_j(s), P_j(s)\big]\Big)^* \\[2mm]
&\underset{(2.46)}{=}\; T\mathsf{H}_T(s) - \mathrm{i}\Big(\dot{P}_j(s)P_j(s)\Big)^* + \mathrm{i}\Big(P_j(s)\dot{P}_j(s)\Big)^* \\[2mm]
&\underset{(2.47)}{=}\; T\mathsf{H}_T(s) - \mathrm{i}P_j(s)^*\dot{P}_j(s)^* + \mathrm{i}\dot{P}_j(s)^* P_j(s)^* \\[2mm]
&\underset{\text{Def. 2.11, Exerc. 8.94}}{=}\; T\mathsf{H}_T(s) - \mathrm{i}P_j(s)\dot{P}_j(s) + \mathrm{i}\dot{P}_j(s)P_j(s) \\[2mm]
&=\; T\mathsf{H}_T(s) + \mathrm{i}\big[\dot{P}_j(s), P_j(s)\big] \\[2mm]
&\underset{(G.17)}{=}\; \mathsf{H}_{A,j}(s)
\end{aligned}
$$

이것으로 (G.18)이 증명된다.

(G.19)를 증명하기 위해, 단열 생성자의 정의 (G.17)에서 다음을 얻는다.

$$[\mathsf{H}_{A,j}(s), P_j(s)] = T\left[\mathsf{H}_T(s), P_j(s)\right] + \mathrm{i}\left[\left[\dot{P}_j(s), P_j(s)\right], P_j(s)\right] \tag{G.20}$$

(2.42)에서 $\mathsf{H}_T(s) = \sum_{k\in I} E_k(s) P_k(s)$를 얻고, (2.44)를 이용하면 $[\mathsf{H}_T(s), P_j(s)] = 0$이 만족한다. 즉, $\mathsf{H}_T(s)$는 직교 사영 연산자 $P_j(s)$와 호환 가능하다. 그러므로 (G.20)에서 다음을 얻는다.

$$\begin{aligned}
[\mathsf{H}_{A,j}(s), P_j(s)] &= \mathrm{i}\left[\left[\dot{P}_j(s), P_j(s)\right], P_j(s)\right]\\
&\underbrace{=}_{(2.47)} \mathrm{i}\left[\dot{P}_j(s) P_j(s) - P_j(s)\dot{P}_j(s), P_j(s)\right]\\
&\underbrace{=}_{(2.47)} \mathrm{i}\left(\dot{P}_j(s)\left(P_j(s)\right)^2 - 2P_j(s)\dot{P}_j(s)P_j(s) + \left(P_j(s)\right)^2 \dot{P}_j(s)\right)\\
&\underbrace{=}_{(2.44),(G.15)} \mathrm{i}\left(\dot{P}_j(s)P_j(s) + P_j(s)\dot{P}_j(s)\right)\\
&\underbrace{=}_{(G.14)} \mathrm{i}\dot{P}_j(s)
\end{aligned}$$

이것으로 (G.19)가 증명된다.

정의 G.9 $\mathsf{H}_{A,j}$는 정의 G.7에서 정의한 것이다. $j \in I$에 대해 **단열 등변 연산자** adiabatic intertwiner $U_{A,j} : [0,1] \to \mathcal{U}(\mathbb{H})$는 다음의 초기치 문제의 해로 정의한다.

$$\begin{aligned}
\mathrm{i}\dot{U}_{A,j}(s) &= \mathsf{H}_{A,j}(s) U_{A,j}(s)\\
U_{A,j}(0) &= \mathbf{1}
\end{aligned} \tag{G.21}$$

앞에서와 같이 해가 유일하게 존재하는 $\mathsf{H}_{A,j}(s)$를 가정한다.

문제 G.144 단열 등변 연산자 $U_{A,j}$가 다음을 만족하는 것을 보여라.

$$\begin{aligned}
\mathrm{i}\dot{U}_{A,j}(s)^* &= -U_{A,j}(s)^* \mathsf{H}_{A,j}(s)\\
U_{A,j}(0)^* &= \mathbf{1}
\end{aligned} \tag{G.22}$$

다음의 보조정리는 등변 연산자가 왜 이런 이름을 가졌는지에 대해서 보여준다.

보조정리 G.10 $U_{A,j}$는 정의 G.9에서, $P_j(s)$는 정의 G.7에서 정의한 것이다. 모든 $j \in I$와 $s \in [0,1]$에 대해 다음이 만족한다.

$$U_{A,j}(s)^* P_j(s) U_{A,j}(s) = P_j(0) \tag{G.23}$$

[증명]

$U_{A,j}(0) = 1 = U_{A,j}(0)^*$이므로, (G.23)은 $s = 0$일 때 성립한다. 임의의 $s \in [0,1]$에 대해 성립하는 것을 증명하기 위해, (G.23)의 좌변이 상수인 것을 보이면 된다. 이를 위해 다음 계산을 한다.

$$
\begin{aligned}
\frac{d}{ds}\Big(U_{A,j}(s)^* P_j(s) U_{A,j}(s)\Big) &= \dot{U}_{A,j}(s)^* P_j(s) U_{A,j}(s) + U_{A,j}(s)^* \dot{P}_j(s) U_{A,j}(s) \\
&\quad + U_{A,j}(s)^* P_j(s) \dot{U}_{A,j}(s) \\
&\underset{\text{(G.21),(G.22)}}{=} i U_{A,j}(s)^* \mathsf{H}_{A,j}(s) P_j(s) U_{A,j}(s) \\
&\quad + U_{A,j}(s)^* \dot{P}_j(s) U_{A,j}(s) \\
&\quad - i U_{A,j}(s)^* P_j(s) \mathsf{H}_{A,j}(s) U_{A,j}(s) \\
&= U_{A,j}(s)^* \Big(\dot{P}_j(s) + i\big[\mathsf{H}_{A,j}(s), P_j(s)\big]\Big) U_{A,j}(s) \\
&\underset{\text{(G.19)}}{=} 0
\end{aligned}
$$

이것으로 (G.23)이 증명된다. ∎

G.3 축약 역핵, 시간 미분의 한계, 단열 정리

정의 G.11 $A \in \mathrm{B}_{\mathrm{sa}}(\mathbb{H})$는 (퇴화될 수 있지만) 순수 이산스펙트럼 $\sigma(A) = \{\lambda_j \mid j \in I \subset \mathbb{N}_0\}$를 가지고, 이것의 고유공간으로의 사영 연산자를 $\{P_j \mid j \in I\}$라고 한다. $j \in I$에 대해 **축약 역핵**reduced resolvent $\check{R}_j(A)$는 다음으로 정의한다.

$$\check{R}_j(A) := (1 - P_j)\Big((A - \lambda_j 1)\big|_{P_j\{\mathbb{H}\}^{\perp}}\Big)^{-1}(1 - P_j) \quad \in \mathrm{L}(\mathbb{H})$$

여기에서 우변의 가장 오른쪽 항 $1 - P_j$는 연산자 $1 - P_j : \mathbb{H} \to P_j\{\mathbb{H}\}^{\perp}$이고, 가장 왼쪽 항 $1 - P_j$는 연산자 $1 - P_j : P_j\{\mathbb{H}\}^{\perp} \to \mathbb{H}$로 해석한다.

사영 연산자를 이용해 $A - \lambda_j 1$를 다음으로 표현할 수 있다.

$$A - \lambda_j 1 \underbrace{=}_{(2.42),(2.43)} \sum_{k \in I} (\lambda_k - \lambda_j) P_k = \sum_{k \in I \smallsetminus \{j\}} (\lambda_k - \lambda_j) P_k \qquad (G.24)$$

그러므로 축약 역핵 $\check{R}_j(A)$는 고윳값 λ_j에 대한 고유공간의 직교 여공간에 대해서만 작용한다. 고유공간은 $P_j\{\mathbb{H}\}$로, 이것의 직교 여공간은 $P_j\{\mathbb{H}\}^\perp$로 표기한다.

문제 G.145 정의 G.11에서 정의한 축약 역핵이 다음을 만족하는 것을 보여라.

$$\check{R}_j(A) = \sum_{k \in I \smallsetminus \{j\}} \frac{P_k}{\lambda_k - \lambda_j} \qquad (G.25)$$

$$P_j \check{R}_j(A) = 0 = \check{R}_j(A) P_j \qquad (G.26)$$

$$(1 - P_j)\check{R}_j(A) = \check{R}_j(A) = \check{R}_j(A)(1 - P_j) \qquad (G.27)$$

정의 G.4에서 정의한 갭 함수의 역이 $H_T(s)$의 축약 역핵의 노름의 한계를 준다.

보조정리 G.12 $H_T : [0,1] \to B_{sa}(\mathbb{H})$는 단열 가정^{AA}을 만족한다. 그러면 다음이 만족한다.

$$\left\| \check{R}_j(H_T(s)) \right\| \leq \frac{1}{g_j(s)} \qquad (G.28)$$

[증명]

임의의 $|\Psi\rangle \in \mathbb{H}$에 대해 다음이 만족한다.

$$\left\| \check{R}_j(H_T(s))|\Psi\rangle \right\|^2 \underbrace{=}_{(2.5)} \langle \check{R}_j(H_T(s))\Psi | \check{R}_j(H_T(s))\Psi \rangle$$

$$\underbrace{=}_{(G.25)} \sum_{k,l \in I \smallsetminus \{j\}} \frac{\langle P_k(s)\Psi | P_l(s)\Psi \rangle}{(E_k(s) - E_j(s))(E_l(s) - E_j(s))}$$

$$\underbrace{=}_{P_k^* = P_k} \sum_{k,l \in I \smallsetminus \{j\}} \frac{\langle \Psi | P_k(s) P_l(s)\Psi \rangle}{(E_k(s) - E_j(s))(E_l(s) - E_j(s))}$$

$$\underbrace{=}_{(2.44)} \sum_{k,l \in I \setminus \{j\}} \delta_{kl} \frac{\langle \Psi | P_k(s)\Psi \rangle}{\left(E_k(s) - E_j(s)\right)\left(E_l(s) - E_j(s)\right)}$$

$$= \sum_{k \in I \setminus \{j\}} \frac{\langle \Psi | P_k(s)\Psi \rangle}{\left(E_k(s) - E_j(s)\right)^2}$$

$$\underbrace{\leq}_{(G.8)} \frac{1}{g_j(s)^2} \sum_{k \in I \setminus \{j\}} \langle \Psi | P_k(s)\Psi \rangle \qquad (G.29)$$

직교 사영 연산자의 정의 2.11에서 다음을 얻는다.

$$\langle \Psi | P_j(s)\Psi \rangle = \langle \Psi | P_j(s)^2 \Psi \rangle = \langle P_j(s)\Psi | P_j(s)\Psi \rangle \underbrace{\geq}_{(2.2)} 0$$

이를 (G.29)에 대입하면,

$$\left|\left| \check{R}_j\big(H_T(s)\big) |\Psi\rangle \right|\right|^2 \;\leq\; \frac{1}{g_j(s)^2} \left(\sum_{k \in I \setminus \{j\}} \langle \Psi | P_k(s)\Psi \rangle + \langle \Psi | P_j(s)\Psi \rangle \right)$$

$$= \frac{1}{g_j(s)^2} \sum_{k \in I} \langle \Psi | P_k(s)\Psi \rangle = \frac{1}{g_j(s)^2} \langle \Psi | \sum_{k \in I} P_k(s)\Psi \rangle$$

$$\underbrace{=}_{(2.43)} \frac{1}{g_j(s)^2} \langle \Psi | \Psi \rangle \underbrace{=}_{(2.5)} \frac{||\Psi||^2}{g_j(s)^2}$$

연산자 노름의 정의 (2.45)에서 (G.28)이 증명된다. ∎

정리 G.13 $H_T : [0,1] \to B_{sa}(\mathbb{H})$는 단열 가정[AA]을 만족한다. s에 대해 미분 가능한 다음을 정의한다.

$$A : [0,1] \longrightarrow B_{sa}(\mathbb{H})$$
$$s \longmapsto A(s)$$

그리고 $X_j[A]$는 정의 G.3에서 정의한 것이다. 그러면 다음의 부등식이 성립한다.

(i) $X_j[A] : [0,1] \to B_{sa}(\mathbb{H})$에 대해

$$\left|\left| X_j[A](s) \right|\right| \leq \frac{||A(s)||}{g_j(s)} \qquad (G.30)$$

$$\left\|\frac{d}{ds}X_j[A](s)\right\| \leq \frac{\left\|\dot{A}(s)\right\|}{g_j(s)} + 4\frac{\left\|\dot{\mathsf{H}}_T(s)\right\|\|A(s)\|}{g_j(s)^2} \tag{G.31}$$

[증명]

표기를 단순하게 하기 위해 증명에서 s 의존성을 생략해 다음과 같이 간단하게 표기한다.

$$
\begin{aligned}
P_j &= P_j(s) & A &= A(s) & \check{R}_j &= \check{R}_j\big(\mathsf{H}_T(s)\big) \\
E_j &= E_j(s) & \gamma_j &= \gamma_j(s) & X_j[A] &= X_j[A](s) \\
\mathsf{H}_T &= \mathsf{H}_T(s) & \mathsf{H}_{A,j} &= \mathsf{H}_{A,j}(s) & g_j &= g_j(s)
\end{aligned} \tag{G.32}
$$

(i)을 위해, 역핵을 위한 (G.2)와 정의 G.3에서 다음을 얻는다.

$$X_j[A] = \sum_{k,l\in I} \frac{1}{2\pi\mathrm{i}} \oint_{\gamma_j} \frac{P_k A P_l}{(E_k - z)(E_l - z)} dz \tag{G.33}$$

코쉬 적분 공식 (G.5)를 사용해 다음을 얻는다.

$$\frac{1}{2\pi\mathrm{i}} \oint_{\gamma_j} \frac{P_k A P_l}{(E_k - z)(E_l - z)} dz = \begin{cases} \frac{P_j A P_l}{E_j - E_l} & \text{if } k = j \neq l \\[2mm] \frac{P_k A P_j}{E_j - E_k} & \text{if } k \neq j = l \\[2mm] 0 & \text{else} \end{cases}$$

그러면 (G.33)은 다음으로 변형된다.

$$X_j[A] = \sum_{l\in I\setminus\{j\}} \frac{P_j A P_l}{E_j - E_l} + \sum_{k\in I\setminus\{j\}} \frac{P_k A P_j}{E_j - E_k} \underset{(G.25)}{=} -\big(P_j A \check{R}_j + \check{R}_j A P_j\big)$$

$P_j A \check{R}_j$와 $\check{R}_j A P_j$는 직교 부분공간으로의 사상이므로 임의의 $|\Psi\rangle \in \mathbb{H}$에 대해 다음을 얻는다.

$$\langle P_j A \check{R}_j \Psi | \check{R}_j A P_j \Psi \rangle \underset{P_j^* = P_j}{=} \langle A \check{R}_j \Psi | P_j \check{R}_j A P_j \Psi \rangle \underset{(G.26)}{=} 0$$

그래서 (2.15)를 적용해 다음을 얻는다.

$$\|X_j[A]\Psi\|^2 \underset{(2.15)}{=} \|\check{R}_j A P_j \Psi\|^2 + \|P_j A \check{R}_j \Psi\|^2$$

$$\underset{(G.27)}{=} \|\check{R}_j A P_j \Psi\|^2 + \|P_j A \check{R}_j (1-P_j)\Psi\|^2$$

$$\underset{(2.51),(2.52)}{\leq} \|\check{R}_j\|^2 \|A\|^2 \|P_j\Psi\|^2 + \underbrace{\|P_j\|^2}_{=1} \|A\|^2 \|\check{R}_j\|^2 \|(1-P_j)\Psi\|^2$$

$$\underset{(G.28)}{\leq} \frac{\|A\|^2}{g_j^2} \left(\|P_j\Psi\|^2 + \|(1-P_j)\Psi\|^2 \right) \tag{G.34}$$

$P_j\Psi$와 $(1-P_j)\Psi$가 직교 부분공간에 속하므로, (2.15)를 적용해 다음을 얻는다.

$$\|P_j\Psi\|^2 + \|(1-P_j)\Psi\|^2 = \|\Psi\|^2$$

그래서 (G.34)는 다음이 된다.

$$\|X_j[A]\Psi\|^2 \leq \frac{\|A\|^2}{g_j^2} \|\Psi\|^2$$

(G.30)은 연산자 노름의 정의 (2.45)에서 증명된다. (G.31)을 증명하기 위해, 보조정리 G.5의 증명에서와 같이, $X_j[A](s)$를 s에 대해 미분한다. 즉, 곡선 $\gamma_j(s)$의 s 의존성을 무시할 수 있으며 피적분 함수만을 s에 대해 미분하면 된다.

$$\frac{d}{ds}X_j[A] \underset{(G.6)}{=} \frac{1}{2\pi i}\oint_{\gamma_j} \left(\dot{R}_z A R_z + R_z \dot{A} R_z + R_z A \dot{R}_z \right) dz$$

$$\underset{(G.6),(G.7)}{=} X_j\left[\dot{A}\right] - \frac{1}{2\pi i}\oint_{\gamma_j} \left(R_z \dot{H}_T R_z A R_z + R_z A R_z \dot{H}_T R_z \right) dz \tag{G.35}$$

첫 번째 항의 적분을 고려하면 다음과 같다.

$$\frac{1}{2\pi i}\oint_{\gamma_j} R_z \dot{H}_T R_z A R_z dz \underset{(G.2)}{=} \frac{1}{2\pi i}\oint_{\gamma_j} \sum_{k,l,m\in I} \underbrace{\frac{P_k}{E_k - z}\dot{H}_T \frac{P_l}{E_l - z} A \frac{P_m}{E_m - z}}_{=:C_{klm}(z)} dz$$

$$= \sum_{k,l,m\in I} \frac{1}{2\pi i}\oint_{\gamma_j} C_{klm}(z) dz \tag{G.36}$$

여기에서, 코쉬 적분 공식 (G.5)을 적용하면 다음을 얻는다.

$$\frac{1}{2\pi i}\oint_{\gamma_j} C_{klm}(z) = \begin{cases} P_j \dot{\mathsf{H}}_T \dfrac{P_l}{E_l - E_j} A \dfrac{P_m}{E_m - E_j} & \text{if } k = j \neq l, m \\[2mm] \dfrac{P_k}{E_k - E_j} \dot{\mathsf{H}}_T P_j A \dfrac{P_m}{E_m - E_j} & \text{if } l = j \neq k, m \\[2mm] \dfrac{P_k}{E_k - E_j} \dot{\mathsf{H}}_T \dfrac{P_l}{E_l - E_j} A P_j & \text{if } m = j \neq k, l \\[2mm] 0 & \text{else} \end{cases}$$

이를 (G.36)에 대입하면 다음을 얻는다.

$$\begin{aligned} \frac{1}{2\pi i}\oint_{\gamma_j} R_z \dot{\mathsf{H}}_T R_z A R_z dz &= \sum_{l,m \in I \smallsetminus \{j\}} P_j \dot{\mathsf{H}}_T \frac{P_l}{E_l - E_j} A \frac{P_m}{E_m - E_j} \\ &+ \sum_{k,m \in I \smallsetminus \{j\}} \frac{P_k}{E_k - E_j} \dot{\mathsf{H}}_T P_j A \frac{P_m}{E_m - E_j} \\ &+ \sum_{k,l \in I \smallsetminus \{j\}} \frac{P_k}{E_k - E_j} \dot{\mathsf{H}}_T \frac{P_l}{E_l - E_j} A P_j \qquad\text{(G.37)} \\ &\underbrace{=}_{\text{(G.25)}} P_j \dot{\mathsf{H}}_T \check{R}_j A \check{R}_j + \check{R}_j \dot{\mathsf{H}}_T P_j A \check{R}_j + \check{R}_j \dot{\mathsf{H}}_T \check{R}_j A P_j \end{aligned}$$

비슷하게 (G.35)의 두 번째 적분은 다음으로 변형된다.

$$\frac{1}{2\pi i}\oint_{\gamma_j} R_z A R_z \dot{\mathsf{H}}_T R_z dz = P_j A \check{R}_j \dot{\mathsf{H}}_T \check{R}_j + \check{R}_j A P_j \dot{\mathsf{H}}_T \check{R}_j + \check{R}_j A \check{R}_j \dot{\mathsf{H}}_T P_j \quad\text{(G.38)}$$

(G.37)과 (G.38)에서 (G.35)의 적분은 다음과 같다.

$$\begin{aligned} \frac{1}{2\pi i}\oint_{\gamma_j} \left(R_z \dot{\mathsf{H}}_T R_z A R_z + R_z A R_z \dot{\mathsf{H}}_T R_z \right) dz &= P_j \left(\dot{\mathsf{H}}_T \check{R}_j A + A \check{R}_j \dot{\mathsf{H}}_T \right) \check{R}_j \\ &+ \check{R}_j \left(\dot{\mathsf{H}}_T P_j A + A P_j \dot{\mathsf{H}}_T \right) \check{R}_j \\ &+ \check{R}_j \left(\dot{\mathsf{H}}_T \check{R}_j A + A \check{R}_j \dot{\mathsf{H}}_T \right) P_j \end{aligned}$$

(G.26)에서 P_j와 $\check{R}_j$가 직교 부분공간으로 매핑을 하는 것과 (2.15)를 적용하면 모든 $|\Psi\rangle \in \mathbb{H}$에 대해 다음을 얻는다.

$$\begin{aligned} &\left\| \frac{1}{2\pi i}\oint_{\gamma_j} \left(R_z \dot{\mathsf{H}}_T R_z A R_z + R_z A R_z \dot{\mathsf{H}}_T R_z \right) dz |\Psi\rangle \right\|^2 \\ &= \left\| P_j \left(\dot{\mathsf{H}}_T \check{R}_j A + A \check{R}_j \dot{\mathsf{H}}_T \right) \check{R}_j \Psi \right\|^2 \qquad\qquad\text{(G.39)} \\ &+ \left\| \check{R}_j \left(\left(\dot{\mathsf{H}}_T P_j A + A P_j \dot{\mathsf{H}}_T \right) \check{R}_j + \left(\dot{\mathsf{H}}_T \check{R}_j A + A \check{R}_j \dot{\mathsf{H}}_T \right) P_j \right) \Psi \right\|^2 \end{aligned}$$

(G.39)의 첫 번째 항을 다음과 같이 계산할 수 있다.

$$\left|\left|P_j\left(\dot{\mathsf{H}}_T\check{R}_jA+A\check{R}_j\dot{\mathsf{H}}_T\right)\check{R}_j\varPsi\right|\right|^2$$

$$\underset{(2.51),(2.52)}{\leq}\underbrace{||P_j||^2}_{=1}\left(\left|\left|\dot{\mathsf{H}}_T\check{R}_jA+A\check{R}_j\dot{\mathsf{H}}_T\right|\right|\left|\left|\check{R}_j\right|\right|\right)^2||\varPsi||^2 \qquad\text{(G.40)}$$

$$\underset{(2.52),(2.53)}{\leq}\left(2\left|\left|\dot{\mathsf{H}}_T\right|\right|\,||A||\,||\check{R}_j||^2\right)^2||\varPsi||^2$$

(G.39)의 두 번째 항 또한 비슷하게 계산할 수 있다.

문제 G146 다음을 보여라.

$$\left|\left|\check{R}_j\left(\left(\dot{\mathsf{H}}_TP_jA+AP_j\dot{\mathsf{H}}_T\right)\check{R}_j+\left(\dot{\mathsf{H}}_T\check{R}_jA+A\check{R}_j\dot{\mathsf{H}}_T\right)P_j\right)\varPsi\right|\right|^2$$

$$\leq\left(2\left|\left|\dot{\mathsf{H}}_T\right|\right|\,||A||\,||\check{R}_j||^2\right)^2 3\,||\varPsi||^2 \qquad\text{(G.41)}$$

(G.40), (G.41)를 (G.39)에 대입하면, 모든 $|\varPsi\rangle\in\mathbb{H}$에 대해 다음을 얻는다.

$$\left|\left|\frac{1}{2\pi\mathrm{i}}\oint_{\gamma_j}\left(R_z\dot{\mathsf{H}}_TR_zAR_z+R_zAR_z\dot{\mathsf{H}}_TR_z\right)dz|\varPsi\rangle\right|\right|^2\leq\left(4\left|\left|\dot{\mathsf{H}}_T\right|\right|\,||A||\,||\check{R}_j||^2\right)^2||\varPsi||^2$$

연산자 노름의 정의 2.12를 적용하면 다음을 얻는다.

$$\left|\left|\frac{1}{2\pi\mathrm{i}}\oint_{\gamma_j}\left(R_z\dot{\mathsf{H}}_TR_zAR_z+R_zAR_z\dot{\mathsf{H}}_TR_z\right)dz\right|\right|\leq 4\left|\left|\dot{\mathsf{H}}_T\right|\right|\,||A||\,||\check{R}_j||^2$$

$$\underset{(G.28)}{\leq}4\frac{\left|\left|\dot{\mathsf{H}}_T\right|\right|\,||A||}{g_j^2} \qquad\text{(G.42)}$$

이와 (G.35)를 이용하면 다음을 얻는다.

$$\left|\left|\frac{d}{ds}X_j[A]\right|\right|\underset{(2.53)}{\leq}\left|\left|X_j\left[\dot{A}\right]\right|\right|+\left|\left|\frac{1}{2\pi\mathrm{i}}\oint_{\gamma_j}\left(R_z\dot{\mathsf{H}}_TR_zAR_z+R_zAR_z\dot{\mathsf{H}}_TR_z\right)dz\right|\right|$$

$$\underset{(G.30),(G.42)}{\leq}\frac{\left|\left|\dot{A}\right|\right|}{g_j}+4\frac{\left|\left|\dot{\mathsf{H}}_T\right|\right|\,||A||}{g_j^2}$$

이것으로 (G.31)이 증명된다. ∎

마지막으로 양자 단열 정리를 형식화하고 증명하기 위해서는 하나가 더 필요하다.

> **따름정리 G.14** H_T는 정의 8.1에서 정의한 것이며 단열 가정[AA]을 만족하고 $\{P_j \mid j \in I\}$는 $H_T(s)$의 고유공간으로의 사영 연산자다. 그러면 다음을 만족한다.
>
> $$\left\| \dot{P}_j(s) \right\| \leq \frac{\left\| \dot{H}_T(s) \right\|}{g_j(s)} \tag{G.43}$$

[증명]
보조정리 G.5의 (G.9)에서 $\dot{P}_j = X_j \left[\dot{H}_T \right]$이므로 다음을 얻는다.

$$\left\| \dot{P}_j \right\| \underset{(G.9)}{=} \left\| X_j \left[\dot{H}_T \right] \right\| \underset{(G.30)}{\leq} \frac{\left\| \dot{H}_T \right\|}{g_j}$$

이것으로 증명이 끝난다. ∎

이제 양자 단열 정리의 선구체precursor라고 할 만한 것을 증명한다. t_{ini} 시점에서 H_{ini}의 고유 상태에서 시작해 t_{fin} 시점에서 H_{fin}의 고유 상태를 찾을 확률에 관한 서술은 다음의 정리에 이은 따름정리에서 나온다.

> **정리 G.15** (양자 단열 정리[111]) H_T는 정의 8.1에서 정의한 것이며 단열 가정[AA]을 만족하고, $\{P_j \mid j \in I\}$는 $H_T(s)$의 고유공간으로의 사영 연산자다. 주어진 $j \in I$에 대해 g_j는 정의 G.4에서 정의한 갭함수다. 그리고 U_T와 $U_{A,j}$는 각각 정의 8.1과 G.9에서 정의한 것이다.
>
> 그러면 모든 $j \in I$와 $s \in [0,1]$에 대해 다음이 만족한다.
>
> $$\left\| (U_{A,j}(s) - U_T(s)) P_j(0) \right\| \leq \frac{C_j(s)}{T} \tag{G.44}$$
>
> 여기에서

$$C_j(s) := \frac{\left\|\dot{\mathsf{H}}_T(s)\right\|}{g_j(s)^2} + \frac{\left\|\dot{\mathsf{H}}_T(0)\right\|}{g_j(0)^2} + \int\limits_0^s \left(\frac{\left\|\ddot{\mathsf{H}}_T(u)\right\|}{g_j(u)^2} + 10\frac{\left\|\dot{\mathsf{H}}_T(u)\right\|^2}{g_j(u)^3} \right) du$$

$$(\text{G.45})$$

[증명]

혼잡을 피하기 위해 s 의존성을 생략하는 (G.32)의 표기를 이 증명에서 사용하는 것을 다시 한 번 언급한다. 먼저 다음을 고려한다.

$$\frac{d}{ds}\left(U_{A,j}^* U_T\right)$$
$$= \quad \dot{U}_{A,j}^* U_T + U_{A,j}^* \dot{U}_T$$
$$\underbrace{=}_{(\text{G.22}),(8.6)} \quad \mathrm{i}U_{A,j}^* \mathsf{H}_{A,j} U_T - \mathrm{i}U_{A,j}^* T\mathsf{H}_T U_T$$
$$= \quad \mathrm{i}U_{A,j}^* \left(\mathsf{H}_{A,j} - T\mathsf{H}_T\right)U_T$$
$$\underbrace{=}_{(\text{G.17})} \quad -U_{A,j}^*\left[\dot{P}_j, P_j\right]U_T \underbrace{=}_{(\text{G.10})} U_{A,j}^*\left[\mathsf{H}_T, X_j\left[\dot{P}_j\right]\right]U_T$$
$$= \quad U_{A,j}^*\left(\mathsf{H}_T X_j\left[\dot{P}_j\right] - X_j\left[\dot{P}_j\right]\mathsf{H}_T\right)U_T$$
$$\underbrace{=}_{(\text{G.17})} \quad U_{A,j}^*\left(\frac{1}{T}\left(\mathsf{H}_{A,j} - \mathrm{i}\left[\dot{P}_j, P_j\right]\right)X_j\left[\dot{P}_j\right] - X_j\left[\dot{P}_j\right]\mathsf{H}_T\right)U_T$$
$$= \quad \frac{1}{T}U_{A,j}^*\mathsf{H}_{A,j}X_j\left[\dot{P}_j\right]U_T - \frac{\mathrm{i}}{T}U_{A,j}^*\left[\dot{P}_j, P_j\right]X_j\left[\dot{P}_j\right]U_T - U_{A,j}^*X_j\left[\dot{P}_j\right]\mathsf{H}_T U_T$$
$$\underbrace{=}_{(\text{G.22}),(8.6)} \quad \frac{-\mathrm{i}}{T}U_{A,j}^*X_j\left[\dot{P}_j\right]U_T - \frac{\mathrm{i}}{T}U_{A,j}^*\left[\dot{P}_j, P_j\right]X_j\left[\dot{P}_j\right]U_T - U_{A,j}^*X_j\left[\dot{P}_j\right]\frac{\mathrm{i}}{T}\dot{U}_T$$
$$= \quad \frac{-\mathrm{i}}{T}\left(\frac{d}{ds}\left(U_{A,j}^*X_j\left[\dot{P}_j\right]U_T\right) - U_{A,j}^*\left(\frac{d}{ds}X_j\left[\dot{P}_j\right]\right)U_T$$
$$\qquad + U_{A,j}^*\left[\dot{P}_j, P_j\right]X_j\left[\dot{P}_j\right]U_T\right)$$

양변을 적분하고 $U_{A,j}^*(0) = 1 = U_T(0)$을 이용하면 다음을 얻는다.

$$U_{A,j}^*(s)U_T(s) \;= \mathbf{1} - \frac{\mathrm{i}}{T}\left(U_{A,j}^*(s)X_j\left[\dot{P}_j\right](s)U_T(s) - X_j\left[\dot{P}_j\right](0)\right)$$
$$\qquad - \frac{\mathrm{i}}{T}\int_0^s U_{A,j}^*(u)\left(\left[\dot{P}_j(u), P_j(u)\right]X_j\left[\dot{P}_j\right](u) - \frac{d}{du}X_j\left[\dot{P}_j\right](u)\right)U_T(u)du$$

결국 다음이 성립한다.

$$U_T(s) \;= U_{A,j}(s) - \frac{\mathrm{i}}{T}\left(X_j\left[\dot{P}_j\right](s)U_T(s) - U_{A,j}(s)X_j\left[\dot{P}_j\right](0)\right)$$
$$\qquad - U_{A,j}(s)\frac{\mathrm{i}}{T}\int\limits_0^s U_{A,j}^*(u)\left(\left[\dot{P}_j(u), P_j(u)\right]X_j\left[\dot{P}_j\right](u) - \frac{d}{du}X_j\left[\dot{P}_j\right](u)\right)U_T(u)du$$

(2.53)과 (2.54)를 이용해 다음을 구한다.

$$
\begin{aligned}
&\left\| U_{A,j}(s) - U_T(s) \right\| \\
&\leq \frac{1}{T} \left\| X_j\left[\dot{P}_j\right](s) U_T(s) - U_{A,j}(s) X_j\left[\dot{P}_j\right](0) \right\| \\
&\quad + \frac{1}{T} \left\| U_{A,j}(s) \int_0^s U_{A,j}^*(u) \left([\dot{P}_j(u), P_j(u)] X_j\left[\dot{P}_j\right](u) - \frac{d}{du} X_j\left[\dot{P}_j\right](u) \right) U_T(u) du \right\|
\end{aligned}
\tag{G.46}
$$

(G.46)의 두 항을 각각 계산한다. 우선 첫 번째 항은 다음과 같다.

$$
\begin{aligned}
&\left\| X_j\left[\dot{P}_j\right](s) U_T(s) - U_{A,j}(s) X_j\left[\dot{P}_j\right](0) \right\| \\
&\underbrace{\leq}_{(2.52),(2.53)} \left\| X_j\left[\dot{P}_j\right](s) \right\| \|U_T(s)\| + \left\| U_{A,j}(s) \right\| \left\| X_j\left[\dot{P}_j\right](0) \right\| \\
&\underbrace{=}_{(2.55)} \left\| X_j\left[\dot{P}_j\right](s) \right\| + \left\| X_j\left[\dot{P}_j\right](0) \right\| \\
&\underbrace{\leq}_{(G.30)} \frac{\left\| \dot{P}_j(s) \right\|}{g_j(s)} + \frac{\left\| \dot{P}_j(0) \right\|}{g_j(0)} \\
&\underbrace{\leq}_{(G.43)} \frac{\left\| \dot{\mathsf{H}}_T(s) \right\|}{g_j(s)^2} + \frac{\left\| \dot{\mathsf{H}}_T(0) \right\|}{g_j(0)^2}
\end{aligned}
\tag{G.47}
$$

두 번째 항도 비슷하게 계산한다.

$$
\begin{aligned}
&\left\| U_{A,j}(s) \int_0^s U_{A,j}^*(u) \left([\dot{P}_j(u), P_j(u)] X_j\left[\dot{P}_j\right](u) - \frac{d}{du} X_j\left[\dot{P}_j\right](u) \right) U_T(u) du \right\| \\
&\underbrace{\leq}_{(2.52)} \|U_{A,j}(s)\| \left\| \int_0^s U_{A,j}^*(u) \left([\dot{P}_j(u), P_j(u)] X_j\left[\dot{P}_j\right](u) - \frac{d}{du} X_j\left[\dot{P}_j\right](u) \right) U_T(u) du \right\| \\
&\underbrace{=}_{(2.55)} \left\| \int_0^s U_{A,j}^*(u) \left([\dot{P}_j(u), P_j(u)] X_j\left[\dot{P}_j\right](u) - \frac{d}{du} X_j\left[\dot{P}_j\right](u) \right) U_T(u) du \right\| \\
&\leq \int_0^s \left\| U_{A,j}^*(u) \left([\dot{P}_j(u), P_j(u)] X_j\left[\dot{P}_j\right](u) - \frac{d}{du} X_j\left[\dot{P}_j\right](u) \right) U_T(u) du \right\| \\
&\underbrace{\leq}_{(2.52)} \int_0^s \left\| U_{A,j}^*(u) \right\| \left\| [\dot{P}_j(u), P_j(u)] X_j\left[\dot{P}_j\right](u) - \frac{d}{du} X_j\left[\dot{P}_j\right](u) \right\| \|U_T(u)\| du
\end{aligned}
$$

$$\underbrace{=}_{(2.55)} \int_0^s \left\| \left[\dot{P}_j(u), P_j(u)\right] X_j\left[\dot{P}_j\right](u) - \frac{d}{du} X_j\left[\dot{P}_j\right](u) \right\| du$$

$$\underbrace{=}_{(2.53)} \int_0^s \left(\left\| \left[\dot{P}_j(u), P_j(u)\right] X_j\left[\dot{P}_j\right](u) \right\| + \left\| \frac{d}{du} X_j\left[\dot{P}_j\right](u) \right\| \right) du \tag{G.48}$$

(G.48)의 마지막 식에서 적분 내의 항을 따로 계산한다. 첫 번째 항은 다음과 같다.

$$\left\| \left[\dot{P}_j(u), P_j(u)\right] X_j\left[\dot{P}_j\right](u) \right\| \quad \underbrace{=}_{(2.46),(2.52),(2.53)} \quad 2 \left\| \dot{P}_j(u) \right\| \left\| P_j(u) \right\| \left\| X_j\left[\dot{P}_j\right](u) \right\|$$

$$\underbrace{\leq}_{(2.55),(G.30)} \quad 2 \frac{\left\| \dot{P}_j(u) \right\|^2}{g_j(u)}$$

$$\underbrace{\leq}_{(G.43)} \quad 2 \frac{\left\| \dot{\mathsf{H}}_T(u) \right\|^2}{g_j(u)^3} \tag{G.49}$$

(G.48)의 두 번째 항은 다음과 같다.

$$\left\| \frac{d}{du} X_j\left[\dot{P}_j\right](u) \right\| \underbrace{\leq}_{(G.31)} \frac{\left\| \ddot{P}_j(u) \right\|}{g_j(u)} + 4 \frac{\left\| \dot{\mathsf{H}}_T(u) \right\| \left\| \dot{P}_j(u) \right\|}{g_j(u)^2}$$

$$\underbrace{\leq}_{(G.43)} \frac{\left\| \frac{d}{du} \dot{P}_j(u) \right\|}{g_j(u)} + 4 \frac{\left\| \dot{\mathsf{H}}_T(u) \right\|^2}{g_j(u)^3}$$

$$\underbrace{=}_{(G.9)} \frac{\left\| \frac{d}{du} X_j\left[\dot{\mathsf{H}}_T\right](u) \right\|}{g_j(u)} + 4 \frac{\left\| \dot{\mathsf{H}}_T(u) \right\|^2}{g_j(u)^3}$$

$$\underbrace{\leq}_{(G.31)} \frac{1}{g_j(u)} \left(\frac{\left\| \ddot{\mathsf{H}}_T(u) \right\|}{g_j(u)} + 4 \frac{\left\| \dot{\mathsf{H}}_T(u) \right\|^2}{g_j(u)^2} \right) + 4 \frac{\left\| \dot{\mathsf{H}}_T(u) \right\|^2}{g_j(u)^3}$$

$$= \frac{\left\| \ddot{\mathsf{H}}_T(u) \right\|}{g_j(u)^2} + 8 \frac{\left\| \dot{\mathsf{H}}_T(u) \right\|^2}{g_j(u)^3} \tag{G.50}$$

(G.49)와 (G.50)을 (G.48)에 대입해 다음을 얻는다.

$$\left\| U_{A,j}(s) \int_0^s U_{A,j}^*(u) \left([\dot{P}_j(u), P_j(u)] X_j [\dot{P}_j](u) - \frac{d}{du} X_j [\dot{P}_j](u) \right) U_T(u) du \right\|$$

$$\leq \int_0^s \left(\frac{\left\| \ddot{\mathsf{H}}_T(u) \right\|}{g_j(u)^2} + 10 \frac{\left\| \dot{\mathsf{H}}_T(u) \right\|^2}{g_j(u)^3} \right) du \qquad (G.51)$$

(G.47)과 (G.51)을 (G.46)에 대입하면 다음과 같다.

$$\| U_{A,j}(s) - U_T(s) \| \qquad\qquad (G.51)$$

$$\leq \frac{1}{T} \left(\frac{\left\| \dot{\mathsf{H}}_T(s) \right\|}{g_j(s)^2} + \frac{\left\| \dot{\mathsf{H}}_T(0) \right\|}{g_j(0)^2} + \int_0^s \left(\frac{\left\| \ddot{\mathsf{H}}_T(u) \right\|}{g_j(u)^2} + 10 \frac{\left\| \dot{\mathsf{H}}_T(u) \right\|^2}{g_j(u)^3} \right) du \right)$$

다음 식에 주의한다.

$$\left\| (U_{A,j}(s) - U_T(s)) P_j(0) \right\| \underbrace{\leq}_{(2.52)} \left\| U_{A,j}(s) - U_T(s) \right\| \left\| P_j(0) \right\|$$

$$\underbrace{=}_{(2.55)} \left\| U_{A,j}(s) - U_T(s) \right\|$$

이것과 (G.52)에서 (G.44)가 증명된다. ∎

해답

2장 문제 해답

해답 2.1

(i) (2.6)은 다음에서 유도된다.

$$\langle a\psi|\varphi\rangle \underset{(2.1)}{=} \overline{\langle\varphi|a\psi\rangle} \underset{(2.4)}{=} \overline{a\langle\varphi|\psi\rangle} = \overline{a}\,\overline{\langle\varphi|\psi\rangle} \underset{(2.1)}{=} \overline{a}\langle\psi|\varphi\rangle$$

$\|\varphi\|^2 = 1$인 모든 $\varphi \in \mathbb{H}$에 대해 다음이 성립한다.

$$\|a\varphi\|^2 \underset{(2.5)}{=} \langle a\varphi|a\varphi\rangle \underset{(2.4)}{=} a\langle a\varphi|\varphi\rangle \underset{(2.6)}{=} a\overline{a}\langle\varphi|\varphi\rangle \underset{(2.5)}{=} |a|^2 \|\varphi\|^2$$

양변에 제곱근을 취하면 (2.7)이 증명된다.

(ii) ⇒: 모든 $\varphi \in \mathbb{H}$에 대해 $\langle\psi|\varphi\rangle = 0$이면 $\langle\psi|\psi\rangle = 0$이고, (2.3)에서 $\psi = 0$이 된다.

⇐: $\psi = 0$이고 $\xi, \varphi \in \mathbb{H}$는 임의이다. 그러면 $\psi = 0\xi$이고 다음을 만족한다.

$$\langle\psi|\varphi\rangle = \langle 0\xi|\varphi\rangle \underset{(2.4)}{=} 0\langle\xi|\varphi\rangle = 0$$

(iii) 모든 $\psi \in \mathbb{H}$에 대해 $\|\psi\|^2 = 1 = \langle \psi | \psi \rangle$이라는 사실과 다음의 식에서 유도된다.

$$\frac{1}{4}\left[\|\psi + \varphi\|^2 - \|\psi - \varphi\|^2 + i\|\psi - i\varphi\|^2 - i\|\psi + i\varphi\|^2\right]$$

$$\underset{(2.5)}{=} \frac{1}{4}\left[\langle \psi + \varphi | \psi + \varphi \rangle - \langle \psi - \varphi | \psi - \varphi \rangle\right.$$

$$\left. + i\langle \psi - i\varphi | \psi - i\varphi \rangle - i\langle \psi + i\varphi | \psi + i\varphi \rangle\right]$$

$$\underset{(2.4)}{=} \frac{1}{4}\left[\langle \psi | \psi \rangle + \langle \psi | \varphi \rangle + \langle \varphi | \psi \rangle + \langle \varphi | \varphi \rangle\right.$$

$$- \langle \psi | \psi \rangle + \langle \psi | \varphi \rangle + \langle \varphi | \psi \rangle - \langle \varphi | \varphi \rangle$$

$$+ i\langle \psi | \psi \rangle + \langle \psi | \varphi \rangle - \langle \varphi | \psi \rangle + i\langle \varphi | \varphi \rangle$$

$$\left. - i\langle \psi | \psi \rangle + \langle \psi | \varphi \rangle - \langle \varphi | \psi \rangle - i\langle \varphi | \varphi \rangle\right]$$

$$= \frac{1}{4}\left[4\langle \psi | \varphi \rangle\right] = \langle \psi | \varphi \rangle$$

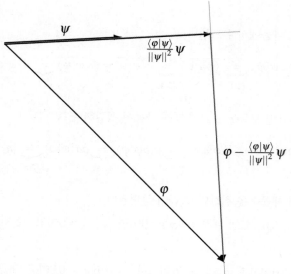

그림 G.1 $\varphi - \frac{\langle \psi | \varphi \rangle}{\|\psi\|^2}\psi \in \mathbb{H}_{\psi^\perp}$의 기하학적 표현

해답 2.2

다음에 주의한다.

$$\langle\psi|\varphi - \frac{\langle\psi|\varphi\rangle}{||\psi||^2}\psi\rangle \underbrace{=}_{(2.4)} \langle\psi|\varphi\rangle - \frac{\langle\psi|\varphi\rangle}{||\psi||^2}\underbrace{\langle\psi|\psi\rangle}_{(2.5)} = 0$$

정의 2.2에서 $\varphi - \frac{\langle\psi|\varphi\rangle}{||\psi||^2}\psi \in \mathbb{H}_{\psi^\perp}$가 성립한다. 그림 G.1에서 기학적으로 나타냈다.

해답 2.3

(i) $\{e_j\}$는 ONB이고 $\psi = \Sigma_j a_j e_j$이다. 그러면 다음을 얻는다.

$$\langle e_k|\psi\rangle = \langle e_k|\sum_j a_j e_j\rangle \underbrace{=}_{(2.4)} \sum_j a_j\underbrace{\langle e_k|e_j\rangle}_{(2.10)} = \sum_j a_j \delta_{jk} = a_k$$

그리고

$$\psi = \sum_j \langle e_j|\psi\rangle e_j = \sum_j \psi_j e_j \tag{G.53}$$

(ii) 다음으로,

$$\langle\varphi|\psi\rangle \underbrace{=}_{(G.53)} \langle\sum_j \varphi_j e_j|\sum_k \psi_k e_k\rangle \underbrace{=}_{(2.4),(2.6)} \sum_j\sum_k \overline{\varphi_j}\psi_k\langle e_j|e_k\rangle \underbrace{=}_{(2.10)} \sum_j\sum_k \overline{\varphi_j}\psi_k\delta_{jk}$$

$$= \sum_j \overline{\varphi_j}\psi_j \underbrace{=}_{\varphi_j=\langle e_j|\varphi\rangle} \sum_j \overline{\langle e_j|\varphi\rangle}\langle e_j|\psi\rangle \underbrace{=}_{(2.1)} \sum_j \langle\varphi|e_j\rangle\langle e_j|\psi\rangle$$

(iii) $\psi_j = \langle e_j|\psi\rangle$에 대해,

$$||\psi||^2 \underbrace{=}_{(2.5)} \langle\psi|\psi\rangle \underbrace{=}_{(2.13)} \sum_j \overline{\langle e_j|\psi\rangle}\langle e_j|\psi\rangle = \sum_j |\langle e_j|\psi\rangle|^2$$

(iv) 마지막으로 $\varphi \in \mathbb{H}_{\psi^\perp}$에 대해

$$\langle\psi|\varphi\rangle \underbrace{=}_{\text{Def. 2.2}} 0 = \overline{\langle\psi|\varphi\rangle} \underbrace{=}_{(2.1)} \langle\varphi|\psi\rangle$$

그래서

$$\|\varphi + \psi\|^2 \underbrace{=}_{(2.5)} \langle \varphi + \psi | \varphi + \psi \rangle = \langle \varphi | \varphi \rangle + \underbrace{\langle \varphi | \psi \rangle}_{=0} + \underbrace{\langle \psi | \varphi \rangle}_{=0} + \langle \psi | \psi \rangle$$

$$\underbrace{=}_{(2.5)} \|\varphi\|^2 + \|\varphi\|^2$$

해답 2.4

$\psi = 0$ 또는 $\varphi = 0$이면, 관계식의 양변이 영이 돼서 관계식이 성립한다. $\psi \neq 0 \neq \varphi$인 경우를 고려한다. 다음을 얻는다.

$$0 \quad \leq \quad \left\|\varphi - \frac{\langle \psi | \varphi \rangle}{\|\psi\|^2}\psi\right\|^2 \underbrace{=}_{(2.5)} \langle \varphi - \frac{\langle \psi | \varphi \rangle}{\|\psi\|^2}\psi | \varphi - \frac{\langle \psi | \varphi \rangle}{\|\psi\|^2}\psi \rangle$$

$$\underbrace{=}_{(2.4),(2.5)} \|\varphi\|^2 - \langle \varphi | \frac{\langle \psi | \varphi \rangle}{\|\psi\|^2}\psi \rangle - \langle \frac{\langle \psi | \varphi \rangle}{\|\psi\|^2}\psi | \varphi \rangle + \left\|\frac{\langle \psi | \varphi \rangle}{\|\psi\|^2}\psi\right\|^2$$

$$\underbrace{=}_{(2.5),(2.6),(2.7)} \|\varphi\|^2 - \frac{\langle \psi | \varphi \rangle \langle \varphi | \psi \rangle}{\|\psi\|^2} - \frac{\overline{\langle \psi | \varphi \rangle}\langle \psi | \varphi \rangle}{\|\psi\|^2} + \left|\frac{\langle \psi | \varphi \rangle}{\|\psi\|^2}\right|^2 \|\psi\|^2$$

$$\underbrace{=}_{(2.1)} \|\varphi\|^2 - \frac{|\langle \psi | \varphi \rangle|^2}{\|\psi\|^2}$$

그래서

$$|\langle \psi | \varphi \rangle|^2 \leq \|\varphi\|^2 \|\psi\|^2 \tag{G.54}$$

다음으로,

$$\|\varphi + \psi\|^2 \quad = \quad \left|\|\varphi + \psi\|^2\right| \underbrace{=}_{(2.5)} |\langle \varphi + \psi | \varphi + \psi \rangle|$$

$$\underbrace{=}_{(2.4),(2.5)} \left|\|\varphi\|^2 + \|\psi\|^2 + \langle \varphi | \psi \rangle + \langle \psi | \varphi \rangle\right|$$

$$\leq \quad \|\varphi\|^2 + \|\psi\|^2 + |\langle \varphi | \psi \rangle| + |\langle \psi | \varphi \rangle|$$

$$\underbrace{\leq}_{(G.54)} \|\varphi\|^2 + \|\psi\|^2 + 2\|\varphi\|\|\psi\| = \left(\|\varphi\| + \|\psi\|\right)^2$$

이것으로 (2.18)이 증명된다.

해답 2.5

$\psi = 0$이면 사상이 제로 사상이며 자명하게 연속이다. $\psi \in \mathbb{H} \setminus \{0\}$을 가정한다. 임의의 $\varepsilon > 0$에 대해 적절한 $\delta(\varepsilon) = \frac{\varepsilon}{\|\psi\|}$가 존재해 $\|\varphi - \varphi_0\| < \delta(\varepsilon)$을 만족하는 $\varphi_0, \varphi \in \mathbb{H}$에 대해 다음이 성립한다.

$$|\langle \psi | \varphi - \varphi_0 \rangle| \underset{(2.17)}{\leq} \|\psi\| \|\varphi - \varphi_0\| \leq \|\psi\| \delta(\varepsilon) = \varepsilon \qquad (G.55)$$

그러므로 $\langle \psi | : \varphi \mapsto \langle \psi | \varphi \rangle$는 φ_0에서 연속이다.

해답 2.6

(i) 우선 $(A^*)^* = A$를 증명한다. 임의의 $|\psi\rangle, |\varphi\rangle \in \mathbb{H}$에 대해 다음이 성립한다.

$$\langle \psi | (A^*)^* \varphi \rangle \underset{(2.1)}{=} \overline{\langle (A^*)^* \varphi | \psi \rangle} \underset{(2.30)}{=} \overline{\langle \varphi | A^* \psi \rangle} \underset{(2.1)}{=} \langle A^* \psi | \varphi \rangle \underset{(2.30)}{=} \langle \psi | A \varphi \rangle$$

그러므로 임의의 $|\psi\rangle$에 대해 $\langle \psi | (A^*)^* \varphi - A\varphi \rangle = 0$이 된다. (2.8)에서 모든 $|\varphi\rangle$에 대해 $(A^*)^* |\varphi\rangle = A|\varphi\rangle$이다.

(ii) $c \in \mathbb{C}$와 $A \in L(\mathbb{H})$는 임의이다. 그러면 모든 $|\psi\rangle, |\varphi\rangle \in \mathbb{H}$에 대해 다음이 성립한다.

$$\langle (cA)^* \psi | \varphi \rangle \underset{(2.30)}{=} \langle \psi | cA\varphi \rangle \underset{(2.4)}{=} c \langle \psi | A\varphi \rangle \underset{(2.30)}{=} c \langle A^* \psi | \varphi \rangle \underset{(2.6)}{=} \langle \overline{c} A^* \psi | \varphi \rangle$$

그래서

$$\langle ((cA)^* - \overline{c} A^*) \psi | \varphi \rangle = 0 \underset{(2.8)}{\Rightarrow} ((cA)^* - \overline{c} A^*) |\psi\rangle = 0 \quad \forall |\psi\rangle \in \mathbb{H}$$

(iii) 다음의 선형사상을 고려한다.

$$\langle A\psi | : \mathbb{H} \longrightarrow \mathbb{C} \qquad \langle \psi | A^* : \mathbb{H} \longrightarrow \mathbb{C}$$
$$\varphi \longmapsto \langle A\psi | \varphi \rangle , \qquad \varphi \longmapsto \langle \psi | A^* \varphi \rangle$$

다음이 만족한다.

$$\langle A\psi | \varphi \rangle \underset{(2.31)}{=} \langle (A^*)^* \psi | \varphi \rangle \underset{(2.30)}{=} \langle \psi | A^* \varphi \rangle$$

그러므로 $\langle A\psi| = \langle\psi|A^*$이다.

(iv) $\{|e_j\rangle\}$는 $\mathbb{H}$의 ONB이다. 다음에서 (2.35)가 증명된다.

$$A_{jk}^* \underset{(2.22)}{=} \langle e_j|A^* e_k\rangle \underset{(2.30)}{=} \langle (A^*)^* e_j|e_k\rangle \underset{(2.31)}{=} \langle Ae_j|e_k\rangle \underset{(2.1)}{=} \overline{\langle e_k|Ae_j\rangle} \underset{(2.22)}{=} \overline{A_{kj}}$$

(v) 수반 연산자의 정의 2.8에서 임의의 $|\xi\rangle, |\eta\rangle \in \mathbb{H}$에 대해 다음을 얻는다.

$$\langle (|\varphi\rangle\langle\psi|)^* \xi|\eta\rangle \underset{(2.30)}{=} \langle\xi|(|\varphi\rangle\langle\psi|)\eta\rangle = \langle\xi|\varphi\rangle\langle\psi|\eta\rangle$$

$$\underset{(2.6)}{=} \langle\psi\overline{\langle\xi|\varphi\rangle}|\eta\rangle \underset{(2.1)}{=} \langle\psi\langle\varphi|\xi\rangle|\eta\rangle$$

$$= \langle (|\psi\rangle\langle\varphi|)\xi|\eta\rangle \tag{G.56}$$

모든 $|\xi\rangle, |\eta\rangle \in \mathbb{H}$에 대해 (G.56)이 성립한다는 사실에서 (2.36)이 증명된다.

해답 2.7

U가 유니타리라는 것에서 $U^*U = 1$이 되는 것을 먼저 증명한다. 그리고 여기에서 $\|U\psi\| = \|\psi\|$가 되며 결국 U가 유니타리가 되는 것을 증명한다.

U는 유니타리이다. 그러면 다음을 얻는다.

$$\langle U\psi|U\varphi\rangle = \langle\psi|\varphi\rangle \quad \forall|\psi\rangle, |\varphi\rangle \in \mathbb{H}$$

$$\underset{(2.30)}{\Rightarrow} \langle\psi|U^*U\varphi\rangle = \langle\psi|\varphi\rangle \quad \forall|\psi\rangle, |\varphi\rangle \in \mathbb{H}$$

$$\Rightarrow \langle\psi|U^*U\varphi - \varphi\rangle = 0 \quad \forall|\psi\rangle, |\varphi\rangle \in \mathbb{H}$$

$$\underset{(2.8)}{\Rightarrow} U^*U|\varphi\rangle - |\varphi\rangle = 0 \quad \forall|\varphi\rangle \in \mathbb{H}$$

$$\Rightarrow U^*U = 1$$

이제, $U^*U = 1$을 가정한다. 모든 $|\psi\rangle \in \mathbb{H}$에 대해 다음이 성립한다.

$$\|\psi\| \underset{(2.5)}{=} \sqrt{\langle\psi|\psi\rangle}$$

$$= \sqrt{\langle\psi|U^*U\psi\rangle} \underset{(2.30)}{=} \sqrt{\langle (U^*)^*\psi|U\psi\rangle} \underset{(2.31)}{=} \sqrt{\langle U\psi|U\psi\rangle}$$

$$\underset{(2.5)}{=} \|U\psi\|$$

마지막으로 모든 $|\psi\rangle \in \mathbb{H}$에 대해 $\|U\psi\| = \|\psi\|$을 가정한다. (2.9)를 두 번 사용하면, 임의의 $|\psi\rangle, |\varphi\rangle \in \mathbb{H}$에 대해 다음을 얻는다.

$$\langle U\psi | U\varphi\rangle$$
$$\underset{(2.9)}{=} \frac{1}{4}\left[\|U\psi + U\varphi\|^2 - \|U\psi - U\varphi\|^2 + \mathrm{i}\|U\psi - \mathrm{i}U\varphi\|^2 - \mathrm{i}\|U\psi + \mathrm{i}U\varphi\|^2\right]$$
$$= \frac{1}{4}\left[\|U(\psi + \varphi)\|^2 - \|U(\psi - \varphi)\|^2 + \mathrm{i}\|U(\psi - \mathrm{i}\varphi)\|^2 - \mathrm{i}\|U(\psi + \mathrm{i}\varphi)\|^2\right]$$
$$= \frac{1}{4}\left[\|\psi + \varphi\|^2 - \|\psi - \varphi\|^2 + \mathrm{i}\|\psi - \mathrm{i}\varphi\|^2 - \mathrm{i}\|\psi + \mathrm{i}\varphi\|^2\right]$$
$$\underset{(2.9)}{=} \langle\psi|\varphi\rangle$$

그러면 정의 2.9에서 U는 유니타리이다.

해답 2.8 $\mathbb{H}$의 벡터 $|\psi\rangle \neq 0$에 대해 $A|\psi\rangle = \lambda|\psi\rangle$이다.

(i) 다음에 주의한다.

$$\langle\psi|A^*\varphi\rangle \underset{(2.30)}{=} \langle(A^*)^*\psi|\varphi\rangle \underset{(2.31)}{=} \langle A\psi|\varphi\rangle = \langle\lambda\psi|\varphi\rangle \underset{(2.6)}{=} \overline{\lambda}\langle\psi|\varphi\rangle$$

그러면 다음의 두 선형사상은 일치한다.

$$\begin{array}{ll}
\langle\psi|A^* : \mathbb{H} \longrightarrow \mathbb{C} & \overline{\lambda}\langle\psi| : \mathbb{H} \longrightarrow \mathbb{C} \\
\qquad\quad \varphi \longmapsto \langle\psi|A^*\varphi\rangle ', & \qquad\quad \varphi \longmapsto \overline{\lambda}\langle\psi|\varphi\rangle
\end{array}$$

(ii) $|\psi\rangle \neq 0$에 대해 다음을 얻는다.

$$\lambda\langle\psi|\psi\rangle \underset{(2.4)}{=} \langle\psi|\lambda\psi\rangle = \langle\psi|A\psi\rangle = \langle A^*\psi|\psi\rangle \underset{A^*=A}{=} \langle A\psi|\psi\rangle = \langle\lambda\psi|\psi\rangle$$
$$\underset{(2.6)}{=} \overline{\lambda}\langle\psi|\psi\rangle$$

그러므로 $A^* = A$는 $\overline{\lambda} = \lambda$를 의미한다.

(iii) $\mathbb{H}$의 벡터 $|\psi\rangle \neq 0$에에 대해 $U|\psi\rangle = \lambda|\psi\rangle$이고 U는 유니타리이면 다음을 만족한다.

$$\|\psi\| \underset{(2.37)}{=} \|U\psi\| = \|\lambda\psi\| \underset{(2.7)}{=} |\lambda|\|\psi\|$$

그러므로 $|\lambda| = 1$이다.

해답 2.9 $\{|e_{j,\alpha}\rangle \, | \, j \in \{1,\ldots,d\}, \ \alpha \in \{1,\ldots,d_j\}\}$는 A의 고유 상태로 구성된 ONB이다. 즉,

$$A|e_{j,\alpha}\rangle = \lambda_j |e_{j,\alpha}\rangle \tag{G.57}$$

여기에서 각각의 고유공간은 차원 $d_j \geq 1$을 가진다. ONB의 정의 2.3에서 $\|\psi\| = 1$의 모든 $|\psi\rangle \in \mathbb{H}$를 다음의 형태로 표기할 수 있다.

$$|\psi\rangle = \sum_{j=1}^{d} \sum_{\alpha=1}^{d_j} \psi_{j,\alpha} |e_{j,\alpha}\rangle \tag{G.58}$$

여기에서,

$$\sum_{j=1}^{d} \sum_{\alpha=1}^{d_j} |\psi_{j,\alpha}|^2 \underbrace{=}_{(2.14)} \|\psi\|^2 = 1 \tag{G.59}$$

그러면 다음을 얻는다.

$$
\begin{aligned}
\langle \psi | A\psi \rangle &\underbrace{=}_{(G.58)} \langle \sum_{j=1}^{d} \sum_{\alpha=1}^{d_j} \psi_{j,\alpha} |e_{j,\alpha}\rangle | A \sum_{k=1}^{d} \sum_{\beta=1}^{d_k} \psi_{k,\beta} |e_{k,\beta}\rangle \rangle \\
&= \sum_{j,k}^{d} \sum_{\alpha,\beta=1}^{d_j,d_k} \overline{\psi_{j,\alpha}} \psi_{k,\beta} \langle e_{j,\alpha} | A e_{k,\beta}\rangle \\
&\underbrace{=}_{(G.57),(2.4)} \sum_{j,k}^{d} \sum_{\alpha,\beta=1}^{d_j,d_k} \overline{\psi_{j,\alpha}} \psi_{k,\beta} \lambda_k \underbrace{\langle e_{j,\alpha} | e_{k,\beta}\rangle}_{=\delta_{j,k}\delta_{\alpha,\beta}} \\
&\underbrace{=}_{(2.10)} \sum_{j}^{d} \sum_{\alpha}^{d_j} |\psi_{j,\alpha}|^2 \lambda_j
\end{aligned}
\tag{G.60}
$$

결국 다음이 만족한다.

$$\lambda_1 \underbrace{=}_{(G.59)} \sum_{j=1}^{d} \sum_{\alpha=1}^{d_j} |\psi_{j,\alpha}|^2 \lambda_1$$

$$\underset{(2.39)}{\leq} \sum_{j}^{d} \sum_{\alpha}^{d_j} |\psi_{j,\alpha}|^2 \lambda_j \underset{(G.60)}{=} \langle \psi | A\psi \rangle$$

$$\underset{(2.39)}{\leq} \sum_{j=1}^{d} \sum_{\alpha=1}^{d_j} |\psi_{j,\alpha}|^2 \lambda_d$$

$$\underset{(G.59)}{=} \lambda_d$$

해답 2.10 (2.41)에서 다음을 얻는다.

$$P_j^* \underset{(2.41)}{=} \left(\sum_{\alpha=1}^{d_j} |e_{j,\alpha}\rangle\langle e_{j,\alpha}| \right)^* = \sum_{\alpha=1}^{d_j} |e_{j,\alpha}\rangle\langle e_{j,\alpha}|^* \underset{(2.36)}{=} \sum_{\alpha=1}^{d_j} |e_{j,\alpha}\rangle\langle e_{j,\alpha}| \underset{(2.41)}{=} P_j$$

그리고

$$P_j P_k = \left(\sum_{\alpha=1}^{d_j} |e_{j,\alpha}\rangle\langle e_{j,\alpha}| \right) \left(\sum_{\beta=1}^{d_k} |e_{k,\beta}\rangle\langle e_{k,\beta}| \right) = \sum_{\alpha=1}^{d_j} \sum_{\beta=1}^{d_k} |e_{j,\alpha}\rangle\langle e_{j,\alpha}|e_{k,\beta}\rangle\langle e_{k,\beta}|$$

$$\underset{(2.10)}{=} \sum_{\alpha=1}^{d_j} \sum_{\beta=1}^{d_k} |e_{j,\alpha}\rangle \delta_{jk}\delta_{\alpha\beta}\langle e_{k,\beta}| = \delta_{jk} \sum_{\alpha=1}^{d_j} |e_{j,\alpha}\rangle\langle e_{j,\alpha}| = \delta_{jk}P_j$$

그래서 P_j는 정의 2.11에서 주어진 직교 사영 연산자의 정의를 만족한다.

$\{ |e_{j,\alpha}\rangle \,|\, j \in \{1,\ldots,d\},\ \alpha \in \{1,\ldots,d_j\} \}$를 A의 고유벡터로 구성된 ONB로 가정했기에, 임의의 고유벡터 $|\psi\rangle \in \mathrm{Eig}(A, \lambda_j)$를 다음의 형태로 표기할 수 있다.

$$|\psi\rangle \underset{(2.20)}{=} \sum_{\alpha=1}^{d_j} |e_{j,\alpha}\rangle\langle e_{j,\alpha}|\psi\rangle \underset{(2.41)}{=} P_j|\psi\rangle$$

이것으로 P_j가 $\mathrm{Eig}(A, \lambda_j)$의 전사함수임이 증명된다.

해답 2.11 P는 사영 연산자이며 $P|\psi_j\rangle = \lambda_j|\psi_j\rangle$를 만족하고 $\|\psi\| = 1$이다. $P^* = P$이므로 모든 고윳값 λ_j는 실수이다. $P^2 = P$에서 다음을 얻는다.

$$\lambda_j^2 = \lambda_j^2 \left\| \psi_j \right\|^2 \underbrace{=}_{(2.5)} \lambda_j^2 \langle \psi_j | \psi_j \rangle \underbrace{=}_{(2.4)} \langle \psi_j | \lambda_j^2 \psi_j \rangle = \langle \psi_j | P^2 \psi_j \rangle$$

$$= \langle \psi_j | P \psi \rangle = \langle \psi_j | \lambda_j \psi_j \rangle \underbrace{=}_{(2.4)} \lambda_j \langle \psi_j | \psi_j \rangle \underbrace{=}_{(2.5)} \lambda_j \left\| \psi_j \right\|^2 = \lambda_j$$

그래서 $\lambda_j = 0$ 또는 1이 된다. 그러므로

$$P \underbrace{=}_{(2.42)} \sum_j \lambda_j | \psi_j \rangle \langle \psi_j | = \sum_{j:\lambda_j=1} | \psi_j \rangle \langle \psi_j |$$

해답 2.12 $|\varphi\rangle, |\psi\rangle \in \mathbb{H}$는 임의이다. 그러므로

$$\langle (AB)^* \psi | \varphi \rangle \underbrace{=}_{(2.30)} \langle \psi | AB\varphi \rangle \underbrace{=}_{(2.30)} \langle A^* \psi | B\varphi \rangle \underbrace{=}_{(2.30)} \langle B^* A^* \psi | \varphi \rangle$$

결국

$$\langle ((AB)^* - B^* A^*) \psi | \varphi \rangle = 0 \qquad \forall |\psi\rangle, |\varphi\rangle \in \mathbb{H}$$
$$\underbrace{\Leftrightarrow}_{(2.8)} \quad ((AB)^* - B^* A^*) |\psi\rangle = 0 \qquad \forall |\psi\rangle \in \mathbb{H}$$

이것으로 $(AB)^* = B^* A^*$이며 (2.47)이 증명된다. 다음으로, 다음을 가정한다.

$$A^* = A \qquad \text{and} \qquad B^* = B \tag{G.61}$$

다음을 얻는다.

$$[A,B] = 0 \quad \underbrace{\Leftrightarrow}_{(2.46)} \quad AB = BA \underbrace{=}_{(G.61)} B^* A^* \underbrace{=}_{(2.47)} (AB)^*$$

이것으로 (2.48)이 증명된다. (2.49)를 증명하기 위해 다음을 주의한다.

$$A^* A \le c B^* B \quad \underbrace{\Leftrightarrow}_{\text{Def. 2.12}} \quad 0 \le \langle \psi | (cB^* B - A^* A) \psi \rangle \quad \forall |\psi\rangle \in \mathbb{H}$$
$$\underbrace{\Leftrightarrow}_{(2.4)} \quad 0 \le c \langle \psi | B^* B \psi \rangle - \langle \psi | A^* A \psi \rangle \quad \forall |\psi\rangle \in \mathbb{H}$$
$$\underbrace{\Leftrightarrow}_{(2.30),(2.31)} \quad 0 \le c \langle B\psi | B\psi \rangle - \langle A\psi | A\psi \rangle \quad \forall |\psi\rangle \in \mathbb{H}$$

$$\underset{(2.5)}{\Leftrightarrow} \qquad 0 \leq c\,||B\psi||^2 - ||A\psi||^2 \quad \forall |\psi\rangle \in \mathbb{H}$$

$$\Leftrightarrow \qquad ||A\psi|| \leq \sqrt{c}\,||B\psi|| \quad \forall |\psi\rangle \in \mathbb{H}$$

$$\underset{(2.57)}{\Leftrightarrow} \qquad ||A|| \leq \sqrt{c}\,||B||$$

문제 2.12의 마지막 주장은 $||1|| = 1$에서 증명된다.

해답 2.13 A가 자기수반연산자이면 A^2 또한 그러하며 실수의 고윳값 $\{\lambda_j^2 \mid j \in \{1,\dots,d\}\}$을 가지며 고유벡터는 A의 것과 같다. (2.40)을 A^2에 대입하면, 다음을 얻는다.

$$\lambda_d^2 \underset{(2.40)}{\geq} \langle \psi | A^2 \psi \rangle \underset{(2.30)}{=} \langle A\psi | A\psi \rangle \underset{(2.5)}{=} ||A\psi||^2$$

그래서 $||\psi|| = 1$인 모든 $|\psi\rangle \in \mathbb{H}$에 대해 $||A\psi|| \leq |\lambda_d|$를 만족한다. 연산자 노름의 정의 (2.45)에서 다음을 얻는다.

$$||A|| \leq |\lambda_d| \qquad\qquad\qquad (G.62)$$

반면 고윳값 λ_d에 대응하는 $||e_d|| = 1$인 고유벡터 $|\lambda_d\rangle$는 다음을 만족한다.

$$||A|e_d\rangle|| = ||\lambda_d|e_d\rangle|| \underset{(2.7)}{=} |\lambda_d|\,||e_d|| = |\lambda_d|$$

(2.45)의 연산자 노름의 정의에서 다음을 얻는다.

$$||A|| \geq |\lambda_d| \qquad\qquad\qquad (G.63)$$

(G.62)와 (G.63)에서 $||A|| = |\lambda_d|$이며 (2.50)을 증명한다.

해답 2.14 $A0 = 0$이므로, 영벡터 $0 \in \mathbb{H}$에 대한 명제는 자명하게 성립한다. $|\psi\rangle \neq 0$을 가정한다. 그러면 $||\psi|| \neq 0$이며 $\left|\left| \frac{\psi}{||\psi||} \right|\right| = 1$ 이다. 결국

$$\frac{1}{||\psi||}\,||A\psi|| \underset{(2.7)}{=} \left|\left| \frac{1}{||\psi||} A\psi \right|\right| = \left|\left| A \frac{\psi}{||\psi||} \right|\right|$$

$$\leq \quad \sup\left\{\,||A\varphi||\;\big|\;|\varphi\rangle \in \mathbb{H}, ||\varphi|| = 1\right\} \underbrace{=}_{(2.45)} ||A||$$

그래서

$$||A\psi|| \leq ||A||\,||\psi|| \tag{G.64}$$

정의 2.12에서

$$||AB|| \underbrace{=}_{(2.45)} \sup\left\{\,||AB\psi||\;\big|\;|\psi\rangle \in \mathbb{H}, ||\psi|| = 1\right\}$$

$$\underbrace{\leq}_{(G.64)} \sup\left\{\,||A||\,||B\psi||\;\big|\;|\psi\rangle \in \mathbb{H}, ||\psi|| = 1\right\}$$

$$\leq \quad ||A||\,\sup\left\{\,||B\psi||\;\big|\;|\psi\rangle \in \mathbb{H}, ||\psi|| = 1\right\}$$

$$\underbrace{=}_{(2.45)} ||A||\,||B||$$

이는 (2.52)를 증명한다. 정의 2.12에서

$$||A+B|| \underbrace{=}_{(2.45)} \sup\left\{\,||(A+B)\psi||\;\big|\;|\psi\rangle \in \mathbb{H}, ||\psi|| = 1\right\}$$

$$\underbrace{\leq}_{(2.18)} \sup\left\{\,||A\psi|| + ||B\psi||\;\big|\;|\psi\rangle \in \mathbb{H}, ||\psi|| = 1\right\}$$

$$\leq \quad \sup\left\{\,||A\psi||\;\big|\;|\psi\rangle \in \mathbb{H}, ||\psi|| = 1\right\} + \sup\left\{\,||B\psi||\;\big|\;|\psi\rangle \in \mathbb{H}, ||\psi|| = 1\right\}$$

$$\underbrace{=}_{(2.45)} ||A|| + ||B||$$

정의 2.12를 한 번 더 사용하면,

$$||aA|| \underbrace{=}_{(2.45)} \sup\left\{\,||aA\psi||\;\big|\;|\psi\rangle \in \mathbb{H}, ||\psi|| = 1\right\}$$

$$\underbrace{=}_{(2.7)} \sup\left\{\,|a|\,||A\psi||\;\big|\;|\psi\rangle \in \mathbb{H}, ||\psi|| = 1\right\}$$

$$= \quad |a|\,\sup\left\{\,||A\psi||\;\big|\;|\psi\rangle \in \mathbb{H}, ||\psi|| = 1\right\}$$

$$\underbrace{=}_{(2.45)} |a|\,||A||$$

이것으로 (2.54)가 증명된다.

다음으로 다음을 만족하는 직교 사영 연산자 P를 고려한다.

$$\|P\psi\|^2 \underbrace{=}_{(2.5)} \langle P\psi|P\psi\rangle \underbrace{=}_{(2.30)} \langle \psi|P^*P\psi\rangle \underbrace{=}_{\text{Def. 2.11}} \langle \psi|P^2\psi\rangle \underbrace{=}_{\text{Def. 2.11}} \langle \psi|P\psi\rangle$$

$$\underbrace{\leq}_{(2.16)} \|\psi\|\,\|P\psi\|$$

그래서 $\|\psi\| = 1$인 모든 $|\psi\rangle \in \mathbb{H}$에 대해 $\|P\psi\| \leq 1$이므로 $\|P\| \leq 1$이다. 반면에 문제 2.11의 결과에서, $\|\psi_j\| = 1$인 적절한 $|\psi_j\rangle \in \mathbb{H}$에 대해 $P|\psi_j\rangle = |\psi_j\rangle$이다. 그러므로 $\|P\psi_j\| = 1$과 (2.45)에서 $\|P\| = 1$이 된다.

마지막으로 유니타리 연산자 $U \in \mathcal{U}(\mathbb{H})$에 대해 (2.37)에서 모든 $|\psi\rangle \in \mathbb{H}$에 대해 $\|U\psi\| = \|\psi\|$를 만족한다. 그러므로 (2.45)에서 $\|U\| = 1$이 된다.

해답 2.15

(i) ⇒을 보이기 위해, $\mathbb{H}$에서의 ONB $\{|\widetilde{e}_j\rangle = U|e_j\rangle\}$를 고려한다. $U_{kj} = \langle e_k|Ue_j\rangle = \langle e_k|\widetilde{e}_j\rangle$이며 다음이 성립한다.

$$\begin{aligned}
(UU^*)_{kl} &= \sum_j U_{kj}U_{jl}^* = \sum_j U_{kj}\overline{U_{lj}} = \sum_j \langle e_k|\widetilde{e}_j\rangle\overline{\langle e_l|\widetilde{e}_j\rangle} \\
&= \sum_j \langle e_k|\widetilde{e}_j\rangle\langle\widetilde{e}_j|e_l\rangle = \langle e_k|\underbrace{\sum_j \widetilde{e}_j\langle\widetilde{e}_j|e_l\rangle\rangle}_{=|e_l\rangle} = \langle e_k|e_l\rangle \\
&= \delta_{kl}
\end{aligned}$$

그래서 $U \in \mathcal{U}(\mathbb{H})$이다.

⇐를 증명하기 위해 $U \in \mathcal{U}(\mathbb{H})$와 $|\widetilde{e}_j\rangle = U|e_j\rangle$를 고려한다. 임의의 $\{a_j\} \subset \mathbb{C}$에 대해 다음이 성립한다.

$$\begin{aligned}
\sum_j a_j|\widetilde{e}_j\rangle = 0 &\Rightarrow \sum_j a_j U|e_j\rangle = 0 \Rightarrow U\sum_j a_j|e_j\rangle = 0 \\
\Rightarrow U^*U\sum_j a_j|e_j\rangle = 0 &\underbrace{\Rightarrow}_{(2.37)} \sum_j a_j|e_j\rangle = 0 \underbrace{\Rightarrow}_{\text{Def. 2.3}} a_j = 0 \quad \forall j
\end{aligned}$$

그러므로 $\{|\widetilde{e}_j\rangle\} \subset \mathbb{H}$는 선형 독립이다. 그리고 모든 $|\psi\rangle \in \mathbb{H}$에 대해 다음이 성립한다.

$$U^*|\psi\rangle \underbrace{=}_{(2.11)} \sum_j \langle e_j|U^*\psi\rangle|e_j\rangle \underbrace{=}_{(2.30),(2.31)} \sum_j \langle Ue_j|\psi\rangle|e_j\rangle = \sum_j \langle\widetilde{e}_j|\psi\rangle|e_j\rangle$$

$$\Rightarrow \quad |\psi\rangle \underbrace{=}_{(2.37)} UU^*|\psi\rangle = \sum_j \langle\widetilde{e}_j|\psi\rangle U|e_j\rangle = \sum_j \langle\widetilde{e}_j|\psi\rangle|\widetilde{e}_j\rangle$$

이는 $\mathbb{H}$의 모든 벡터를 $|\widetilde{e}_j\rangle$의 선형 조합으로 표현할 수 있다는 것을 증명한다. 마지막으로 다음에 주의한다.

$$\langle\widetilde{e}_j|\widetilde{e}_k\rangle = \langle Ue_j|Ue_k\rangle \underbrace{=}_{(2.30)} \langle e_j|U^*Ue_k\rangle \underbrace{=}_{(2.37)} \langle e_j|e_k\rangle \underbrace{=}_{(2.10)} \delta_{jk}$$

이것으로 $|\widetilde{e}_j\rangle$가 $\mathbb{H}$의 ONB임을 증명한다.

(ii)

$$\sum_j \langle\widetilde{e}_j|A\widetilde{e}_j\rangle = \sum_j \langle Ue_j|AUe_j\rangle = \sum_j \langle e_j|U^*AUe_j\rangle = \sum_j (U^*AU)_{jj} = \sum_{j,k,l} U^*_{jk}A_{kl}U_{lj}$$

$$= \sum_{k,l} A_{kl} \sum_j U_{lj}U^*_{jk} = \sum_{k,l} A_{kl} \sum_j \underbrace{(UU^*)_{lk}}_{=\delta_{lk}} = \sum_k A_{kk}$$

$$= \sum_k \langle e_k|Ae_k\rangle$$

해답 2.16

(i) 임의의 $A, B \in L(\mathbb{H})$에 대해

$$\mathrm{tr}(AB) = \sum_j (AB)_{jj} = \sum_{j,k} A_{jk}B_{kj} = \sum_{j,k} B_{kj}A_{jk} = \sum_k (AB)_{kk} = \mathrm{tr}(BA)$$

(ii) $\Leftarrow$는 자명하다. $\Rightarrow$을 증명하기 위해, 모든 $A \in L(\mathbb{H})$에 대해 $\mathrm{tr}(AB) = 0$을 가정한다. A^{rs}를 j, k의 행렬 원소가 $(A^{rs})_{jk} = \delta_{rj}\delta_{sk}$인 연산자로 정의한다. 그러면 모든 r, s에 대해

$$0 = \mathrm{tr}(A^{rs}B) = \sum_{j,k}(A^{rs})_{jk}B_{kj} = \sum_{j,k}\delta_{rj}\delta_{sk}B_{kj} = B_{rs}$$

그러므로 $B = 0$이다.

해답 2.17 $t \mapsto U(t, t_0)$를 (2.69)의 해라고 둔다. $U(t, t_0)$가 유니타리임을 보이기 위해 다음을 고려한다.

$$\frac{d}{dt}\|U(t,t_0)\psi\|^2 \underbrace{=}_{(2.5)} \frac{d}{dt}\langle U(t,t_0)\psi|U(t,t_0)\psi\rangle$$

$$= \quad \langle \frac{d}{dt}U(t,t_0)\psi|U(t,t_0)\psi\rangle + \langle U(t,t_0)\psi|\frac{d}{dt}U(t,t_0)\psi\rangle$$

$$\underbrace{=}_{(2.69)} \quad \langle -\mathrm{i}\mathsf{H}(t)U(t,t_0)\psi|U(t,t_0)\psi\rangle + \langle U(t,t_0)\psi|-\mathrm{i}\mathsf{H}(t)U(t,t_0)\psi\rangle$$

$$\underbrace{=}_{(2.4),(2.6)} \quad \mathrm{i}\big(\langle \mathsf{H}(t)U(t,t_0)\psi|U(t,t_0)\psi\rangle - \langle U(t,t_0)\psi|\mathsf{H}(t)U(t,t_0)\psi\rangle\big)$$

$$\underbrace{=}_{\mathsf{H}(t)^*=\mathsf{H}(t)} \quad \mathrm{i}\big(\langle \mathsf{H}(t)^*U(t,t_0)\psi|U(t,t_0)\psi\rangle - \langle U(t,t_0)\psi|\mathsf{H}(t)U(t,t_0)\psi\rangle\big)$$

$$\underbrace{=}_{(2.30)} \quad 0$$

그러면 모든 $|\psi\rangle \in \mathbb{H}$와 $t \geq t_0$에 대해

$$||U(t,t_0)\psi|| = \mathrm{const} = ||U(t_0,t_0)\psi|| \underbrace{=}_{(2.69)} ||\psi||$$

그리고 (2.37)에서 모든 $t \geq t_0$에 대해 $U(t,t_0) \in \mathcal{U}(\mathbb{H})$이다.

$t \mapsto V(t,t_0)$를 (2.69)의 다른 해라고 가정한다. 이것이 $U(t,t_0)$와 같다는 것의 증명은 위의 주장에서 U를 $U - V$로 대체해 반복하는 것이다.

$$\frac{d}{dt}\big|\big|\big(U(t,t_0) - V(t,t_0)\big)\psi\big|\big|^2$$

$$\underbrace{=}_{(2.5)} \quad \frac{d}{dt}\langle \big(U(t,t_0) - V(t,t_0)\big)\psi|\big(U(t,t_0) - V(t,t_0)\big)\psi\rangle$$

$$\vdots$$

$$\underbrace{=}_{(2.69),(2.4),(2.6)} \quad \mathrm{i}\big(\langle \mathsf{H}(t)\big(U(t,t_0) - V(t,t_0)\big)\psi|\big(U(t,t_0) - V(t,t_0)\big)\psi\rangle$$
$$- \langle \big(U(t,t_0) - V(t,t_0)\big)\psi|\mathsf{H}(t)\big(U(t,t_0) - V(t,t_0)\big)\psi\rangle\big)$$

$$\underbrace{=}_{\mathsf{H}(t)^*=\mathsf{H}(t),(2.30)} \quad 0$$

결국 모든 $|\psi\rangle \in \mathbb{H}$와 $t \geq t_0$에 대해

$$\big|\big|\big(U(t,t_0) - V(t,t_0)\big)\psi\big|\big| = \mathrm{const} = \big|\big|\big(U(t_0,t_0) - V(t_0,t_0)\big)\psi\big|\big| \underbrace{=}_{(2.69)} 0$$

이것으로 모든 $t \geq t_0$에 대해 $U(t,t_0) = V(t,t_0)$이다.

해답 2.18 $t \geq t_0$에 대해 다음을 만족한다.

$$U(t,t_0)^* U(t,t_0) = \mathbf{1} = U(t,t_0)U(t,t_0)^* \tag{G.65}$$

$t = t_0$이면 다음이 성립한다.

$$\mathbf{1} = U(t_0,t_0)^* U(t_0,t_0) \underbrace{=}_{(2.71)} U(t_0,t_0)^*$$

이는 초기 조건을 만족한다. (G.65)의 양변을 t에 대해 미분해 다음을 얻는다.

$$\frac{d}{dt}\big(U(t,t_0)^*\big)U(t,t_0) = -U(t,t_0)^* \frac{d}{dt}\big(U(t,t_0)\big)$$

양변에 i와 $U(t,t_0)^*$를 오른쪽에 곱하고 (G.65)를 다시 한 번 사용하면

$$
\begin{aligned}
\mathrm{i}\frac{d}{dt}U(t,t_0)^* &= -U(t,t_0)^* \Big(\mathrm{i}\frac{d}{dt}\big(U(t,t_0)\big)\Big)U(t,t_0)^* \\
&\underbrace{=}_{(2.71)} -U(t,t_0)^* \Big(\mathsf{H}(t)U(t,t_0)\Big)U(t,t_0)^* \\
&\underbrace{=}_{(G.65)} -U(t,t_0)^* \mathsf{H}(t)
\end{aligned}
$$

이것으로 (2.73)이 증명된다.

해답 2.19

(i) 우선 다음에 주의한다.

$$\sigma_1^2 = \begin{pmatrix} 0 & 1 \\ 1 & 0 \end{pmatrix}\begin{pmatrix} 0 & 1 \\ 1 & 0 \end{pmatrix} = \begin{pmatrix} 1 & 0 \\ 0 & 1 \end{pmatrix} = \mathbf{1}$$

비슷하게 $\sigma_2^2 = 1 = \sigma_3^2$을 얻는다. 그리고

$$
\begin{aligned}
\sigma_1 \sigma_2 &= \begin{pmatrix} 0 & 1 \\ 1 & 0 \end{pmatrix}\begin{pmatrix} 0 & -\mathrm{i} \\ \mathrm{i} & 0 \end{pmatrix} = \mathrm{i}\begin{pmatrix} 1 & 0 \\ 0 & -1 \end{pmatrix} = \mathrm{i}\sigma_3 = \mathrm{i}\varepsilon_{123}\sigma_3 \\
\sigma_2 \sigma_1 &= \begin{pmatrix} 0 & -\mathrm{i} \\ \mathrm{i} & 0 \end{pmatrix}\begin{pmatrix} 0 & 1 \\ 1 & 0 \end{pmatrix} = -\mathrm{i}\begin{pmatrix} 1 & 0 \\ 0 & -1 \end{pmatrix} = -\mathrm{i}\sigma_3 = \mathrm{i}\varepsilon_{213}\sigma_3 \\
\sigma_1 \sigma_3 &= \begin{pmatrix} 0 & 1 \\ 1 & 0 \end{pmatrix}\begin{pmatrix} 1 & 0 \\ 0 & -1 \end{pmatrix} = -\mathrm{i}\begin{pmatrix} 0 & -\mathrm{i} \\ \mathrm{i} & 0 \end{pmatrix} = -\mathrm{i}\sigma_2 = \mathrm{i}\varepsilon_{132}\sigma_2 \\
&= -\sigma_3 \sigma_1
\end{aligned}
$$

$$\sigma_2\sigma_3 = \begin{pmatrix} 0 & -i \\ i & 0 \end{pmatrix}\begin{pmatrix} 1 & 0 \\ 0 & -1 \end{pmatrix} = i\begin{pmatrix} 0 & 1 \\ 1 & 0 \end{pmatrix} = i\sigma_1 = i\varepsilon_{231}\sigma_1$$
$$= -\sigma_2\sigma_3$$

위와 $\sigma_j^2 = 1$에서 $\sigma_j\sigma_k = \delta_{jk}\mathbf{1} + i\varepsilon_{jkl}\sigma_l$을 얻는다.

(ii)

$$[\sigma_j,\sigma_k] = \sigma_j\sigma_k - \sigma_k\sigma_j = \delta_{jk}\mathbf{1} + i\varepsilon_{jkl}\sigma_l - \underbrace{\delta_{kj}}_{\delta jk}\mathbf{1} - i\underbrace{\varepsilon_{kjl}}_{-\varepsilon_{jkl}}\sigma_l = 2i\varepsilon_{jkl}\sigma_l$$

(iii) 다시 한 번 $\sigma_j\sigma_k = \delta_{jk}\mathbf{1} + i\varepsilon_{jkl}\sigma_l$에서

$$\{\sigma_j,\sigma_k\} = \sigma_j\sigma_k + \sigma_k\sigma_j = \delta_{jk}\mathbf{1} + i\varepsilon_{jkl}\sigma_l + \delta_{kj}\mathbf{1} + i\underbrace{\varepsilon_{kjl}}_{=-\varepsilon_{jkl}}\sigma_l = 2\delta_{jk}\mathbf{1}$$

(iv) $\sigma_j^* = \sigma_j$는 (2.74)와 (2.35)에서 쉽게 볼 수 있다. 그리고

$$\sigma_j^*\sigma_j = \sigma_j^2 \underbrace{=}_{(2.76)} \mathbf{1}$$

이와 (2.37)에서 $\sigma_j \in U(2)$이다.

해답 2.20 σ_x의 고윳값을 결정하기 위해서는 다음 방정식을 풀어야 한다.

$$\det(\sigma_x - \lambda\mathbf{1}) = \det\begin{pmatrix} -\lambda & 1 \\ 1 & -\lambda \end{pmatrix} = \lambda^2 - 1 = 0$$

해는 $\lambda_\pm = \pm 1$이다. $|\uparrow_{\hat{x}}\rangle = \begin{pmatrix} v_1^+ \\ v_2^+ \end{pmatrix}$를 고윳값 $\lambda_+ = +1$의 고유벡터, $|\downarrow_{\hat{x}}\rangle = \begin{pmatrix} v_1^- \\ v_2^- \end{pmatrix}$를 고윳값 $\lambda_- = -1$의 고유벡터라고 둔다. 즉,

$$\sigma_x\begin{pmatrix} v_1^\pm \\ v_2^\pm \end{pmatrix} = \begin{pmatrix} 0 & 1 \\ 1 & 0 \end{pmatrix}\begin{pmatrix} v_1^\pm \\ v_2^\pm \end{pmatrix} = \begin{pmatrix} v_2^\pm \\ v_1^\pm \end{pmatrix} = \lambda_\pm\begin{pmatrix} v_1^\pm \\ v_2^\pm \end{pmatrix}$$

그러면 $v_1^\pm = \pm v_2^\pm$를 얻는다. 정규화 조건 $(v_1^\pm)^2 + (v_2^\pm)^2 = 1$에서 다음을 얻는다.

$$|\uparrow_{\hat{x}}\rangle = \frac{1}{\sqrt{2}}\begin{pmatrix} 1 \\ 1 \end{pmatrix} = \frac{|0\rangle + |1\rangle}{\sqrt{2}} \quad \text{and} \quad |\downarrow_{\hat{x}}\rangle = \frac{1}{\sqrt{2}}\begin{pmatrix} 1 \\ -1 \end{pmatrix} = \frac{|0\rangle - |1\rangle}{\sqrt{2}} \quad (G.66)$$

이것이 고유벡터이다. 확률은 다음과 같다.

$$|\langle \uparrow_{\hat{x}} |0\rangle|^2 = \frac{1}{2} = |\langle \downarrow_{\hat{x}} |0\rangle|^2$$

해답 2.21 σ_x에 대해 문제 2.20의 해답 20에서 고윳값 +1, 01과 고유벡터 $|\uparrow_{\hat{x}}\rangle$ $= \frac{1}{\sqrt{2}} \begin{pmatrix} 1 \\ 1 \end{pmatrix}$, $|\downarrow_{\hat{x}}\rangle = \frac{1}{\sqrt{2}} \begin{pmatrix} 1 \\ -1 \end{pmatrix}$을 결정했다. 이를 이용해 다음을 얻는다.

$$\begin{aligned} \sigma_x &= (+1)|\uparrow_{\hat{x}}\rangle\langle|\uparrow_{\hat{x}}| + (-1)|\downarrow_{\hat{x}}\rangle\langle|\downarrow_{\hat{x}}| \\ &= \frac{1}{\sqrt{2}} \begin{pmatrix} 1 \\ 1 \end{pmatrix} \frac{1}{\sqrt{2}} (1 \ 1) - \frac{1}{\sqrt{2}} \begin{pmatrix} 1 \\ -1 \end{pmatrix} \frac{1}{\sqrt{2}} (1 \ -1) \\ &\underset{(2.27)}{=} \frac{1}{2} \begin{pmatrix} 1 & 1 \\ 1 & 1 \end{pmatrix} - \frac{1}{2} \begin{pmatrix} 1 & -1 \\ -1 & 1 \end{pmatrix} = \begin{pmatrix} 0 & 1 \\ 1 & 0 \end{pmatrix} \end{aligned}$$

해답 2.22 (2.83)에서 $i \in \{1, 2\}$인 $\rho_i \in D(\mathbb{H})$는 다음을 만족한다.

$$\rho_i^* = \rho_i \tag{G.67}$$

$$\langle \psi|\rho_i\psi\rangle \geq 0 \qquad \forall |\psi\rangle \in \mathbb{H} \tag{G.68}$$

$$\text{tr}(\rho_i) = 1 \tag{G.69}$$

그래서 $u \in [0,1]$에 대해

$$\begin{aligned} \left(u\rho_1 + (1-u)\rho_2\right)^* &= u\rho_1^* + (1-u)\rho_2^* \underset{(G.67)}{=} u\rho_1 + (1-u)\rho_2 \\ \langle \psi|\left(u\rho_1 + (1-u)\rho_2\right)\psi\rangle &\underset{(2.4)}{=} u\langle\psi|\rho_1\psi\rangle + (1-u)\langle\psi|\rho_2\psi\rangle \underset{(G.68)}{\geq} 0 \quad \forall |\psi\rangle \in \mathbb{H} \\ &\underset{\text{Def. 2.12}}{\Rightarrow} u\rho_1 + (1-u)\rho_2 \geq 0 \\ \text{tr}(u\rho_1 + (1-u)\rho_2) &= u\,\text{tr}(\rho_1) + (1-u)\,\text{tr}(\rho_2) \underset{(G.69)}{=} 1 \end{aligned}$$

그러므로 $u\rho_1 + (1-u)\rho_2 \in D(\mathbb{H})$이다.

해답 2.23 (2.84)를 증명하기 위해 $U\rho U^*$가 정의 (2.80)~(2.82)를 만족하는 것을 보여야 한다.

우선 다음에 주의한다.

$$(U\rho U^*)^* \underbrace{=}_{(2.47)} (U^*)^* \rho^* U^* \underbrace{=}_{(2.31)} U\rho^* U^* \underbrace{=}_{(2.80)} U\rho U^*$$

이는 $U\rho U^*$가 자기수반연산자임을 증명한다.

양정치성을 위해 모든 $|\psi\rangle \in \mathbb{H}$에 대해

$$\langle \psi | U\rho U^* \psi \rangle \underbrace{=}_{(2.30)} \langle U^*\psi | \rho U^*\psi \rangle \underbrace{\geq}_{\text{Def. 2.12 and (2.81)}} 0$$

정의 2.12를 다시 한 번 사용하면 $U\rho U^* \geq 0$이다.

마지막으로,

$$\text{tr}(U\rho U^*) \underbrace{=}_{(2.58)} \text{tr}(U^*U\rho) \underbrace{=}_{(2.37)} \text{tr}(\rho) \underbrace{=}_{(2.82)} 1$$

이는 $U\rho U^*$에 대해 (2.82)를 증명한다.

해답 2.24 밀도 연산자는 순수 상태 $|\psi\rangle$에 대해 다음과 같이 주어진다.

$$\rho_\psi = |\psi\rangle\langle\psi| \tag{G.70}$$

그리고 다음 연산자는 고윳값 $\{\lambda_k\}$과 각각의 고유벡터로 구성된 ONB $\{|e_k\rangle\}$로 이뤄진 대각형으로 주어진 관측 가능량이다.

$$A = \sum_k \lambda_k |e_k\rangle\langle e_k| \tag{G.71}$$

그리고 P_λ를 $\lambda \in \{\lambda_k\}$의 고유공간으로의 사영 연산자라 둔다. 여기에서, ρ_ψ에 대한 공준 6에서 주어진 기댓값, 관측 확률, 관측 후의 상태로의 사영, 시간 진전의 일반화가 공준 1~4의 순수 상태 $|\psi\rangle$에 대한 서술과 일치하는 것을 증명한다.

- **기댓값**

$$\langle A \rangle_{\rho_\psi} \underbrace{=}_{(2.85)} \text{tr}(\rho_\psi A) \underbrace{=}_{(G.70)} \text{tr}(|\psi\rangle\langle\psi|A) \underbrace{=}_{(G.71)} \text{tr}\left(|\psi\rangle\langle\psi|\sum_k \lambda_k |e_k\rangle\langle e_k|\right)$$

$$
\begin{aligned}
&= \sum_k \lambda_k \operatorname{tr}(|\psi\rangle\langle\psi|e_k\rangle\langle e_k|) \underbrace{=}_{(2.57)} \sum_{k,j} \lambda_k \langle e_j|\psi\rangle\langle\psi|e_k\rangle \underbrace{\langle e_k|e_j\rangle}_{=\delta_{jk}} \\
&= \sum_k \lambda_k \langle\psi|e_k\rangle\langle e_k|\psi\rangle = \langle\psi|\sum_k \lambda_k|e_k\rangle\langle e_k|\psi\rangle \underbrace{=}_{(G.71)} \langle\psi|A\psi\rangle \\
&\underbrace{=}_{(2.60)} \langle A\rangle_\psi
\end{aligned}
$$

- **관측 확률**

$$
\begin{aligned}
\mathbf{P}_{\rho_\psi}(\lambda) &\underbrace{=}_{(2.86)} \operatorname{tr}(\rho P_\lambda) \underbrace{=}_{(G.70)} \operatorname{tr}(|\psi\rangle\langle\psi|P_\lambda) \underbrace{=}_{\text{Def. 2.11}} \operatorname{tr}(|\psi\rangle\langle\psi|P_\lambda^2) \\
&\underbrace{=}_{(2.58)} \operatorname{tr}(P_\lambda|\psi\rangle\langle\psi|P_\lambda) \underbrace{=}_{(2.57)} \sum_k \langle e_k|P_\lambda\psi\rangle\langle\psi|P_\lambda e_k\rangle \\
&\underbrace{=}_{\text{Def. 2.11}} \sum_k \langle e_k|P_\lambda\psi\rangle\langle P_\lambda\psi|e_k\rangle = \langle P_\lambda\psi|\underbrace{\sum_k|e_k\rangle\langle e_k|P_\lambda\psi\rangle}_{=P_\lambda|\psi\rangle} \\
&= \langle P_\lambda\psi|P_\lambda\psi\rangle = ||P_\lambda\psi||^2 \\
&\underbrace{=}_{(2.62)} \mathbf{P}_\psi(\lambda)
\end{aligned}
\tag{G.72}
$$

- **사영**

  (G.72)에서 다음을 알 수 있다.

$$
\operatorname{tr}(\rho_\psi P_\lambda) = ||P_\lambda\psi||^2
\tag{G.73}
$$

  그러므로

$$
\begin{aligned}
\frac{P_\lambda \rho_\psi P_\lambda}{\operatorname{tr}(\rho_\psi P_\lambda)} &\underbrace{=}_{(G.70),(G.73)} \frac{P_\lambda|\psi\rangle\langle\psi|P_\lambda}{||P_\lambda\psi||^2} \underbrace{=}_{\text{Def. 2.11}} \frac{P_\lambda|\psi\rangle\langle\psi|P_\lambda^*}{||P_\lambda\psi||^2} \underbrace{=}_{(2.33)} \frac{P_\lambda|\psi\rangle\langle P_\lambda\psi|}{||P_\lambda\psi||^2} \\
&= \frac{P_\lambda|\psi\rangle}{||P_\lambda\psi||}\frac{\langle P_\lambda\psi|}{||P_\lambda\psi||} = \rho_{\frac{P_\lambda|\psi\rangle}{||P_\lambda\psi||}}
\end{aligned}
$$

  즉, $\frac{P_\lambda \rho P_\lambda}{\operatorname{tr}(\rho P_\lambda)}$ 는 순수 상태 $\frac{P_\lambda|\psi\rangle}{||P_\lambda\psi||}$의 밀도 연산자다.

- **시간 진전**

  $\rho(t_0) = \rho_\psi(t_0) = |\psi(t_0)\rangle\langle\psi(t_0)|$는 초기 상태이고 $\rho(t)$는 t 시점의 상태이다. 그러면 다음을 얻는다.

$$\rho(t) \underbrace{=}_{(2.88)} U(t,t_0)\rho(t_0)U(t,t_0)^* = U(t,t_0)|\psi(t_0)\rangle\langle\psi(t_0)|U(t,t_0)^*$$

$$\underbrace{=}_{(2.33)} |U(t,t_0)\psi(t_0)\rangle\langle U(t,t_0)\psi(t_0)| \underbrace{=}_{(2.70)} \rho_{U(t,t_0)|\psi(t_0)\rangle}$$

$$\underbrace{=}_{(2.71)} \rho_{\psi(t)}$$

즉, $\rho(t)$는 순수 상태 $|\psi(t)\rangle = U(t,t_0)|\psi(t_0)\rangle$의 밀도 연산자다.

해답 2.25 다음을 얻는다.

$$\langle A \rangle_\rho \underbrace{=}_{(2.85)} \mathrm{tr}(\rho A) \underbrace{=}_{(2.100)} \mathrm{tr}\left(\sum_j p_j |\psi_j\rangle\langle\psi_j|A\right) = \sum_j p_j \,\mathrm{tr}(|\psi_j\rangle\langle\psi_j|A)$$

$$\underbrace{=}_{(2.57)} \sum_j p_j \sum_k \underbrace{\langle\psi_k|\psi_j\rangle}_{=\delta_{jk}}\langle\psi_j|A\psi_k\rangle = \sum_j p_j \langle\psi_j|A\psi_j\rangle \tag{G.74}$$

그러므로

$$\langle A \rangle_\psi \underbrace{=}_{(2.60)} \langle\psi|A\psi\rangle \underbrace{=}_{(2.100)} \left\langle\sum_j \sqrt{p_j}\psi_j \Big| A \sum_k \sqrt{p_k}\psi_k\right\rangle \underbrace{=}_{(2.4),(2.6)} \sum_{j,k} \sqrt{p_j p_k}\langle\psi_j|A\psi_k\rangle$$

$$= \sum_j p_j\langle\psi_j|A\psi_j\rangle + \sum_{j\neq k}\sqrt{p_j p_k}\langle\psi_j|A\psi_k\rangle \underbrace{=}_{(G.74)} \langle A\rangle_\rho + \sum_{j\neq k}\sqrt{p_j p_k}\langle\psi_j|A\psi_k\rangle$$

해답 2.26 우선 다음에 주의한다.

$$\rho = \frac{2}{5}|\uparrow_{\hat{\mathbf{x}}}\rangle\langle\uparrow_{\hat{\mathbf{x}}}| + \frac{3}{5}|0\rangle\langle 0| \underbrace{=}_{(G.66),(2.78)} \frac{2}{5}\frac{1}{\sqrt{2}}\begin{pmatrix}1\\1\end{pmatrix}\frac{1}{\sqrt{2}}(1\ 1) + \frac{3}{5}\begin{pmatrix}1\\0\end{pmatrix}(1\ 0)$$

$$\underbrace{=}_{(2.29)} \frac{1}{5}\begin{pmatrix}1&1\\1&1\end{pmatrix} + \frac{3}{5}\begin{pmatrix}1&0\\0&0\end{pmatrix} = \frac{1}{5}\begin{pmatrix}4&1\\1&1\end{pmatrix}$$

그래서 $\mathrm{tr}(\rho) = 1$이다. 고윳값 $p_{1,2}$를 결정하기 위해 다음의 방정식을 푼다.

$$\det(\rho - \lambda\mathbf{1}) = \det\left(\frac{1}{5}\begin{pmatrix}4-\lambda & 1\\ 1 & 1-\lambda\end{pmatrix}\right) = \lambda^2 - \lambda + \frac{3}{25} = 0$$

그러므로 $p_\pm = \frac{1}{2} \pm \frac{\sqrt{13}}{10}$이다. $|\psi_\pm\rangle = \begin{pmatrix}u_\pm\\v_\pm\end{pmatrix}$을 고윳값 p_i의 고유벡터로 둔다.

즉,

$$\frac{1}{5}\begin{pmatrix} 4 & 1 \\ 1 & 1 \end{pmatrix}\begin{pmatrix} u_\pm \\ v_\pm \end{pmatrix} = \frac{1}{5}\begin{pmatrix} 4u_\pm + v_\pm \\ u_\pm + v_\pm \end{pmatrix} = p_\pm \begin{pmatrix} u_\pm \\ v_\pm \end{pmatrix}$$

해를 찾은 후에 정규화를 하면,

$$|\psi_\pm\rangle = \frac{1}{\sqrt{26 \mp 6\sqrt{13}}}\begin{pmatrix} 2 \\ \pm\sqrt{13} - 3 \end{pmatrix}$$

이를 이용해서 다음을 얻는다.

$$
\begin{aligned}
& p_+ |\psi_+\rangle\langle\psi_+| + p_- |\psi_-\rangle\langle\psi_-| \\
&= \frac{\frac{1}{2} + \frac{\sqrt{13}}{10}}{26 - 6\sqrt{13}}\begin{pmatrix} 2 \\ \sqrt{13} - 3 \end{pmatrix}\begin{pmatrix} 2 & \sqrt{13} - 3 \end{pmatrix} \\
&\quad + \frac{\frac{1}{2} - \frac{\sqrt{13}}{10}}{26 + 6\sqrt{13}}\begin{pmatrix} 2 \\ -\sqrt{13} - 3 \end{pmatrix}\begin{pmatrix} 2 & -\sqrt{13} - 3 \end{pmatrix} \\
&= \frac{\frac{1}{2} + \frac{\sqrt{13}}{10}}{26 - 6\sqrt{13}}\begin{pmatrix} 4 & 2\sqrt{13} - 6 \\ 2\sqrt{13} - 6 & 22 - 6\sqrt{13} \end{pmatrix} \\
&\quad + \frac{\frac{1}{2} - \frac{\sqrt{13}}{10}}{26 + 6\sqrt{13}}\begin{pmatrix} 4 & -2\sqrt{13} - 6 \\ -2\sqrt{13} - 6 & 22 + 6\sqrt{13} \end{pmatrix} \\
&= \cdots \\
&= \frac{1}{10}\begin{pmatrix} 8 & 2 \\ 2 & 2 \end{pmatrix} = \frac{1}{5}\begin{pmatrix} 4 & 1 \\ 1 & 1 \end{pmatrix} = \rho
\end{aligned}
$$

$\rho > \rho^2$를 보이기 위해, 먼저 다음에 주의한다.

$$
\begin{aligned}
\rho - \rho^2 &= \frac{1}{5}\begin{pmatrix} 4 & 1 \\ 1 & 1 \end{pmatrix} - \left(\frac{1}{5}\begin{pmatrix} 4 & 1 \\ 1 & 1 \end{pmatrix}\right)^2 = \frac{1}{25}\begin{pmatrix} 20 & 5 \\ 5 & 5 \end{pmatrix} - \frac{1}{25}\begin{pmatrix} 17 & 5 \\ 5 & 2 \end{pmatrix} \\
&= \frac{1}{25}\begin{pmatrix} 3 & 0 \\ 0 & 3 \end{pmatrix}
\end{aligned}
$$

$|\phi\rangle = \begin{pmatrix} \phi_1 \\ \phi_2 \end{pmatrix} \in \mathbb{H} \smallsetminus \{0\}$는 임의이다. 그러면

$$
\begin{aligned}
\langle\phi|(\rho - \rho^2)\phi\rangle &= (\phi_1 \; \phi_2)\frac{1}{25}\begin{pmatrix} 3 & 0 \\ 0 & 3 \end{pmatrix}\begin{pmatrix} \phi_1 \\ \phi_2 \end{pmatrix} = 3\frac{(\phi_1)^2 + (\phi_2)^2}{25} \\
&> 0 \qquad \forall |\phi\rangle \in \mathbb{H} \smallsetminus \{0\}
\end{aligned}
$$

그러므로 $\rho > \rho^2$을 얻는다.

해답 2.27 $|\varphi\rangle, |\psi\rangle \in \mathbb{H}$는 임의의 벡터이다. 우선 다음을 얻는다.

$$\rho_{\varphi+\psi} = (|\varphi\rangle + |\psi\rangle)(\langle\varphi| + \langle\psi|)$$
$$= |\varphi\rangle\langle\varphi| + |\varphi\rangle\langle\psi| + |\psi\rangle\langle\varphi| + |\psi\rangle\langle\psi|$$

그리고

$$\rho_{\varphi+e^{i\alpha}\psi} = \left(|\varphi\rangle + |e^{i\alpha}\psi\rangle\right)\left(\langle\varphi| + \langle e^{i\alpha}\psi|\right) = \left(|\varphi\rangle + e^{i\alpha}|\psi\rangle\right)\left(\langle\varphi| + e^{-i\alpha}\langle\psi|\right)$$
$$= |\varphi\rangle\langle\varphi| + e^{-i\alpha}|\varphi\rangle\langle\psi| + e^{i\alpha}|\psi\rangle\langle\varphi| + |\psi\rangle\langle\psi|$$

그래서

$$\rho_{\varphi+e^{i\alpha}\psi} - \rho_{\varphi+\psi} = \left(e^{-i\alpha} - 1\right)|\varphi\rangle\langle\psi| + \left(e^{i\alpha} - 1\right)|\psi\rangle\langle\varphi|$$

해답 2.28 일반적으로 $A = \sum_j |e_j\rangle\lambda_j\langle e_j|$의 고윳값 λ_j를 관측할 확률은 다음이다.

$$\langle P_{e_i}\rangle_\rho \underbrace{=}_{(2.86)} \text{tr}(P_{e_i}\rho) \tag{G.75}$$

순수 상태 $\rho_\psi = |\psi\rangle\langle\psi|$에 대해서는 다음이 된다.

$$\langle P_{e_i}\rangle_{\rho_\psi} \underbrace{=}_{(2.101)} |\langle e_i|\psi\rangle|^2 \tag{G.76}$$

$A = \sigma_z$에 대해 $\lambda_1 = +1$, $\lambda_2 = -1$, $|e_1\rangle = |0\rangle = \begin{pmatrix} 1 \\ 0 \end{pmatrix}$, $|e_2\rangle = |1\rangle = \begin{pmatrix} 0 \\ 1 \end{pmatrix}$이다.

(i) $|\psi\rangle = |\uparrow_{\hat{x}}\rangle = \frac{|0\rangle + |1\rangle}{\sqrt{2}}$이면, 식 (G.76)은 다음이 된다.

$$\langle P_{e_1}\rangle_{\rho_{|\uparrow_{\hat{x}}\rangle}} = |\langle e_1|\uparrow_{\hat{x}}\rangle|^2 = \left|\langle 0|\frac{|0\rangle + |1\rangle}{\sqrt{2}}\rangle\right|^2 = \frac{1}{2}$$

(ii) $|\psi\rangle = |\downarrow_{\hat{x}}\rangle = \frac{|0\rangle - |1\rangle}{\sqrt{2}}$이면, 비슷하게 다음을 얻는다.

$$\langle P_{e_1}\rangle_{\rho_{|\downarrow_{\hat{x}}\rangle}} = |\langle e_1|\downarrow_{\hat{x}}\rangle|^2 = \left|\langle 0|\frac{|0\rangle - |1\rangle}{\sqrt{2}}\rangle\right|^2 = \frac{1}{2}$$

(iii) 비슷하게 $|\psi\rangle = \frac{1}{\sqrt{2}}\left(|\uparrow_{\hat{x}}\rangle + |\downarrow_{\hat{x}}\rangle\right) = |0\rangle$이면, (G.76)에서

$$\langle P_{e_1} \rangle_{\rho_{|0\rangle}} = |\langle e_1 | 0 \rangle|^2 = |\langle 0 | 0 \rangle|^2 = 1$$

(iv) 마지막으로, $\rho = \frac{1}{2} (|\uparrow_{\hat{x}}\rangle\langle|\uparrow_{\hat{x}}\rangle| + |\downarrow_{\hat{x}}\rangle\langle|\downarrow_{\hat{x}}\rangle|)$ 와 $|\uparrow_{\hat{x}}\rangle = \frac{1}{\sqrt{2}} (|0\rangle + |1\rangle) = \frac{1}{\sqrt{2}} \begin{pmatrix} 1 \\ 1 \end{pmatrix}$, $|\uparrow_{\hat{x}}\rangle = \frac{1}{\sqrt{2}} (|0\rangle - |1\rangle) = \frac{1}{\sqrt{2}} \begin{pmatrix} 1 \\ -1 \end{pmatrix}$ 에 대해 다음을 얻는다.

$$\rho = \frac{1}{2} \left(\frac{1}{\sqrt{2}} \begin{pmatrix} 1 \\ 1 \end{pmatrix} \frac{1}{\sqrt{2}} (1\ 1) + \frac{1}{\sqrt{2}} \begin{pmatrix} 1 \\ -1 \end{pmatrix} \frac{1}{\sqrt{2}} (1\ -1) \right)$$
$$= \frac{1}{4} \left(\begin{pmatrix} 1 & 1 \\ 1 & 1 \end{pmatrix} + \begin{pmatrix} 1 & -1 \\ -1 & 1 \end{pmatrix} \right) = \frac{1}{2} \begin{pmatrix} 1 & 0 \\ 0 & 1 \end{pmatrix}$$
$$= \frac{1}{2} \mathbf{1}$$

그러면 (G.75)에서

$$\langle P_{e_1} \rangle_{\rho} = \mathrm{tr} \left(P_{e_1} \frac{1}{2} \mathbf{1} \right) = \frac{1}{2}$$

해답 2.29 문제 2.19의 (2.76)에서 $\sigma_j \sigma_k = \delta_{jk} \mathbf{1} + i\varepsilon_{jkl} \sigma_l$ 을 만족한다. 이를 이용하면 다음을 얻는다.

$$\begin{aligned}
(\mathbf{a} \cdot \sigma)(\mathbf{b} \cdot \sigma) &= \sum_{j,k} a_j b_k \sigma_j \sigma_k \underset{(2.76)}{=} \sum_{j,k} a_j b_k \left(\delta_{jk} \mathbf{1} + i\varepsilon_{jkl} \sigma_l \right) \\
&= \left(\sum_{j,k} a_j b_k \delta_{jk} \right) \mathbf{1} + i \sum_{j,k} a_j b_k \varepsilon_{jkl} \sigma_l \\
&= (\mathbf{a} \cdot \mathbf{b}) \mathbf{1} \\
&\quad + i(a_1 b_2 \varepsilon_{123} \sigma_3 + a_2 b_1 \varepsilon_{213} \sigma_3 \\
&\quad + a_1 b_3 \varepsilon_{132} \sigma_2 + a_3 b_1 \varepsilon_{312} \sigma_2 \\
&\quad + a_2 b_3 \varepsilon_{231} \sigma_1 + a_3 b_2 \varepsilon_{321} \sigma_1) \\
&= (\mathbf{a} \cdot \mathbf{b}) \mathbf{1} \\
&\quad + i(a_1 b_2 - a_2 b_1) \sigma_3 \\
&\quad + i(a_3 b_1 - a_1 b_3) \sigma_2 \\
&\quad + i(a_2 b_3 - a_3 b_2) \sigma_1 \\
&= (\mathbf{a} \cdot \mathbf{b}) \mathbf{1} + i(\mathbf{a} \times \mathbf{b}) \cdot \sigma
\end{aligned}$$

해답 2.30 다음 식에 주의한다.

$$
\operatorname{tr}(\rho_{\mathbf{x}}\sigma_j) \underbrace{=}_{(2.127)} \operatorname{tr}\left(\frac{1}{2}\bigl(\mathbf{1}+\mathbf{x}\cdot\boldsymbol{\sigma}\bigr)\sigma_j\right) = \frac{1}{2}\operatorname{tr}\left(\sigma_j+\sum_{k=1}^{3}x_k\sigma_k\sigma_j\right)
$$

$$
= \frac{1}{2}\underbrace{\operatorname{tr}(\sigma_j)}_{=0}+\frac{1}{2}\sum_{k=1}^{3}x_k\operatorname{tr}(\sigma_k\sigma_j)
$$

$$
\underbrace{=}_{(2.76)} \frac{1}{2}\sum_{k=1}^{3}x_k\operatorname{tr}\bigl(\mathbf{1}\delta_{kj}+i\varepsilon_{kjl}\sigma_l\bigr) = \frac{1}{2}\sum_{k=1}^{3}x_k\Bigl(\delta_{kj}\underbrace{\operatorname{tr}(\mathbf{1})}_{=2}+i\varepsilon_{kjl}\underbrace{\operatorname{tr}(\sigma_l)}_{=0}\Bigr)
$$

$$
= x_j
$$

해답 2.31 $A^2 = \mathbf{1}$이면, 다음을 얻는다.

$$
e^{i\alpha A} = \sum_{n=0}^{\infty}\frac{(i\alpha)^n}{n!}A^n
$$

$$
= \sum_{k=0}^{\infty}\frac{(i\alpha)^{2k}}{2k!}\underbrace{A^{2k}}_{=1}+\sum_{j=0}^{\infty}\frac{(i\alpha)^{2j+1}}{(2j+1)!}\underbrace{A^{2j+1}}_{=A}
$$

$$
= \mathbf{1}\underbrace{\sum_{k=0}^{\infty}\frac{(i\alpha)^{2k}}{2k!}}_{=\cos\alpha}+A\underbrace{\sum_{j=0}^{\infty}\frac{(i\alpha)^{2j+1}}{(2j+1)!}}_{=i\sin\alpha}
$$

$$
= \cos\alpha\,\mathbf{1}+i\sin\alpha\,A
$$

해답 2.32 $\hat{\mathbf{n}} \in S^1_{\mathbb{R}^3}$이고 $\alpha,\beta \in \mathbb{R}$이면 다음을 얻는다.

$$
D_{\hat{\mathbf{n}}}(\alpha)D_{\hat{\mathbf{n}}}(\beta) \underbrace{=}_{(2.130)} \Bigl(\cos\frac{\alpha}{2}\mathbf{1}-i\sin\frac{\alpha}{2}\hat{\mathbf{n}}\cdot\boldsymbol{\sigma}\Bigr)\Bigl(\cos\frac{\beta}{2}\mathbf{1}-i\sin\frac{\beta}{2}\hat{\mathbf{n}}\cdot\boldsymbol{\sigma}\Bigr)
$$

$$
= \cos\frac{\alpha}{2}\cos\frac{\beta}{2}\mathbf{1}-\sin\frac{\alpha}{2}\sin\frac{\beta}{2}\underbrace{(\hat{\mathbf{n}}\cdot\boldsymbol{\sigma})^2}_{=1}
$$

$$
-\ i\Bigl(\underbrace{\cos\frac{\alpha}{2}\sin\frac{\beta}{2}+\sin\frac{\alpha}{2}\cos\frac{\beta}{2}}_{=\sin\frac{\alpha+\beta}{2}}\Bigr)\hat{\mathbf{n}}\cdot\boldsymbol{\sigma}
$$

$$
\begin{aligned}
&= \underbrace{(\cos\frac{\alpha}{2}\cos\frac{\beta}{2} - \sin\frac{\alpha}{2}\sin\frac{\beta}{2})}_{=\cos\frac{\alpha+\beta}{2}}\mathbf{1} - \mathrm{i}\sin\frac{\alpha+\beta}{2}\hat{\mathbf{n}}\cdot\sigma \\
&= \cos\frac{\alpha+\beta}{2}\mathbf{1} - \mathrm{i}\sin\frac{\alpha+\beta}{2}\hat{\mathbf{n}}\cdot\sigma \\
&= D_{\hat{\mathbf{n}}}(\alpha+\beta)
\end{aligned}
$$

해답 2.33 보조정리 2.32에서 적절한 $\alpha, \beta, \gamma, \delta \in \mathbb{R}$이 존재해 표준기저 $\{|0\rangle, |1\rangle\}$에 대해 U의 행렬이 다음으로 주어진다.

$$
U \underbrace{=}_{(2.133)} \mathrm{e}^{\mathrm{i}\alpha}\begin{pmatrix} \mathrm{e}^{-\mathrm{i}\frac{\beta+\delta}{2}}\cos\frac{\gamma}{2} & -\mathrm{e}^{\mathrm{i}\frac{\delta-\beta}{2}}\sin\frac{\gamma}{2} \\ \mathrm{e}^{\mathrm{i}\frac{\beta-\delta}{2}}\sin\frac{\gamma}{2} & \mathrm{e}^{\mathrm{i}\frac{\beta+\delta}{2}}\cos\frac{\gamma}{2} \end{pmatrix} \tag{G.77}
$$

반면에 다음이 성립한다.

$$
\begin{aligned}
D_{\hat{\mathbf{z}}}(\delta) \underbrace{=}_{(2.31)} & \cos\frac{\delta}{2}\mathbf{1} - \mathrm{i}\sin\frac{\delta}{2}\hat{\mathbf{z}}\cdot\sigma = \cos\frac{\delta}{2}\mathbf{1} - \mathrm{i}\sin\frac{\delta}{2}\sigma_z \\
= & \begin{pmatrix} \cos\frac{\delta}{2} - \mathrm{i}\sin\frac{\delta}{2} & 0 \\ 0 & \cos\frac{\delta}{2} + \mathrm{i}\sin\frac{\delta}{2} \end{pmatrix} = \begin{pmatrix} \mathrm{e}^{-\mathrm{i}\frac{\delta}{2}} & 0 \\ 0 & \mathrm{e}^{\mathrm{i}\frac{\delta}{2}} \end{pmatrix}
\end{aligned}
$$

그리고

$$
\begin{aligned}
D_{\hat{\mathbf{y}}}(\gamma) \underbrace{=}_{(2.31)} & \cos\frac{\gamma}{2}\mathbf{1} - \mathrm{i}\sin\frac{\gamma}{2}\hat{\mathbf{y}}\cdot\sigma = \cos\frac{\gamma}{2}\mathbf{1} - \mathrm{i}\sin\frac{\gamma}{2}\sigma_y \\
= & \begin{pmatrix} \cos\frac{\gamma}{2} & -\sin\frac{\gamma}{2} \\ \sin\frac{\gamma}{2} & \cos\frac{\gamma}{2} \end{pmatrix}
\end{aligned}
$$

그러므로

$$
\begin{aligned}
D_{\hat{\mathbf{z}}}(\beta)D_{\hat{\mathbf{y}}}(\gamma)D_{\hat{\mathbf{z}}}(\delta) &= \begin{pmatrix} \mathrm{e}^{-\mathrm{i}\frac{\beta}{2}} & 0 \\ 0 & \mathrm{e}^{\mathrm{i}\frac{\beta}{2}} \end{pmatrix}\begin{pmatrix} \cos\frac{\gamma}{2} & -\sin\frac{\gamma}{2} \\ \sin\frac{\gamma}{2} & \cos\frac{\gamma}{2} \end{pmatrix}\begin{pmatrix} \mathrm{e}^{-\mathrm{i}\frac{\delta}{2}} & 0 \\ 0 & \mathrm{e}^{\mathrm{i}\frac{\delta}{2}} \end{pmatrix} \\
&= \begin{pmatrix} \mathrm{e}^{-\mathrm{i}\frac{\beta+\delta}{2}}\cos\frac{\gamma}{2} & -\mathrm{e}^{\mathrm{i}\frac{\delta-\beta}{2}}\sin\frac{\gamma}{2} \\ \mathrm{e}^{\mathrm{i}\frac{\beta-\delta}{2}}\sin\frac{\gamma}{2} & \mathrm{e}^{\mathrm{i}\frac{\beta+\delta}{2}}\cos\frac{\gamma}{2} \end{pmatrix}
\end{aligned}
$$

이와 (G.77)에서 $U = \mathrm{e}^{\mathrm{i}\alpha}D_{\hat{\mathbf{z}}}(\beta)D_{\hat{\mathbf{y}}}(\gamma)D_{\hat{\mathbf{z}}}(\delta)$를 얻는다.

해답 2.34

$$\sigma_x D_{\hat{\mathbf{y}}}(\eta)\sigma_x \underbrace{=}_{(2.130)} \sigma_x\big(\cos\frac{\eta}{2}\mathbf{1} - \mathrm{i}\sin\frac{\eta}{2}\hat{\mathbf{y}}\cdot\sigma\big)\sigma_x$$

$$= \cos\frac{\eta}{2}\underbrace{\sigma_x^2}_{=1} - \mathrm{i}\sin\frac{\eta}{2}\underbrace{\sigma_x\sigma_y}_{=\mathrm{i}\sigma_z}\sigma_x$$

$$= \cos\frac{\eta}{2}\mathbf{1} + \sin\frac{\eta}{2}\underbrace{\sigma_z\sigma_x}_{=\mathrm{i}\sigma_y} = \cos\frac{\eta}{2}\mathbf{1} + \mathrm{i}\sin\frac{\eta}{2}\sigma_y$$

$$\underbrace{=}_{(2.131)} D_{\hat{\mathbf{y}}}(-\eta)$$

비슷한 방법으로 (2.151)의 두 번째 식을 증명할 수 있다.

해답 2.35 다음을 가정한다.

$$A = \begin{pmatrix} a & b \\ c & d \end{pmatrix} \in \mathrm{L}(\mathbb{H})$$

다음의 변수를 정의하면,

$$z_0 = \frac{a+d}{2}, \quad z_1 = \frac{b+c}{2}, \quad z_2 = \mathrm{i}\frac{b-c}{2}, \quad z_3 = \frac{a-d}{2}$$

다음을 얻는다.

$$\sum_{\alpha=0}^{3} z_\alpha \sigma_\alpha = \begin{pmatrix} z_0 + z_3 & z_1 - \mathrm{i}z_2 \\ z_1 + \mathrm{i}z_2 & z_0 - z_3 \end{pmatrix} = \begin{pmatrix} a & b \\ c & d \end{pmatrix} = A$$

보조정리 2.35에서 적절한 $\alpha, \xi \in \mathbb{R}$과 $\hat{\mathbf{n}} \in S_{\mathbb{R}^3}^1$에서 임의의 $A \in \mathcal{U}(\mathbb{H})$에 대해 다음이 만족한다.

$$A = \mathrm{e}^{\mathrm{i}\alpha}D_{\hat{\mathbf{n}}}(\xi) \underbrace{=}_{(2.130)} \mathrm{e}^{\mathrm{i}\alpha}\big(\cos\frac{\xi}{2}\mathbf{1} - \mathrm{i}\sin\frac{\xi}{2}\hat{\mathbf{n}}\cdot\sigma\big) = z_0\mathbf{1} + \mathbf{z}\cdot\sigma$$

여기에서 다음의 변수를 가정하면,

$$z_0 = \mathrm{e}^{\mathrm{i}\alpha}\cos\frac{\xi}{2}, \qquad \mathbf{z} = -\mathrm{i}\sin\frac{\xi}{2}\hat{\mathbf{n}}$$

다음을 얻는다.

$$|z_0|^2 + |\mathbf{z}|^2 = \cos^2 \frac{\xi}{2} + \sin^2 \frac{\xi}{2} |\hat{\mathbf{n}}|^2 = \cos^2 \frac{\xi}{2} + \sin^2 \frac{\xi}{2} = 1$$

3장 문제 해답

해답 3.36

$$\Big((a|\varphi\rangle)\otimes|\psi\rangle\Big)(\xi,\eta) \underbrace{=}_{(3.1)} \langle\xi|a\varphi\rangle\langle\eta|\psi\rangle \underbrace{=}_{(2.4)} a\langle\xi|\varphi\rangle\langle\eta|\psi\rangle \underbrace{=}_{(3.1)} a\Big(|\varphi\rangle\otimes|\psi\rangle\Big)(\xi,\eta)$$

비슷하게 $|\varphi\rangle\otimes(a|\psi\rangle) = a(|\varphi\rangle\otimes|\psi\rangle)$를 증명한다. 다음으로, 다음의 식이 만족한다.

$$\Big(a(|\varphi\rangle\otimes|\psi\rangle)+b(|\varphi\rangle\otimes|\psi\rangle)\Big)(\xi,\eta) \underbrace{=}_{(3.3)} a(|\varphi\rangle\otimes|\psi\rangle)(\xi,\eta)+b(|\varphi\rangle\otimes|\psi\rangle)(\xi,\eta)$$

$$\underbrace{=}_{(3.1)} a\langle\xi|\varphi\rangle\langle\eta|\psi\rangle + b\langle\xi|\varphi\rangle\langle\eta|\psi\rangle$$

$$= (a+b)\langle\xi|\varphi\rangle\langle\eta|\psi\rangle$$

$$\underbrace{=}_{(3.1)} (a+b)\Big(|\varphi\rangle\otimes|\psi\rangle\Big)(\xi,\eta)$$

그리고

$$\Big((|\varphi_1\rangle+|\varphi_2\rangle)\otimes|\psi\rangle\Big)(\xi,\eta) \underbrace{=}_{(3.1)} \langle\xi|(|\varphi_1\rangle+|\varphi_2\rangle)\langle\eta|\psi\rangle = (\langle\xi|\varphi_1\rangle+\langle\xi|\varphi_2\rangle)\langle\eta|\psi\rangle$$

$$= \langle\xi|\varphi_1\rangle\langle\eta|\psi\rangle + \langle\xi|\varphi_2\rangle\langle\eta|\psi\rangle$$

$$\underbrace{=}_{(3.1)} \Big(|\varphi_1\rangle\otimes|\psi\rangle+|\varphi_2\rangle\otimes|\psi\rangle\Big)(\xi,\eta)$$

다음 또한 비슷하게 증명한다.

$$|\varphi\rangle\otimes(|\psi_1\rangle+|\psi_2\rangle) = |\varphi\rangle\otimes|\psi_1\rangle + |\varphi\rangle\otimes|\psi_2\rangle$$

해답 3.37 $\Psi_{ab} \in \mathbb{C}$는 다음을 만족한다.

$$\sum_{a,b} \Psi_{ab}|e_a \otimes f_b\rangle = 0 \in \mathbb{H}^A \otimes \mathbb{H}^B$$

그러면 (3.1)에서 임의의 $(\xi, \eta) \in \mathbb{H}^A \times \mathbb{H}^B$에 대해

$$\left(\sum_{a,b} \Psi_{ab}|e_a \otimes f_b\rangle\right)(\xi, \eta) \underset{(3.3),(3.1)}{=} \sum_{a,b} \Psi_{ab}\langle e_a|\xi\rangle\langle f_b|\eta\rangle = 0$$

특히, 모든 $(\xi, \eta) = (e_{a'}, f_{b'})$에 대해

$$0 = \sum_{a,b} \Psi_{ab} \underbrace{\langle e_a|e_{a'}\rangle}_{\delta_{a,a'}} \underbrace{\langle f_b|f_{b'}\rangle}_{\delta_{b,b'}} = \Psi_{a',b'}$$

정의 2.3에서 집합 $\{|e_a \otimes f_b\rangle\}$는 선형 독립이 된다.

해답 3.38 $\{|e_a\rangle\}$는 $\mathbb{H}^A$의 ONB이고 $\{|f_b\rangle\}$는 $\mathbb{H}^B$의 ONB이다. (3.7)에서 정의한 $\langle\Psi|\Phi\rangle$의 표현은 모든 $|\Psi\rangle = \Sigma_{a,b}\ \Psi_{ab}\ |e_a \otimes f_b\rangle$에 대해 다음을 만족하기에 양정치이다.

$$\langle\Psi|\Psi\rangle = \sum_{a,b} |\Psi_{ab}|^2 \geq 0$$

그러므로

$$\langle\Psi|\Psi\rangle = 0 \qquad \Leftrightarrow \qquad \Psi_{ab} = 0 \quad \forall_{a,b} \qquad \Leftrightarrow \qquad |\Psi\rangle = 0$$

그리고 $\mathbb{H}^A$와 $\mathbb{H}^B$의 다른 ONB를 다음과 같이 가정한다.

$$\{|\widetilde{e_a}\rangle := U^A|e_a\rangle = \sum_{a_1}\langle e_{a_1}|U^A e_a\rangle|e_{a_1}\rangle = \sum_{a_1} U^A_{a_1 a}|e_{a_1}\rangle\} \subset \mathbb{H}^A$$

$$\{|\widetilde{f_b}\rangle := U^B|f_b\rangle = \sum_{b_1}\langle f_{b_1}|U^B f_b\rangle|f_{b_1}\rangle = \sum_{b_1} U^B_{b_1 b}|f_{b_1}\rangle\} \subset \mathbb{H}^B$$

문제 2.15에서 사상 $U^A : \mathbb{H}^A \to \mathbb{H}^A$, $U^B : \mathbb{H}^B \to \mathbb{H}^B$가 유니타리가 된다. 그러면 다음을 얻는다.

$$|\Phi\rangle = \sum_{a_1,b_1} \Phi_{a_1 b_1} |e_{a_1} \otimes f_{b_1}\rangle = \sum_{a,b} \widetilde{\Phi_{ab}} |\widetilde{e_a} \otimes \widetilde{f_b}\rangle$$

$$= \sum_{a,b} \widetilde{\Phi_{ab}} \sum_{a_1} U^A_{a_1 a} |e_{a_1}\rangle \otimes \sum_{b_1} U^B_{b_1 b} |f_{b_1}\rangle = \sum_{a_1,b_1} \sum_{a,b} U^A_{a_1 a} U^B_{b_1 b} \widetilde{\Phi_{ab}} |e_{a_1} \otimes f_{b_1}\rangle$$

그러므로

$$\Phi_{a_1 b_1} = \sum_{a,b} U^A_{a_1 a} U^B_{b_1 b} \widetilde{\Phi_{ab}}$$

비슷하게 다음을 얻는다.

$$\Psi_{a_1 b_1} = \sum_{a,b} U^A_{a_1 a} U^B_{b_1 b} \widetilde{\Psi_{ab}}$$

결국

$$\sum_{a_1,b_1} \overline{\Psi_{a_1 b_1}} \Phi_{a_1 b_1} = \sum_{a_1,b_1} \sum_{a,b} \overline{U^A_{a_1 a} U^B_{b_1 b} \widetilde{\Psi_{ab}}} \sum_{a_2,b_2} U^A_{a_1 a_2} U^B_{b_1 b_2} \widetilde{\Phi_{a_2 b_2}}$$

$$= \sum_{a,b} \sum_{a_2,b_2} \sum_{a_1,b_1} \overline{U^A_{a_1 a}} U^A_{a_1 a_2} \overline{U^B_{b_1 b}} U^B_{b_1 b_2} \overline{\widetilde{\Psi_{ab}}} \widetilde{\Phi_{a_2 b_2}}$$

$$= \sum_{a,b} \sum_{a_2,b_2} \underbrace{\left(\sum_{a_1} U^{A*}_{a a_1} U^A_{a_1 a_2} \right)}_{=\delta_{a a_2}} \underbrace{\left(\sum_{b_1} U^{B*}_{b b_1} U^B_{b_1 b_2} \right)}_{=\delta_{b b_2}} \overline{\widetilde{\Psi_{ab}}} \widetilde{\Phi_{a_2 b_2}}$$

$$= \sum_{a,b} \overline{\widetilde{\Psi_{ab}}} \widetilde{\Phi_{ab}}$$

그러므로 (3.7)에서 정의한 $\langle \Psi | \Phi \rangle$는 ONB $\{e_a\} \subset \mathbb{H}^A$와 $\{f_b\} \subset \mathbb{H}^B$의 선택에 의존하지 않는다.

해답 3.39

$$\langle \Phi^+ | \Phi^+ \rangle = \frac{1}{2} \langle 00 + 11 | 00 + 11 \rangle = \frac{1}{2} \left(\langle 00 | 00 \rangle + \langle 11 | 00 \rangle + \langle 00 | 11 \rangle + \langle 11 | 11 \rangle \right)$$

$$\underset{(3.4)}{=} \frac{1}{2} \left(\underbrace{\langle 0 | 0 \rangle}_{=1} \langle 0 | 0 \rangle + \underbrace{\langle 1 | 0 \rangle}_{=0} \langle 1 | 0 \rangle + \underbrace{\langle 0 | 1 \rangle}_{=0} \langle 0 | 1 \rangle + \underbrace{\langle 1 | 1 \rangle}_{=1} \langle 1 | 1 \rangle \right)$$

$$= 1$$

$$\langle \Phi^+ | \Phi^- \rangle = \frac{1}{2}\langle 00 + 11 | 00 - 11 \rangle = \frac{1}{2}\Big(\underbrace{\langle 00|00 \rangle}_{=1} - \underbrace{\langle 00|11 \rangle}_{=0} + \underbrace{\langle 11|00 \rangle}_{=0} - \underbrace{\langle 11|11 \rangle}_{=1} \Big)$$
$$= 0$$

다음 또한 비슷한 방법으로 증명한다.

$$\langle \Phi^- | \Phi^- \rangle = 1 = \langle \Psi^\pm | \Psi^\pm \rangle$$
$$\langle \Psi^+ | \Psi^- \rangle = 0 = \langle \Phi^\pm | \Psi^\pm \rangle = \langle \Phi^\mp | \Psi^\pm \rangle$$

해답 3.40 $i \in \{1, 2\}$일 때, $|\varphi_i\rangle \in \mathbb{H}^A$, $|\psi_i\rangle \in \mathbb{H}^B$이다. 그러면 다음이 만족한다.

$$\langle (M^A \otimes M^B)^* \varphi_1 \otimes \psi_1 | \varphi_2 \otimes \psi_2 \rangle \underbrace{=}_{(2.30)} \langle \varphi_1 \otimes \psi_1 | (M^A \otimes M^B) \varphi_2 \otimes \psi_2 \rangle$$
$$= \langle \varphi_1 \otimes \psi_1 | M^A \varphi_2 \otimes M^B \psi_2 \rangle$$
$$\underbrace{=}_{(3.4)} \langle \varphi_1 | M^A \varphi_2 \rangle \langle \psi_1 | M^B \psi_2 \rangle$$
$$\underbrace{=}_{(2.30)} \langle (M^A)^* \varphi_1 | \varphi_2 \rangle \langle (M^B)^* \psi_1 | \psi_2 \rangle$$
$$\underbrace{=}_{(3.4)} \langle (M^A)^* \varphi_1 \otimes (M^B)^* \psi_1 | \varphi_2 \otimes \psi_2 \rangle$$
$$= \langle ((M^A)^* \otimes (M^B)^*) \varphi_1 \otimes \psi_1 | \varphi_2 \otimes \psi_2 \rangle$$

해답 3.41 $\{|\widetilde{e}_a\rangle\} \subset \mathbb{H}^A$와 $\{|\widetilde{f}_b\rangle\} \subset \mathbb{H}^B$는 두 개의 다른 ONB이다. 문제 2.15에서 적절한 유니타리 연산자 $U^A \in \mathcal{U}(\mathbb{H}^A)$와 $U^B \in \mathcal{U}(\mathbb{H}^B)$가 존재해 다음을 만족한다.

$$|\widetilde{e}_a\rangle = U^A |e_a\rangle = \sum_{a'} U^A_{a'a} |e_{a'}\rangle$$
$$|\widetilde{f}_b\rangle = U^B |f_b\rangle = \sum_{b'} U^B_{b'b} |f_{b'}\rangle \tag{G.78}$$

$\widetilde{M}_{a_1 b_1, a_2, b_2}$는 ONB $\{|\widetilde{e}_a \otimes \widetilde{f}_b\rangle\}$에 대한 M의 행렬이다. 그러면

$$\widetilde{M}_{a_1b_1,a_2b_2} \underset{(2.22)}{=} \langle \widetilde{e}_{a_1} \otimes \widetilde{f}_{b_1} | M(\widetilde{e}_{a_2} \otimes \widetilde{f}_{b_2}) \rangle$$

$$\underset{(G.78)}{=} \sum_{a_1'b_1'a_2'b_2'} \langle U^A_{a_1'a_1} |e_{a_1'}\rangle \otimes U^B_{b_1'b_1} |f_{b_1'}\rangle | M(U^A_{a_2'a_2}|e_{a_2'}\rangle \otimes U^B_{b_2'b_2}|f_{b_2'}\rangle)\rangle$$

$$\underset{(2.22)}{=} \sum_{a_1'b_1'a_2'b_2'} \overline{U^A_{a_1'a_1} U^B_{b_1'b_1}} U^A_{a_2'a_2} U^B_{b_2'b_2} \langle e_{a_1'} \otimes f_{b_1'}|M(e_{a_2'} \otimes f_{b_2'})\rangle$$

$$= \sum_{a_1'b_1'a_2'b_2'} \overline{U^A_{a_1'a_1} U^B_{b_1'b_1}} U^A_{a_2'a_2} U^B_{b_2'b_2} M_{a_1'b_1',a_2'b_2'}$$

여기에 (2.35)를 적용하면

$$\overline{U^A_{a_1'a_1} U^B_{b_1'b_1}} = (U^A)^*_{a_1a_1'} (U^B)^*_{b_1b_1'}$$

그리고 다음을 얻는다.

$$\sum_{a_1a_2b} \widetilde{M}_{a_1b,a_2b} |\widetilde{e}_{a_1}\rangle\langle\widetilde{e}_{a_2}|$$

$$= \sum_{a_1a_2ba_1'b_1'a_2'b_2'} (U^A)^*_{a_1a_1'} (U^B)^*_{bb_1'} U^A_{a_2'a_2} U^B_{b_2'b} M_{a_1'b_1',a_2'b_2'} |\widetilde{e}_{a_1}\rangle\langle\widetilde{e}_{a_2}| \tag{G.80}$$

$$= \sum_{a_1'b_1'a_2'b_2'} \left(\sum_b U^B_{b_2'b}(U^B)^*_{bb_1'}\right) M_{a_1'b_1',a_2'b_2'} \left(\sum_{a_1}(U^A)^*_{a_1a_1'}|\widetilde{e}_{a_1}\rangle\right)\left(\sum_{a_2} U^A_{a_2'a_2}\langle\widetilde{e}_{a_2}|\right)$$

여기에 U^A와 U^B가 유니타리 연산자, 즉 $U^A(U^A)^* = \mathbf{1}^A$와 $U^B(U^B)^* = \mathbf{1}^B$임을 이용하면 다음을 얻는다.

$$\sum_b U^B_{b_2'b}(U^B)^*_{bb_1'} = \delta_{b_2b_1} \tag{G.80}$$

그러므로

$$\sum_{a_1}(U^A)^*_{a_1a_1'}|\widetilde{e}_{a_1}\rangle \underset{(G.78)}{=} \sum_{a_1a'}(U^A)^*_{a_1a_1'} U^A_{a'a_1}|e_{a'}\rangle = \sum_{a'}\underbrace{\left(\sum_{a_1} U^A_{a'a_1}(U^A)^*_{a_1a_1'}\right)}_{=\delta_{a'a_1'}}|e_{a'}\rangle$$

비슷하게

$$\sum_{a_2} U^A_{a_2'a_2}\langle\widetilde{e}_{a_2}| = \langle e_{a_2'}| \tag{G.81}$$

(G.80)~(G.81)을 (G.79)에 대입하면,

$$\sum_{a_1 a_2 b} \widetilde{M}_{a_1 b, a_2 b} |\widetilde{e}_{a_1}\rangle \langle \widetilde{e}_{a_2}| = \sum_{a_1' b_1' a_2' b_2'} M_{a_1' b_1' a_2' b_2'} \delta_{b_1' b_2'} |e_{a_1'}\rangle \langle e_{a_2'}| = \sum_{a_1 a_2} M_{a_1 b, a_2 b} |e_{a_1}\rangle \langle e_{a_2}|$$

이것으로 (3.46)에 있는 $\text{tr}^B(M)$의 식의 우변이 ONB $\{|e_a\rangle\}$와 $\{|f_b\rangle\}$의 선택에 의존하지 않는 것이 증명된다.

해답 3.42

$$\text{tr}\left(\text{tr}^B(M)\right) = \text{tr}\left(\mathbf{1}^A \text{tr}^B(M)\right) \underset{(3.48)}{=} \text{tr}\left((\mathbf{1}^A \otimes \mathbf{1}^B)M\right) = \text{tr}(M)$$

두 번째 등식의 증명도 비슷하다.

해답 3.43 $\{|e_a\rangle\}$는 $\mathbb{H}^A$의, $\{|f_b\rangle\}$는 $\mathbb{H}^B$의 ONB이다. 그러면 $\{|e_a \otimes f_b\rangle\}$는 $\mathbb{H}^A \otimes \mathbb{H}^B$의 ONB이고, 이러한 기저에 대한 $M^A \otimes M^B$의 행렬은 (3.35)의 우변으로 주어진다. 그러므로

$$\text{tr}\left(M^A \otimes M^B\right) \underset{(2.57)}{=} \sum_{a,b} \left(M^A \otimes M^B\right)_{ab,ab} \underset{(3.33)}{=} \left(\sum_a M_{aa}^A\right)\left(\sum_b M_{bb}^B\right)$$
$$\underset{(2.57)}{=} \text{tr}\left(M^A\right) \text{tr}\left(M^B\right)$$

다음을 주의한다.

$$\text{tr}^B\left(M^A \otimes M^B\right) = \sum_{a_1, a_2} \left(\text{tr}^B\left(M^A \otimes M^B\right)\right)_{a_1 a_2} |e_{a_1}\rangle \langle e_{a_2}| \tag{G.82}$$

여기에서

$$\left(\text{tr}^B\left(M^A \otimes M^B\right)\right)_{a_1 a_2} \underset{(3.52)}{=} \sum_b \left(M^A \otimes M^B\right)_{a_1 b, a_2 b} \underset{(3.33)}{=} M_{a_1 a_2}^A \sum_b M_{bb}^B$$
$$\underset{(2.57)}{=} M_{a_1 a_2}^A \text{tr}\left(M^B\right)$$

그러므로 (G.82)는

$$\text{tr}^B \left(M^A \otimes M^B \right) = M^A \, \text{tr} \left(M^B \right)$$

$\text{tr}^A (M^A \otimes M^B) = M^B \, \text{tr}(M^A)$의 증명은 비슷한 방법으로 할 수 있다.

해답 3.44 (3.44)에서 일반적으로 $|\varPsi\rangle \in \mathbb{H}^A \otimes \mathbb{H}^B$에 대해 다음이 만족한다.

$$\rho^A (\varPsi) = \sum_{a_1, a_2, b} \overline{\varPsi_{a_2 b}} \varPsi_{a_1 b} |e_{a_1}\rangle \langle e_{a_2}|$$

여기에서 $\{|e_{a_j}\rangle\}$는 $\mathbb{H}^A$의 ONB이다. $\mathbb{H}^A = \P\mathbb{H} = \mathbb{H}^B$이고, $\mathbb{H}^A$의 ONB로 $|e_0\rangle = |0\rangle^A$, $|e_1\rangle = |1\rangle^A$를 이용하면, 위의 식은

$$
\begin{aligned}
\rho^A (\varPsi) = {} & \left(\overline{\varPsi_{00}} \varPsi_{00} + \overline{\varPsi_{01}} \varPsi_{01} \right) |0\rangle^A \langle 0| \\
& + \left(\overline{\varPsi_{00}} \varPsi_{10} + \overline{\varPsi_{01}} \varPsi_{11} \right) |1\rangle^A \langle 0| \\
& + \left(\overline{\varPsi_{10}} \varPsi_{00} + \overline{\varPsi_{11}} \varPsi_{01} \right) |0\rangle^A \langle 1| \\
& + \left(\overline{\varPsi_{10}} \varPsi_{10} + \overline{\varPsi_{11}} \varPsi_{11} \right) |1\rangle^A \langle 1|
\end{aligned}
\tag{G.83}
$$

다음의 벨 상태에 대한

$$|\varPhi^\pm\rangle = \frac{1}{\sqrt{2}} \left(|00\rangle \pm |11\rangle \right)$$

$$|\varPsi^\pm\rangle = \frac{1}{\sqrt{2}} \left(|01\rangle \pm |10\rangle \right)$$

행렬 원소는 다음과 같다.

$$\varPhi_{00}^\pm = \pm \varPhi_{11}^\pm = \varPsi_{01}^\pm = \pm \varPsi_{10}^\pm = \frac{1}{\sqrt{2}} \tag{G.84}$$

$$\varPhi_{01}^\pm = \varPhi_{10}^\pm = \varPsi_{00}^\pm = \varPsi_{11}^\pm = 0 \tag{G.85}$$

(G.84)와 (G.85)를 (G.83)에 대입하면,

$$\rho^A (\varPhi^\pm) = \rho^A (\varPsi^\pm) = \frac{1}{2} \left(|0\rangle^A \langle 0| + |1\rangle^A \langle 1| \right) = \frac{1}{2} \mathbf{1}^A$$

비슷한 방법으로, (3.45)를 이용하면 다음을 얻는다.

$$\rho^B(\Phi^\pm) = \rho^B(\Psi^\pm) = \frac{1}{2}\left(|0\rangle^B\langle 0| + |1\rangle^B\langle 1|\right) = \frac{1}{2}\mathbf{1}^B$$

해답 3.45 $\mathbb{V}$의 임의의 기저 $\{v_j \,|\, j \in \{1,\ldots,\dim\mathbb{V}\}\}$를 이용해 $\mathbb{V}^{\otimes n}$의 기저 $\{v_{j_1} \otimes \cdots \otimes v_{j_n}\}$을 형성할 수 있으므로, 임의의 벡터 $\mathbf{w} \in \mathbb{V}^{\otimes n}$은 다음과 같이 표현할 수 있다.

$$\mathbf{w} = \sum_{j_1 \ldots j_n} w_{j_1 \ldots j_n} \mathbf{v}_{j_1} \otimes \cdots \otimes \mathbf{v}_{j_n}$$

이를 이용하면, 임의의 집합 $A_1,\ldots,A_n \in \mathrm{L}(\mathbb{V})$의 $\mathbf{w} \in \mathbb{V}^{\otimes n}$에 대한 작용 $A_1 \otimes \cdots \otimes A_n$을 다음으로 정의할 수 있다.

$$\left(A_1 \otimes \cdots \otimes A_n\right)\mathbf{w} = \sum_{j_1 \ldots j_n} w_{j_1 \ldots j_n}\left(A_1 \mathbf{v}_{j_1}\right) \otimes \cdots \otimes \left(A_n \mathbf{v}_{j_n}\right)$$

그래서

$$A_1 \otimes \cdots \otimes A_n \in \mathrm{L}\left(\mathbb{V}^{\otimes n}\right)$$

그러므로

$$\mathrm{L}(\mathbb{V})^{\otimes n} \subset \mathrm{L}\left(\mathbb{V}^{\otimes n}\right) \tag{G.86}$$

다음에 주의한다

$$\dim\mathrm{L}(\mathbb{V}) = \left(\dim\mathbb{V}\right)^2 \tag{G.87}$$

그리고

$$\dim\mathbb{V}^{\otimes n} = \left(\dim\mathbb{V}\right)^n \tag{G.88}$$

다음을 얻는다.

$$\dim\mathrm{L}(\mathbb{V})^{\otimes n} \underbrace{=}_{(G.88)} \left(\dim\mathrm{L}(\mathbb{V})\right)^n \underbrace{=}_{(G.87)} \left(\dim\mathbb{V}\right)^{2n} \tag{G.89}$$

그리고

$$\dim L\big(\mathbb{V}^{\otimes n}\big) \underbrace{=}_{(G.87)} \big(\dim \mathbb{V}^{\otimes n}\big)^2 \underbrace{=}_{(G.88)} \big(\dim \mathbb{V}\big)^{2n} \qquad (G.90)$$

(G.86), (G.89), (G.90)에서 $L(\mathbb{V})^{\otimes n} = L(\mathbb{V}^{\otimes n})$을 얻는다.

해답 3.46 우선 임의의 $|\psi\rangle \in \mathbb{H}^A \smallsetminus \{0\}$에 대해 다음을 얻는다.

$$(|\psi\rangle\langle\psi| \otimes \mathbf{1}^B)^2 = |\psi\rangle\langle\psi|\psi\rangle\langle\psi| \otimes \mathbf{1}^B \underbrace{=}_{(2.5)} ||\psi||^2 (|\psi\rangle\langle\psi| \otimes \mathbf{1}^B) \qquad (G.91)$$

ONB $\{|e_{a_j}\rangle\} \subset \mathbb{H}^A$를 이용하면,

$$\langle\psi| \sum_{b_1,b_2} K^*_{(b_1,b_2)} K_{(b_1,b_2)} \psi\rangle$$

$$\underbrace{=}_{(2.43)} \sum_{a_1,a_2} \langle\psi|e_{a_1}\rangle\langle e_{a_1}| \sum_{b_1,b_2} K^*_{(b_1,b_2)} K_{(b_1,b_2)} e_{a_2}\rangle\langle e_{a_2}|\psi\rangle$$

$$= \sum_{a_1,a_2} \langle e_{a_2}|\psi\rangle\langle\psi|e_{a_1}\rangle\langle e_{a_1}| \sum_{b_1,b_2} K^*_{(b_1,b_2)} K_{(b_1,b_2)} e_{a_2}\rangle$$

$$\underbrace{=}_{(2.57)} \operatorname{tr}\left(|\psi\rangle\langle\psi| \sum_{b_1,b_2} K^*_{(b_1,b_2)} K_{(b_1,b_2)} \right)$$

$$\underbrace{=}_{(3.84)} \operatorname{tr}\left(|\psi\rangle\langle\psi| \operatorname{tr}^B\left((\mathbf{1}^A \otimes \sqrt{\rho^B}) V^* V (\mathbf{1}^A \otimes \sqrt{\rho^B}) \right) \right)$$

$$\underbrace{=}_{(3.47)} \operatorname{tr}\left((|\psi\rangle\langle\psi| \otimes \mathbf{1}^B)(\mathbf{1}^A \otimes \sqrt{\rho^B}) V^* V (\mathbf{1}^A \otimes \sqrt{\rho^B}) \right)$$

$$\underbrace{=}_{(G.91)} \frac{1}{||\psi||^2} \operatorname{tr}\left((|\psi\rangle\langle\psi| \otimes \mathbf{1}^B)^2 (\mathbf{1}^A \otimes \sqrt{\rho^B}) V^* V (\mathbf{1}^A \otimes \sqrt{\rho^B}) \right)$$

$$\underbrace{=}_{(2.58)} \frac{1}{||\psi||^2} \operatorname{tr}\left((|\psi\rangle\langle\psi| \otimes \mathbf{1}^B)(\mathbf{1}^A \otimes \sqrt{\rho^B}) V^* V (\mathbf{1}^A \otimes \sqrt{\rho^B})(|\psi\rangle\langle\psi| \otimes \mathbf{1}^B) \right)$$

$$= \frac{1}{||\psi||^2} \operatorname{tr}\left((|\psi\rangle\langle\psi| \otimes \sqrt{\rho^B}) V^* V (|\psi\rangle\langle\psi| \otimes \sqrt{\rho^B}) \right)$$

해답 3.47 ONB $\{|e_a \otimes f_b\rangle\} \subset \mathbb{H}^A \otimes \mathbb{H}^B$를 이용하면

$$\text{tr}\left((|\psi\rangle\langle\psi| \otimes \sqrt{\rho^B})V^*V(|\psi\rangle\langle\psi| \otimes \sqrt{\rho^B})\right)$$

$$\underbrace{=}_{(2.57)} \sum_{a,b} \langle e_a \otimes f_b|(|\psi\rangle\langle\psi| \otimes \sqrt{\rho^B})V^*V(|\psi\rangle\langle\psi| \otimes \sqrt{\rho^B})e_a \otimes f_b\rangle$$

$$\underbrace{=}_{(2.30)} \sum_{a,b} \langle((|\psi\rangle\langle\psi| \otimes \sqrt{\rho^B})^* e_a \otimes f_b|V^*V(|\psi\rangle\langle\psi| \otimes \sqrt{\rho^B})e_a \otimes f_b\rangle$$

$$\underbrace{=}_{(3.31)} \sum_{a,b} \langle((|\psi\rangle\langle\psi|^* \otimes \sqrt{\rho^B}^*)e_a \otimes f_b|V^*V(|\psi\rangle\langle\psi| \otimes \sqrt{\rho^B})e_a \otimes f_b\rangle$$

$$\underbrace{=}_{(3.81),(2.36)} \sum_{a,b} \langle((|\psi\rangle\langle\psi| \otimes \sqrt{\rho^B})e_a \otimes f_b|V^*V(|\psi\rangle\langle\psi| \otimes \sqrt{\rho^B})e_a \otimes f_b\rangle$$

$$= \sum_{a,b} \langle |\psi\rangle\langle\psi|e_a\rangle \otimes \sqrt{\rho^B}|f_b\rangle|V^*V(|\psi\rangle\langle\psi|e_a\rangle \otimes \sqrt{\rho^B}|f_b\rangle\rangle$$

$$\underbrace{=}_{(2.4),(2.6)} \sum_{a,b} |\langle e_a|\psi\rangle|^2 \langle |\psi\rangle \otimes \sqrt{\rho^B}|f_b\rangle|V^*V(|\psi\rangle \otimes \sqrt{\rho^B}|f_b\rangle\rangle$$

$$\underbrace{\leq}_{(3.73)} \kappa \sum_{a,b} |\langle e_a|\psi\rangle|^2 \langle |\psi\rangle \otimes \sqrt{\rho^B}|f_b\rangle||\psi\rangle \otimes \sqrt{\rho^B}|f_b\rangle\rangle$$

$$\underbrace{=}_{(2.12),(3.4)} \kappa ||\psi||^2 \sum_b \langle\psi|\psi\rangle\langle \sqrt{\rho^B}|f_b\rangle| \sqrt{\rho^B}|f_b\rangle\rangle$$

$$\underbrace{=}_{(2.5)} \kappa ||\psi||^4 \sum_b \left|\left| \sqrt{\rho^B}f_b\right|\right|^2 \underbrace{=}_{(3.79)} \kappa ||\psi||^4 \sum_b ||\sqrt{q_b}f_b||^2$$

$$\underbrace{=}_{(2.7)} \kappa ||\psi||^4 \sum_b q_b \underbrace{||f_b||^2}_{=1} = \kappa ||\psi||^4 \sum_b q_b \underbrace{=}_{(3.77)} \kappa ||\psi||^4$$

해답 3.48 $\check{V}$를 정의하는 (3.87)에서 사용한 $\mathbb{H}^B$의 ONB $\{|f_b\rangle\}$와 $\mathbb{H}^A$의 ONB $\{|e_a\rangle\}$를 결합해 $\mathbb{H}^A \otimes \mathbb{H}^B$의 ONB $\{|e_a \otimes f_b\rangle\}$를 형성하면,

$$\langle \check{V}^*(e_a \otimes f_b|\psi \otimes f_1\rangle \underbrace{=}_{(2.30)} \langle e_a \otimes f_b|\check{V}(\psi \otimes f_1)\rangle \underbrace{=}_{(3.87)} \langle e_a \otimes f_b|\sum_l K_l|\psi\rangle \otimes |f_l\rangle\rangle$$

$$\underbrace{=}_{(3.4)} \sum_l \langle e_a|K_l\psi\rangle \underbrace{\langle f_b|f_l\rangle}_{=\delta_{bl}} = \langle e_a|K_b\psi\rangle \tag{G.92}$$

그러므로 모든 $|\psi \otimes f_1\rangle \in \iota\{\mathbb{H}^A\}$에 대해

$$\langle \psi \otimes f_1 | \check{V}^*(e_a \otimes f_b)\rangle \underbrace{=}_{(2.1)} \overline{\langle \check{V}^*(e_a \otimes f_b)|\psi \otimes f_1\rangle} \underbrace{=}_{(G.92)} \overline{\langle e_a | K_b \psi\rangle}$$

$$\underbrace{=}_{(2.1)} \langle K_b \psi | e_a\rangle \underbrace{=}_{(2.30),(2.31)} \langle \psi | K_b^* e_a\rangle$$

$$= \sum_l \langle \psi | K_l^* e_a\rangle \underbrace{\langle f_l | f_b\rangle}_{=\delta_{lb}}$$

$$\underbrace{=}_{(3.4)} \left(\sum_l \langle \psi | K_l^* \otimes \langle f_l | \right)\left(|e_a \otimes f_b\rangle \right)$$

이것으로 (3.88)이 증명된다.

해답 3.49 $\mathbf{a}_1,\ldots,\mathbf{a}_m, \mathbf{b}_1,\ldots,\mathbf{b}_{n-m} \in \mathbb{C}^n$은 다음과 같다.

$$A = \begin{pmatrix} \mathbf{a}_1 \cdots \mathbf{a}_m \end{pmatrix}, \qquad B = \begin{pmatrix} \mathbf{b}_1 \cdots \mathbf{b}_{n-m} \end{pmatrix}$$

여기에서 $\mathbf{a}_j$는 주어졌고 $\mathbf{b}_j$는 결정해야 한다. 그리고 다음을 정의한다.

$$V = \begin{pmatrix} A & B \end{pmatrix}$$

그러면

$$V^*V = \begin{pmatrix} \bar{\mathbf{a}}_1 \cdot \mathbf{a}_1 & \cdots & \bar{\mathbf{a}}_1 \cdot \mathbf{a}_m & \bar{\mathbf{a}}_1 \cdot \mathbf{b}_1 & \cdots & \bar{\mathbf{a}}_1 \cdot \mathbf{b}_{n-m} \\ \vdots & & \vdots & \vdots & & \vdots \\ \bar{\mathbf{a}}_m \cdot \mathbf{a}_1 & \cdots & \bar{\mathbf{a}}_m \cdot \mathbf{a}_m & \bar{\mathbf{a}}_m \cdot \mathbf{b}_1 & \cdots & \bar{\mathbf{a}}_m \cdot \mathbf{b}_{n-m} \\ \bar{\mathbf{b}}_1 \cdot \mathbf{a}_1 & \cdots & \bar{\mathbf{b}}_1 \cdot \mathbf{a}_m & \bar{\mathbf{b}}_1 \cdot \mathbf{b}_1 & \cdots & \bar{\mathbf{b}}_1 \cdot \mathbf{b}_{n-m} \\ \vdots & & \vdots & \vdots & & \vdots \\ \bar{\mathbf{b}}_{n-m} \cdot \mathbf{a}_1 & \cdots & \bar{\mathbf{b}}_{n-m} \cdot \mathbf{a}_m & \bar{\mathbf{b}}_{n-m} \cdot \mathbf{b}_1 & \cdots & \bar{\mathbf{b}}_{n-m} \cdot \mathbf{b}_{n-m} \end{pmatrix}$$

여기에서, $\bar{\mathbf{u}} \cdot \mathbf{v} = \sum_{j=1}^n \bar{u}_j v_j$는 $\mathbb{C}^n$의 스칼라 곱이다. V^*V가 (3.90)의 형태를 가지기 위해서는 b_j가 다음을 만족해야 한다.

$$\bar{\mathbf{a}}_l \cdot \mathbf{b}_k = 0 \qquad \forall l \in \{1,\ldots,m\}; k \in \{1,\ldots,n-m\} \tag{G.93}$$

$$\overline{\mathbf{b}}_j \cdot \mathbf{b}_k = c\delta_{jk} \qquad \forall j,k \in \{1,\dots,n-m\} \tag{G.94}$$

$(n-m)$개의 벡터 $\mathbf{b}_j$는 각각 n개의 성분을 가지므로 모두해서 $n(n-m)$개의 미지수가 있다. 방정식 (G.93)에 m개의 식이 있고, 대칭성으로 (G.94)는 $\frac{(n-m)(n-m+1)}{2}$개의 식이 있다. 다음 식이 성립하면,

$$\frac{(n-m)(n-m+1)}{2} + m \le n(n-m) \tag{G.95}$$

$\mathbf{b}_j$를 구할 수 있고, V^*V에 대한 (3.90)의 형태를 주는 행렬 $B \in \mathrm{Mat}(n \times (n-m), \mathbb{C})$를 결정할 수 있다. (G.95)를 정리하면 $m(m+1) \le n(n-1)$이 된다. $n > m$이라는 가정에서 $n-1 \ge m$이고 $n \ge m+1$이며 $m(m+1) \le n(n-1)$이 된다. 그러므로 (G.95)가 성립한다.

해답 3.50 사영 연산자 P^B가 다음을 만족한다.

$$\mathbf{1}^A \otimes P^B \underbrace{=}_{\mathrm{Def.\ 2.11}} \mathbf{1}^A \otimes (P^B)^2 = (\mathbf{1}^A \otimes P^B)^2 \tag{G.96}$$

그리고

$$\mathbf{1}^A \otimes P^B \underbrace{=}_{\mathrm{Def.\ 2.11}} \mathbf{1}^A \otimes (P^B)^* \underbrace{=}_{(3.31)} (\mathbf{1}^A \otimes P^B)^* \tag{G.97}$$

그러므로

$$
\begin{aligned}
\mathrm{tr}\big((\mathbf{1}^A \otimes P^B)U(\rho^A \otimes \rho^B)U^*\big) &\underbrace{=}_{(G.96)} \mathrm{tr}\big((\mathbf{1}^A \otimes P^B)^2 U(\rho^A \otimes \rho^B)U^*\big) \\
&\underbrace{=}_{(2.58)} \mathrm{tr}\big((\mathbf{1}^A \otimes P^B)U(\rho^A \otimes \rho^B)U^*(\mathbf{1}^A \otimes P^B)\big) \\
&\underbrace{=}_{(G.97)} \mathrm{tr}\big((\mathbf{1}^A \otimes P^B)U(\rho^A \otimes \rho^B)U^*(\mathbf{1}^A \otimes P^B)^*\big) \\
&\underbrace{=}_{(2.47)} \mathrm{tr}\big((\mathbf{1}^A \otimes P^B)U(\rho^A \otimes \rho^B)\big((\mathbf{1}^A \otimes P^B)U\big)^*\big) \\
&\underbrace{=}_{(3.101)} \mathrm{tr}\big(V(\rho^A \otimes \rho^B)V^*\big)
\end{aligned}
$$

$$\underbrace{=}_{(3.49)} \operatorname{tr}\big(\operatorname{tr}^B\big(V(\rho^A \otimes \rho^B)V^*\big)\big)$$

$$\underbrace{=}_{(3.100)} \operatorname{tr}\big(K(\rho^A)\big)$$

해답 3.51 $\mathbf{x}_1, \mathbf{x}_2 \in B^1_{\mathbb{R}^3}$과 $\mu \in [0,1]$에 대해

$$\rho_{\mu\mathbf{x}_1+(1-\mu)\mathbf{x}_2} \underbrace{=}_{(3.107)} \frac{1}{2}\Big(\mathbf{1} + (\mu\mathbf{x}_1 + (1-\mu)\mathbf{x}_2)\cdot\sigma\Big)$$

$$= \mu\frac{1}{2}\Big(\mathbf{1} + \mathbf{x}_1\cdot\sigma\Big) + (1-\mu)\frac{1}{2}\Big(\mathbf{1} + \mathbf{x}_2\cdot\sigma\Big)$$

$$\underbrace{=}_{(3.107)} \mu\rho_{\mathbf{x}_1} + (1-\mu)\rho_{\mathbf{x}_2} \tag{G.98}$$

그러므로

$$\widehat{K}\big(\mu\mathbf{x}_1+(1-\mu)\mathbf{x}_2\big) \underbrace{=}_{(3.108)} \operatorname{tr}\big(K(\rho_{\mu\mathbf{x}_1+(1-\mu)\mathbf{x}_2})\sigma\big) \underbrace{=}_{(G.98)} \operatorname{tr}(K(\mu\rho_{\mathbf{x}_1}+(1-\mu)\rho_{\mathbf{x}_2})\sigma)$$

$$\underbrace{=}_{(3.106)} \operatorname{tr}(\mu K(\rho_{\mathbf{x}_1})\sigma + (1-\mu)K(\rho_{\mathbf{x}_2})\sigma)$$

$$= \mu\operatorname{tr}(K(\rho_{\mathbf{x}_1})\sigma) + (1-\mu)\operatorname{tr}(K(\rho_{\mathbf{x}_2})\sigma)$$

$$\underbrace{=}_{(3.108)} \mu\widehat{K}(\mathbf{x}_1) + (1-\mu)\widehat{K}(\mathbf{x}_2)$$

4장 문제 해답

해답 4.52 시작의 가정에서 ρ^A와 ρ^B는 정의 4.1에서 주어진 것이다. 즉, 각각은 자기수반이며 양정치이고 1을 대각합으로 가진다. 그러면 (3.32)에서 $\rho^A \otimes \rho^B$는 자기수반이다. $\rho^A \otimes \rho^B$가 양정치임을 보이기 위해 우선 다음을 주의한다.

$$\rho^A \otimes \rho^B = (\rho^A \otimes \mathbf{1})(\mathbf{1} \otimes \rho^B) = (\mathbf{1} \otimes \rho^B)(\rho^A \otimes \mathbf{1}) \tag{G.99}$$

그리고

$$(\rho^A \otimes \mathbf{1})^* = \rho^A \otimes \mathbf{1}$$
$$(\mathbf{1} \otimes \rho^B)^* = \mathbf{1} \otimes \rho^B$$

$\rho^A \otimes \mathbf{1}$과 $\mathbf{1} \otimes \rho^B$는 양정치이다. 그 이유는 임의의 벡터에 대해

$$|\Psi\rangle = \sum_{a,b} \Psi_{ab} |e_a\rangle \otimes |f_b\rangle \in \mathbb{H}^A \otimes \mathbb{H}^B$$

다음을 얻기 때문이다.

$$
\begin{aligned}
\langle \Psi | (\rho^A \otimes \mathbf{1}) \Psi \rangle &\underbrace{=}_{(3.8)} \sum_{a_1 a_2, b_1 b_2} \overline{\Psi_{a_1 b_1}} \Psi_{a_2 b_2} \langle e_{a_1} \otimes f_{b_1} | (\rho^A \otimes \mathbf{1}) e_{a_2} \otimes f_{b_2} \rangle \\
&\underbrace{=}_{(3.29)} \sum_{a_1 a_2, b_1 b_2} \overline{\Psi_{a_1 b_1}} \Psi_{a_2 b_2} \langle e_{a_1} | \rho^A e_{a_2} \rangle \underbrace{\langle f_{b_1} | f_{b_2} \rangle}_{=\delta_{b_1 b_2}} \\
&= \sum_{a_1 a_2, b} \overline{\Psi_{a_1 b}} \Psi_{a_2 b} \langle e_{a_1} | \rho^A e_{a_2} \rangle \\
&= \sum_b \langle \underbrace{\sum_{a_1} \Psi_{a_1 b} e_{a_1}}_{=:\psi_b} | \rho^A \sum_{a_2} \Psi_{a_2 b} e_{a_2} \rangle \\
&= \sum_b \underbrace{\langle \psi_b | \rho^A \psi_b \rangle}_{\geq 0} \\
&\geq 0
\end{aligned}
$$

뒤에서 두 번째 줄에서 ρ^A가 양정치인 것을 사용했다. 비슷한 방법으로 $\mathbf{1} \otimes \rho^B$ 가 양정치인 것을 증명할 수 있다. $\rho^A \otimes \mathbf{1}$과 $\mathbf{1} \otimes \rho^B$가 자기수반이고 양정치이므로 (G.99)에서 호환 가능하다. 그러므로 적절한 ONB $|e_a \otimes f_b\rangle$에 대해 $\rho^A \otimes \mathbf{1}$, $\mathbf{1} \otimes \rho^B$를 동시에 대각 형태로 표현할 수 있다.

$$\rho^A \otimes \mathbf{1} = \sum_{a,b} \lambda^A_{a,b} |e_a \otimes f_b\rangle \langle e_a \otimes f_b|$$
$$\mathbf{1} \otimes \rho^B = \sum_{a,b} \lambda^B_{a,b} |e_a \otimes f_b\rangle \langle e_a \otimes f_b|$$

여기에서 $\rho^A \otimes \mathbf{1}$과 $\mathbf{1} \otimes \rho^B$가 양정치이므로 다음을 알 수 있다.

$$\lambda^X_{a,b} \geq 0 \quad \text{for } X \in \{A, B\} \tag{G.100}$$

(G.99)를 이용하면 다음을 얻는다.

$$\rho^A \otimes \rho^B = \sum_{a,b} \lambda^A_{a,b} \lambda^B_{a,b} |e_a \otimes f_b\rangle \langle e_a \otimes f_b|$$

(G.100)에서 $\rho^A \otimes \rho^B$가 양정치가 된다.

마지막으로, $\rho^A \otimes \rho^B$의 대각합은 다음과 같다.

$$\operatorname{tr}\left(\rho^A \otimes \rho^B\right) \underbrace{=}_{(3.57)} \underbrace{\operatorname{tr}\left(\rho^A\right)}_{=1} \underbrace{\operatorname{tr}\left(\rho^A\right)}_{=1} = 1$$

해답 4.53 문제 2.20의 결과 (G.66)에서 다음을 얻는다.

$$|\uparrow_{\hat{\mathbf{x}}}\rangle = \frac{1}{\sqrt{2}}\left(|0\rangle + |1\rangle\right) \qquad \text{and} \qquad |\downarrow_{\hat{\mathbf{x}}}\rangle = \frac{1}{\sqrt{2}}\left(|0\rangle - |1\rangle\right)$$

그래서

$$
\begin{aligned}
|\uparrow_{\hat{\mathbf{x}}}\rangle \otimes |\uparrow_{\hat{\mathbf{x}}}\rangle + |\downarrow_{\hat{\mathbf{x}}}\rangle \otimes |\downarrow_{\hat{\mathbf{x}}}\rangle &= \frac{|0\rangle + |1\rangle}{\sqrt{2}} \otimes \frac{|0\rangle + |1\rangle}{\sqrt{2}} + \frac{|0\rangle - |1\rangle}{\sqrt{2}} \otimes \frac{|0\rangle - |1\rangle}{\sqrt{2}} \\
&= \frac{1}{2}\left(|00\rangle + |01\rangle + |10\rangle + |11\rangle\right) \\
&\quad + \frac{1}{2}\left(|00\rangle - |01\rangle - |10\rangle + |11\rangle\right) \\
&= |00\rangle + |11\rangle
\end{aligned}
$$

해답 4.54 정의 (2.125)와 (2.126)에서

$$|\uparrow_{\hat{\mathbf{n}}}\rangle = \begin{pmatrix} e^{-i\frac{\phi}{2}} \cos\frac{\theta}{2} \\ e^{i\frac{\phi}{2}} \sin\frac{\theta}{2} \end{pmatrix} = e^{-i\frac{\phi}{2}} \cos\frac{\theta}{2}|0\rangle + e^{i\frac{\phi}{2}} \sin\frac{\theta}{2}|1\rangle$$

$$|\downarrow_{\hat{\mathbf{n}}}\rangle = \begin{pmatrix} -e^{-i\frac{\phi}{2}} \sin\frac{\theta}{2} \\ e^{i\frac{\phi}{2}} \cos\frac{\theta}{2} \end{pmatrix} = -e^{-i\frac{\phi}{2}} \sin\frac{\theta}{2}|0\rangle + e^{i\frac{\phi}{2}} \cos\frac{\theta}{2}|1\rangle$$

그러므로

$$
\begin{aligned}
&|\uparrow_{\hat{\mathbf{n}}}\rangle \otimes |\downarrow_{\hat{\mathbf{n}}}\rangle - |\downarrow_{\hat{\mathbf{n}}}\rangle \otimes |\uparrow_{\hat{\mathbf{n}}}\rangle \\
&= \left(e^{-i\frac{\phi}{2}} \cos\frac{\theta}{2}|0\rangle + e^{i\frac{\phi}{2}} \sin\frac{\theta}{2}|1\rangle\right) \otimes \left(-e^{-i\frac{\phi}{2}} \sin\frac{\theta}{2}|0\rangle + e^{i\frac{\phi}{2}} \cos\frac{\theta}{2}|1\rangle\right)
\end{aligned}
$$

$$- \left(-\mathrm{e}^{-\mathrm{i}\frac{\phi}{2}} \sin\frac{\theta}{2}|0\rangle + \mathrm{e}^{\mathrm{i}\frac{\phi}{2}} \cos\frac{\theta}{2}|1\rangle \right) \otimes \left(\mathrm{e}^{-\mathrm{i}\frac{\phi}{2}} \cos\frac{\theta}{2}|0\rangle + \mathrm{e}^{\mathrm{i}\frac{\phi}{2}} \sin\frac{\theta}{2}|1\rangle \right)$$

$$= -\mathrm{e}^{-\mathrm{i}\phi} \cos\frac{\theta}{2}\sin\frac{\theta}{2}|00\rangle + \cos^2\frac{\theta}{2}|01\rangle - \sin^2\frac{\theta}{2}|10\rangle + \mathrm{e}^{\mathrm{i}\phi}\cos\frac{\theta}{2}\sin\frac{\theta}{2}|11\rangle$$

$$- \left(-\mathrm{e}^{-\mathrm{i}\phi}\cos\frac{\theta}{2}\sin\frac{\theta}{2}|00\rangle - \sin^2\frac{\theta}{2}|01\rangle + \cos^2\frac{\theta}{2}|10\rangle + \mathrm{e}^{\mathrm{i}\phi}\cos\frac{\theta}{2}\sin\frac{\theta}{2}|11\rangle \right)$$

$$= |01\rangle - |10\rangle \underset{(3.28)}{=} \sqrt{2}|\Psi^-\rangle$$

해답 4.55 문제 4.54의 결과 (4.25)의 $\hat{\mathbf{n}}$은 임의이므로, $\hat{\mathbf{n}} = \hat{\mathbf{n}}^A$라 두고 $|\Psi^-\rangle$를 다음과 같이 표현한다.

$$|\Psi^-\rangle = \frac{1}{\sqrt{2}}\left(|\uparrow_{\hat{\mathbf{n}}^A}\rangle \otimes |\downarrow_{\hat{\mathbf{n}}^A}\rangle - |\downarrow_{\hat{\mathbf{n}}^A}\rangle \otimes |\uparrow_{\hat{\mathbf{n}}^A}\rangle\right) \tag{G.101}$$

$\Sigma^A_{\hat{\mathbf{n}}^A} = \hat{\mathbf{n}}^A \cdot \sigma$, $\Sigma^B_{\hat{\mathbf{n}}^B} = \hat{\mathbf{n}}^B \cdot \sigma$에서 다음이 유도된다.

$$\left\langle \Sigma^A_{\hat{\mathbf{n}}^A} \otimes \Sigma^B_{\hat{\mathbf{n}}^B} \right\rangle_{\Psi^-} = \langle \Psi^-|(\hat{\mathbf{n}}^A\cdot\sigma \otimes \hat{\mathbf{n}}^B\cdot\sigma)\Psi^-\rangle \tag{G.102}$$

$$= \frac{1}{\sqrt{2}}\langle\Psi^-|\underbrace{\hat{\mathbf{n}}^A\cdot\sigma|\uparrow_{\hat{\mathbf{n}}^A}\rangle}_{=+|\uparrow_{\hat{\mathbf{n}}^A}\rangle}\otimes\hat{\mathbf{n}}^B\cdot\sigma|\downarrow_{\hat{\mathbf{n}}^A}\rangle - \underbrace{\hat{\mathbf{n}}^A\cdot\sigma|\downarrow_{\hat{\mathbf{n}}^A}\rangle}_{=-|\downarrow_{\hat{\mathbf{n}}^A}\rangle}\otimes\hat{\mathbf{n}}^B\cdot\sigma|\uparrow_{\hat{\mathbf{n}}^A}\rangle\rangle$$

$$= \frac{1}{\sqrt{2}}\langle\Psi^-|(|\uparrow_{\hat{\mathbf{n}}^A}\rangle\otimes\hat{\mathbf{n}}^B\cdot\sigma|\downarrow_{\hat{\mathbf{n}}^A}\rangle + |\downarrow_{\hat{\mathbf{n}}^A}\rangle\otimes\hat{\mathbf{n}}^B\cdot\sigma|\uparrow_{\hat{\mathbf{n}}^A}\rangle)\rangle$$

마지막 항에 다음의 관계식을 사용한다.

$$\begin{aligned} \hat{\mathbf{n}}^B\cdot\sigma|\downarrow_{\hat{\mathbf{n}}^A}\rangle &= \hat{\mathbf{n}}^B\cdot\sigma(-\hat{\mathbf{n}}^A\cdot\sigma)|\downarrow_{\hat{\mathbf{n}}^A}\rangle \\ &= -(\hat{\mathbf{n}}^B\cdot\sigma)(\hat{\mathbf{n}}^A\cdot\sigma)|\downarrow_{\hat{\mathbf{n}}^A}\rangle \\ &\underset{(2.121)}{=} -((\hat{\mathbf{n}}^B\cdot\hat{\mathbf{n}}^A)\mathbf{1} + \mathrm{i}(\hat{\mathbf{n}}^B\times\hat{\mathbf{n}}^A)\cdot\sigma)|\downarrow_{\hat{\mathbf{n}}^A}\rangle \end{aligned} \tag{G.103}$$

비슷하게 다음이 만족한다.

$$\hat{\mathbf{n}}^B\cdot\sigma|\uparrow_{\hat{\mathbf{n}}^A}\rangle = ((\hat{\mathbf{n}}^B\cdot\hat{\mathbf{n}}^A)\mathbf{1} + \mathrm{i}(\hat{\mathbf{n}}^B\times\hat{\mathbf{n}}^A)\cdot\sigma)|\uparrow_{\hat{\mathbf{n}}^A}\rangle \tag{G.104}$$

(G.103)과 (G.104)를 (G.102)에 대입하면,

$$
\begin{aligned}
\left\langle \Sigma^A_{\hat{\mathbf{n}}^A} \otimes \Sigma^B_{\hat{\mathbf{n}}^B} \right\rangle_{\Psi^-} &= \frac{-\hat{\mathbf{n}}^B \cdot \hat{\mathbf{n}}^A}{\sqrt{2}} \langle \Psi^- | (|\uparrow_{\hat{\mathbf{n}}^A}\rangle \otimes |\downarrow_{\hat{\mathbf{n}}^A}\rangle - |\downarrow_{\hat{\mathbf{n}}^A}\rangle \otimes |\uparrow_{\hat{\mathbf{n}}^A}\rangle)) \\
&\quad - \frac{i}{\sqrt{2}} \langle \Psi^- | (|\uparrow_{\hat{\mathbf{n}}^A}\rangle \otimes (\hat{\mathbf{n}}^B \times \hat{\mathbf{n}}^A) \cdot \sigma |\downarrow_{\hat{\mathbf{n}}^A}\rangle)) \\
&\quad + \frac{i}{\sqrt{2}} \langle \Psi^- | (|\downarrow_{\hat{\mathbf{n}}^A}\rangle \otimes (\hat{\mathbf{n}}^B \times \hat{\mathbf{n}}^A) \cdot \sigma |\uparrow_{\hat{\mathbf{n}}^A}\rangle)) \\
&\underset{(G.101)}{=} -\hat{\mathbf{n}}^B \cdot \hat{\mathbf{n}}^A \underbrace{\langle \Psi^- | \Psi^- \rangle}_{=1} \\
&\quad - \frac{i}{2} \langle \uparrow_{\hat{\mathbf{n}}^A} \otimes \downarrow_{\hat{\mathbf{n}}^A} - \downarrow_{\hat{\mathbf{n}}^A} \otimes \uparrow_{\hat{\mathbf{n}}^A} | \uparrow_{\hat{\mathbf{n}}^A} \otimes (\hat{\mathbf{n}}^B \times \hat{\mathbf{n}}^A) \cdot \sigma |\downarrow_{\hat{\mathbf{n}}^A}\rangle \rangle \\
&\quad + \frac{i}{2} \langle \uparrow_{\hat{\mathbf{n}}^A} \otimes \downarrow_{\hat{\mathbf{n}}^A} - \downarrow_{\hat{\mathbf{n}}^A} \otimes \uparrow_{\hat{\mathbf{n}}^A} | \downarrow_{\hat{\mathbf{n}}^A} \otimes (\hat{\mathbf{n}}^B \times \hat{\mathbf{n}}^A) \cdot \sigma |\uparrow_{\hat{\mathbf{n}}^A}\rangle \rangle \\
&\underset{(3.4)}{=} -\hat{\mathbf{n}}^B \cdot \hat{\mathbf{n}}^A \tag{G.105} \\
&\quad - \frac{i}{2} \left(\langle \downarrow_{\hat{\mathbf{n}}^A} | (\hat{\mathbf{n}}^B \times \hat{\mathbf{n}}^A) \cdot \sigma |\downarrow_{\hat{\mathbf{n}}^A}\rangle \rangle + \langle \uparrow_{\hat{\mathbf{n}}^A} | (\hat{\mathbf{n}}^B \times \hat{\mathbf{n}}^A) \cdot \sigma |\uparrow_{\hat{\mathbf{n}}^A}\rangle \rangle \right)
\end{aligned}
$$

다음을 증명하기 위해

$$
\left\langle \Sigma^A_{\hat{\mathbf{n}}^A} \otimes \Sigma^B_{\hat{\mathbf{n}}^B} \right\rangle_{\Psi^-} = -\hat{\mathbf{n}}^B \cdot \hat{\mathbf{n}}^A \tag{G.106}
$$

임의의 $\hat{\mathbf{m}}$, $\hat{\mathbf{n}} \in B^1_{\mathbb{R}^3}$에 대해 다음이 성립하는 것을 보여야 한다.

$$
\langle \downarrow_{\hat{\mathbf{n}}} | \hat{\mathbf{m}} \cdot \sigma \downarrow_{\hat{\mathbf{n}}} \rangle + \langle \uparrow_{\hat{\mathbf{n}}} | \hat{\mathbf{m}} \cdot \sigma \uparrow_{\hat{\mathbf{n}}} \rangle = 0 \tag{G.107}
$$

$\hat{\mathbf{m}} = \hat{\mathbf{n}}^B \times \hat{\mathbf{n}}^A$, $\hat{\mathbf{n}} = \hat{\mathbf{n}}^A$를 이용하면 (G.105)의 두 번째 항은 영이된다. (G.107)을 보이기 위해 먼저 $\hat{\mathbf{m}} \cdot \sigma |\uparrow_{\hat{\mathbf{n}}}\rangle$을 ONB $\{|\uparrow_{\hat{\mathbf{n}}}\rangle, |\downarrow_{\hat{\mathbf{n}}}\rangle\}$으로 표현한다.

$$
\hat{\mathbf{m}} \cdot \sigma |\uparrow_{\hat{\mathbf{n}}}\rangle = a_{\hat{\mathbf{m}}} |\uparrow_{\hat{\mathbf{n}}}\rangle + b_{\hat{\mathbf{m}}} |\downarrow_{\hat{\mathbf{n}}}\rangle \tag{G.108}
$$

$b_{\hat{\mathbf{m}}} = 0$이면,

$$
\hat{\mathbf{m}} \cdot \sigma |\uparrow_{\hat{\mathbf{n}}}\rangle = a_{\hat{\mathbf{m}}} |\uparrow_{\hat{\mathbf{n}}}\rangle \tag{G.109}
$$

그러면 $a_{\hat{\mathbf{m}}}$은 고유벡터 $|\uparrow_{\hat{\mathbf{n}}}\rangle$을 가지는 $\hat{\mathbf{m}} \cdot \sigma$의 고윳값이다. (2.29)에서 $(\hat{\mathbf{m}} \cdot \sigma)^2 = 1$이며 $\hat{\mathbf{m}} \cdot \sigma$의 고윳값은 ± 1이 된다. 고윳값 $-a_{\hat{\mathbf{m}}}$의 고유공간은 1차원이고, 고윳값 $a_{\hat{\mathbf{m}}}$에 대응하는 고유벡터 $|\downarrow_{\hat{\mathbf{n}}}\rangle$과 수직이다. 그러므로

$$
\hat{\mathbf{m}} \cdot \sigma |\downarrow_{\hat{\mathbf{n}}}\rangle = -a_{\hat{\mathbf{m}}} |\downarrow_{\hat{\mathbf{n}}}\rangle \tag{G.110}
$$

(G.109)와 (G.110)에서 (G.107)이 유도된다.

$b_{\hat{\mathbf{m}}} \neq 0$이면, $\langle \uparrow_{\hat{\mathbf{n}}} | \uparrow_{\hat{\mathbf{n}}} \rangle = 0$이므로 (G.108)에서

$$\langle \downarrow_{\hat{\mathbf{n}}} | \hat{\mathbf{m}} \cdot \sigma \downarrow_{\hat{\mathbf{n}}} \rangle = a_{\hat{\mathbf{m}}} \qquad (\text{G.111})$$

반면에 $(\hat{\mathbf{m}} \cdot \sigma)^2 = 1$이므로, (G.108)에서

$$
\begin{aligned}
| \uparrow_{\hat{\mathbf{n}}} \rangle &= a_{\hat{\mathbf{m}}} \hat{\mathbf{m}} \cdot \sigma | \uparrow_{\hat{\mathbf{n}}} \rangle + b_{\hat{\mathbf{m}}} \hat{\mathbf{m}} \cdot \sigma | \downarrow_{\hat{\mathbf{n}}} \rangle \\
&= a_{\hat{\mathbf{m}}} \left(a_{\hat{\mathbf{m}}} | \uparrow_{\hat{\mathbf{n}}} \rangle + b_{\hat{\mathbf{m}}} | \downarrow_{\hat{\mathbf{n}}} \rangle \right) + b_{\hat{\mathbf{m}}} \hat{\mathbf{m}} \cdot \sigma | \downarrow_{\hat{\mathbf{n}}} \rangle
\end{aligned}
$$

양변에 $\langle \downarrow_{\hat{\mathbf{n}}} |$으로 내적을 계산하면, $b_{\hat{\mathbf{m}}} \neq 0$과 $\langle \uparrow_{\hat{\mathbf{n}}} | \uparrow_{\hat{\mathbf{n}}} \rangle = 0$에서

$$\langle \downarrow_{\hat{\mathbf{n}}} | \hat{\mathbf{m}} \cdot \sigma \downarrow_{\hat{\mathbf{n}}} \rangle = -a_{\hat{\mathbf{m}}} \qquad (\text{G.112})$$

(G.111)과 (G.112)에서 (G.107)이 $b_{\hat{\mathbf{m}}} \neq 0$인 경우에 유도돼, 최종적으로 (G.106)이 증명된다.

다른 방법으로, (2.122)~(2.123)과 (2.125)~(2.126)에 있는 $\hat{\mathbf{n}}$, $| \uparrow_{\hat{\mathbf{n}}^A} \rangle$, $| \downarrow_{\hat{\mathbf{n}}^A} \rangle$, $\hat{\mathbf{n}}^A \cdot \sigma$의 표현을 이용해 직접 계산으로 (G.106)을 증명할 수 있다. 그러나 계산 과정은 비슷하게 길다.

해답 4.56 문제 4.54의 결과 (4.25)에 있는 $\hat{\mathbf{n}}$은 임의이므로, $\hat{\mathbf{n}} = \hat{\mathbf{n}}^A$를 선택해 $| \Psi^- \hat{\mathbf{n}}^A \rangle$를 다음과 같이 표현한다.

$$| \Psi^- \rangle = \frac{1}{\sqrt{2}} \left(| \uparrow_{\hat{\mathbf{n}}^A} \rangle \otimes | \downarrow_{\hat{\mathbf{n}}^A} \rangle - | \downarrow_{\hat{\mathbf{n}}^A} \rangle \otimes | \uparrow_{\hat{\mathbf{n}}^A} \rangle \right) \qquad (\text{G.113})$$

$\Sigma_{\hat{\mathbf{n}}^A}^A = \hat{\mathbf{n}}^A \cdot \sigma$를 이용해 다음을 얻는다.

$$
\begin{aligned}
\left\langle \Sigma_{\hat{\mathbf{n}}^A}^A \otimes \mathbf{1} \right\rangle_{\Psi^-} &= \langle \Psi^- | (\hat{\mathbf{n}}^A \cdot \sigma \otimes \mathbf{1}) \Psi^- \rangle \\
&\underset{(\text{G.113})}{=} \frac{1}{\sqrt{2}} \langle \Psi^- | \underbrace{\hat{\mathbf{n}}^A \cdot \sigma | \uparrow_{\hat{\mathbf{n}}^A} \rangle}_{=+| \uparrow_{\hat{\mathbf{n}}^A} \rangle} \otimes | \downarrow_{\hat{\mathbf{n}}^A} \rangle - \underbrace{\hat{\mathbf{n}}^A \cdot \sigma | \downarrow_{\hat{\mathbf{n}}^A} \rangle}_{=-| \downarrow_{\hat{\mathbf{n}}^A} \rangle} \otimes | \uparrow_{\hat{\mathbf{n}}^A} \rangle \rangle \\
&= \frac{1}{\sqrt{2}} \langle \Psi^- | \uparrow_{\hat{\mathbf{n}}^A} \otimes \downarrow_{\hat{\mathbf{n}}^A} + \downarrow_{\hat{\mathbf{n}}^A} \otimes \uparrow_{\hat{\mathbf{n}}^A} \rangle \\
&\underset{(\text{G.113})}{=} \frac{1}{2} \langle \uparrow_{\hat{\mathbf{n}}^A} \otimes \downarrow_{\hat{\mathbf{n}}^A} - \downarrow_{\hat{\mathbf{n}}^A} \otimes \uparrow_{\hat{\mathbf{n}}^A} | \uparrow_{\hat{\mathbf{n}}^A} \otimes \downarrow_{\hat{\mathbf{n}}^A} + \downarrow_{\hat{\mathbf{n}}^A} \otimes \uparrow_{\hat{\mathbf{n}}^A} \rangle \\
&= 0
\end{aligned}
$$

마지막 단계에서 $\langle \uparrow_{\hat{\mathbf{n}}^A} | \uparrow_{\hat{\mathbf{n}}^A} \rangle = 1$과 $\langle \uparrow_{\hat{\mathbf{n}}^A} | \downarrow_{\hat{\mathbf{n}}^A} \rangle = 0$을 사용했다.

비슷한 방법으로 $\left\langle 1 \otimes \Sigma_{\hat{\mathbf{n}}^B}^B \right\rangle_{\Psi^-} = 0$을 증명한다.

해답 4.57 다음에 주의한다.

$$\Sigma_{\hat{\mathbf{n}}} = \hat{\mathbf{n}} \cdot \sigma \tag{G.114}$$

$$\hat{\mathbf{m}} \cdot \sigma | \uparrow_{\hat{\mathbf{m}}} \rangle \underset{(2.124)}{=} | \uparrow_{\hat{\mathbf{m}}} \rangle \tag{G.115}$$

다음이 성립한다.

$$
\begin{aligned}
\langle \Sigma_{\hat{\mathbf{n}}} \rangle_{|\uparrow_{\hat{\mathbf{m}}}\rangle} &= \langle \uparrow_{\hat{\mathbf{m}}} | (\hat{\mathbf{n}} \cdot \sigma) \uparrow_{\hat{\mathbf{m}}} \rangle \\
&\underset{(G.114)}{=} \frac{1}{2} \Big[\langle (\hat{\mathbf{m}} \cdot \sigma) \uparrow_{\hat{\mathbf{m}}} | (\hat{\mathbf{n}} \cdot \sigma) \uparrow_{\hat{\mathbf{m}}} \rangle + \langle \uparrow_{\hat{\mathbf{m}}} | (\hat{\mathbf{n}} \cdot \sigma)(\hat{\mathbf{m}} \cdot \sigma) \uparrow_{\hat{\mathbf{m}}} \rangle \Big] \\
&\underset{(G.115)}{=} \frac{1}{2} \langle \uparrow_{\hat{\mathbf{m}}} | \big[(\hat{\mathbf{m}} \cdot \sigma)(\hat{\mathbf{n}} \cdot \sigma) + (\hat{\mathbf{n}} \cdot \sigma)(\hat{\mathbf{m}} \cdot \sigma) \big] \uparrow_{\hat{\mathbf{m}}} \rangle \\
&\underset{(2.121)}{=} \frac{1}{2} \langle \uparrow_{\hat{\mathbf{m}}} | \big[(\hat{\mathbf{m}} \cdot \hat{\mathbf{n}})\mathbf{1} + i((\hat{\mathbf{m}} \times \hat{\mathbf{n}}) \cdot \sigma) + (\hat{\mathbf{n}} \cdot \hat{\mathbf{m}})\mathbf{1} + i((\hat{\mathbf{n}} \times \hat{\mathbf{m}}) \cdot \sigma) \big] \uparrow_{\hat{\mathbf{m}}} \rangle \\
&= \hat{\mathbf{n}} \cdot \hat{\mathbf{m}} + \frac{i}{2} \langle \uparrow_{\hat{\mathbf{m}}} | \big(\underbrace{[\hat{\mathbf{m}} \times \hat{\mathbf{n}} + \hat{\mathbf{n}} \times \hat{\mathbf{m}}]}_{=0} \cdot \sigma \big) \uparrow_{\hat{\mathbf{m}}} \rangle \\
&= \hat{\mathbf{n}} \cdot \hat{\mathbf{m}}
\end{aligned}
$$

해답 4.58 우선 다음을 얻는다.

$$
\begin{aligned}
P_{\lambda_a} | \Psi \rangle &\underset{(4.49)}{=} \left(|e_a\rangle \langle e_a| \otimes \mathbf{1}^B \right) \sum_{a_1, b} \Psi_{a_1 b} |e_{a_1}\rangle \otimes |f_b\rangle = \sum_{a_1, b} \Psi_{a_1 b} |e_a\rangle \underbrace{\langle e_a | e_{a_1} \rangle}_{=\delta_{a a_1}} \otimes |f_b\rangle \\
&= \sum_b \Psi_{ab} |e_a\rangle \otimes |f_b\rangle
\end{aligned}
$$

이로부터,

$$
\begin{aligned}
P_{\lambda_a} | \Psi \rangle \langle \Psi | P_{\lambda_a} &\underset{(3.8)}{=} \sum_{b_1, b_2} \Psi_{ab_1} \overline{\Psi_{ab_2}} |e_a\rangle \otimes |f_{b_1}\rangle \langle e_a | \otimes \langle f_{b_2} | \\
&\underset{(3.36)}{=} \sum_{b_1, b_2} \Psi_{ab_1} \overline{\Psi_{ab_2}} |e_a\rangle \langle e_a | \otimes |f_{b_1}\rangle \langle f_{b_2} | \tag{G.116}
\end{aligned}
$$

(G.116)을 (4.51)에 대입하면, 복합 시스템에 대한 밀도 연산자를 얻는다.

$$\rho = \sum_a \sum_{b_1, b_2} \Psi_{ab_1} \overline{\Psi_{ab_2}} |e_a\rangle\langle e_a| \otimes |f_{b_1}\rangle\langle f_{b_2}| \qquad (G.117)$$

따름정리 3.20에서 $\mathbb{H}^B$의 부분 시스템은 다음으로 서술된다.

$$
\begin{aligned}
\rho^B(\rho) \underset{(3.56)}{=} \mathrm{tr}^A(\rho) &\underset{(G.117)}{=} \mathrm{tr}^A\left(\sum_a \sum_{b_1, b_2} \Psi_{ab_1} \overline{\Psi_{ab_2}} |e_a\rangle\langle e_a| \otimes |f_{b_1}\rangle\langle f_{b_2}| \right) \\
&= \sum_a \sum_{b_1, b_2} \Psi_{ab_1} \overline{\Psi_{ab_2}} \, \mathrm{tr}^A\left(|e_a\rangle\langle e_a| \otimes |f_{b_1}\rangle\langle f_{b_2}| \right) \\
&\underset{(3.57)}{=} \sum_a \sum_{b_1, b_2} \Psi_{ab_1} \overline{\Psi_{ab_2}} \underbrace{\mathrm{tr}\left(|e_a\rangle\langle e_a| \right)}_{=1} |f_{b_1}\rangle\langle f_{b_2}| \\
&= \sum_a \sum_{b_1, b_2} \Psi_{ab_1} \overline{\Psi_{ab_2}} |f_{b_1}\rangle\langle f_{b_2}|
\end{aligned}
$$

여기에서 마지막 식에서 순수 상태 $|e_a\rangle$에 대해 $\mathrm{tr}(|e_a\rangle\langle e_a|) = \mathrm{tr}(\rho_{e_a}) = 1$을 이용했다.

5장 문제 해답

해답 5.59 먼저 모든 $V \in \mathcal{U}(\P\mathbb{H})$에 대해 다음이 만족한다.

$$(V^* - \mathbf{1})(V - \mathbf{1}) = V^*V - V^* - V + \mathbf{1} \underbrace{=}_{(2.37)} 2\mathbf{1} - V^* - V \qquad (G.118)$$

그리고

$$
\begin{aligned}
&\left(\mathbf{1}^{\otimes n+1} + |a\rangle\langle a| \otimes (V - \mathbf{1}) \otimes |b\rangle\langle b| \right)^* \\
&\underset{(3.31)}{=} \mathbf{1}^{\otimes n+1} + \left(|a\rangle\langle a| \right)^* \otimes \left(V - \mathbf{1} \right)^* \otimes \left(|b\rangle\langle b| \right)^* \\
&\underset{(2.35)}{=} \mathbf{1}^{\otimes n+1} + |a\rangle\langle a| \otimes \left(V^* - \mathbf{1} \right) \otimes |b\rangle\langle b|
\end{aligned}
\qquad (G.119)
$$

이를 이용해 다음을 얻는다.

$$
\begin{aligned}
&\left(\mathbf{1}^{\otimes n+1} + |a\rangle\langle a| \otimes (V - \mathbf{1}) \otimes |b\rangle\langle b| \right)^* \left(\mathbf{1}^{\otimes n+1} + |a\rangle\langle a| \otimes (V - \mathbf{1}) \otimes |b\rangle\langle b| \right) \\
&\underset{(G.119)}{=} \left(\mathbf{1}^{\otimes n+1} + |a\rangle\langle a| \otimes (V^* - \mathbf{1}) \otimes |b\rangle\langle b| \right) \left(\mathbf{1}^{\otimes n+1} + |a\rangle\langle a| \otimes (V - \mathbf{1}) \otimes |b\rangle\langle b| \right)
\end{aligned}
$$

$$
\begin{aligned}
=\;& \mathbf{1}^{\otimes n+1} + |a\rangle\langle a| \otimes (V-\mathbf{1}) \otimes |b\rangle\langle b| \\
& + |a\rangle\langle a| \otimes (V^*-\mathbf{1}) \otimes |b\rangle\langle b| \\
& + |a\rangle\langle a| \otimes (V^*-\mathbf{1})(V-\mathbf{1}) \otimes |b\rangle\langle b| \\
=\;& \mathbf{1}^{\otimes n+1} + |a\rangle\langle a| \otimes \Big((V^*-\mathbf{1})(V-\mathbf{1}) + V + V^* - 2\mathbf{1}\Big) \otimes |b\rangle\langle b| \\
\underset{\underbrace{\quad}_{\text{(G.118)}}}{=}\;& \mathbf{1}^{\otimes n+1}
\end{aligned}
$$

해답 5.60 먼저 (5.15)를 증명한다. 정의에서 다음을 얻는다.

$$
\begin{aligned}
\Lambda^1(V) &= \mathbf{1}^{\otimes 2} + |1\rangle\langle 1| \otimes (V-\mathbf{1}) \\
&= \mathbf{1}\otimes\mathbf{1} + |1\rangle\langle 1|\otimes V - |1\rangle\langle 1|\otimes\mathbf{1} \\
&= \big(|0\rangle\langle 0| + |1\rangle\langle 1|\big)\otimes\mathbf{1} + |1\rangle\langle 1|\otimes V - |1\rangle\langle 1|\otimes\mathbf{1} \\
&= |0\rangle\langle 0|\otimes\mathbf{1} + |1\rangle\langle 1|\otimes V \tag{G.120}
\end{aligned}
$$

$|0\rangle\langle 0|,\ldots$을 이용한 표기로 (5.16)를 증명하는 것은 매우 번거롭고 길며 지루하다. 좀 더 간략한 다른 방법으로 이러한 계산 기저의 행렬 형태를 사용한다. 우선 (G.120)에서 다음을 얻는다.

$$
\begin{aligned}
\Lambda^1(X) &= |0\rangle\langle 0|\otimes\mathbf{1} + |1\rangle\langle 1|\otimes X \\
&= \begin{pmatrix}1\\0\end{pmatrix}(1,0)\otimes\begin{pmatrix}1&0\\0&1\end{pmatrix} + \begin{pmatrix}0\\1\end{pmatrix}(0,1)\otimes\begin{pmatrix}0&1\\1&0\end{pmatrix} \\
&= \begin{pmatrix}1&0\\0&0\end{pmatrix}\otimes\begin{pmatrix}1&0\\0&1\end{pmatrix} + \begin{pmatrix}0&0\\0&1\end{pmatrix}\otimes\begin{pmatrix}0&1\\1&0\end{pmatrix} \\
&= \begin{pmatrix}1&0&0&0\\0&1&0&0\\0&0&0&0\\0&0&0&0\end{pmatrix} + \begin{pmatrix}0&0&0&0\\0&0&0&0\\0&0&0&1\\0&0&1&0\end{pmatrix} \\
&= \begin{pmatrix}1&0&0&0\\0&1&0&0\\0&0&0&1\\0&0&1&0\end{pmatrix} \tag{G.121}
\end{aligned}
$$

비슷한 방법으로

$$
\begin{aligned}
\Lambda_1(X) &= \mathbf{1}\otimes\mathbf{1} + (X-\mathbf{1})\otimes|1\rangle\langle 1| \\
&= \begin{pmatrix}1&0\\0&1\end{pmatrix}\otimes\begin{pmatrix}1&0\\0&1\end{pmatrix} + \begin{pmatrix}-1&1\\1&-1\end{pmatrix}\otimes\begin{pmatrix}0&0\\0&1\end{pmatrix}
\end{aligned}
$$

$$= \begin{pmatrix} 1 & 0 & 0 & 0 \\ 0 & 1 & 0 & 0 \\ 0 & 0 & 1 & 0 \\ 0 & 0 & 0 & 1 \end{pmatrix} + \begin{pmatrix} 0 & 0 & 0 & 0 \\ 0 & -1 & 0 & 1 \\ 0 & 0 & 0 & 0 \\ 0 & 1 & 0 & -1 \end{pmatrix}$$

$$= \begin{pmatrix} 1 & 0 & 0 & 0 \\ 0 & 0 & 0 & 1 \\ 0 & 0 & 1 & 0 \\ 0 & 1 & 0 & 0 \end{pmatrix} \tag{G.122}$$

그리고

$$H^{\otimes 2} = \frac{1}{\sqrt{2}} \begin{pmatrix} 1 & 1 \\ 1 & -1 \end{pmatrix} \otimes \frac{1}{\sqrt{2}} \begin{pmatrix} 1 & 1 \\ 1 & -1 \end{pmatrix}$$

$$= \frac{1}{2} \begin{pmatrix} 1 & 1 & 1 & 1 \\ 1 & -1 & 1 & -1 \\ 1 & 1 & -1 & -1 \\ 1 & -1 & -1 & 1 \end{pmatrix} \tag{G.123}$$

(G.121)과 (G.123)에서 다음을 얻는다.

$$H^{\otimes 2} \Lambda^1(X) H^{\otimes 2} = \frac{1}{4} \begin{pmatrix} 1 & 1 & 1 & 1 \\ 1 & -1 & 1 & -1 \\ 1 & 1 & -1 & -1 \\ 1 & -1 & -1 & 1 \end{pmatrix} \begin{pmatrix} 1 & 0 & 0 & 0 \\ 0 & 1 & 0 & 0 \\ 0 & 0 & 0 & 1 \\ 0 & 0 & 1 & 0 \end{pmatrix} \begin{pmatrix} 1 & 1 & 1 & 1 \\ 1 & -1 & 1 & -1 \\ 1 & 1 & -1 & -1 \\ 1 & -1 & -1 & 1 \end{pmatrix}$$

$$= \underbrace{\begin{pmatrix} 1 & 0 & 0 & 0 \\ 0 & 0 & 0 & 1 \\ 0 & 0 & 1 & 0 \\ 0 & 1 & 0 & 0 \end{pmatrix}}_{(G.122)} = \Lambda_1(X)$$

(5.17)의 증명은 연산자 표기를 하는 것이 더 간단하다. (G.120)에서 다음을 얻는다.

$$\begin{aligned} \Lambda^1(M(\alpha)) &= |0\rangle\langle 0| \otimes \mathbf{1} + |1\rangle\langle 1| \otimes M(\alpha) \\ &= |0\rangle\langle 0| \otimes \mathbf{1} + |1\rangle\langle 1| \otimes e^{i\alpha}\mathbf{1} \\ &= \left(|0\rangle\langle 0| + e^{i\alpha}|1\rangle\langle 1| \right) \otimes \mathbf{1} = P(\alpha) \otimes \mathbf{1} \end{aligned}$$

해답 5.61 복소수를 텐서곱의 임의의 인자에 곱할 수 있는 것에 주의한다. 즉, 모든 $c \in \mathbb{C}$에 대해 다음이 만족한다.

$$\cdots \otimes c|\psi\rangle \otimes \cdots \otimes |\varphi\rangle \otimes \cdots = \cdots \otimes |\psi\rangle \otimes \cdots \otimes c|\varphi\rangle \otimes \cdots$$

여기에서 다음을 얻는다.

$$S_{jk}^{(n)} \bigotimes_{l=n-1}^{0} |\psi_l\rangle$$
$$= |\psi_{n-1}\ldots\psi_{j+1}\rangle \otimes |0\rangle\langle 0|\psi_j\rangle \otimes |\psi_{j-1}\ldots\psi_{k+1}\rangle \otimes |0\rangle\langle 0|\psi_k\rangle \otimes |\psi_{k-1}\ldots\psi_0\rangle$$
$$+ |\psi_{n-1}\ldots\psi_{j+1}\rangle \otimes |1\rangle\langle 1|\psi_j\rangle \otimes |\psi_{j-1}\ldots\psi_{k+1}\rangle \otimes |1\rangle\langle 1|\psi_k\rangle \otimes |\psi_{k-1}\ldots\psi_0\rangle$$
$$+ |\psi_{n-1}\ldots\psi_{j+1}\rangle \otimes |0\rangle\langle 1|\psi_j\rangle \otimes |\psi_{j-1}\ldots\psi_{k+1}\rangle \otimes |1\rangle\langle 0|\psi_k\rangle \otimes |\psi_{k-1}\ldots\psi_0\rangle$$
$$+ |\psi_{n-1}\ldots\psi_{j+1}\rangle \otimes |1\rangle\langle 0|\psi_j\rangle \otimes |\psi_{j-1}\ldots\psi_{k+1}\rangle \otimes |0\rangle\langle 1|\psi_k\rangle \otimes |\psi_{k-1}\ldots\psi_0\rangle$$
$$= |\psi_{n-1}\ldots\psi_{j+1}\rangle \otimes |0\rangle\langle 0|\psi_k\rangle \otimes |\psi_{j-1}\ldots\psi_{k+1}\rangle \otimes |0\rangle\langle 0|\psi_j\rangle \otimes |\psi_{k-1}\ldots\psi_0\rangle$$
$$+ |\psi_{n-1}\ldots\psi_{j+1}\rangle \otimes |1\rangle\langle 1|\psi_k\rangle \otimes |\psi_{j-1}\ldots\psi_{k+1}\rangle \otimes |1\rangle\langle 1|\psi_j\rangle \otimes |\psi_{k-1}\ldots\psi_0\rangle$$
$$+ |\psi_{n-1}\ldots\psi_{j+1}\rangle \otimes |0\rangle\langle 0|\psi_k\rangle \otimes |\psi_{j-1}\ldots\psi_{k+1}\rangle \otimes |1\rangle\langle 1|\psi_j\rangle \otimes |\psi_{k-1}\ldots\psi_0\rangle$$
$$+ |\psi_{n-1}\ldots\psi_{j+1}\rangle \otimes |1\rangle\langle 1|\psi_k\rangle \otimes |\psi_{j-1}\ldots\psi_{k+1}\rangle \otimes |0\rangle\langle 0|\psi_j\rangle \otimes |\psi_{k-1}\ldots\psi_0\rangle$$
$$= |\psi_{n-1}\ldots\psi_{j+1}\rangle \otimes |0\rangle\langle 0|\psi_k\rangle \otimes |\psi_{j-1}\ldots\psi_{k+1}\rangle \otimes |\psi_j\rangle \otimes |\psi_{k-1}\ldots\psi_0\rangle$$
$$+ |\psi_{n-1}\ldots\psi_{j+1}\rangle \otimes |1\rangle\langle 1|\psi_k\rangle \otimes |\psi_{j-1}\ldots\psi_{k+1}\rangle \otimes |\psi_j\rangle \otimes |\psi_{k-1}\ldots\psi_0\rangle$$
$$= |\psi_{n-1}\ldots\psi_{j+1}\rangle \otimes |\psi_k\rangle \otimes |\psi_{j-1}\ldots\psi_{k+1}\rangle \otimes |\psi_j\rangle \otimes |\psi_{k-1}\ldots\psi_0\rangle$$

이것으로 (5.31)이 증명된다. 여기에서 $S_{jk}^{(n)}$의 두 번째 적용이 큐비트 $|\psi_j\rangle$와 $|\psi_k\rangle$의 역교환이 발생해 (5.32)가 성립한다.

$S_{jk}^{(n)}$는 인자 공간 $\mathbb{H}_j$와 $\mathbb{H}_k$에만 작용하고, $S_{lm}^{(n)}$은 인자 공간 $\mathbb{H}_l$과 $\mathbb{H}_m$에만 작용하므로, $j, k \notin \{l, m\}$에 대해 $S_{jk}^{(n)} S_{lm}^{(n)} = S_{lm}^{(n)} S_{jk}^{(n)}$가 성립하고 (5.33)이 증명된다. 같은 이유로, $S^{(n)}$에 $S_{n-1-j}^{(n)}$를 연속적으로 적용하면 (5.34)가 유도된다.

해답 5.62 (5.46)의 증명을 위해 정의 5.18에서 다음을 얻는다.

$$T_{|x\rangle|y\rangle}(V) \, T_{|x\rangle|y\rangle}(W)$$
$$\underset{(5.44)}{=} \left(\sum_{\substack{z=0 \\ z\neq x,y}}^{2^n-1} |z\rangle\langle z| + v_{00}|x\rangle\langle x| + v_{01}|x\rangle\langle y| + v_{10}|y\rangle\langle x| + v_{11}|y\rangle\langle y| \right)$$
$$\left(\sum_{\substack{z=0 \\ z\neq x,y}}^{2^n-1} |z\rangle\langle z| + w_{00}|x\rangle\langle x| + w_{01}|x\rangle\langle y| + w_{10}|y\rangle\langle x| + w_{11}|y\rangle\langle y| \right)$$

계산 기저 벡터 $|x\rangle$와 $|y\rangle$가 $\langle x|y\rangle = \delta_{xy}$를 만족하는 것에 주의하면 다음을 얻는다.

$$
\begin{aligned}
T_{|x\rangle|y\rangle}(V)\,T_{|x\rangle|y\rangle}(W) &= \sum_{\substack{z=0 \\ z \neq x,y}}^{2^n-1} |z\rangle\langle z| \\
&\quad + (v_{00}w_{00} + v_{01}w_{10})|x\rangle\langle x| + (v_{00}w_{01} + v_{01}w_{11})|x\rangle\langle y| \\
&\quad + (v_{10}w_{00} + v_{11}w_{10})|y\rangle\langle x| + (v_{10}w_{01} + v_{11}w_{11})|y\rangle\langle y| \\
&= \sum_{\substack{z=0 \\ z \neq x,y}}^{2^n-1} |z\rangle\langle z| \\
&\quad + (VW)_{00}|x\rangle\langle x| + (VW)_{01}|x\rangle\langle y| \\
&\quad + (VW)_{10}|y\rangle\langle x| + (VW)_{11}|y\rangle\langle y| \\
&\underbrace{=}_{(5.44)} T_{|x\rangle|y\rangle}(VW)
\end{aligned}
$$

(5.47)을 증명하기 위해 계산 기저로 주어진 V^*의 다음의 행렬 표현을 이용한다.

$$
V^* = \begin{pmatrix} \overline{v_{00}} & \overline{v_{10}} \\ \overline{v_{01}} & \overline{v_{11}} \end{pmatrix} \tag{G.124}
$$

그리고 $|a\rangle\langle b|^* = |b\rangle\langle a|$에 주의한다. 이들을 이용해 다음을 얻는다.

$$
\begin{aligned}
&T_{|x\rangle|y\rangle}(V)^* \\
&\underbrace{=}_{(5.44)} \sum_{\substack{z=0 \\ z \neq x,y}}^{2^n-1} (|z\rangle\langle z|)^* + (v_{00}|x\rangle\langle x|)^* + (v_{01}|x\rangle\langle y|)^* + (v_{10}|y\rangle\langle x|)^* + (v_{11}|y\rangle\langle y|)^* \\
&\underbrace{=}_{(2.32),(2.36)} \sum_{\substack{z=0 \\ z \neq x,y}}^{2^n-1} |z\rangle\langle z| + \overline{v_{00}}|x\rangle\langle x| + \overline{v_{01}}|y\rangle\langle x| + \overline{v_{10}}|x\rangle\langle y| + \overline{v_{11}}|y\rangle\langle y| \\
&\underbrace{=}_{(5.44),(G.124)} T_{|x\rangle|y\rangle}(V^*)
\end{aligned}
$$

(5.46)과 (5.47)을 이용해 (5.48)을 증명한다.

$$
T_{|x\rangle|y\rangle}(V)\,T_{|x\rangle|y\rangle}(V)^* \underbrace{=}_{(5.47)} T_{|x\rangle|y\rangle}(V)\,T_{|x\rangle|y\rangle}(V^*) \underbrace{=}_{(5.46)} T_{|x\rangle|y\rangle}(VV^*) = T_{|x\rangle|y\rangle}(\mathbf{1})
$$

$$
\underbrace{=}_{(5.44)} \mathbf{1}^{\otimes n}
$$

해답 5.63 $x_j, y_j \in \{0,1\}$일 때 다음을 가정한다.

$$x = \sum_{j=0}^{2^n-1} x_j 2^j < \sum_{j=0}^{2^n-1} y_j 2^j = y$$

그리고 다음을 정의한다.

$$L_{01} := \left\{ j \in \{0,\dots,n-1\} \,\middle|\, x_j = 0 \text{ and } y_j = 1 \right\} = \{h_1,\dots,h_{|L_{01}|}\}$$
$$L_{10} := \left\{ j \in \{0,\dots,n-1\} \,\middle|\, x_j = 1 \text{ and } y_j = 0 \right\} = \{k_1,\dots,k_{|L_{10}|}\}$$

$x < y$이므로, 집합 L_{01}은 공집합이 될 수 없다. $g^0 = x$라 두고 $l \in \{1,\dots,|L_{10}|\}$에 대해 다음을 정의한다.

$$|g^l\rangle = \mathbf{1}^{\otimes n-k_l} \otimes X \otimes \mathbf{1}^{\otimes k_l-1} |g^{l-1}\rangle$$

그러면 $l \in \{1,\dots,|L_{10}|\}$에 대해 다음을 얻는다.

$$|g^{l+|L_{10}|}\rangle = \mathbf{1}^{\otimes n-h_l} \otimes X \otimes \mathbf{1}^{\otimes h_l-1} |g^{l+|L_{10}|-1}\rangle$$

그러므로 $|g^l\rangle$은 $|x\rangle$로 시작해, $|x\rangle$에서 $|y\rangle$와 다른 모든 큐비트를 $|y\rangle$가 될 때까지 순차적으로 하나씩 바꾼다. 결국 마지막 원소는 $|y\rangle$이다. 결국 $|g^l\rangle$는 $|x\rangle$에서 $|y\rangle$로의 그레이-코드 전이를 구성한다.

해답 5.64 다음과 같은 임의의 벡터를 고려한다.

$$|\Psi\rangle = \sum_{x=0}^{2^n-1} \sum_{y=0}^{2^m-1} \Psi_{xy} |x\rangle \otimes |y\rangle \in \mathbb{H}^A \otimes \mathbb{H}^B$$

여기에서 $\mathbb{H}^A = {}^\P\mathbb{H}^{\otimes n}$과 $\mathbb{H}^B = {}^\P\mathbb{H}^{\otimes m}$의 계산 기저를 사용했다. 그러면 다음을 얻는다.

$$
\begin{aligned}
\|U_f \Psi\|^2 &\underbrace{=}_{(2.4)} \langle U_f \Psi | U_f \Psi \rangle \underbrace{=}_{(5.82)} \left\langle \sum_{x,y} \Psi_{xy} |x\rangle \otimes |y \boxplus f(x)\rangle \,\middle|\, \sum_{a,b} \Psi_{ab} |a\rangle \otimes |b \boxplus f(a)\rangle \right\rangle \\
&\underbrace{=}_{(2.6)} \sum_{x,y,a,b} \overline{\Psi_{xy}} \Psi_{ab} \langle x | \otimes |y \boxplus f(x)\rangle \| a\rangle \otimes |b \boxplus f(a)\rangle\rangle \\
&\underbrace{=}_{(3.4)} \sum_{x,y,a,b} \overline{\Psi_{xy}} \Psi_{ab} \underbrace{\langle x | a \rangle}_{=\delta_{xa}} \langle y \boxplus f(x) | b \boxplus f(a)\rangle \\
&\underbrace{=}_{(3.24)} \sum_{x,y,b} \overline{\Psi_{xy}} \Psi_{xb} \langle y \boxplus f(x) | b \boxplus f(x)\rangle
\end{aligned}
$$

그리고

$$\langle y \boxplus f(x) | b \boxplus f(x) \rangle$$

$$\underbrace{=}_{(5.80)} \langle y_{n-1} \overset{2}{\oplus} f(x)_{n-1} \otimes \cdots \otimes y_0 \overset{2}{\oplus} f(x)_0 | b_{n-1} \overset{2}{\oplus} f(x)_{n-1} \otimes \cdots \otimes b_0 \overset{2}{\oplus} f(x)_0 \rangle$$

$$\underbrace{=}_{(3.4)} \prod_{j=0}^{n-1} \underbrace{\langle y_j \overset{2}{\oplus} f(x)_j | b_j \overset{2}{\oplus} f(x)_j \rangle}_{=\delta_{y_j b_j}}$$

$$\underbrace{=}_{(3.24)} \delta_{yb}$$

그러므로 모든 $|\Psi\rangle \in \mathbb{H}^A \otimes \mathbb{H}^B$에 대해

$$||U_f \Psi||^2 = \sum_{x,y} |\Psi_{xy}|^2 = ||\Psi||^2$$

(5.7)에서 U_f가 유니타리인 것이 증명된다.

해답 5.65 주장을 증명하기 위해서는 $U_c^* U_c$가 $\mathbb{H}^{\otimes 4}$의 임의의 계산 기저 벡터를 자기 자신으로 보내는 것을 증명하면 된다. (5.97)과 (5.99)를 이용해 다음과 같이 증명한다.

$$U_c^* U_c \Big(|x_3\rangle \otimes |x_2\rangle \otimes |x_1\rangle \otimes |x_0\rangle \Big)$$

$$\underbrace{=}_{(5.97)} U_c^* \Big(| \underbrace{x_0(x_1 \overset{2}{\oplus} x_2) \overset{2}{\oplus} x_1 x_2 \overset{2}{\oplus} x_3}_{=x_3'} \rangle \otimes | \underbrace{x_1 \overset{2}{\oplus} x_2}_{=x_2'} \rangle \otimes |x_1\rangle \otimes |x_0\rangle \Big)$$

$$\underbrace{=}_{(5.99)} |(x_0 \overset{2}{\oplus} x_1) x_2' \overset{2}{\oplus} x_1 \overset{2}{\oplus} x_3'\rangle \otimes |x_1 \overset{2}{\oplus} x_2'\rangle \otimes |x_1\rangle \otimes |x_0\rangle$$

$$= |(x_0 \overset{2}{\oplus} x_1) \underbrace{(x_1 \overset{2}{\oplus} x_2)}_{=x_2'} \overset{2}{\oplus} x_1 \overset{2}{\oplus} \underbrace{x_0(x_1 \overset{2}{\oplus} x_2) \overset{2}{\oplus} x_1 x_2 \overset{2}{\oplus} x_3}_{=x_3'}\rangle$$

$$\otimes |\underbrace{x_1 \overset{2}{\oplus} x_1}_{=0} \overset{2}{\oplus} x_2\rangle \otimes |x_1\rangle \otimes |x_0\rangle$$

$$= |(x_0 x_1 \overset{2}{\oplus} x_0 x_2 \overset{2}{\oplus} x_1 \overset{2}{\oplus} x_1 x_2 \overset{2}{\oplus} x_1 \overset{2}{\oplus} x_0 x_1 \overset{2}{\oplus} x_0 x_2 \overset{2}{\oplus} x_1 x_2 \overset{2}{\oplus} x_3\rangle$$

$$\otimes |x_2\rangle \otimes |x_1\rangle \otimes |x_0\rangle$$

$$= |x_3\rangle \otimes |x_2\rangle \otimes |x_1\rangle \otimes |x_0\rangle$$

해답 5.66 정의 5.48에서 임의의 계산 기저 벡터 $|u\rangle$에 대해 다음을 얻는다.

$$F|u\rangle = \frac{1}{2^{\frac{n}{2}}} \sum_{x,y=0}^{2^n-1} \exp\left(2\pi\mathrm{i}\frac{xy}{2^n}\right)|x\rangle \underbrace{\langle y|u\rangle}_{=\delta_{yu}} = \frac{1}{2^{\frac{n}{2}}} \sum_{x=0}^{2^n-1} \exp\left(2\pi\mathrm{i}\frac{xu}{2^n}\right)|x\rangle$$

이로부터 임의의 계산 기저 벡터 $|u\rangle$와 $|v\rangle$에 대해 다음을 얻는다.

$$
\begin{aligned}
\langle Fu|Fv\rangle &= \frac{1}{2^n}\langle \sum_{x=0}^{2^n-1} \exp\left(2\pi\mathrm{i}\frac{xu}{2^n}\right)|x\rangle| \sum_{y=0}^{2^n-1} \exp\left(2\pi\mathrm{i}\frac{yv}{2^n}\right)|y\rangle\rangle \\
&\underbrace{=}_{(2.4),(2.6)} \frac{1}{2^n} \sum_{x,y=0}^{2^n-1} \exp\left(2\pi\mathrm{i}\frac{yv-xu}{2^n}\right) \underbrace{\langle x|y\rangle}_{=\delta_{xy}} \\
&= \frac{1}{2^n} \sum_{x=0}^{2^n-1} \exp\left(2\pi\mathrm{i}x\frac{v-u}{2^n}\right) \\
&= \frac{1}{2^n} \sum_{x=0}^{2^n-1} \left(\exp\left(2\pi\mathrm{i}\frac{v-u}{2^n}\right)\right)^x \\
&= \begin{cases} 1 & \text{if } u=v \\ \frac{1-\left(\exp\left(2\pi\mathrm{i}\frac{v-u}{2^n}\right)\right)^{2^n}}{1-\exp\left(2\pi\mathrm{i}\frac{u-v}{2^n}\right)} = 0 & \text{if } u\neq v \end{cases} \\
&= \delta_{uv}
\end{aligned}
\tag{G.125}
$$

¶$\mathbb{H}^{\otimes n}$의 다음의 임의의 벡터를 고려한다.

$$|\varphi\rangle = \sum_{u=0}^{2^n-1} \varphi_u|u\rangle \quad \text{and} \quad |\psi\rangle = \sum_{v=0}^{2^n-1} \psi_v|v\rangle \tag{G.126}$$

그러면 다음이 만족한다.

$$\langle F\varphi|F\psi\rangle \underbrace{=}_{(G.126)} \sum_{u,v=0}^{2^n-1} \overline{\varphi_u}\psi_v \underbrace{\langle Fu|Fv\rangle}_{=\delta_{uv}} \underbrace{=}_{(G.125)} \sum_{u,v=0}^{2^n-1} \overline{\varphi_u}\psi_v \underbrace{=}_{(2.13)} \langle\varphi|\psi\rangle$$

정의 2.9에서 F는 유니타리이다.

6장 문제 해답

해답 6.67 n에 대해 귀납적으로 증명한다. $n = 1$에 대해 다음을 얻는다.

$$H|x\rangle = H|x_0\rangle \underbrace{=}_{(2.162)} \frac{1}{\sqrt{2}}\left(|0\rangle + (-1)^{x_0}|1\rangle\right)$$

$$= \frac{1}{\sqrt{2}} \sum_{y=0}^{1} (-1)^{x \overset{2}{\odot} y}|y\rangle$$

이것이 $n = 1$일 때 주장이 증명된다. 주장이 n에 대해 성립한다고 가정한다. 즉, 다음이 주어진 n에 대해 성립한다.

$$H^{\otimes n}|x\rangle = \frac{1}{2^{\frac{n}{2}}} \sum_{y=0}^{2^n-1} (-1)^{x \overset{2}{\odot} y}|y\rangle \tag{G.127}$$

$|x\rangle \in {}^{\P}\mathbb{H}^{\otimes n+1}$에 대해 $|\check{x}\rangle \in {}^{\P}\mathbb{H}^{\otimes n}$일 때, $|x\rangle = |x_n \cdots x_0\rangle = |x_n\rangle \otimes |\check{x}\rangle$의 표기법을 사용한다. 그러면 다음을 얻는다.

$$
\begin{aligned}
H^{\otimes n+1}|x\rangle &= H|x_n\rangle \otimes H^{\otimes n}|\check{x}\rangle \\
&\underbrace{=}_{(G.127)} H|x_n\rangle \otimes \frac{1}{2^{\frac{n}{2}}} \sum_{y=0}^{2^n-1} (-1)^{\check{x} \overset{2}{\odot} y}|y\rangle \\
&\underbrace{=}_{(2.162)} \frac{1}{\sqrt{2}}\left(|0\rangle + (-1)^{x_n}|1\rangle\right) \otimes \frac{1}{2^{\frac{n}{2}}} \sum_{y=0}^{2^n-1} (-1)^{\check{x} \overset{2}{\odot} y}|y\rangle \\
&= \frac{1}{2^{\frac{n+1}{2}}} \sum_{y=0}^{2^n-1} \left((-1)^{\check{x} \overset{2}{\odot} y}|0y_{n-1}\ldots y_0\rangle + (-1)^{x_n + \check{x} \overset{2}{\odot} y}|1y_{n-1}\ldots y_0\rangle\right) \\
&= \frac{1}{2^{\frac{n+1}{2}}} \sum_{y=0}^{2^{n+1}-1} (-1)^{x_n y_n + \check{x} \overset{2}{\odot} y}|y_n y_{n-1}\ldots y_0\rangle \\
&= \frac{1}{2^{\frac{n+1}{2}}} \sum_{y=0}^{2^{n+1}-1} (-1)^{x \overset{2}{\odot} y}|y\rangle
\end{aligned}
$$

마지막 단계에서 $a, b \in \{0,1\}$에 대해 $(-1)^{a+b} = (-1)^{a \overset{2}{\oplus} b}$임을 이용했다. 그래서 주장은 $n + 1$일 때 성립하고, 귀납법이 끝난다.

해답 6.68 (2.76)에서 $1 = 1^2 = \sigma_x^2 = \sigma_z^2$을 얻는다. 파울리 행렬의 정의 (2.74)와 (2.35)에서 $1^* = 1$, $\sigma_x^* = \sigma_x$, $\sigma_x^* = \sigma_z$를 얻고, 다음이 성립한다.

$$\sigma_z \sigma_x (\sigma_z \sigma_x)^* = \sigma_z \sigma_x \sigma_x^* \sigma_z^* = \sigma_z \sigma_x^2 \sigma_z$$
$$= \sigma_z^2 = 1$$

그래서 모든 $U^A \in \{1, \sigma_x^A, \sigma_z^A, \sigma_z^A, \sigma_x^A\}$에 대해 $U^A U^{A*} = 1^A$가 성립한다. 결국

$$\left(U^A \otimes 1^B \right)\left(U^A \otimes 1^B \right)^* = \left(U^A \otimes 1^B \right)\left(U^{A*} \otimes 1^B \right)$$
$$= \left(U^A U^{A*} \otimes 1^B \right) = 1^A \otimes 1^B$$
$$= 1^{AB}$$

그리고 다음을 얻는다.

$$\left(\sigma_x^A \otimes 1^B \right)|\Phi^+\rangle = \left(\sigma_x^A \otimes 1^B \right)\frac{1}{\sqrt{2}}\left(|00\rangle + |11\rangle \right)$$
$$= \frac{1}{\sqrt{2}}\left(\sigma_x^A|0\rangle \otimes |0\rangle + \sigma_x^A|1\rangle \otimes |1\rangle \right)$$
$$= \frac{1}{\sqrt{2}}\left(|1\rangle \otimes |0\rangle + |0\rangle \otimes |1\rangle \right) = \frac{1}{\sqrt{2}}\left(|10\rangle + |01\rangle \right)$$
$$= |\Psi^+\rangle$$

그리고

$$\left(\sigma_z^A \sigma_x^A \otimes 1^B \right)|\Phi^+\rangle = \left(\sigma_z^A \sigma_x^A \otimes 1^B \right)\frac{1}{\sqrt{2}}\left(|00\rangle + |11\rangle \right)$$
$$= \frac{1}{\sqrt{2}}\left(\sigma_z^A \sigma_x^A|0\rangle \otimes |0\rangle + \sigma_z^A \sigma_x^A|1\rangle \otimes |1\rangle \right)$$
$$= \frac{1}{\sqrt{2}}\left(\sigma_z^A|1\rangle \otimes |0\rangle + \sigma_z^A|0\rangle \otimes |1\rangle \right)$$
$$= \frac{1}{\sqrt{2}}\left(-|1\rangle \otimes |0\rangle + |0\rangle \otimes |1\rangle \right) = \frac{1}{\sqrt{2}}\left(|01\rangle - |10\rangle \right)$$
$$= |\Psi^-\rangle$$

해답 6.69 r은 함수 $f_{b,N}(n) = b^n \bmod N$의 주기이다. 정의 6.7에서 모든 $n \in N$에 대해 $f_{b,N}(n+r) = f_{b,N}(n)$이 성립한다. 특히, $n = 0$이면,

$$b^r \bmod N = f_{b,N}(0+r) = f_{b,N}(0) = 1 \tag{G.128}$$

정의 D.20에서 N법 b의 차수 $\mathrm{ord}_N(b)$는 (G.128)을 만족하는 가장 작은 수이다. 그러므로

$$r \geq \mathrm{ord}_N(b) \tag{G.129}$$

반면 $n \in \mathbb{N}_0$에 대해

$$
\begin{aligned}
f_{b,N}(n + \mathrm{ord}_N(b)) &= b^{n+\mathrm{ord}_N(b)} \bmod N \\
&\underset{\text{(D.20)}}{=} b^n \left(b^{\mathrm{ord}_N(b)} \bmod N \right) \bmod N \\
&\underset{\text{Def. D.20}}{=} b^n \bmod N \\
&= f_{b,N}(n)
\end{aligned}
$$

주기 r은 $f_{b,N}(n+r) = f_{b,N}(n)$을 만족하는 가장 작은 수이므로,

$$r \leq \mathrm{ord}_N(b) \tag{G.130}$$

$r = \mathrm{ord}_N(b)$는 (G.129)와 (G.130)에서 증명된다.

해답 6.70 대각합을 계산하기 위해 $|\Psi_3\rangle$을 포함하는 $\mathbb{H}^A \otimes \mathbb{H}^B$의 ONB $\{|\Phi_0\rangle = |\Psi_3\rangle, |\Phi_1\rangle, \ldots\}$를 선택하면 다음을 얻는다.

$$
\begin{aligned}
\mathrm{tr}\left(|\Psi_3\rangle\langle\Psi_3| \left(|z\rangle\langle z| \otimes \mathbf{1}^B \right) \right) &\underset{(2.57)}{=} \sum_j \underbrace{\langle\Phi_j|\Psi_3\rangle}_{=\delta_{j0}} \langle\Psi_3| \left(|z\rangle\langle z| \otimes \mathbf{1}^B \right) \Phi_j \rangle \\
&= \langle\Psi_3| \left(|z\rangle\langle z| \otimes \mathbf{1}^B \right) \Psi_3 \rangle
\end{aligned} \tag{G.131}
$$

사영 연산자 $(|z\rangle\langle z| \otimes \mathbf{1}^B)$는 다음의 성질을 가진다.

$$\left(|z\rangle\langle z| \otimes \mathbf{1}^B \right)^2 = |z\rangle \underbrace{\langle z|z\rangle}_{=1} \langle z| \otimes \mathbf{1}^B \tag{G.132}$$

$$\left(|z\rangle\langle z| \otimes \mathbf{1}^B \right)^* \underset{(3.31)}{=} \left(|z\rangle\langle z| \right)^* \otimes \mathbf{1}^B \underset{(2.36)}{=} |z\rangle\langle z| \otimes \mathbf{1}^B \tag{G.133}$$

그러므로

$$\langle \Psi_3 | \left(|z\rangle\langle z| \otimes \mathbf{1}^B \right) \Psi_3 \rangle \underbrace{=}_{(G.132)} \langle \Psi_3 | \left(|z\rangle\langle z| \otimes \mathbf{1}^B \right)^2 \Psi_3 \rangle$$

$$\underbrace{=}_{(2.30)} \langle \left(|z\rangle\langle z| \otimes \mathbf{1}^B \right)^* \Psi_3 | \left(|z\rangle\langle z| \otimes \mathbf{1}^B \right) \Psi_3 \rangle$$

$$\underbrace{=}_{(G.133)} \langle \left(|z\rangle\langle z| \otimes \mathbf{1}^B \right) \Psi_3 | \left(|z\rangle\langle z| \otimes \mathbf{1}^B \right) \Psi_3 \rangle$$

$$\underbrace{=}_{(2.5)} \left\| \left(|z\rangle\langle z| \otimes \mathbf{1}^B \right) |\Psi_3\rangle \right\|^2 \tag{G.134}$$

(G.134)를 (G.131)에 대입하면 (6.45)를 얻는다.

해답 6.71 $\frac{2^L}{r} =: m \in \mathbb{N}$가 성립하면 (6.36)에서

$$J = \left\lfloor m - \frac{1}{r} \right\rfloor = m - 1$$

그리고 (6.37)에서

$$R = 2^L - 1 \bmod r = 2^L - 1 - \left\lfloor \frac{2^L - 1}{r} \right\rfloor r = 2^L - 1 - (m-1)r = r - 1$$

또한, (6.38)에서 $0 \leq k \leq r - 1 = R$인 모든 $k \in \mathbb{N}$에 대해

$$J_k = J = m - 1$$

이를 (6.46)에 대입하면,

$$W(z) = \begin{cases} \frac{1}{2^{2L}} \sum_{k=0}^{r-1} m^2 & \text{if } \frac{z}{m} \in \mathbb{N} \\ \frac{1}{2^{2L}} \sum_{k=0}^{r-1} \left| \frac{1 - e^{2\pi i \frac{z}{m} m}}{1 - e^{2\pi i \frac{z}{m}}} \right|^2 & \text{else} \end{cases}$$

$$= \begin{cases} \frac{r}{2^{2L}} \left(\frac{2^L}{r} \right)^2 & \text{if } \frac{z}{m} \in \mathbb{N} \\ 0 & \text{else} \end{cases}$$

$$= \begin{cases} \frac{1}{r} & \text{if } \frac{z}{m} \in \mathbb{N} \\ 0 & \text{else} \end{cases}$$

해답 6.72 $n \in \mathbb{N}_0$에 대해,

$$\cos(n\alpha) + i\sin(n\alpha) = e^{in\alpha} = \left(e^{i\alpha}\right)^n = \left(\cos\alpha + i\sin\alpha\right)^n$$

양변의 허수부가 같다는 것을 이용하면,

$$\sin(n\alpha) = \sum_{l=0}^{\lfloor \frac{n}{2} \rfloor} (-1)^l \binom{n}{2l+1} \cos^{n-2l-1}\alpha \sin^{2l+1}\alpha$$

이로부터 다음을 얻는다.

$$\frac{\sin(n\alpha)}{\sin\alpha} = \sum_{l=0}^{\lfloor \frac{n}{2} \rfloor} (-1)^l \binom{n}{2l+1} \cos^{n-2l-1}\alpha \sin^{2l}\alpha$$

또한,

$$\left(\frac{\sin(n\alpha)}{\sin\alpha}\right)' = \sum_{l=0}^{\lfloor \frac{n}{2} \rfloor} (-1)^{l+1} \binom{n}{2l+1} (n-2l-1)\cos^{n-2l-2}\alpha \sin^{2l+1}\alpha$$
$$+ \sum_{l=1}^{\lfloor \frac{n}{2} \rfloor} (-1)^l \binom{n}{2l+1} 2l \cos^{n-2l}\alpha \sin^{2l-1}\alpha$$

그리고

$$\left(\frac{\sin(n\alpha)}{\sin\alpha}\right)'' = \sum_{l=0}^{\lfloor \frac{n}{2} \rfloor} (-1)^l \binom{n}{2l+1} (n-2l-1)(n-2l-2)\cos^{n-2l-3}\alpha \sin^{2l+2}\alpha$$
$$- \sum_{l=0}^{\lfloor \frac{n}{2} \rfloor} (-1)^l \binom{n}{2l+1} (n-2l-1)(2l+1)\cos^{n-2l-1}\alpha \sin^{2l}\alpha$$
$$+ \sum_{l=1}^{\lfloor \frac{n}{2} \rfloor} (-1)^l \binom{n}{2l+1} 2l(2l-1)\cos^{n-2l+1}\alpha \sin^{2l-2}\alpha$$
$$- \sum_{l=1}^{\lfloor \frac{n}{2} \rfloor} (-1)^l \binom{n}{2l+1} 2l(n-2l)\cos^{n-2l-1}\alpha \sin^{2l}\alpha$$

$\alpha = 0$에서

$$\frac{\sin(n\alpha)}{\sin\alpha}\Big|_{\alpha=0} = n$$
$$\left(\frac{\sin(n\alpha)}{\sin\alpha}\right)'\Big|_{\alpha=0} = 0 \tag{G.135}$$

$$\left(\frac{\sin(n\alpha)}{\sin\alpha}\right)''\bigg|_{\alpha=0}=\frac{n}{3}(1-n^2)$$

$s(\alpha)=\frac{\sin(\alpha\tilde{J}_k)}{\sin\alpha}$에서 $\tilde{J}_k\in\mathbb{N}$이며 $L>2$를 가정했기에 $\tilde{J}_k=J_k+1\geq\left\lfloor\frac{2^L-1}{r}\right\rfloor>\left\lfloor 2^{\frac{L}{2}}-\frac{1}{r}\right\rfloor>1$이 된다. 그러므로 (G.135)에서

$$s(0)=\tilde{J}_k$$
$$s'(0)=0$$
$$s''(0)=\frac{\tilde{J}_k}{3}(1-\tilde{J}_k)<0$$

즉, s는 $\alpha=0$에서 최댓값을 가진다. s가 $]0,\frac{\pi r}{2^{L+1}}[$에서 다른 극대값이 없는 것은 증명한다. 우선 직접 계산으로 다음을 얻는다.

$$s'(\alpha)=\frac{\tilde{J}_k\cos\left(\alpha\tilde{J}_k\right)\sin\alpha-\sin\left(\alpha\tilde{J}_k\right)\cos\alpha}{\sin^2\alpha}\tag{G.136}$$

$\alpha\tilde{J}_k=\frac{\pi}{2}$이면, $s'(\alpha)<0$이다. 이 값은 극대값이 아니다. $\alpha\in]0,\frac{\pi r}{2^{L+1}}[$과 $\alpha\tilde{J}_k\neq\frac{\pi}{2}$를 가정한다. (6.51)과 (6.52)에서 다음을 얻는다.

$$\alpha<\frac{\pi}{2^{\frac{L}{2}+1}}$$
$$\alpha\tilde{J}_k<\frac{\pi}{2}+\frac{\pi}{2^{\frac{L}{2}+1}}$$

이로부터 $\alpha\tilde{J}_k<\frac{\pi}{2}$와 $\alpha\tilde{J}_k>\frac{\pi}{2}$에 대해 다음이 성립한다.

$$\tan\alpha<\tan(\alpha\tilde{J}_k)$$

그러므로

$$(\tilde{J}_k\tan\alpha)'=\tilde{J}_k(1+\tan^2\alpha)<\tilde{J}_k(1+\tan^2(\alpha\tilde{J}_k))=\tan(\alpha\tilde{J}_k)'$$

이와 $\tilde{J}_k\tan\alpha|_{\alpha=0}=\tan(\alpha\tilde{J}_k)|_{\alpha=0}$에서

$$\tilde{J}_k\tan\alpha<\tan(\alpha\tilde{J}_k)$$

그러므로

$$\tilde{J}_k\cos\left(\alpha\tilde{J}_k\right)\sin\alpha<\sin\left(\alpha\tilde{J}_k\right)\cos\alpha$$

(G.136)에서 후자는 $s'(\alpha) < 0$과 같다. 이것으로 $\alpha \in]0, \frac{\pi r}{2^{L+1}}[$일 때 $s'(\alpha) < 0$이 증명된다. $s(-\alpha) = s(\alpha)$이므로, $\alpha \in [-\frac{\pi r}{2^{L+1}}, 0[$일 때 $s'(\alpha) > 0$이다. 구간 $[-\frac{\pi r}{2^{L+1}}, \frac{\pi r}{2^{L+1}}]$에서 함수 $s(\alpha)$는 $\alpha = 0$에서 최댓값을 가지고 $\alpha = 0$의 왼쪽과 오른쪽에서 감소한다. 그러므로 구간 안에서의 함수값은 경계 $\pm\frac{\pi r}{2^{L+1}}$의 값보다 크다. $s(-\alpha) = s(\alpha)$이므로, $\alpha_{min} = \frac{\pi r}{2^{L+1}}$을 선택할 수 있다. 최종적으로, 주어진 구간에서 $s(\alpha) \geq 0$이며 $s(\alpha)^2 \geq s(\alpha_{min})^2$이 성립한다.

해답 6.73 정의 6.15에서 다음을 얻는다.

$$f \text{ hides } \mathcal{H} \quad \Leftrightarrow \quad \forall g_1, g_2 \in \mathcal{G} \quad f(g_1) = f(g_2) \Leftrightarrow g_1^{-1}g_2 \in \mathcal{H}$$

그리고

$$
\begin{aligned}
g_1^{-1}g_2 \in \mathcal{H} \quad &\Leftrightarrow \quad \exists h \in \mathcal{H} : \; g_1^{-1}g_2 = h \\
&\Leftrightarrow \quad \exists h \in \mathcal{H} : \; g_2 = g_1 h \\
&\underset{(\text{F.25})}{\Leftrightarrow} \quad g_2\mathcal{H} = g_1\mathcal{H}
\end{aligned}
$$

이것으로 (6.88)이 증명된다.

해답 6.74 임의의 $g_1, g_2 \in \mathcal{G}$에 대해 다음이 성립한다.

$$\langle \Psi^A_{[g_1]_{\mathcal{H}}} | \Psi^A_{[g_2]_{\mathcal{H}}} \rangle \underset{(6.99)}{=} \frac{1}{|\mathcal{H}|} \sum_{k_1 \in [g_1]_{\mathcal{H}}} \sum_{k_2 \in [g_2]_{\mathcal{H}}} \langle k_1 | k_2 \rangle \underset{(6.89)}{=} \frac{1}{|\mathcal{H}|} \sum_{k_1 \in [g_1]_{\mathcal{H}}} \sum_{k_2 \in [g_2]_{\mathcal{H}}} \delta_{k_1, k_2} \tag{G.137}$$

보조정리 F.20에서 두 개의 잉여류 $[g_1]_{\mathcal{H}}$와 $[g_2]_{\mathcal{H}}$는 일치하거나 서로소다. 그래서

$$
\begin{aligned}
\sum_{k_1 \in [g_1]_{\mathcal{H}}} \sum_{k_2 \in [g_2]_{\mathcal{H}}} \delta_{k_1, k_2} &= \begin{cases} \sum_{k_1, k_2 \in [g_1]_{\mathcal{H}}} \delta_{k_1, k_2} & \text{if } [g_1]_{\mathcal{H}} = [g_2]_{\mathcal{H}} \\ 0 & \text{if } [g_1]_{\mathcal{H}} \neq [g_2]_{\mathcal{H}} \end{cases} \\
&= \begin{cases} \sum_{k \in [g_1]_{\mathcal{H}}} 1 & \text{if } [g_1]_{\mathcal{H}} = [g_2]_{\mathcal{H}} \\ 0 & \text{if } [g_1]_{\mathcal{H}} \neq [g_2]_{\mathcal{H}} \end{cases} \\
&= \begin{cases} |\mathcal{H}| & \text{if } [g_1]_{\mathcal{H}} = [g_2]_{\mathcal{H}} \\ 0 & \text{if } [g_1]_{\mathcal{H}} \neq [g_2]_{\mathcal{H}} \end{cases} \tag{G.138}
\end{aligned}
$$

여기에서 마지막 식에서, 서로 다른 잉여류 $\mathcal{H}$의 개수는 $|\mathcal{H}|$와 일치한다는 정리 F.21을 사용했다. (G.138)을 (G.137)에 대입하면, (6.101)이 증명된다.

해답 6.75 주장을 증명하기 위해서는 (6.115)에서 정의한 $\mathcal{H}$가 정의 F.6의 조건을 만족한다는 것을 보여야 한다. 분명하게 집합 $\mathcal{H}$는 $\mathcal{G} = \mathbb{Z}_N \times \mathbb{Z}_N$의 부분집합이다. $u = 0$으로 선택하면 군의 단위 원소 $e_{\mathcal{G}} = ([0]_{N\mathbb{Z}}, [0]_{N\mathbb{Z}})$를 포함한다. (F.14)가 성립한다.

$i \in \{1,2\}$일 때 두 개의 원소 $([u_i]_{N\mathbb{Z}}, [-du_i]_{N\mathbb{Z}}) \in \mathbb{H}$에 대해 다음을 얻는다.

$$
\begin{aligned}
&\left([u_1]_{N\mathbb{Z}}, [-du_1]_{N\mathbb{Z}}\right) +_{\mathcal{G}} \left([u_2]_{N\mathbb{Z}}, [-du_2]_{N\mathbb{Z}}\right) \\
&\underbrace{=}_{(F.35)} \left([u_1 +_{\mathbb{Z}_N} u_2]_{N\mathbb{Z}}, [-du_1 +_{\mathbb{Z}_N} (-du_2)]_{N\mathbb{Z}}\right) \\
&\underbrace{=}_{(F.35)} \left([(u_1 + u_2) \bmod N]_{N\mathbb{Z}}, [-(du_1 + du_2) \bmod N]_{N\mathbb{Z}}\right) \\
&\underbrace{=}_{(F.35)} \left([u_1 + u_2]_{N\mathbb{Z}}, [(-d(u_1 + u_2)) \bmod N]_{N\mathbb{Z}}\right) \\
&\underbrace{=}_{(D.20)} \left([u_1 + u_2]_{N\mathbb{Z}}, [(-d(u_1 + u_2) \bmod N) \bmod N]_{N\mathbb{Z}}\right) \\
&\underbrace{=}_{(F.35)} \left([u_1 + u_2]_{N\mathbb{Z}}, [(-d(u_1 +_{\mathbb{Z}_N} u_2))]_{N\mathbb{Z}}\right) \in \mathcal{H}
\end{aligned}
$$

이것으로 (F.16)이 증명된다.

마지막으로, 임의의 $[u]_{N\mathbb{Z}} \in \mathbb{Z}_N$에 대해 $([u]_{N\mathbb{Z}}, [-du]_{N\mathbb{Z}}) \in \mathbb{H}$를 만족한다. 그리고 이것의 역원 $([-u]_{N\mathbb{Z}}, [du]_{N\mathbb{Z}})$ 또한 $\mathcal{H}$의 원소이다. (F.15)가 증명된다.

해답 6.76 (6.119)에서 임의의 $\chi \in \mathcal{H}^{\perp}$는 $\chi_{dn \bmod N, n}$의 형태이다. 이러한 지표에 대해 임의의 $([x]_{N\mathbb{Z}}, [y]_{N\mathbb{Z}}) \in \mathcal{G}$에 대해 다음이 성립한다.

$$
\begin{aligned}
\chi_{dn \bmod N, n}([x]_{N\mathbb{Z}}, [y]_{N\mathbb{Z}}) &\underbrace{=}_{(6.117)} e^{2\pi i \frac{(dn \bmod N)x + ny}{N}} = e^{2\pi i \frac{dnx + ny}{N}} = \left(e^{2\pi i \frac{dx+y}{N}}\right)^n \\
&\underbrace{=}_{(6.117)} \left(\chi_{d,1}([x]_{N\mathbb{Z}}, [y]_{N\mathbb{Z}})\right)^n \\
&\underbrace{=}_{(F.61)} \chi_{d,1}^n([x]_{N\mathbb{Z}}, [y]_{N\mathbb{Z}})
\end{aligned}
$$

그러므로 $\mathcal{H}^\perp$의 모든 원소는 $\chi_{d,1}$의 멱이 된다. 그래서 $\mathcal{H}^\perp = \langle \chi_{d,1} \rangle$이다.

해답 6.77 (6.75)에서

$$\mathcal{H} = \left\{ ([m]_{6\mathbb{Z}}, [-3m]_{6\mathbb{Z}}) \in \mathbb{Z}_6 \times \mathbb{Z}_6 \,\middle|\, [m]_{6\mathbb{Z}} \in \mathbb{Z}_6 \right\}$$
$$= \left\{ ([0]_{6\mathbb{Z}}, [0]_{6\mathbb{Z}}), ([1]_{6\mathbb{Z}}, [3]_{6\mathbb{Z}}), ([2]_{6\mathbb{Z}}, [0]_{6\mathbb{Z}}), \right.$$
$$\left. ([3]_{6\mathbb{Z}}, [3]_{6\mathbb{Z}}), ([4]_{6\mathbb{Z}}, [0]_{6\mathbb{Z}}), ([5]_{6\mathbb{Z}}, [3]_{6\mathbb{Z}}) \right\}$$

(6.119)에서

$$\mathcal{H}^\perp = \left\{ \chi_{3n,n} \in \widehat{\mathbb{Z}_6} \times \widehat{\mathbb{Z}_6} \,\middle|\, [n]_{6\mathbb{Z}} \in \mathbb{Z}_6 \right\} = \left\{ \chi_{0,0}, \chi_{3,1}, \chi_{0,2}, \chi_{3,3}, \chi_{0,4}, \chi_{3,5} \right\}$$

지표에 대해 다음을 얻는다.

$\mathrm{Ker}(\chi_{0,0}) = \mathbb{Z}_6 \times \mathbb{Z}_6 = \mathcal{G}$

$\mathrm{Ker}(\chi_{3,1}) = \left\{ ([x]_{6\mathbb{Z}}, [y]_{6\mathbb{Z}}) \in \mathbb{Z}_6 \times \mathbb{Z}_6 \,\middle|\, [3x + y]_{6\mathbb{Z}} = 0 \right\}$
$\qquad = \left\{ ([0]_{6\mathbb{Z}}, [0]_{6\mathbb{Z}}), ([1]_{6\mathbb{Z}}, [3]_{6\mathbb{Z}}), ([2]_{6\mathbb{Z}}, [0]_{6\mathbb{Z}}), ([3]_{6\mathbb{Z}}, [3]_{6\mathbb{Z}}), \right.$
$\qquad\quad \left. ([4]_{6\mathbb{Z}}, [0]_{6\mathbb{Z}}), ([5]_{6\mathbb{Z}}, [3]_{6\mathbb{Z}}) \right\} = \mathcal{H}$

$\mathrm{Ker}(\chi_{0,2}) = \left\{ ([x]_{6\mathbb{Z}}, [y]_{6\mathbb{Z}}) \in \mathbb{Z}_6 \times \mathbb{Z}_6 \,\middle|\, [2y]_{6\mathbb{Z}} = 0 \right\}$
$\qquad = \left\{ ([0]_{6\mathbb{Z}}, [0]_{6\mathbb{Z}}), ([1]_{6\mathbb{Z}}, [3]_{6\mathbb{Z}}), ([2]_{6\mathbb{Z}}, [0]_{6\mathbb{Z}}), ([3]_{6\mathbb{Z}}, [3]_{6\mathbb{Z}}), \right.$
$\qquad\quad ([4]_{6\mathbb{Z}}, [0]_{6\mathbb{Z}}), ([5]_{6\mathbb{Z}}, [3]_{6\mathbb{Z}}), ([0]_{6\mathbb{Z}}, [3]_{6\mathbb{Z}}), ([1]_{6\mathbb{Z}}, [0]_{6\mathbb{Z}}),$
$\qquad\quad \left. ([2]_{6\mathbb{Z}}, [3]_{6\mathbb{Z}}), ([3]_{6\mathbb{Z}}, [0]_{0\mathbb{Z}}), ([4]_{6\mathbb{Z}}, [3]_{6\mathbb{Z}}), ([5]_{5\mathbb{Z}}, [0]_{6\mathbb{Z}}) \right\}$

$\mathrm{Ker}(\chi_{3,3}) = \left\{ ([x]_{6\mathbb{Z}}, [y]_{6\mathbb{Z}}) \in \mathbb{Z}_6 \times \mathbb{Z}_6 \,\middle|\, [9x + 3y]_{6\mathbb{Z}} = 0 \right\}$
$\qquad = \left\{ ([0]_{6\mathbb{Z}}, [0]_{6\mathbb{Z}}), ([1]_{6\mathbb{Z}}, [3]_{6\mathbb{Z}}), ([2]_{6\mathbb{Z}}, [0]_{6\mathbb{Z}}), ([3]_{6\mathbb{Z}}, [3]_{6\mathbb{Z}}), \right.$
$\qquad\quad ([4]_{6\mathbb{Z}}, [0]_{6\mathbb{Z}}), ([5]_{6\mathbb{Z}}, [3]_{6\mathbb{Z}}), ([0]_{6\mathbb{Z}}, [2]_{6\mathbb{Z}}), ([1]_{6\mathbb{Z}}, [1]_{6\mathbb{Z}}),$
$\qquad\quad \left. ([2]_{6\mathbb{Z}}, [2]_{6\mathbb{Z}}), ([3]_{6\mathbb{Z}}, [1]_{0\mathbb{Z}}), ([4]_{6\mathbb{Z}}, [2]_{6\mathbb{Z}}), ([5]_{5\mathbb{Z}}, [1]_{6\mathbb{Z}}) \right\}$

$\mathrm{Ker}(\chi_{0,4}) = \left\{ ([x]_{6\mathbb{Z}}, [y]_{6\mathbb{Z}}) \in \mathbb{Z}_6 \times \mathbb{Z}_6 \,\middle|\, [4y]_{6\mathbb{Z}} = 0 \right\}$
$\qquad = \left\{ ([0]_{6\mathbb{Z}}, [0]_{6\mathbb{Z}}), ([1]_{6\mathbb{Z}}, [3]_{6\mathbb{Z}}), ([2]_{6\mathbb{Z}}, [0]_{6\mathbb{Z}}), ([3]_{6\mathbb{Z}}, [3]_{6\mathbb{Z}}), \right.$
$\qquad\quad ([4]_{6\mathbb{Z}}, [0]_{6\mathbb{Z}}), ([5]_{6\mathbb{Z}}, [3]_{6\mathbb{Z}}), ([0]_{6\mathbb{Z}}, [3]_{6\mathbb{Z}}), ([1]_{6\mathbb{Z}}, [3]_{6\mathbb{Z}}),$
$\qquad\quad \left. ([2]_{6\mathbb{Z}}, [3]_{6\mathbb{Z}}), ([3]_{6\mathbb{Z}}, [0]_{0\mathbb{Z}}), ([4]_{6\mathbb{Z}}, [3]_{6\mathbb{Z}}), ([5]_{5\mathbb{Z}}, [0]_{6\mathbb{Z}}) \right\}$

$\mathrm{Ker}(\chi_{3,5}) = \left\{ ([x]_{6\mathbb{Z}}, [y]_{6\mathbb{Z}}) \in \mathbb{Z}_6 \times \mathbb{Z}_6 \,\middle|\, [9x + 5y]_{6\mathbb{Z}} = 0 \right\}$
$\qquad = \left\{ ([0]_{6\mathbb{Z}}, [0]_{6\mathbb{Z}}), ([1]_{6\mathbb{Z}}, [3]_{6\mathbb{Z}}), ([2]_{6\mathbb{Z}}, [0]_{6\mathbb{Z}}), ([3]_{6\mathbb{Z}}, [3]_{6\mathbb{Z}}), \right.$
$\qquad\quad \left. ([4]_{6\mathbb{Z}}, [0]_{6\mathbb{Z}}), ([5]_{6\mathbb{Z}}, [3]_{6\mathbb{Z}}) \right\} = \mathcal{H}$

다음에 주의한다.

$$\chi_{3,1}\big([x]_{6\mathbb{Z}},[y]_{6\mathbb{Z}}\big) \underbrace{=}_{(6.117)} e^{2\pi i \frac{3x+y}{6}} = e^{\pi i \left(x+\frac{y}{3}\right)}$$

여기에서,

$$
\begin{aligned}
\chi_{0,0}\big([x]_{6\mathbb{Z}},[y]_{6\mathbb{Z}}\big) &= 1 && = \big(\chi_{3,1}([x]_{6\mathbb{Z}},[y]_{6\mathbb{Z}})\big)^0 \\
\chi_{3,1}\big([x]_{6\mathbb{Z}},[y]_{6\mathbb{Z}}\big) &= e^{\pi i \left(x+\frac{y}{3}\right)} && = \big(\chi_{3,1}([x]_{6\mathbb{Z}},[y]_{6\mathbb{Z}})\big)^1 \\
\chi_{0,2}\big([x]_{6\mathbb{Z}},[y]_{6\mathbb{Z}}\big) &= e^{\pi i \frac{2y}{3}} && = \big(\chi_{3,1}([x]_{6\mathbb{Z}},[y]_{6\mathbb{Z}})\big)^2 \\
\chi_{3,3}\big([x]_{6\mathbb{Z}},[y]_{6\mathbb{Z}}\big) &= e^{\pi i (x+y)} && = \big(\chi_{3,1}([x]_{6\mathbb{Z}},[y]_{6\mathbb{Z}})\big)^3 \\
\chi_{0,4}\big([x]_{6\mathbb{Z}},[y]_{6\mathbb{Z}}\big) &= e^{\pi i \frac{4y}{3}} && = \big(\chi_{3,1}([x]_{6\mathbb{Z}},[y]_{6\mathbb{Z}})\big)^4 \\
\chi_{3,5}\big([x]_{6\mathbb{Z}},[y]_{6\mathbb{Z}}\big) &= e^{\pi i \left(x+\frac{5y}{3}\right)} && = \big(\chi_{3,1}([x]_{6\mathbb{Z}},[y]_{6\mathbb{Z}})\big)^5
\end{aligned}
$$

이것으로 (6.120)이 증명된다.

해답 6.78 $\mathbb{H}^A$의 대각합을 계산하기 위해, (6.113)에서 다음의 기저를 사용한다.

$$\big\{ |r\rangle \otimes |s\rangle \,\big|\, r,s \in \{0,\dots,N-1\} \big\} \subset \mathbb{H}^A$$

그래서

$$
\begin{aligned}
\mathrm{tr}\big(P_{u,v} F_{\mathcal{G}} \rho^A F_{\mathcal{G}}^*\big)
&\underbrace{=}_{(2.57)} \sum_{r,s\in\{0,\dots,N-1\}} \langle r\otimes s|(P_{u,v} F_{\mathcal{G}} \rho^A F_{\mathcal{G}}^*)r\otimes s\rangle \\
&\underbrace{=}_{(6.123)} \sum_{r,s\in\{0,\dots,N-1\}} \underbrace{\langle r|u\rangle}_{=\delta_{ru}}\underbrace{\langle s|v\rangle}_{=\delta_{sv}} \langle u\otimes v|(F_{\mathcal{G}}\rho^A F_{\mathcal{G}}^*)r\otimes s\rangle = \langle u\otimes v|(F_{\mathcal{G}}\rho^A F_{\mathcal{G}}^*)u\otimes v\rangle \\
&\underbrace{=}_{(6.122)} \frac{1}{N^2} \sum_{\substack{[g]_{\mathcal{H}}\in\mathcal{G}/\mathcal{H} \\ [n]_{N\mathbb{Z}},[m]_{N\mathbb{Z}}\in\mathbb{Z}_N}} e^{2\pi i \frac{dx+y}{N}(n-m)} \langle u|dn\bmod N\rangle \langle dm\bmod N|u\rangle \underbrace{\langle v|n\rangle}_{=\delta_{vn}}\underbrace{\langle m|v\rangle}_{=\delta_{mv}} \\
&= \frac{1}{N^2} \sum_{[g]_{\mathcal{H}}\in\mathcal{G}/\mathcal{H}} |\langle u|dv\bmod N\rangle|^2 = \frac{|\langle u|dv\bmod N\rangle|^2}{N^2} \sum_{[g]_{\mathcal{H}}\in\mathcal{G}/\mathcal{H}} 1 \\
&= \frac{|\langle u|dv\bmod N\rangle|^2}{N^2} |\mathcal{G}/\mathcal{H}| \underbrace{=}_{(F.36)} \frac{|\langle u|dv\bmod N\rangle|^2}{N^2} \frac{|\mathcal{G}|}{|\mathcal{H}|} \\
&\underbrace{=}_{(6.111),(6.116)} \frac{|\langle u|dv\bmod N\rangle|^2}{N}
\end{aligned}
$$

해답 6.79 (6.152)의 증명을 위해, (6.149)에서 다음이 유도되는 것에 주의한다.

$$\sin\theta_0 = \sqrt{\frac{m}{N}} \quad \text{and} \quad \cos\theta_0 = \sqrt{1-\frac{m}{N}}$$

그러면

$$|\Psi_0\rangle \underbrace{=}_{(6.148)} \frac{1}{\sqrt{N}}\sum_{x=0}^{N-1}|x\rangle \underbrace{=}_{(6.138)} \frac{1}{\sqrt{N}}\left(\sqrt{N-m}|\Psi_{\mathrm{S}\perp}\rangle + \sqrt{m}|\Psi_\mathrm{S}\rangle\right)$$

$$\underbrace{=}_{(\mathrm{G.139})} \cos\theta_0|\Psi_{\mathrm{S}\perp}\rangle + \sin\theta_0|\Psi_\mathrm{S}\rangle$$

이것으로 (6.152)가 증명된다.

$\||\Psi_0\|| = 1$이므로, 부분공간 $\mathbb{H}_{\mathrm{sub}} = \mathrm{Span}\{|\Psi_0\rangle\}$으로의 사영 연산자는 $P_{\mathrm{sub}} = |\Psi_0\rangle\langle\Psi_0|$이다. 결국 (6.150)에서 정의한 P_{Ψ_0}는 (6.147)에서 정의한 $|\Psi_0\rangle$의 반사의 정의와 일치한다.

해답 6.80 다음에 주의한다.

$$\cos((2j+1)\alpha) = \frac{e^{i(2j+1)\alpha} + e^{-i(2j+1)\alpha}}{2} = \frac{e^{i\alpha}}{2}\left(e^{2i\alpha}\right)^j + \frac{e^{-i\alpha}}{2}\left(e^{-2i\alpha}\right)^j$$

여기에서 다음을 얻는다.

$$\sum_{j=0}^{J-1}\cos((2j+1)\alpha) = \frac{e^{i\alpha}}{2}\underbrace{\sum_{j=0}^{J-1}\left(e^{2i\alpha}\right)^j}_{=\frac{1-e^{i2J\alpha}}{1-e^{i2\alpha}}} + \frac{e^{-i\alpha}}{2}\underbrace{\sum_{j=0}^{J-1}\left(e^{-2i\alpha}\right)^j}_{=\frac{1-e^{-i2J\alpha}}{1-e^{-i2\alpha}}}$$

$$= \frac{e^{i\alpha}}{2}\frac{1-e^{i2J\alpha}}{1-e^{i2\alpha}} + \frac{e^{-i\alpha}}{2}\frac{1-e^{-i2J\alpha}}{1-e^{-i2\alpha}}$$

$$= \frac{e^{iJ\alpha}}{2}\frac{e^{-iJ\alpha}-e^{iJ\alpha}}{e^{-i\alpha}-e^{i\alpha}} + \frac{e^{-iJ\alpha}}{2}\frac{e^{iJ\alpha}-e^{-iJ\alpha}}{e^{i\alpha}-e^{-i\alpha}}$$

$$= \frac{e^{iJ\alpha}+e^{-iJ\alpha}}{2}\frac{e^{iJ\alpha}-e^{-iJ\alpha}}{e^{i\alpha}-e^{-i\alpha}}$$

$$= \cos(J\alpha)\frac{\sin(J\alpha)}{\sin\alpha} = \frac{2\cos(J\alpha)\sin(J\alpha)}{2\sin\alpha}$$

$$= \frac{\sin(2J\alpha)}{2\sin\alpha}$$

7장 문제 해답

해답 7.81 (7.1)에서, 모든 $a, b \in \mathbb{F}^2$에 대해 다음이 만족한다.

$$a +_{\mathbb{F}_2} b = a \overset{2}{\oplus} b = (a+b) \bmod 2 = \begin{cases} 0 & \text{if } a = b \\ 1 & \text{if } a \neq b \end{cases}$$

(i)~(iii)는 자명하다. (iv)를 보이기 위해 다음을 고려한다.

$$d_H(\mathbf{u}, \mathbf{v}) + d_H(\mathbf{v}, \mathbf{w}) - d_H(\mathbf{u}, \mathbf{w}) = \sum_{j=1}^{k} \underbrace{u_j \overset{2}{\oplus} v_j + v_j \overset{2}{\oplus} w_j - u_j \overset{2}{\oplus} w_j}_{=: a_j}$$

여기에서 $u_j \overset{2}{\oplus} v_j, v_j \overset{2}{\oplus} w_j, u_j \overset{2}{\oplus} w_j \in \{0,1\}$이다. 그러므로 임의의 $j \in \{1, \ldots, k\}$에 대해

$$
\begin{aligned}
u_j = w_j &\Rightarrow && && a_j \geq 0 \\
u_j \neq w_j \text{ and } u_j = v_j &\Rightarrow & v_j \neq w_j &\Rightarrow & a_j = 0 \\
u_j \neq w_j \text{ and } u_j \neq v_j &\Rightarrow & v_j = w_j &\Rightarrow & a_j = 0
\end{aligned}
$$

그래서 $d_H(\mathbf{u}, \mathbf{v}) + d_H(\mathbf{v}, \mathbf{w}) - d_H(\mathbf{u}, \mathbf{w}) \geq 0$을 만족한다.

해답 7.82

(i) 유한차원의 벡터 공간 $\mathbb{V}$와 $\mathbb{W}$ 간의 임의의 선형사상 $F : \mathbb{V} \to \mathbb{W}$의 핵은 다음으로 정의했다.

$$\mathrm{Ker}(F) = \{\mathbf{w} \in \mathbb{V} \mid F\mathbf{w} = 0\} \tag{G.140}$$

(7.8)에서 임의의 $\mathbf{w} \in \mathbb{F}_2^k$에 대해 $\mathbf{Gw} \in \mathrm{Ker}(\mathbf{H})$이며 다음을 만족한다.

$$\mathbf{HGw} \underbrace{=}_{(G.140)} 0$$

그래서 $HG = 0$을 만족한다.

(ii) 다음의 선행 대수학의 결과를 사용한다. 유한차원의 벡터 공간 $\mathbb{V}$와 $\mathbb{W}$ 간의 임의의 선형사상 $F : \mathbb{V} \to \mathbb{W}$에 대해 다음이 성립한다.

$$\dim F\{\mathbb{V}\} = \dim \mathbb{V} - \dim \mathrm{Ker}(F)$$

이를 $\mathrm{H} : \mathbb{F}_2^n \to \mathbb{F}_2^{n-k}$에 대입하면 다음을 얻는다.

$$\dim \mathrm{H}\{\mathbb{F}_2^n\} = \dim \mathbb{F}_2^n - \dim \mathrm{Ker}(\mathrm{H}) \underset{(7.8)}{=} n - \dim \mathrm{G}\{\mathbb{F}_2^k\} = n - k$$

여기에서 마지막 식에서 정의에서 G가 최대 차수 k라는 것을 이용했다.

(iii) 다음을 정의한다.

$$\mathrm{H} = \begin{pmatrix} \mathbf{h}_1^T \\ \vdots \\ \mathbf{h}_{n-k}^T \end{pmatrix}$$

여기에서 $j \in \{1, \ldots, n-k\}$에 대해 $h_j \in \mathbb{F}_2^n$는 선형 독립이다. 다음을 정의한다.

$$\widetilde{\mathbf{h}}_j = \begin{cases} \mathbf{h}_1 + \mathbf{h}_2 & \text{if } j = 1 \\ \mathbf{h}_j & \text{if } j \neq 1 \end{cases} \tag{G.141}$$

그러면 $\widetilde{\mathbf{h}}_j$는 선형 독립이다. 이를 증명하기 위해 $j \in \{1, \ldots, n-k\}$에 대해 $a_j \in \mathbb{F}_2$가 다음을 만족한다고 가정한다.

$$0 = \sum_{j=1}^{n-k} a_j \widetilde{\mathbf{h}}_j \underset{(G.141)}{=} a_1(\mathbf{h}_1 + \mathbf{h}_2) + \sum_{j=2}^{n-k} a_j \mathbf{h}_j$$
$$= a_1 \mathbf{h}_1 + (a_1 + a_2)\mathbf{h}_2 + a_3 \mathbf{h}_3 + \cdots + a_{n-k}\mathbf{h}_{n-k}$$

$\mathbf{h}_j$가 선형 독립이므로, $a_1 = a_1 + a_2 = a_3 = \cdots = a_{n-k} = 0$이 되면 모든 $j \in \{1, \ldots, n-k\}$에 대해 $a_j = 0$이 된다. 지금까지 다음을 증명했다.

$$\sum_{j=1}^{n-k} a_j \widetilde{\mathbf{h}}_j = 0 \quad \Rightarrow \quad a_j = 0 \quad \forall j \in \{0, \ldots, n-k\}$$

이것은 $\widetilde{\mathbf{h}}_j$가 선형 독립이라는 것을 의미한다. 그러므로 다음 식이 최대 차수 $\dim \widetilde{H}\{\mathbb{F}_2^n\} = n - k$를 가진다.

$$\widetilde{H} = \begin{pmatrix} \widetilde{\mathbf{h}}_1^T \\ \vdots \\ \widetilde{\mathbf{h}}_{n-k}^T \end{pmatrix}$$

그리고 다음을 얻는다.

$$\dim \text{Ker}(\widetilde{H}) = n - \dim \widetilde{H}\{\mathbb{F}_2^n\} = k = \dim \text{Ker}(H) \tag{G.142}$$

그리고

$$
\begin{aligned}
\mathbf{u} \in \text{Ker}(H) \quad &\Leftrightarrow \quad \sum_{l=1}^{n} (\mathbf{h}_j)_l u_l = 0 \quad \forall j \in \{1, \ldots, n-k\} \\
&\Rightarrow \quad \sum_{l=1}^{n} (\widetilde{\mathbf{h}}_j)_l u_l = 0 \quad \forall j \in \{1, \ldots, n-k\} \\
&\Rightarrow \quad \mathbf{u} \in \text{Ker}(\widetilde{H})
\end{aligned}
$$

이는 $\text{Ker}(H) \subset \text{Ker}(\widetilde{H})$를 의미하며, (G.142)에서 다음을 얻는다.

$$\text{Ker}(\widetilde{H}) = \text{Ker}(H) \underset{(7.8)}{=} G\{\mathbb{F}_2^k\}$$

결국 $\widetilde{H}$는 패리티 확인 행렬이 된다. 그러나 $\widetilde{H}$와 H는 일치하지 않는다. 왜냐하면, 이런 경우라면 $\widetilde{\mathbf{h}}_1 = \mathbf{h}_1$이 되면 (G.141)에서 $\mathbf{h}_2 = 0$이 된다. 하지만, $\mathbf{h}_j$가 선형 독립이라는 것을 가정했기에 이것은 불가능하다.

해답 7.83 임의의 $\mathbf{a}, \mathbf{b} \in \mathbb{F}_2^n$에 대해 다음을 얻는다.

$$\text{syn}_c(\mathbf{a} \overset{2}{\oplus} \mathbf{b}) \underset{(7.11)}{=} H(\mathbf{a} \overset{2}{\oplus} \mathbf{b}) = H\mathbf{a} \overset{2}{\oplus} H\mathbf{b} \underset{(7.11)}{=} \text{syn}_c(\mathbf{a}) \overset{2}{\oplus} \text{syn}_c(\mathbf{b})$$

해답 7.84 $a, b \in \mathbb{C}$일 때, $|\psi\rangle = a|0\rangle + b|1\rangle \in \P\mathbb{H}$에 대해 부호화 사상을 계산하기 위해, 우선

$$A_1 \iota |\psi\rangle \underbrace{=}_{(7.30)} A_1\Big((a|0\rangle + b|1\rangle) \otimes |0\rangle^8\Big)$$

$$\underbrace{=}_{(7.31)} \Big(|1\rangle\langle 1| \otimes \mathbf{1}^{\otimes 2} \otimes X \otimes \mathbf{1}^{\otimes 2} \otimes X \otimes \mathbf{1}^{\otimes 2}\Big)\Big((a|0\rangle + b|1\rangle) \otimes |0\rangle^8\Big)$$

$$+ \Big(|0\rangle\langle 0| \otimes \mathbf{1}^{\otimes 8}\Big)\Big((a|0\rangle + b|1\rangle) \otimes |0\rangle^8\Big)$$

$$= a|0\rangle^9 + b|1\rangle \otimes |0\rangle^2 \otimes |1\rangle \otimes |0\rangle^2 \otimes |1\rangle \otimes |0\rangle^2$$

$$= a|0\rangle^9 + b(|100\rangle)^{\otimes 3} \tag{G.143}$$

여기에서 $X|0\rangle = \sigma_x|0\rangle = |1\rangle$을 사용했다. 다음으로

$$A_2 A_1 \iota |\psi\rangle \underbrace{=}_{(7.31),(G.143)} (H \otimes \mathbf{1}^{\otimes 2})^{\otimes 3}\Big(a|0\rangle^9 + b(|100\rangle)^{\otimes 3}\Big) \tag{G.144}$$

$$\underbrace{=}_{(2.160),(2.161)} a\left(\frac{|0\rangle + |1\rangle}{\sqrt{2}} \otimes |0\rangle^2\right)^{\otimes 3} + b\left(\frac{|0\rangle - |1\rangle}{\sqrt{2}} \otimes |0\rangle^2\right)^{\otimes 3}$$

마지막으로,

$$C_q |\psi\rangle = A_3 A_2 A_1 \iota |\psi\rangle$$

$$\underbrace{=}_{(7.31),(G.144)} \big(|1\rangle\langle 1| \otimes X \otimes X + |0\rangle\langle 0| \otimes \mathbf{1}^{\otimes 2}\big)^{\otimes 3}$$

$$\left[a\left(\frac{|0\rangle + |1\rangle}{\sqrt{2}} \otimes |0\rangle^2\right)^{\otimes 3} + b\left(\frac{|0\rangle - |1\rangle}{\sqrt{2}} \otimes |0\rangle^2\right)^{\otimes 3}\right]$$

$$= a\left[\big(|1\rangle\langle 1| \otimes X \otimes X + |0\rangle\langle 0| \otimes \mathbf{1}^{\otimes 2}\big)\left(\frac{|0\rangle + |1\rangle}{\sqrt{2}} \otimes |0\rangle^2\right)\right]^{\otimes 3}$$

$$+ b\left[\big(|1\rangle\langle 1| \otimes X \otimes X + |0\rangle\langle 0| \otimes \mathbf{1}^{\otimes 2}\big)\left(\frac{|0\rangle - |1\rangle}{\sqrt{2}} \otimes |0\rangle^2\right)\right]^{\otimes 3}$$

$$= a\left[\big(|1\rangle\langle 1| \otimes X \otimes X + |0\rangle\langle 0| \otimes \mathbf{1}^{\otimes 2}\big)\frac{|000\rangle + |100\rangle}{\sqrt{2}}\right]^{\otimes 3}$$

$$+ b\left[\big(|1\rangle\langle 1| \otimes X \otimes X + |0\rangle\langle 0| \otimes \mathbf{1}^{\otimes 2}\big)\frac{|000\rangle - |100\rangle}{\sqrt{2}}\right]^{\otimes 3}$$

$$= a\left(\frac{|000\rangle + |111\rangle}{\sqrt{2}}\right)^{\otimes 3} + b\left(\frac{|000\rangle - |111\rangle}{\sqrt{2}}\right)^{\otimes 3}$$

해답 7.85 다음에서 다음의 관계식을 사용한다.

$$\langle 0|1\rangle \;=\; 0 = \langle 1|0\rangle \tag{G.145}$$

$$|0\rangle\langle 0| + |1\rangle\langle 1| \;=\; \mathbf{1} \tag{G.146}$$

$$X^2 \;=\; \underbrace{\sigma_x^2 =}_{(2.76)} \mathbf{1} \tag{G.147}$$

$$H^2 \underbrace{=}_{(2.163)} \mathbf{1} \tag{G.148}$$

그러면 우선

$$A_1^2 \underbrace{=}_{(7.31)} \left(|1\rangle\langle 1| \otimes \mathbf{1}^{\otimes 2} \otimes X \otimes \mathbf{1}^{\otimes 2} \otimes X \otimes \mathbf{1}^{\otimes 2} + |0\rangle\langle 0| \otimes \mathbf{1}^{\otimes 8}\right)^2$$

$$\underbrace{=}_{(G.145)} \left(|1\rangle\langle 1| \otimes \mathbf{1}^{\otimes 2} \otimes X \otimes \mathbf{1}^{\otimes 2} \otimes X \otimes \mathbf{1}^{\otimes 2}\right)^2 + \left(|0\rangle\langle 0| \otimes \mathbf{1}^{\otimes 8}\right)^2$$

$$\underbrace{=}_{(G.147)} |1\rangle\langle 1| \otimes \mathbf{1}^{\otimes 8} + |0\rangle\langle 0| \otimes \mathbf{1}^{\otimes 8} = \left(|1\rangle\langle 1| + |0\rangle\langle 0|\right) \otimes \mathbf{1}^{\otimes 8}$$

$$\underbrace{=}_{(G.146)} \mathbf{1}^{\otimes 9}$$

그러면

$$A_2^2 \underbrace{=}_{(7.31)} \left(H \otimes \mathbf{1}^{\otimes 2}\right)^{\otimes 3} \left(H \otimes \mathbf{1}^{\otimes 2}\right)^{\otimes 3} = \left(H^2 \otimes \mathbf{1}^{\otimes 2}\right)^{\otimes 3} \underbrace{=}_{(G.148)} \left(\mathbf{1}^{\otimes 3}\right)^{\otimes 3}$$

$$= \mathbf{1}^{\otimes 9}$$

마지막으로

$$A_3^2 \underbrace{=}_{(7.31)} \left(|1\rangle\langle 1| \otimes X \otimes X + |0\rangle\langle 0| \otimes \mathbf{1}^{\otimes 2}\right)^{\otimes 3} \left(|1\rangle\langle 1| \otimes X \otimes X + |0\rangle\langle 0| \otimes \mathbf{1}^{\otimes 2}\right)^{\otimes 3}$$

$$= \left(|1\rangle\langle 1| \otimes X^2 \otimes X^2 + |0\rangle\langle 0| \otimes \mathbf{1}^{\otimes 2}\right)^{\otimes 3} \underbrace{=}_{(G.147)} \left(|1\rangle\langle 1| \otimes \mathbf{1}^{\otimes 2} + |0\rangle\langle 0| \otimes \mathbf{1}^{\otimes 2}\right)^{\otimes 3}$$

$$= \left(\left(|1\rangle\langle 1| + |0\rangle\langle 0|\right) \otimes \mathbf{1}^{\otimes 2}\right)^{\otimes 3} \underbrace{=}_{(G.146)} \left(\mathbf{1}^{\otimes 3}\right)^{\otimes 3}$$

$$= \mathbf{1}^{\otimes 9}$$

해답 7.86 U_{ab}가 단순 복소수라는 것에 주의하면 다음을 얻는다.

$$\widetilde{\mathcal{E}}_a^* \underset{(7.41)}{=} \left(\sum_{b=1}^m U_{ab}\,\mathcal{E}_b \right)^* = \sum_{b=1}^m (U_{ab}\,\mathcal{E}_b)^* \underset{(2.32)}{=} \sum_{b=1}^m \overline{U_{ab}}\,\mathcal{E}_b^*$$

$$\underset{(2.34)}{=} \sum_{b=1}^m U_{ba}^*\,\mathcal{E}_b^* \tag{G.149}$$

그러므로

$$\sum_a \widetilde{\mathcal{E}}_a \rho \widetilde{\mathcal{E}}_a^* \underset{(7.41),(G.149)}{=} \sum_a \left(\sum_b U_{ab}\,\mathcal{E}_b \right) \rho \left(\sum_c U_{ca}^*\,\mathcal{E}_c^* \right)$$

$$= \sum_{b,c} \left(\sum_a U_{ca}^* U_{ab} \right) \mathcal{E}_b\,\rho\,\mathcal{E}_c^* = \sum_{b,c} \underbrace{(U^*U)_{cb}}_{=\delta_{cb}} \mathcal{E}_b\,\rho\,\mathcal{E}_c^*$$

$$= \sum_b \mathcal{E}_b\,\rho\,\mathcal{E}_b^*$$

비슷한 방법으로

$$\sum_a \widetilde{\mathcal{E}}_a^* \widetilde{\mathcal{E}}_a \underset{(7.41),(G.149)}{=} \sum_a \left(\sum_b U_{ba}^*\,\mathcal{E}_b^* \right) \left(\sum_c U_{ac}\,\mathcal{E}_c \right)$$

$$= \sum_{b,c} \left(\sum_a U_{ba}^* U_{ac} \right) \mathcal{E}_b^*\,\mathcal{E}_c = \sum_{b,c} \underbrace{(U^*U)_{bc}}_{=\delta_{bc}} \mathcal{E}_b^*\,\mathcal{E}_c$$

$$= \sum_b \mathcal{E}_b^*\,\mathcal{E}_b$$

해답 7.87 S와 T는 볼록-선형 양자 연산자이므로, 모든 $\rho_1, \rho_2 \in D(\mathbb{H})$와 $\mu \in [0,1]$에 대해

$$S(\mu\rho_1 + (1-\mu)\rho_2) = \mu S(\rho_1) + (1-\mu)S(\rho_2) \tag{G.150}$$

다음을 정의한다.

$$T\left(\frac{S(\rho)}{\mathrm{tr}(S(\rho))} \right) = \rho \quad \forall \rho \in D(\mathbb{H}) \tag{G.151}$$

T_l을 연산 요소로 표기하는 T에 대한 연산자 합 표현을 이용하면, 모든 $\rho \in D(\mathbb{H})$에 대해

$$\frac{1}{\mathrm{tr}(S(\rho))}\sum_l T_l S(\rho) T_l^* = \sum_l T_l \frac{S(\rho)}{\mathrm{tr}(S(\rho))} T_l^* \underbrace{=}_{(3.97)} T\left(\frac{S(\rho)}{\mathrm{tr}(S(\rho))}\right) \underbrace{=}_{(G.151)} \rho$$

그러므로

$$\sum_l T_l S(\rho) T_l^* = \mathrm{tr}(S(\rho))\,\rho \tag{G.152}$$

결국 모든 $\rho_1, \rho_2 \in D(\mathbb{H})$와 $\mu \in [0,1]$에 대해

$$\begin{aligned}
\mu\rho_1 + (1-\mu)\rho_2 &\underbrace{=}_{(G.151)} T\left(\frac{S(\mu\rho_1 + (1-\mu)\rho_2)}{\mathrm{tr}(S(\mu\rho_1 + (1-\mu)\rho_2))}\right) \\
&\underbrace{=}_{(G.150)} T\left(\frac{\mu S(\rho_1) + (1-\mu)S(\rho_2)}{\mathrm{tr}(\mu S(\rho_1) + (1-\mu)S(\rho_2))}\right) \\
&\underbrace{=}_{(3.97)} \sum_l T_l \frac{\mu S(\rho_1) + (1-\mu)S(\rho_2)}{\mathrm{tr}(\mu S(\rho_1) + (1-\mu)S(\rho_2))} T_l^* \\
&= \frac{\mu \sum_l T_l S(\rho_1) T_l^* + (1-\mu)\sum_l T_l S(\rho_2) T_l^*}{\mu\,\mathrm{tr}(S(\rho_1)) + (1-\mu)\,\mathrm{tr}(S(\rho_2))} \\
&\underbrace{=}_{(G.152)} \frac{\mu\,\mathrm{tr}(S(\rho_1))\,\rho_1 + (1-\mu)\,\mathrm{tr}(S(\rho_2))\,\rho_2}{\mu\,\mathrm{tr}(S(\rho_1)) + (1-\mu)\,\mathrm{tr}(S(\rho_2))}
\end{aligned}$$

그러므로

$$\begin{aligned}
&\mu\left(\frac{\mathrm{tr}(S(\rho_1))}{\mu\,\mathrm{tr}(S(\rho_1)) + (1-\mu)\,\mathrm{tr}(S(\rho_2))} - 1\right)\rho_1 \\
&= (1-\mu)\left(1 - \frac{\mathrm{tr}(S(\rho_2))}{\mu\,\mathrm{tr}(S(\rho_1)) + (1-\mu)\,\mathrm{tr}(S(\rho_2))}\right)\rho_2
\end{aligned}$$

$\rho_1, \rho_2, \mu \in [0,1]$은 임의이므로, 괄호 안의 항은 영이 되며 $\mathrm{tr}(S(\rho_1)) = \mathrm{tr}(S(\rho_2))$가 유도되고 $(S(\rho)) = \mathrm{const}$가 된다.

해답 7.88

$$\left|\left|(A - \langle\psi|A\psi\rangle)|\psi\rangle\right|\right|^2 \underset{(2.5)}{=} \langle A\psi - \langle\psi|A\psi\rangle\psi|A\psi - \langle\psi|A\psi\rangle\psi\rangle$$

$$\underset{(2.4),(2.6)}{=} \langle A\psi|A\psi\rangle - \langle\psi|A\psi\rangle\langle A\psi|\psi\rangle - \langle A\psi|\psi\rangle\langle\psi|A\psi\rangle$$

$$+ \langle A\psi|\psi\rangle\langle\psi|A\psi\rangle\langle\psi|\psi\rangle$$

$$\underset{(2.6)}{=} \langle A\psi|A\psi\rangle - |\langle\psi|A\psi\rangle|^2 (2 - \underbrace{||\psi||^2}_{=1})$$

$$\underset{(2.31),(2.30)}{=} \langle\psi|A^*A\psi\rangle - |\langle\psi|A\psi\rangle|^2$$

해답 7.89 ⇐의 주장은 자명하다. ⇒을 증명하기 위해 다음을 가정한다.

$$\widetilde{a}: S^1_{\mathbb{H}} \longrightarrow \mathbb{C}$$
$$|\psi\rangle \longmapsto \langle\psi|A\psi\rangle$$

$\|\psi\| = 1$인 모든 $|\psi\rangle \in \mathbb{H}$에 대해

$$A|\psi\rangle = \widetilde{a}(|\psi\rangle)|\psi\rangle \qquad (G.153)$$

그리고 $i \in \{1, 2\}$일 때 $|\psi_i\rangle \in \mathbb{H}$는 $\|\psi_i\| = 1$을 만족하는 두 개의 선형 독립 벡터이다. $z_1 z_2 \neq 0$인 $z_1, z_2 \in \mathbb{C}$는 $\|z_1|\psi_1\rangle + z_2|\psi_2\rangle\| = 1$을 만족한다. 그러면

$$A(z_1|\psi_1\rangle + z_2|\psi_2\rangle) \underset{(G.153)}{=} \widetilde{a}(z_1|\psi_1\rangle + z_2|\psi_2\rangle)(z_1|\psi_1\rangle + z_2|\psi_2\rangle) \quad (G.154)$$

A는 선형연산자이므로,

$$A(z_1|\psi_1\rangle + z_2|\psi_2\rangle) = z_1 A|\psi_1\rangle + z_2 A|\psi_2\rangle \underset{(G.153)}{=} \widetilde{a}(|\psi_1\rangle)z_1)|\psi_1\rangle + \widetilde{a}(|\psi_2\rangle)z_2)|\psi_2\rangle$$

$$(G.155)$$

(G.154)와 (G.155)의 우변이 같다는 것과 $|\psi_i\rangle$가 선형 독립이라는 것을 이용하면, 각각의 계수가 일치해야 하고 다음을 얻는다.

$$\widetilde{a}(|\psi_1\rangle) = \widetilde{a}(z_1|\psi_1\rangle + z_2|\psi_2\rangle) = \widetilde{a}(|\psi_2\rangle)$$

그러므로 $\widetilde{a}$는 단위 구 $S^1_{\mathbb{H}}$에서 상수이다. 즉, $\widetilde{a}(|\psi\rangle) = \text{const} = a \in \mathbb{C}$이며 다음을 만족한다.

$$A|\psi\rangle = a|\psi\rangle \quad \forall|\psi\rangle \in S_{\mathbb{H}}^1 \tag{G.156}$$

그러나 임의의 $|\varphi\rangle \in \mathbb{H} \setminus \{0\}$에 대해 $\frac{|\varphi\rangle}{||\varphi||} \in S_{\mathbb{H}}^1$는 다음을 의미한다.

$$A\frac{|\varphi\rangle}{||\varphi||} \underbrace{=}_{(\text{G.156})} a\frac{|\varphi\rangle}{||\varphi||}$$

그러므로 $|\varphi\rangle \in \mathbb{H}$에 대해 $A|\varphi\rangle = a|\varphi\rangle$를 얻는다. $|\varphi\rangle = 0$인 경우는 자명하게 성립한다.

해답 7.90 먼저 적절한 $g \in \mathcal{P}_9$가 존재해 $\mathrm{w}_{\mathcal{P}}(g) = 3$이고 $\langle \Psi_0|g\Psi_1\rangle \neq 0 = f(g)\delta_{01}$을 만족하는 것을 보인다. 여기에서 기저 코드 단어 $|\Psi_0\rangle$와 $|\Psi_1\rangle$은 (7.33)에서 주어진 것이다. 먼저 다음을 고려한다.

$$g = (\mathbf{1}^{\otimes 2} \otimes Z)^{\otimes 3} = \mathbf{1}\otimes\mathbf{1}\otimes Z\otimes\mathbf{1}\otimes\mathbf{1}\otimes Z\otimes\mathbf{1}\otimes\mathbf{1}\otimes Z \tag{G.157}$$

이는 $\mathrm{w}_{\mathcal{P}}(g) = 3$을 만족한다. 다음에 주의한다.

$$\begin{aligned}
(\mathbf{1}^{\otimes 2}\otimes Z)|000\rangle &= |0\rangle \otimes |0\rangle \otimes Z|0\rangle = |0\rangle \otimes |0\rangle \otimes |0\rangle = |000\rangle \\
(\mathbf{1}^{\otimes 2}\otimes Z)|111\rangle &= |1\rangle \otimes |1\rangle \otimes Z|1\rangle = |1\rangle \otimes |1\rangle \otimes (-|1\rangle) = -|111\rangle
\end{aligned} \tag{G.158}$$

다음을 얻는다.

$$\begin{aligned}
g|\Psi_1\rangle \underbrace{=}_{(\text{G.157}),(7.33)} &\; (\mathbf{1}^{\otimes 2}\otimes Z)^{\otimes 3}\left(\frac{|000\rangle - |111\rangle}{\sqrt{2}}\right)^{\otimes 3} \\
= &\; \left(\frac{(\mathbf{1}^{\otimes 2}\otimes Z)|000\rangle - (\mathbf{1}^{\otimes 2}\otimes Z)|111\rangle}{\sqrt{2}}\right)^{\otimes 3} \underbrace{=}_{(\text{G.158})} \left(\frac{|000\rangle + |111\rangle}{\sqrt{2}}\right)^{\otimes 3} \\
\underbrace{=}_{(7.33)} &\; |\Psi_0\rangle
\end{aligned}$$

그러므로

$$\exists g \in \mathcal{P}_9 : \mathrm{w}_{\mathcal{P}}(g) = 3 \text{ and } \langle \Psi_0|g\Psi_1\rangle = \langle \Psi_0|\Psi_0\rangle = 1 \neq 0 = f(g)\delta_{01}$$

$\mathrm{w}_{\mathcal{P}}(h) \leq 2$인 모든 $h \in \mathcal{P}_9$와 $x, y \in \{0,1\}$에 대해 다음이 만족하는 것을 증명한다.

$$\langle \Psi_x|h\Psi_y\rangle = f(h)\delta_{xy}$$

이를 위해 두 단계로 나눈다. 우선 $x \neq y$에 대해 증명을 하고 두 번째 단계에서 $x = y$인 경우에도 성립하는 것을 증명한다. 우선 (7.43)에서 정의한 $\sum_\alpha^j$에 대해 $w_{\mathcal{P}}(h) \leq 2$인 모든 $h \in \mathcal{P}_9$가 다음의 형태를 가지는 것에 주의한다.

$$h = \mathrm{i}^c \Sigma_\alpha^j \Sigma_\beta^l \tag{G.159}$$

여기에서, $c, \alpha, \beta \in \{0, \ldots, 3\}$이고 $j, l \in \{0, \ldots, 8\}$이다. 더욱 직관적이고 유용한 다음의 표기법을 도입한다.

$$|\psi_\pm\rangle := \frac{|000\rangle \pm |111\rangle}{\sqrt{2}} \in \mathbb{H}^{\otimes 3}$$

$$|\Psi_+\rangle := |\Psi_0\rangle = \left(\frac{|000\rangle + |111\rangle}{\sqrt{2}} \right)^{\otimes 3} = |\psi_+\rangle^{\otimes 3}$$

$$|\Psi_-\rangle := |\Psi_1\rangle = \left(\frac{|000\rangle - |111\rangle}{\sqrt{2}} \right)^{\otimes 3} = |\psi_-\rangle^{\otimes 3}$$

$j \in \{0, \ldots, 8\}$에 대해 $\hat{j} := \left\lfloor \frac{j}{3} \right\rfloor$, $\check{j} := j \bmod 3$을 정의한다. 그러면 다음을 얻는다.

$$\begin{aligned}
\Sigma_\alpha^j |\Psi_\pm\rangle = {} & \delta_{\hat{j}2} \left(\Sigma_\alpha^{\check{j}} |\psi_\pm\rangle \right) \otimes |\psi_\pm\rangle \otimes |\psi_\pm\rangle \\
& + \delta_{\hat{j}1} |\psi_\pm\rangle \otimes \left(\Sigma_\alpha^{\check{j}} |\psi_\pm\rangle \right) \otimes |\psi_\pm\rangle \\
& + \delta_{\hat{j}0} |\psi_\pm\rangle \otimes |\psi_\pm\rangle \otimes \left(\Sigma_\alpha^{\check{j}} |\psi_\pm\rangle \right)
\end{aligned} \tag{G.160}$$

다음을 얻는다.

$$\langle \Sigma_\alpha^j \Psi_+ | \Sigma_\beta^l \Psi_- \rangle = 0 \tag{G.161}$$

이는 (3.4)에서 (G.161)의 좌변에 (G.160)를 대입해 생성되는 9개의 스칼라 곱 각각은 $\langle \psi_+ | \psi_- \rangle = 0$의 형태의 $\mathbb{H}^{\otimes 3}$에서의 텐서 인자의 스칼라 곱이 되기 때문 이다. 그러므로 $w_{\mathcal{P}}(h) \leq 2$인 임의의 $h \in \mathcal{P}_9$에 대해

$$\begin{aligned}
\langle \Psi_0 | h \Psi_1 \rangle \underbrace{=}_{\text{(G.159),(G.160)}} & \langle \Psi_+ | \mathrm{i}^c \Sigma_\alpha^j \Sigma_\beta^l \Psi_- \rangle \underbrace{=}_{\text{(2.4),(2.30)}} \mathrm{i}^c \langle (\Sigma_\alpha^j)^* \Psi_+ | \Sigma_\beta^l \Psi_- \rangle \\
\underbrace{=}_{(\Sigma_\alpha^j)^* = \Sigma_\alpha^j} & \mathrm{i}^c \langle \Sigma_\alpha^j \Psi_+ | \Sigma_\beta^l \Psi_- \rangle \underbrace{=}_{\text{(G.161)}} 0 \\
= {} & f(h) \delta_{01}
\end{aligned}$$

마지막으로, $w_{\mathcal{P}}(h) \leq 2$인 임의의 $h \in \mathcal{P}_9$에 대해 $\langle \Psi_0 | h \Psi_0 \rangle = f(h) = \langle \Psi_1 | h \Psi_1 \rangle$을 증명한다. 이를 위해 다음에 주의한다.

$$\langle \Sigma_\alpha^j \Psi_\pm | \Sigma_\beta^l \Psi_\pm \rangle \underbrace{=}_{(G.160)} \delta_{\check{j}\check{l}} \langle \Sigma_\alpha^{\check{j}} \psi_\pm | \Sigma_\beta^{\check{l}} \psi_\pm \rangle \tag{G.162}$$
$$+ (1 - \delta_{\check{j}\check{l}}) \langle \Sigma_\alpha^{\check{j}} \psi_\pm | \psi_\pm \rangle \langle \psi_\pm | \Sigma_\beta^{\check{l}} \psi_\pm \rangle$$

이로부터 다음을 얻는다.

$$\langle \psi_\pm | \Sigma_\beta^{\check{l}} \psi_\pm \rangle$$
$$\underbrace{=}_{(G.160)} \frac{1}{2} \left(\langle 000 | \Sigma_\beta^{\check{l}} 000 \rangle + \langle 111 | \Sigma_\beta^{\check{l}} 111 \rangle \pm \langle 000 | \Sigma_\beta^{\check{l}} 111 \rangle \pm \langle 111 | \Sigma_\beta^{\check{l}} 000 \rangle \right)$$
$$\underbrace{=}_{(3.4)} \frac{1}{2} \left(\underbrace{\langle 0 | \sigma_\beta 0 \rangle + \langle 1 | \sigma_\beta 1 \rangle}_{= 2\delta_{\beta 0}} \pm \langle 0 | \sigma_\beta 1 \rangle \underbrace{\langle 0 | 1 \rangle^2}_{=0} \pm \langle 1 | \sigma_\beta 0 \rangle \underbrace{\langle 1 | 0 \rangle^2}_{=0} \right)$$
$$= \delta_{\beta 0} \tag{G.163}$$

비슷하게 다음을 얻는다.

$$\langle \Sigma_\alpha^{\check{j}} \psi_\pm | \Sigma_\beta^{\check{l}} \psi_\pm \rangle \underbrace{=}_{(\Sigma_\alpha^j)^* = \Sigma_\alpha^j} \langle (\Sigma_\alpha^{\check{j}})^* \psi_\pm | \Sigma_\beta^{\check{l}} \psi_\pm \rangle \underbrace{=}_{(2.30)} \langle \psi_\pm | \Sigma_\alpha^{\check{j}} \Sigma_\beta^{\check{l}} \psi_\pm \rangle$$
$$\underbrace{=}_{(G.160)} \frac{1}{2} \left(\langle 000 | \Sigma_\alpha^{\check{j}} \Sigma_\beta^{\check{l}} 000 \rangle + \langle 111 | \Sigma_\alpha^{\check{j}} \Sigma_\beta^{\check{l}} 111 \rangle \right.$$
$$\left. \pm \langle 000 | \Sigma_\alpha^{\check{j}} \Sigma_\beta^{\check{l}} 111 \rangle \pm \langle 111 | \Sigma_\alpha^{\check{j}} \Sigma_\beta^{\check{l}} 000 \rangle \right)$$

여기에서

$$\langle 000 | \Sigma_\alpha^{\check{j}} \Sigma_\beta^{\check{l}} 111 \rangle = \delta_{\check{j}\check{l}} \langle 0 | \sigma_\alpha \sigma_\beta 1 \rangle \underbrace{\langle 0 | 1 \rangle^2}_{=0} + (1 - \delta_{\check{j}\check{l}}) \langle 0 | \sigma_\alpha 1 \rangle \langle 0 | \sigma_\beta 1 \rangle \underbrace{\langle 0 | 1 \rangle}_{=0}$$
$$= 0$$

비슷하게 $\langle 111 | \Sigma_\alpha^j \Sigma_\beta^l 000 \rangle = 0$이다. 그래서

$$\langle \Sigma_\alpha^{\check{j}} \psi_\pm | \Sigma_\beta^{\check{l}} \psi_\pm \rangle = \frac{1}{2} \left(\langle 000 | \Sigma_\alpha^{\check{j}} \Sigma_\beta^{\check{l}} 000 \rangle + \langle 111 | \Sigma_\alpha^{\check{j}} \Sigma_\beta^{\check{l}} 111 \rangle \right) =: \check{C}_{(\alpha, \check{j}), (\beta, \check{l})}$$
$$\tag{G.164}$$

(G.163)과 (G.164)를 (G.162)에 대입하면,

$$\langle \Sigma_\alpha^j \Psi_\pm | \Sigma_\beta^l \Psi_\pm \rangle = \delta_{\hat{j}\hat{l}} \check{C}_{(\alpha,j),(\beta,l)} + (1 - \delta_{\hat{j}\hat{l}}) \delta_{\alpha 0} \delta_{\beta 0} =: C_{(\alpha,j),(\beta,l)} \quad (G.165)$$

그래서

$$\langle \Psi_0 | h\Psi_0 \rangle \underbrace{=}_{(G.159),(G.160)} \langle \Psi_+ | i^c \Sigma_\alpha^j \Sigma_\beta^l \Psi_+ \rangle \underbrace{=}_{(2.4),(2.30)} i^c \langle (\Sigma_\alpha^j)^* \Psi_+ | \Sigma_\beta^l \Psi_+ \rangle$$

$$\underbrace{=}_{(\Sigma_\alpha^j)^* = \Sigma_\alpha^j} i^c \langle \Sigma_\alpha^j \Psi_+ | \Sigma_\beta^l \Psi_+ \rangle \underbrace{=}_{(G.165)} i^c \langle \Sigma_\alpha^j \Psi_- | \Sigma_\beta^l \Psi_- \rangle$$

$$\underbrace{=}_{(\Sigma_\alpha^j)^* = \Sigma_\alpha^j} i^c \langle (\Sigma_\alpha^j)^* \Psi_- | \Sigma_\beta^l \Psi_- \rangle \underbrace{=}_{(2.4),(2.30)} \langle \Psi_- | i^c \Sigma_\alpha^j \Sigma_\beta^l \Psi_- \rangle$$

$$\underbrace{=}_{(G.159),(G.160)} \langle \Psi_1 | h\Psi_1 \rangle$$

해답 7.91 그림 7.6에서 다음을 얻는다.

$$A_1 = |1\rangle\langle 1| \otimes \mathbf{1} \otimes \mathbf{1} \otimes X \otimes \mathbf{1} + |0\rangle\langle 0| \otimes \mathbf{1} \otimes \mathbf{1} \otimes \mathbf{1} \otimes \mathbf{1}$$
$$A_2 = \mathbf{1} \otimes |1\rangle\langle 1| \otimes \mathbf{1} \otimes X \otimes \mathbf{1} + \mathbf{1} \otimes |0\rangle\langle 0| \otimes \mathbf{1} \otimes \mathbf{1} \otimes \mathbf{1}$$
$$B_1 = |1\rangle\langle 1| \otimes \mathbf{1} \otimes \mathbf{1} \otimes \mathbf{1} \otimes X + |0\rangle\langle 0| \otimes \mathbf{1} \otimes \mathbf{1} \otimes \mathbf{1} \otimes \mathbf{1}$$
$$B_2 = \mathbf{1} \otimes \mathbf{1} \otimes |1\rangle\langle 1| \otimes \mathbf{1} \otimes X + \mathbf{1} \otimes \mathbf{1} \otimes |0\rangle\langle 0| \otimes \mathbf{1} \otimes \mathbf{1}$$

그래서

$$\begin{aligned}
A_2 A_1 = {} & |1\rangle\langle 1| \otimes |1\rangle\langle 1| \otimes \mathbf{1} \otimes \mathbf{1} \otimes \mathbf{1} + |1\rangle\langle 1| \otimes |0\rangle\langle 0| \otimes \mathbf{1} \otimes X \otimes \mathbf{1} \\
& + |0\rangle\langle 0| \otimes |1\rangle\langle 1| \otimes \mathbf{1} \otimes X \otimes \mathbf{1} + |0\rangle\langle 0| \otimes |0\rangle\langle 0| \otimes \mathbf{1} \otimes \mathbf{1} \otimes \mathbf{1} \\
B_2 B_1 = {} & |1\rangle\langle 1| \otimes \mathbf{1} \otimes |1\rangle\langle 1| \otimes \mathbf{1} \otimes \mathbf{1} + |1\rangle\langle 1| \otimes \mathbf{1} \otimes |0\rangle\langle 0| \otimes \mathbf{1} \otimes X \\
& + |0\rangle\langle 0| \otimes \mathbf{1} \otimes |1\rangle\langle 1| \otimes \mathbf{1} \otimes X + |0\rangle\langle 0| \otimes \mathbf{1} \otimes |0\rangle\langle 0| \otimes \mathbf{1} \otimes \mathbf{1}
\end{aligned}$$

$B_2 B_1 A_2 A_1$을 항별로 계산하고, $\langle 0|1\rangle = 0$, $\langle 1|1\rangle = 1 = \langle 0|0\rangle$과 $X^2 = \mathbf{1}$을 이용하면 다음을 얻는다.

$$\begin{aligned}
S = {} & |1\rangle\langle 1| \otimes |1\rangle\langle 1| \otimes |1\rangle\langle 1| \otimes \mathbf{1} \otimes \mathbf{1} + |1\rangle\langle 1| \otimes |1\rangle\langle 1| \otimes |0\rangle\langle 0| \otimes \mathbf{1} \otimes X \\
& + |1\rangle\langle 1| \otimes |0\rangle\langle 0| \otimes |1\rangle\langle 1| \otimes X \otimes \mathbf{1} + |1\rangle\langle 1| \otimes |0\rangle\langle 0| \otimes |0\rangle\langle 0| \otimes X \otimes X \\
& + |0\rangle\langle 0| \otimes |1\rangle\langle 1| \otimes |1\rangle\langle 1| \otimes X \otimes X + |0\rangle\langle 0| \otimes |1\rangle\langle 1| \otimes |0\rangle\langle 0| \otimes X \otimes \mathbf{1} \\
& + |0\rangle\langle 0| \otimes |0\rangle\langle 0| \otimes |1\rangle\langle 1| \otimes \mathbf{1} \otimes X + |0\rangle\langle 0| \otimes |0\rangle\langle 0| \otimes |0\rangle\langle 0| \otimes \mathbf{1} \otimes \mathbf{1}
\end{aligned}$$

$$\underset{(3.36)}{=} \quad (|111\rangle\langle111| + |000\rangle\langle000|) \otimes \mathbf{1} \otimes \mathbf{1}$$
$$+ (|110\rangle\langle110| + |001\rangle\langle001|) \otimes \mathbf{1} \otimes X$$
$$+ (|101\rangle\langle101| + |010\rangle\langle010|) \otimes X \otimes \mathbf{1}$$
$$+ (|100\rangle\langle100| + |011\rangle\langle011|) \otimes X \otimes X$$

이것이 (7.109)이다.

해답 7.92 $h_1, h_2 \in \mathcal{P}_n$이고 g_j는 $\mathcal{S}$의 생성자 $n - k$개 중의 하나이다. 그러면 다음을 얻는다.

$$(-1)^{l_j(h_1h_2)}g_jh_1h_2 \underset{(7.122)}{=} h_1h_2g_j \underset{(7.122)}{=} h_1(-1)^{l_j(h_2)}g_jh_2 \underset{(7.122)}{=} (-1)^{l_j(h_1)+l_j(h_2)}g_jh_1h_2$$

그래서

$$l_j(h_1h_2) = \left(l_j(h_1) + l_j(h_2)\right) \bmod 2 \underset{(5.2)}{=} l_j(h_1) \overset{2}{\oplus} l_j(h_2) \tag{G.166}$$

그러므로

$$\mathrm{syn}_q(h_1h_2) \underset{(7.121)}{=} \left(l_1(h_1h_2), \ldots, l_{n-k}(h_1h_2)\right)$$
$$\underset{(G.166)}{=} \left(l_1(h_1) \overset{2}{\oplus} l_1(h_2), \ldots, l_{n-k}(h_1) \overset{2}{\oplus} l_{n-k}(h_2)\right)$$
$$\underset{(7.121)}{=} \mathrm{syn}_q(h_1) \overset{2}{\oplus} \mathrm{syn}_q(h_2)$$

해답 7.93 정의 F.16에서 $h \in N(\mathcal{S})$는 $h\mathcal{S} = \mathcal{S}h$를 의미한다. 그러므로 모든 $g \in \mathcal{S}$에 대해 적절한 $\widetilde{g} \in \mathcal{S}$가 존재해 다음을 만족한다.

$$h\widetilde{g} = gh \tag{G.167}$$

결국 모든 $|\Psi\rangle \in \mathbb{H}^{C_q}$에 대해

$$gh|\Psi\rangle \underset{(G.167)}{=} h\widetilde{g}|\Psi\rangle \underset{\widetilde{g} \in \mathcal{S}}{=} h|\Psi\rangle$$

이는, 임의의 $g \in \mathcal{S}$의 작용에 대해 $h|\Psi\rangle$가 변하지 않는다는 것을 의미한다. $\mathbb{H}^{C_q}$는 모든 $\mathcal{S}$의 원소에 의해 변하지 않는 모든 벡터로 구성된 부분공간이므로 $h|\Psi\rangle \in \mathbb{H}^{C_q}$이다.

8장 문제 해답

해답 8.94 정의 2.8에서 모든 $|\psi\rangle, |\varphi\rangle \in \mathbb{H}$에 대해

$$\langle \psi | A(s)\varphi \rangle = \langle A(s)^* \psi | \varphi \rangle$$

그러므로

$$\frac{d}{ds}\langle \psi | A(s)\varphi \rangle = \frac{d}{ds}\langle A(s)^* \psi | \varphi \rangle \tag{G.168}$$

(정의 2.1과 문제 2.5에서) 스칼라 곱의 선형성과 연속성에서 미분을 안쪽으로 넣을 수 있기에 (G.168)에서 모든 $|\psi\rangle, |\varphi\rangle \in \mathbb{H}$는 다음을 만족한다.

$$\langle \psi | \dot{A}(s)\varphi \rangle = \langle \frac{d}{ds}\left(A(s)^* \right) \psi | \varphi \rangle \underbrace{=}_{(2.30)} \langle \psi | \left(\frac{d}{ds}\left(A(s)^* \right) \right)^* \varphi \rangle$$

그러므로

$$\dot{A}(s) = \left(\frac{d}{ds}\left(A(s)^* \right) \right)^*$$

$$\Rightarrow \quad \left(\dot{A}(s) \right)^* = \left[\left(\frac{d}{ds}\left(A(s)^* \right) \right)^* \right]^* \underbrace{=}_{(2.31)} \frac{d}{ds}\left(A(s)^* \right)$$

해답 8.95 (8.8)에서 다음을 얻는다.

$$\varepsilon^2 \geq \| |\Phi\rangle - |\Psi\rangle \|^2 \underbrace{=}_{(2.5)} \langle \Phi - \Psi | \Phi - \Psi \rangle$$

$$\underbrace{=}_{(2.5)} \|\Phi\|^2 + \|\Psi\|^2 - \langle \Phi | \Psi \rangle - \langle \Psi | \Phi \rangle \underbrace{=}_{(2.1)} 2 - 2\,\mathrm{Re}\left(\langle \Phi | \Psi \rangle \right)$$

마지막 식에서 $\|\Phi\| = 1 = \|\Psi\|$을 이용했다. 그러므로

$$\mathrm{Re}\left(\langle \Phi | \Psi \rangle\right) \geq 1 - \frac{\varepsilon^2}{2}$$

이로부터,

$$\begin{aligned}|\langle \Phi | \Psi \rangle|^2 &= \mathrm{Re}\left(\langle \Phi | \Psi \rangle\right)^2 + \mathrm{Im}\left(\langle \Phi | \Psi \rangle\right)^2 \\ &\geq \mathrm{Re}\left(\langle \Phi | \Psi \rangle\right)^2 \geq \left(1 - \frac{\varepsilon^2}{2}\right)^2 = 1 + \frac{\varepsilon^4}{4} - \varepsilon^2 \\ &\geq 1 - \varepsilon^2\end{aligned}$$

해답 8.96 임의의 계산 기저 벡터 $|x\rangle = |x_{n-1}...x_0\rangle \in \P\mathbb{H}^{\otimes n}$에 대해 다음을 얻는다.

$$\mathrm{H}_{\mathrm{ini}}|x\rangle \underset{(8.24)}{=} \sum_{j=0}^{n-1} \Sigma_z^j |x\rangle \underset{(8.26)}{=} \left(n - 2\sum_{j=0}^{n-1} x_j\right)|x\rangle$$

그러므로 각각의 $|x\rangle$는 다음의 고윳값을 가지는 $\mathrm{H}_{\mathrm{ini}}$의 고유벡터이다.

$$E_{\mathrm{ini},x} = n - 2\sum_{j=0}^{n-1} x_j \tag{G.169}$$

여기에서 $x_j \in \{0,1\}$이다. 고윳값 $E_{\mathrm{ini},x}$는 다음의 숫자로 결정할 수 있다.

$$E_{\mathrm{ini},x} = n - 2\sum_{j=0}^{n-1} x_j \tag{G.170}$$

이것은 $|x\rangle = |x_{n-1}...x_0\rangle$에서 $x_j = 0$을 만족하는 x_j의 개수다. 이러한 숫자의 가장 작은 값은 $l_{2^n-1} = 0$이며 고윳값은 $E_{\mathrm{ini},l_{2^n-1}} = -n$이고 고유벡터는 $|2^n - 1\rangle = |1...1\rangle$이다. l_x의 가장 큰 값은 $l_0 = n$이고 고윳값은 $E_{\mathrm{ini},l_0} = n$이며 고유벡터는 $|0...0\rangle$이다. 결국 고윳값은 다음의 형태이다.

$$E_{\mathrm{ini},l} \underset{(G.169),(G.170)}{=} 2l - n \qquad \text{for } l \in \{0,...,n\}$$

주어진 l에 대해 $l = n - \sum_{j=0}^{n-1} x_j$인 $\binom{n}{l}$개의 서로 다른 $|x_{n-1}...x_0\rangle$가 존재한다.

해답 8.97 계산 기저 벡터 $|x\rangle = |x_{n-1}\ldots x_0\rangle \in \P\mathbb{H}^{\otimes n}$에 대해 다음을 얻는다.

$$\mathsf{H}_{\text{fin}}|x\rangle \underset{(8.24)}{=} \left[\sum_{\substack{i,j=0\\i\neq j}}^{n-1} J_{ij}\Sigma_z^i\Sigma_z^j + \sum_{j=0}^{n-1} K_j\Sigma_z^j + c\mathbf{1}^{\otimes n}\right]|x\rangle$$

$$\underset{(8.26)}{=} \left[\sum_{\substack{i,j=0\\i\neq j}}^{n-1} J_{ij}(1-2x_i)(1-2x_j) + \sum_{j=0}^{n-1} K_j(1-2x_j) + c\mathbf{1}^{\otimes n}\right]|x\rangle$$

$$= \left[4\sum_{\substack{i,j=0\\i\neq j}}^{n-1} x_i J_{ij} x_j - 2\sum_{\substack{i,j=0\\i\neq j}}^{n-1}(x_i J_{ij} + J_{ij}x_j) - 2\sum_{j=0}^{n-1} K_j x_j + \sum_{\substack{i,j=0\\i\neq j}}^{n-1} J_{ij} + \sum_{j=0}^{n-1} K_j + c\right]|x\rangle$$

(8.25)를 사용해 다음을 얻는다.

$$4\sum_{\substack{i,j=0\\i\neq j}}^{n-1} x_i J_{ij} x_j - 2\sum_{\substack{i,j=0\\i\neq j}}^{n-1}(x_i J_{ij} + J_{ij}x_j) - 2\sum_{j=0}^{n-1} K_j x_j + \sum_{\substack{i,j=0\\i\neq j}}^{n-1} J_{ij} + \sum_{j=0}^{n-1} K_j + c$$

$$= 4\sum_{\substack{i,j=0\\i\neq j}}^{n-1} x_i \frac{Q_{ij}}{4} x_j - 2\sum_{\substack{i,j=0\\i\neq j}}^{n-1}\left(\frac{x_i Q_{ij} + Q_{ij}x_j}{4}\right)$$

$$-2\sum_{j=0}^{n-1}\left(-\frac{1}{4}\sum_{\substack{i=0\\i\neq j}}^{n-1}(Q_{ij}+Q_{ji}) - \frac{1}{2}Q_{jj}\right)x_j$$

$$+\sum_{\substack{i,j=0\\i\neq j}}^{n-1}\frac{Q_{ij}}{4} + \sum_{j=0}^{n-1}\left(-\frac{1}{4}\sum_{\substack{i=0\\i\neq j}}^{n-1}(Q_{ij}+Q_{ji}) - \frac{1}{2}Q_{jj}\right)$$

$$+\frac{1}{4}\sum_{\substack{i,j=0\\i\neq j}}^{n-1} Q_{ji} + \frac{1}{2}\sum_{j=0}^{n-1} Q_{jj}$$

$$= \sum_{\substack{i,j=0\\i\neq j}}^{n-1} x_i Q_{ij} x_j + \sum_{j=0}^{n-1} Q_{jj} x_j \underset{x_j\in\{0,1\}}{=} \sum_{\substack{i,j=0\\i\neq j}}^{n-1} x_i Q_{ij} x_j + \sum_{j=0}^{n-1} Q_{jj} x_j^2 = \sum_{i,j=0}^{n-1} x_i Q_{ij} x_j$$

$$\underset{(8.23)}{=} B(x)$$

해답 8.98 (2.36)에서 모든 $|\Psi\rangle \in \mathbb{H}$에 대해 $|\Psi\rangle\langle\Psi|^* = |\Psi\rangle\langle\Psi|$이고 $f(s) \in \mathbb{R}$이므로 H_{ini}, $\mathsf{H}_{\text{fin}}\mathsf{H}_T(s)$는 자기수반연산자다.

정의에서 $\|\Psi_0\|^2 = 1$이다. 그러므로 모든 $|\Phi\rangle \in \mathbb{H}$에 대해 다음이 만족한다.

$$|\langle\Phi|\Psi_0\rangle|^2 \underbrace{\leq}_{(2.16)} \|\Phi\|^2 \underbrace{\|\Psi_0\|^2}_{=1} = \|\Phi\|^2 \underbrace{=}_{(2.5)} \langle\Phi|\Phi\rangle$$

그러므로

$$\begin{aligned}
0 &\leq \langle\Phi|\Phi\rangle - |\langle\Phi|\Psi_0\rangle|^2 \\
&\underbrace{=}_{(2.1)} \langle\Phi|\Phi\rangle - \langle\Phi|\Psi_0\rangle\langle\Psi_0|\Phi\rangle = \langle\Phi|\big(1 - |\Psi_0\rangle\langle\Psi_0|\big)\Phi\rangle \\
&\underbrace{=}_{(8.28)} \langle\Phi|\mathsf{H}_{\mathrm{ini}}\Phi\rangle
\end{aligned}$$

이는 $\mathsf{H}_{\mathrm{ini}}$의 양정치성을 증명한다.

$\mathsf{H}_{\mathrm{fin}}$에 대해 이를 증명하기 위해 임의의 사영 연산자 P가 정의로부터 $P^2 = P$, $P^* = P$ 그리고 (2.55)에서 $\|P\| = 1$을 만족하는 것에 주의한다. 결국 모든 $|\Phi\rangle \in \mathbb{H}$에 대해

$$\begin{aligned}
\langle\Phi|P_S\Phi\rangle &= \langle\Phi|P_S^2\Phi\rangle = \langle\Phi|P_S^*P_S\Phi\rangle = \langle P_S\Phi|P_S\Phi\rangle \underbrace{=}_{(2.5)} \|P_S\Phi\|^2 \\
&\underbrace{\leq}_{(2.51)} \|P_S\|^2\|\Phi\|^2 \underbrace{=}_{(2.55)} \|\Phi\|^2 \underbrace{=}_{(2.5)} \langle\Phi|\Phi\rangle
\end{aligned}$$

그러므로

$$\begin{aligned}
0 &\leq \langle\Phi|\Phi\rangle - \langle\Phi|P_S\Phi\rangle = \langle\Phi|\big(1 - P_S\big)\Phi\rangle \\
&\underbrace{=}_{(8.30)} \langle\Phi|\mathsf{H}_{\mathrm{fin}}\Phi\rangle
\end{aligned}$$

이것으로 $\mathsf{H}_{\mathrm{fin}}$의 양정치성이 증명된다.

$\mathsf{H}_{\mathrm{ini}}$와 $\mathsf{H}_{\mathrm{fin}}$이 양정치라는 것과 스케줄 $f: [0,1] \to [0,1]$의 성질에서, 임의의 $|\Phi\rangle \in \mathbb{H}$에 대해 다음이 만족한다.

$$\begin{aligned}
\langle\Phi|\mathsf{H}_T(s)\Phi\rangle &\underbrace{=}_{(8.32)} \underbrace{(1-f(s))}_{\geq 0}\underbrace{\langle\Phi|\mathsf{H}_{\mathrm{ini}}\Phi\rangle}_{\geq 0} + \underbrace{f(s)}_{\geq 0}\underbrace{\langle\Phi|\mathsf{H}_{\mathrm{fin}}\Phi\rangle}_{\geq 0} \\
&\geq 0
\end{aligned}$$

해답 8.99 $s \in]0,1[$에 대해 다음을 얻는다.

$$f(s) < 1$$

$$\Rightarrow \qquad f(s) - \frac{1}{2} < \frac{1}{2}$$

$$\Rightarrow \qquad \widetilde{m}\left(f(s) - \frac{1}{2}\right)^2 < \frac{\widetilde{m}}{4}$$

$$\Rightarrow \qquad \left(f(s) - \frac{1}{2}\right)^2 < \frac{1}{4}\left[\widetilde{m} + 4(1 - \widetilde{m})\left(f(s) - \frac{1}{2}\right)^2\right]$$

그러므로

$$-\frac{1}{2}\sqrt{\widetilde{m} + 4(1 - \widetilde{m})\left(f(s) - \frac{1}{2}\right)^2} < f(s) - \frac{1}{2} < \frac{1}{2}\sqrt{\widetilde{m} + 4(1 - \widetilde{m})\left(f(s) - \frac{1}{2}\right)^2}$$

이로부터,

$$\underbrace{\frac{1}{2} - \frac{1}{2}\sqrt{\widetilde{m} + 4(1 - \widetilde{m})\left(f(s) - \frac{1}{2}\right)^2}}_{=E_-(s)} < \underbrace{1 - f(s)}_{=E_1(s)}$$

$$< \underbrace{\frac{1}{2} + \frac{1}{2}\sqrt{\widetilde{m} + 4(1 - \widetilde{m})\left(f(s) - \frac{1}{2}\right)^2}}_{=E_+(s)}$$

마지막으로, $0 < \widetilde{m} < 1$을 이용하면 다음을 얻는다.

$$f(s) < 1$$

$$\Rightarrow \qquad (1 - \widetilde{m})(f(s)^2 - f(s)) < 0$$

$$\Rightarrow \qquad \frac{1}{4}\left[\widetilde{m} + 4(1 - \widetilde{m}))\left(f(s)^2 - f(s) + \frac{1}{4}\right)\right] < \frac{1}{4}$$

$$\Rightarrow \qquad \underbrace{\frac{1}{2} + \frac{1}{2}\sqrt{\widetilde{m} + 4(1 - \widetilde{m}))\left(f(s) - \frac{1}{2}\right)^2}}_{=E_+(s)} < 1 = E_2(s)$$

해답 8.100 다음과 같이 직접 계산으로 증명된다.

$$0 \le f(s) \le 1$$
$$\Rightarrow \quad 0 \le f(s)\big(1 - f(s)\big)$$
$$\Rightarrow \quad 0 \le -\widetilde{m}\big(f(s)^2 - f(s)\big)$$
$$\Rightarrow \quad 0 \le \frac{\widetilde{m}}{4} - \widetilde{m}\left(f(s) - \frac{1}{2}\right)^2$$
$$\Rightarrow \quad \left(f(s) - \frac{1}{2}\right)^2 \le \frac{1}{4}\left[\widetilde{m} + 4(1 - \widetilde{m})\left(f(s) - \frac{1}{2}\right)^2\right]$$
$$\Rightarrow \quad f(s) - \frac{1}{2} \le \underbrace{\frac{1}{2}\sqrt{\widetilde{m} + 4(1 - \widetilde{m})\left(f(s) - \frac{1}{2}\right)^2}}_{=\frac{1}{2} - E_-(s)}$$
$$\Rightarrow \quad 0 \le 1 - f(s) - E_-(s)$$

해답 8.101 P_{sub}의 (8.60) 정의와 $|\widehat{\Phi}_\pm(s)\rangle$의 (8.49) 정의에서 다음을 얻는다.

$$P_{\text{sub}}|\widehat{\Phi}_\pm(s)\rangle = |\widehat{\Phi}_\pm(s)\rangle \tag{G.171}$$

그러므로

$$\mathsf{H}_T(s)\big|_{\mathbb{H}_{\text{sub}}}|\widehat{\Phi}_\pm(s)\rangle \underbrace{=}_{(8.64)} P_{\text{sub}}\mathsf{H}_T(s)P_{\text{sub}}|\widehat{\Phi}_\pm(s)\rangle \underbrace{=}_{(\text{G.171})} P_{\text{sub}}\mathsf{H}_T(s)|\widehat{\Phi}_\pm(s)\rangle$$
$$\underbrace{=}_{\text{Thm. 8.11}} P_{\text{sub}}E_\pm(s)|\widehat{\Phi}_\pm(s)\rangle \underbrace{=}_{(\text{G.171})} E_\pm(s)|\widehat{\Phi}_\pm(s)\rangle$$

그래서 $\{E_\pm(s)\} \subset \sigma\big(\mathsf{H}_T(s)\big|_{\mathbb{H}_{\text{sub}}}\big)$와 $|\widehat{\Phi}_\pm(s)\rangle$는 $\mathsf{H}_T(s)\big|_{\mathbb{H}_{\text{sub}}}$의 두 개의 직교정규 고유벡터이다. $\mathbb{H}_{\text{sub}}$는 이차원 힐베르트 공간이기에, $\mathsf{H}_T(s)\big|_{\mathbb{H}_{\text{sub}}}$는 $E_\pm(s)$를 제외한 다른 고윳값을 가질 수 없다. 그러므로 $\{E_\pm(s)\} = \sigma\big(\mathsf{H}_T(s)\big|_{\mathbb{H}_{\text{sub}}}\big)$이다.

해답 8.102 우선

$$\big(\mathsf{H}_{\text{fin}} - \mathsf{H}_{\text{ini}}\big)\big|_{\mathbb{H}_{\text{sub}}} \underbrace{=}_{(8.64)} P_{\text{sub}}\big(\mathsf{H}_{\text{fin}} - \mathsf{H}_{\text{ini}}\big)P_{\text{sub}}$$

$$\underbrace{=}_{(8.28),(8.30)} P_{\mathrm{sub}}\big(|\Psi_0\rangle\langle\Psi_0| - P_{\mathrm{S}}\big)P_{\mathrm{sub}}$$

$$\underbrace{=}_{(8.61),(8.63)} |\Psi_0\rangle\langle\Psi_0| - |\Psi_{\mathrm{S}}\rangle\langle\Psi_{\mathrm{S}}|$$

$$\underbrace{=}_{(8.59)} (1-\widetilde{m})|\Psi_{\mathrm{S}\perp}\rangle\langle\Psi_{\mathrm{S}\perp}| + (\widetilde{m}-1)|\Psi_{\mathrm{S}}\rangle\langle\Psi_{\mathrm{S}}|$$

$$+ \sqrt{\widetilde{m}(1-\widetilde{m})}\big(|\Psi_{\mathrm{S}\perp}\rangle\langle\Psi_{\mathrm{S}}| + |\Psi_{\mathrm{S}}\rangle\langle\Psi_{\mathrm{S}\perp}|\big)$$

$\|\Psi_0\|^2 = 1$을 만족하는 $|\Psi\rangle \in \mathbb{H}_{\mathrm{sub}}$를 고려하면

$$|\Psi\rangle = a|\Psi_{\mathrm{S}\perp}\rangle + b|\Psi_{\mathrm{S}}\rangle$$

여기에서,

$$|a|^2 + |b|^2 = 1 \tag{G.172}$$

결국

$$\big(\mathsf{H}_{\mathrm{fin}} - \mathsf{H}_{\mathrm{ini}}\big)\big|_{\mathbb{H}_{\mathrm{sub}}}|\Psi\rangle = \big[(1-\widetilde{m})a + \sqrt{\widetilde{m}(1-\widetilde{m})}\,b\big]|\Psi_{\mathrm{S}\perp}\rangle$$
$$+ \big[(\widetilde{m}-1)b + \sqrt{\widetilde{m}(1-\widetilde{m})}\,a\big]|\Psi_{\mathrm{S}}\rangle$$

그래서

$$\Big\|\big(\mathsf{H}_{\mathrm{fin}} - \mathsf{H}_{\mathrm{ini}}\big|_{\mathbb{H}_{\mathrm{sub}}}|\Psi\rangle\big)\Big\|^2 \underbrace{=}_{(2.14)} \Big|(1-\widetilde{m})a + \sqrt{\widetilde{m}(1-\widetilde{m})}\,b\Big|^2$$

$$+ \Big|(\widetilde{m}-1)b + \sqrt{\widetilde{m}(1-\widetilde{m})}\,a\Big|^2$$

$$= \big((1-\widetilde{m})^2 + \widetilde{m}(1-\widetilde{m})\big)\big(|a|^2 + |b|^2\big)$$

$$\underbrace{=}_{(G.172)} 1 - \widetilde{m}$$

연산자 노름의 정의 2.12에서 이것은 (8.66)을 증명한다.

해답 8.103 주장은 직접 계산으로 증명할 수 있다.

$$A\mathbf{e}_0 =$$

$$
\begin{pmatrix}
1 & -(a_1)^{-1} & 0 & & \cdots & & 0 \\
-a_1 & 2 & -(a_2)^{-1} & 0 & & & \\
0 & -a_2 & 2 & -(a_3)^{-1} & & & \\
\vdots & & \ddots & \ddots & \ddots & & \vdots \\
& & & -a_{j-1} & 2 & -(a_j)^{-1} & \\
\vdots & & & & \ddots & \ddots & \ddots & \vdots \\
& & & & -a_{L-2} & 2 & -(a_{L-1})^{-1} & 0 \\
& & & & & -a_{L-1} & 2 & -(a_L)^{-1} \\
0 & & \cdots & & & 0 & -a_L & 1
\end{pmatrix}
$$

$$
\times
\begin{pmatrix}
1 \\
a_1 \\
a_2 a_1 \\
\vdots \\
a_{j-1} a_{j-2} \cdots a_2 a_1 \\
\vdots \\
a_{L-2} a_{L-3} \cdots a_2 a_1 \\
a_{L-1} a_{L-2} \cdots a_2 a_1 \\
a_L a_{L-1} \cdots a_2 a_1
\end{pmatrix}
$$

$$
=
\begin{pmatrix}
1 - (a_1)^{-1} a_1 \\
-a_1 + 2a_1 - (a_2)^{-1} a_2 a_1 \\
\vdots \\
-a_{j-1} a_{j-2} \cdots a_2 a_1 + 2 a_{j-1} a_{j-2} \cdots a_2 a_1 - (a_j)^{-1} a_j a_{j-1} \cdots a_1 \\
\vdots \\
\vdots \\
-a_L a_{L-1} \cdots a_2 a_1 + a_L a_{L-1} \cdots a_2 a_1
\end{pmatrix}
=
\begin{pmatrix}
0 \\
0 \\
\vdots \\
0 \\
\vdots \\
\vdots \\
0
\end{pmatrix}
$$

해답 8.104 (8.96)을 증명하기 위해 다음에 주의한다.

$$
\|\Xi(l)\|^2 \underbrace{=}_{(2.5)} \langle \Xi(l) | \Xi(l) \rangle
$$

$$
\underbrace{=}_{(8.93)} \langle U_l \cdots U_1 \Psi_{\text{ini}} | U_l \cdots U_1 \Psi_{\text{ini}} \rangle \underbrace{=}_{(2.30)} \langle \Psi_{\text{ini}} | U_1^* \cdots U_l^* U_l \cdots U_1 \Psi_{\text{ini}} \rangle
$$

$$
\underbrace{=}_{(2.37)} \langle \Psi_{\text{ini}} | \Psi_{\text{ini}} \rangle \underbrace{=}_{(2.5)} \|\Psi_{\text{ini}}\|^2 = 1
$$

(8.97)을 증명하기 위해 다음을 얻는다.

$$\langle \Gamma(l)|\Gamma(m)\rangle \underset{(8.94)}{=} \langle \Xi(l)\otimes x(l)|\Xi(m)\otimes x(m)\rangle$$

$$\underset{(3.4)}{=} \langle \Xi(l)|\Xi(m)\rangle\langle x(l)|x(m)\rangle \underset{(8.91)}{=} \langle \Xi(l)|\Xi(m)\rangle\delta_{lm} = \langle \Xi(l)|\Xi(l)\rangle\delta_{lm}$$

$$\underset{(2.5)}{=} ||\Xi(l)||^2\,\delta_{lm} \underset{(8.96)}{=} \delta_{lm}$$

해답 8.105 (8.115)에서 시작해 다음을 얻는다.

$$\left(|a0\rangle\langle b0|\otimes \mathbf{1}^{\otimes L-2}\right)|x(m)\rangle = |a\rangle\langle b|x(m)_{L-1}\rangle\otimes|0\rangle\langle 0|x(m)_{L-2}\rangle\otimes|x(m)_{L-3}\ldots x(m)_0\rangle$$

$$= \delta_{b,x(m)_{L-1}}\delta_{0,x(m)_{L-2}}|a0x(m)_{L-3}\ldots x(m)_0\rangle \qquad (G.173)$$

(8.90)에서 다음을 얻는다.

$$x(m)_{L-2} = 0 \quad \Leftrightarrow \quad m < 2$$

그러므로 $m = 0$ 또는 $m = 1$일 때만 (G.173)의 우변이 영이 아닌 값을 가진다.
(8.92)에서 다음을 얻는다.

$$|x(0)\rangle = |0\ldots 0\rangle \quad \text{and} \quad |x(1)\rangle = |10\ldots 0\rangle$$

(G.173)을 다음과 같이 다시 서술할 수 있다.

$$\left(|a0\rangle\langle b0|\otimes \mathbf{1}^{\otimes L-2}\right)|x(m)\rangle = \delta_{b,x(m)_{L-1}}\left(\delta_{m,0}+\delta_{m,1}\right)|a0\ldots 0\rangle$$

$$= \left(\delta_{b,x(0)_{L-1}}\delta_{m,0}+\delta_{b,x(1)_{L-1}}\delta_{m,1}\right)|a0\ldots 0\rangle$$

$$= \left(\delta_{b,0}\delta_{m,0}+\delta_{b,1}\delta_{m,1}\right)|a0\ldots 0\rangle$$

$$= \left(\delta_{b,0}\delta_{m,0}+\delta_{b,1}\delta_{m,1}\right)\left(\delta_{a,0}|x(0)\rangle+\delta_{a,1}|x(1)\rangle\right)$$

$$= \delta_{b,0}\delta_{m,0}\delta_{a,0}|x(0)\rangle+\delta_{b,1}\delta_{m,1}\delta_{a,0}|x(0)\rangle$$

$$+ \delta_{b,0}\delta_{m,0}\delta_{a,1}|x(1)\rangle+\delta_{b,1}\delta_{m,1}\delta_{a,1}|x(1)\rangle$$

$$= \delta_{b,0}\delta_{m,0}\delta_{a,0}|x(m)\rangle+\delta_{b,1}\delta_{m,1}\delta_{a,0}|x(m-1)\rangle$$

$$+ \delta_{b,0}\delta_{m,0}\delta_{a,1}|x(m+1)\rangle+\delta_{b,1}\delta_{m,1}\delta_{a,1}|x(m)\rangle$$

이는 (8.115)이다. (8.116)에서 다음을 얻는다.

$$\left(\mathbf{1}^{\otimes l-2}\otimes|1a0\rangle\langle 1b0|\mathbf{1}^{\otimes L-l-1}\right)|x(m)\rangle \qquad (G.173)$$

$$= \delta_{1,x(m)_{L-l+1}}\delta_{b,x(m)_{L-l}}\delta_{0,x(m)_{L-l-1}}|x(m)_{L-1}\ldots x(m)_{L-l+2}1a0x(m)_{L-l-2}\ldots x(m)_0\rangle$$

(8.90)을 다시 이용하면,

$$x(m)_{L-l+1} = 1 \quad \Leftrightarrow \quad m \geq l-1 \quad \text{and} \quad x(m)_{L-l-1} = 0 \quad \Leftrightarrow \quad m < l+1$$

그러므로 (G.174)의 우변은 영이 되지 않기 위해서는 $l-1 \leq m < l = 1$을 만족해야 한다. 즉, $m = l-1$ 또는 $m = l$이다. (8.92)에서 다음을 얻는다.

$$|x(l-1)\rangle = |\underbrace{1\ldots 1}_{l-1 \text{ times}} 0\ldots 0\rangle \quad \text{and} \quad |x(l)\rangle = |\underbrace{1\ldots 1}_{l \text{ times}} 0\ldots 0\rangle$$

(G.174)를 다음과 같이 서술하면,

$$
\begin{aligned}
&\left(\mathbf{1}^{\otimes l-2} \otimes |1a0\rangle\langle 1b0| \mathbf{1}^{\otimes L-l-1}\right)|x(m)\rangle \\
&= \delta_{b,x(m)_{L-l}}\left(\delta_{m,l-1} + \delta_{m,l}\right)|\underbrace{1\ldots 1}_{l-1 \text{ times}} a0\ldots 0\rangle \\
&\underset{(8.90)}{=} \left(\delta_{b,0}\delta_{m,l-1} + \delta_{b,1}\delta_{m,l}\right)|\underbrace{1\ldots 1}_{l-1 \text{ times}} a0\ldots 0\rangle \\
&= \left(\delta_{b,0}\delta_{m,l-1} + \delta_{b,1}\delta_{m,l}\right)\left(\delta_{a,0}|x(l-1)\rangle + \delta_{a,1}|x(l)\rangle\right) \\
&= \delta_{a,0}\delta_{b,0}\delta_{m,l-1}|x(m)\rangle + \delta_{a,1}\delta_{b,1}\delta_{m,l}|x(m)\rangle \\
&\quad + \delta_{a,1}\delta_{b,0}\delta_{m,l-1}|x(m+1)\rangle + \delta_{a,0}\delta_{b,1}\delta_{m,l}|x(m-1)\rangle
\end{aligned}
$$

이것이 (8.116)을 증명한다. (8.117)을 위해 다음을 고려한다.

$$\left(\mathbf{1}^{\otimes L-2} \otimes |1a\rangle\langle 1b|\right)|x(m)\rangle = \delta_{1,x(m)_1}\delta_{b,x(m)_0}|x(m)_{L-1}\ldots x(m)_2 1a\rangle$$

다시 한 번 더, (8.90)에서

$$x(m)_1 = 1 \quad \Leftrightarrow \quad m = L-1 \quad \text{or} \quad m = L$$

이전과 같은 방법으로, 다음을 얻는다.

$$
\begin{aligned}
\left(\mathbf{1}^{\otimes L-2} \otimes |1a\rangle\langle 1b|\right)|x(m)\rangle &= \delta_{b,x(m)_0}\left(\delta_{m,L-1} + \delta_{m,L}\right)|x(m)_{L-1}\ldots x(m)_2 1a\rangle \\
&\underset{(8.90)}{=} \left(\delta_{b,0}\delta_{m,L-1} + \delta_{b,1}\delta_{m,L}\right)|1\ldots 11a\rangle \\
&= \left(\delta_{m,L-1}\delta_{b,0} + \delta_{m,L}\delta_{b,1}\right)\left(\delta_{a,0}|x(L-1)\rangle + \delta_{a,1}|x(L)\rangle\right) \\
&= \left(\delta_{a,0}\delta_{b,0}\delta_{m,L-1} + \delta_{a,1}\delta_{b,1}\delta_{m,L}\right)|x(m)\rangle \\
&\quad + \delta_{a,0}\delta_{b,1}\delta_{m,L}|x(m-1)\rangle + \delta_{a,1}\delta_{b,0}\delta_{m,L-1}|x(m+1)\rangle
\end{aligned}
$$

이는 (8.117)을 증명한다.

해답 8.106 (2.48)의 결과와 $H_T(s)$와 P_{sub}가 자기수반이라는 것을 이용하면, $H_T(s)P_{sub}$가 자기수반이라는 것을 증명하면 (8.129)가 증명된다. (8.122)에서 $H_{ini}P_{sub}$와 $H_{fin}P_{sub}$가 자기수반인 경우에는 이러한 사실이 자명하다. (8.99)와 (8.100)에서 $X \in \{c\text{-}ini, input, clock, l\}$에 대해 $H_X P_{sub}$가 자기수반이면 후자가 참이 된다. 이제 이것을 증명한다. 먼저 다음을 고려한다.

$$
\begin{aligned}
H_{c\text{-}ini}P_{sub} &\underbrace{=}_{(8.129)} H_{c\text{-}ini} \sum_{m=0}^{L} |\Gamma(m)\rangle\langle\Gamma(m)| = \sum_{m=0}^{L} H_{c\text{-}ini}|\Gamma(m)\rangle\langle\Gamma(m)| \\
&\underbrace{=}_{(8.118)} \sum_{m=0}^{L} (1 - \delta_{m,0})|\Gamma(m)\rangle\langle\Gamma(m)| = \sum_{m=1}^{L} |\Gamma(m)\rangle\langle\Gamma(m)| \\
&= P_{sub} - |\Gamma(0)\rangle\langle\Gamma(0)|
\end{aligned}
$$

여기에서 (2.36)이 마지막 식이 자기수반인 것을 보장하고, $H_{c\text{-}ini}P_{sub}$ 또한 마찬가지가 된다. 비슷하게 다음을 얻는다.

$$
H_{input}P_{sub} \underbrace{=}_{(8.129)} \sum_{m=0}^{L} H_{input}|\Gamma(m)\rangle\langle\Gamma(m)| \underbrace{=}_{(8.119)} 0
$$

$$
H_{clock}P_{sub} \underbrace{=}_{(8.129)} \sum_{m=0}^{L} H_{clock}|\Gamma(m)\rangle\langle\Gamma(m)| \underbrace{=}_{(8.120)} 0
$$

영 연산자는 자명하게 자기수반이므로, $H_{input}P_{sub}$와 $H_{clock}P_{sub}$ 또한 마찬가지다. 마지막으로, $l \in \{1, \dots, L\}$에 대해 다음을 고려한다.

$$
\begin{aligned}
H_l P_{sub} &\underbrace{=}_{(8.129)} \sum_{m=0}^{L} H_l|\Gamma(m)\rangle\langle\Gamma(m)| \\
&\underbrace{=}_{(8.121)} \frac{1}{2}\sum_{m=0}^{L} (\delta_{m,l-1} + \delta_{m,l})|\Gamma(m)\rangle\langle\Gamma(m)| \\
&\quad - \frac{1}{2}\sum_{m=0}^{L} (\delta_{m,l-1}|\Gamma(m+1)\rangle\langle\Gamma(m)| + \delta_{m,l}|\Gamma(m-1)\rangle\langle\Gamma(m)|) \\
&= \frac{1}{2}(|\Gamma(l-1)\rangle\langle\Gamma(l-1)| + |\Gamma(l)\rangle\langle\Gamma(l)| \\
&\quad - |\Gamma(l)\rangle\langle\Gamma(l-1)| - |\Gamma(l-1)\rangle\langle\Gamma(l)|)
\end{aligned}
$$

이는 (2.36)에서 자기수반이다. 결국 $H_{prop}P_{sub} = \frac{1}{2} \sum_{l=1}^{L} H_l P_{sub}$는 자기수반이며, 결국 $H_T(s)P_{sub}$ 또한 마찬가지다. 앞에서 언급했듯이 (2.48)에서 (8.130)이 증명된다.

해답 8.107   다음은 $\mathbb{H}_{sub}$의 임의의 벡터이다.

$$|\Psi\rangle = \sum_{m=0}^{L} \Psi_m |\Gamma(m)\rangle$$

그러면 다음을 얻는다.

$$
\begin{aligned}
\langle \Psi | H_{prop} \Psi \rangle &\underset{(8.104)}{=} \sum_{k,m=0}^{L} \overline{\Psi_k} \Psi_m \frac{1}{2} \sum_{l=1}^{L} \langle \Gamma(k) | H_l \Gamma(m) \rangle \\
&\underset{(8.121)}{=} \frac{1}{2} \sum_{k,m=0}^{L} \sum_{l=1}^{L} \overline{\Psi_k} \Psi_m \big((\delta_{m,l-1} + \delta_{m,l}) \langle \Gamma(k) | \Gamma(m) \rangle \\
&\qquad - \delta_{m,l-1} \langle \Gamma(k) | \Gamma(m+1) \rangle - \delta_{m,l} \langle \Gamma(k) | \Gamma(m-1) \rangle \big) \\
&\underset{(8.97)}{=} \frac{1}{2} \sum_{k,m=0}^{L} \sum_{l=1}^{L} \overline{\Psi_k} \Psi_m \big((\delta_{m,l-1} + \delta_{m,l}) \delta_{k,m} - \delta_{m,l-1} \delta_{k,m+1} - \delta_{m,l} \delta_{k,m-1} \big) \\
&= \frac{1}{2} \sum_{k=0}^{L} \sum_{l=1}^{L} \big(\overline{\Psi_k} \Psi_k (\delta_{k,l-1} + \delta_{k,l}) - \overline{\Psi_k} \Psi_{l-1} \delta_{k,l} - \overline{\Psi_k} \Psi_l \delta_{k,l-1} \big) \\
&= \frac{1}{2} \sum_{l=1}^{L} \big(\overline{\Psi_{l-1}} \Psi_{l-1} + \overline{\Psi_l} \Psi_l - \overline{\Psi_l} \Psi_{l-1} - \overline{\Psi_{l-1}} \Psi_l \big) \\
&= \frac{1}{2} \sum_{l=1}^{L} |\Psi_{l-1} - \Psi_l|^2 \geq 0 \qquad\qquad (G.175)
\end{aligned}
$$

임의의 $|\Phi\rangle \in \mathbb{H}^U \otimes \mathbb{H}^C$에 대해 $P_{sub}|\Phi\rangle \in \mathbb{H}_{sub}$이며,

$$
\langle \Phi | H_{prop} |_{\mathbb{H}_{sub}} \Phi \rangle \underset{(8.131)}{=} \langle \Phi | P_{sub} H_{prop} P_{sub} \Phi \rangle \underset{(2.30),\, P_{sub}^* = P_{sub}}{=} \langle P_{sub} \Phi | H_{prop} P_{sub} \Phi \rangle \underset{(G.175)}{\geq} 0
$$

정의 2.12에서 (8.132)가 증명된다.

해답 8.108 주장을 증명하기 위해 $b = b(s, E(s))$, $\theta_j = \theta_j(s, E(s))$인 축약 표기를 사용하고 다음의 변수를 $j \in \{1, 2\}$에 대해 도입한다.

$$u_j = m\theta_j$$
$$v_j = (m-2)\theta_j \tag{G.176}$$

그러면

$$\frac{u_j + v_j}{2} = (m-1)\theta_j$$
$$\frac{u_j - v_j}{2} = \theta_j \tag{G.177}$$

다음을 얻는다.

$$
\begin{aligned}
b\Phi(s)_{m-1} - \Phi(s)_{m-2} \underset{(8.148)}{=}\; & A_j\left[b\,\mathrm{Co}_j\left((m-1)\theta_j\right) - \mathrm{Co}_j\left((m-2)\theta_j\right)\right] \\
& + B_j\left[b\,\mathrm{Si}_j\left((m-1)\theta_j\right) - \mathrm{Si}_j\left((m-2)\theta_j\right)\right] \\
\underset{(8.147)}{=}\; & A_j\left[2\,\mathrm{Co}_j(\theta_j)\,\mathrm{Co}_j\left((m-1)\theta_j\right) - \mathrm{Co}_j\left((m-2)\theta_j\right)\right] \\
& + B_j\left[2\,\mathrm{Co}_j(\theta_j)\,\mathrm{Si}_j\left((m-1)\theta_j\right) - \mathrm{Si}_j\left((m-2)\theta_j\right)\right] \\
\underset{(G.177)}{=}\; & A_j\left[2\,\mathrm{Co}_j\left(\frac{u_j - v_j}{2}\right)\mathrm{Co}_j\left(\frac{u_j + v_j}{2}\right) - \mathrm{Co}_j\left(v_j\right)\right] \\
& + B_j\left[2\,\mathrm{Co}_j\left(\frac{u_j - v_j}{2}\right)\mathrm{Si}_j\left(\frac{u_j + v_j}{2}\right) - \mathrm{Si}_j\left(v_j\right)\right]
\end{aligned}
$$

다음의 삼각 함수의 관계식을 이용한다.

$$
\begin{aligned}
2\,\mathrm{Co}_j\left(\frac{u+v}{2}\right)\mathrm{Co}_j\left(\frac{u-v}{2}\right) &= \mathrm{Co}_j(u) + \mathrm{Co}_j(-v) = \mathrm{Co}_j(u) + \mathrm{Co}_j(v) \\
2\,\mathrm{Co}_j\left(\frac{u+v}{2}\right)\mathrm{Si}_j\left(\frac{u-v}{2}\right) &= \mathrm{Si}_j(u) - \mathrm{Si}_j(-v) = \mathrm{Si}_j(u) + \mathrm{Si}_j(v)
\end{aligned} \tag{G.178}
$$

이것은 $j = 1$과 $j = 2$에 대해 성립한다. 그러면

$$
\begin{aligned}
b\Phi(s)_{m-1} - \Phi(s)_{m-2} &= A_j\,\mathrm{Co}_j(u_j) + B_j\,\mathrm{Si}_j(u_j) \\
&\underset{(G.176)}{=} A_j\,\mathrm{Co}_j(m\theta_j) + B_j\,\mathrm{Si}_j(m\theta_j) \\
&\underset{(8.148)}{=} \Phi(s)_m
\end{aligned}
$$

이것으로 주장이 증명된다.

해답 8.109 경계 조건 (8.142), (8.144)를 만족하는 점화식의 해 (8.148)가 (8.149)에서 정의된 Ta_j로 구성된 (8.150)이 되는 것을 먼저 증명한다.

여기서도 축약 기호 $\theta_j = \theta_j(s, E(s))$를 사용한다. 경계 조건 (8.142)에서

$$\Phi(s)_1 = a\Phi(s)_0$$

이로부터

$$\frac{A_j}{B_j} = \frac{\mathrm{Si}_j(\theta_j)}{a - \mathrm{Co}_j(\theta_j)} \tag{G.179}$$

반면 (8.144)에서

$$\Phi(s)_L = c\Phi(s)_{L-1}$$

이로부터

$$\frac{A_j}{B_j} = \frac{c\,\mathrm{Si}_j\big((L-1)\theta_j\big) - \mathrm{Si}_j(L\theta_j)}{\mathrm{Co}_j(L\theta_j) - \mathrm{Co}_j\big((L-1)\theta_j\big)} \tag{G.180}$$

그러므로 다음이 만족해야 한다.

$$\frac{\mathrm{Si}_j(\theta_j)}{a - \mathrm{Co}_j(\theta_j)} \underset{\text{(G.179),(G.180)}}{=} \frac{c\,\mathrm{Si}_j\big((L-1)\theta_j\big) - \mathrm{Si}_j(L\theta_j)}{\mathrm{Co}_j(L\theta_j) - \mathrm{Co}_j\big((L-1)\theta_j\big)}$$

이로부터

$$\mathrm{Si}_j(\theta_j)\,\mathrm{Co}_j(L\theta_j) - \mathrm{Si}_j(L\theta_j)\,\mathrm{Co}_j(\theta_j) = ac\,\mathrm{Si}_j\big((L-1)\theta_j\big) - a\,\mathrm{Si}_j(L\theta_j)$$
$$+ c\big[\mathrm{Si}_j(\theta_j)\,\mathrm{Co}_j\big((L-1)\theta_j\big) - \mathrm{Si}_j\big((L-1)\theta_j\big)\,\mathrm{Co}_j(\theta_j)\big]$$

좌변과 우변의 마지막 항에 $j = 1$과 $j = 2$에 대해서 성립하는 다음의 관계식을 사용한다.

$$\mathrm{Si}_j(u)\,\mathrm{Co}_j(v) - \mathrm{Co}_j(u)\,\mathrm{Si}_j(v) = \mathrm{Si}_j(u - v) \tag{G.181}$$

이로부터 다음 식을 얻는다.

$$(1 + ac)\,\mathrm{Si}_j\big((L-1)\theta_j\big) = a\,\mathrm{Si}_j(L\theta_j) - c\,\mathrm{Si}_j\big((L-2)\theta_j\big) \tag{G.182}$$

$u = L\theta_j$와 $v = -(L-2)\theta_j$를 이용해 관계식 (G.178)의 두 번째를 이용해 다음을 얻는다.

822

$$\mathrm{Si}_j(L\theta_j) \underset{(\mathrm{G.178})}{=} 2\mathrm{Co}_j(\theta_j)\,\mathrm{Si}_j\big((L-1)\theta_j\big) - \mathrm{Si}_j\big((L-2)\theta_j\big)$$

$$\underset{(8.147)}{=} b\,\mathrm{Si}_j\big((L-1)\theta_j\big) - \mathrm{Si}_j\big((L-2)\theta_j\big)$$

이를 (G.182)에 대입하면,

$$(1+ac-ab)\,\mathrm{Si}_j\big((L-1)\theta_j\big) = (c-a)\,\mathrm{Si}_j\big((L-2)\theta_j\big)$$

$u = (L-1)\theta_j$와 $v = \theta_j$를 이용해 관계식 (G.181)에서

$$\mathrm{Si}_j\big((L-2)\theta_j\big) \underset{(\mathrm{G.181})}{=} \mathrm{Si}_j\big((L-1)\theta_j\big)\mathrm{Co}_j(\theta_j) - \mathrm{Co}_j\big((L-1)\theta_j\big)\mathrm{Si}_j(\theta_j)$$

$$\underset{(8.147)}{=} \mathrm{Si}_j\big((L-1)\theta_j\big)\frac{b}{2} - \mathrm{Co}_j\big((L-1)\theta_j\big)\mathrm{Si}_j(\theta_j)$$

이를 (G.182)에 대입하고 정리하면,

$$\mathrm{Ta}_j\big((L-1)\theta_j\big) = \frac{2(c-a)\,\mathrm{Si}_j(\theta_j)}{b(c+a)-2ac-2} \tag{G.183}$$

(G.183)을 유도할 때 $\mathrm{Co}_j((L-1)\theta_j)$와 $b(c+a)-2ac-2$가 영이 될 수 있는 것을 무시했다. 이러한 가정을 계속 사용할 것인데, (s, E)가 이러한 점이 되는 것에 대해서는 정리 8.26의 증명에서 상세하게 논의했다.

우선 (8.147)에서 다음을 얻는다.

$$\mathrm{Si}_j(\theta_j) \underset{(8.147)}{=} \begin{cases} \sinh\theta_1 & \text{for } j=1 \\ \sin\theta_2 & \text{for } j=2 \end{cases} = \begin{cases} \sqrt{\cosh^2\theta_1 - 1} & \text{for } j=1 \\ \sqrt{1-\cos^2\theta_2} & \text{for } j=2 \end{cases}$$

$$\underset{(8.147)}{=} \begin{cases} \frac{1}{2}\sqrt{b^2-4} & \text{for } j=1 \\ \frac{1}{2}\sqrt{4-b^2} & \text{for } j=2 \end{cases}$$

$$= \frac{1}{2}\sqrt{(-1)^j(4-b^2)}$$

이를 (G.183)에 대입하면 (8.149)를 얻는다. 지금까지 (8.142)~(8.144)의 해가 (8.150)을 의미하는 것을 증명했다. 보조정리 8.25에서 (8.142)~(8.144)의 해는 고윳값 $E(s)$를 가지는 고유벡터 $|\Phi(s)\rangle$와 같다는 것을 알 수 있다. 결국 $E(s)$는 (8.150)의 해다.

해답 8.110 (8.152)의 증명은 (8.145)와 (8.151)을 이용한 직접적이면서 매우 긴 계산이다. 여기에서는 많은 중간 단계를 생략하고 간단하게 소개한다. 그리고 $b(c+a) - 2ac - 2$가 영이 될 수 있는 것을 무시한다. (8.152)를 증명할 때에도 마찬가지인데, (s, E)가 이러한 점이 되는 경우에는 정리 8.26에서 상세하게 논의했다. 우선 (8.145)에서 다음을 얻는다.

$$a + c = \frac{4E(E-1) + 2s}{s(2 - 2E - s)}$$

여기와 향후에서 $E = E(s)$의 축약 기호를 사용한다. 그러면 다음을 얻는다.

$$b(a+c) = \frac{4s(1-E) - 8E(E-1)^2}{s^2(2 - 2E - s)}$$

그리고

$$2ac = \frac{2s^3 - 4Es^2}{s^2(2 - 2E - s)}$$

그리고

$$c - a = \frac{2s(s-1) + 4E(1-E)}{s(2 - 2E - s)} \tag{G.184}$$

그러므로 다음을 얻는다.

$$b(a+c) - 2ac - 2 = 4\frac{s^2(2E-1) + s(1-E) - 2E(E-1)^2}{s^2(2 - 2E - s)} \tag{G.185}$$

반면에 (8.151)에서

$$2(s_- - E)(E - p_+)(E - p_-) = s^2(2E-1) + s(1-E) - 2E(E-1)^2$$

그리고

$$(E - z_+)(E - z_-) = -\frac{1}{4}\left(2s(s-1) + 4E(1-E)\right)$$

그래서 (G.185)는 다음이 된다.

$$b(a+c) - 2ac - 2 = \frac{8(s_- - E)(E - p_+)(E - p_-)}{s^2(2 - 2E - s)} \tag{G.186}$$

824

반면 (G.184)는 다음이 된다.

$$c - a = \frac{-4(E - z_+)(E - z_-)}{s(2 - 2E - s)} \tag{G.187}$$

(G.186)과 (G.187)을 이용하면

$$\frac{(c - a)\sqrt{(-1)^j(4 - b^2)}}{b(a + c) - 2ac - 2} = \frac{(E - z_+)(E - z_-)}{(E - p_+)(E - p_-)} \frac{s\sqrt{(-1)^j(4 - b^2)}}{2(E - s_-)} \tag{G.188}$$

다음의 식을 이용한다.

$$\begin{aligned}
(-1)^j(4 - b^2) &\underbrace{=}_{(8.145)} (-1)^j\left(4 - 4\frac{(1 - E)^2}{s^2}\right) = \frac{4(-1)^j}{s^2}\left(s^2 - (E - 1)^2\right) \\
&= \frac{4(-1)^j}{s^2}\left(s - (E - 1)\right)\left(s + (E - 1)\right) \\
&\underbrace{=}_{(8.151)} \frac{4(-1)^j}{s^2}(s_+ - E)(E - s_-)
\end{aligned}$$

두 경우 모두 $s_+ - E > 0$이고, $j = 1$일 때 $s_- - E > 0$이며 $j = 2$이며 $s_- - E \leq 0$이다. 결국 다음을 얻는다.

$$\frac{s\sqrt{(-1)^j(4 - b^2)}}{2(E - s_-)} = \sqrt{s_+ - E}\frac{\sqrt{(-1)^j(E - s_-)}}{(E - s_-)}$$

여기에서

$$\begin{aligned}
\frac{\sqrt{(-1)^j(E - s_-)}}{(E - s_-)} &= \begin{cases} \frac{\sqrt{s_- - E}}{(E - s_-)} & \text{if } j = 1 \\ \frac{\sqrt{E - s_-}}{(E - s_-)} & \text{if } j = 2 \end{cases} = \begin{cases} -\frac{1}{\sqrt{s_- - E}} & \text{if } j = 1 \\ \frac{1}{\sqrt{E - s_-}} & \text{if } j = 2 \end{cases} \\
&= \frac{(-1)^j}{\sqrt{(-1)^j(E - s_-)}}
\end{aligned}$$

그래서

$$\frac{s\sqrt{(-1)^j(4 - b^2)}}{2(E - s_-)} = (-1)^j\sqrt{\frac{s_+ - E}{(-1)^j(E - s_-)}}$$

이것을 (G.188)에 대입하면

$$\frac{(c-a)\sqrt{(-1)^j(4-b^2)}}{b(a+c)-2ac-2} = (-1)^j\frac{(E-z_+)(E-z_-)}{(E-p_+)(E-p_-)}\sqrt{\frac{s_+ - E}{(-1)^j(E-s_-)}} \underbrace{=}_{(8.151)} h_j(s,E)$$

이것으로 (8.152)가 증명된다.

해답 8.111 $s=0$과 $s=1$에 대해서는 (8.151)에 대입하면 성립하는 것을 쉽게 볼 수 있다.

$s \in\,]0,1[$ 에 대해서는 우선 다음을 얻는다.

$$
\begin{aligned}
& (1+s)^2 > 1+s^2 && > (1-s)^2 + s^2 = 1-2s+2s^2 \\
\Rightarrow\ & 1+s > \sqrt{1+s^2} && > \sqrt{1-2s+2s^2} \\
\Rightarrow\ & 2+2s > 1+s+\sqrt{1+s^2} && > 1+\sqrt{1-2s+2s^2} \\
\Rightarrow\ & 1+s > \tfrac{1}{2}\bigl(1+s+\sqrt{1+s^2}\bigr) > \tfrac{1}{2}\bigl(1+\sqrt{1-2s+2s^2}\bigr) \\
\Leftrightarrow\ & s_+ > p_+ && > z_+
\end{aligned}
\tag{G.189}
$$

비슷하게 다음을 얻는다.

$$
\begin{aligned}
& 1 > s \\
\Rightarrow\ & 2s > 2s^2 \\
\Rightarrow\ & 1-2s+2s^2 > 1-4s+4s^2 = (1-2s)^2 \\
\Rightarrow\ & \sqrt{1-2s+2s^2} > 1-2s && > -\sqrt{1-2s+2s^2} \\
\Rightarrow\ & 1+\sqrt{1-2s+2s^2} > 2(1-s) && > 1-\sqrt{1-2s+2s^2} \\
\Rightarrow\ & \tfrac{1}{2}\bigl(1+\sqrt{1-2s+2s^2}\bigr) > 1-s && > \tfrac{1}{2}\bigl(1-\sqrt{1-2s+2s^2}\bigr) \\
\Leftrightarrow\ & z_+ > s_- && > z_-
\end{aligned}
$$

그리고

$$
\begin{aligned}
& \sqrt{1+s^2} > 1 \\
\Rightarrow\ & -2s > -2s\sqrt{1+s^2} \\
\Rightarrow\ & 1-2s+2s^2 > 1+2s^2-2s\sqrt{1+s^2} = (s-\sqrt{1+s^2})^2 \\
\Rightarrow\ & \sqrt{1-2s+2s^2} > s-\sqrt{1+s^2} && > -\sqrt{1-2s+2s^2} \\
\Rightarrow\ & 1+\sqrt{1-2s+2s^2} > 2(1-s) && > 1-\sqrt{1-2s+2s^2} \\
\Rightarrow\ & \tfrac{1}{2}\bigl(1+\sqrt{1-2s+2s^2}\bigr) > \tfrac{1}{2}\bigl(1+s-\sqrt{1+s^2}\bigr) > \tfrac{1}{2}\bigl(1-\sqrt{1-2s+2s^2}\bigr) \\
\Leftrightarrow\ & z_+ > p_- && > z_-
\end{aligned}
$$

$$\tag{G.190}$$

(G.189)~(G.190)에서 $0 < s < 1$에 대해 $z_- < p_-$, $s_- < z_+ < p_+ < s_+$를 얻는다. $0 < s < \frac{3}{4}$에 대해서 다음을 얻는다.

$$\frac{3}{4} > s$$
$$\Rightarrow \quad 6s > 8s^2$$
$$\Rightarrow \quad 1+s^2 > 9s^2 - 6s + 1 = (1-3s)^2$$
$$\Rightarrow \quad 1 - 3s > -\sqrt{1+s^2}$$
$$\Rightarrow \quad 2 - 2s > 1 + s - \sqrt{1+s^2}$$
$$\Rightarrow \quad 1 - s > \tfrac{1}{2}\left(1 + s - \sqrt{1+s^2}\right)$$
$$\Leftrightarrow \quad s_- > p_-$$

반대로 $\frac{3}{4} < s < 1$에 대해서 $p_- \le s_-$를 얻는다. 이 모두를 종합하면, $0 < s < 1$에 대해서

$$z_- < p_- < s_- < z_+ < p_+ < s_+ \quad \text{if } s < \frac{3}{4}$$
$$z_- < s_- \le p_- < z_+ < p_+ < s_+ \quad \text{if } s \ge \frac{3}{4}$$

(8.154)의 주장이 증명된다.

해답 8.112 $s \in \,]0,1]$이다. 그러면 다음을 얻는다.

$$s \lesseqgtr \tfrac{3}{4}$$
$$\Leftrightarrow \quad 0 \lesseqgtr 3 - 4s$$
$$\Leftrightarrow \quad 1+s^2 \lesseqgtr s^2 - 4s + 4 = (2-s)^2$$
$$\Leftrightarrow \quad \sqrt{1+s^2} \lesseqgtr 2 - s$$
$$\Leftrightarrow \quad 1+s^2 \lesseqgtr (2-s)\sqrt{1+s^2}$$
$$\Leftrightarrow \quad 1 - (2-s)\sqrt{1+s^2} \lesseqgtr -s^2$$
$$\Leftrightarrow \quad (2-s)(1+s-\sqrt{1+s^2}) \lesseqgtr 1 + s - 2s^2$$
$$\Leftrightarrow \quad p_- \underset{(8.151)}{=} \tfrac{1}{2}\left(1+s-\sqrt{1+s^2}\right) \lesseqgtr \underset{(8.157)}{\tfrac{1+s-2s^2}{2(2-s)} = \hat{E}}$$

비슷한 방법으로

$$s \lesseqgtr \tfrac{3}{4} = \tfrac{6}{8}$$
$$\Leftrightarrow \quad \tfrac{1}{8} \lesseqgtr \tfrac{7}{8} - s$$
$$\Leftrightarrow \quad \tfrac{1}{64} \lesseqgtr \left(\tfrac{7}{8}-s\right)^2 = \tfrac{49}{64} - \tfrac{7}{4}s + s^2$$
$$\Leftrightarrow \quad 0 \lesseqgtr 3 - 7s + 4s^2$$
$$\Leftrightarrow \quad 1 + s - 2s^2 \lesseqgtr 4 - 6s + 2s^2 = 2(2-s)(1-s)$$
$$\Leftrightarrow \quad \hat{E} \underset{(8.157)}{=} \tfrac{1+s-2s^2}{2(2-s)} \lesseqgtr \underset{(8.151)}{1 - s = s_-}.$$

마지막으로,

$$s_-\left(\frac{3}{4}\right) = \frac{1}{4} = \hat{E}\left(\frac{3}{4}\right) = p_-\left(\frac{3}{4}\right)$$

이는 $s_-, \hat{E}, p_-$ 의 정의 (8.151)과 (8.157)에서 알 수 있다.

해답 8.113 $p_-(s) \in I_{q_-}(s)$ 이고 $p_-(s) \neq \overline{E}_{s,q_--2}$ 이다. 그러면 $\overline{E}_{s,q_--2} < p_-(s)$ 이다. (8.161)과 (8.151)에서 다음을 얻는다.

$$1 - s\cos\alpha_{q_--2} < \frac{1}{2}\left(1 + s - \sqrt{1+s^2}\right) < 1$$

이로부터 $\cos\alpha_{q_--2} > 0$ 이다. 그러면

$$\alpha_{q_--2} \underset{(8.160)}{=} \frac{2(q_--2)+1}{2(L-1)}\pi < \frac{\pi}{2}$$

이로부터 $q_- < \frac{L}{2} + 1$ 이 된다.

다음으로 $p_+ \in I_{q_+}(s)$ 를 가정한다. 그러면 $p_+(s) < \overline{E}_{s,q_+-1}$ 을 얻는다. (8.161)과 (8.151)에서 다음을 얻는다.

$$1 < \frac{1}{2}\left(1 + s + \sqrt{1+s^2}\right) < 1 - s\cos\alpha_{q_+-1}$$

이로부터 $\cos\alpha_{q_+-1} < 0$ 을 얻는다. 그러므로

$$\frac{\pi}{2} < \alpha_{q_+-1} \underset{(8.160)}{=} \frac{2(q_+-1)+1}{2(L-1)}\pi < \pi$$

해답 8.114 $p_\pm(s) \in I_q(s)$ 에 대해 (8.163)이 성립하기 위해서는 $\frac{L}{2} < q < \frac{L}{2} + 1$ 이 돼야 한다. $L = 2k$ 이면 $k < q < k+1$ 이 되고, 이러한 $q \in \mathbb{N}_0$ 는 존재하지 않는다. 그러므로 $p_\pm(s) \in I_q(s)$ 는 $L = 2k+1$ 즉, $q = k+1$ 일 때에만 가능하다. 그리고 $p_\pm(s) \in I_q(s)$ 는 p_+ 와 p_- 가 구간 간격 이상으로 떨어질 수 없다. 즉, $p_+(s) - p_-(s) < \overline{E}_{s,q+-1} - \overline{E}_{s,q+-2}$ 이어야 한다. 그러면 (8.161)과 (8.151)에서 다음을 얻는다.

$$\sqrt{1+s^2} < s(\cos\alpha_{q-2} - \cos\alpha_{q-1}) \qquad\qquad (G.191)$$

$L = 2k+1$, $q = k+1$과 (8.160)을 이용하면 다음을 얻는다.

$$\alpha_{q-2} = \frac{2(q-2)+1}{2(L-1)}\pi = \left(\frac{1}{2} - \frac{1}{4k}\right)\pi$$

$$\alpha_{q-1} = \frac{2(q-1)+1}{2(L-1)}\pi = \left(\frac{1}{2} + \frac{1}{4k}\right)\pi$$

그래서 $\alpha_{q-1} + \alpha_{q-2} = \pi$이며 $\cos\alpha_{q-1} = -\cos\alpha_{q-2}$이다. 이와 (G.191)과 $s \in$ $]0,1]$에서 다음을 얻는다.

$$1 < \sqrt{1+s^2} < 2s\cos\alpha_{q-2} \le 2\cos\alpha_{q-2}$$

그러므로 $p_\pm(s) \in I_q(s)$가 성립하기 위해서는 $\cos\alpha_{q-1} > \frac{1}{2}$이어야 하며 다음이 만족한다.

$$\alpha_{q-2} = \left(\frac{1}{2} - \frac{1}{4k}\right)\pi < \frac{\pi}{3}$$

이로부터 $k < \frac{3}{2}$, 즉 $L = 2k+1 < 4$이다. L은 홀수이므로, $L > 1$을 가정하면 $p_\pm(s) \in I_q(s)$가 성립할 남은 가능성은 $k = 1$이다. 즉, $L = 3$이며 $q = k+1 = 2$이다. 결국 $\alpha_{q-2} = \alpha_0 = \frac{\pi}{4}$이고 $\cos\alpha_{q-2} = \frac{1}{\sqrt{2}}$이며 남은 가능성은 다음과 같다.

$$p_\pm \in I_2(s) \underbrace{=}_{(8.162)} \;]1 - \frac{s}{\sqrt{2}}, 1 + \frac{s}{\sqrt{2}}]$$

이런 경우 $p_\pm$의 정의 (8.151)에서

$$1 - \frac{s}{\sqrt{2}} < \frac{1}{2}\left(1 + s \pm \sqrt{1+s^2}\right) \le 1 + \frac{s}{\sqrt{2}}$$

부등식의 앞의 항에서

$$
\begin{aligned}
& \sqrt{1+s^2} && < (\sqrt{2}+1)s - 1 \\
\Rightarrow\; & 1 + s^2 && < (2 + 1 + 2\sqrt{2})s^2 + 1 - 2s(\sqrt{2}+1) \\
\Rightarrow\; & 1 && < s
\end{aligned}
$$

이것은 s에 대해 제한했던 범위 밖이다. 결국 모든 $L > 1$에 대해 $p_\pm(s) \in I_q(s)$는 불가능하다.

해답 8.115 우선 다음을 얻는다.

$$\left|\left|\hat{H}(t) - H(t)\right|\right| \underset{(8.210)}{=} \left|\left|\hat{H}_{\kappa(t)} - H(t)\right|\right|$$

$$\underset{(8.206),(8.208)}{=} \left|\left|\left(1 - \frac{\kappa(t)}{J}\right)H_{\text{ini}} + \frac{\kappa(t)}{J}H_{\text{fin}} - \left(1 - \frac{t - t_{\text{ini}}}{T}\right)H_{\text{ini}} - \frac{t - t_{\text{ini}}}{T}H_{\text{fin}}\right|\right|$$

$$= \left|\left|\left(\frac{\kappa(t)}{J} - \frac{t - t_{\text{ini}}}{T}\right)H_{\text{fin}} - \left(\frac{\kappa(t)}{J} - \frac{t - t_{\text{ini}}}{T}\right)H_{\text{ini}}\right|\right|$$

$$\underset{(2.7)}{=} \left|\frac{\kappa(t)}{J} - \frac{t - t_{\text{ini}}}{T}\right| \left|\left|H_{\text{fin}} - H_{\text{ini}}\right|\right| \tag{G.192}$$

$T = J\Delta t$를 이용해 다음을 얻는다.

$$\frac{\kappa(t)}{J} - \frac{t - t_{\text{ini}}}{T} = \frac{\kappa(t)}{J} - \frac{t - t_{\text{ini}}}{J\Delta t} = \frac{1}{J}\left(\kappa(t) - \frac{t - t_{\text{ini}}}{\Delta t}\right)$$

$$\underset{(8.209)}{=} \frac{1}{J}\underbrace{\left(\left\lceil\frac{t - t_{\text{ini}}}{\Delta t}\right\rceil - \frac{t - t_{\text{ini}}}{\Delta t}\right)}_{\in [0,1[}$$

$$\leq \frac{1}{J} \tag{G.193}$$

그래서

$$\left|\left|\hat{H}(t) - H(t)\right|\right| \underset{(G.192)}{=} \left|\frac{\kappa(t)}{J} - \frac{t - t_{\text{ini}}}{T}\right| \left|\left|H_{\text{fin}} - H_{\text{ini}}\right|\right|$$

$$\underset{(G.193)}{\leq} \frac{1}{J}\left|\left|H_{\text{fin}} - H_{\text{ini}}\right|\right|$$

부록 B 문제 해답

해답 B.116

(i) j에 대한 귀납법으로 $\hat{c}_j^- \in \{0, -1\}$을 증명한다. 귀납법의 시작인 $j = 0$은 $c_0^- = 0$인 가정으로 주어진다.

j에서 $j+1$의 귀납 단계를 위해 모든 j에 대해 $\hat{c}_j^- \in \{0,-1\}$이 성립한다고 가정한다. 그러면 a_j, b_j, $\hat{c}_j^-$의 가능한 값의 함수로 $\hat{c}_{j+1}^-$의 값은 표 G.1에 나타냈고 $\hat{c}_{j+1}^- \in \{0,-1\}$이 성립한다.

(ii) (B.8)을 증명하기 위해, 가정 $0 \leq a, b < 2^n$, $\hat{d}_j \in \{0,1\}$과 (B.5)에서 다음을 얻는다.

$$-2^n < b - a = \underbrace{\sum_{j=0}^{n-1} \hat{d}_j 2^j}_{\geq 0} + \hat{c}_n^- 2^n < 2^n \tag{G.194}$$

그러므로 $b \geq a$인 경우에 $\hat{c}_n^-$은 영을 가져야 하고 $b < a$인 경우에는 -1의 값을 가져야 한다. 반대로 (G.194)에서 $\hat{c}_n^- = 0$에서 $b \geq a$을 얻고, $\hat{c}_n^- = -1$에서 $b < a$를 얻는다.

표 G.1 a_j, b_j, $\hat{c}_j^-$의 함수로서 $\hat{c}_{j+1}^-$의 값

a_j	b_j	$\hat{c}_j^-$	$\hat{c}_{j+1}^- = \left\lfloor \frac{b_j - a_j + \hat{c}_j^-}{2} \right\rfloor$
0	0	0	0
0	0	-1	-1
0	1	0	0
0	1	-1	0
1	0	0	-1
1	0	-1	-1
1	1	0	0
1	1	-1	-1

부록 C 문제 해답

해답 C.117 $i \in \{1,2\}$일 때, $f_i(N) \in O(g_i(N))$이라는 가정은 적절한 $C_i \in \mathbb{R}$과 $M_i \in \mathbb{N}$이 존재해 다음을 만족한다는 것을 의미한다.

$$\forall N > M_i \quad |f_i(N)| \leq C_i |g_i(N)| \qquad N \to \infty$$

$\hat{M} := \max\{M_1, M_2\}$일 때 $N > \hat{M}$에 대해 다음이 만족한다.

(i)

$$|f_1(N) + f_2(N)| \leq |f_1(N)| + |f_2(N)|$$
$$\leq C_1 |g_1(N)| + C_2 |g_2(N)|$$
$$\leq \max\{C_1, C_2\} (|g_1(N)| + |g_2(N)|)$$

그러므로 $f_1(N) + f_2(N) \in O(|g_1(N)| + |g_2(N)|)$이다.

(ii)

$$|f_1(N)f_2(N)| \leq |f_1(N)||f_2(N)|$$
$$\leq C_1 |g_1(N)| C_2 |g_2(N)|$$
$$= C_1 C_2 |g_1(N)g_2(N)|$$

그러므로 $f_1(N)f_2(N) \in O(g_1(N)g_2(N))$이다.

(iii) $N > M$에 대해, 가정에서 $|g_1(N)| < |g_2(N)|$을 얻는다. 그러므로

$$|f_1(N) + f_2(N)| \leq |f_1(N)| + |f_2(N)|$$
$$\leq C_1 |g_1(N)| + C_2 |g_2(N)|$$
$$\leq (C_1 + C_2) |g_2(N)|$$

그래서 $f_1(N) + f_2(N) \in O(g_2(N))$이다.

부록 D 문제 해답

해답 D.118 ⇒을 증명하기 위해 다음에 주의한다.

$$a \bmod N = b \bmod N \underset{(D.1)}{\Rightarrow} a - \left\lfloor \frac{a}{N} \right\rfloor N = b - \left\lfloor \frac{b}{N} \right\rfloor N$$

그리고 N이 $a - b$를 나누면, $(a - b) \bmod N = 0$이 된다.

⇐을 증명하기 위해 $(a - b) \bmod N = 0$을 가정한다. 그러면 (D.1)에서 적절한 $z \in \mathbb{Z}$가 존재해 $a - b = zN$이 된다. 결국

$$b \bmod N \underset{(D.1)}{=} b - \left\lfloor \frac{b}{N} \right\rfloor N = a - zN - \left\lfloor \frac{a - zN}{N} \right\rfloor N = a - \left\lfloor \frac{a}{N} \right\rfloor N \underset{(D.1)}{=} a \bmod N$$

해답 D.119 $a, N \in \mathbb{N}$은 $a > N$을 만족한다. 임의의 $x \in \mathbb{R}$에 대해

$$0 \leq x - \lfloor x \rfloor < 1$$

그래서 $\frac{a}{N} - \left\lfloor \frac{a}{N} \right\rfloor < 1$이며

$$a \bmod N \underbrace{=}_{\text{(D.1)}} a - \left\lfloor \frac{a}{N} \right\rfloor N < N$$

반면에 $x \geq 1$이 $\frac{1}{2} x < \lfloor x \rfloor$가 된다는 것은 함수의 그래프에서 쉽게 볼 수 있다. $a > N$이므로 이는 $\frac{1}{2} \frac{a}{N} < \left\lfloor \frac{a}{N} \right\rfloor$이 되며, $\frac{a}{2} < \left\lfloor \frac{a}{N} \right\rfloor N$을 얻는다. 그러므로

$$a \bmod N \underbrace{=}_{\text{(D.1)}} a - \left\lfloor \frac{a}{N} \right\rfloor N < \frac{a}{2}$$

해답 D.120 $u, v, u_j \in \mathbb{Z}$이고 $k, a, N \in \mathbb{N}$이다. 먼저 (D.20)을 증명한다.

$$u(v \bmod N) \bmod N \underbrace{=}_{\text{(D.1)}} u(v \bmod N) - \left\lfloor \frac{u(v \bmod N)}{N} \right\rfloor N$$

$$\underbrace{=}_{\text{(D.1)}} u\left(v - \left\lfloor \frac{v}{N} \right\rfloor N\right) - \left\lfloor \frac{u\left(v - \left\lfloor \frac{v}{N} \right\rfloor N\right)}{N} \right\rfloor N$$

$$= uv - u\left\lfloor \frac{v}{N} \right\rfloor N - \left\lfloor \frac{uv}{N} - u\left\lfloor \frac{v}{N} \right\rfloor \right\rfloor N$$

$$= uv - u\left\lfloor \frac{v}{N} \right\rfloor N - \left\lfloor \frac{uv}{N} \right\rfloor N + u\left\lfloor \frac{v}{N} \right\rfloor N$$

$$= uv - \left\lfloor \frac{uv}{N} \right\rfloor N$$

$$\underbrace{=}_{\text{(D.1)}} uv \bmod N$$

(D.20)을 반복적으로 적용하면 (D.21)을 얻는다.

$$\left(\prod_{j=1}^{k} (u_j \bmod N) \right) \bmod N \underbrace{=}_{\text{(D.20)}} \left(\prod_{j=1}^{k-1} (u_j \bmod N) u_k \right) \bmod N$$

$$= \cdots$$

$$= \left(\prod_{j=1}^{k} u_j \right) \bmod N$$

$u_j = u$라 하면, (D.21)의 특별한 경우로 (D.22)가 성립한다. (D.23)을 증명하기 위해서는, u_1과 u_2에 대해서 성립하는 것을 보이면 된다. u_1과 u_2에 대한 주장을 반복적으로 적용하면 된다. 좌변은 u_1과 u_2의 정의에서 다음을 얻는다.

$$
\begin{aligned}
\left(u_1 \bmod N + u_2 \bmod N\right) \bmod N &= \left(u_1 - \left\lfloor \frac{u_1}{N} \right\rfloor N + u_2 - \left\lfloor \frac{u_2}{N} \right\rfloor N\right) \bmod N \\
&= u_1 - \left\lfloor \frac{u_1}{N} \right\rfloor N + u_2 - \left\lfloor \frac{u_2}{N} \right\rfloor N \\
&\quad - \left\lfloor \frac{u_1 - \left\lfloor \frac{u_1}{N} \right\rfloor N + u_2 - \left\lfloor \frac{u_2}{N} \right\rfloor N}{N} \right\rfloor N \\
&= u_1 + u_2 - \left\lfloor \frac{u_1}{N} \right\rfloor N - \left\lfloor \frac{u_2}{N} \right\rfloor N \\
&\quad - \left\lfloor \frac{u_1 + u_2}{N} - \left\lfloor \frac{u_1}{N} \right\rfloor - \left\lfloor \frac{u_2}{N} \right\rfloor \right\rfloor N \\
&= u_1 + u_2 - \left\lfloor \frac{u_1}{N} \right\rfloor N - \left\lfloor \frac{u_2}{N} \right\rfloor N \\
&\quad - \left\{ \left\lfloor \frac{u_1 + u_2}{N} \right\rfloor - \left\lfloor \frac{u_1}{N} \right\rfloor - \left\lfloor \frac{u_2}{N} \right\rfloor \right\} N \\
&= u_1 + u_2 - \left\lfloor \frac{u_1 + u_2}{N} \right\rfloor \\
&= \left(u_1 + u_2\right) \bmod N
\end{aligned}
$$

부록 F 문제 해답

해답 F.121 먼저 e와 다른 $\tilde{e} \in \mathcal{G}$가 존재해 모든 $g \in \mathcal{G}$에 대해 다음이 성립한다고 가정한다.

$$
\begin{aligned}
g\tilde{e} &= g \quad &\text{(G.195)} \\
gg^{-1} &= \tilde{e} \quad &\text{(G.196)}
\end{aligned}
$$

이로부터,

$$
g^{-1}\underbrace{\tilde{e} = }_{\text{(G.195)}} g^{-1} \quad \Rightarrow \quad gg^{-1}\tilde{e} = gg^{-1}\underbrace{=}_{\text{(F.3)}} e
$$

$$
\Rightarrow \quad e \underbrace{=}_{\text{(G.196)}} \tilde{e}\tilde{e} \underbrace{=}_{\text{(G.195)}} \tilde{e}
$$

이것이 e가 유일하다는 것을 증명한다.

다음으로, h_1과 h_2가 $g \in \mathcal{G}$의 두 개의 역원이라고 가정한다. 즉,

$$gh_1 = e = gh_2 \tag{G.197}$$

$i \in \{1, 2\}$일 때 다음을 얻는다.

$$g \underbrace{=}_{(\text{F.2})} ge \underbrace{=}_{(\text{F.3})} gh_i h_i^{-1} \underbrace{=}_{(\text{G.197})} eh_i^{-1} \tag{G.198}$$

그리고

$$h_i g \underbrace{=}_{(\text{G.198})} h_i e h_i^{-1} \underbrace{=}_{(\text{F.2})} h_i h_i^{-1} \underbrace{=}_{(\text{F.3})} e$$

결국 다음이 성립한다.

$$h_1 g = e = h_2 g \tag{G.199}$$

그래서

$$h_1 \underbrace{=}_{(\text{F.2})} h_1 e \underbrace{=}_{(\text{F.3})} h_1 g g^{-1} \underbrace{=}_{(\text{G.199})} h_2 g g^{-1} \underbrace{=}_{(\text{F.3})} h_2 e \underbrace{=}_{(\text{F.2})} h_2$$

해답 F.122 (F.2)에서 $g = e$에 대해 $ee = e$이고, (F.3)에서 $e = e^{-1}$이어서 (F.4)가 증명된다.

다음을 고려한다.

$$gh(h^{-1}g^{-1}) = ghh^{-1}g^{-1} \underbrace{=}_{(\text{F.3})} geg^{-1} \underbrace{=}_{(\text{F.2})} gg^{-1} \underbrace{=}_{(\text{F.3})} e$$

이는 (F.5)를 증명한다. (F.6)을 증명하기 위해, (F.3)에서 $e = g^{-1}(g^{-1})^{-1}$가 유도되는 것에 주의한다. 양변에 g를 곱하고, (F.2)에서 좌변 $ge = g$를 이용하면 다음을 얻는다.

$$g = gg^{-1}(g^{-1})^{-1} \underbrace{=}_{(\text{F.3})} e(g^{-1})^{-1} \underbrace{=}_{(\text{F.4})} e^{-1}(g^{-1})^{-1} \underbrace{=}_{(\text{F.5})} (g^{-1}e)^{-1} \underbrace{=}_{(\text{F.2})} (g^{-1})^{-1}$$

이는 (F.6)을 증명한다. 다음으로,

$$h = g \quad \Rightarrow \quad hg^{-1} = gg^{-1} \underbrace{=}_{(F.3)} e$$

$$\underbrace{\Rightarrow}_{(F.3)} \quad h^{-1} = g^{-1} \tag{G.200}$$

$$\underbrace{\Rightarrow}_{(G.200)} \quad \left(h^{-1}\right)^{-1} = \left(g^{-1}\right)^{-1} \underbrace{\Rightarrow}_{(F.6)} \quad h = g$$

이는 (F.7)을 증명한다.

해답 F.123 (F.8)을 증명하기 위해, 다음을 주의한다.

$$\left(g^{-1}g\right)^{-1} \underbrace{=}_{(F.5)} g^{-1}\left(g^{-1}\right)^{-1} \underbrace{=}_{(F.6)} g^{-1}g \tag{G.201}$$

이로부터 다음을 얻는다.

$$e \underbrace{=}_{(F.3)} g^{-1}g\left(g^{-1}g\right)^{-1} \underbrace{=}_{(G.201)} g^{-1}gg^{-1}g \underbrace{=}_{(F.3)} g^{-1}eg \underbrace{=}_{(F.2)} g^{-1}g$$

이는 (F.8)을 증명한다. (F.9)를 보이기 위해 다음에 주의한다.

$$eg \underbrace{=}_{(F.7)} \left((eg)^{-1}\right)^{-1} \underbrace{=}_{(F.5)} \left(g^{-1}e^{-1}\right)^{-1} \underbrace{=}_{(F.4)} \left(g^{-1}e\right)^{-1} \underbrace{=}_{(F.2)} \left(g^{-1}\right)^{-1} \underbrace{=}_{(F.7)} g$$

(F.10)을 증명하기 위해, 적절한 $g, h, k \in \mathcal{G}$를 선택해 $gh = gk$라 둔다. 양변의 왼쪽에 g^{-1}을 곱하고 (F.8)을 이용하면 $h = k$가 된다. 이것의 왼쪽에 다시 g를 곱하면 $gh = gk$가 된다. 그러므로 $gh = gk$와 $h = k$는 동치이다. $hg = kg$와 $h = k$가 동치라는 것의 증명도 비슷하다.

해답 F.124 모든 부분군은 중립 원소 e_g를 포함하므로, $\mathcal{H}_\cap$에 속한다.

$g_1, g_2 \in \mathcal{H}_\cap$이다. 그러면 모든 $j \in I$에 대해 $g_1, g_2 \in \mathcal{H}_j$이다. $\mathcal{H}_j$는 부분군이므로, 모든 $j \in I$에 대해 $g_1, g_2 \in \mathcal{H}_j$이며 $g_1g_2 \in \mathcal{H}_\cap$이다.

비슷하게 $g \in \mathcal{H}_\cap$이면 $g \in \mathcal{H}_j$이고, 모든 $j \in I$에 대해 $g^{-1} \in \mathcal{H}_j$이다. 그러므로 $g^{-1} \in \mathcal{H}_\cap$이어서 $\in \mathcal{H}_\cap$가 부분군이 된다.

해답 F.125   모든 $g \in \mathcal{G}$에 대해 $e_g g = g e_g$이므로, $e_g \in \mathrm{Clz}_{\mathcal{G}}(S)$이다.

$h_1, h_2 \in \mathrm{Clz}_{\mathcal{G}}(S)$이다. 그러면 모든 $g \in S$에 대해

$$(h_1 h_2)g = h_1(h_2 g) \underbrace{=}_{\text{(F.17)}} h_1 g h_2 \underbrace{=}_{\text{(F.17)}} g h_1 h_2$$

그래서 $h_1, h_2 \in \mathrm{Clz}_{\mathcal{G}}(S)$이다.

마지막으로, 모든 $h \in \mathrm{Clz}_{\mathcal{G}}(S)$와 $g \in S$에 대해

$$hg \underbrace{=}_{\text{(F.17)}} gh \quad \Rightarrow \quad gh^{-1} = h^{-1}g \quad \underbrace{\Rightarrow}_{\text{(F.17)}} \quad h^{-1} \in \mathrm{Clz}_{\mathcal{G}}(S)$$

해답 F.126 g는 군 $\mathcal{G}$의 임의의 원소이다. $e \in \mathcal{H}$이므로, (F.19)에서 $e \in \mathcal{H}^g$이며 (F.14)가 $\mathcal{H}^g$에 대해 성립한다.

$h' \in \mathcal{H}^g$, 즉 적절한 $h \in \mathcal{H}$가 존재해 $h' = ghg^{-1}$이 성립한다. 그리고 (F.19)에서 $gh^{-1}g^{-1} \in \mathcal{H}^g$가 성립한다. 그러므로

$$h'\left(gh^{-1}g^{-1}\right) = ghg^{-1}gh^{-1}g^{-1} = e$$

그래서 $(h')^{-1} = gh^{-1}g^{-1} \in \mathcal{H}^g$이다. 이것으로, $\mathcal{H}^g$에 대해 (F.15)가 성립한다.

마지막으로, $h'_1 h'_2 \in \mathcal{H}^g$이다. 이는 (F.19)에서 적절한 $h_1, h_2 \in \mathcal{H}$가 존재해 $j \in \{1, 2\}$에 대해 $h'_j = g h_j g^{-1}$이 존재한다. $h_1 h_2 \in \mathcal{H}$이므로,

$$h'_1 h'_2 = \left(g h_1 g^{-1}\right)\left(g h_2 g^{-1}\right) = g h_1 h_2 g^{-1} \in \mathcal{H}^g$$

이것으로 $\mathcal{H}^g$에 대해 (F.16)이 성립하는 것이 증명된다.

해답 F.127 $\mathcal{G}$의 중립원소 e는 자명하게 $S^e = eSe^{-1} = S$를 만족한다. 결국 $e \in \mathrm{Nor}_{\mathcal{G}}(S)$이며 (F.14)를 만족한다.

임의의 $h_1, h_2 \in \mathrm{Clz}_{\mathcal{G}}(S)$에 대해 다음을 얻는다.

$$S^{h_1 h_2} \underbrace{=}_{\text{(F.18)}} h_1 h_2 S(h_1 h_2)^{-1} = h_1 h_2 S h_2^{-1} h_1^{-1} \underbrace{=}_{\text{(F.18)}} h_1 S^{h_2} h_1^{-1} \underbrace{=}_{\text{(F.20)}} h_1 S h_1^{-1} \underbrace{=}_{\text{(F.18)}} S^{h_1}$$

$$\underbrace{=}_{\text{(F.20)}} S$$

그래서 $h_1h_2 \in \mathrm{Clz}_g(S)$이며 (F.16)이 성립한다.

마지막으로, 임의의 $h \in \mathrm{Clz}_g(S)$에 대해 다음을 얻는다.

$$hSh^{-1} \underbrace{=}_{\text{(F.18)}} S^h \underbrace{=}_{\text{(F.20)}} S$$

$$\Rightarrow \quad S = h^{-1}S(h^{-1})^{-1} \underbrace{=}_{\text{(F.18)}} S^{h^{-1}}$$

그래서 $h^{-1} \in \mathrm{Clz}_g(S)$이며 (F.15)가 성립한다.

해답 F.128 $\mathcal{G}$의 중립원소 e는 자명하게 $eg = ge$를 만족해 $e \in \mathrm{Ctr}(\mathcal{G})$이며 (F.14)가 만족한다.

임의의 $h_1, h_2 \in \mathrm{Clz}_g(S)$에 대해 다음을 얻는다.

$$h_1h_2g \underbrace{=}_{\text{(F.21)}} h_1gh_2 \underbrace{=}_{\text{(F.21)}} gh_1h_2$$

그래서 $h_1h_2 \in \mathrm{Ctr}(\mathcal{G})$이며 (F.16)이 만족한다.

그리고 임의의 $h \in \mathrm{Ctr}(\mathcal{G})$와 $g \in \mathcal{G}$에 대해 $hg = gh$를 만족한다. 이로부터 $gh^{-1} = h^{-1}g$이며 $h^{-1} \in \mathrm{Ctr}(\mathcal{G})$이다. (F.15)가 만족한다.

마지막으로, 임의의 $g \in \mathcal{G}$에 대해

$$\mathrm{Ctr}(\mathcal{G})^g \underbrace{=}_{\text{(F.18)}} \left\{ ghg^{-1} \,\middle|\, h \in \mathrm{Ctr}(\mathcal{G}) \right\} \underbrace{=}_{\text{(F.21)}} \left\{ hgg^{-1} \,\middle|\, h \in \mathrm{Ctr}(\mathcal{G}) \right\} = \mathrm{Ctr}(\mathcal{G})$$

이는 $\mathrm{Ctr}(\mathcal{G})$가 정규 부분군임을 증명한다.

해답 F.129 정규 부분군 $\mathcal{H}$의 정의 F.15에서

$$
\begin{aligned}
&\quad\ \mathcal{H} \text{ is normal} \\
\Leftrightarrow &\quad \forall g \in \mathcal{G} \quad \forall h \in \mathcal{H} \quad \exists \widetilde{h} \in \mathcal{H} \text{ and } \forall \widetilde{h} \in \mathcal{H} \quad \exists h \in \mathcal{H}: \quad ghg^{-1} = \widetilde{h} \\
\Leftrightarrow &\quad \forall g \in \mathcal{G} \quad \forall h \in \mathcal{H} \quad \exists \widetilde{h} \in \mathcal{H} \text{ and } \forall \widetilde{h} \in \mathcal{H} \quad \exists h \in \mathcal{H}: \quad gh = \widetilde{h}g \\
\underbrace{\Leftrightarrow}_{\text{(F.22),(F.23)}} &\quad \forall g \in \mathcal{G} \quad g\mathcal{H} = \mathcal{H}g
\end{aligned}
$$

해답 F.130 곱의 결복합은 각각의 군에서 정의된 곱의 결복합에서 나온다. 중립원소는 다음으로 주어진다.

$$e_{\mathcal{G}_1 \times \mathcal{G}_2} := (e_{\mathcal{G}_1}, e_{\mathcal{G}_2}) \tag{G.202}$$

그 이유는 모든 $(g_1, g_2) \in \mathcal{G}_1 \times \mathcal{G}_2$에 대해

$$(g_1, g_2) \cdot_\times (e_{\mathcal{G}_1}, e_{\mathcal{G}_2}) \underset{(F.37)}{=} (g_1 e_{\mathcal{G}_1}, g_2 e_{\mathcal{G}_2}) = (g_1, g_2)$$

비슷하게 모든 $(g_1, g_2) \in \mathcal{G}_1 \times \mathcal{G}_2$는 다음의 역원을 가지기 때문이다.

$$(g_1, g_2)^{-1} = (g_1^{-1}, g_2^{-1})$$

그 이유는

$$(g_1, g_2) \cdot_\times (g_1, g_2)^{-1} \underset{(F.37)}{=} (g_1 g_1^{-1}, g_2 g_2^{-1}) = (e_{\mathcal{G}_1}, e_{\mathcal{G}_2}) \underset{(G.202)}{=} e_{\mathcal{G}_1 \times \mathcal{G}_2}$$

$\mathcal{G}_1$과 $\mathcal{G}_2$가 유한해 각각의 원소의 개수가 $|\mathcal{G}_1|$, $|\mathcal{G}_2|$이면, 집합 $\mathcal{G}_1 \times \mathcal{G}_2$도 유한하고 원소의 개수는 $|\mathcal{G}_1\|\mathcal{G}_2|$가 되어서이다.

해답 F.131 안정자를 정의하는 (F.40)에서 모든 $m \in M$에 대해 $e.m = m$이다. 그러므로 $e \in \mathrm{Sta}_\mathcal{g}(Q)$이며 (F.14)가 성립한다.

$h, g \in \mathrm{Sta}_\mathcal{g}(Q)$와 $m \in M$은 임의이다. 그러면 다음을 얻는다.

$$(hg).m \underset{(F.41)}{=} h.(g.m) \underset{(F.42)}{=} h.m \underset{(F.42)}{=} m$$

그래서 $hg \in \mathrm{Sta}_\mathcal{g}(Q)$이며 (F.16)이 성립한다. 마지막으로 다음에 주의한다.

$$m \underset{(F.40)}{=} e.m \underset{(F.8)}{=} (g^{-1}g).m \underset{(F.41)}{=} g^{-1}.(g.m) \underset{(F.42)}{=} g^{-1}.m$$

그러므로 $g^{-1} \in \mathrm{Sta}_\mathcal{g}(Q)$이다. 이는 (F.15)를 증명하고 $\mathrm{Sta}_\mathcal{g}(G)$가 $\mathcal{G}$의 부분군이라는 증명이 완료된다.

해답 F.132 임의의 $g \in \mathcal{G}_1$에 대해 다음을 얻는다.

$$\varphi(g)\varphi(g^{-1}) \underbrace{=}_{\text{(F.44)}} \varphi(gg^{-1}) = \varphi(e_{\mathcal{G}_1}) \underbrace{=}_{\text{(F.47)}} e_{\mathcal{G}_2}$$

그래서 $\varphi(g^{-1}) = \varphi(g)^{-1}$이다.

해답 F.133 $i \in \{1, 2\}$에 대해 $\chi_i \in \widehat{\mathcal{G}_i}$이며 다음을 정의한다.

$$\begin{aligned}(\chi_1, \chi_2) : \mathcal{G}_1 \times \mathcal{G}_2 &\longrightarrow \mathrm{U}(1) \\ (g_1, g_2) &\longmapsto \chi_1(g_1)\chi_2(g_2)\end{aligned} \tag{G.203}$$

이것은 준동형사상이 된다. 이유는 모든 $g_i, g_i' \in \mathcal{G}_i$에 대해

$$\begin{aligned}(\chi_1, \chi_2)\big((g_1, g_2) \cdot_\times (g_1', g_2')\big) &\underbrace{=}_{\text{(F.39)}} (\chi_1, \chi_2)(g_1 g_1', g_2 g_2') \underbrace{=}_{\text{(G.203)}} \chi_1(g_1 g_1')\chi_2(g_2 g_2') \\ &\underbrace{=}_{\text{(F.44)}} \chi_1(g_1)\chi_1(g_1')\chi_2(g_2)\chi_2(g_2') \\ &\underbrace{=}_{\text{(G.203)}} (\chi_1\chi_2)(g_1, g_2)(\chi_1\chi_2)(g_1', g_2')\end{aligned}$$

그러므로 $(\chi_1, \chi_2) \in \widehat{\mathcal{G}_1 \times \mathcal{G}_2}$이다. 정리 F.34에서 $\widehat{\mathcal{G}_1 \times \mathcal{G}_2}$와 $\widehat{\mathcal{G}_1} \times \widehat{\mathcal{G}_2}$가 군이 되고, 문제 F.130에서 $\widehat{\mathcal{G}_1 \times \mathcal{G}_2}$가 군이 된다. 그러므로

$$\widehat{\mathcal{G}_1} \times \widehat{\mathcal{G}_2} \leq \widehat{\mathcal{G}_1 \times \mathcal{G}_2} \tag{G.204}$$

그리고 다음에 주의한다.

$$\big|\widehat{\mathcal{G}_1} \times \widehat{\mathcal{G}_2}\big| \underbrace{=}_{\text{(F.38)}} \big|\widehat{\mathcal{G}_1}\big|\big|\widehat{\mathcal{G}_2}\big| \underbrace{=}_{\text{(F.70)}} |\mathcal{G}_1||\mathcal{G}_2| \underbrace{=}_{\text{(F.38)}} |\mathcal{G}_1 \times \mathcal{G}_2| \underbrace{=}_{\text{(F.70)}} \big|\widehat{\mathcal{G}_1 \times \mathcal{G}_2}\big|$$

(G.204)에서 다음을 얻는다.

$$\widehat{\mathcal{G}_1} \times \widehat{\mathcal{G}_2} = \widehat{\mathcal{G}_1 \times \mathcal{G}_2}$$

해답 F.134 $\chi \in \widehat{\mathcal{G}}$이며 다음을 정의한다.

$$S_\chi = \sum_{h \in \mathcal{H}} \chi(h)$$

그러면 임의의 $\check{h} \in \mathcal{H}$에 대해

$$S_\chi \chi(\check{h}) = \sum_{h \in \mathcal{H}} \chi(h)\chi(\check{h}) = \sum_{h \in \mathcal{H}} \chi(h\check{h}) = S_\chi \qquad \text{(G.205)}$$

위의 뒤에서 두 번째 식에서 $\chi \in \mathrm{Hom}(\mathcal{G}, U(1))$을 사용했다. (F.43)이 만족된다. (G.205)에서 모든 $\chi \in \widehat{\mathcal{G}}$와 $\check{h} \in \mathcal{H}$에 대해

$$S_\chi\big(\chi(\check{h}) - 1\big) = 0 \qquad \text{(G.206)}$$

$\chi \in \mathcal{H}^\perp$이면 (F.72)에서 $\mathcal{H} \subset \mathrm{Ker}(\chi)$이고, 모든 $h \in \mathcal{H}$에 대해 $\chi(h) = 1$이 성립한다. 그러므로 $S_\chi = |\mathcal{H}|$이다.

반면에 $\chi(\check{h}) \neq 1$인 $\check{h} \in \mathcal{H}$가 존재한다면, 이것은 $\mathcal{H} \not\subset \mathrm{Ker}(\chi)$와 동치이고 $\chi \notin \mathcal{H}^\perp$이다. 그리고 (G.206)에서 이런 경우에는 $S_\chi = 0$이 된다.

해답 F.135 가정에서, $\mathcal{H}$는 $\mathcal{G}$의 부분군이며, 보조정리 F.30에서 준동형사상의 핵은 부분군이 된다. 각각의 지표는 정의에서 준동형사상이 되므로, 이런 것의 핵은 부분군이며 문제 F.124에서 부분군의 교집합은 다시 부분군이 된다. 결국 $\bigcap_{\chi \in \mathcal{H}^\perp} \mathrm{Ker}(\chi)$는 $\mathcal{G}$의 부분군이다.

$h \in \mathcal{H}$이다. $\mathcal{H}^\perp$의 정의 (F.72)에서 모든 $\chi \in \mathcal{H}^\perp$에 대해 $\mathcal{H} \subset \mathrm{Ker}(\chi)$이다. 그러므로

$$\mathcal{H} \subset \bigcap_{\chi \in \mathcal{H}^\perp} \mathrm{Ker}(\chi)$$

그리고 각각이 부분군이므로, (F.77)이 증명된다.

해답 F.136 다음을 얻는다.

$$F_{\mathcal{G}}^* \underset{\text{(F.107)}}{=} \left(\frac{1}{\sqrt{|\mathcal{G}|}} \sum_{\substack{g \in \mathcal{G} \\ \chi \in \widehat{\mathcal{G}}}} \chi(g)(|\chi\rangle\langle g|) \right)^* \underset{\text{(2.32)}}{=} \frac{1}{\sqrt{|\mathcal{G}|}} \sum_{\substack{g \in \mathcal{G} \\ \chi \in \widehat{\mathcal{G}}}} \overline{\chi(g)}(|\chi\rangle\langle g|)^* \quad \text{(G.207)}$$

$$\underset{\text{(2.36)}}{=} \frac{1}{\sqrt{|\mathcal{G}|}} \sum_{\substack{g \in \mathcal{G} \\ \chi \in \widehat{\mathcal{G}}}} \overline{\chi(g)}|g\rangle\langle\chi| \underset{\text{(F.62)}}{=} \frac{1}{\sqrt{|\mathcal{G}|}} \sum_{\substack{g \in \mathcal{G} \\ \chi \in \widehat{\mathcal{G}}}} \chi^{-1}(g)|g\rangle\langle\chi|$$

그래서

$$F_{\mathcal{G}} F_{\mathcal{G}}^* \underbrace{=}_{(\text{F.107}),(\text{G.207})} \frac{1}{|\mathcal{G}|} \sum_{\substack{g_1,g_2 \in \mathcal{G} \\ \chi_1,\chi_2 \in \widehat{\mathcal{G}}}} \chi_1(g_1)\chi_2^{-1}(g_2)|\chi_1\rangle \underbrace{\langle g_1|g_2\rangle}_{\substack{= \delta_{g_1 g_2} \\ (\text{F.106})}} \langle \chi_2|$$

$$= \frac{1}{|\mathcal{G}|} \sum_{\chi_1,\chi_2 \in \widehat{\mathcal{G}}} \left(\sum_{g \in \mathcal{G}} \chi_1(g)\chi_2^{-1}(g) \right) |\chi_1\rangle\langle\chi_2|$$

$$\underbrace{=}_{(\text{F.76})} \sum_{\chi \in \widehat{\mathcal{G}}} |\chi\rangle\langle\chi|$$

$$\underbrace{=}_{(\text{F.106})} \mathbf{1}_{\mathbb{H}}$$

(2.37)에서 $F_{\mathcal{G}}$는 유니타리이다.

해답 F.137 다음의 변수를 정의한다.

$$\begin{aligned} u &= r_1 + r_2 \\ v &= r_1 r_2 \end{aligned} \tag{G.208}$$

그러면 (F.107)에서 $r_3 = -u$이며 다음을 얻는다.

$$(r_1 - r_2)(r_1 - r_3)(r_2 - r_3) = (r_1 - r_2)(r_1 + u)(r_2 + u) = (r_1 - r_2)(2u^2 + v) \tag{G.209}$$

그리고

$$A \underbrace{=}_{(\text{F.110})} -(u^2 + v) \tag{G.210}$$

$$B \underbrace{=}_{(\text{F.111})} uv \tag{G.211}$$

결국

$$\begin{aligned} \left((r_1 - r_2)(r_1 - r_3)(r_2 - r_3)\right)^2 &\underbrace{=}_{(\text{G.209})} (r_1 - r_2)^2(2u^2 + v)^2 \\ &\underbrace{=}_{(\text{G.208})} (u^2 - 4v)(2u^2 + v)^2 \\ &= 4u^6 - 15u^2 v^2 - 12vu^4 - 4v^3 \end{aligned} \tag{G.212}$$

그리고

$$-4A^3 \underbrace{=}_{\text{(G.210)}} -4(u^2+v)^3 = 4u^6 + 12v^2u^2 - 12vu^4 - 4v^3$$

$$-27B^2 \underbrace{=}_{\text{(G.211)}} -27u^2v^2 \qquad\qquad\qquad\qquad\qquad \text{(G.213)}$$

그래서

$$-\Delta_E \underbrace{=}_{\text{(F.108)}} -(4A^3 + 27B^2)$$

$$\underbrace{=}_{\text{(G.213)}} 4u^6 - 15u^2v^2 - 12vu^4 - 4v^3$$

$$\underbrace{=}_{\text{(G.212)}} \left((r_1 - r_2)(r_1 - r_3)(r_2 - r_3)\right)^2$$

해답 F.138 행렬 곱이 결복합을 가지는 것은 자명하다. $\sigma_0 = 1 = e_{\mathcal{P}} \in \mathcal{P}$는 행렬 곱에서 중립 원소이다.

임의의 두 개의 원소 $i^a\sigma_\alpha, i^b\sigma_\beta \in \mathcal{P}$에 대해 이들의 곱은 다음과 같다.

$$i^a\sigma_\alpha i^b\sigma_\beta = i^{a+b}\sigma_\alpha\sigma_\beta \underbrace{=}_{\text{(2.76)}} \begin{cases} i^{a+b}\sigma_\beta & \text{if } \alpha = 0 \\ i^{a+b}\sigma_\alpha & \text{if } \beta = 0 \\ i^{a+b}(\delta_{\alpha\beta}\sigma_0 + i\varepsilon_{\alpha\beta\gamma}\sigma_\gamma) & \text{if } \alpha \neq 0 \neq \beta \end{cases}$$

$$= \begin{cases} i^{a+b}\sigma_\beta & \text{if } \alpha = 0 \\ i^{a+b}\sigma_\alpha & \text{if } \beta = 0 \\ i^{a+b}\sigma_0 & \text{if } \alpha = \beta \neq 0 \\ i^{a+b+c}\sigma_\gamma \text{ with } c = 0 \text{ or } 1 & \text{if } \alpha \neq 0 \neq \beta \neq \alpha \end{cases} \qquad \text{(G.214)}$$

그리고 $i^d = i^{d \bmod 4}$에 대해 다음을 얻는다.

$$i^a\sigma_\alpha i^b\sigma_\beta \in \mathcal{P} = \left\{ i^c\sigma_\gamma \,\middle|\, c, \gamma \in \{0,\ldots,3\} \right\}$$

(G.214)에서 임의의 $i^a\sigma_\alpha \in \mathcal{P}$에 대해 다음이 성립한다.

$$\left(i^a\sigma_\alpha\right)^* i^a\sigma_\alpha = \overline{i^a}i^a\sigma_\alpha^*\sigma_\alpha = \sigma_0 = \mathbf{1}$$

이는 $\mathcal{P}$의 모든 원소가 $\mathcal{P}$에서 역원을 가지고 수반으로 주어지는 것을 증명한다. 그러므로 $\mathcal{P} < \mathrm{U}(2)$이다. $\mathbb{\P H}$에서 기저 벡터를 선택해 행렬 군 $\mathrm{U}(2)$와 $\mathcal{U}(\mathbb{\P H})$의 원소를 전단사로 일치시킬 수 있다.

원소 $\mathrm{i}^a \sigma_\alpha \in \mathcal{P}$는 4개의 지수 $a \in \{0, \ldots, 3\}$ 중에서 하나를 선택하고, 4개의 아래첨자 $\alpha \in \{0, \ldots, 3\}$ 중에서 하나를 선택하면 결정된다. 그러므로 모든 16개의 서로 다른 원소가 있다. 그래서 $|\mathcal{P}| = 16$이다.

해답 F.139 (F.127)을 증명하기 위해, 먼저 임의의 원소 $\mathrm{i}^a \sigma_\alpha \in \mathcal{P}$를 다음의 형태로 표현할 수 있다는 것을 증명한다.

$$\mathrm{i}^a \sigma_\alpha = \prod_{p \geq 0} \sigma_x^{u_p} \sigma_y^{v_p} \sigma_z^{w_p}$$

여기에서, $u_p, v_p, w_p \in \mathbb{N}_0$이다. 우선 $a \in \{0, \ldots, 3\}$에 대해 $\mathrm{i}^a \sigma_0$를 다음의 형태로 표기할 수 있는 것을 증명한다.

$$\sigma_0 = \sigma_x^2 = \sigma_x^0 \qquad \mathrm{i}\sigma_0 = \underbrace{\sigma_z \sigma_x \sigma_y}_{=\mathrm{i}\sigma_z}$$

$$-\sigma_0 = (\sigma_z \sigma_x \sigma_y)^2 \qquad -\mathrm{i}\sigma_0 = (\sigma_z \sigma_x \sigma_y)^3$$

이를 이용해, 위에서 주어진 $\sigma_z \sigma_x \sigma_y$의 멱에 σ_j를 곱해 $j \in \{1, 2, 3\}$에 대한 $\mathrm{i}^a \sigma_j$를 생성한다.

$$\mathrm{i}\sigma_y = \sigma_z \sigma_x, \quad -\sigma_y = \sigma_z \sigma_x (\sigma_z \sigma_x \sigma_y), \quad -\mathrm{i}\sigma_y = \sigma_z \sigma_x (\sigma_z \sigma_x \sigma_y)^2$$

이는 $a \in \{1, 2, 3\}$일 때 $\mathrm{i}^a \sigma_y$를 생성할 수 있는 것을 보인다. 비슷한 방법을 σ_x, σ_y에 적용할 수 있다.

(F.128)을 보이기 위해, 먼저 집합으로 다음을 고려한다.

$$\langle \mathrm{i}\sigma_0 \rangle = \{\pm \sigma_0, \pm \mathrm{i}\sigma_0\} \tag{G.215}$$

$g = \mathrm{i}^a \sigma_\alpha \in \mathrm{Ctr}(\mathcal{P})$이다. 여기에서 모든 $b, \beta \in \{0, \ldots, 3\}$에 대해 $g \mathrm{i}^b \sigma_\beta = \mathrm{i}^b \sigma_\beta g$가 유도된다. 그러므로 σ_α는 다음의 형태이다.

$$\sigma_\alpha \sigma_\beta = \sigma_\beta \sigma_\alpha \quad \forall \beta \in \{0, \ldots, 3\}$$

이것은 $\alpha = 0$일 때만 성립한다. $a \in \{0, \ldots, 3\}$일 때 $g = i^a \sigma_0$가 유도되고, $g \in \{\pm \sigma_0, \pm i \sigma_0\}$이다. (G.215)에서 다음을 얻는다.

$$\mathrm{Ctr}(\mathcal{P}) \subset \langle i \sigma_0 \rangle$$

$\sigma_0 = 1$이므로, 반대의 포함 관계는 자명해 (F.128)이 증명된다.

해답 F.140 다음을 주의한다.

$$g \underbrace{=}_{(\mathrm{F.141})} i^{c(g)} \Sigma_x\big(\mathbf{x}(g)\big) \Sigma_z\big(\mathbf{z}(g)\big) \tag{G.216}$$

$$h \underbrace{=}_{(\mathrm{F.141})} i^{c(h)} \Sigma_x\big(\mathbf{x}(h)\big) \Sigma_z\big(\mathbf{z}(h)\big) \tag{G.217}$$

$$gh \underbrace{=}_{(\mathrm{F.141})} i^{c(gh)} \Sigma_x\big(\mathbf{x}(gh)\big) \Sigma_z\big(\mathbf{z}(gh)\big) \tag{G.218}$$

다음을 얻는다.

$$gh \underbrace{=}_{(\mathrm{G.216}),(\mathrm{G.217})} i^{c(g)+c(h)} \Sigma_x\big(\mathbf{x}(g)\big) \Sigma_z\big(\mathbf{z}(g)\big) \Sigma_x\big(\mathbf{x}(h)\big) \Sigma_z\big(\mathbf{z}(h)\big)$$

$$\underbrace{=}_{(\mathrm{F.140})} i^{c(g)+c(h)} (-1)^{\mathbf{z}(g) \overset{2}{\odot} \mathbf{x}(h)} \Sigma_x\big(\mathbf{x}(g)\big) \Sigma_x\big(\mathbf{x}(h)\big) \Sigma_z\big(\mathbf{z}(g)\big) \Sigma_z\big(\mathbf{z}(h)\big)$$

$$\underbrace{=}_{(\mathrm{F.139})} i^{c(g)+c(h)+2\mathbf{z}(g) \overset{2}{\odot} \mathbf{x}(h)} \Sigma_x\big(\mathbf{x}(g) \overset{2}{\oplus} \mathbf{x}(h)\big) \Sigma_z\big(\mathbf{z}(g) \overset{2}{\oplus} \mathbf{z}(h)\big)$$

$$\underbrace{=}_{(\mathrm{G.218})} i^{c(gh)} \Sigma_x\big(\mathbf{x}(gh)\big) \Sigma_z\big(\mathbf{z}(gh)\big)$$

보조정리 F.68에서 $c(gh)$, $x(gh)$, $z(gh)$를 이용한 gh의 표현은 유일하므로 (F.143)~(F.145)가 증명된다.

해답 F.141 우선 $\mathrm{Nor}_{\mathcal{P}_n}(\mathcal{S}) \subset \mathrm{Clz}_{\mathcal{P}_n}(\mathcal{S})$를 증명한다. $g \in \mathrm{Nor}_{\mathcal{P}_n}(\mathcal{S})$이다. 정의 F.16에서 $g\mathcal{S} = \mathcal{S}g$이어서 다음이 성립한다.

$$\forall h \in \mathcal{S} \ \exists \widetilde{h} \in \mathcal{S} : \ gh = \widetilde{h}g \tag{G.219}$$

명제 F.70에서 모든 $h, g \in \mathcal{P}_n$에 대해 $hg = gh$ 또는 $hg = -gh$가 성립한다. 그래서 (G.219)는 다음으로 변형된다.

$$\forall h \in \mathcal{S} \; \exists \tilde{h} \in \mathcal{S} : \; \pm hg = \tilde{h}g$$

그러므로 $\tilde{h} = h$이거나 $\tilde{h} = -h$이다. $\tilde{h} = -h$를 가정한다. $\mathcal{S}$는 부분군이고 $\tilde{h}, h \in \mathcal{S}$이므로, $\tilde{h}h^{-1} = -\mathbf{1}^{\otimes n} \in \mathcal{S}$이다. 그러나 이것은 제외한 것이다. 그러므로 $\tilde{h} = h$가 되고, (G.219)에서

$$gh = hg \quad \forall g \in \operatorname{Nor}_{\mathcal{P}_n}(\mathcal{S}) \text{ and } h \in \mathcal{S}$$

그러므로

$$\operatorname{Nor}_{\mathcal{P}_n}(\mathcal{S}) \subset \operatorname{Clz}_{\mathcal{P}_n}(\mathcal{S}) \tag{G.220}$$

반대의 포함 관계를 증명하기 위해 $g \in \operatorname{Clz}_{\mathcal{P}_n}(\mathcal{S})$이다. 그러면 (F.17)의 Clz의 정의에서

$$gh = hg \quad \forall h \in \mathcal{S}$$

그러므로 $g\mathcal{S} = \mathcal{S}g$이며 $g \in \operatorname{Clz}_{\mathcal{P}_n}(\mathcal{S})$이다. 그래서

$$\operatorname{Nor}_{\mathcal{P}_n}(\mathcal{S}) \supset \operatorname{Clz}_{\mathcal{P}_n}(\mathcal{S})$$

이와 (G.220)에서 주장이 증명된다.

부록 G 문제 해답

해답 G.142 모든 $j \in I$와 $z \in \mathbb{C} \smallsetminus \sigma(A)$에 대해

$$
\begin{aligned}
(A - z\mathbf{1}) \sum_{j \in I} \frac{P_j}{\lambda_j - z} &\underset{(2.42)}{=} \left(\sum_{k \in I} \lambda_k P_k - z\mathbf{1} \right) \sum_{j \in I} \frac{P_j}{\lambda_j - z} \\
&= \sum_{k, j \in I} \frac{\lambda_k P_k P_j}{\lambda_j - z} - \sum_{j \in I} \frac{z P_j}{\lambda_j - z} \\
&\underset{(2.44)}{=} \sum_{k, j \in I} \frac{\lambda_k \delta_{kj} P_j}{\lambda_j - z} - \sum_{j \in I} \frac{z P_j}{\lambda_j - z} = \sum_{j \in I} \frac{\lambda_j P_j}{\lambda_j - z} - \sum_{j \in I} \frac{z P_j}{\lambda_j - z}
\end{aligned}
$$

$$= \sum_{j \in I} P_j \underbrace{=}_{(2.43)} \mathbf{1}$$

같은 방법으로 $\sum_{j \in I} \frac{P_j}{\lambda_j - z}(A - z\mathbf{1}) = \mathbf{1}$ 을 증명한다. 결국

$$\sum_{j \in I} \frac{P_j}{\lambda_j - z} = (A - z\mathbf{1})^{-1} \underbrace{=}_{(G.1)} R_z(A)$$

해답 G.143   역핵의 정의 G.1의 (G.1)에서 다음을 얻는다.

$$R_z\big(\mathsf{H}_T(s)\big)\Big(\mathsf{H}_T(s) - z\mathbf{1}\Big) = \mathbf{1} \tag{G.221}$$

H_T는 단열 가정^^을 만족하기에, 함수 $s \mapsto \mathsf{H}_T(s)$는 두 번 미분 가능하다. (G.221)의 양변을 s에 대해 미분하면,

$$\left(\frac{d}{ds}R_z\big(\mathsf{H}_T(s)\big)\right) \underbrace{\Big(\mathsf{H}_T(s) - z\mathbf{1}\Big)}_{\underset{(G.1)}{=} \Big(R_z\big(\mathsf{H}_T(s)\big)\Big)^{-1}} = -R_z\big(\mathsf{H}_T(s)\big)\dot{\mathsf{H}}_T(s)$$

이것으로 (G.7)이 증명된다.

해답 G.144   주장은 문제 2.18의 결과에서 유도된다. 그러나 여기에서 $U_{A,j}(s)$에 대한 증명을 한 번 더 한다.

모든 $j \in I$와 $s \in [0,1]$에 대해 다음이 성립한다.

$$U_{A,j}(s)^* U_{A,j}(s) = \mathbf{1} = U_{A,j}(s)U_{A,j}(s)^* \tag{G.222}$$

다음을 얻는다.

$$\mathbf{1} = U_{A,j}(0)^* U_{A,j}(0) \underbrace{=}_{(G.21)} U_{A,j}(0)^*$$

이는 $U_{A,j}(0)^*$가 (G.22)의 초기 조건을 만족하는 것을 증명한다. (G.222)의 양변을 s에 대해 미분하면,

$$U_{A,j}(s)^* \dot{U}_{A,j}(s) + \dot{U}_{A,j}(s)^* U_{A,j}(s) = 0$$

양변의 오른쪽에 i와 $U_{A,j}(s)^*$를 곱하고 (G.222)를 이용하면,

$$
\begin{aligned}
i\dot{U}_{A,j}(s)^* &= -U_{A,j}(s)^* \Big(i\dot{U}_{A,j}(s)\Big) U_{A,j}(s)^* \\
&\underbrace{=}_{(G.21)} -U_{A,j}(s)^* \Big(\mathsf{H}_{A,j}(s) U_{A,j}(s)\Big) U_{A,j}(s)^* \\
&\underbrace{=}_{(G.222)} -U_{A,j}(s)^* \mathsf{H}_{A,j}(s)
\end{aligned}
$$

이는 (G.22)를 증명한다.

해답 G.145   (G.24)에서 다음을 얻는다.

$$
\begin{aligned}
(A - \lambda_j \mathbf{1})\big|_{P_j\{\mathbb{H}\}^\perp} \sum_{k \in I \smallsetminus \{j\}} \frac{1}{\lambda_k - \lambda_j} P_k\big|_{P_j\{\mathbb{H}\}^\perp} &\underbrace{=}_{(G.24)} \sum_{k,l \in I \smallsetminus \{j\}} \frac{\lambda_l - \lambda_j}{\lambda_k - \lambda_j} (P_l P_k)\big|_{P_j\{\mathbb{H}\}^\perp} \\
&\underbrace{=}_{(2.44)} \sum_{k \in I \smallsetminus \{j\}} P_k\big|_{P_j\{\mathbb{H}\}^\perp} \\
&= \mathbf{1}\big|_{P_j\{\mathbb{H}\}^\perp}
\end{aligned}
$$

결국

$$
\Big((A - \lambda_j \mathbf{1})\big|_{P_j\{\mathbb{H}\}^\perp}\Big)^{-1} = \sum_{k \in I \smallsetminus \{j\}} \frac{1}{\lambda_k - \lambda_j} P_k\big|_{P_j\{\mathbb{H}\}^\perp} \tag{G.223}
$$

(2.44)와 $P_j^* = P_j$에서 모든 $|\Phi\rangle, |\Psi\rangle \in \mathbb{H}$에 대해 $\langle (1 - P_j)\Phi | P_j \Psi \rangle = 0$이어서

$$(\mathbf{1} - P_j) : \mathbb{H} \to P_j\{\mathbb{H}\}^\perp \subset \mathbb{H}$$

(G.223)에 이를 이용하면

$$
\begin{aligned}
&(\mathbf{1} - P_j)\Big((A - \lambda_j \mathbf{1})\big|_{P_j\{\mathbb{H}\}^\perp}\Big)^{-1}(\mathbf{1} - P_j) \\
&= \sum_{k \in I \smallsetminus \{j\}} \frac{1}{\lambda_k - \lambda_j} (\mathbf{1} - P_j) P_k\big|_{P_j\{\mathbb{H}\}^\perp} (\mathbf{1} - P_j) \\
&= \sum_{k \in I \smallsetminus \{j\}} \frac{1}{\lambda_k - \lambda_j} (\mathbf{1} - P_j) P_k (\mathbf{1} - P_j)
\end{aligned}
$$

$$= \sum_{k \in I \smallsetminus \{j\}} \frac{1}{\lambda_k - \lambda_j} \left(P_k - P_j P_k - P_k P_j + P_j P_k P_j \right)$$

$$\underbrace{=}_{(2.44)} \sum_{k \in I \smallsetminus \{j\}} \frac{1}{\lambda_k - \lambda_j} P_k$$

이는 (G.25)를 증명한다.

(G.26)은 (G.25)와 (2.44)에서 유도되고 (G.27)은 (G.26)에서 유도된다.

해답 G.146 다음을 얻는다.

$$\left|\left| \check{R}_j \left(\left(\dot{H}_T P_j A + A P_j \dot{H}_T \right) \check{R}_j + \left(\dot{H}_T \check{R}_j A + A \check{R}_j \dot{H}_T \right) P_j \right) \Psi \right|\right|^2$$

$$\underbrace{\leq}_{(2.51)} \left|\left| \check{R}_j \right|\right|^2 \left|\left| \left(\left(\dot{H}_T P_j A + A P_j \dot{H}_T \right) \check{R}_j + \left(\dot{H}_T \check{R}_j A + A \check{R}_j \dot{H}_T \right) P_j \right) \Psi \right|\right|^2$$

$$\underbrace{\leq}_{(2.18)} \left|\left| \check{R}_j \right|\right|^2 \left(\left|\left| \left(\dot{H}_T P_j A + A P_j \dot{H}_T \right) \check{R}_j \Psi \right|\right| + \left|\left| \left(\dot{H}_T \check{R}_j A + A \check{R}_j \dot{H}_T \right) P_j \Psi \right|\right| \right)^2$$

$$\underbrace{\leq}_{(2.51)} \left|\left| \check{R}_j \right|\right|^2 \left(\left|\left| \left(\dot{H}_T P_j A + A P_j \dot{H}_T \right) \right|\right| \left|\left| \check{R}_j \Psi \right|\right| + \left|\left| \left(\dot{H}_T \check{R}_j A + A \check{R}_j \dot{H}_T \right) \right|\right| \left|\left| P_j \Psi \right|\right| \right)^2$$

$$\underbrace{\leq}_{(2.51),(2.53)} \left(2 \left|\left| \dot{H}_T \right|\right| \left|\left| A \right|\right| \left|\left| \check{R}_j \right|\right| \right)^2 \left(\left|\left| P_j \right|\right| \left|\left| \check{R}_j \Psi \right|\right| + \left|\left| \check{R}_j \right|\right| \left|\left| P_j \Psi \right|\right| \right)^2$$

$$\underbrace{\leq}_{||P_j||=1,(G.27)} \left(2 \left|\left| \dot{H}_T \right|\right| \left|\left| A \right|\right| \left|\left| \check{R}_j \right|\right| \right)^2 \left(\left|\left| \check{R}_j (1 - P_j) \Psi \right|\right| + \left|\left| \check{R}_j \right|\right| \left|\left| P_j \Psi \right|\right| \right)^2$$

$$\underbrace{\leq}_{(2.53)} \left(2 \left|\left| \dot{H}_T \right|\right| \left|\left| A \right|\right| \left|\left| \check{R}_j \right|\right|^2 \right)^2 \left(\left|\left| (1 - P_j) \Psi \right|\right| + \left|\left| P_j \Psi \right|\right| \right)^2 \qquad \text{(G.224)}$$

다음에 주의한다.

$$\left(\left|\left| (1 - P_j) \Psi \right|\right| + \left|\left| P_j \Psi \right|\right| \right)^2 = \left|\left| (1 - P_j) \Psi \right|\right|^2 + \left|\left| P_j \Psi \right|\right|^2 + 2 \left|\left| (1 - P_j) \Psi \right|\right| \left|\left| P_j \Psi \right|\right|$$

$$\underbrace{\leq}_{(2.15)} \left|\left| \Psi \right|\right|^2 + 2 \underbrace{\left|\left| (1 - P_j) \right|\right|}_{=1} \underbrace{\left|\left| P_j \right|\right|}_{=1} \left|\left| \Psi \right|\right|^2$$

$$= 3 \left|\left| \Psi \right|\right|^2$$

이를 (G.224)에 대입하면, (G.41)이 증명된다.

참고문헌

1. C.H. Bennett, G. Brassard, in *Proceedings of IEEE International Conference on Computers, Systems, and Signal Processing*, Bangalore, India (New York, 1984)

2. J.F. Clauser, M.A. Horne, A. Shimony, R.A. Holt, Phys. Rev. Lett. **25**, 15 (1969)

3. A. Ekert, Phys. Rev. Lett. **67**, 661 (1991)

4. A. Einstein, B. Podolsky, N. Rosen, Phys. Rev. **47**, 777 (1935)

5. M. Planck, Annalen der Physik **4**(3), 553 (1901)

6. A. Einstein, Annalen der Physik **17**, 132 (1905)

7. E. Schrödinger, Naturwissenschaften Heft **48**, 807 (1935)

8. J.S. Bell, Rev. Mod. Phys. 38(3), 447 (1966)

9. A. Aspect, J. Dallibard, G. Roger, Phys. Rev. Lett. 49, 1804 (1982)

10. N.Wiener, *Cybernetics : or Control and Communication in the Animal and the Machine* (The MIT Press, 1948)

11. C.E. Shannon, Bell Sys. Tech. J. **27**, 379 (1948)

12. R. Feynman, Int. J. Theor. Phys. **21**(6/7), 467 (1982)

13. A. Turing, Proc. Lond. Math. Soc. **42**, 230 (1936)

14. P. Benioff, Phys. Rev. Lett. **48**(23), 1581 (1982)

15. W.K. Wootters, W.H. Zurek, Nature **299**, 802 (1982)

16. D. Deutsch, Proc. R. Soc. Lond. Ser. A **400**, 97 (1985)

17. D. Deutsch, Proc. R. Soc. Lond. Ser. A **425**(1868), 73 (1989)

18. C.H. Bennet, G. Brassard, C. Crépeau, R. Jozsa, A. Perez, W.K. Wootters, Phys. Rev. Lett. **70**(13), 1895 (1993)

19. P. Shor, in *Proceedings of the 35th Annual Symposium on Foundations of Computer Science*(IEEE Computer Society Press, 1994), pp. 124 – 134

20. P. Shor, SIAM J. Comput. **26**(5), 1484 (1997)

21. L.K. Grover, in *Proceedings of of the 28th Annual ACMSymposiium on Theory of Computing* (1996), pp. 212 – 219

22. L. Grover, Phys. Rev. Lett. **79**(2), 325 (1997)

23. D. Bouwmeester, J.W. Pan, K. Mattle, M. Eibl, H. Weinfurter, A. Zeilinger, Nature **390**, 575(1997)

24. I.L. Chuang, N. Gershenfeld, M. Kubinec, Phys. Rev. Lett. **80**(15), 3408 (1998)

25. L.M.K. Vandersypen, G. Breyta, M. Steffen, C.S. Yannoni, M.H. Sherwood, I.L. Chuang, Nature **414**(6866), 883 (2001)

26. X.S. Ma, T. Herbst, T. Scheidl, D.Wang, S. Kropatschek,W. Naylor, B.Wittmann, A. Mech, J. Kofler, E. Anisimova, V. Makarov, T. Jennewein, R. Ursin, A. Zeilinger, Nature **489**, 269(2012)

27. J.G. Ren, P. Xu, H.L. Yong, L. Zhang, S.K. Liao, Nature **549**, 70 (2017). https://doi.org/10.1038/nature23675

28. A. Calderbank, P. Shor, Phys. Rev. A **54**(2), 10 (1996)

29. A.M. Steane, Phys. Rev. Lett. **77**(5), 793 (1997)

30. A. Barenco, C.H. Bennett, R. Cleve, D.P. DiVincenzo, N. Margolus, P. Shor, T. Sleator, J.A.Smolin, H.H. Weinfurter, Phys. Rev. A **52**(5), 4083 (1995)

31. D.P. DiVincenzo, Phys. Rev. A **51**(2), 1015 (1995)

32. B. Apolloni, C. Carvalho, D. de Falco, Stoch. Process. Their Appl. **33**(2), 233 (1989)

33. W. van Dam, M. Mosca, U. Vazirani, in *Proceedings of the 42nd Annual Symposium on Foundations of Computer Science* (2001), pp. 279 – 287. https://doi.org/10.1109/SFCS.2001.959902

34. D. Aharonov,W. van Dam, J. Kempe, Z. Landau, S. LLoyd, O. Regev, SIAM Rev. **50**(4), 755(2008). https://doi.org/10.1137/080734479

35. M. Freedman, A. Kitaev, M. Larsen, Z. Wang, Bull. Am. Math. Soc. **40**, 31 (2003)

36. A. Kitaev, Ann. Phys. **303**, 2 (2003)

37. A. Galindo, P. Pascal, *Quantum Mechanics*, vol. I & II (Springer, 2012)

38. A. Messiah, *Quantum Mechanics*, vol. I & II (Dover, 2017)

39. C. Cohen-Tannoudji, B. Diu, F. Laloe, *Quantum Mechanics*, vol. I & II (Wiley, 1991)

40. J.J. Sakurai, J.J. Napolitano, *Modern Quantum Mechanics*, 2nd edn. (Pearson, 2013)

41. J.T. Cushing, *Quantum Mechanics: Historical Contingency and the Copenhagen Hegemony*(The Univeristy of Chicago Press, 1994)

42. R. Omnès, *Understanding Quantum Mechanics* (Princeton University Press, 1999)

43. B. d'Espagnat, *Veiled Reality: An Analysis of Quantum Mechanical Concepts* (Westview Press, 2003)

44. J.S. Bell, *Speakable and Unspeakable in Quantum Mechanics: Collected Papers on Quantum Philosophy*, revised edn. (Cambridge University Press, 2004)

45. F. Laloëe, *Do We Really Understand Quantum Mechanics?* (Cambridge University Press, 2012)

46. S. Gao, *The Meaning of the Wave Function* (Cambrideg University Press, 2017)

47. F.T. Boge, *Quantum Mechanics Between Ontology and Epistemology* (Springer, 2018)

48. R.A. Meyers (ed.), *Encyclopedia of Complexity and Systems Science* (Springer, 2009)

49. C. Nayak, S.H. Simon, A. Stern, M. Freedman, S.D. Sarma, Rev. Mod. Phys. **80**, 1083 (2008)

50. M. Reed, B. Simon, *Methods of Modern Mathematical Physics I: Functional Analysis* (Academic Press, New York City, 1978)

51. D. Werner, *Funktionalanalysis* (Springer, 2011)

52. A.M. Gleason, Indiana Univ. Math. J. **6**, 88517893 (1957)

53. B.P. Rynne, M.A. Youngson, *Linear Functional Analysis* (Springer, 2008)

54. E. Kreyszig, *Introductory Functional Analysis with Applications* (Wiley, 1989)

55. Y. Choquet-Bruhat, C. DeWitt-Morette, *Analysis, Manifolds and Physics* (North-Holland, 1982)

56. A. Lucas, Front. Phys. **2**, 5 (2014). https://doi.org/10.3389/fphy.2014.00005

57. K. Kraus, *Effects and Operations: Fundamental Notions of Quantum Theory* (Springer, 1983)

58. K. Kraus, Ann. Phys. **64**, 311 (1971)

59. I. Bengtsson, K. Zyczkowski, *Geometry of Quantum States* (Cambridge University Press, 2006)

60. W.F. Stinespring, in *Proceedings of the American Mathematical Society* (1955), pp. 211–216

61. M.A. Nielsen, I. Chuang, *Quantum Computation and Quantum Information* (Cambridge University Press, 2010)

62. K. Parthasarathy, *An Introduction to Quantum Stochastic Calculus* (Birkhäuser Basel, 1991)

63. J.S. Bell, Physics **1**, 195 (1964)

64. R. Werner, Phys. Rev. A **40**, 4277 (1989)

65. M. Zukowski, A. Zeilinger, M. Horne, A. Ekert, Phys. Rev. Lett. **71**(26), 4287 (1993). https://doi.org/10.1103/PhysRevLett.71.4287

66. S. Bose, V. Vedral, P. Knight, Phys. Rev. A **57**(2), 822 (1998). https://doi.org/10.1103/PhysRevA.57.822

67. J.W. Pan, D. Bouwmeester, H.Weinfurter, A. Zeilinger, Phys. Rev. Lett. **80**(18), 3891 (1998)

68. D. Dieks, Phys. Lett. A **92**, 271 (1982)

69. J. Audretsch, *Entangled Systems* (Wiley-VCH, 2007)

70. M. Fernández, *Models of Computation: An Introduction to Computability Theory* (Springer, 2009)

71. M. Reck, A. Zeilinger, H.J. Bernstein, P. Bertani, Phys. Rev. Lett. **73**(1), 58 (1994)

72. A. Vedral, V. Barenco, A. Ekert, Phys. Rev. A **54**, 147 (1996)

73. R. Jozsa, Proc. R. Soc. Lond. A **454**, 323 (1998)

74. N.D. Mermin, *Quantum Computer Science: An Introduction* (Cambridge University Press, 20017)

75. D. Deutsch, R. Jozsa, Proc. R. Soc. Lond. Ser. A **439**(1907), 553 (1992)

76. C. Bennett, S. Wiesner, Phys. Rev. Lett. **69**, 2881 (1992)

77. C.H. Bennet, G. Brassard, A.K. Ekert, Sci. Am. **70**, 26 (1992)

78. R.L. Rivest, A. Shamir, L.M. Adleman, Commun. ACM **51**(2), 2738 (1978)

79. J. Hoffstein, J. Pipher, J.H. Silverman, *An Introduction to Mathematical Cryptography*(Springer, 2014)

80. Wikipedia. http://en.wikipedia.org/wiki/RSA numbers

81. T. Kleinjung, K. Aoki, J. Franke, A.K. Lenstra, E. Thomé, J.W. Bos, P. Gaudry, A. Kruppa, P.L. Montgomery, D. Osvik, H. te Riele, A. Timofeev, P. Zimmermann, in *Advances in Cryptology '96 CRYPTO 2010*, ed. by T. Rabin, Lecture Notes in Computer Science, vol. 6223(Springer, 2010), pp. 333-350. http://dx.doi.org/10.1007/978-3-642-14623-7_18

82. E. Corporation. RSA-768 is Factored! http://www.emc.com/emc-plus/rsa-labs/historical/rsa-768-factored.htm

83. A.K. Lenstra, W. Hendrik Jr. (eds.), *The Development of the Number Field Sieve*. No. 1554 in Lecture Notes in Mathematics (Springer, 1993)

84. C. Pomerance, Not. AMS **43**(12), 1476 (1996)

85. R. Crandall, C. Pomerance, Prime Numbers: *A Computational Perspective*. Lecture Notes in Statistics (Springer, 2006). https://books.google.co.uk/books?id=ZXjHKPS1LEAC

86. J.B. Rosser, L. Schoenfeld, Ill. J. Math. **6**, 64 (1962)

87. A. Childs, W. van Dam, Rev. Mod. Phys. **82**, 1 (2010)

88. M. Mosca, in *Encyclopedia of Complexity and Systems Science* (Springer, 2008). arXiv:0808.0369v1

89. W. Diffie, M.E. Hellman, IEEE Trans. Inf. Theory **22**(6), 644 (1976)

90. G.H. Hardy, E.M. Wright, *An Introduction to the Theory of Numbers* (Oxford University Press, 2008)

91. A.M. Antonopoulos, *Mastering Bitcoin*, 2nd edn. (O'Reilly, 2017)

92. A. Khalique, K. Singh, S. Sood, Int. J. Comput. Appl. **2**(2), 21 (2010). https://doi.org/10.5120/631-876

93. D.L.R. Brown. Sec 2: *Recommended Elliptic Curve Domain Parameters*. http://www.secg.org/sec2-v2.pdf

94. M. Boyer, G. Brassard, P. Høyer, A. Tapp,. Fortschritte der Physik **49**, 493 (1998)

95. S. Jordan. *Quantum Algorithm Zoo*. http://math.nist.gov/quantum/zoo/

96. W. van Dam, Y. Sasaki, in *Diversities in Quantum Computation and Quantum Information*(World Scientific, 2012), pp. 79–105. https://doi.org/10.1142/9789814425988 0003

97. L.C. Washington, *Elliptic Curves*, 2nd edn. (Chapman & Hall/CRC, 2008)

98. S.J. Devitt, W.J. Munro, K. Nemoto, Rep. Prog. Phys. **76**(7), 076001 (2013)

99. P. Shor, Phys. Rev. A **52**(5), R2493 (1995)

100. D. Gottesmann, in *Quantum Information Science and Its Contributions to Mathematics*, vol. 68 (American Mathematical Society, 2010), pp. 13-58. arXiv:0904.2557v1

101. D.A. Lidar, T.A. Brun (eds.), *Quantum Error Correction* (Cambridge University Press, 2013)

102. D. Gottesmann, Phys. Rev. A **54**, 1862 (1996)

103. A.R. Calderbank, E.M. Rains, P.W. Shor, N.J.A. Sloane, Phys. Rev. Lett. **78**, 405 (1997)

104. V. Pless, *Introduction to the Theory of Error-Correcting Codes*, 3rd edn. (Wiley-Interscience, 1998)

105. A.M. Steane, in *Quantum Computers, Algorithms and Chaos*, ed. by P.Z.G. Casati, D.L. Shepelyansky(2006)

106. F. Gaitan, *Quantum Error Correction and Fault Tolerant Quantum Computing* (CRC Press, 2008)

107. A. Kitaev, in *Proceedings of the 3rd International Conference of Quantum Communication and Measurement*, ed. by O. Hirota, A.S. Holevo, C.M. Caves (Plenum Press, 1997), pp. 181–188

108. A. Kitaev, *Topological Quantum Codes and Anyons*, vol. 58 (American Mathematical Society, 2002), pp. 267–272

109. M. Born, V. Fock, Zeitschrift für Physik **51**(3-4), 165 (1928). https://doi.org/10.1007/BF01343193

110. T. Kato, J. Phys. Soc. Jpn. **5**, 435 (1950). https://doi.org/10.1143/JPSJ.5.435

111. S. Jansen, M.B. Ruska, R. Seiler, J. Math. Phys. **48**, 102111 (2007). https://doi.org/10.1063/1.2798382

112. E. Farhi, J. Goldstone, S. Gutmann, M. Sipser, Quantum computation by adiabatic evolution(2000). arXiv:0001106v1

113. J. Roland, N.J. Cerf, Phys. Rev. A **65** (2002)

114. T. Albash, D.A. Lidar, Adiabatic quantum computing. ArXiv:1611.04471v1

115. M.W. Hirsch, S. Smale, *Differential Equations, Dynamical Systems and Linear Algebra*(Academic Press, 1974)

116. P. Deift, M.B. Ruskai, W. Spitzer, Quantum Inf. Process. **6**, 121 (2007)

117. C. Moler, C.V. Loan, SIAM Rev. **45**(1), 1 (2003)

118. K.L. Pudenz, D.A. Lidar, Quantum Inf. Process. **12**(5) (2011). arXiv:1109.0325v1

119. A. Das, S. Suzuki, Eur. Phys. J. Spec. Top. **224**, 5 (2015)

찾아보기

axiomatic 125

B

basis 43
basis codeword 418
basis expansion 45
basis vector 43
BB84 310, 312, 314
Bell 28
Bell basis 124
Bell inequality 184
Big Landau symbol 589
binary addition 204
binary exponentiation 282
binary fraction 289
binary quantum gate 212
binary representation 120
Bloch 96
Bloch sphere 97
Bohm 177
Borel measurable function 578
Bra-vector 47

C

cartesian product 207, 657
center 650
centralizer 648
character 664
character group 667
CHSH 185, 187, 189, 190
cipher 307
circuit 246
Circutis with ancillas 247
classical 203
classical computational process 203
clock space 514
C-NOT 217, 218
codeword 409, 418
coding 409
coherent 89
collapse 69

commutator 57
compatible 66
complete anit-symmetric tensor 72
complete positive 158
composition 207
computational basis 119, 122
conditional phase shift 291
conjugate character 664
conjugate subgroup 649
continuous group 641
controlled 216
controlled gate 220
convergent 625
convex-linear 150
coprimie 593
correct 433
Correlation 186, 578
Covariance 578
cryptography 307
cyclic group 646

D

decoding 418
decoherence 89
decryption 307
degenerate 53
densely 51
density operator 76
diagonal form 54
diagonalizable 54
direct product 657
direct product group 657
discrete 576
Discrete Fourier Transform 287
discrete logarithm 368
discrete probability distribution 577
discriminant of the elliptic curve 687
distance 408, 445
DLP 368, 369, 375
DSA 375, 376
dual group 667

864